Miguel de Cervantes Saavedra
Exemplarische Novellen
Die Mühen und Leiden des Persiles
und der Sigismunda

Miguel de Cervantes Saavedra
Gesamtausgabe in vier Bänden
Band I

Miguel de Cervantes Saavedra
Exemplarische Novellen
Die Mühen und Leiden des Persiles
und der Sigismunda

Herausgegeben und neu übersetzt
von Anton M. Rothbauer

Zweitausendeins

Die vorliegende Übersetzung beruht auf den
›Obras Completas de Miguel de Cervantes Saavedra‹,
herausgegeben von Rodolfo Schevill und Adolfo Bonilla,
Madrid 1914–1941

© 1963 Henry Goverts Verlag GmbH, Stuttgart.
Lizenzausgabe mit freundlicher Genehmigung
der S. Fischer Verlag GmbH, Frankfurt am Main

Alle Rechte vorbehalten, insbesondere das Recht der mechanischen,
elektronischen oder fotografischen Vervielfältigung, der Einspeicherung
und Verarbeitung in elektronischen Systemen, des Nachdrucks in
Zeitschriften und Zeitungen, des öffentlichen Vortrags, der Verfilmung
oder Dramatisierung, der Übertragung durch Rundfunk, Fernsehen
oder Video, auch einzelner Text- und Bildteile.
Der *gewerbliche* Weiterverkauf und der *gewerbliche* Verleih von
Büchern, Platten, Videos oder anderen Sachen aus der Zweitausendeins-
Produktion bedürfen in jedem Fall der schriftlichen Genehmigung
durch die Geschäftsleitung vom Zweitausendeins Versand in Frankfurt.

Herstellung dieser Lizenzausgabe:
Dieter Kohler & Bernd Leberfinger, Nördlingen.
Druck: Buch- und Offsetdruckerei Wagner GmbH, Nördlingen.
Gebunden bei G. Lachenmaier, Reutlingen.
Umschlaggestaltung: Roland Hänßel.
Printed in Germany.

Diese Ausgabe gibt es nur bei Zweitausendeins
im Versand (Postfach, D-60381 Frankfurt am Main,
Telefon 01805-23 2001, Fax 01805-24 2001)
oder in den Zweitausendeins-Läden in Berlin, Düsseldorf,
Essen, Frankfurt, Freiburg, Hamburg, Köln, München,
Nürnberg, Saarbrücken, Stuttgart.

In der Schweiz über buch 2000,
Postfach 89, CH-8910 Affoltern a. A.

ISBN 3-86150-188-0

ANTON M. ROTHBAUER

DER DICHTER UND SEIN WERK 7

ZUR EINFÜHRUNG IN DIE EXEMPLARISCHEN
NOVELLEN 46

ZUR EINFÜHRUNG IN DIE MÜHEN UND LEIDEN
DES PERSILES UND DER SIGISMUNDA 58

EXEMPLARISCHE NOVELLEN 85

DIE MÜHEN UND LEIDEN DES PERSILES
UND DER SIGISMUNDA 687

ANMERKUNGEN UND ERLÄUTERUNGEN 1165

INHALT 1207

Anton M. Rothbauer

DER DICHTER UND SEIN WERK

Selten wurde über einen Dichter und sein Schaffen so viel
geschrieben wie über Miguel de Cervantes und sein Werk.
Vor einigen Jahren hat ein Bibliograph errechnet, daß
nicht weniger als sechstausend Bücher, mehr als sechzig-
tausend wissenschaftliche Monographien und über eine
halbe Million Artikel und Aufsätze in Zeitungen und Zeitschriften erschienen sind, die sich alle mit einem Dichter
beschäftigen, dem an die neunundsechzig Jahre zu leben
bestimmt war, und mit einem Werk sich auseinandersetzen,
das alles in allem auf ungefähr sechstausend Druckseiten
seinen Niederschlag fand.

Doch wissen wir heute trotz emsiger Forschung nur
wenig Sicheres über die Hintergründe und die treibenden
Kräfte, welche die wichtigsten Lebensabschnitte des Dichters beeinflußten. Nur einige magere Daten und spärliche
Anhaltspunkte, fast bis zur Unkenntlichkeit verwehte
Spuren eines bewegten Lebens, weisen bald nach der, bald
nach jener Richtung. So konnte und kann jeder Versuch,
das Leben und das Werk des Cervantes zu erklären, immer
nur eine Möglichkeit unter vielen anderen sein. Deshalb
ist auch der Streit der Meinungen darüber bis heute noch
nicht entschieden.

Wer durch den Beruf verpflichtet auch nur einen Teil der
Papierflut an Sekundärliteratur – sie soll damit nicht allgemein verächtlich abgetan werden – gelesen und durch-
dacht hat, mußte erkennen, wie seltsam einseitig Dichter
und Werk betrachtet wurden. Fast immer ist es der »Don
Quijote«, der zum ausschließlichen Maßstab erhoben wurde,
ein »Don Quijote« – trotz seiner Größe nicht des Dichters
liebste Schöpfung –, über dessen Sinngebung kaum einer
der Meinung des andern war und ist. Daß die Gebrauchs-
münze gelegentlicher Nennungen und die Schablone ehren-
der Phrase gleich und jedermann verfügbar ist, will nichts
besagen. Aus der Einseitigkeit der »Don-Quijote«-Per-

spektive entstanden Zerrbilder; sie dienten alle der bequemeren Einordnung in festgefügte Rahmen, und keiner dachte mehr daran, die ganze Persönlichkeit und das Gesamtwerk des Dichters als Ausdruck einer einzigartigen, seltsam modernen seelischen Landschaft mit ihren Höhen und Tiefen, ihrer Übereinstimmung und ihren Widersprüchen, ihrer Fruchtbarkeit und Dürre anzunehmen. Wie sähe wohl ein Shakespeare aus, den man nur vom »Hamlet« her beurteilen wollte, wie ein Goethe, den man nur am »Faust« zu messen gedächte?

Vielerlei wurde über Cervantes geschrieben: in Spanien, in Spanisch-Amerika, in Frankreich, England und Deutschland, in Rußland und in den Vereinigten Staaten. In Italien seltsamerweise nur wenig. Doch was und wieviel auch da und dort über den Dichter geschrieben wurde, immer ist es ein anderer Cervantes, dem wir begegnen.

Für die einen war er nichts als ein Humorist, der den Menschen die müßigen Stunden mit Lachen vertreiben wollte. Für die andern war er der bittere Satiriker seiner Zeit, der Hasser König Philipps II., der Feind des spanischen Hochadels, der heimliche Protestant, der seine wahre Meinung heuchlerisch verschlüsselte, damit er sich nicht im Netz der Inquisition verfinge. Den dritten aber galt und gilt er als glaubensstrenger, moralisierender und jederzeit blind gehorchender Diener der katholischen Kirche. Erschien er den Rationalisten als ein Dichter der Vernunft, so huldigten ihm die Romantiker als dem Vorbild des »romantischen« Dichters. Von den einen als überragender Philosoph und gewiegter Theologe gepriesen, wird er von anderen als ein nicht unbedeutendes Naturtalent angesehen, dem aber jede ernstzunehmende höhere Bildung abzusprechen sei.

Zu solcherart einander ausschließenden Meinungen führte aber nicht allein die einseitige »Don-Quijote«-Perspektive; sie waren meist auch der Ausfluß politischer, religiöser und ästhetischer Vorurteile. Man suchte im vielbödigen Werk des Dichters nach Beweisstellen für die vorgefaßten Meinungen und fand sie auch.

Überdies lebte Cervantes in einer verworrenen, zwie-

Der Dichter und sein Werk 9

lichtigen Zeit. Auf ihr lag noch der Abglanz der Taten Karls V., der Ruhm seiner Feldherrn und die Glorie der Eroberer der Neuen Welt, alle an Kühnheit und Wunderbarem nur noch überboten in den Ritterromanen. Plus ultra – Immer weiter! Noch 1571 kämpfte der Soldat Miguel de Cervantes Saavedra in der siegreichen Seeschlacht von Lepanto gegen die einen »Glaubensfeinde«, die Moslim, und trug aus dieser Schlacht die Wunden davon, die er höher achtete als sein ganzes Werk, aber schon siebzehn Jahre später, 1588, erlebte der jämmerlich bezahlte Requisitionsagent Miguel de Cervantes Saavedra, der für die »Unbezwingliche Armada« Philipps II. bei andalusischen Bauern Öl und Getreide beschlagnahmt hatte, wie die mächtige Flotte von den vereint kämpfenden Engländern und Holländern, den anderen »Glaubensfeinden«, vernichtet wurde. Non plus ultra – Bis hieher und nicht weiter!

Immer verworrener und zwielichtiger wurde die Zeit. Das Heldentum war entwertet, und der Ritter war ein schmeichelnder Höfling geworden; das Erhabene ging mit dem Lächerlichen einher, das Edle mengte sich mit dem Gemeinen; Tür an Tür wohnte die strenge Sitte und das erklärte Laster; Redlichkeit und Schurkerei aßen aus einer Schüssel; der König ließ sich durch den Günstling vertreten, und unter dem äußeren Glanz schwärte die Fäulnis.

Der Dichter, der, im Vergangenen fußend, das Neue schmerzlich erkennt und begreift als notwendigen Widerspruch, dem ein anderes Neues folgen wird, erlebt sich selbst und seine Zeit als ein Ganzes voll von notwendigen Gegensätzen, spannungsgeladen. Cervantes überhöht mit Hilfe seiner »ars oppositorum« Wirklichkeit und Möglichkeit, ohne sie als Gegensatz aufzuheben, in eine künstlerische Metarealität, in der alles zum Gleichnis wird.

Den stärksten Anstoß empfing Cervantes von der italienischen Spätrenaissance; er hatte die bedeutendsten lateinischen Schriftsteller gelesen, gleichgültig ob im Original oder in einer der meist ausgezeichneten Übersetzungen seiner Zeit; er kannte Pulci, Sannazaro, Tasso, Bembo und Ariost; aus Italien bezog er über die Schriften des

Leon Hebreo und des Baldassare Castiglione den Platonismus; dazu kam noch das erasmistische Ferment. Die Ästhetik des Cervantes wurde entscheidend beeinflußt von der 1596 erschienenen »Philosophia antigua poética« des López Pinciano, der einzigen systematischen Poetik des 16. Jahrhunderts, einem Werk, das sich auf Aristoteles, Platon und Horaz stützt. Durch dieses Werk erfuhr Cervantes, daß der Vers keineswegs die einzig mögliche Form epischer Darstellung sei und die poetische Prosa sich besser eigne. Bei López Pinciano stieß er auch auf die Idee von der »poetischen Wahrscheinlichkeit«, die, von der »Wahrheit« des Chronisten deutlich unterscheidbar, zur Grundlage seines Schaffens wurde. In der spanischen Literatur fand er alle Formen vorgebildet, die er in seiner ersten Epoche pflegte: die Bukolik, die Lyrik und das Theater. Die Berührung mit den unterschiedlichsten Bevölkerungsschichten und Menschen in Italien, Algier, Portugal und Spanien verschaffte ihm Stoff und Gestalten. Am entscheidendsten aber wurde der Dichter vom Leben selbst geformt.

Miguel de Cervantes Saavedra wurde als das vierte Kind des Rodrigo de Cervantes und der Leonor de Cortinas in Alcalá de Henares geboren. Das Geburtsdatum des Dichters ist unbekannt; wir wissen nur, daß er in der dortigen Kirche Santa María la Mayor am 9. Oktober 1547 getauft wurde. Der Vater stammte aus einer kleinadeligen Familie, die in Córdoba beheimatet war, und übte den Beruf eines Wundarztes aus. Doch scheint er es darin nicht einmal zu bescheidenem Ansehen gebracht zu haben. Zu allem Unglück war er überdies halb taub, und es dürfte ihm nicht leicht gefallen sein, die immer zahlreicher werdende Familie durchzubringen.

Von Andrés, dem ältesten Bruder Miguels, kennen wir nur das Taufjahr – 1543 –, nicht aber das Sterbejahr, und von Juan, dem Jüngsten der Geschwister, wissen wir überhaupt nur den Namen. Es ist dies auch nicht wichtig, da in der Lebensgeschichte des Dichters, wenn auch nicht immer unter glücklichen Umständen, nur die übrigen Geschwister erscheinen: Andrea (geb. 1544), Luisa (1546),

Rodrigo (1550) – alle in Alcalá de Henares geboren und getauft – und schließlich Magdalena, die um 1555 in Valladolid geboren wurde. Luisa trat 1565 in das Kloster der barfüßigen Karmeliterinnen in Alcalá de Henares ein, war dort dreimal Priorin und starb, den Dichter und die Geschwister überlebend, im Jahre 1620.

Die Dokumente, die uns die Jugend des Dichters anschaulich machen könnten, sind leider sehr spärlich. Bis heute war kein Cervantesforscher imstande, die Biographie des Dichters bis 1568 unwidersprochen darzustellen. Dies dem Leser zur Warnung, da ich in der Folge versuchen werde, diesen Lebensabschnitt mit Hilfe ungenauer Daten zu rekonstruieren, indem ich mich an jene Auffassungen halte, denen, vom Ganzen her gesehen, die größte Wahrscheinlichkeit zukommt.

Danach lebte die Familie des Dichters von 1543, dem Geburtsjahr des ältesten Sohnes, bis zum Jahre 1551 in Alcalá de Henares. Rodrigo de Cervantes, der Vater, fühlte sich, wie Miguel mehrmals bemerkt, stets vom Hofe wie von einem Magnet angezogen und strebte immer in jene Stadt, die der Hof zur Residenz erwählt hatte. So übersiedelte die Familie Cervantes nach Valladolid und blieb dort bis 1561, dem Jahre, in dem Philipp II. mit dem Hof nach Madrid zog. In dieser Zeit dürfte Miguel de Cervantes – er hätte gerade das für den Besuch der Grammatikschule vorgesehene Alter gehabt – zwischen 1557 und 1561 das im Hospital de San Antonio in Valladolid eingerichtete Jesuitenkolleg besucht haben. Hier – 1557 – oder in Madrid – 1561 – könnte Cervantes auch Lope de Rueda, den von ihm hochgerühmten Dramatiker und Schauspieler, auf der Bühne gesehen haben.

Die Meinungen darüber, ob Miguel de Cervantes eine Hochschule besucht habe oder nicht, gehen weit auseinander. Die Familie Cervantes lebte in recht dürftigen Verhältnissen und wäre nicht in der Lage gewesen, Miguel auf eine Hochschule zu schicken. Nichts aber spricht dagegen, daß Miguel de Cervantes sich, einem allgemeinen Brauch folgend, um studieren zu können, bei einem reichen Studenten als Diener verdingt habe und zwischen 1562 und

1568, freilich ohne sein Studium zu beenden, in Salamanca gewesen sei. Dafür spräche auch die Matrikel eines gewissen »Miguel de Cervantes, wohnhaft in der Calle de Moros in Salamanca«, die Tomás González, ein ehemaliger Direktor des Staatsarchivs in Simancas, gesehen haben will. Dafür spricht auch die keineswegs oberflächliche Kenntnis des studentischen Lebens seiner Zeit, das er uns an vielen Stellen seines Werkes, besonders aber in den Novellen »Der Lizentiat Vidriera« und »Die vornehme Hausmagd« anschaulich macht.

Im Jahre 1568 finden wir Miguel de Cervantes bei López de Hoyos, Professor am »Estudio de la Villa«, der Grammatikschule der Stadt Madrid, wo er seinem Alter nach eher Hilfslehrer denn Schüler gewesen sein dürfte. Der Tod Isabellas de Valois, der dritten Gemahlin Philipps II. – 3. Oktober 1568 – war der Anlaß zu den ersten uns bekannten Gedichten des Cervantes. Diese – ein Sonett, eine Copla, vier Redondillen und eine Elegie – wurden von López de Hoyos in eine 1569 erschienene Gedächtnisschrift aufgenommen.

In Salamanca und bei López de Hoyos dürfte Cervantes die wesentlichen Werke des Erasmus von Rotterdam kennengelernt haben, als sie trotz aller Versuche, ihre Verbreitung einzudämmen, immer noch eifrig gelesen wurden. Manche Biographen neigen dazu, den Einfluß, den Erasmus auf Cervantes ausgeübt hat, zu übertreiben. Sie vergessen nämlich, daß der Dichter in einigen grundsätzlichen Auffassungen von Erasmus abweicht. Wenn Erasmus in den »Zwiegesprächen« die Narrheit der Jugend tadelt, die mit Begeisterung den Waffendienst auf sich nimmt, wenn er die Wallfahrten nach Jerusalem oder Rom lächerlich macht und darüber spottet, daß einer sich im Ordenskleid des heiligen Franziskus begraben läßt, so nimmt Cervantes den Waffendienst mit Begeisterung auf sich, baut ein ganzes Werk auf einer Rompilgerfahrt auf und läßt sich schließlich im Kleid des »Dritten Ordens« zu Grabe tragen.

Gerade in dieser Zeit dürfte Cervantes wie die meisten seiner Zeitgenossen und vor ihm Karl V., der heilige Ignatius und die heilige Therese von Avila alle greifbaren Rıt-

Der Dichter und sein Werk

terromane gelesen haben. Nur wenn wir dies annehmen, erklärt sich uns manches in Leben und Werk des Dichters, um so mehr als zu der Zeit, da er seinen »Don Quijote« schrieb, die Ritterromane längst schon aus der Mode gekommen waren. Diese Annahme ist um so berechtigter, als der Dichter wie der Künstler überhaupt – um hier mit Thomas Mann zu reden – seiner Kindheit und seinen Jünglingsjahren zeitlebens näher bleibt und treuer als der im Praktisch-Wirklichen spezialisierte Mensch.

Im Jahre 1569 verließ Miguel de Cervantes Madrid und Spanien. Alle Anzeichen sprechen dafür, daß er mit der Justiz in Schwierigkeiten geraten war. Am 15. September 1569 wurde nämlich in Madrid ein Haftbefehl gegen einen Miguel de Cervantes erlassen. Dieser war durch einen richterlichen Schuldspruch auf zehn Jahre des Landes verwiesen, doch sollte ihm, bevor man ihn ausstieß, noch die rechte Hand abgehauen werden. Zum Schuldspruch kam es, da der genannte Miguel de Cervantes einen gewissen Antonio de Segura – dieser hatte eine Dame belästigt – zur Rede gestellt und im Zweikampf schwer verwundet hatte. Wie dem auch sei, feststeht, daß der Dichter beim Kardinal Giulio Acquaviva, der Ende 1568 als päpstlicher Legat nach Madrid gekommen war, als Kämmerer Unterschlupf fand. Mit Kardinal Acquaviva reiste er auf dem Landwege über Frankreich nach Italien und war im Dezember 1569 in Rom. Der Kämmererdienst bei Kardinal Acquaviva dauerte nicht lange, denn schon zu Beginn des Jahres 1570 war Cervantes Soldat und machte wahrscheinlich die Expedition nach Zypern mit, die aber abgebrochen wurde, weil die Türken sich inzwischen bereits der Stadt Nicosia bemächtigt hatten.

Am 7. Oktober 1571, dem Tag der Seeschlacht von Lepanto, war der Soldat Miguel de Cervantes an Bord der Galeere »La Marquesa«. Seinem Befehl unterstanden zwölf Mann. Doch sein Mißgeschick – noch nannte er es so – suchte ihn an diesem entscheidenden Tag, an dem er sich als Held beweisen wollte, mit schwerem Fieber heim. Augenzeugen berichten:

»Der besagte Miguel de Cervantes war krank und hatte Fieber... und obgleich der Kapitän und viele Kameraden ihm nahelegten, er möge sich doch, krank wie er sei, drunten in der Galeerenkammer niederlegen, erwiderte der besagte Miguel de Cervantes, man solle doch bedenken, was man nachher von ihm reden würde; er wolle lieber für seinen Glauben und seinen König kämpfend sterben, als sich unter Deck verstecken.«

Miguel de Cervantes, der »Ritter ohne Furcht und Tadel«, setzte es durch, daß man ihm und seinen Leuten ein Enterboot zuwies. Im Ansturm der türkischen Enterboote schlugen sich Cervantes und seine Leute so tapfer, daß auf ihrer Seite kein Türkenboot der »Marquesa« nahekam. Miguel de Cervantes wurde von drei Musketenkugeln getroffen; zwei verwundeten ihn an der Brust und die dritte verstümmelte ihm die linke Hand, die er zeitlebens nicht mehr gebrauchen konnte. Die Wundnarben und die verstümmelte Hand waren, solange er lebte, des Dichters größter Stolz; sie dünkten ihm wertvoller als seine Werke, und immer wieder erinnerte er an die verkrüppelte Linke, die ihm dann den Beinamen »el manco sano« – der »Krüppel ohne Fehl« – eintrug.

Einundvierzig Jahre später kommt er in der Vorrede zu den »Exemplarischen Novellen« wieder auf die Seeschlacht von Lepanto und die verstümmelte Linke zurück und sagt von sich, dem Verfasser:

»Er heißt, wie allgemein bekannt, Miguel de Cervantes Saavedra, war viele Jahre Soldat und fünf und ein halbes in Gefangenschaft, wo er lernte, Geduld zu haben auch im Unglück. In der Seeschlacht von Lepanto wurde ihm die linke Hand von einer Musketenkugel unbrauchbar gemacht; diese Verstümmelung erachtet er trotz ihrer scheinbaren Häßlichkeit für schön, weil er sie davontrug aus der denkwürdigsten und erhabensten Begebenheit, die verflossene Jahrhunderte nie zu sehen bekamen und zukünftige nicht zu sehen erwarten dürfen, davontrug, als er unter den siegreichen Fahnen kämpfte, die der Sohn Karls V. anführte, der Sohn des Kriegs-

herrn rühmlichen Angedenkens, der stets gleich dem
Blitze über seine Feinde herfiel.«

Nach der siegreichen Seeschlacht, bei der ein Großteil der
türkischen Flotte entweder versenkt oder gekapert, fünf-
zehntausend christliche Rudersklaven befreit und viele
Anhänger des Islam als Gefangene eingebracht worden
waren, löste sich das spanische Geschwader unter Don
Juan de Austria aus dem Flottenverband der Heiligen
Liga und fuhr nach Messina.

Dort heilte Cervantes seine Wunden aus. Im April 1572
rückte er wieder zum Regiment des Lope de Figueroa ein.
Sein tapferes Verhalten bei Lepanto war anerkannt worden: man hatte ihm den Monatssold um drei Taler erhöht.

Allein in den europäischen Staatskanzleien wurde der
Seesieg von Lepanto weniger als ein Sieg der Christenheit
über den Islam denn als Sieg Spaniens gewertet. Nun befürchtete man in den katholischen Ländern, Spanien könnte
auf diesem Wege die Hegemonie an sich reißen; die protestantischen Staaten aber wußten, daß eine Hegemonie
Spaniens gleichbedeutend wäre mit dem Sieg der Gegenreformation und der Unterdrückung des Protestantismus.
So krachte es, trotz der feierlichen gegenseitigen Beteuerungen der Verbündeten, überall im Gefüge der Heiligen
Liga. Dazu kamen noch die Eifersüchteleien der Generäle,
die Don Juan de Austria den Ruhm von Lepanto neideten.

Von all dem wußten Soldaten wie Miguel de Cervantes
nichts; sie, besonders aber er, lebten alle noch in der Glorie
des Sieges und glaubten, es bedürfe nun nicht allzu großer
Anstrengung, die Macht des Halbmondes, des gefährliche-
ren Feindes, für immer zu brechen. Einen neuen entscheidenden Sieg über die türkische Flotte erwartend, fuhr
Miguel de Cervantes – diesmal von seinem Bruder Rodrigo,
der auch Soldat geworden war, begleitet – mit der Flotte
Don Juans nach dem venezianischen Korfu. Als sie dort
eintrafen, waren die Geschwader der Venezianer und des
Papstes schon ausgelaufen. Statt nun den erhofften Sieg
über Uludsch Ali, den türkischen Großadmiral, unabhängig von Don Juan zu erringen, wie sie gehofft hatten, ver-

zettelten sie nur ihre Kraft in kleinen nutzlosen Seegefechten. Als dann doch die christlichen Geschwader unter der Führung Don Juans vereint waren, war auch schon die günstige Gelegenheit verpaßt, die Flotte des Halbmonds bei Navarino vom Land abzuschneiden und zu vernichten. Uludsch Ali konnte sich noch rechtzeitig in den Hafen Modon unter den Schutz der schweren Kanonen zurückziehen. Den Hafen zu belagern oder zu nehmen, war unmöglich. Unverrichteterdinge mußte Don Juan de Austria am 8. Oktober 1572, etwas über ein Jahr nach dem Seesieg bei Lepanto, abziehen. Noch zweiunddreißig Jahre später gedachte Miguel de Cervantes im »Don Quijote« enttäuscht der versäumten Gelegenheit, die türkische Flotte ein zweites Mal empfindlich zu schlagen.

Der Dichter hatte gehofft, neuen Heldenruhm zu erwerben. Dies blieb ihm jedoch versagt; als lächerlichen Ersatz brachte ihm die gescheiterte Unternehmung eine weitere Erhöhung des Monatssolds um vier Dukaten.

Im Spätherbst des Jahres 1573 nahmen Miguel und Rodrigo de Cervantes an der Eroberung von Tunis teil. Auch dabei war nicht viel Ruhm zu holen, denn die Stadt ergab sich kampflos, und die Flotte ging bald darauf nach Neapel ins Winterquartier. Schon im folgenden Jahr fielen La Goleta und Tunis wieder in die Hand der Türken.

Im November 1574 wurde Miguel de Cervantes immer noch als »soldado aventajado«, als gemeiner Soldat mit höherer Löhnung, geführt, zu mehr hatte seine heldische Bereitschaft nicht gereicht.

Der Traum von Lepanto war ausgeträumt. Die heldische Glorie, die Karl V., seine Feldherren und die großen Eroberer der Neuen Welt umstrahlte, die den Glanz der Ritterromane ausmachte, war ihm, dem unbekannten Soldaten unter vielen anderen ebenso unbekannten, versagt geblieben. Doch noch erkannte er nicht, daß die Zeit des Rittertums zu Ende gegangen war, und schrieb einer widrigen Laune des Schicksals zu – im »Don Quijote« symbolisiert er das widrige Geschick im feindlich gesinnten Zauberer –, was an den geänderten Verhältnissen lag. Noch hatte er nicht gelernt, »Geduld zu haben auch im Unglück«,

Der Dichter und sein Werk   17

noch glaubte er in seiner Ungeduld, das Schicksal meistern
zu können. Wenn er schon hier in Italien die Beförderung
nicht erwirken konnte, der König in Madrid würde sie
ihm gewiß nicht verweigern. Miguel setzte seine ganze
Hoffnung auf die Empfehlungsbriefe – einen vom Herzog
von Sessa, dem Vizekönig von Sizilien, und den andern
von seinem Feldherrn Don Juan de Austria, dem Halb-
bruder König Philipps II. –, die man ihm gegeben hatte,
als er Urlaub nahm, um sich nach Spanien einzuschiffen.
    Am 20. September 1575 lichtete die Galeere »Sol« in
Neapel die Anker und stach in See. Bald würden Miguel
und sein Bruder Rodrigo in Barcelona an Land gehen und
nach Madrid reisen. Doch wieder wandte sich das Blatt.
Als die Galeere »Sol« die Höhe von Les Saintes-Maries
am Rhône-Delta erreichte, wurde sie von drei algerischen
Raubschiffen unter der Führung des Dalí Mamí, eines al-
banesischen Renegaten, angegriffen. Obwohl die Piraten
auf entschlossene Gegenwehr stießen, gelang es ihnen, die
»Sol« zu kapern. Die überlebenden Christen wurden in
Ketten gelegt und in die Sklaverei gebracht. Miguel de
Cervantes wurde dem Dalí Mamí zugesprochen.
    Nun fielen die Grenzen, die Trennwände, zwischen Sinn
und Widersinn. Der unbekannte »soldado aventajado«,
dem ein Freund Empfehlungsbriefe hochgestellter Persönlichkeiten verschafft hatte, damit jener in Madrid eine
Fähnrichstelle in der Italienarme erlange, war nun gerade
durch die Empfehlungsbriefe in den Augen der algerischen
Seeräuber zu einem Mann von Rang und Namen geworden; der bettelarme Sohn bettelarmer Eltern galt unversehens als Herr aus reichem Hause. Plötzlich erwies sich
die Wirklichkeit als vielbödig; Irrtum und Wahrheit waren austauschbar geworden, und Miguel de Cervantes sah
sich in einer Lage von solcher Absurdität und Hilflosigkeit
angesichts des Unfaßbaren, wie sie Franz Kafka nicht besser hätte ersinnen können.
    Doch war Miguel de Cervantes nur einer der fünfzehn-
bis zwanzigtausend Christensklaven, die in der Hauptstadt des von der Hohen Pforte abhängigen Seeräuber-
reiches Algier auf das Lösegeld warteten, das ihnen die

Freiheit geben sollte. Das Geschäft mit Menschenware blühte und machte sich trotz mancher Verluste bezahlt. Der Herr, der einen Christensklaven erworben hatte, sah in ihm eine Kapitalanlage und erwartete, ein Vielfaches der aufgewendeten Summe aus dem Geschäft herauszuholen. Doch in der Zwischenzeit mußte sich das angelegte Kapital verzinsen. Der Sklave wurde vermietet, trug Wasser und Holz, arbeitete in Gärten und auf Feldern und wo immer auch Arbeit zu tun war. Das Entgelt steckte der Herr ein.

Die Lage der Sklaven war unterschiedlich. Am besten erging es jenen, die als Diener im Hause ihrer Besitzer lebten. Am schlechtesten hatten es die Sklaven, die der Stadtverwaltung zugesprochen worden waren, weil man von ihnen kein Lösegeld erhoffen durfte. Am frühen Morgen zogen sie zur Arbeit in die Steinbrüche, bauten Straßen und besorgten die Straßenreinigung. Am Abend kehrten sie dann wieder in die Säle des Sklavenhauses – ein Lagerhaus für Arbeitskraft, Menschenwarenlager und Kerker zugleich – zurück und lagen die Nacht über an Ketten. Von den Rudersklaven, ihren Leidensgefährten, unterschieden sie sich nur dadurch, daß sie festen Boden unter den Füßen hatten.

Im gleichen Sklavenhaus waren auch jene untergebracht, die dem Vizekönig oder anderen angesehenen Leuten wie den Reis zugefallen waren, Menschenware bester Handelsgüte, von der sich die Besitzer höchste Lösegelder erwarteten. Nach einem kurzen Aufenthalt in den unterirdischen Kerkerhöhlen genossen diese Sklaven gewisse Vorrechte. Sie durften sich in der Stadt frei bewegen; die Kette, die sie trugen, war eher ein Zeichen ihres Ranges, eine Art Qualitätsmarke, als ein Hindernis.

Jeder Fluchtversuch wurde grausam bestraft, sahen doch die Sklavenhalter darin einen Eigentumsdelikt, der schwerer wog als Mord und Totschlag.

In Algier, wie im ganzen Hoheitsgebiet des Sultans – des Großtürken, wie man ihn nannte – wimmelte es von Renegaten. Enttäuscht, abenteuerlustig oder weil sie in ihrer Heimat Schiffbruch erlitten hatten, waren sie dem

Der Dichter und sein Werk 19

Christentum abtrünnig geworden und hatten unter dem Halbmond ein neues Leben angefangen. Hier war es leichter als in den christlichen Ländern durch Kenntnis und Kühnheit nach oben zu kommen – man hatte keine Standesvorurteile –, und so wählte mancher Christ das Renegatentum, in dem er sich islamischer erwies als der geborene Mohammedaner.

Zwischen den Sklaven, ihren Herren und den Angehörigen der Sklaven in den christlichen Ländern vermittelten die Trinitariermönche. Sie waren in Algier nicht ungern gesehen, denn ihr Orden hatte es sich zur Aufgabe gemacht, möglichst viele Christensklaven loszukaufen. Das Lösegeld für Leute hohen Ranges und solche, die aus reichen Häusern stammten, floß den Mönchen meist aus dem Vermögen der Angehörigen zu; um den Unbemittelten zu helfen, sammelten die Trinitarier Almosen, und es begab sich, daß da und dort einer der Mönche als Geisel an die Stelle eines Freigelassenen trat und mit seiner Person für das geschuldete Lösegeld bürgte. Den Trinitariermönchen und ihrem Wirken setzte Cervantes später ein Denkmal in der Novelle »Die englische Spanierin«.

Hassan Pascha, der neue Reichspächter von Algier mit dem Titel eines Vizekönigs, ein venezianischer Renegat, erwies sich bald als überaus grausam. Selbst die keineswegs weichherzigen Nutznießer des Sklaven- und Beutegeschäfts entsetzten sich über das bestialische Verfahren ihres neuen Oberhauptes. Hängen, Pfählen und Ohrabschneiden, auch aus nichtigsten Gründen, wurden zu Alltäglichkeiten. Vor den Toren der Stadt Algier hingen immer frisch abgehauene Sklavenköpfe.

Auch Miguel de Cervantes, der Sklave des Dalí Mamí, lebte im Sklavenhaus. Auch er trug die symbolische Kette. Gewöhnlich durchstreifte er die Stadt, führte lange Gespräche mit seinen Leidensgenossen, knüpfte Verbindungen an da und dort, schrieb Gedichte in der Art des Garcilaso de la Vega und des Fernando de Herrera, und immer wieder, wenn sich ihm die Gelegenheit bot, versuchte er, seinem Herrn klarzumachen, in welch trügerische Hoffnung dieser sich lulle, wenn er ihn für einen Spanier von

Rang und Namen halte. Er sei doch nur ein armer Schlukker, dessen Familie nie imstande sein werde, das hohe Lösegeld aufzubringen. Vergeblich. Dalí Mamí blieb bei seiner
Meinung; er wußte, der Mann war mehr wert, als er sich
den Anschein geben wollte. Dieser Miguel de Cervantes
war anders als alle Sklaven, die er gehabt, anders als alle,
die in Algier zu finden waren; das wußte der albanesische
Renegat und verbohrte sich noch tiefer in den Irrtum, sein
Sklave müsse aus hochadeligem Hause stammen.

Inzwischen hatte sich in Spanien Rodrigo de Cervantes,
der Vater, keinerlei Weg scheuend, um den Loskauf seiner
Söhne bemüht, hatte Berichte über ihre militärische Führung und ihre Lage in der algerischen Sklaverei verfaßt
und untertänigst – »Gott erhalte Euer Gnaden viele Jahre!«
– gebeten, man möge ihm doch das Lösegeld für beide
Söhne vorstrecken. Vergeblich. In den Kanzleien hatte
man andere Sorgen. Unmöglich erschien es den Beamten,
knappes Geld für zwei Leute, von denen zwölf aufs Dutzend gehen, hinauszuwerfen, da man infolge des Staats-
bankrotts nicht einmal die wichtigsten Gläubiger zufriedenstellen konnte.

Aussichtslos und erschreckend lag nun die Zukunft vor
Miguel de Cervantes. Doch fühlte er sich befreiter im Unglück, da er nicht mehr nur ein kleines, vielen anderen
gleiches Teilchen eines gewaltigen militärischen Apparats
war. Ganz auf sich gestellt, konnte er nun sein Heldentum
beweisen, deutlicher machen denn als Soldat, sich aus Eigenem bewähren. Von diesen Gedanken wurde das Leben
des Dichters in den fünf Jahren, die er in algerischer Gefangenschaft zubrachte, bestimmt. Sein Tun und seine Haltung bewiesen es.

Oran, die Algier zunächstliegende Stadt Nordafrikas,
war noch fest in spanischen Händen. Der kürzeste Weg
dahin führte die Küste entlang, doch die Schergen Hassan
Paschas überwachten ihn scharf. Nur ein einheimischer
Führer wäre imstande, Flüchtlinge auf den schwierigen
Pfaden durch den südlichen Teil des Landes nach Oran zu
bringen. Cervantes fand einen Mauren, der bereit war,
ihn und seine Gefährten, gegen bares Geld und Sicher-

Der Dichter und sein Werk 21

stellung, durch die unwirtliche Gegend in die Freiheit der sicheren Stadt zu geleiten. Auf halber Strecke machte sich der verräterische Maure heimlich davon und überließ die des weiteren Weges Unkundigen ihrem unerfreulichen Los. Es gab für sie nur die Möglichkeit, nach Algier zurückzukehren und es dem Schicksal zu überlassen, was Hassan Pascha, der jeden Fluchtversuch hart bestrafte, über sie beschließe.

Miguel de Cervantes tritt vor den Vizekönig; er bekennt sich als Anstifter, er sei der Verführer, ihn allein treffe die Schuld. Und zum ersten Male geschieht das Seltsame: Cervantes wird nicht zum Tode verurteilt, es solle mit dreihundert Stockschlägen sein Bewenden haben. Die Gefährten gehen straffrei aus.

Miguel wurde im Sklavenhaus in Ketten gelegt. Aus nicht bekanntem Grund ließ Dalí Mamí die Strafe nicht vollstrecken; mehr noch: einige Tage später fand Miguel an seinem Strohlager neue Kleider, die Ketten wurden ihm abgenommen, und er durfte sich, nur an der symbolischen Kette als Sklave erkennbar, wieder frei bewegen.

Im Jahre 1577 wurde dann sein Bruder Rodrigo losgekauft. Die Eltern hatten endlich die geforderten dreihundert Taler aufgebracht. Dieser Betrag reichte gerade für den jüngeren Sohn; der ältere mußte warten.

Miguel gab nicht auf. In Terzetten schreibt er eine »Epistel« an Mateo Vázquez, den Sekretär Philipps II. Darin erinnert er an die siegreiche Schlacht von Lepanto, in der er selber mitgekämpft hatte und an der Linken schwer verwundet worden war. Miguel will nichts für sich, er schreibt keinen Bettelbrief um sein Lösegeld, doch erinnert er König Philipp an die Taten seines kaiserlichen Vaters und spricht von den Leiden der zwanzigtausend Christensklaven in der Stadt Algier, zu deren Kerker er, der hohe Herr und König, allein den Schlüssel habe. Vor seinem Namen und seiner Macht zitterten die algerischen Seeräuber, schreibt Cervantes, weshalb er auch das Werk, das sein Vater begonnen, zu Ende führen solle.

Die dichterische »Epistel« des unbekannten Kleinedelmannes – in Spanien wimmelte es von solchen Leuten –

blieb unbeantwortet. König Philipp II. hatte andere Sorgen. Ob der Dichter damals wirklich noch glaubte, daß seine Stimme aus der Sklaverei – die Stimme aller Sklaven in Algier – Gehör fände, läßt sich nicht sagen. Jedenfalls bereitete Miguel zur gleichen Zeit einen neuen Fluchtversuch vor, den er mit seinem Bruder schon vor dessen Loskauf besprochen hatte. Rodrigo sollte in Spanien eine Fregatte chartern, die an einem bestimmten Tag an einem schon festgelegten Punkt der Küste zu kreuzen hatte, um dort die Flüchtlinge aufzunehmen.

In einem Garten nahe der Küste wurde eine Höhle gegraben, in der die für die Flucht ausersehenen Christensklaven einer nach dem andern verschwanden. Der festgesetzte Tag kam heran, und Miguel begab sich zu seinen Kameraden in die Höhle. Als jedoch die Fregatte in Sicht war, wurde sie von einer Gruppe Mauren gesehen, die sogleich Alarm schlugen. El Dorador, ein Renegat, der die Flüchtlinge mit Nahrung versorgt hatte, bekam es nun mit der Angst zu tun, eilte zum Pascha und verriet alles. Die Schergen Hassans drangen in den Garten, »hießen die Christen aus der Höhle herauskommen, nahmen sie gefangen und legten besonders Miguel Cervantes, einen angesehenen Edelmann aus Alcalá de Henares, den Urheber des Unternehmens, in Fesseln«, wie es in der »Topografía e historia general de Argel« (1604) des Diego de Haedo, des Erzbischofs von Palermo, heißt. Vor Hassan Pascha gebracht, bekannte sich Miguel de Cervantes wiederum zur Urheberschaft dieses zweiten Fluchtversuches; er wisse, daß er sich des Todes schuldig gemacht habe. Und zum zweiten Male geschah das Seltsame: Hassan Pascha ließ wohl den Gärtner hinrichten, erstand Miguel für fünfhundert Taler von Dalí Mamí und nahm ihn in strengen Gewahrsam.

Im März 1578 gelang es Miguel de Cervantes, einen Mauren zu bewegen, dem Don Martín de Córdoba, dem Gouverneur von Oran, einen Brief zu überbringen. Darin schlug Miguel nichts geringeres vor, als daß die spanische Garnison von Oran sich bereithalten möge, einen von ihm angezettelten Aufstand der Christensklaven von Algier zu unterstützen. Wiederum wurden die hochfliegenden Pläne

Der Dichter und sein Werk

des Dichters zuschanden, denn knapp vor den Toren Orans wurde der Bote von den Häschern Hassan Paschas aufgegriffen und nach Algier gebracht. Der Maure war treu, auch die Folter vermochte sein Schweigen nicht zu brechen, und standhaft erlitt er den Tod durch Pfählen. Miguel de Cervantes aber wurde zu zweitausend Stockschlägen verurteilt, eine tödliche Strafe, die ihm aber dank der Fürsprache einflußreicher Leute, die den »Ritter ohne Furcht und Tadel« bewunderten, erlassen wurde.

Was mit Miguel de Cervantes bis zum Herbst des Jahres 1579 geschah, wissen wir nicht. Die einzige Nachricht, die wir aus dieser Zeit besitzen, besagt, daß er noch im Jahre 1578 eine Bittschrift zugunsten des Trinitariermönchs Fray Jorge Oliver, der als Geisel in Algier festgehalten wurde, unterzeichnete.

Im September 1579 konnte sich Miguel de Cervantes mit Hilfe zweier in Algier ansässiger Kaufleute aus Valencia eine Fregatte verschaffen. Damit wollte er, besser planend und vorsichtiger als bisher, mit sechzig seiner Leidensgefährten der allzu lange dauernden Sklaverei entfliehen. Doch einer der Eingeweihten, ein Dr. Juan de Paz – angeblich ein ehemaliger Dominikaner aus Salamanca – verriet den Plan in letzter Stunde an einen florentinischen Renegaten namens Cayban, der wiederum schleunigst Hassan Pascha davon in Kenntnis setzte. Cervantes, der rechtzeitig vom Verrat erfahren hatte, konnte noch verhindern, daß seine Gefährten sich in den Garten an der Küste begäben und in die Mausefalle gingen. Die Freunde drängten Cervantes, doch selbst die günstige Gelegenheit zur Flucht wahrzunehmen – Hassans Zorn würde fürchterlich sein –, allein er weigerte sich, ohne die Kameraden zu fliehen. Noch ehe der Vizekönig seinen Sklaven festnehmen lassen konnte, stellte sich Miguel de Cervantes seinem Herrn aus eigenen Stücken.

Niemand in Algier hegte auch nur den geringsten Zweifel daran, daß nun die letzte Stunde des spanischen Narren geschlagen habe, ja, man war sich dessen sicher, daß jener Wahnwitzige nicht bloß hingerichtet, sondern zu Tode gequält werden würde. Doch Miguel de Cervantes vertei-

digte sich und sein Vorhaben, als stünde er mit dem Vizekönig auf du und du, und nannte, nach seinen Komplizen
befragt, nicht einen einzigen wahren Namen. Hassan, dem
es mit seinem Sklaven nicht anders erging als dem Dalí
Mamí, sah wiederum von der Bestrafung des seltsamen
Mannes ab. Wie Diego de Haedo berichtet, sagte der Vizekönig nur, »wenn er den spanischen Invaliden nur recht
gut bewachen ließe, wären ihm wenigstens das Geld, die
Sklaven und die Schiffe sicher«. Cervantes wurde in Ketten gelegt, und ein Jahr lang wissen wir nichts von ihm.

Schon seit Mai des Jahres 1580 hatten die Trinitariermönche eine beträchtliche Anzahl billiger Christensklaven
losgekauft, schon war eine Schiffsladung Befreiter nach Spanien abgegangen. Die Eltern Miguels hatten aber nur kaum
die Hälfte des ursprünglichen Lösegelds von fünfhundert
Talern aufgebracht, und Hassan Pascha schien eher willens,
bedeutend mehr zu fordern. Im Namen seines Ordens
führte Fray Juan Gil die Verhandlungen mit dem Vizekönig, obwohl manche, vor allem der verräterische Dr.
Juan de Paz, der sich als Sittenrichter aufspielte, ihm in
den Ohren lagen, sich nicht um jenen Ketzer und sitten-
losen Menschen, dessen Herkunft und Vergangenheit nicht
gerade einwandfrei wären, zu bemühen. Die Zeit drängte,
denn Hassan Pascha war daran, sich nach Konstantinopel
einzuschiffen. Seine Amtsperiode – die Reichspächterzeit –
war abgelaufen, und Miguel sollte mit ihm ans Goldene
Horn.

Fray Juan Gil hörte jedoch nicht auf die Lästerzungen,
zog Erkundigungen ein – sie lauteten günstig – und vermochte dabei noch, den Betrag aufzutreiben, der auf das
Lösegeld von fünfhundert Talern fehlte. Es gelang ihm
überdies auch – und dies war das wichtigste –, den Hassan
Pascha zu bewegen, sich mit den fünfhundert Talern zufriedenzugeben. Am 19. September 1580, nach fünf Jahren algerischer Gefangenschaft, schlug auch für Miguel de
Cervantes die Stunde der Befreiung, die gute Stunde, wie
er meinte, als er sich der Sklavenketten ledig sah. Die gute
Stunde? Gewiß, sie bedeutete für ihn die Freiheit, aber
nicht jene Freiheit, die er gemeint hatte, die in heldischem

Der Dichter und sein Werk

Bemühen errungene. Die Freiheit, die man ihm nun geschenkt hatte, war das Ergebnis eines Feilschens um den Preis, den man bereit war, dafür auszulegen, war eine Freiheit um fünfhundert Taler, eher weniger wert als mehr.

Wahrscheinlich war dies der Grund, weshalb Cervantes eine schriftliche Erklärung über sein Verhalten in der algerischen Sklaverei verlangt und erhalten hatte. So heißt es in dem Dokument, das Fray Juan Gil am 10. Oktober 1580 unterfertigte: »... vor allem hat er in dieser Gefangenschaft Dinge vollbracht, um deretwillen er verdient, daß Eure Majestät ihm große Gnade erweisen wolle«.

Am 24. Oktober schiffte sich Miguel de Cervantes – selbst die Schiffspassage mußte für ihn ausgelegt werden, so arm war er – nach Denia und Valencia ein und kam am 18. Dezember 1580 nach Madrid.

Die Wiedersehensfreude mit dem Daheim dürfte nicht ungetrübt gewesen sein. Die Eltern waren ergraut, der Vater überdies völlig taub und ein wenig wunderlich, die Schwester Andrea Mutter eines unehelichen Kindes namens Costanza de Figueroa, Vater unbekannt. Andrea verdiente ihren und ihres Kindes Unterhalt als Näherin. Miguel wußte, wieviel gerade sie getan hatte, um die mittellosen Eltern durchzubringen und auch einen Teil zum Lösegeld für Rodrigo und ihn beizusteuern. Wie sie war auch Magdalena mehrmals von Männern in hohen Stellungen hintergangen worden, nur hatte sie Glück gehabt: den Verbindungen waren keine Kinder entsprungen. Auch Magdalena hatte für den Loskauf getan, was sie konnte. Wahrscheinlich hat Miguel schon damals den Schwestern gegenüber die gleiche menschliche, verstehende Haltung bewiesen, die er in den »Exemplarischen Novellen« – die meisten handeln von betrogenen Frauen – einnimmt. Über alle diese Umstände gehen die meisten Biographen, besonders die spanischen, hinweg, als fürchteten sie, die Dichterpersönlichkeit würde dadurch herabgesetzt werden. Rodrigo, der Bruder, war zu seinem Regiment eingerückt und wahrscheinlich auf der Fahrt nach den Azoren, von denen nur eine Philipp II. als König von Portugal anerkennen wollte. Spanien war auf dem Wege, zum Reiche zu werden, in dem die Sonne nie unterging, war daran, die größte Macht des Abendlandes zu werden, um schließlich doch nur ein Koloß auf tönernen Füßen zu sein.

Alles hatte sich so gründlich geändert, daß Miguel de Cervantes glaubte, in ein fremdes Land gekommen zu sein, obwohl die Leute die gleiche Sprache redeten wie er. Alles schien ihm verzerrt, vielbödig, sinnvoll und widersinnig zugleich. Er lebte in der Vergangenheit, die den andern schon so ferne lag, obwohl erst elf Jahre verflossen waren, seit er Spanien verlassen hatte. Gegen die Ungerechtigkeit, die Tyrannei, hätte er sich, seiner algerischen Sklaverei eingedenk, auflehnen können, doch gegen die Gleichgültigkeit, das Unverständnis, dem er, der heldische Mensch, überall begegnete, war er machtlos, ohnmächtig. Es gab einfach zu viele echte und falsche Soldaten, zu viele echte und falsche ehemalige Christensklaven, und sein persönliches Schicksal, das ihm immer als etwas Außergewöhnliches erschienen war, erwies sich mit einem Male als alltäglich.

Immer noch wehrt er sich; er will sich abheben von den Schelmen, den Gaunern und den Schwindlern. So reist er im Mai 1581 nach Thomar in Portugal, wo König Pilipp II. die portugiesischen Cortes versammelt hat, damit sie ihm den Treueid leisteten. Aber die »große Gnade«, die Seine Majestät ihm nach der Meinung Fray Juan Gils erweisen müßte, schrumpft zusammen zu einer lächerlichen Mission, die ihn nach Oran führt. Als er im Juni des gleichen Jahres nach Cartagena zurückkehrt, besteht seine Barschaft wahrscheinlich nur in den fünfzig Dukaten, die man ihm zu den bei seiner Abreise nach Oran angewiesenen fünfzig dazulegt.

Wieder begibt sich Miguel de Cervantes nach Madrid. Da er als Soldat nur wenig Ruhm erwerben konnte, will er nun als Mann der Feder wirken. Er schreibt Theaterstücke, deren jedes ihm wohl zwanzig Dukaten und eine günstige Aufnahme beim Publikum einträgt; doch bringen sie ihm nicht die Anerkennung, auf die er gehofft hatte. Zu sehr stand er noch im Banne der kurzen humanistischen

Der Dichter und sein Werk 27

Tradition des spanischen Theaters, als daß er gegen das neue, von der Menge bejubelte Schauspiel sich hätte durchsetzen können. Ihm stand hier Lope de Vega, dieses »Ungeheuer an Schöpferkraft«, entgegen, der das neue Schauspiel geschaffen und in kürzester Zeit zur Blüte gebracht hatte. Miguel de Cervantes verkehrte zwar mit den Autoren, die in Madrid lebten, doch hielt er sich stets von der allgemein exquisit geübten Verleumdung zurück, schrieb sogenannte »poemas laudatorios« – Lobgedichte –, die nach dem damaligen Geschmack allen möglichen und unmöglichen Büchern vorangestellt wurden, und arbeitete an der »Galatea«, einem Schäferroman.

In dieser Zeit soll Cervantes ein Liebesverhältnis mit Ana de Villafranca, der Frau eines gewissen Alonso Rodríguez, unterhalten haben. Jedenfalls wird dieser Frau eine Tochter zugeschrieben, die den Namen Isabel de Saavedra trug und später um 1599 in die Familie des Dichters aufgenommen wurde.

Am 22. Februar 1584 erwirkte Cervantes die Druckerlaubnis für die »Galatea«. Der Verleger Blas de Robles zahlte dem Dichter 1336 Realen und brachte das Werk 1585 in den Buchhandel.

Die spätere Literarkritik beurteilte die »Galatea« nicht gerade günstig; sie sah in dem Buch alle Mängel eines Erstlingswerkes und meinte, Cervantes habe sich dem damaligen Zeitgeschmack unterworfen, weil er hoffte, sich mit einem konventionellen Werk am ehesten durchzusetzen und so den dauernden Geldschwierigkeiten zu entrinnen. Gewiß spielten bei Cervantes wie bei allen wenig begüterten Autoren finanzielle Erwägungen mit, doch die Liebe, die der Dichter seinem Erstling zeitlebens bezeugte, und der Umstand, daß er noch knapp vor seinem Tod daran dachte, eine Fortsetzung zu schreiben, beweisen, daß ihm die »Galatea« mehr bedeutete als eine literarische Spekulation mit dem Zeitgeschmack.

Die Bukolik ist, wie Arnold Hauser in seiner »Sozialgeschichte der Kunst und Literatur« (München 1953, Bd. II, S. 17 ff.) treffend sagt, nicht nur konventionelle Fiktion. Sie drückt gleichzeitig ein tiefes Unbehagen in einer gegebenen historischen Situation aus, ist Flucht in die Idylle, ein Ausweichen aus dem Tun in die Kontemplation. So bot sich gerade dem Cervantes, der sein Tatmenschentum, seinen Heroismus durch Günstlingswirtschaft und Bürokratie grotesk entwertet sah, die Form des Schäferromans als bester Ausdruck an, und es ist gewiß kein Zufall, wenn dann, viele Jahre später, Sancho Panza dem gescheiterten Don Quijote den Vorschlag macht, es lieber mit der Schäferei als mit dem Rittertum zu halten. Immer aber ist das bukolische Element eines der Leitmotive des Cervantinischen Gesamtwerks.

Aber auch damit ist nur wenig erklärt. Ein wirklich ernstzunehmender Vergleich der »Galatea« mit den üblichen Schäferromanen hätte gezeigt, daß Cervantes schon sein Erstlingswerk auf der coincidentia oppositorum, der Koinzidenz der Gegensätze aufbaut, sie ins Literarische übersetzt und schon hier auf der Grundlage einer literarischen Metarealität seine »ars oppositorum«, jene Kunst der Gegensätze anwendet, die seine späteren Werke bestimmt. Cervantes ist also schon in der »Galatea« der große Neuerer. Ob er sich dessen bewußt war oder nicht, tut nichts zur Sache.

Die 1336 Realen, die der Verleger Blas de Robles für die »Galatea« zahlte, waren gewiß kein bedeutendes Honorar, doch dürfte Cervantes an diesen ersten Erfolg größere Hoffnungen geknüpft haben, denn am 12. Dezember 1585 heiratete er die um achtzehn Jahre jüngere Catalina de Salazar y Palacios aus Esquivias, einem Ort in der Provinz Toledo. Doña Catalina brachte einige Mitgift in die Ehe, wodurch sie von den Einnahmen ihres Mannes unabhängig war. Cervantes lebte dann eine Zeitlang mit seiner jungen Frau in Esquivias, doch dürfte das Liebesglück nicht von langer Dauer gewesen sein, denn schon drei Jahre später trennten sich die Gatten und nahmen erst zwanzig oder vierundzwanzig Jahre später – der Zeitpunkt ist nicht genau festzustellen – die Ehegemeinschaft wieder auf. Abgesehen von der langen Trennung wird man in der Auffassung, Cervantes habe auch in seiner Ehe Schiffbruch erlitten, bestärkt, wenn man bedenkt, daß in seinen Werken

Der Dichter und sein Werk 29

immer wieder ungleiche Ehen auftauchen. Vielleicht verdankt auch Aldonza Lorenzo-Dulcinea der Enttäuschung durch eine wirkliche Frau ihr Dasein.

Am 13. Juni 1585 starb der alte, taube und etwas seltsame Wundarzt Rodrigo de Cervantes, der Vater des Dichters.

Der literarische Erfolg, der Cervantes vielleicht einen freigebigen Gönner gebracht hätte, war ausgeblieben. Nun sah er sich gezwungen, eine Beschäftigung zu suchen, die ihm wenigstens den Lebensunterhalt bot.

So reiste er Ende 1587 nach Sevilla.

Am 22. Jänner 1588 wird er zum Requisitionsagenten für die »Unbezwingliche Armada« Philipps II. ernannt und beschlagnahmt von stund an für einen Sold von zwölf Realen täglich Getreide und Öl bei andalusischen Bauern und Gemeinden. Auf staubigen Landstraßen und schmalen Saumpfaden zieht er von Dorf zu Dorf, lebt mitten im Volk, schaut und horcht; doch hätte der Requisitionsagent nicht Miguel de Cervantes Saavedra geheißen, wenn er nicht schon im Februar 1588 in Schwierigkeiten gekommen wäre. Der Held von Lepanto, der aufrührerische Sklave des Dalí Mamí und des Hassan Pascha, der Verfasser von Bühnenwerken und des Schäferromans die »Galatea« hatte sich herausgenommen, in Ecija einen Getreidevorrat zu beschlagnahmen, der nicht kleinen Bauern gehörte, sondern dem Domkapitel von Sevilla. Die Domherren fühlten sich ins Mark ihres verdiensteifrigen Wesens getroffen und fanden, daß ein Mann, der die Hand auf domherrliches Getreide zu legen wagte, ein hartgesottener Sünder sein müsse, und exkommunizierten ihn. Eine groteske Situation, die auch den treuesten Sohn der Kirche, sofern er über einige Geistesgaben verfügte, zum Lächeln brächte. Nicht weniger grotesk erscheint es uns heute, wenn wir erfahren, daß Cervantes im gleichen Jahr ein Lobgedicht als Einleitung zum »Handbuch aller Nierenkrankheiten« des Dr. Francisco Díaz in Madrid verfaßte: ein Sonett auf Nierensteine.

Am 12. Juli 1588 stach die »Unbezwingliche Armada« in See, um die immer bedrohlichere Macht der Engländer und Holländer zu brechen und dadurch den von englischen Piraten gefährdeten Seeweg nach Amerika auf lange hinaus zu sichern. In dieser Zeit verfaßte Cervantes einige Gelegenheitsgedichte. Sie verdienen größere Beachtung, als ihnen zuteil geworden ist, gestatten sie uns doch einen Einblick in die innere Entwicklung des Dichters, in die ihm langsam aufdämmernde Fragwürdigkeit alles äußerlichen Heldentums. Während Cervantes noch in seiner für König Philipp II. bestimmten »Epistel an Mateo Vázquez« – 1577 in der algerischen Sklaverei verfaßt – echte warme Töne findet, spürt man in der ersten »Ode auf die Unbezwingliche Armada« (1588) allzu deutlich, daß sich hier ein kleiner, schlechtbezahlter Requisitionsagent, der nebenbei als Dichter gilt, submissest eine schablonenhafte Begeisterung voll patriotischer Gemeinplätze vom Leibe schreibt. Anders klingt die zweite »Ode auf die Unbezwingliche Armada«. Sie ist nicht mehr unbezwinglich; sie ist vernichtet. Das Abenteuer Philipps II. hat ungezählte Opfer gefordert, und der alte Soldat von Lepanto empfindet mit den Soldaten der »Unbezwinglichen«. Aber trotz des einen oder des andern lebendigen Verses verliert sich auch dieses zweite Gedicht in den patriotischen Gemeinplätzen der ersten Ode. Cervantes glaubt nicht mehr an das »Heldentum«; die »große Zeit« ist vorbei, und geblieben ist der bürokratische Staat, die »Militärverwaltung Gottes« mit Philipp II. als Kanzleidirektor.

Millionen waren vergeudet worden. Philipp II., der nun nicht mehr mit dem Geldstrom aus den amerikanischen Kolonien rechnen konnte – die englischen Piraten machten die spanische Schiffahrt zu unsicher – und auch nicht mehr auf die großen Geldgeber zählen konnte, mußte die Steuern und Abgaben im Lande stark erhöhen und darauf bestehen, daß sie mit aller Strenge eingetrieben würden.

Miguel de Cervantes saß inzwischen bei seinem einigermaßen begüterten Freund Tomás Gutiérrez in Sevilla und wartete auf die Weisungen seiner vorgesetzten Dienststelle. Die Wartezeit nützte er, um in Sevilla umherzustreifen und hinter die Fassade der Gesellschaft, die sich dort zusammengefunden hatte, zu schauen. Doch der König

Der Dichter und sein Werk 31

brauchte Geld; Miguel de Cervantes bestieg sein Maultier
und ritt – trocken und staubig sind die Straßen – wieder
von Dorf zu Dorf, ein Steuereinnehmer.

So jämmerlich sein Gehalt auch war, immer mußte er
lange mahnen, bevor man es ihm auszahlte. Da wird er all
der Plackerei überdrüssig und faßt den Gedanken, Europa
den Rücken zu kehren und drüben im spanischen Amerika
ein neues Leben anzufangen. Er richtet ein Gesuch an König Philipp II:

> »Ergebenst bittet und suppliziert er, Ew. Majestät woll-
> ten geruhen, ihm eine von den drei oder vier Stellen zu
> verleihen, die zur Zeit in den Indias vakant sind, näm-
> lich: eine Stelle in der Rechnungskammer des Königrei-
> ches Neu-Granada, eine andere in der Verwaltung der
> Provinz Soconusco in Guatemala, dann die Stelle eines
> Zahlmeisters für die Galeeren von Cartagena und
> schließlich die eines Königlichen Verwaltungskommis-
> särs der Stadt La Paz. Er wird jede dieser Stellen, die
> ihm zu verleihen, Ew. Majestät für gut erachten und
> geruhen wollten, zu Ew. Majestät Zufriedenheit aus-
> füllen, ist er doch ein anstelliger, geschickter Mann und
> der Vergünstigung Ew. Majestät würdig. Sein Wunsch
> ist, Ew. Majestät immer zu dienen...«

Rascher als erwartet bekam er die Antwort. Am Fuße des
Gesuchs stand:

> »Er suche sich hier herum eine Stelle.
> Gezeichnet:
> Núñez Marqueño, Referent des Indien-Rates«

Cervantes mochte über den Bescheid des Indien-Rates ge-
lächelt haben. »Er suche sich hier herum eine Stelle.« Der
Bürokrat, der diesen Bescheid geschrieben hatte, lebte wohl
auf dem Mond, sonst hätte er gewußt, daß jede Stelle
käuflich war, und dazu brauchte man Geld. Überall gab
es in Hülle und Fülle kleine und große Spitzbuben, wirkliche Arbeit wurde als Schande angesehen, die Fremden
überfluteten das Land, und besonders die Genueser verstanden es vortrefflich, ihre Schäflein zu scheeren. Cer-

vantes war bitter arm; sein Anzug war verschlissen, und für einen neuen fehlten ihm die zehn Taler, die der Tuchhändler verlangte. Für die zehn Taler bürgt Tomás Gutiérrez, doch brauchte es der Unterschrift von vier Gerichtsschreibern – auch sie wollten leben –, damit die Bürgschaft Gültigkeit hatte. Wieder mochte Cervantes lächeln. Langsam dürfte sich der bittere Geschmack verloren haben, den er so oft im Mund gefühlt, und dann und wann hatte er wahrscheinlich schon damals nicht mehr nur die eine Seite einer Sache oder eines Menschen gesehen, sondern auch die andere. Ein ihm noch ungewohntes Verstehen war ihm vielleicht aus dem Ärger erwachsen, den er anfangs empfunden hatte. Seltsam, da er nun so tief gefallen war, mochte es ihm scheinen, als wäre er auf einen hohen Turm gestiegen, von dem her alles ganz anders aussah als unten.

»Er suche sich hier herum eine Stelle.« Schon schuldete der Staat dem Steuereinnehmer Miguel de Cervantes 110.400 Maravedis. Im März 1591 beauftragte Cervantes einen gewissen Juan de Tamayo, diesen Betrag für ihn einzutreiben und begab sich in Amtsgeschäften nach Estepa. Es scheint ihn aber nicht lange auf dem Lande gehalten haben, denn bald darauf war er wieder in Sevilla, wo er bis Mitte Mai 1592 blieb.

Wieder stellte das widrige Geschick dem Dichter eine Falle. Alles begann ziemlich alltäglich. Im Jahre 1592 nämlich hatte einer der Gehilfen des Cervantes in Teba (Provinz Málaga) Weizen und Gerste beschlagnahmt und einen Teil davon nach Antequera verkauft. Darüber entbrannte ein heftiger Streit zwischen zwei Behörden über die Frage, ob Cervantes zur Requisition berechtigt war oder nicht. Cervantes nahm alle Schuld auf sich und glaubte, damit wäre die Sache aus der Welt geschafft. Er hatte aber nicht mit der Behörde gerechnet. Der Steuereinnehmer C. war aufgefallen, und die Rechnungskammer ließ überraschend seine Gebarung überprüfen. Ein kleiner Abgang, den zu decken Cervantes nicht in der Lage war, wurde festgestellt. Von diesem Augenblick an war er immer in Schwierigkeiten mit der fernen Rechnungskammer

Der Dichter und sein Werk   33

in Madrid, mit Leuten, die, ihm unbekannt und unerreichbar, irgendwo wohnten.

Wieder versuchte Cervantes, einen Ausweg in der Literatur zu finden. Mit dem Schauspielunternehmer Rodrigo Osorio in Sevilla schloß er einen Vertrag, in dem er sich verpflichtete, sechs Schauspiele zu liefern. Keines davon wurde je geschrieben. Die Behörde war stärker als der Dichter. Am 5. September 1592 wurde er in Castro del Río verhaftet, weil er sich – wie es hieß – bei seinen Requisitionen Unregelmäßigkeiten habe zuschulden kommen lassen. Der Oberrichter von Ecija – dort war er schon zwei Jahre vorher unangenehm aufgefallen – verurteilte ihn wegen unberechtigter Getreidebeschlagnahme, ließ ihn aber gegen Sicherstellung frei.

Die Behörde ruhte nicht. Im November des gleichen Jahres errechneten die Kontrollbeamten aus den Büchern des Steuereinnehmers Miguel de Cervantes einen Abgang von 128.281 Maravedis, etwas mehr, als ihm der Staat schon an Gehalt schuldig geblieben war. Trotz des Abgangs blieb Cervantes weiter im Amt; weiter ging es in der verhaßten Tretmühle, und die Biographie des Dichters – eigentlich des Steuereinnehmers – für die Jahre 1593 und 1594 erschöpft sich in der Aufzählung von Ortschaften und Kleinstädten, in denen er auftauchte, Getreide und Öl zu requirieren und die requirierten Güter für den Staat zu verkaufen: Ecija, Marchena, El Arabal und Utrera in der Provinz Sevilla. Staubige Straßen, Karrenwege, Saumpfade, halblahme Pferde, Esel und Maulesel, am Tag die Sonne, die einem das Gehirn ausdörrt und seltsame Gestalten vorspiegelt, Abende mit den Bauern und den Honoratioren in den Schenken, vornehme Leute, die auf Reisen in diesem oder jenem Wirtshaus die Nacht verbringen, lebendige, flinke Zungen und Geschichten, die erzählt werden, um die Zeit zu verkürzen, Maultiertreiber und Dienstmägde, Spitzbuben, Mönche und Häscher.

Ende 1593 stirbt die Mutter, eine stille Frau, ein Symbol für die unzähligen Frauen und Mütter Spaniens, die ergeben und opferwillig ihr Los tragen, bis der Tod sie wegholt, fast ebenso unbemerkt, wie sie gelebt haben.

Und der Steuereinnehmer Miguel de Cervantes zieht weiter von Ort zu Ort: Villalba del Alcor, La Palma del Condado, Villarasa, Ruciana, Bolullos, Paterna del Campo, Almonte, Niebla, Villamanrique und Jerena, klangvolle Namen uralter Prägung, Wort gewordene Geschichte. Dann wieder ist er drüben im Granadinischen, wo vor kaum hundert Jahren erst noch die Mauren herrschten: Guadix, Baza, Almuñecar, Motril, Salobreña und Loja.

Im Jahre 1594 widerfuhr dem Dichter die erste öffentliche Anerkennung. Die Dominikaner in Zaragoza hatten anläßlich der Heiligsprechung ihres schlesischen Ordensbruders Hyazinth zu einem Dichterwettbewerb aufgerufen. Cervantes schickte eine Glosse in Redondillenform ein und gewann den ersten Preis... drei silberne Löffel.

Im Juli des Jahres 1596 drangen die Engländer unter dem Befehl des Grafen von Essex in Cádiz ein, plünderten die Stadt und steckten sie in Brand. Der Herzog von Medinasidonia, der sich schon als Oberbefehlshaber der »Unbezwinglichen Armada« mit Schande bedeckt hatte, zog sich beim Herannahen der Engländer, ohne auch nur an Verteidigung zu denken, aus Cádiz zurück. Cervantes schrieb aus diesem Anlaß ein Sonett auf den Einmarsch des Herzogs von Medina in Cádiz. Es unterscheidet sich im Titel nicht von den üblichen aus ähnlichen Anlässen geschriebenen Lob- und Preisgedichten. Deutlich aber wird die Satire im Schluß, wenn Cervantes sagt, daß der große Herzog von Medina schließlich siegreich in Cádiz einzog, nachdem der Graf von Essex, gemächlich und ohne irgendwie behindert zu werden, die Stadt verlassen hatte.

Cervantes ist nun fünfzig Jahre alt geworden. Alles war ihm bisher versagt geblieben: der militärische Ruhm, die Anerkennung seines Heldenmutes in der algerischen Sklaverei, versagt war ihm geblieben der literarische Erfolg, das Eheglück, und nun widerfuhr ihm ein neues Mißgeschick. Die Gelder, die er für die Staatskasse eingenommen hatte, hinterlegte er der größeren Sicherheit wegen bei einem Bankier namens Freire de Lima. Nun machte der Bankier Bankrott und flüchtete außer Landes. Obwohl sich der Staat an der nicht unbeträchtlichen Konkursmasse

Der Dichter und sein Werk   35

des Bankiers für den Verlust schadlos halten konnte, wurde
Cervantes in Sevilla ins Gefängnis geworfen. Es brauchte
drei Monate, bis er den Richtern seine Unschuld begreiflich machen konnte. Trotzdem verlangte man bei seiner
Freilassung Bürgschaft und entließ ihn allem Anschein nach
aus dem Staatsdienst.

Ob Cervantes nun den »Don Quijote« im Gefängnis
von Sevilla begonnen habe oder nicht, ist eine müßige
Streitfrage, wesentlicher ist, daß er während der Haft
manche Einzelheit über die Spitzbuben, die Büttel, die
Gerichtsschreiber und die Verbrechergilde Sevillas erfahren hat, weil er dadurch die Wirklichkeit noch besser zu
sehen lernte.

Da nun Cervantes nach seiner Entlassung aus dem
Staatsdienst dürftiger als zuvor in Sevilla lebte, griff er
wieder zur Feder und schrieb. Ob, wie manche behaupten,
einige seiner Novellen in dieser Zeit entstanden sind, läßt
sich nur vermuten, vielleicht hat er schon am »Don Quijote« gearbeitet, sicher aber ist, daß er damals ein Sonett
auf den Tod des Dichters Fernando de Herrera und ein
Lobgedicht für Lope de Vegas »Dragontea« verfaßte.

Am 13. September 1598 starb König Philipp II. Wie in
allen größeren Städten wurde auch in Sevilla eine Trauerbühne errichtet, ein sogenannter »túmulo«, den man mit
aller Pracht ausstattete. Auf diese Trauerbühne schrieb
Cervantes ein Sonett. Kaum eine andere Stelle im Gesamtwerk des Dichters zeigt deutlicher, wie weit Cervantes nun
von jenem König Philipp II. entfernt war, dem er in seiner
»Epistel an Mateo Vázquez« noch den heldischen Geist
seines Vaters und die Niederwerfung der Seeräuberstaaten
in Nordafrika zugetraut hatte. Nicht zufällig geht das
Sonett in einem »y no hubo nada« – und nichts war geschehen – aus.

Ob Cervantes im Jahre 1598 in Madrid war, wissen
wir nicht. Feststeht, daß Magdalena, seine Schwester, Isabel de Saavedra, die angebliche Tochter des Cervantes zu
sich ins Haus nahm. Damals lebten mit Magdalena im
gemeinsamen Haushalt noch Andrea, die ältere Schwester,
und deren Tochter Costanza de Figueroa. Costanza de

Figueroa hatte ein Liebesverhältnis mit einem jungen Adeligen unterhalten, dessen Bruder an den aragonesischen Unruhen um Antonio Pérez, dem Sekretär Philipps II., teilgenommen hatte und 1592 enthauptet worden war. Der König hatte der Familie den Adelstitel aberkannt. Als ihr die gräfliche Würde durch königlichen Gnadenakt wieder zurückgegeben wurde, war das uneheliche Mädchen einer kleinadeligen Mutter nicht mehr standesgemäß. Costanza ließ sich mit Geld abfinden. Dies wäre an sich nicht sonderlich erwähnenswert, hätte Cervantes in seinen »Novellen«, im »Don Quijote« und im »Persiles« nicht immer wieder ähnliche Themen verwendet.

Wenn überhaupt, dann dürfte sich Cervantes nicht lange in Madrid aufgehalten haben, denn im Jahre 1602 war er wieder in Sevilla. Im gleichen Jahr fiel sein Bruder Rodrigo als Fähnrich in der Schlacht bei Nieuport im damaligen Flandern.

Wieder tritt Cervantes ins Dunkel zurück. Wir wissen nur, daß ihm die Königliche Rechnungskammer in Madrid wegen der unbeglichenen Rückstände aus seiner Tätigkeit als Requisitionsagent und Steuereinnehmer nachstellte. Angeblich soll er aus diesem Grunde auch im Jahre 1602 in Sevilla in Haft genommen worden sein.

Ob nun Andrea und Magdalena Pimentel y Sotomayor, die Schwestern Miguels, Costanza de Figueroa, seine Nichte, und Isabel de Saavedra, seine angebliche Tochter, bereits im Jahre 1601 mit dem Hof nach Valladolid gezogen waren, läßt sich nicht mit Sicherheit sagen. Möglich wäre es, daß sie, der Gewohnheit des Vaters treu, dem Hof gefolgt waren. Jedenfalls liegt eine Quittung aus Valladolid vom 8. Februar 1603 vor, mit der Andrea bestätigt, 788 Realen für Unterkleider erhalten zu haben, die sie für den Marqués de Villafranca und dessen Gattin genäht hatte.

Als Miguel de Cervantes zu seinen Schwestern nach Valladolid zog, war er bereits siebenundfünfzig Jahre alt. Doña Catalina, seine Frau, lebte immer noch in Esquivias, wohin sie sich zurückgezogen hatte, als Miguel vor fast zwanzig Jahren nach Andalusien gegangen war.

Der Dichter und sein Werk   37

Zweierlei führte den Dichter nach Valladolid: er wollte
endlich mit der Königlichen Rechnungskammer ins reine
kommen, und dann wollte er die Manuskripte, die er mitgebracht, veröffentlichen. Dazu brauchte er die königliche
Druckerlaubnis.

Die Familie Cervantes hatte sich in Valladolid in der
Calle del Rastro de los Carneros, der heutigen Calle del
Rastro, eingemietet. Obwohl Miguel nun glaubt, er habe
den schwersten Teil seines Lebens hinter sich, meldet sich
sein widriges Geschick von neuem.

Am 27. Juni 1604, um elf Uhr nachts – Cervantes hatte
sich schon zur Ruhe begeben – wurden die Bewohner des
Hauses durch Hilferufe von der Straße her aufgescheucht.
Die Nachbarn eilten mit Lichtern hinaus und fanden einen
Mann – seiner Kleidung nach zu schließen, ein Edelmann –
mit gezücktem Degen und aus mehreren Wunden blutend
an der Haustür lehnen. Luis und Esteban Garibay, Mit-
bewohner des Hauses, riefen den Dichter herbei, damit er
ihnen helfe, den Verwundeten ins Haus zu bringen. Zu
dritt trugen sie den Unbekannten treppauf in die Wohnung der Garibay, wo sie dem Fremden ein Lager auf dem
Fußboden bereiteten. Rasch wurden ein Priester, ein
Wundarzt und ein Büttel herbeigeholt. Es stellte sich heraus, daß der Verwundete Gaspar de Ezpeleta hieß, aus
Navarra stammte und Ritter des Santiago-Ritterordens
war. Der Büttel lief um einen der Alkalden der Stadt. Ein
Protokoll wurde aufgenommen, und alles, abgesehen von
dem Verwundeten, schien in bester Ordnung zu sein. Am
19. Juni, zwei Tage später, starb Ezpeleta an seinen Wunden. Inzwischen waren dem Alkalden Gerüchte zu Ohren
gekommen, daß einige Frauen des Cervantinischen Haus-
halts einen Lebenswandel führten, der zu mehr oder weniger berechtigten Zweifeln an ihrer Ehrbarkeit Anlaß gab.
Der Alkalde zeigte sich überschlau und dachte, Ezpeleta
könnte zu einer der Frauen der Familie des Cervantes
vertrauliche Beziehungen unterhalten haben und dadurch
in sein Unglück gerannt sein. Das Haus in der Calle del
Rastro de los Carneros wurde dem gestrengen Herrn
Stadtrichter noch verdächtiger, als man ihm zutrug, daß

auch die im gleichen Hause wohnende Witwe des Dichters
Pedro Laínez häufig Besuche vornehmer Herren empfange.
Überdies gab eine Zeugin an, Isabel de Saavedra habe bei
Tag wie bei Nacht Männerbesuche und sei überdies die
Geliebte des Portugiesen Simon Mendes, von dem sie sich
reich beschenken lasse. Als der Alkalde zu allem Überfluß
noch in Erfahrung brachte, Magdalena de Cervantes habe
– angeblich für die gute Pflege, die sie Ezpeleta habe zuteil werden lassen – vom Verwundeten einen Seidenrock
geschenkt bekommen, glaubte er den grausigen Zusammenhang zu durchschauen. Der Stadtrichter nahm an, der Seidenrock sei nicht der alten, reizlosen Tante zugedacht gewesen, sondern der Isabel de Saavedra, die ohnehin schon
des zuchtlosen Umgangs mit Männern verdächtig war.

Daraufhin hob der Alkalde das »Nest der Unzucht«,
wie er meinte, aus und ließ den Dichter, seine Tochter
Isabel, Andrea, Magdalena, Constanza de Ovando – sie
trägt nun statt des Namens Figueroa den Namen Ovando
– und weitere sieben Personen verhaften. Erst nach längerer strenger Untersuchung mußte der Alkalde einsehen,
daß keiner der Verhafteten den Santiago-Ritter Ezpeleta
gekannt und mit dem Totschlag auch nur das geringste zu
tun hatte. Die Verhafteten wurden gegen Kaution und
zur Verfügung des Richters entlassen. Aller Unschuld war
erwiesen, doch Isabel de Saavedra war als leichtfertiges
Mädchen in Verruf geraten, und Miguel de Cervantes galt
als ein Mann, der nicht imstande war, seine Hausehre zu
wahren. Lägen nicht die Akten vor, könnte man meinen,
das Begebnis sei nur der Anfang einer der »Exemplarischen
Novellen« des Dichters.

Am 26. September 1604 erhielt Miguel de Cervantes die
Druckerlaubnis für den ersten Teil des »Don Quijote«.
Doch schon vorher, am 14. August 1604, hatte Lope de
Vega in einem Brief geschrieben:

»Über die Dichter will ich nichts sagen; ein schönes Jahr!
Viele treiben fürs nächste, aber keiner ist so schlecht wie
Cervantes und keiner so hohlköpfig, daß er den Don
Quijote loben wollte.«

Der Dichter und sein Werk   39

Weil nun Lope de Vega schon vor der offiziellen ersten
Auflage des Jahres 1605, die der Madrider Verleger Francisco de Robles besorgte, den »Don Quijote« erwähnt und
auch andere Zeitgenossen darüber reden, wird von einigen
Forschern angenommen, die erste Auflage wäre schon 1604
erschienen. Bis heute ist aber nirgends ein Exemplar einer
solchen Auflage aufgetaucht. Eigenartig ist nur, daß, wie
F. Rodriguez Marín nachweist, der größte Teil der ersten
Auflage von 1605 nicht in Spanien abgesetzt wurde, sondern sogleich nach Spanisch-Amerika ging.

   Was Cervantes mit seinen Bühnenwerken nicht erreicht
hatte, was ihm mit der »Galatea« nicht gelungen war,
brachte ihm der »Don Quijote« über Nacht: den Dichter-
ruhm. Noch im Erscheinungsjahr wurden fünf Auflagen
notwendig.

   Jedoch sah keiner der Leser im »Don Quijote« mehr als
ein überaus lustiges Buch, eine »Geschichte zum Totlachen«.
Lange Zeit kam niemand auf den Gedanken, daß man
das Rittertum schon vor Cervantes in Italien lächerlich
gemacht hatte, fiel keinem ein, daß die Ritterromane auch
in Spanien nicht mehr in Mode waren, als der »Don Quijote« erschien. Es war seinen Zeitgenossen unmöglich zu
begreifen, daß in diesem Buch ein heldischer Mensch die
eigene Niederlage dichterisch gestaltete und alles zum
Gleichnis werden ließ, weil er ob seines Scheiterns nicht
verzweifelt und verbittert war. Wer von den Zeitgenossen
des Cervantes hätte verstehen können, daß in diesem Buche
etwas ganz Neues vor sich ging, daß zwei Welten relati-
viert wurden: die idealisch-romantische und die realistisch-
rationale? Bloß komisch wirkten die Abenteuer des Don
Quijote und des Sancho Panza auf alle jene, die nur den
grotesken Vordergrund sahen und nicht auch den dazu-
gehörigen tragischen Hintergrund, über denen erst der
Humor entstehen konnte.

   Trotz des Erfolges, den das Werk erzielte, kam Cervantes nicht aus seinen Geldnöten heraus. Immer wieder
mußte er sich an Francisco de Robles, seinen Verleger,
wenden, von dem er bis 1607 die an sich bescheidene
Summe von 450 Realen erhielt. Der Herzog von Béjar,

Marqués von Gibraleón, Graf von... usw., usw., dem der
Dichter den ersten Teil des »Don Quijote« gewidmet hatte,
war ein knickriger Gönner. Dem weichen Höfling fehlte
jedes Verständnis für die Literatur; von ihm hatte Cervantes keine Hilfe zu erwarten. Ihm zum Spott schrieb
der Dichter die halbe Zueignung ab, die Fernando de
Herrera zwanzig Jahre vorher für einen anderen verfaßt
hatte, und erwähnte den Herzog von Béjar nie wieder.

Vom Jahre 1608 an lebte Miguel de Cervantes wieder
in Madrid. Der Hof hatte Valladolid bereits im Jahre
1606 verlassen und sich endgültig in Madrid eingerichtet.
Miguel de Cervantes und seine Frau, Catalina de Salazar
y Palacios, lebten von nun an bis zum Tode des Dichters
zusammen. Nun hatte Miguel ja einen Namen, und seine
schriftstellerische Arbeit bot doch die Aussicht, daß er eines
Tages davon leben könnte. Doch wieder tauchten neue
Schwierigkeiten auf, die ihm das Leben verbitterten und
ihn an der Arbeit hinderten.

Isabel de Saavedra, die nun als legitime Tochter Miguels
und als Witwe Sanz bezeichnet wird, mietete im Juni
1608 ein Haus in der Calle de la Montera. Als Vermieter
war ein gewisser Juan de Urbina, Sekretär des Herzogs
von Savoyen, ein verheirateter Mann reiferen Alters genannt. Dieses anscheinend so klare Rechtsgeschäft war aber
die Quelle des Ärgers, unter dem der Dichter mehrere
Jahre hindurch zu leiden hatte. Ein Vertrag, der am 28.
August 1608 unterzeichnet wurde, wirft ein mehr als deutliches Licht auf die Hintergründe des Mietvertrages. In
diesem Vertrag nämlich, der mit Wissen des alten Dichters
geschlossen wurde, verpflichtete sich ein gewisser Luis de
Molina, die Isabel de Saavedra, verwitwete Sanz, zu heiraten. Der genannte Urbina übernahm seinerseits die Verpflichtung, Isabel de Saavedra eine Mitgift von 2000 Dukaten, für 1800 Realen Frauenkleider und Stoffe, einen
Diamantring, mehrere Ringe mit Rubinen, ein Goldarm-
band und eine silberne Kanne zu geben. Das Haus in der
Calle de la Montera wurde der acht Monate alten Tochter
der Isabel de Saavedra, die den Namen Isabel Sanz führte,
als Eigentum verschrieben. Mit peinlicher Genauigkeit ist

Der Dichter und sein Werk

im Vertrag festgehalten, was Juan de Urbina für seine ehemalige Geliebte und ihr Kind zu zahlen habe. Einen anderen Schluß läßt der Vertrag nicht zu. Luis de Molina ließ sich kaufen und heiratete Isabel de Saavedra im folgenden Jahr. Doch zogen sich die Prozesse, die Luis de Molina und Isabel de Saavedra gegen Juan de Urbina führten, weil dieser anscheinend seinen Verpflichtungen nicht nachgekommen war, bis ins Jahr 1611 hinein. Obwohl Cervantes seiner angeblichen Tochter Isabel zuliebe einmal die Erklärung abgegeben hatte, das Haus in der Calle de la Montera sei mit seinem Geld gekauft worden, so scheint er unter der leidigen Geschichte doch sehr gelitten zu haben. Da seine Schwester Andrea im Oktober 1609 gestorben war – Magdalena folgte ihr im Jänner 1611 –, hielt ihn nicht viel in Madrid. Er bewarb sich beim Grafen von Lemos, seinem Gönner, der im Jahre 1610 als Vizekönig nach Neapel ging, um eine Stelle in dessen Gefolge. Der Graf wäre geneigt gewesen, den nun Vierundsechzigjährigen in seinem Hofstaat unterzubringen, doch redete ihm sein Sekretär, der Dichter Lupercio Leonardo de Argensola, diesen Gedanken aus.

Cervantes zieht sich nun ganz in seine Arbeit zurück. Schon 1612 legt er die »Exemplarischen Novellen« der Zensur vor. Die Zueignung an den Grafen von Lemos trägt das Datum des 14. Juli 1613. Wieder übernimmt der Verleger Francisco de Robles, der schon den ersten Teil des »Don Quijote« herausgebracht hatte, das Werk. Er zahlt Cervantes 1600 Realen für die »Exemplarischen Novellen«, die im Jahre 1613 erscheinen und bis 1615 sechs Auflagen erzielen.

Cervantes war, was seiner universellen Bedeutung keinen Abbruch tut, vor allem ein Kind seiner Zeit und sah im »Aprovechar deleitando« – im ergötzlichen Belehren (dem ›prodesse et delectare‹) – ein wesentliches Merkmal der von ihm nun zur Kunstform erhobenen Novelle. Seiner Leistung bewußt, sagt er in seiner Vorrede:

»...dahin treibt mich auch meine Neigung, um so mehr als ich zu wissen glaube (wie dem ja auch ist), daß ich der erste bin, der Novellen in kastilischer Sprache verfaßt hat, denn die vielen, die in dieser Sprache gedruckt und in Umlauf gesetzt wurden, sind allesamt aus fremden Sprachen übersetzt; diese Novellen aber sind mein eigen, sie sind weder nachgeahmt, noch gestohlen; gezeugt von meinem Geist, geboren aus meiner Feder, wachsen sie unter der Fürsorge des Druckers auf.«

Die gleiche Vorrede verschafft uns auch einen Einblick in die Fülle der Arbeit, die der Dichter auf sich genommen hat. Er arbeitet gleichzeitig an seiner »Reise zum Parnaß«, am Roman »Die Mühen und Leiden des Persiles und der Sigismunda« und am zweiten Teil des »Don Quijote«. Daneben sichtet und verbessert er früher geschriebene Schauspiele und Zwischenspiele, die er dann in einem Band unter dem Titel »Acht Schauspiele und acht Zwischenspiele« veröffentlicht. Es ist, als stünde der Dichter unter dem Zwang, in der kurzen Zeit, die ihm noch beschieden ist, ein Werk nach dem andern hervorzubringen, als müßte er nun nachholen, was zu schaffen ihm früher nicht erlaubt war. Es ist gewiß nicht scherzhaft gemeint, wenn er in der sonst so heiteren Vorrede zu den »Exemplarischen Novellen« schreibt:

»Mein Alter ist nicht mehr dazu angetan, mit dem anderen Leben zu spaßen, bin ich doch schon neun Jahre über die fünfundfünfzig hinaus und klüger geworden.«

Die Leberzirrhose, an der er schließlich starb, dürfte ihm schon damals manche Beschwernis gebracht haben. Vielleicht waren es schon Todesahnungen, die ihn bewogen, noch im gleichen Jahr das Gewand des Dritten Ordens des heiligen Franziskus zu nehmen. Er wollte nicht mehr »mit dem anderen Leben spaßen«.

20. Juli 1614. Dieses Datum ließ Cervantes den Sancho Panza, Statthalter der Insel Barataria, unter einen Brief an Teresa Panza, seine Ehegesponsin, setzen: der zweite Teil des »Don Quijote« war bis ins 39. Kapitel gediehen. Im gleichen Monat erschien ein Werk mit dem Titel »Zweiter Band des Scharfsinnigen Edlen Herrn Don Quijote de

Der Dichter und sein Werk 43

la Mancha, der dessen dritte Ausfahrt enthält und der fünfte
Teil seiner Abenteuer ist«. Wer der Verfasser, der sich
Alonso Fernández de Avellaneda nannte, wirklich war,
weiß niemand. Ob Cervantes es gewußt hat, ist zweifelhaft. Die Fortsetzung des Avellaneda hebt die Vielbödig-
keit des Cervantinischen Werkes auf, vergröbert das Ko-
mische ins Possenreißerische und fällt gegenüber dem ersten
Teil in dem Maße ab, in dem sich der zweite Teil, den
Cervantes schrieb, darüber erhebt. Überdies beleidigt der
pseudonyme Verfasser den Dichter aufs gröblichste, wirft
ihm sein Alter vor, die verkrüppelte Hand, die Kerker-
haft, dichtet ihm Geldgier an und anderes mehr. Cervantes
erteilt dem pseudonymen Verleumder in der Vorrede zum
eigenen zweiten Teil die verdiente Abfuhr und gibt sein
Urteil über die Fortsetzung des Avellanedas im 59. Kapitel durch den Mund des Don Quijote, des Sancho Panza
und der zufällig belauschten Leser jenes Buches bekannt.

Im Jahre 1614 erschien die »Reise zum Parnaß«, ein
Poem in der Art des »Viaggio in Parnasso« des Cesare Caporali aus Perugia. Dieses in Terzetten abgefaßte und in
acht Gesänge gegliederte Poem gibt dem Dichter – wie
schon vorher der »Gesang an Kalliope« in der »Galatea«
und die Durchsicht der Bibliothek des Don Quijote – die
ihm überaus liebe Gelegenheit, Dichter und Schriftsteller
seiner Zeit und ihre Vorläufer »kritisch« zu werten. Trotz
der feinen Ironie, die aus den Terzetten spricht, ist die
»Kritik« mehr von freundlicher Nachsicht bestimmt als
von wirklich objektiven Kriterien. Der »Anhang zum Parnaß«, der dem Poem beigefügt ist – ein in witziger Prosa
geschriebener Dialog –, dient vor allem der Rechtfertigung
des eigenen dramatischen Schaffens, das von den Theater-
leuten seiner Zeit kaum beachtet wurde.

Cervantes arbeitete. Am 17. März wurde der zweite
Teil des »Don Quijote« von der kirchlichen Zensur appro-
biert; die königliche Druckerlaubnis ließ auf sich warten.
Inzwischen erschienen die »Acht Schauspiele und acht Zwischenspiele«. Am 31. Oktober 1615 endlich setzte Cervantes seinen Namen unter die Zueignung an den Grafen von
Lemos, dessen Pensionär der Dichter nun war, und gab das

Manuskript des zweiten Teiles des »Don Quijote« in Druck. Noch im gleichen Jahr erschien das Werk im Buchhandel und wurde in der Folge in mehreren Auflagen unabhängig vom ersten Teil gedruckt.

Sowohl in der Zueignung wie in der Vorrede an den Leser spricht Cervantes wieder von seinen schriftstellerischen Plänen. Dem Grafen von Lemos kündigt er an, daß er für »Die Mühen und Leiden des Persiles und der Sigismunda« – Deo volente – noch vier Monate brauchen werde. Wieder denkt er an die Fortsetzung seines Erstlingswerks, der »Galatea«.

Am 26. März 1616 wußte Cervantes schon, daß er nur noch kurze Zeit zu leben habe. In einem Brief an den Kardinal-Erzbischof von Toledo, seinen Gönner Don Bernardo de Sandoval y Rojas, schrieb der Dichter, gegen die Krankheit, an der er leide, gebe es kein Mittel mehr und keine Rettung sei zu erhoffen. Kurz darauf, am 18. April, empfing er die Letzte Ölung, und am nächsten Tag, dem 19. April, schrieb er für sein letztes Werk, »Die Mühen und Leiden des Persiles und der Sigismunda«, eine der erschütterndsten Zueignungen, die die Weltliteratur kennt:

»Ich wollte, jene alten, einstmals beliebten Verse, die mit
    ›Schon hab' ich den Fuß im Bügel‹
beginnen, paßten nicht so haargenau in dieses Schreiben,
kann ich es doch fast mit den gleichen Worten einleiten:
    ›Schon hab' ich den Fuß im Bügel
    und ich schreibe, edler Herr, dies,
    da der Tod mir hält die Zügel.‹
Gestern gab man mir die Letzte Ölung...«

Drei Tage später, am 22. April, schloß Miguel de Cervantes die Augen, und am nächsten Tage wurde er im Kleid des Dritten Ordens des heiligen Franziskus unbedeckten Gesichts auf den Schultern seiner Ordensbrüder zum Konvent der Barfüßigen Trinitarierinnen in der Calle de Cantarranas getragen und dort beigesetzt. Niemand kennt sein Grab.

Als junger Mensch war Miguel de Cervantes ausgezogen um eines heldischen Lebens willen; gescheitert und gedemütigt in seiner Umwelt, zog er von neuem aus zu Abenteuern des Geistes und der Sprache, die immer größer sind und sein werden als alle Elektronen»gehirne« und Weltraumflüge, herrlicher als alle technischen Errungenschaften. Sich selbst überwindend, wurde dieser Dichter – einer der wenigen ganz großen – ein Meister auch für unsere Zeit und für alle, die bereit sind, auch heute noch das Wagnis des freien Geistes auf sich zu nehmen.

ZUR EINFÜHRUNG
IN DIE EXEMPLARISCHEN NOVELLEN

Die Novelle, diese schwierige Form des Erzählens, mehr dem Drama verwandt als der Epik, wurde im deutschen Sprachraum bis zum Ersten Weltkrieg besonders gepflegt und fand immer eifrige Leser. Es ist kein Zufall, daß die Entdeckung des Cervantes und die erregten Auseinandersetzungen über sein Werk im letzten Drittel des 18. und im ersten des 19. Jahrhunderts der deutschen Novellistik manche Anregung brachten und sie formal stark beeinflußten. Vor allem waren es die Romantiker – unter ihnen besonders H. von Kleist, Wetzel und E. T. A. Hoffmann –, die Stoffe und Themen aus den »Exemplarischen Novellen« übernahmen.

Nun scheint die Zeit der Novelle vorüber zu sein. Nach dem Ersten Weltkrieg wurden, wenn auch einige vorzügliche, so doch nur wenige geschrieben. Unter dem Einfluß der englisch-amerikanischen Literatur, wo die Novelle als eigene Kunstform nicht geübt wird, gewann die »short story« – die Kurzgeschichte – immer breiteren Raum. Die Novelle als die »am reinsten artistische Form« (G. Lukács) ist wie zum Beispiel auch das Sonett immer in Gefahr, ins bloß Formale abzugleiten. So war es im deutschen Sprachraum auch mit den Novellen eines Paul Heyse und anderer, denen es an jenem Etwas fehlte – man mag es nennen, wie man will –, das auch hinter der besten Form zu stehen hat, wenn sie ein Dichtwerk sein soll. Daher auch der Verfall der Novelle als Kunstform; nicht zufällig tauchten immer wieder die formal weniger verpflichtenden Bezeichnungen für Darstellungen einer »sich ereigneten unerhörten Begebenheit« (Goethe) auf wie »Geschichte« und »Erzählung«, Bezeichnungen, die sowohl auf die Novelle selbst angewendet werden als auch auf Formen, die sich deutlich von ihr abheben.

Ansätze zur Novelle und manchmal Geglücktes findet sich bereits bei den italienischen Novellieri des 14., 15. und 16. Jahrhunderts – bei Boccaccio, Franco Sacchetti, Masuccio, Bandello und Giraldi –, doch handelt es sich dabei immer um eine Literatur des bloßen Zeitvertreibs. Nicht zufällig stellen uns die Rahmenerzählungen Menschen vor, die, aus einem besonderen Anlaß (Pestepidemie, Sacco di Roma usw.) zur Untätigkeit gezwungen, sich die Zeit mit Geschichtenerzählen vertreiben. So findet man in den Sammlungen, wenn auch wie bei Boccaccio thematisch geordnet, alles mögliche nebeneinander: Anekdoten, Schnurren, unverfängliche und obszöne Liebesgeschichten, Gruselgeschichten usw. Die Novellieri wollten »Neues« oder, besser gesagt, »Neuigkeiten« bringen, und wahrscheinlich rührt der Sammelname »Novelle« auch daher.

Die Novellieri wurden dann vom Ende des 15. Jahrhunderts an bis hinauf ins 17. recht häufig ins Spanische übersetzt, und bald erschienen auch meist ungelenke Nachahmungen wie die »Coloquios satíricos« (1553) des Antonio de Torquemada, der »Patrañuelo« (1566) des Juan de Timoneda und die »Noches de invierno« (1609) des Antonio de Eslava.

Darauf bezieht sich Cervantes, wenn er in der Vorrede zu den »Exemplarischen Novellen« sagt: »...die vielen, die in dieser Sprache (im Spanischen) gedruckt und in Umlauf gesetzt wurden, sind allesamt aus fremden Sprachen übersetzt...« Mit berechtigtem Stolz fährt er fort: »...diese Novellen aber sind mein eigen; sie sind weder nachgeahmt, noch gestohlen...«

Cervantes unterstreicht, daß er der erste ist, der – echte – Novellen in spanischer Sprache geschrieben hat; gleichzeitig hebt er hervor, daß sie im Gegensatz zu den Werken der Novellieri moralisch seien. Darum ist der Titel der »Exemplarischen« auch doppeldeutig. Die Novellen sind »exemplarisch«, weil sie das Muster für die Kunstform in Spanien bedeuten; sie sind aber auch »exemplarisch«, weil sie nicht obszön sind. Dies ist auch der Grund, weshalb die deutschen Übersetzer schon im Titel voneinander abweichen: der eine nennt sie »Musternovellen«, der andere sagt »Beispielhafte«, der dritte »Lehrreiche« und der vierte »Moralische«. Wäre »beispielhaft« kein so gräßliches Wort, dann träfe es den Sinn, so aber schien es besser, den ur-

sprünglichen Titel in seiner Doppelbedeutung zu erhalten.
Der Leser muß dabei immer bedenken, daß Cervantes wie
die ihm zeitgenössischen spanischen Autoren und seine
Nachfahren bis zum Ende des 17. Jahrhunderts vom hora-
zischen Grundsatz ausging, der Dichter müsse »ergötzlich
belehren« – deleitar aprovechando.

Über das »Moralische« seiner Novellen spricht Cervantes selbst ausführlich genug in der Vorrede. Daß er in Spanien bald als das Vorbild der Novellistik angesehen wurde,
zeigt die große Zahl seiner Nachfolger.

Doch sind von den zwölf Titeln des Werkes nur neun
als echte Kunstnovellen anzusehen, die überdies eine the-
matische Einheit bilden, denn in allen geht es um Liebe
und Ehe.

Wenn man aber die Novellen näher betrachtet, dann
erkennt man, daß ein Teil von ihnen auf dem alten, auch
in den Ritterromanen oft verwendeten Motiv der Liebesprüfung aufgebaut ist. In der Novelle »das Zigeunermädchen« ist es das Mädchen, das seinem adeligen Bewerber
auferlegt, die Beständigkeit seiner Liebe unter den in diesem Fall stark idealisierten Zigeunern zu beweisen. »Der
edelmütige Liebhaber«, der anfänglich wegen eines Taugenichts verschmäht wird, erweist sich auch unter den wider-
wärtigsten Verhältnissen als treu; seine Liebe ist so über-
mächtig, daß er um der Geliebten willen bereit ist, auf sie
zu verzichten. In der Novelle »Die erlauchte Scheuermagd«
erfährt die Heldin zwar erst zum Schluß, welche Prüfungen ihr Anbeter auf sich genommen hat, doch genügt seine
freiwillige Einordnung in die niedere Schicht, der die
»Scheuermagd« anzugehören scheint, um die Angebetete zu
gewinnen. Auch der Held der Novelle »Die englische Spanierin« ist ein treuer Liebhaber, der auch dann noch liebt,
als die vorher wunderschöne Angebetete mit einem Male
häßlich wird. Immer wieder kehrt Cervantes zum Motiv
der Liebesprüfung zurück. Im »Persiles« wird die Treue
des Helden vielen anderen Erscheinungsformen der Liebe
gegenübergestellt. Das gleiche platonische Ideal, das Cervantes von Leon Hebreo übernommen und schon in der
»Galatea« in den Vordergrund stellt, ist besonders im

Exemplarische Novellen   49

»Don Quijote« unterstrichen: der fahrende Ritter, der
»fiel amador«, ist nicht mehr der Aldonza Lorenzo, dem
weiblichen Wesen aus Fleisch und Blut schlechthin, sondern dem platonischen Idealbild, der Dulcinea del Toboso,
treu.

In den Novellen »Die Stimme des Blutes«, »Die beiden
Jungfern« und »Fräulein Cornelia« wird das ursprüngliche Thema umgekehrt. Nicht der Mann ist es nunmehr,
der sich durch Beständigkeit auszeichnet; es ist das hinter-
gangene oder sich hintergangen glaubende Mädchen, das
nach der endgültigen Vereinigung strebt, sei es geduldig
abwartend wie in der Novelle »Die Stimme des Blutes«,
den Ungetreuen verfolgend wie in »Die beiden Jungfern«
oder schließlich, unbetrogen, nur ausharrend gegen das
widrige Geschick, das sich der Vereinigung widersetzt, wie
in der Novelle »Fräulein Cornelia«.

Anders variiert erscheint das Thema in der Novelle
»Der eifersüchtige Estremadurer«. Hier ist die Vereinigung bereits vollzogen, doch sind die Partner, ein alter
Mann und ein Mädchen, fast ein Kind noch, zu ungleich,
als daß die Vereinigung von Bestand sein könnte. Diese
Novelle hat als einzige einen tragischen Ausgang, doch ist
er ebenso versöhnlich wie der Ausgang des »Don Quijote«.
Der alte Mann stirbt zwar an seiner Enttäuschung, sieht
aber sein Vergehen gegen die »Gesetze der Natur« ein
und erweist sich so großherzig wie schon »Der edelmütige
Liebhaber«.

Eine vollzogene Ehe ist auch das Entscheidende in der
Novelle »Die betrügerische Heirat«, doch mit dem Unterschied, daß hier die Partner, ein Spitzbube und eine Spitz-
bübin, die Ehe nur schließen, um einer den andern zu
hintergehen. Der männliche Held dieser Novelle tritt dann
auch als Verfasser des »Zwiegesprächs der Hunde« auf,
was einige Übersetzer veranlaßt hatte, beide als Einheit
aufzufassen.

»Rinconete und Cortadillo«, »Der Lizentiat Vidriera«
und »Das Zwiegespräch der Hunde« sind keine eigentlichen Novellen. In diesen drei Prosawerken fehlt die »sich
ereignete unerhörte Begebenheit« als geistiger Mittelpunkt;

im »Rinconete und Cortadillo« geht es nur um einen Zustand, der nie dramatisch, sondern nur episch dargestellt
werden kann. Wir haben es mit einem Sittenbild ersten
Ranges zu tun – die satirische Absicht des Dichters ist unverkennbar –, in dem Cervantes die sevillanische Unterwelt und ihr Treiben so deutlich schildert, daß der Leser
leicht einzusehen vermag, weshalb selbst die keineswegs
zartbesaiteten Spitzbuben Rinconete und Cortadillo aus
dieser Gesellschaft zu entkommen trachten.

»Das Zwiegespräch der Hunde«, das angeblich vom
männlichen Helden der »Betrügerischen Heirat« aufgezeichnet wurde, ist ebenfalls eine Sittenschilderung. Auch
hier ist die satirische Absicht eindeutig. Cervantes kleidet
sie deshalb auch in die bei den Humanisten, besonders aber
bei Erasmus von Rotterdam beliebte Form des Zwiegesprächs. Der Gedanke, Menschen und menschliche Ver-
haltensweisen satirisch durch Tiere wiederzugeben, ist an
sich nicht neu, doch Cervantes greift hier auf eine andere
ihm liebgewordene Vorstellung zurück: nicht der vernünf-
telnde Mensch ist im Besitz der Wahrheit und der Weisheit; von Tieren gesagt und von Narren wirken sie eindringlicher.

»Der Lizentiat Vidriera«, dieses oft über Gebühr gepriesene Werk, ist dem Dichter mißlungen. Es ist auch bei
weitem keine Vorstudie zum »Don Quijote«, wie manche
behaupten. Dabei hätte das Werk manche Ansätze zu einer
guten Novelle. Die erste »unerhörte Begebenheit« – reiche
Studenten finden einen armen Burschen auf dem Wege,
nehmen ihn mit nach Salamanca, wo er dann mit hervor-
ragendem Erfolg studiert – verpufft. Bis zur nächsten folgt
eine lange Liste mit stereotypen Nennungen italienischer
Städte; statt Kennzeichnung gibt uns der Dichter nur Eti-
ketten. Dann reicht ein verschmähtes Weib dem Lizentiaten eine »Liebesspeise«; er erkrankt und wird verrückt.
Leiblich wiederhergestellt, glaubt er aus Glas zu sein. Während der Wahn des Don Quijote uns fesselt, weil er den
ganzen Menschen in Verhalten und Reden erfaßt, und
selbst das Vernünftige noch seinen Ort in der Verrückung
des Geistes hat, wird der Lizentiat Vidriera nur durch seine

Verrücktheit im Leiblichen bestimmt. Diese Schwäche des Werkes wird auch nicht beseitigt, wenn Cervantes zu guter Letzt darauf verweist, daß die Leute wohl bereit sind, einem Narren zuzuhören, aber für einen klugen Menschen nichts übrighätten. Auch im Stil zeigt sich die Schwäche des Werkes. Man kann nämlich alle Stellen, die den Lizentiaten während seiner Narrheit betreffen, ohne die geringste sprachliche Änderung untereinander vertauschen. Schade, denn »Der Lizentiat Vidriera« hätte alle Voraussetzungen eines bedeutenden Werkes. Allein, der Größe des Cervantes tut es keinen Abbruch, wenn er mit einem Vorwurf einmal nicht fertig geworden ist.

In den Novellen wird viel und gern geweint. Junge Männer und Mädchen, manchmal auch ein alter Mann, werden liebeskrank und sterben auch manchmal aus Liebe. Heute lächeln wir über die Empfindsamkeit von damals, obwohl es gar nicht so lange her ist, daß die überbetonte Empfindsamkeit aus der Literatur verschwunden ist. Wir dürfen aber das öffentliche Weinen von Männern und Frauen keineswegs für bare Münze nehmen, denn es ist letzten Endes nur ein dem Stand der damaligen Literatur entsprechendes Mittel, tiefe innere Bewegung auszudrükken. Auch der lange gesprochene Monolog hat keine andere Aufgabe.

Die Sentimentalität wird bei Cervantes immer wieder aufgewogen durch die realistischen Schilderungen von Umwelt und Situationen. Überdies verwendet Cervantes neben den langen gesprochenen Monologen – Erbe der Vergangenheit – mehr und mehr den Dialog, die direkte Rede, die er aus der jeweiligen Situation entwickelt; aber auch schon die erlebte Rede – erste Ansätze zum modernen inneren Monolog – wird vom Dichter da und dort verwendet. Dies in aller Kürze zur Erzähltechnik unseres Dichters.

Es hieße, das Bild des Meisters unnötig zu glorifizieren, wollte man nicht auch auf gewisse Mängel hinweisen. Cervantes schrieb meist überstürzt und überlas das einmal Geschriebene – er war immer in Zeitnot – kaum. Deshalb kommt es vor, daß der Dichter z. B. eine Gestalt im Alter von siebzig Jahren einführt, sie aber am Schluß der Novelle – »Der eifersüchtige Estremadurer« –, ein Jahr später, achtzig sein läßt. In der Novelle »Die beiden Jungfern« vergißt Cervantes, daß er am Anfang behauptet hat, Leocadia stamme aus einem Ort, der zwei Meilen von einem anderen entfernt liegt, und sie sei die Tochter eines Don Sancho. Am Schluß der Novelle jedoch liegen die beiden Orte nur noch eine Meile voneinander entfernt, und der Vater des Mädchens heißt nun nicht mehr Don Sancho, sondern Don Enrique. Dieser wurde dem Leser aber als der Onkel Leocadias vorgestellt. Solcher Versehen gibt es manche; es wird an geeigneter Stelle darauf verwiesen.

Unbefriedigend sind auch die meisten Schlüsse, die Cervantes seinen Novellen gibt. Vom Augenblick an, da der dramatische Konflikt seine Lösung gefunden hat, scheint der Dichter jedes Interesse an der Geschichte verloren zu haben und hastet dem Ende zu. So erfahren wir, um nur ein Beispiel zu nennen, in der Novelle »Die erlauchte Scheuermagd« nichts davon, ob nun Constanza, die vielumworbene Titelgestalt, den beharrlichen Anbeter Don Juan de Avendaño, mit dem sie verheiratet wird, wirklich liebt. Auch Diego de Carriazo, dem mit der »erlauchten Scheuermagd« wie aus heiterem Himmel eine Halbschwester zufällt, mit der ihm auch der Freund zum Schwager wird, hat kein Wort dazu zu sagen. Manche der Schlüsse sind dem damaligen spanischen Theater nachgebildet, in dem die meisten Stücke mit einer Ansprache an den »Senat« – die Zuhörer – enden, die auf den Titel des Stückes Bezug nimmt. Hierin und in manchem anderen wird die Verwandtschaft der Cervantinischen Novelle mit dem Theater besonders deutlich, und man kann daraus auch schließen, daß die Novellen ursprünglich für einen Vorleser und seine Zuhörer bestimmt waren.

Auch die Cervantinische Sprache ist keineswegs so sicher, wie dies gerne behauptet wird. Oft schwankt der Dichter im Wortgebrauch; er rafft verschiedene Bedeutungen in einem Wort zusammen und überläßt es dem Leser, die gerade zutreffende herauszufinden. Manchmal verwendet er wieder für gleiche Bedeutungen Wörter, die auch

Exemplarische Novellen 53

zu seiner Zeit nur entfernt bedeutungsähnlich waren. Ab
und zu verliert sich Cervantes im komplizierten Bau seiner
Satzperioden, was besonders deutlich wird in den rhetorischen, mehr klingenden als aussagenden Monologen und
Dialogen jener Novellen, die man als »idealische« bezeichnen könnte (»Der edelmütige Liebhaber«, »Die englische
Spanierin«, »Die Stimme des Blutes«, »Die beiden Jungfern« und »Fräulein Cornelia«). Ihre Verwandtschaft mit
der Sprache der Ritterromane, die Cervantes in seiner
Jugend gelesen hat, ist nicht wegzuleugnen, aber ebenso
deutlich ergibt sich daraus, daß die Novellen ursprünglich
zum Vorlesen bestimmt waren. Neben dieser ampulösen
und nicht immer ironisch gemeinten Sprache erscheint
immer wieder die Sprache des Volkes, wodurch ein überaus wirkungsvoller Kontrast erzielt wird. Die Übersetz-
zung versucht, dem Cervantinischen Sprachgebrauch möglichst gerecht zu werden, um dem Leser jeden mit den
Mitteln der deutschen Sprache erreichbaren Eindruck von
der sprachlichen Struktur des Originals zu vermitteln.

Welche Mängel man auch immer an den Novellen, die
alle vor mehr als 350 Jahren geschrieben worden sind,
feststellen mag, so ändert sich doch nichts an der Tatsache,
daß Cervantes der erste große abendländische Novellist
war. Nicht nur daß er seine zwölf »Exemplarischen Novell-
len« als eigenen Band herausgab, sein ganzes Prosawerk
ist von Novellen durchsetzt. Sie hängen nicht mehr wie
Perlen an einer Schnur an einer Rahmenerzählung, sondern sind künstlerisch selbständige Gebilde. Darüber hinaus hat jede noch eine besondere Funktion zu erfüllen: in
der »Galatea« und in den »Mühen und Leiden des Persiles
und der Sigismunda« sind sie als Erzählungen der Roman-
gestalten nach der Erzählerpersönlichkeit und dem vorher-
gehenden Thema kontrapunktisch gesetzt. Kontrapunktisch sind sie auch als selbständige Gebilde im »Don Quijote«, weshalb es auch unzulässig ist, sie als »veraltet« oder
als »nicht zur Handlung gehörig« auszulassen.

Welches Ansehen der Novellist Cervantes besaß, geht
aus einem Brief hervor, den Goethe im Dezember 1795
an Schiller schrieb. Goethe sagt darin, er habe

»an den Novellen des Cervantes einen wahren Schatz
gefunden, sowohl der Unterhaltung wie der Belehrung.
Wie sehr freut man sich, wenn man das anerkannte Gut
auch anerkennen kann, und wie sehr wird man auf seinem Wege gefördert, wenn man Arbeiten sieht, die
nach eben den Grundsätzen gebildet sind, nach denen
wir nach unserem Maße und in unserem Kreise selbst
verfahren.« (Weimarer Ausgabe, 1887–1920, Bd. IV,
10, S. 350)

Es ist also nicht zu verwundern, wenn wir bei den Schrift-
stellern und Dichtern des 19. Jahrhunderts immer wieder
Cervantinischen Novellenstoffen und Anleihen bei ihm
begegnen. So beruht die Geschichte von der Gefangennahme Ludowicos und Rodrigos in L. Tiecks »Franz Stern-
balds Wanderungen« (1789) auf Cervantinischen Quellen,
vor allem aber auf der Novelle »Der edelmütige Liebhaber«. In der »Marquise von O.« (1808) Heinrich v.
Kleists verbindet sich die Vergewaltigung, die der alte
Diego de Carriazo in der Novelle »Die erlauchte Scheuermagd« eingesteht, mit der Sühne, die eine andere Vergewaltigung in der Novelle »Die Stimme des Blutes« findet.
Daß Heinrich v. Kleist die eigenen Novellen unter dem
Titel »Moralische Erzählungen« zusammenfassen wollte,
ist bezeichnend für den Einfluß, den Cervantes ausgeübt
hat. Thematisch kehrt »Die Stimme des Blutes« in E. T.
A. Hoffmanns Novelle »Das Gelübde« (1817) wieder, und
in seinen »Phantasiestücken in Callots Manier« (1814) begegnen wir dem »Zwiegespräch der Hunde«, das vorher
schon in F. G. Wetzels »Nachtwachen des Bonaventura«
(1804) verwendet worden war. Immer wieder stoßen wir
auch in der heutigen deutschen Literatur noch auf Spuren
des großen Spaniers. Leider fehlt bis heute eine umfassende
Studie über die Einflüsse des Cervantes in unserem Sprachbereich. W. Brüggemanns »Cervantes und die Figur des
Don Quijote in Kunstanschauung und Dichtung der deutschen Romantik« (Münster/Westfalen 1958) kann nur als
ein Anfang betrachtet werden.

Ein Wort noch zu den Gedichten. Auch hier war Cer-

Exemplarische Novellen   55

vantes ein Sohn seiner Zeit. Viel Tinte wurde darauf verschwendet, klarzustellen, ob Cervantes nun ein Lyriker
wäre oder nicht. Die einen bejahten die Frage, die andern
verneinten sie. Gewöhnlich wurde dabei vergessen, daß
Gedichte zu bauen zur Allgemeinbildung **gehörte und in**
den Grammatikschulen gelehrt wurde. Wie in fast allen
Prosawerken der damaligen Zeit – nicht nur in Spanien –
begegnen wir auch in den meisten Novellen des Cervantes
Gedichten und Liedertexten. Sie sind unterschiedlichen
Wertes. Neben dem reizenden Wahrsagegedicht »Tausendschönchen, Tausendschönchen« und der Ohnmachtsbeschwö-
rung »Köpfchen, Köpfchen, nicht verzagen...«, die die
Preciosa, die Heldin der Novelle »Das Zigeunermädchen«
spricht, schreibt Cervantes auch bewußt schlechte Gedichte
– Sonette, Redondillen und andere mehr –, die er dem
einen oder dem anderen seiner vielen Verliebten in den
Mund legt. Damit macht er sich auf die ergötzlichste Weise
über diesen oder jenen zweitrangigen Anbeter seiner Schönen lustig. Manchmal läßt er die Gedichte der verliebten
Sänger auch durch die Zuhörer verspotten. Daneben gibt
es aber auch Gedichte, die Cervantes ernsthaft meinte; sie
sind ihm aber auch nicht immer geglückt. Zu deutlich erkennt man daran den Prosaschriftsteller, der, der Sitte
seiner Zeit folgend, eben auch Gedichte macht. Aber auch
hier entschädigen der Reichtum der Prosa und das eine wie
das andere geglückte Gedicht den Leser.

Als Abschluß einige Bemerkungen zu den wichtigsten
deutschen Übersetzungen der »Exemplarischen Novellen«.

Im Februar 1961 wurde in der S. Fischer-Taschenbuch-
reihe »Exempla classica« die Übersetzung der »Novellen«
durch Dietrich Wilhelm Soltau – Königsberg 1801 – neu
herausgebracht. Zum Übersetzer schreibt der Herausgeber:

> »Als Übersetzer darf D. W. Soltau mit gutem Recht
> neben August Wilhelm Schlegel und Johann Diederich
> Gries gestellt werden.«

Hätte der Herausgeber nur das geringste über den großen
Streit um die Cervantes-Übersetzungen zu Beginn des 19.
Jahrhunderts gewußt, dann wäre er vorsichtiger gewesen

und hätte darauf verzichtet, die Soltausche Übersetzung der »Novellen« neu aufzulegen. Einen Übersetzer, dem in den ersten vier Novellen – auf nur 133 Seiten – nicht weniger als 256 grobe Fehler unterlaufen, darf man nicht mit einem August Wilhelm Schlegel auf eine Stufe stellen. Überdies hat sich Soltau bei allen Novellen solche Freiheiten herausgenommen, daß von Cervantes nicht allzuviel mehr übrigbleibt, es sei denn der Stoff. So hat Soltau zum Beispiel den Schluß der Novelle »Die Stimme des Blutes« ganz umgeschrieben, weil er den Titel fälschlich mit »Die Stimme der Natur« wiedergegeben hatte. Nicht zu Unrecht schrieb Friedrich Schlegel, daß Soltau »zwar wohl in Spanien, aber niemals weder im Cervantes, noch überhaupt in der Poesie gewesen ist«. (Jugendschriften, Bd. II., S. 350)

1826 erschien in Zwickau die Übersetzung J. F. Müllers, der sich – wahrscheinlich »unter Anrufung des heiligen Hieronymus«, des Schutzpatrons der Übersetzer – auf dem Schmutzblatt Hieronymus nennt, was zu einigen Verwechslungen in der Bibliographie geführt hat. Die Müllersche Übersetzung steht, abgesehen von einigen Fehlern und einer gewissen allzu korrekten Steifheit, turmhoch über jener, die Soltau verbrochen hat. Doch leidet auch F. J. Müller wie die meisten Übersetzer an der Manie, die Eigennamen der »Novellen« einzudeutschen.

Die nächste beachtenswertere Übersetzung der »Novellen« wurde von Friedrich Notter und Adelbert von Keller besorgt und ist 1840 in Stuttgart erschienen. Weniger steif als die Müllersche Übersetzung, ist sie dafür um so fehlerhafter. Wieder deutschen die Übersetzer allzusehr ein.

Aus dem Jahre 1868 stammen die von Reinhold Baumstark übersetzten »Musternovellen« (2 Bde., G. J. Manz, Regensburg), die in den letzten Jahren, zum Teil »bearbeitet«, wieder abgedruckt wurden. Baumstark kennt, wie er selbst zugibt, nur die Keller-Nottersche Ausgabe. Er hat sie – so sagt er – mit dem Original verglichen und »an manchen Stellen dankbar benutzt«. Aber auch sein Versuch, eine bessere Übersetzung der »Novellen« zu erreichen, hält der Übersetzungskritik nicht stand.

Exemplarische Novellen   57

Zuletzt sei noch auf die Bearbeitung der »Novellen«
durch Konrad Thorer verwiesen. Zuerst erschien sie zwei-
bändig im Jahre 1907 im Insel-Verlag. Im Jahre 1956
brachte der Insel-Verlag die gleiche Bearbeitung in einem
Dünndruckband heraus. Nach ihr werden die »Novellen«
in den verschiedensten Werken immer wieder zitiert. Während aber die Ausgabe von 1907 noch sehr auffällig vorne
im Buch den Vermerk trägt »Vollständige deutsche Ausgabe in 2 Bänden unter Benutzung älterer Übertragungen,
besorgt von Konrad Thorer«, ist dieser für den Benützer
nicht unwichtige Vermerk in der Ausgabe von 1956 ganz
nach hinten gerutscht und winzig klein gedruckt worden.
Die Wirkung war, daß die meisten Benützer der Meinung
sind, es handle sich um eine Neu-Übersetzung der »Novellen«.

Schlimm an der Bearbeitung ist aber, daß Konrad Thorer kein einziges Mal das Original zu Rate gezogen hat,
sondern Kapitel um Kapitel von Notter und Keller ab-
schreibt. Die ganze Bearbeitung bestand darin, daß Thorer
dort, wo Notter und Keller seiner Meinung nach unklar
waren, den Text etwas umgeschrieben hat. Er glättete das
Deutsch der alten Übersetzung und brachte in die ohnehin
schon fehlerhafte Übersetzung aus dem Jahre 1840 noch
neue Fehler hinein.

Heute kann man keinem Verlag und keinem Übersetzer
zugute halten, was früheren Übersetzern, besonders jenen
zu Beginn des 19. Jahrhunderts, in Rechnung gestellt werden muß. Die Philologie, die Textkritik und die Literatur-
wissenschaft haben inzwischen große Fortschritte gemacht.
Wir verfügen heute nicht nur über bessere Texte als die
ursprünglichen Übersetzer, wir sind auch mit der spanischen Literatur, mit Land und Leuten und der spanischen
Gesellschaft zur Zeit des Cervantes vertrauter als jene.
Ihnen kommt trotz aller Unzulänglichkeiten das unbe-
streitbare Verdienst zu, daß sie Cervantes für einen größeren Zeitabschnitt weithin im deutschen Sprachraum bekanntgemacht haben.

ZUR EINFÜHRUNG
IN DIE MÜHEN UND LEIDEN DES PERSILES
UND DER SIGISMUNDA

Während sich deutsche Übersetzer immer wieder des »Don Quijote« angenommen haben, während sich die »Exemplarischen Novellen« uneingeschränkt der Gunst der deutschen Leser erfreuten, wurden »Die Mühen und Leiden des Persiles und der Sigismunda« von ihrem Erscheinen im Jahre 1617 an bis heute nur achtmal ins Deutsche übertragen. Obwohl der Roman – zum erstenmal 1746 aus dem Französischen übersetzt – im Verlauf des 18. und dann des 19. Jahrhunderts bei manchem Kenner Anklang und Bewunderung fand, blieb er doch den meisten Lesern verschlossen. Sie fanden das postum veröffentlichte Werk des großen Spaniers verworren, dunkel und dem herrschenden literarischen Geschmack zu sehr entgegengesetzt, als daß sie daran viel Freude hätten finden können. Trotzdem erlebte der »Persiles« von 1825 bis 1839 vier Übersetzungen, darunter die von Dorothea Tieck besorgte und von ihrem Vater Ludwig eingeleitete aus dem Jahre 1837. Seit der letzten deutschen Übertragung – »Die Prüfungen des Persiles und der Sigismunda. Aus dem Spanischen von Friedrich Notter. Stuttgart 1839« – ist das Werk im deutschen Sprachbereich nicht wieder aufgelegt worden.

Die Zeitgenossen des Dichters scheinen zum »Persiles« leichter Zugang gefunden zu haben als spätere Generationen, erschienen doch im Jahre 1617 nicht weniger als sechs Auflagen. 1618 wurde das Werk bereits zweimal ins Französische übersetzt; die erste englische Übersetzung stammt aus dem Jahre 1619. Hierzu ist zu bemerken, daß schon der zweite französische Übersetzer nicht mehr recht verstanden hat, worum es in dem Roman geht, denn er bemühte sich, »das verworrene Werk zu verbessern«. Der »Persiles« war trotz mehrerer Auflagen auch im 17. Jahrhundert kein Werk für eine große Leserzahl. Nur eine Minderheit fand Gefallen an der kunstvollen Verschachtelung des Geschehnisablaufs, an den Verzögerungen der

Haupthandlung durch Nebenhandlungen, durch Erzählung und Bericht. Wenn auch eine Minderheit ihre Freude hatte an der schwierigen Symbolik dieses der Gegenreformation zuzurechnenden Werkes, so wußte doch die Mehrzahl der Leser, die sich mit der bloßen Narrheit und den Streichen des »Ritters mit dem Kläglichen Gesicht« und dem Bauernwitz des Sancho Panza zufrieden gegeben, mit dem »Persiles« nichts mehr anzufangen. Ähnlich erging es später auch den meisten Kritikern, und in den Literaturgeschichten begegnet man heute noch Wertungen aus zweiter und dritter Hand; man läßt den Roman bestenfalls um der erschütternden Abschiedsverse des Dichters in der »Zueignung an den Grafen von Lemos« oder seiner literarhistorischen Bedeutung willen gelten.

Fast unausrottbar wiederholt sich die ebenso unbegreifliche wie weit verbreitete Auffassung, »Die Mühen und Leiden des Persiles und der Sigismunda« seien ein typisches Alterswerk. So nennt Arturo Farinelli den Roman verklärend »den letzten romantischen Traum des Cervantes«, und Ludwig Pfandl schließt sich in seiner »Geschichte der spanischen Nationalliteratur in ihrer Blütezeit« (Freiburg i. B. 1929, S. 157) dieser Meinung an. Damit aber wurde, ob man nun verklärend oder abfällig vom Alterswerk des Cervantes sprach, der Zugang zu einer werkgerechten Beurteilung des »Persiles« verschüttet. Damit dieser Zugang freigemacht, damit dem Leser der Weg erhellt werde, auf dem er durch das Labyrinth der Geschehnisse zur eigentlichen Bedeutung dieses wesentlichen Werkes der Weltliteratur vordringen kann, müssen wir als erstes klären, ob denn der »Persiles« wirklich ein Alterswerk ist, ein »letzter romantischer Traum« und die »Flucht eines alt und müde gewordenen Dichters aus der enttäuschenden Wirklichkeit«.

Die Bezeichnung »Alterswerk« und die damit verbundene mitleidige Abwertung des »Persiles« gegenüber dem »Don Quijote« ist angesichts der offen zutage liegenden und jedermann greifbaren Fakten ein literarwissenschaftlicher Nonsens; die eingefleischten chronologischen Denkgewohnheiten machten selbst die hellsten Augen blind. Es

60   Einführung

ist nämlich nicht einzusehen, weshalb der »Persiles«, der
am 19. April 1616 von Cervantes mit der »Zueignung an
Don Pedro de Castro, Grafen von Lemos...« abgeschlossen wurde, gegenüber dem zweiten Teil des »Don Quijote«
– dessen Zueignung stammt vom 31. Oktober 1615 –
wegen eines Zeitunterschieds von fünfeinhalb Monaten ein
Alterswerk sein soll und der »Don Quijote« nicht. Wer
aber würde den zweiten Teil des »Don Quijote« als ein
Alterswerk bezeichnen wollen?

Im Vorwort zu den »Exemplarischen Novellen« – Juni
1614 – sagt Cervantes:

> »Nach diesen Novellen, sollte mich der Tod noch ver-
> schonen, verspreche ich dir die ›Mühen und Leiden des
> Persiles und der Sigismunda‹, ein Werk, das sich er-
> kühnt, mit Heliodor zu wetteifern, wenn es nicht schon
> vorher seiner Dreistigkeit wegen zu Fall kommt.«

Cervantes hatte also bereits am »Persiles« gearbeitet, als
er noch mit einem Teil der »Novellen« beschäftigt war.
Vielleicht sind auch gewisse Parallelen des »Persiles« mit
der Novelle »Die englische Spanierin«, die um 1610 entstanden sein dürfte, darauf zurückzuführen.

Im Vorwort zum zweiten Teil des »Don Quijote«
– Oktober 1615 – erklärt der Dichter, er habe nur noch
vier Monate am »Persiles« zu schreiben. Cervantes mußte
also im Oktober 1615 bereits den größten Teil des »Persiles« vollendet haben, woraus sich unabweisbar die seltsamerweise bisher unbeachtete Tatsache ergibt, daß Cervantes zumindest ab 1600 *gleichzeitig* an mehreren Werken
gearbeitet, nicht etwa nur entworfen oder geplant, sondern
geschrieben hat. Es ist daher nicht Werk um Werk *nacheinander* entstanden. Damit wird auch die Behauptung,
es handle sich beim »Persiles« um ein Alterswerk des Dichters, illusorisch.

Manche Forscher setzen das Jahr 1609 als den frühestmöglichen Zeitpunkt fest, an dem der Dichter mit dem
»Persiles« beginnen konnte. Sie stützen sich auf den Umstand, daß Cervantes im elften Kapitel des dritten Buches
das Dekret über die Vertreibung der Morisken aus Spa-

Die Mühen und Leiden des Persiles und der Sigismunda 61

nien, das im Jahre 1609 erlassen wurde, erwähnt. Der Dichter konnte dieses Kapitel also nicht vor 1609 geschrieben haben. Das leuchtet ein, will aber für den Beginn der Arbeit am Werk selbst nichts besagen. Um das Jahr 1609 als den frühestmöglichen Beginn festzulegen, wird auch auf eine Stelle im zwölften Kapitel des ersten Buches verwiesen. Dort erzählt Mauricio, Transila, seine Tochter sei geflüchtet, weil sie sich nicht der Unsitte ihrer Heimat fügen wollte, die verlangte, daß ihr noch vor dem eben angetrauten Gatten dessen Brüder und männliche Anverwandte beischlafen sollten. Da nun der Inca Garcilaso de la Vega in seinen »Comentarios Reales« – erschienen 1608/09 – die gleiche fälschlich »jus primae noctis« genannte Unsitte erwähnt, hielt man den Inca für die einzig mögliche Quelle des Dichters. Wie aber schon Karl Schmidt in seiner Untersuchung »Jus primae noctis« (Freiburg i. B. 1881) überzeugend nachweist, waren solche Bräuche seit der Antike als »barbarische Unsitte« bekannt, und Cervantes dürfte schon lange vor der Veröffentlichung der »Comentarios Reales« davon gewußt haben. Dies ist um so wahrscheinlicher, als Cervantes – wie Américo Castro nachweist – die »Anglica Historia« (Basel 1565) des Polydor Vergilius gekannt hat. Ob durch eigene Lektüre oder aus Gesprächen mit Kennern des Buches, läßt sich allerdings nicht feststellen. Dem Dichter dürfte auch »De rerum inventoribus«, ein Werk des gleichen Autors – Basel 1575 –, nicht unbekannt geblieben sein. Darin wird nämlich auf die gleiche geschlechtliche Unsitte, die bei den Schotten geherrscht haben soll, verwiesen. Da nun die »Comentarios Reales« nicht mehr als einzige Quelle in Betracht kommen, ist man berechtigt anzunehmen, daß Cervantes – er arbeitete ja, wie schon gezeigt, gleichzeitig an mehreren Werken – den »Persiles« bereits im Jahre 1605 begonnen hat. Dies ist um so wahrscheinlicher, als sich im 47. Kapitel des Ende 1604 beendeten ersten Teiles des »Don Quijote« eine Stelle findet, die aussieht wie ein Rohentwurf zum »Persiles«. Dort sagt der Kanonikus aus Toledo im »Gespräch über die Ritterromane« zum pfarrherrlichen Freund des närrischen Ritters:

»...sie öffneten der Feder ein geräumiges Feld, auf dem sie sich unbehindert tummeln konnte, um Schiffbrüche, Seestürme, Kämpfe und Schlachten zu beschreiben, um einen tapferen Heerführer zu schildern mit allen für einen solchen erforderlichen Eigenschaften, einen klugen Heerführer, der den Listen des Feindes zuvorzukommen weiß und es versteht, als wortgewaltiger Redner seine Soldaten anzufeuern oder zurückzuhalten, einen Mann, der bedächtig ist im Rat und rasch in der Tat und gleicherweise entschlossen im Abwarten wie im Angriff; der Verfasser vermag bald ein beklagenswertes, schmerzliches Geschehnis zu beschreiben, bald ein heiteres, unverhofftes Ereignis, dort eine ausbündig schöne, tugendhafte und kluge Dame, hier einen christlichen Ritter, der ebenso tapfer ist wie liebenswürdig, da einen zügellosen, großmäuligen Barbaren, dann wieder einen artigen, mutigen und umsichtigen Fürsten ... Der Verfasser kann sich als Astrolog zeigen, als hervorragender Kosmograph, als Musiker, als erfahren in Staatsgeschäften, und vielleicht wird ihm die Gelegenheit geboten, sich, wenn er will, als Nekromant zu erweisen.«

Dies alles findet sich im »Persiles«: Schiffbruch, Seesturm, Kampf und Schlacht, tapfere Heerführer, traurige und erfreuliche Geschehnisse, die überaus schöne Dame, der liebenswürdige christliche Ritter, der zügellose, großmäulige Barbar und der artige Fürst. Überdies macht uns Cervantes wenige Zeilen später mit den ästhetischen Grundsätzen vertraut, an die sich seiner Meinung nach ein Romanschriftsteller halten müßte, Grundsätze, die er auch im »Persiles« anwendet. Wieder aus dem Munde des Kanonikus erfahren wir:

»...die zwanglose Schreibart dieser Bücher gestattet es dem Verfasser, sich als epischer, als lyrischer, als tragischer und als komischer Dichter zu beweisen, indem er alle die Möglichkeiten nützt, die in der Poesie und in der Redekunst, diesen überaus schmackhaften und schönen Wissenschaften, enthalten sind, *läßt sich doch epische Dichtung ebensogut in Prosa wie in Versen schreiben.*«

Die Mühen und Leiden des Persiles und der Sigismunda 63

Überall im Gesamtwerk des Dichters stoßen wir an den entsprechenden Stellen auf kritische und theoretische Anmerkungen zum Roman, zur Novelle, zur Versdichtung und zum Schauspiel. Zwar hatten sich vor Cervantes schon andere – Trissino, J. C. Scaliger, Minturno, Castelvetro, T. Tasso – in Abhandlungen mit der Poetik, das heißt den Gesetzen, nach denen sich ein Dichtwerk zu richten habe, beschäftigt; Cervantes jedoch verlegt Theorie und Kritik ins Werk selbst, legt sie in den Mund seiner Gestalten – dies bereits seit der »Galatea« –, ein Verfahren, dem wir in solchem Maße erst wieder bei den Romantikern begegnen. Und doch wäre ein von den Romantikern so hoch geschätzter Dichter wie Cervantes als Theoretiker von A. W. Schlegel mit Hohn überschüttet worden, stand er trotz aller Neuerungen letzthin doch auf den Grundlagen, die Aristoteles, Plato und Horaz gelegt hatten. Die Romantiker übersahen bewußt oder unbewußt die vielen Hinweise des Dichters auf die antike Poetik, übergingen die Tatsache, daß er immer wieder das Horazische »prodesse et delectare« als die Aufgabe des literarischen Schaffens bezeichnet, und hielten sich an das, was ihnen bei Cervantes als literarischer Individualismus, als subjektive Ästhetik entgegentrat. Beides ist bei Cervantes gegeben: das Streben nach Erfüllung gesetzter poetischer Normen und die Selbstaussage des Künstlers. Und dies in literarischen Gattungen, die, obwohl viel gelesen, künstlerisch aber nicht ernst genommen wurden, waren sie doch keine Versschöpfungen. So war auch schon der spätgriechische Roman mit dem Makel der Illegitimität behaftet gewesen, und keine antike oder spätere Poetik hatte es, wie Otto Weinreich feststellt, gewagt, »den munteren Bankert in die vornehme Gesellschaft des literarischen Adels aufzunehmen.« (Nachwort zu Heliodor, »Aithiopika. Die Abenteuer der schönen Chariklea, Zürich 1950, S. 344).

Was aber keine antike, keine spätere Ars poetica gewagt hatte, getraute sich Alonso López Pinciano, der Hausarzt Marias, der Witwe des Kaisers Maximilian II. López Pinciano gab nämlich 1596 in Madrid die »Philosophia Antigua Poetica« heraus, die einzige systematische Poetik romanischer Sprache, die im 16. Jahrhundert erschienen ist. In diesem Werk, das sich ebenfalls auf Aristoteles, Plato und Horaz stützt, werden die »Aithiopika« des Heliodor, der »muntere Bankert« der griechischen Literatur, den Epen Homers und Virgils für ebenbürtig erklärt, *obwohl sie nicht in Versen, sondern in Prosa geschrieben wurden.* Man könne sich in der Prosa ebenso poetisch ausdrücken wie in Versen.

Hier also fand Cervantes die indirekte Bestätigung des von ihm erstrebten dichterischen Ranges, und nichts konnte ihm näher liegen, als sogleich nach der Vollendung des ersten Teiles des »Don Quijote« in Wettstreit mit einem Dichter zu treten, der wie er selbst ein Prosaschriftsteller war und einem Homer und Virgil als ebenbürtig bezeichnet wurde.

Heliodors Werk war im 16. und 17. Jahrhundert in Spanien unter dem Titel »Historia Etiópica de los amores de Teágenes y Cariclea« in vielen Auflagen bekanntgeworden und hatte wie ein anderer spätgriechischer Roman, »Die Abenteuer der Leukippe und des Kleitophon« des Achilleus Tatius, manchen Nachahmer gefunden. So war Achilleus Tatius in der »Historia de los amores de Clareo y Florisea« (Venedig 1552) von Alonso Núñez de Reinoso nachgeahmt worden. Mehr an Heliodor als an Achilleus Tatius hielt sich Jerónimo de Contreras mit seinem mystizierenden Prosa- und Versroman »Selva de aventuras« (Barcelona 1556; bis 1603 nicht weniger als achtzehn Auflagen), während Lope de Vega in seinem Prosaroman »El peregrino en su patria« (Madrid 1604) sowohl auf Heliodor als auch auf Achilleus Tatius zurückgreift.

Daß Cervantes nach der Vollendung des ersten Teiles des »Don Quijote« ebenfalls vom spätgriechischen Roman ausgegangen ist, hat mehrere Ursachen, auf deren wesentlichste erstmalig Walter Boehlich in seinem leider zu wenig beachteten »Heliodorus Christianus« (Freundesgabe für Ernst Robert Curtius, Bern 1956) verwiesen hat: »Er wollte der Heliodor seiner Zeit und seines Landes werden, und das heißt,... der größte Prosaschriftsteller, aber *er wollte gleichzeitig ein christlicher Heliodor werden.*«

Die Mühen und Leiden des Persiles und der Sigismunda   65

(S. 106) Dies ist das Entscheidende. Doch darüber später mehr.

Die wesentliche Quelle des »Persiles« ist und bleibt Heliodor. Ihm folgt Cervantes, ohne auch nur einen Augenblick zum bloßen Imitator zu werden; die Anregungen, die er von Heliodor empfängt, werden zu bloßem Anklang verändert.

Die »Aithiopika« beginnen ungefähr in der Handlungsmitte. Heliodor versetzt den Leser in die sumpfige Nilmündung, die von Räuberbanden bevölkert wird. Nun entdeckt eine der Räuberbanden während eines Streifzuges ans Meer ein verlassenes Schiff; der Strand ist mit Leichen übersät. Auf einem Felsen sitzt ein wunderschönes Mädchen und blickt auf einen ihr zu Füßen liegenden, schwer verwundeten Jüngling nieder. Die Räuber halten das Mädchen seiner Schönheit wegen für eine Göttin, erkennen aber bald den Irrtum und schleppen die Jungfrau mit dem Jüngling und reicher Beute aus dem Schiff in ihr Lager. Der Anführer der Bande verliebt sich in das Mädchen und will ihm, auf sein Beuterecht pochend, Gewalt antun. Der Jüngling, des Mädchens angeblicher Bruder, wäre nicht imstande, dies zu verhindern. Bevor es jedoch dazu kommt, überfällt eine andere Bande das Lager – ein Brand bricht aus – und es gelingt den Gefangenen zu entkommen. Bald darauf erfährt der Leser, wer Chariklea und Theagenes – so heißen das Mädchen und ihr angeblicher Bruder – in Wahrheit sind. Chariklea ist niemand anders als die Tochter des Hydaspes und der Persinna, des äthiopischen Königspaares. Chariklea, die infolge göttlicher Fügung weißhäutig geboren wurde, obwohl ihre Erzeuger dunkelhäutig sind, ist von ihrer Mutter, die befürchtete, man könnte sie des Ehebruches zeihen, fortgeschafft worden. So war das Mädchen nach Delphi gekommen, wo sie unter der Obhut des Charikles, des Oberpriesters Apollons, aufgezogen wurde. In Delphi kam es auch zur entscheidenden Begegnung der Artemispriesterin Chariklea mit dem apollogleichen Theagenes, einem Abkömmling Achills und Anführer einer thessalischen Gesandtschaft. Beide verliebten sich ineinander und flohen,

einem Spruch der Pythia gehorchend, mit Hilfe des Kalasiris, eines ägyptischen Oberpriesters, aus Delphi. Das Ziel
der Flüchtlinge ist Äthiopien, das Land des Helios, der
Selene und des Dionysos. Mit einem Korsarenschiff waren
sie an die Nilmündung gelangt, wo unter den Seeräubern
um den Besitz Charikleas ein mörderischer Kampf aus-
brach, den nur Kalasiris, die Jungfrau und Theagenes überlebten. Nach mancherlei Trennung und vielen Fährnissen
gelangen die beiden keuschen Liebenden, die einander unverbrüchliche Treue wahren, nach Syene, von wo sie als
Kriegsgefangene nach Meroë, der Hauptstadt Äthiopiens,
gebracht werden. Dort will man die beiden – Theagenes
dem Helios und Chariklea der Selene – opfern, eine barbarische Sitte, die vom Volke befolgt, von den Gymnosophisten, den Priestern, aber abgelehnt wird. Chariklea
und Theagenes bestehen die Keuschheitsprobe, ohne die sie
nicht geopfert werden dürften, doch kommt es nicht zur
Opferung, weil sich Chariklea als die Tochter des Königspaares ausweist und nunmehr auch das Volk wie früher
schon die Gymnosophisten für die Abschaffung der Menschenopfer eintritt. Die beiden treuen Liebenden werden
im Lande des Helios mit den priesterlichen Stirnbinden
geschmückt und bringen, nun Mann und Frau, Thronfolger
und Hohepriester, den Göttern das erste unblutige Opfer
dar.

Ein eingehender Vergleich des »Persiles« mit den
»Aithiopika« – ihn hier auszuführen, ist unmöglich –
würde ergeben, daß Cervantes weder vom oberflächlichen,
als reinen Abenteuerroman aufgezogenen »Peregrino en su
patria« des Lope de Vega, noch von der Tatius-Nach-
ahmung des Alonso Núñez de Reinoso wirklich beeinflußt
worden ist, obwohl das Gegenteil behauptet wird. Was
Cervantes für den »Persiles« benötigte, fand er im großen
und ganzen bei Heliodor vorgebildet; von ihm hat er den
Symbolismus der Pilgerschaft eines reinen Liebespaares, das
nach vielen Mühen und Leiden ans ersehnte Ziel kommt,
übernommen. Im Gedanken an eine Irrfahrt von Insel
zu Insel konnte er auch durch die Odyssee – schon ins
Spanische übersetzt durch Pérez Gonzalo – bestärkt wor-

Die Mühen und Leiden des Persiles und der Sigismunda   67

den sein. Wie weit nun auch die »Selva de aventuras« des
Jerónimo de Contreras – hier wird der heliodorische Symbolismus ins Asketische verwandelt – auf Cervantes ein-
gewirkt hat, wäre erst eingehender zu untersuchen, obwohl
sich daraus nichts wesentlich Neues ergeben dürfte. Es wird
leider immer wieder vergessen, daß für einen Dichter wie
Cervantes literarische Quellen meist nur Anregungen sind,
um das, was ihm aus dem Leben zufällt, zu gestalten. Darauf werden wir bald zurückkommen.

Immer wieder wurde behauptet, daß Cervantes den
»Persiles« nur in Anlehnung an Heliodors »Äthiopische
Geschichte«, wie auch zur Abgrenzung davon »eine septentrionale Geschichte« genannt habe. Cervantes habe seinen
Roman nur deswegen nicht in den Bereich des Mittelmeeres verlegt, damit man ihn nicht – so heißt es – für
einen bloßen Nachahmer des Núñez de Reinoso, des Contreras und des Lope de Vega halte. Weder das eine noch
das andere dürfte für Cervantes wirklich bestimmend gewesen sein. Den »Aithiopika« wie dem »Persiles« ist gemeinsam, daß der geographische Untertitel nur einen Teil
des Werkes trifft, das heißt, daß es letzthin um fiktive,
um poetische Landschaften geht. Entscheidender ist sicherlich der Umstand, daß Heliodor seinen Roman in der fiktiven Landschaft *enden* läßt, während Cervantes den »Persiles« dort *beginnt*. Dies läßt sich nicht mehr mit den an-
geführten Gründen ästhetischer Natur erklären. Der fürs
erste eindeutig scheinende geographische Sinn des Unter-
titels erhält nämlich sofort eine tiefere Bedeutung, wenn
man bedenkt, daß sowohl Persiles als auch Sigismunda,
die führenden Gestalten, Kinder des äußersten Nordens
sind, von dort aufbrechen und unter zahllosen Fährnissen
nach Rom streben, um »in ihrer Person die Einheit des
katholischen Glaubens wiederherzustellen, womit das poetische Spanien des Cervantes ein Ziel verwirklicht zu haben
schien, an dem das politische Spanien der Habsburger zu
scheitern drohte«, wie Walter Boehlich in seiner schon
genannten Arbeit sagt. Hier wäre nur hinzuzufügen, daß
damals das politische Spanien in seinen Versuchen, den
christlichen Glauben der abendländischen Welt in einem

Katholikon zurückzueinigen, bereits gescheitert war. Damals mußte die Glaubensspaltung, das heißt, der Abfall der nordischen Staaten vom Katholizismus bereits als endgültig angesehen werden. Die konfessionelle Gleichstellung der verschiedenen christlichen Bekenntnisse war in Deutschland noch unter Karl V. im Augsburger Religions- und Landfrieden reichsrechtlich anerkannt worden. 1581 hatten sich die sieben holländischen, die protestantischen Provinzen Flanderns von Spanien losgesagt und waren, wie sich bald herausstellte, ebenso endgültig verloren. 1588 wurde die »Unbezwingliche Armada« vernichtend geschlagen. *Bis zu diesem Zeitpunkt war der eigentliche Norden dem spanischen Denken, wenn nicht schon fremd, so doch unwesentlich.* Die Berichte der Kaufleute, die Handel gewiß nicht hinausgedrungen.

mit dem Norden trieben, waren über einen engeren Kreis

Mit dem Unternehmen der »Unbezwinglichen Armada« änderte sich dies alles. Schon die gewaltigen Zurüstungen – 130 Schiffe, 8253 Matrosen, 2088 Ruderer und 19 295 Seesoldaten – konnten, wenn die Vorbereitungen in ihren genauen Ausmaßen auch unbekannt waren, kaum jemand verborgen bleiben, vor allem nicht dem Requisitionsagenten der Armada, Miguel de Cervantes Saavedra. Doch auch dieser Umstand hätte die nordische Welt mit ihren Inseln, Stürmen und Schiffbrüchen nicht in das Bewußtsein der Spanier gebracht. Erst mußte der Überrest der furchtbar mitgenommenen Armada nach Spanien zurückkehren, damit man erfuhr, daß sich die im englischen Kanal versprengten und beschädigten Schiffe auf Befehl in die Nordsee begeben hatten, um dort ihre Schäden in dänischen und norwegischen Häfen und auf den Orkney-Inseln auszubessern. Der Norden wurde vorstellbare schreckliche Wirklichkeit, als die Überlebenden des Unternehmens berichteten, wie sie, auf dem Heimweg nach Spanien, England im Norden umschiffend, in jener unübersehbaren Inselwelt in furchtbare Stürme geraten waren und nicht wenige Schiffe zwischen den Orkney-Inseln, den Shetland-Inseln, den Hebriden-Inseln, an den Giant-Inseln, an der Küste von Donegal und in der Sligo-Bucht mit Mann und

Die Mühen und Leiden des Persiles und der Sigismunda 69

Maus untergegangen seien. Zum ersten Mal vernahm man nordische Namen in Verbindung mit dem eigenen Leben, Wörter und Namen, die an sich schon wie Abenteuer klangen und von fernher an die Namen der Ritterromane erinnerten.

Nur ein einziges Mal in seinem Gesamtwerk beschäftigt sich Cervantes mit dem historischen Ereignis des Jahres 1588: in den beiden »Oden auf die Unbezwingliche Armada«. Und wenn Cervantes in der zweiten Ode Philipp II. auch den »großen Heerführer Gottes« nennt und ihn – wie früher schon in der »Epistel an Mateo Vázquez« – trotz der »vorübergehenden Niederlage« zu neuem Kampf gegen das protestantische England, die Stütze aller protestantischen Bewegungen, aufzufordern scheint, so geschieht dies ohne wirkliche Hoffnung auf eine siegreiche Beendung des gegenreformatorischen Kreuzzuges. Vielleicht sah der Dichter schon, daß die Einheit des christlichen Glaubens nur dann wieder herzustellen wäre, wenn aus eigenem Antrieb Menschen aus einer im Glauben schwankenden Welt aufbrächen, um in fährnisreicher Pilgerschaft Rom, den »Mittelpunkt der Welt«, zu erreichen. Daß es für Cervantes, den Katholiken, nur ein einziges wahres christliches Bekenntnis, eben den Katholizismus, geben konnte, leuchtet ein. Die Ökumene, um die es im »Persiles« geht, konnte ohne gegenreformatorischen Kreuzzug nur erreicht werden durch Konversion und Katechese. Und doch kennt Cervantes darüber hinaus bereits die Toleranz anderen christlichen Bekenntnissen gegenüber. Dafür aufschlußreich ist die Stelle in der Novelle »Die englische Spanierin«, an der Cervantes sagt:

> »Sie (die Obersthofmeisterin der Königin Elisabeth von England) fügte hinzu, Elisabeth sei übrigens eine Katholikin von solcher Überzeugung, daß keiner der Überredungsversuche, die sie angestellt, imstande gewesen sei, sie von ihrer katholischen Gesinnung abzubringen. Darauf erwiderte die Königin, sie rechne es Elisabeth sehr hoch an, daß sie am Glauben, in dem ihre Eltern sie unterwiesen, in solchem Maße festhalte...«

Damals schrieb Cervantes schon am »Persiles«; ein Jahr zuvor – 1609 – war er der »Congregación de Esclavos del Santísimo Sacramento« beigetreten. Indem er nun der protestantischen Königin Elisabeth von England, die die katholische Maria Stuart hatte hinrichten lassen, jener Königin, die die »Unbezwingliche Armada« geschlagen, die Cádiz hatte plündern lassen, deren Korsaren die amerikanischen Besitzungen Spaniens beunruhigten und die Amerikaflotte überfielen, indem also Cervantes der Königin Elisabeth eine Haltung unterstellt wie in der genannten Novelle, beweist er auch die eigene Toleranz. Erstaunlich ist überdies, daß er solches in einem Werke tun konnte, das jedermann zugänglich war.

Manche Kritiker und Literarhistoriker haben aus gewissen Widersprüchen und Vergeßlichkeiten, die dem Dichter in allen seinen Werken unterlaufen sind, den Schluß gezogen, Cervantes habe sie nicht planvoll aufgebaut, sondern einfach hingeschrieben, was ihm, dem Dichter, eben in den Sinn kam. Wie irrig diese Meinung ist, zeigt sich sowohl am Aufbau des »Persiles« wie an der Beschäftigung mit jenen Quellen, die er zur dichterischen Bewältigung jenes Nordens brauchte, der 1588 auch in sein Bewußtsein getreten war, jenes Nordens, den er zum Ausgangspunkt einer symbolischen Rompilgerschaft nahm, nachdem er eine ähnliche Pilgerschaft bei Heliodor vorgebildet gefunden hatte. Diese Quelle benützte der Dichter nun keineswegs sklavisch, wie ein Vergleich der entsprechenden Stellen der »Historia de gentium septentrionalibus variis conditionibus« des Olaus Magnus, eines Erzbischofs von Uppsala (Basel 1567), mit jenen des »Persiles« zeigt: mit der Gestalt des dänischen Prinzen Arnaldo, der unermüdlich der geliebten Frau folgt, mit der Gestalt der Sulpicia, der Tochter des Königs Cratilo von Bituania, die Seeräuberin wurde, mit dem Fisch »Schiffbrecher«, den Eisbergen, den Schlittschuhläufern, dem Packeis, den Werwölfen, der Zauberei, der Astrologie usw. Manches dürfte Cervantes entweder der eigenen Lektüre lateinischer Quellenwerke – Américo Castro ist dieser Meinung – oder den Berichten von Lesern der »Anglica

Historia« (Basel 1565) und dem »De rerum inventoribus«
– eine frühe Auflage des Werkes wurde bereits 1550 von
Francisco Thamar Medina ins Spanische übersetzt – des
Polydor Vergilius verdanken. Ob Cervantes wirklich den
»Jardín de flores curiosas« des Antonio de Torquemada
(Salamanca 1570) benützt hat, den er im »Don Quijote«
sehr abfällig beurteilt, oder ob beide nur aus den genannten gemeinsamen Quellen schöpfen, läßt sich nicht mit
Sicherheit feststellen. Weiters konnte Cervantes in die
verschiedenen Kartenwerke Einblick nehmen, in denen
damals bereits Nordskandinavien, Island und Grönland
mit ihren entsprechenden geographischen Namen ein-
gezeichnet waren. Und doch stellt der Dichter immer die
eigene poetische Geographie über die greifbaren Fakten.
Es ist nicht etwa Unkenntnis, die den Dichter bewogen
hat, die ihm bekanntgewordenen Fakten zugunsten seiner
poetischen Geographie zu verändern, sondern der Wunsch,
das dichterisch Wahrscheinliche einschließlich des Wunderbaren aus den bewußt verwischten Konturen der wirklichen Geographie hervortreten zu lassen und es abzugren-
zen von der geographisch determinierten Welt Portugals,
Spaniens, Frankreichs und Italiens. Im Norden ist das
Verschwommene, Unsichere, Ungewisse die Norm; das
Klare, Sichere und Gewisse ist nur die Ausnahme. Im
dritten und vierten Buch, dem Süden, ist es umgekehrt.
Im Norden ist es die Welt der Heiden, der Halbheiden,
der Abtrünnigen und des Aberglaubens, in der Katholiken,
aus ihrem Mutterboden versprengt, leben, im Süden ist
die Welt ein Katholikon, in sich gefügt; der Aberglaube
und das Wunderbare sind Ausnahmen.

Wie Cervantes den Norden geographisch nicht determi-
niert, um der Phantasie freien Spielraum zu geben, so legt
er auch die Zeit der Handlung für das ganze Werk nicht
eindeutig fest. Alles weist darauf hin, daß die Handlung
vor 1550 beginnt und in diesem Jahr, einem Jubeljahr, in
Rom endet. Spätere Ereignisse wie der glückliche Ausgang
der Rompilgerschaft, die Moriskenvertreibung, die Schlacht
bei Lepanto, die Schlacht von Alcazarquivir u. a. m. zieht
der Dichter in Form von Weissagungen in die Romanzeit

hinein. Die Anregung dazu könnte er gleicherweise dem Vorbild des Pythia-Orakels bei Heliodor, den Wahrsagungen der Zauberer und Zauberinnen vom Merlintypus – in den Ritterromanen – verdanken; er könnte aber auch der Neigung seiner Zeit zu Astrologie und Wahrsagung Rechnung getragen haben. Weissagung und Astrologie wurden damals – dies braucht wohl nicht erst noch nachgewiesen werden – sehr ernst genommen, besonders aber fürchteten sich die Menschen, wie aus zeitgenössischen Dokumenten hervorgeht, auf Grund einer Weissagung des deutschen Astronomen und Mathematikers Regiomontanus, vor dem Jahr 1588 als einem Jahr furchtbarster Katastrophen; die Weissagung schien sich dann für die Spanier im katastrophalen Ausgang des Armada-Unternehmens zu bestätigen.

In einer anderen Art von »Prophetie« macht Cervantes den Anspruch geltend, als christlicher Heliodor angesehen zu werden. Im sechsten Kapitel des vierten Buches nämlich – schon sind die Pilger in Rom – läßt Cervantes einen Dichter berichten, daß er ein überaus seltsames Museum besucht habe. Es gehöre einem hohen Kleriker und sei sozusagen ein Museum der Zukunft, denn es bestehe nicht aus Bildnissen berühmter Männer der Vergangenheit oder der Gegenwart, sondern aus Tafeln mit Malgrund, auf denen die berühmten Männer der Zukunft, besonders aber die großen Dichter abgebildet werden sollen. Er selbst habe zwei dieser Tafeln gesehen. Auf der einen stand oben »Torquato Tasso« und etwas darunter »Befreites Jerusalem« und auf der andern »Francisco López de Zárate« und darunter »Kreuz und Konstantin«. Von den übrigen Tafeln habe er die Überschriften nicht gelesen.

Damit stellte Cervantes offensichtlich das christliche Epos an die erste Stelle des literarischen Schaffens. Als künftig bekannt gelten – vom Jahr 1550 aus gesehen – Torquato Tasso mit seinem »Befreiten Jerusalem« (1581) und Francisco López de Zárate mit dem Epos »Poema heroico de la invención de la Cruz por el emperador Constantino Magno« (1648), beide Versdichter; die Namen jener Dichter und die Titel der Werke, für die die übrigen Tafeln vorbereitet sind, kennen wir nicht. Wir sind auf

Die Mühen und Leiden des Persiles und der Sigismunda   73

Vermutungen und Andeutungen angewiesen. Cervantes stellt, wie schon gesagt, das christliche Epos an die erste Stelle aller literarischen Schöpfungen. Nun denken wir daran, daß Cervantes den Kanonikus aus Toledo im Gespräch über die Ritterromane bereits hatte sagen lassen, man könne epische Dichtung ebensogut in Prosa wie in Versen schreiben. Wir wissen auch, daß Cervantes dies aus der »Philosophia Antigua Poetica« erfahren hatte und zwar durch jene Stelle des Werkes, in der der Arzt aus Valladolid den Prosadichter Heliodor, den Versdichtern Homer und Virgil als gleichwertig bezeichnet. Es ist also nicht unberechtigt anzunehmen, daß Cervantes sich mit seinem »Persiles« – der Prosadichtung – als »christlicher Heliodor« den Versdichtern Torquato Tasso und Francisco López de Zárate gleichstellte und seinen eigenen Namen unausgesprochen auf die nächste Tafel des Museums der Zukunft gesetzt wissen wollte.

Noch einleuchtender wird dies, wenn man sich fragt, weshalb Cervantes im Schlußkapitel seines Romans von den sieben Stationskirchen Roms gerade die Basilika S. Paolo fuori le mura in den Mittelpunkt stellt. Die Antwort liegt nahe: da doch der heilige Paulus der Heidenapostel ist. Aus zeitgenössischen Dokumenten läßt sich nachweisen, daß sich die Katholiken im protestantischen Norden, wo ihre Bischofsorganisation aufgelöst war, als halbe Heiden fühlten. Aus diesem Grunde pilgert auch Recaredo, der englische Katholik und Held der Novelle »Die englische Spanierin«, nach Rom, wo – wie er berichtet – seine Seele erbaut und sein Glaube gefestigt worden sei. In Rom habe er dann nach Unterweisung, Beichte und Lossprechung die erforderlichen Urkunden erhalten, die bewiesen, daß er sich mit der allen gemeinsamen Mutter, der Kirche, ausgesöhnt habe.

Als halbe Heiden betrachten sich auch Persiles und Sigismunda, die keuschen Liebenden aus dem Norden, die durch alle Fährnisse einer unsicheren Meer- und Inselwelt nach Rom kommen, um sich dort im Glauben unterweisen zu lassen; sie sind Katechumenen.

Die erste Sonntagsmesse, die im österlichen Festkreis in

St. Paul, der Stationskirche, gelesen wird, ist eine Kate-
chumenen-Messe: der Sonntag Sexagesima. In der Epistel
dieses Sonntags heißt es:

>Vielerlei Mühen habe ich erduldet, häufige Kerkerhaft,
Mißhandlungen über die Maßen und oftmals Todes-
gefahren... Dreimal wurde ich mit Ruten gestrichen,
einmal gesteinigt, dreimal erlitt ich Schiffbruch, einen
Tag und eine Nacht trieb ich auf hoher See umher. Reisen in großer Zahl, Gefahren auf Flüssen, Gefahren von
Räubern, Gefahren von meinem Volke, Gefahren von
Heiden, Gefahren in Städten, Gefahren in Einöden,
Gefahren auf dem Meere, Gefahren von falschen Brüdern; Mühen und Leiden, viele Nachtwachen, Hunger
und Durst, vieles Fasten, Kälte und Blöße.< (2. Cor.
23–27)

Dies könnten auch Persiles und Sigismunda fast Wort für
Wort von sich sagen; vielleicht dachte Cervantes, als er
den »Persiles« verfaßte, sogar an eine »imitatio Sancti
Pauli«.

Im Psalm 82, 19, der im Graduale des Sonntags Sexagesima gesprochen wird, heißt es:

>Wissen sollen die Heiden: ›Gott‹ ist Dein Name; Du
bist der Eine, Allerhöchste über alle Welt.«

Dieser Psalm ist nicht nur der Schlüssel zum Verstehen der
Rompilgerschaft all der »Halbheiden«, die vor der Paulskirche in Rom zusammenkommen; er stellt auch das
Christliche des »Persiles« in Gegensatz zum Heidnischen
der »Aithiopika«.

Am Schluß des Heliodorschen Romans haben Theagenes
und Chariklea nach vielen Gefahren und Schwierigkeiten
ebenfalls heimgefunden. Ihre Welt ist, wenn auch edel, so
doch heidnisch: das Reich des Apollon-Helios, der Artemis-
Selene und des Dionysos. Dort erringen die beiden nach
einer letzten schweren Prüfung die höchste Weihe ihres
keuschen Strebens: die Priesterwürde.

>Hydaspes trat vor den Altar und rief zum Beginn der
heiligen Handlung:

>Helios und Selene, die ihr über uns wacht, wenn es euer Wille ist, daß Theagenes und Chariklea einander als Mann und Frau angehören, so ist ihnen auch erlaubt, sich eurem Dienst zu weihen.<« (S. 318 f.)

Die Antike überwindend, stellt Cervantes der Götterdreiheit der »Patroi theoi« Äthiopiens den »Einen, Allerhöchsten über alle Welt« des Psalms 82, 19 entgegen. Vielleicht wollte Cervantes damit aber auch an die Einheit des Glaubens in dem einen Gott mahnen.

Wenn Cervantes sich also beim »Persiles« auch an die überlieferte Form des Abenteuer-, Reise- und Liebesromans gehalten hat, so hat er sie vom Christlichen her durchgeistigt. Verglichen mit den Nachbildungen eines Lope de Vega und eines Núñez de Reinoso gebührt dem »Persiles« der erste Rang, um so mehr als Cervantes nicht in die mystizierende Art des Jerónimo de Contreras verfallen ist.

Der Anspruch des Dichters, den Heliodor zu übertreffen, bezieht sich nun nicht etwa allein darauf, daß er das Heidnische des antiken Autors ins Christliche überhöht hat, sondern auch auf die Vervollkommnung im Formalen. Otto Weinreich sagt dazu in seiner schon genannten Heliodor-Studie vom »Persiles«:

»Cervantes selbst hat das Werk sehr geliebt. Heliodorisch ist es im Gesamtplan, vielen Episoden und Einzelmotiven. Heliodorisch ist die kunstreiche Verschlingung der Handlungsstufen, die zu Beginn die Personen in einen geheimnisvollen Schleier hüllt. Heliodorisch die retardierenden Erzählungen neu in die Handlung eintretender Gestalten, die von ihren Schicksalen berichten. Heliodorisch die Lenkung durch den Himmel und das Schicksal.« (S. 371)

Beiden gemeinsam ist auch die unbändige Lust zum Fabulieren.

Während sich Cervantes in den übrigen Prosawerken im allgemeinen an den chronologischen Ablauf der Handlung hält, fängt er den »Persiles« in medias res an und verbindet die verschiedenen Handlungsstränge der ersten beiden Bücher – sie umfassen die unsichere Insel- und Meerwelt des Septentrion mit seinen Stürmen und Schiffbrüchen –, indem er Späteres vorwegnimmt und Früheres nachholt. Dieses Hysteron-proteron-Verfahren hat schon Heliodor angewendet, weswegen er auch von Alonso López Pinciano besonders gelobt wird. Während aber Heliodor die Vergangenheit schon ungefähr in der Mitte seines Romans endgültig aufhellt, verfährt Cervantes um vieles kunstvoller. Durch den Titel und durch verschiedene Andeutungen läßt Cervantes den Leser bald erraten, daß Periandro kein anderer ist als Persiles und auch Auristela keine andere sein kann als Sigismunda; immer wieder läßt der Dichter durchscheinen, daß beide nur angeblich Bruder und Schwester sind. Dadurch zieht er den Leser halb ins Vertrauen. Will der Leser aber erfahren, wer die beiden wirklich sind und was sie zur Rompilgerschaft veranlaßt hat, so muß er bis zum zwölften Kapitel des vierten Buches, zwei Kapitel vor dem Ende des Romans, warten.

Wie mit einem Paukenschlag – das Gebrüll vor den Brüllenden stellend – versetzt Cervantes den Leser mitten ins Geschehen: »Laut brüllte der Barbar Corsicurbo in die enge Öffnung eines tiefen Kerkerloches ...« Bemerkenswert ist, wie Cervantes in den ersten Kapiteln seines Romans den Schluß der »Aithiopika« – verhinderte Menschenopfer – mit dem Anfang des Heliodorschen Werkes – Gefangennahme der Liebenden durch barbarische Räuber – verbindet, als wollte er damit andeuten, daß sein Ausgangspunkt höher liege als die Ebene, auf der sich die »Aithiopika« bewegen.

Nachdem die Handlung auf der Barbareninsel eingesetzt hat, schreitet sie nach einer kurzen Handlungsschleife – Periandro entkommt den Barbaren, kehrt aber freiwillig auf deren Insel zurück, um Auristela zu befreien –, wenn auch durch manche Zwischenerzählung verzögert, geradlinig fort bis zum zweiten Kapitel des zweiten Buches (II, 2). Hier ist die Serie der Schiffbrüche und Trennungen zu Ende. Kaum aber hat der Dichter das weitere Geschehen auf der Insel des Königs Policarpo (II, 2 – II, 10) vorbereitet, holt er das vor dem Beginn des Romans liegende Geschehen (II, 10; II, 12–16) durch Periandro nach. Das Hauptgeschehen läuft auch während der Erzählung weiter, und noch bevor Periandro den Bericht zu Ende führen kann, kommt es zur Katastrophe (II, 17), der letzten im septentrionalen Bereich. Die Pilger entkommen auf einem Schiff und erreichen die Insel der Klausen, einen Vorposten der katholischen Welt im Norden. Erst im Frieden dieser Insel beendet Periandro den Nachholbericht und schließt den großen Kreis des septentrionalen Geschehens.

Kunstvoller als Heliodor ist Cervantes auch im Bau sekundärer Handlungsschleifen wie z. B. in der Geschichte der unglücklichen Taurisa (I, 2 – I, 17 – I, 20).

Die Hysteron-proteron-Technik, die Cervantes auf die Welt des Nordens – erstes und zweites Buch – anwendet, ist wahrscheinlich nicht einfach nur eine Anleihe bei Heliodor; als Stilmittel entspricht diese Technik jedenfalls genau den Irrnissen und Wirrsalen seines poetischen Septentrion.

Ebenso bewußt und darin wiederum kunstvoller als Heliodor läßt Cervantes die Handlung des dritten und vierten Buches – die Welt des Festlandes und der überschaubaren Ordnung –, abgesehen von einigen Rückgriffen auf Früheres, chronologisch ablaufen. Die Beziehung zum Norden wird hergestellt durch das Erscheinen Arnaldos, des in Auristela-Sigismunda verliebten Erbprinzen von Dänemark (IV, 2); schließlich spannt sich der Bogen der Gesamthandlung zurück zum berichteten Anfang (II, 10) mit dem Auftreten des Serafido – einst der Erzieher des Persiles –, der dem Rutilio, einem anderen nordischen Reisegefährten den Anlaß zur Pilgerschaft, also den eigentlichen Anfang, erzählt (IV, 12). Das dreizehnte und vierzehnte Kapitel, die vor der Paulskirche in Rom abrollen, bringen die Lösung und den Epilog.

Da der Dichter die ersten beiden Bücher für die Darstellung der Ereignisse im Norden bestimmte und die beiden letzten den Geschehnissen im Süden vorbehielt, strebte er offensichtlich die weitestgehende Symmetrie des Ganzen an. Darum haben auch die ersten drei Bücher eine annähernd gleiche Anzahl von Kapiteln (23, 22, 21), während das vierte Buch nur deren vierzehn zählt. Wie wir wissen, war Cervantes gezwungen, den »Persiles«, sein liebstes Werk, übereilt abzuschließen, ohne es seiner Anlage nach vollenden zu können.

Die Verse, die der Dichter am 19. April 1616, drei Tage vor seinem Hinscheiden, an den Anfang der Zueignung an den Grafen von Lemos stellte, sind wohl die erschütterndste literarische Entschuldigung, die jemals für ein übereilt abgeschlossenes Werk gegeben wurde:

»Schon hab' ich den Fuß im Bügel
und ich schreibe, edler Herr, dies,
da der Tod mir hält die Zügel.«

Die symmetrische Anordnung der Welt des Nordens und der Welt des Südens um eine gedachte Achse, die zwischen den beiden ersten und den beiden letzten Büchern liegt, scheint mir nicht bloß ein erzähltechnischer Einfall des Dichters, sondern geradezu ein Symbol für die Einheit und die gegenseitige Durchdringung notwendiger Gegensätze, die allen Werken des Cervantes von der »Galatea« angefangen zugrunde liegt.

Im »Persiles« scheinen die beiden einander durchdringenden Welten fürs erste ganz scharf voneinander abgehoben: der Norden als die Welt des Eises, des Wassers, der Stürme und Schiffbrüche, der Irrfahrten, der Unsicherheit, der Unordnung, des Aberglaubens und der Zauberei, versunken in den Nebeln der Gottesferne; der Süden als die warme Welt des Festlandes, die Welt der gesicherten Wege von Ort zu Ort und von Land zu Land, die Welt der Ordnung, des ungebrochenen Glaubens und der Vernunft, aufgehellt durch die Sonne der Gottesnähe. Und doch ist auch im »Persiles« keine der beiden Welten ausschließlich, übergangslos, unvereinbar. Wie schon der Don Quijote nicht nur närrisch, sondern auch vernünftig ist, und Sancho Panza den Abenteuern seines Herrn nicht nur mißtraut, sondern sich den Glauben an deren glücklichen Ausgang bewahrt, so ist die Welt des Nordens im »Persiles« nicht nur die Welt des Unglaubens, denn zu viele Christen bevölkern sie und selbst unter den scheußlichsten Barbaren findet sich ein spanischer Katholik, der seine Frau und seine Kinder heimlich in der christlichen Religion unterweist; mitten im Aberglauben spricht die Vernunft, während wiederum der Idealstaat, an dessen Spitze König Policarpo steht, durch menschliche Unzulänglichkeit zugrunde geht, obwohl man sie durch die besondere Auswahl der Herrscher ausgeschaltet glaubte. Aber auch in der Welt des Südens, in der Welt der von Glauben erhellten Ordnung gibt es Unordnung, gibt es Aberglauben, Verbrechen, Betrug und barbarische Sitten; so hat jede der beiden Welten ihre notwendigen Gegensätze zugeordnet, ohne die sie nicht so deutlich in Erscheinung träte. So ist auch der »Persiles« ein Beispiel – vielleicht das schönste – für die »ars oppositorum«, die Cervantes in allen seinen Werken anwendet. Indem Cervantes gewisse Szenen des septentrionalen Bereichs im meridionalen wiederholt, schafft er neben den einander durchdringenden Gegensätzen ein weiteres Element der Verbindung zwischen den Teilen. So kehrt die christliche Unterweisung der Barbarin Ricla und ihrer Kinder Antonio und Constanza (I, 6) in der Katechisierung des Persiles und der Sigismunda in Rom (IV, 5) wieder. Im Norden kämpfen zwei irische Edelleute um Taurisa, ohne sie, die schon tot ist, zu erringen (I, 20); im Süden kämpfen Arnaldo, der Erbprinz aus dem Norden, und der Herzog von Nemours um ein Bild, das Auristela-Sigismunda darstellt. Keiner der beiden gewinnt das Bild; keinem von beiden wird sie angehören. Der phantastische Sprung, den Periandro-Persiles mit dem Roß des Königs Cratilo in die Tiefe tut (II, 21), findet sein meridionales Gegenstück im wunderbaren Flug der Claricia, die von Domicio, ihrem wahnsinnigen Gatten, vom Turm gestoßen wird und dank der sich in der Luft breitenden Kleider wie an einem Fallschirm unverletzt den Boden erreicht (III, 14). Der weise Astrolog Mauricio des nordischen Bereichs findet sein Gegenstück im Astrologen Soldino. Als letzte Parallele unter vielen anderen sei noch die verhinderte Opferung des Periandro auf der Barbaren-Insel (I, 1) genannt, die eine Entsprechung im gescheiterten Mordversuch an Periandro angesichts der Paulskirche in Rom hat (IV, 13). Ein Thema wird sogar verdreifacht und ist in seinen extremen Varianten eindeutig antithetisch. Die Ehe des portugiesischen Edelmannes Manuel de Sosa Coutinho kommt nicht zustande, da Leonora, seine Verlobte, ihn verläßt, um ins Kloster zu gehen (I, 10); Sigismunda aber verzichtet auf das Kloster, um sich mit Persiles zu vermählen (IV, 14). Diese antithetische Doppelung – vorläufig soll nur von ihr die Rede sein – ist um so wichtiger, als Ludwig Pfandl und andere nach ihm bedauert haben, daß Cervantes Sigismunda von ihrem Entschluß, sich ganz Gott zu weihen, wieder abkommen und so »den idealen Lebensbund des Paares nicht, wie er nach seinem ganzen Werdegang hätte enden sollen, mystizierend in Entsagung und überirdischem Idealismus, sondern in trivialer Hochzeit und reichlicher Nachkommenschaft« (L. Pfandl) enden läßt. Damit wird der Grundgedanke des Romans verkannt, denn man vergißt darauf, daß die christliche Ehe selbst ein Sakrament ist, ein Abbild der mystischen Ehe Christi mit Seiner Kirche (Eph. 5, 22–33). Hätte man gleichzeitig an die antithetische Parallele gedacht, die durch die Geschichte des portugiesischen Edelmannes gegeben ist (I, 10), dann wäre der Schluß des »Persiles« besser verstanden worden.

Wie verhalten sich nun die beiden Szenen zueinander? Manuel de Sosa Coutinho ist mit Leonora, der Tochter vornehmer Leute, verlobt. Seit langem schon hat Leonora den Entschluß gefaßt, Nonne zu werden, und nichts hätte sie und ihre Eltern daran gehindert, dies dem portugiesischen Edelmann mitzuteilen. Man läßt ihn aber nicht nur im unklaren darüber, sondern setzt sogar Tag und Stunde fest, da die Vermählung vollzogen werden soll. Da erst und unter dem größten Schaugepränge teilt Leonora Manuel de Sosa Coutinho mit, daß sie gar nicht daran denke, sich mit ihm zu verehelichen, denn sie trete jetzt als Braut Christi ins Kloster ein. Was Leonora auch immer sagt, die brutale Täuschung bleibt bestehen; die einer künftigen Nonne unwürdige Hoffart und der Erlösungsegoismus Leonoras tritt so offen zutage, daß der Leser

Die Mühen und Leiden des Persiles und der Sigismunda 81

dieser »Braut Christi« nicht recht zu trauen vermag. Es fehlt ihr an Liebe. Auch in der Novelle »Die englische Spanierin« will Isabela, die den geliebten Recaredo nur für tot halten kann, ins Kloster gehen. Das Schaugepränge ist das gleiche wie im Fall der Leonora. Hier aber tritt Isabela, als der totgeglaubte Recaredo erscheint und seinen Anspruch geltend macht, in die Welt zurück. Demütig wie Isabela und damit frei von der Hoffart Leonoras zeichnet Cervantes die von vielen umworbene Auristela-Sigismunda. Von einem Maler in der Art einer Regina Coeli mit durchbrochener Krone auf dem Haupt und die Erde zu ihren Füßen dargestellt, versucht sie, das Bild sogleich der Öffentlichkeit zu entziehen, und verhüllt ihr Antlitz, als die Menschenmenge sie als die Abgebildete erkennt und neugierig umdrängt (IV, 6). Der portugiesische Edelmann stirbt an dem Schlag, den ihm Leonora trotz ihrer scheinchristlichen Reden so öffentlich versetzt hat; in deutlicher Antithese dazu und in Übereinstimmung mit der Novelle »Die englische Spanierin« wird der zu Tod verwundete Persiles durch Auristelas Verzicht auf das Kloster gerettet. Die Vereinigung der treuen Liebenden wird hier für das Diesseitige wie das Jenseitige vollzogen; für Manuel de Sosa Coutinho und Leonora gibt es auch keine Vereinigung im Jenseitigen, weil es Leonora am Wesentlichsten für diese Vereinigung fehlt: an Liebe.

Um die Lösung im »Persiles«-Roman noch deutlicher und einleuchtender zu gestalten, hat Cervantes das gleiche Thema ebenfalls am Beispiel des Klausnerpaares Renato und Eusebia (II, 19; 21) abgewandelt. Renato, von seinem Nebenbuhler des sträflichen Umgangs mit Eusebia, einer Hofdame der Königin von Frankreich, bezichtigt, wird in einem Ordal von seinem Gegner bezwungen. Des Landes verwiesen, zieht sich Renato auf die Insel der Klausen zurück. Eusebia folgt ihm, obwohl sie damit ihren guten Namen preisgibt und die angebliche Verfehlung einzugestehen scheint. Beide leben, »das Irdische verschmähend und auf die Ewigkeit vertrauend«, lange Jahre auf der Insel. Erst an der Schwelle ihres Greisenalters erreicht sie die Nachricht, daß sich ihre Unschuld herausgestellt hat.

Die drei Varianten des gleichen Themas im »Persiles« zeigen, wie bewußt Cervantes durch das ganze Werk hindurch auf eben den Schluß hingearbeitet hat, den er seinem Werk gegeben. Er hatte es nicht nötig, zu mystizieren und den Roman in Entsagung und überirdischen Idealismus aufzulösen, wird doch weder die Ehe des Persiles mit der Sigismunda noch die reichliche Nachkommenschaft »trivial«.

Vieles ist in dieser Einführung ungesagt geblieben. Wollte man jede bemerkenswerte Einzelheit des »Persiles«-Romans aufzeigen und in Beziehung setzen zum Werkganzen, zum Dichter und seiner Zeit, dann bekäme man ein eigenes, umfangreiches Buch. Dies konnte aber nicht der Sinn der Einführung sein. Sie wollte dem Leser nur den Zugang erleichtern zu einem unverdient vergessenen Werk, das den Heliodorschen Roman im Wettstreit ins Christliche überhöht und formal übertrifft, zu einem Werk, das den spätgriechischen Roman wirklich abschließt, einem Werk, dessen Tiefe und Schönheit erst dem aufgeht, dem das Lesen nicht bloßer Zeitvertreib, sondern Bemühen ist und damit erworbene Freude. In diesem Bemühen wird der Leser vielleicht erkennen, daß der Roman »Die Mühen und Leiden des Persiles und der Sigismunda« ebenbürtig ist den »Novellen« und dem »Don Quijote«.

Im 18. Jahrhundert nach französischen Vorlagen dreimal ins Deutsche übersetzt, wurde das Werk jedesmal stark verkürzt und oft genug nach Gutdünken des Übersetzers verändert. Die erste vollständige Übersetzung durch den protestantischen Hofprediger L. F. F. Theremin (»Die Drangsale des Persiles und der Sigismunda«, Berlin 1808) klebt am Wort des Originals und läßt dessen Schönheit vermissen. Ebenso unzureichend ist die Förstersche Übersetzung, die in einer »Gesamtausgabe« 1825/26 bei Basse (Quedlinburg-Leipzig) erschienen ist. Auch »Die Leiden des Persiles und der Sigismunda«, von Dorothea Tieck übersetzt und von Ludwig Tieck eingeleitet (F. A. Brockhaus, Leipzig 1837), halten nicht, was man sich davon versprechen möchte, denn die Übersetzerin hält sich wohl bis zum achtzehnten Kapitel des ersten Buches genau ans

Original, wird dann aber oberflächlich, rafft und ändert ab. Die letzte der bisherigen Übersetzungen des Werkes, »Die Prüfungen des Persiles und der Sigismunda«, von Friedrich Notter (Stuttgart 1839) erreicht trotz der Vollständigkeit nicht das sprachliche Niveau der Dorothea Tieckschen Übersetzung.

Die vorliegende nun, die erste seit 1839, hofft, die Mängel der bisherigen deutschen Übersetzungen zu beseitigen und auch diesem Roman des großen spanischen Dichters jene Freunde zu gewinnen, die er verdient.

Exemplarische Novellen

AN DEN LESER

Wenn es anginge, sehr geneigter Leser, dann würde ich gerne davon absehen, diese Vorrede zu schreiben, ist es mir doch mit jener, die ich meinem »Don Quijote« vorausgeschickt habe, nicht so gut ergangen, daß ich jetzt noch Lust und Laune verspürte, es mit dieser zweiten Vorrede noch einmal zu versuchen. Daß ich sie aber dennoch schreibe, daran ist nur irgendeiner unter den vielen Freunden schuld, die ich mir mehr durch meine Wesensart als durch hervorragenden Geist erworben habe. Besagter Freund hätte mich nämlich, wie es so Brauch und Sitte ist, gar wohl auf dem ersten Blatt dieses Buches in Kupfer stechen lassen können, denn der berühmte Don Juan Jáuregui hätte ihm gewiß auch mein Abbild gemacht und gegeben. Damit wäre mein eigener Ehrgeiz befriedigt gewesen und auch der Wunsch der Leute erfüllt worden, die gerne wissen möchten, welcher Art die Züge und die Gestalt eines Menschen sind, der sich erkühnt, mit soviel Ersonnenem an die Öffentlichkeit zu treten. Jener Freund hätte dann nur unter das Bild setzen müssen: »Der Mann, den ihr hier seht, mit dem langen, schmalen Gesicht, dem kastanienbraunen Haar, der glatten, hohen Stirn, den muntern Augen und der wenn auch krummen so doch wohlproportionierten Nase, dem silberweißen Kinnbart, der vor kaum zwanzig Jahren noch golden war, dem Knebelbart, dem kleinen Mund, den nicht zu großen und nicht zu kleinen Zähnen – er hat derer nur noch sechs in argem Zustand und noch schlechterer Anordnung, stehen sie doch zueinander in keinerlei Beziehung –, dieser Mann mittleren Wuchses, weder zu groß noch zu klein, mit einer frischen, eher hellen als dunklen Hautfarbe, mit dem leicht gekrümmten Rücken und nicht sonderlich gut zu Fuß: dies also, sage ich, sind die körperlichen Merkmale des Verfassers der »Galatea« und des »Don Quijote de la Mancha«, die Merkmale des Mannes, der »Die Reise zum Parnaß« nach dem Vorbild des Cesare Caporali aus Perugia geschrieben und noch andere Werke hervorgebracht hat, die da und dort, manche vielleicht ohne den Namen ihres Urhebers, umherstreunen. Er heißt, wie allgemein bekannt, Miguel de Cervantes Saavedra, war viele Jahre Soldat und fünf und ein halbes in Gefangenschaft, wo er lernte, Geduld zu haben auch im Unglück. In der Seeschlacht von Lepanto wurde ihm die linke Hand von einer Musketenkugel unbrauchbar gemacht; diese Verstümmelung erachtet er trotz ihrer scheinbaren Häßlichkeit für schön, weil er sie davontrug aus der denkwürdigsten und erhabensten Begebenheit, die verflossene Jahrhunderte nie zu sehen bekamen und zukünftige nicht zu sehen erwarten dürfen, davontrug, als er unter den siegreichen Fahnen kämpfte, die der Sohn Karls V. anführte, der Sohn des Kriegsherrn rühmlichen Angedenkens, der stets gleich dem Blitze über seine Feinde herfiel. Und wäre meinem Freunde, über den ich mich beklage, nichts anderes von mir zu sagen eingefallen, ich könnte für mich noch zwei Dutzend Zeugenschaften erbringen und sie ihm unter vier Augen mitteilen; dadurch würde ich meinem Namen größere Verbreitung geben und meinen Einfallsreichtum unter Beweis stellen, denn anzunehmen, daß Lobeserhebungen dieser Art aufs genaueste die Wahrheit sagten, ist unsinnig, treffen doch weder Lob noch Schmähung genau das Ziel.

Kurz und gut: da nun diese Gelegenheit ungenützt verstrichen ist und ich, in meinen Erwartungen getäuscht, ohne Abbild geblieben bin, kann ich nicht umhin, meinen eigenen Schnabel zu wetzen, der, wenn auch stottrig, doch die Wahrheit glatt sagen wird, um so mehr als man sie selbst durch die Blume schon zu verstehen pflegt. Und so sage ich dir (noch einmal, liebenswürdiger Leser), daß du aus den Novellen, die ich dir hier vorlege, durchaus kein gepfeffertes Gänse- oder Hühnerklein machen könntest, haben sie doch weder Fuß, noch Kopf, noch Eingeweide oder sonst dergleichen; ich will damit sagen, daß die verliebten Streiche, Reden und Schmeichelworte, die du in einigen von ihnen finden wirst, so ehrbar sind und so sehr mit der Vernunft und christlicher Anschauung übereinstimmen, daß sie weder den oberflächlichen noch den nachdenklichen Leser auf üble Gedanken bringen können.

An den Leser

Ich habe diese Novellen »Exemplarische« genannt, weil, wenn du sie recht bedenkst, keine einzige darunter ist, der sich nicht irgendeine nützliche Lehre abgewinnen ließe. Müßte ich nicht befürchten, allzu weitschweifig zu werden, dann könnte ich dir sogar noch zeigen, welch schmackhafte Nutzanwendung man aus allen und aus jeder einzelnen ziehen kann.

Ich wollte in unserem Gemeinwesen einen Spieltisch errichten, an den jedermann zu seinem Zeitvertreib treten könnte, ohne sich selber oder anderen zu schaden; das heißt ohne Schaden an Leib und Seele, denn ehrbare, angenehme Zerstreuungen nützen, aber schaden nicht.

Gewiß, denn man ist doch nicht die ganze Zeit in der Kirche; nicht immer sind die Hauskapellen besetzt, nicht immer geht man seinen Geschäften nach und wären sie auch noch so wichtig; es gibt auch Stunden der Zerstreuung, in denen der angestrengte Geist Ruhe suchen und finden soll.

Deshalb pflanzt man in den Anlagen schattige Pappeln, sucht nach Brunn und Quellen, ebnet Hügel ein und pflegt mit aller Sorgfalt Gärten. Eines möchte ich wohl wagen, dir noch mitzugeben: sollte ich irgendwie dahinterkommen, daß die Lektüre dieser Novellen auch nur einen Leser zu bösen Begierden oder Gedanken verleitet, dann wollte ich mir eher die Hand abschlagen, mit der sie geschrieben wurden, als sie der Öffentlichkeit zu übergeben. Mein Alter ist nicht mehr dazu angetan, mit dem anderen Leben zu spaßen, bin ich doch schon neun Jahre über die fünfundfünfzig hinaus und klüger geworden.

Darauf verwendete ich meine Erfindungsgabe, dahin treibt mich auch meine Neigung, um so mehr als ich zu wissen glaube (wie dem ja auch ist), daß ich der erste bin, der Novellen in kastilischer Sprache verfaßt hat, denn die vielen, die in dieser Sprache gedruckt und in Umlauf gesetzt wurden, sind allesamt aus fremden Sprachen übersetzt; diese Novellen aber sind mein eigen, sie sind weder nachgeahmt, noch gestohlen; gezeugt von meinem Geist, geboren aus meiner Feder, wachsen sie unter der Fürsorge des Druckers auf. Nach diesen Novellen, sollte mich der

Tod noch verschonen, verspreche ich dir die »Mühen und Leiden des Persiles«, ein Werk, das sich erkühnt, mit Heliodor zu wetteifern, wenn es nicht schon vorher seiner Dreistigkeit wegen zu Fall kommt. Doch zuvor, und zwar in Bälde, wirst du die Fortsetzung der Taten des Don Quijote und der witzigen Einfälle des Sancho Panza lesen können und dann die »Wochen im Garten«. Viel verspreche ich dir bei so geringen Kräften, wie meine es sind; wer aber könnte seinen Wünschen Zügel anlegen? Nur eines möchte ich dir noch zu bedenken geben: daß diese Novellen, weil ich so dreist war, sie dem großen Grafen von Lemos zuzueignen, doch irgendeinen geheimen Vorzug haben müssen, der sie empfiehlt. Sonst habe ich nichts mehr zu sagen, als daß Gott dich behüte und mir die Geduld verleihe, alles Böse zu ertragen, das ein paar Tüftler und Wichtigmacher über mich verbreiten werden. Vale.

ZUEIGNUNG

an Don Pedro Fernández de Castro, Grafen von Lemos,
Andrade und Villalba, Marqués von Sarria, Kammerherrn
Seiner Majestät, Vizekönig, Gouverneur und Generalkapi-
tän des Königreiches Neapel, Komtur der Kommende La
Zarza des Alcántara-Ordens.

Jene, die ihre Werke der einen oder der andern hochgestellten Persönlichkeit zueignen, verfallen fast immer in
zwei Fehler. Der eine besteht darin, daß sie in der Zueignung, die doch kurz und gedrängt sein soll, mit Absicht
und Überlegung, von der Wahrheit mitgerissen oder von
Liebedienerei getrieben, jener hochgestellten Persönlichkeit
nicht nur die Taten der Väter und Großväter, sondern auch
ihrer Anverwandten, Freunde und Gönner recht weitläufig ins Gedächtnis rufen. Der zweite Fehler liegt darin,
daß sie erklären, sie stellten ihre Werke unter seinen Schutz
und Schirm, damit die Lästermäuler es nicht wagten, diese
Werke zu verleumden und zu zerpflücken. Diese beiden
Ungebührlichkeiten also meidend, übergehe ich die Würden und Titel des altedlen Hauses Ew. Exzellenz und
ebenso die zahllosen ererbten wie erworbenen Verdienste
mit Stillschweigen und überlasse es gern den jetzigen Phidias und Lysippos, solche Verdienste für alle Zeiten unver-
gänglich in Erz und Marmor zu verewigen. Auch bitte ich
Ew. Exzellenz nicht, dieses Werk unter Dero Schutz zu nehmen, weiß ich doch allzugut, daß Leute vom Schlage des
Zoilos, des Aretino, des Berni und der Kyniker ohne die geringste Rücksicht ihre Schnäbel wetzen werden, wenn das
Werk schlecht ist, und stellte ich es auch unter die Fittiche
von Astolfos Hippogryphen oder in den Schatten der Keule
des Herkules. Ich habe nur noch die Bitte, Ew. Exzellenz
möchten bedenken, daß ich da ohne viel Aufhebens zwölf
Erzählungen schicke, die sich wohl erkühnten, es mit den
besten aufzunehmen, wären sie nicht gerade aus der Werkstatt meines Geistes hervorgegangen. So mögen sie, wie
sie eben sind, ihre Reise antreten, während ich überaus zu-

frieden hier zurückbleibe, da mich bedünkt, wenigstens einigermaßen meinem Verlangen Ausdruck gegeben zu haben, Ew. Exzellenz als meinem wahren Gebieter und Wohltäter zu Diensten zu sein. Erhalte Gott usw.

Zu Madrid, am vierzehnten Juli eintausendsechshundert und dreizehn.

Ew. Exzellenz Diener

MIGUEL DE CERVANTES SAAVEDRA

DAS ZIGEUNERMÄDCHEN

Es scheint, als würden Zigeuner und Zigeunerinnen nur geboren, um Diebe zu sein; ihre Eltern sind Diebe, unter Dieben wachsen sie auf; sie erlernen das Diebshandwerk und werden schließlich mit allen Salben geschmierte Diebe. Die Lust am Stehlen und das Stehlen selbst ist ihnen so zur zweiten Natur geworden, daß nur der Tod sie davon abbringt. Eine nun aus diesem Volk, eine Zigeunerin, die schon ihres Alters wegen die Kunst des Cacus nicht mehr ausüben konnte, erzog als angebliche Enkelin ein junges Mädchen, dem sie den Namen Preciosa gegeben und das sie in allen Kniffen, Winkelzügen und Diebeskünsten unterwiesen hatte. Die besagte Preciosa war nunmehr die vortrefflichste Tänzerin der ganzen Zigeunerschaft und auch die Schönste und Klügste nicht nur unter den Zigeunern, sondern auch das erste aller Mädchen, die den Ruf hatten, schön und klug zu sein. Weder die Sonne, noch die herbe Luft, noch die Unbill des Wetters, denen die Zigeuner mehr ausgesetzt sind als andere Menschen, hatten es vermocht, die zarte Gesichtshaut des Mädchens zu verderben, noch ihre Hände zu gerben. Und mehr noch: die rauhe Umgebung, in der sie aufgewachsen, ließ nur noch deutlicher werden, daß sie mit besseren Anlagen geboren war als eine Zigeunerin, war sie doch überaus höflich und sehr verständig. Bei alledem war sie etwas dreist, doch nicht so sehr, daß sie etwa gegen die Ehrbarkeit verstoßen hätte; sie war vielmehr bei all ihrem Witz so schamhaft, daß keine Zigeunerin, ob jung oder alt, es gewagt hätte, in ihrer Gegenwart unzüchtige Lieder zu singen oder ungebührliche Wörter zu gebrauchen. Kurz und gut: die Großmutter wußte, welchen Schatz sie an der Enkelin hatte, und so beschloß die alte Raubfalkin, ihr Junges ausfliegen zu lassen und ihm zu zeigen, wie es sich mit den eigenen Fängen weiterbrächte.

Preciosa verfügte über einen reichen Schatz an Villancicos, Vierzeilern, Seguidillen, Sarabanden und anderen Texten, besonders an Romanzen, die sie mit eigener Anmut vorzutragen verstand. Die geriebene Großmutter hatte bald begriffen, daß dergleichen Scherz und Spiel bei dem zarten Alter und der ausbündigen Schönheit der Enkelin vortreffliche Köder und Netze wären, die ihr manch reichen Fang versprachen. So versuchte sie nun auf allen ihr zugänglichen Wegen zu Gedichten und Liedern zu kommen, und es fehlte ihr auch nicht der eine oder der andere Dichter, der sie damit versorgte, denn es gibt Dichter, die es mit den Zigeunern halten und Gedichte für sie schreiben, wie es ja auch Dichter gibt, die den bettelnden Blinden Wundergeschichten erfinden und die Einnahmen daraus zur Hälfte mit ihnen teilen. Alles mögliche geschieht in dieser Welt, und vielleicht ist es der Hunger, der die Dichter dazu treibt, Dinge zu tun, die sie sonst nicht täten.

Preciosa hatte ihre Kindheit in den verschiedensten Teilen Kastiliens verbracht. Da sie nun fünfzehn Jahre alt geworden war, kehrte die angebliche Großmutter mit ihr zum Barbara-Feld vor der Hauptstadt, wo die Zigeuner ihr Lager aufzuschlagen pflegen, zurück und gedachte, in der Hauptstadt, wo alles feil und käuflich ist, auch ihre Ware an den Mann zu bringen. Als Preciosa zum ersten Male nach Madrid kam, wurde dort gerade das Fest der heiligen Anna, der Schutzpatronin und Fürsprecherin der Stadt, gefeiert. Preciosa kam mit einer Tanzgruppe, die zusammengesetzt war aus acht Zigeunerinnen, vier alten und vier jungen, und einem Zigeuner, einem vorzüglichen Tänzer, der sie im Tanz zu führen hatte. Waren auch die Jungen wie die Alten gar sauber und mit zierlichem Putz angetan, so übertraf Preciosa sie doch so sehr, daß sich schließlich aller Augen voll Entzücken ihr zuwandten. Während nun die Handtrommel hallte und klirrte, die Kastagnetten schlugen und die Zigeuner im Tanze wirbelten, gingen Lob und Preis der Anmut und Schönheit des Zigeunermädchens von Mund zu Mund; herbei eilten die Burschen, das Mädchen zu sehen, und die Männer, es anzuschauen. Als die Leute das Mädchen singen hörten, denn zum Tanze wurde auch gesungen, gerieten alle aus dem Häuschen. Damit freilich kam das Zigeunermädchen in aller Leute Lobemund, und die ehrenwerten Preisrichter

Das Zigeunermädchen

der Stadt und Ordner des Festes sprachen ihr, ohne zu zögern, einverständlich den ersten Preis im Tanze zu. Als die Zigeuner dann in der Marienkirche den Tanz vor der Statue der heiligen Anna beendet hatten, griff Preciosa zu einem Schellenreifen, zog leichtfüßig weite Kreise und sang die folgende Romanze:

Bester Stamm, der endlos
Keine Frucht getragen,
So daß all die Jahre
Sich verzehrt in Klagen

Und die reinen Wünsche
Des stets treuen Gatten
Sich trotz langem Hoffen
Doch erfüllt nicht hatten.

Ob des langen Wartens
Bannte Widerwille
Schließlich den Gerechten
Aus des Tempels Stille.

Unfruchtbarem Boden
Ist dann doch entsprossen
Allen Heiles Fülle,
Das der Welt geworden.

Königliche Münzstatt,
Ward in dir gepräget
Dann die Form des Menschen,
Die sich Gott erwählet.

Mutter einer Tochter,
Die Gott auserkoren,
Seine Macht zu zeigen,
Zu der Menschen Frommen.

Du und deine Tochter,
Anna, seid uns Helfer;
In des Unglücks Nöten
Wir uns an euch wenden.

Durch dein frommes Bitten,
Wie ich nie bezweifle,
Lenkest du mit Güte
Deines Enkels Weise.

Ob der Gnade glücklich,
Alle Eltern beten,
Mit dir teilzuhaben
An des Himmels Segen.

Welche Tochter! Welch' ein
Eidam! Welch' ein Enkel!
Jubellieder singet,
Jauchzet ihr zu Ehren.

Da du warst von jeher
Demutsvollen Sinnes,
Hat auch deine Tochter
Demut stets bewiesen.

Ganz bei Gott, umstrahlet
Dich der Glanz des Himmels,
Den noch zu beschreiben,
Schwerlich mir gelinget.

Preciosas Singen versetzte alle, die ihr zuhörten, in höchstes Entzücken. Die einen sagten: »Gott segne dich, Kleine!« Andere: »Schade, schade, daß das Mädchen Zigeunerin ist; sie verdiente es wahrhaftig, die Tochter eines hochgestellten Mannes zu sein!« Und andere wieder, grobschlächtige Leute, sagten: »Laßt die Kleine erst einmal so recht heranwachsen; dann werdet ihr sehen, wie die es treibt! Die wird noch ein feines Schleppnetz werden, in das ihr dann noch mehr Herzen gehen werden.« Ein anderer, der gutmütiger war, wenn auch etwas derb und einfältig, rief aus, als er sie so flink und leicht im Tanz sich drehen sah: »Hurtig, Mädchen, hurtig! Dreh dich, Schätzchen, und stampf auf den Boden, daß der Staub nur so wirbelt!« Ohne im Tanz auch nur einen Augenblick innezuhalten, erwiderte Preciosa: »Und wie ich ihn aufwirbeln werde!« Die Festlichkeiten zum Tag der heiligen Anna gingen zu

Das Zigeunermädchen 97

Ende, und Preciosa fühlte sich etwas erschöpft; nun aber
war sie ihrer Schönheit, ihres Witzes, ihrer Verständigkeit
und ihrer Tanzkunst wegen bereits so beliebt, daß man in
der Hauptstadt allenthalben von ihr redete. Vierzehn Tage
nach dem Feste kam sie, von drei Mädchen begleitet, wieder nach Madrid. Die Zigeunerinnen brachten ihre Schellenreifen mit, hatten einen neuen Tanz, einige Romanzen
und muntere Lieder eingelernt, die aber alle ehrbar waren,
denn Preciosa sang weder selbst anstößige Lieder, noch
ließ sie es zu, daß solche in ihrer Gegenwart gesungen
wurden. Viele Leute nahmen dies wahr und schätzten sie
deshalb um so höher. Nie wich die alte Zigeunerin, ein
zweiter Argus, von ihrer Seite, denn sie befürchtete, man
könnte sich des Mädchens bemächtigen und es ihr entführen. Sie nannte es Enkelin, und Preciosa hielt die Alte für
ihre Großmutter. In der Calle de Toledo traten die Zigeunerinnen in den Schatten und fingen zu tanzen an; die
Leute, die ihnen gefolgt waren, bildeten sogleich einen
großen Kreis um sie herum. Während die Mädchen tanzten, sammelte die Alte unter den Zuschauern Scherflein um
Scherflein, und allenthalben hagelte es Achtermünzen und
Vierer, denn auch die Schönheit vermag die schlummernde
Mildtätigkeit zu wecken.

Als der Tanz zu Ende war, sagte Preciosa:
»Wenn mir jeder von euch ein paar Vierer gibt, dann
will ich allein euch eine gar liebliche Romanze vortragen,
die davon berichtet, wie Frau Margarete, unsere Königin,
nach ihrem Wochenbett in Valladolid zum ersten Male
wieder in der Laurentiuskirche die Messe besuchte. Ich
kann euch nur sagen, daß die Romanze berühmt zu werden verdient, denn sie wurde verfaßt von einem Dichter,
der dieses Namens würdiger ist als viele andere.«

Kaum hatte sie dies gesagt, als fast alle Zuhörer riefen:
»Sing die Romanze, Preciosa! Da schau, da sind meine
Vierer!«

Und sogleich hagelte es wieder Vierer um Vierer, daß
die Alte kaum Hände genug hatte, die Münzen aufzuheben. Als sie schließlich doch ihren Weizen in der Scheune
und ihre Trauben in der Kelter hatte, schlug Preciosa den

Schellenreifen und sang in schnellem leichten Sprechton
die folgende Romanze:

Ging Europens größte Fürstin
Hin zur Kirche nach den Wochen,
An Gehalt und Ruhm ein Kleinod,
Wundervoll und höchst zu loben.

Gleich den staunend großen Augen
Fühlt das Herz sich hingezogen
Aller, die bewundernd sehen
Ihre Andacht, ihr Gefolge.

Um zu zeigen, wie der Himmel
Diese Fürstin auserkoren,
Aufgeht Östreichs Sonn' zur Rechten
Und zur Linken zart Aurore.

Nachfolgt ein Gestirn, ein helles,
Das zur Unzeit ward geboren
In der Nacht des Jammertages,
Da die Welt sich selbst betrogen.

Wenn es Sterne gibt am Himmel,
Die dort Strahlenwagen formen,
Leuchten andere Gestirne
Auf den Wagen des Gefolges.

Seinen Bartwuchs zu verschönen,
Müht Saturn sich unverdrossen;
Sonst so langsam, ist er lebhaft,
Und vergißt die Gicht vor Wonne.

Naht der Gott der leichten Rede
Voll der süßen Schmeichelworte;
Amor lockt in vielen Chiffern,
Von Rubin und Perlen strotzend.

Mars, den grimm'gen, sieht man nahen,
Angetan gleich einem Gockel,
Der, ein junger Fant, vor seinem
Eignen Schatten ist erschrocken.

Das Zigeunermädchen

Nah am Haus der Sonne schreitet
Jupiter; denn so belohnet
Wird durch seines Herrn Vertrauen,
Was durch Klugheit ward gewonnen.

Auf den Wangen mancher Göttin
Dieses Himmels leuchten Monde;
In der Schönheit dieser Damen
Bist du, Venus, wohlgeborgen.

Kleine Ganymede kreuzen
Hin und her, sie geh'n und kommen
An dem reichgeschmückten Bande
Dieser wunderbaren Globen.

Und daß alles uns ergötze,
Alles grenzt ans Ungewohnte,
Hat verschwenderisch die Prunklust
Jede Pracht hier aufgeboten.

Mailand hat in Prunkgewändern
Heut' sich selber überboten;
Da sind Indiens Diamanten
Und Arabiens Düfte kosen.

Scheele Mißgunst hat die Sinne
Böser Neider ganz gewonnen,
Doch erfüllt den echten Spanier
Schaulust, Stolz und wahre Wonne.

Und die allgemeine Freude,
Jeder Kümmernis entronnen,
Sieht man froh und ausgelassen
Über Platz und Straßen toben.

Abertausend Segenswünschen
Tut das Schweigen auf die Pforten
Und das Lob der Männer hört man
Auch die Jungen wiederholen.

Einer sprach: »Du reiche Rebe,
Rank dich an der Ulme holden
Stamm empor und halte fest dich,
Daß ihr Schatten dich liebkose.

Daß dein eigner Ruhm erblühe
Zu Hispaniens Ehr' und Wohle,
Daß die Kirche sei beschützet
Und der Türken Macht gebrochen.

Dort ruft eine andre Stimme:
»Lebe lange! Laß dich loben!
Wirst gebären, weiße Taube,
Adler uns mit Doppelkronen,

Daß sie einst, die Lüfte säubernd,
Auf die Räuber niederstoßen
Und mit ihren mächt'gen Schwingen
Halten Tugend frei vom Joche.«

Sinniger und größ'ren Ernstes,
Zierlicher und ausgewog'ner
Spricht ein andrer; Mund und Auge
Drücken aus das Herz, das volle:

»Diese köstlich einz'ge Perle,
Die aus deinem Schoß geboren,
Wieviel List hat sie vereitelt,
Wieviel Ränkeschmiede grollen!

Welche Hoffnungen erweckt sie!
Wie vermehrt sie andrer Sorgen!
Welche Träume werden Schäume!
Welche Pläne sind zerstoben!«

Kommt indes der Zug zum Tempel,
Kommt an jenes Phönix Pforte,
Der in Rom des Feuers Beute
Und nun heilig ist dort droben.

Und zum Bilde ew'gen Lebens,
Zu der Himmelsjungfrau droben,
Die nun über Sternen schreitet,
Weil der Demut sie verschworen,

Zu der Mutter, die auch Jungfrau,
Gattin ist und auch gleich Tochter
Gottes, sprach auf ihren Knien
Margarita diese Worte:

Das Zigeunermädchen   101

»Was du gabst, empfang es wieder,
Hand zum Geben stets entschlossen,
Denn wo deine Huld uns fehlet,
Können wir nur Leid erhoffen.

Schönste Jungfrau, meines Sommers
Erste Frucht sei dir geopfert,
Nimm sie, wie sie ist, als Gabe,
Sei ihr huldreich, Gnadenvolle.

Dir empfehl' ich auch den Vater,
Der, ein Atlas, unverdrossen
Trägt die Last so vieler Reiche,
Schützt das Recht in allen Zonen.

Denn ich weiß, das Herz des Königs
Ruhet in den Händen Gottes,
Und ich weiß, daß Gott gewähret,
Was du bittest, Demutsvolle.«

Als sie dies Gebet beendet,
Jubelnd Bittgesänge holen
Aus des Himmels Höh'n hernieder
Allen Glanz, den gnadenvollen.

Als das Hochamt dann zu Ende,
Kehrte unterm Klang der Glocken
Heim in seine eig'ne Sphäre
Dieser Himmel voll der Sonnen.

Kaum hatte Preciosa die Romanze beendet, als die vielen
Stimmen des erlesenen Auditoriums und gewichtigen Se-
nats sich zu einer einzigen vereinten, und alle Leute wie
aus einem Munde riefen:
»Noch einmal, Preciosa, Mädchen! Viererstücke sollst du
haben wie Sand am Meer!«
Mehr als zweihundert Leute sahen dem Tanz zu und
lauschten dem Gesang der Zigeunerinnen. Tanz und Gesang waren gerade auf ihrem Höhepunkt angelangt, da
kam einer der Alkalden des Weges und fragte, als er die
vielen Leute versammelt sah, was es da gebe. Ihm wurde
zur Antwort, daß die Leute dem schönen Zigeunermäd-

chen lauschten, das da singe, und so trat der Alkalde, der neugierig war, näher und hörte ein Weilchen zu. Doch um seiner Würde nichts zu vergeben, wartete er nicht erst das Ende der Romanze ab. Da ihm indes das Zigeunermädchen ausnehmend gefallen hatte, befahl er seinem Pagen, der alten Zigeunerin zu sagen, es wäre ihm lieb, wenn sie gegen Abend mit den Mädchen in sein Haus käme, denn es wäre ihm sehr lieb, wenn auch Doña Clara, seine Gemahlin, sie hören könnte. Der Page tat, wie ihm geheißen, und die Alte sagte zu.

Zu Ende ging der Tanz, der Gesang verstummte, und die Zigeunerinnen schickten sich an, wegzugehen. Da trat ein hübsch herausgeputzter Edelknabe auf Preciosa zu, gab ihr ein gefaltetes Papier und sagte:

»Liebste Preciosa, sing diese Romanze da; sie ist sehr gut, und ich werde dir von Zeit zu Zeit andere geben, mit denen du dir den Ruf der besten Romanzensängerin der Welt erwerben wirst.«

»Diese Romanze werde ich gerne lernen«, erwiderte Preciosa, »darum vergeßt nicht, mir die versprochenen Romanzen zu bringen, doch dürfen sie nicht gegen die guten Sitten verstoßen. Wegen des Preises, den ich euch zahle, könnten wir uns auf das Dutzend einig werden. Ein Dutzend gesungen, ein Dutzend bezahlt; denn solltet Ihr meinen, daß ich im voraus bezahlen könnte, so heißt dies, Unmögliches glauben.«

»Wenn mir die Jungfer Preciosa nur das Papier vergütet«, erwiderte der Edelknabe, »dann will ich mich damit zufrieden geben, und überdies soll jede Romanze, die nicht gut und ehrbar ausfällt, außer Rechnung bleiben.«

Als die Zigeunerinnen die Straße weitergingen, wurden sie durch das Gitter eines Fensters von einigen vornehmen Herren angerufen. Preciosa trat an das tiefliegende Fenster und blickte in einen schön ausgestatteten und angenehm kühlen Saal. Darin vergnügten sich die Herren; die einen, indem sie angeregt plaudernd im Saale auf und ab gingen, die andern, indem sie sich an den Spieltischen zerstreuten.

»Würden mir die Herren nicht ein Freigeld geben?«

Das Zigeunermädchen

fragte Preciosa und sprach betont andalusisch, was bei den Zigeunerinnen nur Ziererei, nicht angeboren ist.

Als die Herren Preciosas Stimme vernahmen und ihr Gesicht am Fenster sahen, ließen die einen vom Spiel ab und die andern blieben stehen; man eilte zum Fenster, um sich das Mädchen, von dem man schon so vieles vernommen hatte, näher zu besehen. Einige riefen:

»Nur herein, herein mit euch, Mädchen! Hier könnt ihr euch genug Freigeld holen!«

»Lieber unfrei«, erwiderte Preciosa, »als daß die Herren uns für Freiwild hielten.«

»Auf mein Ehrenwort«, entgegnete einer der Edelleute, »du kannst getrost eintreten, Mädchen. Bei dem Zeichen, das ich hier an meiner Brust trage, kannst du gewiß sein, daß dir niemand zu nahe treten wird.«

Dabei wies er mit der Hand auf das Kreuz des Ritterordens von Calatrava.

»Wenn du hineingehen willst, Preciosa«, sagte eines der drei Zigeunermädchen, »dann geh in Gottesnamen. Ich aber habe keine Lust, mich unter so vieles Mannsvolk zu mischen.«

»Merke dir eines, Cristina«, erwiderte Preciosa. »Bist du mit einem Mann allein, dann sei auf deiner Hut; viele Männer auf einem Haufen sind ungefährlich; da brauchst du keine Angst zu haben. Doch vergiß eines nicht: eine Frau, die fest entschlossen ist, ehrbar zu bleiben, bleibt es auch inmitten eines Regiments Soldaten. Vor allem aber soll man das Verborgene meiden.«

»So laß uns denn hineingehen, Preciosa«, sagte Cristina. »Du bist klüger als zehn Weise!«

Auch die alte Zigeunerin ermunterte die Mädchen, und so gingen sie denn in das Haus. Kaum hatte Preciosa den Saal betreten, als der Herr im Ordenskleid der Calatravaritter das zusammengefaltete Papier bemerkte, das sie im Brustausschnitt ihres Kleides stecken hatte; er trat an sie heran und nahm das Papier an sich. Preciosa sagte:

»Nehmt mir das Blatt nicht weg, Herr! Ich habe die Romanze erst vor einem Augenblick bekommen und sie noch nicht gelesen.«

»Du kannst lesen, Mädchen?« fragte einer der Edelleute.

»Und auch schreiben«, sagte die Alte. »Ich habe meine Enkelin so erzogen, als wäre sie die Tochter gebildeter Leute.«

Der Calatravaritter öffnete das gefaltete Blatt, sah, daß ein Goldtaler zwischen den Falten lag und sagte:

»Ei, ei, Preciosa! Diesem Brief ist auch schon das Postgeld beigefügt! Da nimm den Taler, der zur Romanze zu gehören scheint.«

»Wer hätte das gedacht!« sagte Preciosa. »Der Dichter wollte sich mir als mildtätig erweisen. Ist's auch ein Wunder, daß ich einmal einen Taler kriege, so ist's ein größres noch, wenn ein Dichter ihn schenkt. Wenn er mir seine Romanzen alle mit dieser Draufgabe zu schicken gedenkt, dann mag er meinetwegen den ganzen Allgemeinen Romanzero abschreiben und mir die Romanzen Stück für Stück schicken. Ich werde ihnen schon den Puls fühlen, und sollten sie hart sein, so werde ich mich weich genug zeigen, sie anzunehmen.«

Alle, die das Zigeunermädchen auf solche Weise sprechen hörten, waren über den Verstand und den Witz Preciosas verwundert.

»Lesen Sie die Romanze, Herr«, sagte sie, »doch lesen Sie sie laut, damit wir hören, ob der Dichter ebenso geistreich wie freigebig ist.«

Der Calatravaritter las:

»O Zigeunermädchen, keine
Preist man höher, Tugendsame;
Ist Preciosa doch dein Name,
Weil du gleichst dem Edelsteine.

So ist auch das Wort nicht blöde,
Daß, wie man an dir gewahrt,
Sich seit jeher gern gepaart
Schönheit und die größte Spröde.

Wenn für immer du der Härte
Wie dem Werte bist verschworen,
Wär' ich lieber nicht geboren
In der Zeit, die dich verehrte.

Das Zigeunermädchen

Du wirst töten mit den Blicken
Deiner grünen Fabelaugen;
Nichts wird deine Milde taugen,
Wenn erst deine Ketten drücken.

Wie nur konnte Armut schenken
Solch ein Reis, ein wunderbares?
Wer vermöcht' am Manzanares
Solche Schönheit sich erdenken?

Dichter werden ihm nun singen
Gleich dem Tajo Ruhmesweisen,
Und sie werden hoch ihn preisen,
Da hier deine Lieder klingen.

Wahrsagst du auch Glück im Leben,
Kehrt das Glück mir doch den Rücken;
Mag dein Liebreiz mich entzücken,
Wird dein Sinn mir widerstreben.

So ist dann in tausend Nöten,
Wer bewundernd dich betrachtet;
Wenn dein Herz auch sein nicht achtet,
Wird ihn deine Schönheit töten.

Arge Hexen, sagt man, seien
Die Zigeunerinnen alle,
Doch viel ärger ist die Falle
Deiner süßen Hexereien.

Deiner Zauberaugen Beute
Wird ein jeder, der dir traute,
Mit Ergötzen dich beschaute,
Wenn es ihn auch bald gereute.

Doch du führst noch schärfre Klingen,
Zwingest uns mit Zaubertänzen,
Tötest mit der Augen Glänzen
Und berückst mit deinem Singen.

Tausend Zauber uns verdammen,
Magst du singen, auf uns sehen,

Reden, schweigen, kommen, gehen,
Immer schürst du Liebesflammen.

Auch der Trotz'ge wird sich beugen,
Willig zu Gebot dir stehen,
All sein Glück von dir erflehen,
Und dies kann ich selbst bezeugen.

Köstlich Kleinod, du, mein Leben,
Der es wagte, dies zu dichten,
Wollt' sich dir zum Dienst verpflichten
Und dir, arm zwar, alles geben.

»Im letzten Vers kommt das Wort ›arm‹ vor«, sagte Preciosa. »Ein schlechtes Zeichen! Die Verliebten sollten nie sagen, daß sie arm sind, denn, wie mich bedünken will, ist gerade beim Verlieben die Armut der Liebe spinnefeind.«

»Wer hat dir das beigebracht, Mädchen?« fragte einer.

»Wer sollte mir das beibringen?« erwiderte Preciosa. »Habe ich etwa nicht meine fünf Sinne beisammen? Bin ich denn nicht schon fünfzehn? Ich bin ja weder einfältig, noch kindisch und auch nicht geistesschwach. Der Verstand der Zigeunerinnen geht anderswo zur Schule als der Verstand anderer Leute; Zigeunerinnen sind immer ihrem Alter voraus. Es gibt keinen Zigeuner, der ein Einfaltspinsel wäre, noch eine Zigeunerin, die man denkfaul nennen könnte. Nur wenn sie pfiffig, verschlagen sind und flunkern, können sie sich durchs Leben bringen. So wetzen sie ihren Scharfsinn an jedem Stein und lassen nicht das kleinste Fleckchen Rost sich daransetzen. Seht doch meine Freundinnen an! Da stehen sie wie mundtot beieinander und schauen drein, als könnten sie nicht bis fünfe zählen. Fühlt ihnen aber erst einmal auf den Zahn, dann werdet ihr eure Wunder erleben. Es gibt keine Zigeunerin, die nicht mit zwölf schon soviel wüßte wie eine andere mit fünfundzwanzig, sind doch der Teufel und die Erfahrung ihre Schulmeister, und so lernen sie in einer Stunde mehr als andere in einem Jahr.«

Mit solchen Reden versetzte das Zigeunermädchen die

Das Zigeunermädchen   107

Zuhörer in baß Erstaunen; die Spieler gaben ihr das versprochene Freigeld, und ein Draufgeld gaben auch jene,
die nicht gespielt hatten. Dreißig Realen schluckte der
irdene Topf der Alten, und reicher und vergnügter als eine
Hochzeiterin versprach sie, mit ihrer kleinen Schar auch
ein andermal vorbeizukommen, um solch freigebigen Herren einen Gefallen zu tun. Dann trieb die Alte ihre Schäflein vor sich her zum Hause des Alkalden.

Doña Clara, die Gemahlin des Herrn Alkalden, war
schon benachrichtigt, daß die Zigeunerinnen kommen würden; so erwarteten sie und eine Frau Nachbarin, beide mit
ihren Mägden und Gesellschafterinnen, voller Ungeduld
die Ankunft des Zigeunermädchens, hatten sich doch alle
nur versammelt, um Preciosa zu sehen. Kaum waren die
Zigeunermädchen eingetreten, da leuchtete Preciosa unter
ihnen auch schon hervor wie eine Fackel unter Wachs-
lichtern. Und so eilten alle auf sie zu: die einen umarmten
sie, andere musterten sie, diese segneten sie und jene flossen
über von Lobsprüchen. Doña Clara sagte:

»Das ja, das ist Goldhaar! Diese Augen, die sind wirklich Smaragde!«

Die Frau Nachbarin musterte Preciosa von oben bis
unten aufs genaueste, Stück um Stücklein, Glieder und Ge-
lenke. Als sie dann an ein Grübchen in Preciosas Kinn
kam, rief sie aus:

»Ach, welch' ein Grübchen! In dieses Grübchen werden
alle hineinstolpern.«

Dies hörte ein langbärtiger, hochbetagter Kammerherr
Doña Claras, der gerade dabeistand, und sagte: »Das
nennen Euer Gnaden ein Grübchen? Ich müßte mich schlecht
auf Grübchen und Gruben verstehen, wenn dieses Grübchen da im Kinn nicht nur eine Fallgrube für Jünglinge,
sondern sogar die Gruft ihres heißen Begehrens ist. Bei
Gott, dieses Zigeunermädchen könnte nicht reizender sein,
wenn sie aus Silber oder aus Zuckerguß wäre. Kannst du
auch wahrsagen, Kleine?«

»Auf drei, vier Arten«, erwiderte Preciosa.

»Auch das noch?« fragte Doña Clara. »Beim Leben meines Gatten, des Alkalden, du sollst mir wahrsagen, mein

Goldkind, mein Silberkind, Perlenkind, Karfunkelkind und Himmelskind, was wohl der beste Name ist, den ich dir geben kann.«

»Haltet dem Mädchen nur die flache Hand hin«, sagte die Alte, »und gebt ihr eine Münze, damit sie das Kreuz darüber machen kann. Ihr werdet staunen, was sie Euch zu sagen hat; sie weiß mehr als ein Doktor der Medizin.«

Die Frau Alkalde griff in ihre Geldtasche und fand, daß sie nicht einen roten Heller darin hatte. Sie verlangte einen Viererreal von ihren Mägden, aber auch die Mägde hatten keinen und auch die Frau Nachbarin nicht. Als Preciosa dies sah, sagte sie:

»Alle Kreuzeszeichen sind als solche gültig, nur wirken sie besser, wenn man sie mit Silber oder Gold macht. Euer Gnaden müssen wissen, daß das Kreuzeszeichen über der Hand, wenn man es mit Kupfer ausführt, ziemlich unnütz ist, wenigstens für mich. Darum habe ich eine gewisse Vorliebe für Kreuzeszeichen, die man mit einem Goldtaler macht oder einem silbernen Achterreal oder wenigstens mit einem Viererreal. Ich halte es hier mit den Mesnern: je praller der Beutel, desto größer die Freude.«

»Meiner Seel', du hast Witz, Mädchen!« rief die Frau Nachbarin.

Und sich an den Kammerherrn wendend, fragte sie:

»Habt nicht Ihr vielleicht einen Viererreal zur Hand, Herr Contreras? Borgt ihn mir. Wenn mein Gatte, der Doktor, herkommt, gebe ich Euch den Real sogleich zurück.«

»Ich habe zwar einen Viererreal, doch nicht zur Hand. Gestern habe ich für zweiundzwanzig Maravedis zu Abend gegessen, und da man mir auf den Viererreal nicht herausgeben konnte, habe ich ihn als Pfand hinterlegt. Gebt mir die zweiundzwanzig Maravedis, und ich fliege, den Viererreal auszulösen.«

»Wir haben allesamt keinen lumpigen Vierer«, sagte Doña Clara, »und Ihr verlangt von uns zweiundzwanzig Maravedis? Geht, Contreras, Ihr seid immer unverschämt gewesen.«

Als eine der anwesenden Mägde sah, daß so gar kein Geld im Hause war, fragte sie Preciosa:

Das Zigeunermädchen

»Hat es etwas auf sich, wenn man das Kreuzeszeichen mit einem silbernen Fingerhut macht?«

»Im Gegenteil«, erwiderte Preciosa, »wenn der silbernen Fingerhüte nur genug sind, dann kann man mit ihnen die besten Kreuze der Welt machen.«

»Ich habe einen«, sagte die Magd, »wenn der recht ist, dann nimm ihn, aber nur unter der Bedingung, daß du auch mir wahrsagst.«

»Für einen einzigen Fingerhut so vielen Leuten wahrsagen!« rief die alte Zigeunerin. »Komm, Enkelin, mach schnell, es ist schon spät und wird gleich finster.«

Preciosa nahm den Fingerhut, ergriff die Hand der Frau Alkalde und sagte:

Tausendschönchen, Tausendschönchen,
Silbern deine Händchen strahlen,
Dein Gemahl ist dir ergebner
Als der Herr der Alpujarren.

Sanft bist du, voll Taubenzärteln,
Doch zuweilen grimmgeladen
Wie ein Löwe von Oran,
Wie ein Tiger von Arkanien.

Aber eh' die Hand man wendet,
Ist auch schon dein Grimm vergangen,
Und du bist so süß wie Honig,
Gleichst an Sanftmut einem Lamme.

Viel Gezank und wenig Essen;
Dir macht Eifersucht zu schaffen,
Denn der Herr Alkalde möchte
Auch an andern Früchten naschen.

Als du noch ein junges Mädchen,
Wollt' ein hübscher Bursch dich haben,
Doch zum Teufel mit den Kupplern,
Die der besten Absicht schaden.

Wärest Nonne du geworden,
Würdest als Äbtissin schalten,

Hast du doch zu solcher Würde
Alle Klugheit, alle Gaben.

Lieber möcht' ich es verschweigen.
Doch was tut's. Ich muß es sagen:
Zweimal wirst du Wittib werden,
Dreimal sein im Ehestande.

Brauchst deswegen nicht zu weinen,
Ist doch selten Wahrheit alles,
Was Zigeunerinnen sagen.
Laß die Tränen, beste Dame!

Brauchst doch nur vor ihm zu sterben,
Vor dem ehrenwerten Gatten,
Schon bist du bewahrt für immer
Vor dem harten Witwenstande.

Ein sehr reiches Erbteil, künd' ich,
Kannst in Bälde du erwarten,
Und dein Sohn wird Domherr werden.
Wo? Ich wüßt' es nicht zu sagen,

Doch gewiß nicht in Toledo.
Eine Tochter schönster Gaben
Wirst du haben, hoher Stellung,
Wenn zur Nonne sie geschaffen.

Wird in Burgos, Salamanca
Oberrichter sein dein Gatte,
Wenn der Tod ihn nicht hinwegrafft
In den nächsten dreißig Tagen.

Hast ein Muttermal – wie reizend! –
Süßer schuf es noch kein Maler!
Doch zur Strauchelgrube werden
Könnt' es allzu leichten Knaben.

Mancher Blinde gäbe gerne,
Es zu sehen, einen Batzen...
Schau! Jetzt lächelst du voll Anmut,
Und dein Lächeln wird zum Lachen!

Achte drauf, daß du nicht strauchelst!
Nur nicht auf den Rücken fallen!
Solche Lagen sind gefährlich
Auch den hochgestellten Damen.

Mehr noch hab' ich dir zu melden,
Solltest freitags mich empfangen;
Manches wird dich dann erfreuen,
Manches wohl auch traurig machen.

Damit schloß Preciosa. Die Anwesenden waren voll des
Verlangens, ebenfalls zu erfahren, was die Zukunft ihnen
bescheren würde, und so drängten sie das Zigeunermädchen, auch ihnen wahrzusagen. Allein Preciosa verwies sie
auf den kommenden Freitag, und alle versprachen, die
erforderlichen Silberrealen bereitzuhalten, damit Preciosa
das Kreuzzeichen über der Hand machen könnte. Indes
kam der Herr Alkalde, dem sie Wunderdinge über das
Zigeunermädchen berichteten. Er ließ die Mädchen ein weniges tanzen und erklärte dann das Lob, das man Preciosa
zollte, für zutreffend und berechtigt. Er steckte die Hand
in die Geldtasche, augenscheinlich, weil er dem Mädchen
etwas geben wollte, aber so sehr er auch darin stöberte,
die Tasche rüttelte und schüttelte, zog er schließlich doch
die leere Hand daraus hervor und sagte: »Bei Gott! Hab'
ich doch nicht einmal einen Vierer in der Tasche! Doña
Clara, gebt Ihr doch unserer Preciosa einen Real. Ich
werde ihn Euch nachher wiedergeben.«

»Das ist ja allerliebst, mein Bester, jetzt freilich ist unser Realvermögen offensichtlich geworden! Wir alle haben
zusammen keinen Vierer aufgebracht, den sie gebraucht
hätte, um das Kreuzeszeichen zu machen; wo sollten wir
jetzt einen Real hernehmen?«

»Dann gebt ihr doch eines von Euren Krägelchen oder
sonst etwas. Wenn Preciosa ein andermal wiederkommt,
wollen wir es ihr besser lohnen.«

Darauf sagte Doña Clara:

»Ich gebe Preciosa jetzt lieber nichts, damit sie mir ja
wieder kommt.«

»Wenn man mir wegen des Wiederkommens nichts

gibt«, sagte Preciosa, »dann ist es wohl besser, überhaupt nicht mehr hierher zu kommen. Wenn ich aber trotzdem komme, dann nur um so hochgestellten Herrschaften gefällig zu sein. Ich habe mich dann schon damit abgefunden, in diesem Hause nichts zu verdienen, und so erspare ich mir die Mühe, etwas zu erhoffen. Laßt Euch doch Schmiergelder zahlen, Euer Gnaden, laßt Euch doch Schmiergelder geben, Herr Alkalde, dann werdet Ihr auch Geld haben. Versucht nicht, bessere Sitten einzuführen; Ihr werdet sonst Hungers sterben. Ich habe sagen hören, gnädige Frau – und wenn ich auch noch jung bin, so weiß ich doch, daß man dies nicht sagen dürfte –, daß man aus einem Amt Geld genug herausschlagen müßte, damit man die Bußen bezahle, die einem bei der Prüfung der Amtsführung auferlegt werden, und zu höheren Ämtern aufsteige.«

»So reden und handeln nur gewissenlose Leute«, sagte der Alkalde. »Ein Richter, der sein Amt rechtschaffen ausübt, braucht keine Buße zu zahlen und empfiehlt sich dank der sauberen Führung seines Amtes für höhere.«

»Ihr sprecht wie ein Heiliger, Herr Alkalde«, entgegnete Preciosa. »Fahrt auf diese Weise fort, dann werden wir die Lumpen, die Ihr am Leibe tragen werdet, in Stücke schneiden und als Reliquien verkaufen können.«

»Du bist wirklich klug, Preciosa«, sagte der Alkalde. »Nun aber genug davon! Ich werde es einzurichten wissen, daß der König und die Königin dich zu Gesicht bekommen, bist du doch jedes Königs wert!«

»Man würde mich als Hofnärrin anstellen«, antwortete Preciosa. »Dazu tauge ich aber nicht und würde mir nur alles verscherzen. Selbst wenn sie mich meines Verstandes wegen wollten, müßten sie mich erst mit Gewalt hinschleppen, denn in manchen Palästen gelten die Narren mehr als die Gescheiten. Ich fühle mich ganz wohl als arme Zigeunerin, und übrigens geschehe, wie der Himmel es fügt.«

»He, Kleine«, sagte die alte Zigeunerin, »nun mach Schluß mit dem Schwatzen; du hast genug geredet und hast dich klüger gezeigt, als ich dir beigebracht habe. Verliere dich nicht in Spitzfindigkeiten, denn allzu scharf

Das Zigeunermädchen   113

macht kantig. Rede von dem, was deinem Alter zusteht,
und versteige dich nicht, denn Hochmut kommt vor den
Fall.«

»Die Zigeunerinnen haben doch alle den Teufel im
Leib!« bemerkte der Alkalde.

Die Zigeunerinnen verabschiedeten sich. Als sie sich anschickten wegzugehen, sagte die junge Magd, die den silbernen Fingerhut hergegeben hatte, zu Preciosa:

»Jetzt mußt du noch mir wahrsagen oder mir meinen
Fingerhut zurückgeben. Sonst habe ich keinen zum Arbeiten.«

»Meine liebe Jungfer«, versetzte Preciosa. »Bildet Euch
ein, ich hätte Euch schon gewahrsagt; darum beschafft Euch
einen anderen Fingerhut oder macht eben bis Freitag keine
Hohlsäume. Am Freitag komme ich wieder und werde
Euch soviele Abenteuer und anderes Teueres vorhersagen,
wie kein Ritterroman es fassen könnte.«

Die Zigeunerinnen gingen aus dem Hause und schlossen
sich den vielen Bäurinnen an, die beim Abendläuten Madrid verließen, um in ihre Dörfer zurückzukehren. Unter
den Bäurinnen gab es viele, mit denen die Zigeunerinnen
gern Gesellschaft hielten und auch sicher gingen, lebte doch
die alte Zigeunerin in ständiger Furcht, man könnte ihr
Preciosa entführen.

Nun geschah es, daß sie eines Morgens, als Preciosa und
die Alte mit den übrigen Zigeunermädchen wieder nach
Madrid gingen, um dort ihre Ernte zu halten, in einer
Bodensenke, so fünfhundert Schritte vor der Stadt, einen
stattlichen jungen Mann in reicher Reisekleidung erblickten. Der Degen und der Dolch waren, wie man zu sagen
pflegt, das Beste vom Besten; der Hut war mit einer schönen Schnur und Federn in verschiedenen Farben verziert.
Als die Zigeunerinnen des Jünglings gewahr wurden, blieben sie stehen und betrachteten ihn ebenso aufmerksam
wie verwundert, einen so stattlichen jungen Mann zu Fuß
und allein zu solcher Stunde an einem solchen Ort anzu-
treffen. Der Jüngling trat auf die Zigeunerinnen zu und
sagte zur Alten:

»Ihr würdet mir einen großen Gefallen erweisen, gute

Frau, wenn Ihr und Preciosa mich ohne Zeugen auf ein paar Worte anhören wolltet. Dies würde Euch nicht zum Schaden gereichen.«

»Wenn wir dadurch nicht weit von unserem Weg abkommen und uns nicht zu lange aufhalten, dann in Gottes Namen«, antwortete die Alte.

Sie rief Preciosa zu sich, und die drei gingen an die zwanzig Schritte abseits von den andern. Ohne lange Umschweife sagte der Jüngling:

»Preciosas Verständigkeit und Schönheit haben mich dergestalt in Fesseln geschlagen, daß ich trotz meines Widerstrebens ihr nun noch ergebener bin als zuvor und außerstande, mich freizumachen. Ich, meine Gebieterinnen – denn diesen Namen will und muß ich euch geben, wenn der Himmel meine Bewerbung begünstigt –, bin ein Edelmann, Angehöriger eines Ritterordens, wie euch dieses Zeichen zeigt – hier schlug er den Mantel, den er trug, zurück und zeigte ihnen das Kreuz eines der angesehensten Ritterorden Spaniens –; ich bin der Sohn des Herrn N. N. – sein Name wird hier aus guten Gründen nicht genannt –, unter dessen Gewalt und Obhut ich stehe; als einziger Sohn habe ich alle Aussicht auf ein bedeutendes Majorat. Mein Vater wohnt jetzt hier in der Hauptstadt und bewirbt sich beim Hofe um ein Amt, für das er schon in Vorschlag gebracht ist, wobei er sogar ziemliche Aussicht hat, dieses Amt zu erlangen. Ungeachtet meines adeligen Standes, von dem ich euch bereits in Kenntnis gesetzt habe, möchte ich nun nur deswegen ein großer Herr werden, weil ich Preciosa aus ihrem niedrigen Stand zu meinem Rang erheben und sie mir als Gattin und Gebieterin gleichstellen kann. Nicht um sie zu hintergehen, werbe ich um Preciosa; an den Ufern der Liebe, die mich durchströmt, vermag keinerlei betrügerische Absicht zu gedeihen. Ich will ihr nur auf jene Weise, die ihr die beste dünkt, zu Diensten sein: ihr Wille ist der meine. Ihr gegenüber ist mein Herz wie Wachs, in das sie einprägen mag, was immer ihr beliebt; doch um zu bewahren, was Preciosa in mein Herz einzuprägen für gut erachtet, wird es nicht wie Wachs, sondern wie Marmor sein, dessen Härte auch der Zeit

Das Zigeunermädchen

widersteht. Wenn ihr mir Glauben schenkt, dann wird meine Geduld nicht zu erschüttern sein, doch glaubt ihr mir nicht, wird euer Zweifel mich stets quälen. Mein Name ist... – er sagte ihn –; den meines Vaters habe ich euch schon genannt. Mein Vater wohnt in der N.-N.-Straße, in einem Hause, das diese und jene Kennzeichen hat. Ihr könnt euch bei den Nachbarn erkundigen und auch bei anderen Leuten, ist doch weder der Rang und der Name meines Vaters noch der meine so gering, daß man uns nicht am Hofe und in der ganzen Hauptstadt kennen würde. Hier habe ich hundert Goldtaler; ich will sie euch als Angeld wie als Unterpfand dessen überreichen, was ich euch noch zu geben gedenke, denn wer sein Herz hingibt, darf auch mit seinem Vermögen nicht zurückhalten.«

Während der junge Edelmann solcherart gesprochen, hatte Preciosa ihn prüfend angesehen, und allem Anschein nach hatten ihr weder seine Worte noch seine Gestalt mißfallen. Sie wandte sich nun an die Alte und sagte:

»Verzeiht mir, Großmutter, wenn ich mir herausnehme, diesem so überaus verliebten Herrn zu antworten.«

»Antworte ihm, was du willst, Enkelin«, erwiderte die Alte. »Ich weiß, daß deine Klugheit zu allem reicht.«

Und Preciosa sagte:

»Herr Edelmann, bin ich auch eine arme, niedrig geborene Zigeunerin, so habe ich doch einen launischen Kobold im Herzen, der mich die Nase hoch tragen läßt und mich zu hohen Dingen antreibt. Mich rühren keine Versprechungen, noch erweichen mich Geschenke; auch Unterwürfigkeit kann meinen Willen nicht beugen, noch Liebesgirren mir den Kopf verdrehen; denn obgleich ich erst fünfzehn Jahre zähle – nach der Rechnung meiner Großmutter vollende ich sie zu Michaeli dieses Jahres –, bin ich doch an Verstand gereift und verstehe, nicht so sehr durch Erfahrung als durch Einsicht, mehr, als mein Alter erwarten ließe. Doch sei wie dem auch sei, ich weiß, daß die Leidenschaft Verliebter jenen dummen Launen gleicht, die Vernunft und Willen gänzlich verwirren. Der Verliebte setzt sich über alle Rücksichten hinweg, stürzt blindlings dem von ihm ersehnten Ziele zu, und wenn er glaubt, im

Himmel seiner Wünsche angekommen zu sein, sieht er sich in der Hölle seiner Bitternisse. Erreicht er, was er begehrt, dann schwindet das Verlangen mit dem Besitz des Ersehnten, und manchmal geschieht es auch, daß sich dem Verliebten der Verstand schließlich doch klärt und er einsieht, wie sehr er nun verabscheut, was er bisher angebetet. Diese Befürchtung mahnt mich, stets auf meiner Hut zu sein, und so sehe ich mich gezwungen, keinem Wort zu glauben und selbst an Taten zu zweifeln. Ich besitze etwas, das ich höher schätze als das Leben selbst: meine Jungfräulichkeit. Ich werde sie weder für Versprechungen noch für Geschenke aufgeben, denn gäbe ich sie dafür auf, dann wäre sie feil, und wenn sie käuflich wäre, dann müßte man sie gering schätzen. Deshalb sollen mich weder List noch Gaukelei dieses Juwels berauben: eher gehe ich damit ins Grab, vielleicht komme ich damit auch in den Himmel, als daß ich sie durch Hirngespinste oder blauen Dunst in Gefahr brächte. Die Jungfräulichkeit ist eine Blume von solcher Zartheit, daß keiner sie – soweit dies möglich wäre – je in Gedanken antasten dürfte. Ist die Rose einmal geschnitten, wie schnell und leicht verwelkt sie doch! Der eine berührt sie, der andere beriecht sie, der dritte entblättert sie, und schließlich stirbt sie zwischen groben Händen. Wenn Ihr, mein Herr, nur nach dieser Beute aus seid, dann werdet Ihr sie nur mit den Schnüren und Banden der Ehe gefesselt und gebunden heimbringen. Wenn die Jungfräulichkeit sich beugen soll, dann nur unter dieses heilige Joch, und nur so würde sie nicht verdorben, sondern, als Tauschmittel gebraucht, reichlichen Gewinn versprechen. Wenn Ihr mein Gemahl werdet, will ich gern die Eure sein, doch vorher sind noch viele Erkundungen einzuziehen und Prüfungen zu bestehen. Fürs erste muß ich wissen, ob Ihr wirklich der seid, für den Ihr Euch ausgebt. Wenn sich Eure Behauptungen als wahr erweisen, müßt Ihr Euer Elternhaus verlassen und unser Wanderleben auf Euch nehmen; Ihr müßt die Zigeunertracht anlegen und zwei Jahre lang bei uns zur Schule gehen. In dieser Zeit werde ich Eure Wesensart kennenlernen und Ihr die meine. Sofern Ihr nach Ablauf dieser Frist mit mir zufrieden seid

Das Zigeunermädchen 117

und ich mit Euch, werde ich Eure Gattin. Bis dahin habt
Ihr mich wie eine Schwester zu achten, die immer bestrebt
sein wird, Euch zu dienen. Bedenkt jedoch, daß Ihr während Eures Noviziats die Einsicht wieder erlangen könntet, die Euch jetzt abhanden gekommen oder zumindest
getrübt sein muß, bedenkt auch, daß Ihr erkennen könntet, es wäre besser für Euch das zu fliehen, wonach Ihr
jetzt mit allem Eifer strebt. Wenn Ihr dann die Freiheit
des Willens wieder gewonnen habt, dann sollt Ihr nicht
vergessen, daß wahre Reue jede Schuld zu tilgen vermag.
An Euch liegt es nun zu entscheiden, ob Ihr unter solchen
Bedingungen ein Soldat mehr in unserem Heere sein wollt
oder nicht; wenn aber auch nur eine der genannten Bedingungen unerfüllt bleibt, dann wird es Euch nicht ver-
gönnt sein, auch nur einen Finger meiner Hand zu berühren.«
Der Jüngling war über Preciosas Rede baß erstaunt,
stand wie benommen da, blickte zur Erde und dachte
anscheinend darüber nach, was er antworten solle. Als
Preciosa ihn so nachdenklich sah, hob sie von neuem an:
»Dies alles kann und darf in den wenigen Augenblicken,
die uns hier geboten sind, nicht entschieden werden. Kehrt
deshalb in die Stadt zurück, Herr, und überlegt in aller
Ruhe, welches Teil zu wählen Euch besser zukäme. An
allen Festtagen, wenn ich nach Madrid gehe oder von dort
zurückkomme, könnt Ihr mich an dieser Stelle sprechen.«
Darauf erwiderte der Edelmann:
»Als der Himmel mich bewog, dich, meine Preciosa, zu
lieben, beschloß ich, um deinetwillen alles zu tun, was du
mir auftragen wolltest, obgleich ich nie daran gedacht habe,
daß du von mir verlangen würdest, was du jetzt forderst.
Da es nun aber dein Wille ist, daß ich mich in allem füge
und anpasse, kannst du mich von Stund an als Zigeuner
betrachten und mich jeder Prüfung unterwerfen, die dir
als recht und billig erscheinen mag; stets wirst du mich
gleich guten Willens finden wie jetzt. Nur sage mir, wann
ich meine jetzige Kleidung mit der eines Zigeuners vertauschen soll; am liebsten möchte ich es gleich tun. Ich habe
nun Gelegenheit, nach Flandern zu gehen; damit könnte

ich meine Eltern täuschen und mir das Zehrgeld für längere Zeit verschaffen. Acht Tage werde ich brauchen, um meine Vorbereitungen zu treffen. Damit ich meine Absicht ausführen kann, werde ich schon einen guten Weg ersinnen, um meine Reisegefährten loszuwerden. Doch um eines möchte ich dich bitten – sofern ich mich jetzt schon erkühnen darf, dich um etwas zu bitten und anzuflehen –, ich möchte dich bitten, daß du außer heute, da du dich meines und meiner Eltern Ranges vergewissern willst, nicht wieder nach Madrid gehst, denn ich wollte nicht, daß eine der vielen Gelegenheiten, die sich in der Hauptstadt bieten, mich des teuer zu erkaufenden Glückes beraubte.«

»Das kann nicht sein, Herr Anbeter«, erwiderte Preciosa. »Ihr müßt wissen, daß ich mich einer Freiheit erfreuen möchte, die vom Gewicht der Eifersucht weder behindert noch erdrückt wird. Ihr könnt dessen gewiß sein, ich werde von meiner Freiheit keinen so übermäßigen Gebrauch machen, daß man nicht von weitem schon erkennt, meine Ehrbarkeit halte Schritt mit meiner Unbefangenheit. Die erste Aufgabe, die ich Euch stelle, besteht darin, daß Ihr lernen sollt, mir volles Vertrauen entgegenzubringen. Und bedenkt, daß Liebhaber, die überall Anlaß zur Eifersucht suchen, entweder Dummköpfe oder eitle Laffen sind.«

»Dir sitzt der Satan im Leibe, Mädchen«, sagte die alte Zigeunerin. »Was du nicht alles daherredest! Nicht einmal ein salmantinischer Stipendiat würde so etwas sagen! Du redest von Liebe, redest von Eifersucht, redest von Vertrauen! Wie ist das nur möglich! Du machst mich ganz verrückt mit deinem Gerede, und ich höre dir zu, als wärest du eine Besessene, die plötzlich Lateinisch redet, ohne es je gelernt zu haben.«

»Seid still, Großmutter«, sagte Preciosa. »Ihr müßt wissen, daß alles, was Ihr bis jetzt von mir gehört habt, nur Unsinn ist und nichtig gegenüber dem Ernsthaften, das ich für mich behalte.«

Preciosas Worte und der Verstand, den sie zeigte, waren nur Öl auf das Feuer, das in der Brust des verliebten Edelmannes brannte. Schließlich kamen sie überein, einander

Das Zigeunermädchen   119

acht Tage später am gleichen Ort zu treffen. Der Jüngling
würde dann vom Stand seiner Angelegenheit berichten,
während die Alte und Preciosa Zeit gehabt hätten, sich
von der Wahrheit seiner Angaben zu überzeugen. Der
Jüngling zog einen brokatenen Beutel aus der Tasche, der,
wie er sagte, hundert Goldtaler enthielt, und gab ihn der
Alten. Preciosa wollte durchaus nicht zugeben, daß sie ihn
nehme, doch die Alte sagte:

»Schweig, Kleine! Das sicherste Zeichen, das uns dieser
Herr für seine Unterwerfung geben kann, besteht doch
gerade darin, daß er uns seine Waffen ausliefert. Aus welchem Anlaß auch immer es geschah, war Geben stets ein
Zeichen der Großmut. Denke aber auch an das Sprichwort:
›Hilf dir selbst, dann wird Gott dir weiterhelfen.‹ Und
überdies möchte ich nicht, daß die Zigeunerinnen meinetwegen den Ruf der Geldgier verlören, den sie sich in langen Jahrhunderten erworben haben. Glaubst du, Preciosa,
daß ich hundert Goldtaler fahren lasse, die man so leicht,
Münze um Münze, in den Saum eines Rockes einnähen
kann, der keine zwei Realen wert ist, und sie dort so sicher
hat wie eine Rente aus den Weideplätzen der Estremadura? Hätte einer unserer Söhne, Enkel und Anverwandten das Unglück, in die Fänge der Gerichtsbarkeit zu geraten, gäbe es dann einen besseren Fürsprech als diese Goldtaler, die, wenn sie in die Geldbeutel des Richters und des
Gerichtsschreibers wandern, Ohr und Herz der hohen
Herren wohl zu rühren wissen? Dreimal war ich wegen
verschiedener Vergehen nahe daran, auf den Schandesel
gesetzt und ausgestäupt zu werden. Das erste Mal rettete
mich eine silberne Kanne, das zweite Mal eine Perlenkette,
und das dritte Mal kam ich davon dank der vierzig Achterrealen, die ich beim Gerichtsschreiber in Viererrealen umwechseln ließ, wobei ich nicht darauf vergaß, noch zwanzig
Realen für die Mühe des Umwechselns draufzulegen. Bedenke auch, Kleine, daß wir ein gar gefährlich Handwerk
ausüben, ein Handwerk voll der Schlingen und Fallen; da
gibt es keinen andern Schutz und Schirm als des großen
Philipps Wappenschild: über sein ›Plus ultra‹ kann keiner
hinweg. Eine Dublone mit ihren zwei Köpfen hellt selbst

die griesgrämigen Gesichter des Prokurators und der sonstigen Diener des hochnotpeinlichen Gerichtes freundlich auf, wenn sie auch für uns arme Zigeunerinnen Harpyen sind und uns viel lieber rupfen und schinden als einen Straßenräuber. Wir können noch so zerlumpt und abgerissen vor sie hintreten, nie werden sie uns für arme Schlukker ansehen, denn sie behaupten, wir wären wie die Wämser der belmontinischen Strauchdiebe: zerfetzt und schmierig und doch voller Dublonen.«

»Um Himmels willen, Großmutter, hört doch schon auf damit! Ihr werdet sonst noch so viele Gesetze anführen, die Euch berechtigen, das Geld zu behalten, daß Ihr schließlich noch das ganze römische Recht hersagen werdet. Behaltet das Geld, und wohl bekomme es Euch, aber wolle Gott, daß es aus dem Grabe, in das Ihr es zu versenken gedenkt, nie wieder ans Tageslicht kommt; wozu auch? Unseren Begleiterinnen werden wir wohl etwas geben müssen, denn sie warten schon lange genug und werden ziemlich verdrießlich sein.«

»Von dem Geld in diesem Beutel da werden sie soviel zu sehen bekommen, wie sie jetzt den Großtürken vor sich sehen«, sagte die Alte. »Dieser gute Herr da wird nachsehen müssen, ob ihm nicht noch das eine oder das andere an Silber geblieben ist oder ein paar Vierer. Die mag er unter sie verteilen, und sie werden auch mit wenigem vorliebnehmen.«

»Ich habe noch etwas Geld in der Tasche«, sagte Preciosas Anbeter.

Er holte drei Achterrealen aus der Tasche und gab jedem der drei Zigeunermädchen einen. Damit waren sie glücklicher und fröhlicher als ein Schauspieldirektor zu sein pflegt, dessen Namen man zum Nachteil seines Kollegen an die Straßenecken schreibt und die Wörter »Sieger, Sieger«, daruntersetzt.

Schließlich kamen sie, wie gesagt, überein, einander in acht Tagen wieder zu treffen. Sie hatten auch ausgemacht, daß der Jüngling, wenn er einmal unter die Zigeuner gegangen wäre, sich Andrés Caballero nennen sollte, gab es ja auch Zigeuner, die den gleichen Namen führten.

Das Zigeunermädchen   121

Andrés – so wollen wir ihn fortan nennen – wagte nicht, Preciosa zu umarmen, doch legte er seine ganze Seele in den Blick, mit dem er von ihr Abschied nahm, und ging in die Stadt. Die Zigeunerinnen, überaus zufrieden, taten desgleichen.

Wenn Preciosa in Andrés auch nicht verliebt war, so bereitete ihr dessen einnehmendes Wesen doch einiges Vergnügen, und sie beschloß, bald Nachricht darüber zu erkunden, ob er wirklich der wäre, für den er sich ausgegeben hatte. So ging auch Preciosa in die Stadt, und nachdem sie einige Straßen gegangen war, stieß sie auf den dichtenden Edelknaben, der ihr die Romanze und den Goldtaler überreicht hatte. Als der Edelknabe sie erblickte, ging er auf sie zu und sagte:

»Viel Glück auf deinem Weg, Preciosa! Hast du zufällig schon die Verse gelesen, die ich dir gegeben habe?«

Darauf antwortete Preciosa:

»Ehe ich auch nur ein Wort darüber verliere, müßt Ihr mir, bei allem, was Euch teuer ist, versprechen, die Wahrheit über etwas zu sagen, was ich Euch fragen will.«

»Das ist eine Beschwörung«, sagte der Edelknabe, »die es mir unmöglich macht, deiner Bitte nicht zu entsprechen, und sollte es mich auch das Leben kosten.«

»Nun denn: ich möchte gerne von Euch wissen«, sagte Preciosa, »ob Ihr zufällig ein wahrer Dichter seid.«

»Wäre ich es«, entgegnete der Edelknabe, »dann müßte es zufällig sein und ein Glücksfall dazu. Du mußt wissen, Preciosa, daß nur sehr wenige Leute es verdienen, Dichter genannt zu werden. Darum bin ich auch kein Dichter, sondern nur ein Liebhaber der Dichtkunst. Für meinen Bedarf brauche ich weder Verse abzuschreiben, noch sie bei anderen erbetteln. Die Verse, die ich dir gegeben, stammen von mir, und diese da, die ich dir jetzt geben möchte, ebenfalls. Aber darum bin ich noch kein Dichter. Gott möge mich davor bewahren!«

»Ist es so arg, Dichter zu sein?« fragte Preciosa.

»Arg ist es nicht«, erwiderte der Edelknabe. »Wenn aber jemand nichts ist als Dichter, dann halte ich dies nicht für sonderlich gut. Mit der Dichtkunst muß man umgehen wie mit einem überaus kostbaren Kleinod, das der Eigentümer nicht jeden Tag mit sich umhertragen und es auch nicht jeden Augenblick allen Leuten vorzeigen darf, sondern nur, wenn Zeit und Umstände es erheischen. Die Poesie gleicht einer überaus schönen, reinen, ehrbaren, verständigen, klugen und zurückhaltenden Jungfrau, die sich stets in den Schranken größter Verständigkeit hält. Sie liebt die Einsamkeit; mit ihr plaudern die Quellen; die Wiesen trösten sie; die Bäume besänftigen sie; die Blumen erfreuen sie, aber schließlich ergötzt und belehrt sie alle, die Umgang mit ihr pflegen.«

»Bei alledem«, bemerkte Preciosa, »ist besagte Jungfrau, wie ich vernommen, überaus arm und hat etwas von einer Bettlerin an sich.«

»Es ist eher umgekehrt«, sagte der Edelknabe, »denn es gibt keinen Dichter, der nicht als reich zu erachten wäre, sind doch alle mit ihrem Los zufrieden: das ist eine Philosophie, zu der es nur wenige bringen. Was aber hat dich zu dieser Frage bewogen, Preciosa?«

»Dazu bewogen hat mich der Umstand«, antwortete Preciosa, »daß ich alle oder doch die meisten Dichter für arm halte und es mich wundert, daß Ihr mir mit Euren Versen einen Goldtaler geben konntet. Doch jetzt, da ich weiß, daß Ihr kein Dichter, sondern nur ein Liebhaber der Dichtkunst seid, könnte ich annehmen, Ihr wäret sogar reich, obgleich ich es bezweifle, denn über den Hang Eures Wesens, das Euch verleitet, Verse zu schreiben, muß doch auch alles, was Ihr besitzt, abfließen. Gibt es doch, wie man so sagt, keinen Dichter, der imstande wäre, sein vorhandenes Vermögen zu halten, geschweige denn, sich eins zu erwerben.«

»Zu diesen zähle ich nicht«, entgegnete der Edelknabe. »Ich schreibe Verse und bin weder arm noch reich. Ich kann, ohne es zu spüren oder, wie die Genueser es mit ihren Einladungen tun, die sie in spätere Rechnung stellen, sehr wohl einen oder zwei Goldtaler für den, der mir lieb ist, aufwenden. Darum nimm, Preciosa, du kostbare Perle, ohne dir lange Gedanken darüber zu machen, ob ich ein Dichter sei oder nicht, dieses zweite Blatt und diesen zwei-

Das Zigeunermädchen   123

ten Goldtaler; ich wünschte nur, du glaubtest mir, daß der
Geber nicht mehr und nicht weniger begehrte als den
Reichtum des Midas, um ihn dir zu Füßen zu legen.«

Damit überreichte er ihr ein gefaltetes Blatt Papier;
Preciosa befühlte es, merkte, daß der Taler drinnen war
und sagte:

»Dieses Blatt Papier wird lange leben, hat es doch zwei
Seelen: die des Talers und die der Verse, die ja immer voll
der ›Seelen‹ und der ›Herzen‹ sind. Doch möge der Herr
Edelknabe bedenken, daß ich nicht so viele Seelen um mich
zu haben begehre. Nimmt er nicht eine der besagten Seelen zurück, dann erwarte er nicht, daß ich die andere annehme: als Dichter seid Ihr mir lieb und wert, doch nicht
als Geldgeber. Daran müßt Ihr Euch halten, wenn unsere
Freundschaft dauern soll; an einem Taler fehlt es eher als
an der Stimmung für eine Romanze.«

»Da du nun willst, Preciosa«, sagte der Edelknabe, »daß
ich unter allen Umständen als arm gelte, verschmähe wenigstens die Seele nicht, die ich dir in diesen Versen überreiche, und gib mir den Taler zurück, den ich zeitlebens
wie eine Reliquie halten werde, da ihn doch deine Hand
berührt hat.«

Preciosa gab ihm den Taler zurück, behielt das Blatt,
doch wollte sie die Verse nicht auf offener Straße lesen.
Der Edelknabe empfahl sich und ging sehr vergnügt seiner
Wege, glaubte er doch, Preciosa für sich gewonnen zu
haben, da sie so freundlich mit ihm geredet hatte. Sie aber
dachte nur daran, das Haus zu suchen, in dem angeblich
Andrés mit seinen Eltern wohnen sollte, und war, da sie
sich nirgends zum Tanz aufhielt, bald in der ihr wohlbekannten Straße angelangt. Ungefähr in der Hälfte der
Straße hob sie den Blick und sah die Balkone mit den vergoldeten Gittern, die man ihr als Kennzeichen des Hauses angegeben hatte. Auf einem der Balkone stand ein
Herr, dessen Alter so an die fünfzig heranreichen mochte;
er war eine stattliche, Ehrfurcht heischende Erscheinung,
und auf dem Kleide des Ritterordens, das er trug, leuchtete an der Brust das rote Kreuz. Als der Edelmann das
Zigeunermädchen erblickte, rief er:

»Kommt herauf, Mädchen! Hier könnt ihr euch euer Scherflein holen!«

Bei diesen Worten traten auch drei andere Edelleute auf den Balkon, unter ihnen der verliebte Andrés, der die Farbe wechselte, als er Preciosa erblickte und beinahe bewußtlos wurde, so überraschend wirkte ihr Anblick auf ihn. Die Zigeunermädchen stiegen ins obere Stockwerk, nur die Alte blieb unten, um sich bei der Dienerschaft nach der Wahrheit der Angaben zu erkunden, die Andrés ihnen gemacht hatte. Als die Zigeunermädchen den Saal betraten, sagte der würdige Herr zu den andern:

»Das ist gewiß das schöne Zigeunermädchen, das, wie es heißt, hier in Madrid tanzt.«

»Sie ist es«, bemerkte Andrés, »und sie ist zweifelsohne das schönste Geschöpf, das es gibt.«

»Das behaupten die Leute«, sagte Preciosa, die alles vernommen hatte, als sie eintrat, »doch dürften sie sich um die Hälfte des wahren Wertes irren. Hübsch freilich, das glaube ich zu sein, aber so schön, wie die Leute sagen: nicht daran zu denken.«

»Beim Leben Juanicos, meines Sohnes«, sagte der Edelmann, »du bist noch schöner, als man dir nachsagt, Zigeunermädchen!«

»Und wer ist dieser Juanico? Euer Kleiner?« fragte Preciosa.

»Der hübsche Bursche, der an deiner Seite steht«, antwortete der Edelmann.

»Und ich hätte wahrhaftig gedacht«, sagte Preciosa, »daß Euer Gnaden beim Leben eines Kindes von zwei Jahren schwört. Schaut euch doch diesen Juanico an! Was für ein goldiger Junge! Auf mein Wort, er könnte schon verheiratet sein, und nach gewissen Linien an seiner Stirn zu urteilen, werden keine drei Jahre mehr ins Land gehen, ehe er verheiratet ist, und zwar ganz nach seinem Geschmack, falls ihm bis dahin der Appetit nicht nach etwas anderem steht oder er ihm ganz vergangen ist.«

»Hört doch«, sagte einer der Anwesenden, »wie sich das Mädchen aufs Linienlesen versteht!«

Unterdes hatten sich die drei Zigeunerinnen, die mit

Das Zigeunermädchen   125

Preciosa gekommen waren, in eine Ecke des Saales zurückgezogen. Dort steckten sie die Köpfe zusammen und flüster-
ten miteinander. Cristina sagte:

»Mädchen, das ist doch der gleiche junge Mann, der uns
heute morgen die drei Achterrealen geschenkt hat.«

»Wahr und wahrhaftig!«, erwiderten die andern beiden.
»Aber lassen wir ja nichts davon verlauten, wenn er selber nichts sagt. Wissen wir, ob es ihm recht ist, daß man
es erfährt?«

Während die drei Zigeunermädchen dies beredeten, antwortete Preciosa dem Edelmann, der vom Linienlesen gesprochen hatte:

»Was ich nicht mit den Augen sehe, kann ich mit den
Fingern greifen. Von Don Juanico weiß ich auch ohne
Linien, daß er sich rasch verliebt, daß er ein Heißsporn ist
und gerne Dinge verspricht, die nicht zu verwirklichen
sind, und Gott verhüte, daß er nicht etwa auch eine leichte
Neigung hat, andere anzuschwindeln, denn das wäre das
Schlimmste. Er wird sich jetzt auf eine weite Reise begeben, aber eines will der Falbe, ein anderes, wer ihn sat-
telt; der Mensch denkt und Gott lenkt! Vielleicht glaubt
er nach Norden zu reisen und kommt in den Süden.«

Darauf sagte Don Juan:

»Zigeunermädchen, viele meiner Anlagen hast du wirklich getroffen, doch was das Anschwindeln betrifft, so hast
du weit übers Ziel geschossen; ich rühme mich, immer und
überall die Wahrheit zu sagen. Was die weite Reise angeht, so hast du hier das Richtige erraten, denn ich gedenke wirklich, so Gott will, in vier bis fünf Tagen nach
Flandern aufzubrechen, und, obgleich du mir vorhergesagt
hast, daß ich von meinem Wege abkommen werde, hoffe
ich doch, daß mir unterwegs kein Unglück begegnet, das
mich daran hinderte, mein Ziel zu erreichen.«

»Laßt es dabei bewenden, gnädiger Herr«, erwiderte
Preciosa. »Stellt Eure Sache Gott anheim, und alles wird
sich zum Besten fügen. Ihr müßt aber auch wissen, daß ich
in das, was ich sage, keine rechte Einsicht habe und, da ich
viel und so im allgemeinen daherrede, manchmal auch da
und dort das Richtige treffe. Doch wollte ich, es könnte

mir gelingen, Euch von Eurer Reise abzuhalten, Euch zu überreden, die Abenteuerlust zu dämpfen und bei Euren Eltern zu bleiben, um ihnen das Alter zu verschönen. Ich bin mit dem Hinundherreisen nach und von Flandern, wie es bei so jungen Leuten, wie Ihr es seid, üblich geworden ist, nicht recht einverstanden. Wartet, bis Ihr ein wenig mehr gewachsen seid, um die Mühsal des Krieges leichter zu ertragen, um so mehr als Ihr daheim Kämpfe genug zu bestehen habt: Liebeskampf tobt in Eurer Brust. Nur ruhig Blut, nur ruhig Blut, Herr Heißsporn, und erst bedenken, dann heiraten, und nun gebt uns um Gottes und Euret willen unser Scherflein, denn ich glaube, daß Ihr von guter Art seid. Wenn dann zu Eurer Großherzigkeit noch die Wahrheitsliebe tritt, dann will ich nach einer Frist ein Preislied singen, weil ich mit meinen Worten das Richtige getroffen habe.«

»Schon einmal habe ich dir gesagt«, entgegnete Don Juan, der ein Andrés Caballero werden wollte, »daß du in allem ins Schwarze getroffen hast, nur irrst du dich in deiner Befürchtung, daß ich es mit der Wahrheit nicht allzu genau nähme: das Wort, das ich auf dem Felde gegeben, das halte ich auch in der Stadt und allerorten, ohne daß man mich erst mahnen müßte, denn wer dem Lügenlaster frönt, darf sich nicht für einen Edelmann erachten. Das Scherflein wird mein Vater dir für sich und für mich geben, denn alles, was ich bei mir trug, habe ich heute morgen einigen Damen gegeben, die, ebenso liebenswürdig wie schön – besonders eine von ihnen –, mich ganz ausgeplündert haben.«

Als Cristina dies vernahm, flüsterte sie den anderen Zigeunermädchen zu:

»Mädchen, ich lasse mich totschlagen, wenn er das nicht wegen der drei Achterrealen sagt, die er uns heute morgen gegeben hat.«

»Das gewiß nicht«, erwiderte eines der beiden Mädchen, »hat er doch gesagt, es wären Damen gewesen, was wir doch nicht sind, und da er behauptet, immer die Wahrheit zu sagen, wird er auch darin nicht lügen.«

»Eine solche Lüge hat nicht viel auf sich«, entgegnete

Das Zigeunermädchen

Cristina, »da sie niemandem schadet, dem aber, der sie ausspricht, zu Nutz und Frommen ist. Doch wie ich sehe, gibt man uns dreien nichts, und man heißt uns auch nicht tanzen.«

Die alte Zigeunerin kam indes herauf und sagte:

»Enkelin, mach Schluß! Es wird spät; wir haben noch viel zu tun und noch viel mehr zu besprechen.«

»Was gibt's, Großmutter?« fragte Preciosa. »Ein Junge oder ein Mädchen?«

»Ein Junge ist's und was für einer!« erwiderte die Alte. »Komm, Preciosa, du sollst deine blauen Wunder hören.«

»Dann gebe Gott, daß nur das Kind nicht schon während der Wochen stirbt!« sagte Preciosa.

»Es wird schon alles gut ausgehen«, sagte die Alte. »Bis jetzt ist alles gut abgelaufen, und der Junge ist ein wahres Goldkind.«

»Ist eine Dame in die Wochen gekommen?« fragte der Vater des Andrés Caballero.

»Ja, Herr«, erwiderte die Zigeunerin, »doch ist die Niederkunft in solcher Stille vor sich gegangen, daß nur Preciosa, ich und eine dritte Person darum wissen. Darum dürfen wir auch nicht verraten, um wen es sich handelt.«

»Hier will es auch keiner wissen«, sagte einer der Anwesenden, »doch gnade Gott der Unglückseligen, die ihr Geheimnis euren Zungen anvertraute und ihre Ehre eurer Hilfe auslieferte!«

»Nicht alle Zigeunerinnen sind schlecht!« versetzte Preciosa. »Vielleicht gibt es unter uns mehr, die sich mit ebensolchem Rechte der Verschwiegenheit und der Verläßlichkeit rühmen dürfen als der geschraubteste der Herren hier im Saal. Komm, Großmutter, hier hat man eine zu schlechte Meinung von uns. Wir sind doch wahrhaft keine Bettler, noch sind wir Diebsgesindel!«

»Zürne nicht, Preciosa«, sagte der Vater Don Juans, »denn ich glaube, daß sich wenigstens von dir nichts Schlimmes sagen läßt. Für dich spricht dein Gesicht und ist Bürge deiner guten Werke. Nun tu mir den Gefallen und tanze mit deinen Gefährtinnen noch ein wenig, meine liebe Preciosa. Hier habe ich eine Golddublone mit zwei Gesichtern, von denen aber keines dem deinen gleichkommt, wenn sie auch Gesichter zweier Herrscher sind.«

Kaum hatte die Alte dies vernommen, als sie schon ausrief: »Vorwärts, Mädchen, die Röcke geschürzt und den Herren zu Gefallen getanzt!«

Preciosa ergriff den Schellenreifen; die Zigeunerinnen drehten sich, knüpften ihre Schleifen und lösten sie mit solcher Leichtigkeit, daß aller Augen den Füßen der Mädchen folgten, vor allen aber die Augen des Andrés, die an Preciosas Füßen hingen, als wäre dort die schönste Weide, ein Himmelreich des Schauens. Das widrige Schicksal aber trübte alsbald diesen Himmel; er wurde Andrés zur Hölle, denn im Wirbel des Tanzes entfiel Preciosa das Blatt Papier, das ihr der Edelknabe gegeben hatte. Kaum lag es auf dem Boden, als es auch schon jener Edelmann aufhob, der eine so schlechte Meinung von den Zigeunerinnen hatte; er entfaltete das Blatt sogleich und sagte:

»Allerliebst! Da haben wir ja ein Sonettchen! Schluß jetzt mit dem Tanz und hört zu! Nach der ersten Strophe zu schließen, ist es gar nicht so übel.«

Preciosa kam dies sehr ungelegen, wußte sie doch nicht, was in dem Sonett stehen mochte, und so bat sie, es ihr ungelesen zurückzugeben. Der Eifer aber, mit dem sie ihre Bitte vertrat, befeuerte nur das Verlangen des Andrés, das Sonett zu hören. Schließlich las der Edelmann laut vor, was folgt:

Wenn Zymbeln in Preciosas Händen klingen
Und Töne weithin durch die Lüfte hallen,
Sind's Blüten, die ihr von den Lippen fallen
Und Perlen, die ihr aus den Händen springen.

Die Seele fesselt sie durch Tanz und Singen,
Und der Verstand muß gänzlich ihr verfallen,
Da sie, so sittsam, rein, in Wohlgefallen
Mit ihrer Kunst das Schönste kann vollbringen.

Viel tausend Herzen nun vergeblich schmachten
Am seid'nen Haar; gefällt von Amors Pfeilen
Liegt herzwund ihr so mancher nun zu Füßen.

Die Augensonnen sind's, die dies vollbrachten;
Sie sind's, die Amor solche Macht erteilen
Und seinen Opfern noch das Joch versüßen.

»Bei Gott!« sagte der Edelmann, der das Sonett vorgelesen hatte. »Der Dichter, der dies geschrieben, ist ein witziger Bursche!«

»Er ist kein Dichter«, sagte Preciosa, »sondern ein Edelknabe von großer Zuvorkommenheit und gutem Betragen.«

Bedenke gut, was du gesagt und was du noch sagen wirst, Preciosa, denn deine Worte sind nicht ein bloßes Lob des guten Edelknaben, sondern Schwerter, die das Herz des Andrés, der sie vernimmt, durchbohren. Willst du sehen, was du angerichtet hast, Mädchen? Dreh dich nur um und du wirst ihn gleich ohnmächtig auf einem Stuhl zusammengebrochen und von kaltem Schweiß bedeckt sehen. Glaube nicht, Mädchen, daß Andrés dich nur um einer Laune willen liebe und ihn deshalb keine deiner Unbesonnenheiten, auch die größte nicht, verletzen und ängstigen könnte. Tritt sogleich zu ihm hin und flüstere ihm einige Worte ins Ohr, damit sie ihm geradewegs ins Herz gehen und ihn seiner Ohnmacht entreißen. Nein? Dann bring nur Tag um Tag ein Sonett herbei, das dir zum Lobe geschrieben wurde, und du wirst sehen, wie diese Verse ihn dir zurichten!

Alles geschah, wie eben gesagt: als Andrés das Sonett hörte, bestürmten ihn tausenderlei eifersüchtige Vorstellungen. Zwar verlor er nicht die Besinnung, doch wechselte er die Farbe auf eine Weise, daß sein Vater, als er dies bemerkte, zu ihm sagte:

»Was ist dir, Juan? Es scheint, daß du die Besinnung verlierst, du bist ganz blaß geworden.«

»Nur keine Sorge«, sagte Preciosa in diesem Augenblick. »Laßt mich ihm nur ein Sprüchlein ins Ohr sagen, und Ihr werdet sehen, daß er nicht in Ohnmacht fällt.«

Preciosa trat zu Andrés und flüsterte ihm, die Lippen kaum bewegend, ins Ohr:

»Schöne Anlagen habt Ihr zu einem Zigeuner! Wie wollt

Ihr die Tropfenfolter ertragen, wenn Ihr nicht einmal den Kummer, den ein harmloses Blatt Papier Euch bereitet, ertragen könnt?«

Zugleich machte sie ihm ein halbes Dutzend Kreuzeszeichen über der Herzgegend und trat wieder von ihm zurück. Alsbald begann Andrés wieder schwach zu atmen und gab zu verstehen, daß Preciosas Worte ihm geholfen hätten. Preciosa bekam die versprochene Dublone, und sie sagte ihren Gefährtinnen, sie werde sie wechseln lassen und ehrlich mit ihnen teilen. Der Vater des Andrés bat, sie möge ihm das Sprüchlein, das sie Juan ins Ohr geflüstert hatte, aufschreiben; er wolle es für alle Fälle gern zur Hand haben. Preciosa erwiderte, sie wolle den Wortlaut gern bekanntgeben; wenn auch die Worte Unsinn zu sein schienen, so hätten sie doch die besondere Kraft, Herzweh und Schwindel zu heilen. Das Sprüchlein lautete:

Köpfchen, Köpfchen, nicht verzagen,
Laß in Ohnmacht dich nicht gleiten,
Laß dich von Geduld geleiten
Und dir gold'ne Brücken schlagen.
Nur nicht klagen,
Denn die Plagen
Heißt's ertragen.
Voll Vertrauen
Kannst du auf die Tugend bauen.
Du wirst sehen,
Welche Wunder noch geschehen,
Wie's Gott lenke
Und Sankt Christoph es dir schenke.

»Die Hälfte dieses Spruches und sechs Kreuzeszeichen über dem Herzen genügen, damit die Person, die ein Schwindel befallen hat, alsbald so frisch wird wie ein Apfel am Baum«, sagte Preciosa.

Als die alte Zigeunerin den angeblichen Zaubersegen vernahm, war sie vor Erstaunen starr; noch erstaunter war Andrés, der sogleich erkannte, daß alles nur Erfindung war, die der lebhafte Geist des Zigeunermädchens in einem Augenblick zustandegebracht hatte. Das Sonett behielt

Das Zigeunermädchen

man im Hause, um so mehr als Preciosa es nicht zurückfordern wollte, um Andrés nicht einer neuen Folter zu unterwerfen. Ohne es je gelernt oder erfahren zu haben, wußte sie, was es auf sich habe, einen Liebenden, der einem ganz hingegeben ist, mit Angst, Pein und Schrecken der Eifersucht zu quälen.

Die Zigeunerinnen nahmen Abschied, und beim Weggehen sagte Preciosa noch zu Don Juan:

»Denkt daran, Herr, daß in dieser Woche jeder Tag für den Antritt einer Reise günstig ist; keiner steht ihr zuwider. Beschleunigt also Eure Abreise, denn auf Euch wartet ein freies, gar angenehmes Leben, sofern Ihr Euch daran gewöhnen wollt.«

»Das Leben eines Soldaten scheint mir keinesfalls so frei zu sein«, antwortete Don Juan, »verlangt es doch mehr Unterordnung als es Freiheit gewährt, doch hoffe ich mich dareinzufinden.«

»Ihr werdet mehr daran finden, als Ihr denkt«, erwiderte Preciosa. »Möge Gott Euch behüten, wie Ihr es um Eurer guten Art willen verdient.«

Darüber zeigte sich Andrés sehr erfreut, und die Zigeunerinnen zogen überaus zufrieden ab. Die Dublone wurde gewechselt, und jede bekam den ihr zustehenden Teil; die Alte aber hatte einen größeren Anteil an allem, was eingenommen wurde, einmal weil sie schon alt war, und das andere Mal, weil sie die Kompaßnadel war, nach der sich die Zigeunerinnen in der hochgehenden Flut ihrer Tänze, Späße und auch noch der Schelmenstreiche richteten.

Schließlich kam der Tag, an dem sich Andrés Caballero schon in aller Morgenfrühe ohne Diener, jedoch auf einem gemieteten Maulesel reitend, an dem Ort einstellte, wo er die Zigeunerinnen angesprochen hatte. Preciosa und ihre Großmutter waren schon zur Stelle und zeigten, als sie ihn erkannten, große Freude über sein Kommen. Andrés bat sie sogleich, ihn noch vor Tagesanbruch in ihr Lager zu führen, damit man, sofern man ihn so bald suchen sollte, nicht so ohne weiteres fände. Preciosa und die Alte, die um der Vorsicht willen allein gekommen waren, machten kehrt und trafen mit Andrés bald darauf im Zigeunerlager ein. Sie führten den Jüngling in das größte der Zelte. Alsbald eilten zehn oder zwölf junge, kraftstrotzende und wohlgestaltete Zigeuner herbei, um ihn in Augenschein zu nehmen, hatte ihnen die Alte doch schon einige Zeit vorher von dem neuen Gefährten, der sich ihnen anschließen wolle, berichtet. Es war nicht nötig gewesen, ihnen ausdrücklich besondere Verschwiegenheit aufzuerlegen, bewahrten sie doch jedes Geheimnis mit beispielloser Treue und Umsicht. Sogleich fiel ihnen das Maultier in die Augen, und einer sagte:

»Das Tier kann man am Donnerstag in Toledo verkaufen.«

»Nein, das darf nicht geschehen«, bemerkte Andrés, »denn es gibt in ganz Spanien kein Miettier, das nicht allen Maultiertreibern bekannt wäre.«

»Aber, aber, Herr Andrés!« sagte einer der Zigeuner. »Hätte das Maultier auch noch mehr und noch deutlichere Zeichen als jene, die dem Jüngsten Tag vorangehen werden, so wollen wir es schon solcherart verändern, daß weder die Eselin, die es geboren, noch der Besitzer, der es aufgezogen, das Tier jemals wiedererkennen.«

»Das mag stimmen«, erwiderte Andrés, »doch diesmal müßt ihr meinem Wunsch folgen. Das Maultier muß getötet und an einem Ort verscharrt werden, wo man nie mehr auch nur einen Knochen finden wird.«

»Weh über die Sünde!« rief einer der Zigeuner aus. »Ein unschuldiges Wesen töten? Das kann unser lieber Andrés von uns nicht fordern. Gebt acht! Schaut Euch das Tier jetzt gut, sehr gut an, so gut, daß Euch jedes seiner Kennzeichen fest im Gedächtnis bleibt, und laßt es mich dann mit mir nehmen. Wenn Ihr es zwei Stunden später wiedererkennen solltet, dann mag man mich schmoren wie einen entlaufenen Negersklaven.«

»Ich werde unter keinen Umständen zugeben«, sagte Andrés, »daß das Maultier am Leben bleibt, und wenn ihr mir noch so sehr versichert, es ganz unkenntlich zu machen. Ich werde, solange es nicht unter der Erde ist, immer befürchten müssen, aufgegriffen zu werden. Wenn ihr das Tier nur deswegen nicht töten wollt, weil euch der Vorteil

Das Zigeunermädchen   133

entgeht, den ihr aus dem Verkauf schlagen könnt, dann kann ich euch nur sagen, daß ich nicht so mittellos in diese Gemeinschaft eintrete, um als Einstand nicht mehr zu erlegen, als vier Maultiere wert sind.«

»Wenn Herr Andrés Caballero es durchaus begehrt«, sagte ein anderer Zigeuner, »dann sterbe die Unschuld, und Gott weiß, wie leid es mir tut, weil es doch ein so junges Blut ist. Es hat noch die Füllenzähne, was bei Miettieren selten ist, und muß ein gar guter Geher sein, denn nirgends zeigt das Maultier Wundschorf an den Flanken, noch Sporenmale.«

Es wurde beschlossen, das Maultier erst nach Einbruch der Nacht zu töten und den Rest des Tages auf die Riten zu verwenden, die zur Aufnahme unter die Zigeuner nötig sind. Sie räumten Andrés eines der schönsten Zelte des Lagers ein und schmückten es mit Zweigen und Dreizackbinsen; dann hießen sie ihn, sich auf den Stumpf einer Korkeiche setzen, gaben ihm einen Hammer und eine Zange in die Hand und ließen ihn dann unter dem Schwirren der Gitarren, die von zwei Zigeunern gespielt wurden, zwei Luftsprünge machen. Dann entblößten sie ihm einen Arm, legten ein sauberes Seidenband darum, steckten darunter ein Knebelholz, mit dem sie, es zweimal umdrehend, das Seidenband spannten. Der Zeremonie wohnten auch Preciosa und viele andere Zigeunerinnen, alte wie junge, bei; die einen warfen ihm bewundernde Blicke zu, aus anderen Blicken sprach Verliebtheit, denn Andrés war von solchem Liebreiz und von solch männlicher Art, daß ihm nicht nur die Zigeunerinnen, sondern auch die Zigeuner bald herzlich zugetan waren.

Nachdem die besagte Zeremonie zu Ende war, nahm ein alter Zigeuner Preciosa an der Hand, führte sie vor Andrés hin und sprach:

»Dieses Mädchen, die schönste aller schönen Zigeunerinnen, die unseres Wissens in Spanien zu finden sind, übergeben wir dir zum Weibe oder zur Geliebten; das magst du halten, wie du willst; unsere freie, weitzügige Art kennt keine Ziererei und macht auch nicht viele Umstände. Sieh dir das Mädchen gut an und überlege, ob es dir gefällt oder

ob du an ihm etwas findest, das dir mißfällt. Sollte dir an
dem Mädchen etwas mißfallen, dann kannst du dir unter
den hier anwesenden Jungfrauen jene aussuchen, die dir
am meisten zusagt. Gern geben wir dir das von dir begehrte Mädchen, doch wisse, daß, wenn du einmal eines
erwählt hast, du es nicht mehr um einer anderen willen
verlassen kannst und dich mit keiner anderen, gleichgültig
ob Frau oder Jungfrau, einlassen darfst. Unverbrüchlich
ist uns die Freundschaft: keiner begehrt des andern Geliebte, und so bleiben wir von der furchtbaren Geißel der
Eifersucht verschont. Zwar gibt es bei uns viele Verbindungen zwischen Blutsverwandten, doch nie einen Ehebruch. Sollte aber einmal ein Eheweib oder die Geliebte
untreu sein, dann laufen wir nicht erst zu Gericht, um dort
Bestrafung zu verlangen: wir selber sind die Richter und
Nachrichter unserer ungetreuen Weiber; wir töten sie, ohne
uns zu bedenken, und verscharren sie rasch in Bergen und
Einöden, als wären sie schädliches Getier. Kein Anverwandter wirft sich auf als Rächer, noch Vater oder Mutter
fordern Rechenschaft. Aus Angst und Scheu vor einem
solchen Los sorgen unsere Frauen und Mädchen selbst für
Zucht und Ordnung, und wir können sorglos leben. Nur
weniges ist bei uns nicht Gemeingut, vor allem nicht das
Weib oder die Geliebte, die immer nur dem angehören,
dem sie durch das Schicksal zuteil wurden. Bei uns aber
scheidet nicht nur der Tod, sondern auch das Alter: ein
junger Mann darf eine alte Frau verlassen und sich mit
einer anderen zusammentun, die den Jahren nach besser
zu ihm paßt. Mit solchen und anderen Gesetzen und Bräuchen halten wir unser Volk zusammen und leben dabei
froh und sorglos. Wir sind die Herren der Felder, der Fluren, der Wälder und der Berge, der Quellen und der Flüsse;
umsonst geben uns die Wälder Holz für das Feuer, geben
uns die Bäume ihre Frucht, die Weingärten Trauben, die
Nutzgärten Gemüse, die Quellen Wasser, die Flüsse Fisch
und die Gehege Wildbret; Schatten spenden uns die Felsen, Kühlung die Klüfte, und Wohnung geben uns die
Höhlen. Sturm und Wetter sind für uns Liebkosungen, der
Schnee ist uns Erfrischung, Bad sind uns die Regengüsse,

Das Zigeunermädchen

Musik der Donner, und Festesfackeln dünken uns die
Blitze; der harte Boden ist uns ein weiches Daunenbett,
und die wettergegerbte Haut dient unseren Leibern als
sicherer Harnisch; unsere Behendigkeit läßt sich weder
durch Fuß- oder Handschellen behindern, noch durch Gräben hemmen oder von Mauern beirren; Knebelstricke können unseren Mut nicht brechen, noch schwächen ihn Block
und Seil; ihn erstickt nicht die Tropfenfolter, noch zähmt
ihn die Streckbank. Wenn es uns zum Vorteil gereicht,
dann ist uns ein Ja soviel wie ein Nein, und wir achten
uns mehr als Dulder denn als Bekenner. Für uns züchtet
man auf den Weiden die Tragtiere, und für uns schneidet
man in den Städten die Geldbeutel zurecht. Kein Adler
noch ein anderer Raubvogel stößt schneller und leichter
auf die erspähte Beute nieder, als wir uns auf die Gelegenheit stürzen, aus der wir Nutzen zu ziehen hoffen. Schließlich verfügen wir noch über viele andere glückliche Anlagen, die uns helfen, in allen Widerwärtigkeiten zu bestehen: im Kerker singen wir, auf der Streckbank schweigen wir; wir arbeiten am Tag und stehlen in der Nacht,
oder, besser gesagt, wir bringen den Leuten bei, mit ihrem
Eigentum nicht leichtfertig umzugehen und es nicht ohne
Aufsicht zu lassen. Uns quält nicht die Sorge, wir könnten
unser Ansehen verlieren, noch raubt uns der Ehrgeiz, unsere Geltung zu vergrößern, den Schlaf; wir sind keines
Menschen Parteigänger, noch stehen wir frühmorgens auf,
um Bittschriften irgendwo zu überreichen, wir brauchen
keinem hohen Herrn den Hof zu machen, noch müssen wir
um Gunstbezeugungen betteln. Diese leichtbeweglichen
Zelte und Wohnstätten dünken uns goldene Dächer und
prachtvolle Paläste; bei jedem Schritt, den wir tun, schenkt
uns die Natur mit ihren hohen Felsen und beschneiten
Gipfeln, weiten Fluren und großen Wäldern Gemälde und
Landschaften, wie die holländischen Meister sie malen. Von
Geburt auf sind wir Astronomen, da wir fast immer unter
freiem Himmel schlafen, und wissen stets, welche Stunde
des Tages oder der Nacht es ist. Wir sehen, wie die Mor-
genröte die Sterne verscheucht und blaß und blässer werden läßt, wie sie mit ihrem Gefährten, dem Morgengrauen,

aufsteigt, die Luft reinigt, das Wasser kühlt und die Erde betaut; wir sehen, wie hinter ihr die Sonne herkommt, ›die Höhen vergoldend und auf die Berge Kräuselwellen setzend‹ – wie ein Dichter sagt –; wir fürchten nicht zu erfrieren, wenn die Sonne, verdeckt, nur da und dort quere Strahlen schickt, wir fürchten auch nicht zu verdorren, wenn sie auf uns niederbrennt; der Sonne wie dem Eis, dem Mangel wie dem Überfluß bieten wir die gleicherweise heitre Stirn. Kurz und gut: wir sind Leute, die von ihrer Handfertigkeit und ihrem Mundwerk leben und sich nicht um den alten Spruch von ›Kirche, Seefahrt oder Hofdienst‹ scheren; wir haben, was wir begehren, denn wir begnügen uns mit dem, was wir haben. Das alles habe ich dir, edler Jüngling, nur gesagt, damit du weißt, welches Leben zu führen du hiehergekommen bist und wie du dich darin einrichten sollst. Das alles habe ich dir nur in groben Zügen geschildert, denn du selbst wirst mit der Zeit noch vieles entdecken, dem keineswegs geringere Bedeutung zukommt als dem eben Gesagten.«

Der beredte alte Zigeuner schwieg, und der Novize erwiderte, er habe die löblichen Vorschriften mit großem Vergnügen vernommen und sei fest entschlossen, in diesen auf soviel Vernunft und Weltklugheit aufgebauten Orden einzutreten; er bedaure sehr, nicht schon früher von solch frohem Leben gewußt zu haben, doch tue er von Stund an Verzicht auf seinen Ritterstand und entsage dem eitlen Ruhm seiner adeligen Herkunft; er stelle somit alles unter das Joch oder, besser gesagt, die Gesetze, nach denen die Zigeuner lebten, um so mehr als sie seinen Wunsch, ihnen dienstbar zu sein, so hoch belohnt und ihm die göttliche Preciosa zugesprochen hätten, um deretwillen er gerne Kronen und Reiche hingeben oder sie um ihretwillen begehren wolle.

Dazu sagte Preciosa:

»Wenn diese Herren Gesetzgeber kraft ihrer Gesetze beschlossen haben, daß ich die Deine sei und mich dir als die Deine zu überantworten habe, so habe ich es kraft des Gesetzes meines eigenen Willens, das stärker ist als jedes andere, befunden, daß ich nur unter den Bedingungen die

Das Zigeunermädchen

Deine sein will, die wir verabredet haben, bevor du hierhergekommen bist. Zwei Jahre lang mußt du in unserer Gemeinschaft leben, ehe du dich der meinen erfreuen darfst. Du sollst dich nicht über deine Leichtfertigkeit beklagen können, noch möchte ich mich als voreilig hintergangen sehen. Übereinkunft bricht Gesetz; meine Bedingungen kennst du; willst du dich ihnen fügen, dann könnte es geschehen, daß wir einander angehören werden, willst du sie aber nicht auf dich nehmen, so ist ja dein Maultier noch nicht tot, deine Kleider sind unverändert, und von deinem Geld fehlt nicht ein Hellerlein. Überdies bist du auch nicht länger als einen Tag von daheim fortgewesen; so kannst du die Zeit, die bis zum Einbruch der Nacht fehlt, dazu verwenden, noch einmal nachzusinnen, wie du dich am besten entscheidest. Diese Herren könnten dir wohl meinen Leib überantworten, aber nicht meine Seele. Sie ist frei, wurde frei geboren und wird solange frei bleiben, als es mir beliebt. Wenn du hier bleiben willst, werde ich dich schätzen, willst du aber zurückkehren, woher du gekommen bist, so werde ich dich nicht geringer achten, denn, wie mir scheint, stürmt die Liebeswut zügellos dahin, bis Vernunft oder Enttäuschung dem rasenden Lauf Einhalt gebieten. Ich möchte nicht, daß es mir ergehe wie dem erlegten Hasen, den der Jäger zur Seite wirft, um einem andern nachzujagen. Augen sind oft so verblendet, daß ihnen Flittergold im ersten Augenblick für echt erscheint, doch dauert es nie lange und sie unterscheiden wieder echt von falsch. Du schreibst mir Schönheit zu und behauptest, sie stünde dir höher als die Sonne und gelte dir mehr als Gold. Aber weiß ich denn, ob dir diese Schönheit nicht, in der Nähe besehen, weniger strahlend erscheinen wird und du mit einem Male erkennst, daß du statt des Goldes Tombak vor den Augen hattest? Zwei Jahre gebe ich dir Zeit zu erwägen und herauszufinden, ob du wirklich haben möchtest, was du jetzt so heiß begehrst, denn nur der Tod kann dich von dem erlösen, was du für immer dir zu erwerben gedenkst. Deshalb soll man sich Zeit, lange Zeit lassen, um zu prüfen und wieder zu prüfen und das begehrte Kleinod nach seinen Fehlern und seinen Vorzügen

richtig einzuschätzen. Ich halte mich nicht an das ange-
maßte Vorrecht, das diese meine Anverwandten sich her-
ausnehmen, wenn sie ihre Frauen nach Gutdünken verstoßen oder bestrafen, und da ich selbst nicht daran denke,
Strafwürdiges zu tun, will ich auch keinen Mann, der mich
nach seinem Belieben verstoßen könnte.«

»Du hast recht, o Preciosa!« rief hier Andrés aus. »Sage
mir, welch feierliches Gelübde ich ablegen oder welche andere Sicherheit ich dir geben soll, damit ich deinen Befürchtungen begegne, dir jeden Argwohn nehme und dir
die Gewähr biete, nicht um Haaresbreite von deinen Anordnungen abzuweichen! Ich bin zu jedem Schwur bereit.«

»Eide und Versprechungen, die ein Gefangener um seiner Freiheit willen leistet und gibt, werden von ihm nur
selten erfüllt, wenn er die Freiheit erlangt hat«, sagte Preciosa. »Die Eide und Versprechungen eines Verliebten sind
von gleicher Art, denn auch der Verliebte würde, um sein
Ziel zu erreichen, die Flügel Merkurs und die Blitze Jupiters versprechen, wie es ein gewisser Dichter getan, der
überdies noch beim Styx geschworen hat. Ich will keinen
Eid, Herr Andrés, ich will keine Versprechungen, ich will
alles dieser Prüfungszeit überlassen, und an mir liegt es,
auf meiner Hut zu sein, wenn es Euch in den Sinn käme,
mir nahezutreten.«

»Dem sei, wie du willst«, erwiderte Andrés. »Doch bitte
ich diese meine Herren und Kameraden um eines: wenigstens einen Monat lang soll niemand mich zum Stehlen
nötigen; ich fürchte ein sehr schlechter Dieb zu sein, ehe
ich nicht gründlichen Unterricht bekommen habe.«

»Nur keine Sorge, mein Sohn«, sagte der alte Zigeuner.
»Wir werden dich schon solcherart abrichten, daß du in
diesem Handwerk ein Meister sein wirst, und wenn du es
erst verstehst, dann wirst du solchen Gefallen daran finden, daß du dir noch die Finger danach abschleckst. Ganz
einfach ist's, morgens mit leeren Händen auszuziehen und
abends mit schwerer Last auf dem Buckel heimzukehren.«

»Ich habe schon manchen mit einer Last Prügelholz
heimkehren sehen, der mit leeren Händen ausgezogen ist«,
bemerkte Andrés.

Das Zigeunermädchen 139

»Wer den Kern knacken will und so weiter und so weiter«, erwiderte der Alte. »Bei allem, was man in diesem Leben treibt, setzt sich der Mensch verschiedenen Gefahren aus, der Dieb eben der Galeere, der Stäupe und dem Galgen, aber man wird doch nicht aufhören zur See zu fahren, weil Schiffe dabei in Sturm geraten und untergehen. Das würde ja schön aussehen, wenn es keine Soldaten mehr gäbe, weil der Krieg Menschen und Pferde verschlingt. Und mehr noch: uns gilt das Ausgepeitschtwerden soviel wie ein Ordenskreuz auf dem Rücken, das dem Ausgepeitschten besser steht, als das Kreuz selbst des vornehmsten Ritterordens anderen auf die Brust passen mag. Wichtig ist nur, daß wir nicht schon in der Blüte der Jugend und beim ersten Vergehen mit des Seilers Tochter Hochzeit halten; das bißchen Fliegenwedel auf dem Rücken oder die Spazierfahrt auf den Ruderbänken der Galeeren dünkt uns nicht des Erwähnens wert. Vorläufig aber sollt Ihr, mein Sohn Andrés, noch im Schutze unserer Schwingen im Nest bleiben; zu gegebener Zeit werden wir Euch dann ausfliegen lassen, und zwar dort, wo Ihr der Beute sicher sein könnt. Doch wie schon gesagt: Ihr werdet Euch noch die Finger nach jedem Diebstahl abschlecken.«

»Um euch jedoch dafür zu entschädigen«, sagte Andrés, »daß ich euch in der zugestandenen Frist einen Verlust verursache, möchte ich gerne diese zweihundert Goldtaler unter die Leute im Lager verteilen lassen.«

Kaum hatte er dies gesagt, als die Zigeuner auf ihn losstürmten, ihn auf die Schultern hoben, ihm ein »Hoch, hoch lebe der große Andrés!« ums andere sangen und auch da und dort ein »Hoch, hoch lebe auch Preciosa, sein geliebter Schatz!« hinzufügten.

Desgleichen verfuhren die Zigeunerinnen mit Preciosa, was aber nicht ohne den Neid Cristinas und anderer Zigeunermädchen geschah, denn der Neid ist ebenso daheim in den Zelten der Barbaren, den Schäferhütten wie in den Palästen der Fürsten, und es ist immer verdrießlich, einen Nachbarn hochkommen zu sehen, der unserer Meinung nach keine größeren Verdienste hat als unsereiner.

Danach hielten sie ein fröhliches Mahl; die versprochenen Goldtaler wurden verteilt; wieder erklang das Lob des Andrés; überaus hoch wurde auch Preciosas Schönheit gepriesen. Die Nacht brach herein, das Maultier wurde geschlachtet und solcherart vergraben, daß Andrés vor Entdeckung sicher sein konnte. Nach der Art der Indianer, die ihr Kostbarstes mit ins Grab zu nehmen pflegen, wurde mit dem Maultier auch das Geschirr verscharrt: der Sattel, der Zaum und die Gurten.

Nicht wenig erstaunt war Andrés über alles, was er gehört und gesehen, besonders aber über den Witz der Zigeuner; dennoch war er fest entschlossen, sein Vorhaben auszuführen und sein Ziel zu erreichen, ohne sich die Gewohnheiten dieser Leute zu eigen zu machen; er wollte versuchen, gewissen Bräuchen, soweit er konnte, auszuweichen und sich von dem ihm auferlegten Gehorsam jederzeit loszukaufen, sollten sie Unerlaubtes von ihm fordern. Am folgenden Tag bat Andrés, man möge Madrid verlassen und die Zelte anderswo aufschlagen, denn er befürchte, erkannt zu werden, solange er sich hier befände. Dabei erfuhr der Jüngling, daß man ohnehin schon lange beschlossen hatte, in die Toledaner Berge zu ziehen, um die Gegend dort auf Zigeunerweise zu beglücken und abzugrasen. Das Lager wurde abgebrochen und Andrés eine Eselin als Reittier zugewiesen. Er aber wollte nicht reiten, sondern zog es vor, zu Fuß zu gehen, um Preciosa, die auf einer Eselin ritt, als Stallmeister zu dienen. Das Mädchen war nicht wenig erfreut, daß sie auf solche Weise wegen ihres ansehnlichen Knappen triumphieren konnte, und er war nicht weniger froh darüber, sah er doch immer jene, die er zur Gebieterin seines Willens gemacht hatte, neben sich.

O Allgewalt dessen, den man den süßen Gott der Bitternis nennt – ein Name, den ihm unser Müßiggang und unsere Oberflächlichkeit gegeben –, wie unterjochst du doch und wie rücksichtslos verfährst du dann mit uns! Andrés ist ein edler Jüngling von trefflichem Verstand, der fast sein ganzes Leben am Hofe verbracht hat und von seinen reichen Eltern mit aller Sorgfalt erzogen worden ist, doch hat er sich im Nu so sehr gewandelt, daß er Diener und

Das Zigeunermädchen

Freunde hinterging, daß er die Erwartungen, die seine Eltern in ihn gesetzt, enttäuscht hat, daß er die Straße nach Flandern verließ, wo er seinen Mut bewiesen und den Ruhm seines Geschlechts gemehrt hätte, und all das, um sich einem Mädchen zu Füßen zu werfen und sein Lakai zu werden, einem Mädchen, das, obgleich über Maßen schön, schließlich doch nur eine Zigeunerin war: Vorrecht der Schönheit, die selbst den stärksten Willen beugt und knechtet und jeden beim Schopfe packt und in die Knie zwingt.

Vier Tage später gelangten sie an einen Ort, wo sie, zwei Meilen vor Toledo, ihr Lager aufschlugen. Vorher hatten sie dem Alkalden des Ortes einige silberne Gerätschaften als Pfand dafür gegeben, daß sie weder im Ort noch in dessen Markung einen Diebstahl verüben würden. Dann zerstreuten sich die alten Zigeunerinnen in Begleitung einiger junger und auch die Männer auf die Ortschaften, die zumindest vier bis fünf Meilen im Umkreis vom Ort entfernt lagen, wo sie ihr Lager aufgeschlagen hatten. Mit den Männern zog auch Andrés aus, damit er dabei seinen ersten Unterricht im Stehlen erfahre; doch obgleich seine Meister es bei diesem Ausflug nicht an mannigfachen Unterweisungen fehlen ließen, wollte doch keine so recht bei ihm anschlagen, vielmehr brannte ihm jeder Diebstahl, den seine Lehrmeister begingen, war er doch edleren Sinnes, schmerzlich tief in der Seele, und manchmal, da ihn die Tränen der Geschädigten rührten, fühlte er sich wohl auch veranlaßt, die Bestohlenen aus seiner Tasche zu entschädigen. Darüber gerieten die Zigeuner allerdings außer sich, und sie verhehlten ihm nicht, er verstieße auf solche Weise gegen ihre Gesetze und Bräuche, die es verbieten, daß sie dem Mitgefühl in ihren Herzen Raum gäben, denn hätten sie Mitleid, dann müßten sie doch davon ablassen, Diebe zu sein, was sich nimmermehr für sie schicken wolle. Als Andrés dies vernahm, sagte er ihnen, es wäre ihm lieber, allein und unbegleitet auf Diebstahl auszugehen; er sei leichtfüßig genug, um einem Zugriff zu entrinnen, doch fehle es ihm auch nicht an Mut, einer Gefahr ins Auge zu sehen. Lohn und Strafe wären dann seine eigene Sache.

Die Zigeuner versuchten, ihm diesen Vorsatz auszureden, und hielten ihm vor Augen, er könne doch in eine Lage kommen, in der ihm ein Helfer von Nutzen wäre, sei es, um einen Diebstahl auszuführen oder damit er sich besser in Sicherheit bringen könne; überdies sei einer allein nie imstande, einen großen Fang zu tun. Andrés aber beharrte darauf, das Diebsgeschäft allein betreiben zu wollen; er dachte insgeheim, sich jedesmal von der Schar zu entfernen und das eine oder das andere zu kaufen, das er dann für gestohlen ausgeben könnte; dadurch würde er sein Gewissen so wenig wie möglich belasten. Dank dieses Kunstgriffs brachte er der Gemeinschaft in weniger als einem Monat mehr Gewinn als vier ihrer gewiegtesten Diebe es vermocht hätten. Zwar freute sich Preciosa sehr, daß ihr zärtlicher Anbeter sich als ein so überaus geschickter und aufgeweckter Dieb herausstellte, doch befürchtete sie bei alledem, es könnte ihm eines Tages eine Widerwärtigkeit begegnen. Nicht um allen Reichtum Venedigs hätte sie Andrés in Schwierigkeiten sehen wollen, um so mehr als sie sich zu solch freundlicher Gesinnung auch durch die vielen Dienste und Aufmerksamkeiten, die er ihr erwies, veranlaßt sah.

Die Zigeuner blieben etwas mehr als einen Monat in der Provinz Toledo, wo sie ihr reichlich Korn zu schneiden wußten, obgleich es schon September war; nun aber zogen sie in die Estremadura, ein reiches, warmes Land. Mit Preciosa führte Andrés viele ehrbare, kluge und zärtliche Gespräche, und sie verliebte sich langsam in den Verstand und das artige Betragen ihres Anbeters, und soweit sie überhaupt noch wachsen konnte, nahm auch seine Liebe zu Preciosa zu: solcherart war die Sittsamkeit, die Klugheit und die Schönheit seines Zigeunermädchens. Wohin sie nur kamen, immer trug Andrés bei allen Wettspielen den ersten Preis im Laufen und Springen davon, er tat sich im Kugel- und im Pelotaspiel hervor, schleuderte die Wurfstange mit großer Kraft und ausnehmender Gewandtheit, so daß sich sein Ruf bald durch die ganze Estremadura verbreitete und es darin keine Ortschaft gab, wo man nicht von der Anmut, der Geschicklichkeit und den Fähigkeiten des Zigeuners Andrés Caballero gesprochen hätte. In nicht geringerem Ruf stand das Zigeunermädchen um seiner Schönheit willen, und es gab keinen Markt, keinen Ort und keinen Weiler, wohin man sie nicht geholt hätte, damit sie gemeinsam mit Andrés die Kirchweihfeste und Festtage in den Familien verschönt hätten. Solcherart wurde die Zigeunersippschaft reich, war bald angesehen und zufrieden, und die beiden Verliebten waren schon des Glückes voll, wenn sie einander nur sehen durften.

Eines Tages hatten die Zigeuner das Lager etwas abseits von der Landstraße zwischen einigen Steineichen aufgeschlagen. Plötzlich hörten sie, wie die Hunde so gegen Mitternacht und entgegen ihrer sonstigen Gewohnheit überaus heftig anschlugen. Einige Zigeuner, unter ihnen auch Andrés, erhoben sich von ihrem Lager, um nachzusehen, wen die Hunde verbellten, und sie sahen, wie ein ganz in Weiß gekleideter Mann sich der Hunde zu erwehren suchte, deren zwei ihn schon an einem Bein gepackt hatten. Die Zigeuner eilten hinzu, befreiten den Mann von den Hunden, und einer fragte:

»Was zum Teufel führt Euch zu dieser Stunde abseits vom rechten Weg hieher, Mann? Wolltet Ihr uns vielleicht bestehlen? Da wäret Ihr wahrhaftig an die falsche Tür gekommen!«

»Ich bin weder auf Diebstahl aus«, versetzte der Weißgekleidete, »noch weiß ich, ob ich auf dem rechten Wege bin oder nicht; jedenfalls bin ich übel angekommen, wie ich sehe. Aber sagt mir, Ihr Herren, ob sich hier in der Nähe eine Schenke oder sonst ein Plätzchen findet, wo ich übernachten und mir die Wunden verbinden lassen könnte, die mir die Zähne Eurer Hunde geschlagen haben.«

»Hier gibt es weder eine Schenke noch einen anderen geeigneten Ort, wohin wir Euch weisen könnten«, erwiderte Andrés, »doch um Eure Wunden zu versorgen und Euch diese Nacht zu beherbergen, werdet Ihr hier in unseren Zelten jede Gelegenheit finden. Kommt, denn, obgleich Zigeuner, sind wir doch nicht so herzlos, wie man uns nachsagt.«

»Möge Gott auch Euch barmherzig sein!« erwiderte der

Mann. »Bringt mich nun hin, wo immer Ihr wollt, denn dieses Bein verursacht mir heftige Schmerzen.«

Andrés und ein anderer Zigeuner – barmherzig wie er, denn auch unter Teufeln gibt es schlimme und weniger schlimme, und unter vielen bösen Menschen pflegt man manchmal einen guten zu finden – nahmen den Mann in ihre Mitte und brachten ihn fort. Mondhell war es, und so sahen sie, daß der Mann ein Jüngling von angenehmem Antlitz und zierlichem Gliederbau war. Er war ganz in weißes Leinen gekleidet, und auf dem Rücken trug er etwas, das aussah wie ein Linnenhemd, an der Brust zusammengebunden war und ihm vielleicht als eine Art Quersack diente. Sie brachten den Jüngling zum Zelt des Andrés; rasch wurden Licht und Feuer gemacht, und Preciosas Großmutter, die bereits unterrichtet war, kam herbei, um die Wunden des Fremden zu versorgen. Sie nahm einige Hundshaare, briet sie in Öl, wusch die beiden Bißwunden am linken Bein mit Wein aus, legte Hundshaare und Öl auf die Wunde und darüber etwas gekauten Rosmarin. Dann verband sie das Bein mit sauberen Lappen, machte das Kreuzeszeichen über die Wunde und sagte:

»Schlaft, Freund, mit Gottes Hilfe werdet Ihr bald geheilt sein.«

Als man den Verwundeten verband, stand Preciosa dabei und betrachtete ihn prüfend, während der Fremde sie unverwandt anstarrte, solcherart, daß es Andrés auffiel. Dieses Anstarren schrieb er jedoch der großen Schönheit Preciosas zu, die doch überall die Augen der Leute auf sich lenkte. Nachdem man dem Jüngling die Wunden verbunden hatte, ließ man ihn schließlich auf einer Schütte Heu allein, denn keiner wollte ihn jetzt nach dem Woher noch nach dem Wohin des Weges oder anderem fragen.

Kaum aber hatten sie den Verwundeten verlassen und waren im Freien, da rief Preciosa den Andrés beiseite und sagte:

»Andrés, erinnerst du dich des Blattes, das mir in deinem Hause entfiel, als ich dort mit den anderen Mädchen tanzte? Es bereitete dir, wie mir schien, einigen Verdruß.«

»Freilich entsinne ich mich«, sagte Andrés, »es war ein

Sonett zu deinem Lob daraufgeschrieben und keineswegs eines von den übelsten.«

»Dann wisse, Andrés«, erwiderte Preciosa, »daß der Verfasser des Sonetts kein anderer ist als der von den Hunden gebissene Jüngling; ich glaube mich darin keinesfalls zu täuschen, sprach er mich doch in Madrid zwei- oder dreimal an und gab mir eine sehr gute Romanze. In Madrid war er, soweit ich mich erinnern kann, Edelknabe, aber keiner von den vielen, die dort umherlaufen, sondern einer, den ein Fürst ins Herz geschlossen hatte. Da ich dir nur sagen kann, daß jener Jüngling sich immer als klug, zurückhaltend und ehrbar gezeigt hat, weiß ich nun wirklich nicht, was ich von seinem Auftauchen hier und von seiner seltsamen Kleidung halten soll.«

»Was du davon halten sollst, Preciosa?« entgegnete Andrés. »Nichts als daß die gleiche Macht, die mich Zigeuner werden ließ, auch ihn veranlaßt hat, sich als Müller zu verkleiden und dir nachzustellen. Ach Preciosa, Preciosa! Nun erkenne ich ganz klar, wie du dich darüber freust, mehr als ein Opfer zu deinen Füßen zu sehen! Wenn dem so ist, dann laß mich als ersten sterben; den andern magst du nach mir töten, doch opfere uns nicht zu gleicher Zeit auf dem Altare deiner Arglist, um nicht zu sagen, deiner Schönheit!«

»Der Himmel steh' mir bei!« erwiderte Preciosa. »Wie bist du doch empfindlich, und an welch' dünnem Haar hängt doch deine Hoffnung und mein Ruf, da dir das bittre Schwert der Eifersucht so leicht das arme Herz durchbohrt! So sag denn selbst, Andrés, würde ich nicht zu schweigen und dir zu verhehlen wissen, wer der Jüngling ist, wenn irgendeine List oder irgendein Betrug im Spiele wäre? Bin ich vielleicht so töricht, dir damit eine Gelegenheit zu geben, meine Tugend und Aufrichtigkeit in Zweifel zu ziehen? Jetzt aber schweig darüber, bei allem, was dir lieb ist, Andrés, und versuche morgen, vom Urheber deines Argwohns zu erfahren, wohin er will und was ihn hiehergeführt hat: dein Argwohn wird sich so gewiß als Hirngespinst erweisen, wie ich weiß, wer er in Wahrheit ist. Und damit du dich beruhigst, da ich bereits so weit bin, dich beruhigen zu wollen, schick den Jüngling weg, gleichgültig wie und wozu er hergekommen sein mag. Die ganze Sippschaft gehorcht dir, und niemand wird es sich einfallen lassen, ihn wider deinen Willen in seinem Zelte zu beherbergen. Geschieht dies nicht, dann gebe ich dir das Versprechen, in meinem Zelt zu bleiben und mich weder vor ihm noch vor irgendeinem, der dir nicht genehm, sehen zu lassen. Schau, Andrés, es verdrießt mich nicht, dich eifersüchtig zu sehen, aber es kränkt mich sehr, wenn du dich als unvernünftig zeigst.«

»Würdest du mich nicht so eifersüchtig sehen, Preciosa«, erwiderte Andrés, »dann wäre jedes andere Zeichen zu gering, zu unnütz, um dir zu beweisen, wohin die bittere, zermürbende Qual der Eifersucht führt. Indes will ich tun, was du mir befiehlst, und ich werde, sofern es möglich ist, erfahren, was dieser Herr Edelknabe und Dichter will, wohin er geht und was er sucht; vielleicht läßt er mich ungewollt das Ende eines Fadens sehen und ich vermag den ganzen Knäuel aufzuwickeln, in den er mich, wie ich fürchte, verstricken könnte.«

»Nie läßt«, sagte Preciosa, »wie mir scheint, die Eifersucht der Vernunft jene Freiheit, die sie braucht, die Dinge so zu sehen, wie sie wirklich sind; immer sieht der Eifersüchtige die Dinge durch ein Fernrohr, das ihm das Kleine vergrößert, Zwerge zu Riesen macht und den Verdacht zur Gewißheit. Um deinet- und meinetwillen bitte ich dich, Andrés, in diesem Fall wie in jedem andern, der unser Abkommen berührt, besonnen und zurückhaltend zu verfahren, denn wenn du dich daran hältst, dann weiß ich, daß du mir den höchsten Preis der Tugend, Zucht und Treue zuerkennen wirst.«

Damit verabschiedete sie sich von Andrés, der, die Seele voll der Verwirrung und voll von tausenderlei widerstreitenden Vorstellungen, den Morgen erwartete, um den Verletzten auszuhorchen. Andrés glaubte fest daran, daß jener Edelknabe, nur von der Schönheit Preciosas angelockt, hieher gekommen wäre, denn der Schelm denkt, wie er ist. Doch wieder schienen ihm Preciosas Erklärungen so überzeugend, daß er ihrer gewiß sein konnte und sich gezwungen sah, sein ganzes Glück ihrer Redlichkeit anzuvertrauen.

Der Tag brach an; Andrés suchte den Verletzten auf, fragte ihn, wie er heiße, wohin er wolle und weshalb er so spät und ab vom Wege reise. Zuvor hatte er ihn gefragt, wie er sich fühle und ob er noch die Bisse spüre. Der Jüngling hatte ihm geantwortet, er fühle sich besser und sei frei von Schmerz; er könne sich nun wieder auf den Weg machen. Auf die Frage nach seinem Namen und seinem Reiseziel entgegnete er nur, er heiße Alonso Hurtado und wolle einer gewissen Sache wegen zum Kloster der Muttergottes de la Peña de Francia. Um rascher ans Ziel zu kommen, reise er des Nachts, doch habe er sich in der vergangenen Nacht verirrt und sei ganz zufällig auf das Lager gestoßen, wo ihn dann die Hunde so zugerichtet hatten, wie er ja selbst gesehen habe.

Diese Erklärung schien dem Andrés keinesfalls der Wahrheit zu entsprechen, sondern sehr bei den Haaren herbeigeholt, weshalb ihn der Argwohn auch von neuem beunruhigte. Er sagte:

»Freund, wäre ich Richter und Ihr wäret mir vorgeführt worden wegen irgendeines Vergehens, das mich veranlaßt hätte, Euch die gleichen Fragen zu stellen, dann würde mich Eure Antwort zwingen, Euch Daumschrauben anlegen zu lassen. Ich will nicht wissen, wer Ihr seid, wie Ihr heißt oder wohin Ihr geht, doch möchte ich Euch den Rat geben, glaubwürdiger zu lügen als Ihr es jetzt tut, falls Ihr auf Eurer weiteren Reise zu lügen gezwungen sein solltet. Ihr sagt, daß Ihr nach dem Kloster der Muttergottes de la Peña de Francia wollt, laßt es aber Euch zur Rechten gute dreißig Meilen hinter Euch; Ihr reist des Nachts, um eher anzukommen und wandert abseits der Landstraße durch Wälder und Steineichengehölz, durch die keine Fußpfade führen, geschweige denn Straßen. Darum erhebt Euch, Freund, lernt besser lügen und: viel Glück auf die Reise! Wollt Ihr mir aber für den einen Rat, den ich Euch gegeben, vielleicht nicht doch eine Wahrheit sagen? Ich weiß, Ihr werdet mir noch die Wahrheit sagen, denn Ihr versteht Euch allzu schlecht aufs Lügen. Sagt mir doch, ob Ihr nicht vielleicht der seid, den ich oftmals in der Hauptstadt gesehen habe, einer, der so etwas zwischen einem Edelknaben und einem Edelmann ist und für einen großen Dichter gilt, einer, der eine Romanze und ein Sonett für ein Zigeunermädchen verfaßt hat, das sich vor einiger Zeit in Madrid aufgehalten hat und für eine ausgemachte Schönheit angesehen wird? Ihr könnt Euch ganz beruhigt mir anvertrauen, denn ich verspreche Euch auf Zigeunerehre, daß Euer Geheimnis so gut bewahrt bleiben wird, wie Ihr selber es nicht besser wünschen könntet. Bedenkt aber, daß es Euch nichts nützen wird zu bestreiten, der Mann zu sein, den ich meine, ist doch Euer Gesicht genau dasselbe, das ich in Madrid gesehen habe. Zweifellos hat mich das Gerücht von Euren hervorragenden Geistesgaben veranlaßt, Euch als einen seltenen und bedeutenden Mann genauer ins Auge zu fassen, und dadurch blieben mir Eure Züge im Gedächtnis haften. An eben diesen Zügen habe ich Euch erkannt, obgleich Eure jetzige Kleidung von der damaligen so überaus verschieden ist. Verliert nicht die Fassung, nehmt Euch zusammen und fürchtet nicht, unter eine Räuberbande geraten zu sein, sondern denkt daran, daß Ihr hier eine Freistatt gefunden habt, die Euch gegen alle Schutz gewähren wird. Und seht, ich komme da auf einen Gedanken, und sollte sich meine Vermutung als richtig erweisen, dann habt Ihr großes Glück gehabt, daß Ihr gerade auf mich gestoßen seid: ich glaube nämlich, daß Ihr, verliebt in Preciosa, jenes schöne Zigeunermädchen, auf das Ihr Verse gemacht habt, hieher gekommen seid, um sie aufzusuchen. Ich werde Euch darum nicht geringer schätzen, sondern um vieles höher, denn obgleich ich nur Zigeuner bin, hat mir die Erfahrung doch gezeigt, wie weit die Allmacht der Liebe reicht und wie sehr sie alle verändert, die sich ihrer Gerichtsbarkeit und Herrschaft unterwerfen. Wenn dem so ist, und ich halte mich für berechtigt, solches zu glauben: hier ist das Zigeunermädchen.«

»Ich weiß, daß sie hier ist«, sagte der Jüngling, »habe ich sie doch heute nacht gesehen.« Dieses Geständnis ließ dem Andrés das Herz stillstehen, glaubte er doch, darin wiederum eine Bestätigung seines Argwohns gefunden zu haben.

Das Zigeunermädchen 149

»Ich habe sie heute nacht gesehen«, fuhr der Jüngling fort,
»doch wagte ich nicht zu sagen, wer ich wirklich bin, weil
es mir nicht rätlich schien.«

»So seid Ihr also«, sagte Andrés, »der Dichter, von dem
ich gesprochen habe.«

»Ja, der bin ich«, erwiderte der Jüngling, »ich kann und
will es nicht leugnen. Vielleicht finde ich gerade da die
Rettung, wo ich meinen Untergang befürchtet habe, sofern
in den Wäldern noch Treue und in den Bergen noch Gastfreundschaft zu finden sind.«

»Hier kann man ihnen noch begegnen«, erwiderte Andrés, »und unter uns Zigeunern herrscht die größte Verschwiegenheit der ganzen Welt. Darauf bauend, könnt Ihr,
Herr, mir Euer Herz eröffnen, denn in meinem Herzen
sollt Ihr, wie Ihr gleich sehen werdet, keine Falschheit
finden. Das Zigeunermädchen ist mit mir verwandt und
steht ganz in meiner Gewalt: wenn Ihr sie also zum Weibe
haben wolltet, so werde ich mich und es werden sich auch
alle ihre Verwandten darüber freuen; wollt Ihr sie zur
Geliebten haben, so werden wir auch keine Umstände
machen, vorausgesetzt, daß Ihr Geld genug habt, ist uns
doch die Habgier angeboren.«

»Geld habe ich«, erwiderte der Jüngling. »In dieser
Geldkatze, die ich da eng um den Leib gebunden trage,
sind vierhundert Goldtaler.«

Dies war ein neuer furchtbarer Schreck für Andrés, da er
nun meinte, das viele Geld, das der Jüngling mit sich
führte, wäre nur dazu bestimmt, die eigene Liebste zu erobern oder zu kaufen. Mit schwerer Zunge sagte er:

»Das ist viel Geld! Ihr braucht nur mit der Sprache her-
auszurücken und Hand ans Werk legen. Das Mädchen, das
wahrhaftig nicht einfältig ist, wird einsehen, wie vorteilhaft es für sie ist, die Eure zu werden.«

»Ach, Freund!« seufzte hier der Jüngling. »Ich kann
Euch nur sagen, daß die Macht, die mich zwang, mein Kleid
zu wechseln, nicht die Liebe ist, wie Ihr zu glauben scheint,
noch das Verlangen nach Preciosa, hat doch Madrid der
Schönen genug, die es ebensogut und noch besser als die
schönsten Zigeunerinnen verstehen, Herzen zu brechen und

Seelen zu unterwerfen, obgleich ich gestehen muß, daß die Schönheit Eurer Anverwandten die aller Mädchen übertrifft, die ich bis jetzt gesehen. Was mich zwingt, in dieser Tracht zu Fuß zu reisen und mich von Hunden beißen zu lassen, ist nicht die Liebe, ist mein Unstern.«

Bei diesen Worten des jungen Mannes erwachten in Andrés von neuem die Lebensgeister, schienen ihm doch diese Worte nach einem andern Ziel zu streben, als er vermutet hatte. Um endlich ins reine zu kommen, wiederholte er darum die Versicherung, daß der Jüngling ihm ganz das Herz ausschütten könne, worauf dieser fortfuhr:

»Ich lebte in Madrid im Hause eines hochadeligen Herrn, dem ich nicht als meinem Brotgeber, sondern als meinem Verwandten diente. Er hatte nun einen einzigen Sohn und Erben. Da wir beide verwandt, gleichen Alters und auch gleicher Gesinnung waren, wurde ich sein bester Freund und Vertrauter. Nun geschah es, daß sich der besagte junge Herr in ein vornehmes Fräulein verliebte, das er überaus gern zum Weibe genommen hätte, doch konnte er als guter Sohn nicht umhin, sich dem Willen der Eltern zu fügen, die ihn noch höher zu verheiraten trachteten. Trotzdem fuhr er fort, dem Fräulein zu dienen, immer auf der Hut vor Späherblicken und Flüsterzungen, die seine Neigung in aller Leute Mund gebracht hätten. Nur ich war Zeuge seiner Bemühungen. Und eines Abends, den der Unstern für den Vorfall, den ich Euch jetzt berichten will, ausersehen haben muß, gingen wir durch die Straße, in der das Haus lag, in dem die Dame wohnte, und sahen, daß dort zwei Männer, allem Anschein nach aus gutem Hause, an der Tür standen. Mein Verwandter wollte sehen, wer sie seien, doch kaum war er auf sie zugetreten, als sie flink nach Degen und Tartsche griffen und auf uns losgingen. Wir taten desgleichen und kämpften mit gleichen Waffen. Der Kampf war kurz, denn das Leben unserer Gegner währte nicht lange: zwei Degenstöße, der eine geführt von der Eifersucht meines Verwandten und der andere vom Eifer, mit dem ich ihm zur Seite stand, streckten sie tot zu Boden, ein ebenso seltener wie sonderbarer Fall. Als Sieger, wo wir keinen Sieg gesucht hatten, eilten wir nach

Das Zigeunermädchen 151

Hause, nahmen insgeheim alles Geld an uns, dessen wir habhaft werden konnten, und flüchteten ins Kloster des heiligen Hieronymus, wo wir den Morgen erwarteten, der den Vorfall und die Namen der mutmaßlichen Täter an den Tag bringen mußte. Wir erfuhren jedoch nur, daß man uns nicht auf der Spur sei, weshalb uns die klugen Mönche rieten, nach Hause zurückzukehren, damit unsere Abwesenheit keinen Anlaß böte, uns zu verdächtigen. Schon waren wir daran, den Rat zu befolgen, als die Mönche uns bekanntgaben, die Herren Profosen des Königs hätten die Eltern des Fräuleins und das Fräulein selbst in Gewahrsam genommen. Die Bedienten des Hauses seien einvernommen worden, und ein Mädchen des Fräuleins habe gesagt, mein Verwandter sei zu jeder Tages- und Nachtzeit am Fenster ihrer Herrin vorbeistolziert. Daraufhin hätten sich die Profosen beeilt, uns zu verhaften. Als sie uns nicht vorfanden, dafür aber viele Anzeichen unserer Flucht entdeckten, hieß es in der ganzen Hauptstadt, wir wären die Mörder der beiden Edelleute, denn das waren sie und überdies von hohem Range. Auf den Rat des Grafen, meines Verwandten, und den der Mönche, blieben wir vorläufig im Kloster versteckt, und erst vierzehn Tage später machte sich mein Kamerad, in eine Kutte gehüllt und von einem Mönch begleitet, auf den Weg nach Aragon, von wo er über Italien nach Flandern wollte, um dort abzuwarten, wie unsere Sache ausgehe. Ich aber wollte, daß wir getrennte Wege gingen und unser Schicksal nicht den gleichen Lauf nehme. Deshalb schlug ich zu Fuß in der Kleidung eines Laienbruders gemeinsam mit einem der Mönche, der mich dann in Talavera verließ, einen anderen Weg ein. Von Talavera an ging ich allein abseits von allen Landstraßen weiter, bis ich heute nacht an dieses Steineichengehölz gekommen bin und mir zustieß, was Ihr ja ohnehin wißt. Wenn ich nach dem Wege fragte, der mich nach dem Kloster der Muttergottes de la Peña de Francia führen könnte, dann nur, um Eure Frage auf irgendeine Weise zu beantworten, denn ich weiß gar nicht, wo dieses Kloster liegt, außer daß es irgendwo außerhalb von Salamanca zu finden ist.«

»Das ist richtig«, entgegnete Andrés, »hier aber habt

Ihr es bereits fast zwanzig Meilen zu rechter Hand hinter Euch liegen lassen. Daraus erseht Ihr, wie geradenwegs Ihr auf Euer angebliches Ziel losgegangen seid.«

»Mein Weg sollte mich in Wahrheit nach Sevilla führen«, erwiderte der Jüngling. »Dort ist ein genuesischer Herr, ein enger Freund des Grafen, meines Verwandten, der immer große Mengen Silbers nach Genua zu schicken pflegt. Ich möchte ihn bitten, daß er mich den Leuten beigebe, die das Silber nach Genua zu bringen haben. Unter dem Anschein, einer von diesen Leuten zu sein, gelange ich sicher nach Cartagena und von dort nach Italien, von wo in Kürze zwei Galeeren eintreffen werden, um die Silberladung an Bord zu nehmen. Dies, Freund, ist meine Geschichte. Nun sagt selbst, ob ich nicht mit Recht behauptet habe, daß es der reine Unstern ist, der mich darein verwickelt und nicht die Liebe. Sollten die Herren Zigeuner nach Sevilla ziehen, würde ich sie gerne gut entlohnen, falls sie mich mitnähmen, glaube ich doch in ihrer Begleitung sicherer zu reisen und frei von aller Furcht, aufgegriffen zu werden.«

»Man wird Euch gewiß mitnehmen«, sagte Andrés. »Doch sollte unsere Sippschaft nicht nach Andalusien ziehen, was ich Euch im Augenblick noch nicht zu sagen vermag, so würdet Ihr einer anderen Sippschaft anvertraut, mit der wir uns in ungefähr zwei Tagen treffen werden. Wenn Ihr denen nur einen kleinen Teil Eures Reisegeldes abgebt, dann werdet Ihr mit ihnen noch viel größere Schwierigkeiten aufs angenehmste überwinden.«

Andrés ließ den Jüngling allein und berichtete den übrigen Zigeunern, was der Jüngling ihm erzählt hatte, was er wolle und wie sehr er bereit wäre, gut zu zahlen und zu belohnen. Alle meinten, der Jüngling solle bei der Sippschaft bleiben. Nur Preciosa sprach sich dagegen aus, und die Großmutter erklärte, sie könne unter keinen Umständen nach Sevilla oder in die Nähe der Stadt ziehen, habe sie doch in Sevilla einem angesehenen Mützenmacher einen argen Possen gespielt. Sie habe nämlich den Mützenmacher dazu gebracht, splitternackt, einen Zypressenkranz auf dem Schädel, in eine Kufe voll Wasser zu steigen – er stak

Das Zigeunermädchen

bis an den Hals darin – und zu warten, bis es Mitternacht
wäre. Zu dieser Stunde nämlich sollte er aus seiner Kufe
klettern, um nach einem reichen Schatz zu graben, der, wie
sie ihm vorgegaukelt hatte, an einer gewissen Stelle seines
Hauses vergraben wäre. Als der gute Triguillos dann vernahm, daß man zur Frühmette läutete, wollte er, um ja
den rechten Augenblick nicht zu versäumen, in solcher Hast
aus seiner Kufe heraus, daß er sie umwarf und mit ihr zu
Fall kam. Die Kufe ging in Trümmer, die Faßdauben
fielen auf ihn, quetschten ihn, und das Wasser ergoß sich
über den Mützenmacher, daß er beinahe fortgeschwemmt
wurde. Triguillos brüllte wie am Spieß und schrie aus
Leibeskräften, er ertrinke. Herbei eilten mit Lichtern sein
Eheweib und auch die Nachbarn und fanden den Mützenmacher in einer Wasserlache, den Bauch auf dem Boden
schleifend, mit Händen und Füßen um sich schlagend, nach
Luft schnappend, indes er in einem fort schrie: »Hilfe, Ihr
Herren, ich ertrinke!« Er hatte solche Angst, daß er wahrhaftig dachte zu ertrinken. Man hob ihn auf und befreite
ihn aus seiner Not. Er kam ein weniges zu sich und erzählte, was ihm die Zigeunerin da eingebrockt hatte. Trotzdem grub er an der bezeichneten Stelle ein klaftertiefes
Loch, und vergebens erklärten ihm alle, er werde von der
Zigeunerin nur zum besten gehalten. Wäre es dem Nachbarn, an dessen Grundmauer Triguillos schon herangekommen war, nicht gelungen, ihn zurückzuhalten, er hätte mit
dem Graben nicht eher aufgehört, bis nicht beide Häuser,
das eigene und das des Nachbarn, über ihm eingestürzt
wären. Die Geschichte wurde bald in der ganzen Stadt
ruchbar; selbst die Straßenjungen wiesen mit den Fingern
auf Triguillos und erzählten allen, wie leichtgläubig er
gewesen und welchen Schabernack die Zigeunerin ihm angetan habe.

Solches berichtete nun die Alte und gab den Vorfall als
Grund dafür an, warum sie nicht nach Sevilla ziehen sollten. Die Zigeuner, die von Andrés Caballero wußten, daß
der Jüngling eine beträchtliche Summe Geldes mit sich
führte, waren sogleich bereit, ihn unter ihren Schutz zu
nehmen und ihn, solange er solches begehre, zu beherber-

gen und versteckt zu halten. Dann beschlossen sie, auf ihrer Wanderung nach links abzubiegen und nach der Mancha und dem Königreich Murcia zu ziehen. Sie ließen den Jüngling herbeiholen und teilten ihm mit, was sie seinetwillen beschlossen hatten; er bedankte sich und überreichte ihnen hundert Goldtaler, damit sie diese im Lager verteilten. Das Geldgeschenk machte die Zigeuner weicher, als ein Marderfell je sein könnte; der Jüngling nannte seinen Namen, Don Sancho, doch die Zigeuner beschlossen, ihn lieber Clemente zu nennen, woran sie sich auch fürderhin hielten. Nur Preciosa wollte es nicht recht behagen, daß der Jüngling bei der Sippschaft verblieb, und auch Andrés war etwas verstimmt darüber, denn ihm schien, als habe Clemente sein ursprüngliches Vorhaben allzurasch und ohne triftigen Grund aufgegeben. Clemente schien in den Gedanken des Andrés gelesen zu haben, denn er sagte unter anderem, er freue sich, nach Murcia zu ziehen, käme er dadurch doch rascher und sicherer nach Cartagena, von wo er sich nach Italien einschiffen werde, sobald die Silbergaleeren einträfen. Um immer zu wissen, was Clemente wolle und treibe, wollte Andrés ihn nicht aus den Augen lassen und machte ihn zu seinem Zeltgenossen, was Clemente für einen unleugbaren Beweis der Freundschaft ansah. Immer waren Andrés und Clemente beisammen, gaben das Geld mit vollen Händen aus, daß die Goldtaler nur so hüpften; sie liefen und sprangen um die Wette, tanzten und schleuderten die Wurfstange besser als irgendeiner der Zigeuner; die Zigeunerinnen waren ihnen ziemlich zugetan, und die Männer der Sippschaft hielten die beiden in hohen Ehren.

So verließen sie denn die Estremadura, kamen in die Mancha und näherten sich allmählich dem Königreich Murcia. In allen Dörfern und Flecken, durch die sie kamen, gab es dann Wettkämpfe im Pelotaspiel, im Fechten, Laufen, Springen, im Schleudern der Wurfstange und noch manche andere Übungen, die Kraft, Geschicklichkeit und Behendigkeit erforderten, und überall trugen Andrés und Clemente, wie früher Andrés allein, den Preis davon. In dieser Zeit – es waren nun schon mehr als anderthalb Mo-

nate vergangen – bot sich Clemente nie eine Gelegenheit,
mit Preciosa zu sprechen, noch hatte er sich darum bemüht.
Eines Tages aber, als Andrés und das Zigeunermädchen
beieinander standen, riefen sie ihn herbei, damit er an
ihrem Gespräch teilhabe. Preciosa nahm die Gelegenheit
wahr und sagte:

»Ich habe dich sogleich erkannt, Clemente, als du in
unser Lager kamst; mir fielen auch wiederum die verliebten Verse ein, die du mir in Madrid gegeben. Da ich nicht
genau wußte, in welcher Absicht du zu uns gestoßen warst,
wollte ich nichts sagen. Dann erfuhr ich von deinem Unglück, das mir sehr nahe ging, und ich vermochte endlich
den Gedanken loszuwerden, der mich beunruhigt hatte,
nämlich, daß auch ein Don Sancho geneigt sein könnte,
seinen Namen zu wechseln und Zigeuner zu werden, wie
vorher schon aus einem Don Juan ein Andrés geworden
war. Dies sage ich dir, weil Andrés mich davon unterrichtet hat, daß er dir erzählt habe, wer er in Wahrheit
sei und welche Absicht ihn dazu getrieben habe, Zigeuner
zu werden.« – So verhielt es sich auch; Andrés hatte Clemente seine Geschichte erzählt, um sich mit ihm aussprechen zu können. – »Du kannst mir glauben, daß dir
meine Bekanntschaft nicht wenig genützt hat, denn nur
der Achtung, die man vor mir hat, und meiner Fürsprache
hast du es zu verdanken, daß du in unsere Sippschaft
zugelassen wurdest, durch die dir, so Gott will, alles so
gut ausgehen möge, wie du es wünschest. Doch bitte ich
dich, mir diesen wohlgemeinten Wunsch dadurch zu vergelten, daß du Andrés nie die Niedrigkeit seines Strebens
vorhältst, noch ihm ausmaltest, wie übel es ihm anstünde,
in seinem jetzigen Stand zu verbleiben. Denn obgleich ich
seiner Zuneigung gewiß zu sein glaube, würde es mich
doch schmerzen, sollte ich auch nur das leiseste Anzeichen
eines Bedauerns bei ihm wahrnehmen.«

Hierauf erwiderte Clemente:

»Du darfst nicht glauben, köstliche Preciosa, daß Don
Juan mir leichten Sinnes entdeckt habe, wer er ist, denn
zuerst habe ich ihn erkannt, zuerst waren es seine Blicke,
die mir sein Sinnen und Trachten offenbarten; ich war es,

der zuerst ihm sagte, wer er sei, und ich war es auch, der zuerst erriet, woran er seine Freiheit hingegeben, was du auch andeutest. Er schenkte mir nur das Zutrauen, das ich verdiente, meiner Verschwiegenheit vertraute er sein Geheimnis an, und er ist mir auch Zeuge, daß ich seinen Entschluß und das wohlgewählte Ziel dieses Entschlusses lobte. Ich, o Preciosa, bin nicht so kurz an Verstand, daß ich nicht wüßte, wie weit die Macht der Schönheit reicht, und deine Schönheit, die selbst das Schönste übertrifft, wäre Entschuldigung genug auch für die größten Verfehlungen, sofern man Verfehlung nennen kann, was aus so triftigem Grunde geschieht. Ich danke dir für alles, Gebieterin, was du zu meinen Gunsten gesprochen hast, und möchte es dir damit entgelten, daß ich wünsche, die Wirrnisse dieser Liebe fänden eine glückliche Lösung und du dürftest dich deines Andrés erfreuen und dein Andrés im Einverständnis mit seinen Eltern und zu deren Freude seine Preciosa heimführen, damit einem solch schönen Paar die schönsten Kinder entsprössen, wie sie eine wohlmeinende Mutter Natur nur gewähren könnte. Das wünsche ich, Preciosa, und werde es auch immer vor deinem Andrés behaupten; ich werde kein Wort sagen, das ihn von seinen vortrefflichen Absichten abbringen könnte.«

Clemente sagte dies mit solchem Feuer, daß Andrés nicht recht wußte, ob jener sie aus Verliebtheit oder aus Artigkeit gesagt habe, da die höllische Krankheit der Eifersucht von solch feinem Stoff ist, daß sie sich selbst noch an den feinsten Sonnenteilchen festzusetzen vermag, weshalb sich auch der Verliebte wegen jedes dieser Teilchen, die die Geliebte treffen, ängstigt und daran verzweifelt. Andrés fand aber keinen Grund zur Eifersucht, denn er vertraute mehr der Sittsamkeit und der Treue Preciosas als dem launischen Geschick; allein jeder Liebende hält sich für unglücklich, solange er nicht das Ziel seiner Wünsche erreicht hat. Wie dem auch sein mochte, Andrés und Clemente blieben gute Kameraden und innige Freunde, wozu auch der gute Wille Clementes ebensoviel beitrug wie die Zurückhaltung und Klugheit Preciosas, die Andrés nie den geringsten Anlaß zu weiterer Eifersucht bot.

Das Zigeunermädchen 157

Clemente besaß eine gewisse dichterische Neigung, wie er dies schon durch die Verse bewiesen hatte, die er Preciosa gegeben, aber auch Andrés rühmte sich, ein weniges davon zu verstehen, und überdies waren beide große Liebhaber der Musik. Als die Zigeuner eines Nachts ihr Lager in einem Tal, vier Meilen vor Murcia, aufgeschlagen hatten, geschah es, daß beide mit ihren Gitarren, Andrés unter einer Korkeiche und Clemente unter einer Steineiche sitzend, von der Stille der Nacht verführt, folgenden Wechselgesang anstimmten, den Andrés begann, während Clemente die Antwort lieferte:

ANDRÉS:

Clemente, sieh des Himmelzelts Gepränge,
Mit dem die Nacht, die kühle,
Dem heißen Tag, der Schwüle
Entgegensetzt der Sterne Lichtermenge
Und zeigt, durch welche Milde
– Schwingt sich dein Geist empor zu solchem Bilde –
Das Antlitz ist gestaltet,
In dem die Schönheit hehrsten Glanz entfaltet.

CLEMENTE:

In dem die Schönheit hehrsten Glanz entfaltet,
In dem die Herzensgüte
Mit glücklichem Gemüte
Im schönen Bund der reinen Unschuld waltet.
Und dies in einem Wesen,
Zu dessen Lob kein Dichter auserlesen,
Dem nicht die Kunst zu eigen,
Was göttlich und erhaben, aufzuzeigen.

ANDRÉS:

Was göttlich und erhaben, aufzuzeigen,
Dazu braucht's neuer Weise,
Denn aus dem Alltagskreise
Möcht' ich erheben zu der Sterne Reigen

Den Namen, der Erschrecken,
Erstaunen und Entzücken kann erwecken,
Auf daß Preciosas Ehre
Verkündet werde in der achten Sphäre.

CLEMENTE:

Verkündet werde in der achten Sphäre
Ihr Ruhm zu ew'gem Preise,
Daß dann auf Sternenweise
Die Himmel Jubel tönen ihr zur Ehre;
Und wo in unsrer Enge
Dann wie Musik Preciosas Name klänge,
Soll Wohlklang uns entzücken
Und, froh das Herz, die Sinne uns beglücken.

ANDRÉS:

Und, froh das Herz, die Sinne uns beglücken
Wird der Sirene Singen,
Und ihres Zaubers Klingen
Vermag auch noch den Klügsten zu berücken.
Das Schönste, das ihr eigen,
Ist nicht die Schönheit; wie könnt' ich's verschweigen:
Sie ist der Freuden Quelle,
Der Klugheit Gipfel und des Geistes Helle.

CLEMENTE:

Der Klugheit Gipfel und des Geistes Helle
Bist du, des Morgens Schimmer,
Bist Kühle im Geflimmer
Des heißen Sommers, bist die frische Welle,
Bist Strahl in Amors Händen,
Der auch das kält'ste Eis entfacht zu Bränden,
Bist Macht, die furchtbar tötet
Und doch der Hoffnung Wangen rötet.

Alle Anzeichen sprachen dafür, als würden beide, der
Freie und der von der Liebe in Fesseln Geschlagene, ihrem
Wechselgesang nicht so bald ein Ende setzen, doch da er-

Das Zigeunermädchen

klang hinter ihnen die Stimme Preciosas. Als sie diese
Stimme vernahmen, hielten sie inne, und ohne sich zu rühren, lauschten sie bezaubert. Das Zigeunermädchen – ob
nun aus dem Stegreif oder schon vordem von einem andern für sie gedichtet – sang wunderbar lieblich, gleich einer
Antwort auf den Wechselgesang der beiden, folgende
Verse:

In des Liebesstreits Gehegen
Amor kehre ich den Rücken,
Tugend will mich mehr beglücken
Als der größten Schönheit Segen.

Auch die unscheinbarste Pflanze
Wächst und reckt sich ins Gerade,
Strebt, ob durch Natur, ob Gnade,
Zu des Himmels hehrem Glanze.

Meinem eig'nen niedern Werte
Schenkt die Tugend freie Würde,
Wär' doch Reichtum nichts als Bürde,
Wenn er nicht die Sitte mehrte.

Nimmer stört es meinen Frieden,
Wenn man mich nicht schätzt, nicht achtet,
Hab' ich doch nur stets getrachtet,
Mir mein eig'nes Glück zu schmieden.

Was an mir liegt, soll geschehen,
Führen mich der Tugend Pfade;
Füge dann des Himmels Gnade,
Daß gescheh', was vorgesehen.

Allzugern möcht' ich erfahren,
Ob's der Schönheit ist gegeben,
Mich zu höchstem Rang zu heben,
Wo sich Glanz und Tugend paaren.

Da vor Gott sind gleich die Seelen,
Wird man gleich den Kaiser achten
Wie den Bauern, so sie trachten,
Sich durch Tugend zu empfehlen.

Nach solch hohem Wert und Lohne
Mag nun meine Seele streben:
Liebe kann so hoch nie heben,
Nie ihr bieten solche Krone.

Hier beendete Preciosa ihr Lied, und Andrés wie Clemente
erhoben sich, um sie zu begrüßen. Dann wurden zwischen
den dreien viele kluge Worte gewechselt, und Preciosa
zeigte dabei ihren Verstand, ihre Ehrbarkeit und ihren
Scharfsinn in solchem Maße, daß der Vorsatz des Andrés
nun auch bei Clemente Entschuldigung fand, die er bisher
im geheimen noch nicht gefunden, da Clemente den plötzlichen Entschluß mehr der jugendlichen Unerfahrenheit
des Andrés als dessen reiflicher Überlegung zugeschrieben
hatte.

Als der Morgen kam, brachen die Zigeuner auf und
ließen sich an einem Ort nieder, der, drei Meilen von der
Stadt entfernt, bereits der Gerichtsbarkeit von Murcia
unterstand. Hier widerfuhr Andrés ein Mißgeschick, das
ihm beinahe das Leben gekostet hätte. Nachdem die Zigeuner ihrer Sitte gemäß einiges Silbergeschirr und anderes
Silberzeug als Pfand hinterlegt hatten, nahmen Preciosa
und ihre Großmutter, Cristina mit zwei anderen Mädchen
und schließlich auch Andrés und Clemente im Hause einer
reichen Witwe Wohnung. Diese Witwe hatte eine Tochter
im Alter von siebzehn oder achtzehn Jahren, die mehr
keck als schön war und Juana Carducha hieß. Als das Mädchen die Zigeunerinnen und Zigeuner tanzen gesehen hatte,
ritt sie der Teufel solcherart, daß sie sich in Andrés aufs
heftigste verliebte. Sie beschloß, ihm ihr Herz zu entdecken und ihn, falls er wollte, zum Manne zu nehmen,
und sollte es ihren Anverwandten noch so sehr wider den
Strich gehen. Sie suchte nach einer Gelegenheit, sich ihm zu
eröffnen, und fand sie in einem Hof, wohin Andrés gegangen war, zwei Esel zu holen. Sie trat zu ihm und sagte
rasch, damit niemand sonst es wahrnehme:

»Andrés« – sie wußte schon seinen Namen – »ich bin
ledig und reich, meiner Mutter einziges Kind; ihr gehört
dieses Haus, und überdies hat sie viele Weingärten mit

Das Zigeunermädchen   161

jungen Reben und zwei weitere Häuser. Du gefällst mir:
willst du mich zum Weibe, so brauchst du's nur zu sagen,
nur gib mir schnell eine Antwort. Wenn du klug bist, dann
bleibst du hier; du sollst sehen, welch ein herrliches Leben
wir uns gönnen werden.«

Andrés war über die Dreistigkeit der Carducha aufs
höchste verwundert und antwortete, so rasch wie sie es von
ihm gefordert hatte:

»Hört, Jungfer, ich bin schon versprochen, und überdies
verheiraten wir Zigeuner uns nur mit Zigeunerinnen; Gott
segne Euch für die unverdiente Gunst, die Ihr mir erweisen
wolltet.«

Ob dieser ablehnenden Antwort des Andrés wäre die
Carducha ums Haar tot umgefallen, doch wäre sie ihm
die Antwort nicht schuldig geblieben, hätte sie nicht bemerkt, daß eben mehrere Zigeunerinnen in den Hof kamen. Beschämt und voll des Ärgers lief sie davon, fest
entschlossen, sich zu rächen, sobald sie die Möglichkeit dazu fände. Um der Vorsicht willen beschloß Andrés, so
rasch wie möglich aus dem Orte fortzukommen und der
Schlinge auszuweichen, die der Teufel ihm da gelegt hatte.
Aus den Augen der Carducha hatte er abgelesen, wie gern
sie ihm auch ohne eheliche Bande zu Gefallen gewesen
wäre, und er hatte nicht die geringste Lust, sich so unmittelbar und allein einem solchen Gegner ausgesetzt zu
sehen. So bat er denn die Zigeuner, noch am gleichen Abend
den Ort zu verlassen. Da die Sippschaft gewohnt war, ihm
in allem zu Willen zu sein, legten alle Zigeuner und Zigeunerinnen Hand ans Werk und zogen, nachdem sie ihre
Pfänder noch am gleichen Nachmittag zurückgenommen
hatten, weiter.

Die Carducha, die mit Andrés die Hälfte ihres Herzens
gehen sah und auch erkannte, daß ihr keine Zeit mehr
bliebe, die Erfüllung ihres Wunsches zu bewirken, beschloß
nun, da es ihr mit guten Worten nicht gelingen wollte,
Andrés mit Gewalt zurückzuhalten, und versteckte mit
Fleiß, Umsicht und Heimlichkeit, die ihr die böse Absicht
eingab, unter des Andrés Habseligkeiten, die sie ja kannte,
einige wertvolle Korallen, zwei silberne Anhänger und

einige andere Schmuckdinge. Kaum hatten die Zigeuner das Haus verlassen, als die Carducha großes Geschrei erhob und klagte, die Zigeuner hätten ihren Schmuck gestohlen. Auf ihr Geschrei kamen die Büttel herbei, und die Leute des Dorfes liefen zusammen. Die Zigeuner machten halt, schworen einen feierlichen Eid, daß sie nichts gestohlen hätten, und machten sich erbötig, den Eid sogleich unter Beweis zu stellen, indem sie die Habseligkeiten der Sippschaft durchsuchen lassen wollten. Darüber war die alte Zigeunerin sehr bekümmert, denn sie befürchtete, man würde bei der Durchsuchung auf einige persönliche Dinge Preciosas stoßen und auf des Andrés vornehme Reisekleider, die sie mit aller Sorgfalt und Heimlichkeit aufbewahrte. Aber die gute Carducha befreite sie sehr bald von ihrer Sorge, denn als die Büttel sich über das zweite Bündel der Zigeunerhabschaft hermachten, sagte sie, man solle doch fragen, welches Bündel jenem großen Zigeunertänzer dort gehöre, denn diesen habe sie zweimal dabei betroffen, wie er in ihr Zimmer getreten sei; er könnte der Dieb schon sein. Andrés wußte sogleich, daß er damit gemeint war und erwiderte lachend:

»Ehrenwerte Jungfer, da ist mein Reisegepäck und hier mein Esel; sollte man in meinem Gepäck oder bei meinem Esel die Euch fehlenden Sachen finden, so bin ich gerne bereit, die Strafe auf mich zu nehmen, die auf Diebstahl steht, und darüber hinaus noch eine schwerere Buße.«

Die Büttel eilten herbei, den Esel abzupacken, und sie brauchten nicht lange zu suchen, als sie schon auf das angebliche Diebsgut stießen; darüber war Andrés so verwirrt und erstaunt, daß er, sprachlos, einer Bildsäule glich.

»Hab' ich's nicht gleich gesagt?« rief die Carducha aus. »Da schaut doch einmal, hinter welchem Ehrgesicht der Erzschelm sich versteckt!«

Der Alkalde des Dorfes, der zugegen war, überschüttete Andrés und die Zigeuner mit Schmähworten und nannte sie Diebsgesindel und Straßenräuber. Zu alledem schwieg Andrés nachdenklich, ohne jedoch auf die Schurkerei der Carducha zu verfallen. Da trat ein aufgeputzter Soldat, der Neffe des Alkalden, an ihn heran und sagte:

Das Zigeunermädchen 163

»Da, seht es Euch doch einmal an, wie dieser lumpige Diebszigeuner dreinschaut! Ich möchte wetten, daß er nach Ausreden sucht und den Diebstahl ableugnet, obgleich man ihn mit dem Diebsgut in den Händen erwischt hat. Gelobt sei der, der euch alle auf die Galeeren schickt. Wäre es nicht besser, wenn dieser Taugenichts dem König auf den Galeeren diente, als daß er von Ort zu Ort tanzte und wie eine Elster stehle. Auf Soldatenehre, ich könnte ihm schier eine Ohrfeige geben, die ihn zu Boden streckt.«

Dies gesagt, holte der Soldat aus und versetzte Andrés eine solche Ohrfeige, daß dieser aus seiner Erstarrung erwachte und sich mit einem Male daran erinnerte, daß er nicht ein Zigeuner namens Andrés Caballero, wohl aber ein Juan und ein Edelmann wäre. Er sprang überaus schnell und voll des Zorns auf den Soldaten zu, riß ihm den Degen aus der Scheide und stieß ihn dem Manne zurück in den Leib, daß dieser tot zu Boden sank.

Da schrien die Leute auf, da wütete der Onkel Alkalde, da brach Preciosa ohnmächtig zusammen, und Andrés geriet fast außer sich, als er dies sah; da griffen alle zu den Waffen und wollten dem Mörder zuleibe. Die Verwirrung nahm zu, zu nahm das Geschrei, und weil Andrés Preciosa helfen wollte, vergaß er auch seine Verteidigung. Überdies hatte das Schicksal es so gefügt, daß Clemente dem unseligen Ereignis nicht beiwohnte, hatte er doch mit seinem Gepäck das Dorf bereits verlassen. Schließlich fielen alle über Andrés her, und es waren ihrer so viele, daß sie ihn faßten und mit zwei schweren Ketten fesselten. Hätte es in der Macht des Alkalden dieses Dorfes gestanden, er würde Andrés auf der Stelle gehenkt haben, da er aber vom Obergericht in Murcia abhing, mußte er Andrés dorthin ausliefern. Erst am nächsten Tag brachten sie Andrés nach der Stadt; inzwischen hatte der Gefangene genug der Quälereien und Beschimpfungen zu ertragen gehabt, die der empörte Alkalde, die Büttel und die Dorfbewohner ihn erdulden ließen. Der Alkalde nahm auch alle Zigeuner und Zigeunerinnen, deren er habhaft werden konnte, in Gewahrsam; die meisten waren jedoch geflohen, mit ihnen auch Clemente, der befürchtet hatte, gefaßt und entdeckt zu werden. Schließlich zog der Alkalde mit seiner Anklageschrift und dem Haufen Zigeuner, gut bewacht von seinen Bütteln und anderen Bewaffneten, in Murcia ein. Unter den Gefangenen waren auch Preciosa und der bedauernswerte Andrés, der, in Ketten geschlossen, mit Handschellen und einem Halseisen gesichert, auf einem Maulesel durch die Straßen reiten mußte. Ganz Murcia strömte zusammen, um die Gefangenen zu sehen, denn die Nachricht von der Tötung des Soldaten war schon in die Stadt gedrungen. Aber Preciosas Schönheit war gerade an diesem Tag von solcher Übermacht, daß niemand ihr die Augen zuwenden konnte, ohne sie sogleich ob ihrer Schönheit zu preisen. Die Nachricht von solcher Schönheit kam auch der Gattin des Korregidors zu Ohren. Um ihre aufgestachelte Neugierde zu befriedigen, bedrängte sie den Gatten dermaßen, daß der Korregidor schließlich befahl, man möge das schöne Zigeunermädchen nicht mit den andern ins Gefängnis bringen. Die übrigen Zigeuner wurden in Gewahrsam genommen, und Andrés lag bald in einem engen Kerkerloch, wo er unter der Dunkelheit und der Abwesenheit Preciosas, seiner Sonne, solcherart litt, daß er glaubte, dem Kerker nur noch auf dem Weg zum Grabe entrinnen zu können. Preciosa und ihre Großmutter wurden der Gattin des Korregidors vorgeführt, die, als sie Preciosa erblickte, auch schon ausrief:

»Mit gutem Recht preist man deine Schönheit!«

Damit zog sie das Mädchen an sich, umarmte es zärtlich, konnte sich an ihr kaum sattsehen, schließlich vermochte sie doch die Großmutter zu fragen, wieviel Jahre das Mädchen wohl zähle.

»Fünfzehn Jahre«, erwiderte die Zigeunerin, »so an die zwei Monate ungefähr.«

»So alt wäre jetzt auch meine unglückliche Constanza. Ach, meine Lieben, wie hat dieses Mädchen meinen Jammer erneut!« sagte die Korregidorin.

Indes ergriff Preciosa ihre Hände, küßte sie und benetzte sie reichlich mit Tränen und sagte schließlich:

»Gnädige Frau, der Zigeuner, den man ins Gefängnis geworfen, ist unschuldig; er wurde gereizt. Man hieß ihn

Das Zigeunermädchen

einen Dieb, obgleich er keiner ist; man schlug ihn ins Gesicht, aus dem nur die Güte leuchtet. Um Gottes und Eures Ranges willen, gnädige Frau, seht darauf, daß ihm Gerechtigkeit zuteil werde und daß sich der Herr Korregidor nicht beeile, an ihm die Strafe zu vollstrecken, mit der das Gesetz ihn bedroht. Wenn Euch meine Schönheit einige Freude bereitet, dann erhaltet sie mir, indem Ihr mir den Gefangenen erhaltet, denn sein Tod wäre auch der meine. Er sollte mein Gatte werden, und nur vernünftige und ehrbare Rücksicht hat es bis jetzt verhindert, daß wir einander die Hand reichten. Sollte Geld vonnöten sein, um seine Begnadigung zu erwirken, dann würde unsere ganze Sippschaft für ihn all ihr Hab und Gut öffentlich versteigern lassen und noch einiges zu dem draufgeben, was man verlangen würde. Wenn Ihr, gnädige Frau, Liebe empfindet, wenn Ihr sie je empfunden habt und immer noch für Euren Gatten fühlt, dann habt Erbarmen mit mir, da ich den meinen so innig und aufrichtig liebe.«

Während Preciosa sprach, hatte sie die Hände der Korregidorin nicht losgelassen und auch die Augen nicht von ihr abgewendet, wobei sie reichlich bittere und flehentliche Tränen vergoß. Auch die Korregidorin ließ Preciosas Hände nicht aus den ihren und blickte das Mädchen nicht minder zärtlich und tränenreich an. Just eben trat der Korregidor ein und blieb, als er seine Frau und Preciosa weinend an den Händen gefaßt dastehen sah, gleicherweise vom Schmerz wie von der Schönheit des Zigeunermädchens betroffen stehen; er fragte nach der Ursache so vielen Leides, und Preciosa ließ statt einer anderen Antwort die Hände der Korregidorin los, warf sich dem Korregidor zu Füßen und sagte:

»Erbarmen, gnädiger Herr, Erbarmen! Wenn mein Gatte stirbt, dann sterbe auch ich! Er ist unschuldig, doch sollte man an ihm eine Schuld finden, dann teilt mir die Strafe zu, und sollte dies nicht möglich sein, dann haltet wenigstens die Untersuchung so lange hin, als man braucht, bis alle zu seiner Verteidigung nötigen Mittel beschafft sind, könnte es doch sein, daß der Himmel dem Gnade gewährt, der nicht aus Bosheit gefehlt hat!«

Wieder wunderte sich der Korregidor, als er die verständigen Worte des Zigeunermädchens vernahm, mit dem er am liebsten selbst geweint haben würde, wenn er nicht befürchtet hätte, Zeichen der Schwäche zu zeigen. Während all dies geschah, stand die alte Zigeunerin nachdenklich da, erwog viele Dinge von großer Bedeutung, und am Ende ihrer Betrachtungen angekommen, sagte sie:

»Mögen Euer Gnaden, meine gnädigen Herrschaften, nur ein wenig zuwarten, und ich werde diese Tränen und Klagen, und sollte es mich auch das Leben kosten, in Freude und Lachen verwandeln.«

Damit eilte sie fort und ließ die Anwesenden in großer Verwirrung zurück. Doch auch nachdem die Alte gegangen war, ließ Preciosa nicht davon ab, zu weinen und zu bitten, man möge doch den Prozeß gegen ihren Andrés aussetzen, hatte sie doch die Absicht, seinen Vater zu benachrichtigen, damit er komme und eingreife. Mit einem Kästchen unter dem Arm kehrte die Zigeunerin zurück und bat den Korregidor und seine Gattin, sie möchten mit ihr in einen anderen Raum gehen, hätte sie ihnen doch große Dinge unter vier Augen zu entdecken. Der Korregidor glaubte, sie wollte ihm einige von den Zigeunern begangene Diebstähle verraten, um ihn für die Verhandlung gegen den Angeklagten günstiger zu stimmen, doch zog er sich mit der Alten und seiner Gattin in einen anderen Raum zurück, wo sich die Zigeunerin beiden zu Füßen warf und sagte:

»Sollte die frohe Botschaft, die ich Euch, meine gnädigen Herrschaften, bringe, mir zum Lohne nicht die Verzeihung für eine große Sünde, die ich begangen, eintragen, hier bin ich dann eben, um die Strafe zu erleiden, die man mir dafür auferlegt, doch ehe ich mein Geständnis ablege, möchte ich Euch, meine gnädigen Herrschaften, fragen, ob Euch diese Dinge hier bekannt sind.«

Damit zog die Alte das Kästchen hervor, in dem sich Preciosas Schmuck befand, und legte es in die Hand des Korregidors. Als dieser das Kästchen öffnete, erblickte er zwar den kindlichen Schmuck, doch wußte er nicht, was dies alles bedeuten sollte. Auch die Korregidorin sah sich die Dinge an und wußte ebensowenig damit anzufangen. Sie sagte nur:

»Das ist der Schmuck irgendeines kleinen Mädchens.«

»Ganz recht«, erwiderte die Zigeunerin, »wer dieses kleine Mädchen aber ist, das könnt Ihr in dieser Schrift lesen.«

Rasch entfaltete der Korregidor das Blatt und las:

»Das Mädchen heißt Doña Constanza de Azevedo y de Meneses; ihre Mutter ist Doña Guiomar de Meneses und ihr Vater Don Fernando de Azevedo, Ritter des Calatrava-Ordens. Ich entführte das Kind morgens um acht am Tage Christi Himmelfahrt des Jahres eintausendfünfhundert und fünfundneunzig. Es trug den Schmuck, den dieses Kästchen enthält.«

Kaum hatte die Korregidorin dies vernommen, als sie auch den kindlichen Schmuck wiedererkannte, ihn an ihre Lippen führte, küßte und wieder küßte und schließlich ohnmächtig zusammenbrach. Ohne die Zigeunerin zu fragen, wo seine Tochter sich nun aufhalte, eilte der Korregidor seiner Gattin zu Hilfe. Als diese wieder zu sich gekommen war, fragte sie:

»Gute Frau, eher Engel als Zigeunerin, wo ist die Eigentümerin, das Mädchen, dem diese Dinge gehören?«

»Wo, gnädige Frau?« erwiderte die Zigeunerin. »Hier in Eurem Hause; dieser Zierat gehört dem Zigeunermädchen, das Euch so viele Tränen entlockt hat; sie ist Eure Tochter, denn ich selber habe sie in Madrid an dem Tage und zur Stunde, die in diesem Schriftstück festgehalten sind, aus Eurem Hause entführt.«

Als die nun überaus erregte Dame solches hörte, warf sie die Pantoffel mit den hohen Korksohlen, die sie am Laufen behinderten, von den Füßen und stürzte atemlos in den Saal, wo sie Preciosa zurückgelassen hatte, die dort, immer noch weinend, von Mägden und Mädchen umgeben war. Die Korregidorin stürzte auf Preciosa zu, entblößte ihr die Brust, um unter der linken Brustwarze nach einem kleinen Mal zu sehen, einem kleinen weißen Fleck, mit dem das Mädchen geboren worden war. Der Fleck, durch die Jahre ein wenig größer geworden, fand sich an der richtigen Stelle. Ebenso rasch und wieder ohne ein Wort zu sagen, zog ihr die Korregidorin den Schuh aus und fand am wohlgeformten Fuß aus Schnee und Elfenbein, wonach sie gesucht hatte: die beiden letzten Zehen des rechten Fußes waren kaum merklich miteinander verwachsen, und man hatte diese Verbindung damals nicht durchschneiden lassen, um dem Mädchen den Schmerz zu ersparen. Die Brust, die Zehen, der Zierat, der Tag der Entführung, das Geständnis der alten Zigeunerin und der freudige Schreck, den die Eltern empfunden hatten, als sie Preciosa erblickten, das alles bestätigte der Korregidorin – kein Zweifel war mehr möglich –, daß Preciosa ihre Tochter sei, und so kehrte sie, das Mädchen in den Armen, in den Raum zurück, wo sie den Korregidor und die alte Zigeunerin zurückgelassen hatte.

Ganz verwirrt war Preciosa, wußte sie doch nicht, weshalb man ihr die Brust entblößt und den Schuh ausgezogen hatte, und noch verwirrter war sie, als die Korregidorin sie in den Armen hochhob und ihr mit hundert Küssen das Gesicht bedeckte. Als Doña Guiomar mit ihrer kostbaren Fracht zu ihrem Gatten kam, legte sie das Mädchen in seine Arme und sagte:

»Hier, mein Gemahl, nehmt Eure Tochter Constanza; sie ist es wirklich, es ist kein Zweifel möglich, denn ich habe die beiden verwachsenen Zehen und das Mal an der Brust gesehen, und überdies hat es mir mein Herz schon in dem Augenblick gesagt, in dem meine Augen auf sie fielen.«

»Auch ich bezweifle es nicht«, sagte der Korregidor, der Preciosa in den Armen hielt, »ist es mir im Herzen doch gleich ergangen wie Euch, und überdies, wäre es denn nicht mehr als ein Wunder, wenn so viele verschiedene Merkmale in einem anderen Falle solcherart zusammenträfen?«

Die Hausleute waren sehr verwundert, fragten einer den andern, was all dies Tun und Gehaben zu bedeuten hätte, aber keiner traf ins Schwarze, denn wer hätte es sich auch denken können, daß jenes Zigeunermädchen die Tochter der Herrschaft wäre.

Der Korregidor legte der Gemahlin, der Tochter und der alten Zigeunerin ans Herz, sie möchten die Sache ge-

Das Zigeunermädchen 169

heimhalten, bis er sie selbst kundtäte; der Alten versicherte er, daß er ihr das Leid und den Kummer verzeihe, die sie ihm zugefügt, als sie ihm das Liebste entführte; da sie ihm dieses Kleinod wieder zurückgebracht habe, verdiene sie aber den größten Dankeslohn, nur schmerze es ihn, daß sie, die doch den Rang Preciosas gekannt, das Mädchen mit einem Zigeuner, der obendrein noch ein Dieb und ein Mörder sei, versprochen habe.

»Ach!« sagte hier Preciosa. »Mein Herr Vater, er ist weder ein Zigeuner noch ein Dieb, wenn er auch ein Totschläger sein mag! Er hat doch nur den Mann getötet, der ihm an die Ehre ging, und er konnte wahrhaftig nicht weniger tun, um sich seines Standes als würdig zu erweisen.«

»Wie? Er soll kein Zigeuner sein, meine liebe Tochter?« fragte Doña Guiomar.

Die alte Zigeunerin berichtete hierauf kurz die Geschichte des Andrés Caballero und sagte, er wäre in Wahrheit der Sohn des Don Francisco de Cárcamo, Ritters des Santiago-Ordens, selber Don Juan de Cárcamo, Ritter des gleichen Ordens; die Kleidung, die er getragen, als er sich in einen Zigeuner zu verwandeln kam, habe sie in Verwahrung. Die Alte berichtete auch von der Abrede zwischen Preciosa und Don Juan, wonach er sich verpflichtete, sich einer zwei Jahre währenden Prüfung zu unterwerfen, ehe er Preciosa zum Weibe haben sollte; sie hob auch noch die Ehrbarkeit der beiden und das angenehme Wesen Don Juans hervor. Darüber wunderten sich der Korregidor und seine Gattin ebensosehr, wie sie es kaum zu fassen vermochten, die Tochter wiedergefunden zu haben. Der Korregidor wies die alte Zigeunerin an, die Kleider des Don Juan zu holen. Sie tat, wie ihr geheißen, und kehrte bald darauf mit einem Zigeuner, der das Bündel trug, zurück.

Während die alte Zigeunerin weggegangen war, das Bündel herbeizuschaffen, stellten die Eltern hunderttausend Fragen an Preciosa, die sie mit solchem Verstand und solcher Anmut beantwortete, daß der Korregidor und seine Gattin sich schon allein deswegen in sie verliebt hätten, wäre sie auch nicht ihre Tochter gewesen. Sie fragten Preciosa vor allem, ob sie einige Neigung zu Don Juan fühle. Das Mädchen erwiderte, daß diese Neigung nicht weiter reiche, als es die Dankbarkeit gegen den erheische, der sich um ihretwillen zum Zigeuner erniedrigt habe; nun aber werde sie ihre Dankbarkeit in den Grenzen zu halten wissen, die die verehrten Eltern als genehm erachten wollten.

»Schweig, Preciosa, Tochter«, sagte der Vater, »– der Name Preciosa soll dir zur Erinnerung an Verlust und Wiederfinden bleiben – mir als Vater kommt es zu, dich deinem Stande gemäß zu verheiraten.«

Als Preciosa solches vernahm, seufzte sie tief, und die Mutter, die einsichtig genug war, merkte, wie sehr das Mädchen in Don Juan verliebt war, und sagte deshalb zu ihrem Gatten:

»Mein Herr Gemahl, es wäre vielleicht gar so übel nicht, wenn wir unsere Tochter dem Don Juan de Cárcamo zum Weibe gäben, ist er doch edlen Standes und liebt Preciosa über alle Maßen.«

Der Korregidor erwiderte:

»Erst heute haben wir sie wiedergefunden und schon wollt Ihr sie wieder verlieren? Erfreuen wir uns eine Zeitlang an ihr, denn verheiratet, wird sie nicht mehr uns, sondern ihrem Gatten angehören.«

»Ihr habt recht, mein Gemahl«, erwiderte sie, »doch ordnet an, daß man Don Juan aus dem schrecklichen Kerkerloch, in dem er leidet, entlasse.«

»Gewiß leidet er dort«, sagte Preciosa, »denn ihm als Dieb und Mörder, vor allem aber als Zigeuner wird man keinen guten Aufenthalt zugewiesen haben.«

»Ich will ihn selbst aufsuchen, und zwar so, als wollte ich ihn verhören«, sagte der Korregidor, »doch lege ich Euch noch einmal ans Herz, daß niemand von der Geschichte erfahre, ehe ich es nicht für richtig halte.«

Damit umarmte und küßte er Preciosa, begab sich ins Gefängnis, verbat sich jede Begleitung und betrat die Kerkerzelle, in der Don Juan untergebracht war. Dort saß der Jüngling, die Füße im Stock, die Hände in Schellen, und selbst das Halseisen hatte man ihm belassen. Die Zelle war stockfinster, so daß der Korregidor erst eine kleine Luke

Das Zigeunermädchen   171

in der Decke öffnen lassen mußte, um etwas zu sehen. Nun
fiel das Licht, wenn auch nur sehr schwach, ins Kerkerloch.
Der Korregidor sagte:

»Wie geht es nun dem Galgenvogel? Hätte ich nur alle
Zigeuner, die es in Spanien gibt, so angehalst, ich würde
mit ihnen an einem einzigen Tag fertig werden wie Nero
mit Rom und bräuchte mich dann nicht zweimal bemühen!
Ich, Ihr Erzschurke, bin der Korregidor dieser Stadt und
bin gekommen, um von Euch selber zu hören, ob es wahr
ist, daß ein Zigeunermädchen aus Eurer Sippe Euer Weib
ist.«

Als Andrés dies vernahm, meinte er sogleich, der Korregidor habe sich in Preciosa verliebt, ist doch die Eifersucht
von solch feinem Stoffe, daß sie jeden Körper durchdringt,
ohne ihn zu zerstören, zu teilen oder zerfallen zu lassen,
doch desungeachtet antwortete er:

»Wenn sie gesagt hat, ich sei ihr Mann, so ist es die volle
Wahrheit; hat sie aber gesagt, ich sei ihr Mann nicht, dann
hat sie ebenso wahr gesprochen, denn Preciosa wird nie
lügen.«

»So wahrheitsliebend ist sie?« fragte der Korregidor.
»Das will bei einer Zigeunerin nicht wenig besagen. Also,
Bursche, sie hat behauptet, die Eure zu sein, obgleich sie
Euch nie angetraut worden ist. Sie weiß, daß Ihr um Eures
Verbrechens willen zu sterben habt, und so hat sie mich
gebeten, Euch noch vor Eurer Hinrichtung mit ihr zu
trauen, setzt sie doch ihre Ehre darein, die Witwe eines
solchen Erzschurken zu sein.«

»Dann tut Euer Gnaden, Herr Korregidor, worum sie
Euch gebeten; ihr angetraut, werde ich zufrieden ins Jenseits reisen, verlasse ich dieses Leben doch als der Ihre.«

»Sehr müßt Ihr sie lieben!« sagte der Korregidor.
»So sehr«, antwortete der Gefangene, »daß alles, was
ich darüber sagen könnte, ein Nichts wäre. Damit, Herr
Korregidor, könnt Ihr meinen Fall als abgeschlossen betrachten: ich habe den, der meiner Ehre zunahe getreten
ist, getötet; ich bete dieses Zigeunermädchen an; in ihrer
Huld stehend, werde ich zufrieden sterben, denn ich weiß,
daß es uns auch an Gottes Huld nicht gebrechen wird, da

wir treulich gehalten, was wir einander versprochen.«

»Ich werde Euch also heute nacht holen lassen«, sagte der Korregidor. »In meinem Hause werdet Ihr mit Preciosa vermählt, und morgen mittag werdet Ihr am Galgen hängen; damit ist sowohl Euer beider Wunsch erfüllt worden als auch der Gerechtigkeit Genüge getan.«

Andrés dankte ihm; der Korregidor kehrte nach Hause zurück und berichtete seiner Gattin, was er mit Don Juan besprochen habe, und legte ihr dar, was er nun selbst zu tun beabsichtige. Während der Korregidor im Gefängnis gewesen war, hatte Preciosa der Mutter ihre ganze Lebensgeschichte erzählt und ihr dargetan, wie sie stets gemeint habe, eine Zigeunerin und die Enkelin jener Alten zu sein, sich aber immer höher geachtet habe, als man es von einer Zigeunerin gemeiniglich erwarte.

Die Mutter bat sie, ihr doch aufrichtig zu sagen, ob sie Don Juan de Cárcamo liebe. Errötend schlug Preciosa die Augen zu Boden und gestand, daß sie ihn dann und wann mit großer Neigung angesehen habe, weil sie als Zigeunerin durch die Heirat mit einem so hochgestellten Herrn und Ordensritter wie Don Juan de Cárcamo ihre Lage sehr verbessert hätte, wohl aber auch, weil sie des Besagten gute Gemütsart und Ehrbarkeit aus der Erfahrung kennengelernt habe, doch habe sie es schon einmal gesagt, daß ihr kein anderer Wille zustünde als der ihrer Eltern.

Die Nacht brach an, und als es gegen zehn ging, holte man Andrés frei von Handschellen und Halseisen aus dem Gefängnis; die große Kette, die ihm den Leib umschlang, wurde ihm nicht abgenommen. Ohne jemandem zu begegnen, kam er mit seinen Wächtern in das Haus des Korregidors, und dort führte man ihn in aller Stille und Heimlichkeit in einen Raum, wo er alleingelassen wurde. Einige Zeit darauf trat ein Geistlicher ein und empfahl ihm zu beichten, da er am nächsten Tag sterben müsse. Darauf sagte Andrés:

»Gerne will ich beichten, aber wie kommt es, daß man mich nicht, wie versprochen, vorher traut? Wenn man mich auch verheiratet, so ist doch das Hochzeitslager, das mich erwartet, schlimm genug.«

Das Zigeunermädchen 173

Frau Guiomar, die um alles wußte, sagte ihrem Gatten, es sei nun genug des Schreckens, den man Don Juan bereite; man möge damit doch aufhören, denn es könnte auch sein, daß er darüber sterbe. Dies schien dem Korregidor ein guter Rat zu sein, und er ging, dem Geistlichen zu sagen, er möge den Zigeuner zuerst mit Preciosa, dem Zigeunermädchen, vermählen, dann könne er ihm die Beichte abnehmen und seine Seele Gott anheim stellen. Gottes Barmherzigkeit sei immer dann am größten, wenn die Hoffnung am kleinsten sei.

Andrés wurde nun in einen Saal gebracht, wo nur Frau Guiomar, der Korregidor, Preciosa und zwei der Diener des Hauses warteten. Als Preciosa Don Juan erblickte, wie er, von einer so langen Kette gefesselt, das Gesicht blaß und die Augen trübe, dastand, wurde ihr das Herz so schwer, daß sie sich auf den Arm der Mutter, die neben ihr stand, stützen mußte. Die Mutter schloß sie in die Arme und sagte leise:

»Fasse dich, mein Kind, alles, was hier vorgeht, wird sich bald zu deiner Freude und deinem Nutzen kehren.«

Preciosa, die von dem, was nun geschehen sollte, nicht in Kenntnis gesetzt war, wußte nicht, wie sie Trost finden könnte, aber auch die alte Zigeunerin war sehr niedergeschlagen, und die übrigen Anwesenden waren höchst gespannt, zu erfahren, wie alles ausgehen sollte. Der Korregidor sagte:

»Herr Pfarrvikar, Ihr sollt nun diesen Zigeuner und diese Zigeunerin trauen.«

»Das kann ich nicht, wenn nicht alle Förmlichkeiten erfüllt sind, die in einem solchen Fall verlangt werden. Wo wurde das Aufgebot verkündet? Wo ist die Lizenz meines Oberen, daß ich die Trauung vornehmen darf?«

»Das war ein Versäumnis meinerseits«, antwortete der Korregidor, »aber ich werde die Lizenz beim Generalvikar erwirken.«

»Solange ich die Lizenz nicht in Händen habe«, sagte der Pfarrvikar, »müssen die Herrschaften mich entschuldigen.«

Da der Pfarrvikar jeden unangenehmen Auftritt vermeiden wollte, ging er, ohne ein weiteres Wort zu äußern, fort und ließ die Versammelten ratlos und verwirrt zurück.

»Hochwürden hat ganz recht getan«, sagte schließlich der Korregidor, »vielleicht wollte es die Vorsehung so, weil dadurch die Hinrichtung des Zigeuners Andrés aufgeschoben wird; er soll nun einmal, ich habe es mir in den Kopf gesetzt, mit Preciosa verheiratet werden, und da der Heirat erst das Aufgebot vorauszugehen hat, so wird wohl auch der Zeit Zeit genug gegeben werden, auf daß mit ihr viele unglückliche Verkettungen die glückliche Lösung finden. Indes möchte ich von Andrés gerne erfahren, ob er froh wäre, Preciosas Gatte zu sein für den Fall, daß das Schicksal seine Sache so wende, daß er ihr Gatte sein könnte ohne jeden Schrecken und jede Aufregung, ob er nun Andrés Caballero oder Don Juan de Cárcamo heiße.«

Als sich Andrés bei seinem wahren Namen nennen hörte, sagte er:

»Da Preciosa nicht länger in den Grenzen der Verschwiegenheit bleiben wollte und entdeckt hat, wer ich bin, erkläre ich, daß ich ihren Besitz als das höchste aller Güter erachte und wäre ich auch der Herr der ganzen Welt; darüber hinaus würde ich einzig die Glückseligkeit des Himmelreiches schätzen.«

»Da Ihr, mein Don Juan de Cárcamo, solch ehrenwerte Gesinnung bezeigt, werde ich zu gegebener Zeit veranlassen, daß Preciosa Euch als eheliches Weib angetraut werde. Doch jetzt schon gebe und vertraue ich sie Euch als kostbarstes Kleinod meines Hauses, meines Lebens und meines Herzens als Eure Verlobte an. Schätzt und haltet sie so, wie Ihr bekundet habt, denn mit ihr gebe ich Euch Doña Constanza de Meneses, meine einzige Tochter, die Euch gewiß an Liebe gleichkommt, aber auch an Adel nicht nachsteht.«

Andrés war vollends verwirrt von der Güte, die man ihm so unversehens erwies, weshalb auch Doña Guiomar in Kürze erzählte, wie sie die Tochter verloren und wiedergefunden hatte dank der untrüglichen Beweise, die ihnen die alte Zigeunerin gegeben. Damit verfiel Don Juan

Das Zigeunermädchen 175

in noch größeres Staunen, doch bald war er über alle Maßen
entzückt: er fiel den Eltern seiner Preciosa um den Hals,
nannte sie seine Eltern und Gebieter, küßte Preciosa die
Hände, die tränenüberströmt nach den seinen griff.

Das Schweigegebot wurde aufgehoben; mit dem Abgang
der beiden Diener, die alles mitangehört hatten, verbreitete sich die Neuigkeit in der ganzen Stadt, und als der
Alkalde, der Onkel des getöteten Soldaten, dies erfuhr,
sah er den Weg seiner Rache abgeschnitten, denn die Strenge
des Gesetzes konnte nicht gut am Schwiegersohn des Korregidors vollstreckt werden.

Don Juan legte die Reisekleider an, die die alte Zigeunerin herbeigeschafft hatte; der Kerker wurde zur Freiheit
und die eiserne Kette zur goldenen, die Trauer der gefangenen Zigeuner wurde zur Freude, denn schon am andern
Tag wurden sie gegen Bürgschaft freigelassen. Dem Onkel
des Toten wurden zweitausend Dukaten versprochen, was
ihn veranlaßte, die Anklage zurückzuziehen und Don
Juan zu verzeihen. Don Juan vergaß auch nicht Clemente,
seinen Kameraden, und ließ nach ihm suchen. Clemente
wurde aber nicht gefunden, noch erfuhr man Näheres über
seinen Verbleib; erst vier Tage später kam die sichere
Nachricht, daß er sich auf einer der genuesischen Galeeren,
die im Hafen von Cartagena lagen, einschiffen konnte,
und die Galeeren bereits unter Segel gegangen waren.

Der Korregidor teilte Don Juan auch mit, er wisse aus
sicherer Quelle, daß Don Francisco de Cárcamo, der Vater,
für das Amt des Korregidors jener Stadt vorgesehen sei,
und es nun angebracht wäre, ein weniges zuzuwarten, damit die Trauung mit dessen Wissen und Willen vorgenommen werde. Don Juan aber erwiderte, er wolle sich gerne
an alle anderen Anordnungen des Herrn Korregidors halten, doch müsse er darauf bestehen, schon jetzt mit Preciosa
verbunden zu werden. Der Erzbischof gab seine Einwilligung, daß die kanonischen Vorschriften schon mit einem
einzigen Aufgebot als erfüllt angesehen würden. Da der
Korregidor bei allen Leuten sehr beliebt war, wurde der
Tag der Trauung von der ganzen Stadt mit Feuerwerk,
Stierkampf und Scheinturnier festlich begangen. Die alte

Zigeunerin blieb im Hause, denn sie wollte sich nicht von ihrer Enkelin Preciosa trennen.

Bald gelangte auch die Geschichte von den Erlebnissen des Zigeunermädchens und ihrer Verehelichung nach Madrid; so erfuhr Don Francisco de Cárcamo, daß sein Sohn der Zigeuner war und das Zigeunermädchen jene Preciosa, die er ja kannte. Mit der übergroßen Schönheit des Mädchens entschuldigte er auch den Leichtsinn seines Sohnes, den er schon für verloren angesehen hatte, um so mehr als er wußte, daß Don Juan nicht nach Flandern gezogen war. Noch entschuldbarer schien ihm diese Leichtfertigkeit, als er erfuhr, daß Don Juan damit die Tochter eines so vornehmen und vermögenden Mannes, wie Don Fernando de Azevedo es war, zur Frau gewonnen hatte. So beschleunigte er denn seine Abreise, um so rasch wie möglich zu seinen Kindern zu kommen; zwanzig Tage später traf er in Murcia ein, und bald nach seiner Ankunft wurde das Hochzeitsfest mit großer Pracht gefeiert. Alle Erlebnisse wurden wiederum erzählt, und die Dichter der Stadt, unter denen es auch einige vorzügliche gibt, ließen es sich nicht nehmen, den ungewöhnlichen Fall zu bedichten und zugleich die ausbündige Schönheit Preciosas zu verherrlichen. Auch der bekannte Lizentiat Pozo schrieb darüber auf eine Weise, die den Ruhm Preciosas bis ans Ende der Zeiten wachhalten wird.

Ich vergaß noch zu berichten, daß die verliebte Bauerndirne später vor Gericht aussagte, daß Andrés, der Zigeuner, kein Dieb sei. Da sie nun gleicherweise ihr Vergehen wie ihre Verliebtheit eingestand, wurde sie nicht bestraft; man begrub in der allgemeinen Freude über das Glück der jungen Gatten jedes Gefühl der Rache und ließ das der Milde auferstehen.

DER EDELMÜTIGE LIEBHABER

»O ihr bejammernswerten Ruinen des unglücklichen Nicosia, kaum trocken vom Blut eurer tapferen, vom widrigen Geschick verfolgten Verteidiger! Hättet ihr jetzt die Empfindung, die euch mangelt, dann könnten wir in dieser Einsamkeit gemeinsam über unser Unheil klagen und fänden dann vielleicht Erleichterung, weil jeder von uns einen Gefährten seines Mißgeschicks gefunden hat. Euch, ihr halbzerstörten Wehrtürme, mag noch die Hoffnung geblieben sein, daß ihr euch vielleicht noch einmal aufgerichtet sehen werdet, wenn auch nicht zu solch gerechter Abwehr wie jene es war, in der ihr gefallen seid. Aber welches Glück dürfte ich Unglücklicher noch erhoffen in meiner Not, selbst wenn ich wieder in die Lage käme, in der ich vorher war? Mein Unglück ist so furchtbar, daß ich, der ich schon in der Freiheit kein Glück hatte, es auch in der Gefangenschaft nicht habe, noch erwarte.«

Also klagte ein Christensklave, der von einer Anhöhe herab auf die vom Feind geschleiften Mauern Nicosias blickte; so sprach er mit ihnen und verglich sein trauriges Geschick mit dem ihren, als wären Steine fähig, ihn zu verstehen. (Es ist den Bekümmerten eigen, daß sie, von ihrer Einbildungskraft getrieben, Dinge sagen und tun, die der Vernunft und ruhiger Überlegung widersprechen.)

Da trat ein junger Türke von sehr edlem und gefälligem Äußern aus einem der vier Zelte, die auf jenem Felde aufgeschlagen waren, ging zum Christen und sagte:

»Ich möchte wetten, Freund Ricardo, daß es wieder deine unablässig kummervollen Gedanken sind, die dich in diese Gegend hier getrieben haben.«

»So ist es«, erwiderte Ricardo – so hieß der Christensklave –, »doch was kann ich hoffen, wenn ich nirgends, wohin auch immer ich mich wende, Ruhe und Erholung finde, und diese Ruinen, die man von hier aus sieht, einem die Seele mit noch größerer Trauer erfüllen?«

»Dies sagst du wohl der Ruinen von Nicosia wegen?« bemerkte der Türke.

»Und? Auf welche anderen Ruinen soll ich mich denn beziehen«, sagte Ricardo, »da sich dem Blick hier doch keine anderen darbieten?«

»Freilich mußt du weinen«, erwiderte der Türke, »wenn du dich solchen Betrachtungen hingibst. Wie könnte auch jemand, der diese berühmte, reiche Insel Zypern noch vor kaum zwei Jahren in ihrer friedvollen Gelassenheit gesehen hat, des Jammers sich erwehren, da die Bewohner, die doch alles genießen konnten, was dem Menschen an Glück beschieden sein kann, nun entweder vertrieben sind oder in der Sklaverei schmachten? Doch lassen wir das, da es nun einmal nicht zu ändern ist, und kommen wir auf deine Angelegenheit zu sprechen, möchte ich doch gerne sehen, ob sich hier nicht Abhilfe schaffen ließe. Ich bitte dich also, bei der freundschaftlichen Gesinnung, die ich dir bezeigt habe, und wegen unseres gemeinsamen Vaterlandes und unserer gemeinsam verlebten Kindheit, mir zu sagen, was dich so überaus traurig macht, denn wenn auch schon die Sklaverei an sich hinreichte, das fröhlichste Gemüt zu verdüstern, so glaube ich dennoch, daß die Quelle deines Kummers schon vorher zu fließen begonnen hat, pflegen doch edle Seelen wie die deine alltäglichen Widerwärtigkeiten nicht so sehr zu erliegen und sich zu solchen Schmerzausbrüchen hinreißen zu lassen. Dies um so mehr, als ich weiß, daß du keineswegs zu arm bist, das für dich geforderte Lösegeld aufzubringen; schließlich schmachtest du auch nicht in den Gefängnistürmen am Schwarzen Meer als ein Gefangener von besonderer Bedeutung, der nur spät oder nie die ersehnte Freiheit wiedererlangt. Da du trotz deines Unglücks immer noch hoffen darfst, die Freiheit wieder zu gewinnen, ich jedoch sehe, daß du trotz dieser Hoffnung immer bereit bist, deinen Unstern aufs jämmerlichste zu beklagen, fällt es mir nicht schwer anzunehmen, dein Kummer habe eine tiefere Ursache als den Verlust der Freiheit; darum bitte ich dich von Herzen, mir diese Ursache zu entdecken und es mir zu erlauben, dir jede Hilfe zu gewähren, zu der ich imstande bin. Vielleicht hat es das Schicksal auf seinen vielverschlungenen Wegen so gefügt, daß ich diese Tracht, die ich verabscheue, an-

legen mußte, um dir zu helfen. Du weißt, Ricardo, daß
mein Herr niemand anderer ist als der Kadi dieser Stadt
(dies bedeutet soviel wie Bischof); du weißt auch, über
welche Macht er verfügt und wieviel ich selber bei ihm
vermag; überdies ist es dir nicht unbekannt, daß mich der
glühende Wunsch beseelt, nicht in diesem Glauben zu sterben, den ich nur scheinbar bekenne, denn sollte ich dies Los
eines Tages nicht mehr ertragen, dann werde ich mich
öffentlich zum Glauben an Jesum Christum bekennen, von
dem mich mein geringes Alter und meine noch geringere
Einsicht haben abtrünnig werden lassen, und, obgleich ich
weiß, daß mich dieses Bekenntnis das Leben kosten wird,
werde ich das leibliche Leben gerne für das Heil meiner
Seele eintauschen. Aus alledem magst du erkennen, daß
dir meine Freundschaft von einigem Nutzen sein kann,
allein um zu sehen, auf welche Weise deinem Jammer zu
steuern ist, mußt du mir von deinem Unstern berichten,
denn auch der Arzt muß sich vom Kranken unterrichten
lassen, damit er ihm Heilung bringen kann. Zugleich aber
versichere ich dir, daß ich über alles tiefstes Schweigen bewahren werde.«

Ricardo hatte zugehört, ohne auch nur ein Wort zu
äußern, doch schließlich sah er sich durch den Zuspruch des
Türken und durch die eigene Not veranlaßt, sich ihm zu
entdecken, und entgegnete:

»Wenn du, Freund Mahamut – so hieß der Türke –,
ebenso sicher das Mittel fändest, meinem Jammer abzuhelfen, wie du in der Vermutung eines tieferen Grundes
ins Schwarze getroffen hast, dann würde ich den Verlust
meiner Freiheit für ein Glück erachten und mein Mißgeschick nicht mit dem glänzendsten Los, das sich nur denken
ließe, vertauschen wollen, doch fände sich, wie ich wohl
weiß, kein Mensch, der sich erkühnte, mein Unglück, dessen Ursache jedermann erfahren darf, zu lindern, geschweige denn zu beheben. Damit du aber siehst, wie recht
ich habe, werde ich dir meine Geschichte in aller Kürze
berichten; doch bevor ich mich in das wirre Labyrinth
meiner Leiden begebe, bitte ich dich, mir zu sagen, warum
Hassan Pascha, mein Herr, seine Zelte hier auf diesem

Felde aufgeschlagen hat, ohne in Nicosia einzuziehen, zu
dessen Vizekönig oder Pascha, wie die Türken sagen, er
bestellt ist?«

»Das will ich dir in wenigen Worten erklären«, erwiderte Mahamut. »Bei den Türken ist es Brauch, daß einer,
der zum Vizekönig einer Provinz bestellt worden ist, nicht
eher in deren Hauptstadt einzieht, bevor sein Vorgänger
sie nicht verlassen hat und einer strengen Untersuchung
seiner Amtsführung nicht im Wege steht. Während nun der
neue Vizekönig überprüft, wartet jener das Ergebnis auf
freiem Felde ab und kann es, wenn er nicht schon früher
dafür gesorgt hat, weder durch Bestechung noch durch
Freundschaftsdienste beeinflussen. Ist die Untersuchung
abgeschlossen, dann händigt man dem aus dem Amte
Scheidenden ein versiegeltes Pergament ein, mit dem er
sich bei der Hohen Pforte, wie man den Kronrat der Türken nennt, einzufinden hat. Je nachdem der Bericht lautet,
der vom Wesir und vier dem Range nach niedereren Paschas (wir würden sie Präsident und Beisitzer des Königlichen Rates nennen) gelesen wird, bestraft oder belohnt
man ihn. Erkennt man ihn als straffällig, dann kann er die
Strafe mit Geldgeschenken umgehen; wird er aber nicht
für strafbar befunden und will man ihn auch nicht belohnen, was gewöhnlich der Fall ist, dann darf er sich das
Amt, das ihm am meisten in die Augen sticht, mit Geschenken und Geldgaben erwerben, denn dort werden
Ämter und Würden nicht nach dem Verdienst verliehen,
sondern verkauft: alles ist feil, und alles findet seinen Käufer. Wer Ämter und Ehrenstellen zu vergeben hat, beraubt
jene, die danach streben; er zieht ihnen die Haut über die
Ohren. Darum muß jede erkaufte Stelle genug abwerfen,
damit eine andere erworben werden kann, die höheren
Gewinn verspricht. So, wie ich es dir schilderte, geht alles
vor sich; alles in diesem Reich ist despotisch, ein Zeichen
dafür, daß es nicht von langer Dauer sein wird. Ich glaube
– und so wird es in Wahrheit auch sein –, daß dieses Reich
sich nur auf unsere Sünden stützt, daß heißt die Sünden
der Leute, die, wie ich, Gott so unverschämt und grenzenlos
beleidigen: möge Er mir um Seiner Barmherzigkeit willen

Der edelmütige Liebhaber

verzeihen. Hassan Pascha, dein Herr, wartet hier nun schon vier Tage lang darauf, in die Stadt einzuziehen, und wenn der alte Pascha die Stadt noch nicht verlassen hat, wie er sollte, dann nur, weil er sehr krank war; nun aber geht es ihm schon viel besser und er wird heute oder morgen aus Nicosia ausziehen, um in den Zelten zu wohnen, die, uns unsichtbar, hinter dieser Anhöhe aufgeschlagen wurden. Dann erst wird dein Herr in die Stadt einziehen. Das ist die Antwort auf deine Frage.«

»Nun höre meine Geschichte«, sagte Ricardo, »doch weiß ich nicht, ob ich imstande bin, dir mein Unglück, wie versprochen, in kurzen Worten zu erzählen, ist es doch so groß und unermeßlich, daß es sich nicht in Worte fassen läßt: trotzdem werde ich, solange man mir Zeit läßt, mein Bestes zu tun versuchen. Vorerst möchte ich dich fragen, ob du in Trapana, unserer Vaterstadt, ein Mädchen kennst, von dem es heißt, es sei das schönste Weib Siziliens, ein Mädchen also, von dem sowohl die Schwätzer wie die besten Kenner behaupten, es sei die vollkommenste Schönheit, die die Vergangenheit je besessen, die Gegenwart besitzt und die Zukunft zu besitzen hoffen darf, ein Mädchen, von dem die Dichter sagten, das Haar sei aus Gold, die Augen zwei strahlende Sonnen, die Wangen Purpurrosen, die Zähne Perlen, die Lippen Rubinen, der Hals Alabaster, und jede Einzelheit stimme mit dem Ganzen und das Ganze mit jeder Einzelheit auf wunderbarste Weise überein, wobei die Natur über das Ganze einen so zarten Schmelz ausgegossen habe, daß selbst der Neid an ihr nicht ein Fehl zu entdecken vermochte. Wie! Ist es möglich, Mahamut, daß du mir nicht schon gesagt hast, wer es ist und wie sie heißt? Ich muß annehmen, daß du mir entweder gar nicht zugehört hast oder in der Zeit, in der du in Trapana lebtest, weder Augen noch Ohren hattest.«

»Fürwahr, Ricardo«, versetzte Mahamut, »wenn das Mädchen, das du als solchen Ausbund an Schönheit geschildert hast, nicht Leonisa, die Tochter Rodolfo Florencios ist, ich wüßte nicht, wer es sonst sein sollte, stand doch nur sie in solchem Rufe.«

»Sie ist es, Mahamut!« versetzte Ricardo. »Und sie ist die eigentliche Quelle meines Glücks und Unglücks; sie und nicht die verlorene Freiheit ist es, um deretwillen meine Augen zahllose Tränen vergossen haben, vergießen und vergießen werden; sie ist es, um deretwillen meine Seufzer nah und fern in die Lüfte steigen; sie ist es, um deretwillen meine Klagen den Himmel, der sie vernimmt, und jedes Ohr, das sie hört, ermüden; um ihretwillen hast du mich für einen Verrückten gehalten oder wenigstens für einen Menschen, der wenig Selbstbeherrschung und noch weniger Mut besitzt. Diese Leonisa – eine Löwin mir, einem andern ein sanftes Lamm – ist es, die meine Seele, mein Herz und meine Sinne ganz gefangen und verwirrt hat, denn schon von zartester Kindheit an oder zumindest seit ich meinen Verstand gebrauchen lernte, liebte ich sie, nein, betete sie an und diente ihr mit solcher Hingabe, als fände sich weder auf Erden noch im Himmel eine Gottheit, der ich eifriger zu dienen und glühender Anbetung zu zollen hätte. Ihre Anverwandten und Eltern wußten um meine Wünsche, und nie bezeigten sie mir ein Mißfallen, erkannten sie doch, daß meine Wünsche nur nach einem löblichen Ziele strebten, und ich weiß, sie hielten Leonisa solches des öfteren vor Augen, um deren Willen auf mich als ihren zukünftigen Gatten zu lenken. Sie jedoch, die ihre Augen auf Cornelio, den Sohn Ascanio Rótulos geworfen hatte – du kennst ihn ja: ein hübscher Junge, geziert, mit weichen Händen, Lockenhaar, von honigsüßer Stimme voll zärtlicher Worte, kurz und gut, ein Laffe aus Ambra und Zuckerteig, in Seide gewickelt und mit Brokat aufgeputzt – wollte ihre Augen nie auf mein Gesicht heften, das weniger zart war als die Larve Cornelios, ja, sie wollte mir nicht einmal für die vielen, beharrlichen Aufmerksamkeiten, die ich ihr erwiesen, danken und vergalt meine stete Bereitschaft mit Verachtung und Abscheu. Meine Liebe aber wuchs und wuchs in solchem Maße, daß es mir wie Gnade erschienen wäre, hätte sie meinem Leben durch Geringschätzung und Verachtung ein Ende gesetzt, wenn sie dafür nur Cornelio nicht so offen ihre Gunst, und mochte sie noch so ehrbar sein, geschenkt hätte. Du

Der edelmütige Liebhaber   183

kannst dir vorstellen, in welchem Zustand sich mein Gemüt befand, da sich zum Kummer des Verschmähtseins und zur Drangsal der Verachtung noch die grausamste Eifersucht gesellt hatte und mein Herz solcherart unter zwei tödlichen Krankheiten litt. Leonisas Eltern sahen über die Gunstbezeigungen hinweg, die das Mädchen Cornelio erwies, glaubten sie doch – was nur natürlich war –, daß er sie, angezogen von solch unvergleichlicher und ausbündiger Schönheit, zur Gemahlin nehmen und ihnen solcherart ein reicherer Schwiegersohn zufallen würde, als ich es gewesen wäre. Reicher wäre er vielleicht gewesen, doch ohne Anmaßung kann ich sagen, sie hätten an ihm keinen Schwiegersohn besserer Art gefunden als der meinen, noch einen Eidam von edlerer Gesinnung und anerkannterer Tapferkeit. Nun geschah es, daß ich während meiner Bewerbung erfuhr, Leonisa und Cornelio träfen einander mit ihren Eltern, Anverwandten und der Dienerschaft an einem gewissen Tag im Mai, jetzt sind es genau ein Jahr, drei Tage und fünf Stunden her, in Ascanios Garten, der ganz nahe am Strand auf dem Wege nach den Salinen liegt, um sich dort zu ergötzen.«

»Fahre nur fort, Ricardo«, sagte Mahamut. »Ich kenne den Garten sehr gut, habe ich doch dort, wenn es Gott gefiel, manch frohe Stunde erlebt.«

»Ich erfuhr es«, sagte Ricardo, »und im nämlichen Augenblick bemächtigte sich meiner eine Wut, eine Raserei, eine Hölle der Eifersucht mit solch erschreckender Gewalt, daß ich ganz von Sinnen kam, wie du aus dem, was ich nachher tat, ersehen kannst, und zum Garten eilte, wo sie, wie man mir gesagt, sich versammelt hatten. Dort angekommen, sah ich, wie sich der größte Teil der Gesellschaft auf seine Weise die Zeit vertrieb und lustwandelte; Leonisa und Cornelio erspähte ich, wie sie, wenn auch voneinander ein weniges abgerückt, allein unter einem Nußbaum saßen. Was sie fühlten, als sie mich so unerwartet auftauchen sahen, weiß ich nicht; von mir jedoch kann ich nur sagen, daß mir bei ihrem Anblick Hören und Sehen verging und ich zur Bildsäule erstarrte. Es dauerte jedoch nicht lange, da setzte mir der Verdruß die Galle in Bewegung, die Galle mein Herzblut, das Blut die Wut und die Wut Hände und Zunge. Waren meine Hände auch durch die Achtung gebunden, die ich dem schönen Antlitz vor mir schuldig zu sein glaubte, so brach doch die Zunge mit folgenden Worten das Schweigen: ›Zufrieden magst du sein, du Todfeindin meiner Seelenruhe, deine Augen in solcher Ungestörtheit an dem zu ergötzen, was meinen Augen immer wieder Anlaß ist zu bitteren Tränen; näher, nur näher heran an ihn, du Grausame, und ranke deinen Efeu um den saftlosen Stamm, der nach dir verlangt; kämme und locke das Haar dieses deines Ganymeds, der dich so lau umwirbt; gib dich doch hin den schwärmerischen Jahren dieses Knaben, den du da betrachtest, denn mit dem Verlust meiner Hoffnung mag auch das Leben, das ich verabscheue, enden. Glaubst du vielleicht, du hochmütiges, unbedachtes Mädchen, daß die Gesetze und Bräuche, die in solchen Fällen in der ganzen Welt Gültigkeit haben, nur dich allein nicht zwingen? Oder glaubst du vielleicht, daß dieser Knabe, hochmütig ob seines Reichtums, eitel ob seines Aussehens, unerfahren ob seiner Jugend und auf seine Herkunft vertrauend, in der Liebe Treue beweisen mag, kann und wird, daß er das Unschätzbare zu schätzen versteht und weiß, was nur die Erfahrung reiferer Jahre zu wissen imstande ist? Solltest du solches glauben, dann irrst du sehr, denn in der Welt vollzieht sich zu unserem Glück alles immer auf die gleiche Weise, damit sich schließlich jeder nur schuld seiner eigenen Unwissenheit zu betrügen vermag. Die Jugend ist unbeständig, der Reiche hochmütig, hoffärtig der Eitle und der Schöne geringschätzig, und wer all dies ist, der ist auch töricht, und Torheit ist die Mutter alles Unheils. Und du, Knabe, der du denkst, so billig den Preis davonzutragen, der mehr meiner aufrichtigen Liebe gebührt als deiner Nichtigkeit, warum erhebst du dich nicht von deinem Blumenlager und reißt mir die Seele, die dich so sehr verabscheut, aus dem Leibe? Nicht verabscheut, weil du mich mit deinem Tun beleidigst, sondern weil du das Glück nicht zu schätzen weißt, das dir so unverdient in den Schoß fällt. Man sieht doch deutlich, wie gering du dieses

Der edelmütige Liebhaber   185

Glück erachtest, da du keinen Finger rührst, es zu verteidigen, fürchtest du doch, den zierlichen Faltenwurf deines prächtigen Gewandes zu zerstören; hätte Achilles dein
Fischblut gehabt, dann wäre Ulysses wahrlich nicht imstande gewesen, mit seiner List etwas auszurichten und
hätte er ihm noch so viele glänzende Rüstungen und blin-
kende Schwerter gezeigt. Geh, geh und treib deine Kurzweil mit den Mägden deiner Mutter; dort kannst du dein
Haar und deine Hände pflegen, die sich besser darauf verstehen, zartes Seidenzeug anzufassen, als die harte Klinge
zu führen.‹ Die ganze Zeit, in der ich sprach, rührte sich
Cornelio nicht von dem Fleck, auf dem er saß, sondern
blickte mich erstarrt und betroffen an. Da ich aber alles,
was ich dir jetzt gesagt, herausgeschrien hatte, kamen die
Leute, die im Garten auf und nieder gegangen waren, herbei und hörten alle Schmähungen mit an, die ich fürderhin
gegen Cornelio ausstieß. Als dieser sich von so vielen Leuten umgeben sah, faßte er Mut, um so mehr, als die meisten,
wenn nicht alle, Freunde, Anverwandte und Diener des
Hauses waren, und machte Miene aufzustehen. Doch ehe
er sich noch erhoben hatte, zog ich den Degen und griff
nicht nur ihn, sondern auch die Leute, die herbeigeeilt
waren, überaus heftig an. Kaum aber sah Leonisa meinen
Degen blinken, als sie in tiefe Ohnmacht sank, was mich
in noch größere Raserei versetzte. Ich wüßte dir nicht zu
sagen, ob alle, die nun auf mich einstürmten, sich nur auf
die Abwehr beschränkten, wie man einen Tobsüchtigen
abwehrt, oder ob ich es meinem Stern, meiner Gewandtheit oder dem Himmel zuzuschreiben habe, der mich zu
größerem Leiden bestimmt hatte, denn ich verwundete
sieben oder acht meiner Gegner, die mir zunächst waren.
Cornelio nützte indes seine Behendigkeit und legte davon
soviel in seine Beine, daß er meinen Händen entkam. Als
ich, von meinen Gegnern, die nun für die eben erst an
ihnen verübte Beleidigung Rache zu nehmen trachteten,
umringt, in arge Bedrängnis geraten war, sandte mir das
Schicksal einen Beistand, auf den ich lieber verzichtet und
dafür lieber sogleich mein Leben eingebüßt hätte, als es
jetzt, auf solch unverhoffte Weise gerettet, stündlich tau-

send- und abertausendmal zu verlieren. Es drang nämlich
unversehens ein großer Haufe Türken in den Garten; sie
waren auf zwei Raubschiffen aus Biserta gekommen und
von den Leuten auf den Wachtürmen unbemerkt und ungesehen von den Küstenwächtern in einer nahegelegenen
Bucht gelandet. Als meine Gegner der Türken gewahr wurden, ließen sie von mir ab und suchten ihr Heil in rascher
Flucht. Von allen Leuten, die im Garten gewesen, konnten
die Türken nebst Leonisa, die noch in Ohnmacht lag, nur
drei Personen gefangennehmen. Mich bekamen sie erst in
ihre Gewalt, nachdem die vier schweren Verwundungen,
die sie mir zugefügt, vier Türken das Leben gekostet hatten. Den Überfall hatten die Türken mit der ihnen üblichen Schnelligkeit ausgeführt; obgleich mit der Beute
nicht sehr zufrieden, kehrten sie jedoch sofort auf ihre
Schiffe zurück, stachen unverzüglich in See und gelangten
mit Hilfe von Ruder und Segel bald nach der Insel Fabiana.
Hier hielten sie Musterung ab, und als sie fanden, daß vier
ihrer besten Seesoldaten oder Levantes, wie sie sie nennen,
ihr Leben gelassen hatten, beschlossen sie, dafür Rache an
mir zu nehmen; der Arráez, der Befehlshaber des Haupt-
schiffes, befahl, die Rah herunterzulassen, um mich daran
aufzuknüpfen. Leonisa, die wieder zu sich gekommen war,
bemerkte dies und vergoß einen Strom schöner Tränen, als
sie sich in der Gewalt der Seeräuber sah, rang ihre zarten
Hände und horchte schweigend und aufmerksam auf die
Rede der Türken, um zu sehen, ob sie daraus nicht das
eine oder das andere verstehen könnte. Einer der Christensklaven, die auf der Ruderbank saßen, sagte ihr auf italienisch, der Arráez habe befohlen, jenen Christen – dabei
wies er auf mich – aufzuknüpfen, weil er ihm, um sie zu
verteidigen, vier der besten Seesoldaten getötet habe. Als
Leonisa solches vernahm, bezeigte sie mir zum ersten Male
Mitleid und bat den Rudersklaven, er möge den Türken
sagen, mich nicht zu henken, denn sie würden dadurch nur
eines reichen Lösegeldes verlustig gehen; sie täten besser,
nach Trapana zurückzusegeln, wo man mich auslösen
würde. Dies war, wie gesagt, das erste Erbarmen und wird
wahrscheinlich auch das letzte sein, das Leonisa mir er-

Der edelmütige Liebhaber   187

wiesen, und auch dies wieder nur zu meinem größeren
Leidwesen und Unheil. Als die Türken vernahmen, was
ihnen der Rudersklave sagte, schenkten sie ihm Glauben,
und die Habgier besänftigte ihre Wut. Am andern Morgen
segelten sie, eine weiße Flagge am Mast, nach Trapana zurück. Ich verbrachte jene Nacht, wie man sich leicht vorstellen kann, überaus schmerzvoll, nicht so sehr meiner
Wunden als der Gefahr wegen, der meine grausame Feindin unter jenen Barbaren ausgesetzt war. Vor Trapana
angekommen, lief eine der beiden Galeoten in den Hafen
ein, während die andere auf der Reede blieb. In kurzer
Zeit füllte sich der Hafen und der anschließende Strand
mit Christen, und auch der Zierbengel Cornelio beobachtete von weitem, was auf der Galeote vorging. Alsbald
eilte einer meiner Verwalter herbei, um über mein Lösegeld zu verhandeln, doch ich erklärte ihm, es gehe nicht um
meine, sondern um Leonisas Freiheit; an sie solle er mein
ganzes Vermögen setzen. Zugleich befahl ich ihm, an Land
zurückzukehren und Leonisas Eltern zu sagen, sie möchten
den Loskauf ihrer Tochter ganz ihm überlassen und sich
darüber keine Sorgen machen. Nachdem ich solches verfügt hatte, verlangte der Arráez, ein griechischer Renegat namens Yzuf, sechstausend Goldtaler für Leonisa
und andere viertausend für mich und fügte hinzu, daß
er den einen Gefangenen nicht ohne den anderen losgeben wolle. Er forderte das hohe Lösegeld, weil er
sich, wie ich später erfuhr, inzwischen in Leonisa verliebt hatte und sie keinesfalls losgeben wollte, sondern
insgeheim daran dachte, mich dem Arráez der anderen
Galeote, mit dem der für die Beute zu gleichen Teilen ging,
in der Höhe von viertausend Talern anzurechnen und
die tausend, die auf die fünftausend Goldtaler fehlten,
in bar zu zahlen; Leonisa wollte er für sich selber behalten, und dies war auch der Grund, weshalb er für uns
beide zusammen zehntausend Goldtaler forderte. Leonisas
Eltern, die sich auf die Zusage meines Verwalters verließen, boten selbst kein Lösegeld, aber auch Cornelio tat
nichts für Leonisa; schließlich bot mein Verwalter nach
langem Hin und Her fünftausend Taler für Leonisa und

dreitausend für mich. Durch das inständige Zureden seines Raubgefährten und aller seiner Soldaten sah sich Yzuf genötigt, auf dieses Angebot einzugehen, doch mein Verwalter, der eine derartige Summe nicht zur Hand hatte, verlangte drei Tage Frist, um sie zu beschaffen und dachte, wenn nötig, meine Besitzungen in der Höhe dieses Betrages zu verschleudern. Yzuf war über die Verzögerung sehr erfreut, denn er hoffte, in der Zwischenzeit eine Gelegenheit zu finden, den Handel rückgängig zu machen. Er versprach, nach Ablauf von drei Tagen wiederzukommen, um das Lösegeld zu holen, und fuhr nach der Insel Fabiana zurück. Allein mein widriges Geschick, das nicht müde wurde, mich zu verfolgen, fügte es, daß eine Wache der Türken, die vom höchsten Punkt der Insel Ausschau hielt, auf hoher See sechs lateinische Segel entdeckte und mit Recht annahm, es handle sich um das maltesische Geschwader oder um einige Schiffe der sizilianischen Flotte. Mit dieser Nachricht kam er gelaufen, und im Nu gingen die Türken, die an Land das Essen zubereiteten oder die Kleider wuschen, an Bord. Mit beispielloser Geschwindigkeit wurden die Anker gelichtet, die Ruder ins Wasser geschlagen, die Segel gesetzt und die Berberei angesteuert, so daß wir in weniger als zwei Stunden die Galeeren aus dem Gesicht verloren; die Türken, von der Insel und durch die anbrechende Nacht geschützt, erholten sich wieder von ihrem Schrecken. Ich überlasse es deiner eigenen Vorstellungsgabe, Freund Mahamut, dir auszudenken, wie mir bei jener, meinen Erwartungen so sehr zuwiderlaufenden Fahrt zumute war, zumal die beiden Galeoten am nächsten Tag an der Südseite der Insel Pantanalea vor Anker gingen und die Türken an Land eilten, um, wie sie sagten, Holz und Fleisch zu beschaffen. Doch auch die beiden Arráez gingen an Land und machten sich daran, die Beute, die ihnen zugefallen war, unter sich aufzuteilen. Alles, was die Türken unternahmen, schien mir ein langsames qualvolles Sterben. Als es dann so weit war, daß Leonisa und ich verteilt werden sollten, gab Yzuf dem Fetala (so hieß der Arráez der anderen Galeote) sechs Christen, vier für den Ruderdienst, zwei schöne korsische Knaben und mich

Der edelmütige Liebhaber

obendrein, um Leonisa für sich zu behalten; Fetala war
damit zufrieden. Obgleich ich all dem beiwohnte und begriff, worum es ging, verstand ich doch kein Wort von
dem, was sie sprachen, und hätte damals auch nichts über
die Art der Beuteverteilung erfahren, wäre nicht Fetala
auf mich zugetreten und hätte mir auf italienisch gesagt:
»Christ, nun bist du mein. Du bist mir für zweitausend
Goldtaler zugesprochen; wenn du aber deine Freiheit wieder erlangen willst, so mußt du mir viertausend geben oder
du bleibst bis an dein Lebensende Sklave.« Ich fragte ihn,
ob ihm auch die Christin zugefallen wäre. Er verneinte
dies und sagte mir, daß Yzuf sie behalte, der sie zur Mo-
hammedanerin machen und heiraten wolle. So war es auch
abgemacht worden, wie ich dann von einem Rudersklaven
erfuhr, der gut Türkisch verstand und die Unterhandlungen
zwischen Yzuf und Fetala mit angehört hatte. Ich bat
meinen Herrn, es zu bewerkstelligen, daß er die Christin
bekäme, denn ich wäre bereit, für sie allein ein Lösegeld
von zehntausend Goldtalern in barer Münze zu bezahlen.
Fetala erwiderte, dies wäre nicht möglich, doch wolle er
Yzuf die hohe Summe zur Kenntnis bringen, die ich für
die Christin auszulegen bereit sei, vielleicht würde Yzuf,
von der Habgier verlockt, sich bereitfinden, seine Meinung
zu ändern und das Mädchen freizugeben. Fetala tat, wie
er versprochen, befahl aber auch sogleich den Leuten seiner Galeote, sich unverweilt einzuschiffen, da er so rasch
wie möglich nach Tripol in der Berberei, wo er zu Hause
war, kommen wollte. Gleichzeitig beschloß auch Yzuf, sich
nach Biserta zu wenden, und so schifften sich die Türken
mit der gleichen Eile ein, die sie sonst üben, wenn sie
Galeeren zu Gesicht bekommen, die ihnen gefährlich werden oder Kauffahrer, auf die sie Jagd machen können.
Diesmal lag der Grund ihrer Eile jedoch in der Befürchtung, das Wetter könnte auf Sturm umschlagen. Leonisa
war, wie ich wußte, zwar auch an Land, doch konnte ich
sie nirgends entdecken; so sahen wir einander erst beim
Einschiffen. Ihr neuer Herr und noch neuerer Anbeter
führte sie an der Hand, und als sie über die Leiter, die
von der Galeote auf den Strand reichte, das Schiff bestieg,

wandte sie mir die Augen zu, und die meinen, die unverwandt auf ihr verweilten, blickten sie so zärtlich und jammervoll an, daß sich mir, ich weiß nicht wie, eine Wolke vor die Augen legte, die mich ihres Anblicks beraubte, indes ich besinnungslos zu Boden sank. Dasselbe war, wie ich später erfuhr, Leonisa begegnet. Man hatte gesehen, wie sie von der Leiter ins Meer gestürzt war, wie Yzuf ihr nachgesprungen und sie in seinen Armen geborgen hatte. Dies erfuhr ich auf der Galeote meines Herrn, wohin man mich in tiefer Ohnmacht gebracht hatte. Als ich wieder zu mir kam und mich allein sah, indes die andere Galeote einen anderen Kurs einschlug und die Hälfte meines Herzens oder vielmehr mein ganzes Herz entführte, da wurde mir der Sinn von neuem trübe; ich verfluchte abermals mein Schicksal und rief mit lauter Stimme nach dem Tod. So heftig waren meine Klagen, daß mein Herr, überdrüssig, sie anzuhören, drohte, mich mit einem dicken Stock durchzuprügeln, wofern ich nicht sofort schwiege. Ich unterdrückte meine Tränen, schluckte die Seufzer hinunter und hoffte, sie würden entgegen der Gewalt, die ich ihnen antat, von neuem ausbrechen und der Seele, die sich so sehr sehnte, diesen elenden Körper zu verlassen, eine Pforte öffnen. Allein das Schicksal, nicht damit zufrieden, mich solchem Kummer und solcher Bedrängnis auszusetzen, beschloß, mich gänzlich zugrunde zu richten und mir jede Hoffnung, daß ich von meinem Leid erlöst würde, zu nehmen; es geschah nämlich, daß der Sturm, den man schon längst befürchtet hatte, mit einem Male losbrach und der Wind, der aus dem Süden blies und unseren Bug ansprang, so stark aufzufrischen begann, daß wir ihm das Heck zuwenden und das Schiff vor dem Winde treiben lassen mußten.

Der Arráez wollte die Spitze der Insel umschiffen und an der Nordseite Zuflucht suchen, allein sein Vorhaben schlug fehl, weil der Sturm mit solchem Ungestüm wütete, daß das Schiff den Weg, zu dem es zwei Tage gebraucht, nun in wenig mehr als vierzehn Stunden zurückgetrieben wurde; schließlich sahen wir uns wieder kaum sechs bis sieben Meilen von der Insel entfernt, die wir verlassen

Der edelmütige Liebhaber 191

hatten, und trieben nun vor dem Sturm gegen sie an, nicht
etwa auf den flachen Strand zu, sondern gegen die hohen
Klippen, die uns mit dem unvermeidlichen Tod bedrohten.
Uns zur Seite erblickten wir die Galeote, die mit uns aus-
gesegelt war und auf der sich Leonisa befand; die Türken
und die Rudersklaven mühten sich aus Leibeskräften, das
Schiff gegen den Wind zu halten und zu verhindern, daß
es an den Klippen zerschelle. Desgleichen taten die Türken
und die Rudersklaven unserer Galeote, doch, wie es schien,
mit mehr Ausdauer und Erfolg als jene, die, erschöpft von
der Anstrengung und überwältigt von der Hartnäckigkeit
des Sturmes und der Gewalt der Fluten, bald die Ruder
fahren ließen und vor unseren Augen auf die Klippen zu-
trieben, auf die die Galeote bald mit solcher Wucht zu-
schoß, daß sie daran in Trümmer ging. Die Nacht brach
herein; das Geschrei der Schiffbrüchigen und die Angst
unserer Leute, die gleichfalls Schiffbruch zu erleiden befürchteten, waren so furchtbar, daß kein einziger Befehl
unseres Arráez vernommen, verstanden und ausgeführt
wurde. Die Leute achteten alle nur darauf, die Ruder nicht
aus den Händen zu lassen, den Bug des Schiffes dem Winde
zuzudrehen und zwei Anker auszuwerfen, um den anscheinend sicheren Tod noch eine Zeitlang hinauszuzögern.
Während die Todesangst alle erfaßt hatte, empfand ich
das Gegenteil, denn in der trügerischen Hoffnung, in der
anderen Welt jene wiederzusehen, die eben erst aus dieser
geschieden war, erschien mir jeder Augenblick, den die
Galeote zögerte, unterzugehen oder an den Klippen zu
zerschellen, wie ein Jahrhundert grausamsten Todes. Ich
starrte in die hochgehenden Wogen, die über das Schiff
und mich hereinbrachen, um zu sehen, ob ich in den Fluten
nicht den Leichnam der unglücklichen Leonisa entdecken
könnte. Ach, Mahamut, ich will mich jetzt nicht damit aufhalten, dir bis ins kleinste die Schrecken, die Ängste, das
Bangen und die Gedanken zu schildern, die mich in jener
langen, bitteren Nacht bedrängten, damit ich nicht meiner
ursprünglichen Absicht, dir von meinem Unglück nur kurz
zu berichten, zuwiderhandle. Meine Leiden waren also solcher Art und so zahlreich – dies genüge dir zu wissen –,

daß der Tod, hätte er mich damals gewollt, nur wenig
Mühe gehabt haben würde, mein Leben auszulöschen. Der
Tag brach an mit allen Anzeichen eines noch heftigeren
Sturmes; zugleich aber entdeckten wir, daß unser Schiff
sich sehr stark gedreht und, von den Klippen ziemlich weit
entfernt, einer Spitze der Insel nahegekommen war. Die
Aussicht, die Inselspitze umschiffen zu können, gab Türken
wie Christen neue Hoffnung und frische Kraft, und es gelang uns, sie sechs Stunden später hinter uns zu bringen;
dort fanden wir das Meer ruhiger und konnten uns der
Ruder leichter und wirksamer bedienen. Unter dem Wind-
schutz der Insel warfen wir Anker, und die Türken gingen
an Land, um nachzusehen, ob nicht das eine oder das andere der Trümmer der Galeote zu finden wäre, die vergangene Nacht an den Klippen zerschellt war; mir aber
wollte der Himmel noch nicht den erwarteten Trost gewähren. Ich hatte gehofft, den entseelten Leib Leonisas,
und wäre er auch verstümmelt gewesen, in die Arme schließen zu dürfen, um jenen Bann zu brechen, den mein Unstern einer Verbindung mit ihr entgegengesetzt hatte, denn
meine aufrichtige Neigung hätte solchen Lohn schon längst
verdient. So bat ich denn einen Renegaten, der auch an
Land wollte, daß er sich umsehe, ob das Meer den Leichnam Leonisas nicht doch ans Ufer geworfen habe, aber, wie
schon gesagt, der Himmel verweigerte mir diese Gunst,
denn im gleichen Augenblick frischte der Wind so heftig
auf, daß auch die Insel keinen Schutz mehr bot. Als Fetala
dies sah, gab er es auf, sich gegen das Geschick aufzuleh-
nen, das ihn so hartnäckig verfolgte, und befahl, die Rah
an den Mast zu setzen und ein wenig Segel zu geben; dann
ließ er den Bug seewärts wenden und das Heck vor den
Wind, stellte sich selbst ans Steuer und hielt aufs offene
Meer zu, gewiß, daß ihm kein Hindernis mehr in den Weg
treten werde. Die Ruder lagen im Mittelgang, die Leute
saßen untätig auf den Ruderbänken oder an den Schieß-
gatten, und auf dem Verdeck der Galeote sah man nur den
Schiffsherrn, der sich zu seiner größeren Sicherheit an der
Zeltstrebe hatte festbinden lassen. Das Schiff jagte so leicht
dahin, daß wir in drei Tagen und Nächten an Trapana,

Der edelmütige Liebhaber

193

Melazo und Palermo mit geschwellten Segeln vorbeiflogen und am Leuchtturm vorbei, zum staunenden Entsetzen aller, die an Bord waren, und jener, die unser von Land her ansichtig wurden, in die Straße von Messina einfuhren. Kurz, um die Schilderung des Sturmes nicht so lang werden zu lassen, wie der Sturm selbst dauerte, berichte ich nur, daß wir, nachdem wir die ganze Insel Sizilien umschifft hatten, müde, hungrig und überdrüssig von solch langer Fahrt, nach Tripol in der Berberei kamen. Dort befielen meinen Herrn (noch ehe er mit seinen Raubsoldaten die Beute gezählt und geschätzt, jedem das Seine und dem König, wie es Brauch ist, sein Fünftteil gegeben) solche Schmerzen an den Seiten, daß er mit ihnen drei Tage später zur Hölle fuhr. Der König von Tripol und der Hinterlassenschaftsrichter, den der Großtürke (der, wie du weißt, Erbe alles unvermachten Vermögens ist) dort hält, steckten das ganze Vermögen Fetalas, meines Herrn, ein, und so kam ich in den Besitz des Vizekönigs von Tripol. Vierzehn Tage später erhielt dieser die Bestallung zum Vizekönig von Zypern, und mit ihm bin ich hiehergekommen. Ich habe nicht die Absicht, mich loszukaufen, und so oft er mir auch nahelegte, ich solle es doch tun, denn ich sei, wie die Soldaten Fetalas ihm berichtet, von hohem Rang und großem Reichtum, bin ich doch darauf nie eingegangen, sondern habe ihm jedesmal erklärt, er sei von jenen, die ihm eine so hohe Meinung von meinem Vermögen beigebracht hatten, hinters Licht geführt worden. Wenn ich mich dir ganz eröffnen soll, Mahamut, dann wisse, daß ich nicht gesonnen bin, an irgendeinen Ort zurückzukehren, wo ich auch nur den geringsten Trost finden könnte, wohl aber soll mir das stete Denken an Leonisas Tod und das Leben in der Sklaverei dazu verhelfen, daß ich nie mehr auch nur die geringste Freude erfahre. Und wenn es wahr ist, daß dauerndes Leid schließlich von selbst aufhört oder dem Leben dessen ein Ende setzt, dem es widerfährt, dann wird auch mein Schmerz dies fertigbringen, um so mehr, als ich daran denke, ihm solchen Lauf zu lassen, daß er in wenigen Tagen dies elende Leben auslöscht, das ich nur mit Widerwillen ertrage. Dies, Freund Mahamut, ist mein

trauriges Geschick, ist die Ursache meiner Seufzer und
Tränen. Nun bedenke du, ob dies alles nicht Grund genug
ist, der Tiefe meines Herzens Seufzer und Klagen zu entreißen und sie in der Dürre meiner schmerzerfüllten Brust
laut werden zu lassen. Leonisa starb, und mit ihr starb
auch meine Hoffnung; denn wenn diese Hoffnung bei ihren
Lebzeiten auch nur an einem dünnen Härchen hing, so
war immerhin, immerhin...«

Und bei diesem »Immerhin« klebte ihm die Zunge am
Gaumen fest, solcherart, daß er kein Wort zu sprechen
mehr imstande war, noch die Tränen zurückzuhalten vermochte, die, wie man zu sagen pflegt, seinen Augen in
Bächen entströmten und in solchem Schwalle über sein
Gesicht flossen, daß sie den Boden netzten. Auch Mahamut
weinte mit ihm, doch nachdem sich der Weinkrampf Ricardos, ausgelöst von der Erinnerung, die durch den Bericht
wieder aufgefrischt worden war, gelegt hatte, bemühte er
sich, Ricardo mit den trefflichsten Worten und Gründen,
die ihm in den Sinn kamen, zu trösten, doch jener unter-
brach ihn:

»Was du zu tun hast, Freund, ist mir zu raten, wie ich
es anzustellen habe, um bei meinem Herrn und allen, mit
denen ich zu tun haben könnte, in Ungnade zu fallen, damit ich, von ihm und ihnen verabscheut, von den einen
wie den andern mißhandelt und verfolgt werde, so daß
ich, Schmerz auf Schmerz und Kummer auf Kummer ge-
häuft, in Kürze erreiche, was ich begehre: den Tod.«

»Jetzt erkenne ich«, sagte Mahamut, »wie wahr die Behauptung ist, man könne alles aussprechen, was man fühle,
wenn manchmal auch das Übermaß an Gefühl die Zunge
schweigen läßt. Aber es sei nun, wie dem sei, Ricardo (ob
nun deine Worte deinem Schmerz entsprechen oder ihn
übertreiben), immer wirst du an mir einen aufrichtigen
Freund besitzen, der dir mit Rat und Tat zur Seite steht.
Denn wenn auch meine Jugend und die Unbesonnenheit,
die ich beging, als ich diese Tracht anlegte, zu bezeugen
scheinen, daß man auf den Rat und auf die Tat, die ich
dir biete, nicht Zuversicht noch Hoffnung setzen darf, so
will ich dennoch mich bemühen, daß dieser Argwohn sich

Der edelmütige Liebhaber 195

nicht bestätige und eine solche Vermutung nicht zur Gewißheit werde. Und gesetzt, du wolltest weder meinen Rat noch meine Hilfe, so werde ich desungeachtet zu deinem Besten handeln und mit dir wie mit einem Kranken umgehen, dem man auch nicht gibt, was er begehrt, sondern nur, was ihm heilsam ist. In der ganzen Stadt gibt es niemand, der mehr gilt und mehr vermag als der Kadi, mein Herr, und nicht einmal deiner, der doch als Vizekönig hieherkommt, wird so viel Macht besitzen. Da sich nun die Dinge solcherart verhalten, kann ich mit Fug behaupten, ich sei der Mächtigste in dieser Stadt, vermag ich doch bei meinem Herrn alles, was ich will. Ich sage dies nur, weil ich es vielleicht bewerkstelligen kann, daß er dich als Sklaven annimmt, und wenn wir erst einmal beisammen sind, wird die Zeit uns lehren, was wir zu tun haben, damit du Tröstung findest, falls du solche annehmen willst und kannst, und ich, damit ich aus diesem Dasein in ein besseres komme oder wenigstens in ein Land gelange, wo ich mir das andere, das bessere Leben sichern kann, wenn ich dieses verlasse.«

»Ich danke dir für die Freundschaft, die du mir erweist, Mahamut«, erwiderte Ricardo, »obgleich ich überzeugt bin, daß du mit allem, was du zu meinen Gunsten tust, nichts erreichen kannst, was mir zum Vorteil wäre. Doch lassen wir das und gehen wir zu den Zelten, denn wie ich sehe, kommt eine große Menschenmenge aus der Stadt, und zweifelsohne bezieht nun Ali Pascha, der scheidende Vizekönig, sein Lager hier, um Hassan, meinem Herrn, die Möglichkeit zu geben, in die Stadt einzuziehen, damit er dort die Amtsführung seines Vorgängers prüfe.«

»So ist es«, sagte Mahamut, »komm, Ricardo, und sieh dir das Zeremoniell an, mit dem sie einander begrüßen werden. Das Schauspiel wird dich zerstreuen.«

»So gehen wir denn in Gottes Namen«, versetzte Ricardo, »vielleicht werde ich deiner bedürfen, wenn der Sklavenaufseher meines Herrn mich vermißt haben sollte. Er ist ein Renegat aus Korsika und eben nicht sehr nachsichtig.«

Damit beendeten sie ihr Gespräch und gingen zu den

Zelten, wo eben der abtretende Pascha eintraf und der neue vor den Eingang seines Zeltes trat, um ihn zu begrüßen. Ali Pascha (so hieß der abtretende Vizekönig) kam in Begleitung sämtlicher Janitscharen, die, seit Zypern im Besitz der Türken ist, fünfhundert an der Zahl, als Garnison in Nicosia liegen. Sie marschierten in zwei Reihen, die einen mit Musketen und die anderen mit gezückten Krummsäbeln bewaffnet, langten beim Zelte Hassans, des neuen Paschas, an und schlossen es ein; dann verneigte sich Ali Pascha tief vor Hassan, der den Gruß mit einer weniger tiefen Verbeugung erwiderte. Ali trat in Hassans Zelt; der neue Vizekönig aber wurde von den Türken auf ein stattliches, reich geschmücktes Roß gehoben und rings um das Zeltlager und noch eine weite Strecke über das Feld geführt, während sie unter großem Lärmen in ihrer Sprache ausriefen: »Lang lebe Sultan Soliman und Hassan, Pascha in seinem Namen!« Unter immer lauterem Geschrei und Gekreische wiederholten sie oftmals diesen Ruf; schließlich brachten sie Hassan Pascha wieder zum Zelt zurück, wo Ali ihn erwartete. Dann schlossen sich Ali, Hassan Pascha und der Kadi eine Stunde lang im Zelte ein.

Mahamut sagte zu Ricardo, sie hätten sich eingeschlossen, um darüber zu verhandeln, was mit den Bauarbeiten, die Ali in der Stadt begonnen, fürder zu tun wäre. Kurz nachdem die Stunde vergangen war, trat der Kadi vor das Zelt und verkündete auf Türkisch, Arabisch und Griechisch, daß jeder, der sein Recht gegen Ali Pascha suchen wolle oder sonst etwas gegen ihn vorzubringen begehre, freien Zutritt zu Hassan Pascha habe, den der Großherr als Vizekönig nach Zypern sende, um ihnen allen Recht und Gerechtigkeit widerfahren zu lassen. Darauf gaben die Janitscharen den Eingang des Zeltes frei, damit jeder, der es wünsche, dort eintreten könne. Mahamut veranlaßte Ricardo, mit ihm ins Zelt zu gehen, und da man Ricardo als Hassans Sklaven kannte, legte man ihm auch kein Hindernis in den Weg. Nun kamen sowohl griechische Christen als auch einige Türken herbei, um ihre Klagen anzubringen, doch waren die Beschwerden allesamt von so geringer Bedeutung, daß sie der Kadi, ohne sie erst vor den neuen

Der edelmütige Liebhaber

Vizekönig zu bringen, stehenden Fußes ohne Akten, Klage-
schrift und Einspruch erledigte, denn bei den Türken werden alle Streitfälle (die Ehesachen ausgenommen) augenblicklich und stehenden Fußes, mehr nach dem Gutdünken
des Richters als nach irgendeinem geschriebenen Gesetz,
entschieden. Unter jenen Barbaren, wenn man sie hierin so
nennen darf, ist der Kadi der zuständige Richter für alle
Streitsachen; er führt sie in kürzester Zeit zur Entscheidung und spricht in einem Atemzug das Urteil, gegen das
es keinen Einspruch bei einem höheren Gericht mehr gibt.

Indes trat ein Tschausch, das ist ein Gerichtsdiener, herein und meldete, am Zelteingang warte ein Jude, der eine
überaus schöne Christin zum Verkauf bringe. Der Kadi
befahl, man möge den Händler hereinführen, und sogleich
kam der Tschausch mit einem ehrwürdigen Juden zurück,
der ein nach Berberart gekleidetes Weib an der Hand
führte, ein Weib, das so kostbar und prachtvoll gewandet
war, daß ihr die reichste aller Maurinnen aus Fez und
selbst aus ganz Marokko nicht gleichkommen konnte, obgleich es heißt, daß diese alle Afrikanerinnen, ja selbst die
Frauen aus Algier mit ihrem Perlenschmuck übertreffen.
Das Antlitz des Weibes war unter einem Schleier aus karmesinrotem Taft verborgen; an den freiliegenden Fuß-
knöcheln trug sie zwei Karkachen (so nennt man Arm- und
Fußspangen im Arabischen), die allem Anschein nach aus
purem Gold waren, und an den Armen, die man durch den
dünnen Zindel, aus dem das Hemd gemacht, hindurch-
schimmern sah, gleißten zwei weitere goldene Spangen,
die mit vielen Perlen besetzt waren, kurz und gut: sie war
reich und prunkvoll herausgeputzt. Von solchem Anblick
sogleich aufs tiefste beeindruckt, befahlen der Kadi und
die beiden Paschas, ohne sonst ein Wort zu verlieren oder
eine Frage zu stellen, der Jude möge die Christin anweisen, den Gesichtsschleier abzunehmen. Sie tat, wie ihr
befohlen, und enthüllte ein Antlitz, das die Augen der
Umstehenden blendete und ihre Herzen erfreute wie die
Sonne, die nach langer Dunkelheit durch dichtes Gewölk
bricht und die Augen aller jener ergötzt, die sie herbeisehnen. Solcherart war die Schönheit, die Hoheit und

Würde der Christensklavin. Aber am stärksten beeindruckte dieses wundervolle Licht den unglücklichen Ricardo, der es besser kannte als irgendein anderer, war das Mädchen doch seine angebetete, grausame Leonisa, die er so oft schon für tot gehalten und mit so vielen Tränen beweint hatte. Alis Herz wurde beim Anblick der ausbündigen Schönheit der Christin zutiefst getroffen und bezwungen; gleich tief war auch die Herzenswunde Hassans, und auch dem Kadi blieb die Liebeswunde nicht erspart; hingerissener als alle, konnte er seine Blicke nicht von den schönen Augen Leonisas losreißen. Und um die Allgewalt der Liebe noch besser zu erkennen und einzuschätzen, muß man wissen, daß im gleichen Augenblick in den Herzen der drei Männer eine nach eines jeden Meinung berechtigte Hoffnung wach wurde, das Mädchen für sich zu gewinnen und sich ihrer zu erfreuen, und so fragten sie, ohne sich viel darum zu kümmern, wie, wo und wann die Schöne in die Hände des Juden gekommen, nur nach dem Preis, den er für sie verlange. Der geldgierige Jude antwortete, daß er viertausend Dublonen, das sind zweitausend Goldtaler, fordere, und kaum hatte er diesen Preis genannt, als Ali Pascha erklärte, er wolle für das Mädchen gern soviel auslegen und der Jude möge sogleich nach seinem Zelt kommen, wo man ihm das Geld ohne zu feilschen auszahlen würde; doch Hassan Pascha, der nicht gesonnen war, das Mädchen fahren zu lassen, sollte er darob auch sein Leben aufs Spiel setzen, sagte:

»Auch ich zahle gern die viertausend Dublonen, die der Jude verlangt. Ich würde diese Summe keineswegs auslegen, noch Alis Anbot mich entgegenstellen, zwänge mich zu solchem Schritte nicht ein Grund, dessen Triftigkeit auch Ali mir zubilligen wird: diese reizende Sklavin darf keinem von uns angehören, nur dem Großherrn kann sie bestimmt sein. Ich erkläre also, daß ich sie in seinem Namen kaufe, und den Verwegenen möchte ich sehen, der es nun wagt, sie mir streitig zu machen.«

»Ich erkühne mich, dies zu tun«, erwiderte Ali, »kaufe ich sie doch auch nur zu demselben Zweck, und mir steht es am ehesten zu, dem Großherrn ein solches Geschenk zu

Der edelmütige Liebhaber   199

machen. Ich habe ja die beste Gelegenheit, sie nach Konstantinopel zu bringen und könnte mich dadurch beim Großherrn in Gunst setzen. Denn (wie du selbst weißt, o Hassan) ich bin ein Mann ohne Amt und muß auf ein Mittel sinnen, ein neues zu erlangen, während du doch drei Jahre lang nicht daran zu denken brauchst, da du erst heute die Herrschaft und Regierung dieses überaus reichen Königreiches Zypern antrittst. Aus diesem Grunde, und weil ich der erste war, der den Preis für die Sklavin bot, ist es nur recht und billig, o Hassan, daß du sie mir überläßt.«

»Um so mehr muß man mir dafür danken«, erwiderte Hassan, »daß ich sie ohne den geringsten eigennützigen Gedanken für den Großherrn erwerbe und sie ihm schicke, und was die vorzügliche Gelegenheit angeht, sie nach Konstantinopel zu bringen, so werde ich eine Galeote mit meinen eigenen Leuten und Sklaven bemannen, damit man das Mädchen dorthin schaffe.«

Solche Worte ergrimmten Ali; er sprang auf, packte den Griff seines Krummsäbels und sagte:

»Da ich nun, o Hassan, die gleiche Absicht habe, da auch ich die Christin dem Großherrn als Geschenk überbringen will und ich überdies der erste Bieter war, ist es nur recht und billig, daß du sie mir überläßt. Solltest du aber anderer Meinung sein, dann wird dieser Krummsäbel, dessen Griff ich hier umfasse, mein Recht verteidigen und deine Dreistigkeit bestrafen.«

Der Kadi, der nicht minder für die Sklavin entbrannt war, verfolgte mit gespannter Aufmerksamkeit den Streit der beiden; da er aber befürchtete, die Christin könnte ihm entgehen, überlegte er, wie er das gewaltige Feuer, das da loderte, löschen und gleichzeitig die Sklavin in seinen Besitz bringen könnte, ohne auch nur das geringste von der Hinterhältigkeit seines Vorhabens offensichtlich werden zu lassen. So erhob er sich denn, trat zwischen die beiden Gegner, die einander gegenüberstanden, und sagte:

»Besänftige dich, o Hassan, und du, o Ali, beruhige dich, bin ich doch da, um euren Streit solcherart zu schlichten, daß ihr beide euren Zweck erreicht und der Großherr, wie ihr es wünscht, bedient werde.«

Diesen Worten des Kadi wurde allsogleich Folge geleistet, und hätte er auch Schwierigeres von ihnen verlangt, so wären sie doch seinen Anordnungen gefolgt (solche Ehrfurcht haben die Anhänger dieser verdammten Sekte vor grauem Haar), und der Kadi fuhr also fort:

»Du, o Ali, sagst, du wolltest die Christin für den Großherrn, und Hassan behauptet dasselbe; du führst zu deinen Gunsten an, sie müßte dir zugesprochen werden, weil du als erster den geforderten Preis geboten; Hassan bestreitet deinen Anspruch, und ich finde, daß er, obgleich er seine Forderung nicht zu begründen weiß, ebenso im Recht ist wie du, denn die Absicht, die Sklavin zum gleichen Zweck zu kaufen, hatte er gewiß gleichzeitig mit dir. Du bist ihm nur zuvorgekommen, weil du dich zuerst ausgesprochen hast; doch dies darf kein Grund sein, Hassans wohlgemeinte Absicht zunichte zu machen. Darum glaube ich, ihr solltet euch auf folgende Weise einigen: die Sklavin gehört euch beiden, doch da sie dem Großherrn, für den sie gekauft wird, zugedacht ist, steht es schließlich doch nur ihm zu, über sie zu verfügen. Du, o Hassan, zahlst inzwischen die einen zweitausend Dublonen und Ali die anderen zweitausend, während ihr die Sklavin mir zu treuen Händen übergebt, damit ich, der Kadi, sie in euer beider Namen nach Konstantinopel schicke und dabei selbst nicht ganz unbelohnt bleibe, hatte ich doch an dem Handel Anteil. Deshalb erbiete ich mich, die Sklavin auf meine Kosten, mit der Würde und dem Anstand ausgestattet, die dem gebühren, dem sie zugedacht, nach Konstantinopel zu schicken und zugleich dem Großherrn zu schreiben, was hier geschehen und welchen Eifer ihr beide, ihm zu dienen, an den Tag gelegt habt.«

Die beiden verliebten Türken wußten, konnten und wollten darauf nichts entgegnen; sie sahen sich gezwungen, die Entscheidung des Kadi anzuerkennen, obgleich sie deutlich sahen, daß sie auf diesem Wege nie dazu kommen würden, ihre Gelüste zu befriedigen; immerhin hegte jeder der beiden in seinem Innern die wenn auch ungewisse Hoffnung, Mittel und Wege zu finden, um seine Glut an der Christin zu büßen. Hassan, der als Vizekönig in Zy-

Der edelmütige Liebhaber   201

pern blieb, dachte daran, dem Kadi Geschenk über Geschenk zu machen, bis dieser, schließlich gewonnen und verpflichtet, sich bereit fände, ihm die Sklavin auszufolgen. Ali wiederum entwarf insgeheim einen Plan, der ihn, wie er glaubte, sicher ans Ziel seiner Wünsche führen würde, und da sich jeder seiner Sache gewiß glaubte, stimmten sie, ohne zu zögern, dem Vorschlag des Kadi zu, übergaben ihm die Christin aus freien Stücken und zahlten jeder dem Juden zweitausend Dublonen. Allein der Jude erklärte, er könne das Mädchen um diesen Preis jedoch nicht mit Schmuck und Kleidung abgeben, denn diese seien weitere zweitausend Dublonen wert. Und so verhielt es sich in der Tat: ihr Haar (teils lose in den Nacken fallend, teils in zierlichen Flechten an der Stirn liegend) war mit mehreren Perlenschnüren überaus geschmackvoll durchflochten; die Spangen an den Füßen und den Armen waren mit vielen großen Perlen besetzt, das maurische Oberkleid, das sie trug, war aus grünem Atlas und reich mit Goldfäden bestickt, kurz, allen dünkte es, als hätte der Jude einen überaus billigen Preis für Kleid und Schmuck gefordert, und der Kadi, der sich nicht weniger großzügig zeigen wollte als die beiden Paschas, erklärte, er kaufe Kleid und Schmuck, damit man die Christin dem Großherrn aufs schönste ausgestattet vorstellen könnte. Damit waren seine Nebenbuhler zufrieden, hoffte doch jeder, sich schließlich Mädchen, Kleid und Schmuck anzueignen.

Es bleibt nur noch zu schildern, was Ricardo empfand, als er sah, wie jene, an der seine Seele mit allen Fasern hing, also versteigert wurde, welche Gedanken ihn bestürmten, welche Befürchtungen sich seiner bemächtigten, da er erkannte, daß er sein kostbarstes Gut, kaum wiedergefunden, auf noch schlimmere Weise verlieren sollte. Ricardo wußte nicht recht, ob er nun träume oder wache und wollte seinen Augen nicht trauen, denn es schien ihm unmöglich, daß er diejenige so unerwartet vor seinen Augen habe, von der er annahm, sie hätte die ihren für immer geschlossen. Er trat an seinen Freund Mahamut heran und sagte:

»Kennst du die Christin?«

»Nein«, erwiderte Mahamut.

»Dann wisse«, erwiderte Ricardo, »daß die Sklavin keine andere ist als Leonisa.«

»Was sagst du da, Ricardo?« fragte Mahamut.

»Was du eben gehört hast«, erwiderte Ricardo.

»Dann schweig und entdecke sie nicht«, sagte Mahamut, »denn dein Geschick scheint sich nun günstiger zu wenden, kommt das Mädchen doch in die Gewalt meines Herrn.«

»Scheint es dir rätlich«, fragte Ricardo, »daß ich mich hier irgendwo hinstelle, wo sie mich sehen kann?«

»Nein«, sagte Mahamut. »Du könntest sie erschrecken oder selbst Bestürzung zeigen. Laß niemanden merken, daß du sie kennst oder sie je gesehen hast, denn das könnte meinen Plan zum Scheitern bringen.«

»Ich werde mich an deinen Rat halten«, erwiderte Ricardo.

Und so vermied er es, daß seine Augen denen Leonisas begegneten; sie hatte die ihren die ganze Zeit auf den Boden geheftet und manche Träne vergossen. Der Kadi trat auf sie zu, nahm sie an der Hand und übergab das Mädchen dem Mahamut, dem er befahl, die Christin in die Stadt zu führen und sie seiner Gattin Halima zu überantworten mit dem Auftrag, sie solle das Mädchen als Sklavin des Großherrn behandeln. Mahamut tat, wie ihm geheißen, und Ricardo, der seinem Stern mit den Augen folgte, bis ihn die Mauern Nicosias gleich einer Wolkenwand verdeckten, blieb allein zurück. Er wandte sich an den Juden und fragte ihn, wo er jene Christensklavin gekauft oder wie sie sonst in seine Gewalt gekommen sei. Der Jude antwortete ihm, er habe sie auf der Insel Pantanalea von einigen Türken erworben, die dort Schiffbruch erlitten hatten. Ricardo wollte ihn noch weiter ausfragen, doch wurde der Jude zu den Paschas gerufen, die von ihm das gleiche zu erfahren verlangten, was Ricardo zu wissen begehrt hatte. So grüßte der Jude und ging.

Auf dem Wege, der von den Zelten zur Stadt führte, nahm Mahamut die Gelegenheit wahr, Leonisa auf Italienisch zu fragen, woher sie stamme. Sie antwortete ihm, sie wäre aus Trapana, worauf Mahamut fragte, ob ihr in

Der edelmütige Liebhaber   203

jener Stadt ein reicher, vornehmer Herr namens Ricardo
bekannt wäre. Als Leonisa dies vernahm, seufzte sie tief
und sagte:

»Ich kenne ihn, zu meinem Leidwesen.«

»Warum zu Eurem Leidwesen?« fragte Mahamut.

»Weil er mich zu meinem Leidwesen und zu seinem Unglück kannte«, erwiderte Leonisa.

»Kanntet Ihr«, fragte Mahamut, »in Trapana zufällig
auch einen anderen, sehr hübschen Herrn, Sohn reicher
Eltern und für seine Person sehr tapfer, freigebig und
überaus verständig, der Cornelio hieß?«

»Auch den kenne ich«, erwiderte Leonisa, »doch kann
ich mit Fug behaupten, daß diese Bekanntschaft ein größeres Unglück für mich war als jene, die ich mit Ricardo
hatte. Doch wer seid Ihr, Herr, daß Ihr die beiden kennt
und mich nach ihnen fragt?«

»Ich bin«, sagte Mahamut, »aus Palermo gebürtig und
durch verschiedene Umstände in diese Tracht geraten, die
von jener, die ich sonst zu tragen pflegte, wohl sehr verschieden ist. Die beiden kenne ich, weil sie erst vor wenigen
Tagen in meiner Obhut standen. Cornelio war von einigen
Mauren aus Tripol in der Berberei gefangengenommen
und von ihnen dann an einen Türken verkauft worden.
Der Türke, ein Kaufmann aus Rhodus, der in Geschäften
herkam, war von Cornelio begleitet, dem er sein ganzes
Hab und Gut anvertraute.«

»Das wird Cornelio wohl zu wahren wissen«, sagte
Leonisa, »denn mit seinem eigenen Vermögen wußte er
immer sehr sparsam umzugehen. Doch sagt mir, Herr, wie
und mit wem kam Ricardo auf diese Insel?«

»Mit einem Korsaren«, erwiderte Mahamut. »Dieser
Korsar hatte Ricardo in einem Garten am Strand von
Trapana gefangengenommen. Mit ihm wurde, wie Ricardo
sagte, auch ein Mädchen verschleppt, doch wollte er mir
dessen Namen nie verraten. Mit seinem Herrn, der sich
auf der Pilgerfahrt zum Grabe Mohammeds befand, das
in Medina ist, verbrachte Ricardo hier einige Rasttage. Als
sein Herr sich dann anschickte abzureisen, erkrankte Ricardo so schwer, daß sein Herr ihn mir, dem Landsmann,

zurückließ, damit ich ihn gesund pflege und mich seiner bis zur Wiederkehr des Korsaren annähme. Sollte der Korsar aber nicht hieher zurückkehren, dann hätte ich Ricardo nach Konstantinopel schicken sollen, sobald sein Herr mir ankündigte, daß er dort eingetroffen wäre. Der Himmel aber fügte es anders, denn der unglückselige Ricardo endete, ohne irgendeinen sonderlichen Anlaß, in wenigen Tagen alle Tage, die seinem Leben zugemessen waren. In dieser Zeit rief er immer wieder nach einer Leonisa, die er, wie er mir gesagt, mehr liebe als sein Leben und das Heil seiner Seele. Besagte Leonisa, so berichtete er, sei beim Schiffbruch einer Galeote an der Insel Pantanalea ums Leben gekommen. Er beweinte den Tod des Mädchens solcherart, daß er schließlich so weit kam, darüber das eigene Leben zu verlieren, denn nie habe ich an ihm eine Krankheit des Leibes bemerkt, wohl aber alle Anzeichen einer wunden Seele.«

»Sagt mir, Herr«, fragte Leonisa, »hat jener Jüngling, von dem Ihr geredet, in seinen Gesprächen mit Euch (sie mußten wohl sehr häufig sein, da Ihr doch Landsleute seid) nicht auch einmal diese Leonisa genannt und von den Umständen gesprochen, unter denen sie und Ricardo in Gefangenschaft gerieten?«

»Er hat ihren Namen genannt«, sagte Mahamut, »und er hat mich auch gefragt, ob nicht eine Christin solchen Namens, die so und so aussehen müßte, auf diese Insel gekommen wäre. Er würde sich freuen, sie zu finden, damit er sie loskaufen könne, denn ihr Herr, der nun wisse, daß sie nicht so reich sei, wie er geglaubt, hätte sich wahrscheinlich eines günstigeren Preises besonnen oder sie könnte auch weniger hoch im Preise stehen, weil ihr Herr inzwischen seine Lust an ihr gebüßt habe. Wenn dieser nun nicht über drei- bis vierhundert Taler fordere, wolle er, Cornelio, diesen Betrag gerne auslegen, da er doch einmal einige Neigung zu ihr verspürt habe.«

»Diese Neigung muß wohl sehr gering gewesen sein«, sagte Leonisa, »reicht sie doch nicht über vierhundert Taler hinaus; edelmütiger war Ricardo, auch tapferer und gefälliger. Gott verzeihe dem Weibe, das die Ursache seines

Todes ist, nämlich mir, denn ich bin die Unglückselige, die er als tot beweinte, und Gott weiß, wie sehr ich mich freuen würde, wenn er noch am Leben wäre, um ihm durch meine Anteilnahme an seinem Unglück jene zu vergelten, die er an meinem bewiesen hat. Ich, mein Herr, bin, wie ich Euch schon gesagt, das von Cornelio so wenig geliebte und von Ricardo so sehr beweinte Mädchen, das durch die verschiedensten Umstände in diese traurige Lage gekommen ist. Und mag und mochte meine Lage auch noch so gefährlich sein, so ist es mir mit des Himmels Hilfe stets gelungen, meine Jungfräulichkeit unversehrt zu bewahren; darob bin ich auch in meinem Elend noch zufrieden. Nun aber weiß ich weder, wo ich bin, noch wer mein Herr ist, noch wohin mein Unstern mich bringen wird, und ich bitte Euch, mein Herr, bei dem Christenblute, das in Euren Adern fließt, mir in meinen Nöten beizustehen und mich zu beraten, denn obgleich mich die Vielzahl meiner Leiden etwas gewitzigt hat, so brechen doch jeden Augenblick so viele neue Bedrängnisse über mich herein, daß ich nicht weiß, wie ich mich darin zurechtfinden soll.«

Darauf erwiderte Mahamut, er wolle alles tun, was in seiner Macht stünde, ihr zu dienen und ihr mit Rat und Tat nach Verstand und Kräften beizustehen; er unterrichtete sie von der Meinungsverschiedenheit, die beide Paschas ihretwegen hatten, und sagte ihr, daß sie nun in der Gewalt des Kadi, seines Herrn, sei, um schließlich als Geschenk an Selim, den Großtürken, nach Konstantinopel gesandt zu werden. Doch setze er die Hoffnung auf den wahren Gott, an den auch er, wenngleich ein schlechter Christ, glaube; er hoffe, daß dieser alles, bevor es noch so weit kommen werde, anders füge, und so gebe er ihr nur den Rat, sich mit Halima, der Frau des Kadi, gut zu stellen, in deren Obhut sie verbleibe, bis sich die Gelegenheit fände, sie nach Konstantinopel zu schicken. Mahamut machte sie auch mit dem Charakter Halimas vertraut und gab ihr noch manche nützliche Ratschläge; schließlich kamen sie im Hause des Kadi an. Mahamut übergab Leonisa an Halima und richtete dieser den Auftrag seines Herrn aus. Die Maurin, die Leonisa so herrlich geschmückt und in solcher Schönheit erblickte, nahm die Sklavin freundlich auf.

Mahamut kehrte zu den Zelten zurück, um Ricardo zu berichten, was er mit Leonisa gesprochen habe; nachdem er Ricardo getroffen, erzählte er ihm alles haargenau, und als er ihm schilderte, welches Bedauern Leonisa über den angeblichen Tod Ricardos gezeigt habe, kamen Ricardo fast die Tränen in die Augen. Mahamut berichtete ferner, wie er die Geschichte von der angeblichen Gefangenschaft Cornelios erfunden habe, um zu sehen, was Leonisa dabei fühle, und machte Ricardo auf die Lauheit und Geringschätzung aufmerksam, mit der sie über Cornelio gesprochen. All dies war Balsam für Ricardos betrübtes Herz, und er sagte zu Mahamut:

»Ich entsinne mich, Freund Mahamut, einer Geschichte, die mir mein Vater erzählt hat. Mein Vater war, wie du weißt, sehr erfahren und stand, wie du gehört, bei Kaiser Karl dem Fünften, dem er in ehrenvollen Stellungen Kriegsdienste geleistet, in hohem Ansehen. Mein Vater also erzählte mir, daß man dem Kaiser, als er mit den Truppen, mit denen er La Goleta eingenommen, vor Tunis lag und sich gerade in seinem Zelt aufhielt, eine Maurin brachte, die überaus schön war. Gerade als man sie dem Kaiser vorführte, fielen einige Sonnenstrahlen durch die Zeltbahn auf das Haar der Maurin, das nun an Goldglanz mit dem Sonnengold in Wettstreit trat; Blondhaar ist überaus selten bei den Maurinnen, die sich viel auf ihr Schwarzhaar zugute tun. Als dies geschah, so erzählte mir mein Vater, befanden sich unter den vielen im Zelte anwesenden Herren auch zwei Spanier, ein Andalusier und ein Katalane, beide sehr gebildet und Dichter. Als der Andalusier die Maurin erblickte, begann er in seiner Bewunderung aus dem Stegreif einige Verse, die sie Coplas nennen, herzusagen, Verse mit sehr schwierigen Vollreimen, doch als er die ersten fünf Verse hatte, hielt er mit einem Male inne, ohne die Copla oder den Gedanken zu Ende zu führen, da ihm die erforderlichen Reime, sie zu beschließen, nicht einfielen; der andere Ritter jedoch, der dabeistand, die Verse gehört hatte und die Verlegenheit des

Der edelmütige Liebhaber 207

Andalusier sah, nahm ihm gleichsam die halbe Copla aus dem Munde, fuhr fort und endete mit den gleichen Reimen. Dies kam mir in den Sinn, als ich die schöne Leonisa das Zelt des Paschas betreten sah, wobei sie nicht nur die Sonnenstrahlen, wären sie auf sie gefallen, übertroffen hätte, sondern darüber hinaus auch den ganzen Himmel mit allen seinen Sternen.«

»Gemach!« rief Mahamut aus. »Halt ein, Freund Ricardo, denn jedes deiner Worte läßt mich befürchten, du könntest beim Lobpreis deiner schönen Leonisa über alles Maß hinausgehen und dich dabei mehr als ein Heide denn als ein Christ gebärden. Sag mir also, wenn du willst, rasch jene Verse oder Coplas oder wie du sie sonst nennen magst, denn dann wollen wir von Dingen reden, die mehr am Platze und vielleicht auch vorteilhafter sind.«

»In Gottes Namen!« sagte Ricardo. »Doch möchte ich dich daran erinnern, daß die ersten fünf Verse der eine und die folgenden fünf der andere, jeder aus dem Stegreif, hersagte. Sie lauten:

Wie die Sonn' im Morgenglanze
hinter Bergen sich entfaltet
und mit ihrem Strahlenkranze,
uns umfangend wie im Tanze,
alles lieblicher gestaltet,

Wie Rubin, der nie erkaltet,
strahlend einfügt sich ins Ganze,
so bist, Aja, du gestaltet,
bist Mahomas feste Lanze,
die mir Herz und Sinne spaltet.

»Die Verse klingen mir im Ohr«, sagte Mahamut, »doch besser noch klingt und will mir scheinen, daß du, Ricardo, wieder Lust hast, Verse zu sprechen, denn das Versesprechen wie das Versemachen verlangt ein ruhiges Gemüt.«

»Indes pflegt man«, erwiderte Ricardo, »ebenso traurige Lieder wie auch Freudenhymnen zu singen, und das eine wie das andere heißt, in Versen sich ausdrücken. Doch lassen wir dies und sage mir, was du in unserer Sache zu unternehmen gedenkst? Wenn ich auch nicht verstanden habe, was die Paschas im Zelt verhandelten, so hat mir doch ein Renegat meines Herrn, ein Venezianer, der anwesend war und die türkische Sprache gut versteht, in der Zeit, in der du Leonisa fortbrachtest, alles berichtet. Vor allen Dingen müssen wir zu hintertreiben suchen, daß Leonisa dem Großtürken in die Hände fällt.«

»Zunächst müssen wir trachten«, erwiderte Mahamut, »daß du in den Besitz meines Herrn übergehst, und dann werden wir beraten, was uns am besten nützen mag.«

Indes kam Hassans Aufseher über die Christensklaven und nahm Ricardo mit sich. Der Kadi zog mit Hassan in die Stadt, wo der neue Vizekönig in wenigen Tagen die Amtsführung Alis, seines Vorgängers, überprüfte und ihm darüber einen gefalteten und versiegelten Bericht gab, damit er endlich nach Konstantinopel abreisen könne. Nachdem Ali dem Kadi noch aufs eindringlichste nahegelegt hatte, die Christin doch in Bälde zu schicken und dem Großherrn einen Brief zu schreiben, der ihm für eine neue Stelle helfe, schiffte sich der scheidende Pascha endlich ein. Der Kadi hatte ihm alles trügerischen Sinnes versprochen, denn er selbst verbrannte doch der Sklavin wegen zu Asche. Nachdem Ali voll der falschen Hoffnungen abgereist war und Hassan nicht leer an ebensolchen Hoffnungen zurückblieb, richtete es Mahamut ein, daß Ricardo der Sklave des Kadi wurde. So vergingen die Tage; das Verlangen, Leonisa zu sehen, setzte Ricardo solcherart zu, daß er keinen ruhigen Augenblick mehr fand. Ricardo nannte sich nunmehr Mario, damit sein wahrer Name Leonisa nicht zu Gehör käme, bevor er sie gesehen. Es war aber überaus schwierig mit dem Sehen, da die Mohren über alle Maßen eifersüchtig sind und das Antlitz ihrer Weiber vor allen Männern verhüllen; sie finden aber nichts daran, wenn ihre Frauen vor Christensklaven unverhüllt erscheinen, vielleicht weil sie diese nicht als wirkliche Männer betrachten. Nun geschah es, daß Halima ihren Sklaven Mario eines Tages genauer ansah, ja so gut ansah und beäugte, daß sich ihr sein Antlitz tief ins Herz und in das Denken einprägte. Vielleicht auch fand Halima an den kraftlosen

Der edelmütige Liebhaber

Umarmungen ihres ältlichen Eheherrn keinen besonderen
Gefallen und war deshalb schnell bereit, einem unerlaubten
Begehren Raum zu geben. Sie hatte Leonisa, da diese
von sehr liebenswürdigem Wesen und verständigem Gehaben war, in nicht geringe Gunst genommen und behan-
delte sie als des Sultans Gut und Eigen mit großer Achtung. Sie sagte ihr, der Kadi habe einen Christensklaven
von so angenehmer Erscheinung und liebenswürdigem
Wesen ins Haus gebracht, daß ihr im ganzen Leben noch
nie ein schönerer Mann unter die Augen gekommen sei;
übrigens sei er ein Tschibili, das heißt ein Edelmann, und
sogar ein Landsmann ihres Renegaten Mahamut. Leider
wisse sie nicht, wie sie den Christen von ihrer Neigung
in Kenntnis setzen solle, ohne daß dieser sie minder schätze,
weil sie sich ihm erkläre. Leonisa fragte Halima, wie der
Sklave heiße, und Halima erwiderte, er nenne sich Mario.
Darauf sagte Leonisa:

»Wenn er Edelmann ist und aus dem besagten Ort
stammt, dann müßte ich ihn doch kennen; allein in Trapana gibt es keinen Edelmann, der Mario heißt. Veranlasse
also, daß ich ihn sehen und sprechen kann, und ich werde
dir dann sagen, wer er ist und was man von ihm halten
darf.«

»So sei es«, erwiderte Halima. »Freitags, wenn der Kadi
seine vorgeschriebenen Gebete in der Moschee verrichtet,
werde ich den Sklaven hieherholen lassen, wo du ihn unter
vier Augen sprechen kannst; wenn du meinst, du könntest
ihm dann meine Neigung andeuten, dann tue es auf die
dir bestmögliche Weise.«

Also sprach Halima zu Leonisa; doch waren seit diesem
Gespräch noch keine zwei Stunden vergangen, als auch
schon der Kadi Mahamut und Mario zu sich rufen ließ und
ihnen ebenso unverhohlen sein Herz ausschüttete, wie
Halima es bei Leonisa getan; der Kadi bat die beiden, ihm
zu raten, wie er es anstellen sollte, um in den Genuß der
Christin zu kommen und gleichzeitig dem Großherrn
gegenüber sein Gesicht zu wahren. Er sagte, daß er lieber
tausendmal zu sterben gedächte, ehe er sie auch nur ein
einziges Mal dem Großtürken übergäbe. Der gottesfürch-

tige Korandiener legte seine Leidenschaft mit solchem Eifer
dar, daß er ihn auch auf seine beiden Sklaven übertrug;
sie aber dachten ganz das Gegenteil darüber. Die drei verabredeten nun, daß Mario als Leonisas Landsmann, obgleich er sie nicht kenne, mit ihr sprechen und ihr die Her-
zensneigung seines Herrn eröffnen solle. Richte man solcherart nichts aus, dann solle der Kadi, da die Sklavin sich
ohnehin in seiner Gewalt befinde, seine Macht über sie
ausnützen, und wäre dies geschehen, dann könne man ja
sagen, die Sklavin wäre inzwischen gestorben; er brauche
sie dann auch nicht mehr nach Konstantinopel schicken.
Überaus zufrieden zeigte sich der Kadi mit dem Rat seiner
Sklaven, und im Vorgenuß erträumter Freuden bot er
Mahamut sogleich die Freiheit und nach seinem Tode die
Hälfte seines Vermögens; für den Fall, daß er erlange, was
er begehre, versprach er auch Mario die Freiheit und soviel
Geld, daß dieser reich, geehrt und zufrieden in seine Heimat zurückkehren könne. War der Kadi in seinen Versprechungen schon überaus freigebig, so erwiesen sich seine
Sklaven geradezu als Verschwender und machten sich erbötig, ihm den Mond vom Himmel zu holen, ihm aber,
was um vieles leichter, Leonisa zu verschaffen, wenn er
ihnen nur Gelegenheit gäbe, mit ihr zu sprechen.

»Diese Gelegenheit soll Mario haben«, erwiderte der
Kadi, »und noch andere Gelegenheiten dazu, denn ich
werde Halima auf einige Tage zu ihren Eltern, griechischen
Christen, schicken, und wenn sie erst einmal aus dem Hause
ist, dann werde ich dem Haremspförtner den Auftrag
geben, Mario dort einzulassen, so oft er es begehre. Auch
Leonisa werde ich sagen, sie könne mit ihrem Landsmann
sprechen, wann immer sie die Laune dazu ankäme.«

Auf diese Weise begann, ohne daß der Kadi und Halima
ahnten, was sie taten, der Wind wieder zu Ricardos Gunsten zu wehen. Doch kaum waren sich der Kadi, Mahamut
und Ricardo über ihren Plan einig geworden, da tat schon
Halima den ersten Schritt, indem sie sogleich die Gelegenheit wahrnahm, ihren eigenen Plan in die Tat umzusetzen,
ist doch das Weib von Natur aus leichtfertig und überstürzt in allem, was ihm genehm erscheint. Am selben Tage

Der edelmütige Liebhaber   211

sagte der Kadi zu Halima, sie könnte, wenn sie nur Lust
dazu verspüre, zu ihren Eltern reisen und solange bei ihnen
bleiben, als es ihr beliebte. Da Halima jedoch von den
Hoffnungen, die Leonisa in ihr geweckt hatte, allzusehr
erfüllt war, wäre sie nicht nur nicht zu ihren Eltern gereist, sondern hätte sich auch geweigert, in Mohammeds
erfundenes Paradies einzugehen. Sie erwiderte daher dem
Kadi, sie verspüre im Augenblick keine Lust zum Reisen
und würde es ihm schon sagen, wenn sie Begehr danach
trüge, überdies müßte die Christensklavin sie begleiten.

»Dies unter keinen Umständen«, antwortete der Kadi.
»Es schickt sich nicht, daß dieser für den Großherrn bestimmte Schatz von irgend jemand gesehen wird, und überdies darf sie nicht mehr mit Christen sprechen, denn, einmal im Besitz des Großherrn, wird sie im Serail eingeschlossen und muß Türkin werden, ob sie nun will oder
nicht.«

»Da sie ja mit mir geht«, entgegnete Halima, »ist es ungefährlich, wenn sie sich im Hause meiner Eltern aufhält
und mit ihnen Umgang hat, pflege ich doch häufiger mit
ihnen zu verkehren und lasse deswegen doch nicht davon
ab, eine gute Türkin zu sein. Überdies würde ich höchstens
vier bis fünf Tage bei ihnen bleiben, erlaubt es doch meine
Liebe zu Euch nicht, daß ich so lange, auf Euren Anblick
verzichtend, abwesend wäre.«

Der Kadi verzichtete darauf, ihr zu antworten, wollte
er ihr doch keine Ursache geben, auch nur das geringste
von seinen wahren Absichten zu argwöhnen. Darüber kam
der Freitag, und der Kadi ging in die Moschee, aus der er
unter vier Stunden nicht loskommen konnte. Kaum aber
sah Halima, wie er sich von der Schwelle seines Hauses
entfernte, als sie schon Mario herbeiholen ließ. Der korsische Christ, der als Wächter an der Tür des Frauenhofes
stand, würde ihn jedoch nicht eingelassen haben, hätte ihm
Halima nicht zugerufen, er solle den Zutritt freigeben,
und so betrat Ricardo verwirrt und bebend, als hätte er
ein ganzes Heer von Feinden zu bekriegen, den Harem.

Leonisa trug das gleiche Kleid und war auf dieselbe Art
herausgeputzt wie damals, als sie das Zelt des Paschas be-

treten hatte; sie saß am Fuß einer breiten Marmortreppe, die hinauf zu den oberen Korridoren führte. Leonisa hatte das Haupt auf die Handfläche der Rechten und den Arm auf ein Knie gestützt; die Augen hatte sie von der Tür abgewendet, durch die Mario nun hereinkam, so daß sie ihn, obgleich er auf sie zuging, nicht sehen konnte. Als Ricardo eintrat, ließ er die Augen durch den ganzen Raum schweifen und fand nichts vor als tiefes regloses Schweigen, bis sein Blick auf Leonisa fiel. Sogleich überkamen den verliebten Ricardo so viele Gedanken, die ihn betäubten und ihn doch erfreuten, da er sich nun nach seiner Schätzung nur noch zwanzig oder einige Schritte mehr von seinem Glück und seiner Wonne entfernt sah; er sah sich aber auch als Sklave und sah seine Seligkeit in fremden Händen. All dies bei sich erwägend, ging er langsam weiter und näherte sich voll Furcht und Erregung, glücklich und traurig, mutlos und beherzt der Treppenmitte, wo sich auch der Mittelpunkt seiner Freuden befand; Leonisa wendete plötzlich das Antlitz, und ihr Blick fiel auf Mario, der sie unverwandt ansah. Als die Augen der beiden einander trafen, zeigte sich, wie verschieden die Wirkung war, die diese Begegnung im Grunde ihrer Seelen hervorgerufen hatte. Ricardo blieb stehen und vermochte den Fuß nicht mehr von der Stelle zu rühren. Leonisa, die Ricardo nach allem, was Mahamut ihr gesagt, für tot halten mußte und ihn nun doch so unvermutet vor sich sah, wich, ohne die Augen von ihm abzuwenden oder sich umzudrehen, bestürzt und verängstigt, vier oder fünf Stufen die Treppe hinauf zurück, zog ein kleines Kruzifix aus dem Busen, küßte es wiederholt und bekreuzigte sich dabei, als erblicke sie ein Gespenst oder ein sonstiges Wesen aus dem Jenseits. Ricardo erwachte aus seiner Entrückung, erkannte am Verhalten Leonisas die eigentliche Ursache ihrer Angst und sagte:

»Es betrübt mich, schöne Leonisa, daß die Nachricht von meinem Tode, die Mahamut dir gegeben, nicht zutrifft, denn träfe sie zu, so wäre ich jetzt der Furcht enthoben, die mir der Gedanke einflößt, daß die Strenge, die du mir immer gezeigt, auch jetzt noch unvermindert anhält. Beruhige dich, o Herrin, und komme herab, denn wenn du

Der edelmütige Liebhaber   213

zu tun wagst, was du niemals getan, nämlich mir nahezukommen, dann wirst du erkennen, daß ich kein Gespenst
bin. Ricardo bin ich, Leonisa, Ricardo, dem nur jenes Maß
an Glück zuteil werden wird, das du ihm zuzubilligen
gedenkst.«

Hier legte Leonisa den Finger an die Lippen, und Ricardo erkannte an dieser Gebärde, daß er nun schweigen
oder leiser sprechen müsse; er faßte neuen Mut und trat
nahe genug an sie heran, so daß er vernehmen konnte, was
sie ihm sagen wollte:

»Sprich leise, Mario, denn so scheinst du dich jetzt zu
nennen, und rede von nichts anderem als von dem, was ich
dir jetzt sagen werde. Und bedenke, daß, wenn man uns
jetzt gehört hätte, wir uns vielleicht nie mehr sehen werden. Halima, unsere Gebieterin, dürfte uns belauschen. Sie
hat mir erklärt, daß sie dich anbete, und hat mich zur
Unterhändlerin ihres Begehrens erwählt. Willst du ihre
Neigung erwidern, dann wird dies wohl deinem Leib dien-
licher sein als deiner Seele, doch solltest du ihre Neigung
nicht erwidern wollen, so mußt du dich trotzdem verstellen
und wäre es nur, weil ich dich darum bitte und das aus-
gesprochene Verlangen einer Frau es verdient, daß man
es erfüllt.«

Darauf erwiderte Ricardo:

»Nie dachte ich, noch hätte ich es mir vorstellen können,
schöne Leonisa, daß mir einer deiner Wünsche unerfüllbar
erscheinen würde, nun aber hat mich dein Begehren eines
anderen belehrt. Kann denn Liebe so unbeschwert sein,
daß man sie nach seinem Gutdünken zu lenken vermag?
Oder ziemt es einem Manne, der auf Treu und Glauben
hält, in einer so wichtigen Sache zu heucheln? Wenn du
aber glaubst, daß man solches tun kann und darf, dann
befehle mir, was dir beliebt, bist du doch Herrin über mein
Wollen, obgleich ich schon seit langem weiß, daß du mich
auch darin in die Irre führen wirst, hast du doch mein
Wollen und meine Neigung nie gelten lassen und weißt
darum auch nicht, wie du sie nützen sollst. Allein, damit
du nicht behauptest, ich wäre dir schon das erste Mal, da
du mir etwas anbefiehlst, ungehorsam gewesen, lasse ich

das Vorrecht und die Pflicht meines Standes und meiner Person außer acht, komme deinem Wunsche nach und erwidere scheinbar Halimas Neigung, wie du es von mir forderst, denn damit kann ich mir wenigstens das Glück erkaufen, dich zu sehen. So erfinde also du die Antworten an Halima nach deinem Gutdünken; meine angebliche Neigung wird dein Wort bekräftigen, doch zum Dank für das, was ich für dich tue – das Schwerste, das ich meines Erachtens für dich tun könnte, obgleich ich dir wieder, wie so oft schon, mein Herz zu Füßen lege – bitte ich dich, mir kurz zu berichten, wie du den Seeräubern entgangen und in die Hände des Juden gekommen bist.«

»Es würde lange dauern«, erwiderte Leonisa, »wollte ich dir die ganze Geschichte meiner Leiden erzählen, doch wie kurz die Zeit auch sei, so will ich, um dir gefällig zu sein, wenigstens in groben Zügen berichten. So wisse denn, das Yzufs Schiff einen Tag nach unserer Trennung durch den Sturm nach der Insel Pantanalea zurückgetrieben wurde. Dort sahen wir auch eure Galeote; unsere aber flog hilflos auf die Klippen zu. Als mein Herr nun sein Ende so nahe vor Augen hatte, entleerte er in Blitzesschnelle zwei Wasserfässer, verschloß sie fest, verband sie mit Tauen und band auch mich zwischen den Fässern fest. Dann entkleidete er sich, legte sich auf ein anderes Faß, band sich selbst mit einem Tau daran, befestigte dessen Ende an meinen Fässern, warf sich kühn entschlossen ins Meer und versuchte, mich nachzuziehen. Da es mir aber an Mut gebrach, mich hinabzustürzen, stieß einer der Türken die Fässer vorwärts und warf mich hinter Yzuf drein. So fiel ich besinnungslos ins Meer und kam erst wieder zu mir, als ich mich an Land in den Armen zweier Türken befand, die mich mit dem Gesicht zu Boden hielten, wobei ich das viele Wasser ausspie, das ich geschluckt hatte. Betäubt und verängstigt öffnete ich die Augen und erblickte Yzuf mit zertrümmertem Schädel neben mir; er war, wie ich später erfuhr, fast schon an Land, mit dem Kopf gegen die Felsen geschleudert und getötet worden. Die Türken sagten mir auch, daß sie mich am Tau halbtot an den Strand gezogen hätten; nur acht Leute der unglückseligen Galeote waren

Der edelmütige Liebhaber

mit dem Leben davongekommen. Wir blieben acht Tage auf der Insel, während derer mir die Türken mit der gleichen Achtung begegneten, als wäre ich eine Schwester, ja mit größerer noch. Wir hielten uns in einer Höhle verborgen, denn die Türken fürchteten, es könnten Leute aus dem kleinen Fort, das die Christen auf der Insel unterhielten, an den Strand kommen und sie gefangennehmen. So fristeten wir unser Leben mit durchnäßtem Schiffszwieback von der Galeote, den das Meer an Land warf und den zu holen die Türken des Nachts auszogen. Zu meinem Unheil fügte es das Geschick, daß der Befehlshaber des Forts erst wenige Tage vorher gestorben war und die zwanzig Soldaten, die als Besatzung dort lagen, keinen Hauptmann hatten. Dies erfuhren die Türken von einem Knaben, den sie festgehalten hatten, als er vom Fort zum Strand herabgekommen war, um Muscheln zu sammeln. Am achten Tage erschien an jener Küste ein maurisches Handelsschiff mit hohem Achterdeck, ein Schiff von der Art, die sie Caramuzalen nennen. Als die Türken das Schiff sichteten, verließen sie ihr Versteck und gaben den Schiffsleuten wiederholt deutliche Zeichen, bis die Mannschaft des Kauffahrers, der nahe an Land segelte, erkennen konnte, daß die Leute, die vom Strand her Zeichen gaben, Türken waren. Nachdem diese ihr Mißgeschick berichtet hatten, wurden sie an Bord genommen. Auf dem Schiff befand sich ein Jude, ein überaus reicher Handelsmann, dem die ganze Ladung oder doch der größte Teil davon gehörte, eine Ladung, die aus Kamelhaarstoffen, weißen maurischen Burnussen und anderen Dingen bestand, die man aus der Berberei in die Levante auszuführen pflegt. Mit diesem Schiff hatten die Türken Gelegenheit nach Tripol zu reisen, und während der Fahrt verkauften sie mich an den Juden, der zweitausend Dublonen für mich bezahlte, einen überaus hohen Preis, zu dem er sich nicht verstanden hätte, wäre es nicht, wie er mir selbst sagte, die Liebe gewesen, die ihn so freigebig gemacht. Nachdem dann die Türken in Tripol an Land gegangen waren, setzte das Schiff seine Fahrt fort, und der Jude verlegte sich darauf, mich ganz offen zu bedrängen; ich jedoch wies ihn mit allem Abscheu zurück, den sein schändliches Verlangen verdiente, und als er sah, daß jede Hoffnung, es zu befriedigen, vergebens war, beschloß er, sich meiner bei der ersten besten Gelegenheit zu entledigen. Da er nun wußte, daß sich Ali und Hassan, die beiden Paschas, auf dieser Insel befanden, wo er seine Ware ebenso gut losschlagen konnte wie in Chios, wohin er ursprünglich zu reisen gedachte, kam er hieher in der Absicht, mich an einen der beiden zu verkaufen, und kleidete mich so, wie du mich jetzt siehst, weil er dadurch die Kauflust anstacheln wollte. Nun habe ich erfahren, daß mich der Kadi hier gekauft hat, um mich dem Großtürken als Geschenk auszuliefern, worüber ich mir nicht geringe Sorgen mache. Hier habe ich von deinem Tod gehört, und ich kann dir, sofern du mir glauben willst, nur sagen, daß ich darunter litt und dich eher beneidete als bedauerte, nicht etwa, weil ich dir übelwollte – wenn ich auch keine Liebe mehr zu empfinden vermag, so bin ich doch weder undankbar noch eigennützig –, sondern weil du das Trauerspiel deines Lebens hinter dir hattest.«

»Du hättest recht, Herrin«, erwiderte Ricardo, »wäre mir durch den Tod nicht auch das Glück, dich wiederzusehen, genommen worden, denn jetzt schätze ich diesen Augenblick der Wonne, die ich bei deinem Anblick empfinde, höher als jedes andere Glück, das mir im Leben oder im Tod, die ewige Seligkeit ausgenommen, beschieden sein könnte. Übrigens hat der Kadi, in dessen Besitz ich durch nicht minder seltsame Schicksalsschläge gekommen bin, dieselbe Neigung zu dir gefaßt wie Halima zu mir. Er hat mich zum Dolmetsch seiner Wünsche gemacht, und ich bin darauf eingegangen, nicht etwa, um ihm gefällig zu sein, sondern nur, weil mir dadurch leichte Gelegenheit geboten wurde, mit dir zu sprechen. Nun aber sieh, Leonisa, wohin uns schließlich unser widriges Geschick geführt hat, dich hat es dazu gebracht, als Vermittlerin einer Unmöglichkeit zu wirken, die du aus deinem Ansinnen an mich kennst, und mich, als Vermittler einer Sache zu handeln, an die ich am wenigsten gedacht hätte und die abzuwenden ich mein Leben hingeben will, das für mich nur den Wert hat, den ihm das große Glück, dich zu sehen, verleiht.«

Der edelmütige Liebhaber 217

»Weder weiß ich, was ich dir darauf sagen soll, Ricardo«, entgegnete Leonisa, »noch kenne ich den Ausweg aus dem Labyrinth, in das uns, wie du sagst, unser Mißgeschick geführt hat; ich kann nur sagen, daß wir in unserer Lage solcherart handeln müssen, wie man es unserer Gesinnung nach nicht erwarten würde, heuchlerisch nämlich und betrügerisch, und so will ich Halima eine Antwort von dir überbringen, die sie in ihrer Hoffnung eher hinhalten als enttäuschen wird. Von mir kannst du dem Kadi sagen, was dir am angemessensten erscheint, damit meine Ehre gewahrt bleibe, er aber in seinem Irrtum bestärkt werde, und da ich dir meine Ehre anbefehle, magst du mir wohl glauben, daß ich sie makellos erhalten habe, obgleich die vielen Wege, die ich gegangen, und die vielen Gefahren, die ich bestanden, dies in Zweifel setzen könnten. Einander fürderhin zu sprechen, wird nicht schwierig sein, und mir wäre es das größte Vergnügen, vorausgesetzt, daß du mit keinem Wort auf deine Bemühungen um mich zurückkommst, denn in dem Augenblick, in dem du davon sprichst, werde ich aufhören, dich zu sehen, möchte ich doch von dir nicht so gering eingeschätzt werden, daß du glaubtest, die Sklaverei vermöchte über mich, was die Freiheit nicht gekonnt. Mit des Himmels Hilfe will ich sein wie das Gold, das um so reiner und gediegener wird, je mehr man es läutert. Begnüge dich mit der Versicherung, daß mir dein Anblick nicht mehr wie ehedem Abscheu einflößt, denn wisse, Ricardo, daß ich dich immer für grob und anmaßend gehalten habe und du mehr von dir eingenommen warst, als du es sein durftest; ich will auch gerne gestehen, daß ich mich täuschte, und es könnte wohl sein, daß mir, wenn ich jetzt den Versuch machte, die Erkenntnis den Schleier von den Augen nähme und ich, vom Irrtum befreit, nicht nur ehrbar, sondern auch menschlicher wäre. Nun geh mit Gott, denn ich fürchte, Halima könnte uns belauscht haben; sie versteht die Christensprache oder zumindest das Kauderwelsch, das man hier gebraucht und mit dessen Hilfe wir uns verständigen.«

»Wohl gesprochen, Herrin«, erwiderte Ricardo, »und ich danke dir von ganzem Herzen für die Belehrung, die du mir gegeben; ich schätze sie so hoch ein wie die Gnade, die du mir erweist, da du mir erlaubst, dich zu sehen. Vielleicht lehrt dich, wie du sagst, die Erfahrung, wie schlicht meine Art ist und wie demütig, besonders wenn es darum geht, dich anzubeten, und mein Betragen dir gegenüber würde, auch ohne daß du mir Grenze und Richtschnur setzest, solcherart sein, wie du es nicht besser wünschen könntest. Wie ich den Kadi hinhalten werde, darob sei ohne Sorge, tue dasselbe mit Halima, und glaube mir, Herrin, seit ich dich gesehen, ist in mir eine solche Hoffnung erwacht, daß ich sicher bin, wir werden in Kürze die ersehnte Freiheit erlangen. Damit sei Gott befohlen; auf welchen Umwegen mich das Schicksal, nachdem ich mich von dir getrennt oder besser man mich von dir trennte, in diese Lage versetzt hat, will ich dir ein andermal berichten.«

Damit schieden sie voneinander, Leonisa zufrieden und erfreut über Ricardos bescheidenes Gehaben, und er glücklich, einmal aus Leonisas Mund kein kränkendes Wort vernommen zu haben.

Halima hatte sich indes in ihr Gemach eingeschlossen und betete zu Mohammed, daß Leonisa auf das Anerbieten, das sie ihr aufgetragen, eine angenehme Antwort brächte. Der Kadi war in der Moschee, wo er das Verlangen seiner Frau mit dem eigenen Begehren vergalt und ungeduldig der Antwort entgegenbangte, die er von seinem Sklaven zu hören erwartete, dem er aufgetragen hatte, mit Leonisa zu sprechen, denn trotz Halimas Anwesenheit im Hause würde Mahamut dem Mario gewiß die erwünschte Gelegenheit verschafft haben. Leonisa feuerte Halimas Begierde und Liebe an, indem sie ihr Hoffnung machte, daß Mario alles unternehmen würde, was in seiner Macht stünde, doch müßten erst zwei Monate darüber verstreichen, bevor er ihr das gewähre, wonach er selbst sehnlicher verlange als sie selbst. Diese Frist aber erbitte er, weil er sie Gott für Bitten und Gebete gelobt habe, damit er ihm die Freiheit schenke. Mit dieser Entschuldigung und Antwort ihres geliebten Mario gab sich Halima zufrieden, doch hätte sie ihm gerne noch vor Ablauf der Bußfrist alle

Der edelmütige Liebhaber   219

Freiheit zugestanden, wenn er auf ihre Wünsche eingehen
wollte. Darum trug sie Leonisa auf, ihn zu bitten, Frist
und Aufschub zu verkürzen, denn sie wolle ihm die Summe
geben, die der Kadi als Lösegeld von ihm verlangen würde.
Bevor Ricardo seinem Herrn Antwort stand, beriet er sich
mit Mahamut, und die beiden kamen überein, daß Ricardo
dem Kadi jede Hoffnung nehmen und ihm anraten sollte,
Leonisa so rasch wie möglich nach Konstantinopel zu bringen. Auf dem Wege dahin, willig oder durch Gewalt,
könne er seine Lust an ihr büßen. Um aber der Schwierigkeit zu begegnen, daß er dann nicht mehr seine Schuldigkeit dem Großherrn gegenüber zu erfüllen vermöchte, wäre
es angebracht, eine andere Sklavin zu kaufen und während
der Reise so zu tun, als wäre Leonisa krank geworden;
eines Nachts könne man aber die gekaufte Sklavin über
Bord werfen und erklären, die Tote wäre Leonisa, die
Sklavin des Großherrn, die verstorben sei. Dies alles könnte
solcherart bewerkstelligt werden, daß die Wahrheit niemals an den Tag käme, der Kadi dem Großherrn gegenüber als nicht strafbar erscheine und doch sein Verlangen
gestillt habe. Damit er sich aber auch nachher noch auf die
Dauer der Sklavin erfreuen könne, dafür würde man noch
einen geeigneten und vorteilhaften Plan aushecken.
    Der elende altersschwache Kadi war so verblendet, daß
er ihnen auch jeden anderen Unsinn geglaubt haben würde,
wenn er ihn nur der Erfüllung seiner Wünsche nähterge-
bracht hätte. Dies um so mehr, als ihm alles, was sie ihm
erzählten, aufs beste ausgedacht dünkte und Erfolg versprach. So wäre es auch gewesen, hätten die beiden Ratgeber nicht die Absicht gehabt, sich des Schiffes zu bemächtigen und dem Kadi zum Lohn für seine verrückten Begierden den Tod zu geben. Dem Kadi aber stellte sich ein
anderes Hindernis in den Weg, das ihm größer zu sein
schien als alle Hindernisse, denen er bei der Ausführung
des Planes begegnen könnte; er dachte nämlich, Halima,
sein Weib, würde ihn nicht nach Konstantinopel reisen
lassen, wenn er nicht auch sie mitnähme. Doch bald kam
er über diese Schwierigkeit hinweg und sagte, es könne
doch Halima, von der er sich lieber noch befreien wollte

als vom Tode, statt der erst zu kaufenden Christensklavin an Leonisas Stelle sterben. So unbedenklich er den Gedanken gefaßt, so rasch willigten auch Mahamut und Ricardo ein. Nachdem sie darin übereingekommen waren, eröffnete der Kadi seinem Weibe noch am selben Tag, daß er nach Konstantinopel zu reisen gedenke, um die Christensklavin dem Großherrn zu überbringen, von dessen Großmut er sich die Ernennung zum Großkadi von Kairo oder Konstantinopel erwarte. Halima entgegnete, das ihr sein Entschluß sehr lobenswert vorkäme, hoffte sie doch, er ließe Ricardo daheim. Als der Kadi ihr jedoch mitteilte, er nehme ihn und Mahamut mit auf die Reise, änderte sie ihre Meinung und riet von dem ab, wozu sie ihm vorher geraten hatte. Kurz und gut, sie schloß ihre Rede damit, daß sie erklärte, sie lasse ihn unter keinen Umständen reisen, sofern er nicht auch sie mitnehme. Der Kadi fügte sich ihrem Verlangen, gedachte er doch, sich diese Last, die ihm so schwer anhing, vom Halse zu schaffen.

Indessen hatte Hassan Pascha nicht davon abgelassen, den Kadi zu bedrängen, er möge ihm doch die Sklavin übergeben, und versprach ihm dafür goldene Berge; er hatte ihm Ricardo, dessen Lösegeld er auf zweitausend Goldtaler schätzte, umsonst abgetreten und wollte ihm nun die Übergabe der Sklavin mit der gleichen List erleichtern, die schon der Kadi selbst ausgeheckt hatte, nämlich: die Sklavin für tot auszugeben, wenn der Großtürke nach ihr senden sollte. Die vielen Geschenke und Versprechungen bewirkten beim Kadi nur, daß er noch entschlossener auf die Abreise drängte. Angespornt von seiner Begierde, von den Belästigungen durch Hassan und vom Zureden Halimas, die gleichfalls Luftschlösser baute, rüstete er innerhalb von zwanzig Tagen eine Brigantine mit fünfzehn Ruderbänken aus und bemannte sie mit Mauren und einigen griechischen Christen, die als freiwillige Ruderknechte dienten. Dann ließ er seine ganze bewegliche Habe einschiffen; auch Halima ließ nichts von Wert im Hause zurück und bat den Gemahl, auch ihre Eltern mitnehmen zu dürfen, damit diese einmal nach Konstantinopel kämen. Wie der Kadi hatte auch Halima ihre Hintergedanken; sie wollte es be-

Der edelmütige Liebhaber

wirken, daß Mahamut und Ricardo sich auf See der Brigantine bemächtigten. Diesen Plan wollte sie den beiden jedoch erst eröffnen, wenn alle eingeschifft waren; sie gedachte in ein christliches Land zurückzukehren, wieder Christin zu werden und sich mit Ricardo zu vermählen, denn es war zu glauben, daß er sie gewiß zum Weibe nehmen würde, wenn sie wieder Christin war und solchen Reichtum mit sich führte. Indes hatte Ricardo noch einmal mit Leonisa gesprochen und sie in seinen Plan eingeweiht; Leonisa wieder berichtete ihm von den Plänen, die ihr von Halima mitgeteilt worden waren. Beide legten einander das strengste Stillschweigen auf und, sich Gott empfehlend, erwarteten sie den Tag der Abreise. Als dieser gekommen war, begleitete sie Hassan mit allen seinen Soldaten an die Küste und wich nicht eher von der Stelle, bevor er sie nicht unter Segel sah, und auch dann verfolgte er die Brigantine mit den Augen, bis er sie aus dem Gesicht verloren hatte, und es schien, als schwellten die Seufzer, die der verliebte Maure ausstieß, noch mächtiger die Segel, die ihm Herz und Seele entführten, aber gleich einem, dem die Liebe lange und allzu heftig zugesetzt, fand er keine Ruhe und dachte immerfort daran, was er tun könnte, um nicht unter dem Würgegriff der Leidenschaft zu sterben, und so setzte er denn in die Tat um, was er so gründlich bedacht hatte. Er bemannte ein Schiff von siebzehn Ruderbänken, das er in einem andern Hafen ausgerüstet hatte, mit fünfzig Soldaten, alle ihm bekannt oder befreundet, die er durch Geschenke und Versprechungen gewonnen, und gab ihnen den Befehl, auszufahren, das Schiff des Kadi und seine Reichtümer zu kapern und alle, die an Bord wären, über die Klinge springen zu lassen, ausgenommen Leonisa, die Sklavin, die sein einziger Anteil an der überreichen Beute sein sollte. Er befahl desgleichen, die Brigantine zu versenken, damit keine Spur verbliebe, die auf die wahre Ursache ihres Untergangs schließen ließe. Die Beutegier beflügelte die Beine der Leute und gab ihnen Mut, obgleich sie wußten, daß sie auf der Brigantine nur wenig Gegenwehr finden würden, waren doch die Leute, die mit ihr fuhren, unbewaffnet und auf einen Überfall nicht vorbereitet.

Zwei Tage war die Brigantine bereits auf See, zwei Tage, die dem Kadi zu zwei Jahrhunderten wurden, hatte er doch schon am ersten Reisetag seinen Entschluß in die Tat umsetzen wollen, doch hatten ihm seine Sklaven begreiflich gemacht, daß es angebracht wäre, Leonisa erst als krank auszugeben, um der Nachricht von ihrem Tode die Glaubwürdigkeit zu geben; dazu waren aber einige Tage Krankheit nötig. Der Kadi hätte am liebsten erklärt, Leonisa wäre eines plötzlichen Todes gestorben, denn damit hätte er alles rasch hinter sich gebracht, sein Weib beseitigt, und er hätte endlich vermocht, das Feuer zu löschen, das ihm nach und nach die Eingeweide verzehrte; so aber konnte er nicht umhin, sich der Meinung seiner Sklaven anzuschließen.

Indes hatte auch Halima Mahamut und Ricardo in ihren Plan eingeweiht, und die beiden waren sogleich bereit, ihn zu verwirklichen, sobald sie auf der Höhe von Alexandrien wären oder die Kastelle der anatolischen Küste sichteten. Der Kadi trieb sie aber zu solcher Eile an, daß sie sich erbötig machten, seinen Plan bei der ersten sich bietenden Gelegenheit auszuführen. Eines Tages – sie waren nun schon sechs Tage auf See – schien es dem Kadi, Leonisa habe lange genug als krank gegolten, und so bestand er darauf, daß seine Sklaven am Tag darauf Halima beseitigten, den Leichnam in Tücher hüllten, ihn ins Meer versenkten und erklärten, die Tote sei die Sklavin des Großherrn gewesen. Als nun der Tag anbrach, der nach dem Plan Mahamuts und Ricardos alle ihre Wünsche erfüllen oder ihnen das Leben kosten sollte, sichteten sie ein Schiff, das mit geschwellten Segeln und allen Rudern Jagd auf sie machte. Sie befürchteten, daß es christliche Korsaren wären, von denen sich weder Türken noch Christen Gutes versprechen konnten. War es ein christliches Raubschiff, dann hatten die Mauren Gefangenschaft zu befürchten und die Christen mußten, wenn sie auch frei wurden, doch damit rechnen, bis auf die Haut ausgeplündert zu werden. Mahamut und Ricardo hätten wohl die Befreiung Leonisas und die eigene Freiheit gewünscht, doch befürchteten sie die Unverschämtheit und Roheit der See-

Der edelmütige Liebhaber

räuber, denn Leute, die sich auf solche Unternehmungen verlegen, sind, welchen Glaubens und welchen Volkes sie auch sein mögen, stets grausam und roh. Alle richteten sich auf die Abwehr ein, doch ließen sie die Ruder nicht aus den Händen und taten alles, was in ihrer Macht stand, um die Fahrt zu beschleunigen; es dauerte aber nicht lange und sie erkannten, daß das Schiff näher und näher rückte und sie in weniger als zwei Stunden in der Schußweite seiner Kanonen hatte. Als die Leute auf der Brigantine dies sahen, strichen sie die Segel, ließen die Ruder fahren, griffen zu den Waffen und erwarteten den Feind, obgleich der Kadi ihnen sagte, sie hätten nichts zu befürchten, denn es sei ein türkisches Schiff und werde ihnen gewiß nichts Übles wollen. Dann befahl er, zum Zeichen des Friedens eine weiße Flagge auf der Heckstange aufzuziehen, damit sie jene sähen, die, von Beutegier verblendet, sich schon anschickten, die fast wehrlose Brigantine wuchtig anzurennen. In diesem Augenblick wandte Mahamut den Kopf und sah, daß vom Westen her eine Galeote von, wie es ihm schien, etwa zwanzig Ruderbänken aufkam; er machte den Kadi darauf aufmerksam, und einige Ruderchristen sagten, das aufkommende Schiff sei ein Christenschiff. Dies alles verdoppelte die Furcht und Verwirrung, und so erwarteten sie, wie erstarrt und ohne zu wissen, was sie unternehmen sollten, furchtsam das Geschick, das Gott ihnen zu bereiten gedachte. Mir scheint, jetzt hätte der Kadi jede Hoffnung auf den Genuß der Christensklavin dafür gegeben in Nicosia zu sein, so groß war die Verwirrung, in die er geraten war. Dieser Verwirrung wurde er bald durch das zuerst aufgekommene Schiff enthoben, als er erkannte, daß es, ohne sich um die weiße Flagge oder den gemeinsamen Glauben zu scheren, sein Schiff so wütend berannte, daß die Brigantine fast in den Grund gebohrt worden wäre. Dann erkannte der Kadi die Angreifer, sah, daß es sich um Soldaten aus Nicosia handelte, erriet, worum es ging, gab sich für verloren und tot, und hätten sich die Soldaten nicht mehr aufs Plündern verlegt als aufs Morden, so wäre auf des Kadi Schiff nicht einer mit dem Leben davongekommen. Als die Soldaten aber

am eifrigsten beim Plündern waren und an nichts anderes
dachten, rief ein Türke mit lauter Stimme: »Zu den Waffen, Soldaten, ein Christenschiff greift uns an!« Und so
war es auch, denn das Schiff, das von der Brigantine des
Kadi aus gesichtet worden war, segelte unter christlichen
Standarten und Flaggen und fuhr mit voller Kraft auf
Hassans Schiff zu. Bevor es aber herangekommen, fragte
ein Mann vom Heck des angreifenden Schiffes her in türkischer Sprache, wessen Schiff dies sei. Man antwortete
ihm, es gehöre Hassan, dem Vizekönig von Zypern. »Wie
könnt ihr dann«, fragte jener auf Türkisch, »da ihr doch
Muselmanen seid, jenes Schiff entern und plündern, mit
dem, wie wir wissen, der Kadi von Nicosia reist?« Darauf
antworteten ihm Hassans Leute, man habe sie nicht weiter
eingeweiht, sondern ihnen nur befohlen, jenes Schiff zu
entern, und als Hassans Soldaten hätten sie nichts anderes
getan als zu gehorchen. Mit dieser Antwort zufrieden, ließ
der Kapitän des Schiffes, das unter christlichen Standarten
und Flaggen fuhr, von Hassans Schiff ab und wandte sich
der Brigantine des Kadi zu. Mit der ersten Salve tötete er
mehr als zehn Türken, die auf des Kadi Schiff waren, und
enterte alsdann rasch und entschlossen; doch hatten die
Angreifer kaum den Fuß auf die Brigantine gesetzt, als der
Kadi erkannte, daß ihn kein Christ angreife, sondern der
Angreifer kein anderer war als Ali Pascha, der dritte Anbeter Leonisas, der der Brigantine in der gleichen Absicht
aufgelauert hatte wie Hassan und, um nicht erkannt zu
werden und seine Untat besser zu verhehlen, seine Soldaten als Christen verkleidet hatte. Der Kadi, der die Absicht der verräterischen Anbeter durchschaute, begann ihre
Schurkerei laut hinauszuschreien:

»Was soll dies heißen, Ali Pascha, du Verräter? Wie
kannst du, ein Muselman (was soviel wie Türke heißt),
mich wie ein Christ anfallen? Und welcher Teufel hat euch,
verräterische Soldaten Hassans, bewogen, solche Freveltat
zu begehen? Um das unzüchtige Begehren dessen, der euch
hieherschickt, zu befriedigen, wagt ihr es, euch gegen euren
rechtmäßigen Herrn zu erheben?«

Bei diesen Worten ließen alle die Waffen sinken, und

Der edelmütige Liebhaber 225

als sie näher hinsahen, erkannten sie einander, waren sie
doch alle Soldaten des gleichen Kapitäns gewesen und
hatten unter der gleichen Fahne gekämpft. Die Worte des
Kadi und die Erkenntnis ihres Frevels verwirrten sie
solcherart, daß die Schärfe ihrer Krummsäbel abstumpfte
und ihnen das Herz in die Hosen fiel. Nur Ali verschloß
Augen und Ohren, griff den Kadi an und schlug ihn mit
dem Säbel solcherart auf den Kopf, daß er ihn zweifelsohne in zwei Teile gehauen hätte, wäre der Schädel des
Kadi nicht von hundert Ellen Turbantuch geschützt gewesen. Trotzdem warf der Hieb den Kadi zwischen die
Ruderbänke, und der Kadi sagte im Fallen:

»O du grausamer Renegat, Feind meines göttlichen Pro-
pheten! Ist es möglich, daß sich keiner findet, der deine
Grausamkeit und deinen frechen Übermut bestraft? Wie
konntest du dich unterfangen, du Verfluchter, Hand und
Waffe gegen deinen Kadi, den Diener Mohammeds, zu
erheben?«

Diese Worte vertieften noch den Eindruck, den die ersten
Worte des Kadi hervorgerufen hatten, und als Hassans
Soldaten sie vernahmen, wurden sie gleicherweise von
ihnen bewegt wie von der Furcht, Alis Soldaten könnten
ihnen die Beute, die sie schon als ihr eigen ansahen, wieder
abnehmen, und so entschlossen sie sich, alles aufs Spiel zu
setzen. Einer machte den Anfang; seinem Beispiel folgten
die andern, und so griffen sie die Soldaten Alis so überraschend heftig und voll des Grolles an, daß sie diese, obgleich sie ihnen an Zahl überlegen waren, auf ein kleines
Häuflein zusammenschlugen. Doch die übriggebliebenen
Soldaten Alis ermannten sich bald und rächten ihre toten
Kameraden solcherart, daß sie von Hassans Leuten vielleicht vier am Leben ließen und auch diese nur mit schweren Wunden. Ricardo und Mahamut hatten alles mitangesehen, indem sie von Zeit zu Zeit den Kopf durch die
Luke der Kajüte im Achterteil steckten, um zu schauen,
wohin der gewaltige Waffenlärm, den sie vernahmen, führen würde. Als Ricardo sah, daß fast alle Türken tot waren
und nur wenige, sehr schwer verwundet, überlebten, erkannte er, wie leicht man mit allen fertig werden könne;

so rief er denn Mahamut und zwei Neffen Halimas, die sie hatte mit einschiffen lassen, damit sie Hilfe leisteten, wenn **man sich des Schiffes bemächtigte**. Ricardo, Mahamut, Halimas Neffen und ihr Vater nahmen die Krummsäbel der Toten an sich, sprangen in den Rudergang und erschlugen, während sie »Freiheit! Freiheit!« riefen, unter Beihilfe der griechisch-christlichen Ruderknechte unschwer und ohne selbst verwundet zu werden, die überlebenden Türken; dann bemächtigten sie sich der Galeote Alis, die niemand mehr verteidigen konnte, und machten sich alles zu eigen, was sie dort vorfanden. Unter denen, die beim zweiten Waffengang ihr Leben ließen, war Ali Pascha einer der ersten gewesen: ein Türke hatte ihn, um den Kadi zu rächen, mit Säbelhieben getötet. Auf den Rat Ricardos hin schafften sie alles, was sich an Wert auf der Brigantine und auf Hassans Schiff befand, auf die Galeote Alis hinüber, die das größte Schiff unter den dreien und auch am besten für jede Ladung oder Reise ausgerüstet war; überdies hatte die Galeote christliche Rudersklaven, die sich, glücklich über die wiedererlangte Freiheit und die vielen Dinge, die Ricardo unter sie verteilt hatte, erbötig machten, ihn nach Trapana und, wenn er wollte, selbst ans Ende der Welt zu bringen. Nun begaben sich Mahamut und Ricardo, voll der Freude über den glücklichen Ausgang, zu Halima, der Maurin, und sagten ihr, daß, falls sie nach Zypern zurückkehren wollte, das Schiff des Kadi mit freiwilligen Ruderknechten bemannt würde und sie ihr auch die Hälfte der Schätze, die auf dem Schiff gewesen, mitgeben wollten, doch Halima, die auch in dieser Bedrängnis die zärtliche Liebe zu Ricardo bewahrt hatte, erklärte, sie wolle sich mit ihnen in ein Christenland begeben, worüber ihre Eltern sehr erfreut waren.

Der Kadi kam wieder zur Besinnung, und sie verbanden ihn, so gut es ging. Auch ihm ließ man die Wahl zwischen zwei Möglichkeiten, sich entweder nach einem Christenland bringen zu lassen oder auf seinem eigenen Schiff nach Nicosia zurückzukehren. Es gab ihnen zur Antwort, daß er ihnen, da ihn das Schicksal nun einmal in eine solche Lage versetzt habe, für die geschenkte Freiheit danke, doch

Der edelmütige Liebhaber   227

sei er willens, sich nach Konstantinopel zu begeben, um
beim Großherrn Beschwerde gegen das Unrecht zu führen,
das ihm Ali und Hassan angetan hatten; als er erfuhr,
Halima verlasse ihn und wolle wieder Christin werden,
verlor er fast den Verstand. Kurz und gut, sie rüsteten sein
eigenes Schiff aus, versahen ihn mit allem, dessen er zur
Reise bedurfte, und gaben ihm überdies einige von den
Zechinen zurück, die einmal sein Eigentum gewesen waren. Als er sich von allen, entschlossen nach Nicosia zurückzukehren, verabschiedet hatte, bat er noch, Leonisa
möge ihn, bevor er unter Segel gehe, umarmen, denn diese
Gunst und Gnade würde ihm genügen, ihn all sein Mißgeschick vergessen zu lassen. Alle baten Leonisa, sie möge
dem, der sie solcherart liebe, diese Gunst gewähren, verstoße sie doch darin nicht gegen ihre Ehrbarkeit. Leonisa
tat, worum man sie gebeten, und der Kadi begehrte noch,
sie möge ihm auch die Hände auf den Kopf legen, damit
er die Hoffnung mitnehme, von seiner Wunde zu genesen;
auch darin wurde er von Leonisa zufriedengestellt. Als
dies geschehen und ein Loch in Hassans Schiff gebohrt
worden war, frischte ein Wind auf, der ihnen günstig war
und die Segel aufzurufen schien, sich ihm hinzugeben; sie
gaben die Segel dem Winde, so daß sie in wenigen Stunden
das Schiff des Kadi aus dem Gesicht verloren. Der Kadi
sah tränenden Auges, wie die Winde ihm sein Vermögen,
seine Annehmlichkeiten, sein Weib und seine Seele entführten.

Mit anderen Empfindungen als jenen, die der Kadi hatte,
segelten Ricardo und Mahamut übers Meer. Da sie nirgends anlaufen wollten, fuhren sie an Alexandrien mit
seinem langgestreckten Golf vorbei und gelangten, ohne
die Segel zu reffen oder die Ruder gebrauchen zu müssen,
nach der befestigten Insel Korfu, wo sie Wasser nahmen;
unverzüglich segelten sie weiter, zwischen den berüchtigten keraunischen Klippen hindurch, sichteten am folgenden Tag Paquino, ein Vorgebirge des überaus fruchtbaren
Tinakriens, in dessen und der hochberühmten Insel Malta
Sicht sie dahinflogen, denn so schnell und leicht segelte der
glückliche Kiel. Schließlich fuhren sie die Insel entlang,

sichteten vier Tage später Lampedusa und die Insel, an der
sie Schiffbruch erlitten hatten, bei deren Anblick Leonisa
erschauderte, da sie die Gefahr, in der sie geschwebt, wieder vor Augen hatte. Tags darauf sahen sie die ersehnte
liebe Heimat vor sich; wieder erwachte die Freude in ihren
Herzen; ihr Geist begann sich neu zu regen durch die
Glückseligkeit, die zu den vollkommensten Dingen gehört, die einem das Leben zu bieten vermag, nach langer
Gefangenschaft gesund und heil heimzukehren, ein Glücksgefühl, das sich nur mit jenem vergleichen läßt, das man
empfindet, wenn man den Sieg über seine Feinde errungen
hat. Auf der Galeote hatten sie eine Kiste voll seidener
Wimpel und Fahnenbänder unterschiedlichster Färbung
entdeckt; mit ihnen ließ Ricardo das Schiff schmücken.
Kurz nach Tagesanbruch – um diese Zeit dürfte es gewesen
sein – waren sie kaum eine Meile noch von der Stadt entfernt; sie ruderten langsam, stießen von Zeit zu Zeit Freudenrufe aus und näherten sich allmählich dem Hafen, wo
nach ganz kurzer Zeit eine unübersehbare Menschenmenge
zusammengelaufen war, denn als die Leute gesehen hatten, wie jenes so prächtig herausgeputzte Schiff sich nach
und nach dem Lande näherte, gab es in der Stadt keinen
einzigen Menschen, der nicht an den Strand geeilt wäre.

Indes hatte Ricardo Leonisa gebeten, sich ebenso zu
kleiden und zu schmücken wie damals, als sie das Zelt der
Paschas betreten hatte, wollte er doch mit ihren Eltern
einen ergötzlichen Scherz treiben. Leonisa willigte ein,
häufte Pracht auf Pracht, Perlen auf Perlen und Schönheit
auf Schönheit, die mit der Freude zuzunehmen pflegt, und
kleidete sich solcherart, daß sie von neuem Bewunderung
und Erstaunen hervorrief. Auch Ricardo gewandete sich
nach der Art der Türken, und Mahamut tat desgleichen,
ebenso alle Ruderchristen, denn an Bord gab es genug
Kleider der toten Türken. Als sie an den Hafen kamen,
mochte es gegen acht Uhr morgens gewesen sein, ein Morgen, der sich so klar und heiter zeigte, daß er jenem fröhlichen Einzug mit Wohlgefallen zuzuschauen schien. Ehe
das Schiff in den Hafen einfuhr, ließ Ricardo alle Stücke
der Galeote – eine Schiffskanone und zwei Feldschlangen –

Der edelmütige Liebhaber

229

abfeuern. Die Stadt erwiderte mit ebensovielen Schüssen. Verwundert harrten die Leute des seltsamen Schiffes; als sie jedoch in der Nähe sahen, daß es ein türkisches Schiff war – sie unterschieden nun die weißen Turbane derer, die wie Mauren aussahen –, griffen sie aus Furcht, es könnte sich um eine Falle handeln, zu den Waffen, und die Männer der Stadtwehr eilten zum Hafen, indes die Berittenen sich über den ganzen Strand verbreiteten. Darob erfreuten sich die Heimkehrenden sehr und setzten langsam die Fahrt fort, bis sie endlich knapp an Land Anker warfen und einen Steg auslegten. Wie ein Mann ließen alle die Ruder fahren und gingen einer hinter dem andern wie bei einer Prozession an Land, das sie unter Freudentränen oftmals küßten, ein deutliches Zeichen, das sie als Christen kenntlich machte, die sich jenes Schiffes bemächtigt hatten. Hinterher kamen der Vater, die Mutter und die beiden Neffen Halimas, alle, wie gesagt, nach türkischer Art gekleidet; den Schluß und die Krönung des Ganzen bildete Leonisa, das Antlitz von karmesinrotem Taft verhüllt; zu ihren Seiten gingen Ricardo und Mahamut, ein Schauspiel, das die Augen der zahllosen Menge auf sich zog. Als sie das Land betraten, hielten sie es wie die anderen vor ihnen, knieten zur Erde nieder und küßten sie.

Indes kam der Befehlshaber und Gouverneur der Stadt, der sogleich sah, daß sie die Vornehmsten unter den Ankömmlingen waren; doch kaum hatte er sich ihnen genähert, als er schon Ricardo erkannte, mit offenen Armen und Anzeichen größter Freude auf ihn zueilte und ihn umarmte. Mit dem Gouverneur waren auch Cornelio, dessen Vater, die Eltern Leonisas mit allen Anverwandten und überdies die Eltern Ricardos, kurz, die angesehensten Leute der ganzen Stadt. Ricardo umarmte den Gouverneur und erwiderte alle Glückwünsche, die ihm zuteil wurden, dann nahm er Cornelio an der Hand – dieser wurde blaß und begann vor Angst fast zu zittern, als er Ricardo erkannte und sich von ihm an der Hand gefaßt sah –, ergriff auch die Hand Leonisas und sagte:

»Ich bitte Euch, Ihr Herren, mir aus Gefälligkeit einige

Worte lang zuzuhören, ehe wir die Stadt und das Haus
Gottes betreten, um unserem Herrn den gebührenden Dank
für die große Gnade abzustatten, die er uns in unserem
Unglück erwiesen.«

Darauf erwiderte der Gouverneur, Ricardo möge sagen,
was ihm beliebe, denn alle würden ihm mit Vergnügen aufmerksam zuhören. Die Vornehmsten schlossen dann einen
Kreis um Ricardo, der mit leicht erhobener Stimme folgendes sagte:

»Ihr werdet Euch, Ihr Herren, noch recht wohl an das
Unglück erinnern, das mir vor einigen Monaten im Garten bei den Salinen widerfahren ist, als Leonisa geraubt
wurde. Es wird Euch auch nicht entfallen sein, wie sehr ich
mich bemüht habe, ihre Freiheit zu erlangen, denn, meinen
eigenen Loskauf verschmähend, bot ich für den ihren mein
ganzes Vermögen, doch soll diese scheinbare Freigebigkeit
nicht zu meinem Lobe gereichen können und dürfen, gab
ich doch mein Vermögen hin für die Errettung meiner
Seele. Um zu berichten, was nachher geschehen, dazu bedarf es längerer Zeit, größerer Muße und einer Zunge,
die nicht so beschwert ist wie die meine. Darum möge es
Euch für den Augenblick genügen zu wissen, daß uns der
gütige Himmel nach mannigfachen Begebnissen und nach
tausenderlei vergeblichen Hoffnungen, ein Mittel gegen
unser widriges Geschick zu finden, ohne daß uns ein Verdienst zukomme, voll der Zufriedenheit und überreich
an Schätzen in die Heimat zurückgeführt hat; doch die
unbeschreibliche Freude, die ich empfinde, rührt weder
von den Schätzen noch von der wiedererlangten Freiheit
her, sondern von der Vorstellung, welche Freude diese
meine in Krieg und Frieden geliebte Feindin empfinden
mag, da sie nicht nur freigeworden ist, sondern auch dem
Spiegel ihrer Seele wieder begegnet. Auch freue ich mich
über die allgemeine Freude jener, die mir im Unglück
Gefährten waren, und obgleich Schicksalsschläge und be-
klagenswerte Ereignisse den Charakter ändern und die
tapfersten Seelen zu vernichten pflegen, trifft dies auf die
Scharfrichterin meiner schönsten Hoffnungen nicht zu,
denn mit mehr Mut und Standhaftigkeit, als man im

allgemeinen fordern könnte, hat sie den Schiffbruch ihres Glücks ertragen und der Bedrängnis durch meine glühenden, wenn auch ehrenhaften Belästigungen widerstanden, womit sich bestätigt, daß Frauen wohl ihren Aufenthaltsort wechseln, aber nicht die Anlagen und Sitten, die in ihnen Wurzel schlagen. Aus allem, was ich gesagt habe, daraus, daß ich ihr mein Vermögen als Lösegeld und ihr mit meinen Wünschen meine Seele dargeboten habe, daß ich den Weg zu ihrer Befreiung gefunden und dafür mehr als für die eigene mein Leben aufs Spiel gesetzt habe, aus alledem also, was einem dankbareren Menschen als Verbindlichkeit von einigem Gewicht erschienen wäre, will ich keine Verpflichtung machen; doch will ich, daß dir eine solche aus dem erwachse, was ich jetzt für dich zu tun gedenke.«

Damit hob er die Hand und entschleierte Leonisas Antlitz mit höflich gemessener Gebärde; es war, als hätte Ricardo eine Wolke verscheucht, die gerade die helle Sonne verdeckt hatte; dann fuhr er fort:

»Hier, o Cornelio, übergebe ich dir ein Kleinod, das du höher schätzen sollst als alles, was wert ist, hoch geschätzt zu werden, und hier, schöne Leonisa, gebe ich dir den, der immer in deinem Herzen gewesen; als Edelmut soll man, wie ich möchte, diese Handlung erachten, eine Handlung, gegen die die Hingabe eines Vermögens, des Lebens und der Ehre ein Nichts ist. Nimm sie also entgegen, o glücklicher Jüngling, nimm sie entgegen, und wenn deine Einsicht so weit reicht, daß sie imstande ist, solchen hohen Wert zu würdigen, dann halte dich für den glücklichsten Menschen auf Erden. Mit ihr vermache ich dir alles, was mir als Anteil an dem zufallen dürfte, das uns allen als Geschenk des Himmels zuteil wurde; mein Anteil dürfte wohl die dreißigtausend Goldtaler überschreiten; all dies magst du nach deinem Gutdünken frei, unbesorgt und ungestört genießen und, wenn es dem Himmel gefällt, noch viele glückliche Jahre lang. Da ich Leonisa entbehre, will ich Unglücklicher alles entbehren, denn wem Leonisa fehlt, dem ist selbst das Leben zuviel.«

Damit schwieg er, als klebte ihm die Zunge am Gaumen. Doch kurz darauf, ehe noch ein anderer das Wort ergreifen konnte, sagte er:

»Gott steh mir bei! Wie doch bittres Leid den Verstand verwirrt! Ich, Ihr Herren, habe in meinem Verlangen, Gutes zu tun, nicht bedacht, was ich gesagt, kann sich doch niemand als edelmütig und freigebig erweisen mit dem, was nicht sein eigen ist. Welche Gewalt habe ich denn über Leonisa, daß ich sie an jemand verschenken könnte? Wie kann ich als Geschenk anbieten, was so weit entfernt ist, mein zu sein? Leonisa gehört sich selbst, gehört sich selbst so sehr, daß, hätte sie nicht die Eltern, die noch viele glückliche Jahre leben mögen, niemand ihren freien Willen einschränken dürfte, und sollte sie in ihrer Umsicht glauben, sie hätte mir gegenüber Verpflichtungen, die ihrem Willen Schranken setzen, so lösche ich solche Schuldigkeit, tilge sie und erkläre sie für null und nichtig. Deshalb nehme ich auch alles zurück, was ich gesagt, und gebe Cornelio nichts, kann ich ihm doch nichts geben; ich bekräftige darum nur die Übertragung meines Vermögens an Leonisa, ohne einen anderen Lohn dafür zu begehren, als daß sie meine lauteren Wünsche für aufrichtig erachte und glaube, daß diese Wünsche nach keinem anderen Ziel hinstrebten als nach jenem, das ihre beispiellose Sittsamkeit, ihre große Standhaftigkeit und ausbündige Schönheit fordern.«

Damit schwieg Ricardo, und Leonisa antwortete ihm also:

»Solltest du, o Ricardo, glauben, daß Cornelio in der Zeit, in der du in mich verliebt warst, einige Gunstbezeigungen von mir erfahren hat, darob du eifersüchtig warst, so glaube auch, daß sie ebenso ehrbar wie dem Willen und Befehl meiner Eltern angemessen waren, die jene Gunstbezeigungen gestatteten in der Hoffnung, Cornelio werde sich dadurch bewegen lassen, mein Gemahl zu werden. Wenn dir dies genügt, dann wird dir gewiß auch genügen, was dich die Erfahrung über meine Sittsamkeit und Zurückhaltung gelehrt hat. Dies sage ich, Ricardo, um dir verständlich zu machen, daß ich immer nur mir zu eigen war und niemand anderem unterstand als meinen Eltern,

Der edelmütige Liebhaber 233

die ich jetzt, wie es sich geziemt, in aller Demut anflehe, mir die Einwilligung und die Freiheit zu geben, selbst über jene andere Freiheit zu verfügen, die mir durch deine Tapferkeit und deinen Edelmut geschenkt worden ist.«

Leonisas Eltern sagten, daß sie ihr die Erlaubnis gäben, weil sie, auf ihre Einsicht vertrauend, glaubten, sie würde von dieser Freiheit jenen Gebrauch machen, der ihrem Ansehen und Glück am vorteilhaftesten sei.

»Mit dieser Erlaubnis nun«, fuhr die verständige Leonisa fort, »bitte ich, man möge es mir nicht übel ausdeuten, weil ich, um nicht als undankbar zu erscheinen, zu geringe Zurückhaltung zeige. Und so, o tapferer Ricardo, entscheidet sich mein bisher verschlossener, verwirrter und schwankender Sinn zu deinen Gunsten; mögen die Männer, da wenigstens ich mich als dankbar erweise, begreifen, daß nicht alle Frauen undankbar sind. Dir gehöre ich, Ricardo, und dein werde ich sein bis zum Tod, sollte nicht bessere Einsicht dich bewegen, mir die Gattenhand zu verweigern, um die ich dich bitte.«

Ricardo war ob solcher Worte wie außer sich; er wußte nicht, was er sagen sollte, und konnte Leonisa keine andere Antwort geben, als ihr zu Füßen zu fallen, ihr die Hände zu küssen, die er immer wieder heftig an sich zog und mit zärtlich-liebevollen Tränen benetzte; Cornelio weinte vor Verdruß, vor Freude weinten Leonisas Eltern und vor entzückter Verwunderung alle Anwesenden. Anwesend war auch der Bischof oder Erzbischof der Stadt, der den Liebenden Einwilligung und Segen gab und sie zur Kirche brachte, wo er sie, die er vom Aufgebot befreite, auf der Stelle vermählte. Die Freude darüber verbreitete sich über die ganze Stadt, von Freude zeugten die zahllosen festlich erhellten Fenster, die Lichter und Fackeln in jener Nacht; tagelang dauerten die vielen Spiele und Lustbarkeiten, die von Ricardos und Leonisas Anverwandten gegeben wurden. Mahamut und Halima kehrten in den Schoß der Kirche zurück, Halima, die auf ihren Wunsch, Ricardos Gattin zu werden, verzichten mußte, war es zufrieden, das Weib Mahamuts zu werden. Den Eltern und den Neffen Halimas schenkte Ricardo in seinem Edelmut aus seinem Beuteanteil so viel, daß sie hinreichend zu leben hatten. Kurz und gut, alle waren glücklich, frei und zufrieden; Ricardos Ruf als edelmütiger Liebhaber verbreitete sich weit über Sizilien hinaus in Italien und vielen anderen Ländern und lebt noch heute fort in den vielen Kindern, die ihm Leonisa geschenkt, Leonisa, die ein seltenes Vorbild an Einsicht, Ehrbarkeit, Zurückhaltung und Schönheit war.

RINCONETE UND CORTADILLO

Im Wirtshaus »Zur kleinen Mühle«, das, wenn man von Kastilien nach Andalusien reist, am Ende der berühmten Gefilde von Alcudia liegt, hielten sich an einem heißen Sommertag zufällig zwei Burschen auf, die vielleicht vierzehn oder fünfzehn Jahre alt sein mochten; die siebzehn hatte weder der eine noch der andere überschritten. Beide waren von recht schmucker Gestalt, wenn auch zerlumpt, abgebrannt und verwahrlost. Mäntel hatten sie keine; die Hosen waren aus Leinwand, und als Strümpfe diente ihnen die eigene Haut; dies machten sie wieder durch das Schuhwerk wett, trug doch der eine der beiden Segeltuchschuhe mit Hanfsohlen, ebenso abgetragen wie hergenommen, indes die des anderen reichlich durchbrochen und sohlenlos waren und eher als Fußschellen denn als Fußbekleidung dienten. Der eine hatte eine grüne Jägermütze auf dem Kopf; der andere trug einen flachen Hut mit breiter Hängekrempe, dem das Florband fehlte. Auf dem Rücken, zu einem Felleisen zusammengerollt und mit den Ärmeln an der Brust verknotet, hatte der eine ein schmieriges gemsfarbenes Hemd; der andere aber ging frei und ledig, hatte keinen Schnappsack, doch hing an seiner Brust ein dicker Wulst, ein großer, wie sich später zeigte, Wallone genannter Leinenkragen, der, mit Dreck und Speck gestärkt, so zerschlissen war, daß er einem Netzwerk glich. Darein versteckt verwahrte er ein Spiel ovaler Karten, oval, weil sie durch den häufigen Gebrauch an den Ecken abgenützt waren, oder weil sie, damit sie länger dauern sollten, beschnitten und in besagte Form gebracht worden waren. Die beiden Burschen waren sonngebräunt, hatten lange ausgefranste Fingernägel mit Trauerrändern und nicht übermäßig saubere Hände. Der eine trug einen Halbdegen, der aus einer abgebrochenen Degenklinge zurechtgemacht war; der andere hatte ein Messer mit gelbem Heft, ein sogenanntes Schlächtermesser.

Die beiden traten, um Siesta zun halten, in einen Laubengang heraus, eine Art Vordach, das man bei Wirtshäusern findet, und nachdem sie sich einander gegenübergesetzt, sagte der dem Anschein nach Ältere zum Jüngeren:

»Welches Vaterlandes Sohn sind Euer Gnaden, edler Herr, und wohin des Weges?«

»Mein Vaterland, Herr Edelmann«, erwiderte der Befragte, »kenne ich nicht, und ebensowenig weiß ich, wohin des Wegs.«

»Da es nun aber wirklich nicht den Anschein hat«, sagte der Ältere, »als wären Euer Gnaden vom Himmel gefallen, und dies hier kein Platz ist, um sich für immer niederzulassen, werdet Ihr wohl nicht umhin können, weiterzureisen.«

»So ist es«, versetzte der Jüngere, »aber dennoch habe ich in allem die reine Wahrheit gesagt: mein Vaterland ist nicht mein Land, denn ich habe darin nur einen Vater, der mich nicht als seinen Sohn gelten läßt, und eine Stiefmutter, die mich als Stiefkind behandelt. Mein Weg führt ins Blaue und wird dort enden, wo ich jemand finde, der mir das Nötige gibt, dieses elende Leben zu fristen.«

»Und haben Euer Gnaden ein Handwerk erlernt?« fragte der Ältere.

Und der Jüngere versetzte:

»Ich weiß nur zu laufen wie ein Hase, zu springen wie ein Damhirsch und sehr zierlich mit der Schere zu schneiden.«

»Das alles ist sehr gut, sehr nützlich und sehr einträglich«, sagte der Ältere, »denn gewiß wird sich ein Mesner finden, der Euer Gnaden die Opfergaben des Allerheiligenfestes zukommen läßt, wenn Ihr ihm dafür zum Gründonnerstag Papierblumen fürs Heilige Grab schneidet.«

»Nicht auf diese Art schneide ich«, erwiderte der Jüngere, »sondern mein Vater, durch des Himmels Barmherzigkeit Schneider und Strumpfmacher, lehrte mich, Überstrümpfe zuzuschneiden, das sind, wie Euer Gnaden wohl wissen, Kniestrümpfe mit Vorderblatt, die man mit ihrem eigentlichen Namen Gamaschen oder auch Beinling nennt; ich hätte darin sogar die Meisterprüfung machen können, wenn mir das launische Schicksal nicht so übel mitgespielt hätte.«

Rinconete und Cortadillo 237

»Solches und noch mehr kann auch dem Besten widerfahren«, entgegnete der Ältere, »und ich habe immer sagen
hören, daß gerade die besten Fertigkeiten am wenigsten
tragen, doch stehen Euer Gnaden noch in einem Alter, in
dem man sein Schicksal verbessern kann. Wenn ich mich
aber nicht täusche und mein Auge mich nicht trügt, dann
verfügen Euer Gnaden über andere geheime Gaben, die
Ihr nur nicht kundtun wollt.«

»Über solche verfüge ich«, erwiderte der Jüngere, »doch
sind sie nicht für die Öffentlichkeit bestimmt, wie Euer
Gnaden sehr richtig bemerkt haben.«

Darauf erwiderte der Ältere:

»Nun, so kann ich Euch sagen, daß ich einer der ver-
schwiegensten Burschen bin, die man weit und breit finden
wird, und um Euer Gnaden dazu zu bringen, daß Ihr mir
Euer Herz eröffnet und Vertrauen in mich setzt, will ich
Euch vorerst das meine eröffnen, denn ich glaube, daß das
Schicksal uns nicht ohne Grund hier zusammengeführt hat,
und denke, wir werden von diesem Tag bis zum letzten
unseres Lebens wahre Freunde sein. Ich, Herr Edelmann,
bin aus Fuenfrida gebürtig, einem Ort, bekannt und berühmt wegen der hocherlauchten Reisenden, die dort durch-
ziehen. Ich heiße Pedro del Rincón, mein Vater ist ein
Mann von Stand, denn er ist Beamter der Heiligen Kreuzzugsbulle, ich will damit sagen, daß er Bullenverkäufer
ist oder Bullenverschleifer, wie das gemeine Volk sie nennt.
Eine Zeitlang half ich meinem Vater bei seinem Geschäft
und erlernte es solcherart, daß ich beim Bullenverkaufen
auch dem Geschicktesten nichts nachgeben würde. Da ich
aber eines Tages mehr Neigung zum Bullengeld fühlte als
zu den Bullen selbst, nahm ich einen Geldbeutel zärtlich
in meine Arme und kam mit ihm nach Madrid, wo ich den
Beutel bei den Gelegenheiten, die sich einem dort zu bieten
pflegen, innerhalb weniger Tage ausweidete und ihn mit
mehr Falten zurückließ, als sie je ein Hochzeitstaschentuch
haben kann. Doch der Mann, der für das Geld verant-
wortlich war, kam hinter mir her; ich wurde festgenommen, fand wenig Gunst, obgleich jene Herren, als sie meine
Jugend sahen, sich damit zufrieden gaben, mich an den

Mauerring zu legen, mir eine Weile den Buckel fegen zu
lassen und mich schließlich für vier Jahre aus der Hauptstadt zu verbannen. Ich hatte Geduld, machte den Buckel
krumm, nahm das meine auf mich und auch das Buckel-
fegen und zog ab, um die Strafe der Verbannung anzutreten, und zwar so eilig, daß ich nicht einmal Zeit hatte,
mich um Reittiere umzusehen. Von meinen Kostbarkeiten
nahm ich mit, was ich vermochte, vor allem was mir am
nötigsten schien, darunter auch diese Spielkarten« – damit
nahm er das schon erwähnte Spiel Karten aus dem Hals-
kragen –, »mit denen ich mir meinen Lebensunterhalt in
den Schenken und Wirtshäusern von Madrid bis hieher
durch das Einundzwanzig-Spiel verschafft habe. Obgleich
Euer Gnaden diese Spielkarten so schmutzig und mitgenommen sehen, besitzen sie doch für den, der mit ihnen
umzugehen versteht, die wundersame Tugend, daß beim
Abheben immer ein As unten bleibt; falls Euer Gnaden
mit diesem Spiel vertraut sind, werdet Ihr verstehen, welchen Vorteil der genießt, der weiß, daß er als erste Karte
ein As gewiß hat, das er als einen Punkt oder als elfe
zählen kann, denn mit diesem Vorteil bleibt, wenn es um
die einundzwanzig Punkte geht, das Geld im Säckel. Überdies lernte ich vom Koch eines gewissen Botschafters bestimmte Kniffe für das Färbeln und das Pari, das auch
Schafscheren genannt wird, so daß ich mich – wie Ihr die
Meisterprüfung im Zuschneiden Eurer Überstrümpfe machen könnt – ebenso als Meister in der Wissenschaft des
Herrn Vilhan ansehen darf. Damit bin ich sicher, nicht
Hungers sterben zu müssen, denn komme ich auch nur an
einen Bauernhof, so findet sich sogleich jemand, der sich
die Zeit mit einem Spielchen vertreiben will; auch hier
wollen wir gleich die Probe aufs Exempel machen: legen
wir also unser Garn aus und warten wir ab, ob uns nicht
doch irgendein Vogel unter den Maultiertreibern hier im
Wirtshaus dareingeht; ich will damit sagen, daß wir anfangen, zu zweit Einundzwanzig zu spielen, als ginge es
um Geld; wenn dann einer als Dritter mittun möchte, wird
er als erster seine Kröten lassen.«

»In guter Stunde sei's«, sagte der andere. »Ich erachte

Rinconete und Cortadillo

das Entgegenkommen, das mir Euer Gnaden erwiesen, als
Ihr mir Euer Leben berichtet habt, für einen großen Gunst-
beweis, mit dem Ihr mich verpflichtet, Euch auch meines
nicht zu verhehlen, das, in Kürze erzählt, so aussieht: Ich
bin gebürtig aus dem gottesfürchtigen Ort Mollorido, der
zwischen Salamanca und Medina del Campo liegt. Mein
Vater ist Schneider. Er lehrte mich sein Handwerk, und als
heller Kopf ging ich vom Kleiderschneiden bald aufs Beu-
telschneiden über. Das beengte, freudlose Dorfleben und
die lieblose Behandlung durch die Stiefmutter verdrossen
mich; ich ließ das Dorf, ging nach Toledo, um dort mein
Handwerk auszuüben, und tat Wunder darin, denn kein
Schmuck hängt so hoch und sicher an der Haube, noch gibt
es einen Beutel so versteckt, daß meine Finger ihn nicht
erreicht, meine Schere ihn nicht abgeschnitten hätten, wäre
er auch mit Argusaugen bewacht worden. In den vier Monaten, die ich in jener Stadt verbrachte, wurde ich nie auf
frischer Tat ertappt, nie von Häschern aufgescheucht noch
verfolgt, nie von einem Spitzel verpfiffen; allerdings gab
vor etwa acht Tagen ein Kundschafter, der beide Seiten
bediente, dem Korregidor Nachricht von meinen Fähigkeiten; der Korregidor, von meinen Talenten eingenommen, begehrte mich zu sehen, doch ich, der ich in meiner
Bescheidenheit mit so gewichtigen Leuten nicht verkehren
will, sorgte dafür, daß wir einander nicht zu Gesicht bekamen, und verließ die Stadt in solcher Eile, daß ich keine
Gelegenheit fand, mir Reittier, Zaster, eine Retourkutsche
oder auch nur einen Karren zu besorgen.«

»Denkt nicht daran«, sagte Rincón, »und da wir einander nun kennen, haben wir keine Ursache mehr, groß
und erhaben zu tun: bekennen wir doch schlicht und recht,
daß wir keinen Zaster, ja nicht einmal Schuhe haben.«

»So sei's«, erwiderte Diego Cortado – so behauptete der
Jüngere zu heißen –, »und da unsere Freundschaft, wie
Euer Gnaden, Herr Rincón, gesagt, ewiglich währen soll,
laßt sie uns mit heiligen und löblichen Zeremonien einleiten.«

Diego Cortado stand auf, umarmte Rincón; Rincón
drückte ihn gleicherweise zärtlich an die Brust, und dann

fingen die beiden mit den schon erwähnten Karten, die
wohl frei von Staub und Stroh waren, aber nicht von Fett
und Büberei, an, Einundzwanzig zu spielen; schon nach
wenigen Spielen hob Cortado das As genauso sicher ab wie
Rincón, sein Lehrer.

Indes trat ein Maultiertreiber, um sich abzukühlen, unter
das Vordach und verlangte, als Dritter mitspielen zu dürfen. Sie hießen ihn gern willkommen, und in weniger als
einer halben Stunde hatten sie ihm zwölf Realen und zweiundzwanzig Maravedis abgenommen, was er wie zwölf
Lanzenstiche und zweiundzwanzigtausend Kränkungen
empfand. Da der Maultiertreiber annahm, die beiden, jung
wie sie waren, würden ihn nicht daran hindern, wollte er
ihnen das Geld wieder abnehmen; die beiden jedoch griffen,
der eine nach seinem Halbdegen und der andere nach dem
Messer mit dem gelben Heft und machten ihm soviel zu
schaffen, daß, wären nicht seine Kameraden herausgekom-
men, es ihm zweifelsohne schlecht ergangen wäre.

In diesem Augenblick kam zufällig ein Trupp berittener
Reisender daher, die in dem eine halbe Meile weiter gelegenen Wirtshaus »Zum Alkalden« Mittagsrast halten
wollten. Als sie den Händel des Maultiertreibers mit den
beiden Burschen sahen, beschwichtigten sie die Jungen und
boten ihnen an, sie mitzunehmen, falls sie etwa nach Sevilla wollten.

»Dorthin wollen wir«, sagte Rincón, »und wir werden
Euer Gnaden in allem dienen, was man uns befehlen
möge.«

Und ohne sich länger aufzuhalten, sprangen sie vor den
Maultieren her, zogen mit den Reisenden fort und ließen
den Maultiertreiber voll Ärger und Zorn, die Wirtin jedoch voll Erstaunen über die gute Kinderstube der Schelme
zurück; denn ohne daß sie es merkten, hatte sie ihr Gespräch belauscht. Als sie dem Maultiertreiber sagte, sie
habe die beiden davon reden hören, daß sie mit falschen
Karten spielten, raufte er sich den Bart und wollte hinter
ihnen her ins andere Wirtshaus, um sein Geld zurückzu-
holen, denn, wie er sagte, sei es eine arge Schande und ein
böser Schimpf, daß zwei Knaben einen so erfahrenen Kerl

wie ihn hereingelegt hatten. Seine Kameraden hielten ihn zurück und rieten ihm ab, hinterher zu laufen, damit nicht obendrein noch seine Ungeschicklichkeit und Einfalt in aller Leute Mund käme. Kurz und gut, sie redeten ihm so sehr zu, daß sie ihn, wenn schon nicht trösteten, so doch zwangen, dazubleiben.

Indes befleißigten sich Cortado und Rincón, den Reisenden auf jede Weise gefällig zu sein, so daß diese sie die längste Strecke des Weges hinten auf den Kruppen sitzen ließen, und obgleich sich den beiden mehrfache Gelegenheit bot, den Mantelsäcken ihrer vorläufigen Herren den Puls zu fühlen, hielten sie sich zurück, um sich eine so gute Reisegelegenheit nach Sevilla, wo sie sich gern schon gesehen hätten, nicht zu verscherzen. Doch als sie beim Abendläuten die Stadt erreichten und beim Tor am Zollgebäude zur Prüfung des Gepäcks und zur Zahlung des Zolls aufgehalten waren, konnte sich Cortado nicht enthalten, den Mantel- oder Reisesack anzuschneiden, den ein zur Reisegesellschaft gehöriger Franzose hinter sich auf der Kruppe hatte. Mit dem Schlächtermesser brachte Cortado dem Sack eine so tiefe breite Wunde bei, daß die Eingeweide offen zutage traten, und zog unauffällig zwei gute Hemden, eine Sonnenuhr und ein Notizbuch heraus, Dinge, die den beiden bei näherem Augenschein nicht viel Freude bereiteten. Sie dachten, daß der Franzose, wenn er schon den Mantelsack auf der Kruppe seines Reittiers mit sich führte, ihn wohl nicht nur mit solch ungewichtigen Dingen wie den erbeuteten gefüllt haben könnte, und so wollten sie zurückkehren um noch einen Versuch zu wagen, doch der Gedanke, daß man das Entwendete schon vermisse und das übrige in Sicherheit gebracht haben könnte, hielt sie davon ab.

Schon ehe sie den Diebstahl ausführten, hatten sie sich von denen verabschiedet, die sie bislang erhalten hatten, und am nächsten Tag verkauften sie die Hemden auf dem Trödelmarkt, der vor der Puerta del Arenal gehalten wird; sie lösten zwanzig Realen dafür ein. Dann gingen sie, sich die Stadt anzusehen; die Größe und Pracht der Kathedrale setzte sie in Erstaunen, und sie verwunderten

sich über die große Zahl der Leute, die sich, da es eben
Zeit war, die Flotte zu befrachten, am Strom tummelten.
Im Strom lagen sechs Galeeren, deren Anblick ihnen manchen Seufzer entlockte und sie sogar den Tag befürchten
ließ, an dem sie ihrer Verfehlungen wegen darauf lebens-
länglichen Aufenthalt zu nehmen hätten. Ihnen fielen auch
die zahlreichen Burschen auf, die mit Tragkörben dort
umherliefen, weshalb sie sich bei einem der Burschen er-
kundigten, welches Handwerk er treibe, ob es viel Mühe
bereite und welchen Gewinn es bringe. Der Bursche, den
sie gefragt hatten, ein Asturier, erwiderte, die Arbeit sei
geruhsam, man brauche keine Gewerbesteuer zu zahlen,
und er komme an manchen Tagen auf fünf oder sechs
Realen; davon könne er essen und trinken und sich's wohl-
ergehen lassen wie ein König; er brauche sich nicht erst
einen Herrn suchen, dem er ein Faustpfand zu geben hätte,
und sei zu jeder beliebigen Stunde seines Essens gewiß,
denn jederzeit fände er eine Mahlzeit selbst in der kleinsten Garküche der Stadt.

Nicht übel klang den beiden Freunden die Auskunft des
kleinen Asturiers, auch das Handwerk mißfiel ihnen nicht,
denn da sie solcherart leichten Zutritt zu allen Häusern
fänden, könnten sie das eigene Handwerk unter diesem
Deckmantel in aller Sicherheit ausüben. So entschlossen sie
sich, die nötigen Gerätschaften zu kaufen, brauchten sie
doch nicht erst lange eine Prüfung abzulegen. Sie fragten
den Asturier, was sie anzuschaffen hätten, und er erwiderte:
je einen kleinen sauberen oder neuen Schultersack und je
drei Palmstrohkörbe, zwei große und einen kleinen für
Fleisch, Fisch und Obst, während der Schultersack für das
Brot bestimmt sei. Er brachte sie auch an den Ort, wo die
Gerätschaften feilgeboten wurden; mit dem Geld, das sie
aus dem Verkauf ihrer letzten Beute gezogen hatten, kauften sie alles, was sie brauchten, und schon zwei Stunden
später konnten sie als Gesellen in ihrem neuen Handwerk
gelten, so gut trugen sie die Körbe und so vorzüglich paßten ihnen die Schultersäcke. Ihr Führer zeigte ihnen die
Plätze, wo sie hinzugehen hatten: morgens zur Fleischbank
und zur Plaza de San Salvador, an Fasttagen in die Fisch-

halle und zur Costanilla, jeden Abend an den Strom und donnerstags auf den Großmarkt.

Diese Unterweisungen prägten sie sich gut ein, und am nächsten Tag stellten sie sich frühmorgens auf die Plaza de San Salvador. Kaum waren sie dort, als sie auch schon von den anderen Burschen des gleichen Gewerbes umringt wurden, von denen sie an den funkelnagelneuen Schultersäcken und Tragkörben sogleich als Neulinge erkannt worden waren. Die Burschen stellen ihnen tausenderlei Fragen, die sie alle verständig und maßvoll beantworteten. Indes traten eine Art Student, so ein Zwischending von Theologen und Mesner, und ein Soldat heran, und angelockt von der Sauberkeit der Tragkörbe der beiden Neulinge, rief der eine, der ein Student zu sein schien, den Cortado, und der Soldat den Rincón zu sich heran.

»Gott zum Gruß!« sagten beide.

»Auf daß mein Handwerk einen guten Anfang nehme«, sagte Rincón, »denn Euer Gnaden, mein Herr, sind der erste, der mich beschäftigt.«

Darauf erwiderte der Soldat:

»Der Anfang soll nicht schlecht sein, denn ich habe Glück im Spiel gehabt, bin verliebt und muß einigen Freundinnen meiner Dame heute ein Festessen geben.«

»Dann packen Euer Gnaden mir nur nach Belieben auf, denn ich habe Lust und Kraft genug, den ganzen Markt hier wegzutragen, und sollte es notwendig sein, daß ich beim Kochen helfe, so tue ich's von Herzen gern.«

Dem Soldaten gefiel das aufgeweckte Wesen des Burschen, und er sagte ihm, er wolle ihn gern von diesem niedern Handwerk befreien, wenn er Dienst nehmen möchte. Darauf erwiderte Rincón, er wolle sein Handwerk nicht so rasch aufgeben, sei doch heute das erste Mal, daß er es ausübe; er wolle wenigstens sehen, welche guten und welche bösen Seiten es habe. Sollte es ihm aber nicht gefallen, so gebe er ihm sein Wort darauf, daß er lieber ihm dienen wolle als einem Kanonikus.

Der Soldat lachte, lud ihm tüchtig auf, zeigte ihm das Haus seiner Dame, damit er es in Zukunft kenne und er ein andermal nicht begleitet werden müßte. Rincón versprach ehrliche Bedienung; der Soldat gab ihm drei Vierer, und flugs kehrte der Bursche auf den Markt zurück, um keine Gelegenheit zu versäumen; diese Rührigkeit hatte ihnen der Asturier empfohlen, der ihnen überdies gesagt hatte, man könnte von den kleinen Fischen, die man irgendwohin zu bringen habe, also von den Weißfischen, Sardinen oder Anschoven, sehr wohl ein paar verkosten und beiseite bringen, was man so eben für den Tag benötige. Doch müsse man dabei schlau und zurückhaltend sein, damit man sich nicht das Ansehen verscherze, denn das sei bei dem Gewerbe das wichtigste.

Wie schnell auch Rincón zurückkehrte, so fand er Cortado doch schon an der gleichen Stelle. Cortado trat zu Rincón und fragte, wie es ihm ergangen sei. Rincón öffnete die Hand und zeigte die drei Vierer. Cortado fuhr mit der seinen in den Hemdausschnitt, holte einen Geldbeutel hervor, der früher einmal amberfarben gewesen sein mochte und etwas prall aussah, und sagte:

»Damit hat mich seine Ehrwürden, der Student, bezahlt und mir überdies zwei Vierer gegeben. Aber nehmt den Beutel für alle Fälle an Euch, Rincón.«

Und kaum hatte er ihm den Beutel heimlich zugesteckt, siehe da, da kam schon der Student schweißtriefend und zu Tode erschrocken daher und fragte, als er Cortado erblickte, ob er nicht vielleicht einen Beutel von solchen und solchen Kennzeichen gesehen habe, der ihm mit fünfzehn Goldtalern in Münze, drei Zweierrealen und so und so viel Maravedis in Vierern und Achtern abgehe, und er möge ihm doch sagen, ob er vielleicht den Beutel in der Zeit, in der er mit ihm einkaufte, zur Hand genommen habe. Darauf antwortete Cortado, sich aufs beste verstellend und ohne sich im geringsten aufzuregen oder zu erröten:

»Ich wüßte von diesem Beutel nur zu sagen, daß er nicht verloren sein kann, es sei denn, Euer Gnaden hätten ihn schlecht verwahrt.«

»Das ist es ja«, erwiderte der Student, »daß ich armer Sünder den Beutel schlecht verwahrt haben muß, wurde er mir doch gestohlen!«

»Das meine ich auch«, sagte Cortado, »doch gegen alles

ist ein Kraut gewachsen, nur nicht gegen den Tod, und das
wichtigste Kräutlein, das Euer Gnaden vorerst und vor
allem nehmen sollte, ist Geduld, hat uns doch Gott aus
weniger geschaffen, auf Leid folgt Freud', und wem gegeben wird, dem wird auch genommen, und es könnte ja
sein, daß den Beuteldieb mit der Zeit die Reue ankommt
und er ihn Euer Gnaden, um seinen guten Willen zu zeigen, beweihräuchert wieder zurückgibt.«

»Das Weihräuchern schenke ich ihm gern«, erwiderte
der Student.

Und Cortado fuhr fort:

»Überdies gibt es noch Exkommunikationsbriefe und
Paulinische Briefe, und ohne Fleiß kein Preis. Doch möchte
ich wahrhaftig nicht der Dieb eines solchen Beutels sein,
denn wenn Euer Gnaden vielleicht schon die eine oder die
andere Weihe haben, so hat er, wie mir scheint, irgendeinen großen Inzest oder ein Sakrileg begangen.«

»Und was für ein Sakrileg er begangen hat!« rief darauf der betrübte Student, »denn obgleich ich kein Priester
bin, sondern nur Mesner in einem Nonnenkloster, so war
doch das Geld im Beutel das Tertial aus einer Kaplans-
pfründe, die ich für einen mir befreundeten Priester einzuziehen hatte; also ist es geheiligtes, geweihtes Geld.«

»Soll er auslöffeln, was er sich eingebrockt!« sagte hier
Rincón. »Ich möchte nicht in seiner Haut stecken, es gibt
einen Gerichtstag, an dem beim Durchseihen alles herauskommt, und dann wird man schon sehen, wer der Stärkere
ist und wer der Waghals, der es gewagt kat, das Tertial
der Pfründe zu greifen, zu stehlen und zu mißbrauchen.
Und wieviel trägt sie denn jährlich ein? Sagt es mir doch,
Herr Mesner, bei allem, was Euch lieb ist.«

»Trag's die Hure ein, die mich geboren! Ist mir jetzt
zumute, Euch zu sagen, was sie einträgt?« erwiderte der
Mesner mit einem Schuß zuviel an Wut. »Sagt es mir,
Bruder, so Ihr etwas wißt; wenn nicht, dann behüt' Euch
Gott, ich werde den Beutel ausrufen lassen.«

»Das scheint mir kein so übler Weg«, sagte Cortado,
»aber vergessen Euer Gnaden nicht, die Kennzeichen des
Beutels anzugeben und auch die genaue Summe, die drin

ist; denn irrt Ihr Euch auch nur um einen Deut, so wird der Beutel, solange die Welt besteht, nicht wieder zum Vorschein kommen; das kann ich Euch auf Ehr und Gewissen voraussagen.«

»Da steht nichts zu befürchten«, erwiderte der Mesner, »habe ich doch die Summe besser im Kopf als die Gebetsläutenszeiten: ich werde mich nicht um ein Härchen irren.«

Damit zog er ein mit Spitzen besetztes Schnupftuch aus der Tasche, um sich den Schweiß abzuwischen, der ihm wie aus einem Destillierkolben vom Gesicht tropfte. Kaum hatte Cortado das Schnupftuch gesehen, als er es schon für sich vormerkte. Als der Mesner gegangen war, folgte ihm Cortado, holte ihn bei den Gradas der Kathedrale ein, wo er ihn ansprach, ihn beiseite zog, soviel krauses Zeug, sogenanntes Larifari, über den Diebstahl und das Wiederfinden des Beutels vorbrachte und ihm große Hoffnung machte, ohne jedoch auch nur einen angefangenen Satz zu Ende zu bringen, so daß der Mesner schon vom Zuhören allein ganz wirr im Kopfe war. Da er nicht verstand, was der Bursche ihm sagte, ließ er sich jeden Satz zwei- oder dreimal wiederholen. Dabei blickte ihn Cortado so offen an und wendete die Augen nicht von denen des Mesners; auch der Mesner schaute ihn auf gleiche Weise an, während er ihm gespannt zuhörte. Die große Benommenheit des Mesners gab Cortado Gelegenheit, sein Werk zu vollbringen: er holte ihm das Schnupftuch unauffällig aus der Tasche, verabschiedete sich von ihm und sagte, der Mesner möge ihn am Nachmittag an der gleichen Stelle wieder treffen, denn er habe einen Burschen seines Handwerks und seiner Statur, der ein wenig langfingrig sei, im Verdacht, den Beutel gestohlen zu haben, und er mache sich erbötig, dies über kurz oder lang herauszufinden.

Damit tröstete sich der Mesner ein weniges und verabschiedete sich von Cortado. Dieser kehrte zu Rincón zurück, der alles aus einiger Entfernung mit angesehen hatte. Etwas weiter entfernt stand ein anderer Junge des gleichen Gewerbes, der den ganzen Vorgang aufmerksam verfolgt hatte; als Cortado dem Rincón das Schnupftuch zusteckte, trat er zu den beiden und sagte:

Rinconete und Cortadillo

»Sagt mir, ehrenwerte Herren, seid Ihr Ganoven oder nicht?«

»Wir verstehen dieses Wort nicht, edler Herr«, erwiderte Rincón.

»Wie? Ihr verkneißt nicht, Ihr Herren Ganoven?« fragte jener.

»Wir sind weder aus Bercanisa noch aus Cañefe«, sagte Cortado. »Wenn Ihr sonst noch etwas zu wissen begehrt, so sagt es; wenn nicht, dann Gott befohlen.«

»Ihr versteht mich wirklich nicht?« fragte der Bursche. »Ich werde Euch das Verstehen schon beibringen und wenn es sein muß, mit einem silbernen Löffel: ich will damit sagen, Ihr Herren, ob Euer Gnaden Gauner sind. Doch weiß ich wahrhaftig nicht, weshalb ich Euch danach frage, denn ich weiß es ja. Doch sagt mir: Warum seid Ihr noch nicht beim Zollamt des Herrn Monipodio gewesen?«

»Zahlt man hierzulande Diebszoll, edler Herr?« fragte Rincón.

»Wenn man auch keinen Zoll zahlt«, erwiderte der Bursche, »so läßt man sich doch bei Herrn Monipodio eintragen, ist er ja der Gauner Vater, ihr Meister und Schutzherr. Und so rate ich Euch, mit mir zu kommen und ihm Gehorsam zu pflichten, andernfalls hütet Euch, ohne seine Einwilligung zu stehlen; das würde Euch teuer zu stehen kommen.«

»Ich dachte«, sagte Cortado, »Stehlen sei ein freier Beruf, ohne Gebühren und Abgaben, und wenn man welche zahlt, dann in Bausch und Bogen, indem man Hals und Buckel als Bürgen stellt. Doch da dem hierzulande so ist, wie Ihr sagt, und andere Länder, andere Sitten, wollen wir uns in die hiesigen schicken; denn da diese Stadt ja die bedeutendste der ganzen Welt ist, wird sie auch darin das Beste treffen, und so kann uns nun Euer Gnaden zu besagtem Edelmann führen. Nach dem, was ich eben von ihm gehört habe, habe ich schon spitz gekriegt, daß er sehr bewährt und großzügig und überaus tüchtig im Handwerk ist.«

»Und ob er bewährt, geschickt und tüchtig ist!« antwortete der Bursche. »Er ist es so sehr, daß in den vier

Jahren, in denen er als unser Vorsteher und Vater seines Amtes waltet, nur vier mit des Seilers Tochter Hochzeit hielten, etwa dreißig an der Kehrseite litten und zweiundsechzig auf die Floschen kamen.«

»Um die Wahrheit zu sagen, mein Herr«, sagte Rincón, »von dieser Sprache verstehen wir soviel wie vom Fliegen.«

»Machen wir uns auf den Weg«, erwiderte der Bursche. »Unterwegs will ich Euch einige dieser Wörter und Redensarten erklären, denn sie zu kennen, ist Euch so notwendig wie das liebe Brot.«

Und so, im Verlaufe des Gesprächs, das nicht kurz war, weil der Weg sich zog, nannte und erklärte er ihnen noch andere Ausdrücke und Redensarten, die sie rot- oder auch rottwelsch nennen. Unterwegs fragte Rincón den Burschen:

»Sind Euer Gnaden vielleicht selbst ein Gauner?«

»Ja«, erwiderte er, »Gott und den guten Leuten zu Diensten, obgleich ich noch nicht allzu geschickt bin, denn ich stehe noch in meinem Noviziatsjahr.«

Darauf sagte Cortado:

»Mir ist es neu, daß es auf der Welt Gauner und Diebe Gott und den guten Leuten zu Diensten gibt.«

Darauf erwiderte der Bursche:

»Ich, mein Herr, mische mich nicht in die Thologie; ich weiß nur, daß jeder in seinem Beruf Gott zum Lobe wirken kann, zumal bei der strengen Ordensregel, die Monipodio allen seinen Kindern im Geiste gegeben hat.«

»Zweifelsohne«, sagte Rincón, »muß diese Regel gut und heilig sein, bewirkt sie doch, daß Gauner und Diebe Gott dienen.«

»Sie ist so heilig und gut«, erwiderte der Bursche, »daß ich nicht weiß, ob die Ordensregel unserer Kunst noch verbessert werden könnte. Herr Monipodio hat angeordnet, daß wir von allem Diebsgut einen Teil für das Öl der Lampe an einem hochverehrten Gnadenbild dieser Stadt abgeben, und wir haben wahrhaftig schon Großes ob dieses guten Werkes erlebt. Erst vor ein paar Tagen gaben sie einem Sußgenschniffer, der zwei Chammer geschnipft hatte, dreimal den Angstschweiß, und obgleich er vom Quartanfieber geschwächt war, hielt er alles doch durch wie nichts,

ohne zu pfeifen. Wir, die Jünger der Kunst, schreiben dies
nur seiner großen Frömmigkeit zu, denn seine Kräfte hätten nicht ausgereicht, auch nur den ersten Zwick des Fol-
terknechts zu ertragen. Und da ich schon weiß, daß Ihr
mich jetzt nach einigen Wörtern und Ausdrücken fragen
werdet, die ich gebraucht habe, will ich der Frage zuvor-
kommen und lieber selber reden. Euer Gnaden mögen denn
wissen: ein Sußgenschniffer ist ein Viehdieb, der Angstschweiß ist die Folter, ein Chammer ist, mit Verlaub, ein
Esel, und der erste Zwick ist die erste Drehung, die der
Folterknecht dem Daumstricklein gibt. Wir tun noch ein
übriges: wir beten unseren Rosenkranz, auf die ganze
Woche verteilt, und es gibt viele unter uns, die freitags
nicht stehlen und samstags kein Weib anschauen, das Maria
heißt.«

»Das ist ja alles ausgezeichnet«, meinte Cortado, »doch
sagen Euer Gnaden mir, ob es außer der genannten noch
eine andere Wiedergutmachung oder Buße gibt?«

»Von einer Wiedergutmachung kann gar nicht die Rede
sein«, erwiderte der Bursche. »Sie ist unmöglich wegen der
vielen Teile, in die das eingebrachte Diebsgut sogleich zerfällt. Jeder Diener unseres Herrn und Partner unserer
Diebsgemeinschaft bekommt seinen Anteil, und so bleibt
dem eigentlichen Dieb nichts zum Wiedergutmachen, und
überdies ist niemand da, der uns eine solche Buße auferlegen könnte, gehen wir doch nie zur Beichte, und wenn
man einen von uns exkommuniziert, so erfahren wir nie
davon, denn wir gehen nie in die Kirche, wenn der Ex-
kommunikationsbrief verlesen wird; wir gehen nur an
hohen Feiertagen, wenn uns der Andrang der Leute Gewinn verspricht.«

»Und nur dieser Übungen wegen«, fragte Cortadillo,
»sagen jene Herren, ihr Leben sei gut und gottgefällig?«

»Nun, was ist schon Schlimmes daran?« erwiderte der
Bursche. »Ist es nicht schlimmer, ein Ketzer, ein Abtrün-
niger, ein Vater- und Muttermörder oder ein Solomit zu
sein?«

»Sodomit wollen Euer Gnaden sagen«, bemerkte Rincón.

»Das will ich sagen«, sagte der Bursche.

»Alles ist sündhaft«, erwiderte Cortado. »Da es aber unser Schicksal einmal so bestimmt hat, daß wir in diese Bruderschaft eintreten, wäre es gut, wenn Euer Gnaden den Schritt etwas beschleunigten, brenne ich doch schon sehr darauf, dem Herrn Monipodio zu begegnen, von dem man so große Tugenden berichtet.«

»Euer Wunsch wird sogleich erfüllt werden«, sagte der Bursche, »denn schon von hier aus kann man sein Haus sehen. Euer Gnaden bleiben am Tor; ich werde hineingehen und sehen, ob er frei ist, denn um diese Zeit pflegt er Audienz zu halten.«

»Gern«, sagte Rincón.

Der Bursche ging ihnen einige Schritte voraus und betrat ein Haus von nicht sehr gutem, dafür aber sehr üblem Aussehen; die beiden blieben am Tor stehen und warteten. Dann kam der Bursche wieder heraus, rief sie, sie traten ein, und er hieß sie in einem kleinen mit Ziegeln gepflasterten Hof warten, dessen Boden infolge des häufigen Waschens und Wischens das schönste Karminrot auszustrahlen schien. An der einen Seite stand eine Bank, die nur drei Füße hatte, und an der andern ein Krug mit abgeschlagener Tülle und darauf ein kleiner Topf, nicht weniger beschädigt als der Krug; an einer anderen Stelle lag eine Binsenmatte, und in der Mitte stand ein Blumentopf, in Sevilla »maceta« genannt, mit Basilienkraut.

Während Rincón und Cortadillo auf Herrn Monipodio warteten, musterten sie aufmerksam die Kostbarkeiten des Hauses. Als Rincón sah, daß Monipodio sich Zeit ließ, wagte er sich in einen der beiden Räume, die auf den Hof gingen, und sah dort, an Nägeln hängend, zwei Fechtdegen und zwei Korkschilde, überdies eine große Truhe ohne Deckel oder sonstigem Verschluß und drei weitere Binsenmatten, die den Boden bedeckten. An der Stirnwand klebte ein Muttergottesbild, ein schlechter Stich, darunter hing ein Palmstrohkorb, und in die Wand war ein weißes Becken eingelassen, woraus Rincón schloß, der Korb diene zur Aufnahme milder Gaben und das Becken als Weihbrunnkessel, wie dem auch wirklich war.

Indes traten zwei Burschen ins Haus, die jeder ungefähr
zwanzig Jahre alt und wie Studenten gekleidet waren;
bald darauf kamen zwei Marktträger und ein Blinder, und
ohne ein Wort zu sprechen, begannen sie im Innenhof auf
und nieder zu gehen. Es dauerte nicht lange, dann kamen
zwei alte, in grobes Wollzeug gewandte Männer mit Bril-
len auf der Nase, was sie sehr ehrwürdig aussehen machte
und ehrfurchtgebietend; jeder von ihnen trug einen Rosenkranz mit klappernden Holzperlen in der Hand. Hinter
ihnen kam eine Alte in langem Rock, die, ohne ein Wort
zu sagen, in den einen der Räume ging, Weihwasser nahm
und in tiefster Andacht vor das Bild hinkniete. Erst nach
geraumer Zeit, nachdem sie vorerst dreimal den Boden geküßt, die Arme und Augen ebensooft zum Himmel erhoben, stand sie auf, warf ihre milde Gabe in den Korb
und ging zu den übrigen in den Hof. Dort hatten sich in
kurzer Zeit in der Enge vierzehn Personen verschiedenster
Kleidung und unterschiedlichster Berufe versammelt, zu
denen sich hinterher noch zwei wilde, verwegen aussehende
Burschen mit langen Schnurrbärten, breitkrempigen Hüten, wallonischen Kragen, farbigen Strümpfen, protzigen
Hosenbändern und überlangen Degen gesellten. Anstelle
eines Dolches trug jeder von ihnen eine Pistole und am
Gürtel eine kleine Tartsche. Als sie eintraten, warfen sie
einen Scheelblick auf Rincón und Cortado, die ihnen fremd
waren. Sie traten an sie heran und fragten, ob sie zur Bruderschaft gehörten. Rincón bejahte dies und erklärte, sie
seien Ihrer Gnaden sehr ergebene Diener.

Indes war auch der Augenblick gekommen, da der ebenso ersehnte wie von der ganzen tugendhaften Gesellschaft
gern gesehene Herr Monipodio herunterkam. Er schien so
an die fünfundvierzig bis sechsundvierzig Jahre alt zu
sein, war hochgewachsen, von dunkler Gesichtsfarbe, hatte
zusammengewachsene Augenbrauen, einen dichten schwarzen Bart und tiefliegende Augen. Er trug keine Jacke, und
im Hemdausschnitt wurde ein ganzer Wald sichtbar, soviel Haar hatte er an der Brust. Ein offener Mantel aus
grober Wolle lag ihm auf der Schulter und reichte ihm
beinahe bis zu den Füßen, an denen er ein Paar Schuhe

trug, deren Hinterkappe niedergetreten war; die Schenkel wurden von einer weiten, bis an die Fußknöchel reichenden Pluderhose bedeckt. Auf dem Kopf hatte er einen glockenförmigen Hut mit breiter Krempe, wie ihn die Gaunerwelt zu tragen pflegt. Über Brust und Rücken ging ihm ein Wehrgehenk, daran ein kurzer Degen mit breitem Blatt hing, der so aussah, als hätte ihn Perrillo, der Toledaner Schwertfeger, gemacht. Die Hände waren plump und behaart, die Finger dick, und die Fingernägel waren lang und an den Enden gekrümmt. Die Beine schienen gar nicht da zu sein, dafür waren die Füße außergewöhnlich breit und voll der Überbeine. Er war wirklich der grobschlächtigste, mißgestaltetste Barbar der Welt. Mit ihm kam der Führer des Rincón und des Cortadillo herunter; er nahm die beiden an den Händen, führte sie vor Monipodio und sagte:

»Dies sind die beiden wackeren Burschen, von denen ich Euer Gnaden gesprochen habe, mein Herr Monipodio; hexaminieren Euer Gnaden die beiden, und Ihr werdet finden, daß sie würdig sind, in unsere Kongregation aufgenommen zu werden.«

»Solches werde ich mit großem Vergnügen tun«, erwiderte Monipodio.

Ich hatte vergessen zu sagen, daß beim Erscheinen Monipodios alle, die auf ihn warteten, eine langandauernde tiefe Verbeugung gemacht hatten, mit Ausnahme der beiden verwegenen Burschen, die an ihren Hüten nur so leicht hochschnippsten, wie es bei ihnen heißt, und sogleich wieder auf der einen Seite des Hofes auf und nieder spazierten, während Monipodio auf der anderen Seite auf und nieder ging und die Neulinge nach Handwerk, Heimat und Eltern befragte.

Ihm antwortete Rincón:

»Das Handwerk ist schon einbekannt, da wir zu Euer Gnaden gekommen sind; die Heimat tut hier nichts zur Sache und auch die Eltern nicht, geht es doch nicht darum, Nachforschungen zum Zweck der Aufnahme in einen der Ritterorden anzustellen.

Darauf entgegnete Monipodio:

Rinconete und Cortadillo

»Ihr habt recht, mein Sohn. Es ist sehr klug getan, die erwähnten Dinge für sich zu behalten, denn falls das Los einmal anders fällt, als es sollte, ist es nicht sehr erfreulich, wenn unter dem Namenszug des Schreibers oder im Zugangsbuch steht: ›Der Soundso, Sohn des Sowieso, gebürtig aus Dingsda, wurde an dem und dem Tage gehenkt oder ausgepeitscht‹ oder sonst dergleichen, was für empfindliche Ohren übel klingt. Deshalb sage ich noch einmal, es ist gut getan, die Heimat zu verschweigen, die Eltern nicht zu nennen und den Namen zu ändern. Weil dem so ist, will ich jetzt, obgleich es sonst kein Geheimnis unter uns geben darf, nur den Namen von euch beiden wissen.«

Rincón nannte den seinen, und Cortado tat desgleichen.

»So bestimme und verlange ich«, sagte Monipodio, »daß Ihr, Rincón, Euch fortan Rinconete, und Ihr, Cortado, Euch fortan Cortadillo nennen sollt, passen doch diese Namen vortrefflich zu Eurem Alter und zu unseren Satzungen. Wir müssen auch die Namen der Eltern unserer Mitbrüder wissen, da wir alljährlich einige Messen für das Seelenheil unserer Toten und unserer Wohltäter lesen zu lassen pflegen. Dabei nehmen wir das Stupendum für den, der sie liest, aus einem Teil des Geschnipften, und diese Messen, gelesen und bezahlt, helfen, wie es heißt, den armen Seelen auf dem Wege des Naufragiums. Zu unseren Wohltätern gehören der Fürsprech, der uns verteidigt, der Kennerfetzer, der uns warnt, der Folterknecht, der mit uns Mitleid hat, und der Mann, der sich, wenn einer der unsern durch die Straße flieht, indes man hinter ihm her ist und schreit: ›Haltet den Dieb! Haltet den Dieb!‹, ins Mittel legt und sich dem Strom der Leute entgegenstellt mit den Worten: ›Laßt doch den armen Teufel laufen! Er ist übel genug dran! Soll er es mit sich ausmachen, seine Sünde wird schon schwer genug auf ihm lasten!‹ Ferner gehören zu unseren Wohltätern die barmherzigen Frauen, die uns mit ihrem Schweiß im Kittchen und auf den Floschen unterstützen; desgleichen unsere Väter und Mütter, die uns in die Welt setzten, und der Gerichtsschreiber, der, wenn er gutgesinnt ist, ein Verbrechen für eine Übertretung und eine Übertretung als nicht sonderlich strafbar

ansieht. Für alle die Genannten gibt unsere Bruderschaft
alljährlich ihr Adversarium mit größtmöglichem Pump
und bester Solidität.«

»Gewiß«, sagte Rinconete – so hieß er von nun an bei
allen – »ist dies eine Einrichtung des so überaus hohen
und über alle Maßen tiefen Geistes, der uns an Euer Gnaden, Herr Monipodio, schon gerühmt worden ist. Aber
unsere Eltern erfreuen sich noch bester Gesundheit, und
sollten wir sie überleben, werden wir diese glückliche und
schützende Bruderschaft sogleich davon in Kenntnis setzen,
auf daß sie für ihre Seelen dieses Naufragium oder Tormentum oder dieses Adversarium, von dem Euer Gnaden
gesprochen, mit der angebrachten Solenität und dem erforderlichen Pomp veranstalten, wenn es nicht besser mit
Pump und Solidität geschieht, wie Euer Gnaden in Euren
Darlegungen andeuteten.«

»So soll es geschehen oder ich will mich in Luft auf-
lösen«, entgegnete Monipodio.

Dann rief er den Burschen, der Rinconete und Cortadillo hergebracht hatte, herbei und sagte:

»Komm her, Ganchuelo! Sind die Wachen aufgestellt?«

»Ja«, sagte der Bursche, der Ganchuelo gerufen wurde.
»Drei Wachen stehen auf ihrem Posten, und wir brauchen
keine Überraschung zu befürchten.«

»Kommen wir wieder zur Sache zurück«, sagte Monipodio. »Ich hätte gern gewußt, meine Lieben, was Ihr
könnt, um Euch jenes Amt und jenes Geschäft zu geben,
das Eurer Neigung und Fähigkeit am besten entspricht.«

»Ich«, erwiderte Rinconete, »verstehe mich auf einige
Kniffe in der Kunst des Herrn Vilhan. Ich kann die Kelofim packen, habe ein gutes Auge auf den Judas, spiele auf
eine, auf vier und auf acht zinkenen Kelofim; die Molle,
die Treppe und das Porten gehen mir leicht von der Hand;
auch im Finstern greife ich so sicher wie bei mir zu Hause,
und ich glaube ein besserer Helfer zu sein als ein napoli-
tanisches Regiment und möchte auch den Abgefeimtesten
so abkiesen, daß er mir nicht einmal zwei Realen abnehmen kann.«

»Das ist wohl ein Anfang«, sagte Monipodio, »doch nur

Rinconete und Cortadillo

ein Häuflein von Allerweltskniffen, die auch der blutigste Anfänger kennt und deshalb nur für einen Weißling taugen, dem man auch noch nach Mitternacht die Haut abziehen kann. Aber mit der Zeit wird's schon werden, denn wenn man auf diese Grundlage ein Dutzend Lektionen setzt, dann hoffe ich, daß Ihr mit Gottes Hilfe ein tüchtiger Geselle, wenn nicht gar ein Meister werdet.«

»Ich werde Euer Gnaden und den Herren Mitbrüdern gern zu Diensten sein«, erwiderte Rinconete.

»Und Ihr, Cortadillo, was versteht Ihr zu tun?« fragte Monipodio.

»Ich kenne den Pfiff, den man ›Zwei hinein und fünf heraus‹ nennt und weiß eine Tasche mit großer Fingerfertigkeit aufs genaueste auszunehmen.«

»Könnt Ihr sonst noch etwas?« fragte Monipodio.

»Meiner großen Sünden wegen: nein«, erwiderte Cortadillo.

»Nehmt es Euch nicht zu Herzen, mein Sohn«, entgegnete Monipodio, »denn hier seid Ihr in einem guten Hafen angekommen, in dem Ihr nicht Schiffbruch erleiden werdet, und in eine gute Schule seid Ihr gekommen, die Ihr sicherlich in allem, was Euch von Nutzen sein mag, aufs trefflichste unterrichtet, verlassen werdet. Und was den Mut angeht, wie steht es da mit Euch, meine Lieben?«

»Wie sollte es da anders mit uns stehen als sehr gut?« erwiderte Rinconete. »Wir haben Mut genug, jedes Unternehmen anzupacken, das mit unserer Kunst und unserem Handwerk zusammenhängt.«

»Sehr gut«, versetzte Monipodio, »doch wäre es mir recht, wenn Ihr nötigenfalls genug Mut und Tapferkeit hättet, ein halbes Dutzend Angstschweiße durchzuhalten, ohne das Maul aufzutun und ›Piep‹ zu sagen.«

»Wir, Herr Monipodio«, sagte Cortadillo, »wissen schon, was Angstschweiß heißt und fürchten uns auch davor nicht, sind wir doch nicht so dumm, um nicht zu wissen, daß der Hals büßt, was das Maul sündigt, und der Himmel dem Wagehals, um ihn nicht mit einem besseren Titel zu benennen, eine große Gnade erweist, da er die Entscheidung über Leben und Tod seiner Zunge überläßt, hat doch ein ›Nein‹ nicht um eine einzige Silbe mehr als ein ›Ja‹!«

»Halt! Mehr brauche ich nicht!« sagte hier Monipodio. »Allein dieses Wort überzeugt, verpflichtet, überredet und nötigt mich, Euch auf der Stelle als Vollbrüder zuzulassen und Euch das Noviziatsjahr nachzusehen.«

»Auch ich bin dieser Meinung«, sagte einer der Draufgänger.

Und einhellig pflichteten alle Anwesenden, die dem Gespräch mit großer Aufmerksamkeit gefolgt waren, bei und baten Monipodio, die beiden sogleich in den Genuß aller Vorrechte der Bruderschaft zu setzen, da ihre angenehme Erscheinung und ihre wackere Rede es vollauf verdienten. Monipodio erwiderte, daß er ihnen, um allen gefällig zu sein, alle Vorrechte auf der Stelle zugestehe, und ermahnte die beiden, diese Gunst recht hoch einzuschätzen, weil sie nun nicht den Halbteil ihres ersten Diebsguts abzuliefern bräuchten; überdies seien sie der niederen Dienste des Noviziatsjahres enthoben, wie da sind: Hilfsgelder für den Vollbruder, die ihm von seinen Helfern gegeben werden, ins Gefängnis oder ins Spittel zu bringen; sie dürften koscheren Jole schöchern, Festmähler halten, wann, wie und wo sie wollten, ohne erst ihren Oberen um Erlaubnis zu bitten, und von diesem Zeitpunkt an ihren Anteil an allem fordern, was ihre älteren Mitbrüder schnipften und anderes mehr, was die beiden Neulinge ebenso wie die übrigen als überaus große Gunst ansahen und wofür sie mit allerhöflichsten Worten dankten.

In diesem Augenblick kam atemlos ein Junge daher und rief:

»Der Landstreichervogt kommt auf dieses Haus zu; er hat aber keine Iltische mit.«

»Keiner rege sich auf«, sagte Monipodio, »er ist unser Freund und kommt nie zu unserem Nachteil. Beruhigt Euch, ich will hinausgehen und mit ihm reden.«

Alle beruhigten sich, obgleich sie ziemlich erschrocken gewesen, und Monipodio trat vor das Tor, wo er den Vogt antraf, mit dem er eine Zeitlang sprach. Dann trat Monipodio wieder herein und fragte:

Rinconete und Cortadillo

»Wem ist für heute die Plaza de San Salvador zugefallen?«

»Mir«, sagte der Bursche, der Rinconete und Cortadillo hergebracht hatte.

»Nun«, sagte Monipodio, »wie geht es zu, daß ein amberfarbener Beutel, der heute dort mit fünfzehn Goldtalern, zwei Zweierrealen und ich weiß nicht wieviel Vierern verschwunden ist, sich hier noch nicht eingestellt hat?«

»Es ist richtig«, sagte der Bursche, »daß der Beutel heute dort gestohlen worden ist, doch habe ich ihn nicht an mich genommen und wüßte auch nicht, wer es getan haben könnte.«

»Bei mir kann man keine Falle reißen!« sagte Monipodio. »Der Beutel muß zum Vorschein kommen, denn es fordert ihn der Vogt, der unser Freund ist und uns alljährlich tausendfache Gefälligkeiten erweist.«

Der Bursche beteuerte von neuem, er wisse nichts von der Sache. Monipodio begann so zornig zu werden, daß seine Augen Funken zu sprühen schienen, als er schrie:

»Keiner soll sich auch nur das geringste gegen unsere Satzungen zuschulden kommen lassen oder es soll ihn das Leben kosten! Die Monetenklumse muß her; sollte es einer verheimlichen, weil er sich die Abgabe ersparen will, so bin ich bereit, ihm seinen vollen Anteil zu geben und das übrige aus eigenem dazuzulegen; der Vogt muß auf jeden Fall zufriedengestellt werden.«

Der Bursche beteuerte von neuem seine Unschuld und schwor, er habe den Beutel nicht gestohlen, ja nicht einmal mit eigenen Augen gesehen. Daran entzündete sich Monipodios Zorn noch heftiger, und die ganze Gesellschaft kam in Unruhe, als sie sah, auf welche Weise ihre Satzungen und löblichen Verordnungen gebrochen wurden.

Als Rinconete nun so viel Lärm und Aufregung sah, schien es ihm an der Zeit, den Aufruhr zu beschwichtigen und seinen Obern, der vor Wut schier am Zerplatzen war, zufriedenzustellen. Nachdem er sich mit seinem Freund Cortadillo beraten hatte, zog er mit dessen Einverständnis den Beutel des Mesners hervor und sagte:

»Laßt es genug sein des Streits, Ihr Herren, denn hier

ist der Beutel, und von der Summe, die der Vogt genannt, fehlt nicht ein Deut. Cortadillo, mein Kamerad, hat ihn heute erwischt und als Draufgabe ein Schnupftuch, das er dem gleichen Herrn abgenommen.«

Dann zog Cortadillo das Schnupftuch heraus, zeigte es vor, und als Monipodio dies sah, sagte er:

»Cortadillo, der Wackere (denn diesen Titel und Beinamen soll er von Stund an führen), mag das Schnupftuch behalten, und ich nehme es auf mich, ihn für diesen Dienst zu belohnen. Den Beutel soll der Vogt bekommen, denn er gehört einem Verwandten von ihm, einem Mesner, und so soll jenes Sprichwort in Erfüllung gehen, das da sagt: ›Wenn einer dir ein ganzes Huhn schenkt, dem sollst du wenigstens einen Bügel geben.‹ Dieser gute Vogt drückt an einem Tag öfter ein Auge zu, als wir es ihm in hundert Tagen vergelten könnten.«

Einhellig priesen alle die Ritterlichkeit der beiden Neulinge wie auch den Richterspruch und das Urteil ihres Oberen, der nun hinausging, dem Vogt den Beutel zu überreichen. Cortadillo behielt den Beinamen der Wackere, so als wäre er Don Alonso Pérez de Guzmán, der Wackere, der das Messer von den Mauern Tarifas geworfen, auf daß die Mauren seinen einzigen von ihnen gefangenen Sohn töteten.

Als Monipodio gleich darauf zurückkehrte, kamen mit ihm zwei Mädchen in den Hof; ihre Gesichter waren geschminkt, die Lippen dick mit Farbe beschmiert und die Brust mit weißer Schminke verklebt; jede trug einen kurzen Schulterumhang aus Sarsche. Die Mädchen waren über alle Maßen ausgelassen und unverschämt, deutliche Zeichen, an denen Rinconete und Cortadillo erkannten, daß die beiden aus einem Freudenhaus kamen, und sie täuschten sich auch nicht. Kaum hatten die Mädchen den Hof betreten, als sie auch schon mit offenen Armen, die eine auf Chiquiznaque und die andere auf Maniferro, so hießen die beiden Draufgänger, zuflogen. Maniferro, Eisenhand, hieß der eine, weil er eine eiserne Hand anstelle jener trug, die ihm von Gerichts wegen abgehauen worden war. Beide umarmten die Mädchen mit großer Freude und fragten, ob sie etwas mitgebracht hätten, womit man den Hauptkanal anfeuchten könnte.

»Wie könnte es daran fehlen, mein Fechtkünstler?« fragte die eine, die Gananciosa hieß. »Silbatillo, dein Scheches, wird gleich mit einem Waschkorb, angefüllt mit allem, was uns Gott geschenkt, hier eintreffen.«

Und so war es auch, denn im selben Augenblick trat ein Junge ein mit einem Waschkorb, der mit einem Laken zugedeckt war.

Alle freuten sich über Silbatillos Ankunft, und sogleich befahl Monipodio, eine der Binsenmatten zu holen, die dort im Raum lagen, und sie in der Mitte des Hofes aufzulegen. Ebenso ordnete er an, daß sich alle im Kreis darum setzten, denn um die Verdauung zu fördern, könnten sie zwischen dem Essen besprechen, was eben am Platz wäre. Darauf sagte die Alte, die vor dem Muttergottesbild gebetet hatte:

»Monipodio, mein Sohn, ich bin nicht zum Feiern aufgelegt, denn ich habe schon seit zwei Tagen ein Schwindelgefühl im Kopf, das mich ganz verrückt macht, und überdies muß ich noch vor Mittag meine Andacht verrichten und vor Unserer Lieben Frau von den Wassern und vor dem Gekreuzigten in der Augustinus-Kirche meine Kerzlein aufstellen, was ich nicht verabsäumen möchte, ob es nun schneite oder stürmte. Ich bin nur gekommen, weil mir gestern abend El Renegado und Centopiés einen Waschkorb voll weißer Wäsche, einen Korb etwas größer als der da, ins Haus gebracht haben, und bei Gott und meiner Seele, sie war noch voller Laugenasche und allem, denn die armen Kerle hatten wahrscheinlich keine Zeit, sie auszuspülen, und sie schwitzten so sehr, so dicke Tropfen, daß sie einem furchtbar leid taten, wie sie da keuchend hereinkamen und ihnen der Schweiß in Strömen übers Gesicht lief, den Engelchen. Sie sagten, sie wären hinter einem Viehhändler her, der im Schlachthaus einige Hammel habe wiegen lassen, und sie wollten sehen, ob sie dessen überfette Geldkatze nicht ein wenig zur Ader lassen könnten. Die Wäsche ließen sie im Korb und im Vertrauen auf meine Ehrlichkeit, ohne sie in Stücken abzuzählen, zurück, und so wahr Gott meine frommen Wünsche erfüllen und uns alle vor der Macht der Obrigkeit bewahren möge, ich habe den Korb nicht angerührt, und er ist so unversehrt, wie er zur Welt gekommen.«

»Wir glauben Euch alles, Frau Mutter«, erwiderte Monipodio, »doch der Korb bleibe, wie er ist. Wenn Killes kommt, gehe ich hin und werde mir Stück um Stück alles ansehen und einem jeden seinen Anteil geben, treu und redlich, wie es meine Art ist.«

»Es sei, wie Ihr befehlt, mein Sohn«, erwiderte die Alte, »da ich es aber schon eilig habe, gebt mir schnell ein Schlücklein, wenn Ihr etwas habt, um diesen Magen zu stärken, der immer schwächer wird.«

»Natürlich bekommt Ihr etwas zu trinken, Mütterchen!« sagte hierauf die Escalanta; so hieß die Gefährtin der Gananciosa.

Und als sie den Korb aufdeckte, erschien eine lederne Weingurde, die fast an die zwei Eimer Wein faßte, und ein großer Krug aus Kork, der leicht und mühelos mehr als vier Schoppen aufnehmen konnte. Die Escalanta füllte den Krug, gab ihn der so überaus frommen Alten, die ihn mit beiden Händen packte, ein wenig Schaum abblies und sagte:

»Tüchtig hast du eingeschenkt, Töchterchen Escalanta, doch Gott gibt Kraft zu allem!«

Damit führte sie den Korkkrug an die Lippen, und in einem Zug, ohne Atem zu holen, goß sie den Wein aus dem Krug in den Magen und sagte schließlich:

»Das Weinchen ist aus Guadalcanal, und noch immer spürt man ein ganz klein wenig Kreide heraus. Gott tröste dich, Mädchen, wie du mich jetzt getröstet hast, doch fürchte ich, daß der Wein mir nicht allzu gut bekommen wird, denn noch habe ich nicht gefrühstückt.«

»Er wird Euch schon nicht schlecht bekommen«, erwiderte Monipodio, »ist er doch gut abgelagert.«

»Das hoffe ich bei der heiligen Jungfrau«, entgegnete die Alte.

Und sie fügte hinzu:

»Seht zu, Mädchen, ob nicht eine von Euch vielleicht

Rinconete und Cortadillo

einen Vierer hat, damit ich meine Andachtskerzlein kaufen kann. In der Eile und mit dem Verlangen, das ich hatte, mit der Neuigkeit von dem Wäschekorb herzukommen, habe ich mein Geldtäschchen zu Hause vergessen.«

»Ich habe einen, Frau Pipota« (so hieß die Alte), erwiderte die Gananciosa, »da, nehmt die zwei Vierer, mit einem kauft ein Licht für mich und stellt es vor den heiligen Herrn Michael, und wenn Ihr zwei kaufen könnt, dann stellt die zweite Kerze vor den heiligen Herrn Blasius, denn die sind meine Fürsprecher. Ich hätte Euch ja gerne ein anderes Lichtlein für die heilige Frau Lucia aufstellen lassen, die ich wegen der Augen auch verehre, aber ich habe kein Kleingeld mehr. Ein andermal wird's für alle reichen.«

»Du wirst gut daran tun, Mädchen, und sei nur nicht knausrig, denn es ist sehr wichtig, daß man die Kerzen selber vor sich hinträgt und nicht darauf wartet, bis die Erben oder die Testamentsvollstrecker sie einem hinstellen«.

»Mutter Pipota hat ganz recht«, sagte die Escalanta.

Und sie griff in den Beutel, gab ihr auch einen Vierer und bat sie, den Heiligen, die ihr als die nützlichsten und dankbarsten erschienen, noch zwei Kerzlein hinzustellen. Darauf schickte sich die Pipota zum Gehen an und sagte:

»Genießt das Leben, solange ihr jung seid; das Alter kommt, und ihr werdet dann wie ich die Gelegenheiten beweinen, die ihr in der Jugend versäumt habt. Empfehlt mich Gott in euren Gebeten, ich werde dasselbe für euch tun, damit Er uns erlöse und uns in unserem gefährlichen Leben vor den Schrecken der Obrigkeit bewahre.«

Und damit ging sie weg.

Als die Alte fort war, setzten sich alle rund um die Matte herum, und die Gananciosa breitete das Laken als Tischtuch aus. Das erste, was sie aus dem Korb hervorholte, war ein großes Bündel Rettiche und so an die zwei Dutzend Orangen und Zitronen, dann kam eine Schüssel voll gebackener Stockfischschnitten; es erschienen ein halber Eidamer Käse, ein Topf voll köstlicher Oliven, ein Teller mit Garnelen, eine große Menge Seekrebse mit dem dazu-

gehörigen Durstwecker an Kapern in Paprika und drei
Fladen Weißbrot aus Gandul. Am Essen mochten etwa
vierzehn Personen teilnehmen, und keiner hielt sich lange
zurück, sein Schlächtermesser mit dem gelben Griff zu
zücken, ausgenommen Rinconete, der seinen Halbdegen
zog. Den beiden alten Männern in Rauhwolle und dem
Burschen, der unsere beiden Freunde geführt hatte, fiel es
zu, immer wieder den Korkbecher zu füllen. Kaum aber
hatten sie begonnen, sich über die Orangen herzumachen,
als laute Schläge am Hoftor sie alle in großen Schrecken
versetzten. Monipodio gebot Ruhe, ging in den einen Hof-
raum, nahm eine Tartsche vom Nagel, legte die Hand an
den Degen, ging ans Tor und fragte mit hohler, fürchter-
licher Stimme:

»Wer klopft da?«

Von draußen antwortete es:

»Ich bin's, niemand, Herr Monipodio; ich bin Tagarete,
die Vormittagswache, und komme nur, um zu sagen, daß
die Juliana Cariharta, ganz zerzaust und verweint, hieher
kommt; ihr muß etwas Schreckliches zugestoßen sein.«

Indes kam die Genannte schluchzend herbei, und als
Monipodio sie hörte, öffnete er das Tor, befahl Tagarete,
auf seinen Posten zurückzukehren und von nun an mit
weniger Lärm und Aufsehen zu vermelden, was er gesehen.
Das versprach der Bursche denn auch. Die Cariharta trat
ein, ein Mädchen gleichen Schlages und gleichen Gewerbes
wie die anderen. Das Haar fiel ihr offen herab, das Gesicht
war voll blauer Flecken und geschwollen, und kaum hatte
sie den Hof betreten, als sie schon ohnmächtig zu Boden
fiel. Die Gananciosa und die Escalanta eilten ihr zu Hilfe
und entblößten ihr die Brust, die sie ganz blaugeschlagen
und zerwalkt sahen. Sie besprengten der Cariharta das
Gesicht mit Wasser; das Mädchen kam wieder zu sich und
schrie:

»Gottes und des Königs Strafgericht komme über jenen
spitzbübischen Gesichtsschinder, über jenen feigen Hauhns,
jenen lausigen Schurken, den ich öfter vor dem Galgen
errettet habe, als er Haare im Bart hat! Ich Unglückliche!
Bedenkt doch, an wen ich meine Jugend und die Blüte

Rinconete und Cortadillo

meiner Jahre verschwendet habe: an einen herzlosen, verruchten und unverbesserlichen Taugenichts!«

»Beruhige dich, Cariharta«, versetzte darauf Monipodio. »Ich bin ja auch noch da und werde dir zu deinem Recht verhelfen. Berichte, was dir angetan wurde; du wirst länger zum Erzählen brauchen, als ich um dir Genugtuung zu verschaffen. Sag mir, ob du mit deinem Respekter etwas gehabt hast. Wenn dem so ist und du Vergeltung suchst, dann brauchst du nur aufzumaulen.«

»Was für ein Respekt?« erwiderte Juliana. »In der Hölle wäre ich mehr respektiert als bei diesem Löwen unter Schafen, diesem Lamm unter Männern. Mit dem sollte ich noch einmal Brot an einem Tisch essen und in einem Bett schlafen? Eher sollen Schakale mein Fleisch fressen, das er so zugerichtet hat, wie Ihr gleich sehen werdet.«

Und flugs hob sie die Röcke und zeigte die Beine, die voll blauer und violetter Flecken waren.

»So hat mich Repolido zugerichtet«, fuhr sie fort, »der Undankbare, der mir mehr schuldet als der Mutter, die ihn in die Welt gesetzt. Und warum, glaubt ihr wohl, hat er das getan? Glaubt ihr, bei meiner Ehr', daß ich ihm einen Grund dazu gegeben habe? Nein, bei Gott, er hat es nur getan, weil er gespielt und verloren hat, und mir Cabritos, seinen Scheches, geschickt hat, damit ich ihm dreißig Realen gebe. Ich habe ihm aber nur die vierundzwanzig schicken können, die ich mit soviel Mühe und Eifer verdient habe, daß ich den Himmel anflehe, mir dies auf meine Sünden anzurechnen. Zum Lohn für dieses Entgegenkommen und dieses gute Werk, und weil er glaubte, ich hätte ihm etwas untergrapst von dem, was ich in seiner Einbildung hätte verdienen müssen, holte er mich heute morgen aufs freie Feld hinter der Huerta del Rey hinaus, zog mich dort unter einigen Olivenbäumen splitternackt aus und gab mir mit dem Bauchriemen, ohne sich viel um die Eisenschnalle zu kümmern oder sie in der Hand zu halten – wenn ich ihn doch nur bald hinter festen Gittern und in Eisen sähe! – soviele Schläge, daß er mich für tot liegen ließ. Für diesen wahren Bericht sind die blauen und violetten Flecken, die ihr hier seht, die besten Zeugen.«

Und wieder erhob sie die Stimme zu Zeter und Mordio, wieder forderte sie, daß ihr Recht werde, und wieder versprachen Monipodio und alle Draufgänger, die anwesend waren, ihr zu ihrem Recht zu verhelfen.

Die Gananciosa nahm sie tröstend an der Hand und versicherte ihr, gerne würde sie eines ihrer liebsten Schmuckstücke hergeben, damit ihr mit dem eigenen Geliebten das gleiche geschehe.

»Ich möchte, daß du, Schwester Cariharta, wüßtest«, sagte sie, »wenn du es nicht schon wissen solltest, daß man züchtigt, was man liebt, und wenn uns die Kapitalsschurken schlagen, dreschen und mit Füßen treten, dann lieben sie uns heiß. Und gestehe mir, bei deinem Leben, eines: hat dir Repolido, nachdem er dich gezüchtigt und verdroschen hatte, nicht eine einzige Zärtlichkeit erwiesen?«

»Eine nur?« erwiderte die weinende Cariharta. »Hunderttausend, und er hätte einen Finger seiner Hand darum gegeben, damit ich mit ihm in seine Unterkunft gegangen wäre, und ich glaube sogar, daß ihm fast die Tränen aus den Augen brachen, nachdem er mich durchgewalkt hatte.«

»Daran ist nicht zu zweifeln«, erwiderte die Gananciosa, »und er würde vor Kummer weinen, hätte er gesehen, wie er dich zugerichtet, denn kaum haben solche Männer sich in solchen Fällen schuldig gemacht, bereuen sie auch schon, und du sollst sehen, Schwester, ob er nicht schon, bevor wir von hier weggehen, angelaufen kommt, dich zu suchen, dich für alles Getane um Verzeihung zu bitten und sanfter dir zu Füßen zu liegen als ein Lamm.«

»Wahrlich«, versetzte Monipodio, »dieser hinterfötzige Feigling soll mir nicht durch dieses Tor herein, ehe er nicht zuvor für den begangenen Frevel öffentliche Buße getan hat. Wie konnte er es wagen, die Hand an Gesicht und Leib der Cariharta zu legen, die es an Lauterkeit und Einträglichkeit sogar mit der hier anwesenden Gananciosa, die ich nicht genug zu loben vermag, aufnimmt?«

»Ach!« seufzte hierauf Juliana. »Sprechen Euer Gnaden, Herr Monipodio, nicht so schlecht von jenem Verfluchten, denn wie schlimm er auch ist, so liebe ich ihn doch über alle

Maßen, und was mir meine Freundin, die Gananciosa, eben zu seinen Gunsten gesagt hat, das hat mir die Seele im Leib umgedreht, und, wahrhaftigen Gotts, ich bin nahe daran, ihn zu holen.«

»Wenn ich dir raten darf, dann laß das«, erwiderte die Gananciosa, »denn dann würde er sich breit machen und dick tun und mit dir umspringen wie mit einer Strohpuppe. Beruhige dich, Schwester, denn bald wirst du ihn, wie gesagt, voller Reue hier eintreffen sehen. Und sollte er nicht kommen, dann schreiben wir ihm einen Brief voller Spottverse, der ihm bitter schmecken soll.«

»Das ja!« sagte die Cariharta. »Habe ich ihm doch tausend Dinge zu schreiben!«

»Und wenn es notwendig sein sollte«, sagte Monipodio, »so werde ich den Schreiber machen. Und bin ich auch kein Dichter, so kann doch ein Kerl wie ich, wenn er sich nur ins Zeug legt, sich getrauen, im Handumdrehen zweitausend Verse zu machen; sollten sie aber nicht so herauskommen, wie gewünscht, dann habe ich einen Barbier zum Freund, einen großen Dichter, der uns zu jeder Zeit das Silbenmaß richtig hinkriegt. Doch jetzt laßt uns die angefangene Mahlzeit zu Ende bringen. Alles andere wird sich später finden.«

Gern gehorchte Juliana ihrem Obern; alle kehrten wieder zu ihrem Gaudeamus zurück, und in Kürze waren sie auf dem Grund des Korbes und auf dem des Schlauches angekommen. Die Alten tranken sine fine, die Jungen ad omnia und die Damen das dreifache Kyrie. Die Alten baten, weggehen zu dürfen, und Monipodio gab ihnen ohne weiterers die Erlaubnis, doch trug er ihnen auf, pünktlich von allem Nachricht zu geben, was sie als der Gemeinschaft nützlich und ersprießlich entdeckten. Sie erwiderten, sie wollten dies gewiß im Auge behalten, und gingen. Rinconete, der von Natur aus neugierig war, fragte, nachdem er Monipodio um Verzeihung und Erlaubnis gebeten, worin so alte, würdige und gebrechliche Menschen der Bruderschaft dienen könnten. Darauf erwiderte Monipodio, daß jene in ihrer Gaunersprache Baldower genannt würden und die Aufgabe hätten, tagsüber durch die Stadt zu ziehen und auszukundschaften, in welche Häuser man nachts einsteigen könnte; überdies hätten sie denen nachzugehen, die aus der Casa de Contratación oder von der Münze Geld abholten, und nachzuspüren, wohin diese es brächten und sogar, wohin sie es legten. Hätten sie dies ausgekundschaftet, dann untersuchten sie, wie stark die Mauer des Hauses sei und zinkten den geeigneten Ort, wo man die Guggen (soviel wie Löcher) für den Einbruch anbringen könnte. Kurz und gut, er sagte, diese Leute wären in der ganzen Bruderschaft jene, von denen er den meisten oder wenigstens sehr großen Vorteil zöge, und doch bekämen sie nur den fünften Teil alles dessen, was dank ihrer Beihilfe erbeutet würde, so wie Seiner Majestät ein Fünftel aller gefundenen und gehobenen Schätze zufiele. Dabei seien sie sehr aufrichtige und ehrenhafte Leute, von gutem Ruf und anerkanntem Lebenswandel, Leute, die Gott und ihr Gewissen fürchteten und täglich mit größter Andacht die Messe hörten...

»Und einige unter ihnen, besonders die beiden, die eben weggehen, sind so bescheidene Leute, daß sie sich mit weit weniger begnügen, als ihnen nach unseren Tarifen zukäme. Zwei andere sind Lastträger, die bei jedem Wohnungswechsel dabei sind und so die Ein- und Ausgänge aller Häuser der Stadt kennen und wissen, wo etwas zu holen ist und wo nicht.«

»Das ist ja ganz vortrefflich«, sagte Rinconete, »und ich möchte einer so berühmten Bruderschaft gerne dienen.«

»Immer ist der Himmel frommen Wünschen geneigt«, sagte Monipodio.

Während dieses Gesprächs klopfte es am Tor; Monipodio ging hin, um zu sehen, wer da wäre, und auf seine Frage erhielt er die Antwort:

»Macht auf, Euer Gnaden, Herr Monipodio, ich bin's, Repolido.«

Als Cariharta diese Stimme vernahm, hob sie die Augen zum Himmel und sagte:

»Macht ihm nicht auf, Euer Gnaden, Herr Monipodio; macht diesem Seemann aus Tarpeya nicht auf, diesem arkanischen Tiger!«

Rinconete und Cortadillo

Doch Monipodio ließ sich dadurch nicht abhalten, dem Repolido zu öffnen. Als Cariharta dies sah, sprang sie auf, lief in den Raum mit den Tartschen, versperrte die Tür hinter sich und rief:

»Schafft mir diesen Wüterich vom Hals, diesen Henker der Unschuld, diesen Schreck sanfter Tauben!«

Maniferro und Chiquiznaque hielten Repolido fest, der um jeden Preis in den Raum wollte, in dem sich Cariharta eingesperrt hatte. Da sie dies aber nicht zuließen, rief er hinein:

»Schon gut, schon gut, meine Kratzbürste. Beruhige dich aber um Gottes willen, denn nur so wirst du dich verheiratet sehen!«

»Ich heiraten, du Bösewicht!« erwiderte Cariharta. »Da schaut einmal, was für Töne er anschlägt! Natürlich möchtest du, daß ich dich heirate; lieber aber heirate ich ein totes Skelett als dich!«

»Schon gut, Närrin«, erwiderte Repolido, »aber jetzt Schluß; es ist schon spät; doch bilde dir nichts darauf ein, weil ich so sanft und bereitwillig daherkomme; denn beim Schöpfer, wenn mir erst einmal die Wut in den Grips steigt, dann kommst du aus dem Regen in die Traufe! Demütigt euch und demütigen wir uns alle, und füttern wir den Teufel nicht!«

»Ich würde ihm sogar ein Abendessen geben«, sagte Cariharta, »damit er dich dorthin bringt, wo meine Augen dich nicht mehr sehen.«

»Hab' ich's euch nicht gesagt?« versetzte Repolido. »Ich spür' es schon, Frau Fockmast, daß ich alles zusammenhauen muß, komme, was da wolle!«

Darauf sagte Monipodio:

»In meiner Gegenwart keinen Krakeel! Die Cariharta wird herauskommen, nicht auf Drohungen hin, sondern mir zuliebe, und alles wird gut werden; Streit unter Liebesleuten ist, wenn dann der Friede gemacht wird, die Quelle größter Freuden. Ach, Juliana! Ach, Mädchen! Ach, meine Cariharta! Komm heraus! Mir zuliebe! Ich will dafür sorgen, daß dich Repolido auf den Knien um Verzeihung anfleht.«

»Wenn er das tut«, sagte die Escalanta, »dann werden wir alle für ihn eintreten und Juliana bitten herauszukommen.«

»Wenn das durch eine Unterwerfung erreicht werden soll, die nach einer Herabsetzung meiner Person schmeckt«, sagte Repolido, »so werde ich mich auch einer Armee von Schweizer Knechten nicht ergeben. Sollte aber die Cariharta ihre Freude daran haben, dann werde ich zwar nicht vor ihr niederknien, mir aber in ihrem Dienst einen Nagel in den Schädel treiben lassen.«

Darob lachten Chiquiznaque und Maniferro; Repolido, der sich von ihnen verspottet glaubte, wurde so wütend, daß er mit allen Anzeichen übermäßigen Zorns ausrief:

»Wer über das lacht oder zu lachen gedenkt, was die Cariharta gegen mich gesagt hat oder ich gegen sie oder über das, was wir gegeneinander sagen könnten, der lügt und wird jedesmal lügen, wenn er lacht oder zu lachen gedenkt, wie ich schon gesagt habe.«

Chiquiznaque und Maniferro blickten mit so böser Miene drein, daß Monipodio dachte, es könnte sehr übel ausgehen, wenn er sich nicht ins Mittel legte; deshalb stellte er sich zwischen die Gegner und sagte:

»Jetzt Schluß, ihr Herren, und hinunterschlucken! Und da mit dem Gesagten die Grenze noch nicht überschritten wurde, beziehe es keiner auf sich.«

»Wir wissen sehr wohl«, erwiderte Chiquiznaque, »daß jene Ermahnungen nicht an uns gerichtet waren, noch an uns gerichtet werden könnten; denn hätten wir solches gedacht, dann wäre die Schellentrommel, die wir trefflich zu schlagen wissen, zur Hand gewesen.«

»Auch wir haben eine Schellentrommel, mein Herr Chiquiznaque«, entgegnete Repolido, »und auch wir wüßten, wenn nötig, die Schellen zu rühren, und ich sage noch einmal, wer sich lustig macht, der lügt, und wer anderer Meinung ist, der komme mit mir, denn mit einer Handbreit Degen sorgt ein Mann dafür, daß gesagt gesagt bleibt.«

Damit schickte er sich an, vors Tor zu gehen.

Cariharta hatte alles mit angehört, und als sie merkte, daß er zornig weggehen wollte, kam sie heraus und sagte:

Rinconete und Cortadillo

»Haltet ihn zurück, laßt ihn nicht fort, er wird sonst etwas anstellen! Seht ihr denn nicht, daß er wütend ist, und in seiner Kühnheit ist er ein wahrer Judas Makabähmer! Komm her, du Tapferster der Welt und meines Herzens!«

Sie trat ihm in den Weg und packte ihn am Mantel. Auch Monipodio kam herbei, und so hielten sie ihn zurück. Chiquiznaque und Maniferro wußten nicht, ob sie ärgerlich sein sollten oder nicht, und warteten ab, was Repolido tun würde. Als dieser sich von der Cariharta und von Monipodio solcherart gebeten sah, drehte er sich um und sagte:

»Nie sollen Freunde Freunden Ärger bereiten, noch ihrer spotten, vor allem, wenn sie sehen, daß Freunde sich darüber erbosen.«

»Hier gibt es keinen Freund«, erwiderte Maniferro, »der einen anderen Freund ärgern noch seiner spotten möchte, und da wir ja alle Freunde sind, sollen Freunde einander die Hand reichen.«

Darauf bemerkte Monipodio:

»Euer Gnaden haben alle wie wahre Freunde geredet, und als solche Freunde reicht einander die Freundeshand.«

So reichten sie denn einander die Hände; die Escalanta zog einen ihrer Korksohlenschuhe aus und begann ihn wie eine Schellentrommel zu schlagen; die Gananciosa nahm einen neuen Palmstrohbesen, der zufällig dort stand, und brachte, ihn kratzend, einen Ton hervor, der zwar dumpf und rauh sich anhörte, aber durchaus zu dem des Schuhs paßte. Monipodio brach einen Teller entzwei, nahm die Scherben zwischen die Finger, schlug sie gewandt und schnell gegeneinander und setzte so den Kontrapunkt zu Korkschuh und Besen.

Rinconete und Cortadillo waren ob der erfinderischen Verwendung des Besens baß erstaunt, da sie solches bislang nie gesehen hatten. Maniferro, der ihre Verwunderung bemerkte, sagte:

»Ihr seid wegen des Besens verwundert? Ihr tut recht daran, denn in der ganzen Welt gibt es kein Musikinstrument, das schneller zur Hand, einfacher zu spielen und billiger wäre. Und neulich habe ich wahrhaftig einen Studenten sagen hören, daß weder der Ohrfest, der die heurige Kricke aus der Hölle geholt, noch der Harlikon, der den Delphin bestiegen und aus dem Meer herausgeritten kam wie auf einem Mietesel, noch der andere große Musiker, der eine Stadt mit hundert Toren und ebensovielen Nebenpforten erbaut hat, jemals ein besseres Instrument erfunden haben, ein Instrument, das so leicht zu erlernen, so leicht zu spielen, so ohne Bünde, Wirbel und Saiten ist und so ganz und gar nicht gestimmt werden muß. Auf mein Wort, die Erfindung hat ein Bursche dieser Stadt gemacht, der sich etwas darauf zugute tut, ein Hektor der Musik zu sein.«

»Das glaube ich gern«, erwiderte Rinconete, »aber hören wir doch, was unsere Musiker darbieten wollen, denn mir scheint, daß die Gananciosa ausgespuckt hat, ein Zeichen, daß sie singen möchte«.

Und so war es, denn Monipodio hatte sie gebeten, einige der Seguidillen zu singen, die sich damals besonderer Beliebtheit erfreuten. Doch war es nicht die Gananciosa, die anfing, sondern die Escalanta, die mit zarter Tremolostimme folgendes sang:

»Ach, ein Sevillaner, feuerblond das Haar,
hat mein Herz bezwungen, jedes Mitleids bar.«

Hier fiel die Gananciosa ein:

»Muntrer brauner Bursch', der Mund ist frisch, die Haut.
Wo wär' da ein Mädchen, das sich nicht verschaut?«

Hier meldete sich Monipodio, der dabei die Tellerscherben rasch gegeneinanderschlug:

»Streiten zwei Verliebte, Streit, den man vergißt;
Größer ist die Freude, war gar arg der Zwist.«

Auch die Cariharta wollte ihrer Freude keine Fessel auferlegen, nahm einen ihrer Korksohlenschuhe zur Hand, begann sich zu drehen und sang:

»Halt doch ein, du Böser, schlag mich nur nicht mehr,
züchtigst ja, bedenk' es, eigen Fleisch zu sehr!«

»Singt, aber laßt die Anspielungen bleiben«, bemerkte hier
Repolido. »Wozu alte Geschichten aufwärmen, wozu auch?
Was geschehen ist, ist geschehen. Jetzt nehmt euch was
anderes vor, und damit basta!«
    Es sah so aus, als wollten sie die begonnene Lustbarkeit
so schnell nicht abbrechen, doch vernahmen sie, wie heftig
am Tor geklopft wurde. Monipodio trat hinaus, um zu
sehen, was es gäbe, und die Wache, die geklopft hatte,
sagte, am Eingang der Straße sei der Stadtprofos aufgetaucht, und vor ihm gingen der Tordillo und der Cernícalo,
zwei unbestechliche Büttel, einher. Als die im Hofe Anwesenden solches hörten, erschraken sie dermaßen, daß die
Cariharta und die Escalanta die Schuhe beim Anziehen
verwechselten, die Gananciosa den Besen fallen ließ, Monipodio seine Scherben, und die ganze Musik in verwirrtem
Schweigen unterging; Chiquiznaque verschlug es die Rede,
Repolido war starr vor Schreck und Maniferro wie gebannt. Schließlich verschwanden alle, die einen hierhin,
die andern dorthin. Sie stiegen auf Dachgärten und Dächer,
um zu flüchten und von dort aus eine andere Straße zu
erreichen. Nie hat ein plötzlicher Büchsenschuß, noch ein
unerwarteter Donnerschlag je einen Schwarm sorgloser
Tauben solcherart erschreckt, wie die Nachricht vom Auftauchen des Stadtprofosen die ganze unbekümmerte Gesellschaft guter Leutchen in Aufregung und Angst versetzte.
Rinconete und Cortadillo, die beiden Neulinge, wußten
nicht, was tun; so blieben sie und warteten ab, wie jenes
plötzliche Ungewitter enden würde. Es endete ganz einfach mit der Rückkehr der Wache, die berichtete, der Stadtprofos sei, ohne auch nur den geringsten Verdacht zu zeigen, am Haus vorübergegangen.
    Während die Wache Monipodio davon unterrichtete,
kam ein junger vornehmer Herr ans Tor, der eine sogenannte Protzenkluft trug. Monipodio zog ihn in den Hof
und befahl, Chiquiznaque, Maniferro und den Repolido
herbeizuholen; von den übrigen solle keiner herunterkommen. Da Rinconete und Cortadillo im Hof geblieben
waren, konnten sie das ganze Gespräch, das Monipodio
mit dem eben angekommenen jungen Herrn führte, mit

anhören. Dieser fragte Monipodio, weshalb sein Auftrag so schlecht ausgeführt worden sei. Monipodio antwortete, er wisse noch nicht, was in dieser Sache geschehen sei, doch der Gehilfe, der die Angelegenheit übernommen, sei hier und werde darüber volle Rechenschaft ablegen. Indes kam Chiquiznaque die Treppe herunter, und Monipodio fragte ihn, ob er die aufgetragene Arbeit mit der Sechszoll-Schmarre zufriedenstellend erledigt habe.

»Welche?« fragte Chiquiznaque. »Die Schmarre, die für den Händler an der Ecke bestimmt war?«

»Die meine ich«, sagte der junge Mann.

»Nun, die Sache sieht so aus«, erwiderte Chiquiznaque, »daß ich ihn gestern abend an seiner Haustür abpaßte und er noch vor dem Abendläuten daherkam. Ich ging ganz nah an ihn heran, schätzte die Länge seines Gesichts nach dem Augenmaß und sah, daß es zu klein war und es die unmöglichste der Unmöglichkeiten gewesen wäre, darauf eine Sechszoll-Schmarre unterzubringen. Und da ich solcherart in die Unmöglichkeit versetzt war, meinen Auftrag auszuführen und aufs genaueste zu verrichten, was in meiner Destruktion stand...«

»Instruktion wollen Euer Gnaden sagen«, bemerkte der junge Herr, »nicht Destruktion.«

»Ja, das wollte ich sagen«, erwiderte Chiquiznaque. »Als ich sah, daß in der Enge und im geringen Umfang des Gesichts die bestellten Zoll nicht Platz hatten, habe ich die Schmarre einem seiner Bedienten beigebracht, und in diesem Gesicht hätte sicherlich eine längere Schmarre Platz gehabt als die bestellte.«

»Lieber wäre mir gewesen«, sagte der junge Mann, »man hätte dem Herrn eine Dreizoll-Schmarre geschnitten als dem Bedienten eine von sieben. Wie dem auch sei, der Auftrag, den ich gegeben habe, ist nicht, wie ausgemacht, ausgeführt worden. Aber gleichviel! Die dreißig Dukaten, die ich als Anzahlung gegeben, sollen mir nicht wehtun. Ich küsse Euer Gnaden die Hand.«

Mit diesen Worten zog er den Hut und wendete sich zum Gehen, doch Monipodio hielt ihn am Mantel aus bunter Webe fest und sagte:

»Hiergeblieben, Euer Gnaden, und Wort gehalten, haben wir doch das unsere ehrlich erfüllt: noch fehlen zwanzig Dukaten, und Euer Gnaden werden den Hof nicht eher verlassen, bevor Ihr nicht bezahlt oder für die Schuld ein Pfand gegeben habt.«

»Was? Das nennen Euer Gnaden Wort halten?« erwiderte der junge Herr. »Dem Diener eine Schmarre schneiden, die dem Herrn hätte beigebracht werden sollen?«

»Da irrt sich der Herr gewaltig!« sagte Chiquiznaque. »Es scheint, als würdet Ihr nicht das Sprichwort kennen, das da heißt: ›Wer Hansen liebt, der liebt auch Hansens Hund‹.«

»Was hat denn dieses Sprichwort mit unserer Sache zu tun?« fragte der Herr.

»Heißt das denn nicht ebensoviel wie ›Wer Hansen haßt, der haßt auch seinen Hund‹?« fuhr Chiquiznaque fort. »Und so ist Hans der Händler, Euer Gnaden hassen ihn, sein Bedienter ist sein Hund, und was man dem Hund antut, hat man auch Hansen getan, und so ist Eure Schuld offen und zieht einen vollzugsfertigen Pfändungsbefehl nach sich: deshalb heißt es sogleich zahlen ohne weitere Mahnung.«

»Das kann ich beeiden«, fügte Monipodio hinzu, »und alles, was du jetzt gesagt hast, aus dem Munde hast du mir's genommen, Freund Chiquiznaque. Und so lassen Euer Gnaden, edler Herr, sich nicht auf Spitzfindigkeiten mit Euren Dienern und Freunden ein, sondern folgt meinem Rat und zahlt für die geleistete Arbeit; wenn Euch damit gedient sein sollte, daß der Herr auch eine Schmarre kriege, von der Länge, die sein Gesicht eben faßt, so könnt Ihr das als so gewiß annehmen, als wäre man jetzt schon daran, sie ihm zu verpflastern.«

»Wenn dem so ist«, erwiderte der junge Protz, »dann zahle ich gern und willig die eine und die andere Schmarre.«

»Zweifelt nicht daran«, sagte Monipodio, »so wenig wie Ihr bezweifelt, ein Christ zu sein. Chiquiznaque wird ihm die Schmarre so treffend verpassen, daß es aussieht, als wäre der Händler damit schon zur Welt gekommen.«

»Auf diese Zusicherung hin«, erwiderte der junge Mann,

»nehmt diese Kette als Pfand für die rückständigen zwanzig Dukaten und die vierzig, die ich für die zu schneidende Schmarre biete. Die Kette ist tausend Realen wert, und es könnte sein, daß sie Euer wird, denn ich glaube, daß bald eine weitere Sechszoll-Schmarre fällig wird.«

Damit nahm er eine feingliedrige Kette vom Halse und reichte sie Monipodio, der an Farbe und Gewicht sogleich erkannte, daß sie nicht aus Tombak war. Monipodio nahm sie mit großem Vergnügen und unter vielen Höflichkeitsbezeugungen entgegen, war er doch überaus wohlerzogen. Wieder wurde die Ausführung Chiquiznaque übertragen, der sich erbot, noch in der gleichen Nacht ans Werk zu gehen. Sehr zufrieden ging der junge Herr weg, und sogleich rief Monipodio alle vor Schreck Davongelaufenen herbei. Sie kamen alle herunter, und Monipodio, der sich in ihrer Mitte aufpflanzte, zog ein Notizbuch hervor, das er in der Kapuze seines Mantels verborgen gehalten hatte, und gab es Rinconete zum Vorlesen, da er selbst nicht lesen konnte. Rinconete öffnete das Notizbuch und fand auf dem ersten Blatt folgendes geschrieben:

»VERZEICHNIS DER SCHMARREN, DIE DIESE WOCHE ANZUBRINGEN SIND«

»Die erste, dem Händler an der Ecke: Preis fünfzig Escudos. Dreißig als Anzahlung erhalten. Vollstrecker: Chiquiznaque.«

»Ich glaube nicht, daß da noch eine andere eingetragen ist«, sagte Monipodio. »Blättere weiter und schau unter ›Verzeichnis der Prügel‹ nach.«

Rinconete blätterte um und las von einem anderen Blatt: »Verzeichnis der Prügel«. Darunter stand:

»Dem Garkoch von der Plaza de la Alfalfa, zwölf vollgewichtige Stockschläge zu einem Escudo jeder. Acht sind angezahlt worden. Frist: sechs Tage. Vollstrecker: Maniferro.«

»Dieser Posten kann ebensogut gestrichen werden«, sagte Maniferro, »denn heute abend bringe ich die Quittung darüber.«

»Noch etwas, mein Junge?« fragte Monipodio.

Rinconete und Cortadillo 275

»Ja, noch eine Eintragung«, erwiderte Rinconete. »Sie lautet: Dem buckligen Schneider, der den Spitznamen ›der Gimpel‹ trägt, sechs vollgewichtige Stockschläge im Auftrage der Dame, die das Halsband hiergelassen hat. Vollstrecker: der Desmochado.«

»Ich wundere mich«, sagte Monipodio, »daß dieser Posten noch offen steht. Zweifelsohne muß der Desmochado nicht ganz wohlauf sein, denn die Frist ist bereits zwei Tage überschritten, und er hat noch nichts in der Sache getan.«

»Ich habe ihn gestern zufällig getroffen«, sagte Maniferro, »und er sagte, er habe den Auftrag nicht ausgeführt, weil der Bucklige krank daheimgeblieben ist.«

»Das lasse ich gern gelten«, sagte Monipodio, »denn ich kenne den Desmochado als guten Gehilfen, der, wäre nicht ein solch anzuerkennendes Hindernis dazwischen getreten, mit einem schwierigeren Unternehmen fertig geworden wäre. Noch was, Kleiner?«

»Nein, Herr«, entgegnete Rinconete.

»Dann blättert weiter«, sagte Monipodio, »und seht dort nach, wo ›Verzeichnis der gewöhnlichen Belästigungen‹ steht.«

Rinconete blätterte weiter, und auf einem andern Blatt fand er geschrieben:

»Verzeichnis der gewöhnlichen Belästigungen, als da sind: Bewerfen mit Stink- und Fleckenflaschen, Beschmieren mit Schafkrätzensalbe, Annageln von Ketzermützen und Hahnreihörnern an Türen, Vernarren, Ängste, Krach und vorgetäuschte Schmarren, Verbreitung von Schmählschriften und so weiter.«

»Was steht darunter?« fragte Monipodio.

»Da steht«, sagte Rinconete, »Schafkrätzensalbe bei ...«

»Das ›bei‹ braucht nicht vorgelesen zu werden, weiß ich doch, wo das ist«, erwiderte Monipodio, »und ich bin der tu autem und Vollstrecker dieser Kinderei. Vier Escudos sind angezahlt, und das Ganze kommt auf acht.«

»Das stimmt«, sagte Rinconete, »denn das alles steht hier niedergeschrieben, und weiter unten steht: ›Annageln von Hahnreihörnern.‹«

»Auch hier«, sagte Monipodio, »sollen weder Haus noch Ort vorgelesen werden. Es genügt, wenn die Kränkung getan wird, ohne daß man sie bekanntmacht. Das wäre eine schwere Gewissensbürde. Jedenfalls würde ich lieber hundert Hahnreihörner und ebensoviele Ketzermützen annageln, wenn man mir die Arbeit bezahlt, als es auch nur ein einziges Mal jemandem zu sagen, und sei es der Mutter, die mich geboren hat.«

»Vollstrecker dieser Belästigung ist der Narigueta.«

»Das ist doch schon ausgeführt und bezahlt«, sagte Monipodio. »Seht nach, ob noch mehr dasteht, denn, wenn ich mich recht erinnere, muß da noch eine Angst für zwanzig Escudos stehen. Die Hälfte wurde bezahlt; Vollstrecker ist die ganze Gemeinschaft, die Frist ist der laufende Monat; es soll aufs Tüpfelchen genau ausgeführt und eine der besten Sachen werden, die in dieser Stadt seit langem vorgefallen sind. Gebt mir das Buch, Junge, denn ich weiß, daß nichts mehr drinnen steht, weil ich auch weiß, daß das Geschäft sehr mager geht. Aber die Zeiten werden sich ändern, und wir werden mehr zu tun bekommen, als uns lieb sein wird. Kein Blatt bewegt sich ohne Gottes Willen, und wir können niemanden zwingen, sich um jeden Preis zu rächen, zumal jeder in eigener Sache tapfer zu sein pflegt und nichts für eine Arbeit auslegen wird, die er selber verrichten kann.«

»So ist es«, bemerkte darauf der Repolido. »Doch wollen Euer Gnaden, Herr Monipodio, jetzt zusehen, was Ihr uns zu befehlen und aufzutragen gedenkt; es wird schon spät, und die Hitze nimmt rasch zu.«

»Was zu tun ist«, sagte Monipodio, »das ist folgendes: alle gehen an ihre Plätze, und niemand geht von dort weg bis zum Sonntag, an dem wir uns an diesem gleichen Ort treffen und alles, was indes eingegangen ist, verteilt werden soll, jedem nach Recht und Billigkeit. Rinconete, dem Wackeren, und Cortadillo wird bis zum Sonntag als Arbeitsgebiet zugewiesen der Bezirk von der Torre de Oro außerhalb der Stadt bis zur kleinen Alcázar-Pforte, wo man mit Kartenkniffen arbeiten kann, ohne auch nur einmal aufzustehen, denn ich habe schon andere, weniger Geschickte gesehen, die Tag um Tag mit mehr als zwanzig Realen in Kleingeld, das Silber nicht gerechnet, nach Hause gegangen sind, und das mit einem einzigen Spiel, und dieses Spiel mit vier Karten weniger. Diesen Bezirk wird euch Ganchoso zeigen, und wenn ihr das Gebiet auch bis San Sebastián und San Telmo hin überschreitet, so hat das wenig auf sich, ist es doch nur ein stillschweigendes Übereinkommen, daß keiner in den Bereich des andern eindringt.«

Die beiden küßten Monipodio für die erwiesene Gunst die Hand und machten sich erbötig, ihr Handwerk gut und treu, mit allem Fleiß und aller Vorsicht auszuüben.

Hier zog Monipodio ein gefaltetes Papier aus der Kapuze seines Mantels, auf dem die Namen der Mitbrüder verzeichnet waren, und beauftragte Rinconete, seinen und Cortadillos Namen in die Liste einzutragen. Doch da kein Tintenfaß zur Hand war, gab er ihm das Papier, damit er es mit sich nehme und beim nächsten Apotheker eintrage: ›Rinconete und Cortadillo, Mitbrüder; Noviziatsjahr: keines. Rinconete: Haderreißer; Cortadillo: Macher‹, und den Tag, den Monat, das Jahr, doch Eltern und Heimat sollten verschwiegen bleiben. Indes trat einer der alten Baldower ein und sagte:

»Ich komme, Euer Gnaden zu berichten, daß ich bei den Gradas den Lobillo aus Málaga getroffen habe, der mir gesagt hat, er habe sich in seiner Kunst solcherart verbessert, daß er selbst mit einer ungezinkten Karte dem Teufel noch das Geld abnehmen würde. Er sei aber übel mißhandelt worden, weshalb er auch nicht sogleich komme, um sich eintragen zu lassen und die übliche Unterwerfung zu vollziehen, doch werde er am Sonntag gewißlich erscheinen.«

»Immer hat es bei mir festgestanden«, sagte Monipodio, »daß dieser Lobillo in seiner Kunst einzigartig sein wird, denn er hat die besten und geschicktesten Hände, die man sich dafür wünschen könnte. Um in seinem Handwerk ein guter Geselle zu sein, bedarf es ebenso des guten Werkzeugs, mit dem man es ausübt, wie des Verstandes, um es zu erlernen.«

»In einem Gasthof in der Calle de Tintores«, sagte der Alte, »bin ich auch auf den Juden gestoßen, der, als Kleriker angezogen, dort abgestiegen ist, weil er erfahren hat, daß im gleichen Gasthof zwei Leute wohnen, die sich in Peru viel Geld gemacht haben. Nun will er zusehen, ob er mit ihnen nicht ins Spiel kommen könnte, wenn auch vorerst mit kleinem Einsatz; später könnte ja viel dabei herausschauen. Er sagte auch, daß er am Sonntag bei der Versammlung nicht fehlen und über sein Tun und Lassen Rechenschaft geben werde.«

»Auch dieser Jude«, sagte Monipodio, »ist ein großer Gierfalke und sehr schlau. Seit Tagen habe ich ihn nicht zu Gesicht bekommen; er tut nicht gut daran. Denn, meiner Treu, wenn er sich nicht bessert, werde ich ihn glattscheren, und er ist die Tonsur los. Der Gauner hat nicht mehr Weihen als der Großtürke und kann nicht mehr Latein als meine Mutter. Was gibt es sonst Neues?«

»Nichts, soviel ich weiß«, sagte der Alte.

»Dann ist alles gut«, erwiderte Monipodio. »Jetzt nehmen Eure Gnaden diesen Bettel hier« – er verteilte sodann an die vierzig Realen unter allen – »und daß mir am Sonntag keiner fehlt; es wird auch nicht an Geld fehlen.«

Alle dankten ihm; Repolido und die Cariharta, die Escalanta und Maniferro, die Gananciosa und Chiquiznaque umarmten einander und verabredeten, sich nach der Sperrstunde im Hurenhaus bei der Pipota wieder zu treffen, wohin auch Monipodio zu kommen versprach, um den Waschkorb zu untersuchen und dann die Sache mit dem Schmieren der Schafkrätzensalbe zu besorgen. Er umarmte Rinconete und Cortadillo, gab ihnen seinen Segen und entließ sie, indem er ihnen einschärfte, sie sollten sich nie ein festes Unterkommen oder einen Wohnsitz suchen, denn so wäre es dem allgemeinen Wohl am zuträglichsten. Ganchoso begleitete sie, um ihnen ihre Plätze zu zeigen, und ermahnte sie, Sonntag ja nicht zu fehlen, denn wie er annehme und glaube, werde Monipodio eine freiliche Verlesung über Dinge, die ihre Kunst beträfen, halten. Damit ging er und ließ die beiden Gefährten voll Verwunderung über das, was sie gesehen, zurück.

Rinconete und Cortadillo 279

Obwohl erst ein Junge, war Rinconete doch von aufgewecktem Verstand und guten Anlagen, und da er seinem Vater beim Bullenverkauf zur Hand gegangen war, verstand er etwas von guter Sprache, und es reizte ihn zum Lachen, wenn er an die Wörter dachte, die er von Monipodio und der übrigen gesegneten Gesell- und Gemeinschaft gehört hatte, besonders wenn Monipodio statt per modum sufragii »auf dem Wege des Naufragiums« gesagt hatte, und daß sie aus einem Teil des Geschnippten »das Stupendum nähmen« statt des Stipendiums; wenn die Cariharta erklärte, daß Repolido ein »Seemann aus Tarpeya« und ein »arkanischer Tiger« wäre, statt ein »hyrkanischer Tiger«, und alle dazu tausend andere Unsinnigkeiten und noch schlimmere Dummheiten sagten. Besonders belustigte ihn, daß die Cariharta erklärt hatte, der Himmel möge ihr die Mühe, die sie gehabt hätte, die vierundzwanzig Realen zu verdienen, auf ihre Sünden anrechnen. Vor allem staunte er über die Gewißheit und Zuversicht, die sie alle zeigten, in den Himmel zu kommen, wenn sie nur ihre Andachtsübungen nicht versäumten, obgleich sie voller Diebstahl und Mord und Sünde wider Gott waren. Und er lachte über die ebenso gute alte Pipota, die den gestohlenen Waschkorb bei sich im Hause verwahrte und gleicherzeit hinging, um den Heiligen in der Kirche ihre Wachskerzlein hinzustellen, und dabei glaubte, sie würde bekleidet und beschuht in den Himmel kommen. Nicht weniger verwunderte ihn der Gehorsam und die Achtung, die alle Monipodio bezeigten, obgleich dieser ein ungebildeter, grobschlächtiger und gewissenloser Mensch war. Er dachte daran, was er in dessen Notizbuch gelesen, und an die Geschäfte, denen sie alle oblagen, und schließlich konnte er nur noch den Kopf darüber schütteln, wie nachlässig die Gerichtsbarkeit in jener so hochberühmten Stadt Sevilla geübt wurde, da in ihr ein derart schädliches und widernatürliches Volk leben konnte; er nahm sich vor, seinem Gefährten vorzuschlagen, nicht lange in einem so verworfenen, schlechten, unruhigen, haltlosen und liederlichen Leben zu verharren. Aber desungeachtet, von seiner Jugend und Unerfahrenheit verleitet, blieb er doch einige

Monate dabei, während derer ihm Dinge begegneten, die eine längere Darstellung erfordern. Weil dem so ist, möge die Erzählung seines Lebens und der Begebnisse, die ihm dabei zustießen, auf später verschoben werden, wie auch der Bericht über das weitere Geschick seines Meisters Monipodio nebst den anderen Geschehnissen jener verruchten Schule, die alle samt und sonders große Beachtung verdienen, und jenen, die sie vielleicht lesen werden, als Beispiel und Warnung dienen könnten.

DIE ENGLISCHE SPANIERIN

Unter den Beutestücken, die die Engländer aus Cádiz mitnahmen, befand sich auch ein junges Mädchen von ungefähr sieben Jahren, das Clotaldo, ein englischer Edelmann und Geschwaderkapitän, nach London schaffte. Dies ohne Wissen des Grafen von Leste und gegen dessen Willen; er hatte das Kind, eifrig bemüht, suchen lassen, um es den Eltern zurückzugeben, die sich bei ihm über den Verlust der Tochter beklagt und ihn – er begnüge sich ja mit dem Vermögen der Einwohner, lasse ihnen aber die Freiheit – gebeten hatten, nicht gerade sie unglücklich zu machen, indem er sie, die nun ohnedies arm wären, der Tochter beraube, die das Licht ihrer Augen und das schönste Mädchen der Stadt sei.

Der Graf ließ in der ganzen Flotte bekanntmachen, wer immer auch das Mädchen habe, solle es bei sonstiger Todesstrafe herausgeben, doch reichten weder Strafe noch Furcht aus, Gehorsam von Clotaldo zu erzwingen, Clotaldo hielt Isabela – so hieß das Mädchen – auf seinem Schiff verborgen, war er doch, wenn auch in aller Sittsamkeit, in des Kindes ausbündige Schönheit verliebt. Kurz und gut, die Eltern, traurig und untröstlich, bekamen die Tochter nicht wieder, indes Clotaldo, über alle Maßen froh, nach London kam, wo er das schöne Kind seiner Gattin als reichste Beute übergab.

Eine glückliche Fügung wollte es, daß alle im Hause Clotaldos insgeheim Katholiken waren, obgleich sie sich in der Öffentlichkeit so gaben, als hingen sie dem Bekenntnis ihrer Königin an. Clotaldo hatte einen zwölfjährigen Sohn namens Recaredo, der von seinen Eltern angehalten worden war, Gott zu lieben und zu fürchten und an den Wahrheiten des katholischen Glaubens festzuhalten. Catalina, Clotaldos Gattin, eine edle, fromme und kluge Frau, faßte zu Isabela eine solche Zuneigung, daß sie das Mädchen wie eine leibliche Tochter erzog, umsorgte und unterrichtete. Isabela hatte so glückliche Anlagen, daß sie mit Leichtigkeit alles erlernte, was man sie lehrte. Mit der Zeit und dank der guten Behandlung vergaß sie allmählich, was die leiblichen Eltern an ihr getan hatten, doch nicht in solchem Maße, daß Isabela aufgehört hätte, ihrer zu gedenken und nach ihnen zu seufzen, und obgleich sie nach und nach die englische Sprache erlernte, vergaß sie doch das Spanische nicht, denn Clotaldo trug Sorge, insgeheim Spanier ins Haus zu bringen, damit sie mit ihr sprächen; solcherart erlernte sie das Englische, als wäre sie in London geboren, ohne deshalb, wie schon gesagt, die Muttersprache zu vergessen. Nachdem man sie in allen Arbeiten unterrichtet hatte, die ein Fräulein von Stand verrichten darf und soll, lehrte man sie besser lesen und schreiben, als dies gewöhnlich der Fall ist. Zu besonderer Fertigkeit jedoch brachte sie es in der Musik; sie spielte alle Instrumente, die einer Frau gestattet sind, überaus gut und begleitete sich dabei mit einer Stimme, die der Himmel ihr von solchem Wohlklang geschenkt hatte, daß sie mit ihrem Gesang alle bezauberte.

Alle diese erworbenen Vorzüge, die zu ihren natürlichen Anlagen traten, entzündeten allmählich das Herz Recaredos, dem Isabela als dem Sohn ihres Herrn in aller Achtung zugetan war und diente. Anfangs fiel ihn die Liebe als eine Art Wohlgefallen an, das er empfand, wenn er die ausbündige Schönheit Isabelas bemerkte und ihre unendlichen Tugenden und Vorzüge bedachte, so daß er sie bald wie eine Schwester liebte und seine Wünsche nicht die Schranken der Sittsamkeit und des Anstandes durchbrachen. Isabela wuchs heran. Als sie zwölf geworden, entzündete sich Recaredos Herz an ihr in solchem Maße, daß sich jene erste Neigung und jenes anfängliche Wohlgefallen, die er bei ihrem Anblick empfunden hatte, in das glühendste Verlangen, sie zu besitzen und sich ihrer zu erfreuen, verwandelte. Doch gedachte er dieses Ziel mit keinem anderen Mittel zu erreichen als durch die Heirat, denn die unvergleichliche Sittenstrenge Elisabeths – so wurde sie jetzt auf englische Weise genannt – hätte ihm keinen anderen Weg offengelassen; aber selbst wenn ihm die Möglichkeit gegeben gewesen, hätte er nie an einen anderen Pfad gedacht, da seine edle Veranlagung und

Die englische Spanierin   283

die Achtung, mit der er zu Elisabeth aufblickte, es nicht
erlaubten, daß ein böser Gedanke in seiner Seele Wurzel
geschlagen hätte. Tausendmal nahm er sich vor, seinen
Wunsch den Eltern zu entdecken, doch ebenso oft ver-
warf er den Entschluß, wußte er doch, daß die Eltern ihn
zum Gatten eines sehr reichen und vornehmen schottischen Fräuleins bestimmt hatten, das gleichfalls heimliche
Katholikin war. So war es, wie er sich sagte, selbstver-
ständlich, daß die Eltern einer Sklavin – wenn man Elisabeth je so nennen durfte – nicht geben mochten, was sie
einer Dame zu geben verabredet hatten. Und solcherart,
verwirrt und grüblerisch, ohne zu wissen, welchen Weg er
einschlagen sollte, um an das Ziel seiner ehrbaren Wünsche
zu gelangen, führte er ein so trauriges Leben, daß er nahe
daran war, es zu verlieren. Da es ihm jedoch als überaus
feig erschien, sich so hinsiechen zu lassen, ohne irgendein
Mittel zu suchen, um sein Leiden zu heilen, raffte er sich
auf und entschloß sich, Elisabeth seine Absichten zu eröffnen.

Jedermann im Hause war über Recaredos Erkrankung
traurig und bestürzt, wurde er doch von allen geliebt und
vollends von seinen Eltern, sowohl weil er ihr einziger
Sohn war, als auch weil er es um seiner vielen Tugenden,
seines großen Mutes und seines Verstandes wegen verdiente. Keiner der Ärzte erkannte die Krankheit; er selbst
wagte und wollte sie ihnen nicht entdecken. Endlich beschloß er, die Schwierigkeiten zu überwinden, die sich ihm
in den Weg zu stellen schienen, und als Elisabeth eines
Tages, um ihn zu pflegen, in sein Zimmer kam und mit
ihm allein war, sagte er mit schwacher Stimme und stammelnder Zunge:

»Schöne Elisabeth, dein Wert, deine hohe Tugend und
deine große Schönheit sind es, die mich in den Zustand versetzt haben, in dem du mich jetzt siehst. Wenn du also nicht
willst, daß ich unter den größten Qualen, die sich ersinnen
lassen, mein Leben beende, so erwidere mit deiner Neigung
die meine, die nur dahin geht, daß du dich mir ohne Wissen
meiner Eltern verlobtest; denn ich fürchte, daß sie, die
deinen Wert nicht so erkennen, wie ich es vermag, mir das

Glück verweigern werden, das mir alles bedeutet. Wenn du mir das Wort gibst, die meine zu werden, so gebe ich dir als wahrer katholischer Christ ebenfalls mein Wort, der deine zu sein, denn wenn ich auch das Ziel, dich ganz zu besitzen, nicht jetzt schon erreiche, ein Ziel, zu dem ich nur mit dem Segen der Kirche und dem meiner Eltern gelangen will, so wird doch schon der Gedanke daran, daß du mir sicher angehörst, genügen, mir die Gesundheit wiederzugeben und mich heiter und zufrieden erhalten, bis der glückliche Augenblick kommt, den ich ersehne.«

Während Recaredo sprach, hörte ihn Elisabeth mit niedergeschlagenen Augen an und zeigte damit, daß ihre Sittsamkeit ihrer Schönheit gleichkam und ihre Klugheit ihrer Zurückhaltung. Als sie sah, daß Recaredo schwieg, erwiderte sie züchtig, schön und klug folgendes:

»Nachdem die Strenge oder die Gnade des Himmels – ich weiß nicht, welcher von beiden ich es beimessen soll – es wollte, daß ich meinen Eltern genommen und den Euren gegeben wurde, Herr Recaredo, beschloß ich zum Dank für die zahllosen Wohltaten, die sie mir erwiesen, daß mein Wille nie von dem ihren abweichen soll; darum könnte ich die unschätzbare Gnade, die Ihr mir erweisen wollt, ohne ihre Billigung nicht für ein Glück, sondern nur für ein Unglück erachten. Sollte ich aber so glücklich sein, daß ich Euch mit ihrer Einwilligung verdiente, so unterwürfe ich Euch von Stund an den Willen, den sie mir freistellten. Bis zu ihrer Einwilligung, und auch wenn sie nicht erreichbar wäre, genüge es Eurem Begehren zu wissen, daß mein reines Verlangen ewiglich darauf gerichtet sein wird, für Euch alles Glück zu erflehen, das der Himmel Euch gewähren könnte.«

Hier schloß Elisabeth ihre sittsame, verständige Rede; hier begann die Gesundung Recaredos, und die Hoffnung seiner Eltern, die während der Krankheit des Sohnes verdorrt war, begann wieder zu grünen.

Freundlich nahmen die beiden voneinander Abschied: er mit Tränen in den Augen, sie bis in den Grund ihrer Seele verwundert, die seine von Liebe zu ihr so sehr überwältigt zu sehen. Recaredo, der das Krankenlager wie durch

Die englische Spanierin 285

ein Wunder – so glaubten seine Eltern – verließ, wollte
ihnen seinen Wunsch nicht länger verheimlichen, und so
entdeckte er ihn eines Tages seiner Mutter. Am Ende seiner
langen Rede sagte er, ihre Weigerung, ihn mit Elisabeth
zu vermählen, hieße soviel wie ihn töten. Dabei hob er die
Vorzüge Elisabeths mit so vielen Gründen und solchem
Feuer in den Himmel, daß es seiner Mutter schien, als wäre
Elisabeth die Betrogene, wenn sie den Sohn zum Gemahl
bekäme. Die Mutter machte Recaredo alle Hoffnung, den
Vater zu einem Bunde zu überreden, dem sie selbst die
Einwilligung nicht verweigere. Und so geschah es; denn
als sie bei ihrem Gatten die gleichen Gründe vorbrachte,
die der Sohn ihr vorgetragen, vermochte sie jenen leicht
dazu zu bestimmen, Recaredos glühenden Wunsch gutzu-
heißen und auf Ausflüchte zu sinnen, die die fast schon
beschlossene Heirat mit dem schottischen Fräulein unmöglich machten. Damals war Elisabeth vierzehn und Recaredo zwanzig Jahre alt, aber schon in diesem so frühen,
blühenden Alter ließ reifer Verstand und anerkannte
Klugheit beide älter erscheinen als sie waren.

Vier Tage fehlten noch bis zu jenem Tag, den Recaredos
Eltern bestimmt hatten, damit der Sohn den Nacken unter
das geheiligte Joch der Ehe beuge, und sie erachteten sich
als klug und überaus glücklich, ihre Gefangene zur Schwiegertochter erwählt zu haben, wobei sie deren Mitgift an
Tugenden und Vorzügen höher anschlugen als den großen
Reichtum, der ihnen mit der Schottin ins Haus gekommen
wäre. Die Prunkkleider waren fertiggestellt, Anverwandte
und Freunde eingeladen, und es war nur noch die Königin
von dieser Verbindung in Kenntnis zu setzen, denn ohne
deren Willen und Zustimmung durfte unter Personen hochadeligen Blutes keine Ehe geschlossen werden. Da die Eltern an dieser Zustimmung nicht zweifelten, hatten sie
darum auch nicht nachgesucht. So standen also die Dinge;
es fehlten, wie gesagt, nur noch vier Tage bis zur Hochzeit,
als eines Abends die ganze Freude durch einen Abgesand-
ten der Königin verdorben wurde, der Clotaldo die Botschaft überbrachte, Ihre Majestät befehle, daß er ihr am
folgenden Morgen die gefangene Spanierin aus Cádiz vor-

stelle. Clotaldo entgegnete, er werde dem Befehl Ihrer Majestät mit Vergnügen nachkommen. Der Abgesandte ging und ließ sie, die Herzen voll Verwirrung, Furcht und Schrecken, zurück.

»Ach«, sagte Frau Catalina, »wenn die Königin erfahren hat, daß ich dieses Mädchen katholisch erzogen habe, wird sie daraus schließen, daß wir in diesem Hause alle Katholiken sind! Denn wenn die Königin Elisabeth fragt, was sie in den acht Jahren, die sie als Gefangene hier weilt, gelernt habe, was kann dann die Arme bei all ihrem Scharfsinn antworten, das uns nicht ins Unrecht setzt und verdammt?«

Als Elisabeth dies hörte, sagte sie:

»Diese Befürchtung soll Euch keinen Kummer bereiten, meine Herrin, denn ich vertraue dem Himmel, daß er mir in jenem Augenblick um seiner göttlichen Barmherzigkeit willen die Worte eingeben wird, die nicht nur Euch nicht verdammen, sondern alles zu Eurem Besten wenden.«

Recaredo zitterte, als ahne er irgendein Unheil. Clotaldo sann auf Mittel, die eigene Angst zu beschwichtigen, doch fand er einigen Trost nur in seinem großen Gottvertrauen und in der Klugheit Elisabeths. Er empfahl ihr aufs nachdrücklichste, zu vermeiden, daß sie als Katholiken bekannt würden und sich damit verurteilten; denn wäre der Geist auch willig, das Martyrium zu ertragen, so sträubte sich doch das schwache Fleisch gegen solch harte Prüfung. Immer wieder versicherte ihm Elisabeth, sie möchten doch dessen gewiß sein, daß ihnen um ihretwillen nichts von dem zustoßen würde, was sie vermuteten und befürchteten, denn wenn sie im Augenblick auch nicht wisse, was sie auf die Fragen antworten sollte, die man ihr in dieser Hinsicht stellen würde, so hoffe sie doch froh und zuversichtlich, sie werde auf solche Weise reden, daß ihre Auskünfte ihnen, wie gesagt, zum Nutzen gereichten.

In jener Nacht sprachen sie noch über mancherlei Dinge, besonders aber darüber, daß die Königin ihnen – wüßte sie, daß sie es mit Katholiken zu tun habe – gewiß keine so freundliche Botschaft gesandt hätte, woraus zu schließen wäre, sie wolle nur Elisabeth kennenlernen, von deren aus-

Die englische Spanierin

bündiger Schönheit und beispiellosen Fertigkeiten sie, wie schon viele in der Stadt, gehört haben mochte. Schon darin, daß sie Elisabeth der Königin nicht vorgestellt hatten, erkannten sie sich als strafbar, doch sie gedachten sich damit zu entschuldigen, daß sie Elisabeth von dem Augenblick an, in dem sie in ihre Gewalt gelangt sei, zur Gattin ihres Sohnes Recaredo ausersehen hätten; aber auch darin sprachen sie sich schuldig, hatten sie dieses Verlöbnis doch ohne die Zustimmung der Königin beschlossen; dieses Vergehen schien ihnen aber keine sonderliche Strafe zu verdienen. Damit trösteten sie sich und kamen überein, daß Elisabeth nicht ärmlich angezogen wie eine Gefangene, sondern geschmückt wie eine Braut vorgestellt werden sollte, war sie doch wirklich die Braut ihres Sohnes, eines Mannes von höchstem Rang.

Zu solchem entschlossen, kleideten sie Elisabeth am folgenden Tage nach spanischer Art in ein Schleppkleid aus glatter grüner Seide, das an den Ärmeln geschlitzt und mit reichem Goldstoff gefüttert war; die Schlitze waren mit Perlenschnüren im Zickzack zusammengefaßt; auch das übrige Kleid war mit den kostbarsten Perlen besetzt; Halsband und Gürtel waren voll der Diamanten, und nach der Art spanischer Damen trug Elisabeth einen Fächer. Ihr reiches langes Goldhaar war mit Diamanten und Perlen verflochten und übersät und diente gleichzeitig als Kopfputz. In diesem überaus reichen Aufzug, in ihrer reizenden Gestalt hoheitsvoll und wunderbar schön, zeigte sie sich an diesem Tag in einer prachtvollen Karosse der Londoner Öffentlichkeit und bannte auf sich die Blicke und Herzen aller, die sie sahen. Mit ihr in der Karosse fuhren Clotaldo, seine Gattin und Recaredo, und zu Pferde gaben ihnen viele hochgeborene Anverwandte das Geleit. Clotaldo wollte seiner Gefangenen solche Ehre erweisen, um die Königin zu zwingen, Elisabeth als die Braut seines Sohnes zu behandeln.

Als sie nun am Palast angelangt waren und an einen großen Saal kamen, in dem die Königin sich aufhielt, trat Elisabeth ein und gab sich selbst das schönste und glänzendste Zeugnis, das man sich vorzustellen vermochte. Der

Saal war überaus geräumig. Nach zwei Schritten blieb das Geleit stehen, Elisabeth ging weiter, und als sie so allein voranschritt, glich sie einem Stern oder einer jener Sternschnuppen, die sich in einer stillen heiteren Nacht in der Feuerregion zu bewegen pflegen, oder auch den Sonnenstrahlen, die bei Tagesanbruch zwischen zwei Bergen aufleuchten. All dem glich sie und obendrein einem Kometen, der in mehr als einem der Herzen der dort Anwesenden den Feuerbrand vorauskündete, den Amor an den Strahlen der beiden wunderbaren Augensonnen Elisabeths entfachte. Diese jedoch kniete voll Demut und Anstand vor die Königin hin und sagte in englischer Sprache:

»Mögen Eure Majestät geruhen, dieser Ihrer Leibeigenen die Hand zu reichen, der Untertänigen, die sich von Stund an für eine Dame hält, da sie so glücklich war, Eurer Majestät Größe anzuschauen.«

Die Königin betrachtete sie geraume Zeit, ohne auch nur ein Wort zu sprechen; denn ihr schien es, wie sie später zu ihrer Obersthofmeisterin sagte, als hätte sie vor sich einen bestirnten Himmel, dessen Sterne die vielen Perlen und Diamanten waren, die Elisabeth an sich trug; ihr schönes Antlitz und die Augen seien ihr wie Sonne und Mond vorgekommen und Elisabeth selbst wie ein neues Wunder an Schönheit. Die Damen, die bei der Königin standen, wären am liebsten nur Auge gewesen, damit ihnen nichts, was an Elisabeth zu sehen war, entgangen wäre: die eine lobte das Feuer der Augen, die andere die Gesichtsfarbe, die dritte den schönen Wuchs, die vierte die anmutige Stimme, und manche gab es auch, die aus bloßem Neid sagten:

»Hübsch ist sie, allein das Kleid gefällt mir nicht.«

Als die Königin sich nach einiger Zeit von ihrem Staunen erholt hatte, hieß sie Elisabeth aufstehen und sagte:

»Sprecht Spanisch mit mir, Fräulein, denn ich verstehe es gut und hätte meine Freude daran.« Sich an Clotaldo wendend, fuhr sie fort: »Clotaldo, Ihr habt unrecht getan, mir diesen Schatz so viele Jahre vorzuenthalten; allein er ist von solcher Art, daß er Euch geizig machen konnte. Ihr seid verpflichtet, ihn mir zurückzugeben, da er von rechtens mir gehört.«

Die englische Spanierin 289

»Frau Königin, was Eure Majestät gesagt haben«, erwiderte Clotaldo, »ist nur allzuwahr. Ich bekenne meine Schuld, wenn es Schuld ist, diesen Schatz solange gehütet zu haben, bis er zu jener Vollkommenheit gediehen, die erforderlich ist, damit er vor den Augen Eurer Majestät erscheinen durfte. Jetzt aber, da er vollendet ist, dachte ich, diesen Schatz noch kostbarer zu machen, indem ich Eure Majestät um die Erlaubnis bitte, Elisabeth meinem Sohne Recaredo als Gattin zu vermählen, auf daß ich Euch, Erhabene Majestät, in beiden alles gebe, was ich Euch bieten kann.«

»Sogar der Name stellt mich zufrieden«, erwiderte die Königin, »es fehlte sonst nichts, als daß diese Spanierin Elisabeth hieße, damit mir an ihr Vollkommeneres nicht zu wünschen übrig bliebe. Aber merkt Euch, Clotaldo, ich vergesse nicht, daß Ihr sie ohne meine Zustimmung Eurem Sohn angelobt habt.«

»So ist es, Frau Königin«, erwiderte Clotaldo, »doch tat ich es im Vertrauen darauf, daß Eure Majestät die vielen hervorragenden Dienste, die ich und meine Vorfahren dieser Krone geleistet, mit viel größeren Gunstbezeugungen belohnen würde, als diese Zustimmung es ist, um so mehr als mein Sohn noch nicht getraut wurde.«

»Er wird auch mit Elisabeth nicht getraut werden«, sagte die Königin, »solange er sie nicht selbst verdient hat. Ich will damit sagen, daß ihm dabei weder Eure noch seiner Vorfahren Dienste nützen sollen. Er selbst muß aus eigenem alles daransetzen, mir zu dienen und aus eigener Kraft dieses Kleinod erringen, das ich wie mein eigen Kind betrachte.«

Kaum hatte Elisabeth das letzte Wort vernommen, als sie wiederum vor die Königin hinkniete und ihr in kastilischer Sprache sagte:

»Die Ungnade, die solche Sühne fordert, allergnädigste Majestät, muß man eher für ein Glück erachten als für ein Unglück. Schon hat mir Eure Majestät den Namen einer Tochter gegeben; welches Unglück bliebe mir bei einem solchen Unterpfand noch zu befürchten, welches Glück noch zu erhoffen?«

Alles, was Elisabeth sagte, war von solcher Anmut und solchem Geist, daß die Königin sie sehr ins Herz schloß und befahl, sie solle in ihren Dienst treten. Dann übergab sie Elisabeth einer Edeldame, der Obersthofmeisterin, damit sie das Mädchen mit ihren Lebensgewohnheiten vertraut mache.

Recaredo, der sich seines Lebens beraubt sah, weil man ihm Elisabeth nahm, war nahe daran, den Verstand zu verlieren; er warf sich nun zitternd und aufs höchste erregt der Königin zu Füßen und sagte:

»Damit ich Eurer Majestät diente, braucht man mich nicht erst mit andrem Lohn anzuspornen als jenem, den schon meine Vorfahren errungen haben, da sie ihren Königen dienten. Doch da es Eurer Majestät beliebt, meinen Diensteifer durch neue Aussichten und Verheißungen anzufeuern, möchte ich nun wissen, auf welche Weise und in welchem Dienst ich beweisen kann, daß ich die Bedingung erfülle, die Eure Majestät mir auferlegt.«

»Zwei Schiffe«, erwiderte die Königin, »liegen bereit, auf Kaperfahrt zu gehen. Zu ihrem Befehlshaber habe ich den Baron von Lansac ernannt, und Euch ernenne ich zum Kapitän des einen Schiffes, denn der Adel, dem Ihr entstammt, gibt mir die Gewähr, daß er ersetzen wird, was Euch an Jahren fehlt. Und erkennt die Gnade, die ich Euch erweise, denn ich gebe Euch damit Gelegenheit, auf eine Eures Adels würdige Weise Eurer Königin zu dienen, indem Ihr Euren Geist und Eure Tapferkeit unter Beweis stellt und dabei den höchsten Preis gewinnt, den Ihr selbst Euch, wie ich meine, als höchsten wünschen könnt. Ich selbst will für Euch über Elisabeth wachen, obgleich sie allem Anschein nach in der eigenen Tugendhaftigkeit die beste Wächterin hat. Geht mit Gott, denn da Ihr, wie ich glaube, als Verliebter von hinnen geht, verspreche ich mir große Taten von Euch. Glücklich ein kriegerischer König, der in seinem Heer zehntausend verliebte Soldaten hätte, deren Lohn allein darin bestünde, daß sie mit ihrem Sieg die von ihnen geliebten Mädchen gewännen! Erhebt Euch, Recaredo, und überlegt, ob Ihr Elisabeth nicht noch etwas zu sagen begehrt, denn morgen schon sollt Ihr auslaufen.«

Die englische Spanierin

Recaredo küßte der Königin die Hand und dankte ihr
sehr für die Gnade, die sie ihm erwies. Dann ließ er sich
vor Elisabeth auf die Knie nieder, doch konnte er kein
Wort hervorbringen, so sehr er solches auch begehrte, denn
in seiner Kehle würgte ihn ein Knoten, der ihm die Zunge
lähmte. Tränen stürzten ihm in die Augen; er versuchte
sie mit allen Kräften zu unterdrücken, doch gelang es ihm
nicht, sie vor den Augen der Königin zu verhehlen, denn
sie sagte:

»Schämt Euch der Tränen nicht, Recaredo, noch rechnet
es Euch zur Schande, in einem solchen Augenblick so zärtliche Beweise Eures Gefühls kundzutun, denn eines ist es,
gegen den Feind zu kämpfen, und ein anderes, von jemandem, den man liebt, Abschied zu nehmen. Elisabeth, umarmt Recaredo und gebt ihm Euren Segen, denn seine Neigung zu Euch verdient es wohl.«

Als Elisabeth die Demut und den Schmerz Recaredos,
den sie als ihren Bräutigam liebte, sah, war sie so betroffen und bestürzt, daß sie den Befehl der Königin nicht
verstand. Ohne zu wissen, was sie tat, begann sie Tränen
zu vergießen und stand so blind und reglos da, daß es
schien, als weinte eine Statue aus Alabaster. Die zärtlichen
Empfindungen der beiden Liebenden brachten auch viele
der Anwesenden dazu, gleichfalls Tränen zu vergießen,
und ohne daß Recaredo ein weiteres Wort gesprochen oder
auch nur eines mit Elisabeth gewechselt hätte, erwiesen
Clotaldo und seine Begleiter der Königin ihre Reverenz
und verließen, voll Mitleid und Gram weinend, den Saal.

Elisabeth blieb wie eine Waise, die soeben Vater und
Mutter begraben, verlassen zurück und befürchtete, ihre
neue Gebieterin könnte von ihr verlangen, daß sie nun die
Grundsätze und Gewohnheiten ändere, in denen sie ihre
frühere Herrin erzogen hatte. Wie dem nun auch sein
mochte, Elisabeth blieb zurück, und zwei Tage darauf ging
Recaredo unter Segel. Unter den vielen Gedanken, die
ihn bedrängten, waren es vor allem zwei, die ihn außer
sich brachten: der eine, daß es ihm dienlich wäre, Taten zu
vollbringen, durch die er Elisabeth verdienen könnte, und
der andere, daß er gar keine Tat vollbringen konnte, wenn

er seiner Gesinnung als Katholik treu blieb und sich dadurch verhindert sah, das Schwert gegen Katholiken zu ziehen; doch wenn er sich nicht bereit fände, das Schwert gegen sie zu ziehen, dann würde er als Katholik oder als Feigling angesehen werden, und all dies wäre auf eine Gefahr für sein Leben hinausgelaufen und zu einem Hindernis geworden, das sich der Erfüllung seiner Wünsche entgegenstellte. Schließlich entschied er sich dafür, die Wünsche, die er als Verliebter hegte, hinter seinen katholischen Glauben zu stellen, und bat in seinem Herzen den Himmel, ihm eine Gelegenheit zu senden, in der er, sich als tapfer erweisend, auch seiner Pflicht als Katholik gerecht werden, seine Königin zufriedenstellen und Elisabeth als Preis gewinnen könnte.

Sechs Tage lang segelten beide Schiffe mit günstigem Wind und hielten Kurs auf die Terzerischen Inseln, auf Gewässer, in denen es nie an portugiesischen Schiffen fehlt, die von Ostindien kommen oder auf der Rückfahrt von Westindien dorthin verschlagen werden. Doch am sechsten Tage frischte ein heftiger Seitenwind auf, der im Ozeanischen Meer einen anderen Namen hat als im Mittelmeer, wo er Südwind heißt; der Wind blies so heftig und mit solcher Ausdauer, daß er sie von den Inseln abtrieb und sie sich gezwungen sahen, den Kaperkurs auf Spanien zu nehmen. Der spanischen Küste nahegekommen, sichteten sie vor der Meerenge von Gibraltar drei Schiffe: ein großes mächtiges und zwei kleine. Recaredo ließ sogleich das Flaggschiff ansteuern, um von seinem Admiral zu erfahren, ob dieser die drei Schiffe, die da in Sicht waren, angreifen wolle; doch ehe Recaredo noch das Admiralsschiff erreicht hatte, sah er, wie dort auf dem Großmast eine schwarze Flagge gehißt wurde, und als er noch näher herankam, vernahm er dumpfe Musik von Zinken und Trompeten, deutliche Zeichen, daß entweder der Admiral oder ein anderer Offizier von Rang gestorben war. Noch hatten sie sich von ihrer Bestürzung nicht erholt, da waren sie dem Admiralsschiff schon so nahe gekommen, daß sie sich von Bord zu Bord verständigen konnten, was seit ihrer Abfahrt nicht mehr geschehen war; vom Flaggschiff wurde

Die englische Spanierin 293

ihnen zugerufen, Kapitän Recaredo möge herüberkommen,
weil der Admiral vergangene Nacht einem Schlagfluß erlegen sei. Darob waren alle traurig, ausgenommen Recaredo, der sich freute, wenn auch nicht über das Unglück
seines Admirals, so doch, daß ihm nun die Befehlsgewalt
über beide Schiffe zufiel, denn dahin ging der Befehl der
Königin, daß Recaredo, wenn der Admiral ausfiele, an
dessen Stelle treten sollte. Recaredo begab sich sogleich
an Bord des Flaggschiffes, wo die einen den toten Admiral
betrauerten, die andern sich über den lebenden freuten;
aber, wie dem auch war, die einen wie die andern leisteten
ihm unverzüglich Gehorsam und begrüßten ihn durch Zuruf und mit wenigen Zeremonien als ihren neuen Admiral,
denn zu mehr hatten sie keine Zeit, entfernten sich doch
die beiden kleineren der in Sicht gekommenen Schiffe von
dem großen und steuerten nun auf sie zu.
  Bald erkannte man, daß die beiden Schiffe Galeeren
waren, und zwar türkische wegen der Halbmonde, die sie
in den Flaggen führten, worüber Recaredo sehr erfreut
war, schien ihm doch jene Prise, falls der Himmel sie ihm
zuspräche, von einiger Bedeutung, und er hätte damit keinem Katholiken geschadet. Die beiden türkischen Galeeren
kamen näher, um die englischen Schiffe zu erkunden, die
aber keine englischen, sondern spanische Flaggen führten,
damit jeder, der sie zu erkunden versuchte, getäuscht
würde und sie nicht als Kaperschiffe erkennen könnte. So
glaubten die Türken, es wären abgetriebene Amerikafah-
rer, die sich ihnen ohne viel Widerstand ergeben würden.
Langsam steuerten die Galeeren auf sie zu; Recaredo ließ
sie absichtlich näher herankommen, und als er sie in Schußweite seiner Artillerie hatte, befahl er so zeitgerecht zu
feuern, daß fünf Kugeln mit aller Wucht mittschiffs in
eine Galeere einschlugen und sie in der Mitte leckschossen.
Die Galeere legte sich auf die Seite und begann zu sinken,
ohne daß ihre Mannschaft etwas dagegen hätte unternehmen können. Als die Leute von der anderen Galeere das
Mißgeschick bemerkten, nahmen sie das lecke Schiff in
Schlepptau, um es an die Seite des großen Schiffes, eines
Kauffahrers, heranzubringen; allein Recaredo, dessen

Schiffe leicht, schnell und so wendig waren, als hätten sie
statt der Segel Ruder, befahl, sogleich alle Stücke von
neuem zu laden, und folgte, sie mit einem Kugelregen
überschüttend, den beiden Galeeren bis zum Kauffahrer.
Kaum waren sie an den Kauffahrer herangekommen, als
die Mannschaft der leckgeschossenen Galeere ihr Schiff aufgab und alle Eile daransetzte, sich aufs große Schiff zu
flüchten. Als Recaredo dies sah und das Volk der unver-
sehrten Galeere noch mit der lecken beschäftigt fand, griff
er jene mit seinen beiden Schiffen so heftig an, daß die
Leute dort weder mit Hilfe der Segel wenden noch die
Ruder nützen konnten, und trieb sie solcherart in die Enge,
daß auch die Türken dieser Galeere Zuflucht auf dem
Kauffahrer suchten, nicht um sich dort zu verteidigen, sondern um für den Augenblick wenigstens mit dem Leben
davonzukommen. Die Christensklaven, mit denen die Galeeren bemannt waren, rissen die Ringe aus den Ruderbänken, zerbrachen die Ketten, flüchteten gleich den Türken auf den Kauffahrer und wurden, als sie mit den Türken vermengt die Bordwand hochkletterten, ebenso wie
diese Zielscheiben für die Musketiere der englischen Schiffe.
Recaredo jedoch befahl, nur auf die Türken zu schießen,
nicht aber auf die Christen. Solcherart wurden die meisten
Türken getötet, und jene Seeräuber, die an Bord gelangten, wurden dort von den Christen in Stücke gehauen, die
sich, mit ihnen geflüchtet, nun der Waffen ihrer Herren
bedienten, geht doch die Macht der fallenden Starken auf
die sich erhebenden Schwachen über; die Christen, im Glauben, die englischen Schiffe wären spanische, taten wahre
Wunder um ihrer Befreiung willen. Als schließlich fast alle
Türken tot waren, traten einige Spanier an die Bordwand
des Kauffahrers und riefen den Engländern, die sie für
Spanier hielten, mit lauter Stimme zu, sie möchten herankommen und den Lohn ihres Sieges in Besitz nehmen. Als
Recaredo auf Spanisch hinüberfragte, was für ein Schiff
dies sei, antworteten sie, es wäre ein Kauffahrer, der aus
dem portugiesischen Indien komme und mit Spezereien,
vielen Perlen und Diamanten so beladen sei, daß sich der
Wert der Ladung auf mehr als eine Million Golddukaten

Die englische Spanierin 295

belaufe; hieher habe ein Sturm das Schiff verschlagen,
schwer beschädigt und ohne Artillerie, weil die Leute,
krank und vor Hunger und Durst halbtot, die Stücke ins
Meer geworfen hatten. Die beiden Galeeren, die dem Korsaren Arnaute Mamí gehörten, hätten das Schiff tags zuvor, ohne Widerstand zu finden, gekapert, und die Seeräuber, die all die reiche Fracht an Bord der kleinen Galeeren unterzubringen nicht imstande gewesen, hätten, wie
sie vernommen, den Kauffahrer in die nahe Mündung des
Larachseflusses abschleppen wollen.

Recaredo erwiderte, sie seien im Irrtum, wenn sie glaubten, spanische Schiffe vor sich zu haben, denn sie gehörten
der Königin von England, was jene, die solche Nachricht
vernahmen, mit neuer Besorgnis erfüllte, da sie dachten,
und dies mit Recht, sie wären aus einer Schlinge in eine
andere gegangen. Doch Recaredo sagte ihnen, sie sollten
keinerlei Nachteil befürchten und ihrer Freiheit gewiß
sein, sofern sie sich nicht zur Gegenwehr anschickten.

»Sie wäre uns ohnedies unmöglich«, erwiderten sie,
»denn, wie schon gesagt, hat dieses Schiff keine Artillerie,
und auch uns gebricht es an Waffen; wir sind also gezwungen, uns der Liebenswürdigkeit und der Großmut Eures
Admirals auszuliefern, denn billigerweise könnte der, der
uns vor der unerträglichen Sklaverei unter den Türken
gerettet hat, solch große Gnade und Wohltat noch weiter
treiben und vollkommen machen, und solches würde ihm
Ruhm und Ehre verschaffen in allen Ländern – sie würden
zahllos sein –, wohin die Kunde von diesem denkwürdigen Sieg und von seiner Großmut dringe, von der wir
mehr erhoffen, als wir von seinem Sieg befürchten.«

Diese Worte des Sprechers gefielen Recaredo nicht übel;
er rief seine Offiziere zur Beratung zusammen und fragte
sie, auf welche Weise er am besten alle Christen nach Spanien schaffe, ohne sich der Gefahr irgendwelcher unangenehmen Überraschung auszusetzen, falls die Spanier, er-
mutigt von der Überzahl, an der sie waren, sich zur Wehr
zu setzen gedächten. Manche hielten dafür, man solle die
Spanier einen nach dem andern herüberkommen lassen, um
sie, einmal unter Deck, zu töten, sie auf solche Weise zu

beseitigen und den Kauffahrer ohne Sorge und Gefahr nach London zu schaffen.

Darauf erwiderte Recaredo:

»Da uns Gott so große Gunst erwiesen hat, uns solchen Reichtum zu bescheren, will ich ihm dies nicht durch Grausamkeit und Undank vergelten; es ist auch nicht am Platz, mit dem Schwert zu verrichten, was mit Klugheit getan werden kann, und so bin ich der Meinung, daß kein katholischer Christ sterbe, nicht weil ich sie etwa ins Herz geschlossen hätte, sondern weil ich mich selber achte und möchte, daß die heutige Tat weder mir noch Euch, die Ihr meine Kampfgefährten wart, neben dem Namen des Tapferen auch den des Grausamen eintrage; nie vertrug sich Grausamkeit mit Tapferkeit. Folgendes ist zu tun: die ganze Artillerie eines unserer Schiffe muß auf den portugiesischen Kauffahrer hinübergebracht werden; keinerlei Waffe noch irgend etwas außer den Lebensmitteln soll auf unserem Schiff zurückbleiben. Immer in Sicht unseres Schiffes und seiner Mannschaft bringen wir den Kauffahrer nach England, während die Spanier mit dem ihnen von uns überlassenen Schiff nach Spanien segeln.«

Niemand wagte sich dem Vorschlag Recaredos zu widersetzen. Einige hielten den Admiral für tapfer, großherzig und verständig, andere wieder nannten ihn im Grunde ihres Herzens katholischer, als er sein sollte. Um den Entschluß in die Tat umzusetzen, begab sich Recaredo mit fünfzig Musketieren, alle auf ihrer Hut und schußfertig, die brennende Lunte in der Hand, auf den portugiesischen Kauffahrer; dort fand er fast dreihundert Personen vor, die sich von den Galeeren auf das große Schiff gerettet hatten. Recaredo verlangte sogleich das Schiffsregister, und jener Mann, der als erster mit ihm von Bord her gesprochen hatte, erwiderte, das Register habe der Korsar der beiden Galeeren an sich genommen und sei mit ihm ertrunken. Recaredo ließ dann den Ladebaum aussetzen, sein zweites Schiff an den Kauffahrer legen und die Geschütze des kleinen Schiffes mit Hilfe starker Schiffswinden auf den Kauffahrer hieven. Dann hielt Recaredo eine kurze Ansprache an die Christen, befahl ihnen, sich in das jeder

Die englische Spanierin

Waffe bare kleine Schiff zu verfügen, wo sie Lebensmittel
im Überfluß, für mehr als einen Monat und für mehr
Leute als sie wären, vorfänden; und wie sie nun einer nach
dem andern vom Kauffahrer gingen, ließ er jedem vier
spanische Goldtaler einhändigen, die er von seinem Schiff
hatte herbringen lassen; damit wollte Recaredo wenigstens
ihrer ersten Not an Land abhelfen; die Küste lag so nahe,
daß man die hohen Berge von Abila und Calpe sehen
konnte. Alle dankten ihm zutiefst für die erwiesene Gnade,
und der letzte, der daran war, sich umzuschiffen, war jener
Mann, der für alle gesprochen hatte. Dieser sagte nun:

»Wenn du, o Tapferer, mich nach England mitnähmest,
statt mich nach Spanien zu schicken, so wollte ich dies für
ein großes Glück erachten, denn wenn dieses Land auch
meine Heimat ist, und ich erst vor sechs Tagen von dort
abgereist bin, so erwartet mich doch nur Gelegenheit zu
Trauer und Wehmut. Wisse, Herr, daß ich bei der Ein-
nahme von Cádiz, die sich vor fünfzehn Jahren ereignete,
eine Tochter verlor, die mir die Engländer wahrscheinlich
nach England geschafft haben; mit ihr verlor ich den Trost
meines Alters und das Licht meiner Augen, denn seit meine
Augen sie nicht mehr sehen, ist mir nichts mehr zu Gesicht
gekommen, was diesen Augen Freude bereitet hätte. Der
schwere Kummer, den mir der Verlust der Tochter bereitet hat, und der Verlust meines Vermögens, das ich gleichfalls einbüßte, setzte mir solcherart zu, daß ich keinen
Handel mehr treiben wollte noch konnte, obwohl ich mir
damit den Ruf des reichsten Kaufmannes der ganzen Stadt
erworben hatte, und so war es auch, denn außer dem Kredit, der sich auf viele hunderttausende Taler erstreckte,
belief sich allein das Vermögen, das ich in meinem Hause
hatte, auf mehr als fünfzigtausend Dukaten. Ich verlor
alles und hätte damit nichts verloren, hätte ich nicht auch
noch die Tochter eingebüßt. Nach jenem allgemeinen Unglück und meinem besonderen setzte mir die Not solcherart zu, daß wir, mein Weib – jene Unglückliche, die dort
sitzt – und ich es nicht mehr ertragen konnten und uns
entschlossen, nach Amerika auszuwandern, dem allgemeinen Zufluchtsort armer ehrbarer Leute. Nachdem wir uns

nun vor sechs Tagen auf einem Avisoschiff eingeschifft hatten, entdeckten jene beiden Piratenschiffe kurz nach dem Auslaufen unser Schiff. Die Piraten nahmen uns gefangen, und damit ging unser Unstern von neuem auf und bestätigte sich unser Unglück; es wäre noch größer gewesen, hätten die Seeräuber nicht jenen portugiesischen Kauffahrer gekapert, mit dem sie sich solange aufhielten, bis geschah, was du ja selbst erlebt hast.«

Recaredo fragte, wie seine Tochter heiße. Er entgegnete: Isabela. Damit stand für Recaredo fest, was er bereits vermutet hatte, nämlich, daß der Sprecher kein anderer wäre als der Vater seiner geliebten Elisabeth. Doch ohne ihm irgendeine Nachricht über sie zu geben, sagte er ihm, er wolle ihn und seine Gattin sehr gern nach Londen mitnehmen, wo sie vielleicht die von ihnen gewünschten Auskünfte bekämen. Recaredo brachte sie auf sein Flaggschiff und bemannte den portugiesischen Kauffahrer reichlich mit Matrosen und Seesoldaten. In jener Nacht hißten sie die Segel und beeilten sich wegen des Schiffes mit den freigelassenen Spaniern – die, an der Küste angekommen, die Verfolgung des englischen Kaperschiffes veranlassen könnten – von der spanischen Küste fortzukommen. Unter den befreiten christlichen Gefangenen waren auch so an die zwanzig Türken, denen Recaredo gleichfalls die Freiheit gegeben hatte, um zu zeigen, daß er sich mehr aus Edelmut und Menschlichkeit so großherzig erwiesen, denn aus einer Vorliebe für die Katholiken. Die Spanier hatte er gebeten, den Türken, die sich ihm dafür dankbar zeigten, bei der ersten Gelegenheit die Freiheit zu schenken.

Der Wind, der sich günstig angelassen und lange anzuhalten versprochen hatte, begann etwas abzuflauen, und die drohende Windstille erweckte bei den Engländern große Befürchtungen; sie tadelten Recaredo und seine Großherzigkeit und warfen ihm vor, die Freigelassenen könnten in Spanien über den Vorfall berichten, und wenn dann Galeonen der Kriegsflotte im Hafen lägen, könnten diese auf der Suche nach ihnen in See stechen, sie arg bedrängen und vernichten. Recaredo wußte wohl, daß sie recht hatten, doch da er sie mit guten Gründen zu über-

Die englische Spanierin   299

zeugen wußte, vermochte er sie zu beruhigen; mehr noch
beruhigte sie der Wind, der wiederum auffrischte und voll
in die Segel blies, so daß sie, ohne die Segel reffen oder
richten zu müssen, in neun Tagen London sichteten. Als sie
dort, siegreich nun, eintrafen, waren seit ihrer Abreise erst
dreißig Tage verflossen. Aus Rücksicht auf den Tod des
Admirals wollte Recaredo nicht mit fröhlichem Flaggen-
schmuck und jubelnden Klängen in den Hafen einfahren;
so ließ er denn die fröhlichen Zeichen mit den traurigen
wechseln: bald ertönten schmetternde Zinken, bald dumpfe
Trompeten, bald erklang der Wirbel heller Trommeln und
schallte das Getön klirrender Waffen; ihnen antworteten
traurig und klagend die Pfeifen. An einem Ende der Mars-
rahe hing umgekehrt eine mit Halbmonden übersäte Fahne,
am anderen sah man einen langen, angeschlitzten Wimpel
aus schwarzem Taft, dessen Enden das Wasser berührten.
Kurz und gut, Recaredo fuhr mit solch widerspruchsvollen
Zeichen auf dem eigenen Schiff den Fluß hinauf nach London, denn der portugiesische Kauffahrer hatte einen zu
großen Tiefgang und ging draußen auf der Reede vor
Anker. Die widerspruchsvollen Zeichen und Töne versetzten die zahllosen Menschen, die ihnen vom Ufer her zu-
schauten, in großes Erstaunen: wohl erkannten sie an einigen Fahnen, daß jenes kleinere Schiff das Flaggschiff des
Barons von Lansac war, aber sie konnten nicht begreifen,
wie sich das zweite Kaperschiff in jenes große, das draußen
auf Reede geblieben war, hatte verwandeln können. Aus
diesem Zweifel erlöste sie der tapfere Recaredo, der in
kostbarer strahlender Rüstung ins Beiboot sprang und,
kaum an Land, ohne anderes Gefolge als das Geleit einer
riesigen Menschenmenge, zu Fuß in den Palast eilte, wo
die Königin bereits in einem offenen Gang darauf wartete,
daß man ihr nähere Nachricht über die Schiffe bringe.
Unter den Damen, die die Königin umgaben, befand sich
auch Elisabeth, auf englische Art gekleidet, was ihr ebenso
reizend stand wie die spanische Tracht. Bevor jedoch Recaredo einlangte, kam ein anderer Bote, der der Königin
berichtete, daß und wie Recaredo komme. Als Elisabeth
Recaredos Namen nennen hörte, erschrak sie und schwankte

in diesem Augenblick zwischen Furcht und Hoffnung darüber, was seine Ankunft brächte.

Recaredo war hoch von Wuchs, von edler Männlichkeit und wohlgestaltet, und da er mit Brust- und Rückenstück, Halsberge, Armschienen und Beintaschen, einer herrlichen mailändischen Rüstung mit elf gold- und schwarzgeätzten Fächerstreifen, gewappnet kam, schien er denen, die ihn so erblickten, über alle Maßen schön. Ihm bedeckte kein Helm den Kopf, wohl aber ein lohfarbener Hut mit breiter Krempe und vielen unterschiedlichen nach wallonischer Art gestutzten Federn; das Schwert war breit, das Wehrgehänge reich, und das Beinkleid war nach Schweizer Art geschnitten. Wie er in solchem Schmuck raschen Schrittes einherging, verglichen ihn einige mit Mars, dem Gott der Schlachten, und andere wieder, von der Schönheit seines Antlitzes hingerissen, verglichen ihn, so heißt es, mit Venus, die sich, um den Mars zum besten zu haben, dergestalt verkleidet habe. Endlich war er vor der Königin. Auf den Knien vor ihr, sagte er:

»Erhabene Majestät, nachdem der Admiral von Lansac einem Schlagfluß erlegen und ich durch die Großmut Eurer Majestät sein Nachfolger geworden, führte mir, dank des Glückes, das Euch eigen, und im Einklang mit meinen Wünschen, ein guter Stern zwei türkische Galeeren zu, die jenen Kauffahrer, den man von hier aus sieht, im Schlepptau hatten. Ich griff sie an, Eure Soldaten kämpften wie immer; die beiden Korsarenschiffe wurden versenkt; mit dem einen unserer Schiffe entließ ich die Christen, die der Gewalt der Türken entronnen waren, in Eurem königlichen Namen in die Freiheit. Mit mir brachte ich nur einen Mann und eine Frau, Spanier, die aus freien Stücken begehrten, die Herrlichkeit Eurer Majestät zu schauen. Der Kauffahrer ist eines von den Schiffen, die aus dem portugiesischen Indien kommen; durch einen Sturm fiel er in die Hände der Türken, die ihn mit wenig Mühe, besser gesagt mühelos, kaperten, und er führt, wie einige der Portugiesen erklärten, die mit diesem Schiffe reisten, Spezereien und anderes Gut an Perlen und Diamanten an Bord, die den Wert von mehr als einer Million Golddukaten über-

Die englische Spanierin 301

steigen. Nichts davon wurde berührt, auch nicht von den Türken, weil der Himmel es geschenkt und ich befohlen hatte, daß alles für Eure Majestät vorbehalten sei. Wenn Eure Majestät mir auch nur ein einziges Kleinod dafür geben wollten, bliebe ich doch Euer Schuldner für zehn weitere Kauffahrer: dieses Kleinod haben mir Eure Majestät bereits versprochen, es ist meine geliebte Elisabeth. Mit ihr wollte ich mich für reich und beschenkt erachten nicht nur für diesen Dienst, den ich Eurer Majestät geleistet, sondern auch für die vielen anderen, die ich Euch künftig zu leisten gedenke, um einen kleinen Teil der fast unermeßlichen Schuld abzutragen, die mir Eure Majestät mit diesem Geschenk auferlegt.«

»Erhebt Euch, Recaredo«, erwiderte die Königin, »und glaubt mir, wollte ich Euch Elisabeth um Geld und Geldeswert überlassen, ich sie so hoch schätzen müßte, daß Ihr nicht imstande wäret, mit dem zu bezahlen, was dieses Schiff an Ladung führt, noch mit dem, was in den beiden Indien an Schätzen liegt. Ich gebe sie Euch aber, weil ich sie Euch versprochen habe und weil Ihr einander würdig seid. Euer Mut allein verdient sie Euch. Habt Ihr die Schätze des Kauffahrers für mich vorbehalten und aufbewahrt, so habe ich Euer Kleinod für Euch gehütet, und sollte Euch bedünken, ich täte nicht viel daran, Euch zurückzugeben, was Euer ist, so weiß ich doch, daß ich Euch damit eine große Gnade erweise; denn ein Gut, das man erwirbt, nachdem man es lange begehrt hat, wird mit dem Herzen bewertet; es gilt soviel, wie eben ein Herz gilt, und es gibt in der ganzen Welt nicht Geld genug, es aufzuwiegen. Elisabeth ist Euer; Ihr könnt sie, sobald Ihr wollt, in Besitz nehmen, und ich glaube, daß auch sie dies will, denn sie ist verständig und wird Eure treue Ergebenheit zu schätzen wissen. Ich sage treue Ergebenheit und nicht Huld, denn mir allein will ich Recht und Ehre vorbehalten, ihr huldvoll zu sein. Geht jetzt, ruht Euch aus und kommt morgen wieder, denn ich möchte mehr über Eure Taten erfahren. Bringt mir auch die beiden Spanier mit, die mich aus freien Stücken sehen wollen, denn dafür will ich ihnen danken.«

Recaredo küßte ihr die Hand für die viele Gunst, die sie ihm erwies. Die Königin zog sich in einen Saal zurück; die Damen umringten Recaredo, und eine von ihnen, die sich mit Elisabeth sehr angefreundet, Fräulein Tansi hieß und auch für die klügste, freimütigste und anmutigste unter allen galt, sagte zu Recaredo:

»Was soll das heißen, Herr Recaredo? Wozu diese Rüstung? Glaubt Ihr vielleicht, Ihr wäret hiehergekommen, um mit Euren Feinden zu kämpfen? Hier sind wir Euch doch alle freund, ausgenommen vielleicht Fräulein Elisabeth, die als Spanierin verpflichtet ist, Euch nicht besonders geneigt zu sein.«

»Möge sie sich doch entschließen, Fräulein Tansi, mir einige Neigung entgegenzubringen«, sagte Recaredo, »denn sofern sie meiner gedenkt, weiß ich, daß sie mir gut sein wird, hat doch häßliche Undankbarkeit bei ihrer ausbündigen Schönheit, ihrer hohen Tugend und ihrer Verständigkeit keinen Raum.«

Darauf erwiderte Elisabeth:

»Da ich ja die Eure werde, Herr Recaredo, steht es bei Euch, von mir jede Genugtuung zu fordern, um Euch für alle Lobsprüche, die Ihr mir zugedacht, und für die Gunstbezeugungen, die Ihr mir erweisen wollt, bezahlt zu machen.«

Dies und andere ehrbare Gespräche führte Recaredo mit Elisabeth und den Damen, unter denen auch ein kleines Mädchen war, das die Augen während der ganzen Zeit, in der Recaredo dort war, unverwandt auf ihn gerichtet hielt; es hob die Beintaschen, um zu sehen, was er darunter verborgen habe, befühlte sein Schwert, versuchte in kindlicher Einfalt, die Rüstung als Spiegel zu benützen, und trat ganz nahe heran, um sich darin zu betrachten. Als Recaredo gegangen war, wandte sich das Mädchen an die Damen und sagte:

»Mir scheint der Krieg etwas überaus Schönes zu sein, da sich gewappnete Männer selbst unter Frauen so hübsch ausnehmen.«

»Sich so hübsch ausnehmen?« erwiderte Fräulein Tansi. »Seht Euch doch einmal Recaredo an; er gleicht wahrhaf-

Die englische Spanierin   303

tig dem Sonnengott, der zur Erde herabgestiegen ist und
nun in jenem Aufzug durch die Straßen geht.«

Alle lachten über die Worte des Mädchens und den un-
gereimten Vergleich der Tansi, doch es fehlte auch nicht
an bösen Zungen, die es unverschämt fanden, daß Recaredo gewappnet in den Palast gekommen sei, doch fand er
bei anderen Entschuldigung, denn sie sagten, er als Soldat
dürfte solches tun, um seine ritterliche Erscheinung zu
zeigen.

Recaredo wurde von seinen Eltern, Freunden, Anverwandten und Bekannten mit allen Zeichen inniger Liebe
willkommen geheißen. Aus Anlaß seines Sieges wurden in
jener Nacht in London öffentliche Feste veranstaltet. Schon
befanden sich die Eltern Elisabeths im Hause Clotaldos,
dem Recaredo gesagt hatte, wer sie seien, doch sollte niemand ein Wort über Elisabeth sagen, ehe er dies nicht
selbst getan. Die gleiche Anweisung erhielten Frau Catalina, seine Mutter, sowie alle Diener und Dienerinnen im
Hause. Noch in derselben Nacht begann man mit vielen
Leichtern, Kähnen und Booten, unter den Augen der zahllosen Neugierigen, die Ladung des Kauffahrers zu löschen,
und es reichte nicht einmal eine Woche, um aus seinem
Bauch die vielen Spezereien und die übrigen wertvollen
Waren herauszuholen.

Am folgenden Tag begab sich Recaredo mit Elisabeths
Eltern in den Palast; er hatte sie zuvor auf englische Art
einkleiden lassen und ihnen gesagt, die Königin wünsche
sie zu sehen. Im Palast angekommen, wurden sie zur Königin geführt, die, umgeben von ihren Damen, Recaredo
schon erwartete und, um ihn besonders zu ehren und zu
begünstigen, Elisabeth an ihrer Seite hatte, und zwar in
demselben Kleide, in dem sie zum erstenmal vor der Königin erschienen war; auch jetzt sah das Mädchen darin
nicht weniger schön aus als damals. Elisabeths Eltern waren
ob der Größe und der Pracht, die sie hier vereint fanden,
starr vor Erstaunen. Sie blickten Elisabeth an und erkannten Isabela nicht, obgleich ihnen das Herz – Ahnung des
Glücks, das ihnen so nahe war – heftig in der Brust zu
schlagen begann, nicht in ängstlicher Beklemmung, wohl

aber in unaussprechlich froher, ihnen selbst unerklärlicher Aufwallung. Die Königin ließ es nicht zu, daß Recaredo vor ihr kniete; sie hieß ihn aufstehen und auf einem hohen Schemel Platz nehmen, den man eigens für ihn hingestellt hatte, eine bei der stolzen Sinnesart der Königin ungewöhnliche Huld, und einer der Anwesenden sagte zu einem andern:

»Recaredo sitzt heute nicht auf dem Schemel, den man ihm hingestellt, sondern auf den Pfeffersäcken, die er mitgebracht.«

Ein anderer pflichtete ihm bei und sagte:

»Jetzt erweist sich das Sprichwort ›Schenkst du Gut und Gold, wird auch steinern Herz dir hold‹, denn die Geschenke, die Recaredo mitgebracht, haben das harte Herz unserer Königin erweicht.«

Ein anderer fiel ein und sagte:

»Jetzt, da er so gut im Sattel sitzt, wird bald der Neid mehr als einen reiten.«

In der Tat, aus jener neuen Ehrung, die die Königin Recaredo zuteil werden ließ, entsprang der Neid in den Herzen vieler, die solches sahen, kann doch kein Fürst seinem Vertrauten eine einzige Gunst erweisen, die nicht allsogleich wie eine Lanze das Herz der Neider durchbohrt. Die Königin wollte von Recaredo in allen Einzelheiten wissen, wie die Schlacht mit den Seeräuberschiffen vor sich gegangen sei. Recaredo berichtete noch einmal, wie sich alles zugetragen, wobei er den Sieg Gott und der Tapferkeit seiner Soldaten zuschrieb, die er nicht allein im allgemeinen pries, sondern darüber noch die Taten einiger hervorhob, die sich mehr als die übrigen ausgezeichnet hatten; damit verpflichtete er die Königin, alle zu belohnen und besonders aber jene, die sich vor allem bewährt hatten. Als er dazu kam, von der Freiheit zu sprechen, die er im Namen Ihrer Majestät Christen wie Türken geschenkt hatte, sagte er:

»Jene Frau und jener Mann dort« – dabei wies er mit der Hand auf Elisabeths Eltern – »sind die beiden, von denen ich Eurer Majestät gestern berichtete, daß sie mich inständig gebeten, sie mit mir zu nehmen, weil sie Euch in

Die englische Spanierin

Eurer Majestät und Größe zu sehen begehrten. Sie stammen aus Cádiz, und nach dem, was sie mir erzählt und was ich gesehen und bemerkt habe, weiß ich, daß sie Leute von Stand und Ansehen sind.«

Die Königin befahl ihnen, näherzutreten. Elisabeth blickte auf, um jene zu betrachten, von denen es hieß, sie wären Spanier, überdies noch aus Cádiz, hätte sie doch gerne gewußt, ob sie vielleicht ihre Eltern kennten. Als nun Elisabeth die Augen auf die beiden richtete, blickte auch ihre Mutter sie an und blieb stehen, um das Mädchen genauer ins Auge zu fassen. Zugleich erwachten in Elisabeths Gedächtnis dunkle Erinnerungen, und es schien ihr, als hätte sie die Frau, die nun vor ihr stand, schon früher einmal gesehen. Auch der Vater stand verwirrt da, wagte es aber nicht, seinen Augen zu trauen. Recaredo verwandte all seine Aufmerksamkeit, um die Empfindungen und die Gebärden der drei überraschten Menschen zu beobachten, die voll der Verwirrung nicht wußten, ob sie einander kennten oder nicht. Die Königin gewahrte die Überraschung der beiden Spanier wie auch die Unruhe Elisabeths; sie sah, wie dieser der Schweiß auf die Stirn trat und sie oftmals die Hand hob, um das Haar zu ordnen.

Elisabeth wartete sehnlich darauf, daß die Frau, die ihr die Mutter zu sein schien, spreche; vielleicht würde sie das Gehör des Zweifels entheben, in den sie die Augen versetzt hatten. Die Königin befahl Elisabeth, sie möge jene Leute fragen, was sie bewogen, die Freiheit auszuschlagen, die Recaredo ihnen angeboten, sei doch die Freiheit das höchste Gut nicht nur der Menschen, vernünftigen Wesen, sondern auch der Tiere, die der Vernunft entbehren. Dies alles fragte Elisabeth ihre Mutter; allein diese ging, ohne ein Wort zu erwidern, ganz in Gedanken versunken und halb strauchelnd auf Elisabeth zu und führte die Hand, ohne sich um höfischen Respekt, höfische Ängstlichkeiten und Förmlichkeiten zu kümmern, an Elisabeths rechtes Ohr. Das schwarze Muttermal, das sie dort entdeckte, bestätigte ihre dunkle Ahnung. Als sie nun in Elisabeth mit Gewißheit ihre Isabela erkannte, stieß sie einen Schrei aus und schloß die Tochter in die Arme:

»O mein Herzenskind! O teures Kleinod meiner Seele!«
und ohne ein weiteres Wort hervorbringen zu können,
sank sie ohnmächtig in Elisabeths Arme.

Der Vater, ebenso zärtlich wie zurückhaltend, gab seinen Gefühlen nicht in Worten Ausdruck, nur reichliche
Tränen flossen ihm über das ehrwürdige Antlitz und
netzten den Bart. Elisabeth legte ihre Wange an die der
Mutter, richtete die Augen auf den Vater und gab ihm
mit den Blicken zu verstehen, welche Freude und welchen
Schmerz sie in ihrem Herzen fühle, die Eltern hier zu
sehen. Voll Verwunderung über ein solches Begebnis sagte
die Königin zu Recaredo:

»Ich glaube, Recaredo, daß Ihr dieses Zusammentreffen
absichtlich herbeigeführt habt, und ich brauche Euch wohl
nicht zu sagen, daß ich Euch dafür nicht loben kann, wissen wir doch, daß plötzliche Freude ebenso zu töten vermag wie unerwarteter Schmerz.« Damit wendete sie sich
Elisabeth zu, löste sie von ihrer Mutter, die, als man ihr
Gesicht mit Wasser besprengte, wieder zu sich kam. Als
Elisabeths Mutter sich wieder etwas gefaßt hatte, fiel sie
vor der Königin auf die Knie und sagte:

»Verzeihen Eure Majestät mir meine Dreistigkeit, verlor ich doch in der Freude, dieses mein geliebtes Kleinod
wiedergefunden zu haben, allzuleicht die Besinnung.«

Die Königin erwiderte, sie habe recht, wobei sie sich Isabelas als Dolmetscherin bediente, die nun, wie schon erzählt, wieder die Eltern gefunden hatte, wie die Eltern
wiederum sie hatten. Die Königin befahl Elisabeths Eltern,
im Palast zu bleiben, damit sie die Tochter in aller Ruhe
und nach Belieben sehen, sprechen und sich ihrer erfreuen
könnten, worüber Recaredo sehr glücklich war. Er bat die
Königin noch einmal, Wort zu halten und ihm Elisabeth
zu geben, sofern er sie verdiene, doch sollte sie glauben,
er verdiene sie nicht, so möge sie ihm sogleich solche Aufgaben stellen, die ihn des Lohnes, den er begehre, würdig
machten. Die Königin merkte sehr wohl, daß Recaredo mit
sich selbst und seiner Tapferkeit zufrieden war und es so
keines weiteren Beweises seines Wertes bedurfte. Sie sagte,
sie wolle ihm Elisabeth in vier Tagen übergeben und ihnen

Die englische Spanierin

beiden dabei alle ihr mögliche Ehre erweisen. Damit verabschiedete sich Recaredo glücklich in der gewissen Hoffnung, Elisabeth zu besitzen, ohne befürchten zu müssen, sie zu verlieren; solches ist ja der innigste Wunsch aller Liebenden. Die Zeit verflog, doch nicht so rasch, wie er wünschte, glauben doch jene, die in der Hoffnung auf Erfüllung ihrer sehnlichen Wünsche leben, die Zeit verfliege nicht, sondern schleiche auf trägen Füßen einher. Endlich nahte der Tag, an dem Recaredo an das Ziel seiner Wünsche zu gelangen gedachte, nicht um diesen Wünschen ein Ende zu setzen, sondern um an Elisabeth immer neue Reize zu entdecken, um deretwillen er sie noch inniger lieben wollte, sofern dies noch möglich war. Doch in der kurzen Zeit, in der er vermeinte, das Schiff seines Glücks segle mit gutem Wind dem ersehnten Hafen zu, erregte das widrige Geschick auf dem Meer seiner Hoffnung einen solchen Sturm, daß er tausendmal unterzugehen fürchtete.

Es war nämlich so, daß die Obersthofmeisterin der Königin, unter deren Obhut Elisabeth stand, einen Sohn von zweiundzwanzig Jahren hatte, den Grafen Arnesto. Sein hoher Rang, die altadelige Herkunft und die große Gunst, in der seine Mutter bei der Königin stand, all dies, sage ich, machte ihn über Gebühr anmaßend, hoffärtig und übermütig. Dieser Arnesto also verliebte sich so glühend in Elisabeth, daß seine Seele sich an ihren Augen in heißester Glut verzehrte, und obgleich er, während Recaredo abwesend war, Elisabeth durch einige Zeichen sein Verlangen kundgetan hatte, war solches von ihr nicht beachtet worden. Obwohl sonst Verliebte, wenn ihre aufkeimende Neigung auf Ablehnung und Geringschätzung stößt, von ihrem Vorhaben abzustehen pflegen, bewirkte die unverhohlene Abneigung, die Elisabeth ihm stets von neuem zeigte, beim Grafen Arnesto das Gegenteil: er entbrannte in Eifersucht, und Elisabeths Ehrbarkeit schürte die Flammen. Als Arnesto erkannte, daß Recaredo nach der Meinung der Königin Elisabeth verdient habe und sie ihm in so kurzer Frist zum Weibe gegeben werden sollte, war er nahe daran, sich aus Verzweiflung das Leben zu nehmen. Allein ehe er zu einem solch ruchlosen und feigen Mittel griff, sprach er mit seiner Mutter und sagte, sie solle von der Königin verlangen, daß Elisabeth ihm selber zum Weibe gegeben werde, wenn nicht, dann könne sie gewiß sein, daß der Tod schon an die Pforte seines Lebens poche. Die Obersthofmeisterin war von den Worten ihres Sohnes nicht wenig betroffen, und da sie die Wildheit seines unüberlegten Wesens kannte und wußte, wie tief die Begierde in seiner Seele Wurzel schlug, befürchtete sie, diese Liebesleidenschaft könnte schließlich zu einem schrecklichen Ereignis führen. Doch als Mutter, in deren Natur es liegt, das Glück ihrer Kinder zu begehren und zu erwirken, versprach sie, mit der Königin zu reden, nicht etwa, weil sie hoffe, diese zu einem unmöglichen Wortbruch zu bewegen, sondern nur, damit sie nicht auch noch das Letzte unversucht gelassen habe.

Am Morgen jenes Tages hatte man Elisabeth auf Befehl der Königin so reich gekleidet und geschmückt, daß die Feder es nicht wagt, solches zu beschreiben: die Königin selbst hatte ihr eine der schönsten Perlenschnüre, die der Kauffahrer gebracht und die man auf zwanzigtausend Dukaten schätzte, um den Hals gelegt und ihr an den Finger einen Diamantring gesteckt, der seine sechstausend Taler wert war. Alle Damen waren wegen des Festes, das man sich aus Anlaß der Vermählung versprach, in heller Aufregung, als plötzlich die Obersthofmeisterin eintrat und die Königin kniefällig anflehte, sie möge Elisabeths Vermählung doch um zwei Tage verschieben; mit dieser Gnade allein wolle sie sich für alle geleisteten und zu leistenden Dienste für zufriedengestellt und reichlich belohnt erachten und bedürfe keines weiteren der sonst von ihr erhofften Gnadenbeweise mehr. Doch die Königin wollte vorerst wissen, weshalb sie mit solchem Drängen Aufschub begehre, ginge dies doch ganz gegen das Wort, das sie Recaredo verpfändet habe. Allein die Obersthofmeisterin wollte ihr den Grund ihrer Bitte nicht eher sagen, bevor die Königin, die ihn nur allzugern zu wissen begehrte, nicht bewilligt hätte, worum sie gebeten worden. Und solcherart, nachdem die Obersthofmeisterin erreicht, was sie für den Augenblick verlangt hatte, berichtete sie der Königin

Die englische Spanierin   309

von der Liebesleidenschaft ihres Sohnes und sagte, sie befürchte, daß, gebe man ihm nicht Elisabeth zum Weibe,
er sich aus Verzweiflung das Leben nehmen oder eine andere schreckliche Tat verüben werde. Wenn sie einen Aufschub von zwei Tagen erbeten habe, dann, damit Ihre
Majestät Zeit finde, über ein Mittel nachzusinnen, das geeignet wäre, ihrem Sohne zu helfen.

Die Königin erwiderte, daß, wenn ihr königliches Wort
nicht im Wege stünde, sie wohl einen Ausweg aus solch
wirrem Labyrinth zu finden sich unterstünde, doch sei sie
um keinen Preis der Welt willens, ihr Wort zu brechen und
Recaredos Hoffnungen zu enttäuschen. Diese Antwort
überbrachte die Obersthofmeisterin ihrem Sohn, der, glühend vor Liebe und Eifersucht, unverzüglich die Rüstung
anlegte, die Waffen nahm und auf einem prachtvollen
starken Rosse vor Clotaldos Haus erschien, wo er mit lauter Stimme rief, Recaredo möge ans Fenster treten. Dieser
hatte bereits die hochzeitliche Kleidung angelegt und stand
im Begriff, sich mit dem Geleit, das ein solcher Anlaß erfordert, in den Palast zu begeben. Doch da er das Schreien
vernommen, und man ihm auch gesagt hatte, wer sich so
laut gebärde und in welchem Aufzug dieser komme, trat
er etwas befremdet ans Fenster. Arnesto erblickte ihn und
rief sogleich:

»Recaredo, höre dir aufmerksam an, was ich dir zu
sagen begehre: Die Königin, meine Gebieterin, hat dir befohlen, ihr zu dienen und Taten zu vollbringen, mit denen
du dich der unvergleichlichen Elisabeth als würdig erweisen solltest. Du bist ausgezogen und mit goldbeladenen
Schiffen zurückgekehrt. Nun glaubst du, Elisabeth mit diesem Golde verdient und erkauft zu haben. Wenn aber die
Königin, meine Gebieterin, sie dir versprochen hat, dann
nur, weil sie glaubte, es gäbe an ihrem Hofe keinen außer
dir, der ihr treulicher diene, noch mit Recht größeren Anspruch auf Elisabeth erheben könnte. Doch darin wird sie
sich wohl geirrt haben, und ich bin dieser Meinung, halte
sie für wahr und ausgemacht und behaupte, daß du weder
Dinge vollbracht hast, mit denen du Elisabeth verdienst,
noch imstande bist, solche Taten zu vollführen, die dich zu

solchem Glück berechtigen. Willst du meiner Behauptung, du verdienest sie nicht, widersprechen, dann fordere ich dich zum Kampf auf Leben und Tod.«

Damit schwieg der Graf, und Recaredo erwiderte:

»Ich, Herr Graf, brauche mich Eurer Herausforderung mitnichten stellen, denn ich bekenne nicht nur, daß ich Elisabeth nicht verdiene, sondern darüber hinaus, daß keiner von allen, die heute leben, sie verdient. Da ich also zugebe, was Ihr behauptet, wiederhole ich, daß mich **Eure** Herausforderung nicht betrifft. Doch ich nehme sie an, weil Ihr die Dreistigkeit hattet, mich herauszufordern.«

Damit verließ er das Fenster und befahl, man möge ihm rasch Rüstung und Waffen bringen. Seine Anverwandten und alle, die gekommen waren, ihm das Geleit in den Palast zu geben, waren überaus bestürzt. Unter den vielen Leuten, die den Grafen Arnesto solcherart bewaffnet gesehen und die laute Herausforderung vernommen hatten, fand sich bald einer, der der Königin den Vorfall allsogleich hinterbrachte, und die Königin gab dem Hauptmann ihrer Leibwache den Befehl, den Grafen festzunehmen. So sehr beeilte sich der Hauptmann, daß er gerade in dem Augenblick ankam, in dem Recaredo auf einem prachtvollen Pferd in der gleichen Rüstung, in der er an Land gegangen war, aus dem Tor des Hauses geritten kam. Als der Graf den Hauptmann der Leibwache von ferne erblickte, erriet er sogleich, wozu dieser gekommen, beschloß, sich nicht im Kampf überraschen zu lassen, und sagte mit erhobener Stimme zu Recaredo:

»Du siehst, Recaredo, welches Hindernis uns in den Weg tritt. Wenn du mich strafen willst, dann wirst du mich suchen, wie ich dich suchen werde, um dich zu züchtigen, und da zwei, die einander suchen, sich auch leicht zu finden wissen, verschieben wir die Austragung unseres Zwists bis dahin.«

»Mir soll es recht sein«, erwiderte Recaredo.

In diesem Augenblick war auch der Hauptmann mit der Leibwache herangekommen; er sagte dem Grafen, daß er ihn im Namen der Königin festnehme. Der Graf erwiderte, daß er sich festnehmen lasse, doch nur, um vor die Königin

Die englische Spanierin 311

gebracht zu werden. Damit gab sich der Hauptmann zufrieden, ließ den Grafen in die Mitte der Wache nehmen und brachte ihn in den Palast vor die Königin, die bereits von der Obersthofmeisterin wußte, wie groß die Liebe war, die der Graf für Elisabeth hegte. Die Obersthofmeisterin hatte die Königin unter vielen Tränen angefleht, dem Grafen zu vergeben, der als verliebter Jüngling zu den unsinnigsten Taten neige. Indes wurde auch Arnesto vor die Königin geführt, die, ohne sich in Erörterungen einzulassen, befahl, ihm das Schwert abzunehmen und ihn in einem Turm gefangen zu setzen.

All dies peinigte das Herz Elisabeths und das ihrer Eltern, die den heiteren Himmel ihres Glücks so plötzlich getrübt sahen. Die Obersthofmeisterin riet der Königin, sie möge, um die Feindschaft, die zwischen ihrer Familie und jener Recaredos ausbrechen könnte, zu verhindern, die Ursache des Zwists aus dem Wege schaffen, indem sie Elisabeth nach Spanien schicke; solcherart würden die zu befürchtenden Folgen vermieden. Sie fügte hinzu, Elisabeth sei überdies eine Katholikin von solcher Überzeugung, daß keiner der Überredungsversuche, die sie angestellt, imstande gewesen sei, sie von ihrer katholischen Gesinnung abzubringen. Darauf erwiderte die Königin, sie rechne es Elisabeth sehr hoch an, daß sie am Glauben, in dem ihre Eltern sie unterwiesen, in solchem Maße festhalte; sie nach Spanien zu schicken, käme ihr nicht in den Sinn, denn ihr gefielen über alle Maßen die schöne Erscheinung, die vielen Vorzüge und Tugenden des Mädchens, und überdies müsse sie Elisabeth, wie versprochen, wenn nicht heute, so doch demnächst Recaredo zum Weibe geben. Dieser Beschluß der Königin stürzte die Obersthofmeisterin in solche Verzweiflung, daß sie kein Wort zu erwidern vermochte, und da es ihr schien, es wäre unmöglich, ihres Sohnes heftige Gemütsart zu besänftigen, noch ihn zu bewegen, mit Recaredo Frieden zu halten, wenn sie Elisabeth nicht aus dem Wege räume, entschloß sie sich zu einem der furchtbarsten und grausamsten Mittel, die je einer Dame von solchem Range, wie der ihre es war, in den Sinn kommen konnte, nämlich: Elisabeth durch Gift zu ermorden. Da Frauen, ihrer Natur gemäß, rasch und entschlossen zu Werke zu gehen pflegen, vergiftete sie Elisabeth noch am gleichen Nachmittag mit eingemachten Früchten, die sie ihr unter dem Vorwand aufzwang, sie seien ein vorzügliches Mittel gegen die Herzbeklemmungen, an denen sie nun leide.

Bald nachdem Elisabeth von den Früchten gegessen, begannen ihr die Zunge und der Hals anzuschwellen; die Lippen schwärzten sich, die Stimme wurde heiser, die Augen wurden trübe, und es stockte ihr der Atem, alles Zeichen, daß man sie vergiftet hatte. Die Hofdamen eilten zur Königin, meldeten ihr, was vorgefallen, und berichteten auch, daß die Urheberin dieses Unheils die Obersthofmeisterin sei. Es brauchte nicht viel, die Königin davon zu überzeugen, und sie eilte, nach Elisabeth zu sehen, die nahe daran war, die Seele auszuhauchen. Die Königin befahl, in aller Eile die Ärzte zu holen, und ließ indes der Kranken eine gewisse Menge Einhornpulver verabreichen nebst anderen Gegengiften, die alle großen Fürsten für solche Fälle bereitzuhalten pflegen. Die Ärzte kamen, wandten noch stärkere Mittel an und baten die Königin, sie möge die Obersthofmeisterin zwingen, einzugestehen, welche Art Gift sie Elisabeth gegeben, denn niemand zweifelte daran, daß nur die Obersthofmeisterin sie vergiftet haben konnte. Sie bekannte das Gift, und solcherart sahen sich die Ärzte imstande, der Kranken so viele und wirksame Mittel zu verabreichen, daß Elisabeth dank ihrer und Gottes Hilfe am Leben blieb oder zumindest hoffen durfte, am Leben zu bleiben. In der Absicht, sie so zu bestrafen, wie ihr Verbrechen es verdiente, befahl die Königin, man möge die Obersthofmeisterin sogleich festnehmen und sie in einem kleinen Zimmer des Palasts einschließen; die Obersthofmeisterin entschuldigte sich damit, daß sie mit der Ermordung Elisabeths dem Himmel ein Opfer hatte darbringen wollen, indem sie eine Katholikin aus der Welt schaffe und zugleich die Ursache der Händel ihres Sohnes beseitige.

Als Recaredo die traurige Nachricht vernahm, war er nahe daran, den Verstand zu verlieren, so unsinnig gebärdete er sich und so jammervoll waren die Worte, mit

Die englische Spanierin   313

denen er sich beklagte. Schließlich kam Elisabeth zwar mit
dem Leben davon, doch verwandelte die Natur, die ihr
das Leben zurückgab, sie solcherart, daß ihr die Brauen,
die Wimpern, das Haar ausfielen, das Gesicht aufgedun-
sen blieb, die Haut grau und schuppig, und die Augen
tränten. Schließlich war sie so entstellt, daß sie, die bislang ein Wunderbild an Schönheit gewesen, nunmehr ein
Schreckbild an Häßlichkeit war. Jene, die sie gekannt,
hielten dies für ein größeres Unglück, als wäre sie an Gift
gestorben. Trotz allem forderte Recaredo das Mädchen
von der Königin und flehte sie an, es ihm zu gestatten,
Elisabeth mit sich nach Hause zu nehmen, denn die Liebe,
die er für sie hege, übertrage sich vom Leibe auf die Seele,
und wenn Elisabeth auch ihre Schönheit verloren habe,
könne sie doch in ihren unendlichen Vorzügen und Tugenden keine Einbuße erlitten haben.

»So ist es«, sagte die Königin. »Nehmt sie mit Euch,
Recaredo, und bedenkt, daß Ihr ein köstliches Kleinod mit
Euch führt, das nur in einem aus schlechtem Holz roh
gearbeiteten Kästchen liegt. Gott weiß, wie gerne ich sie
Euch so zurückgeben möchte, wie Ihr sie mir gebracht habt.
Doch verzeiht mir, daß mir solches unmöglich ist. Vielleicht vermag die Strafe, die jener zuteil werden wird, die
ein solches Verbrechen begangen, den Durst nach Vergeltung ein weniges stillen.«

Recaredo nannte der Königin manche Gründe, die die
Obersthofmeisterin entschuldigten, und bat sie, jener zu
verzeihen, denn was sie zu ihrer Entschuldigung vorgebracht, sei genug, um noch größere Vergehen zu verzeihen.
Schließlich übergab ihm die Königin Elisabeth und deren
Eltern, und Recaredo brachte sie in sein, das heißt seiner
Eltern Haus. Zur kostbaren Perlenschnur und zum Diamantring fügte die Königin noch andere Kostbarkeiten
und Kleider, alles ein Beweis der großen Liebe, die sie für
Elisabeth empfand. Zwei Monate lang blieb Elisabeth
gleich häßlich ohne das geringste Anzeichen, die ursprüngliche Schönheit je wieder zu erlangen; nach Ablauf dieser
Zeit jedoch begann die Haut abzuschuppen, und die
frühere schöne Hautfarbe zeigte sich da und dort.

Indes hatten Recaredos Eltern, denen es unmöglich
dünkte, daß Elisabeth die verlorene Schönheit wiederge-
wänne, ohne Wissen ihres Sohnes beschlossen, nach dem
schottischen Fräulein zu schicken, mit dem sie Recaredo
hatten vermählen wollen, denn sie zweifelten nicht daran,
daß die gegenwärtige Schönheit der neuen Braut die schon
vergangene Elisabeths vergessen lassen werde, um so mehr
als sie daran dachten, Elisabeth samt den Eltern nach Spanien zu schicken und ihnen so viel an Geld und Schätzen
mitgeben wollten, daß deren frühere Verluste damit ausgeglichen wären. Noch waren keine anderthalb Monate
verstrichen, als die neue Braut ohne Recaredos Vorwissen
mit standesgemäßem Gefolge ins Haus kam und sich als
so schön erwies, daß, wäre nicht die Erinnerung an Elisabeths frühere Schönheit gewesen, in ganz London keine
mit ihr hätte wetteifern können. Über das unvermutete
Auftauchen des Fräuleins erschrak Recaredo, denn er befürchtete, ihr überraschendes Eintreffen könnte Elisabeth
das Leben kosten. Um seine Befürchtung zu beschwichtigen
und der Überraschung zuvorzukommen, trat er an das
Lager der Kranken, an dem er auch ihre Eltern vorfand,
und sagte:

»Teuerste Isabela! In der großen Liebe, die meine Eltern
für mich hegen, und ohne wahrhaft zu wissen, wie sehr ich
dich liebe, haben sie das schottische Fräulein ins Haus gebracht, mit dem mich zu vermählen sie übereingekommen
waren, ehe ich deinen unendlichen Wert erkannt hatte.
Dies alles ist, wie ich glaube, in der Absicht geschehen, daß
die große Schönheit dieses Fräuleins mir die Erinnerung
an die deine, die mir zutiefst in die Seele geprägt ist, aus-
löschen möge, doch ich, Isabela, begehrte dich von allem
Anfang an mit einer anderen Liebe, als jene es ist, die ihr
Ziel und ihre Erfüllung in der Befriedigung sinnlicher
Triebe sieht. Wenn die Schönheit deines Leibes auch meine
Sinne fesselte, so schlugen deine zahllosen Tugenden meine
Seele solcherart in Ketten, daß, wenn ich dich, die Schöne,
liebte, dich, die Häßliche, nun anbete. Um diese Wahrheit
zu bekräftigen, reich mir deine Hand!«

Elisabeth reichte sie ihm, und Recaredo fuhr fort:

Die englische Spanierin   315

»Beim katholischen Glauben, in dem mich meine katholischen Eltern unterwiesen haben, und wofern dieser nicht so ist, wie er sein sollte, bei dem Glauben also, den der Papst in Rom bewahrt und schützt, dem Glauben, zu dem auch ich mich in meinem Herzen bekenne und ihn bewahre, und beim wahrhaftigen Gott, der uns hört, schwöre und verspreche ich dir, o Isabela, du anderer Teil meiner Seele, dein Gemahl zu sein, und ich bin es von dem Augenblick an, in dem du mich zu solcher Höhe erheben willst.«

Elisabeth war von Recaredos Worten ebenso ergriffen wie ihre Eltern darob erstaunt und erschüttert waren. Sie wußte nichts anderes zu erwidern und zu tun, als die Hand Recaredos viele Male zu küssen; endlich gelang es ihr mit tränenerstickter Stimme zu sagen, sie wolle ihn zum Gatten nehmen und sich ihm als seine Sklavin unterwerfen. Recaredo küßte ihr das entstellte Antlitz, das er, solange es noch in Schönheit erstrahlte, nie zu küssen gewagt; Elisabeths Eltern feierten mit vielen zärtlichen Tränen das Fest dieses neuerlichen Verlöbnisses. Dann sagte Recaredo, er wolle die Heirat mit der Schottin, die schon im Hause sei, hinauszögern, wie, das würden sie noch sehen, und sie sollten, wenn sein Vater sie alle drei nach Spanien zurückzuschicken begehrte, sich nicht weigern, sondern abreisen und in Cádiz oder Sevilla zwei Jahre lang auf ihn warten. In dieser Frist, darauf verpfände er sein Wort, werde er bei ihnen sein, so der Himmel ihm so lange das Leben gewähre. Sollte jedoch die Frist verstreichen, dann möchten sie es für gewiß erachten, daß sich ihm ein überaus großes Hindernis oder der Tod, was am sichersten angenommen werden könnte, in den Weg gestellt habe. Elisabeth erwiderte, sie wolle nicht nur zwei Jahre lang auf ihn warten, sondern alle die Jahre ihres Lebens, bis sie sichere Kunde erhalte, daß er tot sei, denn der Augenblick, in dem sie solches erfahre, werde auch der ihres eigenen Todes sein. Bei diesen so zärtlichen Worten flossen bei allen neuerlich reichliche Tränen. Recaredo verließ das Zimmer und suchte seine Eltern auf, um ihnen darzutun, daß er mitnichten daran denke, sich mit der ihm versprochenen Schottin zu verloben, geschweige denn, ihr die Hand fürs Leben zu reichen, ehe er nicht in Rom gewesen, um sein Gewissen zu beruhigen. Ihnen und den Anverwandten Clisternas, so hieß die Schottin, wußte er viele Gründe darzulegen, die ihnen als Katholiken sehr rasch einleuchteten, und auch Clisterna fand sich damit ab, solange im Haus ihrer zukünftigen Schwiegereltern zu bleiben, bis Recaredo, der sich ein Jahr Frist erbat, zurückgekehrt sei.

Nachdem dies alles verabredet und beschlossen war, sagte Clotaldo zu Recaredo, er sei gewillt, Elisabeth mit ihren Eltern nach Spanien zu schicken, falls die Königin die Erlaubnis dazu gebe; vielleicht würde die heimatliche Luft die Gesundung, die sich schon ankündigte, beschleunigen und erleichtern. Um seine eigenen Ziele nicht zu verraten, erwiderte Recaredo mit geheuchelter Gleichgültigkeit, der Vater möge tun, was ihm am richtigsten zu tun erscheine, nur bat er ihn, Elisabeth nichts von den Kostbarkeiten vorzuenthalten, die die Königin ihr gegeben. Dies versprach Clotaldo und begab sich noch am selben Tage zur Königin, um von ihr die Erlaubnis zu erbitten, daß er seinen Sohn mit Clisterna verlobe und Elisabeth samt ihren Eltern nach Spanien schicke. Die Königin war mit alledem zufrieden, lobte Clotaldos Entschluß, und noch am selben Tage verurteilte sie die Oberhofmeisterin, ohne einen Rechtsgelehrten anzuhören oder die Frau vor ein Gericht zu stellen, zum Verlust ihres Amtes und zur Zahlung einer Geldbuße von zehntausend Goldtalern an Elisabeth; den Grafen Arnesto verbannte sie wegen der Herausforderung auf sechs Jahre aus England. Noch waren nicht mehr als vier Tage verstrichen, als Arnesto sich anschickte, seine Verbannung anzutreten, und auch die Geldbuße war erlegt. Die Königin ließ einen reichen Kaufmann, einen Franzosen, der in London lebte und über Geschäftsverbindungen nach Frankreich, Italien und Spanien verfügte, in den Palast kommen, händigte ihm die zehntausend Goldtaler ein und bat ihn, dafür einen Wechsel auf den Namen von Elisabeths Vater auf Sevilla oder einen anderen spanischen Platz auszufertigen. Nachdem der Kaufmann seine Zinsen und Gebühren berechnet hatte, versprach er der Königin einen sicheren Wechsel auf einen

Die englische Spanierin

französischen Geschäftsmann in Sevilla, einen seiner Geschäftsfreunde, und zwar in folgender Form: Er wolle nach Paris schreiben, damit dort ein anderer seiner Geschäftsfreunde den Wechsel ausstelle, und zwar mit einem französischen und nicht einem englischen Ausstellungsort, da doch die direkte Verbindung zwischen England und Spanien verboten war. Es genüge ganz und gar, meinte er, einen Avisobrief ohne Ort und Datum, doch mit seiner Unterschrift versehen, mitzunehmen; der Kaufmann in Sevilla, der schon von Paris aus in Kenntnis gesetzt sein werde, würde dann den Betrag auszahlen. Kurz und gut: die Königin erhielt von dem Kaufmann solche Sicherheiten, daß sie der genauen Ausführung ihres Auftrages gewiß sein konnte. Doch damit noch nicht zufrieden, ließ die Königin den Kapitän eines flämischen Schiffes zu sich kommen, der im Begriff stand, am folgenden Tag nach Frankreich unter Segel zu gehen, nur damit er in einem französischen Hafen ein Herkunftszeugnis erhalte; damit konnte er dann in Spanien landen, weil er nachzuweisen vermochte, daß er aus Frankreich und nicht aus England komme. Diesen Kapitän nun bat die Königin, Elisabeth und ihre Eltern an Bord zu nehmen, sie gut zu behandeln und im ersten spanischen Hafen, den er anlaufen würde, sicher an Land zu setzen.

Der Kapitän, der die Königin zufriedenstellen wollte, versprach, zu tun, was sie von ihm forderte und seine Reisenden in Lissabon, Cádiz oder Sevilla auszuschiffen. Nachdem die Königin alle Sicherheiten und den Brief des Kaufmanns in Händen hatte, ließ sie Clotaldo sagen, er möge nichts von dem, was sie, die Königin, Elisabeth vermacht, also weder Kleider noch Kostbarkeiten, zurückbehalten. Am folgenden Tage fanden sich Elisabeth und ihre Eltern im Palast ein, um sich von der Königin, die sie liebevoll empfing, zu verabschieden. Sie gab ihnen den Avisobrief des Kaufmannes und viele andere Geschenke, sowohl an Geld als auch an Dingen, die sie für die Reise benötigten. Elisabeth dankte ihr in solchen Worten, daß sie die Königin von neuem verpflichtete, ihr weiterhin gnädig gesinnt zu bleiben. Sie verabschiedete sich auch von den Hofdamen, die sie jetzt, da sie häßlich war, nur ungern scheiden sahen, waren sie doch jetzt ohne Neid und wären damit zufrieden gewesen, sich ihrer Anmut und Klugheit weiterhin zu erfreuen. Die Königin umarmte die drei, empfahl sie einem guten Stern und der Fürsorge des Schiffers und bat Elisabeth, sie über den französischen Kaufmann von ihrer Ankunft in Kenntnis zu setzen und sie über ihr weiteres Ergehen auf dem laufenden zu halten. Schließlich entließ sie Elisabeth und ihre Eltern, die sich am selben Nachmittag noch einschifften, nicht ohne daß Clotaldo, seine Gattin und alle übrigen Hausgenossen, die sie ins Herz geschlossen hatten, manche Träne vergossen. Recaredo war bei diesem Abschied nicht zugegen, denn er war an jenem Tage mit einigen seiner Freunde auf die Jagd gegangen, um seine zärtlichen Gefühle nicht zur Schau zu tragen. Der Geschenke, die Frau Catalina Elisabeth für die Reise mitgab, waren viele; die Umarmungen wollten kein Ende nehmen; Tränen gab es im Überfluß, und oftmals wurde Elisabeth ans Herz gelegt, ja recht oft zu schreiben. Elisabeths und ihrer Eltern Dankesworte waren ebenso herzlich, so daß sie alle, wenn auch weinend, so doch zufrieden zurückließen.

Noch jene Nacht ging das Schiff unter Segel. Bald erreichte es mit günstigem Wind Frankreich, wo die erforderlichen Papiere beschafft wurden, die man benötigte, um einen spanischen Hafen anlaufen zu können. Dreißig Tage später erreichten sie die Mole in Cádiz und fuhren in den Hafen ein, wo Isabela – wie sie von ihren Eltern und Freunden nun wieder genannt wurde – und ihre Eltern an Land gingen, und da sie bei jedermann in der Stadt bekannt waren, wurden sie mit allen Zeichen der Freude und Zufriedenheit aufgenommen. Man beglückwünschte sie, Isabela wieder gefunden zu haben und den Türken – man hatte ihr Schicksal von den Gefangenen erfahren, die die Großmut Recaredos freigegeben – wie auch den Engländern wieder entkommen zu sein. Schon damals gab Isabela zur Hoffnung Anlaß, sie erlange ihre ursprüngliche Schönheit wieder. Isabela und ihre Eltern hielten sich ein weniges länger denn einen Monat in Cádiz auf, um sich

Die englische Spanierin   319

von den Anstrengungen der Seereise zu erholen; dann begaben sie sich nach Sevilla, um zu sehen, ob ihnen die Auszahlung der zehntausend Goldtaler, für die sie den Avisobrief an den französischen Kaufmann hatten, gewiß sei.
Zwei Tage nachdem sie in Sevilla angekommen waren,
suchten sie diesen auf und übergaben ihm den Brief des
französischen Kaufmannes in London. Er anerkannte den
Brief, doch könne er, wie er sagte, den Betrag nicht auszahlen, ehe er nicht den Wechsel und das Aviso aus Paris
bekäme; sie müßten aber jeden Augenblick eintreffen.
    Isabelas Eltern mieteten ein herrschaftliches Haus gegen-
über dem Kloster Santa Paula, weil dort eine ihrer Nichten, die eine überaus schöne Stimme hatte, Nonne war. Sie
wollten gerne in ihrer Nähe wohnen, und überdies hatte
Isabela Recaredo gesagt, daß er sie in Sevilla finden könne
und von ihrer Base, der Nonne in Santa Paula, erfahren
würde, wo sie wohne. Um aber diese Nonne auszuforschen,
bräuchte er nur nach jener zu fragen, die die schönste
Stimme im ganzen Kloster hätte, denn dieses Merkmal
würde seinem Gedächtnis wohl nicht entfallen. Es dauerte
aber noch vierzig Tage, bis der Wechsel und das Aviso aus
Paris eintrafen; zwei Tage später zahlte der französische
Kaufmann die zehntausend Goldtaler an Isabela, die den
Betrag ihren Eltern übergab. Mit dieser Summe und einigen Goldtalern mehr, die sie einlösten, indem sie einige
der vielen Schmuckstücke verkauften, die Isabela besaß,
begann sich ihr Vater von neuem als Kaufmann zu betätigen, worüber sich viele wunderten, wußten sie doch,
wie groß seine Verluste gewesen waren. Kurz und gut, in
wenigen Monaten hatte er seinen früheren Kredit wiedererlangt, und Isabelas Schönheit war wie ehedem solcherart,
daß jeder, der von schönen Frauen redete, den Lorbeer der
englischen Spanierin reichte, die sowohl dieses Namens
wegen wie auch um ihrer Schönheit willen bald in der
ganzen Stadt bekannt war. Durch Vermittlung des französischen Kaufmannes in Sevilla gaben Isabela und ihre Eltern der Königin von England die glückliche Ankunft bekannt und brachten in ihrem Schreiben ihren Dank und
ihre Ergebenheit zum Ausdruck, welche die vielen Gunst-

bezeugungen erforderten, mit denen die Herrscherin sie bedacht hatte. Sie schrieben auch an Clotaldo und Frau Catalina, dessen Gattin, die Isabela Eltern und ihre Eltern Gebieter nannten. Von der Königin erhielten sie keine Antwort, wohl aber von Clotaldo und dessen Frau, die ihnen zur glücklichen Ankunft alles Gute wünschten und ihnen mitteilten, daß ihr Sohn Recaredo sich am Tage nach ihrer Abreise nach Frankreich eingeschifft habe und von dort nach jenen Orten reisen werde, an denen er sein Gewissen zu beruhigen hoffe. An diese Mitteilung fügte sie noch manche Versicherung ihrer Liebe und das Angebot ihrer Dienstbereitschaft. Darauf antwortete Isabela samt ihren Eltern mit einem ebenso höflichen und liebenswürdigen wie dankbaren Brief.

Isabela glaubte sogleich, Recaredo hätte England nur verlassen, um sie in Spanien aufzusuchen, und von dieser Hoffnung beflügelt, führte sie das zufriedenste Leben; sie bemühte sich, solcherart zu leben, daß Recaredo ihre Tugendhaftigkeit sogleich bei seiner Ankunft in Sevilla, noch ehe er ihre Wohnung ermittelt habe, von allen rühmen hören sollte. Nie oder nur wenige Male verließ sie das Haus und dann nur, um das Kloster aufzusuchen; an Ablässen wurden ihr nur jene zuteil, die im Kloster gegeben wurden. In der Betkapelle ihres Hauses ging sie in Gedanken an den Freitagen der Fastenzeit den Kreuzweg und in den sieben folgenden Wochen die Wege des Heiligen Geistes; nie besuchte sie den Strom, nie ging sie nach Triana hinüber, noch nahm sie an den öffentlichen Lustbarkeiten auf dem Campo de Tablada und bei der Puerta de Jerez teil, die bei schönem Wetter am Tage des heiligen Sebastian veranstaltet werden und zu denen sich so viele Menschen einfinden, daß sie kaum zu zählen sind; kurz, sie besuchte kein öffentliches Fest, noch sonstige Lustbarkeit, die in Sevilla gegeben wurden; ihre ganze Zeit widmete sie in Erwartung Recaredos der Sammlung, dem Gebete und frommen Wünschen. Durch die große Zurückgezogenheit hatte sie nicht nur die Neugier und die Begehrlichkeit der Stutzer ihres Stadtviertels entzündet, sondern auch die Begierde aller jener, die sie einmal schon gesehen hatten.

Die englische Spanierin 321

Daher wurden vor ihrem Fenster des Nachts Ständchen
gebracht, und am Tage ritten die Herren ihr zu Ehren in
ihrer Straße um die Wette. Da sie sich aber nie sehen ließ,
obgleich so viele sie zu sehen begehrten, mehrte sich das
Einkommen der Kupplerinnen, die alle versprachen, bei
Isabela ganz einzigartig in ihrer Überredungskunst zu
sein, und es fehlte auch nicht an solchen, die sich sogenannter Zaubermittel bedienten, obgleich sie nichts sind als
Betrug und Unsinn. Allein Isabela stand alledem gegenüber wie ein Fels im Meere, den Wellen und Wind zwar
berühren, doch nicht bewegen. Anderthalb Jahre waren
schon verflossen; die Hoffnung auf ein baldiges Ende der
von Recaredo festgesetzten Frist ließ Isabelas Herz höher
schlagen; schon sah sie den Bräutigam nahen, sah ihn vor
ihren Augen, fragte ihn, welche Hindernisse sein Kommen
so sehr verzögert hätten, schon klang die Entschuldigung
ihres Verlobten in ihrem Ohr, schon verzieh sie ihm und
schloß ihn, die andere Hälfte ihrer Seele, in die Arme —
da kam ein Brief Frau Catalinas, der bereits vor fünfzig
Tagen in London geschrieben worden war. Er war in
englischer Sprache abgefaßt und lautete auf spanisch wie
folgt:

»Teuerste Tochter! Du hast gewiß Guillarte, den Pagen
Recaredos, gekannt. Er begleitete ihn auf der Reise, die er,
wie ich dir schon schrieb, am Tage nach deiner Abreise
nach Frankreich und anderen Ländern unternahm. Nachdem wir sechzehn Monate nichts von unserem Sohn gehört
hatten, kam dieser Guillarte gestern ins Haus und brachte
uns die Nachricht, Graf Arnesto habe Recaredo in Frankreich meuchlings ermordet. Du kannst dir wohl denken,
liebe Tochter, wie tief uns, seinen Vater, mich und seine
Braut, diese Nachricht getroffen hat, eine Nachricht, die
wir, um unser Unglück voll zu machen, nicht einmal in
Zweifel stellen können. Clotaldo und ich bitten dich deshalb, herzlich geliebte Tochter, Recaredos Seele inniglich
Gott anempfehlen zu wollen, denn er verdient diesen Akt
der Liebe um so mehr, als er dich, wie du weißt, von ganzem Herzen geliebt hat. Bitte auch Gott, unsern Herrn,
daß er uns Geduld und ein seliges Ende gewähre, wie wir

ihn bitten und anflehen, daß er dir und deinen Eltern noch viele Jahre des Lebens schenke.«

Handschrift und Unterschrift ließen Isabela keinen Zweifel mehr, der sie berechtigt hätte, nicht an den Tod ihres Bräutigams zu glauben, zu gut kannte sie Guillarte, den Pagen, und wußte, wie aufrichtig er war und wie er weder Wunsch noch Grund gehabt haben konnte, jenen Tod vorzutäuschen; auch Frau Catalina, Recaredos Mutter, hätte keinen Grund dazu gehabt, denn für sie wäre es sinnlos gewesen, eine solch traurige Nachricht zu verbreiten. Kurz und gut, keine Überlegung, die Isabela anstellte, nichts, was ihre Phantasie zu ersinnen wußte, vermochte ihr die Gewißheit dieses ihres neuen Unglücks zu nehmen. Nachdem sie den Brief gelesen, erhob sie sich, ohne eine Träne zu vergießen oder auch nur ein Zeichen ihres Schmerzes zu zeigen, mit ruhigem Gesichtsausdruck und scheinbarem Gleichmut von der Estrade, wo sie gesessen, trat in die Hauskapelle, und auf den Knien vor einem Kruzifixe gelobte sie, Nonne zu werden, was ihr möglich war, da sie sich als Witwe betrachten konnte. Die Eltern verhehlten aus Zartgefühl den Gram, den ihnen die traurige Nachricht bereitet hatte, um Isabela in der Bitterkeit, die sie empfand, zu trösten, doch diese, fast als wäre sie über den Schmerz glücklich, den sie mit frommem christlichem Entschluß trug, tröstete die Eltern und entdeckte ihnen ihre Absicht. Allein die Eltern rieten ihr, diesen Entschluß nicht zu verwirklichen, ehe die zwei Jahre, die Recaredo für sein Kommen als Frist gesetzt, verstrichen wären; denn erst dann werde sich bestätigen, daß er wahrhaft tot sei, und sie könne dann mit größerer Sicherheit in den geistlichen Stand eintreten. Isabela befolgte diesen Rat, und die sechseinhalb Monate, die noch auf die zwei Jahre fehlten, verbrachte sie mit Bet- und Bußübungen und mit der Vorbereitung ihres Eintritts in ein Kloster; sie hatte das der heiligen Paula gewählt, wo ihre Base Nonne war. Die Frist der zwei Jahre verstrich, und es kam der Tag, an dem sie eingekleidet werden sollte. Die Kunde davon verbreitete sich in der ganzen Stadt, und das Kloster wie auch die kurze Strecke, die vom Hause Isabelas dahin führte, war

Die englische Spanierin   323

von allen jenen belagert, die Isabela von Angesicht kannten, wie auch von anderen, denen allein ihr Ruf bekannt
war. Der Vater lud seine Freunde ein, die Freunde benach-
richtigten wieder die ihren, und alle zusammen gaben Isabela eines der ehrenvollsten Geleite, die man bei solchen
Feierlichkeiten in Sevilla je gesehen hatte. Anwesend waren
auch der Asistente, wie der Korregidor in Sevilla genannt
wird, der Generalvikar und der Erzbischof-Koadjutor mit
allen Damen und Herren adeligen Standes, die sich in der
Stadt befanden; so groß war das Verlangen aller, die
Sonne der Schönheit Isabelas wieder aufgehen zu sehen,
die soviele Monate lang verdunkelt gewesen. Da es nun
Sitte ist, daß die Mädchen, die den Schleier nehmen, dies
so herrlich geschmückt und gekleidet tun, wie nur möglich,
als wollten sie damit zeigen, daß sie von Stund an allen
weltlichen Prunk ablegten und von sich wiesen, so wollte
sich auch Isabela aufs schönste kleiden und schmücken. Und
sie zog jenes Kleid an, das sie getragen hatte, als sie zum
erstenmal vor die Königin von England getreten, von dem
ja schon berichtet wurde, wie kostbar und prunkvoll es
war. Nun kamen die Perlen wieder ans Licht und der berühmte Diamant und auch das Halsband und der Gürtel,
die gleichfalls von großem Wert waren. Mit solchem
Schmuck und ihrer eigenen Anmut, die alle veranlaßte,
Gott in ihr zu preisen, angetan, trat Isabela aus dem Hause
und ging zu Fuß nach dem Kloster, dessen Nähe Wagen
und Karossen überflüssig machte; der Auflauf der Menschen war aber so groß, daß man es bedauerte, nicht doch
in Wagen gefahren zu sein, denn die Leute ließen ihnen
kaum Raum genug, um zum Kloster zu gelangen. Die einen
segneten die Eltern, die anderen priesen den Himmel, der
Isabela mit solcher Schönheit ausgestattet; die einen stellten sich auf die Zehenspitzen, um sie zu sehen, andere
wieder, die sie schon einmal erblickt hatten, liefen voraus,
um sie noch einmal anzusehen. Doch am eifrigsten zeigte
sich, so daß viele auf ihn aufmerksam wurden, ein Mann
in der Tracht jener Leute, die aus der Sklaverei losgekauft
worden sind, mit dem Zeichen der Dreifaltigkeit an der
Brust zum Zeugnis, daß er dank der Almosen, die die Tri-

nitariermönche gesammelt hatten, freigelassen worden war. Als Isabela schon einen Fuß hinter die Pforte des Klosters gesetzt hatte, wo sie, wie es Brauch und Sitte, die Priorin und die Nonnen mit dem Kruzifix erwarteten, rief der Freigelassene mit lauter Stimme:

»Halt ein, Isabela, halt ein! Solange ich lebe, kannst du nicht Nonne werden!«

Bei diesen laut herausgerufenen Worten wandten sich Isabela und ihre Eltern um und sahen, wie sich jener Losgekaufte durch die Menschenmenge drängte und auf sie zustrebte. Als ihm eine runde blaue Mütze vom Kopfe fiel, zeigte sich ein Gewirr krauser goldiger Locken und ein Gesicht weiß wie Schnee und rot wie Blut, rosig und hell, so daß ihn jeder sogleich als Landesfremden erkennen konnte. Endlich gelangte er stolpernd und strauchelnd zu Isabela, nahm ihre Hand und sagte:

»Erkennst du mich, Isabela? Sieh, ich bin Recaredo, dein Verlobter.«

»Ich erkenne dich«, sagte Isabela, »wenn du nicht eine Erscheinung bist, die nun kommt, meine Ruhe zu stören.«

Isabelas Eltern nahmen ihn bei den Händen und betrachteten ihn aufmerksam; schließlich erkannten sie in dem Losgekauften Recaredo, der, die Augen voller Tränen, vor Isabela hinkniete und sie anflehte, sich durch seinen seltsamen Aufzug nicht abhalten zu lassen, ihren gesunden Augen zu trauen, noch sollte sie sich durch seine armselige Lage veranlaßt sehen, das Wort zu brechen, das sie einander gegeben. Trotz des tiefen Eindrucks, den der Brief in ihr hinterlassen hatte, in dem Recaredos Mutter ihr den Tod des Sohnes mitgeteilt, wollte Isabela doch eher ihren Augen trauen und der Wirklichkeit, die sie vor sich hatte. Sie schloß den Losgekauften in die Arme und sagte:

»Ihr, mein Herr, seid ohne Zweifel der einzige, der mich veranlassen kann, meinen frommen Entschluß rückgängig zu machen; Ihr, mein Herr, seid zweifelsohne der andere Teil meiner Seele, seid Ihr doch mein wahrer Bräutigam. Euch trage ich in meinem Gedächtnis eingeprägt und in meiner Seele behütet. Die Nachricht von Eurem Tode, die mir von Eurer Mutter, meiner Gebieterin, mitgeteilt wurde, ließ mich, da sie mir schon nicht den Tod gab, das Kloster erwählen, in das ich eben eintreten wollte. Allein, da nun Gott selbst durch ein solch rechtmäßiges Hindernis zeigt, daß er es anders will, so können wir uns weder dem widersetzen, noch will ich es. Kommt nun, mein Herr, in das Haus meiner Eltern, das auch Eures ist, und dort will ich nach den Vorschriften, die unser heiliger katholischer Glaube verlangt, die Eure werden.«

Dies vernahmen alle Umstehenden, der Asistente, der Generalvikar und der Erzbischof-Koadjutor; alle waren verwundert und sprachlos. Schließlich baten sie, man solle ihnen doch erzählen, welche Bewandtnis es mit dieser Geschichte auf sich habe, wer der Fremde sei und von welcher Verlobung sie sprächen. Darauf erwiderte Isabelas Vater, die Geschichte verlange, um berichtet zu werden, einen anderen Ort und mehr Zeit, und so bat er alle, die sie gern vernommen hätten, mitzukommen in sein Haus, das ja ganz in der Nähe liege; dort wolle er ihnen alles erzählen, daß sie von der Wahrheit der Geschichte befriedigt und über die Merkwürdigkeit des Begebnisses erstaunt wären. Indes erhob einer der Anwesenden die Stimme und sagte:

»Dieser Jüngling, ihr Herren, ist ein großer englischer Korsar. Ich kenne ihn; er ist derselbe, der vor etwa mehr als zwei Jahren den algerischen Seeräubern einen portugiesischen Kauffahrer, der aus Indien kam, abgenommen hat. Zweifelsohne ist er es, ich kenne ihn doch, denn auch mir gab er die Freiheit und Geld, damit ich nach Spanien käme, und das tat er nicht nur mir, sondern auch weiteren dreihundert Gefangenen.«

Bei diesen Worten geriet die Menge in Bewegung, und der Wunsch aller, Näheres zu erfahren und in den verwickelten Dingen klarer zu sehen, wurde noch lebhafter. Schließlich begleiteten die vornehmsten Leute, unter ihnen der Asistente und die beiden kirchlichen Würdenträger, Isabela zu deren Haus und ließen die Nonnen traurig, verwirrt und weinend zurück, weil sie nun die Gesellschaft der schönen Isabela entbehren mußten. Zu Hause angekommen, ließ Isabela die Herrschaften in einem großen

Saal Platz nehmen. Obgleich Recaredo es anfangs auf sich nehmen wollte, seine Geschichte zu erzählen, überließ er dies doch lieber der Beredsamkeit und Klugheit Isabelas, um so mehr, als er die kastilische Sprache nicht geläufig genug beherrschte. Die Anwesenden schwiegen und harrten gespannt der Worte Isabelas, die ihre Erzählung sogleich begann, eine Erzählung, die ich darauf beschränke, zu erklären, daß sie alles berichtete, was ihr von dem Tage an, da Clotaldo sie aus Cádiz entführt hatte, bis zu ihrer Heimkehr zugestoßen war. Sie erzählte auch von der Schlacht, die Recaredo mit den Türken hatte, von dem Edelmut, den er den Katholiken gegenüber bewiesen, vom Versprechen, das beide einander gegeben hatten, Mann und Frau zu werden, sprach von der Frist der zwei Jahre, von der Nachricht seines Todes, die sie für so gewiß erachtet hatte, daß sie sich, wie alle wüßten, entschloß, Nonne zu werden. Sie pries die Großmut der Königin, die Frömmigkeit Recaredos und die seiner Eltern und schloß mit der Bitte, Recaredo möge nun erzählen, was ihm seit seiner Abreise aus London bis jetzt begegnet sei, da sie ihn im Kleide eines Losgekauften und mit dem Zeichen, daß er mit Almosen losgekauft worden sei, vor sich sehe.

»So ist es auch«, sagte Recaredo, »und ich werde meine unermeßlichen Leiden in wenigen Worten zusammenfassen. Nachdem ich von London abgereist war, um der Vermählung mit Clisterna auszuweichen, jenem katholischen schottischen Fräulein, mit dem mich, wie Isabela schon berichtet, meine Eltern verheiraten wollten, zog ich in Begleitung Guillartes, jenes Pagen, von dem meine Mutter schrieb, er habe die Nachricht von meinem Tode nach London gebracht, durch Frankreich nach Rom, wo meine Seele erbaut und mein Glaube gefestigt wurde. Ich küßte dem Heiligen Vater den Fuß, bekannte dem Großpönitentiar meine Sünden, wurde davon losgesprochen, und schließlich gab er mir die erforderlichen Urkunden, die bewiesen, daß ich gebeichtet, gebüßt und mich mit unserer gemeinsamen Mutter, der Kirche, ausgesöhnt hatte. Dies getan, besuchte ich die ebenso zahlreichen wie verehrungswürdigen Stätten, die es in der Heiligen Stadt gibt. Von den zweitausend

Goldtalern, die ich besaß, gab ich tausendsechshundert
einem Wechsler, der mir dafür einen Brief auf einen gewissen Roqui, einen florentinischen Kaufmann in Sevilla,
ausstellte. Mit den übrigen vierhundert machte ich mich,
in der Absicht nach Spanien zu reisen, auf den Weg nach
Genua. Ich hatte erfahren, daß dort zwei Galeeren der
Signoria zur Abfahrt nach Spanien bereitlagen. Mit meinem Diener Guillarte kam ich an einen Ort namens Aquapendente, der letzten Ortschaft des Kirchenstaates auf dem
Wege von Rom nach Florenz. In einer Osteria, einem Gasthof, in dem ich abstieg, stieß ich auf den Grafen Arnesto,
meinen Todfeind, der verkleidet und unter falschem Namen mit vier Bediensteten auf dem Wege nach Rom war,
wohl mehr aus Neugierde denn aus Frömmigkeit. Ich
glaubte fest daran, nicht erkannt worden zu sein, schloß
mich aber doch mit meinem Diener in meinem Zimmer ein
und wartete, auf meiner Hut und entschlossen, die Unterkunft zu wechseln, den Anbruch der Nacht ab. Dies unterließ ich jedoch, denn die große Sorglosigkeit, die ich beim
Grafen und seinen Bediensteten zu bemerken glaubte, bestärkten mich im Glauben, sie hätten mich nicht erkannt.
Ich speiste auf meinem Zimmer zur Nacht, schloß die Tür,
legte meinen Degen in Reichweite, empfahl mich Gott,
doch wollte ich mich nicht zu Bett legen. Mein Diener
schlief ein, und ich selbst, auf einem Stuhl, verfiel in halben Schlummer. Kurz nach Mitternacht jedoch weckten
mich vier Pistolenschüsse, bestimmt, mir den ewigen Schlaf
zu bereiten, denn sie waren, wie ich später erfuhr, vom
Grafen und seinen Bediensteten auf mich abgegeben worden. Sie ließen mich für tot liegen und ritten, nachdem sie
dem Wirt gesagt, er möge mich beerdigen lassen, sei ich
doch ein vornehmer Herr, auf den Pferden, die sie schon
bereitgestellt hatten, davon.«

»Mein Diener – so berichtete mir nachher der Wirt –
wurde vom Lärm geweckt, sprang vor Schreck aus einem
Fenster, das auf den Hof ging, rief ›Ich Unglücklicher, man
hat meinen Herrn ermordet!‹ und eilte aus dem Gasthof.
Er war zweifelsohne in solcher Angst, daß er nicht eher
halt machte, bevor er nicht in London angekommen, war

er doch der erste, der die Nachricht von meinem Tode
überbrachte. Die Wirtsleute kamen auf mein Zimmer und
fanden mich von vier Kugeln und vielem Schrot durchbohrt, allein keine der Wunden war tödlich. Ich verlangte
als katholischer Christ zu beichten und die Sakramente zu
empfangen; man reichte sie mir; ich wurde gepflegt, geheilt und konnte mich dann zwei Monate später wieder
auf den Weg machen. Ich kam nach Genua, wo ich keine
andere Reisegelegenheit fand als zwei Feluken, die wir,
zwei vornehme Spanier und ich, mieteten. Die eine sollte
auf Kundschaft vorausfahren, während wir in der anderen
reisten. Unter solchen Vorsichtsmaßregeln schifften wir
uns ein und fuhren immer die Küste entlang, in der Absicht, das freie Meer zu meiden. Als wir an der französischen Küste die Gegend der sogenannten ›Trois Maries‹
erreichten und unsere erste Feluke auf Erkundungsfahrt
aus war, kamen aus einer kleinen Bucht plötzlich zwei
türkische Galeoten. Die eine schnitt uns den Zugang zum
offenen Meer, die andere den Weg zum Land hin ab, und
als wir uns anschickten, eilends an die Küste zu kommen, verlegten sie uns den Weg und nahmen uns gefangen.
Auf der einen Galeote, wohin sie uns brachten, zogen sie
uns bis auf die Haut aus, holten alles, was sie auf den Feluken fanden, herbei und ließen diese auf Sand auflaufen,
doch bohrten sie sie nicht in den Grund, denn die Feluken
könnten ihnen, wie sie sagten, ein andermal gelegen kommen und eine weitere Galima, so nennen sie die Beute, die
sie den Christen an Menschen und Dingen abnehmen, bringen. Man kann mir wohl glauben, wenn ich sage, daß mir
meine Gefangenschaft im tiefsten Herzen weh tat, vor
allem schmerzte mich der Verlust der Urkunden, die ich
mir in Rom erworben und die ich zugleich mit dem Wechsel
über eintausendsechshundert Dukaten in einer Blechkapsel aufbewahrte. Doch wollte es mein günstiges Geschick,
daß diese Kapsel in die Hände eines spanischen Christensklaven fiel, der sie aufbewahrte; wäre sie den Türken in
die Hände gefallen, so hätten sie zumindest die Wechsel-
summe als Lösegeld gefordert, denn sie würden sehr bald
ermittelt haben, wem der Wechsel gehörte.«

»Sie brachten uns nach Algier, wo sich eben Mönche der Allerheiligsten Trinität aufhielten, um Sklaven loszukaufen. Ich sprach mit ihnen, sagte, wer ich sei, und sie kauften mich, obgleich ich ein Fremder bin, aus christlicher Barmherzigkeit los, und zwar auf folgende Weise: sie boten für mich dreihundert Dukaten, erlegten hundert sogleich und wollten die übrigen zweihundert bezahlen, wenn das Schiff mit den Almosen zurückkäme, um den Trinitariermönch auszulösen, der in Algier als Bürge für weitere viertausend Dukaten zurückbleiben mußte, die er über die Summe, die er mit sich führt, ausgegeben hatte; die Barmherzigkeit und der Edelmut dieser Mönche geht so weit, daß sie ihre Freiheit für die anderer hergeben und sich selbst als Sklaven stellen, um andere darum freizukaufen. Zur Freude meiner Befreiung gesellte sich noch, daß ich wieder zur Kapsel mit den römischen Urkunden und dem Wechsel kam; ich zeigte sie dem guten Pater, der mich losgekauft, und bot ihm fünfhundert Dukaten über mein Lösegeld, um ihm bei seinem Werke behilflich zu sein. Doch dauerte es immer noch fast ein Jahr, bis das Almosenschiff zurückkehrte; sollte ich jetzt erzählen, was mir in diesem Jahr begegnete, dann müßte ich eine ganz neue Geschichte beginnen. So will ich davon nur so viel erwähnen, daß mich einer der zwanzig Türken erkannte, denen ich damals mit den schon erwähnten Christen die Freiheit geschenkt hatte, doch war er so dankbar und rechtschaffen, daß er mich nicht verraten wollte; denn hätten mich die Türken als jenen erkannt, der ihnen zwei ihrer Schiffe in den Grund gebohrt und den großen Kauffahrer aus Indien abgenommen, hätten sie mich entweder dem Großtürken überliefert oder mich umgebracht. Die Übergabe an den Großtürken hätte nicht weniger bedeutet, als daß ich zeit meines Lebens nie mehr frei geworden wäre. Schließlich kam der Trinitarierpater mit mir und anderen fünfzig losgekauften Christen nach Spanien. In Valencia hielten wir unsere große Dankprozession, und dann ging jeder mit dem Zeichen seiner Befreiung, dieser Kleidung, des Weges, der ihm am meisten zusagte. Heute erst kam ich in dieser Stadt an und hatte

solches Verlangen, Isabela, meine Braut, zu sehen, daß ich,
ohne mich bei anderem aufzuhalten, nach diesem Kloster
fragte, wo ich Nachricht von ihr vorfinden sollte. Was mir
dabei begegnet ist, haben alle ja selbst gesehen. Nun sollt
Ihr auch noch die Urkunden und den Wechsel sehen, damit Ihr meine Geschichte als wahr erkennen möget, eine
Geschichte, die ebenso wunderbar scheint, wie sie wahrhaft ist.« Als er dieses gesagt, zog er aus einer Blechkapsel
die Urkunden, von denen er gesprochen, und legte sie in
die Hände des Generalvikars, der sie sogleich mit dem
Asistente durchsah und in ihnen nichts fand, was an der
Wahrhaftigkeit des Berichtes, den Recaredo gegeben,
zweifeln ließ. Und zur weiteren Bestätigung fügte es der
Himmel, daß auch der florentinische Kaufmann anwesend
war, auf dessen Namen der Wechsel über die tausendsechshundert Dukaten lautete. Dieser bat, man möge ihm den
Wechsel zeigen, und als man ihm diesen vorwies, erkannte
er ihn als richtig an, hatte er doch schon seit vielen Monaten die Aufforderung zur Auszahlung erhalten. Dies alles
fügte Verwunderung zu Verwunderung und Ehrfurcht zu
Ehrfurcht. Recaredo wiederholte das Angebot der fünfhundert Dukaten, das er gemacht hatte. Der Asistente umarmte Recaredo, die Eltern Isabelas und auch Isabela selbst,
und bot ihnen mit höflichen Worten seine Dienste an. Das
gleiche taten die beiden kirchlichen Würdenträger, die Isabela baten, die Geschichte niederzuschreiben, damit ihr
Herr, der Erzbischof, sie lese, was Isabela auch versprach.
Das tiefe Schweigen, das alle Anwesenden beobachtet hatten, als sie der Erzählung des seltsamen Falles lauschten,
wurde gebrochen, und alle priesen Gott seiner großen
Wunder wegen; nachdem sie alle, vom Vornehmsten bis
zum kleinsten Manne, Isabela, Recaredo und die Eltern
beglückwünscht hatten, ließen sie diese allein. Der Asistente wurde gebeten, ihre Hochzeit, die sie in acht Tagen
zu feiern gedachten, mit seiner Anwesenheit zu beehren.
Er sagte mit großem Vergnügen zu und fand sich acht
Tage später mit den vornehmsten Leuten der Stadt zur
Hochzeit ein. Auf solchen Umwegen und unter diesen Umständen kamen die Eltern Isabelas wieder zu ihrer Toch-

Die englische Spanierin   331

ter, stellten ihr Vermögen wieder her, und Isabela, vom
Himmel begünstigt und von ihren vielen Tugenden unterstützt, fand trotz so vieler widriger Umstände einen so
vornehmen Gatten wie Recaredo, an dessen Seite sie
wahrscheinlich heute noch in dem Hause lebt, das sie gegenüber Santa Paula mieteten und später von den Erben
eines burgalesischen Edelmannes namens Hernando de
Cifuentes kauften.

Diese Novelle könnte uns lehren, wieviel Tugend und
Schönheit vermögen, sind sie doch beide zusammen wie
auch jede für sich imstande, noch das Herz der Feinde zu
rühren und mit Liebe zu erfüllen; und sie könnte uns
überdies lehren, wie der Himmel auch das größte Mißgeschick in höchstes Glück zu verwandeln vermag.

DER LIZENTIAT VIDRIERA

Zwei junge Edelleute, Studenten, ergingen sich an den Ufern des Tormes und fanden dort einen bäuerlich gekleideten Jungen von ungefähr elf Jahren, der unter einem Baume schlief; sie schickten einen Diener hin, damit er ihn wecke. Der Junge erwachte, und sie fragten ihn, woher er stamme und warum er in dieser Einsamkeit schlafe. Der Junge antwortete darauf, er habe den Namen seines Heimatortes vergessen, gehe aber nach der Stadt Salamanca, um dort einen Herrn zu finden, dem er gerne umsonst dienen wolle, sofern ihn dieser dafür studieren ließe. Sie fragten ihn, ob er lesen könne; er bejahte, und schreiben könne er auch.

»So ist dir also«, sagte einer der Edelleute, »der Name deines Heimatortes nicht entfallen, weil du ein schlechtes Gedächtnis hättest.«

»Der Grund ist nebensächlich«, erwiderte der Junge. »Niemand soll den Namen meines Heimatortes noch den meiner Eltern erfahren, ehe ich beiden nicht Ehre mache.«

»Und auf welche Weise willst du ihnen denn Ehre machen?« fragte der andere Edelmann.

»Indem ich durch meine Gelehrsamkeit berühmt werde«, erwiderte der Junge, »habe ich doch sagen hören, man mache auch Bischöfe aus Menschen.«

Diese Antwort bewog die beiden Edelleute, ihn als ihren Diener mit sich zu nehmen und ihn am Studium solcherart teilhaben zu lassen, wie man es an jener Universität mit dienenden Leuten zu halten pflegte. Der Junge sagte, er heiße Tomás Rodaja, und seine Herren schlossen aus dem Namen und der Kleidung, er müsse wohl der Sohn irgendeines armen Landmannes sein. Einige Tage darauf kleideten sie ihn schwarz ein, und schon wenige Wochen später zeigte es sich, daß Tomás außergewöhnlichen Verstand hatte. Dabei diente er seinen Herren so treu, pünktlich und fleißig, daß es schien, als wäre er, ohne sein Studium im geringsten zu vernachlässigen, nur ihnen dienstbar, und da der Eifer des Knechts des Herren Sinn

Der Lizentiat Vidriera 333

zur Güte lenkt, war Tomás Rodaja bald nicht mehr der
Diener, sondern der Kamerad seiner Gebieter. Kurz und
gut: in den acht Jahren, die er bei ihnen war, schuf er sich
an der Universität dank seines Verstandes und seiner be-
merkenswerten Begabung solchen Ruf, daß er bei jedermann geschätzt und beliebt war. Sein vordringliches Studium war die Rechtswissenschaft, doch am meisten tat er
sich in den schönen Wissenschaften und Künsten hervor.
Er besaß ein solch glückliches Gedächtnis, daß es geradezu
unglaublich war, und dieses Gedächtnis setzte er durch sein
treffendes Urteil so sehr ins rechte Licht, daß er um des
einen willen nicht weniger berühmt war als um des andern.
   Es kam der Tag heran, an dem seine Herren ihre Studien beendeten und an ihren Wohnort zurückreisten, in
eine der besten Städte Andalusiens. Sie nahmen Tomás
mit sich, und er blieb einige Tage bei ihnen. Allein, da
ihm das Verlangen zusetzte, zu seinen Studien nach Salamanca zurückzukehren – diese Stadt bezaubert alle so
sehr, daß jeder, der die Annehmlichkeiten und den Frieden des Lebens darin gekostet, gerne wieder zurückkehrt –,
bat er seine Herren um die Erlaubnis, dahin zurückreisen
zu dürfen. Sie, höfliche Menschen, gaben ihm die Erlaubnis und versorgten ihn großmütig solcherart, daß er mit
dem, was er von ihnen erhalten hatte, drei Jahre leben
konnte.
   Er nahm Abschied von ihnen, indem er ihnen in herzlichen Worten dankte, verließ Málaga – denn dies war die
Vaterstadt seiner Herren – und traf, als er auf dem Wege
nach Antequera die Höhe von Zambra herabstieg, einen
Edelmann zu Roß und in erlesenen Reisekleidern, der von
zwei ebenfalls berittenen Dienern begleitet wurde. Tomás
schloß sich ihm an und erfuhr, daß sie beide den gleichen
Weg zu nehmen hatten. Bald wurden sie miteinander vertraut, unterhielten sich über die verschiedensten Dinge,
und bald gab Tomás jeden Beweis seines hervorragenden
Geistes, während der Edelmann sein soldatisches Wesen
zeigte und sich in höfischem Umfang gebildet herausstellte.
Der Herr sagte, er sei Hauptmann der Infanterie Seiner
Majestät, und sein Fähnrich werbe in der Gegend von

Salamanca Leute für die Kompagnie an. Er lobte das Soldatenleben, schilderte in leuchtenden Farben die Schönheit der Stadt Neapel, die Annehmlichkeiten Palermos, den Überfluß Mailands, die Feste in der Lombardei, die köstlichen Schlemmermähler in den Gasthöfen und beschrieb ihm überaus verlockend und mit aller Genauigkeit das ›aconcha, patrón, hieher manigoldo, her mit der macatela, li polastri e li macarroni.‹ Er lobte das freie Leben des Soldaten und die Freiheit Italiens über den grünen Klee, doch sprach er nicht von der Kälte beim Wachestehen, von der Gefahr der Angriffe, vom Schrecken der Schlachten, vom Hunger bei den Belagerungen, von der Verwüstung, die die Minen anrichten und was es solcher Dinge noch gibt, die einige nur für eine Draufgabe des Soldatenlebens halten, obgleich sie dessen eigentliche Last sind. Kurz und gut: der Hauptmann sagte ihm so viel und so überzeugend, daß das gesunde Urteil unseres Tomás Rodaja zu wanken begann und sein Herz anfing, sich für jenes Leben zu begeistern, das so nahe dem Tode ist.

Von der guten Erscheinung, dem Verstand und dem Benehmen des Tomás eingenommen, bat der Hauptmann, der Diego de Valdivia hieß, den jungen Mann, mit ihm nach Italien zu ziehen und wäre es nur, weil er vielleicht dieses Land kennenlernen wollte. Er biete ihm seine Tafel und, wenn nötig, auch ein Fähnlein seiner Kompagnie, das der Fähnrich ja in Bälde zu verlassen gedenke. Es brauchte nicht viel, um Tomás zu bewegen, darauf einzugehen; er überdachte das Ganze kurz und kam zur Ansicht, es wäre vorteilhaft, Italien und Flandern und auch andere Länder und Landstriche kennenzulernen, denn weite Reisen machen die Menschen einsichtig, und dies könnte ihn höchstens drei bis vier Jahre kosten, die, zu den wenigen geschlagen, die er zählte, nicht so viele wären, daß sie ihn hinderten, zu seinen Studien zurückzukehren. Da ihm schien, alles müßte seinem Wunsche gemäß verlaufen, sagte er dem Hauptmann, er wolle mit ihm nach Italien gehen, doch nur unter der Bedingung, daß er keinen Fahneneid zu leisten habe, noch auf die Soldliste komme, um nicht verpflichtet zu sein, der Fahne zu folgen. Und der Hauptmann sagte ihm,

Der Lizentiat Vidriera

es mache nichts aus, wenn er sich auf die Soldliste setzen lasse – dadurch käme er in den Genuß des Soldes und der Hilfsgelder, die der Kompagnie zuflössen – denn jederzeit, wenn Tomás ihn darum bäte, würde er ihm Urlaub geben.

»Dies ginge«, sagte Tomás, »gegen mein Gewissen und gegen das des Herrn Hauptmanns, und überdies bin ich lieber ungebunden als gebunden.«

»Ein solch ängstliches Gewissen«, sagte Don Diego, »paßt besser zu einem Mönch als zu einem Soldaten, doch sei dem, wie es sei, jetzt sind wir Kameraden.«

In jener Nacht kamen sie nach Antequera und erreichten in wenigen langen Tagreisen den Ort, wo die Kompagnie stand, die, schon aufgestellt, sogleich nach Cartagena aufbrach. Auf dem Wege dahin nahmen die Kompagnie und vier andre an den Orten, die ihnen gerade zurechtkamen, Quartier. Dabei fiel es Tomás auf, welches Ansehen die Kommissäre genossen, wie barsch und hart einige Hauptleute waren, wie betriebsam die Quartiermeister, wie die Zahlmeister gut zu rechnen wußten, wie die Dorfbewohner sich beklagten; er sah auch, wie mit den Quartierzetteln Handel getrieben wurde, wie unverschämt die Rekruten auftraten, die Wirte herumstritten und die Gäste Händel suchten, wie mehr Vorspann gefordert wurde, als nötig gewesen, und schließlich erkannte er, wie alles, was er sah und was ihm mißfiel, gar nicht anders sein konnte.

Tomás hatte die Studententracht abgelegt und sich, wie die andern es getan, recht auffällig gekleidet, sich also, wie man zu sagen pflegt, aufgeputzt wie ein Pfingstochse. Von den vielen Büchern, die er sein eigen nannte, führte er in den beiden Taschen nur ein Stundenbuch mit den Rosenkranzgebeten und einen Garcilaso ohne Erläuterungen mit. Sie kamen nach Cartagena, früher als ihnen lieb war, ist doch das Leben in den Wegquartieren ungebundener und abwechslungsreicher, und Tag um Tag erfährt man dabei Neues und Angenehmes. Sie schifften sich auf vier napolitanischen Galeeren ein, und Tomás Rodaja lernte solcherart das sonderbare Leben in diesen schwimmenden Häusern kennen, wo man die meiste Zeit von den Wanzen gebissen, den Galeerensträflingen bestohlen und den Seeleuten geärgert wird, wo die Mäuse alles anfressen und einem der Seegang zusetzt. Furcht und Schrecken bereiteten ihm die Seegewitter und die Stürme, besonders die des Löwengolfs, wo sie zwei erlebten, von denen der eine sie nach Korsika abtrieb und der andere sie nach Toulon in Frankreich zurückwarf. Endlich kamen sie übernächtig, durchnäßt und mit dunklen Ringen um die Augen nach Genua, der überaus herrlichen Stadt, wo sie in den südwestlichen Hafenanlagen vor Anker gingen. Nachdem sie eine Kirche besucht hatten, landete der Hauptmann mit allen seinen Kameraden in einem Wirtshaus, wo sie durch das gegenwärtige Gaudeamus die überstandenen Stürme aus dem Gedächtnis tilgten.

Hier erfuhren sie von der Milde des Trevianers, der Güte des Montefiasconers, vom Feuer des Asperiners, von der schweren Reife der beiden Griechen Candia und Soma, wie auch von der Glorie des Weines von den Cinco Viñas, den ›Fünf Weingehegen‹, von der Süße und Friedfertigkeit der Frau Garnacha, von der ländlichen Herbe der Chéntola, ohne daß sich der gemeine Romagner unter all diese Herrschaften zu mengen wagte. Nachdem ihnen der Wirt so viele und so unterschiedliche Weine genannt hatte, erbot er sich, ihnen wirklich und wahrhaftig, unverfälscht und nicht bloß von der Landkarte her, Weine vorzusetzen wie Madrigal, Coca, Alaejos und den der mehr Kaiserlichen als Königlichen Stadt mit dem Namen Ciudad Real, Vorzimmer des Bacchus, des fröhlichen Gottes; er bot ihnen an: den Wein aus Esquivias, aus Alanís, Cazalla, Guadalcanal und Membrilla und vergaß auch nicht den Rivadavia und den Descargamaría. Kurz und gut, der Wirt nannte und kredenzte ihnen noch viele andere Weine, mehr Weine, als Bacchus selber in seinen Kellern haben konnte.

Tomás bewunderte gleicherweise das Blondhaar der Genueserinnen, die Artigkeit und das Auftreten der wohlgebauten Männer, die bewundernswürdige Schönheit der Stadt, die ihre Häuser scheinbar in jene Felsen gefaßt hatte, wie sonst Diamanten in Gold eingebettet werden. Tags darauf wurden die Kompagnien ausgeschifft, die nach

Der Lizentiat Vidriera 337

dem Piemont abgehen sollten. Tomás wollte nicht sogleich
dorthin, sondern zu Lande nach Rom und Neapel ziehen
– wie er auch tat – und, wie abgemacht, über das großmächtige Venedig und über Loreto nach Mailand und dem
Piemont zu reisen, wo er Don Diego de Valdivia, wie dieser ihm sagte, wieder treffen werde, wenn man ihn, wie
er erklärte, nicht schon eher nach Flandern geschickt hätte.
Zwei Tage danach nahm Tomás Abschied vom Hauptmann, und fünf Tage später war er in Florenz. Unterwegs
war er nach Lucca gekommen, einer kleinen, aber sehr gut
gebauten Stadt, in der die Spanier besser angesehen und
aufgehoben sind, als in irgendeiner anderen italienischen
Stadt. Wegen seiner angenehmen und schönen Lage, wie
auch um der Reinlichkeit, der prachtvollen Gebäude, des
kühlenden Flusses und der stillen Straßen willen, gefiel
ihm Florenz über alle Maßen. Dort verblieb er vier Tage
und reiste dann nach Rom, der Königin der Städte und
Herrin der Welt. Er besuchte ihre Kirchen und Tempel,
verehrte ihre Reliquien und Ruinen, bewunderte ihre
Größe; und wie man die Größe und Wildheit des Löwen
an seinen Klauen erkennt, wurde ihm die Größe Roms
bewußt an den geborstenen Marmorwerken, den verstüm-
melten oder erhaltenen Bildwerken, den bröckelnden Bogen und eingestürzten Thermen, den prunkvollen Säulen-
gängen und großen Amphitheatern, seinem berühmten und
heiligen Fluß, der die Ufer ständig bespült und sie heiligt
durch die unzähligen Reliquien der Märtyrerleiber, die
dort eine Ruhestätte fanden; Tomás erkannte die Größe
der Stadt an ihren Brücken, die einander in Blickweite
liegen, und an den Straßen, die sich schon durch ihre Namen über alle Straßen der Welt erheben: die Via Appia,
die Flaminia, die Julia und andere dieser Art. Nicht weniger bewunderte er die Anlage der Stadt nach ihren Hügeln
– den Coelius, den Quirinal und den Vaticanus nebst den
vier übrigen –, deren Namen die römische Größe und
Majestät kundtun. Er sah auch, welche Macht und Geltung
das Kardinalskollegium hatte, sah die Herrlichkeit des
Heiligen Vaters und den Zulauf der unterschiedlichsten
Menschen und Völker. Er schaute sich alles aufmerksam

an und würdigte es seinem Werte nach. Nachdem er die
sieben Stationskirchen besucht, bei einem Pönitentiar gebeichtet und Seiner Heiligkeit den Fuß geküßt, entschloß
er sich, beladen mit vielen Agnus Dei und Rosenkränzen,
nach Neapel zu reisen; allein da nun die Übergangzeit gekommen war, die allen arg zu schaffen macht, die zu
Lande nach Rom reisen oder von dort kommen, reiste er
auf dem Seeweg dorthin. Zur Bewunderung, mit der er ihn
Rom erfüllt hatte, trat nun auch das Staunen über den
Anblick Neapels, einer Stadt, die nach seinem Erachten
und dem aller jener, die sie gesehen, die schönste Stadt
Europas, wenn nicht der ganzen Welt zu sein scheint.

Von Neapel reiste er nach Sizilien, wo er zuerst Palermo
und dann Messina besuchte. Palermo gefiel ihm wegen der
Lage und der Schönheit der Stadt, Messina wegen des Hafens und die ganze Insel wegen des Überflusses, weswegen
sie auch mit Fug und Recht die Kornkammer Italiens heißt.
Dann kehrte er nach Neapel und Rom zurück, begab sich
nach dem Wallfahrtsort Unsere Liebe Frau von Loreto,
von deren Kirche er weder Wände noch Mauern erkennen
konnte, waren sie doch alle mit Krücken, Sterbetüchern,
Ketten, Fuß- und Handschellen, Frauenhaar, Brustbildern
aus Wachs, Bildern auf Leinwand und auf Holz bedeckt.
Sie alle legten Zeugnis für die unzähligen Gnaden ab, die
vielen aus Gottes Hand dank der Fürsprache seiner heiligen Mutter zuteil wurden; diese wollte das Gnadenbild
ihrer selbst erhöhen und bestätigen durch eine Unzahl von
Wundern, mit denen sie die Verehrung lohnte, die ihr jene
zollten, die die Mauern ihrer heiligen Wohnstatt mit solchen Votivgaben geschmückt hatten. Er sah auch die Stube,
in der die höchste und wichtigste Botschaft überbracht
worden ist, die jemals die Himmel, die Engel und die Bewohner der ewigen Gefilde sahen und hörten.

Dann schiffte er sich in Ancona ein, um sich nach Venedig zu begeben, einer Stadt, die nichts ihresgleichen hätte,
wäre nicht Kolumbus geboren worden. Dank dem Himmel
und dem großen Hernán Cortés, der die große Stadt
Mexiko eroberte, fand das große Venedig etwas, das sich
ihm entgegenstellen läßt. Die beiden großen Städte glei-

Der Lizentiat Vidriera 339

chen einander in den Wasserstraßen, den Kanälen; die
europäische deswegen bestaunt von der Alten Welt, die
amerikanische bestaunt von der Neuen. Tomás Rodaja
dünkte der Reichtum Venedigs unermeßlich, seine Regierung weise, die Lage uneinnehmbar, der Überfluß groß,
die Umgebung lieblich, kurz, die Stadt schien ihm als solche
und in ihren Einzelheiten des Ruhmes würdig, der ihre
Geltung in allen Teilen der Welt verbreitet. Diese Meinung
wurde überdies bestätigt durch den wohlgeordneten Betrieb des berühmten Arsenals, wie man den Ort nennt,
wo die Galeeren nebst anderen zahllosen Schiffen gezim-
mert werden.

Es fehlte nicht viel, und die Lustbarkeiten und Zerstreuungen, die unser Wissensdurstiger in Venedig entdeckte,
wären bald jenen der Kalypso gleichgekommen; fast hätte
er darob die ursprüngliche Absicht vergessen. Allein nachdem er einen Monat in Venedig verbracht hatte, kehrte er
über Ferrara, Parma und Piacenza zurück nach Mailand,
der Werkstätte des Vulkan, dem Dorn im Fleische Frankreichs, kurz einer Stadt, von der es heißt, daß sie auch
hält, was sie verspricht. Die Ausdehnung des bewohnten
Gebietes und die Größe der Kathedrale, der unendliche
Überfluß an allen Dingen, die dem menschlichen Leben
nötig sind, ließ ihm die Stadt über alle Maßen herrlich
erscheinen. Von Mailand reiste er über Asti und kam noch
zur rechten Zeit an, denn am folgenden Tag sollte das
Regiment nach Flandern abgehen. Er wurde von seinem
Freund, dem Hauptmann, unter großen Freudenbezeugungen willkommengeheißen, ging in dessen Kompagnie
und Offizierschaft nach Flandern und kam nach Antwerpen, einer Stadt, die nicht weniger zu bestaunen war als
die Städte, die er in Italien gesehen hatte. Er besuchte Gent
und Brüssel und sah, wie das ganze Land rüstete, um den
kommenden Sommer ins Feld zu ziehen. Nachdem Tomás
Rodaja nun das Verlangen, alles zu sehen, was er zu sehen
begehrte, befriedigt hatte, entschloß er sich, nach Spanien
zurückzukehren, um in Salamanca seine Studien zu beenden. Diesen Gedanken setzte er zum größten Leidwesen
des Hauptmanns in die Tat um; der Hauptmann bat ihn

beim Abschied, er möge ihn doch über Ankunft, Gesundheit und weiteres Ergehen auf dem laufenden halten. Tomás versprach, die Bitte zu erfüllen, und kehrte über Frankreich heim, ohne Paris zu besuchen, weil es unter Waffen stand. Schließlich traf er in Salamanca ein, wo er von seinen Freunden herzlich willkommen geheißen wurde und mit ihrem Beistand seine Studien fortsetzte, bis er sich als Lizentiat der Rechte graduierte.

Nun geschah es, daß zu jener Zeit in Salamanca eine Dame eintraf, die mit allen Wassern gewaschen und mit allen Salben geschmiert war. Alle Vögel der Stadt gingen ihr ins Garn oder auf den Leim, und es gab keinen Studenten, der sie nicht besucht hätte. Dem Lizentiaten Tomás Rodaja sagte man, jene Dame behauptete, in Italien und in Flandern gewesen zu sein, und er machte sich auf, sie zu besuchen, um zu sehen, ob er sie vielleicht kenne. Als sie Tomás bei dieser Gelegenheit sah, verliebte sie sich in ihn; allein er beachtete sie nicht und würde ihr Haus nicht wieder betreten haben, hätte man ihn nicht dorthin mitgeschleppt. Schließlich entdeckte sie ihm ihre Liebe und legte ihm ihr ganzes Vermögen zu Füßen; doch er, der sich mehr um seine Bücher kümmerte als um anderen Zeitvertreib, erwiderte die Neigung der Dame nicht im geringsten. Als diese sich solcherart verschmäht und, ihrer Meinung nach, verabscheut sah, und als ihr klar wurde, sie könne das ihr gegenüber so steinharte Herz des Tomás Rodaja mit den üblichen und allgemein bekannten Mitteln nicht erweichen, beschloß sie, zu anderen ihre Zuflucht zu nehmen, die, wie sie meinte, wirksamer wären und sie sicherer ans Ziel ihrer Wünsche brächten. Und so gab sie, von einer Moriskin beraten, dem Lizentiaten einen toledanischen Quittenkäse, in dem ein Mittel verborgen war, das man gemeiniglich Liebeszauber nennt, und glaubte solcherart, seine Liebe zu erzwingen, als gäbe es je Kräuter, Beschwörungen und Zauberworte, die ausreichen, den freien Willen zu unterjochen, weshalb auch jene, die Liebesspeisen oder -tränke reichen, Giftmischer genannt werden. Wie die Erfahrung zeigt, heißt dies nichts anderes, als dem, der solches zu sich nimmt, Gift geben.

Der Lizentiat Vidriera

Tomás verzehrte den Quittenkäse zu solch unglücklicher Stunde, daß er sogleich mit Händen und Füßen um sich zu schlagen begann, als hätte er die fallende Sucht. Viele Stunden lang lag er bewußtlos, dann kam er endlich zu sich und sagte, im Kopfe ganz benommen, mit schwerer stammelnder Zunge, ein Quittenkäse, von dem er gegessen, habe ihn so sterbenskrank gemacht, und er wußte auch zu sagen, wer ihm diesen gegeben. Die Obrigkeit, die davon erfahren hatte, ließ die Übeltäterin suchen, allein diese hatte sich, als sie die üblen Folgen sah, in Sicherheit gebracht und tauchte nie mehr auf.

Tomás war sechs Monate lang ans Bett gefesselt; in dieser Zeit magerte er solcherart ab, daß er, wie man zu sagen pflegt, nichts als Haut und Knochen war; überdies zeigte er sich als geistesgestört. Obgleich man alle möglichen Heilmittel anwendete, heilte man ihm nur die Krankheit des Leibes, nicht aber die des Geistes, denn er wurde zwar leiblich wieder gesund, blieb aber befallen von der seltsamsten Narrheit, die man bislang gesehen. Der Unglückliche bildete sich nämlich ein, er sei ganz aus Glas, und in diesem Wahne schrie er jedesmal laut auf, sobald ihm jemand zu nahe kam; er bettelte und flehte mit vernünftigen Worten und in zusammenhängender Rede, man möge sich ihm nicht nähern, ansonsten zerbreche man ihn: er sei wirklich und wahrhaftig nicht wie andere Menschen, sondern von Kopf bis Fuß aus Glas.

Um ihn aus solch seltsamem Wahn zu befreien, rannten viele seiner Freunde, ohne seiner Schreie und Bitten zu achten, gegen ihn an, schlossen ihn fest in die Arme und sagten, er möge doch einsehen und begreifen, daß er dabei ja nicht zerbreche. Allein alles, was man damit erreichte, war, daß sich der arme Kerl auf den Boden hinlegte, tausend Schreie ausstieß und in eine Ohnmacht fiel, aus der er auch in vier Stunden nicht erwachte. Wieder zu sich gekommen, wiederholte er die flehentlichen Bitten: Man möge ihm ein andermal nicht zu nahe treten, man möge nur aus der Entfernung mit ihm sprechen und könne ihn dabei fragen, was man wolle; er werde mit größter Klarheit antworten, sei er doch ein Mensch aus Glas und nicht

aus Fleisch; im Glase, einem zarten und feinen Stoff, werke
der Geist rascher und wirksamer als in einem schweren,
erdhaften, wie der Leib es sei. Einige wollten erproben,
ob das, was er sagte, zutreffe, und so stellten sie ihm viele
schwierige Fragen, die er aus dem Stegreif heraus mit
größtem Scharfsinn beantwortete. Dies versetzte die gelehrten Herren der Universität, besonders aber die Professoren der Medizin und der Philosophie, in große Verwunderung; sie sahen, wie ein Mensch, der im seltsamen
Wahn, er sei aus Glas, befangen, doch gleichzeitig so großen Verstand zeigte und alle Fragen richtig und scharf-
sinnig beantwortete.

Tomás bat, man möge ihm irgendeine Hülle geben, die
er über das zerbrechliche Gefäß seines Leibes legen könne,
damit er nicht beim Anlegen eines engen Gewandes zer-
berste. So gab man ihm einen graubraunen Kittel und
ein sehr weites Hemd; beides legte er mit großer Behutsamkeit an und gürtete sich mit einer baumwollenen Hüft-
schnur. Schuhe wollte er auf keinen Fall anziehen, und
damit man ihm zu essen gebe, ohne ihm nahezukommen,
war er auf den Einfall gekommen, am Ende eines Stabes
das Korbgeflecht eines Nachtgeschirrs zu befestigen, in das
man etwas Obst, wie es die Jahreszeit gerade darbot, hin-
einlegte. Fisch oder Fleisch begehrte er nicht; er trank nur
an Brunnen oder am Fluß, und zwar mit den Händen.
Wanderte er durch die Straßen, dann hielt er sich stets in
der Mitte und blickte ängstlich zu den Dächern hinauf,
da er fürchtete, ein Dachziegel könnte herabfallen und ihn
zerbrechen. Des Sommers schlief er unter freiem Himmel
auf dem Felde, und des Winters suchte er seine Zuflucht in
irgendeiner Herberge, wo er sich ins Stroh verkroch, sich
bis an den Hals zudeckte und erklärte, dies wäre das
geeignetste und sicherste Bett, das Glasmenschen finden
könnten. Wenn es donnerte, zitterte er wie Espenlaub,
lief aufs Feld hinaus und kehrte nicht eher in bewohnte
Gegend zurück, ehe nicht das Unwetter vorüber war. Seine
Freunde hatten ihn lange Zeit in einem Zimmer eingesperrt gehalten, doch als sie erkannten, daß sich sein
Zustand dadurch nur verschlimmerte, waren sie überein-

gekommen, ihm seinen Willen zu tun und ihn, wie er gebeten, frei umherschweifen zu lassen. So streifte er unbehindert durch die Stadt und rief bei allen, die ihn kannten, mitleidiges Staunen hervor.

Bald umringten ihn die Straßenjungen, allein die hielt er sich mit einem Stock vom Leibe, wobei er sie bat, ihn nur aus einiger Entfernung anzureden, damit er nicht zerbreche, denn als Glasmensch sei er überaus dünn und zerbrechlich. Die Straßenjungen jedoch, das übermütigste Volk auf der Welt, begannen trotz seiner Bitten und seines Geschreis mit alten Lumpen und sogar mit Steinen nach ihm zu werfen, denn sie wollten sehen, ob er wirklich aus Glas wäre, wie er sagte. Er aber schrie und gebärdete sich solcherart, daß die Leute sich veranlaßt sahen, die Straßenjungen zu schelten und zu züchtigen, damit diese es fürderhin unterließen, den Lizentiaten zu bewerfen. Allein eines Tages, als sie ihm überaus arg zusetzten, wandte er sich nach ihnen um und sagte:

»Was wollt ihr von mir, ihr Buben, die ihr so zudringlich seid wie die Fliegen, so schmutzig wie die Wanzen und so frech wie die Flöhe? Bin ich etwa der Testaccio in Rom, weil ihr so viele Töpfe und Dachziegel nach mir werft?«

Um ihn solcherart schelten zu hören und die Antworten zu vernehmen, die er allen gab, folgten ihm allezeit viele Leute, und bald fanden auch die Straßenjungen mehr Vergnügen daran, ihm zuzuhören, als nach ihm zu werfen. Als er einst durch das Trödlerviertel von Salamanca ging, sagte eine Trödlerin zu ihm:

»Meiner Treu, Herr Lizentiat, Euer Unglück dauert mich, doch was soll ich tun? Ich kann wirklich nicht über Euch weinen.«

Er drehte sich nach ihr um und sagte sehr gemessenen Tones:

»Filiae Hierusalem, plorate super vos et super filios vestros.«

Der Mann der Trödlerin verstand die Spitze und sagte:

»Mein teurer Lizentiat Vidriera« — das ist Glasmann, denn so behauptete er zu heißen —, »Ihr scheint mir mehr ein Schelm zu sein denn ein Narr.«

»Da ich kein Dummkopf bin«, antwortete der Lizentiat, »so schert mich das keinen Deut.«

Als er eines Tages an einem öffentlichen Haus vorüberging, sah er viele der Insassinnen an der Tür und sagte, sie wären der Troß von des Teufels Heerschar, einquartiert in der Herberge »Zur Hölle«.

Einmal fragte ihn einer, welchen Rat oder Trost er einem seiner Freunde geben würde, der sehr traurig sei, weil ihm sein Weib mit einem anderen davongelaufen. Darauf antwortete der Lizentiat:

»Sag ihm, er möge Gott dafür danken, weil er es zuließ, daß man ihm den Feind aus dem Haus geschafft hat.«

»Er soll das Weib also nicht zurückholen?« fragte der Mann.

»Daran soll er nicht einmal denken«, versetzte Vidriera, »denn sie zurückholen hieße, stets das unwiderlegliche Zeugnis der eigenen Schande vor Augen zu haben.«

»Da dem nun so ist«, sagte der gleiche Mann, »was soll ich dann tun, um mit meinem Weibe im Frieden zu leben?«

Vidriera antwortete ihm:

»Gib ihr, was sie braucht. Laß sie allen Leuten in deinem Hause befehlen, allein dulde nicht, daß sie auch dir befehle.«

Ein Junge fragte ihn:

»Herr Lizentiat Vidriera, ich möchte meinem Vater entlaufen; er prügelt mich sehr oft.«

Ihm antwortete der Lizentiat:

»Merke dir, mein Junge, die Schläge, die die Eltern den Kindern geben, verhelfen zu Ehren, die des Schandknechts aber gereichen zur Schande.«

Als Vidriera einst an einer Kirchentür stand, sah er einen von jenen Bauern in die Kirche gehen, die sich stets auf ihre altchristliche Herkunft besonders viel zugute tun. Hinter dem Bauern kam ein anderer, der im Rufe stand, ein getaufter Jude zu sein. Der Lizentiat rief dem Bauern zu: »Wartet, mein Herr Domingo, mein Herr Dominikus, bis der Sabbat vorbei ist.«

Von den Schulmeistern sagte er, sie seien glückliche Leute, hätten sie doch stets mit Engeln zu tun, allein am

Der Lizentiat Vidriera   345

glücklichsten würden sie sein, wären die Engelchen nur
nicht so rotzig. Ein anderer fragte ihn, was er von den
Kupplerinnen halte. Der Lizentiat meinte, daß sich nicht
so sehr die Vermittlerinnen als die lieben Nachbarinnen
den Kuppelpelz holten.

Die Nachricht von seiner Narrheit, seinen Antworten
und seinen Aussprüchen verbreitete sich über ganz Kastilien. Als dies ein Fürst oder irgendein Herr vom Hofe erfuhr, wollte er den Lizentiaten holen lassen. Er bat deshalb einen ihm befreundeten Edelmann, der in Salamanca
lebte, dieser möge ihm den Lizentiaten schicken. Als der
Edelmann Vidriera eines Tages traf, sagte er zu ihm:

»Hört, Herr Lizentiat Vidriera, eine bedeutende Persönlichkeit am Hofe möchte Euch gerne sehen und will
nach Euch schicken.«

Darauf antwortete der Lizentiat:

»Entschuldigen mich Euer Gnaden bei jenem Herrn. Ich
eigne mich nicht für den Hof; ich habe Schamgefühl und
kann nicht schmeicheln.«

Desungeachtet schickte ihn der Edelmann an den Hof,
und um ihn dahin zu schaffen, kam man auf folgenden
Einfall: man verpackte ihn in einen mit Stroh ausgelegten
Korb von der Art jener, in denen Glaswaren befördert
werden, beschwerte den Gegenkorb mit der gleichen Last
an Steinen, füllte ihn mit Stroh und packte dazwischen
ein paar Gläser zum Zeichen, daß man mit dem Lizentiaten im andern Korb umgehe wie mit Glas. Er kam nach
Valladolid; bei Nacht brachte man ihn in die Stadt und
packte ihn im Hause des Herrn aus, der nach ihm geschickt
hatte. Der Herr empfing ihn sehr freundlich und sagte:

»Seid mir willkommen, Herr Lizentiat Vidriera. Wie
ist es Euch auf dem Wege ergangen? Wie steht es mit der
Gesundheit?«

Darauf erwiderte der Lizentiat:

»Kein Weg ist schlecht, wenn er zu Ende geht, es sei
denn der Weg, der zum Galgen führt. Gesundheitlich halte
ich mich neutral, liegen mir doch Herz und Hirn im
Kriege.«

Eines Tages, nachdem er auf den Falkenstangen viele

Edelfalken und Sperber und auch andere Jagdvögel gesehen, sagte er, die Falkenbeize möge wohl den Fürsten
und großen Herren anstehen, doch sollten sie dabei bedenken, es verhalte sich hier das Vergnügen zum Nutzen
wie zweitausend zu eins. Die Hasenjagd, so sagte er, sei
ergötzlicher, zumal wenn man mit geborgten Windhunden
auf anderer Leute Kosten jage.

Der Edelmann fand Vergnügen an der Narrheit des
Lizentiaten und ließ ihn frei in der Stadt umherstreifen,
doch stellte er ihn unter den Schutz und Schirm eines Mannes, der darauf zu achten hatte, daß ihm die Straßenjungen
kein Leid zufügten, war der Lizentiat doch schon nach
sechs Tagen bei den Straßenjungen und den Leuten der
Stadt so bekannt geworden, daß er in jeder Straße und an
allen möglichen Ecken die Fragen zu beantworten hatte,
die man ihm stellte. Unter anderen fragte ihn auch ein
Student, ob er denn ein Dichter wäre, scheine ihm doch,
der Herr Lizentiat sei für alles begabt. Darauf antwortete
der Lizentiat:

»Bis jetzt war ich weder so töricht noch so glücklich.«

»Das mit dem ›töricht‹ und dem ›glücklich‹ verstehe ich
nicht«, sagte der Student.

Darauf versetzte Vidriera:

»Ich war nicht so töricht, ein schlechter Dichter zu werden, noch war ich so glücklich, daß ich es verdiente, ein
guter Dichter zu sein.«

Ein anderer Student fragte ihn, was er von den Dichtern
hielte. Er antwortete, daß er wohl die Dichtkunst schätze,
nicht aber die Dichter. Und sie fragten ihn, weshalb er
solches behaupte. Darauf antwortete Vidriera, es gebe so
wenige gute Dichter, daß sich ihre Zahl, weil zu klein,
gar nicht ausdrücken lasse. Da sie darum zahl-los seien,
gebe es für ihn auch keine Dichter und er könne sie nicht
schätzen. Die Dichtkunst jedoch verehre er, umfasse sie
doch alle Wissenschaften, bediene sich ihrer, schmücke sie
mit allem und bringe solcherart, ihnen die letzte Vollendung gebend, jene wunderbaren Werke hervor, die der
Welt nützten, sie ergötzten und entzückten. Der Lizentiat
fügte hinzu:

Der Lizentiat Vidriera 347

»Ich weiß wohl, wie hoch ein guter Dichter einzuschätzen ist, denn ich erinnere mich noch genau jener Verse Ovids, die da lauten:

Cura ducum fuerunt olim regumque poetae:
Praemiaque antiqui magna tulere chori.
Sanctaque majestas, et erat venerabile nomen
Vatibus, et largae saepe dabantur opes.

Und weniger noch vergesse ich den hohen Rang der Dichter, nennt sie doch Platon die Sprecher der Götter, und Ovid sagt von ihnen:

Est deus in nobis, agitante calescimos illo.

Und er sagt auch:

At sacri vates, et Divum cura vocamur.

Doch solches gilt nur von den guten Dichtern, denn was sollte man von den schlechten, den Afterdichtern, anderes sagen, als daß sie der Gipfel der Unwissenheit und der Anmaßung sind?«

Und er fügte hinzu:

»Wie lächerlich benimmt sich doch solch ein Anfänger, wenn er den Umstehenden ein Sonett vorlesen will! Er macht lange Umschweife und entschuldigt sich vielmals: ›Haben Euer Gnaden doch die Güte, ein Sonettlein anzuhören, das ich gestern bei einer gewissen Gelegenheit verfaßte, das, obgleich es nichts Besonderes ist, meiner Meinung nach doch ein gewisses Etwas an sich hat, das ganz hübsch sich ausnimmt.‹ Und dabei spitzt er die Lippen, zieht die Brauen hoch, kramt in der Tasche und zieht zwischen tausend anderem schmierigen und angerissenen Papierzeug, auf denen er ein anderes Tausend Sonette aufgeschrieben hat, jenes heraus, das er vorlesen möchte und schließlich mit honigsüßer, zimperlicher Stimme vorträgt. Wenn nun seine Zuhörer, sei es aus Bosheit oder aus Unwissenheit, das Sonett nicht preisen, dann sagt er: ›Entweder haben Euer Gnaden das Sonett nicht verstanden oder ich habe es nicht richtig vorgetragen; deshalb wird es wohl das beste sein, daß ich es noch einmal vorlese, damit Euer Gnaden ihm mehr Aufmerksamkeit schenken, denn, wahrlich, das Sonett verdient es.‹ Und nun trägt er es wieder vor, mit anderen Gesten und anderen Pausen. Und dann: ist es denn nicht ergötzlich zu sehen, wie einer dem andern am Zeug flickt? Was erst soll ich zu dem Gekläff sagen, mit dem die jungen, von allem Neuen angezogenen Köter über die alten ehrwürdigen Haushunde herfallen? Und was von jenen, die hochberühmten, trefflichen Männern, denen das wahre Licht der Poesie erstrahlt, Übles nachreden, welche, die Poesie als Erholung und Zerstreuung von ihren vielen großen Geschäften betrachtend, die Göttlichkeit ihres Geistes und die Erhabenheit ihrer Gedanken erweisen. Dies dem krittelnden Dummkopf zum Trotz und Verdruß, der da Urteile abgibt über Dinge, die er nicht versteht, der verabscheut, was er nicht begreift, dem Dummkopf zum Trotz, der verlangt, man möge die Torheit, die unter Baldachinen thront, wertschätzen, und die Unwissenheit, die sich auf Chorstühlen breitmacht, hochhalten.«

Ein andermal fragte man ihn, weshalb die meisten Dichter arm seien. Er antwortete, dem sei so, weil die Dichter selbst es nicht anders wollten, läge es doch ganz in ihrer Macht, reich zu sein; sie bräuchten nur die Gelegenheit nutzen, die sich ihnen dann und wann biete. Denn: die Damen der Dichter seien allesamt unermeßlich reich, sei doch ihr Haar aus Gold, die Stirn poliertes Silber, die Augen grüner Smaragd, die Zähne Elfenbein, die Lippen Korallen und der Hals durchsichtiger Kristall; sie weinten flüssige Perlen, und überall, wohin sie die Sohle ihres Fußes setzten, entsprössen überdies, wie hart und unfruchtbar der Boden auch sei, sogleich Jasmin und Rosen; ihr Atem sei nichts als Ambar, Moschus und Zibet. Dies alles seien doch nur Zeichen und Beweis großen Reichtums. Solches und anderes mehr sagte er von den schlechten Dichtern; von den guten sprach er nur Gutes und hob sie in den Himmel.

Eines Tages sah er in der Acera de San Francisco einige von schlechter Hand gemalte Porträts und sagte, die guten Maler nähmen die Natur in sich auf, die schlechten jedoch spien sie aus. Ein andermal trat er überaus vorsichtig, um nicht zu zerbrechen, in einen Buchladen ein und sagte zum Buchhändler:

»Dieses Gewerbe würde mir sehr behagen, hätte es nicht einen großen Fehler.«

Der Buchhändler bat ihn, ihm diesen Fehler zu nennen. Der Lizentiat antwortete:

»Der Fehler dieses Gewerbes ist der Honigseim, den die Buchhändler auf den Lippen haben, wenn sie die Rechte an einem Buch kaufen, während sie doch daran denken, dem Verfasser, der bereit ist, das Werk auf eigene Kosten drucken zu lassen, einen Spitzbubenstreich zu spielen, indem sie statt der tausendfünfhundert Exemplare dreitausend drucken lassen und als erstes die eigenen absetzen, während der Verfasser glaubt, es seien die seinen.«

Am selben Tag wurden sechs Leute zum Stäupen auf den Platz gebracht. Als der Büttel verkündete: »Der vordere wegen Diebstahl!«, rief Vidriera den Leuten, die vor ihm standen, mit lauter Stimme zu:

»Entfernt euch, Brüder, auf daß die Rechnung nicht an einem von euch da vorne beglichen werde!«

Und als der Büttel ausrief: »Der hintere...«, sagte der Lizentiat:

»Das ist wohl jener, der für die Untaten der Kinder büßt.«

Ein Knabe sagte zu ihm:

»Bruder Vidriera, morgen wird eine Kupplerin gestäupt werden.«

Der Lizentiat antwortete:

»Hättest du gesagt, es werde ein Kuppler gestäupt, dann hätte ich gedacht, man wolle einen Kutscher auspeitschen.«

Ein Sänftenträger, der dies vernommen, meinte:

»Gegen uns, Herr Lizentiat, habt Ihr nichts zu sagen?«

»Nichts«, erwiderte Vidriera, »als daß jeder von euch mehr Sünden erfährt als ein Beichtiger, mit dem Unterschied, daß der Beichtiger die Sünden abhört, um sie geheimzuhalten, ihr sie aber ausspürt, um sie in den Schenken zu verbreiten.«

Da unter den Leuten, die dem Lizentiaten zu lauschen

pflegten, stets Menschen jedes Berufes waren, vernahm dies ein Maultiertreiber und sagte:

»Unsereinem, Herr Wasserflasch, läßt sich nur wenig oder gar nichts nachsagen, sind wir doch ehrliche, dem Gemeinwohl nützliche Leute.«

Darauf erwiderte Vidriera:

»Wie der Herr, so der Knecht; darum sieh zu, wem du dienst, dann weißt du, wie hoch man dich einschätzt. Ihr Maultiertreiber gehört zum niederträchtigsten Gesindel auf Gottes Erdboden. Einmal, zur Zeit, als ich noch nicht aus Glas war, machte ich eine Tagereise auf einem Mietesel, an dem ich nicht weniger als hunderteinundzwanzig Mukken zählte, alle übelster Art und dem Menschen furchtbar. Alle Maultiertreiber haben ein wenig von einem Schurken, ein wenig auch von einem Dieb und ein bißchen auch von einem Preller an sich. Sind ihre Herren (so nennen sie jene, die sie auf ihren Maultieren befördern) Einfaltspinsel, so führen jene Burschen mit ihnen mehr Streiche auf, als in dieser Stadt in den letzten Jahren allesamt getrieben worden sind; sind die Herren Ausländer, dann werden sie beraubt, wenn Studenten, dann verflucht, wenn Mönche, dann verwünscht, und wenn Soldaten, dann eingeschüchtert. Seeleute, Fuhrleute und Maultiertreiber führen ein gar seltsames eigenes Leben, das nur zu ihnen paßt: der Fuhrmann verbringt den größten Teil seines Lebens in einem Raum von anderthalb Ellen, der Spanne vom Joch der Maultiere bis zum Bock; einen Teil des Tages singt der Fuhrmann, während des andern schimpft und flucht er, und damit, daß er ›Zurück da!‹ schreit, vergeht ihm ein weiterer Teil des Tages. Wenn ihm vielleicht ein Rad aus irgendeinem Schlammloch herauszuholen bleibt, dann hilft er sich mehr mit zwei ›Verflucht noch einmal!‹ als mit drei Maultieren. Die Seeleute sind ein wackeres, aber ungehobeltes Volk, das keine andere Sprache spricht, als die auf den Schiffen gebräuchliche; bei schönem Wetter sind sie fleißig und bei schlechtem faul; bei Sturm befehlen viele und wenige gehorchen; ihr Gott heißt Schiff und Back, ihr Zeitvertreib ist zuzusehen, wie die wenig seefesten Reisenden sich übergeben. Die Maultiertreiber sind Leute, die von

Der Lizentiat Vidriera

den Bettlaken geschieden und mit den Saumsätteln verheiratet sind; sie sind so emsig und eilfertig, daß sie lieber ihre Seele verlören, als einen Tagestrieb aufzugeben; ihre Musik ist die des Stampfmörsers, ihre Brühe der Hunger, ihre Frühmetten sind das Füttern der Tiere und ihre Messen, keine zu hören.«

Als er dies sagte, stand er vor der Tür eines Apothekers. Sich an diesen wendend, sagte er:

»Euer Gnaden hätten ein heilsames Gewerbe, wenn Ihr nur Euren Lampen nicht so feind wäret.«

»Inwiefern bin ich meinen Lampen feind?« fragte der Apotheker.

Und Vidriera erwiderte:

»Ich sage dies, weil Ihr, so es Euch an irgendeinem Öl gebricht, diesem Mangel abhelft, indem Ihr das Öl der nächsten Lampe, die Euch zur Hand ist, entnehmt. Überdies hat Euer Geschäft noch etwas an sich, das ausreicht, auch den besten Arzt der Welt um seinen Ruf zu bringen.«

Man fragte den Lizentiaten nach dem Warum, und er antwortete, daß es Apotheker gebe, die nicht zugeben wollten, es fehle ihnen in der Apotheke an dem, was der Arzt verordnet hat, und so ersetzten sie das Fehlende durch andres, was ihrer Meinung nach die gleiche Güte und Wirkung habe, obwohl dem nicht so ist. Die solcherart schlecht zusammengesetzte Medizin bewirke das Gegenteil von dem, was die gut zusammengesetzte bewirken sollte. Darauf fragte ihn einer, was er von den Ärzten hielte, und der Lizentiat antwortete folgendes:

»Honora medicum propter necessitatem, etenim creavit eum Altissimus. A Deo enim est omnis exaltabit caput illius, et in conspectu magnatum collaudabitur. Altissimus de terra creavit medicinam, et vir prudens non abhorrebit illam.« Das sage, erklärte Vidriera, der Ekklesiastikus von der Medizin und den guten Ärzten; von den schlechten könne man das gerade Gegenteil behaupten, denn es gibt niemand, der dem Gemeinwesen mehr schade als sie. Der Richter könne das Recht verdrehen oder dessen Anwendung verzögern; der Anwalt könne aus Eigennutz die ungerechte Klage unterstützen, der Händler uns um unser

Vermögen betrügen, kurz, alle, mit denen zu verkehren wir gezwungen sind, können uns den einen oder den anderen Schaden zufügen, allein keiner von diesen kann uns das Leben nehmen, ohne Strafe fürchten zu müssen; die Ärzte jedoch dürfen uns töten, und sie bringen uns um ohne Furcht und ohne Mühe, ohne ein anderes Schwert zu zücken als das eines Rezepts. Und ihre Verbrechen kommen nie ans Licht, weil man augenblicklich Erde darüber wirft. Ich erinnere mich, daß damals, als ich noch ein Mensch aus Fleisch und Blut und nicht aus Glas war, ein Kranker einen Quacksalber verabschiedete, um einen besseren Arzt zu suchen. Vier Tage später ging der erste Arzt zufällig an der Apotheke vorbei, wo der neue Arzt die Medizin zubereiten ließ, und fragte den Apotheker, wie es dem Kranken ginge, den er aufgegeben, und ob der neue Arzt ein Abführmittel verschrieben habe. Der Apotheker erwiderte, er habe da ein Rezept für ein Abführmittel, das der Kranke am folgenden Tag nehmen sollte. Der Quacksalber ließ sich das Rezept zeigen, und als er sah, daß ›Sumat diluculo‹ darunter stand, meinte er: ›Das Abführmittel gefällt mir in seiner Zusammensetzung ganz gut, nur dieses ›diluculo‹ nicht, weil es zu wäßrig ist.‹«

Um solcher und anderer Dinge willen, die er über die verschiedenen Berufe sagte, liefen alle hinter ihm her; sie taten ihm zwar nichts zuleide, ließen ihn aber auch nie zur Ruhe kommen. Trotzdem würde er sich der Straßenjungen nicht haben erwehren können, hätte ihn sein Wächter nicht geschützt. Einer fragte ihn, was er tun sollte, um niemand zu beneiden. Der Lizentiat erwiderte:

»Schlaf, denn solange du schläfst, bist du dem gleich, den du beneidest.«

Ein anderer fragte ihn, wie er es anstellen solle, damit er mit dem Amte bedacht werde, das er schon seit zwei Jahren anstrebe. Vidriera erwiderte:

»Besteig dein Pferd, reite zu dem, der das Amt heimbringt, und tritt bei ihm ein. Einmal unter seinem Dach, wirst auch du mit dem Amte bedacht sein.«

Einmal kam dort, wo sich der Lizentiat gerade aufhielt, zufällig ein Untersuchungsrichter, der eines Verbrechens wegen irgendwohin mußte, vorbei; er hatte viele Leute und zwei Häscher bei sich. Der Lizentiat fragte, wer der Mann wäre, und als man ihm dies sagte, meinte er:

»Ich wette, jener Richter trägt Schlangen im Busen, Terzerole an den Hüften und Blitze in den Händen, um alles zu vernichten, worauf er bei seiner Untersuchung stößt. Ich erinnere mich, einmal einen Freund gehabt zu haben, der bei einem Strafprozeß ein so übermäßiges Urteil fällte, daß es die Schuld der Verbrecher bei weitem übertraf. Ich fragte ihn nach dem Grund eines so grausamen Urteils und nach der Ursache so offensichtlicher Ungerechtigkeit. Er erwiderte, daß er gegen das Urteil Berufung zulassen werde und damit den Herren des Oberstgerichts die Möglichkeit geben wolle, sich als barmherzig zu erweisen, indem sie den harten Spruch milderten und Schuld und Strafe ins richtige Maß und Verhältnis brächten. Ich antwortete ihm, es wäre besser gewesen, den Urteilsspruch so zu fällen, daß er den Herren vom Oberstgericht jene Arbeit abgenommen, denn nur so hätten sie ihn für einen gerechten und weisen Richter halten können.«

Im Kreise der zahlreichen Zuhörer, die, wie schon gesagt, ihn stets umgaben, befand sich ein ihm bekannter Mann in der Kleidung eines Rechtsgelehrten, den ein anderer mit ›Herr Lizentiat‹ anredete. Vidriera wußte aber, daß der solcherart Angesprochene nicht einmal den Grad eines Bakkalaureus erworben hatte, und sagte:

»Gebt acht, Gevatter, daß die Trinitariermönche nicht Eurem Titel begegnen; sie könnten ihn Euch als herrenloses Gut abnehmen.«

Darauf antwortete der Bekannte:

»Begegnen wir einander doch mit Achtung, Herr Vidriera, wißt Ihr doch, daß ich ein Mann von hohem und profundem Wissen bin.«

Vidriera entgegnete:

»Ich weiß sehr wohl, daß Ihr ein Tantalus der Wissenschaften seid; einmal sind sie hoch über Euch, da könnt Ihr sie nicht greifen; sind sie profund, dann könnt Ihr sie nicht fassen.«

Als er einmal in die Werkstatt eines Schneiders blickte,

sah er, wie dieser die Hände in den Schoß gelegt hatte. Vidriera sagte:

»Zweifelsohne, Herr Meister, seid Ihr auf dem Wege des Heils.«

»Woraus erseht Ihr das?« fragte der Schneider.

»Woraus ich das ersehe?« erwiderte Vidriera. »Daran, daß Ihr nichts zu tun habt und es Euch deshalb an Gelegenheit zum Betrug fehlt.«

Und er fügte hinzu:

»Unglücklich der Schneider, der nicht betrügt und an Feiertagen nicht näht. Es ist ein Wunder, wenn man unter allen, die dieses Handwerk ausüben, doch ab und zu einen Gerechten findet, der ein rechtes und gutes Kleid macht, wo es doch so viele gibt, die sündhaft schlechte Kleider schneidern.«

Von den Schustern sagte er, sie machten seiner Meinung nach nie einen schlechten Schuh, denn wäre der Schuh dem Manne, für den sie arbeiten, zu eng und drückte er ihn, dann sagten die Schuster, dem müsse so sein: gut gekleidete Leute trügen enge Schuhe. Überdies säßen ihnen die Schuhe nach zwei Stunden Tragens angenehmer und weiter als Alpargatas. Machten die Schuster den Schuh zu weit, dann sagten sie, dies müsse der Gicht wegen so sein.

Ein aufgeweckter junger Mann, der Schreiber bei einem Provinzialamt war, bedrängte ihn immer wieder mit Fragen und unterrichtete ihn über alles, was in der Stadt geschah, wußte er doch, daß der Lizentiat sich über alles ausließ und auf alles einging. Eines Tages sagte er ihm:

»Vidriera, heute nacht ist im Gefängnis ein gewisser Bänklein, ein betrügerischer Geldhändler, der gehenkt werden sollte, gestorben.«

Darauf erwiderte der Lizentiat:

»Der Händler tat wohl daran, sich mit dem Sterben zu beeilen, bevor der Henker handgemein mit ihm wurde.«

In der Acera de San Francisco stand ein Haufe Genueser. Als Vidriera an ihnen vorbeikam, rief einer ihn an und sagte:

»Kommt her zu uns, Herr Vidriera, und erzählt uns eine Geschichte.«

Der Lizentiat Vidriera   355

Der Lizentiat antwortete:

»Besser nicht. Ihr könntet sie in Umlauf bringen und
den Erlös in Genua auf einem Konto anlegen.«

Einmal begegnete er einer Krämerin, vor der ihre überaus häßliche, aber mit vielem Flitter, mit Bändern und
Perlen herausgeputzte Tochter einherging. Vidriera sagte
zur Mutter:

»Ihr habt sehr wohl daran getan, sie so hübsch zu ver-
packen, sieht sie doch jetzt nach besserer Ware aus.«

Von den Kuchenbäckern sagte er, sie spielten schon seit
Jahren Dobladilla, bei der jedesmal verbotenerweise der
Einsatz verdoppelt werde, und doch belange man sie nicht
wegen des Glückspiels; das Küchlein zu zwei Maravedis
verkauften sie um vier, das zu vier um acht und das zu
acht Maravedis um einen halben Real, ganz nach Laune
und Begehr. Über die Puppenspieler wußte er sehr viel
Übles zu reden. Er nannte sie Landstreicher, die göttliche
Dinge ohne Ehrfurcht behandelten, denn mit den Puppen,
die sie in ihren Schaustellungen zeigten, verkehrten sie die
Frömmigkeit ins Lächerliche. Ihnen widerfahre es, daß
sie alle oder zumindest die meisten Gestalten des Alten
und des Neuen Testaments in einen Sack stopften und
sich in Weinkellern und Schenken, wenn sie dort äßen
und tränken, darauf setzten. Kurz und gut, er wundere
sich, so sagte er, daß die Herren, die die Macht dazu
hätten, ihnen das Puppenspielen nicht auf ewige Zeiten
verböten oder sie selbst aus dem Königreich verbannten.

Einmal ging dort, wo sich Vidriera gerade befand, zufällig ein Schauspieler vorbei, der fürstlich gekleidet war.
Der Lizentiat sagte:

»Ich erinnere mich, diesen da auf der Bühne gesehen
zu haben, das Gesicht mit Mehl gepudert und in einen
Schafspelz gehüllt, dessen Fell nach außen gekehrt war,
und trotzdem schwört er außerhalb des Theaters auf
Schritt und Schritt bei seiner Ritterehre.«

»Er kann sehr wohl ein Edelmann sein«, erwiderte
einer, »gibt es doch viele Schauspieler, die wohlgeboren
und Edelleute sind.«

»Das mag wohl sein«, entgegnete Vidriera. »Allein das

Theater braucht weniger wohlgeborene als artige, gut aussehende und zungengewandte Leute. Von ihnen kann ich
wohl sagen, daß sie ihr Brot im Schweiße ihres Angesichts
und mit unsäglicher Mühe verdienen, denn sie strengen
ihr Gedächtnis ohne Unterlaß an, ziehen, zu ewigen Zigeunern geworden, unaufhörlich von Ort zu Ort, von
Gasthof zu Herberge, plagen sich, um andere zufriedenzustellen, denn im Vergnügen der anderen liegt ihr eigenes
Glück und ihr Vorteil. Überdies betrügen sie niemand
durch ihren Beruf, bieten sie doch ihre Ware vor aller
Augen und zu jedermanns Urteil öffentlich an. Die Mühe
der Schauspieldirektoren ist unermeßlich, ihre Sorgen sind
übergroß, und sie müssen viel Geld einnehmen, damit sie
zum Jahresschluß nicht solcherart verschuldet sind, daß
sie sich gezwungen sehen, Konkurs anzumelden. Und bei
alldem sind die Theaterdirektoren und die Schauspieler
dem Gemeinwohl so notwendig wie blühende Haine,
pappelbestandene Alleen und der erholsame Ausblick auf
schöne Landschaften, kurz, so notwendig wie alles, was
ehrbar ergötzt.«

Er sagte auch, einer seiner Freunde habe einmal behauptet, jeder, der einer Schauspielerin Ergebenheit beweise, diene in einer einzigen vielen Damen gemeinsam:
einer Königin nämlich, einer Nymphe, einer Göttin, einer
Dienstmagd, einer Schäferin, und manchmal fiele dem Anbeter sogar das Los zu, in ihr einem Edelknaben oder
einem Lakaien den Hof zu machen; denn diese und andere
Gestalten pflege eine Schauspielerin darzustellen.

Einer fragte ihn, wer der glücklichste Mensch der Welt
gewesen sei. Er antwortete: »Nemo, denn Nemo novit
patrem; Nemo sine crimine vivit; Nemo sua sorte conten-
tus; Nemo ascendit in coelum.« Von den Fechtern sagte
der Lizentiat, sie seien Meister einer Wissenschaft oder
Fertigkeit, von der sie jedoch dann, wenn sie ihnen am
nötigsten wäre, nichts verstünden. Dabei wären sie auch
etwas anmaßend, denn sie versuchten den Zorn und die
Bewegungen ihrer Gegner auf unfehlbare mathematische
Schlüsse zurückzuführen. Mit Leuten, die sich den Bart
färbten, war er besonders verfeindet. Einmal stritten in

seiner Gegenwart zwei Männer miteinander, ein Portugiese und ein Kastilier. Der Portugiese griff sich an den stark gefärbten Bart und sagte zum Kastilier:

»Bei meinem schwarzen Bart...«

Hier fiel ihm der Lizentiat ins Wort:

»Halt, Freund, sagt nicht bei dem schwarzen, sondern bei dem gefärbten Bart.«

Ein anderer hatte einen buntscheckigen Bart, eine Folge schlechter Farbe. Ihm sagte Vidriera, sein Bart sehe aus wie ein falbener Misthaufen. Ein anderer hatte einen Bart halb schwarz, halb weiß. Er hatte ihn nicht rechtzeitig nachgefärbt, und das weiße Barthaar war schon lang. Diesem Manne sagte Vidriera, er möge sich hüten, mit einem andern zu streiten, denn er gebe allen Grund, daß man ihm sage, er lüge bei der Hälfte seines Bartes.

Einmal erzählte der Lizentiat, ein kluges, gebildetes Mädchen habe, sich dem Willen ihrer Eltern beugend, einem Graubart ihr Jawort gegeben. Dieser ging nun am Vorabend der Hochzeit nicht, wie die alten Weiber sagen, an den Jordanfluß, sondern griff nach einer Flasche mit Silberlösung und verjüngte damit den Bart solcherart, daß er ihn wie Schnee zu Bett brachte und ihn wie Pech so schwarz aufstehen ließ. Es kam die Stunde, in der die beiden einander die Hand reichen sollten. Obgleich die Jungfrau den solcherart gefärbten und veränderten Mann an den Gesichtszügen erkannte, sagte sie zu ihren Eltern, sie möchten ihr doch den Bräutigam, den sie ihr vorgestellt, zum Manne geben; sie wolle nur jenen. Die Eltern sagten, der Mann, der vor ihr stehe, sei der gleiche, den sie ihr gezeigt und zum Manne bestimmt hatten. Doch die Jungfrau widersprach, behauptete fest, es sei nicht derselbe Mann, und brachte Zeugen dafür, daß der, dem ihre Eltern sie versprochen, würdig und grauhaarig gewesen sei; da dieser nun kein graues Haar habe, könne er jener nicht sein; man habe ihr einen andern unterschieben wollen. Dabei blieb sie; der Gefärbte schämte sich, und die Heirat wurde rückgängig gemacht.

Den Dueñas, den Kammerfrauen, war der Lizentiat ebenso gram wie den Gefärbten. Er erzählte Unerhörtes von ihrem permafoy, von den Leichentüchern, die sie als Hauben tragen, von ihrem Gezier und ihrer überaus großen Knickerei. Ihn ärgerten ihre Magenbeschwerden, ihre Schwindelanfälle, ihre Art zu reden, die mehr Zierat hatte als ihre Hauben, und er erzürnte sich schließlich über ihre Nutzlosigkeit und ihre Wichtigtuerei.

Einer sagte ihm:

»Wie kommt es, Herr Lizentiat, daß ich Euch so viele Gewerbe habe schmähen hören, doch nie habt Ihr etwas gegen die Schreiber gesagt, gegen die es doch so vieles zu sagen gäbe?«

Darauf entgegnete er:

»Bin ich auch aus Glas, so bin ich doch nicht so leicht, daß ich mich vom Strom der meist falschen Meinung des Pöbels mitreißen ließe. Mir scheint es, als wären die Gerichtsschreiber die Grammatikschule der Afterredner und das Räuspern jener, die Schmählieder singen; denn wie man zu den Wissenschaften nur durch die Pforte der Grammatikschule Zugang findet und der Sänger sich erst räuspert, bevor er singt, so beginnen auch die Afterredner die Bösartigkeit ihrer Zungen zu üben, indem sie den Gerichtsschreibern und den Häschern wie den übrigen Dienern der Gerichtsbarkeit Übles nachsagen. Ohne das Amt des Gerichtsschreibers aber würde die Wahrheit, gehetzt und mißhandelt, sich nur noch verstohlen durch die Welt wagen. Darum sagt auch der Ekklesiastikus: ›In manu Dei potestas hominis est, et super faciem scribae imponet honorem.‹ Der Gerichtsschreiber ist ein Beamter; ohne ihn kann das Richteramt schwerlich gut versehen werden. Die Gerichtsschreiber müssen freie Menschen sein, nicht Sklaven oder Söhne von Sklaven; ehelich geboren müssen sie sein und keine Bastarde; sie dürfen weder von Juden noch von Mauren abstammen. Sie schwören Geheimhaltung, Treue und leisten den Eid, aus ihren Schriftsätzen kein Geschäft zu machen. Weiters beschwören sie, daß weder Freundschaft noch Feindschaft, weder Vorteil noch Nachteil sie davon abhalten werden, ihr Amt mit gutem christlichem Gewissen auszuüben. Weshalb sollte man nun, da dieses Amt so viele gute Eigenschaften erfordert, annehmen, daß der Teufel unter den mehr als zwanzigtausend Gerichtsschreibern, die es in Spanien gibt, eine besonders gute Lese hätte, so als wären gerade sie die besten Stöcke seines Weinbergs. Ich will solches nicht glauben, und es ist auch nicht gut, daß irgendwer solches glaube; denn schließlich sind die Gerichtsschreiber die nützlichsten Leute in einem wohlgeordneten Gemeinwesen, und wenn sie einmal übermäßige Gebühre einheben, verursachen sie auch übermäßige Ungebühr; dies wird sie lehren, sich vorzusehen und den Mittelweg zu gehen.

Von den Bütteln sagte er, es sei nicht zu verwundern, wenn sie einige Feinde hätten, bringe es doch ihr Amt mit sich, dich festzunehmen oder dir dein Eigentum aus dem Hause zu holen oder dich selbst in ihrem eigenen Hause in Gewahrsam zu halten und dabei auf deine Kosten zu leben. Der Lizentiat tadelte auch die Oberflächlichkeit und Unwissenheit der Rechtsbeistände und Sachwalter, indem er sie den Ärzten gleichstellte, die, ob nun der Kranke gesunde oder nicht, immer zu ihrem Gelde kämen. Das gleiche gelte auch von Rechtsbeiständen und Sachwaltern, ob sie nun den Prozeß gewännen oder verlören.

Einer fragte ihn, welche Gegend die beste wäre. Er antwortete, jene, die am ehesten und ergiebigsten Frucht trage. Der andere erwiderte:

»Danach frage ich nicht, sondern welcher Ort besser ist: Valladolid oder Madrid.«

Und Vidriera antwortete:

»In Madrid, was oben und unten, und in Valladolid, was in der Mitte liegt.«

»Das verstehe ich nicht«, sagte der Frager.

Und Vidriera sagte:

»In Madrid Himmel und Erde, Dach und Erdgeschoß; in Valladolid die Zwischengeschosse.«

Vidriera hörte, wie ein Mann zu einem andern sagte, ihm sei gleich nach der Ankunft in Valladolid die Frau krank geworden, weil ihr die Luft nicht zuträglich war. Dazu bemerkte der Lizentiat:

»Sollte die Frau etwa eifersüchtig sein, so wäre ihr zuträgliche Luft besser bekommen.«

Von den Musikern und den Botenläufern sagte er, ihre Erwartungen und Möglichkeiten seien begrenzt, denn mit der Hoffnung und den Möglichkeiten der einen wäre es zu Ende, wenn sie reitende Boten würden, und die der andern, wenn sie in die Königliche Kapelle aufgenommen würden. Von den Damen, die man Freudenmädchen nennt, sagte er, daß alle oder die meisten unter ihnen mehr Leiden brächten als Freuden; keine von ihnen aber ein Mädchen sei. Als er eines Tages in einer Kirche war, sah er, daß man gleichzeitig einen Greis zur Beerdigung, ein Kind zur Taufe und eine Frau zum Traualter brachte, und so sagte er, die Kirchen seien Schlachtfelder, auf denen die Alten umkommen, die Kinder siegen und die Weiber triumphieren.

Eines Tages stach ihn eine Wespe in den Hals, und er wagte nicht, sie abzuschütteln, um nicht zu zerbrechen. Trotzdem klagte er über den Schmerz. Einer fragte ihn, wie er jene Wespe spüren könne, wenn er doch aus Glas sei. Der Lizentiat antwortete, jene Wespe müsse wohl eine Verleumderin sein, genügten doch die Zungen und die Stacheln der Verleumder, um eherne Körper zu durchbohren, wieviel erst gläserne. Als einmal ein sehr dicker Mönch vorüberging, sagte einer der Leute:

»Der Pater kommt vor lauter Auszehrung nicht vom Fleck.«

Vidriera wurde unwillig und sagte:

»Keiner vergesse, daß der Heilige Geist sagt: ›Nolite tangere christos meos.‹«

Er steigerte sich in seinem Zorn und sagte, sie möchten doch einmal genauer hinsehen, dann würden sie entdecken, daß unter den vielen Heiligen, die die Kirche in den letzten Jahren kanonisiert und unter die Zahl der Seligen versetzt habe, keiner Hauptmann Soundso, noch Sekretär Don Irgendwer von Irgendwer, oder Graf, Markgraf oder Herzog von Da und Dort heiße, sondern Bruder Diego, Bruder Jacinto, Bruder Raimundo, alle Brüder und Ordenspriester, denn die Klöster seien das Aranjuez des Himmels, dessen Früchte meist auf den Tisch Gottes kämen. Der Lizentiat sagte, die Zungen der Lästerer seien wie die Ad-

lerfedern, welche die Federn aller anderen Vögel, die mit
ihnen in Berührung kommen, zerschleißen und brechen. Von
den Spielhausbesitzern und den Spielern sagte er mancherlei Erstaunliches. Er sagte, die Spielwirte seien öffentliche
Verführer, denn da sie ihr Spielgeld immer vom Bankhalter bekämen, wünschten sie, daß er verliere, das Spiel
einem andern zufiele, der dann Bankhalter würde, und der
Wirt von neuem seine Gebühr einheben könne. Sehr lobte
er die Geduld des Spielers, der eine ganze Nacht hindurch
verliere, trotz seines teuflischen Jähzorns den Mund doch
nicht auftue und lieber die Leiden eines Opfers des Barra-
bas ertrage, als zuzusehen, daß sein Gegner mit dem Gewinn aufstehe und fortgehe. Er lobte auch die Gewissen-
haftigkeit einiger ehrbarer Spielwirte, die nicht im entferntesten daran dachten, in ihrem Haus ein anderes Spiel
als Polla oder Cientos spielen zu lassen. So holten sie bei
kleinem Feuer, ohne daß man ihnen Böses nachsagen könne,
im Verlauf eines Monats mehr an Spielgeld heraus als die
andern, die räuberische Glücksspiele zuließen wie Drei-
blatt, Vierblatt und Terzenschieben. Kurz und gut, Vidriera sagte solche Dinge, daß jedermann ihn für einen der
klügsten Leute der Welt gehalten haben würde, hätte er
nicht laute Schreie ausgestoßen, sobald man ihn berührte
oder sich an ihn herandrängte, hätte er überdies nicht solch
ungewöhnliche Kleidung getragen, so armselige Speise gegessen und auf seine Art getrunken, hätte er nicht, wie
schon gesagt, darauf bestanden, im Sommer unter freiem
Himmel und im Winter im Stroh zu schlafen, alles untrüg-
liche Zeichen seiner Narrheit.

Zwei Jahre oder ein weniges mehr dauerte diese Krankheit, bis ein Mönch aus dem Orden des heiligen Hieronymus, der die besondere Gabe und Wissenschaft besaß, die
Taubstummen hören und in gewisser Art auch sprechen zu
machen und den Verrückten den Verstand wiederzugeben,
es aus Mitleid auf sich nahm, auch Vidriera zu heilen. Er
heilte ihn und gab ihm Verstand, Urteilskraft und Klarheit wieder. Als er ihn wieder gesund sah, kleidete er ihn
als Rechtsgelehrten ein und schickte ihn an den Hof zurück, damit er dort, seinen Verstand gleicherweise unter

Beweis stellend wie zuvor seine Narrheit, seinen Beruf ausüben und darin berühmt werden könnte. So kehre Vidriera unter dem Namen eines Lizentiaten Rueda und nicht
wie einst als Rodaja an den Hof zurück. Kaum war er
dort eingetroffen, als er auch schon von den Straßenjungen erkannt wurde; allein da sie ihn so anders gekleidet
sahen als bisher, wagten sie nicht mehr, ihm nachzurufen,
noch Fragen zu stellen. Sie gingen aber hinter ihm her und
sagten einer zum andern:
»Ist das nicht der verrückte Vidriera? Freilich ist er es.
Er ist aber wieder gescheit geworden. Doch ob nun gut
oder schlecht gekleidet, er könnte immer noch verrückt
sein. Fragen wir ihn etwas, dann werden wir bald ins
reine kommen.«
Dies vernahm der Lizentiat; er zog es vor zu schweigen
und ging verwirrter und verlegener weiter als zur Zeit, in
der ihm der Verstand gefehlt hatte.
Wie die Straßenjungen ihn erkannt hatten, so erkannten ihn auch die Männer wieder, und ehe Vidriera noch im
Gerichtshofe angekommen war, folgten ihm schon mehr
als zweihundert Leute aus den verschiedensten Ständen.
Mit solchem Geleit, das größer war als das eines Universi-
tätslehrers, kam er im Hofe des Gerichtsgebäudes an, wo
ihn allsogleich alle Anwesenden umringten. Der Lizentiat,
der sich von solcher Menge eingekreist sah, erhob die
Stimme und sagte:
»Ihr Herren, ich bin der Lizentiat Vidriera, aber nicht
jener, der ich zu sein pflegte: jetzt bin ich der Lizentiat
Rueda. Ereignisse und Unglücksfälle, wie sie sich eben in
der Welt ereignen, haben mir, wie der Himmel es wollte,
den Verstand geraubt, und die Gnade Gottes hat ihn mir
wieder geschenkt. Aus dem, was ich als Narr gesagt haben
soll, könnt ihr entnehmen, was ich erst sagen und vollbringen werde, da ich bei vollem Verstande bin. Ich habe
mich an der Universität Salamanca in den Rechtswissen-
schaften graduiert; dort habe ich als armer Mensch studiert
und mir unter allen Prüflingen als zweiter in der Rangliste den Grad eines Lizentiaten erworben. Daraus kann
man ersehen, daß mir der Titel wegen meiner Leistung

und nicht aus Gnade verliehen wurde. Ich bin hieher in dieses Schicksalsmeer des Hofes gekommen, um als Anwalt zu wirken und mir mein Brot zu verdienen. Solltet ihr mich aber nicht in Ruhe lassen, dann werde ich wohl nur hieher gekommen sein, um auf diesem Meere mühselig dahinzurudern und unterzugehen. Macht um Gottes willen nicht, daß aus diesem mir Nachfolgen ein mich Verfolgen werde und ich als vernünftiger Mensch nicht verliere, was ich als Verrückter hatte, nämlich meinen Unterhalt. Was ihr mich bislang auf den Plätzen zu fragen pflegtet, fragt es mich jetzt in meiner Wohnstatt, und ihr werdet sehen, daß der Mann, der euch, wie es heißt, aus dem Stegreif gute Antworten gegeben, nun in voller Überlegung bessere finden wird.«

Alle hörten ihn an und einige gingen weg. Mit einem kleineren Gefolge als bei seiner Ankunft kehrte er in seine Unterkunft zurück.

Am folgenden Tag ging er wieder aus, und es geschah desgleichen; er hielt eine andere Ansprache, und sie nützte ihm nichts. Viel verlor er dabei und verdiente nichts, und als er dem Hungertode nahe war, entschloß er sich, den Hof zu verlassen und nach Flandern zurückzukehren, wo er gedachte, die Kraft seines Arms zu nützen, da ihm die Macht seines Geistes nichts nützen wollte. Diesen Entschluß in die Tat umsetzend, sagte er, als er die Residenzstadt verließ:

»O Stadt, die du die Erwartungen der frechen Bewerber begünstigst und die der verdienten und bescheidenen vernichtest, du gibst den schamlosen Spitzbuben reichen Unterhalt und läßt die schamhaften Ehrenmänner Hungers sterben!«

So sprach er und ging nach Flandern, wo er das Leben, das er so rühmlich in den Wissenschaften begonnen hatte, schließlich in der Kompagnie seines wohlgesinnten Freundes, des Hauptmanns Valdivia, im Waffendienst ehrenvoll beschloß. Nach seinem Tode wurde er oft noch lobend als kluger, tapferer Soldat genannt.

DIE STIMME DES BLUTES

In einer schwülen Sommernacht kehrte in Toledo ein be-
jahrter Edelmann mit seiner Frau, einem Söhnchen, einem
Mädchen von etwa sechzehn Jahren und einer Dienstmagd
von einem Spaziergang am Ufer des Stromes zurück. Die
Nacht war hell, es war elf Uhr, der Weg lag verlassen vor
ihnen, und sie schritten gemächlich dahin, um nicht durch
Ermüdung den Genuß der Erholung zu bezahlen, die man
in Toledo am Strome oder in den Auen findet. Im Vertrauen auf die strenge Gerichtsbarkeit und die Lauterkeit
der Bewohner jener Stadt kam der gute Edelmann mit seiner ehrenwerten Familie des Weges daher, weit entfernt,
an ein Ungemach zu denken, das ihnen zustoßen könnte.
Allein da das Unglück meist unerwartet kommt, widerfuhr
auch ihnen gegen alle Erwartung ein Mißgeschick, das ihnen
nicht nur den Genuß der Erholung trübte, sondern ihnen
noch viele Jahre lang Ursache zu Tränen gab. Etwa zweiundzwanzig Jahre alt dürfte ein Edelmann jener Stadt
gewesen sein, den der Reichtum, die vornehme Abkunft,
die verderbte Neigung, die übergroße Freiheit und die
schlechte Gesellschaft zu Handlungen verleiteten und zu
Torheiten trieben, die seines Standes unwürdig waren und
ihm den Ruf eines unverschämten Frechlings eingebracht
hatten.

Dieser Edelmann nun – dessen Namen wir jetzt aus guten Gründen verschweigen und ihn deshalb Rodolfo nennen wollen – ging mit vier Freunden, alle jung, munter
und mutwillig, die gleiche Anhöhe hinunter, die der betagte
Edelmann heraufkam. Die beiden Gruppen, die Herde der
Lämmer und das Rudel der Wölfe, begegneten einander
und, die Gesichter vermummt, starrten Rodolfo und seine
Spießgesellen der Mutter, der Tochter und der Magd mit
unverschämten Blicken ins Gesicht. Der Bejahrte stutzte,
warf ihnen die Unverschämtheit scheltend vor, was sie mit
hämischen Gebärden und argem Spott beantworteten, doch
gingen sie, ohne sich weitere Unverschämtheiten zu erlauben, ihres Weges. Aber die große Schönheit des Antlitzes,

das Rodolfo erblickt hatte, die Schönheit des Antlitzes Leocadias – so soll die Tochter des Edelmannes geheißen haben – drängte sich mehr und mehr in der Erinnerung des jungen Mannes auf, und zwar so sehr, daß er sich darein verliebte und in ihm die Begierde wach wurde, sein Verlangen an dem Mädchen zu büßen, ungeachtet der Schwierigkeiten, die ihm daraus erwachsen könnten. Er benötigte nur einen Augenblick, um seine Spießgesellen mit seinem Wunsch vertraut zu machen, und im nächsten Augenblick schon beschlossen sie, umzukehren und, um Rodolfo gefällig zu sein, das Mädchen zu entführen, denn stets finden die Reichen, die sich als verschwenderisch erweisen, Leute, die ihre Entgleisungen gutheißen und ihre üblen Gelüste für rechtschaffen preisen. Und so folgten einander die böse Absicht, Mitteilung, Billigung, der Entschluß, Leocadia zu entführen, und die Entführung selbst in Blitzesschnelle.

Sie vermummten die Gesichter mit den Halstüchern, zogen die Degen, kehrten um, und schon nach wenigen Schritten hatten sie jene eingeholt, die noch nicht Zeit gefunden hatten, ihr Dankgebet an Gott, der sie aus der Hand jener Frechlinge erlöst hatte, zu beenden. Rodolfo stürzte sich auf Leocadia, riß sie in seine Arme und entfloh mit ihr, die nicht die Kraft aufbrachte, sich zu verteidigen. Der Schrecken raubte ihr die Sprache, so daß sie nicht schreien konnte, und überdies umnachtete er ihr den Blick, denn ohnmächtig und ohne Besinnung sah sie nicht, wer sie forttrug, noch wohin man sie brachte. Der Vater rief laut um Hilfe, die Mutter schrie, das Brüderchen weinte, die Magd raufte sich das Haar, allein weder die Rufe wurden vernommen, noch die Schreie gehört, das Weinen erreichte niemand, noch nützte es, daß sich die Magd das Haar raufte, denn alles ging in der Einsamkeit des Ortes, im tiefen Schweigen der Nacht und der Grausamkeit der Übeltäter unter.

Schließlich zogen die einen heiter von dannen, und traurig blieben die anderen zurück. Rodolfo erreichte sein Haus ohne das geringste Hindernis, und Leocadias Eltern erreichten das ihre mißhandelt, bekümmert und verzweifelt; blind ohne die Augen der Tochter, die das Licht der ihren war, einsam, weil Leocadia ihre holde Gesellschaft gewesen, verwirrt, weil sie nicht wußten, ob es angebracht wäre, die Obrigkeit von ihrem Unglück in Kenntnis zu setzen, fürchteten sie doch, die ersten Verkünder der eigenen Schande zu werden. Als arme Edelleute sahen sie sich auf einen Gönner angewiesen, doch wußten sie nicht, wen sie anklagen sollten, es sei denn das eigene Mißgeschick. Indes hatte Rodolfo, verschlagen und umsichtig, Leocadia in sein Haus und sein Zimmer gebracht. Obgleich er bemerkt hatte, daß sie ohnmächtig war, als er sie entführte, hatte er ihr doch die Augen mit einem Tuch verdeckt, damit sie nicht die Straßen, durch die er sie trug, noch das Haus oder das Gemach, wo sie nun war, wiedererkennen könnte. Und ohne von jemandem bemerkt zu werden, war er in sein Zimmer gekommen, denn er besaß im Hause seines Vaters, der noch lebte, eigene Räumlichkeiten und verfügte über die Schlüssel dazu und zum Hause – Unachtsamkeit der Eltern, die ihren Söhnen ein eigenes Leben im Hause geben wollen –, und ehe Leocadia noch aus ihrer Ohnmacht zu sich gekommen war, hatte Rodolfo schon sein Gelüst an ihr gebüßt, kümmern sich doch die unkeuschen Begierden der Jugend wenig oder gar nicht um jene besseren Gelegenheiten und Erfordernisse, die die Lust anspornen und erhöhen. Verblendet und jedes Verstandes bar, raubte er Leocadia in der Finsternis das kostbarste Kleinod, und da die leibliche Begier meist nicht weiter reicht als bis zur Schranke, die ihr die Befriedigung setzt, wünschte sich Rodolfo nun nichts sehnlicher, als Leocadia aus seinen Räumen fortzuschaffen; er dachte daran, sie, ohnmächtig wie sie war, auf die Straße zu tragen. Als er sich anschickte, diesen Gedanken in die Tat umzusetzen, merkte er, daß sie zu sich kam. Sie sagte:

»Wo bin ich Unglückliche? Welche Finsternis ist dies? Welch nächtliche Schatten umgeben mich? Bin ich noch im Limbus meiner Unschuld oder schon in der Hölle meiner Schuld? Herr Jesus! Wer berührt mich? Ich auf einem Bette? Ich mißbraucht?! Hörst du mich, teure Mutter und Gebieterin? Vernimmst du mich, geliebter Vater? Ach, ich Unglückselige, ich merke wohl, daß meine Eltern mich nicht vernehmen und meine Feinde mich mißbrauchen. Wie glücklich wäre ich, wollte dieses Dunkel ewig währen, wollten meine Augen nie mehr das Licht erblicken, wollte dieser Ort, was immer er auch sei, zum Grabe meiner Ehre werden, denn besser ist die heimliche Schande als eine Ehre, die in aller Leute Munde ist. Jetzt erinnere ich mich – oh, hätte ich mich doch nie erinnert! –, daß ich vor kurzem noch in Begleitung meiner Eltern war; jetzt erinnere ich mich, daß man mich entführte, nun sehe und begreife ich, wie schlecht es wäre, wenn mich jetzt die Leute sähen. O du, wer du auch immer seist, du, der du hier bei mir bist – dabei faßte sie Rodolfo mit den Händen –, wenn dein Herz noch irgendeiner Bitte Raum gibt, ich flehe dich an, da du mich doch schon meiner Ehre beraubt hast, mir auch das Leben zu nehmen! Nimm es mir sogleich, denn es ist nicht gut, daß eine, die die Ehre verloren hat, ihr Leben behält. Bedenke, daß die kalte Grausamkeit, mit der du mich entehrtest, gemildert werden kann durch das Mitleid, das du mir erweisest, indem du mich tötest, denn solcherart könntest du gleicherweise grausam und barmherzig sein!«

Leocadias Worte brachten Rodolfo in Verlegenheit, und als ein wenig erfahrener junger Mann wußte er nicht, was er tun oder sagen sollte. Sein Schweigen setzte Leocadia in noch größere Verwunderung, und sie suchte mit den Händen zu begreifen, ob das Wesen, das bei ihr war, ein Gespenst oder ein Schatten wäre. Da sie aber einen Leib berührte und sich der Unbill erinnerte, die man ihr angetan, als sie mit ihrem Vater ging, konnte sie sich der schrecklichen Wahrheit ihres Unglücks nicht mehr verschließen. Daran denkend, hob sie, von häufigem Schluchzen und vielen Seufzern unterbrochen, von neuem an und sagte:

»Verwegener Jüngling – denn dein Tun läßt mich auf deine Jugend schließen –, ich will dir die Schande, die du mir angetan, verzeihen, wenn du mir versprichst und schwörst, daß du mein Ungemach, so wie du die Schändung in diese Finsternis gehüllt hast, in ewiges Schweigen hüllen und kein Wort darüber verlauten lassen wirst. Ich verlange von dir nur eine geringe Genugtuung für solch großen Schimpf, für mich aber ist diese Genugtuung die größte, die ich von dir zu fordern wüßte und du mir geben könntest. Bedenke, daß ich dein Gesicht nie gesehen habe, noch es zu sehen begehre, denn wenn ich auch immer an die mir angetane Schmach gemahnt werde, will ich mich doch des Schänders nicht erinnern, noch das Bild des Urhebers meiner Schande in meinem Gedächtnis bewahren. Meine Klagen werde ich nur an den Himmel richten, nimmer soll die Welt sie hören, die ja die Dinge nicht nach ihrem Hergang beurteilt, sondern nur nach Vorurteilen. Ich weiß nicht, woher mir dieses Wissen, das ich hier vor dir ausspreche, auf die Lippen kommt, pflegt es doch auf größerer Erfahrung und der Überlegung vieler Jahre zu beruhen, während ich kaum siebzehn zähle. Daraus entnehme ich, daß der Schmerz gleicherweise des Unglücklichen Zunge lähmt, wie er sie löst, einmal, damit er sein Leid herausschreie, um es anschaulicher zu machen, ein andermal, damit er es verschweige und niemand versuche, ihm abzuhelfen. Ob ich nun schweige oder rede, auf irgendeine Weise hoffe ich, dich dahin zu bewegen, daß du mir Glauben schenktest oder mir Abhilfe schafftest, denn, wenn du mir nicht glaubtest, müßtest du der Vernunft bar sein, und wenn du mir nicht helfen wolltest, dann wäre jede Hoffnung auf Linderung für mich verloren. Ich will nicht verzweifeln, denn es kostet dich nur wenig, meine Schmach zu lindern. Hoffe nie und nimmer, daß der Lauf der Zeit den gerechten Groll mildere, den ich gegen dich hege, noch erwarte, auf die mir angetane Schmach andere Schande häufen zu können, denn je weniger du deine Lust an mir büßt – du hast doch schon dein Blut an mir gekühlt –, desto weniger wird sich fürder deine Begierde entzünden. Bedenke auch, daß du mir Gewalt antatest, ohne mir Zeit und Möglichkeit zu vernünftiger Überlegung zu geben. Ich werde es so halten, als wäre ich nie oder nur zu meinem Unglück geboren worden. Bring mich nun sogleich auf die Straße oder wenigstens in die Nähe der Kathedrale, denn von dort werde ich den Weg nach Hause finden. Du mußt mir aber schwören, mir nicht zu folgen, noch meine Wohnung zu erkunden, noch mich nach dem Namen meiner Eltern fragen, nicht nach meinem noch nach dem meiner

Die Stimme des Blutes 369

Verwandten, denn wären sie ebenso reich wie adelig, sie wären durch mich nicht so unglücklich geworden. Antworte mir! Und wenn du fürchtest, ich könnte dich an deiner Stimme erkennen, so wisse, daß ich in meinem ganzen Leben mit keinem einzigen Manne, außer meinem Vater und meinem Beichtiger, gesprochen habe, und nur wenige Männer habe ich aus solcher Nähe vernommen, daß ich sie an ihrer Stimme erkennen könnte.«

Rodolfo wußte auf die vernünftigen Reden der entehrten Leocadia keine andere Antwort, als sie zu umarmen, wobei er durch sein Verhalten anzeigte, daß er seinen Genuß und ihre Schmach erneuern wollte. Allein, als Leocadia dies wahrnahm, verteidigte sie sich kräftiger, als man es bei ihrem zarten Alter erwartet hätte, mit den Füßen, den Händen, den Zähnen und auch mit der Zunge, denn sie sagte zu ihm:

»Wisse, nichtswürdiger, hinterhältiger Mensch, wer du auch sein magst, daß du das Gut, das du mir entrissen, ebensogut von einem Baumstamme oder von einer leblosen Säule hättest haben können; jener Sieg und Triumph muß dir zur Schmach und Schande gereichen. Doch den Sieg, den du jetzt anstrebst, den wirst du nur erringen, wenn du mich zuvor tötest. Ohnmächtig konntest du mich in den Staub treten und vernichten, doch jetzt, da ich Kräfte habe, wird es dir eher gelingen, mich zu töten, als mich zu bezwingen. Wollte ich jetzt, da ich bei Bewußtsein bin, deinen verabscheuungswürdigen Gelüsten ohne Widerstand nachgeben, dann könntest du glauben, meine Ohnmacht sei nur gespielt gewesen, als du dich erfrechtest, mich zu vernichten.«

Kurz und gut, Leocadia wehrte sich so tapfer und hartnäckig, daß die Kräfte und das Verlangen Rodolfos erlahmten. Da die Gewalt, die er dem Mädchen angetan, nur der sinnlichen Begierde entsprungen war – ein Trieb, aus dem nie die wahre, dauernde Liebe erwächst –, trat an die Stelle der vergänglichen Begierde zwar nicht die Reue, wohl aber die Unlust zu neuerlicher Befriedigung seiner Gier. Abgekühlt also und ermattet, ließ Rodolfo Leocadia, ohne auch nur ein Wort zu sprechen, auf dem Lager zu-

rück, versperrte das Gemach und machte sich auf den Weg
zu seinen Kameraden, damit er sich mit ihnen darüber
berate, was er nun beginnen solle. Als Leocadia sah, daß
sie allein und im Gemach eingeschlossen war, erhob sie sich
vom Lager, tastete sich an den Wänden durch den Raum,
um eine Tür zu finden, durch die sie sich entfernen, oder
ein Fenster, durch das sie sich hinabstürzen könnte. Sie
fand die Tür, doch war sie fest verschlossen, und stieß auf
ein Fenster, das sie öffnen konnte, so daß der Mond hell
in das Zimmer fiel. Es war so hell, daß sie die Farbe des
Damasts erkennen konnte, mit dem die Wände des Raumes bekleidet waren; sie sah, wie reich vergoldet und geschmückt das Bett war, so daß es eher das Ruhelager eines
Fürsten zu sein schien als das Bett irgendeines Edelmannes;
sie zählte die Stühle und die Pulte, sah nun, wo die Tür
lag, und erkannte, daß an den Wänden einige Gemälde
hingen, doch vermochte sie nicht auszunehmen, was sie dar-
stellten. Das Fenster war groß und mit einem starken
Gitterkorb versehen; es ging auf einen Garten, der von
hohen Mauern umgeben war, alles Hindernisse, die sich
ihrer Absicht, sich auf die Straße zu stürzen, entgegenstell-
ten. Alles, was sie in diesem Raume sah, seine Geräumig-
keit und die reiche Ausstattung, ließen sie erkennen, daß
sein Besitzer ein Mann hohen Ranges und reich sein müsse.
Auf einem Schreibpult am Fenster erblickte sie ein kleines,
ganz aus Silber gearbeitetes Kruzifix, das sie an sich nahm
und in einem Ärmel ihres Kleides barg, nicht aus Frömmigkeit oder in der Absicht zu stehlen, sondern veranlaßt
durch kluge Absicht. Dies getan, schloß sie das Fenster so,
wie es zuvor gewesen, kehrte ans Bett zurück und wartete
ab, welches Ende ihr so unglücklich begonnenes Erlebnis
nehmen würde.

Noch war, ihrer Meinung nach, keine halbe Stunde verflossen, als sie vernahm, wie jemand die Tür aufschloß, an
sie herantrat, ihr, ohne ein Wort zu sagen, mit einem Tuch
die Augen verband, sie am Arm packte und aus dem Zimmer zog; sie hörte noch, wie die Tür versperrt wurde.
Dieser Jemand war Rodolfo, der sich zwar auf die Suche
nach seinen Kameraden begeben hatte, sie aber schließlich

nicht treffen wollte, da ihm schien, es wäre nicht zu seinem
Vorteil, wenn für das, was mit jener Jungfrau geschehen
war, Zeugen erstünden; so entschloß er sich, ihnen lieber
zu erzählen, er habe das Mädchen, seine Tat bereuend und
von ihren Tränen gerührt, einfach auf der Straße stehen-
gelassen. Darüber mit sich ins reine gekommen, kehrte er
bald zurück, um Leocadia, wie sie verlangt, in die Nähe
der Kathedrale zu bringen, und dies noch, ehe der Morgen
graute und der Tag ihn hinderte, sie fortzuschaffen, und
er gezwungen wäre, das Mädchen bis zur folgenden Nacht
in seinem Zimmer zu behalten, denn es gelüstete ihn nicht,
während dieser Zeit seine Kraft von neuem zu nutzen,
noch wollte er sich der Gefahr aussetzen, erkannt zu werden. So brachte er Leocadia also zu einem Platz, der Plaza
del Ayuntamiento heißt, wo er ihr mit verstellter Stimme
in einem portugiesisch-kastilischen Kauderwelsch sagte, sie
könnte von hier aus sicher nach Hause gelangen, denn ihr
werde niemand folgen, aber ehe sie noch Zeit fände, das
Tuch von den Augen zu nehmen, wäre er schon an einem
Ort, wo sie ihn nicht mehr erblicken könne. Leocadia blieb
allein, nahm die Binde von den Augen und erkannte den
Ort, wo sie nun war. Sie blickte nach allen Seiten, sah niemand, da sie aber befürchtete, man könnte ihr in einiger
Entfernung folgen, blieb sie nach jedem Schritt stehen, den
sie dem Hause ihrer Eltern zu tat, das ganz in der Nähe
lag. Um Späher irrezuführen, die ihr vielleicht folgen
mochten, trat sie in ein Haus, dessen Tür offenstand, und
begab sich von dort bald darauf in ihr eigenes, wo sie die
Eltern unausgekleidet, überaus niedergeschlagen und ohne
auch im geringsten an Ruhe zu denken, vorfand. Als die
Eltern sie erblickten, eilten sie ihr mit offenen Armen entgegen und empfingen sie weinend. Noch voll des Schreckens
und der Aufregung bat Leocadia die Eltern, sich mit ihr
zurückzuziehen, und nachdem dies geschehen, berichtete sie
ihnen kurz mit allen Einzelheiten von ihrem unseligen
Erlebnis und sagte ihnen, sie wisse nicht, wer der Entführer und Räuber ihrer Ehre gewesen; sie teilte ihnen mit,
was sie auf dem Schauplatz, auf dem sich die Tragödie
ihres Mißgeschicks abgespielt, gesehen: das Fenster, den

Garten, den Gitterkorb, die Pulte, das Bett, die Damast-bespannung der Wände, und schließlich zeigte sie ihnen das Kruzifix, das sie mitgebracht. Angesichts des Gekreuzigten flossen von neuem die Tränen, man stieß Verwünschungen aus, forderte Vergeltung und Wunder göttlicher Gerechtigkeit. Leocadia sagte überdies, daß sie zwar selbst ihren Schänder nicht zu kennen begehre, doch könnten die Eltern, wenn es ihnen richtig erscheine, ihn mit Hilfe des Kruzifixes ausforschen; man bräuchte nur die Mesner von allen Kanzeln der Stadtpfarreien verkünden lassen, daß die Person, die ein solches Kruzifix verloren habe, es im Besitz des Geistlichen, den die Mesner nennen sollten, finden würden, und solcherart würde man, wenn man den Namen des Eigentümers erführe, auch das Haus und die Person ihres Feindes in Erfahrung bringen. Darauf erwiderte der Vater:

»Du hättest recht, mein Kind, stünde deinem klugen Plan nicht die gewöhnliche Schlauheit entgegen; es ist doch offensichtlich, daß man dieses Kruzifix noch heute in dem von dir genannten Raum vermissen wird und der Eigentümer es sogleich als erwiesen annehmen wird, daß nur die Person, die mit ihm war, das Kruzifix mitgenommen haben konnte. Wenn nun bekannt wird, daß irgendein Geistlicher es hat, so wird jenem diese Kenntnis eher dazu dienen, zu erfahren, wer es diesem gebracht, als den Eigentümer, dem es abgeht, bloßstellen, denn er könnte sehr wohl einen andern, dem er die besonderen Merkmale des Kruzifixes mitteilt, darum schicken, und wir wären in diesem Fall mehr verwirrt als unterrichtet, selbst wenn wir die gleiche List anwenden wollten, die wir erwarten, indem wir es dem Geistlichen durch eine dritte Person überbringen lassen. Du, mein Kind, sollst dieses Abbild des Gekreuzigten aufbewahren und dich ihm anempfehlen, denn er war Zeuge deines Unglücks und könnte einen Richter bestellen, der dir zu deinem Recht verhilft. Bedenke, Tochter, daß ein Lot öffentlicher Unehre schwerer drückt als ein Zentner geheimer Schande. Da du mit Gottes Hilfe vor aller Öffentlichkeit als ehrbar gelten kannst, lasse es dir nicht schwerfallen, im geheimen vor deinen Augen entehrt zu

Die Stimme des Blutes

sein, liegen doch die wahre Schande in der Sünde und die wahre Ehre in der Tugend begründet. Gott beleidigt man in Gedanken, Worten und Werken, und da du dich gegen ihn weder in Gedanken, noch in Worten und auch nicht in Werken versündigt hast, erachte dich als ehrbar. Ich werde dich immer solcherart achten und dir immer ein getreuer Vater sein.«

Mit solch klugen Worten tröstete der Vater Leocadia, und sie von neuem in die Arme schließend, versuchte auch die Mutter, sie zu trösten. Leocadia schluchzte und weinte wiederum, dann entschloß sie sich, wie man zu sagen pflegt, ihr Antlitz zu verhüllen und unter dem Schutz der Eltern wenn auch bescheiden so doch ehrbar in aller Zurückgezogenheit zu leben.

Rodolfo, der inzwischen nach Hause zurückgekehrt war, bemerkte das Fehlen des Kruzifixes und dachte sich sogleich, wer es mitgenommen haben könnte; dies bekümmerte ihn wenig, und da er reich war, ging ihm der Verlust nicht nahe; auch die Eltern fragten ihn nicht danach, als er drei Tage später nach Italien reiste und alles, was er in seinen Räumen hatte, einer Kammerfrau seiner Mutter in Obhut gab. Schon seit langem hatte er den Entschluß gefaßt, nach Italien zu gehen, und sein Vater, der einstmals selbst dort gewesen, bestärkte ihn in diesem Vorsatz, indem er sagte, als Edelmann dürfe man nicht nur im eigenen Lande gelten, man müsse sich erst in fremden Ländern als solcher erweisen. Diese und andere Gründe bewogen Rodolfo, den Willen des Vaters zu erfüllen, der ihn mit Kreditbriefen versah, die für Barcelona, Rom und Neapel auf hohe Summen lauteten. Mit zweien seiner Kameraden reiste er sogleich ab, begierig auf alles, was er durch einige Soldaten vom Überfluß in italienischen und französischen Wirtshäusern und der Freiheit, die die Spanier in den Quartieren hätten, vernommen hatte. Ihm klang sowohl jenes ›Eco li buoni polastri, picioni, presuto et salcicie‹ wie auch manch andere Redensart dieser Gattung angenehm in den Ohren, Redensarten, derer sich die Soldaten erinnern, wenn sie aus jenen Gegenden nach Hause zurückkehren und die Enge und die Unbequemlichkeiten der spanischen Schenken und Herbergen ertragen müssen. Schließlich reiste er ab und dachte so wenig daran, was zwischen ihm und Leocadia vorgefallen, als wäre es niemals geschehen.

Leocadia indes verbrachte ihr Leben im Hause ihrer Eltern in möglichster Zurückgezogenheit und trat niemand unter die Augen aus Angst, man könnte ihr das Mißgeschick von der Stirn ablesen. Allein nach wenigen Monaten sah sie, daß sie von nun an aus Notwendigkeit tun müsse, was sie bisher aus eigenem Entschluß getan. Sie erkannte nun, daß ihr am besten gedient wäre, wenn sie weiterhin zurückgezogen lebte, denn sie fühlte sich schwanger, eine Erkenntnis, die ihr die inzwischen vergessenen Tränen von neuem in die Augen trieb, während sie die Luft wieder mit Seufzern und Klagen zerriß und auch der vernünftige Zuspruch der Mutter nicht mehr fruchten wollte. Die Zeit flog dahin, der Augenblick der Niederkunft nahte, und alles wurde so geheim gehalten, daß man sich nicht einmal einer Hebamme anzuvertrauen wagte. Dieses Amt nahm die Mutter auf sich, und Leocadia brachte einen Knaben zur Welt, wie er schöner nicht zu denken war.

Ebenso heimlich und umsichtig, wie der Knabe zur Welt gebracht worden war, wurde er nach einem Dorf gebracht, wo man ihn vier Jahre lang aufzog. Nach dieser Zeit holte ihn der Großvater unter dem Namen eines Neffen ins Haus, und er wurde hier, wenn auch nicht reich, so doch sehr tugendhaft erzogen. Der Knabe, dem man, weil sein Großvater so hieß, den Namen Luis gegeben hatte, war schön von Angesicht, von sanftem Gemüt, von scharfem Verstand und zeigte in allem, was jenem zarten Alter zu tun möglich ist, alle Anzeichen dafür, daß er von einem vornehmen Vater abstammte. Die Anmut, die Schönheit und der Verstand des Kindes bezauberten die Großeltern solcherart, daß sie das Unglück der Tochter schließlich für ein Glück erachteten, weil ihnen daraus solch ein Enkel zugekommen. Ging das Kind durch die Straßen, dann regnete es tausende Segenswünsche; die einen priesen seine Schönheit, die andern die Mutter, die es geboren, diese den

Vater, der es gezeugt, jene wieder den, der es so gut erzogen hatte. Unter dem Beifall der Bekannten wie der Fremden erreichte das Kind sein siebtes Jahr; in dieser Zeit konnte er sowohl Latein wie Kastilisch lesen und schreiben und hatte eine sehr schöne Handschrift, ging doch die Absicht der Großeltern dahin, dem Knaben Tugend und Gelehrsamkeit zu geben, da sie ihm keinen Reichtum bescheren konnten, sind doch Wissen und Tugend die einzigen Besitztümer, über die weder Diebe noch die Wechselfälle des sogenannten Glücks Gewalt haben.

Nun geschah es eines Tages, daß der Knabe mit einem Auftrag seiner Großmutter zu einer ihrer Verwandten ging und zufällig durch eine Straße kam, in der Edelleute ein Pferderennen hielten. Der Knabe blieb stehen, um zuzusehen, und um einen besseren Platz zu finden, lief er von einer Straßenseite zur andern zu solcher Unzeit, daß er einem Pferd, das ihn zu überrennen drohte, nicht mehr ausweichen konnte, obgleich der Reiter sich bemühte, den wilden Lauf des Tieres aufzuhalten. Das Roß überrannte den Knaben, der aus einer Kopfwunde blutend wie tot liegenblieb. Kaum war solches geschehen, als ein betagter Edelmann, der dem Rennen zugesehen, mit unvorstellbarer Behendigkeit von seinem Pferd sprang und zu dem Kind eilte. Einem Manne, der den Knaben aufgehoben hatte, nahm er das Kind aus den Armen und eilte, ohne auf sein Grauhaar und seinen hohen Rang zu achten, mit weit ausholenden Schritten in sein Haus, wo er seiner Dienerschaft befahl, sich sogleich auf den Weg nach einem Wundarzt zu machen, damit dieser den Knaben untersuche und verbinde. Viele der Edelleute folgten ihm, bekümmert über das Mißgeschick des schönen Knaben, und bald verbreitete sich die Nachricht, der Knabe wäre kein anderer als Luisico, der Neffe eines gewissen Edelmannes, dessen Name gleichzeitig genannt wurde. Die Nachricht lief von Mund zu Mund, bis sie auch den Großeltern und der wirklichen, aber den andern verhehlten, Mutter zu Ohren kam. Kaum hatten sie sich des Vorfalls vergewissert, als sie außer sich und wie von Sinnen aus dem Hause eilten, um ihren Liebling zu sehen. Da nun der Edelmann, der das Kind mit sich genommen, von so hohem Rang und allgemein bekannt war, konnten ihnen viele der Leute, denen sie begegneten, dessen Haus bezeichnen, wo sie auch eintrafen, als der Wundarzt den Knaben schon versorgte. Der Edelmann und seine Gattin, die Hausherren, baten jene, die sie für die Eltern des Kindes hielten, nicht zu weinen und auch nicht laut zu klagen, da dies dem Knaben nichts nütze. Der berühmte Wundarzt, der den Knaben mit aller Sorgfalt und Meisterschaft untersucht hatte, erklärte, die Wunde sei nicht so gefährlich, wie er anfangs befürchtet habe. Als Luis halb verbunden war, kam er wieder zu sich, war er doch bislang bewußtlos gewesen, und freute sich, Oheim und Muhme zu sehen, die ihn sogleich fragten, wie er sich fühle. Der Knabe antwortete, es ginge ihm gut, nur schmerzten ihn der Leib und der Kopf sehr. Der Arzt wies sie an, nicht länger mit ihm zu sprechen und ihn ruhen zu lassen. So geschah es, und der Großvater begann nun, dem Hausherrn für die viele Nächstenliebe zu danken, die er seinem Neffen erwiesen habe. Der Edelmann erwiderte, man sei ihm keinen Dank schuldig, denn er gebe ihnen zu wissen, daß er in dem gestürzten und überrittenen Kind das Antlitz seines Sohnes zu erkennen geglaubt, den er zärtlich liebe; dies habe ihn bewogen, den Knaben in die Arme zu nehmen und nach Hause zu tragen. Hier müsse das Kind die ganze Zeit, die die Heilung erfordere, bleiben; es werde ihm alle notwendige und mögliche Pflege zuteil werden. Seine Gemahlin, eine edle Frau, sagte das gleiche und machte ihnen noch herzlichere Zusicherungen. Von so vieler Nächstenliebe waren die Großeltern erstaunt, noch erstaunter war die Mutter des Kindes, denn nachdem die Äußerungen des Wundarztes ihr aufgeregtes Gemüt etwas besänftigt hatten, begann sie sich im Raume umzusehen, in dem ihr Sohn lag, und sie erkannte an vielen Zeichen das gleiche Gemach, wo ihre Ehre ein Ende und ihr Unglück seinen Anfang genommen hatte. Obwohl die Damastbespannung von damals nicht mehr den Raum zierte, erkannte sie ihn doch nach seiner Anordnung wieder, sah das Fenster mit dem Gitterkorb, das auf den Garten ging; da es des Kran-

Die Stimme des Blutes 377

ken wegen geschlossen war, fragte Leocadia, ob jenes
Fenster nicht den Blick auf einen Garten freigebe. Dies
wurde bejaht. Am deutlichsten aber erinnerte sie sich an
das Bett, das ihr wie die Gruft ihrer Ehre dünkte, und
auch das Schreibpult, von dem sie das Kruzifix genommen,
stand noch an der gleichen Stelle.

Schließlich wurde ihre Vermutung zur unwiderleglichen
Gewißheit durch die Stufen, die sie gezählt hatte, als man
sie aus dem Zimmer führte; ich meine die Stufen, die vom
Zimmer auf die Straße führen und die sie damals in kluger
Voraussicht gezählt hatte. Als sie ihren Sohn verließ und
nach Hause zurückkehrte, zählte sie die Stufen noch einmal und fand, daß die Zahl stimmte. Da sie nun Zeichen
mit Zeichen verglich, erkannte sie, wie richtig ihre Vermutung war, und sie gab ihrer Mutter einen ausführlichen
Bericht darüber. Die kluge Frau holte erst Erkundung
darüber ein, ob der Edelmann, bei dem sich ihr Enkel befand, einen Sohn gehabt hätte oder habe, und erfuhr, daß
es derselbe war, den wir Rodolfo nannten, und daß er
sich in Italien aufhalte. Als sie die Zeit nachrechnete, die
man ihr für seine Abwesenheit aus Spanien angab, fand
sie, daß es die gleichen sieben Jahre waren, die ihr Enkel
jetzt alt war. Davon unterrichtete sie ihren Gemahl, und
sie beschlossen mit Zustimmung der Tochter abzuwarten,
was Gott mit dem Verletzten vorhabe, der vierzehn Tage
später außer Lebensgefahr war und nach dreißig Tagen
das Krankenlager verließ. In dieser Zeit wurde er von der
Mutter und der Großmutter recht häufig besucht und vom
Hausherrn und seiner Gemahlin wie das eigene Kind gehalten. Manchmal sagte Doña Estefania, so hieß die Gattin
des Edelmannes, im Gespräch mit Leocadia, der Knabe
gleiche so sehr ihrem jetzt in Italien lebenden Sohn, daß
sie das Kind nie ansehen könne, ohne zu meinen, sie habe
den Sohn vor sich. An diese Worte knüpfte Leocadia eines
Tages an, um ihr das zu sagen, was sie in Übereinkunft
mit ihren Eltern Doña Estefania zu sagen beschlossen hatte,
und zwar mit den folgenden oder ähnlichen Worten:

»An dem Tag, edle Frau, an dem meine Eltern erfuhren, daß ihr Neffe so übel zugerichtet war, glaubten sie,

der Himmel wäre eingestürzt und die ganze Welt läge auf ihren Schultern; sie meinten, daß sie schon das Licht ihrer Augen und die Stütze ihres Alters verloren hätten, wenn ihnen dieser Neffe fehle, den sie auf solch zärtliche Weise lieben und damit bei weitem das Maß an Liebe überschreiten, das andere Eltern für ihre Kinder hegen; allein wie man zu sagen pflegt, schlägt Gott nicht nur Wunden, sondern heilt sie auch, und so fand der Knabe hier in diesem Hause Heilung und ich darin die lebhafte Erinnerung an einige Geschehnisse, die ich in meinem ganzen Leben nie mehr vergessen könnte. Ich, edle Frau, bin aus vornehmem Geschlecht, weil meine Eltern adelig sind, meine Vorfahren es waren und sie ihre Ehre trotz des geringen Vermögens, wo auch immer sie gelebt, zu wahren wußten.«

Als Doña Estefania die Worte Leocadias vernahm, war sie baß erstaunt und ganz verwundert und vermochte, obgleich sie es sah, kaum zu glauben, daß solche Jugend solche Einsicht in sich schließen konnte, schätzte sie Leocadia doch ihrer Erscheinung nach auf ungefähr zwanzig Jahre. Ohne ein Wort einzuwerfen, wartete sie ab, bis Leocadia ausgesprochen und alles gesagt hatte, was sie zu sagen begehrte. So erfuhr Doña Estefania von dem üblen Streich ihres Sohnes, von der Entehrung, die Leocadia durch ihn erfahren, von der Entführung, wie man ihr die Augen verbunden, sie in diesen Raum gebracht hatte, von den Zeichen, an denen sie den Raum als den gleichen wiedererkannte. Leocadia zog zur Bekräftigung des Gesagten das Kruzifix, das sie damals an sich genommen, aus dem Busenausschnitt ihres Kleides und sagte:

»Du, o Herr, warst Zeuge der Gewalt, die man mir angetan; sei nun Richter über die Genugtuung, die man mir schuldet. Ich habe Dich von jenem Schreibpult genommen in der Absicht, Dich stets an den Schimpf zu erinnern, den man mir zugeführt, nicht um von Dir Vergeltung zu erbitten, die ich nicht verlange, sondern um Dich anzuflehen, daß Du mir einigen Trost gewährtest, damit ich mein Unglück leichter zu ertragen wüßte. Dieser Knabe, edle Frau, an dem Ihr die ganze Weite Eurer

Nächstenliebe bewiesen habt, ist in Wahrheit Euer Enkel. Es war eine Sendung des Himmels, daß er niedergeritten wurde; so kam er in Euer Haus und ich könnte, wie ich hoffe, wenn nicht schon das Heilmittel, das allein meinem Unglück entspräche, finden, so doch wenigstens einen Weg, der mich mein Mißgeschick leichter ertragen ließe.«

Nachdem Leocadia dies alles gesagt, sank sie, das Kruzifix an die Brust gepreßt, ohnmächtig in Estefanias Arme. Kaum sah Estefania, daß Leocadia ohnmächtig geworden war, drückte sie – ein edles Weib, dem Mitleid und Erbarmen ebenso natürlich sind, wie es dem Manne die Grausamkeit ist – Leocadias Antlitz an das ihre und benetzte es mit so vielen Tränen, daß es keines Wassers mehr bedurfte, um Leocadia wieder zu sich kommen zu lassen.

Als beide so eng aneinandergeschmiegt dasaßen, trat zufällig der Gemahl Estefanias, der Luisico an der Hand führte, ins Zimmer; als er die Tränen Estefanias gewahrte und die Ohnmacht Leocadias sah, begehrte er alsbald die Ursache zu erfahren. Der Knabe umarmte die Mutter als Base und die Großmutter als seine Wohltäterin und fragte gleichfalls, weshalb sie weinten.

»Große Dinge habe ich Euch, mein Gemahl, zu berichten«, erwiderte Estefania auf die Frage ihres Gatten. »Sie laufen letzthin darauf hinaus, daß ich Euch bitte, in dieser Ohnmächtigen Eure Tochter und in diesem Knaben Euren Enkel zu erkennen. Dies hat mir Leocadia eröffnet, und die Züge des Knaben bestätigen die Wahrheit, haben wir doch beide darin das Antlitz unseres Sohnes erkannt.«

»Wenn Ihr Euch nicht näher erklärt, Señora, so verstehe ich Euch nicht«, sagte der Edelmann.

Hier kam Leocadia wieder zur Besinnung und schien, das Kruzifix an die Brust gepreßt, in ein Meer von Tränen verwandelt. Dies alles brachte den Edelmann in große Verwirrung, aus der ihn seine Gattin befreite, indem sie ihm alles berichtete, was sie von Leocadia erfahren, und er glaubte es durch göttliche Fügung so, als hätten es ihm viele wahrhafte Zeugen erwiesen. Er tröstete und umarmte Leocadia, küßte den Enkel, und am gleichen Tag noch sandten sie einen Eilboten mit einem Brief nach Neapel, in dem sie den Sohn aufforderten, sogleich zurückzukehren, denn sie hätten seine Verlobung mit einem überaus schönen Mädchen vereinbart, das seiner würdig sei. Sie ließen es nicht zu, daß Leocadia und ihr Sohn wieder in das Haus der Eltern zurückkehrten, und diese, über alle Maßen glücklich ob der günstigen Wendung im Geschick der Tochter, priesen Gott ohne Unterlaß dafür. Der Eilbote kam nach Neapel, und Rodolfo, voll der Begierde, sich eines solch schönen Weibes zu erfreuen, wie sein Vater ihm angekündigt, benützte die Gelegenheit, die sich ihm bot, mit vier Galeeren, die vor der Ausreise standen, nach Spanien zu reisen, und schiffte sich zwei Tage, nachdem er den Brief erhalten, mit den beiden Kameraden, die ihn immer noch begleiteten, nach der Heimat ein. Ohne einen Zwischenfall kam er nach weiteren zwölf Tagen in Barcelona an, erreichte mit Postpferden in weiteren sieben Tagen Toledo und betrat das Haus seines Vaters so schön und stattlich, daß in ihm alle Schönheit und Stattlichkeit vereint schien.

Die Eltern Rodolfos freuten sich über die Gesundheit und die glückliche Ankunft des Sohnes. Wie versteinert stand Leocadia da, die Rodolfo, dem Plan und Auftrag Doña Estefanias entsprechend, aus einem Versteck her betrachtete. Rodolfos Kameraden wollten sich sogleich zu ihren Angehörigen begeben, allein Estefania ließ dies nicht zu, weil sie die beiden für ihr Vorhaben benötigte. Als Rodolfo ankam, war es schon gegen Abend, und während das Mahl bereitet wurde, rief Estefania die Kameraden ihres Sohnes beiseite; sie nahm an, daß die beiden gewiß von den dreien waren, die Rodolfo an jenem Abend, als Leocadia entführt worden war, begleitet hatten. Sie sprach die inständige Bitte aus, ihr doch zu sagen, ob Rodolfo in einer gewissen Nacht vor so und so vielen Jahren nicht ein Mädchen entführt habe, denn die Ehre und die Ruhe aller ihrer und ihres Gatten Anverwandten hänge davon ab, daß sie den wahren Hergang der Sache herausbekäme. Sie wußte so inständig zu bitten und den jungen Leuten überzeugend zu versichern, ihnen erwüchse, wenn sie die Entführung einbekennten, keinerlei Schaden daraus, und so

Die Stimme des Blutes   381

erachteten auch sie es für angebracht einzugestehen, sie und
noch ein anderer hätten in der von ihr angegebenen Nacht
gemeinsam mit Rodolfo ein Mädchen entführt; Rodolfo
sei mit ihr enteilt, während sie die Familienangehörigen
des Mädchens, die sich mit Schreien zu verteidigen suchten, zurückgehalten hatten. Tags darauf habe Rodolfo
ihnen gesagt, er hätte das Mädchen in seine Wohnung gebracht. Dies sei alles, was sie auf die Frage zu antworten
wüßten.

Das Geständnis der beiden beseitigte auch den letzten
Zweifel, der in einem solchen Fall noch hätte auftauchen
können, und so entschloß Doña Estefania sich, ihren gut
ausgeheckten Plan in die Tat umzusetzen. Der Plan bestand in folgendem: Kurz bevor man sich zum Abendessen
setzte, zog sich Doña Estefania mit Rodolfo in ein Zimmer
zurück, wo sie allein waren, reichte ihm ein Bildnis und
sagte:

»Ich, Rodolfo, möchte dir ein angenehmes Abendessen
bereiten, indem ich dir vorher das Bildnis deiner zukünftigen Gattin zeige. Dies ist ihr wahrhaftes und gut ge-
troffenes Abbild, und ich möchte dich darauf aufmerksam
machen, daß sie, was ihr an Schönheit abgeht, durch Tugend
wettmacht; sie ist bester Abkunft, einigermaßen reich, und
da wir, dein Vater und ich, sie ausgewählt haben, kann
ich dir versichern, daß sie die Frau ist, die am besten zu
dir paßt.«

Rodolfo betrachtete das Bildnis sehr aufmerksam und
sagte:

»Wenn die Maler, die an das Antlitz, das sie abbilden,
alle Schönheit zu verschwenden pflegen, so muß, wenn sie
solches auch bei diesem Bildnis taten, das Original zweifelsohne die Häßlichkeit in Person sein. Es ist wahrlich
gerecht und gut, Frau Mutter, daß die Kinder ihren Eltern
in allem, was diese begehren, folgsam sind. Allein es ist
auch gut und besser noch, daß die Eltern den Kindern jenes
Band knüpfen, das ihrer Neigung am besten entspricht.
Und da nun die Ehe ein Knoten ist, den nur der Tod zu
lösen vermag, so ist es angebracht, daß die Bänder, aus
denen dieser Knoten geschlungen wird, in der gleichen Art

und aus gleichen Fäden gewebt seien; Tugend, Adel, Klugheit und Glücksgüter werden den Mann, dem sie mit der Gattin zufallen, gewiß erfreuen, daß aber die Häßlichkeit die Augen des Gatten zu ergötzen vermöchte, dies scheint mir unmöglich. Ich bin zwar jung, doch weiß ich wohl, daß die Vermählten mit dem Sakrament der Ehe in den billigen und gebührenden Genuß kommen, der damit verbunden ist; sollte es aber daran fehlen, dann hinkt die Ehe, und ihr zweiter Zweck wird nicht erreicht. Es erscheint mir also unvorstellbar, sage ich nochmals, daß ich zu jeder Stunde ein häßliches Antlitz vor Augen hätte, im Saal, bei Tisch und im Bette; solches kann niemand erfreuen. Ich beschwöre Euch deshalb, Frau Mutter, bei allem, was Euch lieb ist, mir eine Gefährtin meines Lebens zu geben, die mich erfreut und nicht abstößt, damit wir, ohne nach rechts oder nach links abzuweichen, gleicherweise und geradenwegs das Joch dorthin tragen, wohin der Himmel es von uns getragen haben will. Wenn diese Dame adelig, klug und reich ist, wie Ihr, Frau Mutter, behauptet, dann wird es ihr nicht an einem Gatten fehlen, der einen anderen Geschmack besitzt als ich. Die einen suchen adelige Abkunft, die andern Klugheit, die dritten Geld und andere wieder Schönheit. Zu diesen gehöre ich, denn den Adel erhielt ich dank dem Himmel, dank meiner Eltern und Vorfahren, als Erbe zugeteilt; was den Verstand angeht, so soll die Frau weder albern, noch dumm oder töricht sein, sie soll weder durch ihren Scharfsinn auffallen, noch durch ihre Einfältigkeit schaden; was den Reichtum betrifft, so bewahrt mich der meiner Eltern vor der Furcht zu verarmen; was ich also suche, ist Schönheit; Schönheit will ich, mit keiner anderen Mitgift als Ehrbarkeit und gute Sitte. Wenn meine Gattin solches mitbringt, dann werde ich Gott mit Freuden dienen und meinen Eltern ein glückliches Alter bereiten.«

Die Gründe, die Rodolfo dargelegt, stellten seine Mutter überaus zufrieden, erkannte sie doch daran, daß ihr Vorhaben gelingen werde. Sie erwiderte ihm, er möge sich deshalb keine Sorgen machen, denn sie werde alles tun, um ihn seinem Wunsche gemäß zu vermählen; es wäre über-

Die Stimme des Blutes

dies ein leichtes, die Verabredungen, ihn mit jener Frau zu vermählen, ungeschehen zu machen. Rodolfo dankte ihr, und da die Stunde des Abendessens herangekommen war, gingen sie alle zu Tisch. Als der Vater, die Mutter, Rodolfo und seine beiden Kameraden bereits an der Tafel saßen, rief Doña Estefania so, als käme ihr dies erst jetzt in den Sinn, erregt aus:

»Um des Himmels willen! Bin ich doch eine schlechte Gastgeberin!« Und zu einem der Bedienten gewendet, sagte sie: »Geht doch und sagt der Señora Doña Leocadia, sie möge aus ihrer Zurückhaltung heraustreten und uns die Ehre erweisen, sich mit uns an die Tafel zu setzen; es seien nur jene anwesend, die ich als meine Söhne und ihr stets zu Diensten Stehende bezeichnen könnte.«

Dies alles war nur eine List, und Leocadia war in alles, was sie zu tun hatte, eingeweiht. Sie ließ nicht lange auf sich warten und gab bald ein natürliches und schönes Beispiel dafür, was Kunst und Natur hervorzubringen imstande wären. Da es Winter war, erschien sie in einem Kleid aus schwarzem Samt, das reich mit Goldknöpfen und Perlen besetzt war, während der Gürtel und das Halsband diamanten waren; das lange und nicht allzu blonde Haar diente ihr gleicherweise als Schmuck und Kopfputz, dessen kunstvoller, von Diamanten durchsetzter Aufbau in Flechten und Locken die Augen aller blendeten, die sie ansahen. Leocadia war von einnehmendem Wesen und Feuer; an der Hand führte sie ihren Sohn, und vor ihr her schritten zwei Zofen, die ihr jede mit einer Wachskerze in einem silbernen Leuchter den Weg wiesen und erhellten. Alle erhoben sich, um ihr die Ehrerbietung zu erweisen, so als wäre sie ein himmlisches Wesen, das ihnen auf wunderbare Weise erschien. Die Augen trunken, war keiner der Anwesenden aus Überraschung vor ihrem Anblick imstande, auch nur ein Wort hervorzubringen. Mit leichter Anmut und großem Anstand verbeugte sich Leocadia vor jedem der Anwesenden; Estefania nahm sie an der Hand und setzte sie neben sich, gerade Rodolfo gegenüber. Den Knaben setzten sie neben den Großvater. Rodolfo, der die unvergleichliche Schönheit Leocadias nun ganz aus der

Nähe bewundern konnte, sagte bei sich: »Hätte das Mädchen, das mir die Mutter zur Gattin bestimmt hatte, nur die Hälfte dieser Schönheit, würde ich mich für den glücklichsten Menschen auf der Welt erachten. Gott steh mir bei! Was sehe ich da! Sehe ich vielleicht irgendeinen menschgewordenen Engel vor mir?«

Indes drang ihm Leocadias Bild durch die Augen ins Herz und ergriff Besitz von seiner Seele. Leocadia, die sich während des ganzen Abendessens ganz nahe dem Manne sah, den sie schon mehr liebte als das Licht ihrer Augen, mit denen sie ihn zuweilen verstohlen anblickte, erinnerte sich von neuem daran, was ihr mit Rodolfo geschehen war: die Hoffnung, die in ihrem Innersten aufgekeimt war, nämlich die, seine Gattin zu werden, wie es ihr seine Mutter eingegeben hatte, begann von neuem zu schwinden, denn sie befürchtete, daß die Versprechungen, die Rodolfos Mutter ihr gemacht, sich bereits in diesem kurzen Glück erschöpfen könnten. Als sie bedachte, wie nahe sie daran sei, für immer glücklich oder unglücklich zu sein, wurde dieses Bedenken so eindringlich, daß sich ihr die Sinne verwirrten und ihr Herz so schwer wurde, daß sie zu schwitzen begann, erblaßte und von einer Ohnmacht befallen wurde, die sie zwang, den Kopf in Doña Estefanias Arme sinken zu lassen, die sie überaus bestürzt auffing. Alle Anwesenden erschraken, sprangen von der Tafel auf und eilten, Leocadia beizustehen. Allein am tiefsten betroffen zeigte sich Rodolfo, der zweimal stolperte und hinfiel, als er versuchte, ihr als erster zu Hilfe zu kommen. Obgleich man ihr die Schnürbrust löste und das Gesicht mit Wasser besprengte, kam sie doch nicht zu sich, vielmehr waren die atemstille Brust und der erloschene Puls deutliche Zeichen des Todes. Die Mägde und die Diener des Hauses, unüberlegter, erhoben lautes Geschrei und verredeten sie als tot. Die schmerzliche Nachricht kam auch Leocadias Eltern zu Ohren, die Doña Estefania für eine erfreulichere Gelegenheit verborgen gehalten hatte. Mit dem Pfarrer des Kirchspiels, der gleichfalls anwesend war, stürzten sie, die Weisungen Estefanias mißachtend, in den Saal.

Der Pfarrer eilte rasch zu Leocadia, um zu sehen, ob sie

Die Stimme des Blutes   385

durch irgendwelche Zeichen noch zeigte, daß sie ihre Sünden bereue, wollte er sie doch noch lossprechen, allein dort,
wo er einen Ohnmächtigen zu finden geglaubt hatte, fand
er deren zwei, denn auch Rodolfo lag mit seinem Gesicht
besinnungslos auf Leocadias Busen. Seine Mutter hatte ihn
so nahe an Leocadia herantreten lassen, war sie doch für
ihn bestimmt; allein als sie sah, daß auch er in Ohnmacht
fiel, war sie selbst nahe daran, die Besinnung zu verlieren
und würde sie verloren haben, hätte sie nicht noch rechtzeitig gesehen, daß Rodolfo wieder zu sich kam. Als er das
Bewußtsein wieder erlangte, war er beschämt, weil er sich
hatte bei solcher Schwäche betreten lassen. Allein die Mutter, die den Gedanken des Sohnes zu erraten schien, sagte:
»Schäme dich nicht, mein Sohn, daß du deinen Schmerz
auf solche Weise gezeigt, doch schäme dich, wenn du nicht
noch größeren Schmerz empfinden wolltest, da ich dir nun
nicht mehr verhehlen kann, was ich für einen erfreuliche-
ren Augenblick zurückzuhalten gedachte. So wisse denn,
mein lieber Sohn, daß die Ohnmächtige, die ich hier in
meinen Armen halte, deine wahre Braut ist. Ich nenne sie
deine wahre Braut, weil sie in Wahrheit diejenige ist, die
dein Vater und ich dir bestimmt hatten, und die andere
auf dem Bildnis nur vorgetäuscht war.«
Als Rodolfo dies vernahm, überließ er sich ganz seinem
glühenden Verlangen, um so mehr als er durch den Namen
eines Bräutigams alle Hindernisse beseitigt sah, die die
Ehrbarkeit und die Rücksicht auf den Ort, an dem er sich
befand, auferlegten; so legte er sein Gesicht an das Antlitz
Leocadias und preßte seinen Mund auf den ihren, als
wollte er ihre Seele einatmen und ihr in der seinen eine
Heimstatt geben. Doch als die Tränen aller vor Schmerz
immer heftiger zu fließen begannen, die Klagen des Jammers wegen immer lauter wurden, als Leocadias Eltern
sich das Haar rauften und die Klagerufe des Knaben zum
Himmel aufstiegen, kam Leocadia zu sich, und mit ihrer
Besinnung kehrte auch die Freude und Zuversicht wieder
in alle Herzen, aus denen sie gewichen, zurück. Leocadia
fand sich in den Armen Rodolfos, wollte sich ihnen mit
sanfter Gewalt entwinden, doch er sagte:

»Nein, Señora, so soll es nicht sein! Es ist nicht recht, sich den Armen dessen zu entziehen, der Euch mit seiner ganzen Seele umfaßt hält.«

Als Leocadia solches vernahm, kam sie vollends zur Besinnung; Doña Estefania wollte ihr ursprüngliches Vorhaben nicht weiter verfolgen und bat deshalb den Pfarrer, ihren Sohn sogleich mit Leocadia zu verbinden. Dies tat der Pfarrer, denn damals, als dies geschah, war zur Eheschließung nichts weiter erforderlich als die Einwilligung der Braut und des Bräutigams, und es bedurfte noch nicht der löblichen und gerechten Bestimmungen und Formen, die heute gebräuchlich sind. So wurde die Ehe geschlossen, da es keinerlei Hindernis gab, das sich der Trauung entgegenstellte. Da diese nun vollzogen ist, bleibe es einer anderen Feder und einem feineren Geist als dem meinen überlassen, die allgemeine Freude aller, die dabei zugegen waren, zu schildern: die Zärtlichkeit, mit der Leocadias Eltern Rodolfo in die Arme schlossen, den Dank, den sie dem Himmel und Rodolfos Eltern sagten, die Beteuerungen und Erbietungen aller, die Verwunderung, die die Kameraden Rodolfos bezeigten, da sie gleich in der Nacht ihrer Heimkehr eine solch schöne Hochzeit erlebten, und erst ihr Erstaunen, als sie aus dem Munde Doña Estefanias, die allen Anwesenden den Hergang berichtete, erfuhren, daß Leocadia keine andere war als jene Jungfrau, die sie gemeinsam mit Rodolfo entführt hatten. Darob war auch Rodolfo nicht minder erstaunt und bat, um sich vollends von der Wahrheit des Berichtes zu vergewissern, Leocadia, sie möge ihm irgendein Merkmal angeben, das ihm die Wahrheit dessen, was er nicht mehr zu bezweifeln wagte, da seine Eltern sich dessen genauestens vergewissert hatten, noch eindringlicher vor Augen führe. Sie erwiderte:

»Als ich einmal aus einer anderen Ohnmacht erwachte und zu vollem Bewußtsein kam, da sah ich mich, mein Gemahl, entehrt in Euren Armen; jetzt scheint mir dies wohlgeschehen, denn als ich jetzt in Euren Armen wieder zu mir kam, fand ich auch meine Ehre wieder. Und sollte dieses Zeichen nicht genügen, dann mag der Gekreuzigte auf jenem Kruzifix Zeugnis für mich ablegen, da es niemand

Die Stimme des Blutes

anderer als ich fortgenommen haben konnte, sofern Ihr es
am nächsten Morgen vermißt habt, und wenn es das gleiche
ist, das meine Gebieterin...«

»Ihr seid die Gebieterin meines Herzens und werdet es
all die Jahre sein, die Gott uns schenken will, meine Innigst-
geliebte.«

Damit umarmte er sie von neuem, und von neuem segneten und beglückwünschten sie alle.

Das Abendessen wurde aufgetragen, und es kamen die
Musiker, die man hiefür bestellt hatte. Rodolfo erkannte
sich selbst im Spiegel des Antlitzes seines Sohnes; die Groß-
mütter und Großväter weinten vor Freude; es gab keinen
Winkel des Hauses, in dem nicht der Jubel, die Zufriedenheit und die Freude zugekehrt wäre. Und obgleich die
Nacht auf ihren leichten schwarzen Flügeln davonflog, so
dünkte es Rodolfo doch, als schleiche sie auf Krücken dahin, so groß war sein Verlangen, sich mit seiner geliebten
Gattin allein zu sehen. Endlich kam die ersehnte Stunde,
gibt es doch nichts, das nicht sein Ende hätte. Alle gingen
zu Bett, und das ganze Haus lag in tiefem Schweigen begraben, in dem jedoch die Wahrheit dieser Erzählung nicht
zu Grabe getragen werden soll, würden dies doch die vielen Kinder und die erlauchte, jetzt noch lebende Nachkommenschaft, die sie in Toledo hinterließen, nicht dulden.
Die glücklichen Gatten erfreuten sich noch viele Jahre einer
des andern, erfreuten sich ihrer Kinder und Enkel dank
der Fügung des Himmels und der »Stimme des Blutes«,
die der tapfere, edle und fromme Großvater Luisicos aus
dem auf dem Boden vergossenen Blut vernahm.

DER EIFERSÜCHTIGE ESTREMADURER

Vor nicht sehr vielen Jahren verließ ein junger Edelmann aus gutem Hause seinen Heimatort in der Estremadura, zog wie ein »verlorener Sohn« durch verschiedene Gegenden Spaniens, Italiens und Flanderns und vergeudete dabei sowohl die Jahre als auch das Vermögen. Am Ende seiner Irrfahrt (schon tot die Eltern, und das Erbteil verschwendet), kam er schließlich in die große Stadt Sevilla, wo er Gelegenheit genug fand, auch noch den kleinen Rest seines Vermögens durchzubringen. Als er sich nun so sehr der Mittel entblößt sah und auch nur noch wenige Freunde hatte, griff er zu dem Heilmittel, zu dem viele andere Gescheiterte in jener Stadt ihre Zuflucht nehmen, das heißt, nach den Indias auszuwandern, dem Obdach und der Heimstatt der Verzweifelten Spaniens, der Freistatt der Verfolgten, Geleitbrief der Mörder, Helfer und Hilfe der Falschspieler, der von den Blattkünstlern Aug' und Zusteck genannt wird, schaut er doch dem Gegner in die Karten und steckt dem Spieler falsche zu, er entschloß sich also, nach den Indias auszuwandern, dem allgemeinen Lockvogel liederlicher Weiber, der gemeinsamen Enttäuschung vieler und dem besonderen Heilmittel nur weniger. Als schließlich die Stunde herankam, in der eine Flotte nach Tierrafirme abgehen sollte, traf er eine Absprache mit dem Admiral der Flotte, versorgte sich mit Reiseproviant und einer Palmstrohmatte, schiffte sich in Cádiz ein und sagte Spanien Lebewohl. Die Flotte lichtete die Anker, und unter allgemeinem Jubel wurden die Segel in den Wind gesetzt, der sanft und seewärts blies; in wenigen Stunden entzog die Brise das Land ihren Blicken und bot ihnen die weit sich dehnende Fläche des Urvaters aller Gewässer, des ozeanischen Meeres.

Unser Reisender brütete vor sich hin und überdachte die vielen Gefahren, die er in den Jahren seiner Irrfahrt bestanden, und bedachte die schlechte Führung, die er im Verlauf seines bisherigen Lebens gezeigt. Aus der Rechenschaft, die er sich selber abforderte, zog er den festen Ent-

Der eifersüchtige Estremadurer

schluß, seinen Lebenswandel zu ändern und besser als bisher das Vermögen zu verwalten, das Gott ihm vielleicht schenken mochte, und vor allem den Frauen gegenüber zurückhaltender zu sein, als er es bislang gewesen. Als Felipo de Carrizales, denn so heißt der Mann, der unserer Novelle den Stoff geliefert hat, den Sturm in seinem Innern bestand, lag die Flotte in einer Windstille. Bald aber frischte der Wind wieder auf und trieb die Schiffe mit solcher Macht vor sich her, daß keiner sich auf seinem Platz halten konnte; deshalb mußte auch Carrizales, ob er wollte oder nicht, seine Grübeleien aufgeben und sich mit dem beschäftigen, was die Seereise von ihm forderte. Sie ging jedoch so glücklich vonstatten, daß die Schiffe ohne Unbill oder Kümmernis im Hafen von Cartagena einliefen. Um alles, was nicht zu unserer Geschichte gehört, in einem abzutun, füge ich noch hinzu, daß Felipo zur Zeit, als er nach den Indias reiste, ungefähr achtundvierzig Jahre alt war und es ihm in den zwanzig Jahren, die er dort verbrachte, dank seines Fleißes und seiner Geschicklichkeit gelang, ein Vermögen von mehr als hundertfünfzigtausend vollgewichtigen Pesos zu erwerben.

Als er sich nun reich und wohlhabend sah, erfaßte auch ihn das allen natürliche Verlangen, in die Heimat zurückzukehren. Alle großen Geschäfte, die sich ihm boten, hintanstellend, verließ er Perú, wo er dieses große Vermögen erworben hatte, legte seinen Reichtum in Gold- und Silberbarren an, ließ diese, um Schwierigkeiten aus dem Wege zu gehen, gebührend eintragen und beurkunden und kehrte nach Spanien zurück. In Sanlúcar ging er an Land, begab sich nach Sevilla und kam dort ebenso reich an Jahren wie an Geld an; die Barren wurden ihm ohne Schwierigkeiten ausgefolgt; er suchte seine Freunde und fand, daß sie alle schon gestorben waren. Dann wollte er in seine Heimat, obgleich er schon wußte, daß der Tod ihm keinen seiner Anverwandten gelassen hatte. Und wenn ihn damals, als er bettelarm nach den Indias gefahren war, viele Gedanken bestürmt und ihn inmitten der Meereswogen keinen Augenblick zur Ruhe hatten kommen lassen, so setzten sie ihm jetzt auf dem friedlichen Lande, wenn auch aus anderen Gründen, nicht weniger heftig zu; denn wenn er damals vor Armut kein Auge zutun konnte, so vermochte er jetzt vor Reichtum nicht zu schlafen, ist doch der Reichtum für den, der nicht gewohnt ist, solchen zu besitzen oder zu gebrauchen, eine ebenso schwere Last wie die Armut für den, der stets von ihr verfolgt wird. Sorgen bringt der Reichtum und Sorgen die Armut, allein der Armut läßt sich abhelfen, indem man bescheidenen Wohlstand erlangt, während die Sorgen des Reichtums in dem Maße wachsen, in dem der Reichtum zunimmt.

Carrizales brütete über seinen Gold- und Silberbarren, nicht etwa, weil er ein Geizhals gewesen, hatte er doch in den wenigen Jahren, in denen er Soldat war, gelernt, freigebig zu sein. Doch grübelte er darüber, was er mit den Barren anfangen sollte: als Barren nützten sie ihm nichts und wären, wenn er sie im Hause behielte, doch nur Lockspeise für Habgierige und Anreiz für Diebe. Erstorben war in ihm das Verlangen, wieder ins unruhige Handelsgeschäft zurückzukehren, und es dünkte ihn, daß er bei seinen Jahren mehr Geld besitze, als er bräuchte, um ein angenehmes Leben zu führen. Dieses Leben wollte er in seiner Heimat verbringen, wo er sein Geld auf Zinsen anlegen und seine alten Tage sorglos und in Frieden hinter sich bringen und Gott alles geben und erweisen könnte, was er vermöchte, hatte er doch der Welt schon mehr gegeben, als er ihr hätte geben müssen. Doch anderseits erwog er die Enge seines Geburtsortes, bedachte, wie arm die Leute dort waren und wie sehr er sich allen möglichen Belästigungen aussetzte, wenn er dorthin zog, denn die Armen pflegen den reichen Nachbarn zu bedrängen, besonders wenn sonst keiner zur Hand ist, an den sie sich in ihrer Not wenden könnten. Überdies hätte er gerne jemanden gehabt, dem er am Ende seiner Tage sein Vermögen hätte hinterlassen können. Als ihn solches Verlangen ankam, fühlte er seinen Kräften den Puls, und ihn dünkte, er wäre noch imstande, die Last der Ehe zu tragen. Kaum aber war er mit seinen Überlegungen so weit gekommen, da bemächtigte sich seiner so große Angst, daß ihm der Gedanke an eine Ehe verging und zerflatterte wie der Nebel im Wind, war er doch seiner Natur nach – auch ohne verheiratet zu sein – der eifersüchtigste Mensch auf der Welt, und sobald er nur an die Möglichkeit einer Heirat dachte, begann die Eifersucht ihn zu quälen, fing der Argwohn an, ihm zuzusetzen und die Einbildung ihn so sehr zu erschrecken, daß er sich dann fest vornahm, nicht zu heiraten.

Als er mit sich darob ins reine gekommen war, doch nicht darüber, was er mit dem Leben anfangen sollte, das ihm noch bestimmt war, wollte es sein Geschick, daß er eines Tages, als er eine Straße entlang ging, die Augen hob und an einem Fenster ein Mädchen zwischen dreizehn und vierzehn Jahren erblickte, ein Mädchen von so anmutigen Gesichtszügen und von solcher Schönheit, daß der gute alte Carrizales, ohne auch nur den geringsten Widerstand zu leisten, die Schwäche seiner vielen Jahre den wenigen Leonoras – so hieß das schöne Kind – unterwarf. Und sogleich, ohne sich länger aufzuhalten, begann er hin und her zu überlegen und sagte bei sich:

»Diese Jungfrau ist schön, und nach dem Aussehen des Hauses zu schließen, kann sie nicht reich sein; sie ist noch ein Kind: ihre Unerfahrenheit wird mich vor jedem Argwohn schützen. Mit ihr werde ich mich vermählen, einschließen werde ich sie, sie nach meinem Willen formen, und so wird sie nur das begehren, was zu begehren ich sie lehren will. Ich bin nicht so alt, daß ich die Hoffnung aufgeben müßte, Kinder zu haben, die mich beerben werden. Ob sie nun eine Mitgift bekommt oder nicht, tut wirklich nichts zur Sache, hat mir doch der Himmel genug für alle gegeben, und die Reichen sollen, wenn sie eine Ehe eingehen, nicht auf die Vermehrung ihres Vermögens achten, sondern auf ihre Neigung, denn die Neigung verlängert das Leben, und Ärger zwischen Eheleuten verkürzt es. Wohlan, das Schicksal hat entschieden, und dies ist das Los, das mir der Himmel zugedacht!«

Nachdem er dieses Selbstgespräch nicht einmal, sondern hunderte Male geführt hatte, sprach er einige Tage später mit Leonoras Eltern; dabei erfuhr er, daß sie, wenn auch arm, adelig wären. Er machte sie mit seinem Wunsch, seinem Stand und seinem Vermögen bekannt und bat sie, ihm ihre Tochter zum Weibe zu geben. Leonoras Eltern baten sich Bedenkzeit aus, damit sie Erkundungen über seine Angaben einziehen könnten und auch er in der Lage wäre, sich dessen zu vergewissern, was sie ihm über ihre adelige Herkunft gesagt hatten. Die Beteiligten verabschiedeten sich von einander, zogen Erkundungen ein und fanden, daß jeder die Wahrheit gesagt hatte. Kurz und gut, Leonora wurde dem Carrizales zum Weibe gegeben, doch vorher hatte er ihr eine Morgengabe von zwanzigtausend Dukaten übermacht: so sehr war die Brust des eifersüchtigen Alten in Liebe entbrannt. Doch kaum hatte er sein Ja-Wort gegeben, als mit einem Male ein wütendes Rudel eifersüchtiger Gedanken über ihn herfiel, er ohne die geringste Ursache zu zittern begann und sich größere Sorgen zu machen anfing, als er jemals gehabt. Das erste Zeichen seiner eifersüchtigen Anlage machte sich bemerkbar, als er nicht zulassen wollte, daß irgendein Schneider seiner Gattin für die vielen Kleider, die er ihr machen zu lassen gedachte, Maß nähme; darum hielt er auch Ausschau, ob nicht ein anderes weibliches Wesen mehr oder weniger Leonoras Wuchs und Größe habe und fand auch ein armes Mädchen, nach dessen Maß er ein Kleid anfertigen ließ. Als er es seinem Weibe anprobierte, sah er, daß es Leonora paßte, und nach diesem Maße ließ er dann die übrigen Kleider anfertigen; es waren ihrer so viele und so kostbare Kleider, daß die Eltern der jungen Frau sich mehr als glücklich erachteten, zu ihrem und ihrer Tochter Wohl einen so guten Schwiegersohn gefunden zu haben. Das Mädchen war beim Anblick solcher Pracht ganz benommen, denn was sie an Kleidung in ihrem ganzen Leben angelegt hatte, ging über einen Rock aus grobem Rasch und eine Bluse aus Taft nicht hinaus.

Das zweite Zeichen, das Felipo von seiner Eifersucht gab, bestand darin, daß er nicht mit seiner Gattin wohnen wollte, ehe er ihr nicht ein eigenes Haus erstellt habe. Dieses richtete er folgendermaßen ein: er kaufte um zwölftausend Dukaten im besten Viertel der Stadt ein Haus, das frisches, weil fließendes, Wasser und einen Garten mit

Der eifersüchtige Estremadurer 393

vielen Orangenbäumen hatte; dann ließ er alle Fenster,
die auf die Straße gingen, so vermauern, daß sie nur einen
Blick auf den Himmel erlaubten, und ebenso verfuhr er
mit den übrigen Fenstern. In das Tor, welches das Haus
mit der Straße verband, das Tor, das in Sevilla »Haustor«
genannt wird, ließ er einen Stall für eine Mauleselin einbauen und darüber eine Strohkammer mit einem Zimmer-
chen für den, der sich um das Tier zu kümmern hatte, einen
alten Neger, der überdies Eunuch war; dann ließ er die
Wände der Dachterrasse so hoch aufführen, daß jeder, der
das Haus betrat, ganz gerade nach oben zum Himmel
schauen mußte, ohne etwas anderes zu erblicken; schließlich ließ er zwischen dem Haustor und dem Innenhof eine
versperrbare Drehtür einbauen. Dann kaufte er eine sehr
kostbare Ausstattung, um das Haus damit zu schmücken,
so daß es der prachtvollen Wandbehänge, der mit wertvollen Teppichen belegten Estraden und der mit teuren
Baldachinen überdachten Zierstühle wegen dem Hause
eines großen Herrn glich; er kaufte auch vier hellhäutige
Sklavinnen, denen er sein Mal ins Gesicht brennen ließ,
und auch zwei schwarze, die erst kürzlich aus Afrika gebracht worden waren. Dann traf er ein Abkommen mit
einem Küchenmeister, der alle Speisen kaufen und liefern
sollte unter der Voraussetzung, daß er nicht im Hause
wohnen und schlafen noch weiter hereinkommen dürfe als
bis zur Drehtür, durch die er alles, was er brächte, herein-
reichen konnte. Dies getan, legte Carrizales einen Teil
seines Vermögens an verschiedenen sicheren Stellen auf
Zinsen; einen anderen Teil brachte er zur Bank und behielt noch etwas Geld für unerwartete Ausgaben im Hause.
Dann ließ er einen Hauptschlüssel anfertigen und brachte
alles, was man im großen wie im kleinen zu kaufen pflegt,
als Vorrat für das ganze Jahr unter Verschluß. Nachdem
er alles auf solche Weise ausgestattet und versorgt hatte,
ging er zu seinen Schwiegereltern und forderte sein Weib,
das sie ihm unter nicht geringen Tränen übergaben, schien
es ihnen doch, als würde sie zu Grabe getragen.

Die überaus junge Leonora wußte nicht, was ihr geschehen war; sie erbat sich, mit ihren Eltern weinend,

deren Segen und verabschiedete sich von ihnen. Umgeben
von ihren Sklavinnen und Dienerinnen kam sie an der
Hand ihres Gatten in dessen Haus. Als sie dort angekommen, hielt Carrizales ihnen allen eine Ansprache, in der
er Leonora ihrer Obhut anvertraute und ihnen einschärfte,
sie sollten es unter keinen Umständen zulassen, daß jemand die zweite Tür nach innen durchschreite, nicht einmal der schwarze Eunuch. Besonders jedoch legte er den
Schutz und die Wartung Leonoras einer Dueña von großer
Umsicht und Würde ans Herz, bestimmte sie zur Hof-
meisterin Leonoras und überantwortete ihr gleichzeitig die
Aufsicht über alles, was im Hause zu geschehen habe; sie
solle den Sklavinnen und den beiden andern Jungfern
befehlen. Diese, die Leonora gleichaltrig waren, hatte er
aufgenommen, damit sich Leonora die Zeit mit Alters-
genossinnen vertreiben könne. Er versprach ihnen allen,
sie so zu behandeln und zu halten, daß sie unter der Abschließung nicht zu leiden hätten; überdies würden sie an
allen Sonn- und Feiertagen alle gemeinsam zur Messe
gehen; doch hätte dies ganz früh am Morgen zu geschehen,
damit nicht einmal das Tageslicht Gelegenheit fände, sie
zu sehen. Hausgesinde wie Sklavinnen versprachen alles,
was er anbefehlen wolle, ohne Murren, bereitwilligst und
rasch zu tun, und die junge Gattin duckte sich, senkte
den Kopf und sagte, sie habe keinen anderen Begehr als
den ihres Herrn und Gemahls, dem sie stets gehorchen
wolle.

Nachdem der gute Estremadurer diese Vorkehrungen
getroffen und sich in sein Haus eingesponnen hatte, begann er die Früchte der Ehe zu genießen, die Leonora, da
sie andere nicht verkostet hatte, weder mundeten noch zuwider waren. Und so vertrieb sie sich die Zeit mit ihrer
Dueña, den Zofen und den Sklavinnen, und diese, um ihre
Zeit noch angenehmer zu verbringen, ergaben sich der
Näscherei, und so verging kaum ein Tag, an dem sie nicht
tausenderlei Dinge gemacht hätten, die durch Zucker und
Honig schmackhaft munden. Dafür stand ihnen in großem
Übermaß alles zu Gebote, was sie benötigten, und nicht
weniger unerschöpflich war die Bereitschaft ihres Herrn,

Der eifersüchtige Estremadurer

ihnen alles zu geben, schien es ihm doch, daß er sie damit
genugsam beschäftigen und unterhalten könne und ihnen
die Gelegenheit nähme, an ihre Abgeschlossenheit zu denken. Leonora verkehrte mit ihren Mägden auf gleich und
gleich und unterhielt sich mit ihnen auf ihre Weise, ja sie
ging in ihrer Einfalt so weit, Puppen anzufertigen und
andere Kindereien zu treiben, was nur ihre Unschuld und
große Jugend unter Beweis stellte. Dies alles vollzog sich
zur größten Zufriedenheit des eifersüchtigen Gatten, der
nun glaubte, er habe jenes Leben getroffen, das für ihn
das beste war, und keine menschenmögliche Betriebsamkeit
oder List könne seinen Frieden stören. So war er unablässig darauf bedacht, seiner Gattin Geschenke zu bringen
und ihr in Erinnerung zu rufen, sie möge alles von ihm
verlangen, was ihr nur in den Sinn käme, wolle er ihr doch
alle Wünsche erfüllen.

An den Tagen, an denen Leonora zur Messe ging, und
dies geschah, wie schon gesagt, bei Morgengrauen, kamen
auch ihre Eltern zur Kirche, wo sie in Anwesenheit des
Gatten mit der Tochter sprechen durften. Carrizales überhäufte seine Schwiegereltern mit so vielen Geschenken, daß
sie, obgleich sie der Enge wegen, in der sie lebte, Mitleid
mit der Tochter empfanden, dieses Mitleid jedoch durch
die vielen Geschenke, die Carrizales, ihr freigebiger Schwiegersohn, ihnen machte, zu lindern wußten.

Carrizales stand Tag für Tag frühmorgens auf und erwartete den Küchenmeister, bei dem man am Abend zuvor mit einem Zettel, den man auf eine Lade der Drehtür
legte, bestellte, was er am folgenden Tag zu bringen hätte.
Nachdem der Küchenmeister gekommen und wieder gegangen war, pflegte Carrizales, meist zu Fuß, aus dem
Hause zu gehen, nachdem er die beiden Türen, das Haustor und die Drehtür, zwischen denen der Neger hauste,
versperrt hatte. Er ging seinen wenigen Geschäften nach,
kehrte bald zurück, schloß sich wieder ein und verbrachte
dann die Zeit damit, seiner Gattin Geschenke zu machen
und ihren Mägden zu schmeicheln, die ihn alle gern mochten, weil er sanft und liebenswürdig war, vor allem aber,
weil er sich gegen alle so freigebig zeigte. Auf diese Weise

brachten sie ihr Noviziatsjahr hinter sich und taten Profeß
in jenem Stande, entschlossen, ihn bis ans Ende ihrer Tage
beizubehalten. So wäre es auch gekommen, hätte sich nicht
der listige Feind des Menschengeschlechts, wie ihr nun
hören sollt, dareingemischt und den Frieden gestört.

Nun aber sage mir der, welcher sich für den Klügsten
und Gewitzigsten hält, welche andere Maßnahmen der
greise Felipo um seiner Sicherheit willen noch hätte treffen
sollen, erlaubte er doch nicht einmal, daß irgendein Tier
im Hause ein Männchen sei. Die Mäuse wurden niemals
von einem Kater gejagt, noch hörte man das Gebell eines
Rüden. Am Tage lag Carrizales auf der Lauer, in der
Nacht schlief er nicht; er war die Streife und die Wache
seines Hauses und der Argus seiner Liebsten; nie kam ein
Mann durch die Drehtür in den Innenhof. Mit seinen
Freunden verhandelte er nur auf der Straße. Die Gestalten auf den Gobelins, mit denen er seine Säle und Gemächer geschmückt, waren weiblichen Geschlechts, und
sonst waren nur Blumen und Haine darauf dargestellt.
Das ganze Haus roch nach Ehrbarkeit, Zurückgezogenheit
und Zucht; ja selbst unter den Geschichten, die die Mägde
an den langen Winterabenden am Kamin erzählten, war
keine einzige, die auch nur im geringsten anstößig gewesen
wäre, um so mehr, als er selbst immer dabei war. Das
Silberhaar des Alten wurde in Leonoras Augen zu purem
Gold, denn die erste Liebe eines Mädchens prägt sich in
ihre Seele ein wie das Siegel ins Wachs. Die übermäßige
Obhut, die man ihr angedeihen ließ, schien ihr kluge Vorsicht; sie dachte und glaubte, daß es allen Neuvermählten
wie ihr erginge. Ihre Gedanken schweiften niemals über
die Wände des Hauses hinaus, noch begehrte sie anderes,
als ihr Gatte begehrte. Nur an den Tagen, an denen sie
zur Messe ging, sah sie die Straßen, und dies geschah so
früh, daß es erst bei der Rückkehr aus der Kirche hell
genug war, sie zu betrachten. Nie hatte man ein Kloster
solch strenger Klausur, noch Nonnen härterer Zucht gesehen, noch goldene Äpfel, die besser bewacht worden
wären. Allein, trotz alledem konnte Carrizales weder so
noch so voraussehen noch verhindern, daß er in die ge-

Der eifersüchtige Estremadurer 397

fürchtete Falle ginge; nie hätte er jemals daran gedacht,
daß er schon in ihr sitze.

Es gibt in Sevilla eine Art von Taugenichtsen und Tage-
dieben, die man gemeinhin »Gente de barrio«, Gaivögel,
nennt. Es sind dies junge Leute aus jedem Viertel der Stadt
und immer die reichsten; herausgeputzte, honigsüße Tagediebe, über die wie auch über ihre Kleidung und Aufführung, ihr Tun und die Gesetze, die sie untereinander
beobachten, viel zu sagen wäre, was wir aber aus Gründen des Anstandes unterlassen. Einer dieser Gesellen nun,
ein sogenannter Virote, ein unverheirateter Bursche also
– die jungverheirateten heißen bei ihnen Mantones –,
wurde eines Tages auf das Haus des vorsichtigen Carrizales aufmerksam, und da er es stets verschlossen fand,
kam ihn das Verlangen an, zu erfahren, wer da drinnen
lebe. Er stellte seine Nachforschungen mit solchem Eifer
und solcher Genauigkeit an, daß er schließlich alles, was er
zu erfahren begehrte, aufs trefflichste wußte. Er erfuhr,
welchen Standes der Alte war, wie schön die Gattin, und
auf welche Weise er sie bewachte. All dies weckte in dem
Burschen den glühenden Wunsch, zu sehen, ob es ihm nicht
möglich wäre, sei es mit Gewalt oder durch List, eine so
wohlbewachte Festung zu erobern. Diesen Wunsch teilte
er zwei Virotes und einem Manton, mit denen er befreundet war, mit und kam mit ihnen überein, den Versuch zu
unternehmen, fehlt es doch für solche Streiche nie an Ratgebern und Helfern.

Nicht leicht schien es ihnen, ein solch schwieriges Unternehmen zu beginnen; nachdem sie aber zu wiederholten
Malen miteinander zu Rate gegangen waren, einigten sie
sich auf folgendes: Loaysa, so hieß der Virote, sollte die
Stadt scheinbar für einige Tage verlassen und nicht mehr
mit seinen Freunden zusammentreffen, was er auch tat.
Er legte sich eine saubere leinene Hose und ein reines Hemd
an, darüber zog er jedoch so zerrissene und flickige Kleider,
daß kein Armer der Stadt hätte schäbigere tragen können.
Loaysa kürzte sich den Bart, bedeckte ein Auge mit einem
Pflaster, umwickelte ein Bein eng mit einer Binde, und, auf
zwei Krücken dahinhumpelnd, verwandelte er sich in einen

so bedauernswerten Lahmen, daß ihm auch der echteste Krüppel nicht gleichkam.

In diesem Aufzug erschien er jeden Abend um die Zeit des Rosenkranzes am Haustor des Carrizales, das fest verschlossen war, wobei der Neger, der Luis hieß, zwischen den beiden Türen eingeschlossen hauste. Am Haustor angekommen, holte Loaysa eine kleine, etwas verdreckte Gitarre, an der einige Saiten fehlten, hervor und begann, da er ein weniges von Musik verstand, einige heitere, muntere Stückchen zur Gitarre zu singen, wobei er die Stimme verstellte, um nicht erkannt zu werden. Bald trug er emsig Romanze um Romanze, die alle von Mauren und Maurinnen handelten, in raschem Sprechton mit soviel Anmut vor, daß alle, die durch die Straße gingen, stehenblieben; immer war er, während er sang, von Straßenjungen umgeben. Luis, der Neger, horchte angestrengt zwischen den Türen, hing an der Musik des Virote und würde einen Arm hergegeben haben, hätte er dafür das Tor öffnen und mit größerer Bequemlichkeit zuhören dürfen: solcherart ist die Liebe der Neger zur Musik. Wollte Loaysa seine Zuhörer loswerden, dann hörte er einfach auf zu singen, steckte seine Gitarre weg und humpelte, auf die Krücken gestützt, davon.

Vier- oder fünfmal schon hatte er dem Neger ein Ständchen gebracht; für diesen allein war es bestimmt, denn Loaysa schien es, als sei es der Neger und müßte er es sein, bei dem er anzufangen habe, um jenes Gebäude zum Einsturz zu bringen. Der Gedanke war richtig, denn als er eines Abends wie gewöhnlich an das Tor kam und sich anschickte, die Gitarre zu stimmen, bemerkte er, daß der Neger bereits wartete. Loaysa trat an die Türangel und sagte leise:

»Könntest du mir nicht ein wenig Wasser reichen, Luis? Ich vergehe vor Durst und kann nicht singen.«

»Nein«, erwiderte der Neger, »denn ich habe keinen Schlüssel zu diesem Tor, auch gibt es keine Öffnung, durch die ich Euch Wasser reichen könnte.«

»Wer hat denn dann den Schlüssel?« fragte Loaysa.

»Mein Herr«, erwiderte der Neger. »Er ist der eifer-

Der eifersüchtige Estremadurer 399

süchtigste Mensch auf der Welt. Und wüßte er, daß ich jetzt da mit irgend jemand rede, so wäre es aus mit meinem Leben. Doch wer seid Ihr, der Ihr mich da um Wasser bittet?«

»Ich bin ein armer Krüppel«, erwiderte Loaysa, »der, auf einem Bein lahm, sein Leben unterhält, indem er die Leute um Almosen bittet. Dazu gebe ich noch einigen Schwarzen und anderen armen Leuten Unterricht im Gitarrespiel. Drei Negersklaven, die drei Regidoren gehören, habe ich so gut unterrichtet, daß sie imstande sind, auf jedem Tanz und in jeder Schenke aufzuspielen, und sie haben es mir überaus gut vergolten.«

»Könnte ich bei Euch Stunden nehmen«, sagte Luis, »dann würde ich Euch gewiß viel besser bezahlen; doch ist dies meines Herrn wegen unmöglich. Er versperrt das Haustor, wenn er morgens ausgeht, und wenn er zurückkommt, tut er desgleichen; ich bin dann zwischen zwei Türen eingemauert.«

»Bei Gott, Luis«, entgegnete Loaysa (der den Namen des Negers schon kannte), »wenn Ihr es zustande brächtet, daß ich ein paar Nächte lang zu Euch hineinkönnte, um Euch zu unterrichten, ich wollte Euch in weniger als vierzehn Tagen zu einem so geschickten Gitarrespieler machen, daß Ihr ohne die geringste Scham an jeder Straßenecke spielen könntet; ich gebe Euch zu wissen, daß ich eine ganz besondere Begabung für den Unterricht besitze; überdies habe ich sagen hören, Ihr hättet die besten Anlagen, und jetzt, da ich Eure Stimme, die nach dem Sopran hin zieht, höre, kann ich wohl annehmen, daß Ihr sehr gut singen werdet.«

»Ich singe nicht schlecht«, versetzte der Neger. »Allein, was nützt mir das, kenne ich doch keine anderen Weisen als die vom Venusstern und dann eine andere, die so anfängt:

›Auf die Au', die grüne‹

und eine dritte, die jetzt im Schwang ist und so geht:

›Hält des Eisengitters Stäbe
Bebend mit der Hand umklammert‹

»Die sind alle nichts wert«, sagte Loaysa, »gegen die Romanzen, die ich Euch lehren könnte, kenne ich doch alle die Lieder vom Mauren Abindarráez und die von seiner Dame Jarifa und alle, die man von der Geschichte des großen Sofi Tomumbeyo singt, und auch die Lieder der Weihnachts-Sarabande, die solcherart sind, daß selbst die Portugiesen dabei das Maul vor Staunen aufsperren. All das lehre ich solcherart auf so leichte Weise, daß Ihr, ohne Euch mit dem Lernen sonderlich zu beeilen, und ehe Ihr noch drei bis vier Maß Salz gegessen, als ein in jeder Art des Gitarrespiels mit allen Salben geschmierter Musikant anzusehen seid.«

Bei diesen Worten seufzte der Neger und sagte:

»Was hilft das alles, wenn ich nicht weiß, wie ich Euch ins Haus schaffen soll?«

»Dafür ist Rat«, sagte Loaysa. »Versucht nur, Euch der Schlüssel Eures Herrn zu bemächtigen; ich werde Euch ein Stück Wachs besorgen, worin Ihr sie so abdrückt, daß der Bart im Wachs sichtbar ist. Aus Zuneigung zu Euch werde ich die Schlüssel von einem mir befreundeten Schlosser nachmachen lassen. Solcherart könnte ich dann nachts zu Euch kommen und Euch besser unterweisen als der Priester Johannes von Indien; ich sehe, es wäre jammerschade, würde eine Stimme wie die Eure verderben, nur weil ihr die Begleitung durch die Gitarre fehlt. Ihr, Freund Luis, müßt wissen, daß die beste Stimme der Welt ihren Glanz verliert, wenn sie nicht ein Instrument begleitet, sei es eine Gitarre, ein Klavizembalo, eine Orgel oder eine Harfe. Zu Eurer Stimme paßt am besten die Gitarre, da sie am leichtesten zu greifen und auch am wohlfeilsten ist.«

»Das alles leuchtet mir wohl ein«, erwiderte der Neger, »doch kann es nicht sein, denn ich habe die Schlüssel nie in Händen, läßt sie doch mein Herr des Tags nicht aus der Hand, und des Nachts ruhen sie unter seinem Kopfkissen.«

»Wenn Ihr Lust und Liebe habt, ein vollkommener Musikant zu werden«, sagte Loaysa, »dann müßt Ihr auf andere Weise Abhilfe schaffen; wenn nicht, dann brauche ich mich nicht länger bemühen, Euch gute Ratschläge zu geben.«

»Und ob ich Lust habe!« entgegnete Luis. »Solche Lust und Liebe habe ich, daß ich nichts unterlassen werde, was mir nur irgendwie hilft, ein Musikant zu werden.«

»Da dem so ist«, sagte der Virote, »so braucht Ihr nur ein wenig Mauerwerk neben der Türangel wegkratzen und Raum schaffen; ich werde Euch dann eine Zange und einen Hammer hineinreichen, mit denen Ihr des Nachts spielend leicht die Nägel aus dem Schloß entfernen könnt; ebenso leicht werden wir die Deckplatte des Schlosses wieder befestigen, und niemand wird merken, daß sie entfernt worden ist. Wenn ich einmal drinnen und mit Euch auf Eurem Strohboden oder wo Ihr sonst schlaft, eingeschlossen bin, dann will ich mir mein Geschäft so angelegen sein lassen, daß Ihr noch mehr sehen werdet, als ich Euch gesagt, zum Nutzen meiner Person und zum Frommen Eurer Leistung. Wegen unseres Unterhalts macht Euch nur keine Sorgen, denn ich werde für uns beide Mundvorrat für mehr als eine Woche beschaffen, habe ich doch Schüler und Freunde, die mich keine Not leiden lassen werden.«

»Wegen des Essens«, entgegnete der Neger, »ist nichts zu befürchten, denn mit der Ration, die mein Herr mir gibt, und mit den Überbleibseln, die mir die Sklavinnen zustecken, hätten wir für zwei weitere Leute mehr als genug. Also her mit der Zange und dem Hammer, von dem Ihr gesprochen; ich werde neben dieser Türangel Raum genug schaffen, damit Ihr sie durchstecken könnt, und nachher werde ich das Loch mit Lehm verschmieren. Wenn ich auch, um die Platte loszukriegen, einige kräftige Schläge werde führen müssen, so schläft doch mein Herr so weit von diesem Tor entfernt, daß es ein Wunder oder unser größtes Pech sein müßte, wenn er sie hörte.«

»Nun denn, in Gottes Namen«, sagte Loaysa. »Von heut' ab in zwei Tagen sollt Ihr alles haben, was wir brauchen, Luis, damit wir unseren löblichen Plan ins Werk setzen können. Doch achtet darauf, nichts Schleimförderndes zu essen, denn das nützt der Stimme nichts, schadet ihr aber.«

»Mich macht nichts heiserer als der Wein«, erwiderte der Neger, »doch würde ich den Wein auch um aller Stimme der Welt nicht missen wollen.«

»Das sage ich auch nicht«, versetzte Loaysa. »Gott behüte! Trinkt, mein lieber Luis, trinkt, und wohl bekomm's Euch, denn maßvoll getrunken, hat der Wein noch niemand irgendwie geschadet.«

»Ich trinke ihn maßvoll«, entgegnete der Neger, »denn hier habe ich einen Krug, der genau ein Maß faßt. Den füllen mir die Sklavinnen ohne Wissen meines Herrn, und der Küchenmeister bringt mir unter der Hand eine Flasche, die auch ihr Maß enthält, und damit fülle ich nach, was im Kruge fehlt.«

»Wahrhaftig«, sagte Loaysa, »so gut wie dieses Leben möge auch meines sein; trockener Hals kann weder knurren noch singen.«

»Geht mit Gott«, sagte der Neger. »Aber vergeßt nicht, jeden Abend, der verstreicht, ehe Ihr mir das gebracht, womit ich Euch Eintritt verschaffen kann, zum Singen hieherzukommen. Mich jucken schon die Finger nach der Gitarre.«

»Und ob ich komme!« versetzte Loaysa. »Und sogar mit ganz neuen Weisen.«

»Das bitt ich mir aus!« sagte Luis. »Und jetzt singt mir noch etwas, damit ich mich froh zu Bett legen kann. Und was die Bezahlung angeht, Herr Armer, so wisset, daß ich Euch besser entlohnen werde als ein Reicher.«

»Darauf lege ich jetzt keinen Wert«, sagte Loaysa, »Ihr sollt mich nach dem bezahlen, was Ihr gelernt habt, und jetzt hört Euch diese Weise an. Bin ich erst drinnen, dann werdet Ihr Eure Wunder erleben.«

»So sei's in Gottes Namen«, entgegnete der Neger.

Nach diesem langen Zwiegespräch sang Loaysa eine kleine neckische Romanze, womit er den Neger so zufrieden und glücklich zurückließ, daß dieser kaum die Stunde erwarten konnte, in der er das Tor zu öffnen imstande wäre.

Kaum war Loaysa vom Tor fort, da eilte er leichteren Fußes, als seine Krücken es hätten erwarten lassen, zu seinen Ratgebern, um ihnen von dem guten Anfang zu berichten, der ihm ein gutes Ende versprach. Er traf sie und teilte ihnen mit, was er mit dem Neger ausgehandelt hatte,

Der eifersüchtige Estremadurer 403

und am folgenden Tag brachten sie das Werkzeug, das so
gut war, daß es jedem, auch dem stärksten Nagel beikam,
als wäre er aus Holz.

Der Virote verabsäumte nicht, dem Neger weiterhin
sein Ständchen zu bringen, und ebensowenig verabsäumte
es der Neger, das Loch zu schaffen, durch das hereinkäme, was sein Lehrmeister ihm gäbe; dann verdeckte er
das Loch so geschickt, daß man seiner nicht gewahr wurde,
wenn man es nicht argwöhnisch, Verdacht witternd, betrachtete. Die folgende Nacht gab Loaysa dem Neger das
Werkzeug. Luis versuchte seine Kraft, zwickte fast mühelos die Nägel ab und hatte die Deckplatte des Schlosses in
der Hand. Dann öffnete er das Tor und ließ seinen Orpheus und Meister ein. Allein als er sah, wie dieser auf
zwei Krücken, so abgerissen und das Bein so knapp ge-
fascht, hereinkam, war er sehr verwundert. Loaysa trug
nun, da es ihm nicht mehr nötig schien, kein Pflaster über
dem Auge. Kaum war er eingetreten, als er schon seinen
lieben Schüler in die Arme schloß, ihn auf die Wange küßte
und ihm einen dicken prallen Schlauch Wein in die Hand
drückte und dazu eine Schachtel mit Konfekt und anderen Süßigkeiten, mit denen er überdies den Quersack gut
versorgt hatte. Da ihm überhaupt nichts fehlte, ließ er die
Krücken fallen und fing an, wie ein Böcklein zu springen,
worüber der Neger höchlichst erstaunte. Loaysa sagte:

»Wisset, Freund Luis, mein Lahmen und mein Hinken
kommen nicht von einer Krankheit her; sie sind bloße
Verstellung, dank derer ich mir bettelnd meinen Unterhalt
sichere. Damit und mit meinem Musizieren führe ich das
angenehmste Leben auf der Welt; denn alle, die sich nicht
mit Listen und Ränken zu helfen wissen, sterben Hungers.
Das werdet Ihr im Verlauf unserer Freundschaft noch erkennen und verstehen.«

»Das wird sich schon zeigen«, erwiderte der Neger, »doch
jetzt laßt uns dafür sorgen, daß die Deckplatte wieder
an ihren Platz kommt, damit man den Eingriff nicht be-
merke.«

»Ans Werk also!« sagte Loaysa.

Und nachdem Loaysa dem Quersack Nägel entnommen

hatte, machten sie das Schloß wieder zurecht, so daß es ebenso unversehrt schien wie zuvor, worüber der Neger überaus glücklich war. Loaysa ging sogleich zum Zimmer hinauf, das der Neger auf dem Strohboden bewohnte, und richtete sich dort ein, so gut er es vermochte. Luis entzündete ein gedrehtes Wachslicht, und Loaysa holte, ohne lange zu zögern, die Gitarre hervor und spielte so zart und lieblich, daß der arme Neger vom Zuhören allein ganz außer sich geriet. Nachdem Loaysa ein weniges gespielt, zog er wieder einen Imbiß heraus und gab ihn seinem Schüler, der, obgleich er nur Süßigkeiten gegessen, so kräftig dem Weinschlauch zusprach, daß dieser ihm mehr noch als die Musik den Verstand raubte. Nachdem sie gegessen und getrunken, befahl der Virote dem Neger, sich sogleich zum Unterricht zu stellen, und da der arme Luis schon vier Finger hoch über seinen Verstand getrunken hatte, griff er neben die Saiten. Dabei machte ihn Loaysa glauben, er könne nun schon wenigstens zwei Weisen spielen. Es war spaßhaft zu sehen, daß der Neger dies glaubte und die ganze Nacht damit verbrachte, die verstimmte Gitarre, an der überdies mehrere Seiten fehlten, zu zupfen.

Den kleinen Rest der Nacht, der ihnen geblieben, schliefen sie. So um sechs Uhr morgens kam Carrizales herunter, schloß die Drehtür und das Haustor auf und wartete auf den Küchenmeister, der auch kurz darauf kam, die Speisen bei der Drehtür hereinreichte und wieder wegging. Carrizales rief den Neger, er möge herunterkommen, um die Gerste für das Maultier und die eigene Ration entgegenzunehmen. Dies tat der Neger, und der alte Carrizales ging weg, nachdem er beide Türen versperrt und doch nicht bemerkt hatte, was am Haustor vor sich gegangen, worüber sich Meister und Schüler nicht wenig freuten.

Kaum war der Herr aus dem Haus, als der Neger die Gitarre an sich riß und so zu spielen begann, daß alle Mägde ihn hörten und ihn durch die Drehtür fragten:

»Was ist das, Luis? Seit wann hast du eine Gitarre? Wer hat sie dir gegeben?«

»Wer sie mir gegeben hat?« sagte Luis. »Der beste Musikant, den es auf Erden gibt, und der mir in weniger als

Der eifersüchtige Estremadurer 405

sechs Tagen mehr als sechtstausend Weisen beibringen
wird.«

»Und wo ist dieser Musikant?« fragte die Dueña.

»Er ist nicht weit von hier«, entgegnete der Neger. »Und
wäre es nicht aus Scham und aus Angst vor meinem Herrn,
ich würde ihn Euch vielleicht zeigen, und wahrhaftig, Ihr
hättet Eure Freude daran, ihn zu sehen.«

»Und wo könnte er stecken, da wir ihn zu sehen vermöchten?« fragte die Dueña. »Hat doch dieses Haus nie
ein anderer Mann betreten als unser Herr.«

»Vorderhand«, sagte der Neger, »will ich Euch nichts
verraten, denn erst müßt Ihr sehen, was ich kann und was
er mir in der kurzen Zeit, von der ich geredet, beibringen
wird.«

»Das muß gewiß ein Teufelskerl sein«, sagte die Dueña,
»denn wenn nicht irgendein Teufel es ist, der dir Unterricht gibt, ich wüßte nicht, wer dich in so kurzer Zeit zu
einem Musikanten machen könnte.«

»Schon gut!« sagte der Neger. »Eines Tages werdet Ihr
alles sehen und hören.«

»Das ist nicht möglich«, sagte eine von den Mägden,
»haben wir doch kein Fenster, das auf die Straße geht, und
so können wir niemand sehen oder hören.«

»Das stimmt«, sagte der Neger, »doch ist für alles ein
Kräutlein gewachsen, nur nicht für den Tod. Wenn ihr
aber schweigen könnt und wollt...«

»Und wie wir schweigen werden, lieber Luis!«, sagte
eine der Sklavinnen. »Wir werden schweigsamer sein, als
wären wir stumm. Ich versichere dir, mein Lieber, daß ich
vor Sehnsucht nach einer guten Stimme vergehe, haben wir
doch, seit wir hier eingemauert sind, nicht einmal mehr den
Gesang der Vögel vernommen.«

Diesem Gespräch folgte Loaysa mit überaus großer Genugtuung, schien es ihm doch, daß es sich auf die Erfüllung
seines Wunsches hin bewegte und ein günstiges Geschick
es in die Hand genommen habe, alles nach seinem Begehr
zu lenken. Da der Neger den Mägden versprochen hatte,
sie, wenn sie am wenigsten daran dächten, zu rufen, damit
sie eine schöne Stimme vernähmen, verabschiedeten sie

sich; er selbst ging weg aus Angst, sein Herr könnte zurückkehren und ihn im Gespräch mit den Mägden ertappen; so zog er sich in sein Zimmer und seine Klausur zurück. Er wollte eine Unterrichtsstunde nehmen, doch wagte er es nicht, tagsüber zu spielen, damit sein Herr ihn nicht höre. Carrizales kam bald darauf zurück und sperrte sich, indem er, wie es seine Gewohnheit war, die Türen abschloß, im Hause ein. Und als man dem Neger an diesem Tage das Essen zur Drehtür hinausreichte, sagte Luis zur Negerin, die es ihm gebracht, sie alle möchten in der gleichen Nacht, nachdem der Herr eingeschlafen, unter allen Umständen an die Drehtür kommen, um die Stimme zu hören, die er ihnen versprochen habe. In Wahrheit hatte er, ehe er solches sagte, seinen Lehrer inständig gebeten, in jener Nacht an der Drehtür zu spielen und zu singen: er hätte nämlich das Wort gegeben, sie würden eine wunderbare Stimme hören, und dieses Versprechen wolle er gerne einlösen; dabei versicherte er ihm, er werde von allen aufs beste bedacht werden. Der Meister ließ sich etwas bitten, das zu tun, was er selbst am heißesten begehrte, doch schließlich sagte er, er wolle tun, was sein lieber Schüler von ihm verlange, und dies ohne eine andere Absicht, als ihm eine Freude zu bereiten. Der Neger umarmte ihn, gab ihm einen Kuß auf die Wange zum Zeichen, welche Freude er ihm mit der zugesagten Gunst erwiesen, und gab Loaysa an jenem Tage so gut zu essen, wie jener bei sich zu Hause nicht besser gegessen hätte, ja vielleicht sogar besser noch, denn möglicherweise fehlte es jenem dort an Essen.

Die Nacht brach herein und zur halben oder kurz vorher begann man an der Drehtür zu flüstern, und sogleich wußte Luis, daß der geladene Haufe gekommen war. Er rief seinen Lehrer, und sie gingen mit der nun wohlbesaiteten und noch besser gestimmten Gitarre vom Strohboden hinunter. Luis fragte, wer und wieviele zuhörten. Man erwiderte ihm, alle außer der Herrin, die mit ihrem Gatten schlafen gegangen sei, was Loaysa nicht recht behagte, doch wollte er desungeachtet mit seinem nun so weit gediehenen Plan den Anfang machen und seinen Schüler zufrieden-

stellen. Er spielte ganz zart auf der Gitarre und brachte
solche Akkorde hervor, daß der Neger ihn überaus bewunderte und die Herde der Weiber, die zuhörte, vor Entzücken außer sich kam. Was soll ich wohl von den Empfindungen sagen, die sich der Weiber bemächtigten, als sie
ihn »Wie ist mir das Herz doch schwer« singen hörten und
er mit dem teuflisch wilden Getön der Sarabande schloß,
die damals in Spanien noch neu war. Da mußten selbst die
alten Weiber das Tanzbein schwingen, und keine junge
Dirne gab's, die sich nicht die Seele aus dem Leibe getanzt
hätte. Und all dies ging ganz stumm und in seltsamer Stille
vor sich. Auch hatten sie Wachen aufgestellt und Späher
ausgeschickt, damit sie gewarnt wären, wenn der Alte erwachen sollte. Loaysa sang dann auch Seguidillen, mit
denen er das Entzücken seiner Zuhörer aufs höchste steigerte. So baten sie denn auch den Neger inständig, er möge
ihnen doch sagen, wer der wunderbare Sänger sei. Und der
Neger sagte ihnen, er sei ein armer Bettler, doch der hüb-
scheste und reizendste Mann der ganzen Bettlerzunft Sevillas. Überdies setzten die Zuhörerinnen dem Neger zu,
es doch so einzurichten, daß sie den Sänger zu sehen bekämen; auch sollte er ihn vor vierzehn Tagen nicht aus
dem Hause lassen; sie würden ihn gut bewirten und ihm
alles geben, was er bräuchte. Sie fragten den Neger auch,
auf welche Weise es ihm gelungen sei, den Musikanten ins
Haus zu schaffen. Darüber schwieg er sich aus, dafür riet
er ihnen, daß sie, um den Sänger sehen zu können, ein
kleines Loch in die Drehtür bohren sollten, das sie mit
Wachs wieder zustopfen könnten; im übrigen wolle er
gerne alles tun, um ihn länger im Hause zu halten.

Auch Loaysa sprach mit ihnen, bot sich ihnen zu Diensten an, und zwar in so fein gedrechselten Worten, daß
sie sogleich erkannten, der Mann, der sie zu sagen wußte,
habe nicht den dumpfen Verstand eines armen Bettlers.
Sie baten ihn, er möge die kommende Nacht wieder an die
Drehtür sich begeben, denn sie würden es bei ihrer Gebieterin durchsetzen, daß auch sie herunterkäme, ihm zuzuhören, trotz des leichten Schlafes ihres Herrn, der nicht
etwa von seinem hohen Alter herrühre, sondern von seiner

großen Eifersucht. Darauf erwiderte Loaysa, er würde ihnen gerne, wenn sie ihm ohne Furcht vor ihrem Herrn zuhören wollten, ein Pulver verschaffen, das sie dem Eifersüchtigen in den Wein tun könnten; dieser würde dann weit über seine Zeit hinaus schlafen.

»Du meine Güte!« rief eine der Zofen. »Wenn dies wahr wäre, welches Glück wäre uns, ohne daß wir es gemerkt und verdient hätten, ins Haus gekommen! Dieses Pulver wäre kein Schlafpulver für ihn, wohl aber ein Lebenspulver für uns alle und für die arme Señora Leonora, seine Gemahlin. Er läßt sie weder bei Tag noch bei Nacht auch nur den kleinsten Augenblick aus den Augen. Ach, mein lieber, lieber Herr, schafft dieses Pulver herbei und Gott schenke Euch alles, was Ihr begehrt! Schafft es unverweilt herbei, gnädiger Herr, denn ich erbiete mich, es ihm in den Wein zu mischen und die Mundschenkin zu sein, und hoffentlich schläft er dann drei Tage und Nächte lang, so Gott will, die für uns ebenso viele im Paradiese wären.«

»Ich will Euch das Pulver schon beschaffen«, sagte Loaysa. »Es ist ganz ungefährlich, und wer es zu sich nimmt, hat keinen anderen Schaden und kein weiteres Leid davon, als daß er in einen überaus tiefen Schlaf versinkt.«

Alle baten ihn, das Pulver doch bald zu bringen, und kamen überein, in der folgenden Nacht mit einem Bohrer ein Loch in die Drehtür zu machen und auch ihre Herrin mitzubringen, damit auch sie ihn sehe und höre; damit verabschiedeten sie sich. Und der Neger wollte, obgleich schon der Morgen graute, eine Unterrichtsstunde nehmen. Loaysa ging darauf ein und gab ihm zu verstehen, unter seinen Schülern wäre keiner, der ein besseres Ohr habe als er, und doch erlernte der arme Neger weder damals noch später auch nur einen einzigen Kreuzgriff!

Loaysas Freunde trugen Sorge, des Nachts am Haustor zu horchen, um zu erfahren, ob ihnen der Freund etwas zu sagen hätte oder ob er etwas bräuchte. An einem Zeichen, das sie untereinander ausgemacht hatten, erkannte Loaysa, daß sie am Tor waren, und durch die Öffnung neben der Türangel berichtete er ihnen kurz, wie gut seine Ange-

Der eifersüchtige Estremadurer   409

legenheit stehe, bat sie aber auch drängend, nach einem
Schlafmittel zu suchen, das man Carrizales verabfolgen
könnte; er habe gehört, es gäbe Pulver zu solchen Zwecken.
Sie erwiderten, sie wären mit einem Arzt befreundet, der
ihnen gewiß das sicherste Mittel, das er wüßte, beschaffen
würde. Dann feuerten sie Loaysa an, sein Unternehmen
fortzusetzen, versprachen, in der folgenden Nacht in aller
Vorsicht wiederzukommen, und verabschiedeten sich rasch.

   Die Nacht brach an, und der Taubenschwarm flog dem
Lockruf der Gitarre zu. Mit den Tauben kam auch die un-
schuldige Leonora und zitterte vor Angst und Sorge, ihr
Gatte könne erwachen. Obgleich sie, dieser Furcht Raum
gebend, anfangs nicht hatte kommen wollen, hatten ihr die
Mägde, vor allem aber die Dueña, soviel von der Süße
der Musik und vom galanten Wesen des armen Musikanten
erzählt – sie lobte ihn, ohne ihn gesehen zu haben, und
hob ihn über Absalom und Orpheus empor –, daß die arme
Frau, von ihren Mägden überzeugt und beredet, das tun
mußte, was sie nie tun wollte oder zu tun gedacht hätte.
Als erstes gingen sie daran, die Drehtür anzubohren, um
den Musikanten zu sehen, der nun nicht mehr wie ein Bettler gekleidet war, sondern eine weite lohfarbene Tafthose
nach der Art der Seeleute, ein Wams von gleicher Farbe
und aus gleichem Stoff, besetzt mit Goldschnüren, eine
Atlasmütze von gleicher Farbe und einen gestärkten Hals-
kragen aus Spitze trug, der vorne lang und scharf auslief.
Dies alles hatte er im Quersack mitgebracht, weil er daran
gedacht, es könnte sich ihm die Gelegenheit bieten, den
Anzug zu wechseln.

   Loaysa war jung, hübsch und einnehmend, und nun, da
sie alle ihr Auge so lange Zeit an den Anblick des Alten,
ihres Herrn, gewöhnt hatten, war es ihnen, als schauten
sie einen Engel. Zuerst trat eine an das Loch, den Sänger
anzuschauen, dann die andere, und damit ihn alle besser
betrachten könnten, leuchtete ihn der Neger mit einem
Wachslicht von oben bis unten ab. Nachdem ihn alle, auch
die erst aus Afrika geholten Negerinnen, genugsam betrachtet hatten, nahm Loaysa die Gitarre zur Hand und
sang in jener Nacht so überaus schön, daß er alle, die Alten

wie die Jungen, außer Atem und voll des Entzückens ließ;
sie baten Luis, es so einzurichten, daß sein Herr Lehrer ins
Haus selbst hereinkäme, damit sie ihn in der Nähe sehen
und hören könnten und nicht so verstohlen durch ein Loch;
überdies hätten sie Angst, wenn sie so weit von ihrem
Herrn entfernt wären, auf frischer Tat ertappt zu werden,
was nicht der Fall wäre, wenn sie den Musikanten im
Haus selbst verbergen könnten.

Dem widersprach ihre Herrin mit ernsten Worten und
sagte, sie werde in solches nie und nimmer einwilligen und
wolle auch den Eintritt in das Haus nicht zulassen, denn
dies fiele ihr schwer auf die Seele, um so mehr, als sie alle
den Musikanten auch schon von hier aus sicher und ohne
Gefahr für ihre Ehrbarkeit sehen und hören könnten.

»Welche Ehrbarkeit?« fragte die Dueña. »Ehre genug
hat der König! Schließe sich Euer Gnaden mit Eurem
Methusalem ein, doch laßt uns die Freiheit, uns zu ergötzen, wie wir es vermögen. Überdies scheint dieser Herr
so ehrbar, daß er gewißlich nichts anderes von uns begehren wird, als was wir selbst zulassen wollten.«

»Ich, meine Damen«, erwiderte hierauf Loaysa, »bin mit
keiner anderen Absicht hiehergekommen, als Euren Gnaden mit Herz und Leben zu dienen, denn mich dauert es,
Euch in so unerhörter Klausur zu sehen und zu wissen, wie
die schönsten Augenblicke des Lebens in solcher Beschrän-
kung versäumt werden. Ich bin, beim Leben meines Vaters,
ein so sanfter Mensch, so einfach und so gutmütig und so
gehorsam, daß ich nur das tun will, was man mir anbefehlen wird. Und wenn eine von Euch, meine Damen,
sagte: ›Setzt Euch hieher, Meister; geht dahin, Meister;
legt Euch hierhin, macht, daß Ihr dorthin kommt! Trollt
Euch dort hinüber!‹, so würde ich es ebenso schnell tun wie
der gefügigste Hund, der für den König von Frankreich
springt.«

»Wenn dem so ist«, sagte die unerfahrene Leonora,
»welches Mittel gäbe es, den Herrn Musikmeister hier her-
einzubringen?«

»Nun denn«, sagte Loaysa, »die Damen brauchen sich
nur zu bemühen, mir einen Wachsabdruck des Schlüssels

Der eifersüchtige Estremadurer 411

für diese Drehtür zu verschaffen. Ich werde dafür Sorge
tragen, daß morgen nacht ein gleicher Schlüssel zur Stelle
ist, dessen wir uns bedienen können.«

»Wenn man diesen Schlüssel nachmacht«, sagte eine
Magd, »dann kann man damit jede Tür in diesem Hause
aufsperren; es ist der Hauptschlüssel.«

»Deswegen wird er nicht weniger wert sein«, erwiderte
Loaysa.

»So ist es«, sagte Leonora, »doch muß dieser Herr vorerst schwören, daß er nur ins Haus kommt, um uns vor-
zuspielen und zu singen, wenn ihm so befohlen wird, und
daß er sich dort einschließen läßt, wohin wir ihn bringen,
und sich dort mausestill verhält.«

»Ich schwöre es«, sagte Loaysa.

»Dieser Schwur taugt nichts«, erwiderte Leonora. »Er
muß beim Leben seines Vaters schwören und beim Kreuze
und es küssen, so daß wir alle es sehen.«

»Ich schwöre beim Leben meines Vaters«, sagte Loaysa,
»und bei diesem Kreuzeszeichen, das ich mit meinem unreinen Mund küsse.«

Dabei legte er den Daumen so über den Zeigefinger, daß
ein Kreuzeszeichen entstand, bekreuzigte sich und küßte
dreimal die Kreuzfinger.

Nachdem dies geschehen, sagte eine der Mägde:

»Seht zu, mein Herr, daß Ihr das besagte Pulver nicht
vergeßt, denn es ist das Um und Auf der ganzen Sache.«

Damit endete das Gespräch jener Nacht, und alle waren
mit dem Abkommen überaus zufrieden. Das Schicksal, das
Loaysas Plänen bisher immer günstig gewesen, führte zu
jener Zeit – es war zwei Uhr nachts geworden – seine
Freunde in die Straße, wo sie auf einer Maultrommel das
verabredete Zeichen bliesen. Loaysa sprach mit ihnen, berichtete, wie weit er in seinem Vorhaben gekommen sei,
und fragte sie, ob sie schon das Pulver oder etwas anderes
brächten, damit er den Carrizales einschläfern lassen
könnte. Er sprach mit ihnen auch darüber, daß der Hauptschlüssel nachgemacht werden müßte. Die Freunde sagten,
das Pulver oder besser die Salbe käme in der folgenden
Nacht und sei von solcher Kraft, daß jeder, dem man

Handgelenk und Schläfe damit bestreiche, in sehr tiefen
Schlaf verfalle und zwei Tage lang nicht daraus erwache,
wenn man ihm nicht die Stellen, die bestrichen worden
waren, mit Essig abwasche; den Abdruck solle er ihnen
nur geben, sie könnten den Schlüssel leicht nachmachen
lassen. Damit verabschiedeten sie sich; Loaysa und sein
Schüler schliefen das wenige, das ihnen von der Nacht noch
blieb, wobei Loaysa die kommende Nacht ungeduldig erwartete, wollte er doch wissen, ob man wegen des Schlüssels auch Wort halten würde. Obgleich dem Wartenden
und Hoffenden die Zeit träge und überaus langsam vor-
zurücken scheint, läuft sie schließlich doch mit den Gedanken mit, und der ersehnte Augenblick kommt, denn die
Zeit steht nie still, noch ruht sie.

So kam denn auch die Nacht heran und die übliche
Stunde, sich an der Drehtür einzustellen, wohin auch alle
Mägde des Hauses, alte und junge, schwarze und weiße,
eilten, denn alle waren begierig darauf, den Herrn Musikanten in ihrem Serail zu sehen. Leonora kam nicht, und
man sagte Loaysa, der nach ihr fragte, sie sei mit ihrem
Ehegespons, der die Tür des Schlafzimmers abgeschlossen
und den Schlüssel unter das Kopfkissen gelegt habe, zu
Bett gegangen. Indes habe die Gebieterin ihnen gesagt, sie
wolle, wenn der Alte eingeschlafen sei, versuchen, ihm den
Hauptschlüssel zu entwenden und im Wachs, das sie bereits erweicht bei sich trage, abzudrücken; sie müßten auch
gleich wieder weggehen, um den Wachsabdruck, den die
Herrin durch das Katzenloch in der Tür herausreichen
wolle, zu holen.

Loaysa bewunderte die Vorsicht des Alten, doch ließ er
sich darum nicht von seinem Vorhaben abbringen. In diesem Augenblick vernahm er die Maultrommel. Er ging ans
Haustor, fand dort seine Freunde vor, die ihm eine kleine
Büchse mit der Salbe hereinreichten, deren Eigenschaften
sie ihm bereits mitgeteilt hatten. Loaysa nahm sie an sich
und sagte, sie möchten ein weniges warten, denn er wolle
ihnen noch den Schlüsselabdruck mitgeben. Dann ging er
an die Drehtür zurück, wo er der Dueña, die am eifrigsten
seinen Einzug zu wünschen schien, sagte, sie solle die Büchse

mit der Salbe der Señora Leonora bringen und ihr die
Eigenschaften bekanntgeben, die die Salbe habe. Señora
Leonora möge den Gatten mit der gebotenen Vorsicht,
damit er es nicht fühle, bestreichen, und sie werde ihr
Wunder erleben. Die Dueña eilte fort, und als sie ans
Katzenloch kam, fand sie Leonora, die auf dem Fußboden
langgestreckt dalag, mit dem Gesicht am Katzenloch, wartend vor. Die Dueña legte sich gleicherweise auf den Boden,
näherte den Mund dem Ohr ihrer Herrin und sagte leise,
sie habe die Salbe bei sich, und gab ihr auch bekannt,
wie die erwünschte Wirkung zu erzielen sei. Leonora
nahm die Salbe an sich und sagte der Dueña, daß es ihr
unter keinen Umständen möglich sei, dem Gatten den
Schlüssel zu entwenden, habe er ihn doch nicht wie sonst
unter dem Kopfkissen versteckt, sondern zwischen die beiden Unterbetten fast unter die Mitte des Leibes gelegt; sie
sollte aber dem Musikanten sagen, wenn die Salbe wirke,
wie er behaupte, könne man den Schlüssel sehr leicht, so
oft man nur wolle, an sich nehmen; darum sei es unnötig,
einen Wachsabdruck zu machen. Die Dueña möge sich beeilen, ihm dies mitzuteilen, doch müsse sie sogleich wieder
zurückkommen, um zu sehen, ob die Salbe wirke, denn sie
gedenke, sich sogleich ans Werk zu machen und ihren Ehegespons zu salben.

Die Dueña ging zu Meister Loaysa hinunter, ihm dies
auszurichten, und er verabschiedete die Freunde, die auf
den Wachsabdruck gewartet hatten. Zitternd, zagend und
es kaum wagend, auszuatmen, gelang es Leonora, dem
eifersüchtigen Gatten die Handgelenke zu bestreichen;
gleicherweise bestrich sie die Nasenlöcher. Als sie aber so
weit war, schien es ihr, als zucke er zusammen; dabei erschrak sie zu Tode, weil sie glaubte, er habe sie ertappt.
Doch gelang es ihr, so gut sie es vermochte, alle jene Stellen
zu bestreichen, die man ihr angegeben, was soviel war, als
hätte man ihn für die Gruft einbalsamiert.

Es dauerte nicht lange, bis die Mohnsalbe deutliche Zeichen ihrer Wirkung erkennen ließ, denn sogleich begann
der Alte so heftig zu schnarchen, daß man es bis auf die
Straße hören konnte, was der Gattin angenehmer in den

Ohren klang als die Musik, die der Lehrer ihres Negers machte. Noch immer ungewiß, ob sie ihren Augen trauen dürfe, trat sie an den Gemahl heran, schüttelte ihn vorerst ein weniges, dann etwas stärker und dann noch etwas kräftiger, um zu sehen, ob er wach würde; schließlich erkühnte sie sich, ihn von einer Seite auf die andere zu wälzen. Carrizales erwachte nicht. Als Leonora dies sah, ging sie an das Katzenloch, rief – nicht mehr so leise wie vorhin – die Dueña, die dort wartete, herbei und sagte:

»Gute Botschaft, liebe Freundin! Carrizales schläft fester als ein Toter.«

»Was wartet Ihr dann noch zu, den Schlüssel an Euch zu nehmen, Señora?« fragte die Dueña. »Bedenkt, der Musikant wartet schon mehr als eine Stunde darauf.«

»Warte nur ein wenig, meine Liebe, ich hole ihn ja schon«, erwiderte Leonora.

Und beim Bett angekommen, schob Leonora die Hand zwischen die Unterbetten und holte den Schlüssel hervor, ohne daß der Alte es merkte. Mit dem Schlüssel in der Hand begann sie vor Freude umherzuhüpfen, öffnete dann, ohne länger zu zögern, die Tür und hielt der Dueña den Schlüssel hin, den diese mit großer, übergroßer Freude entgegennahm. Leonora befahl, man solle den Musikanten einlassen und ihn in die Galerie führen, denn sie selbst wage es noch nicht, sich von hier zu entfernen aus Furcht vor dem, was geschehen könnte. Vor allen Dingen solle die Dueña den Musikanten verhalten, den Schwur, nichts anderes zu tun, als was man ihm anbefehle, zu erneuern, und man solle ihm unter keinen Umständen öffnen, wenn er den Schwur nicht bekräftigen und erneuern wolle.

»So sei es«, sagte die Dueña, »und er soll, meiner Seel', nicht ins Haus kommen, ehe er nicht geschworen und wieder geschworen und nicht sechsmal die Kreuzfinger geküßt hat.«

»Wie oft er sie küssen soll, das brauchst du ihm nicht vorzuschreiben«, sagte Leonora, »er küsse sie so oft er mag, allein achte darauf, daß er beim Leben seiner Eltern und bei allem, was ihm lieb ist, schwöre; denn erst dadurch sind wir sicher und können uns an seinem Gesang und Spiel

satthören; denn wahrhaftig, er versteht sich ganz vortrefflich darauf. Und nun geh, beeile dich, damit uns nicht die
Nacht im Gespräch vergeht.«

Die gute Dueña hob die Röcke an, und mit nie gesehener
Geschwindigkeit eilte sie zur Drehtür, an der das Hausgesinde schon wartete. Nachdem sie ihnen den Schlüssel
gezeigt, freuten sich alle so sehr, daß sie, wie Studenten es
mit erst ernannten Professoren tun, die Dueña auf die
Schultern hoben und »Hoch! Hoch!« riefen. Noch lebhafter wurde ihre Freude, als die Dueña ihnen sagte, man
brauche den Schlüssel nicht erst nachzumachen, denn der
Alte schliefe, wenn eingesalbt, so fest, daß sie sich des
Hauptschlüssels bedienen könnten, so oft sie nur wollten.

»Dann nur nicht faul, meine Liebe!«, rief eine der Mägde.
»Aufgesperrt die Tür und herein mit dem Herrn, der schon
lange draußen wartet! Laßt uns die Musik genießen, bis
wir wunschlos glücklich sind!«

»Wir sind aber nicht wunschlos«, erwiderte die Dueña,
»denn vorerst müssen wir dem Herrn wie vergangene
Nacht einen Eid abnehmen.«

»Er ist ein so guter Mensch«, sagte eine der Sklavinnen,
»daß er gern jeden Eid leisten wird.«

Indes öffnete die Dueña die Drehtür, ließ sie ein weniges
offen und rief Loaysa herbei, der durch das Loch in der
Drehtür alles mitangehört hatte. Er wollte ohne weitere
Umstände eintreten, doch legte ihm die Dueña die Hand
an die Brust und sagte:

»Wisset, Euer Gnaden, sehr geehrter Herr, daß wir alle,
die wir in den Mauern dieses Hauses leben, bei Gott und
nach meinem besten Gewissen, so Jungfrauen sind wie die
Mütter, die uns geboren, mit Ausnahme meiner Herrin;
und obgleich ich Euch wie eine Vierzigerin erscheinen mag,
so zähle ich doch noch nicht dreißig Jahre, denn es fehlen
daran noch zweieinhalb Monate; auch ich bin noch, leider,
Jungfrau. Und wenn ich vielleicht älter aussehe, dann weil
Ärger, Sorgen und Widerwärtigkeiten den Jahren leicht
eine Null anhängen, manchmal auch zwei, je nachdem. Da
nun alles so ist, wie es eben ist, wäre es also ungerecht,
wenn wir um der zwei, drei oder vier Weisen die viele

Jungfernschaft, die hier eingeschlossen ist, aufs Spiel setzten. Sogar diese Negerin, die Guiomar heißt, ist Jungfrau. Und deshalb müßt Ihr, herzlieber Herr, ehe Ihr unser Reich betretet, den überaus feierlichen Eid ablegen, daß Ihr nichts anderes unternehmen wolltet, als wir Euch anbefehlen. Sollte Euch das zuviel verlangt erscheinen, so bedenkt, daß wir viel mehr wagen. Wenn Euer Gnaden in guter Absicht kommt, dann wird Euch der Eid nicht schwerfallen; einen guten Zahler reut kein Pfand.«

»Gut, sehr gut hat Señora Marialonso gesprochen«, sagte eine der Mägde, »so wie eben eine verständige Person spricht, der man kein X für ein U vormachen kann. Wenn der Herr keinen Eid leisten will, dann kommt er auch nicht herein.«

Darauf sagte Guiomar, die Negerin, die noch nicht genug Kastilisch konnte:

»Meinetwegen schwören oder nicht, kommt herein mit alle Teufel. Er auch viel geschworen, wenn drinnen sein, alles vergessen.«

Loaysa hatte sich die Ansprache der Señora Marialonso mit großer Geduld angehört und erwiderte ernsthaft, ruhig und würdig:

»Seid dessen gewiß, meine verehrten Damen und Freundinnen, daß meine Absicht nie eine andere war, ist und sein wird, als Euch Vergnügen und Freude zu bereiten, soweit es in meiner Macht steht. Und so wird mir auch der Eid, den Ihr mir abfordert, nicht schwerfallen, doch wäre es mir lieber gewesen, Ihr hättet ein wenig meinem Wort vertraut, denn von einer Standesperson, wie ich eine bin, gegeben, gilt das Wort soviel wie ein Vollstreckungsbefehl. Ich will Euch nur sagen, Euer Gnaden, in jedem Schreiner steckt einer und unter einem schlechten Rock ein tüchtiger Säufer. Damit aber alle ganz von meiner Aufrichtigkeit überzeugt seien, will ich als guter Katholik und Mann von Ehre schwören, und so schwöre ich bei der unbefleckten Wirksamkeit an ihrem heiligsten und vollsten Wesen und bei den Ein- und Ausgängen des heiligen Berges Libanon und bei allem, was die wahrhaftige Geschichte Caroli Magni mit dem Tode des Riesen Fierabras in ihrer Vor-

Der eifersüchtige Estremadurer 417

rede sagt, daß ich den Eid, den ich geleistet, nie verletzen
noch überschreiten, noch den Befehl selbst der geringsten
und unbedeutendsten dieser Damen erfüllen werde, und
bei Strafe, so ich anderes täte oder tun wollte, ich alles,
jetzt und künftig und künftig und jetzt, für null und nichtig und ungetan erkläre.«

So weit war der gute Loaysa mit seinem Eidschwur gekommen, als eine der beiden Zofen, die ihm aufmerksam
zugehört hatten, aufschrie und sagte:

»Das ist wahrhaftig ein Eid, der selbst die Steine erweichen könnte! Verflucht sei ich, wenn ich noch verlangte,
daß Ihr weiter schwöret; denn allein mit dem, was Ihr
geschworen habt, ließe man Euch sogar in die Cabra-
Höhle ein!«

Und sie faßte ihn an den weiten Hosen, zog ihn herein,
und sogleich umringten ihn alle. Eine der Mägde eilte weg,
die Herrin zu benachrichtigen, die den Schlaf ihres Gatten
bewachte. Als die Botin ihr berichtete, daß der Musikant
schon heraufkäme, war sie gleicherweise erfreut und erschrocken und fragte, ob er den Eid geleistet habe. Das
Mädchen bejahte und sagte, er habe dies mit der seltsamsten Eidesformel getan, die sie je in ihrem Leben vernommen.

»Wenn er also geschworen hat«, sagte Leonora, »dann
haben wir ihn in der Hand. Wie klug von mir, ihn schwören zu lassen!«

Indes kam die ganze Horde mit dem Musikanten in
ihrer Mitte heran. Der Neger und Guiomar, die Schwarze,
leuchteten ihnen. Als Loaysa Leonora erblickte, warf er
sich ihr zu Füßen und wollte ihr die Hände küssen. Doch
ohne ein Wort zu sagen, bedeutete sie ihm, sich zu erheben,
und alle standen stumm herum und wagten nicht zu reden
aus Angst, ihr Herr könnte sie vernehmen. Als Loaysa dies
sah, sagte er, sie könnten unbesorgt laut reden, denn die
Salbe, mit der ihr Herr bestrichen sei, besitze die Kraft,
daß sie einen Menschen wie tot hinstrecke, obgleich sie ihn
nicht töte.

»So scheint es mir auch«, sagte Leonora, »denn wäre
dem nicht so, dann würde er schon zwanzigmal aufgewacht

sein, hat er doch vor lauter Unpäßlichkeit nur einen leichten Schlaf. Seit ich ihn aber gesalbt habe, schnarcht er wie ein Pferd.«

»Da dem so ist«, sagte die Dueña, »laßt uns in jenen Saal gegenüber gehen, wo wir diesen Herrn singen hören und uns ein wenig vergnügen können.«

»Gehen wir«, sagte Leonora, »allein Guiomar soll als Wache hier zurückbleiben, damit sie uns benachrichtige, wenn Carrizales aufwachen sollte.«

Darauf antwortete Guiomar:

»Ich Schwarze bleiben, Weiße gehen. Gott allen verzeihe!!«

Die Negerin blieb; die übrigen gingen in den Saal, wo eine kostbare Sitzbank stand; sie nahmen den Herrn in ihre Mitte und setzten sich. Die gute Marialonso ergriff eine Kerze, begann den Musikanten von oben bis unten genau abzuleuchten. Eine der Mägde rief: »Ach, was für einen hübschen lockigen Schopf er hat!« Eine andere: »Ach, welches Weiß der Zähne! Die armen geschälten Pignolen sind nicht weißer und nicht hübscher!« Eine andere: »Ach, wie groß und hell die Augen! Und beim Leben meiner Mutter, sie scheinen nicht nur, sie sind Smaragde!« Die eine lobte den Mund, die andere den Fuß, und alle zusammen zerlegten und untersuchten mit den Augen jede Einzelheit seiner Erscheinung. Nur Leonora betrachtete ihn schweigend, und allmählich dünkte er ihr weit schöner als ihr Ehegespons. Indes hatte die Dueña die Gitarre, die der Neger in der Hand gehalten, an sich genommen, reichte sie Loaysa und bat ihn, er möge einige von den Tanzstrophen spielen und singen, die damals in Sevilla in Schwang waren, besonders aber jene, die da anfingen:

»Mutter, liebste Mutter,
Streng Ihr mich bewacht.«

Loaysa erfüllte den Wunsch der Dueña. Alle erhoben sich und begannen wie ausgelassen zu tanzen. Die Dueña kannte den Text und sang ihn mit mehr Hingabe als Stimme. Der Text lautete:

Der eifersüchtige Estremadurer

Mutter, liebste Mutter,
Streng Ihr mich bewacht,
Will ich selbst mich nicht beschützen,
Nützt Euch keine Wacht.

Bücher, sagt man, lehren,
Und das ist wohl wahr,
Daß uns immerdar,
Wenn wir sie entbehren,
Allzu heiß Begehren
Nach der Liebe plagt.
Darum seid beklagt,
Nehmt Euch nur in acht,
Will ich selbst mich nicht beschützen,
Nützt Euch keine Wacht.

Wenn der Wille fehlt,
Selbst sich zu beschützen,
Was soll da noch nützen
Furcht und Ehr' der Welt,
Wen die Liebe quält,
Den wird Tod nicht schrecken,
Und er wird entdecken,
Was Ihr nicht bedacht:
Will ich selbst mich nicht beschützen,
Nützt Euch keine Wacht.

Wem Natur gegeben
Lust zu Liebesdingen,
Wird gleich Schmetterlingen
Hin zur Flamme streben.
Mag's auch viele geben,
Die mit scheelen Blicken
Noch mehr Wächter schicken,
Als Ihr's ausgedacht,
Will ich selbst mich nicht beschützen,
Nützt Euch keine Wacht.

Wie doch Liebe wandelt!
Selbst der holden Frauen
Schönste sieht mit Grauen,

Wie sie, so verwandelt,
Nun ganz anders handelt,
Schwäche muß bekennen,
Lichterloh muß brennen
Durch der Liebe Macht.
Will ich selbst mich nicht beschützen,
Nützt Euch keine Wacht.

Die Mädchenschar, die von der guten Dueña angeführt wurde, war eben mit Lied und Tanz am Ende, als Guiomar, die Schildwache, ganz verstört, mit Armen und Beinen um sich schlagend, als hätte sie die Fallsucht, hereingestürzt kam und halb flüsternd, halb krächzend sagte:

»Wach ist Herr, Señora. Und Señora, wach Herr, und aufstehen und kommt!«

Wer einen Schwarm Tauben gesehen hat, die auf einem Acker sorglos den von fremder Hand geworfenen Samen aufpicken, und plötzlich, durch den Knall einer losgehenden Feuerwaffe aufgescheucht, erschrecken und auffliegen, das Futter vergessen und angstgejagt in den Lüften sich zerstreuen, der kann sich eine Vorstellung davon machen, was vom Schwarm und Kreis der Tänzerinnen zurückblieb, die, entsetzt und herzbeklommen, die unerwartete von Guiomar gebrachte Nachricht vernahmen. Jede für sich suchte ihre Ausrede, und alle gemeinsam suchten nach Rettung: sie liefen, die eine in dieser, die andere in jener Richtung davon, um sich auf Dachböden und in den Winkeln des Hauses zu verbergen. Sie ließen den Musikanten allein, der den Gesang abbrach, die Gitarre fallen ließ und voll der Verwirrung nicht wußte, was er nun beginnen sollte. Leonora rang die schönen Hände; Señora Marialonso schlug sich, wenn auch nicht zu heftig, ins Gesicht, kurz und gut, alles war Verwirrung, Schrecken und Angst. Die Dueña jedoch, listiger und gefaßter als die andern, wies Loaysa an, sich in eines ihrer Zimmer zu verfügen, während sie und ihre Gebieterin im Saal bleiben sollten; es würde sich schon eine Ausrede finden lassen, wenn der Herr sie hier fände. Sogleich versteckte sich Loaysa; die Dueña spitzte die Ohren, ob sie Carrizales kommen höre;

Der eifersüchtige Estremadurer 421

da sie jedoch keinerlei Geräusch vernahm, faßte sie wieder Mut, wagte sich vorsichtig, Schritt um Schritt, an das Schlafzimmer heran und hörte, daß ihr Herr immer noch schnarchte. Dessen gewiß, daß er schlief, hob sie die Röcke an und lief, so rasch sie konnte, zu ihrer Gebieterin zurück, um von ihr den Lohn für die frohe Kunde vom Schlaf des Alten zu fordern, den Leonora ihr auch, hocherfreut, versprach.

Die gute Dueña wollte aber die günstige Gelegenheit nicht ungenützt verstreichen lassen, die das Schicksal ihr bot, all die Reize, die der Musikant ihrer Meinung nach besitzen mußte, als erste zu genießen. Sie sagte daher zu Leonora, sie möge im Saal warten, während sie den Musikanten holen ginge. So ließ sie die Herrin allein und trat in das Gemach, in dem Loaysa, nicht weniger verwirrt als nachdenklich, darauf wartete, zu erfahren, was der gesalbte Alte nun triebe. Loaysa verfluchte die trügerische Salbe, beklagte sich über die Leichtgläubigkeit seiner Freunde und die geringe Vorsicht, die er selbst hatte walten lassen, da er mit der Salbe nicht erst an einem anderen einen Versuch gemacht, ehe er sie bei Carrizales anwenden ließ. Indes kam die Dueña herbei und versicherte ihm, der Alte schlafe so tief wie eh und je. Loaysa beruhigte sich und hörte sich die vielen verliebten Reden der Marialonso an, aus denen er erkannte, wie sehr sie von ihren Gelüsten besessen war. So beschloß er, sie als Köder zu benützen, um die Herrin zu fischen. Während die beiden miteinander sprachen, kehrten die Mägde, die an den verschiedensten Orten des Hauses versteckt gewesen, zurück, die eine von hier und die andere von dort, um zu sehen, ob es denn wahr sei, daß der Herr wach geworden. Als sie überall nur Stille und Schweigen vorfanden, gingen sie in den Saal, wo sie ihre Herrin verlassen hatten, und erfuhren von ihr, daß Carrizales schlafe. Als sie nach dem Musikanten und der Dueña fragten, sagte Leonora, wo sie seien, und so schlichen sie, ebenso leise wie sie gekommen, an die Tür, um zu erlauschen, worüber die beiden zu sprechen hätten.

In der Schar fehlte auch die Negerin Guiomar nicht, der Neger ja, denn dieser hatte, als er vernommen, daß sein Herr erwacht sei, die Gitarre gepackt und war auf den Strohboden gelaufen, um sich dort zu verstecken; nun lag er unter der Decke seines armseligen Lagers und fiel aus einem Angstschweiß in den andern. Trotzdem ließ er nicht davon ab, in die Saiten der Gitarre zu greifen, denn so groß war seine – der Teufel möge ihn holen! – Leidenschaft zur Musik. Die Mägde hörten die verliebten Reden an, die die liebeskranke Dueña führte, und jede von ihnen gab ihr den Namen, den sie für den treffendsten hielt: keine nannte sie bloß »die Alte«, jede schenkte ihr dazu ein Beiwort wie »schurkisch«, »kitzig«, »mannstoll« und andere mehr, die aus Gründen des Anstands verschwiegen werden. Wer damals hätte zuhören können, würde am herzlichsten über die Reden Guiomars, der Schwarzen, gelacht haben, denn diese, als Portugiesin mit der Landessprache nicht sehr vertraut, lästerte auf die seltsamste und ergötzlichste Weise. Schließlich lief das Gespräch zwischen dem Musikanten und der Dueña darauf hinaus, daß er sich bereit erklärte, ihr willfährig zu sein, wenn sie vorerst ihre Herrin seinem Begehren gefügig mache.

Der Dueña kostete es einige Überwindung, auf die Bedingung des Musikanten einzugehen, doch um das Verlangen zu befriedigen, das sich ihres Herzens, ihrer Knochen und ihres Marks bemächtigt hatte, wäre sie bereit gewesen, ihm selbst das Unmögliche zu versprechen. Die Dueña verließ ihn, um mit ihrer Herrin darüber zu reden; als sie aber ihre Tür von allen Mägden belagert sah, befahl sie ihnen, sofort auf ihre Zimmer zu gehen: in der kommenden Nacht werde sich wieder Gelegenheit finden, den Musikanten mit weniger oder gar keinen Schrecken zu genießen, denn für diese Nacht habe doch die Aufregung jede weitere Lust verdorben.

Alle merkten sehr wohl, daß die Alte allein sein wollte, doch konnten sie nicht umhin, ihr zu gehorchen, hatte sie doch die Aufsicht über alle im Hause. Die Mägde entfernten sich, und die Dueña begab sich in den Saal, um Leonora zu überreden, Loaysa willens zu sein. Dies setzte sie ihr in einer so langen und so ausgeklügelten Rede auseinander, daß es schien, als habe die Dueña ihre Rede schon seit lan-

gem eingelernt. Sie rühmte Leonora Loaysas Artigkeit, sein
männliches Wesen, seine Anmut und seine sonstigen Reize;
sie malte ihr aus, wie viel mehr Genuß ihr die Umarmungen des jugendlichen Liebhabers bereiten würden als die
des alten Gatten, versicherte sie ihrer Verschwiegenheit,
der Dauer des Genusses und ähnlicher Dinge mehr, die der
Teufel ihr in den Mund legte, und zwar so voll der Rede-
blüten, so beweiskräftig und wirksam, daß sie damit nicht
nur das Herz der einfältigen, arglosen Leonora gerührt
hätte, sondern sogar noch ein Herz aus Stein. O ihr Dueñas,
die ihr in die Welt gesetzt und genutzt werdet zum Verderben tausender guter, redlicher Absichten und Vorsätze!
O ihr langen, besäumten Hauben, die ihr erwählt seid, den
Sälen und den Besuchszimmern vornehmster Damen Gewicht zu geben, wie gebraucht ihr doch ganz anders, als
ihr solltet, euer schon fast unvermeidlich gewordenes Amt!
Kurz und gut, so viel sagte die Dueña, so sehr wußte die
Dueña zu überreden, daß Leonora sich ergab, Leonora
sich täuschen ließ und Leonora in ihr Verderben rannte
und alle Vorkehrungen des bedachten Carrizales, der den
Todesschlaf seiner Ehre schlief, über den Haufen warf.

Marialonso nahm ihre Gebieterin bei der Hand, und
fast mit Gewalt führte sie Leonora, deren Augen Tränen-
bäche entströmten, in das Zimmer, in dem Loaysa wartete.
Mit falschem, teuflischem Lächeln verabschiedete sie sich,
schloß die Tür und legte sich auf die Sitzbank im Saal,
um dort zu schlafen oder, besser gesagt, um dort auf den
versprochenen Lohn für den geleisteten Dienst zu warten.
Doch da die Müdigkeit der vergangenen schlaflosen Nächte
sie übermannte, schlief sie auf der Sitzbank ein.

Jetzt wäre es an der Zeit gewesen, Carrizales – hätte
man nicht gewußt, daß er schlief – zu fragen, wo all seine
Vorsicht blieb, wo sein Mißtrauen, wo seine Warnungen
blieben, seine Überredungskunst, wo die hohen Mauern
seines Hauses, und was es ihm genützt, daß nicht einmal
der Schatten eines Wesens, das einen männlichen Namen
trug, Einlaß gefunden, wozu die schmale Drehtür gedient,
die starken Mauern, die lichtlosen Fenster, die vollkommene
Absperrung, die große Morgengabe, mit der er Leonora

ausgestattet, die vielen Geschenke, die er ihr ohne Unterlaß gemacht, die gute Behandlung der Mägde und der Sklavinnen, wozu das Bemühen, es ihnen an nichts fehlen zu lassen, was er für sie als notwendig erachtet und sie sich auszudenken vermochten? Doch, wie gesagt, war es unmöglich, ihn zu fragen, schlief er doch fester als ihm gut tat. Und hätte er die Frage gehört und sogar darauf geantwortet, so hätte er nichts Besseres tun können, als mit den Achseln zu zucken, die Brauen hochzuziehen und zu sagen: »Meiner Meinung nach scheiterte alles bis auf den Grund durch die Verschlagenheit eines tagediebischen, lasterhaften Burschen, die Bosheit einer hinterhältigen Dueña und die Unerfahrenheit eines durch Bitten beschworenen Mädchens.« Gott bewahre jedermann vor solchen Feinden, gegen die es keinen Schild der Klugheit gibt, der uns beschützt, noch ein Schwert der Vorsicht, das scharf genug ist.

Allein trotz alledem fand Leonora Mut und Kraft und wußte sie den gemeinen Kräften ihres listigen Verführers entgegenzusetzen, daß dieser nicht imstande war, sie zu brechen; Loaysa mühte sich vergeblich; Leonora blieb Siegerin, und schließlich schliefen beide ein. Indes fügte es der Himmel, daß Carrizales trotz der Salbe erwachte und, wie es seine Gewohnheit war, das Bett nach allen Seiten abgriff. Als er nun sein geliebtes Weib darin nicht vorfand, sprang er entsetzt und sprachlos mit größerer Behendigkeit und leichter aus dem Bett, als sein hohes Alter es hätte erwarten lassen. Als er dann die Gattin auch im Zimmer nicht fand, die Tür offen stand und ihm der Schlüssel zwischen den Unterbetten fehlte, glaubte er den Verstand verlieren zu müssen. Doch nachdem er sich ein weniges gefaßt, trat er auf den Gang hinaus und ging, vorsichtig einen Fuß vor den andern setzend, damit man ihn nicht höre, weiter und kam in den Saal, in dem die Dueña schlief. Da er sie allein und ohne Leonora sah, ging er zum Zimmer der Dueña, und als er die Tür leise öffnete, sah er, was er am liebsten nie gesehen, sah er, was nicht zu sehen er sogar die Augen geopfert hätte: er sah Leonora in den Armen Loaysas so tief in Schlaf versunken, als hätte die Salbe bei den beiden und nicht beim eifersüchtigen Alten gewirkt.

Der eifersüchtige Estremadurer 425

Reglos vor Schmerz stand Carrizales vor dem Bild, das sich ihm bot; die Stimme blieb ihm in der Kehle stecken, die Arme fielen ihm kraftlos herab, und er glich einer Statue aus kaltem Marmor. Und obgleich der Zorn seine natürliche Wirkung tat und ihm die fast erstorbenen Lebensgeister wieder weckte, ließ ihn doch der Schmerz nicht zu Atem kommen. Trotz allem würde er die Rache genommen haben, die solch große Schmach forderte, hätte er eine Waffe bei sich gehabt. So entschloß er sich, in sein Zimmer zu gehen, um einen Dolch zu holen, zurückzukehren und die Flecken auf seiner Ehre mit dem Blut der beiden Beleidiger abzuwaschen und, wenn nötig, mit dem Blute seines gesamten Gesindes. Mit diesem zur Rettung seiner Ehre unabweislichen Entschluß ging er, ebenso leise und behutsam wie er gekommen, in sein Zimmer zurück, wo Schmerz und Beklemmung seinem Herzen so sehr zusetzten, daß er, unfähig zu anderem, ohnmächtig über seinem Lager zusammenbrach.

Indes kam der Tag herauf und überraschte die im Netz ihrer Arme verstrickten Ehebrecher. Marialonso erwachte und wollte sich rasch den ihr nach ihrer Meinung zukommenden Teil holen, doch als sie sah, daß es schon hoch am Tage war, verschob sie ihr Vorhaben auf die kommende Nacht. Leonora erschrak, als sie bemerkte, wie weit der Tag schon fortgeschritten war, und verwünschte ihre und der verfluchten Dueña Unachtsamkeit. Beide begaben sich unruhigen Schrittes in das Zimmer des Carrizales und flehten halblaut den Himmel an, sie möchten dort den Alten immer noch schnarchend antreffen. Als sie ihn so still auf dem Bette liegen sahen, glaubten sie, die Salbe wirke noch; schien er doch zu schlafen, und die eine schloß die andere freudig in die Arme. Leonora trat an den Gatten heran, packte ihn am Arm und drehte ihn von einer Seite auf die andere, um zu sehen, ob er erwache, ohne daß man ihn erst mit Essig abzuwaschen bräuchte, was, wie man ihnen gesagt, nötig wäre, damit er wieder zu sich käme. Die Erschütterung jedoch rüttelte Carrizales aus seiner Ohnmacht, und tief seufzend sagte er mit dünner, kläglicher Stimme:

»Ich Unglücklicher! Zu welch' traurigem Ende hat mich mein Schicksal geführt!«

Leonora verstand nicht recht, was der Gatte damit sagen wolle; doch da sie ihn wach sah und ihn sprechen hörte, wunderte sie sich nur darüber, daß die Salbe nicht so lange wirke, wie man behauptet hatte, trat an den Gatten heran, legte ihr Gesicht an das seine, umschlang ihn fest und sagte:

»Was fehlt Euch, mein Gebieter? Mir scheint, Ihr beklagt Euch.«

Der unglückliche Alte vernahm die Stimme seiner süßen Feindin, riß die Augen weit auf, starrte Leonora entgeistert an und betrachtete sie lange, eindringlich, ohne ein einziges Mal mit der Wimper zu zucken. Schließlich sagte er:

»Tut mir den Gefallen, Señora, sogleich, sogleich in meinem Namen nach Euren Eltern zu senden; ich fühle starke Herzbeklemmungen, die mir, wie ich fürchte, bald das Leben kosten werden, und ich möchte sie noch sehen, ehe ich hinscheide.«

Zweifelsohne sah Leonora, daß der Gatte dies in vollem Ernst zu ihr sagte, doch glaubte sie, die Wirkung der Salbe sei die Ursache seiner Unpäßlichkeit, und dachte nicht daran, daß er etwas wahrgenommen haben mochte. Leonora versprach, den Auftrag auszuführen, schickte den Neger fort, ihre Eltern zu holen; dann umarmte sie den Gatten, überhäufte ihn mit mehr Zärtlichkeiten, als sie ihm je erwiesen, und sagte ihm so innige, liebevolle Worte, als wäre er ihr das Liebste auf der Welt. Er betrachtete sie, wie gesagt, ganz entgeistert, indes ihm jedes Wort und jede Zärtlichkeit wie ein Lanzenstich durchs Herz drang.

Die Dueña hatte das Gesinde und Loaysa von der Erkrankung ihres Herrn in Kenntnis gesetzt und vor allem darauf verwiesen, daß es sehr schlecht mit ihm bestellt sein müsse, habe er doch vergessen anzuordnen, daß die Türen versperrt würden, als der Neger wegging, um die Eltern ihrer Herrin zu holen. Alle wunderten sich über den Auftrag, waren doch weder der Vater noch die Mutter nach der Vermählung der Tochter je über die Schwelle dieses Hauses getreten. Kurz gesagt, alle gingen still und ver-

Der eifersüchtige Estremadurer

wundert im Hause umher, verfielen aber nicht auf die wahre Ursache der Unpäßlichkeit ihres Herrn, der von Zeit zu Zeit so tiefe, schmerzliche Seufzer ausstieß, daß es schien, als risse er sich mit jedem Seufzer ein Stück Seele aus dem Leibe. Leonora weinte, da sie ihn in solchem Zustand sah, allein Carrizales lachte wie einer, der seines Verstandes nicht mächtig ist, bedachte er doch die Falschheit ihrer Tränen. Indes kamen Leonoras Eltern, überaus erstaunt und nicht wenig erschrocken, als sie das Haustor und die Drehtür zum Innenhof offen und das Haus in tiefem Schweigen versunken vorfanden. Sie begaben sich in das Zimmer ihres Schwiegersohnes und fanden ihn dort, wie schon gesagt, die Augen starr auf Leonora geheftet, die er mit den Händen festhielt, indes beide viele Tränen vergossen; sie, weil sie den Gatten weinen sah, und er, weil er dachte, mit welcher Heuchelei sie die Tränen fließen ließ.

Kaum waren die Eltern eingetreten, als Carrizales zu sprechen anhob und sagte:

»Setzt Euch, Eure Gnaden; alle übrigen mögen diesen Raum verlassen, nur die Señora Marialonso bleibe.«

Dies geschah, und nachdem die fünf Personen allein zurückgeblieben waren, trocknete Carrizales die Tränen und sagte, ohne abzuwarten, daß erst ein anderer zu sprechen anhebe, mit ruhiger Stimme folgendes:

»Ich bin mir dessen wahrlich gewiß, meine lieben Schwiegereltern, daß ich nicht erst Zeugen beibringen muß, damit Ihr mir glaubt, was ich Euch zu sagen habe. Ihr werdet Euch wohl dessen entsinnen – es kann Eurem Gedächtnis unmöglich entfallen sein –, mit welcher Liebe, mit welch zärtlichen Empfindungen Ihr mir heute vor einem Jahr, einem Monat, fünf Tagen und neun Stunden Eure geliebte Tochter zur rechtmäßigen Gattin übergeben habt. Ihr wißt auch, wie großzügig ich sie beschenkte, war doch die Morgengabe so groß, daß man damit mehr als drei Mädchen ihres Standes als reiche Bräute hätte vermählen können. Auch müßt Ihr Euch des Eifers entsinnen, den ich daransetzte, sie einzukleiden und mit allem zu schmücken, was ihr zu wünschen einfiel und ich als passend für sie ansah.

Ebenso müßt Ihr, meine Schwiegereltern, gesehen haben, wie ich, von meiner natürlichen Anlage getrieben und aus Furcht vor dem Übel, an dem ich zweifellos sterben werde, dank meines Alters in den seltsamsten und unterschiedlichsten Geschehnissen dieser Welt erfahren, mich bemühte, dieses Kleinod, das ich erwählte und Ihr mir gabt, mit der größten mir möglichen Umsicht zu wahren und zu schützen: ich ließ die Mauern dieses Hauses höher bauen, ließ den Fenstern den Ausblick auf die Straße nehmen, verstärkte die Schlösser an den Türen, richtete eine Drehtür ein wie in einem Kloster; für immer verbannte ich aus diesem Hause alles, was nur irgendwie den Anschein oder den Namen eines männlichen Wesens hatte, gab ihr Mägde und Sklavinnen, sie zu bedienen, verweigerte auch diesen nicht, was mich zu bitten, sie für gut fanden, ich verkehrte mit ihr auf gleich und gleich, vertraute ihr meine geheimsten Gedanken an und ließ ihr freie Hand über mein Vermögen. Das alles sind Dinge und Taten, um deretwillen ich billigerweise wohl in ruhigem und sicherem Genuß dessen hätte leben sollen, das mich so viel gekostet und um deretwillen Eure Tochter selbst alles hätte daransetzen müssen, mir nicht den leisesten Anlaß zu auch nur einem eifersüchtigen Gedanken zu geben. Doch da kein menschliches Trachten die Strafe abzuwenden vermag, die der Wille Gottes über jene verhängt, die nicht all ihr Wünschen und Hoffen auf Ihn allein setzen, ist es nicht verwunderlich, daß ich in meinem Wünschen und Hoffen enttäuscht wurde, und ich selbst es war, der das Gift braute, an dem ich nun sterben werde. Allein da ich Euch so verwundert an jedem Wort, das mir von den Lippen kommt, hängen sehe, will ich diese lange Einleitung beenden und Euch mit einem Wort sagen, was in tausenden zu sagen unmöglich ist. Wisset also, meine Schwiegereltern, daß all mein Reden und Tun nur dazu geführt hat, daß ich heute morgen diese da, die nur geboren wurde, damit sie meine Seelenruhe vernichte und meinen Tod bewirke« – hier wies er auf seine Gattin – »in den Armen eines schmucken Burschen betroffen habe, der jetzt im Zimmer dieser pestilenzalischen Dueña ist.«

Kaum hatte Carrizales dies gesagt, als Leonora die Be-

Der eifersüchtige Estremadurer   429

sinnung verlor und ohnmächtig über den Knien des Gatten
zusammenbrach. Marialonso erbleichte, und Leonoras Eltern schnürte sich die Kehle zusammen, so daß sie kein
Wort hervorzubringen vermochten. Carrizales fuhr fort
und sagte:

»Die Rache, die ich für diesen Schimpf zu nehmen gedenke, ist weder von der Art jener, die man zu nehmen
pflegt, noch soll sie so sein, will ich doch, der ich in allem,
was ich tat, nicht im gewohnten Trott ging, auch gleicherweise Vergeltung suchen, Vergeltung vor allem an mir
selbst, der ich die größte Schuld an allem trage. Ich hätte
bedenken müssen, wie wenig sich die fünfzehn Jahre dieses
Mädchens zu den fast achtzig meines Lebens schicken und
wie wenig sie sich miteinander vertragen. Ich selbst habe
mir gleich einer Seidenraupe das Gespinst verfertigt, in
dem ich sterben muß, und dir, du übel beratenes Mädchen,
gebe ich keine Schuld daran!« – indes er dies sagte, neigte
er sich zu Leonora hinab und küßte das Antlitz der Ohnmächtigen – »Dir gebe ich keine Schuld, sage ich, denn die
Überredungskünste hinterhältiger, ausgekochter alter Weiber und die Schmeichelreden verliebter Knaben überwinden leicht den kurzen Verstand der zarten Jugend und
triumphieren über ihn. Allein damit alle erkennen mögen,
wie groß und rein die Liebe und das Vertrauen war, das
ich dir entgegenbrachte, will ich sie in dieser letzten Stunde,
die zu leben mir noch gegönnt ist, auf solche Art erweisen,
daß ich in der Welt als Beispiel bleibe, wenn nicht der
Güte, so doch der unerhörten und nie gesehenen Einfalt
des Herzens. Und so will ich, daß man einen Notar hole,
damit ich ein neues Testament abfassen lasse, in dem ich die
Morgengabe, die ich Leonora gegeben, verdoppeln werde
und sie bitten will, nach meinem Tod, der nicht mehr lange
auf sich warten lassen wird, frei über sich selbst zu verfügen und sich aus freien Stücken mit jenem Burschen zu
vermählen, den das Grauhaar dieses alten, unglücklichen
Mannes nie gekränkt hat. So wird sie erkennen, daß ich,
der ich im Leben nie versäumt habe, alles zu tun, was ihr
nur Freude bringen mochte, auch im Tode der gleiche
bleibe und möchte, daß sie die Freude nun bei dem finden

soll, den sie so sehr zu lieben scheint. Mein übriges Vermögen werde ich wohltätigen Einrichtungen vermachen, und Euch, meinen lieben Schwiegereltern, werde ich so viel hinterlassen, daß Ihr den Rest Eures Lebens in allen Ehren verbringen könnt. Holt sogleich den Notar, denn mein Leiden setzt mir solcherart zu, daß es mit jedem Augenblick, der verstreicht, die Augenblicke, die mir noch bleiben, verkürzt.«

Kaum hatte er dies gesagt, als ihn eine schwere Ohnmacht befiel und er so nahe neben Leonora hinsank, daß beider Gesichter beieinander lagen. Welch seltsamer und trauriger Anblick für die Eltern, die solcherart die geliebte Tochter und den lieben Schwiegersohn nebeneinander liegen sahen! Die bösartige Dueña wollte nicht erst die Vorwürfe, die sie von den Eltern ihrer Herrin befürchtete, abwarten, verließ den Raum und ging zu Loaysa, um ihm alles, was geschehen war, zu berichten. Vor allem gab sie ihm den Rat, das Haus schleunigst zu verlassen; sie würde ihn schon durch den Neger über alles, was weiter geschehen würde, auf dem laufenden halten, da es ja keine Türen und Schlösser mehr gebe, die solches unmöglich machten. Loaysa war überaus erstaunt über das Erfahrene, befolgte ihren Rat, zog sich wieder wie ein Bettler an und eilte zu seinen Freunden, um ihnen den seltsamen und unerhörten Verlauf seines Liebeshandels zu melden.

Während Carrizales und Leonora in tiefer Ohnmacht lagen, schickte Leonoras Vater nach einem ihm befreundeten Notar, der gerade eintrat, als die Tochter und der Schwiegersohn wieder zu Bewußtsein kamen. Carrizales ließ sein neues Testament abfassen, wie er gesagt hatte, ohne aber die Verfehlung Leonoras kundzutun; vielmehr bat er sie, sich, im Fall, daß er sterbe, aus guten Gründen mit dem jungen Mann, den er ihr insgeheim genannt, zu vermählen. Als Leonora solches vernahm, warf sie sich ihrem Gatten zu Füßen und sagte, indes ihr das Herz heftig in der Brust pochte:

»Lebt noch viele Jahre, mein Gebieter und all mein Glück, und wenn Ihr auch nicht verpflichtet seid, mir nur das geringste von dem zu glauben, was immer ich Euch

Der eifersüchtige Estremadurer   431

sagen sollte, so wisset doch, daß ich Euch nur in Gedanken
gekränkt habe.«

Als sie beginnen wollte, sich zu entschuldigen und den
wahren Hergang der Ereignisse zu berichten, gehorchte ihr
die Zunge nicht mehr und sie fiel von neuem in Ohnmacht.
Der unglückliche Alte umarmte die Ohnmächtige; die
Eltern schlossen sie in die Arme; alle weinten so reichlich,
daß auch dem Notar nichts übrigblieb, als mit ihnen zu
weinen. Carrizales vermachte allen Mägden seines Hauses
einen ausreichenden Lebensunterhalt, schenkte den Sklavinnen und dem Neger die Freiheit, nur der hinterhältigen
Marialonso ließ er nichts als den Lohn, der ihr noch zustand. Wie dem auch sein mochte, der Schmerz setzte Carrizales solcherart zu, daß man ihn sieben Tage später zu
Grabe trug.

Leonora war nun Witwe, traurig und reich, doch als
Loaysa erwartete, sie würde einhalten, was Carrizales in
seinem Testament angeordnet, mußte er erfahren, daß sie
eine Woche nach dem Tode ihres Gatten als Nonne in
eines der strengsten Klöster der Stadt eingetreten war.
Enttäuscht, ja beinahe beschämt, schiffte er sich nach den
Indias ein. Die Eltern Leonoras waren überaus betrübt,
doch wußten sie sich mit dem zu trösten, was ihnen ihr
Schwiegersohn testamentarisch vermacht hatte. Die Mägde
trösteten sich mit ihrem Legat, die Sklavinnen und der
Sklave mit der Freiheit, nur die bösartige Dueña sah sich,
nun arm, in allen ihren Hoffnungen hintergangen.

Und ich tröste mich damit, daß ich mit dieser Begebenheit zu Ende komme, einer Begebenheit, die ein Beispiel
und eine Lehre dafür ist, wie wenig man sich auf Schlüssel,
Drehtüren und Mauern verlassen kann, solange es einen
freien Willen gibt, und um wieviel weniger man noch den
grünen Jugendjahren trauen darf, wenn sie von jenen
Dueñas in klösterlich schwarzer Tracht und den hohen
weißen Hauben begleitet werden, die der Unerfahrenheit
dauernd mit ihren Einflüsterungen in den Ohren liegen.
Die Ursache aber, weshalb Leonora sich nicht nachdrück-
licher entschuldigte und nicht versuchte, ihrem eifersüchtigen Gatten zu beweisen, wie rein und makellos sie aus

jenem Begebnis hervorgegangen, kenne ich nicht; die Verwirrung hatte ihr eben die Zunge gelähmt, und die Eile, die der Gatte dareinsetzte, zu sterben, ließen ihr keine Gelegenheit mehr, sich zu entschuldigen.

DIE ERLAUCHTE SCHEUERMAGD

In Burgos, der edlen und berühmten Stadt, lebten vor nicht vielen Jahren zwei angesehene, vermögende Edelleute: der eine hieß Don Diego de Carriazo, der andere Don Juan de Avendaño. Don Diego hatte einen Sohn, dem er seinen eigenen Vornamen gegeben, während Don Juan de Avendaño seinen Sohn Tomás hatte taufen lassen. Da die jungen Edelleute in dieser Geschichte die Hauptpersonen sein werden, wollen wir sie, um Tinte und Raum zu sparen, kurz Carriazo und Avendaño nennen. Dreizehn Jahre oder ein weniges darüber dürfte Carriazo alt gewesen sein, als er, nicht etwa weil man ihn daheim irgendwann einmal schlecht behandelt hätte, sondern einfach aus Lust und Laune und aus Neigung zur Landstreicherei, aus dem elterlichen Hause »auspichte«, wie die Kinder sagen, und in die Welt hinauszog. Er fühlte sich in solch ungebundenem Leben so glücklich, daß er trotz der Unbequemlichkeiten und der Widerwärtigkeiten, die es mit sich bringt, den Überfluß des Elternhauses nicht vermißte; das Marschieren fiel ihm nicht schwer, die Kälte störte ihn nicht, ihn drückte auch nicht die Hitze: alle Jahreszeiten schienen ihm holder Frühling. Auf Getreidegarben schlief er so gut wie auf Unterbetten; mit dem gleichen Wohlbehagen, als hätte er sich zwischen Laken aus feinstem Linnen gelegt, vergrub er sich im Strohboden einer Schenke. Kurz und gut, er erlernte die Landstreicherei und das Schelmenwesen so vorzüglich, daß er auf der Fakultät des berühmten Spitzbuben von Alfarache hätte Vorlesungen halten können.

In den drei Jahren, die er brauchte, um wieder aufzutauchen und ins Elternhaus heimzufinden, erlernte er in Madrid das Sprungbeinspiel, in den Ventillas-Schenken vor Toledo »Die böse Sieben« und auf den Wällen von Sevilla stehend das verbotene Parar, ein Glücksspiel. Und obgleich Hunger und Elend zu diesem Leben gehören, zeigte sich Carriazo in allem, was er unternahm, als wahrer Edelmann: schon von weitem ließ er an tausend Zeichen erkennen, daß er guter Herkunft war, denn er war großherzig und teilte gern und freigebig mit den Kameraden. Selten besuchte er des Bacchus Klausen, und obgleich er Wein trank, war er dabei so mäßig, daß er nie den sogenannten »armen Krebsen« zuzurechnen war, die, sobald sie nur etwas über den Durst getrunken, sogleich im Gesicht rot anlaufen, als hätten sie sich mit Mennige oder Zinnober geschminkt. Kurz gesagt: in Carriazo besaß die Welt einen tugendhaften, sauberen, wohlerzogenen und über den Durchschnitt klugen Spitzbuben. Er durchlief alle Stufen, die ein Schelm durchlaufen muß, und gelangte in den Thunfischereien von Zahara, dem Mekka, aber oft auch dem Ende der Schelme, Landstreicher und Spitzbuben, zur Meisterschaft.

O ihr schmutzigen, rundlichen, fettglänzenden Küchenschelme, ihr angeblichen Armen, ihr falschen Krüppel, ihr Beutelschneider vom Zocodover und der Plaza de Madrid, ihr sehenden Blinden, ihr Marktläufer von Sevilla, ihr Hurendiener der Gaunerschaft und ihr übrigen, zahlloses Gesindel, das unter dem Namen Schelm umherläuft, laßt euren Hochmut fahren, dämpft den Ton, nennt euch nicht Schelme, ehe ihr nicht zwei Jahre auf der Hohen Schule des Thunfischfanges gewesen! Dort, ja dort nur, verbindet sich Arbeit mit Tagedieberei! Dort findet ihr den Schmutz noch rein und unverfälscht, das pralle Fett, den jähen Hunger, die Prasserei, maskenlos das Laster, jederzeit Gelegenheit zum Spiel, jeden Augenblick Händel, Tote Schlag auf Schlag, auf Schritt und Tritt Schmähreden, Tanz wie auf einer Hochzeit, die Seguidillen unverkürzt und unverblümt, die Romanzen mit Kehrreim, die Poesie ohne Kehre und ungereimt. Hier wird gesungen, da geflucht, dort gestritten, anderswo wird gespielt, und allerorten wird gestohlen. Dort wohnt die Freiheit und fruchtet die Arbeit; dorthin wenden sich viele vornehme Väter, um ihre Söhne zu suchen, oder lassen sie suchen und finden sie; doch den Söhnen ist es so bitterleid, aus jenem Leben gerissen zu werden, als würden sie zum Schafott geführt.

Doch hat auch dieser Freudenbecher, den ich geschildert, einen Wermutstropfen, der seine Süßigkeit vergällt: dort kann keiner des Nachts ruhig schlafen aus Angst, in Blitzes-

Die erlauchte Scheuermagd
435

schnelle von Zahara in die Berberei verschleppt zu werden. Deshalb schließen sie sich nachts in Wachtürme ein, deren es einige dort an der Küste gibt, stellen Wachen und Späher auf und schließen die Augen nur, weil sie darauf vertrauen, daß die Wachen ihre Augen offenhalten. Trotzdem ist es auch vorgekommen, daß die Wachen und die Späher, die Schelme, die Fischer und die Schiffer mit ihren Booten und Netzen, kurz der ganze Haufe Menschen, der dort haust, in Spanien nächtigt und in Tetuan erwacht. Diese Gefahr war jedoch nicht imstande, unseren Carriazo davon abzuhalten, drei Sommer hindurch nach Zahara zu ziehen, um es sich dort gut sein zu lassen. Den letzten Sommer fiel ihm ein so gutes Blatt zu, daß er im Kartenspiel siebenhundert Realen gewann; mit ihnen gedachte er sich neu einzukleiden und nach Burgos zurückzukehren, um seiner Mutter unter die Augen zu treten, die um seinetwillen viele Tränen vergossen hatte. Er verabschiedete sich von den Freunden, deren er viele und treu ergebene besaß, und versprach, im nächsten Sommer wieder bei ihnen zu sein, wenn ihn nicht Krankheit oder Tod daran hindere; bei ihnen ließ er die Hälfte seines Herzens, und all sein Trachten richtete sich weiterhin nach jenen trockenen Sandstränden, die ihm frischer und grüner vorkamen als die Elysäischen Gefilde. Da er es gewohnt war, zu Fuß zu reisen, kam er rasch vorwärts und kam auf den Hanfsohlen seiner Segeltuchschuhe von Zahara nach Valladolid, wobei er auf dem Wege »Enten fliegen dreie, Mutter« sang. In Valladolid hielt er sich vierzehn Tage auf, damit die Gesichtsfarbe Gelegenheit habe, vom Mulattenbraun zu flämischer Weiße umzuwechseln, damit er sich neu ausstaffieren und sich selber umschreiben könne aus dem unsauberen Entwurf der Landstreicherei und des Schelmentums in die Reinschrift seines Standes, den eines Edelmannes. Dies besorgte er dank der Möglichkeiten, die ihm die fünfhundert Realen boten, mit denen er nach Valladolid gekommen, und selbst davon behielt er noch hundert Realen zurück, um sich ein Maultier und einen Treiber zu mieten, mit denen er standesgemäß und zufrieden vor seine Eltern trat. Diese empfingen ihn voll Freude, und

alle Freunde und Anverwandten kamen, um sie zur glücklichen Wiederkehr des Herrn Don Diego de Carriazo, ihres
Sohnes, zu beglückwünschen. Hier sei noch erwähnt, daß
Don Diego den Familiennamen Carriazo für die Dauer
seiner Wanderfahrten mit dem Namen Urdiales vertauscht
hatte und allen, die seinen wahren Namen nicht wußten,
als solcher bekannt war.

Unter den Personen, die den Neuankömmling besuchten, befanden sich auch Don Juan de Avendaño und sein
Sohn Tomás, mit dem sich Carriazo, da beide gleichen
Alters und Nachbarn waren, sehr eng anfreundete. Carriazo erzählte seinen Eltern und allen Leuten tausend faust-
dicke, weitschweifige Lügen von Dingen, die ihm in den
drei Jahren seiner Abwesenheit zugestoßen seien, doch nie
berührte er – Gott behüte! – das Thema der Thunfischerei,
obgleich er unablässig daran dachte, besonders, als der Zeitpunkt herannahte, an dem er, wie er seinen Freunden versprochen, zu ihnen zurückkehren wollte. Ihn zerstreute
weder die Jagd, mit der sein Vater ihn beschäftigte, noch
freuten ihn die vielen ehrbaren und gepflegten Gastmähler,
die man in jener Stadt zu geben gewohnt war; jeder Zeitvertreib wurde ihm lästig, und selbst den vergnüglichsten
Unterhaltungen, die man ihm hier bot, zog er jene vor,
die er in den Thunfischereien gefunden.

Da ihn sein Freund Avendaño sehr oft trübsinnig und
gedankenverloren sah, wagte er es, auf das Recht der
Freundschaft pochend, nach der Ursache der Schwermut
des Freundes zu fragen, wobei er sich anheischig machte,
ihm wenn möglich und erforderlich beizustehen und sollte
er auch sein Blut dabei lassen. Um die innige Freundschaft,
die sie für einander hegten, nicht zu trüben, wollte Carriazo ihm die wahre Ursache seines Zustandes nicht verhehlen; er berichtete ihm in allen Einzelheiten vom Leben bei
den Schleppnetzen und fügte hinzu, all die Schwermut und
die trübsinnigen Gedanken entsprängen nur dem Verlangen, zu ihnen zurückzukehren. Er schilderte Avendaño das
Leben dort in solchen Farben, daß dieser, nachdem er
Carriazo angehört, dessen Neigung und Geschmack eher
lobte als tadelte. Kurz und gut, Carriazo erreichte mit

Die erlauchte Scheuermagd 437

seiner Schilderung, daß Avendaño sich begeisterte und beschloß, einen Sommer lang jenes glückhaften Lebens teilhaftig zu werden, das ihm der Freund beschrieben hatte. Darob war Carriazo überaus erfreut, schien es ihm doch, daß er nun jemand gefunden, der ihm als unverdächtiger Beistand helfen würde, die eigenen dunklen Pläne in die Tat umzusetzen, ohne Argwohn zu erregen. Sie überlegten, wie sie sich möglichst viel Geld verschaffen könnten, und der beste Weg dazu schien ihnen folgender: Avendaño sollte in zwei Monaten nach Salamanca reisen, wo er zu seinem Vergnügen während dreier Jahre Griechisch und Latein studiert hatte. Sein Vater wollte nun, daß er mit dem Studium fortfahre und es an der Fakultät, die ihm am meisten liege, beende; das Geld, das der Vater ihm dafür gebe, würde genügen, um zu erreichen, was sie begehrten.

In dieser Zeit eröffnete Carriazo seinem Vater, daß er gern mit Avendaño nach Salamanca ziehen wollte, um dort zu studieren. Mit großer Freude ging dieser darauf ein, sprach mit Avendaños Vater, und beide beschlossen, den Söhnen in Salamanca eine gemeinsame Wohnung einzurichten und sie so auszustatten, daß sie dem Stande entsprach, dem Väter wie Söhne angehörten. Der Tag der Abreise kam; die beiden Reisenden wurden mit Geld versehen, und man gab ihnen einen Hofmeister zur Aufsicht mit, der aber mehr ehrenwert als klug war. Die Väter gaben den Söhnen überdies noch gute Lehren mit auf den Weg: wie sie sich zu verhalten hätten und wie sie sich bemühen und ihre Zeit einrichten müßten, um an Tugend und Wissenschaft reich zu werden und die Frucht zu pflükken, die jeder Student, besonders einer von Stande, durch Mühen und in durchwachten Nächten erstreben müsse. Die Söhne zeigten sich bescheiden und gehorsam; die Mütter weinten, und versehen mit den Segenswünschen aller traten die jungen Leute auf eigenen Maultieren, begleitet von zwei Dienern und dem Hofmeister, der sich einen Bart hatte wachsen lassen, um seinem Amte größeres Gewicht zu geben, die Reise an.

Als sie sich der Stadt Valladolid näherten, sagten die

Freunde dem Hofmeister, sie wollten zwei Tage bleiben, um die Stadt kennenzulernen, die sie nie gesehen, weil sie **noch nie dagewesen**. Der Hofmeister verwies ihnen streng und kurz angebunden den Aufenthalt und erklärte, daß Leute, die so eifrig studieren wollten wie sie, sich nirgends eine Stunde, geschweige denn zwei Tage verspäten dürften, um Kindereien zu begaffen; ihm würde es das Gewissen belasten, wenn er sie auch nur einen Augenblick hier verweilen ließe; sie müßten sogleich abreisen, wenn nicht, dann könnte es etwas setzen.

Bis hieher reichte die Macht des Herrn Hofmeisters oder Haushofmeisters, wie wir ihn eher nennen wollen. Die Bürschlein hatten bereits Lese gehalten und ihre Trauben in der Kelter, denn sie hatten schon die vierhundert Goldtaler gestohlen, die ihr Feldwebel mit sich geführt, und nun baten sie ihn, er solle sie wenigstens den einen Tag hier verbringen lassen, den sie dazu benützen wollten, um sich die Quelle von Argales anzusehen, deren Wasser man in großen geräumigen Aquädukten in die Stadt zu leiten begann. Obgleich es den Herrn Haushofmeister in tiefster Seele schmerzte, gab er ihnen die Erlaubnis; gern hätte er die zusätzlichen Kosten vermieden und in Valdeastillas genächtigt, denn so wäre es ihm möglich gewesen, die achtzehn Meilen zwischen Valdeastillas und Salamanca in zwei Tagen zu bewältigen, nicht aber die zweiundzwanzig von Valladolid aus. Doch da der Esel anders will als der Treiber, lief alles auf das Gegenteil von dem hinaus, was der Hofmeister gewollt.

Von einem Diener allein begleitet, ritten die jungen Leute auf zwei sehr schönen friedfertigen Mauleselinnen nach Argales, um die dortige Quelle zu besichtigen, die wegen ihres Wassers und ihres Alters berühmt ist. Berühmt ist trotz des »Caño Dorado« und der ehrwürdigen »Priorin«, trotz der Leganitos-Quelle und der ganz hervorragenden Castellana, Quellen, mit denen verglichen die »Corpa« und die »Pizarra de la Mancha« eine traurige Figur machen. Die jungen Leute kamen nach Argales. Avendaño griff in die Satteltasche; schon glaubte der Diener, sein Herr hole ein Trinkgefäß heraus, mußte aber

Die erlauchte Scheuermagd

erkennen, daß es ein versiegelter Brief war. Avendaño befahl ihm, sogleich in die Stadt zurückzukehren, den Brief dem Hofmeister zu übergeben und sie dann am Campo-Tor zu erwarten. Der Diener gehorchte, nahm den Brief und kehrte in die Stadt zurück. Die beiden ritten einen anderen Weg und nächtigten in Mojadas. Zwei Tage später waren sie in Madrid, wo sie die Maultiere nach weiteren vier Tagen zur Versteigerung auf den Markt brachten, jemand fanden, der ihnen für die sechs Taler Ausrufpreis gutstand und wo sich schließlich auch ein Käufer einstellte, der ihnen den erzielten Preis in klingendem Gold auszahlte. Sie kleideten sich bäurisch, trugen nun ärmellose, seitlich geschlitzte Blusen, kurze Ploder- oder Pluderhosen, wie sie in Valencia und in Murcia von den Leuten getragen werden, und Gamaschen aus graubraunem Tuch. Es hatte sich ein Trödler gefunden, der ihnen am Morgen die feinen Kleider abgekauft und sie bis zum Abend so verändert hatte, daß sie nicht einmal die leiblichen Mütter erkannt hätten. Als sie nun so nach bestem Wissen und Wollen Avendaños eingekleidet und frei von Gepäck und Gefolge waren, machten sie sich ad pedem litterae – zu Fuß – und ohne Degen auf den Weg nach Toledo. Die Degen hatte ihnen der Kleidertrödler gleichfalls abgekauft, obgleich sie nicht in seinen Handelskram paßten.

Lassen wir die beiden für den Augenblick, da sie so zufrieden und heiter ihres Weges ziehen, und kehren wir zum Hofmeister zurück, um zu berichten, was dieser unternahm, als er den Brief öffnete, den ihm der Diener gebracht, und folgendes darin las:

»Euer Gnaden, Herr Pedro Alonso, wolle belieben, sich in Geduld zu fassen und nach Burgos zurückzukehren, um daselbst unseren Eltern zu vermelden, daß wir, die Söhne, nach reiflicher Überlegung und das Waffenhandwerk für Edelleute als passender erachtend denn die Wissenschaft, uns entschlossen haben, Salamanca mit Brüssel und Spanien mit Flandern zu vertauschen. Die vierhundert Goldtaler haben wir; die Maultiere gedenken wir zu verkaufen. Die ritterliche Absicht und der lange Weg entschuldigen wohl genugsam diese unsere Verfehlungen, obgleich nur ein Feigling unseren Entschluß für ein Vergehen ansehen wird. Die Abreise erfolgt jetzt; die Rückkehr liegt in Gottes Hand, der Euer Gnaden erhalte, wie er mag, was Euch auch Eure unwürdigen Schüler wünschen. Gegeben an der Quelle von Argales, schon den Fuß im Bügel, nach Flandern zu reiten. – Carriazo und Avendaño.«

Als Pedro Alonso die Epistel las, verschlug es ihm die Sprache; er sah in der Schatulle nach, und erst als er sie leer fand, glaubte er, was im Brief behauptet wurde. Sogleich ritt er auf dem Maultier, das ihm geblieben war, nach Burgos ab, um seinen Herrschaften so rasch als möglich die Neuigkeit zu überbringen, damit diese Abhilfe schüfen und Mittel und Wege fänden, die Söhne zu erwischen. Doch darüber berichtet der Verfasser dieser Novelle nichts, denn kaum hat er Pedro Alonso das Maultier besteigen lassen, kehrt er wieder zu Avendaño und Carriazo zurück, um zu berichten, daß sie in Illescas einzogen, am Stadttor zwei Maultiertreibern – allem Anschein nach Andalusiern – begegneten, die weite Leinenhosen, geschlitzte Wämser aus grobem Angovinertuch, Koller aus Elenleder und Krummdolche und Degen ohne Gehäng trugen. Wie es schien, kam der eine aus Sevilla, indes der andere dahin reiste. Dieser sagte gerade zu jenem:

»Wäre meine Herrschaft nicht so weit voraus, so hielte ich mich gerne etwas länger auf, um dich tausenderlei Dinge zu fragen, die ich gerne wissen möchte, denn daß der Graf den Alonso Genís und den Ribera hat aufknüpfen lassen, ohne ihnen die Appellation zu bewilligen, hat mich sehr verwundert.«

»Daß Gott erbarm!« versetzte der Sevillaner. »Der Graf hat ihnen ein Bein gestellt und sie unter seine Gerichtsbarkeit gebracht. Sie waren ja Soldaten, und so hintenherum hat er sich ihrer bemächtigt, und nicht einmal das Landgericht könnte sie ihm entreißen. Du, mein Lieber, mußt wissen, daß dieser Graf von Puñonrostro den Teufel im Leibe hat und uns die Finger an die Gurgel legt: auf zehn Meilen Umkreis ist Sevilla von allen Gaunern leergefegt; kein Dieb hält sich mehr im Weichbild der Stadt auf. Alle fürchten den Grafen wie das schiere Feuer, obwohl schon davon gemunkelt wird, daß er sein Amt als Asistente aufgeben will, weil es ihm zum Halse herauswächst, sich auf Schritt und Tritt mit den Herren vom Landgericht herumzustreiten.«

»Tausend Jahre seien ihnen beschieden!« sagte der Maultiertreiber, der auf dem Wege nach Sevilla war. »Väter sind sie den Armen und eine Zuflucht den Ausgestoßenen! Wieviele arme Teufel sind jetzt Fraß der Würmer, nur weil sie der Wut eines tyrannischen Richters, eines schlecht unterrichteten oder verblendeten Korregidors zum Opfer gefallen sind! Viele Augen sehen mehr als zweie: das Gift des Unrechts bemächtigt sich der Seele eines einzigen Menschen rascher als der Seelen vieler.«

»Du redest wie auf einer Kanzel«, sagte der aus Sevilla, »und mit der Leier, die du da angefangen hast, wirst du nicht so bald zu Ende kommen. Ich kann aber nicht so lange zuwarten. Kehre aber heute abend nicht in deiner gewohnten Herberge ein, sondern geh in den Gasthof zum Sevillaner, denn dort wirst du die schönste Scheuermagd sehen, die es überhaupt gibt; die Marinilla von der Tejada-Schenke ist ein Mist gegen die da. Ich brauche dir nicht mehr zu sagen, als daß die Rede davon geht, der Sohn des Korregidors sei ganz verrückt hinter ihr her. Einer von meinen Herren, die vorausgereist sind, hat geschworen, er werde auf der Rückreise nach Andalusien zwei Monate in Toledo bleiben und im gleichen Gasthof absteigen, nur um sich an dem Mädchen sattzusehen. So zum Probieren habe ich sie einmal hineingekniffen, und sie hat mir zum Dank dafür eine großmächtige Maulschelle verabreicht. Sie ist hart und kalt wie Marmor, spröd wie eine Bauerndirne aus Sayago und kratzig wie eine Distel, dabei hat sie ein Feiertagslärvchen und ein Gutjahrgesichtlein: auf der einen Wange strahlt die Sonne und auf der andern leuchtet der Mond, die eine ist aus Rosen, die andere aus Nelken, und beide sind voll von Lilien und Jasmin. Ich kann dir nur sagen, schau sie dir an, und du wirst daraufkommen, daß ich dir über ihre Schönheit von alledem, was ich dir sagen sollte, noch gar nichts gesagt habe. Die zwei grauen

Mauleselinnen, die, wie du weißt, mir gehören, würde ich
gern als Morgengabe beibringen, wenn man mir das Mädchen zum Weib geben wollte. Ich weiß ja, man wird sie
mir nicht geben, denn sie ist ein Kleinod würdig eines Erz-
priesters oder eines Grafen. Und noch einmal sage ich dir:
schau sie dir an! Gott befohlen; ich verschwinde.«

Damit verabschiedeten sich die beiden Maultiertreiber
voneinander; die beiden Freunde waren ob des Gesprächs
der Maultiertreiber nachdenklich geworden, besonders
Avendaño, dem die bloße Schilderung, die der Maultiertreiber von der Schönheit der Scheuermagd gegeben,
den lebhaften Wunsch wachgerufen hatte, sie zu sehen.
Auch Carriazo empfand diesen Wunsch, allein nicht solcherart, daß er nicht doch noch lieber in seine Thunfischereien
gekommen wäre, als sich damit aufzuhalten, die Pyrami-
den oder ein anderes der sieben Weltwunder oder alle
zusammen anzustaunen.

Auf dem Wege nach Toledo vertrieben die beiden sich
die Zeit, indem sie die Wörter der Maultiertreiber nach-
redeten und den Tonfall wie die Gebärden, mit denen sie
sie begleitet, nachäfften. Dann übernahm Carriazo, der
schon vorher in Toledo gewesen, die Führung, und sie
kamen auch, als sie die Sangre de Cristo-Straße hinab-
stiegen, zum Gasthof zum Sevillaner. Sie wagten aber
nicht, dort um Unterkunft zu fragen, da ihre Kleidung sie
dafür nicht empfahl. Schon begann es zu dunkeln, aber
wie sehr Carriazo auch seinem Freunde zuredete, sie sollten doch andernorts ein Nachtlager suchen, war er doch
nicht imstande, Avendaño vom Tor des Gasthofes zum
Sevillaner wegzureden, hoffte dieser doch, die so gefeierte
Scheuermagd werde sich vielleicht zeigen. Es wurde Nacht,
und die Scheuermagd kam nicht heraus; Carriazo wurde
ungehalten, doch Avendaño rührte sich nicht vom Fleck.
Um aber durchzusetzen, was er sich vorgenommen, ging
er in den Innenhof des Gasthofes, wobei er vorgab, sich
nach einigen Edelleuten aus Burgos zu erkundigen, die auf
dem Wege nach Sevilla waren. Kaum aber war er im
Innenhof, als er sah, daß aus einem Zimmer, das auf den
Hof ging, ein Mädchen mit einer brennenden Kerze in

Die erlauchte Scheuermagd 443

einem Leuchter herauskam; das Mädchen mochte allem
Anschein nach ungefähr fünfzehn Jahre alt sein und war
ländlich gekleidet.

Avendaño richtete seine Augen nicht auf die Kleidung
und die Erscheinung des Mädchens, sondern nur auf dessen
Gesicht, schien es ihm doch wie eines jener Antlitze, das
die Maler den Engeln zu geben pflegen; staunend und
sprachlos vor solcher Schönheit, vermochte er nicht, auch
nur irgend etwas zu fragen, so groß war die Überraschung
und die Benommenheit, die er empfand. Als das Mädchen
jenen Fremden vor sich sah, fragte es:

»Was sucht Ihr, mein Lieber? Seid Ihr vielleicht der
Diener eines der Gäste des Hauses?«

»Ich bin keines Menschen Diener, nur der Eure«, erwiderte Avendaño voll der Verlegenheit und der Verwirrung.

Als das Mädchen sich solcherart entgegnet fand, sagte
es:

»Geht, Freund, in Gottes Namen. Dienende Leute brauchen keine Diener.«

Und ihren Herrn rufend, sagte die Magd:

»Seht nach, Herr, was dieser Bursche will.«

Der Wirt trat heraus und fragte Avendaño, was er da
suche. Dieser entgegnete: einige Edelleute aus Burgos, die
sich auf der Reise nach Sevilla befänden. Einer davon sei
sein Herr, der ihn über Alcalá de Henares vorausgeschickt,
damit er dort eine für sie dringende Sache erledige. Zugleich habe sein Herr ihm anbefohlen, nach Toledo zu
reisen und ihn hier, im Gasthof zum Sevillaner zu erwarten, wo er absteigen würde; er glaube nun, sein Herr
müsse heute abend oder spätestens morgen eintreffen. So
frischweg brachte Avendaño seine Lüge vor, daß der Wirt
sie für bare Münze nahm, denn er sagte:

»Bleibt im Gasthof, Freund! Hier könnt Ihr auf Euren
Herrn warten.«

»Vielen Dank, Herr Wirt«, erwiderte Avendaño. »Laßt
ein Zimmer für mich und meinen Kameraden anweisen,
der, mit mir gekommen, draußen wartet. Geld haben wir,
um Euch ebenso gut zu bezahlen wie irgendein anderer.«

»Meinetwegen!« entgegnete der Wirt.

Und sich an das Mädchen wendend, sagte er:

»Meine liebe Constanza, sag doch der Arguello, sie soll die beiden jungen Leute ins Eckzimmer führen und ihnen frische Laken auflegen.«

»Gewiß, Herr«, versetzte Constanza, denn so hieß die Jungfer.

Sie machte ihrem Herrn einen Knicks, entschwand, und ihr Verschwinden war für Avendaño das gleiche, was für den Wanderer der Untergang der Sonne und das Aufkommen der düster finsteren Nacht ist. Wie dem auch war, er ging hinaus, um Carriazo mitzuteilen, was er gesehen und vereinbart habe. Carriazo erkannte an tausend Zeichen, daß sein Freund von der Liebespestilenz befallen war, doch wollte er zur Zeit darüber nichts verlauten lassen, ehe er nicht selbst gesehen, ob die Urheberin der glühenden Lobpreisungen und Überschwänglichkeiten, mit denen der Freund Constanzas Schönheit über den Himmel selbst erhob, dies alles auch verdiene.

Sie gingen in den Gasthof, und Arguello, eine Weibsperson von ungefähr fünfundvierzig Jahren, der es oblag, für die Ordnung der Betten und die Reinigung der Zimmer zu sorgen, brachte die beiden in ein Zimmer, das weder für Edelleute noch für Diener gedacht war, sondern für Leute, die so zwischen den beiden Ständen stehen mochten. Sie verlangten zu Abend zu essen; Arguello erwiderte ihnen, in diesem Gasthof führe man keine eigene Küche und bereite nur zu oder wärme auf, was die Gäste auswärts gekauft oder mitgebracht hätten; in der Nähe gebe es der Garküchen und der Speisehäuser genug, wo sie ohne Bedenken zu Abend essen könnten, was sie wollten. Die beiden befolgten Arguellos Rat und fanden eine Garküche, wo Carriazo sich an dem gütlich tat, was man ihm vorsetzte, Avendaño jedoch an dem, was er mitgebracht, nämlich Überlegungen und Träumereien.

Daß Avendaño so wenig, ja gar nichts aß, verwunderte Carriazo kaum. Um jedoch zu erfahren, was der Freund nun wirklich dachte und wollte, sagte er, als sie nach dem Gasthof zurückkehrten:

Die erlauchte Scheuermagd   445

»Morgen heißt es früh aus den Federn, damit wir noch vor der größten Hitze in Orgaz sind.«

»Ich denke nicht daran«, erwiderte Avendaño, »denn ehe ich diese Stadt verlasse, möchte ich noch alles anschauen, was man in ihr als sehenswert rühmt: das Sagrario, das Wasserwerk des Juanelo, die Vistillas de San Agustín, die Huerta del Rey und die Vega.«

»Auch gut«, entgegnete Carriazo. »Aber das läßt sich sicher in zwei Tagen erledigen.«

»Dazu muß ich mir wahrlich Zeit lassen; wir wollen doch nicht nach Rom, um eine Vakanz zu ergattern.«

»Ta, ta!« entgegnete Carriazo. »Ich lasse mir den Kopf abschlagen, wenn Ihr nicht größeres Verlangen tragt, hier in Toledo zu verweilen, als unsere begonnene Wallfahrt fortzusetzen.«

»So ist es auch«, erwiderte Avendaño, »und überdies ist es mir ebenso unmöglich, mich vom Anblick dieses Mädchens zu trennen, wie es unmöglich ist, ohne gute Werke in den Himmel zu kommen.«

»Das nenn' ich eine schöne Beweisführung«, sagte Carriazo, »und einen Entschluß, würdig eines so großmütigen Herzens wie das Eure es ist! Wie gut sich das zusammenreimt: ein Don Tomás de Avendaño, der Sohn des Don Juan de Avendaño, ein Edelmann von echtem Schrot und Korn, ziemlich reich, jung, daß es eine Freude ist, zum Erstaunen klug und doch verliebt und verloren in eine Scheuermagd, die im Gasthof zum Sevillaner dient!«

»Genau so ergeht es mir«, entgegnete Avendaño, »wenn ich an einen gewissen Don Diego de Carriazo denke, den Sohn eines Vaters gleichen Namens, der das Kleid des Alcántara-Ordens trägt und dessen Majorat eben dieser Sohn erben wird, ein Sohn, nicht weniger liebenswürdig an Leib als an Wesensart und trotz aller dieser Vorzüge verliebt... in wen, glaubt Ihr wohl? In die Königin Ginevra, die Gattin des König Artus? Nein, beileibe nicht! Nur verliebt in die Thunfischerei von Zahara, die, wie mich dünkt, häßlicher sein muß als irgendeine Versuchung des heiligen Antonius.«

»Quitt sind wir, mein Freund!« versetzte Carriazo. »Du

hast mich mit meinen eigenen Waffen geschlagen. Lassen wir unseren Streit also dabei bewenden, legen wir uns schlafen, und, so Gott will, werden wir morgen weitersehen.«

»Schau, Carriazo: bis jetzt hast du Constanza noch gar nicht gesehen. Wenn du sie gesehen hast, dann magst du mich beschimpfen oder tadeln, soviel du nur willst.«

»Ich sehe schon, worauf das alles hinauslaufen wird«, sagte Carriazo.

»Worauf?« fragte Avendaño.

»Darauf, daß ich zu meiner Thunfischerei gehe und du deine Scheuermagd heimführst«, erwiderte Carriazo.

»So glücklich werde ich wohl nicht sein«, sagte Avendaño.

»Noch ich so dumm«, entgegnete Carriazo, »daß ich deines verdorbenen Geschmacks wegen auf die Befriedigung meines gesunden Begehrens verzichtete.«

Unter solchen Gesprächen erreichten sie den Gasthof, und bei ähnlichen verging ihnen die halbe Nacht. Als sie dann, wie es ihnen schien, ein wenig mehr als eine Stunde geschlafen, weckte sie der Klang vieler Schalmeien, der von der Straße herkam. Sie setzten sich im Bette auf und horchten. Dann sagte Carriazo:

»Ich wette, es ist schon Tag. Wahrscheinlich feiern die Leute irgendein Fest in dem Kloster der Karmeliterinnen hier in der Nähe, und deshalb diese Schalmeien.«

»Das ist nicht gut möglich«, erwiderte Avendaño, »haben wir doch noch nicht so lange geschlafen, daß es schon Tag sein könnte.«

Da hörten sie an der Tür ihres Zimmers klopfen; sie fragten, wer da wäre, und man erwiderte ihnen von draußen:

»Wenn Ihr Burschen ein schönes Ständchen hören wollt, dann steht auf, tretet an eines der Fenstergitter in jenem straßenseitigen Zimmer, das unbesetzt ist.«

Sie standen auf, und als sie die Tür öffneten, war niemand mehr da, noch erfuhren sie, wer ihnen den Hinweis gegeben. Da sie jedoch den Ton einer Harfe hörten, wußten sie, daß es mit dem Ständchen seine Richtigkeit habe.

Die erlauchte Scheuermagd   447

Sie gingen daher im Hemd, so wie sie waren, in das Zimmer, an dessen Fensterkörben schon drei oder vier andere Gäste des Hauses standen. Sie fanden noch Platz und vernahmen kurz darauf zum Klang einer Harfe und einer Fiedel folgendes mit wunderbarer Stimme gesungene Sonett, an das Avendaño sich immer erinnerte:

In dir vermag Natur sich aufzuschwingen,
Sich selbst zu übertreffen, einzugehen
In himmelsnahe Schönheit, unbesehen
Des rasch geschmähten Standes, des geringen.

Doch magst du sprechen, lachen oder singen,
Dich voll der Sanftmut zeigen, magst du schmähen,
(Wer könnte deiner Schönheit widerstehen?),
Du wirst die Seelen in das Joch dir zwingen.

Damit nun alle deinen Wert erkennen,
Das Übermaß an Schönheit, das dir eigen,
Den hohen Geist, dein tugendhaft Betragen,

Laß du das Dienen; dienstbar soll sich nennen
Dir jeder, der ein Szepter führt, und beugen
Das Knie auch jene, die da Kronen tragen.

Niemand brauchte den beiden erst lange zu sagen, daß dieses Ständchen für Constanza bestimmt war; dies war ganz offensichtlich geworden in dem Sonett, das denn auch Avendaño so übel in den Ohren klang, daß er, um es nicht zu hören, lieber taub geboren und Zeit seines Lebens hätte taub sein mögen, war ihm doch von diesem Augenblick an das Leben so unleidig wie einem, dem der harte Stahl der Eifersucht das Herz durchbohrt hat. Das schlimmste an der Sache war, daß er nicht einmal wußte, auf wen er eifersüchtig sein sollte oder könnte. Bald jedoch befreite ihn einer von den Gästen, die an einem der Fensterkörbe standen, von dieser Sorge, indem er sagte:

»Welch ein Tropf muß doch dieser Sohn des Korregidors sein, daß er die Zeit damit totschlägt, einer Scheuermagd Ständchen zu bringen...! Sie ist gewiß eines der schönsten Mädchen, die ich je gesehen, und ich habe ihrer viele gesehen, allein deswegen braucht er ihr doch nicht so in aller Öffentlichkeit den Hof zu machen.«

Worauf ein anderer von den Leuten am Fensterkorb sagte:

»Dazu muß ich noch sagen, daß ich es für gewiß erfahren habe, sie behandle ihn, als wäre er Luft für sie. Ich möchte wetten, sie liegt jetzt im tiefsten Schlaf hinter dem Bett ihrer Herrin, denn dort soll sie, wie es heißt, schlafen, und denkt jetzt, weiß Gott, nicht an Musik und Gesang.«

»So ist es auch«, versetzte ein anderer, »ist sie doch das ehrbarste Mädchen weit und breit, und es ist auch ein wahres Wunder, daß man ihr, die doch in einem Haus mit so vielem Verkehr lebt, nicht das geringste nachzusagen weiß, obgleich jeden Tag neue Gäste kommen und in allen Zimmern Betrieb herrscht.«

Als Avendaño solches vernahm, lebte er wieder auf und bekam auch Lust, den Musikanten zuzuhören, die beim Klang verschiedener Instrumente viele andere Lieder sangen, alle an Constanza gerichtet, obgleich sie, wie der Gast gesagt, unbekümmert schlummerte. Da es nun schon zu grauen begann, gingen die Musikanten, die sich mit Schalmeienklängen verabschiedeten, fort. Avendaño und Carriazo kehrten in ihr Zimmer zurück, wo der eine, der zu schlafen vermochte, bis in den Morgen hinein schlief. Dann standen sie auf mit dem Wunsch, Constanza zu sehen, der eine aus Neugierde, der andere aus Verliebtheit. Constanza erfüllte jedem der beiden den Wunsch, den er gerade hegte, da sie nun aus dem Zimmer ihres Herrn trat, so schön, daß die beiden die Lobsprüche, die der Maultiertreiber ihr gezollt, eher für unzulänglich denn für übertrieben hielten. Das Mädchen war mit einem Rock und einem Mieder aus grünem Tuch bekleidet, auch der Besatz war aus gleichem Tuch. Das Mieder war tief ausgeschnitten, doch schloß sich das Hemd oben am Halse in einem gefältelten Kragen, der mit einem Streifen schwarzer Seide besetzt war, was aussah, als läge eine Halskette aus Gagatsternen um eine Alabastersäule; nicht weniger weiß war der Hals des Mädchens. Um die Mitte trug sie statt eines Gürtels den Strick des heiligen Franziskus, und an einem Bande an der rech-

Die erlauchte Scheuermagd   449

ten Seite hing ein großer Bund Schlüssel herab. Constanza
trug keine Pantoffel, wohl aber rote Schuhe mit doppelter
Sohle und Strümpfe, die, nur ab und zu unter dem Rock-
saum sichtbar, zeigten, daß auch sie rot waren. Des Mädchens Haar war mit weißen seidenen Bändern durchflochten, und die Flechten waren so lang, daß sie ihr über die
Schultern bis unter die Mitte des Leibes fielen; an der
Wurzel kastanienbraun, ging das Haar in rotblond über,
doch war es, dem Augenschein nach, so sauber, so gleich-
mäßig und so gut gekämmt, daß sich ihm nichts, selbst
keine Goldfäden, hätte vergleichen lassen. Als Ohrgehänge
trug sie zwei Glastropfen, die Perlen glichen, und das
Haar diente ihr gleicherweise als Netz und Haube.

Als sie nun aus dem Zimmer in den Hof trat, bekreuzigte sie sich und beugte andächtig, ruhig gemessen und tief
das Knie vor einem Bildnis Unserer lieben Frau, das an
einem der Wände des Innenhofes hing. Als sie die Augen
hob und die beiden erblickte, die ihr zusahen, zog sich
Constanza sogleich wieder ins Zimmer zurück, von wo
aus sie Arguello rief, sie solle aufstehen.

Für jetzt bleibt nur noch zu sagen, was Carriazo über
Constanzas Schönheit dachte; denn was Avendaño davon
hielt, wurde schon gesagt. Sie gefiel Carriazo ebenso gut wie
seinem Gefährten, doch verdrehte sie ihm den Kopf viel
weniger, und zwar so wenig, daß er keine weitere Nacht
mehr im Gasthof verbringen, sondern auf der Stelle nach
seinen Thunfischereien ziehen wollte. Indes kam auf die
Rufe Constanzas hin die Arguello mit zwei drallen Dirnen
heraus, gleichfalls Mägde des Hauses, von denen es hieß,
sie seien Gallegerinnen; so viele Mägde waren nötig, weil
immer zahlreiche Fremde im Gasthof zum Sevillaner,
einem der besten und besuchtesten in ganz Toledo, ein-
kehrten. Auch die Diener und Knechte der Gäste kamen
in den Hof, um Gerste zu holen; herauskam der Wirt, sie
ihnen auszufolgen, und schalt dabei auf die Mägde, da
ihm ihretwegen ein Bursche davongelaufen war, der immer sehr pünktlich und genau zu sein pflegte, ohne daß er
ihn, wie ihm schien, auch nur um das kleinste Körnlein
betrogen hätte. Als Avendaño dies hörte, sagte er:

»Ärgert Euch nicht, Herr Wirt, plagt Euch nicht und gebt mir das Futterbuch, denn die Tage, die ich hier verwarten muß, will ich die Gerste und das Stroh, die man verlangt, so getreulich ausgeben und verwalten, daß Ihr den Burschen, von dem Ihr sagt, er sei Euch davongelaufen, nicht vermissen sollt.«

»Ich wäre Euch wirklich dankbar dafür, junger Mann«, erwiderte der Wirt, »denn ich selber kann mich nicht darum kümmern, habe ich doch viel außer Haus zu tun. Kommt herunter, ich will Euch sogleich das Buch geben, und paßt auf, denn diese Maultiertreiber sind verschlagen wie der Teufel selbst und schaffen Euch eine Metze Gerste so kaltblütig beiseite, als wäre es Häcksel.«

Avendaño ging in den Hof hinunter, nahm das Buch entgegen und begann die Gerste Metze um Metze ohne Mühe auszugeben und alles so fein säuberlich einzuschreiben, daß der Wirt, der ihm zusah, sehr zufrieden war, und zwar so zufrieden, daß er sagte:

»Wollte Gott, Euer Herr käme nie und Euch ginge die Lust an, bei mir zu bleiben; denn, meiner Treu, bei mir sollte Euch ein besserer Hahn krähen. Der Bursche, der mir davongelaufen, ist abgerissen und zaundürr vor acht Monaten zu mir gekommen, jetzt hat er zwei gute Kleider und ist fett wie ein Fischotter. Ihr sollt wissen, mein Junge, daß es in diesem Haus außer dem Lohn viele Trinkgelder und andere Vorteile gibt.«

»Sollte ich bleiben«, erwiderte Avendaño, »dann würde mich der Lohn wenig locken; ich würde mich mit einer Kleinigkeit zufriedengeben, wenn ich dafür nur in dieser Stadt bleiben kann, von der es heißt, sie sei die schönste und beste in ganz Spanien.«

»Zumindest gehört sie zu den besten und reichsten im ganzen Lande«, erwiderte der Wirt. »Nun fehlt mir aber noch etwas anderes, ein Knecht nämlich, der mir das Wasser, das hier im Hause gebraucht wird, vom Strom heraufschafft. Mir ist nämlich auch ein zweiter Knecht davongelaufen; der hat mir stets die Zuber bis obenhin voll gehalten, und es war, als läge der Gasthof an einem See. Einer der Gründe, weshalb die Maultiertreiber ihre Her-

Die erlauchte Scheuermagd 451

ren gern in meinen Gasthof bringen, ist der Überfluß an
Wasser, den sie hier vorfinden; sie brauchen die Tiere
nicht erst lang zum Strom hinabführen, sondern können
sie gleich hier im Hause aus großen Bottichen tränken.«

Das alles hatte auch Carriazo mit angehört. Als er sah,
daß sich Avendaño bereits als Knecht im Hause verdungen
hatte, wollte er nicht hinter seinem Freunde zurückstehen,
zumal er wußte, wie sehr sich Avendaño freuen würde,
wenn auch er seinem Beispiel folge, und so sagte er zum
Wirt:

»Überlaßt den Esel nur mir, Herr Wirt, denn ich werde
ihm ebensogut den Traggurt anzulegen und ihn zu beladen wissen, wie mein Kamerad sein Buch zu führen
weiß.«

»Gewiß«, sagte Avendaño, »mein Kamerad Lope Asturiano wird Euch aufs beste mit Wasser versorgen, und ich
bürge für ihn.«

Die Arguello, die vom Gang her das ganze Gespräch
aufmerksam verfolgt hatte, sagte, als sie vernahm, daß
Avendaño für seinen Kameraden bürgte:

»Sagt mir aber, Herr Junker, wer bürgt für Euch? Mir
scheint, Euch selber wäre ein Bürge nötiger, als daß Ihr
Bürgschaft leistet.«

»Schweig, Arguello«, sagte der Wirt, »steck deine Nase
nicht in Dinge, die dich nichts angehen. Ich bürge für die
beiden, und wenn euch Mägden das Leben lieb ist, dann
nur keine Zänkereien mit den Hausknechten. Sie laufen
mir ja alle euretwegen davon.«

»Was?« rief eine andere Magd. »Die beiden Burschen
bleiben wahrhaftig im Haus? Meiner Seel', ich würde
denen auf einer Reise nicht einmal eine Weingurde anvertrauen.«

»Laßt die Sticheleien, Jungfer Gallegerin«, erwiderte
der Wirt. »Kümmert Euch um Eure Angelegenheiten und
laßt mir die Burschen in Ruh', sonst schlage ich Euch einmal grün und blau!«

»Ei doch!« entgegnete die Gallegerin. »Schaut doch die
feinen Früchtchen an! Nach denen sollte einem der Mund
wässern! Mein Herr Wirt hat mich mit den Burschen im

Hause und außer Haus nie so schäckerisch umgehen sehen, als daß er eine schlechte Meinung von mir haben könnte. Die Knechte sind allesamt Spitzbuben und laufen davon, wie es ihnen gerade einfällt, ohne daß wir ihnen einen Anlaß dazu geben. Feine Leute sind mir das, meiner Seel', die erst einen Anlaß suchen, die sich auf andere ausreden, wenn sie ihrem Herrn davonlaufen wollen, ehe der es sich versieht.«

»Ihr redet zuviel, meine liebe Gallegerin«, erwiderte der Wirt. »Jetzt macht aber einen Punkt und kümmert Euch um das, was Eures Amtes ist.«

Indes hatte Carriazo den Esel schon gesattelt und hergerichtet, sprang mit einem Satz in den Sattel, ritt zum Strom und ließ Avendaño sehr vergnügt über den Entschluß des Freundes zurück.

Da sehen wir nun (zu guter Letzt sei's gesagt) Avendaño unter dem Namen eines Tomás Pedro – so behauptete er zu heißen – als Hausknecht, und Carriazo unter dem eines Lope Asturiano als Wasserknecht, zwei Verwandlungen, die es verdienen, höher gestellt zu werden als die des großnasigen Dichters. Kaum hatte die Arguello einsehen müssen, daß die beiden nun doch im Hause blieben, als sie schon ihr Begehr auf den Asturiano richtete, ihn für sich erkor und beschloß, ihn so zu verzärteln, daß er, wäre er auch noch so spröde und scheu, schließlich geschmeidiger würde denn ein Handschuh. Die gleiche Überlegung stellte die zierige Gallegerin Avendaños wegen an, und da beide, die Arguello und die Gallegerin, infolge des dauernden Umgangs miteinander, ihrer Gespräche und der Schlafgemeinschaft wegen dicke Freundschaft hielten, teilte die eine der andern sogleich mit, welche Neigung sie gefaßt, und sie beschlossen, mit der Eroberung der ahnungslosen Auserkorenen gleich in der kommenden Nacht zu beginnen. Die Mägde dachten auch gleich daran, die beiden als erstes darum zu bitten, nicht eifersüchtig zu sein und keine Rechenschaft zu fordern darüber, was auch immer sie sie treiben sähen, denn schwerlich vermöchten die Mädchen den Burschen im Hause in allem gefällig sein, wenn sie sich nicht auch Burschen außerhalb des Hauses verpflichteten.

Die erlauchte Scheuermagd   453

»Darum auch fein den Mund gehalten, ihr Lieben«, sagten
die beiden (als stünden Carriazo und Avendaño vor ihnen
und wären schon ihre Buhler oder Bettgeher), »den Mund
gehalten und drückt beide Augen zu. Laßt den die Schellentrommel schlagen, der sich darauf versteht, und den
Tanz anführen den, der sich darin auskennt; solcherart
wird es in dieser Stadt keinen Domherrn geben, der mehr
verwöhnt werden wird als ihr beiden von diesen euren
Untertänigen.«

Solche und ähnliche Gespräche führten die Gallegerin
und die Arguello, indes unser guter Lope Asturiano, in
Gedanken ganz mit der Thunfischerei und der plötzlichen
Veränderung seines Standes beschäftigt, die Cuesta del
Carmen, einen zum Tajo führenden Hang, zur Kehre des
Stromes hinabritt. War es nun, weil er so in Gedanken
versunken war oder weil das Schicksal es so wollte, jedenfalls traf es sich, daß er an einer engen Stelle des Hanges
mit dem Esel eines anderen Wasserknechts zusammenstieß,
als dieser mit dem beladenen Tier hangaufwärts strebte.
Da nun Lope hangabwärts ritt, sein Esel munter, stark
und ausgeruht war, prallte er solcherart gegen den müden,
mageren, der heraufkam, daß er ihn umwarf. Die Krüge
in Scherben, lief das Wasser über den Boden, und der alt-
eingesessene Wasserknecht geriet über den unglücklichen
Zwischenfall in solche Verzweiflung und Wut, daß er sich
auf den neuen Wasserknecht stürzte und dem Berittenen,
bevor sich dieser freimachen und absteigen konnte, ein
Dutzend so kräftiger Hiebe zumaß, daß dem Asturiano
darob Hören und Sehen verging. Endlich konnte Lope absteigen, doch mit solcher Wut im Leibe, daß er auf den
Gegner losging, ihn mit den beiden Händen an der Gurgel
faßte und mit ihm zu Boden stürzte. Der eingesessene
Wasserknecht fiel so überaus hart mit dem Kopf gegen
einen Stein, daß er sich zwei Löcher dareinschlug; daraus
floß soviel Blut, daß der Asturiano meinte, er habe den
Mann getötet.

Als die vielen Wasserknechte, die dort unterwegs waren,
ihren Kameraden so übel zugerichtet sahen, fielen sie über
Lope her, hielten ihn fest und riefen:

»Wache! Wache! Dieser Wasserknecht hat einen umgebracht!«

Und während sie so brüllten und um Beistand schrien, schlugen sie ihn ins Gesicht und bläuten ihn mit Stöcken. Andere eilten dem Verletzten zu Hilfe und sahen, daß er sich den Schädel gebrochen hatte und nahe daran war, das Leben auszuhauchen. Die Neuigkeit eilte von Mund zu Mund hangaufwärts und kam auf der Plaza del Carmen einem Gerichtsdiener zu Ohren, der mit zwei Häschern flugs an den Tatort eilte. Dort hatte man den Verwundeten schon über seinen Esel gelegt und den Esel Lopes am Halfter genommen; Lope selbst war von mehr als zwanzig Wasserknechten umringt, die nicht abließen, ihm die Rippen zu verbläuen, so daß bald mehr um sein als um des Verletzten Leben zu bangen war; so dicht fielen die Fäuste und Stöcke jener Rächer fremden Ungemachs auf ihn.

Der Gerichtsdiener kam, ließ die Menge beiseite treten, übergab den Asturiano den Häschern, trieb dessen Esel und den Esel mit dem Verletzten darauf vor sich her und führte sie ins Gefängnis; sie wurden von so vielen Erwachsenen und Straßenjungen umringt und begleitet, daß der Gerichtsdiener kaum durch die engen Straßen kam. Durch den Lärm wurden auch Tomás Pedro und der Wirt vor die Tür des Gasthofes gelockt, um zu sehen, was so vieles Geschrei zu bedeuten habe; sie erblickten Lope, Gesicht und Mund voll Blut, zwischen den beiden Häschern; der Wirt schaute nach seinem Esel aus und sah ihn in der Gewalt eines dritten Häschers, der inzwischen zu seinen Kameraden gestoßen war. Der Wirt fragte nach dem Grunde der Verhaftung, erfuhr, was wirklich vorgefallen, und dies tat ihm um seines Esels wegen leid, denn er befürchtete, ihn zu verlieren oder zumindest mehr für den Esel auslegen zu müssen, als dieser wert war. Tomás Pedro folgte seinem Kameraden, doch gelang es ihm nicht, auch nur ein Wort mit ihm zu wechseln, so zahlreich war die Menge und so groß die Wachsamkeit der Häscher und des Gerichtsdieners, die den Freund abführten. Wie dem nun auch sein mochte, Tomás verließ ihn nicht, bevor er nicht gesehen, daß man den Asturiano ins Gefängnis gebracht, wo

Die erlauchte Scheuermagd

man ihm Handeisen anlegte und in eine Zelle steckte. Der
Verwundete kam ins Hospital des Gefängnisses, und Tomás Pedro war dabei, als man ihn verband, und er sah,
wie gefährlich, ja lebensgefährlich die Verwundung war,
was auch der Wundarzt bestätigte. Der Gerichtsdiener
brachte die beiden Esel nebst fünf Achterrealen, die die
Häscher dem Lope abgenommen hatten, mit sich in sein
Haus.

Tomás Pedro kehrte verwirrt und traurig in den Gasthof zurück. Dort traf er seinen Herrn nicht weniger bekümmert an, als er selbst es war. Er sagte dem Wirt, wie
es um seinen Kameraden stand, berichtete von der Lebensgefahr, in der der Verwundete schwebte, und wie es mit
dem Esel stehe. Tomás sagte ihm noch mehr, nämlich, daß
zu diesem Unglück noch ein zweites, nicht minder arges,
komme; er habe auf dem Wege einen vertrauten Freund
seines Herrn getroffen und von ihm erfahren, daß sein
Herr, um zwei Meilen zu sparen, von Madrid über die
Fähre von Azeca gereist sei und diese Nacht in Orgaz verbringen wolle; von seinem Herrn habe der Freund zwölf
Goldtaler erhalten, damit er ihm diese mit dem Auftrag
übergebe, er, Tomás, möge nach Sevilla reisen, wo sein
Herr ihn erwarte.

»Das kann ich aber nicht tun«, fügte Tomás hinzu,
»denn es wäre nicht recht, wenn ich meinen Freund und
Kameraden im Kerker und in solcher Gefahr im Stich
ließe. Mein Herr wird mir solches für den Augenblick verzeihen, dies um so mehr, als er, der so gut und ehrenhaft
ist, jedes Versagen, das ich mir ihm gegenüber zuschulden
kommen ließe, verzeihen würde, immer unter der Voraussetzung, daß ich meinem Kameraden gegenüber nicht ver-
sage. Euer Gnaden, Herr Wirt, tut mir den Gefallen, nehmt
dieses Geld und seht nach der Sache, und während dieser
Betrag verbraucht wird, werde ich meinem Herrn berichten, was hier vorgeht, und ich bin dessen gewiß, daß er
mir Geld genug schicken wird, um jedweder Gefahr zu
begegnen.«

Der Wirt riß die Augen sperrangelweit auf, sehr froh
darüber, sich für den Verlust des Esels wenigstens teilweise

entschädigt zu sehen. Er nahm das Geld, tröstete Tomás und sagte, er hätte in Toledo Leute von solchem Einfluß, daß sie viel bei Gericht vermöchten, besonders aber eine Nonne, eine Verwandte des Korregidors, die diesen unter dem Pantoffel habe. Eine Wäscherin im Kloster der genannten Nonne habe eine Tochter, die wieder mit der Schwester eines mit dem Beichtiger der genannten Nonne eng befreundeten Cofraters selber eng befreundet sei. Die besagte Wäscherin wasche die Wäsche im Gasthofe...

»Wenn die nun ihre Tochter bittet, und sie es tun, daß diese mit der Schwester des Mönchs rede, damit diese mit ihrem Bruder rede, dieser mit dem Beichtiger der Nonne und der Beichtiger mit der Nonne, und daß die Nonne dem Korregidor ein paar Zeilen schreibe (was nicht schwer zu erreichen sein wird) und ihn herzlich bitte, sich um die Sache zu kümmern, dann könne man einer guten Erledigung sicher sein. Dies allerdings unter der Bedingung, daß der Wasserknecht nicht stirbt und es nicht an Handöl fehlt, um die Diener der Gerechtigkeit zu schmieren; denn schmiert man diese nicht, dann quietschen sie ärger als Ochsenkarren.«

Tomás fand das Hilfsangebot, das ihm sein Herr gemacht, sehr spaßhaft, vor allem wegen der zahl- und endlosen Kanäle, durch die er das Wasser der Gnade beziehen wollte. Und obgleich er verstand, daß der Wirt dies eher aus Verschmitztheit denn aus Einfalt gesagt hatte, dankte er ihm trotzdem für den guten Willen, übergab ihm das Geld mit dem Versprechen, daß es an weiterem nicht fehlen sollte, könne er doch mit seinem Herrn rechnen, wie er ihm gesagt. Die Arguello, die ihren jüngst Erwählten hinter Gittern sah, eilte sofort nach dem Gefängnis, um ihm das Essen zu bringen. Allein man erlaubte ihr nicht, ihn zu besuchen, weshalb sie sehr verärgert heimkam, wenn sie deshalb auch nicht von ihrem löblichen Vorhaben abstand. Kurz gesagt, in vierzehn Tagen war der Verletzte außer Lebensgefahr, und nach drei Wochen erklärte ihn der Wundarzt für völlig genesen. Tomás hatte inzwischen eine Erklärung für die fünfzig Goldtaler gefunden, die ihm angeblich aus Sevilla geschickt worden waren; er holte

Die erlauchte Scheuermagd   457

sie aus seinem Hemdausschnitt und gab sie seinem Herrn
mit gefälschten Briefen und der ebenso gefälschten Anweisung seines angeblichen Herrn. Da nun dem Wirt nur
wenig daran lag, der Echtheit der Papiere nachzugehen,
nahm er den Betrag, über den er sich um so mehr freute,
als er in Goldtalern gegeben wurde.

Für sechs Dukaten ließ sich der Wasserknecht die Klage
abkaufen, und der Asturiano wurde zu zehn Dukaten, dem
Verfall des Esels und zur Zahlung der Gerichtskosten verurteilt. Er verließ das Gefängnis, wollte aber nicht wieder
zu seinem Kameraden in den Gasthof zurückkehren, wofür er sich damit entschuldigte, daß die Arguello ihn in den
Tagen, die er im Gefängnis verbracht, immer wieder besucht und mit Liebesanträgen verfolgt habe; dies sei ihm
so lästig geworden und habe ihn solcherart verärgert, daß
er sich lieber aufknüpfen ließe, als dem Verlangen eines so
üblen Weibes nachzugeben. Da er nun fest entschlossen
sei, seinen Vorsatz auszuführen und daran festzuhalten,
denke er daran, sich einen Esel zu kaufen und das Geschäft eines Wasserknechts auszuüben, solange sie in Toledo
verweilten, denn unter diesem Deckmantel liefe er nicht
Gefahr, als Landstörzer verhaftet und verurteilt zu werden. Überdies könne er mit einer einzigen Last Wasser
den ganzen Tag nach seinem Belieben durch Toledo streifen und Närrinnen zusehen.

»In dieser Stadt, die den Ruf hat, die klügsten Frauen
von ganz Spanien zu besitzen, wirst du eher auf schöne
Frauen stoßen denn auf Närrinnen, und überdies soll die
Klugheit ihrer Schönheit ebenbürtig sein. Solltest du mir
aber nicht glauben, dann brauchst du ja nur die reizende
Constanza ansehen. Mit dem, was ihr an Übermaß an
Schönheit zugekommen, könnten nicht nur die Schönen
dieser Stadt, sondern alle Schönen der ganzen Welt noch
schöner werden.«

»Gemach, Señor Tomás«, erwiderte Lope, »nur gemach
mit den Lobpreisungen der Señora Scheuermagd, wenn Ihr
wollt, daß ich Euch, wenn ich Euch schon für einen Verrückten halte, nicht überdies noch für einen Ketzer ansehen muß!«

»Scheuermagd hast du Constanza genannt, Freund Lope?« fragte Tomás. »Gott verzeihe dir und lasse dich deinen Irrtum erkennen.«

»Ist sie denn keine Scheuermagd?« fragte der Asturiano.

»Bis jetzt habe ich sie noch keinen Teller scheuern sehen.«

»Es kommt nicht darauf an«, sagte Lope, »daß du sie nicht den ersten Teller hast scheuern sehen; es mag der zweite oder vielleicht schon der hundertste gewesen sein, den sie gescheuert hat.«

»Ich sage dir, Bruderherz«, erwiderte Tomás, »daß sie nicht scheuert und sich nur um die Stickerei, die Klöppelei und andere Handarbeit bekümmert und sonst nur die Aufsicht über das viele kostbare Silberzeug führt, das hier im Hause ist.«

»Und wie kommt es dann«, sagte Lope, »daß sie in der ganzen Stadt nicht anders heißt als die ›erlauchte Scheuermagd‹, wenn sie nicht putzt und nicht scheuert? Vielleicht gibt man ihr, weil sie nur Silberzeug putzt und nicht Steingut, den Beinamen ›erlaucht‹. Doch lassen wir dies; sag mir, Tomás, wie steht es mit deinen Aussichten?«

»Zum Verzweifeln schlecht«, erwiderte Tomás, »denn in all den Tagen, in denen du eingesperrt warst, konnte ich mit ihr nicht ein einziges Wort wechseln, schlägt sie doch auf die vielen Worte hin, die die Gäste an sie richten, nur die Augen nieder und tut den Mund nicht auf: solcherart ist ihre Ehrbarkeit und Zucht, und sie bezaubert durch ihre Zurückhaltung ebenso sehr wie durch ihre Schönheit. Was mir aber den Geduldfaden reißen läßt, ist folgendes: der Sohn des Korregidors, ein stattlicher, aufgeweckter und dabei etwas unverschämter Bursche, ist unsterblich in sie verliebt und wirbt um sie mit Ständchen, wobei er fast keine Nacht verstreichen läßt, ohne ihr eins zu bringen, und zwar so offen, daß sie selber in den Liedern genannt, gelobt und über alle Maßen gefeiert wird. Zum Glück hört sie nicht darauf und bleibt vom Einbruch der Dunkelheit bis zum Morgen im Zimmer ihrer Herrin. Das ist der Schild, der den grausamen Pfeil der Eifersucht davon abhält, mir das Herz zu durchbohren.«

Die erlauchte Scheuermagd 459

»Was gedenkst du zu tun, da du doch siehst, welche Hindernisse sich dir entgegenstellen, diese Porcia, diese Minerva, diese zweite Penelope zu erobern, die dich in Gestalt einer jungfräulichen Scheuermagd verliebt macht, dich entmutigt und vernichtet?«

»Spotte meiner, so viel wie du willst, Freund Lope, denn ich weiß, daß ich in das schönste Antlitz verliebt bin, das die Natur je geschaffen, und in die unvergleichlichste Sittsamkeit, die heute irgendwo in der Welt zu finden ist. Constanza heißt sie und nicht Porcia, Minerva oder Penelope; in einem Gasthof dient sie, was ich nicht leugnen kann; allein was soll ich tun, wenn ich fühle, wie mich mein Geschick mit geheimnisvoller Macht zu ihr hintreibt und wie all mein Denken mich auch nach reiflichster Überlegung noch bewegt, sie anzubeten. Höre, Freund, ich weiß nicht, wie ich es dir beschreiben soll«, fuhr Tomás fort, »auf welche Weise Amor mir diese Scheuermagd, wie du sie nennst, dieses Geschöpf niederen Standes, hoch erhebt, so gipfelhoch, daß ich sie zwar sehe, doch nicht erblicke, und sie zwar erkenne, doch nicht kenne. Auch wenn ich mich bemühe, so ist es mir doch nicht möglich, sie auch nur den kleinsten Augenblick in der – wenn man so sagen darf – Niedrigkeit ihres Standes zu sehen, denn sogleich löscht ihre Schönheit, ihr Reiz, ihre Seelenruhe, ihre Sittsamkeit und ihre Zurückhaltung mir jeden Gedanken daran aus; dies alles gibt mir zu verstehen, daß hinter der rauhen ländlichen Schale ihrer Stellung irgendein wertvoller Schatz und großes Verdienst verschlossen und verborgen sein muß. Sei dem aber, wie dem sei: ich liebe sie innig, liebe sie nicht mit jener billigen Liebe, mit der ich andere geliebt habe, sondern mit einer Liebe so rein, daß sie nur danach strebt zu dienen, die nichts erreichen will, als daß Constanza mich liebe und mir mit ehrbarer Neigung vergelte, was meiner gleichfalls ehrbaren Neigung zukommt.«

Hier schrie der Asturiano auf und rief, als hielte er eine Rede:

»O platonische Liebe! O erlauchte Scheuermagd! O wie überglücklich unsere Zeit, da wir sehen, daß die Schönheit verliebt macht ohne Hintergedanken, Keuschheit das Herz entzündet, ohne es zu verbrennen, Liebreiz erfreut, ohne lüstern zu machen, und die Niedrigkeit des Standes verpflichtet, daß man sie auf dem Rade jener, die man Fortuna nennt, erhebe! Oh, meine armen Thunfische, die ihr dieses Jahr verbringen müßt, ohne von diesem eurem so verliebten und ergebenen Liebhaber besucht zu werden! Im kommenden Jahr werde ich auf solche Weise Buße tun, daß auch die Schiffer meiner heißgeliebten Thunfischereien sich über mich nicht beklagen werden.«

Darauf antwortete Tomás:

»Ich sehe, Asturiano, wie unverblümt du meiner spottest. Du kannst ja, in Gottes Namen, zu deiner Fischerei ziehen; ich werde hierbleiben, und hier wirst du mich bei deiner Rückkehr wiederfinden. Wenn du das Geld, das dir zusteht, haben willst, werde ich es dir sogleich ausfolgen. Geh du in Frieden, und jeder folge dem Weg, den ihm das Schicksal bestimmt hat.«

»Ich hätte dich für klüger gehalten«, erwiderte Lope. »Siehst du denn nicht, daß ich das alles nur im Scherz sage? Da ich aber sehe, daß du im Ernst sprichst, werde auch ich dir ernstlich beistehen in allem, was dir gefallen mag. Nur eines verlange ich von dir zum Lohn für die vielen Dienste, die ich dir zu leisten gedenke: du sollst mich nicht in eine Lage bringen, in der die Arguello mich mit ihrer Verliebtheit quälen und verfolgen kann, denn eher bin ich bereit, auf deine Freundschaft zu verzichten, als in Gefahr zu geraten, mich der ihren ausgesetzt zu sehen. Bei Gott, Freund, sie schwätzt ärger als ein Vortragender Rat, und der Atem stinkt ihr auf eine Meile weit wie fauliger Weinsatz; die Oberzähne sind falsch, und ich bin fest davon überzeugt, daß sie statt des Haars eine Perücke trägt. Um ihren Mängeln abzuhelfen und sie zu verbergen, hat sie sich, seit sie mir ihre Lüsternheit gestand, darauf verlegt, sich mit Bleiweiß zu schminken, und so tüncht sie ihr Gesicht, daß man es für eine Gipsmaske halten könnte.«

»Das alles ist sehr wahr«, erwiderte Tomás, »zum Glück ist die Gallegerin, die mich quält, so schlimm nicht. Das

Die erlauchte Scheuermagd   461

einzige, was getan werden kann, ist, daß du nur noch diese
Nacht im Gasthof bleibst, dir morgen den Esel kaufst, wie
du gesagt, und dir ein neues Quartier suchst. So wirst du
jeder Begegnung mit der Arguello entkommen, während
ich den dauernden Begegnungen mit der Gallegerin und
den unwiderstehlichen Strahlenblicken meiner Constanza
ausgesetzt sein werde.«

Die beiden Freunde kamen überein, solcherart zu handeln, und gingen nach dem Gasthof, wo der Asturiano von
der Arguello mit allen Zeichen der Liebe empfangen
wurde. Für die selbe Nacht war ein Tanz vor dem Tor
des Gasthofes angesagt, zu dem die vielen Maultiertreiber,
die darin und in den benachbarten Gasthöfen wohnten,
zusammenkamen. Die Gitarre spielte der Asturiano; die
Tänzerinnen waren außer den beiden Gallegerinnen und
der Arguello drei Mägde aus einer anderen Herberge.
Auch viele Vermummte gesellten sich zu ihnen, mehr um
Constanza zu sehen als des Tanzes wegen. Doch Constanza war nirgends zu erblicken, noch trat sie aus dem
Hause, um dem Tanz zuzuschauen, wodurch sie manche
Wünsche enttäuschte. Lope spielte die Gitarre solcherart,
daß es hieß, er lasse sie sprechen. Die Mägde, und instän-
diger noch die Arguello, baten, er möge irgendeine Romanze vortragen. Lope versprach dies unter der Bedingung, daß sie genauso tanzten, wie die Tänze in den Ko-
mödien gesungen und getanzt würden. Damit aber keiner
einen Fehler mache, müßte jeder genau das tun, was er
anordne und sonst nichts.

Unter den Maultiertreibern gab es manchen Tänzer und
unter den Mägden nicht weniger. Lope räusperte sich,
spuckte zweimal aus und dachte indes darüber nach, was
er singen solle; da er flinken, leichtfertigen und witzigen
Geistes war, begann er in der glücklichen Strömung seines
Einfalls folgende Weise zu singen:

Trete in den Kreis, Arguello,
Jungfer nicht – das ist vorbei! –
Und vor allen sich verneigend,
Tu zurück der Schritt' sie zwei;

Dann soll an der Hand sie nehmen
Barrabás, den Maultierknecht,
Andalusier und Sevillas
Dirnen bestversorgter Hecht.

Von den zwei Gallegerinnen,
Die im Dienst des Hauses stehn,
Ohne Schürze, nur im Mieder
Komm die vollgesicht'ge her.

Sie umfasse den Torote,
Und die vier zugleich sich drehn,
Einen Kontertanz beginnend
Mit dem Hosenschritte schwer.

Alles, was der Asturiano sang, führten die Burschen und
die Mägde aufs genaueste aus; allein als er von ihnen verlangte, sie sollten den Kontertanz mit dem Hosenschritt
beginnen, sagte Barrabás, wie der maultiertreibende Tänzer mit Spitznamen genannt wurde:
»Freund Musikant, bedenk erst, was du singst, und nenne
niemand schlecht angezogen, denn hier hat keiner zer-
schnittene Hosen, und jeder zieht sich so an, wie er kann.«
Der Wirt hatte den Unsinn des Maultiertreibers gehört
und sagte zu ihm:
»Freund Maultiertreiber, Hosenschritt heißt es und nicht
Hosenschnitt. So fängt ein ausländischer Tanz an, und
keiner soll dabei als schlecht angezogen verhöhnt werden.«
»Wenn dem so ist«, erwiderte der Maultiertreiber, »dann
braucht man uns nicht erst mit Umschweifen und Schwierigkeiten zu kommen. Man soll Sarabanden, Chaconen
und Folias, Tänze, wie sie gerade im Schwang sind, spielen und sie ausgeben, wie sie eben in den Schöpflöffel
kommen. Hier gibt es genug Personen, die imstande sind,
die Figuren so deutlich auszuführen, bis es allen zum Hals
heraus hängt.«
Der Asturiano fuhr, ohne ein Wort zu erwidern, in
seinem Gesang wie folgt fort:

Kommt herbei, ihr lock'ren Nymphen,
Kecke Faune, kommt doch her,

Die erlauchte Scheuermagd

Denn der Reihen der Chacone
Wogt noch weiter als das Meer.

Nehmt zur Hand die Kastagnetten,
Beugt zur Erde euch und schnell
Streichelt mit der Hand den Boden,
Wenn auch dort kein Mist gekehrt.

Alle haben's gut gemacht,
Gott bewahr' mich, daß ich schelt';
Schlagt ein Kreuz und zeigt dem Teufel
Feigen, die aus seinem Feld.

Spuckt ihn an, den Sohn der Hure,
Daß die Lust er nicht vergällt,
Denn vom Reihen der Chacone
Er nicht gern die Finger läßt.

Anders geht die Weis', Arguello,
Bist mir doch kein Sterbebett,
Bist ja meine neue Muse,
Laß in deiner Gunst mich stehn.

Ja, der Reihen der Chacone
Ist des Frohsinns schönste Krone.

Dabei habt ihr jede Übung,
Die Gesundheit euch geboten,
Schüttelt dabei Arm und Beine,
Bis die Trägheit ist verflogen.

Jeder, der da spielt, muß lachen,
Und im Saitenklang, dem frohen,
Lachen Tänzer, lachen alle,
Die zum Schauen sind gekommen.

Wie es kribbelt in den Beinen,
Schon beginnt das Blut zu kochen,
Und zur Freude der Beschuhten
Fliegen von den Schuh'n die Sohlen.

Schwung und Lebenslust erwachen
Bei den Alten, den fast toten;
Bei den Jungen, die voll Feuer,
Wird die Glut zum Brand, dem roten.

Ja, der Reihen der Chacone
Ist des Frohsinns schönste Krone.

Ach, wie oft hat gleich den Tänzen
Pesame und Parramore,
Gleich der heiter'n Sarabande
Dieser Tanz es unternommen,

Sich ganz heimlich einzuschleichen
In die Stille selbst des Klosters,
Um die Keuschheit zu verderben,
Die in frommen Zellen wohnet!

Ward doch dieser Tanz von denen,
Die ihn schätzen, oft gescholten!
Glaubt doch jeder Lotterbube,
Dünkt es doch dem ärmsten Toren,

Daß der Reihen der Chacone
Wär' des Frohsinns schönste Krone.

Diese lockere Mulattin
Hat, so heißt es, oft dem Frommen
Größ'res Ärgernis bereitet,
Als Aroba es vermochte,

Sie, der alle Scheuermägde
Sich als Sklavinnen verschworen,
Der auch noch die Pagenbande
Und Lakaien dienstbar zollen,

Schwört, daß trotz des Zambapalo,
Dieses dummen alten Hopsers,
Dieser Tanz ist beste Speise,
Ist der Tänzer höchste Wonne,

Nur der Reihen der Chacone
Ist allein des Frohsinns Krone.

Während Lope sang, wirbelte der Haufe der Maultier-
helden und Scheuerlappen, zwölf an der Zahl, im Kreise.
Als Lope sich dann anschickte, anderes von größerem Wert,
Gehalt und größerer Bedeutung als bisher zu spielen und

Die erlauchte Scheuermagd

zu singen, rief einer der Vermummten, die beim Tanze
zugesehen, ohne nun sein Gesicht zu zeigen:

»Halt's Maul, Trunkenbold! Halt's Maul, Weinschlauch,
Saufsack, Reimschmied, Klimperer!«

Dem Geschimpfe schlossen sich auch andere an und sagten Lope mit wegwerfenden Gebärden so viele Schimpf-
wörter ins Gesicht, daß er es vorzog zu schweigen. Allein
die Maultiertreiber nahmen ein solches Vorgehen gar übel
auf, und es wäre wohl zu einer argen Rauferei gekommen,
hätte sich der Wirt nicht mit gutem Zureden beruhigend
eingemischt; sie würden aber trotzdem handgemein geworden sein, wären nicht zur rechten Zeit Gerichtsdiener und
Häscher aufgetaucht und hätten sie samt und sonders
heimgeschickt.

Kaum waren alle gegangen, als die Leute des Viertels,
die noch nicht schliefen, die Stimme eines Mannes vernahmen, der dem Gasthof zum Sevillaner gegenüber auf einem
Steine saß und so wunderbar und lieblich sang, daß er
alle aufhorchen ließ und sie nötigte, ihm bis zum Schluß
zuzuhören. Doch keiner lauschte so aufmerksam wie Tomás Predo, der hinhörte wie einer, den es mehr als alle
anderen anging, nicht nur die Musik anzuhören, sondern
auch den Text zu verstehen. Ihm war aber nicht so zumute, als höre er sich Lieder an, sondern es schien ihm, als
vernehme er seine Exkommunikation, die ihn in tiefster
Seele bekümmerte, sang der Musikant doch folgende Romanze:

Wo verbirgst du dich, daß keiner
Dich mehr sieht, du Welt der Welten,
Göttliches Geschöpf, das Freude
Schenkt der dumpfen Erdenschwere.

Höchster Himmel, wo die Liebe
Sicher wohnt an heil'gem Herde,
Primum mobil', das mit sich reißt
Alles Schicksal hier auf Erden.

Du kristall'ne Sphäre, wo des
Frischen Wassers reine Wellen

Kühlen brünst'ger Liebe Lohen,
Läuternd sie zu reinem Sehnen.

Fixsternzelt, du neues, schönes,
Wo vereint ein Paar von Sternen
Ungeborgten Lichts den Himmel
Und das Erdenrund erhellen.

Freude, die der düstern Trauer
Des Erzeugers tritt entgegen,
Der den eignen Bauch zum Grabe
Seinen Kindern hat gegeben.

Demut, die dem stolzen Sinne
Jupiters kann widerstehen
Und mit Sanftmut ihn beschwichtigt,
Wenn ihm Zornesadern schwellen.

Netz, du unsichtbares, zartes,
Das den buhlerischen Helden,
Der bestimmt das Glück der Schlachten,
Schlägt in unlösbare Fesseln.

Vierter Himmel, neue Sonne,
Die verdunkelt ganz die erste,
Glück und Freude schenkst du allen,
Die doch dann und wann dich sehen.

Trägerin bist du hehrer Botschaft
Und voll Weisheit ist die Rede,
Da du überzeugst mit Schweigen
Mehr, als dir daran gelegen.

Mochte dir der zweite Himmel
Nur allein die Schönheit geben,
Gab der erste Himmel dir doch
Auch des Mondes milde Helle.

Dieses Weltall bist, Constanza,
Du, die von des Schicksals Mächten
Ward auf mindren Platz gestellt, der
Deinen Wert nicht läßt erkennen.

Die erlauchte Scheuermagd

Wende nun dein Los, dein hartes,
Laß nun endlich dich bewegen,
Daß aus Strenge werde Sanftmut,
Freundlich werde sprödes Wesen.

Also wirst du dich beneidet,
Herrin, von den Frauen sehen,
Ob der Schönheit von den großen,
Von den stolzen, weil du edel.

Willst du dir den Weg verkürzen,
Biet' ich dir dazu mein Herze,
Reichste Liebe, reinste Neigung,
Die Gott Amor je gesehen.

Im selben Augenblick, da der Sänger die letzten Verse gesungen, kamen zwei halbe Ziegel geflogen; wären die Ziegel dem Manne so auf den Kopf gefallen, wie sie zu seinen Füßen niederfielen, dann hätten sie ihm leicht für immer die Musik und die Poeterei aus dem Schädel geschlagen. Der arme Kerl erschrak und lief in solcher Eile die Anhöhe hinan, daß ihn nicht einmal ein Windspiel eingeholt hätte. Trauriges Los der Musikanten, Fledermäuse und Nachteulen, die immer solchen Ungewittern und Unbilden ausgesetzt sind! Allen, die ihm zugehört, kam die Stimme des Gejagten gut vor, am schönsten jedoch fand sie Tomás Pedro, der gleicherweise Musik und Text bewunderte; doch lieber wäre es ihm gewesen, hätte eine andere als Constanza den Anlaß zu so vielen Ständchen gegeben, wiewohl keines an ihre Ohren drang.

Anderer Meinung war Barrabás, der Maultiertreiber, der auch zugehört hatte. Als er den Musikanten davonrennen sah, rief er ihm nach:

»Lauf nur, lauf, Dummkopf, Judas von einem Dichter, mögen die Flöhe dich auffressen! Wer, zum Teufel, hat dir beigebracht, Scheuermägden von Sphären und Himmeln vorzusingen, sie Monde und Jahre zu nennen und Glücksräder? Du hättest ihr – zu deiner und aller Schande, denen deine Reimerei gefallen hat, sei's gesagt – sagen sollen, daß sie unverdaulich ist wie ein holziger Spargel, eingebildet wie ein Pfauenrad, weiß wie eine Milchsuppe, keusch wie ein Novize, zierig und störrisch wie ein Mietesel und härter als ein Stück Mauerwerk. Hättest du ihr das gesagt, dann hätte sie es verstanden und ihren Spaß daran gehabt. Sie aber Botschafter zu nennen und Netz und Mobil und Hoheit und Niedrigkeit, das paßt besser zu einem Katechismusschüler als zu einer Scheuermagd. In der Welt gibt es, meiner Seel', Dichter, die Verse schmieden, die nicht einmal der Teufel versteht. Ich wenigstens, bin ich auch Barrabás, versteh' von dem, was der Musikant da gesungen, kein einziges Wort. Schaut einmal, was Constanza daraus macht! Das beste, das man daraus machen kann: sie liegt in ihrem Bett und hustet auch auf den Priester Johannes von Indien. Dieser Musikant gehört gewiß nicht zu denen, die für den Sohn des Korregidors spielen; da sind immer viele beieinander, und man kann sie doch dann und wann verstehen, aber der da hat mich, zum Teufel noch einmal, ganz verdrießlich gemacht!«

Wer auch immer Barrabás zuhörte, hatte seinen Spaß daran und fand seine Einwände und Ansichten überaus zutreffend.

Damit gingen alle zu Bett, und kaum war alles ruhig im Hause, als Lope hörte, daß man an der Zimmertür leise klopfte. Als er fragte, wer da klopfe, erhielt er die geflüsterte Antwort:

»Die Arguello und die Gallegerin sind da; öffnet, wir erfrieren fast.«

»Freilich«, erwiderte Lope, »sind wir doch jetzt mitten in den Hundstagen.«

»Laß die Späße, Lope«, versetzte die Gallegerin, »steh auf und laß uns ein; wir sind hergerichtet wie Erzherzoginnen.«

»Wie Erzherzoginnen? Zu dieser Stunde?« entgegnete Lope. »Das glaube ich nicht. Eher scheint ihr mir Hexen zu sein oder ganz unverschämte Luder. Schert euch sofort weg von der Tür. Wenn nicht, so werde ich – ich schwöre es beim Leben des... –, wenn ich aufstehe, euch mit der Schnalle meines Gürtels das Sitzleder in ein Beet von Klatschrosen verwandeln.«

Die erlauchte Scheuermagd

Als die Weiber solch rüde Antwort vernahmen, eine
Antwort, die ganz anders ausgefallen war, als sie erwartet
hatten, bekamen sie es mit der Angst vor dem Groll des
Asturiano zu tun und kehrten, um ihre Hoffnungen be-
trogen und in ihren Absichten enttäuscht, traurig und miß-
vergnügt auf ihr Lager zurück; bevor sie aber von der
Tür weggingen, sagte die Arguello, die Schnauze am
Schlüsselloch:

»Eseln soll man nicht Lilien zum Fraß vorwerfen.«

Damit kehrte sie, als hätte sie ein großes Wort gesprochen und gerechte Rache genommen, wie gesagt, auf ihr
nun einsames Lager zurück.

Als Lope hörte, daß sie weggegangen waren, sagte er zu
Tomás Pedro, der wach lag:

»Hör zu, Tomás! Laß mich dir zuliebe mit zwei Riesen
kämpfen oder gib mir die Gelegenheit, einem halben oder
einem ganzen Dutzend Löwen die Kinnbacken auszuhän-
gen! Das wird mir leichter fallen als ein Glas Wein auszu-
trinken. Daß ich aber durch dich in die Lage komme, mit
der Arguello einen Ringkampf auszufechten, nein, das
werde ich nicht auf mich nehmen, und sollte man mich deswegen mit Pfeilen totschießen. Schau doch, was für zwei
Fräulein aus Dänemark uns das Schicksal heute nacht hat
bescheren wollen. Nun, morgen ist ein anderer Tag, und
da wollen wir weitersehen.«

»Ich habe dir schon gesagt, mein Lieber«, erwiderte Tomás, »daß du ganz nach deinem Belieben handeln magst;
es steht dir frei, auf deine Wallfahrt zu gehen, frei steht es
dir, einen Esel zu kaufen und Wasserknecht zu werden,
wie du beabsichtigt hast.«

»Ich bin nach wie vor entschlossen, Wasserknecht zu
werden«, entgegnete Lope. »Und nun schlafen wir den
kleinen Rest der Nacht, der uns noch bleibt; ich habe einen
Schädel wie ein Wasserschaff und bin nicht in der Laune,
mit dir weiterzuplaudern.«

Sie schliefen ein; der Tag brach an, sie standen auf. Tomás ging, die Gerste auszugeben; Lope ging auf den nahen
Viehmarkt, um dort einen Esel zu kaufen, falls er einen
guten finden sollte.

Nun begab es sich, daß Tomás, von seinen verliebten Gedanken mitgerissen und von der Muße verführt, die ihm die Stille der Siesta zu geben pflegte, einige Liebesverse verfaßt und sie gleich ins Futterbuch aufgezeichnet hatte, in der Absicht, die Verse ins reine zu schreiben und die entsprechenden Blätter aus dem Futterbuch herauszureißen oder sie unleserlich zu machen. Allein dazu kam es nicht, denn als Tomás einmal außer Haus war und das Futterbuch auf der Gerstentruhe hatte liegenlassen, nahm der Wirt das Buch zur Hand, um nachzusehen, wie es mit der Abrechnung stehe. Dabei stieß er auf die Verse, die ihn, als er sie las, verwirrten und, nachdem er sie gelesen, beunruhigten. Er eilte damit zu seiner Frau, doch bevor er die Verse vorlas, rief er Constanza und verlangte unter Beschwörungen, die er mit Drohungen mischte, zu wissen, ob Tomás Pedro, der Futterknecht, ihr jemals eine Schmeichelei oder eine Ungebührlichkeit gesagt oder ihr irgendwie angedeutet habe, daß er in sie verliebt sei. Da beteuerte Constanza, daß das erste Wort in dieser wie in jeder anderen Sache überhaupt erst noch zu sagen wäre, und er ihr niemals, nicht einmal mit Blicken, zu verstehen gegeben habe, er hege irgendwelche Hintergedanken. Herr und Herrin glaubten ihr, waren sie es doch gewohnt, Constanza stets die Wahrheit sagen zu hören, worüber auch immer sie befragt wurde. Die beiden befahlen ihr zu gehen, und der Wirt sagte zu seiner Frau:

»Ich weiß nicht, was ich davon halten soll. Ihr müßt wissen, Frau, daß Tomás in dieses Futterbuch einige Verse eingeschrieben hat, die mich argwöhnen lassen, er wäre in Constanza verliebt.«

»Schauen wir uns die Verse einmal an«, erwiderte die Wirtsfrau, »ich will Euch schon sagen, was dahinter steckt.«

»Dessen bin ich gewiß«, entgegnete der Wirt. »Ihr seid ja eine große Dichterin und werdet den Sinn bald heraus haben.«

»Ich bin keine Dichterin«, versetzte die Frau, »allein Ihr wißt, daß ich einen guten Kopf habe und das Vater unser, das Gegrüßet seist du, das Glaubensbekenntnis und das Salve auf Lateinisch beten kann.«

Die erlauchte Scheuermagd   471

»Es wäre besser, Ihr würdet sie auf Kastilisch beten, hat
Euch doch Euer Onkel, der geistliche Herr, deshalb schon
gesagt, Ihr machtet so viele Schnitzer, wenn Ihr die Gebete
auf Lateinisch hersagt, daß man das schon kein Beten mehr
nennen kann.«

»Dieser Giftpfeil stammt gewiß aus dem Köcher seiner
Nichte, ist sie doch eifersüchtig, wenn ich das Brevier zur
Hand nehme und so mir nichts dir nichts darin lese.«

»Sei dem, wie Ihr wollt«, versetzte der Wirt. »Paßt jetzt
auf! Die Verse lauten:

Wem ist Liebe zugeneigt?
   Dem, der schweigt.
Was bezwingt die Sprödigkeit?
   Festigkeit.
Wem wird Liebesglück gegeben?
   Treuem Streben.
Also dürft' ich hoffend leben,
Diese Palme zu erringen,
Bin ich nur in Liebesdingen
Schweigsam, fest und treu ergeben.

Was verschafft dir Liebesehren?
   Gunst gewähren.
Was hemmt dann den Schwung, den vollen?
   Übel wollen.
Kann sie Kränkung widerstehen?
   Nur vergehen.
Daraus kann ich nun ersehen,
Ewig wird mir Liebe sein,
Da die Ursach' meiner Pein
Zeigt nicht Gunst mir, noch Verschmähen.

Was erhofft, wen Gram bedroht?
   Ganzen Tod.
Was geht über solch Verderben?
   Halbes Sterben.
Sei dem Leben drum entsagt?
   Nicht verzagt,
Denn es wird mit Recht gesagt,
Daß auf heft'ger Stürme Toben

Freundlich Wetter ist zu loben,
Wie es dir und mir behagt.

Soll mein Herzleid ich ihr klagen?
   Ich will's wagen.
Wenn sie nie sich zeigt bereit?
   Laß ihr Zeit.
Sollte ich indes verscheiden,
   Ließ im Leiden
Ich doch Treue nie vermissen;
Dies soll dann Constanza wissen
Und in frohe Tracht sich kleiden.«

»Steht da noch mehr geschrieben?« fragte die Wirtsfrau.

»Nein«, erwiderte ihr Mann, »doch was haltet Ihr von den Versen?«

»Als erstes«, sagte sie, »ist zu ermitteln, ob sie wirklich von Tomás stammen.«

»Darüber gibt es keinen Zweifel«, entgegnete der Mann, »ist doch die Schrift der Futterrechnung und die der Verse haargenau die gleiche, das läßt sich nicht leugnen.«

»Seht, lieber Mann«, sagte die Wirtsfrau, »obgleich auch die Verse Constanza nennen und man daraus schließen könnte, sie seien für unsere Constanza bestimmt, so können wir das doch nicht mit solcher Sicherheit behaupten, als wären wir beim Schreiben dabeigewesen, um so mehr, als es außer der unseren noch viele andere Constanzas in der Welt gibt. Doch gesetzt den Fall, die Verse wären für sie bestimmt, so ist darin ja nichts gesagt, was ihrer Ehrbarkeit Abbruch täte, noch verlangt Tomás etwas, das ihr unangenehm sein könnte. Wir wollen ein wachsames Auge haben und das Mädchen warnen, denn wenn er in sie verliebt ist, dann schreibt er gewiß noch andere Verse und wird versuchen, sie ihr zuzustecken.«

»Wäre es nicht besser, uns diese Sorge vom Hals zu schaffen?« meinte der Wirt, »indem wir ihn wegschicken?«

»Das steht bei Euch«, versetzte sie. »Doch meine ich, wenn der Bursche, wie Ihr sagt, Euch sehr gut bedient, wäre es doch leichtfertig, ihn aus solch geringfügigem Anlaß fortzujagen.«

Die erlauchte Scheuermagd 473

»Also gut«, sagte der Wirt, »halten wir die Augen offen, wie Ihr sagt, und die Zeit wird uns lehren, was wir tun sollen.«

Dabei verblieben sie, und der Wirt ging, das Buch wieder dorthin zu legen, wo er es gefunden. Tomás kehrte zurück, suchte gleich nach dem Futterbuch, fand es, und damit er nicht noch einmal solcherart zu erschrecken bräuchte, schrieb er die Verse ab, riß die Blätter aus dem Buch und nahm sich vor, es zu wagen, Constanza bei der ersten besten Gelegenheit, die sich ihm biete, seine Liebe zu gestehen. Da das Mädchen jedoch immer auf seine Ehrbarkeit und Sittsamkeit bedacht war, gab sie niemand die Gelegenheit, sie so recht anzusehen, viel weniger noch, sie in ein Gespräch zu verwickeln; überdies gab es im Gasthof stets so viele Leute und Augen, daß die Schwierigkeit, mit ihr zu sprechen, noch größer war, worüber der arme Verliebte fast verzweifelte.

An jenem Tag aber war Constanza, eine Haube tief über die Wangen herabgezogen, aus dem Hause getreten und hatte jemandem, der sie gefragt, weshalb sie die Haube trüge, geantwortet, weil sie große Zahnschmerzen habe. Tomás, dem die Liebe den Verstand geschärft, überlegte blitzschnell, was er daraus mache, und sagte:

»Señora Constanza, ich werde Euch ein Gebet aufschreiben, das Euch, wenn Ihr es zweimal betet, den Schmerz sogleich nimmt.«

»Vielen Dank«, erwiderte Constanza, »ich werde es gerne lesen, kann ich es doch.«

»Doch nur unter der Bedingung«, sagte Tomás, »daß Ihr es niemandem zeigt. Ich schätze dieses Gebet sehr hoch ein und es wäre nicht gut, wenn es, weil zu viele darum wissen, geringgeschätzt würde und seine Wirkung einbüßte.«

»Ich verspreche Euch, Tomás«, sagte Constanza, »es nicht weiterzugeben, doch gebt es mir sofort, da mir der Schmerz sehr zusetzt.«

»Ich werde es aus dem Gedächtnis abschreiben«, erwiderte Tomás, »und es sogleich geben.«

Dies waren die ersten Worte, die Tomás mit Constanza und Constanza mit Tomás in der ganzen Zeit gewechselt hatten, in der er nun im Hause war, und das war schon vierundzwanzig Tage. Tomás zog sich zurück, schrieb das Gebet nieder und fand Gelegenheit, es Constanza zuzustecken, ohne daß es irgend jemand bemerkte. Constanza ging mit großer Freude und noch größerer Andacht in ein Zimmer, entfaltete das Papier und las folgendes:

»Gebieterin meines Herzens! Ich bin ein aus Burgos gebürtiger Edelmann. Wenn ich meinen Vater überlebe, werde ich ein Majorat erben, das mir sechstausend Dukaten Rente einträgt. Auf den Ruf Eurer Schönheit hin, der über viele Meilen reicht, verließ ich meine Heimatstadt, verkleidete mich und kam in dem Anzug, in dem Ihr mich seht, um bei Eurem Herrn Dienste zu nehmen. Wenn Ihr die meine sein wolltet, und zwar auf dem Eurer Sittsamkeit angemessensten Wege, dann bedenkt, welche Beweise Ihr verlangen wollt, um Euch von der Wahrheit dessen, was ich Euch schreibe, zu überzeugen. Wenn Ihr Euch davon überzeugt habt und es Euch gefallen sollte, werde ich Euer Bräutigam und Gatte und wollte mich dann für den glücklichsten Menschen der ganzen Welt erachten. Für jetzt bitte ich Euch nur, meine zärtlichen, sauberen Absichten nicht bekanntzumachen, denn erführe Euer Herr davon, würde er vielleicht nicht an ihre Reinheit glauben und mich aus Eurer Gegenwart verbannen, was gleichviel wäre, als verurteilte man mich zu Tode. Erlaubt mir, Gebieterin, Euch sehen zu dürfen, bis Ihr Euch überzeugen konntet, und bedenkt, daß ein Mensch, dessen ganze Schuld nur darin besteht, daß er Euch anbetet, die harte Strafe, Euch nicht mehr sehen zu dürfen, nicht verdient. Unbemerkt von den vielen Augen, die stets auf Euch verweilen, könnt Ihr mir doch mit Euren Blicken antworten; denn solcherart sind Eure Blicke, daß sie töten, wenn sie zürnen, und auferstehen lassen, wenn sie barmherzig leuchten.«

Tomás wußte, daß Constanza fortgegangen war, um seinen Brief zu lesen, allein ihm schlug das Herz zum Halse, während er wartete und hin und her gerissen wurde zwischen der Furcht, sein Todesurteil zu vernehmen, und der Hoffnung, sein Leben zu erneuern. Indes trat Constanza aus dem Zimmer und war trotz der Haube über

Die erlauchte Scheuermagd 475

den Wangen so schön, daß man hätte meinen können, sie
wäre – sofern solches überhaupt möglich – noch schöner
geworden durch die Überraschung, auf dem Zettel des Tomás etwas ganz anderes zu lesen, als sie je erwartet hatte.
Sie trat aus dem Zimmer – den Zettel hatte sie in kleine
Stücklein zerrissen – und sagte zu Tomás, der sich kaum
auf den Beinen zu halten vermochte:

»Mein lieber Tomás, dein Gebet scheint mir eher ein betrügerischer Zauber als eine fromme Bitte zu sein; ich will
ihm lieber nicht vertrauen und es auch nicht gebrauchen.
Ich habe es zerrissen, damit nicht eine Leichtgläubigere als
ich es fände. Erlerne du Gebete von geringerer Schwierigkeit, denn dieses da wird dir unmöglich zum Heile gereichen.«

Mit diesen Worten ging sie in das Zimmer ihrer Herrin,
und Tomás blieb sprachlos stehen, doch tröstete er sich
etwas, als er erkannte, das Geheimnis seiner Liebe würde
in Constanzas Busen begraben bleiben. Auch schien es ihm,
daß er wenigstens nicht Gefahr liefe, aus dem Hause geworfen zu werden, war Constanza doch nicht sogleich zu
seinem Herrn gelaufen, um diesem alles zu berichten. Überdies schien ihm, er habe mit diesem ersten Schritt in seiner
Bewerbung schon tausend hindernde Gebirge hinter sich
gebracht, ist doch bei allen großen und in ihrem Ausgang
zweifelhaften Unternehmungen das schwerste immer der
Anfang.

Indes solches im Gasthof vor sich ging, sah sich der Asturiano auf dem Viehmarkt nach einem Esel um, den zu
kaufen er gekommen, und obgleich er sich ihrer viele ansah, wollte ihm keiner gefallen bei aller Mühe, die sich ein
Zigeuner gab, ihm einen anzuhängen, der mehr in flottem
Trab ging, weil man ihm Quecksilber in die Ohren ge-
träufelt, denn aus natürlicher Munterkeit. Wenn dem Lope
auch der Trab des Esels zusagte, so mißfiel ihm doch der
Wuchs, denn das Tier war sehr nieder und hatte nicht die
Größe, die er verlangte, suchte er doch einen starken Esel,
der außer den leeren und den vollen Wasserkrügen auch
noch den Reiter tragen konnte. Indes näherte sich ihm ein
Bursche und flüsterte ihm ins Ohr:

»Lieber Freund, wenn Ihr ein gutes Tier sucht, das sich
für einen Wasserknecht eignet, so habe ich hier in der Nähe
auf einer Wiese einen Esel stehen, wie es keinen besseren
in der ganzen Stadt gibt. Ich rate Euch, kauft kein Vieh
von einem Zigeuner; deren Tiere scheinen alle gesund und
gut zu sein, sind aber doch verfälscht und voller Fehler.
Wenn Ihr eines kaufen wollt, das für Euch das richtige
ist, dann kommt mit mir und haltet den Mund.«

Der Asturiano vertraute ihm und sagte, er möge ihn
doch zu dem Esel führen, den er so sehr herausstreiche. Sie
gingen Hand in Hand, wie man zu sagen pflegt, bis sie in
die Huerta del Rey kamen, wo im Schatten eines Pump-
rades viele Wasserknechte, deren Esel auf einer nahen
Wiese weideten, versammelt waren. Der Verkäufer zeigte
dem Asturiano seinen Esel, der diesem sogleich in die Augen stach; das Tier wurde von den übrigen Wasserknechten als guter Geher, als stark und ausdauernd gelobt. Die
Wasserknechte betätigten sich auch als Makler und Unter-
händler, und Lope zahlte, nachdem sie handelseinig geworden waren, ohne irgendeinen Nachweis über den rechtlichen Besitz zu verlangen, für den Esel samt dem für den
Beruf erforderlichen Zubehör sechzehn Dukaten. Er zahlte
in baren Goldtalern. Man beglückwünschte ihn zum Kauf
und zum Eintritt in das Gewerbe und versicherte ihm noch
einmal, er habe einen Glücksesel gekauft, denn sein bis-
heriger Besitzer habe sich, ohne sich etwas abgehen zu
lassen, in weniger als einem Jahr, wobei er sich und den
Esel auf ehrliche Weise erhalten, ohne große Mühe zwei
Kleider und überdies diese sechzehn Dukaten erworben,
mit denen er in sein Dorf zurückkehren wolle, wo er eine
weitschichtige Verwandte zu heiraten gedenke.

Außer den Maklern, die beim Eselkauf geholfen hatten,
waren noch vier Wasserknechte da, die sich mit dem Prim-
spiel die Zeit vertrieben. Sie lagen auf dem Boden, und als
Spieltisch diente ihnen die Erde, auf die sie als Spieltuch
ihre Mäntel gebreitet hatten. Der Asturiano trat zu ihnen,
um dem Spiel zuzusehen, und bemerkte, daß sie nicht wie
Wasserknechte, sondern wie Erzdechanten spielten, hielt
doch jeder von ihnen einen Einsatz von mehr als hundert

Die erlauchte Scheuermagd 477

Realen in Kupfer und Silber. Bei einer Partie ging es dann
um den ganzen Einsatz, und hätte nicht einer mit einem
andern gemeinsam gespielt, so hätte jener allen das Geld
abgenommen. So ging zweien bei diesem Einsatz das Geld
aus, und sie erhoben sich. Als der Verkäufer des Esels dies
sah, meinte er, wenn sich ein Vierter fände, wolle er gern
ein Spielchen machen, zu dritt spiele er nicht. Der Asturiano
gehörte nicht zu den Leuten, die ein Spiel verderben, und
sagte, er wolle der vierte sein. Sie setzten sich sogleich; das
Spiel ließ sich gut an, doch da Lope mehr Geld als Zeit
daran verwendete, verlor er bald die sechs Dukaten, die er
besaß. Als er nun sah, daß er kein Geld mehr hatte, schlug
er ihnen vor, wenn sie wollten, um den Esel zu spielen.
Die Spieler gingen darauf ein, und er brachte ein Viertel
des Esels zum Einsatz, denn er wollte, wie er sagte, den
Esel nur viertelweise spielen. Ihm fielen so schlechte Karten
zu, daß er in vier aufeinander folgenden Einsätzen die
vier Eselsviertel verlor und der frühere Besitzer sie gewann. Als dieser aufstand, um das Tier wieder in Besitz
zu nehmen, sagte der Asturiano, sie dürften nicht vergessen, daß er nur die vier Viertel des Esels verspielt habe.
Den Schwanz des Esels, den müßten sie ihm lassen, den
Esel könnten sie dann in Gottes Namen mitnehmen.

Die Forderung des Eselsschwanzes brachte alle zum
Lachen, und es traten Sachverständige auf, die meinten,
Lopes Forderung sei unberechtigt, denn, würde ein Hammel oder ein anderes Stück Vieh verkauft, so nähme man
den Schwanz beim Kauf weder aus noch weg; er gehöre
doch notwendigerweise zu einem der Hinterviertel. Darauf erwiderte Lope, die Hammel in der Berberei hätten
fünf Viertel, und eines davon sei der Schwanz; teile man
diese Breitschwanzhammel, dann gelte der Schwanz soviel
wie ein anderes Viertel. Er gebe gerne zu, daß der Schwanz
zum Vieh gehört, das lebend und nicht geschlachtet verkauft wird, allein er habe den Esel nicht verkauft, sondern
verspielt. Nie habe er daran gedacht, auch um den Eselsschwanz zu spielen, und jetzt sollten sie ihm unverzüglich
den Schwanz mit allem Drum und Dran geben, vom
Nackenwirbel mit dem Rückgrat, wo der Schwanz seinen

Anfang nehme und von wo er schließlich auch herabhänge, bis zum letzten Härchen.

»Mir ist's recht«, sagte einer, »es sei, wie Ihr sagt: laßt Euch den Schwanz nur geben, wie Ihr ihn verlangt, und werdet fett mit dem, was vom Esel übrigbleibt.«

»So ist es aber!« rief Lope. »Her mit meinem Schwanz! Und wenn nicht, dann werdet ihr mir wahrhaftig den Esel nicht wegschaffen, und wenn alle Wasserknechte der Welt kämen! Glaubt nur nicht, daß ihr mich hereinlegen könnt, weil ihr so viele seid, bin ich doch Manns genug, einen Gegner anzugehen und ihm den Dolch zwei Spannen tief ins Gedärm zu treiben, ohne daß er gewahr würde, von wem, woher und wie der Dolch ihm in den Leib gekommen. Überdies lasse ich mir den Schwanz nicht um Geldeswert ablösen; ich will, daß ihr ihn mir gebt, wie er ist, und ihn so aus dem Esel herausschneidet, wie ich gesagt.«

Dem Gewinner und den übrigen schien es nicht ratsam, den Streit durch Gewalt zu entscheiden, schien ihnen doch der Asturiano von solch kühner Entschlossenheit, daß er sich nie würde Gewalt antun lassen. Dieser jedoch, das Treiben in den Thunfischereien gewohnt, wo jede Art von Streit und Rauferei zu Hause ist, riß sich unter Fluchen und Schimpfen den Hut vom Kopf, warf ihn weit von sich, griff nach dem Dolch, den er unter dem Mäntelchen trug, und stellte sich solcherart vor sie hin, daß er der ganzen wasserknechtischen Bande Furcht und Achtung einflößte. Zuletzt machte einer, wahrscheinlich der Klügste und Überlegteste unter ihnen, den Vorschlag, man möge doch den Eselsschwanz gegen ein Eselsviertel in einer Quinola oder auf Zwei und Passen ausspielen. Alle waren es zufrieden; Lope gewann die Quinola; der Gegner ereiferte sich, setzte noch ein Viertel, und in drei weiteren Spielen war er den Esel los. Dann wollte er um Geld spielen; Lope weigerte sich; allein alle setzten ihm solcherart zu, die Herausforderung anzunehmen, daß er ihn schließlich den Kelch bis auf die Neige leeren ließ und ihm auch den letzten Heller abnahm. Das nahm sich der Verlierer so sehr zu Herzen, daß er sich zu Boden warf und den Kopf dagegen zu schlagen begann. Lope aber, von guter Herkunft,

Die erlauchte Scheuermagd 479

mitfühlend und freigebig, hob ihn auf und gab ihm das gewonnene Geld zurück und dazu noch die sechzehn Dukaten für den Esel; dann verteilte er auch etwas Geld unter die Anwesenden, wobei er alle über solch große Freigebigkeit sprachlos werden ließ. Wäre dies zur Zeit und unter den Verhältnissen des Tamerlan geschehen, so hätten sie ihn gewiß zum König der Wasserknechte ausgerufen.

Unter großer Begleitung kehrte Lope in die Stadt zurück, wo er Tomás den Vorfall berichtete, während dieser ihm vom guten Fortgang seiner Werbung erzählte. Es gab keine Schenke, keine Kneipe und keine Schelmenbande, die nicht vom Spiel um den Esel erfahren hätte, vom Gegenspiel um den Schwanz und vom Mut und der Freigebigkeit des Asturiano; allein, da das gemeine Pöbelvieh größtenteils bösartig, verflucht und verleumderisch ist, dachte es bald nicht mehr an die Freigebigkeit, den Mut und die guten Eigenschaften des großen Lope, sondern erinnerte sich nur des Schwanzes. Und so – er war noch keine zwei Tage durch die Stadt gezogen, um Wasser zu verkaufen – bemerkte er, daß viele Leute mit dem Finger auf ihn wiesen und sagten: »Das ist der Wasserknecht, von dem man sich die Sache mit dem Eselsschwanz erzählt.« Die Straßenjungen spitzten die Ohren, erfuhren die Geschichte, und Lope brauchte sich nur am Anfang irgendeiner Straße zu zeigen, und schon riefen sie ihm in der ganzen Straße, die einen von da, die andern von dort, zu: »Asturiano, her mit dem Schwanz! Her mit dem Schwanz, Asturiano!« Als Lope sah, wie so viele Zungen, so viele Stimmen über ihn herfielen, verlegte er sich aufs Schweigen, denn er glaubte, unerschütterliches Schweigen würde so viele Unverschämtheit zum Verstummen bringen. Vergeblich, denn je beharrlicher er schwieg, desto heftiger schrien die Straßenjungen, so daß er schließlich mit Gewalt versuchte, was ihm mit der Geduld nicht gelang. Er sprang vom Esel und schlug mit einem Knüttel auf die Straßenjungen ein; allein dies war, als hätte er eine Lunte an ein Pulverfaß gelegt und sie angezündet, oder als hätte er versucht, der Schlange die Köpfe abzuschlagen, denn anstelle des einen Kopfes, des einen verprügelten Straßenjungen, wuchsen im gleichen

Augenblick nicht etwa sieben, sondern siebenhundert neue nach, die noch eifriger und beharrlicher den Eselsschwanz von ihm verlangten. Schließlich beschloß er, sich in die Herberge zurückzuziehen, in die er gezogen war, um der Arguello zu entrinnen, und dort abzuwarten, bis der Einfluß jenes ungünstigen Planeten vorüber wäre und die Straßenjungen sich jene boshafte Forderung nach dem Eselsschwanz aus dem Sinn geschlagen hätten.

Sechs Tage vergingen, ohne daß er das Haus verlassen hätte, es sei denn nachts, um Tomás aufzusuchen und nachzufragen, wie es mit dessen Sache stünde. Tomás berichtete ihm, es sei ihm, seit er Constanza den Zettel gegeben, nicht mehr möglich gewesen, auch nur ein einziges Wort mit ihr zu sprechen. Überdies scheine ihm, sie wäre noch zurückhaltender als gewöhnlich, denn einmal, als er Gelegenheit gefunden, sie anzusprechen, habe sie ihm, bevor er noch den Mund öffnen konnte, gesagt: »Tomás, mir tut nichts weh, und so brauche ich weder deinen Zuspruch noch deine Gebete. Gib dich damit zufrieden, daß ich dich nicht der Inquisition anzeige. Bemühe dich also nicht!« Dies habe sie gesagt, ohne ihn zornig anzuschauen oder sich sonst unfreundlich zu erweisen, und so hätte er nichts als übergroße Strenge bemerkt. Lope erzählte ihm, welchen Eifer die Straßenjungen dareinsetzten, den Schwanz von ihm zu fordern, weil er selber den seines Esels verlangt habe und es dadurch zu dem schon berühmten Gegenspiel gekommen sei. Tomás riet ihm, nicht auf die Straße zu gehen, am allerwenigsten mit dem Esel, und wenn er schon ausgehe, dann solle er einsame und abgelegene Gassen aufsuchen. Sollte auch dies nicht genügen, dann könnte er sein Geschäft an den Nagel hängen, was – als letztes Mittel – genügen müßte, um einer seiner so wenig würdigen Forderung ein Ende zu setzen. Lope fragte ihn, ob sich die Gallegerin noch einmal an ihn herangemacht habe. Tomás verneinte, doch lasse sie nicht davon ab, seinen Sinn mit allen möglichen Leckerbissen, die sie den Gästen in der Küche abzwacke, gefügig zu machen. Darauf ging Lope wieder in seine Herberge, fest entschlossen, weitere sechs Tage nicht auszugehen, zumindest nicht mit dem Esel.

Die erlauchte Scheuermagd   481

Es mochte so an elf Uhr nachts sein, als man ganz unerwartet viele Gerichtsdiener und hinter ihnen den Korregidor den Gasthof betreten sah. Der Wirt erschrak, und
selbst die Gäste wurden unruhig, denn gleich den Kometen,
die bei ihrem Erscheinen Angst vor Unglück und Verheerung verbreiten, versetzt auch die Justiz, wenn sie so
unvermutet und in so großer Zahl in ein Haus eindringt,
selbst das reinste Gewissen in Furcht und Schrecken. Der
Korregidor betrat ein Zimmer und ließ den Wirt holen, der
zitternd kam, um zu sehen, was der Herr Korregidor wolle.
Als dieser den Wirt erblickte, fragte er ihn sehr streng:

»Seid Ihr der Wirt?«

»Ja, Herr«, erwiderte dieser, »stets Euer Gnaden zu
Diensten.«

Der Korregidor befahl, daß alle aus dem Zimmer hinausgingen und ihn mit dem Wirt allein ließen. So geschah
es, und als beide allein waren, sagte der Korregidor zum
Wirt:

»Wirt, welche Leute habt Ihr hier in Eurem Gasthof in
Diensten?«

»Herr«, erwiderte der Wirt, »ich habe zwei gallegische
Mägde, eine Beschließerin und einen Knecht, der sich um
die Gerste und das Stroh kümmert.«

»Sonst niemand?« fragte der Korregidor.

»Nein, Herr«, entgegnete der Wirt.

»So sagt mir also, Wirt«, fuhr der Korregidor fort, »wo
bleibt dann das Mädchen, von dem man sagt, es diene in
Eurem Hause und sei so schön, daß man sie in der ganzen
Stadt nur die erlauchte Scheuermagd nennt? Mir ist auch
zu Ohren gekommen, daß mein Sohn Periquito in sie verliebt ist und kaum eine Nacht vergeht, in der er ihr nicht
ein Ständchen bringen läßt.«

»Herr«, entgegnete der Wirt, »diese ›erlauchte Scheuermagd‹, wie man sie nennt, wohnt tatsächlich in meinem
Hause, allein sie ist weder meine Magd, noch ist sie es
nicht.«

»Ich verstehe nicht, was Ihr da redet, Wirt. Was soll das
heißen, daß die Scheuermagd Eure Magd ist und doch nicht
ist?«

»Ich habe mich schon richtig ausgedrückt«, fuhr der Wirt fort. »Wenn Ihr mir erlaubt, dann werde ich Euch sagen, was dahintersteckt und was ich noch nie einem Menschen anvertraut habe.«

»Zuvor will ich die Scheuermagd sehen. Ruft sie her!« sagte der Korregidor.

Der Wirt steckte den Kopf zur Tür des Zimmers hinaus und rief:

»Hört, Frau! Sagt Constanza, sie soll sogleich hieherkommen.«

Als die Wirtsfrau vernahm, daß der Korregidor Constanza zu sehen verlangte, wurde sie ganz verwirrt, rang die Hände und rief:

»Ach, ich Unglückliche! Der Korregidor und Constanza und ganz allein! Da muß irgendein großes Unglück geschehen sein, macht doch die Schönheit dieses Mädchens alle Männer verrückt.«

Constanza, die dies hörte, sagte:

»Macht Euch keine Sorgen, Señora! Ich will sehen, was der Herr Korregidor will, und wenn irgendein Unglück geschehen ist, dann seid gewiß, Euer Gnaden, daß ich keine Schuld daran trage.«

Während sie dies sagte, nahm Constanza, ohne abzuwarten, daß man ein zweites Mal nach ihr rufe, einen silbernen Leuchter mit einer brennenden Kerze zur Hand und ging mehr verschämt als ängstlich in das Zimmer, in dem der Korregidor wartete.

Als dieser sie eintreten sah, befahl er dem Wirt, die Zimmertür zu schließen. Dies geschehen, erhob sich der Korregidor, nahm Constanza den Leuchter, der ihr das Gesicht erhellte, aus der Hand und betrachtete sie lange vom Kopf bis zu den Füßen. Da nun der Schreck und die Verwirrung dem Mädchen das Blut ins Gesicht getrieben hatte, stand sie mit glühenden Wangen so schön und schamhaft da, daß es dem Korregidor schien, er sehe einen leibhaftigen Engel vor sich. Nachdem er sie eingehend betrachtet hatte, sagte er:

»Wirt, dieses Kleinod paßt nicht in die einfache Fassung eines Gasthofes. Ich kann nur sagen, mein Sohn Periquito

Die erlauchte Scheuermagd

ist kein Dummkopf, hat er doch mit Geschmack zu wählen
gewußt. Ich sage Euch, Fräulein, man sollte Euch nicht
bloß ›Erlaucht‹, sondern ›Durchlaucht‹ nennen, diesen Titel
aber nicht auf eine Scheuermagd, sondern auf eine Herzogin anwenden, zu der er gehört.«

»Sie ist keine Scheuermagd, Herr«, sagte der Wirt,
»denn sie hat in diesem Hause keinen anderen Dienst zu
versehen, als das Silber zu verwahren, von dem ich Gottes
Güte zu Dank einiges besitze, damit die ehrenwerten Gäste,
die in diesem Gasthof absteigen, entsprechend bedient
werden.«

»Und doch muß ich Euch sagen, Wirt«, warf der Korregidor ein, »daß es sich weder schickt noch angebracht ist,
wenn dieses Fräulein in einem Gasthof haust. Ist sie vielleicht mit Euch verwandt?«

»Sie ist weder mit mir verwandt, noch ist sie meine
Magd. Sollten aber Euer Gnaden zu erfahren begehren,
wer sie ist, so kann ich Euer Gnaden unter vier Augen
Dinge berichten, die Euch gleicherweise zerstreuen wie erstaunen werden.«

»Mit Vergnügen!« sagte der Korregidor. »Constanza
soll uns allein lassen; von mir darf sie von nun an alles
erwarten, was sie von ihrem eigenen Vater erwarten
könnte, zwingen doch ihre große Sittsamkeit und Schönheit alle, die sie gesehen, ihr zu Diensten zu sein.«

Constanza erwiderte kein Wort; sie verbeugte sich nur
mit großer Würde tief vor dem Korregidor, verließ den
Raum und traf ihre Herrin, die, ganz flügellahm, auf sie
gewartet, um zu erfahren, was denn der Korregidor von
ihr gewollt. Constanza berichtete ihr, was gewesen und
daß der Wirt drinnen geblieben, um dem Korregidor etwas zu erzählen, das nicht für ihre Ohren bestimmt sei.
Die Wirtin vermochte und vermochte sich nicht zu beruhigen und betete die ganze Zeit, bis der Korregidor wegging und sie ihren Mann frei aus dem Zimmer treten sah;
dort hatte der Wirt folgendes berichtet:

»Heute, Herr, sind es meiner Rechnung nach fünfzehn
Jahre, einen Monat und vier Tage her, daß eine Dame im
Pilgerkleid in einer Sänfte und begleitet von vier Dienern

zu Pferd, zwei Dueñas und einer Zofe in einer Kutsche, in diesem Gasthof ankam. Ebenso brachte sie zwei Packtiere, behangen mit reichbestickten Saumdecken und beladen mit einem kostbaren Bett und Küchengeräten. Kurz gesagt, der Aufwand war fürstlich, und die Pilgerin trat auf wie eine große Dame. Obgleich sie so an die vierzig oder einige Jahre mehr sein mochte, war sie doch überaus schön. Sie war krank, blaß und so ermüdet, daß sie befahl, sogleich das Bett zuzurichten, das ihre Diener in diesem Zimmer da aufstellten. Man fragte mich nach jenem Arzt der Stadt, der den besten Ruf hätte. Ich nannte ihnen den Doktor de la Fuente. Man schickte mich sogleich nach ihm, und er kam alsbald. Unter vier Augen besprach sie mit ihm ihre Krankheit, und das Ergebnis des Gespräches war, daß der Arzt befahl, das Bett in einem andern Raum aufzustellen, wo die Kranke durch kein Geräusch gestört werden könnte. Darauf wurde alles in ein anderes Zimmer gebracht, das abgesondert im oberen Stockwerk liegt und so ruhig ist, wie der Doktor es verlangte. Keiner der Diener betrat das Zimmer der Gebieterin, und sie ließ sich nur von den beiden Dueñas und der Zofe bedienen. Ich und meine Frau fragten den Diener, wer die Dame sei, wie sie heiße, woher sie käme, wohin sie reise, ob sie verheiratet, Witwe oder unverheiratet wäre und weshalb sie jenes Pilgerkleid trage. Auf alle diese Fragen, die wir nicht nur einmal, sondern oftmals stellten, sagte uns jeder nur, daß jene Pilgerin eine sehr vornehme und reiche Dame aus Altkastilien sei, Witwe und ohne Kinder, die sie beerben könnten. Da sie seit einigen Monaten an der Wassersucht leide, habe sie das Gelübde getan, zu Unserer Lieben Frau von Guadalupe zu pilgern, weshalb sie auch im Pilgerkleid reise. Was nun den Namen angehe, so hätten sie den Auftrag, sie nie anders zu nennen als Frau Pilgerin. Das erfuhren wir damals. Doch nach drei Tagen, da die Frau Pilgerin ihrer Krankheit wegen zu Hause war und zu Bette lag, holte uns, mich und meine Frau, eine der beiden Dueñas im Namen ihrer Herrin. Wir gingen, um zu erfahren, was sie von uns begehre, und sie sagte uns bei verschlossener Tür und vor ihren Dienerinnen – sie war

Die erlauchte Scheuermagd 485

nahe daran zu weinen – folgendes und, wie ich glaube,
mit den gleichen Worten: ›Meine Freunde, der Himmel ist
mir Zeuge, daß ich schuldlos in dieser überaus schwierigen
und schmerzlichen Lage bin, von der ich Euch jetzt sprechen will. Ich bin schwanger und so nahe der Entbindung,
daß ich schon die Wehen spüre. Keiner der Diener, die
mich begleiten, weiß etwas von meiner Not und meinem
Unglück; diesen Frauen jedoch konnte und wollte ich
nichts verbergen. Um den schadenfrohen Blicken in meiner
Heimat zu entgehen und damit mich diese Stunde nicht
dort überrasche, tat ich das Gelübde, zu Unserer Lieben
Frau von Guadalupe zu pilgern. Ihrer Fürsprache habe ich
es zu verdanken, daß ich in Eurem Hause niederkomme.
Bei Euch steht es jetzt, mir zu helfen und beizustehen und
jenes Stillschweigen zu wahren, das jene verdient, die ihre
Ehre in Euch setzt. Wenn der Lohn für die Gnade, denn
Gnade wollte ich nennen, was Ihr mir erweist, nicht der
Größe der Wohltat entspricht, die ich von Euch erhoffe,
so mag er wenigstens dazu dienen, ein Zeichen tiefer Dankbarkeit zu sein, und so bitte ich Euch, die zweihundert
Goldtaler, die in diesem Beutel sind, als vorläufigen Beweis meiner Dankschuldigkeit anzunehmen.‹ Damit zog
sie unter dem Kopfkissen einen gold und grün gestrickten
Beutel hervor, legte ihn in die Hände meines Weibes, die
einfältig und ohne zu bedenken, was sie tat – sie war ja
sprachlos und verwundert über das, was die Pilgerin
sagte –, den Beutel an sich nahm, ohne auch nur ein Wort
höflichen Dankes zu sagen. Ich erinnere mich, der Dame
gesagt zu haben, dies alles sei nicht nötig, denn wir gehörten nicht zu jenen Leuten, die mehr aus Eigennutz denn
aus Nächstenliebe Gutes täten, wenn sich ihnen die Gelegenheit dazu biete. Die Dame fuhr fort: ›Ihr, meine
Freunde, müßt einen Platz ausfindig machen, an den man
das Kind, das ich gebäre, sogleich bringen kann, und Euch
eine Ausrede ausdenken, die Ihr für den bereithalten müßt,
dem Ihr das Kind übergebt. Für den Augenblick mag es
in der Stadt sein, aber später soll es auf dem Dorfe untergebracht werden. Was nachher zu tun ist, werdet Ihr erfahren, wenn Gott mich erleuchtet und ich, mein Gelübde

erfüllt, von Guadalupe zurückkehre, denn bis dahin werde ich Zeit genug gehabt haben, mir auszudenken, was am besten zu tun ist. Hebamme brauche ich keine und will auch keine, denn andere, in größeren Ehren vollzogene Entbindungen, die ich hinter mich gebracht, geben mir die Gewißheit, daß ich allein mit Hilfe dieser meiner Dienerinnen mir die Geburt erleichtern und mir einen weiteren Zeugen ersparen werde.‹

Hier endete die unglückliche Pilgerin ihren Bericht und begann überaus heftig zu weinen; durch die vielen guten Gründe, die meine Frau, die sich inzwischen von ihrer Bestürzung erholt hatte, ihr zu sagen wußte, ließ sie sich ein weniges trösten. Schließlich ging ich fort, um einen Platz zu suchen, wohin ich das Neugeborene, zu welcher Stunde auch immer, bringen könnte, und noch in selbiger Nacht, zwischen zwölf und eins, als alles im Haus im tiefsten Schlummer lag, gebar die unglückliche Frau ein Mädchen, das schönste Mädchen, das meine Augen bis dahin erblickt haben. Dieses Mädchen ist das gleiche, das Euer Gnaden soeben gesehen. Während der Geburt kam kein Klagelaut über die Lippen der Mutter, kein Weinen kam aus dem Munde des Kindes; alles war ruhig und wunderbar still und solcherart, wie es der Geheimhaltung jenes seltsamen Begebnisses am günstigsten war. Die Dame hütete noch weitere sechs Tage das Bett, und jeden Tag kam der Arzt sie zu besuchen, doch nicht, weil sie ihn über die wahre Ursache ihrer Krankheit aufgeklärt hätte. Die Medizinen, die der Arzt verschrieb, nahm sie nie ein, wollte sie mit den Besuchen des Arztes doch nur ihre Diener täuschen. Dies alles sagte sie mir selbst, nachdem sie außer Gefahr war, und nach acht Tagen stand sie mit der gleichen Fülle des Leibes auf, mit einer Fülle, die jener, mit der sie sich ins Bett gelegt, nur glich.

Sie ging auf ihre Pilgerfahrt und kehrte drei Wochen später beinahe geheilt zurück, denn sie hatte nach und nach eines nach dem andern von den Tüchern weggenommen, mit denen sie seit ihrer Niederkunft die Wassersucht vortäuschte. Als sie wiederkam, hatte ich das Kind als meine Nichte in ein zwei Meilen von hier entferntes Dorf ge-

Die erlauchte Scheuermagd 487

bracht mit dem Auftrag, es aufzuziehen. In der Taufe gab
man dem Kind den Namen Constanza, denn so hatte es
seine Mutter angeordnet, die, mit allem zufrieden, was
getan worden war, mir beim Abschied eine Goldkette
überreichte, die ich jetzt noch besitze. Aus der Kette entfernte sie sechs Glieder und sagte, sie würden von jener
Person vorgewiesen werden, die das Kind holen käme.
Dann zerschnitt sie ein Blatt weißen Pergaments mit
Kehren und Wenden solcherart von oben nach unten in
zwei Teile, daß es aussah, als hätte man die Finger beider
Hände ineinander verschränkt und auf jeden Finger den
Buchstaben eines Wortes geschrieben, was verständlich
lesbar ist, solange die Finger verschränkt bleiben, allein
unverständlich wird, wenn man die Hände voneinander
nimmt, weil die Buchstaben aus ihrem Zusammenhang gerissen werden. Verschränkt man die Hände wieder, dann
fügen sich auch die Buchstaben wieder aneinander, und die
Wörter sind von neuem lesbar und verständlich. So war
nun auch der eine Pergamentstreifen die Seele des andern;
nur zusammengefügt sind sie lesbar, wenn man nicht die
andere Hälfte der Buchstaben einfach errät. Der Pergamentstreifen und die Kette mit den fehlenden sechs Gliedern sind heute noch in meinem Besitz, und ich warte
immer noch auf die zum Ganzen fehlenden Teile. Die
Dame hatte mir gesagt, daß sie innerhalb von zwei Jahren
nach ihrer Tochter schicken wolle. Sie hatte mir aufgetragen, das Kind nicht seinem Stande gemäß, sondern wie
ein Bauernmädchen aufzuziehen. Gleichfalls trug sie mir
auf, ich sollte, wäre sie durch irgendwelche Umstände daran gehindert, nach ihrer Tochter zu schicken, dem Mädchen
– auch wenn es herangewachsen und verständig sei – doch
nicht sagen, unter welchen Umständen es geboren. Sie bat
mich auch, ich möge ihr verzeihen, wenn sie mir weder
ihren Namen noch ihren Stand sage; dies wolle sie für eine
andere wichtige Gelegenheit nachholen. Kurz gesagt, sie
übergab mir noch vierhundert Goldtaler, umarmte meine
Frau zärtlich weinend und reiste ab, uns voll der Bewunderung wegen ihrer Klugheit, ihres Mutes, ihrer Schönheit
und Umsicht zurücklassend. Constanza blieb zwei Jahre

auf dem Dorfe, dann nahm ich sie zu mir und habe sie immer, wie ihre Mutter mir befahl, wie ein Landmädchen gehalten und angezogen. Fünfzehn Jahre, einen Monat und vier Tage habe ich darauf gewartet, daß jemand käme, sie abzuholen; allein die lange Zeit hat mir jede Hoffnung genommen, dies noch zu erleben, und wenn in diesem Jahr niemand kommt, dann bin ich entschlossen, sie an Kindes Statt anzunehmen und ihr mein ganzes Vermögen zu vermachen, das sich, Gott sei's gedankt, auf mehr als sechstausend Dukaten beläuft.

Jetzt, Herr Korregidor, bleibt mir nichts mehr zu tun, als Euer Gnaden, so ich imstande bin, dies zu tun, die Tugenden und Vorzüge Constanzas zu nennen. Als erstes ist sie der Muttergottes sehr ergeben; einmal im Monat beichtet und kommuniziert sie; sie kann lesen und schreiben; in ganz Toledo gibt es keine bessere Spitzenklöpplerin als sie; am Klöppelkissen singt sie wie ein Engel; an Ehrbarkeit kommt ihr keine gleich. Was ihre Schönheit angeht, so haben Euer Gnaden sie ja schon gesehen. Herr Don Pedro, Euer Gnaden Sohn, hat noch kein einziges Wort mit ihr geredet, und obgleich er ihr dann und wann ein Ständchen bringt, so hat sie doch kein einziges Mal zugehört. Viele Herren, und darunter auch hochadelige, sind in diesem Gasthof abgestiegen und haben, nur um sich an ihr sattzusehen, ihre Reise viele Tage unterbrochen, aber ich weiß wohl, daß kein einziger darunter ist, der redlichen Mundes sich zu rühmen vermöchte, sie habe ihm Gelegenheit gegeben, mit ihr allein oder vor Zeugen auch nur ein Wort zu wechseln. Das, Herr, ist die wahre Geschichte von der ›erlauchten Scheuermagd‹, die gar keine Scheuermagd ist, und darin bin ich kein Haarbreit von der Wahrheit abgewichen.«

Der Wirt schwieg, und es dauerte geraume Zeit, bis der Korregidor etwas zu erwidern vermochte, so sehr hatte ihm das Begebnis, das der Wirt ihm erzählt, die Rede verschlagen. Schließlich sagte er dem Wirt, er möge die Kette und das Pergament herbeischaffen, denn er wolle diese Dinge gern in Augenschein nehmen. Der Wirt eilte, beides herbeizuholen, und der Korregidor fand, daß sich

Die erlauchte Scheuermagd   489

wirklich alles so verhielt, wie der Wirt gesagt hatte: die
Kette bestand aus einzelnen Gliedern und war seltsam
gearbeitet; auf dem Pergament standen untereinander in
Zwischenräumen, die auszufüllen der fehlende Teil bestimmt war, folgende Buchstaben: D E E I T A W H E E C E.
Aus diesen Buchstaben ersah der Korregidor, daß sie notwendigerweise mit den Buchstaben des anderen heraus-
geschnittenen Teiles zusammengebracht werden müßten,
damit man verstehe, was sie zusammen bedeuten sollten.
Das Erkennungszeichen schien ihm sehr klug gewählt, und
er dachte auch, die Frau Pilgerin müsse wohl sehr reich
sein, da sie beim Wirt eine solche Kette hatte hinterlegen
können. Und obgleich er sich vornahm, das schöne Mädchen aus dem Gasthof herauszuholen, sobald er ein Kloster
gefunden, in dem er es unterbringen könne, begnügte er
sich für den Augenblick mit dem Streifen Pergament, den
er mit sich nahm. Er trug aber dem Wirt auf, er solle, falls
jemand um Constanza käme, die Kette nicht eher vor-
weisen, ehe er nicht ihn, den Korregidor, benachrichtigt
und ihm gemeldet, wer denn das Mädchen suche. Damit
ging der Korregidor, gleicherweise beeindruckt von der
Erzählung des Wirts und dem Schicksal der erlauchten
Scheuermagd wie von ihrer ausbündigen Schönheit.
   Die ganze Zeit, die der Wirt mit dem Korregidor verbracht hatte und Constanza verschwunden war, nachdem
man sie gerufen, war Tomás ganz außer sich; tausend Gedanken bedrückten ihm die Seele; kein einziger unter
ihnen war erfreulich. Als Tomás jedoch sah, daß der Korregidor wegging und Constanza blieb, atmete er auf, und
sein Herz, das schon fast stillgestanden war, begann von
neuem zu schlagen. Er wagte nicht, den Wirt zu fragen,
was denn der Korregidor gewollt habe; der Wirt sprach
aber nur mit seiner Frau und sonst keinem darüber. Damit gewann auch die Wirtsfrau ihre Fassung wieder und
dankte Gott, daß er sie aus so großer Bedrängnis gerettet
habe.
   Am folgenden Tag, so gegen eins, ritten zwei Edelleute,
deren Erscheinung Achtung gebot, begleitet von vier Berittenen vor den Gasthof; einer der Burschen, die zu Fuß

neben ihnen hergingen, fragte, ob dies der Gasthof zum Sevillaner wäre. Als man die Frage bejahte, ritten sie alle in den Hof ein. Die vier Berittenen saßen ab und halfen den beiden Alten vom Pferde, ein Zeichen, daran man erkannte, wer die Herren der sechs Leute waren. Constanza, artig wie immer, trat aus dem Haus, um die neuen Gäste zu begrüßen, und kaum hatte sie einer der beiden erblickt, als er zum andern sagte:

»Mein Herr Don Juan, ich glaube, wir haben schon gefunden, was zu suchen wir gekommen sind.«

Tomás, der herbeieilte, um die Tiere zu versorgen, erkannte sogleich die beiden Diener seines Vaters, dann erkannte er den Vater selbst und auch den Vater Carriazos, denn niemand anderer waren die beiden Alten, denen die Begleiter solche Ehrerbietung bezeigten. Wenn er sich auch über ihr Kommen wunderte, dachte er doch, sie wären auf dem Wege nach den Thunfischereien, um ihn und Carriazo heimzuholen; gewiß hatte sich jemand gefunden, der ihnen gesagt, man müsse sie dort und nicht in Flandern suchen. Allein Tomás wollte in der Tracht, die er trug, nicht erkannt werden, ging, alles aufs Spiel setzend, an ihnen vorbei, wobei er sein Gesicht mit der Hand verbarg, suchte Constanza auf, die er zu seinem Glück allein antraf, und sagte überstürzt und aus Furcht, sie würden ihn nicht zu Wort kommen lassen, mit stammelnder Zunge:

»Constanza, einer dieser beiden Edelleute, die da gekommen sind, ist mein Vater, und zwar jener, den man Don Juan de Avendaño nennen wird. Frage seine Diener, ob er einen Sohn namens Don Tomás de Avendaño habe, denn der bin ich, und daraus kannst du ersehen, daß ich dir über meinen Stand die volle Wahrheit gesagt habe und auch zur Wahrheit machen will, was ich dir angeboten habe. Und nun lebe wohl, denn solange die beiden hier sind, denke ich nicht daran, mich hier im Hause sehen zu lassen.«

Constanza gab ihm keine Antwort, er selbst wartete gar nicht darauf, sondern ging mit verdecktem Gesicht, wie er eingetreten war, wieder hinaus und eilte zu Carriazo, um diesem mitzuteilen, daß beider Väter im Gasthof abgestiegen wären. Der Wirt rief nach Tomás, damit er Gerste

Die erlauchte Scheuermagd

ausgebe, doch da dieser sich nicht blicken ließ, gab er sie selber aus. Einer der beiden Alten rief eine der beiden gallegischen Mägde beiseite, fragte sie, wie das schöne Mädchen heiße, das er gesehen, und ob sie die Tochter oder eine Verwandte des Wirts oder der Wirtsfrau sei. Die Gallegerin antwortete:

»Das Mädchen heißt Constanza. Sie ist weder mit dem Wirt noch mit der Wirtin verwandt, und auch ich weiß nicht, wer sie ist. Ich sage nur, daß ich ihr die Pest an den Hals wünsche; sie besitzt, ich weiß nicht was, so daß keine der Mägde im Haus neben ihr aufkommen kann. Wir haben eben alle die Gesichter, die Gott uns gegeben hat! Nicht ein Gast kommt ins Haus, der nicht sogleich fragt: ›Wer ist die Schöne?‹ oder nicht sagt: ›Hübsch ist sie! Gut sieht sie aus! Wahrhaftigen Gotts, die ist nicht schlecht! Da ist auch die am besten Angestrichene nichts dagegen. Das Schicksal soll mir nie was Schlechteres bescheren!‹ Uns aber sagt einer nicht einmal: ›Was seid ihr denn: Teufel, Weiber oder was sonst?‹«

»Wenn dem so ist, dann wird sich dieses Mädchen«, sagte der Edelmann, »wohl von den Gästen abtätscheln und umschmeicheln lassen.«

»Was!« rief die Gallegerin aus. »Versucht einmal, der um den Bart zu gehen! Dafür taugt die doch gar nicht! Bei Gott, wenn die sich nur einmal ansehen ließe, dann schwämme ich in Gold; so aber ist sie stacheliger als ein Igel; sie ist eine Betschwester; den ganzen Tag arbeitet und betet sie. Ich wollte einer Lebensrente so sicher sein, wie ich mir gewiß bin, daß sie eines Tages Wunder wirken wird. Meine Herrin sagt, die Kleine habe das Schweigen geradezu im Leib, zum Kuckuck noch einmal!«

Der Edelmann war mit dem, was er von der Gallegerin gehört hatte, überaus zufrieden und wartete nicht erst ab, bis man ihm die Sporen abnahm, sondern rief nach dem Wirt, zog sich mit ihm in ein Zimmer zurück und sagte:

»Ich, Herr Wirt, bin gekommen, Euch einen Schatz wegzunehmen, den Ihr seit Jahren verwahrt. Um ihn auszulösen, habe ich tausend Goldtaler mitgebracht, diese Glieder einer Kette und diesen Pergamentstreifen.«

Indes er dies sagte, holte er die sechs Glieder der Kette
hervor, die der Wirt als Erkennungszeichen besaß. Ebenso
erkannte der Wirt den Pergamentstreifen, und sehr erfreut
über das Angebot von tausend Goldtalern, sagte er:

»Herr, der Schatz, den Ihr an Euch nehmen wollt, ist
in diesem Hause. Die Kette aber und der Pergamentstreifen, an denen sich die Wahrheit dessen erweisen soll, wovon Euer Gnaden, wie ich glaube, redet, sind nicht hier,
und so bitte ich Euch um Geduld; ich werde sogleich wieder
zurück sein.«

Der Wirt beeilte sich, den Korregidor aufzusuchen, um
ihm mitzuteilen, daß zwei Edelleute in den Gasthof gekommen wären, um Constanza abzuholen.

Der Korregidor war gerade mit dem Essen fertig; er
bestieg, begierig zu wissen, wie die Geschichte enden würde,
ein Pferd und ritt mit dem Pergamentstreifen, den er an
sich genommen hatte, in den Gasthof zum Sevillaner. Kaum
hatte er die beiden Edelleute erblickt, als er die Arme weit
auftat, auf einen der beiden zuging, um ihn in die Arme
zu schließen, und sagte:

»Du lieber Himmel! Welch ein glücklicher Zufall, Herr
Don Juan de Avendaño, mein Herr Vetter!«

Der Edelmann umarmte ihn gleicherweise und sagte:

»Zweifellos ist dieser Zufall glücklich, Herr Vetter, da
ich Euch sehe, und zwar so gesund, wie ich es Euch immer
wünsche. Vetter, schließt auch diesen Edelmann in die
Arme, denn es ist Herr Don Diego de Carriazo, ein großer
Herr und geschätzter Freund.«

»Ich kenne Herrn Don Diego schon«, erwiderte der
Korregidor, »und stehe zu seinen Diensten.«

Nachdem sie einander unter vielen Höflichkeits- und
Freudenbezeigungen willkommen geheißen, umarmten sie
einander und traten in ein Zimmer, wo sie sich mit dem
Wirt einschlossen; dieser hatte die Kette schon bei sich und
sagte:

»Der Herr Korregidor weiß bereits, weshalb Euer Gnaden, Herr Don Diego de Carriazo, kommt. Zeigt die Glieder vor, die an dieser Kette fehlen, und der Herr Korregidor wird den Pergamentstreifen vorlegen, den ich be-

Die erlauchte Scheuermagd 493

sitze. So können wir die Probe machen, auf die ich schon viele Jahre warte.«

»Solcherart«, erwiderte Don Diego, »ist es nicht mehr notwendig, den Herr Korregidor vom Zweck unserer Reise zu unterrichten, wird er doch sogleich sehen, daß unsere Absicht genau die gleiche ist, von der Ihr, Herr Wirt, ihm schon gesprochen haben werdet.«

»Einiges hat er mir gesagt, doch vieles bleibt mir noch unklar. Hier ist das Pergament.«

Don Diego zog seinen Pergamentstreifen hervor, und als man die beiden Streifen zusammenfügte, ergaben sie ein Blatt, und es entsprachen die Buchstaben des Streifens, den der Wirt besaß – sie waren, wie schon gesagt, D E E I T A W H E E C E – genau denen des anderen Streifens, die I S S S D S A R Z I H N lauteten; beide zusammen ergaben: DIESES IST DAS WAHRE ZEICHEN. Sie prüften auch die Glieder der Kette und fanden, daß sie zueinander paßten.

»Das wäre geschehen«, sagte der Korregidor. »Jetzt möchte ich, wenn es möglich ist, noch wissen, wer die Eltern dieses wunderschönen Kleinods sind.«

»Der Vater«, erwiderte Don Diego, »bin ich. Die Mutter lebt nicht mehr. Es genüge also, wenn ich sage, sie sei von so hohem Rang gewesen, daß ich ihr Knecht hätte sein können. Damit aber ihr Ruf nicht ebenso verdunkelt bleibe wie ihr Name verhehlt wird, und damit ihr das, was offensichtlicher Fehltritt und eingestandene Schuld zu sein scheint, nicht zugemessen werde, sollt Ihr die Wahrheit erfahren. Als des Mädchens Mutter, die Gattin eines hohen Herrn, Witwe wurde, zog sie sich in eines ihrer Dörfer zurück und führte dort inmitten ihrer Dienerschaft und ihrer Untertanen still und überaus ehrbar ein ruhiges, beschauliches Dasein. Als ich eines Tages im Umkreis ihres Dorfes auf die Jagd ging, wollte es das Geschick, daß mich das Verlangen ankam, sie zu besuchen. Es war gerade die Stunde der Siesta, als ich vor ihrem Schloß – so konnte man das Herrenhaus wohl nennen – eintraf. Das Pferd übergab ich meinem Reitknecht, stieg, ohne jemandem zu begegnen, die Treppe hinauf und drang in das Gemach

ein, wo sie auf einer schwarzen Liegebank die Siesta
schlief. Sie war ausbündig schön, und die Stille, die Einsamkeit, die Gelegenheit weckten in mir ein Verlangen,
das verwegener denn ehrenhaft war. Ohne viel zu überlegen, schloß ich die Tür hinter mir, trat an sie heran,
weckte sie und sagte, sie auf ihrem Lager niederhaltend:
›Nur keinen Schrei, gnädige Frau, denn die Schreie, die
Euer Gnaden ausstoßen würden, könnten nur Eure Schande
verkünden: niemand hat mich gesehen, als ich dieses Gemach betrat, hat doch mein Glück, damit ich mich dank
seines Übermaßes Eures Leibes erfreuen könnte, Eure Dienerschaft mit tiefem Schlaf heimgesucht. Sollten aber Eure
Diener auf Euer Schreien herbeieilen, dann könnten sie
nichts anderes tun, als mich töten, und das nur in Euren
Armen. So würde auch mein Tod nicht verhindern, daß
Euer Ruf in aller Leute Munde käme.‹ Kurz und gut,
gegen ihren Willen und durch bloße Gewalttat büßte ich
meine Lust an ihr. Sie, müde, erschöpft und verstört, konnte
oder wollte kein Wort an mich verschwenden, und so verließ ich sie, die betäubt und wie gelähmt war, auf demselben Weg, auf dem ich gekommen, und begab mich nach
dem Dorf eines meiner Freunde, das zwei Meilen von dem
ihren entfernt war. Die Dame zog an einen andern Ort,
und es verstrichen zwei Jahre, innerhalb derer ich sie nicht
wiedersah, noch mich darum bemühte, nach deren Ablauf
ich aber erfuhr, daß sie tot sei. Es mag nun so an die drei
Wochen her sein, als ein Verwalter jener Dame nach mir
schickte und mir überaus dringlich schrieb, es handle sich
um eine Sache, bei der es um meine Ruhe und Ehre gehe.
Ich suchte ihn auf, um zu erfahren, was er von mir begehrte, war jedoch weit davon entfernt, mir das zu denken, was er mir dann zu sagen hatte. Ich traf ihn auf
seinem Sterbebett, und er sagte ohne viel Umschweife in
wenigen Worten, seine Herrin habe ihm kurz vor ihrem
Tode alles entdeckt, was ihr mit mir zugestoßen war; daß
sie, von mir vergewaltigt, schwanger geworden, dann, um
die zunehmende Leibesfülle zu verhehlen, zu Unserer Lieben Frau von Guadalupe auf Wallfahrt gegangen sei und
hier in diesem Hause eines Mädchens entbunden wurde,

Die erlauchte Scheuermagd 495

das Constanza genannt worden wäre. Er übergab mir die
Erkennungszeichen, die, wie Ihr gesehen, die Glieder einer
Kette und ein Streifen Pergament waren, und überreichte
mir überdies dreißigtausend Golddukaten, die seine Herrin
der Tochter als Heiratsgut hinterlassen hatte. Daß er mir
nicht gleich nach dem Tode seiner Herrin alles übergeben,
noch mir mitgeteilt habe, was ihm anvertraut worden war,
sei, wie er ebenfalls gestand, aus reiner Habgier geschehen,
da er aus dem Geld Gewinn ziehen wollte. Allein, da er
jetzt auf dem Wege sei, Gott selber darüber Rechenschaft
ablegen zu müssen, händige er mir zur Erleichterung seines
Gewissens den Betrag aus und teile mir mit, wo und wie
ich meine Tochter finden könnte. Ich nahm das Geld und
die Erkennungszeichen, und nachdem ich mich in allem mit
Herrn Don Juan de Avendaño besprochen, machten wir
uns gemeinsam auf den Weg hieher.«

So weit war Don Diego gekommen, als sie hörten, wie
man vor dem Tor des Gasthofes mit lauter Stimme rief:

»Sagt doch dem Tomás Pedro, dem Futterknecht, sie
hätten seinen Freund, den Asturiano, festgenommen. Tomás soll ihn im Gefängnis aufsuchen.«

Als der Korregidor »Gefängnis« und »Festnehmen«
hörte, befahl er, den Festgenommenen und den Gerichtsdiener, der ihn abführte, sogleich hereinzuholen. Man sagte
dem Gerichtsdiener, der Korregidor, der im Gasthof sei,
befehle ihm, mit dem Festgenommenen einzutreten, und
er mußte sich wohl oder übel dareinfügen.

Übel zugerichtet, die Zähne in Blut schwimmend und
vom Gerichtsdiener mit festem Griff gehalten, kam der
Asturiano herein. Kaum betrat er das Zimmer, als er sogleich seinen Vater und den Avendaños erkannte. Darob
sehr bestürzt, führte er, um nicht erkannt zu werden, ein
Tuch ans Gesicht, so als wollte er sich das Blut abwischen.
Der Korregidor fragte, was der Bursche verbrochen habe,
da man ihn so übel zugerichtet ins Gefängnis abführe. Der
Gerichtsdiener antwortete, der Bursche sei ein Wasserknecht, den man Asturiano nenne und dem die Straßenjungen überall zuriefen: »Her mit dem Schwanz, Asturiano! Her mit dem Schwanz!«, und schilderte in kurzen

Worten die Ursache, weshalb man ihm dies zurief, worüber alle nicht wenig lachten. Ferner berichtete der Gerichtsdiener, der Wasserknecht sei, als er über die Alcántara-Brücke zur Stadt hinausritt und die Straßenjungen ihn mit der Forderung des Schwanzes sehr hart bedrängten, vom Esel gestiegen und hinter den Jungen hergelaufen; dabei habe er einen erwischt und ihn halbtot geprügelt. Als er festgenommen werden sollte, habe er sich zur Wehr gesetzt und sei deshalb auch so übel zugerichtet worden.

Der Korregidor befahl dem Asturiano, das Gesicht zu enthüllen, und als dieser sich hartnäckig weigerte, dies zu tun, trat der Gerichtsdiener an ihn heran und nahm ihm das Tuch weg. Sogleich erkannte ihn sein Vater und sagte ganz bestürzt:

»Wie kommst du, mein Sohn Diego, in eine solche Lage? Was ist das für ein Aufzug? Steckt dein Kopf immer noch voll der Schlingeleien?«

Carriazo beugte das Knie und fiel dem Vater zu Füßen, der ihn, mit Tränen in den Augen, lange Zeit in den Armen hielt. Don Juan de Avendaño wußte, daß sein Sohn Tomás nicht weit von Don Diego sein konnte, und fragte nach ihm, worauf Don Diego antwortete, Don Tomás de Avendaño sei kein anderer als der Knecht, der in diesem Gasthof Gerste und Stroh ausgebe. Alle Anwesenden waren über das, was der Asturiano hier sagte, sehr verwundert, und der Korregidor befahl dem Wirt, den Futterknecht sogleich herbeizuschaffen.

»Ich glaube nicht, daß er im Hause ist«, erwiderte der Wirt, »doch werde ich ihn suchen.«

Und damit ging er weg.

Don Diego fragte Carriazo, was dieser Mummenschanz bedeuten solle und was ihn bewogen habe, den Wasserknecht zu spielen, und was Don Tomás dazu geführt, sich als Hausknecht zu betätigen. Darauf erklärte Carriazo, diese Fragen könne er so vor allen Leuten nicht beantworten, unter vier Augen wolle er gerne alles sagen.

Tomás Pedro hatte sich in seinem Zimmer versteckt, um von dort aus, ohne selbst gesehen zu werden, alles beob-

Die erlauchte Scheuermagd 497

achten zu können, was sein und Carriazos Vater täten. Die
Ankunft des Korregidors und die Aufregung, die im ganzen Hause herrschte, verwunderten und beunruhigten ihn
sehr. Es fand sich bald jemand, der dem Wirt sagte, wo
Tomás sich aufhalte. Der Wirt ging hinauf, ihn zu holen,
und brachte den Gesuchten mehr mit Gewalt denn aus dessen freiem Entschluß die Treppe hinab, und selbst solcherart hätte der Wirt dies nicht fertiggebracht, wäre nicht der
Korregidor in den Hof hinausgegangen, wo er Tomás mit
Namen rief und sagte:

»Kommt herunter, Euer Gnaden, Herr Anverwandter,
hier lauern weder Bären noch Löwen auf Euch.«

Tomás ging hinunter und kniete, die Augen niedergeschlagen und mit allen Zeichen der Unterwerfung, vor
seinen Vater hin, der ihn überaus glücklich umarmte und
solche Freude zeigte wie der Vater des Verlorenen Sohnes,
als dieser heimkehrte.

Indes war auch die Kutsche des Korregidors eingetroffen,
die dieser zur Heimfahrt zu benutzen gedachte, erlaubte
es doch das freudige Ereignis nicht, zu Pferde heimzukehren. Er ließ Constanza rufen, nahm sie an der Hand, stellte
sie ihrem Vater vor und sagte:

»Hier, mein Herr Don Diego, nehmt dieses Kleinod entgegen und schätzt es für das schönste ein, das Ihr Euch
nur wünschen könntet. Und Ihr, schöne Jungfer, küßt
Eurem Vater die Hand und dankt Gott, daß er durch ein
solch ehrendes Geschehnis Euch aus niedrem Stand gelöst,
erhoben und in hohen Rang versetzt hat.«

Constanza, die weder wußte, noch sich vorzustellen vermochte, was geschehen war, konnte in ihrer Verwirrung
nichts anderes tun, als, am ganzen Leibe zitternd, vor
ihrem Vater niederzuknien und dessen Hände zu ergreifen,
die sie immer wieder zärtlich küßte, während ihre schönen
Augen unendliche Tränen vergossen.

Während dies geschah, hatte der Korregidor seinen
Vetter Don Juan überredet, sich mit der ganzen Gesellschaft in sein Haus zu verfügen. Obgleich Don Juan sich
weigerte, waren die Gründe, die der Korregidor vorbrachte, doch so stark, daß Don Juan de Avendaño sich

schließlich gezwungen sah, einzuwilligen, und so bestiegen alle die Kutsche. Als der Korregidor auch Constanza in die Kutsche steigen hieß, wurde dieser schwer ums Herz; die Wirtin und Constanza schlossen einander so innig in die Arme und begannen so bitterlich zu weinen, daß die Herzen aller, die solches vernahmen, fast brachen. Die Wirtin sagte:

»Wie kannst du, Herzenstochter, von mir gehen und mich zurücklassen? Woher nimmst du die Kraft, diese deine Mutter, die dich mit so viel Liebe erzogen hat, zu verlassen?«

Constanza weinte und antwortete ihr mit nicht minder zärtlichen Worten. Und der gerührte Korregidor hieß auch die Wirtsfrau sogleich in die Kutsche einsteigen und bei ihrer Tochter bleiben, denn als solche sollte Constanza gelten, bis sie Toledo verlasse. So stiegen denn die Wirtsfrau und alle ein und fuhren nach dem Hause des Korregidors, wo sie von dessen Frau, einer vornehmen Dame, freundlich empfangen wurden. Sie speisten aufs beste und prächtigste, und nach dem Essen berichtete Carriazo, Tomás habe den Dienst als Futterknecht aus Liebe zu Constanza auf sich genommen und sei solcherart in sie verliebt, daß er sie, wäre sie auch nicht als Tochter des Don Diego und von so hohem Rang erkannt worden, selbst als Scheuermagd zum Weibe genommen hätte. Die Frau des Korregidors versah dann Constanza mit einigen Kleidern ihrer Tochter, die von gleichem Alter und gleichem Wuchs war wie Constanza, und wenn sie schon schön gewesen in den Kleidern eines Landmädchens, so war sie in den höfischen Kleidern himmlisch: sie trug die neuen Kleider auf so treffliche Weise, daß man hätte glauben können, sie wäre schon von Geburt auf als Dame gehalten worden und hätte immer die besten und schönsten Kleider getragen, wie die Sitte es erforderte.

Doch unter so vielen fröhlichen Menschen konnte auch ein trauriger nicht fehlen, nämlich Don Pedro, der Sohn des Korregidors, der sogleich wußte, daß Constanza nie die seine werden könnte, was auch zutraf, wurde doch zwischen dem Korregidor, Don Diego de Carriazo und

Don Juan de Avendaño die Abmachung getroffen, Don
Tomás mit Constanza zu verheiraten, wobei ihr der Vater
die dreißigtausend Goldtaler, die ihr die Mutter hinterlassen, als Mitgift geben sollte; der Wasserknecht Don
Diego de Carriazo sollte die Tochter des Korregidors heiraten, und Don Pedro, der Sohn des Korregidors, eine
Tochter des Don Juan de Avendaño. Der Korregidor
machte sich erbötig, die notwendige Dispens vom Hindernis der Verwandtschaft zu erwirken.

Auf diese Weise waren alle zufrieden, froh und ans Ziel
ihrer Wünsche gelangt. Die Nachricht von den Verlobun-
gen und vom Glück der »erlauchten Scheuermagd« verbreitete sich in der ganzen Stadt, und eine Unzahl von
Leuten eilte herbei, um Constanza in ihrem neuen Stande
zu sehen, in dem sie sich, wie schon gesagt, als große Dame
erwies. Sie sahen auch den Futterknecht Tomás Pedro in
einen Don Tomás de Avendaño verwandelt und in Her-
rentracht; sie bemerkten, daß Lope Asturiano, nachdem
er die Kleidung gewechselt und den Esel nebst dem Trag-
sattel für die Wasserkrüge aufgegeben, ein sehr feiner Herr
geworden war, doch gab es da und dort trotz allem den
einen oder den andern, der von ihm, wenn er in seiner
Pracht durch die Straßen ging, den Schwanz forderte.

Sie verweilten einen Monat in Toledo, dann kehrten
Don Diego de Carriazo mit seiner Frau und seinem Vater,
Constanza mit ihrem Gatten Tomás, begleitet vom Sohn
des Korregidors, der seine Verwandte und Verlobte besuchen wollte, nach Burgos zurück. Der Wirt zum Sevillaner
war mit den tausend Goldtalern und den vielen Schmuckstücken, die Constanza ihrer Mutter gegeben – denn so
pflegte sie jene, die sie aufgezogen, stets zu nennen –, sehr
reich geworden. Die Geschichte von der »erlauchten
Scheuermagd« war den Dichtern am goldenen Tajo ein Anlaß, die Federn in Bewegung zu setzen, um die ausbündige
Schönheit Constanzas feierlich zu preisen und zu rühmen,
jener Constanza, die heute noch an der Seite ihres wackeren
Hausknechts lebt; Carriazo ist nun glücklicher Vater
dreier Söhne, die, ohne die Jugendstreiche ihres Vaters
nachzuahmen und ohne daran zu denken, daß es irgendwo

in der Welt Thunfischereien gibt, in Salamanca studieren. Allein, so oft ihr Vater irgendwo den Esel eines Wasserknechts sieht, erinnert er sich an den Esel, den er in Toledo besessen hat, und befürchtet, daß, wenn er es am wenigsten erwarte, irgendwo das Spottwort »Her mit dem Schwanz, Asturiano! Asturiano, her mit dem Schwanz!« sich vernehmen lasse.

DIE BEIDEN JUNGFERN

Fünf Meilen von der Stadt Sevilla liegt ein Ort namens
Castilblanco. In einem der vielen Gasthöfe, die es dort
gibt, ritt einst vor Einbruch der Dunkelheit ein Reisender
auf einem starken ausländischen Klepper ein. Er hatte keinen Pferdeknecht bei sich, und ohne abzuwarten, bis man
ihm den Steigbügel hielt, schwang er sich behend aus dem
Sattel.

Sogleich eilte der Wirt – ein fleißiger, umsichtiger Mann –
herbei, allein er kam nicht schnell genug, denn der Reisende saß schon auf der steinernen Bank, die unter dem
Vordach stand, knöpfte sich, so rasch er konnte, das Wams
auf und ließ die Arme zu beiden Seiten herabsinken, wie
einer, der im Begriff steht, ohnmächtig zu werden. Die
Wirtin, eine mitleidige Seele, eilte hinzu und brachte ihn,
indem sie ihm das Gesicht mit Wasser besprengte, wieder
zu sich. Der Reisende, unangenehm berührt, daß man ihn
in solcher Lage gesehen, knöpfte das Wams wieder zu und
bat, man möge ihm ein Zimmer geben, wohin er sich zurückziehen und wo er, wenn möglich, allein bleiben könne.

Die Wirtin sagte ihm, daß es im ganzen Hause nur ein
Gästezimmer gebe; es sei aber zweibettig, und wenn noch
ein Gast käme, müsse er im zweiten Bett untergebracht
werden. Darauf erwiderte der Reisende, er wolle für die
beiden Betten zahlen, ob nun noch ein Gast käme oder
nicht. Er holte einen Goldtaler heraus und reichte ihn der
Wirtin unter der Bedingung, daß sie das leere Bett an
keinen anderen vergebe.

Die Wirtin war mit der Bezahlung nicht unzufrieden,
ja sie machte sich erbötig, seinem Wunsch zu willfahren,
und käme in dieser Nacht selbst der leibhaftige Dechant
von Sevilla daher. Sie fragte den Jüngling, ob er zu Abend
zu speisen wünsche; er verneinte und bat, man möge aber
seinen Klepper aufs beste versorgen. Dann verlangte er
den Zimmerschlüssel, nahm den ledernen Quersack auf und
trat ins Zimmer, das er versperrte, und stellte, wie sich
später zeigte, noch zwei Stühle gegen die Tür.

Kaum hatte er sich eingeschlossen, als der Wirt, der Futterknecht und zwei Nachbarn, die zufällig anwesend waren, die Köpfe zusammensteckten, die große Anmut und das stattliche Aussehen des neuen Gastes besprachen und zum Schluß kamen, daß sie solche Anmut noch nie gesehen. Sie versuchten, sein Alter zu erraten, und kamen schließlich überein, daß er so zwischen sechzehn und siebzehn sein mußte; lange beredeten sie ihn hin und her und besprachen für und wider, wie man so sagt, welches die Ursache der Ohnmacht, die ihn befallen hatte, sein mochte; allein sie kamen nicht dahinter und gaben sich schließlich damit zufrieden, die anmutige Erscheinung des Gastes zu preisen. Die Nachbarn gingen nach Hause, und der Wirt verfügte sich in den Stall, um den Klepper zu füttern, während die Wirtin wegging, um etwas für das Abendbrot zu bereiten, für den Fall, daß noch andere Gäste kämen. Es dauerte nicht lange, als schon einer eintraf, der nur ein wenig älter war als der erste und nicht minder anmutig. Kaum hatte die Wirtin ihn erblickt, als sie ausrief:

»Was, bei Gott, soll das bedeuten! Steigen denn heute nacht Engel in meinem Hause ab?«

»Was will die Frau Wirtin damit sagen?« fragte der Edelmann.

»Ich sage das nur so obenhin, mein Herr«, erwiderte die Wirtin. »Ich möchte aber Euer Gnaden raten, hier nicht abzusteigen, denn ich habe kein Bett mehr für Euch; die beiden Betten, die ich frei hatte, hat der Edelmann, der dort in jenem Zimmer ist, für sich belegt; er hat mir beide bezahlt, obgleich er nur eines für sich braucht, damit er ja mit niemand das Zimmer zu teilen braucht. Er muß die Einsamkeit über alles lieben, aber, meiner Seel' und Gott, ich wüßte nicht weshalb, hat er doch weder ein Gesicht noch eine Art, weswegen er sich verstecken müßte, eher sollte er sich der ganzen Welt zeigen, damit diese ihn seiner Schönheit wegen segne.«

»So hübsch ist er, Frau Wirtin?« fragte der Edelmann.

»Und wie hübsch er ist!« rief sie aus, »sogar hübscher als hübsch.«

»Heda, Bursche, halt mir das!« sagte hier der Edelmann.

Die beiden Jungfern 503

»Und müßte ich auf dem Boden schlafen, eine so sehr gepriesene Mannsperson, die muß ich mir ansehen.«

Damit streckte er dem Maultiertreiber, der ihn begleitete, den Steigbügel hin, stieg ab und ließ sich sogleich das Abendessen zubereiten, was auch geschah. Als der Edelmann gerade dabei war, sein Abendbrot zu verzehren, trat der Dorfbüttel ein – gewöhnlich hat jeder kleine Ort seinen Büttel – und setzte sich an den Tisch des jungen Mannes, um sich mit ihm während der Mahlzeit zu unterhalten. Dabei vergaß er nicht, zwischen Satz und Satz drei Becher Wein hinunterzustürzen und die Brust und einen Bügel eines Rebhuhns abzunagen, die ihm der Edelmann gegeben. Dies alles vergalt der Büttel ihm dadurch, daß er ihn nach den Neuigkeiten vom Hofe ausfragte und wissen wollte, wie es in Flandern stünde, wie es sich mit den Einfällen der Türken verhalte, wobei er auch die Ereignisse in Siebenbürgen nicht vergaß, das Gott beschützen wolle.

Der Edelmann aß und schwieg, denn er kam aus keiner Gegend, die es ihm ermöglicht hätte, die Neugier des Büttels zu befriedigen. Indes hatte der Wirt den Klepper versorgt, setzte sich als dritter an den Tisch und sprach dem eigenen Wein nicht minder tüchtig zu als der Büttel. Bei jedem Schluck, den er tat, legte er den Kopf auf die linke Schulter, lobte den Wein bis in die Wolken, doch wagte er es nicht, ihn lange droben zu lassen, aus Angst, der Wein könne zu wäßrig werden. Von Zeit zu Zeit erging er sich von neuem in Lobsprüchen über den Gast, der nun allein in seinem Zimmer eingeschlossen war, erzählte von der Ohnmacht, die jenen befallen, von seiner Abschließung und daß er unter keinen Umständen zu Abend essen wollte; dann stellte er Mutmaßungen an über Gewicht und Inhalt des ledernen Quersacks, rühmte die Güte des Kleppers und das kostbare Reisekleid, das der Gast getragen; all das hätte doch verlangt, daß er nicht ohne Reitknecht reise. Diese Übertreibungen weckten in dem Gast am Tische von neuem den Wunsch, jenen zu sehen, und er bat den Wirt, es so einzurichten, daß er im zweiten Bett schlafen könne, wofür er ihm auch einen Goldtaler geben wolle. Obgleich

die Habgier mit dem Bedenken des Wirts bald fertig
wurde, fand er es doch unmöglich, in das Zimmer einzudringen, das von innen versperrt war, und wagte auch
nicht, den Gast, der darin schlief und für die beiden Betten
so gut bezahlt hatte, aufzuwecken. Doch der Büttel erleichterte das Vorhaben, indem er sagte:

»Ich wüßte einen Ausweg. Ich könnte an die Tür klopfen und sagen, daß ich im Namen des Gesetzes komme und
der Herr Alkalde mir aufgetragen habe, diesen Edelmann
in diesem Gasthof hier unterzubringen, und da es kein anderes freies Bett mehr gebe, werde ihm anbefohlen, das
zweite Bett abzutreten. Darauf wird der Gast antworten,
es geschehe ihm Gewalt, habe er doch für das zweite Bett
bezahlt, und daß es ungerecht wäre, es dem, der dafür bezahlt habe, wegzunehmen. Solcherart wäre der Wirt entschuldigt, und Ihr, Euer Gnaden, würdet Euren Wunsch
erfüllt sehen.«

Der Plan des Büttels schien allen gut, und der neugierige
Edelmann gab ihm dafür vier Realen.

Der Plan wurde sogleich in die Tat umgesetzt; kurz und
gut, der zuerst gekommene Gast öffnete dem Auge des
Gesetzes mit sichtlichem Bedauern und Verdruß die Tür,
und der zweite Gast, der sich wegen des Unrechts, das man
dem andern um seinetwillen angetan, entschuldigte, begab
sich sogleich zum freien Bett, um sich dort zur Ruhe zu
legen. Der andere sagte kein Wort und ließ sich auch nicht
ins Gesicht sehen, denn kaum hatte er geöffnet, kehrte
er wieder in sein Bett zurück, wo er das Gesicht der Wand
zudrehte und, um nicht antworten zu müssen, tat, als
schliefe er. Der zweite Gast legte sich nieder und hoffte,
seine Neugierde am Morgen, wenn sie aufstünden, befriedigen zu können; es war eine jener langen, trägen Dezem-
bernächte, und die Kälte wie die Anstrengung der Reise
zwangen, die Nacht in geruhsamem Schlaf zu verbringen;
allein der erste Gast, der keine Ruhe hatte und keinen
Schlaf fand, begann kurz nach Mitternacht so kläglich zu
seufzen, daß es schien, als wollte er mit jedem Seufzer die
Seele aushauchen, und solcherart gehabte er sich, daß der
zweite, obgleich er schlief, bei den kläglichen Lauten er-

wachen mußte und, verwundert über das Schluchzen, mit dem der andere die Seufzer begleitete, aufmerksam darauf zu horchen begann, was jener allem Anschein nach vor sich hin flüsterte. Das Zimmer war dunkel, und die Betten standen weit voneinander entfernt, doch entgingen ihm desungeachtet unter anderen Worten, die der Unglückliche mit leiser Stimme sagte, die folgenden nicht:

»Weh mir! Wohin führt mich die unwiderstehliche Gewalt meines Geschicks? Welcher Weg ist für mich bestimmt, und welchen Ausweg aus dem verworrenen Labyrinth, in dem ich mich befinde, könnte ich zu hoffen wagen? Ach, ihr jungen, unerfahrenen Jahre, unfähig zu ernster Überlegung und gutem Rat ungehorsam! Welches Ende wird meine heimliche Irrfahrt nehmen? Ach, verachtete Ehre! Ach, unbedankte Liebe! Ach, Ehrfucht vor ehrenwerten Eltern und Anverwandten, die du so mit Füßen getreten wurdest! Ach, Weh und tausendmal Weh über mich, die ich mich so zügellos von meinem Verlangen habe treiben lassen! O ihr Heuchelreden, die ihr mich so sehr verpflichtet habt, daß ich durch Taten meinen Dank bewies! Doch über wen beklage ich mich, ich Unglückliche? Bin ich selbst es nicht gewesen, die ich mich betrügen wollte? War ich selbst es nicht, die ich mit eigenen Händen nach dem Messer langte, mit dem ich meine Ehre verdorben und gemordet habe und auch den Glauben, den meine betagten Eltern meiner Sittsamkeit geschenkt? O du treuloser Marco Antonio! Wie ist es möglich, daß der Honig der süßen Worte, die du mir sagtest, vermengt war mit der Galle deiner Unritterlichkeit und Verachtung? Wo bist du, Undankbarer? Wohin gingst du, dich zu verstecken? Antworte mir, da ich zu dir spreche; warte auf mich, da ich dir folge; stütze mich, da ich zusammenbreche; zahl mir zurück, was du mir schuldest; steh mir bei, habe ich dich doch so vielfach verpflichtet!«

Hier schwieg die Stimme, doch mit ihrem Ach und Weh und ihren Seufzern zeigte sie, daß immer noch kummervolle Tränen den Augen entströmten. Dies alles hörte der zweite Gast schweigend an und schloß aus den Worten, die er vernommen, daß es sich zweifelsohne um ein Weib han-

deln müsse, das da klagte, wodurch sein Wunsch, es kennenzulernen, noch lebhafter wurde. Oft genug war er schon
daran gewesen, an das Bett desjenigen zu treten, den er
für ein Weib halten mußte, und er hätte dies schließlich
auch getan, hätte er sie nicht gerade aufstehen, die Tür
öffnen und den Wirt rufen hören, daß er ihr den Klepper
sattle, da sie abzureisen gedenke. Nachdem der Wirt sie
eine geraume Weile hatte rufen lassen, erwiderte er, der
Gast möge sich beruhigen, denn es sei noch nicht Mitternacht und draußen herrsche solches Dunkel, daß es tollkühn wäre, sich auf den Weg zu machen. Damit beruhigte
sie sich, schloß die Tür und warf sich, heftig seufzend, aufs
Bett.

Dem, der ihr zugehört hatte, schien es nun angebracht,
mit ihr zu sprechen und ihr jeden Beistand, den er zu
leisten vermöchte, anzubieten, denn solcherart gedachte er
sie zu verpflichten, sich ihm zu entdecken und ihm ihre
traurige Geschichte anzuvertrauen. So sagte er:

»Fürwahr, edler Herr, wenn die Seufzer, die Ihr ausgestoßen, und die Worte, die Ihr dabei gesagt, mich nicht
dazu bewogen hätten, mit Euch des Unglücks wegen, über
das Ihr Euch beklagt, Mitleid zu empfinden, so könntet
Ihr mich mit Recht für einen Menschen halten, der jeder
natürlichen Empfindung bar ist, oder glauben, daß ich ein
Herz von Stein hätte oder eine eherne Brust. Wenn nun
das Mitleid, das ich mit Euch fühle, und der Entschluß, der
in mir erwacht ist, mein Leben zu wagen, um Euch zu helfen – wenn Eurem Unglück abzuhelfen ist –, irgendein Entgegenkommen verdiente, dann bitte ich, es mir zu zeigen,
indem Ihr mir, ohne etwas zu verschweigen, die Ursache
Eures Schmerzes kundtut.«

»Hätte mich dieser Schmerz nicht der Überlegung beraubt«, erwiderte die Unglückliche, »so hätte ich mich daran erinnern müssen, daß ich in diesem Zimmer nicht allein
bin; ich hätte dann meine Zunge besser im Zaum gehalten
und meine Seufzer weniger laut werden lassen. Doch zur
Strafe, daß mich meine Vorsicht gerade da verlassen hat,
wo ich sie am nötigsten gehabt hätte, will ich tun, was Ihr
verlangt, denn es könnte wohl sein, daß der erneute

Schmerz, den zu empfinden ich nicht umhin kann, wenn ich Euch die traurige Geschichte meines Unglücks erzähle, meinem Leben ein Ende setzt. Wenn Ihr nun wollt, daß ich Eurem Wunsch willfahre, müßt Ihr mir um des Vertrauens willen, das Ihr mir bezeugt habt durch Euer Anerbieten, und um Eurer Person und Eures Ranges willen – nach Euren Worten zu schließen, müßt Ihr hohen Ranges sein – müßt Ihr mir also versprechen, daß Ihr, was auch immer Ihr mich sagen hört, Euer Lager nicht verlassen wollt, um an meines zu treten, noch mich nach mehr fragen, als was zu berichten ich bereit bin, denn solltet Ihr dagegen handeln, so werde ich, sobald ich merke, daß Ihr Euch in Eurem Bett bewegt, mir mit dem Degen, den ich am Kopfende meines Bettes bewahre, die Brust durchbohren.«

Der andere – er hätte tausend unmögliche Dinge versprochen, um zu erfahren, was er so sehr zu wissen begehrte – erwiderte, daß er von dem, was sie von ihm verlange, nicht einen Fingerbreit abweichen werde, und bekräftigte dies mit tausend Eiden.

»Gut. Im Vertrauen darauf«, sagte der erste Reisende, »werde ich, was ich bisher noch nie getan, einem andern von meinem Leben berichten. So hört denn. Wisset, Señor, daß ich ungeachtet der Männerkleidung, in der ich, wie man Euch gewiß gesagt, in diesen Gasthof kam, ein unglückliches Mädchen bin, das sich vor einer Woche noch glücklich nannte und aufhörte, glücklich zu sein, weil es, unerfahren und verrückt, den gedrechselten und wohlberechneten Worten treuloser Männer Glauben schenkte. Ich heiße Teodosia und stamme aus einem bekannten Ort hier in Andalusien, doch möchte ich dessen Namen nicht nennen, denn für Euch ist es ebenso unwichtig, ihn zu kennen, wie es für mich wichtig ist, ihn zu verschweigen; meine Eltern sind von Adel und mehr als durchschnittlich reich. Sie nennen einen Sohn und eine Tochter ihr eigen, den Sohn zu ihrem Stolz und ihrer Ehre und die Tochter zu ihrer Scham und Schande. Ihn schickten sie nach Salamanca, damit er dort studiere, mich behielten sie im Hause, wo sie mich in jener Zurückgezogenheit und Umsicht erzogen, wie ihr Adel und ihre Tugend es erforderten. Ich war ihnen stets gern gehorsam und richtete meinen Willen ganz nach dem ihren, ohne auch nur in einem Punkt davon abzuweichen, bis mein Unglück oder mein Übermut es fügte, daß ich dem Sohn eines unserer Nachbarn in die Augen fiel, der reicher war als meine Eltern und aus ebenso gutem Geschlecht wie sie. Als ich ihn das erste Mal erblickte, fühlte ich nichts als ein gewisses Vergnügen, ihn gesehen zu haben, und dies war nicht zu verwundern, denn sein Auftreten, seine Anmut, sein Antlitz wie auch seine seltene Klugheit und Höflichkeit wurden von allen im Ort gelobt und geschätzt. Doch was nützt es mir, meinen Feind zu preisen und ein für mich so unglückliches Begebnis oder besser den Beginn meines Wahns so weitläufig zu erzählen? Kurz gesagt, er sah mich einmal und viele Male dann von einem Fenster aus, das dem meinen gerade gegenüberliegt, und von dort her schickte er mir mit den Blicken sein Herz; auch meine Augen ergötzten sich jetzt, auf andere Weise erfreut als das erste Mal, an seinem Anblick, ja, sie zwangen mich, alles für wahr zu halten, was ich in seinen Gebärden und seinen Zügen zu lesen glaubte. Die Blicke vermittelten eine Unterredung, die Unterredung brachte die Erklärung seiner Liebe, seine Liebe entfachte die meine und verführte mich, ihm zu vertrauen. Zu alledem kamen noch die Versprechungen, die Treueschwüre, die Tränen, die Seufzer, kurz alles, was meiner Meinung nach ein treuer Liebhaber tun kann, um die Aufrichtigkeit seiner Neigung und die Beständigkeit seines Herzens darzutun. Für mich Unglückselige – die sich nie zuvor in einer solchen Lage und Gefahr befunden – war jedes Wort eine Artilleriesalve, die das Bollwerk meiner Ehre Stück um Stück in Trümmer legte; jede Träne war ein Feuer, in dem meine Ehrbarkeit sich verzehrte; jeder Seufzer ein Sturmwind, der die Liebesglut zu solcher Lohe entfachte, daß schließlich meine Tugend, die bis dahin unberührt war, daran verbrannte; sein Versprechen endlich, mich auch gegen den Willen seiner Eltern – sie hatten ihm eine andere zugedacht – zu heiraten, ließ meine letzte Zurückhaltung zusammenbrechen, und ohne zu wissen, wie es geschah, hinter dem Rücken meiner Eltern und ohne einen anderen Zeugen meiner Torheit als einen Edelknaben Marco Antonios – so heißt der Störer meiner Ruhe – wurde ich die seine. Kaum hatte er von mir erlangt, was er begehrte, als er zwei Tage hernach aus dem Ort verschwand, ohne daß irgendwer – auch seine Eltern nicht – zu sagen wußte oder vermuten konnte, wohin er sich begeben. In welchem Seelenzustande ich zurückblieb, mag sagen, wem das Wort gegeben, solches auszudrücken, denn ich kann und konnte es nur fühlen. Ich raufte mein Haar, als trüge es die Schuld an meinem Fehltritt; ich zerkratzte mir das Gesicht, weil mir schien, daß es den Anlaß zu meinem Unglück gegeben, verfluchte mein Schicksal, klagte meine überstürzte Nachgiebigkeit an, vergoß unendlich viele Tränen, sah mich fast darin ertrinken und ersticken an den Seufzern, die meiner gequälten Brust sich entrangen, ich beklagte mich in meinem Herzen beim Himmel und ließ mir vieles durch den Kopf gehen, um irgendeinen Weg oder Steg zu meiner Rettung zu finden. Schließlich glaubte ich sie darin zu entdecken, daß ich mir Männerkleidung anzog, das Haus meiner Eltern verließ, um diesen betrügerischen Äneas, diesen grausamen und treulosen Vireno, diesen Verräter meiner guten Gesinnung und Mörder meiner berechtigten, wohlbegründeten Hoffnungen zu suchen, und so, ohne weiter viel zu überlegen, nahm ich ein Reisekleid meines Bruders an mich und einen Klepper meines Vaters, sattelte selbst das Pferd und verließ in einer überaus dunklen Nacht das elterliche Haus, um nach Salamanca zu reiten, wo, wie man mir sagte, Marco Antonio hingereist sein dürfte, ist er doch auch Student und ein Kamerad des Bruders, von dem ich Euch gesprochen. Zu gleicher Zeit nahm ich eine gehörige Summe Geldes in Goldstücken mit, um für alles, was mir auf dieser unvorbereiteten Reise begegnen könnte, gerüstet zu sein. Am meisten beunruhigt mich der Gedanke, daß meine Eltern mich verfolgen lassen werden und man mich finden könnte, weil mein Reisekleid und mein Klepper deutliche Hinweise sind, und hätte ich dies nicht zu befürchten, so ängstige ich mich vor meinem Bruder, der sich in Salamanca aufhält, und man kann sich ausmalen, in welcher Gefahr mein Leben schwebt, falls er

mich erkennt; denn wenn er auch meine Entschuldigungen
anhört, so wird doch der kleinste Anwurf gegen seine Ehre
alles überwiegen, was ich vorbringen könnte. Und dennoch
bin ich fest entschlossen, und sollte ich auch das Leben
darangeben, meinen grausamen Gatten aufzusuchen, der
nicht leugnen kann, es zu sein, hat er mir doch ein Unterpfand zurückgelassen, das ihn Lügen strafen würde: einen
Diamantring mit einer Gravierung, die besagt: ›Marco
Antonio ist der Gatte Teodosias‹. Wenn ich Marco Antonio
finde, dann werde ich erfahren, was er an mir entdeckt hat,
das ihn so rasch bewog, mich zu verlassen. Kurz und gut:
ich werde ihn zwingen, das mir gegebene Wort zu halten,
oder ich werde ihn töten, denn ich werde in meiner Rache
ebenso rasch entschlossen sein, wie ich leicht zu kränken
war; das edle Blut, das ich von meinen Eltern habe, gibt
mir die Kraft und den Mut, alles daranzusetzen, um entweder die Tilgung des mir angetanen Schimpfes zu erreichen
oder die Schmach zu rächen. Dies, Herr Edelmann, ist die
wahre und traurige Geschichte, die Ihr zu wissen begehrt
habt und die gewiß genug Entschuldigung für die Seufzer
und Worte sein wird, die Euch aus dem Schlaf gerissen.
Könnt Ihr mir auch nicht helfen, so bitte ich Euch doch,
mir wenigstens zu raten, wie ich den Gefahren entgehen
könnte, die mich bedrohen, wie ich die Angst beschwichtige,
daß man mich finde, und wie ich es am besten anstelle, das
zu erreichen, was ich so sehr ersehne und dessen ich gleicherweise bedarf.«

Geraume Zeit erwiderte Teodosias Zuhörer kein Wort,
und das Schweigen dauerte so lange, daß das verliebte
Mädchen dachte, er schliefe und habe sich ihre Geschichte
gar nicht angehört. Um zu erfahren, ob sie mit ihrer Vermutung recht habe, fragte sie:

»Schlaft Ihr, mein Herr? Es ist Euch wirklich nicht zu
verübeln, wenn Ihr eingeschlafen seid. Erzählt ein Bekümmerter sein Leid einem andern, der es selbst nicht verspürt,
dann wird er den Zuhörer wohl eher einschläfern als zum
Mitleid bewegen.«

»Ich schlafe nicht«, erwiderte der Edelmann, »ich bin im
Gegenteil hellwach und fühle Euer Unglück so lebhaft, daß

Die beiden Jungfern   511

ich fast sagen möchte, es schmerzt und bedrückt mich im
selben Maße wie Euch. Darum werde ich es nicht bei dem
guten Rat bewenden lassen, um den Ihr mich bittet, will
ich Euch doch in allem nach meinen besten Kräften beistehen. Die Art, wie Ihr Eure Geschichte erzählt habt, zeigt
mir den hervorragenden Verstand, mit dem Ihr begabt
seid, und deshalb hat Euch wohl mehr Eure Neigung verführt als die Überredungskunst Marco Antonios; dennoch
will ich zur Entschuldigung Eures Fehltritts Eure große
Jugend gelten lassen, in der man noch keine Erfahrung in
den vielfältigen Verführungskünsten der Männer haben
kann. Beruhigt Euch, Señora, und schlaft, wenn Ihr könnt,
den kleinen Rest der Nacht, der nun noch bleiben dürfte.
Wenn der Tag anbricht, werden wir beide uns beraten,
und wir werden sehen, auf welche Weise Eurem Unglück
abzuhelfen ist.«

Teodosia dankte ihm, so gut sie es vermochte, und versuchte etwas zu ruhen, damit der Edelmann wieder ein-
schlafen könnte. Dieser jedoch begann sich im Bette um-
herzuwälzen und so laut zu seufzen, daß Teodosia nicht
umhin konnte, ihn zu fragen, was ihm denn fehle; wenn
seinem Kummer abzuhelfen wäre, würde sie ihm mit der
gleichen Bereitwilligkeit, die er ihr bewiesen, beistehen.
Darauf antwortete der Edelmann:

»Da Ihr, mein Fräulein, die Ursache des Kummers seid,
den Ihr bei mir bemerkt, könnt Ihr sie nicht beheben. Wäre
dies der Fall, dann hätte ich keinen Kummer.«

Teodosia konnte nicht wissen, worauf die dunklen Worte
hinauswollten, allein sie dachte, daß ihn irgendein Liebes-
kummer quäle, ja, sie dachte sogar, sie selbst sei die Ursache seiner Unrast, und es fiel nicht schwer, einen solchen
Verdacht aufkommen zu lassen, hätte doch die Annehmlichkeit des Zimmers, die Einsamkeit, die Dunkelheit und
der Gedanke, daß sie ein Weib sei, in ihm leicht lüsterne
Gedanken wachrufen können. Da sie solches befürchtete,
kleidete sie sich rasch und geräuschlos an, legte den Degen
um, steckte den Dolch in den Gürtel und erwartete auf
dem Bett sitzend den Tag, der sich auch bald durch das
Licht ankündigte, das durch die vielen Öffnungen und

Ritzen, wie sie Zimmer in Gasthöfen und Herbergen haben, eindrang und sein Nahen verkündete. Das gleiche wie Teodosia hatte auch unser Edelmann getan, und kaum sah er das Zimmer vom Lichtgefunkel des Tages durchglitzert, als er vom Bett aufstand und rief:

»Erhebt Euch, Señora Teodosia, denn ich will Euch auf Eurer Fahrt begleiten und Euch nicht von meiner Seite lassen, ehe Ihr Marc Antonio nicht Euren Gatten nennen könnt, oder einer von uns beiden, er oder ich, muß sein Leben lassen. Darin könnt Ihr die Verpflichtung und die Entschlossenheit ersehen, die mir Euer Unglück aufgegeben hat.«

Mit diesen Worten öffnete er die Fensterläden und die Tür des Zimmers.

Teodosia hatte sehnlich die Helle des Tages herbeigewünscht, um bei Licht zu sehen, welcher Wuchs und welche Erscheinung jenem zu eigen, mit dem sie die ganze Nacht geredet. Als sie ihn jedoch erblickte und erkannte, wünschte sie sehnlicher noch, es wäre nie Tag geworden und ihre Augen hätten sich zu ewiger Nacht geschlossen, denn kaum hatte der Edelmann sich ihr zugewandt – auch er begehrte ihr Gesicht zu sehen –, als sie in ihm ihren Bruder erkannte, von dem sie das Schlimmste befürchtete. Bei seinem Anblick wurde ihr dunkel vor den Augen, sie erstarrte, brachte kein Wort hervor, und Blässe überzog ihr Gesicht. Doch die Angst gab ihr Mut und die Gefahr Klugheit: sie zog den Dolch, faßte ihn an der Spitze, kniete vor dem Bruder hin und sagte mit stockender, angsterfüllter Stimme:

»Nimm, mein Herr und Bruder, diesen Stahl, strafe mich für meine Verfehlung und stille solcherart deinen Zorn; bei einer so großen Schuld, wie die meine es ist, soll mir keinerlei Barmherzigkeit nützen; ich bekenne meine Schuld, doch meine Reue soll mir nicht als Entschuldigung dienen. Ich flehe dich aber an, mich so zu strafen, daß du mir wohl das Leben nimmst, aber nicht die Ehre, die, obgleich ich sie in offensichtliche Gefahr gebracht, indem ich mich aus dem Elternhaus entfernt habe, doch vor anderen unangetastet bleiben wird, wenn die Strafe, die du mir gibst, ebenso geheim bleibt.«

Die beiden Jungfern   513

Ihr Bruder blickte sie an, und wenn ihn auch ihr unbesonnener Schritt zur Rache reizen mochte, so besänftigten doch die zärtlichen und so wirksamen Worte, mit denen sie ihre Schuld eingestand, sein Gemüt solcherart, daß er sie freundlich aufhob und sie tröstete, so gut er dies eben konnte, wobei er ihr unter anderem sagte, er schiebe die Bestrafung nur auf, weil ihm keine Strafe einfalle, die ihrer Torheit angemessen wäre. Aus diesem Grund und weil ihm überdies scheine, daß ihr das Schicksal noch nicht alle Türen zu ihrer Rettung versperrt habe, wolle er eher auf jedem möglichen Weg eben diese Rettung möglich machen, als Rache für den Schimpf zu nehmen, den sie ihm angetan.

Bei diesen Worten faßte Teodosia wieder Mut, die Farbe kehrte wieder in ihre Wangen zurück, und die fast erstorbene Hoffnung erwachte von neuem. Don Rafael – so hieß der Bruder – wollte nicht mehr über ihr Erlebnis sprechen; er sagte ihr nur, sie solle den Namen Teodosia mit dem eines Teodoro vertauschen; sie würden dann in Salamanca beide nach Marco Antonio suchen, obgleich er nicht glaube, daß dieser in jener Stadt sei, denn wäre dem so, dann hätte er mit ihm, seinem Studienkameraden, bereits gesprochen. Es könnte aber auch sein, daß der Schimpf, den jener ihm zugefügt, Marco Antonio zum Schweiger gemacht und ihm die Lust genommen habe, sich blicken zu lassen. Der neugebackene Teodoro willigte in alles, was dem Bruder recht schien. Nun trat auch der Wirt ein, den sie anwiesen, ihnen einen Morgenimbiß herbeizuschaffen, da sie sogleich abreisen wollten.

Während der Maultiertreiber die Pferde sattelte und der Imbiß kam, betrat ein anderer Edelmann den Gasthof. Don Rafael erkannte ihn sogleich und ebenso der angebliche Teodoro, der es nicht wagte, das Zimmer zu verlassen, um nicht entdeckt zu werden. Don Rafael und der Edelmann schlossen einander in die Arme; Don Rafael fragte, welche Nachrichten er von daheim bringe. Darauf erwiderte der Neuankömmling, er käme geradewegs von Puerto de Santa Maria; dort habe er vier nach Neapel bestimmte Galeeren gesehen, und auf einer von ihnen habe sich Marco

Antonio, der Sohn des Don Leonardo Adorno, eingeschifft. Über diese Nachricht war Don Rafael sehr erfreut, denn er hielt den Umstand, daß er in der Sache, die ihm so sehr am Herzen lag, so unerwartet einiges erfahren habe, als günstiges Vorzeichen für den guten Ausgang des Unterfangens. Er bat den Freund, ihm sein Maultier gegen den Klepper seines Vaters – jener kannte ihn ja sehr gut – umzutauschen, sagte jedoch nicht, daß er von Salamanca käme, sondern vielmehr dorthin reise, und auf dem langen Weg wolle er kein so wertvolles Pferd mitführen. Der andere, ein guter Freund und gern gefällig, war mit dem Tausch einverstanden und übernahm es, Don Rafaels Vater den Klepper zu übergeben. Sie frühstückten gemeinsam, Teodoro jedoch allein, und als der Freund aufbrach, nahm er den Weg nach Cazalla, wo er einen schönen Besitz hatte. Don Rafael wollte nicht gemeinsam mit ihm reisen und sagte, um von ihm loszukommen, er müsse noch am selben Tag nach Sevilla zurück. Der andere war weggeritten, schon standen die Tiere bereit, die Rechnung war gestellt und der Wirt bezahlt worden; sie verabschiedeten sich und verließen den Gasthof. Alle, die zurückblieben, waren hingerissen von beider Schönheit und ihrem liebenswürdigen Wesen; denn Don Rafael hatte für einen Mann nicht weniger Anmut, Feuer und Haltung als seine Schwester Schönheit und Holdseligkeit besaß.

Während sie so wegritten, berichtete Don Rafael seiner Schwester von den Neuigkeiten, die man ihm über Marco Antonio erzählt hatte, und meinte, sie sollten möglichst rasch nach Barcelona reisen, wo die nach Italien bestimmten oder von dort nach Spanien kommenden Galeeren einige Tage zu bleiben pflegen; wären die Galeeren noch nicht da, könnten sie auf ihr Eintreffen warten und sicher damit rechnen, Marco Antonio zu begegnen. Die Schwester entgegnete, sie wolle gern alles tun, was ihm am besten zu tun erscheine, habe sie doch keinen anderen Willen als den seinen. Don Rafael sagte dem Maultierknecht, den er bei sich hatte, daß er noch bei ihm ausharren möge, denn er müsse nach Barcelona reisen, und sicherte ihm zufriedenstellende Entlohnung zu für die Zeit, die er bei ihm bleiben würde. Der Bursche, der zu den arbeitsfreudigen seines Gewerbes gehörte und wußte, daß Don Rafael großzügig war, erwiderte, er wolle ihm gern dienen und bis ans Ende der Welt folgen. Don Rafael fragte seine Schwester, wieviel Geld sie mit sich führe. Sie antwortete, sie habe das Geld noch nicht gezählt und wisse nur, daß sie sieben- oder achtmal in das Schreibpult ihres Vaters gegriffen und ihm jedesmal eine Handvoll Goldtaler entnommen habe. Daraus schloß Don Rafael, daß sie möglicherweise bis zu fünfhundert Taler bei sich habe, die mit den zweihundert, die er mit sich führte, und der goldenen Kette, die er trug, ausreichen würden, die Reise nicht allzu unbequem zu machen, um so mehr, wenn Marco Antonio in Barcelona zu treffen war, was er als sicher annahm.

So reisten sie nun in aller Eile und ohne einen Reisetag zu verlieren dahin und kamen ohne Mißgeschick oder einen sonstigen Zwischenfall an die zwei Meilen an einen Ort heran, der neun Meilen von Barcelona entfernt ist und Igualada heißt. Unterwegs hatten sie erfahren, daß ein Edelmann, der als Botschafter auf dem Wege nach Rom war, in Barcelona auf die Galeeren wartete; sie waren also noch nicht eingetroffen, was alle sehr zufriedenstellte. Voll Freude über die Nachricht ritten sie einem Gehölz zu, das auf dem Wege lag, und sahen, wie von dort ein Mensch, immer wieder ängstlich hinter sich blickend, herausgelaufen kam. Don Rafael ritt ihm entgegen und fragte:

»Weswegen flieht Ihr, guter Mann? Was ist Euch begegnet, das Euch alle Zeichen des Schreckens zeigen läßt und Euch so leichtfüßig gemacht hat?«

»Wie soll ich nicht so rasch und angstvoll laufen«, erwiderte der Mann, »wenn ich gerade wie durch ein Wunder einer Bande Straßenräuber entkommen bin, die dort im Walde gehaust hat?«

»Schlimm«, sagte der Maultiertreiber, »schlimm, bei Gott! Buschklepperlein zu dieser Stunde? So wahr mir Gott helfe, sie werden uns bis auf die Haut ausziehen!«

»Laßt es Euch nicht bekümmern, Freund«, sagte der Mann, der aus dem Gehölz gekommen war. »Die Straßenräuber sind schon abgezogen und haben dort mehr als dreißig bis aufs Hemd ausgeplünderte Reisende an die Bäume gebunden zurückgelassen. Einen einzigen haben sie nicht angebunden, damit er, wenn sie über einen Hügel hinweg seien, den sie ihm als Zeichen angegeben, die übrigen losbinden könne.«

»Wenn dem so ist«, sagte Calvete – so hieß der Maultiertreiber Don Rafaels –, »dann können wir ruhig weiterziehen, denn die Straßenräuber kehren an einen Ort, wo sie einen Überfall verübt haben, einige Tage lang nicht zurück. Das kann ich sagen als einer, der ihnen schon zweimal in die Hände gefallen ist und ihre Sitten und Gewohnheiten von Grund auf kennt.«

»So ist es«, sagte der Beraubte.

Als Don Rafael solches vernommen, beschloß er weiterzureisen, und sie ritten nicht lange, da stießen sie schon auf die Angebundenen, die mehr als vierzig an der Zahl waren; der Mann, den die Räuber nicht gefesselt hatten, war gerade dabei, die übrigen loszubinden. Sie boten ein seltsames Schauspiel; einige waren ganz nackt, andere mit den Lumpen bekleidet, die ihnen die Straßenräuber als Ersatz gegeben hatten; die einen weinten, weil man sie beraubt hatte, die anderen mußten lachen, wenn sie die seltsam bekleideten Gestalten betrachteten; dieser zählte haarklein alles auf, was man ihm genommen; jener sagte, von den vielen Dingen, die man ihm geraubt, schmerze ihn am meisten der Verlust einer Schachtel mit wächsernen Agnus, die er aus Rom mitgebracht. Kurz und gut: man hörte nichts als das Weinen und das Jammern der armen Beraubten. Den Geschwistern bereitete dieser Anblick nicht geringen Schmerz, und sie dankten Gott, daß er sie aus so großer und unmittelbarer Gefahr errettet habe. Doch was ihnen am meisten, vor allem Teodoro, zu Herzen ging, war der Anblick eines an einer Steineiche angebundenen Jünglings; dieser zählte allem Anschein nach sechzehn Jahre, stand dort am Baum im Hemd und in Leinenhosen, doch war er so schön von Gesicht, daß alle, die ihn sahen, hingerissen und gerührt waren. Teodoro stieg ab, ihn loszubinden, und der Jüngling dankte ihm in sehr höflichen Worten für die erwiesene Wohltat; doch um diese noch

Die beiden Jungfern

vollkommener zu machen, bat Teodoro Calvete, den Maultiertreiber, er möge dem reizenden Jüngling seinen Mantel borgen, bis sie im nächsten Ort einen passenden kaufen könnten. Calvete gab den Mantel her, und Teodoro legte ihn dem Jüngling um die Schultern; dann fragte er ihn, woher er stamme, woher er käme und wohin er gehe. Don Rafael war bei allem zugegen. Der Jüngling antwortete, er stamme aus Andalusien, und zwar aus einem Ort, von dem Don Rafael und Teodoro wußten, daß er nicht mehr als zwei Meilen von ihrem Heimatort entfernt war. Der Jüngling sagte weiter, er komme aus Sevilla und sei auf dem Wege nach Italien, wo er sein Glück im Waffenhandwerk versuchen wolle, wie dies auch viele andere Spanier zu tun pflegten; allein das Geschick habe sich durch die Begegnung mit den Straßenräubern gegen ihn gewandt; die Räuber hätten ihm eine beträchtliche Summe Geldes abgenommen und auch die Kleider, die in solcher Güte nicht unter dreihundert Talern erhältlich seien. Desungeachtet gedenke er seinen Weg fortzusetzen, gehöre er doch nicht zu jenen Leuten, denen das Feuer ihres Vorhabens beim ersten Mißgeschick erlösche.

Die kluge Art der Rede, die der Jüngling zeigte, der Umstand, daß er, wie gesagt, aus engster Nachbarschaft stammte, und mehr noch das Empfehlungsschreiben, das er in seiner Schönheit mit sich führte, bewogen die Geschwister, ihm, soweit sie es nur vermochten, zu helfen. Sie verteilten einiges Geld unter die nach ihrer Ansicht Bedürftigsten, besonders unter den Mönchen und den Geistlichen, mehr als acht an der Zahl, ließen den Jüngling das Maultier Calvetes besteigen, ritten sogleich weiter und erreichten bald darauf Igualada, wo sie erfuhren, daß die Galeeren tags zuvor in Barcelona eingetroffen seien und erst zwei Tage später wieder auslaufen sollten, wenn sie nicht, etwa durch die Unsicherheit der Reede gezwungen, schon früher unter Segel gehen müßten.

Diese Nachricht bewog sie, sich am folgenden Tag schon vor Sonnenaufgang zu erheben, obgleich sie in der Nacht nur wenig geschlafen, weil die Geschwister in größerer Unruhe waren, als sie erwartet hatten. Sie waren beunruhigt, weil Teodoro bei Tisch das Gesicht des Jünglings eingehender betrachtet hatte und gesehen zu haben glaubte, daß die Ohrläppchen durchstochen waren. Diese Beobachtung und der verschämte Blick, den der Jüngling hatte, brachten Teodoro während des Abendessens auf den Gedanken, es handle sich um ein Mädchen, und so wünschte er das Ende der Mahlzeit herbei, um sich unter vier Augen von der Richtigkeit seiner Vermutung zu überzeugen. Während der Mahlzeit fragte Don Rafael den Jüngling, wessen Sohn er sei, denn er kenne alle vornehmen Leute seines Heimatortes, wenn es wirklich der wäre, den er angegeben. Darauf erwiderte der Jüngling, er sei der Sohn des Don Enrique de Cárdenas, eines sehr bekannten Edelmannes. Don Rafael entgegnete, ihm sei Don Enrique de Cárdenas sehr wohl bekannt, doch glaube er aufs genaueste zu wissen, daß dieser keinen Sohn habe. Sollte der Jüngling dieses jedoch nur behauptet haben, damit man nicht erfahre, wer seine Eltern seien, so sei ihm, Don Rafael, dies nicht wichtig und er wolle auch nicht weiter mehr danach fragen.

»Es ist richtig«, erwiderte der Jüngling, »daß Don Enrique keinen Sohn hat, wohl aber Don Sancho, sein Bruder.«

»Auch der«, versetzte Don Rafael, »hat keine Söhne, sondern nur eine einzige Tochter, von der es heißt, sie sei eines der schönsten Mädchen von ganz Andalusien. Dies weiß ich jedoch nur vom Hörensagen, denn wenn ich auch oft genug im Ort war, so habe ich sie doch nie zu Gesicht bekommen.«

»Was Ihr hier sagt, Señor«, entgegnete der Jüngling, »ist richtig. Don Sancho hat nur eine Tochter; sie ist aber keinesfalls so schön, wie man behauptet, und wenn ich sagte, ich sei Don Sanchos Sohn, dann nur, damit Ihr mich, meine Herren, in Ansehen hättet. Ich bin aber nur der Sohn eines Verwalters des Don Sancho, der diesem schon seit vielen Jahren dient, und wurde im Hause dort geboren. Wegen eines Verdrusses, den ich meinem Vater bereitete, indem ich ihm eine schöne Summe Geldes entwendete, wollte ich, wie schon gesagt, nach Italien gehen

Die beiden Jungfern

und dort Kriegsdienst tun, da sich dabei, wie ich gesehen habe, selbst Leute von bescheidenster Herkunft einen berühmten Namen machen können.«

Teodoro achtete aufmerksam auf diese Worte und die Art, wie sie vorgebracht wurden, und fand sich in ihrem Verdacht mehr und mehr bestärkt. Das Abendessen ging zu Ende, die Tafel wurde aufgehoben, und Teodoro sagte ihrem Bruder, der sich indes entkleidete, welchen Verdacht sie wegen des Jünglings hege. Mit Wissen und Erlaubnis Don Rafaels zog sich Teodoro mit dem angeblichen Jüngling auf einen Balkon zurück, dessen Fenster auf die Straße ging, und als beide, auf die Brüstung gestützt, nach unten blickten, begann Teodoro zu dem angeblichen Jüngling folgendermaßen zu sprechen:

»Ich wollte, Señor Francisco« – so hatte er zu heißen behauptet –, »ich hätte Euch so viele Dienste erwiesen, daß Ihr Euch verpflichtet fühltet, mir nichts abzuschlagen, worum ich Euch bitten könnte oder wollte. Doch die kurze Zeit, die ich Euch kenne, hat mir keine Gelegenheit dazu geboten. Es könnte sein, daß Euch meine Bitten künftig erfüllenswert erscheinen werden; wenn Ihr aber dem Wunsch, den ich jetzt hege, nicht willfahren wollt, werde ich Euch desungeachtet ebenso gern zu Diensten stehen, wie ich Euch gefällig war, ehe ich Euch mein Begehr entdeckte. Ihr sollt auch wissen, daß ich, obgleich ich ebenso jung bin wie Ihr, doch über größere Erfahrungen in Dingen dieser Welt verfüge, als mein Alter vermuten ließe, denn aus dieser Erfahrung bin ich zur Vermutung gelangt, daß Ihr nicht männlichen Geschlechts seid, wie Eure Kleidung und Eure Behauptung zu beweisen versuchen, sondern ein Mädchen von hoher Geburt, wie Eure Schönheit verkündet, und vielleicht sehr unglücklich, wie es der Wechsel der Kleidung vermuten läßt; denn nie zeugen solche Verkleidungen vom Glück dessen, der sie vornimmt. Trifft meine Vermutung zu, dann sagt es mir, denn ich schwöre bei meiner Mannesehre, Euch in allem nach Möglichkeit beizustehen und zu dienen. Daß Ihr ein Weib seid, könnt Ihr nicht bestreiten, denn dies geht ganz deutlich aus Euren durchstochenen Ohrläppchen hervor; Ihr habt nämlich vergessen, die

Löchelchen unsichtbar zu machen, indem Ihr sie mit ge-
färbtem Wachs verkleidet, und es hätte wohl sein können,
daß ein anderer, ebenso neugierig wie ich, doch nicht so
aufrichtig, ans Licht gebracht hätte, was Ihr so schlecht zu
verbergen wußtet. Ich sage noch einmal, Ihr solltet Euch
nicht scheuen, mir einzugestehen, wer Ihr in Wahrheit seid,
biete ich Euch doch meine Hilfe an und versichere Euch,
daß ich das Geheimnis solcherart wahren werde, wie Ihr
es wünscht.«

Mit großer Aufmerksamkeit lauschte der angebliche
Jüngling dem, was Teodoro sagte, und als er sah, daß
dieser nicht fortfuhr, ergriff er dessen Hände, hob sie
an den Mund, küßte sie inbrünstig und benetzte sie mit
den Tränen, die ihm nun so reichlich aus den Augen strömten. Das seltsame heftige Weinen rührte Teodoro solcherart, daß er nicht umhin konnte, ebenfalls zu weinen, ist
es doch edlen Frauen eigen, sich von fremdem Schmerz und
Jammer bewegen zu lassen. Nachdem Teodoro seine Hände
mit Mühe vom Mund des Jünglings gelöst hatte, wartete
er gespannt auf das, was dieser nun sagen würde. Der
Jüngling stöhnte auf, begleitete dieses Stöhnen mit vielen
Seufzern und sagte:

»Ich will und kann es nicht leugnen, Herr, daß Euer
Verdacht begründet ist. Ich bin ein Mädchen, und zwar
das unglücklichste, das je von einem Weibe geboren wurde.
Da nun die Dienste, die Ihr mir erwiesen, und die Anerbietungen, die Ihr mir gemacht, mich verpflichten, Euch
in allem gehorsam zu sein, was Ihr mir befehlen möget, so
hört mich an, denn ich will Euch sagen, wer ich bin, sofern
ich Euch mit dem Bericht fremden Unglücks nicht vielleicht
doch ermüde.«

»Möge mir immer Unglück beschieden sein«, erwiderte
Teodoro, »wenn es nicht wahr ist, daß mein Verlangen,
mehr über Euer widriges Geschick zu erfahren, dem
Schmerz, den ich über Euer Unglück empfinde – mir ist's
fast, als wäre es mein eigenes –, gleichkommt.«

Abermals umarmte Teodoro den Jüngling, und noch
einmal erneuerte er seine aufrichtigen Anerbietungen, worauf dieser, etwas ruhiger nun, folgendes berichtete:

»Was meine Heimat betrifft, habe ich die Wahrheit gesagt, nicht jedoch in dem, was meine Eltern angeht, denn Don Enrique ist nicht mein Vater, sondern mein Onkel, und mein Vater ist dessen Bruder Sancho, bin ich doch die unglückselige Tochter, die Don Sancho besitzt, die wegen ihrer Schönheit so sehr gefeierte, ein Ruf, der nur Irrtum und Täuschung ist und widerlegt wird durch meinen Mangel an Schönheit. Ich heiße Leocadia mit Namen, und die Ursache, weshalb ich die Mannstracht angezogen habe, sollt Ihr sogleich vernehmen. Zwei Meilen von meinem Heimatort liegt ein anderer – einer der reichsten und vornehmsten von ganz Andalusien –, in dem einer der vermögendsten und angesehensten Edelleute lebt, der seinen Stammbaum vom altadeligen Geschlecht der Adorno in Genua herleitet. Dieser Edelmann hat einen Sohn, der als einer der artigsten Männer, die man sich nur wünschen mag, gelten kann, wenn nicht auch hierin der Ruf in seinem Lobe ebenso übertreibt wie in meinem. Dieser Jüngling nun kam wegen der Nachbarschaft der beiden Orte und seiner Jagdleidenschaft wegen, die er mit meinem Vater teilt, einige Male in unser Haus, wo er immer fünf bis sechs Tage verweilte, die er fast alle und dazu auch noch die meisten Nächte mit meinem Vater unter freiem Himmel verbrachte. In dieser Lage wurde ich durch das Schicksal, die Liebe oder meine Unerfahrenheit von der Höhe meiner guten Vorsätze in die Tiefe meines jetzigen Zustandes herabgestürzt, hatte ich doch die reizende Erscheinung und die Klugheit Marco Antonios mehr beachtet, als dies einem ehrbaren Mädchen gestattet ist. Wie ich mir dann auch noch die treffliche Abkunft Marco Antonios vor Augen führte und die Fülle der Güter bedachte, die man Vermögen nennt und die seinem Vater gehören, schien es mir das höchste von mir begehrbare Glück, Marco Antonio meinen Gatten nennen zu dürfen. Mit diesem Wunsch begann ich, ihn achtsamer zu betrachten, wahrscheinlich aber immer unachtsamer, denn ihm fiel auf, daß ich ihn ansah, und der Verräter wollte keinen anderen Schlüssel mehr – noch brauchte er einen –, um meinem Herzen das Geheimnis zu entreißen und dessen Schätze sich anzueignen. Weshalb ich mich darauf verlege,

Euch, Señor, die Einzelheiten meiner Verliebtheit Punkt für Punkt zu erzählen, weiß ich nicht, tun sie doch nichts zur Sache. Ich sollte Euch lieber gleich sagen, was er mit seinem drängenden Werben bei mir erreichte. Nachdem er mir nämlich feierlich sein Wort gegeben und mir, wie mir schien, mit aufrichtigen christlichen Eiden versichert hatte, mein Gatte werden zu wollen, bot ich ihm an, alles mit mir geschehen zu lassen, was er für gut befände. Doch ließ ich mir Eid und Versprechen allein nicht genügen, die der Wind hätte verwehen können, und verlangte, daß er mir sein Versprechen schriftlich bekräftige. Er stellte mir darüber einen mit seiner Unterschrift versehenen Brief aus, der so genau und bindend abgefaßt war, daß er mich zufriedenstellte. Das Schriftstück in Händen, traf ich mit ihm die Vereinbarung, daß er nächtlicherweise kommen und über die Mauer des Gartens in mein Zimmer steigen solle, wo er in aller Ruhe die Frucht pflücken könnte, die für ihn bestimmt sei. Endlich kam die von mir so sehr ersehnte Nacht...«

Bis hieher hatte Teodoro geschwiegen, und sein ganzes Herz hing an Leocadias Worten, die ihm mit jedem Wort, das sie sagte, die Seele verwundete, vor allem da der Name Marco Antonio fiel und Teodoro die überaus große Schönheit Leocadias bedachte, deren seltene Vorzüge erwog und den wachen Verstand, den sie zeigte, da sie ihre Geschichte erzählte. Als Leocadia jedoch sagte: »Endlich kam die von mir so sehr ersehnte Nacht...«, verlor Teodoro die Geduld, konnte sich nicht mehr zurückhalten, fiel ihr ins Wort und sagte:

»Nun, was tat er, als diese glückseligste Nacht kam? Betrat er Euer Zimmer? Habt Ihr seiner genossen? Hat er sein schriftliches Versprechen erneuert? War er es zufrieden, von Euch das erlangt zu haben, was Ihr ihm als sein eigen zugesagt hattet? Erfuhr Euer Vater davon? Zu welchem Ende führten Eure ehrenwerten, klugen Maßnahmen und Absichten?«

»Sie führten mich in die Lage, in der Ihr mich jetzt seht; denn weder genoß ich seiner, noch er meiner, kam er doch nicht zu dem verabredeten Stelldichein.«

Die beiden Jungfern   523

Bei diesen Worten atmete Teodoro auf, und die Lebensgeister kehrten zurück, die sie einer nach dem andern verlassen hatten, bedrängt und gejagt von der wütenden Pe-
stilenz der Eifersucht, die sich ihrer nach und nach mit
Haut und Haar bemächtigte, um schließlich ihrer Geduld
ein Ende zu setzen. Doch war sie auch jetzt noch nicht so
von der Eifersucht frei, daß sie nicht wieder mit ängstlicher
Spannung angehört hätte, was Leocadia zu berichten fortfuhr:

»Nicht nur, daß er nicht kam; acht Tage hernach erfuhr
ich als ganz gewiß, daß er aus seinem Heimatort verschwunden sei und ein Mädchen namens Teodosia, die
Tochter eines angesehenen Edelmannes, ein Mädchen von
ausbündiger Schönheit und seltenen Geistesgaben, aus dem
elterlichen Haus entführt habe. Da ihre Eltern so angesehen waren, wurde die Entführung auch in meinem Ort
bekannt und kam auch mir zu Ohren. Als ich dies hörte,
durchdrang mir die eisige, furchtbare Lanze der Eifersucht
das Herz, und meine Seele erfaßte ein solcher Brand, daß
meine Schamhaftigkeit zu Asche wurde, mein guter Ruf
sich daran verzehrte, meine Geduld ausdörrte und mein
Verstand irr wurde. Ach, ich Unglückliche! Denn sogleich
stellte ich mir Teodosia schöner vor als die Sonne und klüger als die Klugheit selbst; vor allem hielt ich sie für glücklicher als mich, die Unglückselige. Dann überlas ich noch
einmal sein schriftliches Versprechen, fand es gültig und
bindend für das, was es zusagte. Allein wenn sich auch
meine Hoffnung durch dieses Schriftstück sicher fühlte wie
in einer Freistatt, so wurde die Sicherheit wieder zunichte,
wenn ich an die gefährliche Gesellschaft dachte, in der
Marco Antonio war: ich mißhandelte mein Gesicht, raufte
mir das Haar, verwünschte mein Geschick. Am schmerz-
lichsten war mir, daß ich wegen der unvermeidlichen
Gegenwart meines Vaters diese Opferung nicht zu jeder
Stunde des Tages vollziehen konnte. Schließlich, um mich
ganz den Klagen hingeben zu können oder mein Leben zu
beenden, was der wahrscheinliche Ausgang ist, entschloß
ich mich, das elterliche Haus zu verlassen, und da zur Ausführung eines bösen Vorhabens die Gelegenheit selbst die

Hand zu bieten und alle Schwierigkeiten aus dem Weg zu räumen scheint, stahl ich einem Edelknaben meines Vaters bedenkenlos und ohne Scheu die Kleider und meinem Vater selbst eine große Menge Geldes. Eines Nachts verließ ich, eingehüllt in den schwarzen Mantel der Finsternis, das Haus, ging einige Meilen zu Fuß, kam an einen Ort namens Osuna, wo ich einen Wagen fand, mit dem ich zwei Tage hernach in Sevilla eintraf. Dies war der sicherste Ort, den ich finden konnte, wo man mich, falls man mich suchte, nicht hätte ausforschen können. Dort kaufte ich mir andere Kleider, erwarb ein Maultier und schloß mich einigen Edelleuten an, die nach Barcelona wollten, und zwar rasch, damit sie nicht die Gelegenheit versäumten, sich auf einigen Galeeren einzuschiffen, die nach Italien bestimmt waren. Mit ihnen reiste ich bis gestern, als mir, wie Ihr wißt, das Mißgeschick mit den Straßenräubern zustieß, die mir alles abnahmen, was ich mit mir führte, darunter auch das Zaubermittel, das mich am Leben erhielt und mir die Bürde meines Leides erleichterte: das schriftliche Versprechen Marco Antonios nämlich. Damit gedachte ich nach Italien zu reisen, um Marco Antonio aufzusuchen, es ihm als Beweis seiner geringen Treue und mir als Zeugen meiner großen Beständigkeit vorzuhalten und ihn so zu zwingen, seine Zusage zu halten. Gleichzeitig aber sagte ich mir, daß ein Mensch, der Verpflichtungen bestreitet, die in sein Herz gegraben sein müßten, um so leichter das Wort verleugnet, das auf Papier niedergeschrieben wurde, denn, die unvergleichliche Teodosia an seiner Seite, wird er die unglückliche Leocadia nicht einmal ansehen wollen. Darum will ich entweder sterben oder den beiden vor die Augen treten, damit mein Anblick ihnen den Genuß vergälle. Jene Feindin meines Glücks möge nur nicht glauben, daß sie auf solch billige Art in den Genuß dessen komme, was mein ist. Ich werde sie suchen, werde sie zu finden wissen und ihr, wenn ich kann, das Leben nehmen.«

»Welche Schuld hat denn Teodosia auf sich geladen«, fragte der angebliche Teodoro, »wenn sie vielleicht von Marco Antonio ebenso verlockt wurde, wie Ihr, Fräulein Leocadia, betrogen worden seid?«

Die beiden Jungfern

»Wie kann dies sein«, sagte Leocadia, »wenn er sie bei
sich hat? Und wenn zwei, die einander wirklich lieben,
vereint sind, welcher Betrug ist dann möglich? Gewiß keiner, denn sie sind glücklich, weil sie beieinander sind, befänden sie sich nun, wie man zu sagen pflegt, in den fernen
glühenden Wüsten Libyens oder in den einsamen weitabliegenden des eisigen Skythien. Teodosia erfreut sich zweifelsohne des Geliebten, wo immer es sei, und sie allein soll
mir für alles zahlen, was ich gelitten, bis es mir gelungen
war, sie zu finden.«

»Es könnte sein, daß Ihr Euch irrt«, erwiderte Teodosia,
»kenne ich doch diese Eure Feindin, wie Ihr sie nennt, sehr
gut und weiß, sie ist von solcher Art und Zurückhaltung,
daß sie es sich niemals einfallen ließe, das elterliche Haus
zu verlassen noch sich von Marco Antonio entführen zu
lassen, und selbst wenn sie es getan hätte, so würde sie
Euch nicht den geringsten Schimpf angetan haben, denn sie
kannte Euch nicht und wußte nichts von Euren Beziehungen zu Marco Antonio. Und wo kein Schimpf, ist auch die
Rache nicht am Platz.«

»Redet mir nicht von Zurückhaltung oder von Sittsamkeit«, sagte Leocadia, »war ich doch selbst so zurückhaltend und so sittsam wie nur irgendeine Jungfer, und dennoch habe ich getan, was Ihr vernommen. Daß er sie entführt hat, darüber besteht kein Zweifel, und ich gebe zu,
daß, wenn ich es leidenschaftslos betrachte, sie mir eigentlich keinen Schimpf angetan hat. Allein die Qual der Eifersucht stellt sie mir in meiner Vorstellung als ein Schwert
dar, das mir mein Herz durchbohrt, und es ist nicht zu verwundern, daß ich mir dieses Werkzeug meines Schmerzes
aus dem Herzen zu reißen und in Stücke zu zerbrechen
trachte, zumal uns schon die Klugheit lehrt, alles was uns
schadet, von uns zu entfernen, und es ist nur natürlich, all
das zu verabscheuen, was uns Leid zufügt und unser Glück
zerstört.«

»Dann tut, was Euch beliebt, Fräulein Leocadia«, erwiderte Teodosia, »denn da ich sehe, daß die Leidenschaft,
die Euch bewegt, es Euch nicht erlaubt, vernünftigere Überlegungen anzustellen, werdet Ihr wohl nicht in der Lage

sein, heilsame Ratschläge anzunehmen. Was mich angeht, so kann ich nur wiederholen, was ich schon gesagt habe: ich werde Euch helfen und Euch in allem begünstigen, was gerecht ist und was in meiner Macht steht, und das gleiche verspreche ich Euch auch im Namen meines Bruders, dem seine natürliche Anlage und sein Edelmut es nicht anders gestatten würden. Wir reisen nach Italien; wenn Ihr Lust habt, uns zu begleiten, so wißt Ihr mehr oder weniger, was Ihr von unserer Gesellschaft zu erwarten habt. Doch um eines bitte ich Euch, Ihr mögt mir gestatten, meinem Bruder zu berichten, was ich von Eurer Sache weiß, damit auch er Euch mit der schuldigen Höflichkeit und Achtung begegne und sich verpflichtet fühle, gebührend über Euch zu wachen. Mir scheint es nicht angebracht, daß Ihr Eure Verkleidung aufgebt, und morgen will ich, wenn man an diesem Ort Kleider findet, die besten kaufen, die es gibt und die Euch passen. Eure übrigen Wünsche und Ansprüche überlaßt Ihr am besten der Zeit, die es meisterhaft versteht, auch für die verzweifeltsten Fälle ein Heilmittel zu finden.«

Leocadia bedankte sich bei Teodosia, die ihr ein Teodoro zu sein schien, für die vielen angebotenen Gefälligkeiten und gab ihr die Erlaubnis, dem Bruder all das zu berichten, was sie für richtig erachte; gleichzeitig bat sie Teodosia, sie nicht ohne Schutz zu lassen, denn sie sehe wohl ein, welchen Gefahren sie ausgesetzt wäre, wenn man sie als Mädchen entdeckte.

Damit verabschiedeten sie sich voneinander und gingen zu Bett. Teodosia begab sich in das Zimmer ihres Bruders und Leocadia in ein anderes, das nebenan lag. Don Rafael war noch nicht eingeschlafen; er wartete auf seine Schwester, um zu erfahren, wovon zwischen ihr und dem, den sie für ein Frauenzimmer hielt, die Rede gewesen. Gleich nachdem Teodosia bei ihm eingetreten, fragte er danach, und sie erzählte ihm Punkt für Punkt alles, was Leocadia ihr mitgeteilt: wessen Tochter sie sei, von ihrer Liebelei, vom schriftlichen Versprechen Marco Antonios und von der Absicht, die sie verfolge. Don Rafael war sehr erstaunt und sagte:

»Wenn sie wirklich jene ist, die zu sein sie behauptet, Schwester, dann gehört sie zu den angesehensten Damen ihres Ortes und ist eine der vornehmsten von ganz Andalusien. Ihr Vater ist dem unsern gut bekannt. Ihr Antlitz entspricht, wie wir gesehen, wirklich dem Ruf ihrer Schönheit, und wir müssen, wie mir scheint, mit aller Vorsicht handeln und dafür sorgen, daß nicht sie als erste mit Marco Antonio spricht, denn mir macht das schriftliche Versprechen, das er ihr gab, obgleich es ihr entwendet wurde, einiges Bedenken; nun aber beruhigt Euch und geht zu Bett, Schwester, denn für alles finden sich Mittel und Wege.«

Was das Zubettgehen betrifft, so befolgte Teodosia den Befehl des Bruders, doch stand es nicht in ihrer Macht, sich zu beruhigen, hatte sich doch die wütende Krankheit der Eifersucht ihrer Seele bemächtigt. Oh, wieviel herrlicher stellte sie sich Leocadias Schönheit vor und wieviel furchtbarer den Verrat Marco Antonios! Oh, wieviele Male las sie oder bildete sich ein, das schriftliche Versprechen zu lesen, das Marco Antonio jenem Mädchen gegeben! Und welche Worte und Versicherungen dachte sie hinzu, wodurch ihr das Versprechen nur noch gewisser und unumstößlicher erschien! Wie oft vermutete sie, daß Leocadia dieses schriftliche Versprechen gar nicht an die Räuber verloren habe, und wie oft bildete sie sich ein, daß Marco Antonio es auch ohne das Schriftstück nicht unterlassen würde, das Versprechen zu erfüllen, und dabei nicht im entferntesten daran denken würde, was er ihr, Teodosia, schuldig war!

Unter solchen Vorstellungen brachte sie den größten Teil der Nacht schlaflos zu. Doch auch Don Rafael, ihr Bruder, fand nicht mehr Ruhe als sie, denn kaum hatte er vernommen, wer der Jüngling in Wahrheit war, als sein Herz solcherart in Liebe zu Leocadia entbrannte, als hätte er sie schon seit langem umworben; so große Macht übt die Schönheit aus, daß sie in einem einzigen Augenblick das Verlangen dessen an sich zieht, der sie erblickt und sie begreift, und wenn sich nur irgendein Weg zeigt oder erahnen läßt, auf dem man die Schönheit erobern kann, um sie zu genießen, dann entzündet sie das Herz dessen, der sie schaut, so gewaltig, solcherart und ebenso leicht, wie sich das trockene Feinpulver an jedem Funken entzündet, der dareinfällt. Don Rafael sah Leocadia nicht an den Baum gebunden, sah sie nicht in abgerissener Mannstracht, sondern in der ihr eigenen Frauenkleidung, sah sie im Haus ihrer Eltern, die reich waren und angesehenen, vermögenden Geschlechts. Beim Anlaß, der ihm die Bekanntschaft Leocadias vermittelt hatte, verweilte er nicht lange und wollte auch nicht dabei verweilen; er wünschte den Tag herbei, um die Reise fortzusetzen und auf die Suche nach Marco Antonio zu gehen. Dies jedoch nicht so sehr, weil er ihn unter allen Umständen zu seinem Schwäher machen wollte, sondern mehr, um ihn daran zu hindern, Leocadia zu ehelichen. Schon hatten Liebe und Eifersucht solche Gewalt über ihn gewonnen, daß er sich für glücklich gehalten hätte zu sehen, wie die von ihm selbst betriebene Heirat als Wiedergutmachung der Ehre seiner Schwester vereitelt wäre durch die Tötung Marco Antonios, wenn er dafür nur die Hoffnung eintauschte, die dann freie Leocadia zu gewinnen. Diese Hoffnung spiegelte ihm die Verwirklichung seines Wunsches vor, denn Zeit wie Umstände gaben ihm die Möglichkeit, sein Ziel, sei es durch Zwang oder durch Geschenk und Dienstfertigkeit, zu erreichen.

Mit solcher Hoffnung und solchem Vorsatz beruhigte er sich ein weniges; bald darauf brach der Tag an, sie verließen das Lager, und Don Rafael rief den Wirt. Diesen fragte er, ob es hier im Ort eine Möglichkeit gebe, einen Edelknaben, dem die Wegelagerer die Kleider weggenommen, neu einzukleiden. Der Wirt sagte, er habe einen brauchbaren Anzug zu verkaufen, holte ihn herbei, und er paßte Leocadia. Don Rafael zahlte den Preis, das Mädchen kleidete sich an, legte den Degen an die Hüfte und steckte den Dolch mit solch feurig-edlem Gehaben in den Gürtel, daß sie selbst in solcher Kleidung Don Rafaels Sinne benahm und Teodosias Eifersucht verdoppelte. Calvete sattelte die Tiere, und um acht Uhr morgens reisten sie nach Barcelona ab, ohne die Gelegenheit zu nützen, das berühmte Kloster auf dem Montserrat zu besuchen, was sie nachholen wollten, so Gott gedächte, sie ruhigeren Ge-

Die beiden Jungfern

mütes in ihre Heimat zurückkehren zu lassen. Es dürfte
nicht leicht fallen, die Gedanken zu beschreiben, die die
Geschwister bewegten, noch zu schildern, mit welch verschiedenen Gefühlen sie Leocadia betrachteten, wobei ihr
Teodosia den Tod und Don Rafael ihr das Leben wünschte,
beide aber gleichzeitig bewegt wurden von Eifersucht und
Leidenschaft. Teodosia suchte, um nicht jede Hoffnung zu
verlieren, an Leocadia Fehler zu entdecken; Don Rafael
fand an ihr immer größere Vorzüge, die ihn dazu brachten, sich immer mehr in das Mädchen zu verlieben. Doch
desungeachtet ließen sie nicht ab, ihre Reise zu beschleunigen, so daß sie in Barcelona noch vor Sonnenuntergang
eintrafen.

Sie bewunderten die herrliche Lage der Stadt, die ihnen
als die schönste aller Städte der Welt erschien, als Ehre
Spaniens, als Furcht und Schrecken der nahen und der fernen Feinde, als Freude und Wonne ihrer Bewohner, Schutz
der Fremden, Schule der Ritterlichkeit, Vorbild der Treue
und der Erfüllung alles dessen, was vernünftige und wißbegierige Reisende von einer so großen, berühmten, reichen
und gut gelegenen Stadt nur immer verlangen können. Als
sie in Barcelona einritten, vernahmen sie großes Gelärm
und sahen, wie ein gewaltiger Haufe Menschen sehr aufgeregt zusammenlief. Sie fragten nach der Ursache jenes
Lärmens und Laufens und erfuhren, daß die Mannschaft
der Galeeren, die auf der Reede lagen, sich mit den Bürgern der Stadt überworfen und Händel angefangen habe.
Als Don Rafael dies vernahm, wollte er hineilen, um zu
sehen, was vor sich ging, obgleich Calvete ihm davon ab-
riet; es wäre nicht vernünftig, sich in solch offensichtliche
Gefahr zu begeben, wisse er, Calvete, doch selbst, wie
schlecht es denen ergehe, die sich in solche Händel misch-
ten, Händel, die zudem immer, wenn in dieser Stadt Galeeren einliefen, eine Alltäglichkeit seien. Dies genügte
nicht, um Don Rafael von seinem Vorhaben abzubringen,
und so folgten sie ihm alle. Als sie an den Strand kamen,
sahen sie viele blanke Degen und wie die Leute unbarm-
herzig aufeinander einhieben und -stachen. Desungeachtet
ritten sie ganz nahe heran, bis sie die Gesichter der Kämp-

fenden deutlich zu erkennen vermochten, war doch die
Sonne noch nicht untergegangen. Zahllose Menschen kamen
aus der Stadt herbeigelaufen, und viele Leute von den
Galeeren drängten in die Boote, obgleich der Befehlshaber
der Flotte, ein valencianischer Edelmann namens Don Pedro Vique, vom Hinterkastell der Kapitänsgaleere aus alle
bedrohte, die sich in die Boote begäben, um ihren Kameraden an Land zu Hilfe zu eilen. Allein als er sah, daß
weder Rufen noch Drohen fruchteten, ließ er den Bug der
Galeere nach der Stadt zu drehen und einen blinden Schuß
abfeuern zum Zeichen, daß, wenn sie sich nicht trennten,
allsogleich ein scharfer folgen würde. Indes sah Don Rafael dem grausamen und verworrenen Kampf zu und bemerkte, daß sich unter den Leuten von den Galeeren ein
Jüngling auszeichnete, der ungefähr zweiundzwanzig Jahre
alt sein mochte, grün gekleidet war und einen Hut von
gleicher Farbe trug, der mit einer schönen, anscheinend
diamantenbesetzten Schnur verziert war. Die Behendigkeit, mit der der Jüngling focht, und die auffallend schöne
Kleidung zogen die Blicke aller, die dem Kampf zusahen,
auf sich; auch die Blicke Teodosias und Leocadias wandten
sich ihm zu, hefteten sich auf ihn, und beide riefen wie aus
einem Munde:

»Bei Gott! Entweder bin ich blind oder jener Jüngling
in Grün ist Marco Antonio!«

Mit diesen Worten sprangen sie rasch von den Maultieren, zogen die Degen, drängten sich furchtlos durch die
Menge der Kämpfenden und stellten sich jede an eine Seite
des Jünglings, der wirklich kein anderer war als Marco
Antonio.

»Fürchtet nichts, Herr Marco Antonio«, sagte Leocadia,
als sie an seine Seite trat, »denn an Eurer Seite steht jemand, der sein eigenes Leben einsetzen will, um das Eure
zu verteidigen.«

»Wer zweifelt daran«, versetzte Teodosia, »da ich doch
hier bin?«

Don Rafael, der alles mitangesehen und mitangehört
hatte, folgte ihrem Beispiel und trat neben sie. Marco Antonio, ganz damit beschäftigt, entweder anzugreifen oder

sich zu verteidigen, achtete nicht darauf, was die beiden sagten, sondern vollbrachte, von der Kampflust angestachelt, wahre Wunder an Tapferkeit. Allein da die Volksmenge aus der Stadt von Augenblick zu Augenblick größer wurde, mußten sich die Leute von den Galeeren zurückziehen und standen schließlich sogar im Wasser. Ungern wich Marco Antonio, und mit ihm zogen sich im gleichen Schritt auch die beiden Tapferen an seiner Seite gleich anderen Bradamantes und Marfisas oder Hippolytas und Penthesileas zurück. Indes kam ein katalanischer Edelmann aus dem berühmten Geschlecht der Cardona auf einem mächtigen Roß daher, ritt zwischen die kämpfenden Parteien und brachte das Stadtvolk, das ihm gehorchte, als es ihn erkannte, dazu, sich zurückzuziehen. Doch aus der Entfernung warfen einige der Leute aus der Stadt noch Steine nach denen, die im Wasser standen oder sich dahin zurückzogen; das Mißgeschick wollte es, daß ein Stein Marco Antonio mit voller Wucht an der linken Schläfe traf und ihn ins Wasser warf, in dem er schon bis zum Knie gestanden hatte. Kaum sah Leocadia, daß er stürzte, als sie ihn mit den Armen umschlang und ihn festhielt. Das gleiche tat Teodosia. Don Rafael stand ein weniges entfernt und schützte sich gegen die unzähligen Steine, die auf ihn niederhagelten. Als er jedoch seiner Dame, seiner Schwester und seinem Schwäher zu Hilfe eilen wollte, stellte sich ihm der katalanische Edelmann in den Weg und sagte:

»Nur ruhig Blut, mein Herr, wie es sich einem guten Soldaten geziemt, und tut mir den Gefallen, an meine Seite zu treten, damit ich Euch vor der Unverschämtheit dieses tollwütigen Volkshaufens bewahren kann.«

»Ach, Señor«, erwiderte Don Rafael. »Laßt mich vorbei, denn ich sehe jene, die mir die Teuersten in diesem Leben sind, in großer Gefahr.«

Der Edelmann ließ ihn vorbei, doch Don Rafael kam zu spät, hatte man doch schon Marco Antonio und Leocadia, die ihn immer noch fest in den Armen hielt, in das Boot der Kapitänsgaleere gezogen. Als Teodosia ihnen folgen wollte — entweder war sie zu erschöpft durch die

Anstrengung, war sie geschwächt durch den Schmerz über die Verwundung Marco Antonios oder weil sie sah, daß ihre ärgste Feindin mit ihm war –, hatte sie nicht mehr die Kraft, sich ins Boot zu schwingen. Zweifellos wäre sie ohnmächtig ins Wasser gefallen, hätte sie ihr Bruder nicht aufgefangen. Don Rafael war nicht weniger schmerzhaft berührt als seine Schwester, da er sah, daß Leocadia ihm mit Marco Antonio, den er ebenfalls erkannt hatte, entging. Der katalanische Edelmann, dem die anmutige Erscheinung Don Rafaels und die seiner Schwester – er hielt sie für einen Mann – gefiel, rief sie vom Ufer aus an und bat sie, mit ihm zu kommen. Da nun ihre Lage sie dazu zwang und sie fürchteten, der immer noch aufgeregte Pöbel könnte sie übel behandeln, mußten sie das Angebot, das ihnen nun gemacht wurde, annehmen.

Der Edelmann stieg vom Pferd, nahm sie an seine Seite und führte sie, den Degen blank, durch die aufrührerische Menge, die er aufforderte, beiseite zu treten, was auch geschah. Don Rafael blickte nach allen Seiten, ob er nicht Calvete mit den Maultieren entdecke; er sah ihn aber nicht, da dieser, nachdem sie abgestiegen waren, die Maultiere genommen und in eine Herberge geschafft hatte, wo er abzusteigen pflegte. Der Edelmann führte Don Rafael und Teodosia in sein Haus, das eines der bedeutendsten der Stadt war, und fragte Don Rafael, mit welcher Galeere er gekommen sei. Dieser antwortete ihm, mit keiner, er sei gerade in der Stadt eingetroffen, als der Kampf begonnen habe, und da er den Edelmann kenne, der, von einem Steinwurf verletzt, im Boot fortgebracht worden war, habe er sich in jene Gefahr begeben; er bitte ihn, den Befehl zu erwirken, daß man den Verletzten an Land bringe, denn davon hänge dessen Glück und Leben ab.

»Das werde ich gerne tun«, sagte der Edelmann, »und der Befehlshaber der Flotte wird mir den Verwundeten gewiß übergeben, denn er ist ein Edelmann und überdies mit mir verwandt.«

Und ohne sich länger aufzuhalten, kehrte er zur Galeere zurück, wo Marco Antonio gerade verbunden wurde; die Wunde war, weil an der linken Schläfe, sehr gefähr-

Die beiden Jungfern 533

lich, und der Wundarzt sagte, die Verwundung scheine ihm bedenklich. Der Edelmann erreichte vom Befehlshaber der Flotte, daß ihm Marco Antonio in Pflege übergeben wurde, und so brachte man den Verletzten mit aller Behutsamkeit ins Boot, in das auch Leocadia einstieg, als folgte sie dem Pol ihrer Hoffnungen. Als sie an Land kamen, ließ der Edelmann eine Handsänfte aus seinem Hause herbeibringen, mit der man den Verletzten fortschaffte. Indes hatte Don Rafael Calvete suchen lassen. Dieser saß in seiner Herberge voll der Sorge über das Schicksal seiner Herrschaft; als er erfuhr, daß sie heil und gesund sei, freute er sich über alle Maßen und suchte Don Rafael auf.

Indes kam der Herr des Hauses mit Marco Antonio und Leocadia zurück und brachte alle liebevoll und großzügig in seinem Hause unter. Dann befahl er, einen bekannten Wundarzt zu holen, damit dieser Marco Antonio noch einmal untersuche und behandle. Der Arzt kam, doch weigerte er sich, den Verletzten vor dem folgenden Tag in Behandlung zu nehmen, und sagte, die Wundärzte des Heeres und der Flotte verfügten über genug ausgezeichnete Erfahrungen in solchen Dingen, hätten sie doch auf Schritt und Tritt zahlreiche Verwundete unter den Händen; darum sei es auch nicht angebracht, den Verletzten vor dem nächsten Tag zu behandeln. So ordnete er an, Marco Antonio in ein stilles Zimmer zu bringen und ihn der Ruhe zu überlassen. In diesem Augenblick traf auch der Wundarzt von den Galeeren ein und gab seinem Kollegen bekannt, welcher Art die Verwundung sei, wie er sie behandelt habe und in welcher Gefahr der Verwundete schwebe. Daraus ersah der Wundarzt des Edelmannes, daß man Marco Antonio richtig behandelt habe und unterstrich entsprechend dem Bericht, den man ihm gegeben, die Lebensgefahr für den Verletzten.

Dies vernahmen Leocadia und Teodosia mit den gleichen Gefühlen, als wäre ihnen das Todesurteil gesprochen worden, doch um sich nicht zu verraten, hielten sie den Schmerz zurück und schwiegen. Leocadia aber beschloß, sogleich alles zu unternehmen, was ihr zur Wiederherstellung ihrer

Ehre notwendig zu sein schien. So ging sie, nachdem sich die Wundärzte entfernt hatten, in das Zimmer, in dem Marco Antonio lag, trat in Anwesenheit des Hausherrn, des Don Rafael, Teodosias und anderer Leute an das Krankenbett, ergriff die Hand des Verwundeten und sprach folgendes:

»Ihr, Herr Marco Antonio, seid jetzt nicht in dem Zustand, in dem man viele Worte an Euch richten könnte und dürfte, und so möchte ich, daß Ihr mir für einige wenige Worte Gehör schenktet, die wenn auch nicht der Gesundheit Eures Leibes, so doch Eurer Seele zuträglich sein werden. Allein ehe ich vorbringe, was ich zu sagen habe, müßt Ihr mir die Erlaubnis dazu geben und mir sagen, ob Ihr in der Lage seid, mich anzuhören; denn da ich seit jenem Augenblick, da ich Euch kennengelernt, alles tat, um Euch und Eurem Willen gefällig zu sein, möchte ich Euch auch in diesem Augenblick, den ich für Euren letzten halte, keinen Kummer bereiten.«

Bei diesen Worten öffnete Marco Antonio die Augen und richtete sie prüfend auf Leocadia; die Stimme schien ihm trotz des ihm fremden Anblicks bekannt zu sein, und so sagte er mit dünner, leidender Stimme:

»Sagt, was Euch beliebt, mein Herr; noch bin ich nicht so weit, daß ich Euch nicht anhören könnte, auch ist mir die Stimme nicht so zuwider, daß ich sie mit Abscheu vernehmen würde.«

Teodosia folgte aufmerksam dem Gespräch der beiden, und jedes Wort, das Leocadia sagte, war ein Pfeil, der ihr das Herz durchbohrte und auch Don Rafael, der gleicherweise zuhörte, durch die Seele ging. Leocadia fuhr fort:

»Wenn, Herr Marco Antonio, der Schlag auf Euer Haupt oder besser der Schlag, den man meinem Herzen zugefügt, Euch nicht das Bild derjenigen aus dem Gedächtnis gelöscht hat, die Ihr – es ist noch nicht lange her – Eure Wonne und Euren Himmel genannt habt, dann werdet Ihr Euch wohl erinnern, wer Leocadia ist und welches Versprechen ihr, geschrieben und gefertigt, von Euch gegeben worden ist; auch den Rang ihrer Eltern, die Reinheit ihres Rufes und ihrer Ehre werdet Ihr nicht vergessen

Die beiden Jungfern

haben, noch die Verpflichtung, die Euch an jene bindet, die Euch in allem, was Ihr begehren mochtet, zu Willen sein wollte. Habt Ihr solches nicht vergessen, dann werdet Ihr unschwer erkennen, daß ich Leocadia bin, obgleich Ihr mich in diesem so anderen Aufzug seht. Aus Furcht, neue Begebnisse und Möglichkeiten könnten ihr nehmen, was ihr gerechterweise zusteht, hat sich diese Leocadia, sobald sie erfuhr, daß Ihr Euren Wohnort verlassen habt, über zahllose Schwierigkeiten hinweggesetzt und beschlossen, Euch in dieser Verkleidung zu folgen und Euch überall zu suchen, bis sie Euch fände. Dies kann Euch nicht verwundern, so Ihr jemals erfahren habt, wie weit die Macht wahrer Liebe reicht und wie weit die Raserei eines betrogenen Weibes geht. Bei dieser Suche ist mir mancherlei Mühsal begegnet, doch erachte ich sie für eine Erholung, hat sie mir doch die Freude, Euch zu sehen, eingebracht. Da Ihr nun in einem Zustand seid, in dem es Gott gefallen könnte, Euch in ein besseres Leben abzuberufen, würde ich mich mehr als glücklich schätzen, wenn Ihr vor Eurem Abscheiden das tätet, was Ihr Euch selbst schuldig seid, und ich verspreche Euch hoch und heilig, nach Eurem Tode solcherart zu leben, daß es mir möglich wird, Euch bald darauf in dieser letzten beschwerlichen Reise zu folgen. Und so bitte ich Euch, einmal um des Gottes willen, auf den alle meine Wünsche und Absichten hinzielen, und dann um Euretwillen, da Ihr Euch selbst es schuldig seid, und schließlich um meinetwillen, der Ihr mehr schuldet als irgendeinem anderen Menschen auf der Welt, daß Ihr mich als Eure rechtmäßige Gattin anerkennen wolltet und nicht erst darauf wartet, bis Euch ein Gericht zu dem zwinge, wozu Euch aus so vielen Gründen und Verpflichtungen die Vernunft bestimmen sollte.«

Leocadia schwieg, und alle Anwesenden wahrten, während sie sprach, verwundertes Schweigen; schweigend warteten sie auch auf Marco Antonios Erwiderung, die also lautete:

»Ich kann nicht leugnen, Euch zu kennen, Fräulein, denn dies lassen weder Eure Stimme noch Euer Antlitz zu. Ebensowenig kann ich bestreiten, daß ich Euch viel schulde, noch kann ich den hohen Rang Eurer Eltern oder Eure unvergleichliche Sittsamkeit und Zurückhaltung in Abrede stellen. Weder jetzt noch in Zukunft werde ich Euch geringer schätzen, weil Ihr mich in einem von Eurer natürlichen Kleidung so verschiedenen Aufzug gesucht habt, nein, gerade deshalb schätze ich Euch und werde Euch aus demselben Grund immer hochhalten. Doch da, wie Ihr sagt, mein Mißgeschick mich an einen Punkt gebracht, den ich für das Ende meines Lebens halte, und da solche Augenblicke die Wahrheit an den Tag bringen, will ich Euch die Wahrheit sagen, die, wenn sie Euch auch im Augenblick nicht gefallen mag, später doch zu Eurem Besten gereichen könnte. Ich gestehe, schöne Leocadia, daß ich Euch gern gehabt habe und Ihr mich auch, doch will ich zu gleicher Zeit einbekennen, daß ich Euch das schriftliche Versprechen mehr gab, um Eurem Wunsche zu entsprechen als dem meinen, denn viele Tage früher, ehe ich jenes Versprechen unterschrieb, hatte ich mein Herz und meinen Willen einem anderen Fräulein meines Heimatortes, den Ihr ja kennt, unterworfen. Es ist dies Teodosia, die Tochter ebenso vornehmer Eltern wie die Euren es sind. Gab ich Euch auch ein Papier, das von meiner Hand unterzeichnet ist, so gab ich ihr die Hand selbst und bekräftigte dies durch solche Handlungen und Beweise, die es mir unmöglich machen, meine Freiheit nunmehr irgendeinem anderen Menschen auf der Welt zu überantworten. Meine Liebelei mit Euch war nur ein Zeitvertreib, der, wie Ihr wißt, nicht weiter reichte als zu den Blüten des Baumes, wodurch Euch kein Schimpf angetan wurde, noch angetan werden konnte. Bei Teodosia jedoch geschah es, daß ich die Frucht genoß, die ich begehrte und sie zu geben bereit war, und zwar unter der feierlichen Versicherung und dem Schwur, ihr Gatte zu sein, als den ich mich auch betrachte. Wenn ich Teodosia und Euch zu gleicher Zeit verließ, Euch verwundert und um eine Hoffnung betrogen, sie aber voll der Besorgnis und ihrer Meinung nach entehrt, so tat ich dies unüberlegt und in jugendlichem Überschwang, der mir all dies als unwichtig erscheinen ließ und mich glauben machte, ich dürfte ohne Gewissensbisse solcherart verfahren. Viele

Gedanken über mein weiteres Tun gingen mir durch den Kopf, und einer dieser Gedanken hieß mich, nach Italien zu reisen, dort einige Jahre zu verbringen, um dann zu sehen, was Gott über Euch und meine wahre Gattin verfügt hat. Doch der Himmel, der mich beklagte, fügte es, daß ich in diese Lage gekommen bin, in der Ihr mich seht, damit ich durch das Einbekenntnis meiner Taten, die Frucht meiner vielen Verirrungen, in diesem Leben meine Schuld begleiche und Ihr, der Täuschung enthoben, frei wäret, um das zu tun, was Euch das beste dünkt. Und wenn Teodosia eines Tages von meinem Tode erfahren sollte, dann wird sie von Euch und allen hier Anwesenden wissen, daß ich ihr im Sterben das Wort hielt, das ich ihr im Leben gegeben. Sollte ich Euch, Fräulein Leocadia, in der kurzen Frist, die mir noch verstattet ist, in etwas dienen können, dann sagt es, denn ich werde – ausgenommen, Euch als meine Gattin anzuerkennen, was ich nicht kann – nichts unterlassen, worin ich Euch gefällig sein könnte.«

Indes Marco Antonio diese Worte sprach, hatte er den Kopf auf den hochgestützten Arm gelegt; kaum aber hatte er geendet, ließ er den Arm sinken und schien ohnmächtig zu werden. Sogleich eilte Don Rafael hinzu, schloß ihn in die Arme und sagte:

»Kommt wieder zu Euch, Señor, und umarmt den Freund und den Bruder, der ich nach Eurem Willen bin. Erkennt in mir Don Rafael, Euren Kameraden, der der wahre Zeuge Eures Willens und der Gunst sein will, die Ihr seiner Schwester erweist, indem Ihr sie als die Eure anerkennt.«

Marco Antonio kam wieder zu sich, erkannte sogleich Don Rafael und sagte, indes er ihn in die Arme schloß und ihm die Wange küßte:

»Jetzt, mein Herr und Bruder, kann ich nur sagen, daß die große Freude, Euch zu sehen, gleich großes Leid nach sich ziehen wird, heißt es doch: auf Freud' folgt Leid. Doch will ich alles Leid, das mir zustoßen sollte, als Glück erachten, da ich doch vorher die Freude hatte, Euch zu sehen.«

»Ich jedoch möchte Eure Freude noch vollkommener

machen«, erwiderte Don Rafael, »indem ich Euch dieses Kleinod, Eure geliebte Gattin, zuführe.«

Don Rafael schaute nach Teodosia aus und entdeckte sie hinter den Anwesenden, weinend, bestürzt und sprachlos, hin und her gerissen zwischen Schmerz und Freude über das, was sie gesehen und was sie vernommen. Don Rafael nahm die Schwester bei der Hand, und sie, ohne sich dagegen zu wehren, ließ sich dorthin geleiten, wohin der Bruder wollte, nämlich zu Marco Antonio, der sie erkannte und umarmte, indes beide zärtliche Tränen vergossen. Die Anwesenden waren über das seltsame Geschehen erstaunt; sie blickten einander schweigend an und warteten des Ausgangs, den dieses Begebnis nehmen würde. Die arme, enttäuschte Leocadia jedoch, die mit ihren eigenen Augen ansehen mußte, was Marco Antonio tat, die ansehen mußte, wie jene, die sie für Don Rafaels Bruder gehalten, in den Armen dessen lag, dessen Angelobte zu sein sie geglaubt hatte, entzog sich den Blicken der Anwesenden – sie alle warteten gespannt darauf, was der Verwundete mit dem Edelknaben, den er in die Arme geschlossen hatte, täte – und verließ den Raum oder das Zimmer und trat auf die Straße, um in ihrer Verzweiflung durch die Welt zu irren oder an einen Ort zu fliehen, wo kein Mensch sie sehen könnte. Allein kaum war sie auf der Straße, als Don Rafael sie vermißte und wie entseelt nach ihr fragte. Doch keiner wußte ihm zu sagen, wohin sie gegangen. Ohne auch nur einen Augenblick zu zögern, lief Don Rafael verzweifelt hinweg, sie zu suchen, und eilte zur Herberge, wo Calvete, wie man ihm gesagt, wohnte; vielleicht war sie in die Herberge gegangen, um sich ein Reittier zu verschaffen, mit dem sie hätte das Weite suchen können. Als er sie jedoch dort nicht antraf, irrte er wie wahnsinnig durch die Straßen und suchte sie bald da, bald dort. Schließlich meinte er, sie könnte vielleicht zu den Galeeren gegangen sein und eilte an den Strand, doch ehe er dort angelangt war, vernahm er, wie jemand von Land aus laut nach dem Boot der Kapitänsgaleere rief. An der Stimme erkannte Don Rafael die schöne Leocadia, die, als sie Schritte hinter sich vernahm, einen Überfall befürchtend,

Die beiden Jungfern

den Degen zog und ihn kampfbereit erwartete. Doch auch
sie erkannte Don Rafael sogleich, und es verdroß sie, daß
er sie gefunden, und noch dazu allein, denn sie hatte an
mehr als einem Zeichen, das ihr Don Rafael gegeben, bemerkt, daß er sie nicht verabscheute, sondern so sehr liebte,
daß sie es für ein großes Glück erachtet hätte, wäre sie von
Marco Antonio in gleichem Maße geliebt worden.

Mit welchen Worten könnte ich jetzt jene wiedergeben,
die Don Rafael zu Leocadia sagte, als er ihr sein Herz
eröffnete? Der Worte, die er sagte, waren so viele und so
innige, daß ich es nicht wage, sie in Worte zu fassen. Allein
es müssen einige wiedergegeben werden, und darum seien
es unter anderen die folgenden:

»Wenn mir neben dem Glück, das mir fehlt, auch noch
die Kühnheit fehlte, Euch, o schöne Leocadia, das Geheimnis meines Herzens zu entdecken, dann würde die verliebt-
teste und ehrenhafteste Neigung, die je in einer liebenden
Brust wach wurde, im Schoße ewigen Schweigens begraben
bleiben. Um aber – komme, was da kommen mag – meinem berechtigten Verlangen diese Unbill nicht anzutun,
will ich, Fräulein, Euch zu wissen geben, daß – wenn Euer
erregtes Gemüt darauf eingehen wollte – Marco Antonio
mir nicht das geringste voraus hat, es sei denn das Glück,
von Euch geliebt zu werden. Mein Geschlecht ist ebenso
edel wie das seine, und auch was die Güter angeht, die man
Glücksgüter nennt, hat er mir nicht viel voraus; die Vorzüge zu preisen, mit denen die Natur mich beschenkt haben
mag, steht mir nicht zu, vor allem wenn sie in Euren Augen
nichts bedeuten. Dies alles sage ich, mein rasendes Fräulein,
damit Ihr die Hilfe und den Beistand annehmt, die Euch
das Geschick in diesem Eurem schweren Kummer anbietet.
Ihr seht doch, daß Marco Antonio nicht der Eure sein
kann, da der Himmel ihn meiner Schwester bestimmt, und
der gleiche Himmel, der Euch heute Marco Antonio genommen, will Euch in mir Ersatz leisten, denn ich begehre
nichts so sehr in diesem Leben, als mich Euch als Gatte zu
unterwerfen. Bedenkt, daß jetzt das Glück an die Pforte
Eures Unglücks klopft, und glaubt nicht, daß die Verwegenheit, die Ihr gezeigt, indem Ihr Marco Antonio ge-

540   Exemplarische Novellen

folgt seid, meiner Wertschätzung auch nur den geringsten
Abbruch tut und ich Euch deshalb nicht so hoch einschätzte,
wie Ihr es verdient, wenn Ihr diesen Schritt nie getan hättet. Denn von der Stunde an, in der ich mich entschloß,
Euch die Hand zu reichen und Euch für immer als meine
Gebieterin zu erwählen, von dieser Stunde an habe ich
alles zu vergessen, was ich erfahren und gesehen habe, und
es ist schon vergessen. Ich weiß sehr wohl, daß die Macht,
die mich gezwungen, Euch so dreist und geradeheraus zu
huldigen und mich Euch als der Eure zu unterwerfen, die
gleiche ist, die Euch in den Zustand versetzt hat, in dem
Ihr Euch jetzt befindet, und so ist es nicht nötig, eine Entschuldigung für etwas zu suchen, was keine Verirrung
war.«

Leocadia schwieg zu allem, was Don Rafael sagte; nur
dann und wann kamen schwere Seufzer über ihre Lippen,
Seufzer, die sich aus der tiefsten Tiefe der Seele losgerissen
hatten. Don Rafael erkühnte sich, eine Hand Leocadias
zu ergreifen, und sie hatte nicht die Kraft, ihn daran zu
hindern. Die Hand mit vielen Küssen bedeckend, sagte er:

»Gebieterin meiner Seele, seid es doch ganz angesichts
des gestirnten Himmels, der uns bedeckt, und angesichts
des stillen Meeres, das uns lauscht, und des bespülten Strandes, der uns trägt! Gebt mir doch Euer Jawort, da es doch
gleicherweise Eurer Ehre wie meinem Glücke nützt. Noch
einmal sage ich Euch, daß ich, wie Ihr wißt, von Adel bin,
reich, und daß ich Euch innig liebe, was Ihr als das höchste
schätzen solltet. Statt Euch einsam zu sehen und in einem
Kleide, das Eurer Ehrbarkeit so sehr widerspricht, statt
fern von Euren Eltern und Anverwandten zu sein, ohne
einen Menschen, der Euch beisteht, wo Ihr Hilfe bräuchtet,
ohne Hoffnung, das zu erreichen, was Ihr angestrebt, könnt
Ihr in Eure Heimat zurückkehren in der Euch eigenen ehrbaren Kleidung, begleitet von einem Gatten, der ebenso
gut ist wie jener, den Ihr habt erringen wollen; Ihr könnt
reich sein, zufrieden, geehrt und umsorgt, ja auch gepriesen von allen jenen, denen die Begebnisse Eurer Geschichte bekannt werden. Da nun alles wirklich so ist, verstehe ich nicht, weshalb Ihr noch schwankt. Erhebt mich

doch – nochmals beschwöre ich Euch – aus der Tiefe meines Kummers hinauf zur Seligkeit, Euch zu verdienen; denn darin handelt Ihr sowohl zu Eurem Besten und erfüllt die Gesetze der Höflichkeit und der Einsicht und zeigt Euch gleicherweise dankbar und klug.«

»Nun wohlan!« sagte hier die bisher unentschlossene Leocadia. »Da der Himmel es so gefügt und es nicht in meiner Macht noch in der eines anderen menschlichen Wesens liegt, sich dem entgegenzustellen, was er beschlossen, so geschehe, was er und Ihr, mein Herr, begehrt. Allein derselbe Himmel weiß, mit welcher Scham ich mich Eurem Wunsche füge, nicht etwa, weil ich nicht wüßte, was ich gewinne, wenn ich Euch gehorche, sondern weil ich fürchte, daß Ihr mich, wenn ich Euren Wunsch erfülle, mit anderen Augen ansehen werdet als jetzt, da Ihr mich vielleicht mit den durch Liebe verblendeten Augen seht. Doch sei dem, wie es sei; nie wird mir der Titel einer rechtmäßigen Gattin eines Don Rafael Villavicencio verloren gehen, und schon mit diesem Titel allein werde ich zufrieden leben können. Und sollte mein Verhalten, nachdem ich die Eure geworden, in Euren Augen solcherart sein, daß Ihr mich doch ein weniges schätzen könntet, dann werde ich dem Himmel danken, daß er mich auf solch seltsamen Umwegen und durch so viele Leiden zu dem Glück führte, mich die Eure nennen zu dürfen. Nun, Don Rafael, reicht mir die Hand darauf, daß Ihr der meine sein wollt, und hier habt Ihr die meine darauf, die Eure zu sein, und als Zeugen mögen uns jene dienen, die Ihr genannt: der Himmel, das Meer, der Sand und das Schweigen, das nur von meinen Seufzern und Euren Bitten durchbrochen wurde.«

Indes sie solches sagte, ließ sie sich von ihm umarmen, gab ihm die Hand, und Don Rafael reichte ihr die seine. Nur die Tränen, die das Glücksgefühl trotz der überstandenen Bekümmernis ihren Augen entlockte, feierten dieses neuerliche, nächtliche Verlöbnis. Dann kehrten sie in das Haus des Edelmannes zurück, der wegen der Abwesenheit der beiden sehr bekümmert gewesen war. In gleicher Sorge waren auch Marco Antonio und Teodosia gewesen, die inzwischen durch einen Priester verbunden worden waren;

denn auf das Zureden Teodosias – sie fürchtete, daß ein widriges Geschick das Glück, das sie gefunden, zunichte machen könnte – hatte der Edelmann sogleich nach einem Priester geschickt, damit er Marco Antonio und Teodosia ehelich verbinde. Als nun Don Rafael und Leocadia eintraten und Don Rafael berichtete, was sich zwischen ihm und Leocadia zugetragen, freute sich der Edelmann so sehr darüber, als wären sie nahe Verwandte, denn es ist die Art des katalanischen Adels, daß alle Angehörigen dieses Standes sich gegen die Fremden, die ihrer Hilfe bedürfen, als Freunde erweisen und sie begünstigen. Der Priester, der noch anwesend war, wies Leocadia an, den Anzug zu wechseln und ein Frauenkleid anzuziehen. Der Edelmann beeilte sich den Auftrag des Priesters ausführen zu lassen und gab den beiden Mädchen zwei prächtige Kleider seiner Gattin, einer angesehenen Dame aus dem in jenem Königreich berühmten alten Geschlecht der Granolleques. Der Edelmann schickte wiederum nach dem Wundarzt. Dieser kam und ordnete aus Rücksicht auf den Verletzten, der viel redete und nicht allein gelassen wurde, an, man möge ihm sogleich Ruhe gönnen. Allein Gott, der es so beschlossen, tat – wie immer, wenn er vor unseren Augen ein Wunder tun will – mit seinen Mitteln und auf seinen Wegen ein Werk, das die Natur selbst nicht zu tun vermochte, und so ließ er die Freude und das viele Reden die Genesung Marco Antonios solcherart fördern, daß dieser am nächsten Tag, als er wieder verbunden wurde, bereits außer Gefahr war und vierzehn Tage hernach so gesund von seinem Lager aufstand, daß er sich unbesorgt auf den Weg machen konnte.

Es ist noch zu berichten, daß Marco Antonio, indes er auf dem Krankenbette lag, das Gelübde getan hatte, zu Fuß nach Santiago in Galicien zu pilgern, so Gott ihn wieder gesunden lasse; das gleiche Gelübde hatten auch Don Rafael, Leocadia und Teodosia abgelegt, und sogar Calvete, der die Güte und Freundlichkeit Don Rafaels kennengelernt hatte, fühlte sich – was bei den Leuten seines Gewerbes sehr selten ist – verpflichtet, sich nicht von seinem Herrn zu trennen, ehe dieser nicht in seiner

Die beiden Jungfern

Heimat angekommen. Als er sah, daß sie alle zu Fuß pilgern wollten, schickte er, da sich ihm eine günstige Gelegenheit bot, seine Maultiere mit dem Reittier Don Rafaels nach Salamanca. Dann kam der Tag des Aufbruchs: in Pilgerkleidern, mit allem Erforderlichen versehen, nahmen sie Abschied von dem großherzigen Edelmann, der sie so sehr begünstigt und so gut bewirtet hatte. Dieser Edelmann hieß Don Sancho de Cardona und war ebenso hochgeehrt wegen seiner edlen Abkunft wie berühmt durch persönliches Verdienst. Sie erboten sich, das Andenken an die vielen Wohltaten, die sie von ihm empfangen, ewig zu wahren und dieses Gedenken auch ihren Nachkommen anzubefehlen, um ihm wenigstens solcherart für die vielen Gunstbeweise zu danken, da sie doch nicht in der Lage wären, sie ihm zu vergelten. Don Sancho umarmte alle und sagte, es liege eben in seiner Art, solches und noch andere Freundlichkeiten allen zu erweisen, die er als spanische Edelleute kenne oder dafür zu halten glaube. Man umarmte einander nochmals, und dann verabschiedeten sie sich voneinander mit einem seltsamen Gefühl, in dem sich Freude mit Trauer mengte. Weil sie nicht schneller zu reisen vermochten, als es die Zartheit der beiden zu Pilgerinnen gewordenen Damen gestatten wollte, kamen sie erst drei Tage hernach auf den Montserrat, wo sie weitere drei Tage verblieben und ihrer Pflicht als gute katholische Christen nachkamen. Dann setzten sie ihren Weg mit der gleichen Gemächlichkeit fort und gelangten ohne Zwischenfall oder sonstige Widerwärtigkeit nach Santiago. Nachdem sie dort ihr Gelübde mit aller ihnen möglichen Andacht erfüllt hatten, beschlossen sie, die Pilgerkleider nicht abzulegen, ehe sie nicht in ihrer Heimat wären, wo sie allmählich, ausgeruht und zufrieden eintrafen. Als sie schon in der Nähe von Leocadias Heimatort waren – er war, wie schon gesagt, nur eine Meile von jenem Teodosias entfernt – und von einer Anhöhe herab beide Ortschaften erblickten, vermochten sie die Tränen nicht zurückzuhalten, mit denen die Freude ihre Augen füllte; wenigstens erging es den beiden jungvermählten Frauen so, die sich nun wieder all der überstandenen Begebnisse erinnerten.

Von der Stelle, an der sie standen, blickten sie in ein breites Tal, das die beiden Orte voneinander trennte. Dort sahen sie im Schatten eines Ölbaums einen Ritter, der stattlich auf einem mächtigen Roß saß, einen weißglänzenden Schild am linken Arm und eine starke, lange Lanze in der Rechten eingelegt trug. Als sie genauer hinsahen, gewahrten sie, daß zwischen anderen Ölbäumen zwei weitere Ritter, gleich bewaffnet und in der gleichen stattlichen Haltung, hervorkamen, und kurz darauf bemerkten die Pilger, daß die drei Ritter sich vereinigten und sich, nachdem sie kurze Zeit beieinander gewesen, wieder trennten. Einer der beiden zuletzt Gekommenen nahm in einiger Entfernung von dem andern, der unter dem Ölbaum gewartet, Aufstellung. Dann gaben beide den Pferden die Sporen, sprengten mit allen Zeichen tödlicher Feindschaft aufeinander los, begannen mit den Lanzen überaus heftig und behende aufeinander einzudringen, den Stößen auszuweichen oder sie aufzufangen, und zwar mit solcher Geschicklichkeit, daß man sogleich erkannte, es handle sich dabei um Meister solcher Waffenübung. Der dritte Ritter sah ihnen zu, ohne sich von der Stelle zu rühren. Allein Don Rafael, der es nicht über sich gewinnen konnte, den erbitterten Zweikampf aus solcher Entfernung unbekümmert mitanzusehen, eilte in raschem Lauf den Hügel hinab, indes ihm die Schwester und die Gattin folgten. Er trat zur rechten Zeit zwischen die Kämpfer, denn die beiden Ritter waren jeder schon leicht verwundet, und als dem einen der Hut und zugleich die Stechhaube zu Boden fiel und er sich umwendete, erkannte Don Rafael den eigenen Vater in dem einen und Marco Antonio im andern den seinen. Leocadia, die den dritten, der nicht mitgekämpft hatte, näher besah, erkannte in diesem ihren leiblichen Vater, ein Anblick, bei dem alle vier verwundert, sprachlos und entgeistert waren. Doch da der Schreck der Überlegung wich, warfen sich die beiden Schwäher, ohne länger zu zögern, zwischen die Kämpfer und riefen:

»Halt, Ihr Herren, nicht weiter! Denn wir, die wir Euch um solches bitten und anflehen, sind Eure leiblichen Söhne!«

»Ich bin Marco Antonio, mein Herr und Vater«, rief

Die beiden Jungfern   545

Marco Antonio, »ich bin es, um dessentwillen, wie ich mir
denke, Euer ehrwürdiges Grauhaar sich solch ernster Gefahr aussetzt. Mäßigt Euren Grimm, werft die Lanze fort
oder wendet sie gegen einen anderen Feind, denn der, den
ihr als Feind vor Euch glaubt, wird ab heute Euer Bruder
sein!«

Fast dieselben Worte richtete Don Rafael an seinen Vater, worauf die beiden Kämpfer innehielten und die Jünglinge, die solches zu ihnen sagten, näher ansahen. Als sie
sich umschauten, sahen sie, daß Don Enrique, der Vater
Leocadias, vom Pferde gestiegen war und jemand umarmt
hielt, den man für einen Pilger halten konnte. Leocadia
hatte sich nämlich ihrem Vater genähert, sich ihm zu erkennen gegeben und ihn gebeten, den Frieden zwischen
den beiden Gegnern wiederherzustellen. Sie sagte ihm in
wenigen Worten, daß Don Rafael ihr Gatte und Marco
Antonio der Gatte Teodosias sei.

Als ihr Vater solches vernommen, war er von seinem
Pferde gestiegen und schloß sie, wie schon gesagt, in die
Arme. Dann ließ er sie los, eilte, um Frieden zu stiften,
was jedoch nicht mehr vonnöten war, da die beiden Gegner bereits ihre Söhne erkannt hatten, abgestiegen waren
und sie in ihren Armen hielten, wobei alle Tränen der
Liebe und Freude vergossen. Die Väter traten zusammen,
betrachteten Söhne und Töchter und wußten nicht, was
sie sagen sollten; sie befühlten ihre Kinder um sich zu
vergewissern, daß sie nicht Gespenster vor sich hätten,
denn ihr plötzliches Auftauchen und andere Vermutungen
ließen sie solches fast annehmen. Als die Väter einigermaßen von der Leibhaftigkeit ihrer Kinder überzeugt
waren, flossen noch einmal die Tränen und wiederholten
sich die Umarmungen. Indes kam ein großer Haufe Be-
waffneter zu Fuß und zu Pferd in das Tal; sie wollten
alle ihre Herren verteidigen, doch als sie näherkamen und
sahen, wie diese jene Pilger, die Augen voll der Tränen,
umarmt hielten, stiegen auch sie von den Pferden; sie blieben verwundert stehen, bis Don Enrique ihnen in kurzen
Worten mitgeteilt, was seine Tochter Leocadia ihm berichtet hatte. Mit allen Zeichen höchster Freude umarmten auch

sie die Pilger. Don Rafael erzählte aufs neue, so kurz wie der Augenblick es erlaubte, die Geschichte seiner Liebe, wie er sich mit Leocadia verheiratet habe und seine Schwester Teodosia mit Marco Antonio, Neuigkeiten, die neue Freude wachriefen. Dann wählte man unter den Pferden der Leute, die zur Hilfe herbeigeeilt waren, so viele aus, wie sie fünf Pilger nötig hatten, und man beschloß, nach dem Heimatort Marco Antonios zu ziehen, dessen Vater sich erbötig machte, die Hochzeitsfeier für alle zu rüsten. Mit dieser Absicht zogen sie fort, und einige Leute, die alles mitangehört hatten, eilten voraus, um den Verwandten und Freunden der Vermählten die frohe Botschaft zu überbringen.

Unterwegs erfuhren Don Rafael und Marco Antonio den Grund jenes Zweikampfs: der Vater Teodosias wie jener Leocadias hatten den Vater Marco Antonios zum Zweikampf gefordert, weil sie glaubten, er wäre Mitwisser des Betruges, den sein Sohn an ihren Töchtern verübt habe. Als die beiden nun zum Kampfplatz gekommen waren und ihn dort als einzelnen vorgefunden, wollten sie ohne jeden Vorteil, Mann gegen Mann, wie es Edelleuten geziemt, gegen ihn kämpfen, einen Kampf führen, der mit dem Tode des einen oder zweier der Gegner geendet hätte, wären nicht die vier Pilger gekommen. Diese dankten Gott für den glücklichen Ausgang. Und am Tage nach ihrer Ankunft richtete der Vater Marco Antonios die Vermählungsfeier seines Sohnes mit Teodosia und die Don Rafaels mit Leocadia mit fürstlichem Prunk und Aufwand. Die nun Vermählten lebten noch lange Jahre in glücklicher Ehe und hinterließen edle Kinder und Nachkommenschaft, die bis heute noch in jenen beiden Orten erhalten geblieben ist und zur vornehmsten in ganz Andalusien zählt. Wenn sie hier nicht mit Namen genannt werden, dann nur, um das Ansehen der beiden Jungfern zu schonen, denen Lästerzungen und Sittenrichter vorwerfen könnten, sie hätten sich vorschnell verliebt und zu leichtfertig verkleidet. Die Tadler bitte ich, sie möchten sich, ehe sie sich darauf stürzen, solche Freiheiten zu rügen, einmal selbst fragen, ob nicht auch sie einmal von jenen Pfeilen, die man die des Cupido

Die beiden Jungfern 547

nennt, getroffen worden sind, ist doch die Liebe eine unwiderstehliche Macht, die sich auch der Vernunft nicht beugt. Calvete, der Maultiertreiber, durfte das Maultier Don Rafaels, das er mit den andern nach Salamanca geschickt hatte, behalten. Dies zu den vielen anderen Geschenken, die ihm die Neuvermählten noch gaben. Die Dichter jener Zeit hatten nun einen Anlaß, ihre Federn in Bewegung zu setzen, um die Schönheit und die Erlebnisse der beiden ebenso verwegenen wie ehrbaren Jungfern, die der Gegenstand dieses seltsamen Begebnisses waren, über alle Maßen zu rühmen.

FRÄULEIN CORNELIA

Don Antonio de Isunza und Don Juan de Gamboa, angesehene Edelleute gleichen Alters, sehr verständig und große
Freunde, studierten gerade in Salamanca, als sie – wie
man so sagt – vom Gären des jungen Blutes und vom
Wunsch, die Welt zu sehen, getrieben, beschlossen, ihr Studium aufzugeben und nach Flandern zu ziehen; sie meinten, der Waffenberuf, der als solcher schon allen Leuten
wohl anstehe, schicke sich für gut und hoch Geborene doch
besser. Nun trafen sie in Flandern aber erst ein, als dort
alles schon wieder friedlich war oder, besser, Übereinkommen und Verträge geschlossen waren, die bald den Frieden
bringen sollten. In Antwerpen bekamen sie Briefe von
ihren Vätern, worin diese ihren Verdruß darüber ausspra-
chen, daß sie ihre Studien aufgegeben, ohne sich vorher mit
ihnen beraten zu haben; so hätten sie die Reise eben nicht
mit jener Bequemlichkeit machen können, die ihrem Rang
zukomme. Kurz, als die beiden nun vom Kummer ihrer
Väter unterrichtet waren, entschlossen sie sich, nach Spanien zurückzukehren, gab es doch in Flandern für sie nichts
mehr zu tun; doch ehe sie in die Heimat zurückkehrten,
wollten sie noch alle berühmten Städte Italiens kennenlernen. Nachdem sie auch diese gesehen, kamen sie nach
Bologna, und von den Hohen Schulen jener berühmten
Universität beeindruckt, wollten sie hier die eigenen Studien fortsetzen. Diese Absicht teilten sie den Vätern mit,
die darob überaus erfreut waren und diese Freude daran
zu erkennen gaben, daß sie die Söhne reichlich mit Geld
und auch solcherart ausstatteten, daß diese schon an ihrem
Auftreten zeigen konnten, wer sie seien und von welchen
Eltern sie stammten; und vom ersten Tag an, da sie zur
Hohen Schule gingen, wurden sie von allen als stattliche,
verständige und gut erzogene Edelleute anerkannt.

Don Antonio dürfte so an die vierundzwanzig und Don
Juan nicht über die sechsundzwanzig Jahre alt gewesen
sein. Dieses glückliche Alter verschönerten sie noch dadurch, daß sie sehr liebenswürdige Menschen, Musiklieb-

Fräulein Cornelia 549

haber, Freunde der Poesie, geschickte Fechter und sehr tapfer waren, Eigenschaften, die sie bei allen, mit denen sie zu tun hatten, beliebt machten. Sie hatten bald viele Freunde, sowohl unter den spanischen Studenten, die in großer Zahl an jener Universität waren, wie auch unter den Bewohnern der Stadt und unter den Ausländern, und sie zeigten sich in allem sehr freigebig, gefällig und waren weit entfernt von jener Anmaßung, die, wie man sagt, die Spanier sehr oft zeigen. Da die beiden jung und lustig waren, verschmähten sie es nicht, über die Schönen der Stadt unterrichtet zu werden. Obgleich es in Bologna viele vermählte und unvermählte Damen gab, die im Rufe der Ehrbarkeit und der Schönheit standen, wurden sie doch alle übertroffen durch das Fräulein Cornelia Bentibolli aus dem alten und edlen Hause der Bentibolli, die einst die Herren von Bologna gewesen waren. Cornelia war ausbündig schön und stand unter dem Schutz und Schirm ihres Bruders Lorenzo Bentibolli, eines überaus ehrenhaften und tapferen Edelmannes. Sie hatten Vater und Mutter verloren, die ihnen, die sie nun so allein in der Welt verlassen waren, ein reiches Erbe vermacht hatten, und Reichtum ist ein großer Waisentröster. Die Zurückgezogenheit Cornelias und die Beflissenheit ihres Bruders, sie zu behüten, waren solcherart, daß weder sie sich blicken ließ, noch ihr Bruder es gestattete, daß man ihrer ansichtig werde. Dieser Ruf machte Don Juan und Don Antonio begierig, sie, und wäre es auch nur in der Kirche, zu sehen; doch alle Mühe, die sie darauf verwendeten, war vergeblich, und die Unmöglichkeit, Dolch der Hoffnung, tötete ihr Verlangen. So verbrachten sie in der Liebe zum Studium und in der Zerstreuung ehrenhafter Jugend ein ebenso frohes wie sittsames Leben. Selten gingen sie des Nachts aus dem Hause, und wenn sie ausgingen, dann zu zweit und gut bewaffnet.

Nun geschah es, daß sie einmal des Nachts ausgehen wollten. Don Antonio sagte zu Don Juan, er möge nur vorausgehen; er wolle zuvor noch gewisse Gebete sprechen und werde dann sogleich nachkommen.

»Das ist nicht nötig«, sagte Don Juan, »denn ich werde auf Euch warten.«

»Nein, bei Eurem Leben!« erwiderte Don Antonio. »Geht nur voraus, schöpft frische Luft; ich werde bald bei Euch sein, wenn Ihr den gleichen Weg nehmt, den wir sonst zu nehmen pflegen.«

»Tut, wie Ihr wollt«, sagte Don Juan, »und gehabt Euch wohl. Wenn Ihr noch ausgehen wollt, dann wisset, daß ich die gleichen Straßen nehme wie immer.«

Don Juan ging, und Don Antonio blieb zurück. Die Nacht war ziemlich dunkel, und es war elf. Nachdem er so an die zwei oder drei Straßen gegangen war, sich so allein sah und niemand fand, mit dem er hätte sprechen können, beschloß er, nach Hause zurückzukehren. Er machte sich auf den Heimweg, und als er durch eine Straße kam, die Arkaden mit Marmorsäulen hatte, hörte er, daß man ihm von einer Tür her zuzischelte. Das Dunkel der Nacht, dunkler noch in den Arkaden, ließ ihn nicht erkennen, woher das Gezischel kam. Er blieb einen Augenblick stehen, blickte um sich und sah, wie man eine Tür halb öffnete. Er trat hinzu und vernahm eine leise Stimme, die da sagte:

»Seid Ihr vielleicht Fabio?«

Don Juan erwiderte aufs Geratewohl mit einem Ja.

»So nehmt«, antwortete man von drinnen, »bringt es in Sicherheit und kehrt sogleich zurück; es ist wichtig.«

Don Juan streckte die Hand aus, stieß auf ein Bündel, und als er es an sich nehmen wollte, erkannte er, daß er beide Hände bräuchte. Kaum hatte er das Bündel in den Händen, wurde die Tür wieder geschlossen, und er fand sich mit einer Last, von der er nicht wußte, was es war, allein auf der Straße. Gleich darauf begann ein Kind, allem Anschein nach ein neugeborenes, zu weinen. Dieses Weinen verwirrte Don Juan und machte ihn so fassungslos, daß er nicht wußte, was er nun beginnen sollte, noch wie er aus der Sache herauskäme; denn klopfte er an die Tür, dann mußte er – so schien es ihm – befürchten, daß die Mutter, der das Kind gehörte, einer Gefahr ausgesetzt würde; ließe er aber den Säugling einfach dort liegen, so liefe dieser Gefahr; nahm er ihn mit nach Hause, so hatte er dort niemand, der sich darum kümmern könnte; auch

Fräulein Cornelia

kannte er in der ganzen Stadt keinen Menschen, dem er
das Kind hätte anvertrauen können. Da ihm einfiel, daß
man ihm gesagt hatte, er solle das Kind in Sicherheit bringen und sogleich wieder zurückkehren, beschloß er, es heim-
zutragen und es der Haushälterin, die ihm und seinem
Freunde diente, anzuvertrauen. Dann wollte er wieder
zurückkommen, um zu sehen, ob man seiner Hilfe weiterhin bedürfe, war ihm doch klargeworden, daß man ihn
für einen andern gehalten und ihm das Kind irrtümlich
eingehändigt hatte.

Kurz und gut, ohne weiter noch zu überlegen, ging er
mit dem Kind nach Hause. Don Antonio war bereits ausgegangen. Don Juan betrat sein Zimmer, rief die Haushälterin, deckte das Kind auf und sah, daß es das schönste
Geschöpf war, das er jemals gesehen. Die Windeln, in die
das Kind gewickelt war, bewiesen, daß es von reichen
Eltern stammen müßte, und als die Haushälterin das Kind
ausgewickelt hatte, sahen sie, daß es ein Knabe war.

»Es wird notwendig sein«, sagte Don Juan, »das Kind
zu stillen, und zwar soll dies auf folgende Weise erreicht
werden. Ihr, Haushälterin, nehmt dem Kind diese feinen
Windeln fort und gebt ihm andere, bescheidenere Tücher,
und ohne auch nur ein Wort davon zu sagen, daß ich es
gebracht habe, sollt Ihr es zu einer Hebamme tragen; diese
pflegen doch solchen Nöten abzuhelfen. Ihr gebt der Frau
genug Geld, um sie zufriedenzustellen, und nennt ihr als
Eltern, wen Ihr wollt, damit nicht aufkommt, daß ich das
Kind gebracht.«

Die Haushälterin erwiderte, sie werde tun, wie er wünsche, und Don Juan kehrte so rasch wie möglich an jene
Tür zurück, um zu sehen, ob man ihm noch einmal zu-
zischele; allein ehe er an das Haus kam, wo man ihn angerufen hatte, vernahm er lautes, vielfältiges Degengeklirr,
so daß ihm schien, als kämpften viele Leute gegeneinander.
Er horchte; doch vernahm er kein einziges Wort: das Gefecht wurde stumm ausgetragen; beim Schein der Funken
aber, die von den Steinen aufsprühten, wenn sie von den
Degen getroffen wurden, vermochte er ziemlich deutlich
zu sehen, daß es ihrer viele waren, die auf einen einzigen

eindrangen, was sich bestätigte, als er plötzlich sagen hörte:

»Ah, ihr Schurken, ihr seid viele, indes ich allein bin! Trotz allem wird euch eure Hinterlist nichts fruchten!«

Als Don Juan dies sah und hörte, stand er, von seinem tapferen Herzen getrieben, in zwei Sprüngen an der Seite des Angegriffenen, nahm den Degen in die Rechte, die Tartsche, die er stets bei sich hatte, in die Linke und sagte, um nicht als Spanier erkannt zu werden, in italienischer Sprache:

»Fürchtet nichts, denn Ihr habt einen Helfer gefunden, der Euch bis in den Tod nicht fehlen soll. Nur flink mit dem Degen, dann vermögen auch Schurken und Wegelagerer wenig, seien es ihrer noch so viele!«

Darauf antwortete einer der Gegner:

»Du lügst, keiner ist hier ein Schurke oder ein Wegelagerer; auch Übermacht ist erlaubt, wenn es gilt, angetanen Schimpf zu rächen.«

Er sagte kein weiteres Wort, denn das Ungestüm, mit dem die Gegner, die Don Juan auf sechs schätzte, angriffen, erlaubte dies nicht. Sie bedrängten seinen Kampfgefährten so sehr, daß er von zwei Degenstößen, die zu gleicher Zeit die Brust trafen, zu Boden gestreckt wurde. Don Juan glaubte, sie hätten ihn getötet, stellte sich ihnen behende und überaus mutig entgegen und brachte sie mit einem Wirbelsturm von Stößen und Hieben zum Weichen. Allein sein Eifer im Angriff und in der Verteidigung hätte nicht ausgereicht, wäre ihm nicht das Glück zu Hilfe gekommen und hätte veranlaßt, daß die Bewohner der Straße mit Lichtern an die Fenster eilten und mit lauter Stimme nach der Obrigkeit riefen. Als die Angreifer dies bemerkten, wandten sie den Rücken und flüchteten aus der Straße. Indes hatte sich der Mann, der zu Boden gestreckt worden war, erhoben, denn die beiden Degenstöße waren an einem diamantharten Brustharnisch abgeprallt. Don Juan hatte im Gemenge den Hut verloren, und als er ihn suchte, stieß er auf einen andern, den er aufsetzte, ohne auf die Verwechslung zu achten. Der Unbekannte trat nun zu ihm und sagte:

»Herr Edelmann! Wer Ihr auch immer sein mögt, so

muß ich doch bekennen, daß ich Euch mein Leben verdanke und es mit allem, was ich gelte und vermag, Euch zu Diensten stelle. Habt nun die Güte, mir zu sagen, wer Ihr seid und wes Euer Name ist, damit ich weiß, wem ich mich als dankbar zu erweisen habe.«

Darauf erwiderte Don Juan:

»Da ich keinen eigennützigen Zweck verfolge, will ich nicht unhöflich sein. Um Eure Bitte zu erfüllen, mein Herr, und Euch zu willfahren, sage ich nur, daß ich ein spanischer Edelmann bin, der in dieser Stadt studiert, und wenn Euch daran liegt, meinen Namen zu erfahren, werde ich ihn Euch sagen; sollt Ihr Euch meiner in einer anderen Sache bedienen wollen, dann wisset, daß ich Don Juan de Gamboa heiße.«

»Ihr habt mir einen großen Dienst erwiesen«, erwiderte der Unbekannte. »Doch ich, Herr Don Juan de Gamboa, will Euch nicht sagen, wer ich bin, noch wie ich heiße; mir ist es um vieles lieber, wenn Ihr meinen Namen von einem andern hört, und ich werde dafür Sorge tragen, daß man ihn Euch zu wissen macht.«

Als erstes hatte Don Juan gefragt, ob er verwundet wäre, hatte er doch gesehen, daß man zwei heftige Stöße gegen seine Brust geführt, und er hatte geantwortet, er trage einen berühmten Brustharnisch, der ihn nächst Gott beschützt habe. Dennoch würden ihm die Feinde das Lebenslicht ausgeblasen haben, wäre er ihm nicht zur Seite gestanden. Indes sahen sie eine Menge Leute auf sie zukommen, und Don Juan sagte:

»Wenn dies Eure Gegner sind, so seht Euch vor, Herr, und stellt Euren Mann. Doch sind die Leute, die da auf uns zukommen, wie es scheint, keine Feinde, sondern Freunde.«

So war es auch, denn die Ankömmlinge, acht an der Zahl, umringten den Unbekannten und wechselten mit ihm einige Worte, jedoch so leise und heimlich, daß Don Juan kein Wort verstehen konnte. Der Mann, der seinen Namen nicht hatte nennen wollen, wandte sich an Don Juan und sagte:

»Wären diese Freunde nicht gekommen, so hätte ich

Euch gewiß nicht verlassen, ehe Ihr nicht selbst in Sicherheit gewesen. Doch bitte ich Euch inständig, Euch zurückzuziehen und mich zu verlassen, denn es ist mir wichtig.«

Indes er dies sagte, wollte er den Hut ziehen und bemerkte, daß er keinen auf dem Kopfe hatte. Sich an die
Neuankömmlinge wendend, verlangte er, sie sollten ihm
einen Hut geben, da er den seinen verloren habe. Kaum
hatte er dies gesagt, als Don Juan ihm den Hut reichte,
den er auf dem Boden gefunden hatte. Der Unbekannte
befühlte ihn und sagte, zu Don Juan gewendet:

»Dieser Hut gehört nicht mir. Herr Don Juan soll ihn,
bei Gott, als Trophäe aus diesem Kampf mit sich nehmen
und ihn behalten. Ich glaube, der Hut ist bekannt.«

Sie gaben dem Unbekannten einen anderen Hut, und
Don Juan, der nun der Bitte nachkommen wollte, die der
Unbekannte an ihn gerichtet hatte, sprach einige höfliche
Worte und entfernte sich, ohne erfahren zu haben, mit
wem er es zu tun gehabt. Er ging nach Hause, ohne sich
der Tür zu nähern, an der man ihm den Säugling eingehändigt hatte, denn ihm schien, als wäre das ganze Stadt-
viertel des Kampfes wegen erwacht und in Aufregung.

Nun geschah es, daß er auf dem halben Weg zu seiner
Wohnung Don Antonio de Isunza, seinen Kameraden,
traf und dieser, nachdem beide einander erkannt hatten,
zu ihm sagte:

»Geht mit mir diese Straße ein Stück zurück, Don Juan.
Auf dem Wege will ich Euch die sonderbare Geschichte
erzählen, die mir zugestoßen ist, eine Geschichte, wie Ihr
sie vielleicht in Eurem ganzen Leben noch nie vernommen
habt.«

»Auch ich könnte Euch mit solchen Geschichten dienen«,
erwiderte Don Juan, »doch gehen wir, wohin Ihr wollt,
und erzählt mir die Eure.«

Don Antonio übernahm die Führung und sagte:

»Ihr müßt wissen, daß ich knapp eine Stunde, nachdem
Ihr das Haus verlassen hattet, ging, um Euch zu folgen,
und kaum dreißig Schritte von hier die dunkle Gestalt
eines Menschen geradewegs auf mich zukommen sah, der
es sehr eilig zu haben schien. Als die Gestalt näher kam,

sah ich an dem langen Gewand, daß es eine Frau war, die mit einer von Seufzern und vom Schluchzen gehemmten Stimme zu mir sagte: ›Seid Ihr, mein Herr, vielleicht ein Fremder, oder seid Ihr aus der Stadt?‹ ›Ich bin ein Fremder, Spanier‹, erwiderte ich. Und sie: ›Dank dem Himmel, da er nicht will, daß ich ohne die Sakramente sterbe.‹ ›Seid Ihr verwundet, meine Dame‹, fragte ich, ›oder seid Ihr todkrank?‹ ›Es kann sein, daß die Krankheit, an der ich leide, wenn man mir nicht bald ein Heilmittel verschafft, für mich tödlich ist. Doch bei dem Edelmut, den alle Eures Volkes besitzen, Herr Spanier, flehe ich Euch an, daß Ihr mich von der Straße wegführt und mich so rasch wie möglich in Eure Behausung bringt, und dort werdet Ihr, wenn Euch danach verlangen sollte, erfahren, welches Übel mich quält, wer ich bin, und wär es auch auf Kosten meines Rufes.‹ Als ich dies vernommen, schien es mir, als wäre es dringend, daß ich ihr die Bitte erfüllte, und so nahm ich sie, ohne etwas zu erwidern, an der Hand und brachte sie durch unbelebte Straßen nach unserer Wohnung. Santiesteban, der Page, öffnete; ich veranlaßte ihn, sich sogleich zurückzuziehen, und führte die Unbekannte, ohne daß er sie hätte sehen können, in mein Zimmer. Dort angekommen, fiel sie sogleich ohnmächtig auf mein Bett. Ich trat an sie heran, entblößte ihr das Gesicht, das durch einen Schleier verhüllt war, und erblickte die vollkommenste Schönheit, die Menschenaugen je gesehen. Sie wird, meiner Meinung nach, ungefähr achtzehn Jahre alt sein; eher dürfte sie jünger sein als älter. Ich war sprachlos, solch ausbündige Schönheit zu sehen; dann beeilte ich mich, ihr ein wenig Wasser ins Gesicht zu sprengen, wodurch sie zu sich kam und kläglich seufzte. Das erste, das sie mich fragte, war: ›Kennt Ihr mich, mein Herr?‹ ›Nein‹, entgegnete ich, ›und es ist schade, daß ich nie das Glück hatte, solche Schönheit zu kennen.‹ ›Wehe der Unglücklichen‹, meinte sie, ›der der Himmel zu ihrem Unheil Schönheit schenkt. Doch, mein Herr, ist es jetzt nicht an der Zeit, die Schönheit zu preisen, sondern dem Unglück zu steuern. Bei Eurer Ehre bitte ich Euch, daß Ihr mich hier einschließt und es nicht zulaßt, daß irgendwer mich sehe; kehrt dann an den Ort zurück, wo Ihr mich getroffen habt, und seht nach, ob dort einige Leute miteinander kämpfen. Helft aber weder den einen noch den andern, sondern sucht Frieden zu stiften, denn, welcher Partei auch immer etwas zustieße, mein Jammer könnte nur noch größer werden.‹ Ich schloß sie ein, und nun bin ich da, um dem Kampf ein Ende zu setzen.«

»Habt Ihr noch mehr zu berichten, Don Antonio?« fragte Don Juan.

»Meint Ihr, daß das, was ich Euch erzählt habe, nicht schon genug wäre?« versetzte Don Antonio. »Ich habe Euch doch gesagt, daß ich in meinem Zimmer die erhabenste Schönheit, die ein Menschenauge je erblickt, eingeschlossen habe.«

»Der Fall ist zweifelsohne seltsam«, sagte Don Juan, »allein, hört meine Geschichte.«

Und er erzählte ihm alles, was ihm zugestoßen, berichtete, daß der Säugling, den man ihm gegeben, sich daheim in der Obhut der Haushälterin befinde, daß er den Auftrag gegeben, die kostbaren Wickeltücher durch ärmere zu ersetzen und das Kind an einen Ort zu bringen, wo man es aufziehe oder ihm wenigstens in seinen augenblicklichen Bedürfnissen beistünde. Er sagte dem Freunde auch, daß der Kampf, den zu schlichten er gekommen, bereits zu Ende und die Ruhe wiederhergestellt sei, denn er selbst habe daran teilgenommen, und seiner Meinung nach seien alle, die in diesen Kampf verwickelt gewesen, Leute von Rang und Namen.

Jeder der beiden Freunde war von dem Erlebnis des andern sehr beeindruckt, und sie beeilten sich, in ihre Wohnung zurückzukehren, um zu sehen, was die dort eingeschlossene Unbekannte bräuchte. Unterwegs sagte Don Antonio seinem Freunde, er habe jener Dame versprochen, niemand zu erlauben, sie zu sehen, und dafür zu sorgen, daß außer ihm niemand das Zimmer betrete, solange sie nichts anderes gestatten wolle.

»Das tut für den Augenblick nichts zur Sache«, entgegnete Don Juan, »denn es wird sich schon eine Gelegenheit finden, sie mit ihrer eigenen Erlaubnis zu sehen, wonach mich sehr verlangt, da Ihr sie mir als so schön gepriesen habt.«

Indes kamen sie an, und beim Schein eines Lichtes, das einer der drei Pagen, die sie hatten, trug, erblickte Don Antonio den Hut, den Don Juan auf dem Kopfe hatte, und sah, daß er von Diamanten nur so blitzte. Er nahm ihm den Hut ab und sah, daß das Blitzen wirklich von den vielen Edelsteinen herrührte, die in die Hutschnur gefaßt waren. Die Freunde betrachteten die Steine immer wieder und kamen zu dem Schluß, daß sie, wenn alle von gleich reinem Wasser wären, wie sie zu sein schienen, mehr als zwölftausend Dukaten wert sein müßten. Dies überzeugte sie vollends vom Rang der Leute, die am Kampf beteiligt gewesen, vor allem vom hohen Stande dessen, dem Don Juan zur Seite gestanden. Don Juan erinnerte sich, daß jener ihm gesagt, er möge den Hut mitnehmen und aufbewahren, denn dieser wäre wohlbekannt. Sie gaben den Pagen den Befehl, sich zurückzuziehen; Don Antonio schloß sein Zimmer auf und fand die Dame auf dem Bett sitzend vor, wo sie, die Wange auf eine Hand gestützt, heiße Tränen vergoß. Don Juan, vom Verlangen, sie zu sehen, verführt, trat so weit in die Tür, daß er den Kopf hineinstecken konnte. Als der Weinenden das Blitzen der Diamanten an der Hutschnur in die Augen fiel, wandte sie sich ihm zu und rief:

»Tretet ein, Herzog, tretet ein! Weshalb wollt Ihr mir das Glück Eures Anblicks nur in solch geringem Maß vergönnen?«

Darauf erwiderte Don Antonio:

»Hier gibt es nirgends einen Herzog, der sich Euren Blicken entziehen wollte.«

»Wie nicht?« fragte sie. »Der Mann, der seinen Kopf zur Tür hereinsteckte, ist doch der Herzog von Ferrara; der reich gezierte Hut hat ihn mir verraten.«

»Und doch, meine Dame, wird der Hut, den Ihr gesehen, von keinem Herzog getragen. Wenn Ihr Euch davon überzeugen wollt, wer ihn trägt, dann gestattet dem Träger des Hutes, hier einzutreten.«

»Wohlan, er trete ein«, sagte sie, »obgleich mein Unglück nur noch größer wird, wenn es nicht der Herzog selber ist.«

Don Juan hatte dies mit angehört, und als er vernahm, daß ihm die Erlaubnis gegeben, ins Zimmer zu treten, betrat er es mit dem Hut in der Hand. Als er vor der Dame stand und sie sich darüber klar wurde, daß es nicht derjenige war, den sie als den Träger des Hutes genannt hatte, rief sie mit bebender Stimme und überstürzter Zunge aus:

»Weh mir, der Unglücklichen! Sagt mir, mein Herr, sogleich, ohne mich lange auf die Folter zu spannen, wie habt Ihr den Eigentümer des Hutes kennengelernt? Wo habt Ihr ihn gelassen? Wie ist dieser Hut in Euren Besitz gekommen? Lebt der Eigentümer des Hutes noch oder ist dies das Zeichen seines Todes, das er mir überbringen läßt? Ach, mein Geliebter, was alles ist geschehen! Hier sehe ich deine Hutzier, hier sehe ich mich ohne dich, eingeschlossen und Männern ausgeliefert. Wüßte ich nicht, daß es spanische Edelleute sind, würde mir die Furcht, meine Ehre zu verlieren, schon das Leben genommen haben.«

»Beruhigt Euch, meine Dame«, sagte Don Juan, »denn weder der Eigentümer dieses Hutes ist tot, noch befindet Ihr Euch an einem Ort, wo man Euch einen Schimpf antun könnte. Wir begehren nur, Euch zu dienen mit all unseren Kräften, und wollen auch das Leben einsetzen, um Euch zu beschützen; das Vertrauen, das Ihr in die Rechtschaffenheit der Spanier setzt, soll, bei Gott, nicht enttäuscht werden, und da wir nun Spanier sind, und zwar Leute von hohem Range – hier mag zum Ausdruck kommen, was uns als Anmaßung vorgeworfen wird –, so seid dessen versichert, daß man Euch mit aller Ehrfurcht begegnen wird, die Eure Gegenwart verdient.«

»Das glaube ich auch«, erwiderte sie, »doch sagt mir trotz allem, wie kam dieser prächtige Hut in Eure Hand? Wo ist Alfonso de Este, Herzog von Ferrara, der Eigentümer des Hutes?«

Um sie nicht länger in Ungewißheit zu lassen, berichtete Don Juan, wie er in eine bewaffnete Auseinandersetzung hineingeraten, dabei einem Edelmann zur Seite gestanden sei und ihm geholfen habe. Dieser konnte, nach dem, was

sie gesagt, nur der Herzog von Ferrara sein. Er, Don Juan,
habe während des Kampfes den Hut verloren und diesen
gefunden, und der Edelmann habe ihn gebeten, den Hut
gut aufzubewahren, da er wohlbekannt sei. Übrigens sei
der Kampf zu Ende gegangen, ohne daß jener Edelmann
oder er selbst verwundet worden seien, und schließlich
– nachdem der Kampf zu Ende war – seien Leute gekommen, allem Anschein nach Diener oder Freunde dessen, den er selbst für den Herzog halte. Dieser habe ihn
gebeten, sich zurückzuziehen und nach Hause zu gehen,
sich aber zugleich für den Beistand, den er ihm geleistet,
bedankt. »Auf diese Weise, meine Dame, ist dieser Hut in
meinen Besitz gekommen. Den Herzog, falls er, wie Ihr
sagt, mit dem Eigentümer des Hutes eins ist, habe ich, es
ist noch keine Stunde her, heil und gesund verlassen. Möge
Euch dieser wahrhafte Bericht trösten, sofern es Euch ein
Trost ist, zu wissen, daß der Herzog wohlauf ist.«

»Damit Ihr selbst beurteilen könnt, meine Herren, ob
ich Grund und Ursach' habe, nach ihm zu fragen, schenkt
mir Euer Ohr und vernehmt meine – ich weiß nicht, ob ich
sie so nennen soll – unglückliche Geschichte.«

Indes war die Haushälterin damit beschäftigt, das
Knäblein mit Honig zu nähren und die kostbaren Windeln
gegen ärmlichere auszuwechseln. Dies getan, machte sie
sich auf den Weg, um das Kind, wie Don Juan es ihr anbefohlen hatte, zu einer Hebamme zu bringen. Als nun
die Haushälterin mit dem Kind im Arm an der Tür des
Zimmers vorbeikam, in dem die Dame gerade beginnen
wollte, ihr Geschichte zu erzählen, fing das Kind so laut
zu weinen an, daß die Dame es hörte. Sie sprang auf,
horchte aufmerksam, vernahm nun das Weinen des Kindes
ganz deutlich und fragte:

»Was ist das für ein Kind, meine Herren? Es scheint ein
Neugeborenes zu sein.«

Don Juan erwiderte:

»Es ist ein Knäblein, das man uns heute nacht vor die
Tür gelegt, und nun geht die Haushälterin, ihm eine Amme
zu suchen.«

»Bringt es mir herein, um der Barmherzigkeit Gottes

willen«, sagte die Dame, »ich werde an dem fremden Kind das Werk der Liebe verrichten, das der Himmel mir am eigenen zu tun nicht verstattet.«

Don Juan rief die Haushälterin, nahm ihr das Kind ab, brachte es der, die danach verlangte, und legte es ihr in die Arme, indes er sagte:

»Hier, meine Dame, seht Ihr das Geschenk, das man uns heute nacht gemacht hat; es ist nicht das erste seiner Art, denn es vergehen nur wenige Monate, in denen wir an unserer Türschwelle nicht einen solchen Fund machen.«

Die Dame nahm das Kind in ihre Arme und betrachtete prüfend sein Gesicht und die ärmlichen, wenn auch sauberen Tücher, in die es gewickelt war. Dann, ohne die Tränen zurückhalten zu können, nahm sie den Schleier, den sie über den Kopf geworfen trug, und zog ihn über ihre Brust herab, um das Kind zu stillen, ohne die Ehrbarkeit zu verletzen; sie legte den Säugling an, schmiegte ihr Gesicht an das seine und versuchte, ihn mit ihrer Milch zu nähren, während sie ihm mit ihren Tränen das Gesicht badete. In dieser Haltung, ohne auch nur einmal den Kopf zu heben, verharrte sie so lange, als das Kind an der Brust bleiben wollte. Während dieser Spanne Zeit bewahrten alle vier Stillschweigen. Das Kind saugte und saugte, doch vergeblich, da Frauen, die eben erst geboren haben, die Brust noch nicht reichen können. Sie bemerkte dies, wandte sich an Don Juan und sagte:

»Vergeblich habe ich mich als barmherzig erweisen wollen; ich bin in solchen Dingen doch noch unerfahren. Laßt, mein Herr, das Kind mit etwas Honig nähren, doch laßt es nicht zu, daß man es zu vorgerückter Stunde durch die Straßen trage. Wartet, bis der Tag anbricht, und laßt es mir, ehe es fortgeschafft wird, bringen, damit mich sein Anblick tröste.«

Don Juan übergab das Kind wieder der Haushälterin und befahl ihr, es zu hüten, bis der Tag anbreche. Dann solle sie den Knaben wieder in die kostbaren Tücher wikkeln, in denen er es gebracht, und es nicht forttragen, ohne ihn zuvor davon zu unterrichten. Als Don Juan wieder eingetreten und die drei allein waren, sagte die schöne Dame:

Fräulein Cornelia

»Wenn Ihr wollt, daß ich spreche, dann gebt mir vorerst etwas zu essen, denn ich fürchte ohnmächtig zu werden und hätte wahrlich Grund genug dazu.«

Don Antonio trat rasch an ein Schrankpult, entnahm ihm mancherlei Eingemachtes, von dem die Entkräftete einiges aß, während sie ein Glas frisches Wasser dazu trank. Damit kam sie wieder etwas zu Kräften und sagte nun ruhiger als zuvor:

»Nehmt Platz, meine Herren, und hört mir zu.«

Sie taten es; die Dame zog die Füße auf dem Bette an, bedeckte sie mit dem Rock, ließ den Schleier, den sie auf dem Kopf trug, auf die Schultern gleiten und gab so ein Antlitz frei, das schön war wie der Mond oder, besser noch, das der Sonne glich, wenn sie am schönsten und hellsten strahlt. Aus ihren Augen fielen flüssige Perlen, Tränen, die sie mit einem überaus weißen Tuch abtrocknete, das sie in der Hand hielt, einer Hand, die solcherart war, daß jemand, der ihre Weiße von der des Tuches zu unterscheiden vermöchte, wohl sehr gute Augen hätte besitzen müssen. Schließlich, nachdem sie oftmals geseufzt und es ihr gelungen war, ihre Erregung ein weniges zu beruhigen, sagte sie mit etwas schmerzlicher, stockender Stimme:

»Ich, meine Herren, bin jene Frau, deren Namen Ihr in dieser Stadt zweifelsohne oft habt nennen hören, gibt es doch nur wenige Zungen, die nicht den Ruf meiner Schönheit, was auch immer an ihr sein mag, verbreitet hätten. Ich bin tatsächlich Cornelia Bentibolli, die Schwester des Lorenzo Bentibolli, und mache Euch gleich mit zwei wichtigen Umständen meiner Geschichte vertraut: mit dem meiner altadeligen Herkunft und dem Ruf meiner Schönheit. Schon in früher Kindheit verlor ich Vater und Mutter, blieb in der Obhut meines Bruders, der mir von klein auf schon die Zurückgezogenheit als Wächterin bestellte, obgleich er meiner Tugendhaftigkeit mehr vertraute als dem Fleiß, den er darauf verwendete, mich zu behüten. So wuchs ich also zwischen vier Wänden auf und in der Einsamkeit, umgeben nur von meinen Dienerinnen; und mit mir wuchs auch der Ruf meiner Anmut, der von den Dienern und von jenen, die in meiner Abgeschiedenheit mit mir verkehrten, in die Öffentlichkeit getragen wurde. Überdies trug dazu ein Bild bei, das mein Bruder von einem berühmten Maler anfertigen ließ, damit – wie er sagte – die Welt mich nicht verlöre, wenn der Himmel mich in eine bessere Welt abzuberufen gedächte. Doch all dies wäre nicht imstande gewesen, mich so rasch ins Verderbnis zu stürzen, wenn nicht der Herzog von Ferrara der Trauzeuge einer meiner Basen geworden wäre; mein Bruder hatte mich ohne Hintergedanken, und um meine Base zu ehren, zur Hochzeit mitgenommen; dort sah ich Leute und wurde gesehen; dort eroberte ich, wie ich glaube, manches Herz und gewann mir die Neigung vieler; dort fühlte ich, wie angenehm sich Schmeichelrede anhört, wenn sie auch von lobesglatten Zungen gesagt wird; dort endlich sah ich auch den Herzog, er sah mich, und die Blicke, die wir tauschten, brachten mich schließlich in die Lage, in der ich mich jetzt befinde. Ich will Euch, meine Herren – es würde ins Endlose führen –, nicht berichten, durch welche Listen, Schliche und sonstige Mittel es dem Herzog und mir gelang, nach zwei Jahren das Verlangen zu stillen, das bei jener Hochzeit in uns erwacht war. Weder Bewachung, noch Abgeschlossenheit, weder Ermahnungen zur Sittsamkeit, noch sonstiges menschliches Bemühen waren imstande, unsere Verbindung zu verhindern, die letzthin auf sein Versprechen, mein Gatte zu werden, geschah, denn ohne ein solches Versprechen wäre es ihm unmöglich gewesen, die Felsburg meines Mädchenstolzes zu bezwingen. Tausendmal sagte ich ihm, er möge bei meinem Bruder offen um meine Hand anhalten, denn dieser würde mich ihm nicht verweigern, auch bräuchte er sich vor den Leuten wegen einer Mißheirat nicht zu rechtfertigen, stehe doch der Adel der Bentibolli dem Geschlecht der Este in nichts nach. Darauf antwortete er mir ausweichend mit Entschuldigungen, die mir ausreichend und zwingend schienen, und, ebenso vertrauensvoll wie bezwungen, glaubte ich, die Verliebte, daran. Ich gab mich ihm völlig hin, zumal eine meiner Dienerinnen, die sich den Geschenken und Versprechungen des Herzogs gefügiger zeigte, als das Vertrauen, das mein Bruder in ihre Treue gesetzt, es ihr erlaubt hätte, die Gelegenheit schuf. Kurz gesagt, es dauerte nicht lange, als ich mich schwanger fühlte, und ehe meine Kleider sichtbar machten, welche Freiheit ich mir herausgenommen – um dies nicht mit einem schlimmeren Namen zu nennen –, stellte ich mich krank und schwermütig und bewog meinen Bruder, mich zu jener Base zu bringen, deren Trauzeuge der Herzog gewesen war. Von dort aus ließ ich den Herzog wissen, in welchem Zustand ich war, welche Gefahr ich lief, und daß ich um mein Leben bangte, da ich Anlaß hatte zu vermuten, mein Bruder ahne etwas **von meinem Fehltritt.** Wir beschlossen, daß ich dem Herzog Nachricht zukommen ließe, sobald die Zeit meiner Niederkunft herannahe. Dann wollte er mit einigen Freunden kommen, um mich nach Ferrara zu holen, wo er sich, wenn der von ihm erwartete günstige Augenblick eintrete, mit mir in aller Öffentlichkeit vermählen würde. Sein Kommen war für diese Nacht angesagt, und als ich ihn nun erwartete, sah ich meinen Bruder mit vielen Leuten am Hause meiner Base vorbeikommen, alle, nach dem Stahlgeklirr zu urteilen, bewaffnet. Darob zutiefst erschrocken, kam ich überraschend nieder und genas im Nu eines schönen Knaben. Jene meine Dienerin, Mitwisserin und Mittlerin meines Fehltritts, hatte sich für diesen Fall vorgesehen. Sie hüllte das Neugeborene in überaus feine Windeln, wie sie das Kind, das man an Eure Tür gelegt, nicht kennt, und trat an die Haustür, wo sie den Knaben – so sagte sie mir – einem Diener des Herzogs übergab. Kurz darauf verließ ich – mich durch die Umstände gezwungen aufraffend, so gut ich konnte – das Haus, denn ich glaubte, der Herzog warte auf der Straße, obgleich ich solches nicht hätte tun dürfen, ehe er nicht an meine Tür gekommen. Allein die Angst, in die mich die bewaffnete Schar meines Bruders versetzt hatte und die mir vorspiegelte, sein Degen läge schon an meinem Hals, ließ mich zu keiner besseren Überlegung kommen. So stürzte ich denn unbedacht und außer mir aus dem Hause. Das weitere wißt Ihr selbst. Obgleich ich mich nun ohne Kind und Gatten sehe und mich vor schlimmeren Begebnissen ängstige, danke ich doch dem Himmel, daß er mich unter

Euren Schutz gestellt, denn ich verspreche mir von Euch all das, was man von spanischer Artigkeit zu erwarten geneigt ist, besonders aber von der Euren, da Ihr, so edel wie Ihr scheint, von bester Art sein müßt.«

Nachdem sie dies gesagt, ließ sie sich auf das Bett zurückfallen. Als die beiden Freunde herbeieilten, um zu sehen, ob sie ohnmächtig würde, sahen sie, daß dem nicht so war; sie weinte nur bitterlich. Don Juan sagte:

»Wenn wir, Don Antonio und ich, bisher mit Euch, schöne Dame, Mitleid und Bedauern empfunden haben, weil Ihr ein Weib seid, so legt uns jetzt, da wir wissen, welchen Standes Ihr seid, dieses Mitleid und Bedauern die Verpflichtung auf, Euch bis zum letzten zu dienen. Darum faßt Mut und verzagt nicht; denn gehören auch solche Begebnisse nicht zu den Euch gewohnten Dingen, so werdet Ihr in diesen Schicksalsschlägen Euren Adel um so mehr erweisen, je mehr Ihr sie mit Geduld zu ertragen wißt. Glaubt mir, meine Dame, ich bin mir dessen gewiß, daß diese seltsamen Verwicklungen eine glückliche Lösung finden werden, kann doch der Himmel nicht gestatten, daß so große Schönheit mißachtet und solch tugendhafte Gesinnung enttäuscht werde. Legt Euch nun zur Ruhe, meine Dame, und erholt Euch, denn Ihr habt es nötig. Wir werden Euch unsere Haushälterin schicken, damit sie Euch zu Diensten stehe; Ihr könnt auf sie in gleicher Weise bauen wie auf uns selbst; sie wird Euer Unglück gleicherweise verschweigen, wie sie Euch in Euren Nöten beizustehen wissen wird.«

»Meine Nöte sind wahrlich so groß, daß ich mich zu noch ganz anderen Dingen verstehen müßte«, erwiderte sie. »Es komme zu mir, wen immer Ihr, mein Herr, mir schicken wollt; da die Frau von Euch kommt, muß ich wohl annehmen, daß sie mir zu allem gut ist, was ich von ihr verlangen könnte. Doch bei allem flehe ich Euch an, daß mich außer Eurer Dienerin niemand mehr zu Gesicht bekommt.«

»Es sei, wie Ihr sagt«, erwiderte Don Antonio.

Don Antonio und Don Juan gingen aus dem Zimmer und ließen sie allein. Don Juan sagte der Haushälterin,

Fräulein Cornelia

sie möge zu der Dame hineingehen und das Kind, in die
kostbaren Tücher gewickelt – das dürfte sie ja schon getan
haben –, mitnehmen. Sie bejahte und sagte, das Kind wäre
nun genau in der gleichen Art hergerichtet, wie er es gebracht. Nachdem er ihr noch gesagt, was sie auf die Fragen
der Dame wegen des Kindes zu antworten habe, trat die
Haushälterin ins Zimmer.

Als Cornelia sie erblickte, sagte sie:

»Seid mir willkommen, liebe Freundin! Gebt mir das
Kind und leuchte mir mit diesem Licht!«

Die Haushälterin tat, wie ihr befohlen. Als Cornelia
das Kind in die Arme nahm, erstaunte sie, wurde bestürzt,
betrachtete das Kind genauer und sagte schließlich zur
Haushälterin:

»Sagt mir, Frau, ist dieses Kind und jenes, das Ihr, oder
besser Eure Herren, mir vor kurzem gebracht hatten, ein
und dasselbe?«

»Ja, Señora«, erwiderte die Haushälterin.

»Wie kommt es dann zu so verschiedenen Windeln?«
fragte Cornelia. »Mir, liebe Freundin, ist, als wären entweder die Windeln oder das Kind vertauscht worden.«

»Es könnte wohl so sein«, entgegnete die Haushälterin.

»Gott sei mir armer Sünderin gnädig!« rief Cornelia
aus. »Wie: ›es könnte wohl so sein‹? Was soll das heißen,
liebe Haushälterin? Mir wird das Herz in der Brust zer-
springen, wenn ich nicht erfahre, was es damit auf sich hat.
Sagt es mir, bei allem, was Euch teuer ist, meine Freundin!
Ich beschwöre Euch, mir zu sagen, woher Ihr diese feinen
Windeln habt, denn ich sage Euch, es sind meine, sofern
mich nicht mein Auge trügt oder mein Gedächtnis mich
nicht verläßt. Mit diesen oder sehr ähnlichen Windeln
übergab ich diesen meinen teuersten Herzensschatz meinem
Mädchen. Wer hat sie ihm weggenommen? Ach, ich Unglückliche! Und wer brachte sie hieher? Ach, ich Unselige!«

Don Juan und Don Antonio, die alle diese Klagen mit
anhörten, wollten sie nicht noch länger darin fortfahren
lassen, noch wollten sie, daß die Täuschung mit den verwechselten Windeln sie noch länger in Sorge hielte. Sie
traten ein, und Don Juan sagte:

»Diese Windeln und dieses Kind sind Euer, Fräulein Cornelia.«

Und dann erzählte er ihr Punkt für Punkt, wie er dazugekommen, wie ihm ihre Jungfer das Kind gereicht, wie er dann das Kind mit nach Hause genommen und der Haushälterin den Auftrag gegeben, die Windeln zu vertauschen, und sagte ihr auch den Grund, weshalb er solches getan. Obgleich er, nachdem sie ihre Niederkunft erwähnt, es für sicher angenommen habe, daß dieses Kind das ihre sei, habe er es ihr doch nicht zur Kenntnis bringen wollen, damit der Schrecken des Zweifels, ob sie es kenne, durch die Freude, es erkannt zu haben, wieder gutgemacht werde.

Nun flossen endlos Cornelias Freudentränen, endlos waren die Küsse, mit denen sie das Kind bedeckte, endlos die Dankesbezeugungen, die sie ihren Wohltätern sagte, indem sie diese ihre Schutzengel in Menschengestalt nannte und ihnen noch viele andere Namen gab, die alle ein offensichtliches Zeichen ihrer Dankbarkeit waren. Hierauf ließen Don Antonio und Don Juan Cornelia mit der Haushälterin allein, der sie ans Herz legten, über sie zu wachen und ihr in allem, dessen sie bedürfe, dienstbar zu sein. Zugleich eröffneten sie der Haushälterin den Zustand, in dem Cornelia sich befand, damit sie ihr auch darin behilflich sei, denn eine Frau verstünde von solchen Dingen mehr als Männer.

Damit gingen sie, um sich für den Rest der Nacht zur Ruhe zu legen, und kamen überein, das Zimmer Cornelias nicht zu betreten, sofern sie nicht von ihr gerufen würden oder ein Notfall sie dazu zwinge. Der Tag brach an, die Haushälterin brachte eine Frau herbei, die im geheimen und unauffällig das Kind stillen sollte, und die beiden Freunde fragten nach Cornelia. Die Haushälterin sagte, sie ruhe jetzt ein wenig. Die beiden Freunde begaben sich in ihre Vorlesungen und gingen auch durch die Straßen, wo der nächtliche Kampf stattgehabt, und kamen auch am Hause vorbei, das Cornelia verlassen hatte. Sie bemühten sich zu erfahren, ob Cornelias Flucht schon bekannt und zum Stadtgespräch geworden sei. Sie nahmen jedoch nicht die geringste Veränderung wahr, noch hörten

Fräulein Cornelia

sie vom nächtlichen Kampf oder der Flucht Cornelias
reden. Damit kehrten sie, nachdem sie ihre Vorlesungen
besucht, nach Hause zurück.

Durch die Haushälterin ließ Cornelia sie zu sich bitten,
doch die beiden Freunde trugen der Haushälterin auf,
Cornelia mitzuteilen, sie hätten beschlossen, den Fuß nicht
wieder in jenes Zimmer zu setzen, damit sie mit größtem
Anstand wahren könnte, was sie ihrem Ansehen schuldig
sei; Cornelia jedoch antwortete darauf mit Tränen und der
Bitte, sie möchten doch bei ihr eintreten, denn dies wäre
der Anstand, der, wenn nicht schon zur Abhilfe ihrer Nöte,
so doch zu ihrem Trost geboten sei. Sie taten ihr den Willen, und Cornelia empfing sie überaus erfreut und freundlich und bat sie, ihr doch den Gefallen zu tun, in die Stadt
zu gehen, um zu sehen, ob man schon von ihrem verwegenen Schritt wisse. Die Freunde entgegneten, sie hätten dies
schon getan, doch nichts vernommen.

Indes kam ein Page von den dreien, die sie hielten, an
die Zimmertür und sagte:

»An der Haustür wartet ein Edelmann mit zwei Bedienten, der behauptet, Lorenzo Bentibolli zu heißen, und
nach meinem Herrn Don Juan de Gamboa fragt.«

Bei dieser Nachricht schloß Cornelia die beiden Hände
zu Fäusten, preßte sie an den Mund und sagte mit angst-
erstickter Stimme:

»Das ist mein Bruder, meine Herren! Das ist mein Bruder! Zweifelsohne hat er erfahren, daß ich hier bin, und
nun kommt er, mir das Leben zu nehmen. Hilfe, meine
Herren, Hilfe und Schutz!«

»Beruhigt Euch, meine Dame«, sagte Don Antonio. »Ihr
seid hier verborgen und steht unter dem Schutz von Leuten, die es nicht zulassen werden, daß Euch das geringste
Leid der Welt geschehe. Geht hin, Don Juan, und seht zu,
was dieser Edelmann wünscht. Ich werde hierbleiben und,
wenn nötig, Cornelia verteidigen.«

Ohne auch nur das geringste durch seine Miene zu zeigen, ging Don Juan zur Haustür hinunter. Don Antonio
ließ sich zwei geladene Terzerole bringen und befahl den
Pagen, ihre Degen zu holen und wachsam zu sein.

Die Haushälterin zitterte am ganzen Leib, als sie solche Zurüstungen sah; Cornelia befürchtete ein Unglück; nur Don Antonio und Don Juan bewahrten die Ruhe und waren sehr gut auf alles, was auf sie zukommen könnte, vorbereitet. Don Juan traf Don Lorenzo an der Haustür. Als dieser Don Juan erblickte, sagte er sogleich:

»Ich bitte Euer Exzellenz« – dies ist die Anrede, die in Italien gebraucht wird –, »mir die Gnade zu erweisen und mit mir in jene Kirche dort drüben zu gehen, denn ich habe Euer Exzellenz eine Sache mitzuteilen, in der es um meine Ehre und mein Leben geht.«

»Gerne«, versetzte Don Juan, »gehen wir, mein Herr, wohin es Euch beliebt.«

Dies gesagt, gingen sie Arm in Arm zur Kirche und setzten sich in eine Bank in jenem Teil der Kirche, wo sie nicht gehört werden konnten. Lorenzo ergriff zuerst das Wort und sagte:

»Ich, Herr Spanier, bin Lorenzo Bentibolli und zähle, wenn nicht gerade zu den Reichsten, so doch zu den Angesehensten dieser Stadt. Zur Entschuldigung dafür, daß ich mich selber rühme, möge mir dienen, daß dieser Umstand jedermann bekannt ist. Vor einigen Jahren wurde ich Waise, und in meiner Obhut und Gewalt blieb eine Schwester, deren ausbündige Schönheit – stünde sie mir als Schwester nicht nahe – ich Euch hoch preisen wollte und doch keine rechten Worte fände, die ihrer Schönheit auch nur im entferntesten entsprächen. Da ich auf Ehre hielt, meine Schwester aber noch so jung und so überaus schön war, tat ich alles, um sie aufs beste zu behüten. Doch alle meine Vorsichtsmaßnahmen und all mein Bemühen wurden durch die unbedachte Neigung meiner Schwester – sie heißt Cornelia – zunichte. Nun, um mich nicht noch mehr zu verbreiten und Euch nicht mit dem, was eine lange Geschichte würde, zu ermüden, sage ich Euch nur, daß die Luchsaugen Alfonso de Estes, des Herzogs von Ferrara, über meine Argusaugen den Sieg davontrugen. Er brachte alles zu Fall und triumphierte über meine Wachsamkeit, indem er sich meine Schwester unterwarf. Und in der verflossenen Nacht entführte er sie aus dem Hause einer unse-

Fräulein Cornelia 569

rer Verwandten; überdies heißt es, sie sei eben erst niedergekommen. Gestern nacht also hörte ich davon, und sogleich
zog ich aus, den Herzog zu stellen, stieß auf ihn und
glaube, daß ich ihn niedergestreckt habe, doch wurde er
von einem Engel beschützt, der es nicht zuließ, daß ich den
Schimpf, den er mir angetan, mit seinem Blute abwasche.
Meine Verwandte, von der ich alles erfuhr, sagte mir,
der Herzog habe meine Schwester unter dem Vorwand, sie zu
seiner Gattin zu machen, betrogen. Dies kann ich nicht
glauben, da eine solche Ehe zu ungleich wäre, was das
Vermögen angeht, obgleich, was die Abkunft betrifft, jedermann weiß, welch edlen Geschlechts die Bentibolli in Bologna sind. Glaubwürdiger scheint mir, daß er sich daran
hielt, woran sich die Mächtigen gern halten, wenn sie ein
schüchternes, ehrbares Mädchen betören wollen: er hielt
ihr den süßen Namen einer Gattin vor Augen und machte
sie glauben, daß die Vermählung nur aus bestimmten Rücksichten im Augenblick noch nicht geschehen könne, Lügen,
scheinbare Wahrheiten, und doch falsch und hinterhältig.
Doch sei, wie dem ist, ich bin nun ohne Schwester und entehrt, obgleich ich bis jetzt alles noch im Schrein des Schweigens verschlossen halte und niemand etwas von diesem
Schimpf sagen wollte, ehe ich nicht gesehen, wie er wieder
gutgemacht oder auf sonstige Weise behoben werden
könnte. Es ist immer besser, wenn die Leute einen Schimpf
nur ahnen und vermuten, als daß er für gewiß und eindeutig ausgesprochen wird, denn solange er noch zweifelhaft ist, kann ihn jeder für wahr oder erdichtet halten, und
jede der Meinungen hat ihre Fürsprecher. Kurz gesagt, ich
bin entschlossen, nach Ferrara zu reiten und vom Herzog
selbst Genugtuung für den mir angetanen Schimpf zu verlangen; wenn er sie mir verweigert, dann will ich ihn
daraufhin herausfordern, und zwar nicht zu einem Kampf
zwischen geworbenen Kriegsleuten, denn ich könnte weder
eine Kompagnie aufstellen, noch sie erhalten, sondern von
Mann zu Mann. Und dazu wollte ich Euren Beistand erbitten, damit Ihr mich auf diesem Weg begleitet, denn ich
vertraue darauf, daß Ihr dies tut, da Ihr Spanier seid, wie
man mir berichtet hat, und Edelmann. Ich möchte mich in

dieser Sache keinem meiner Anverwandten noch einem meiner Freunde anvertrauen, von denen ich mir nur Ratschläge und Einwände erwarte. Ihr hingegen werdet mir so raten, wie Einsicht und Ehre es trotz aller Gefahr und Hindernisse verlangen. Ihr, mein Herr, müßt mir die Gunst erweisen, mich zu begleiten; mit einem Spanier an meiner Seite werde ich das Gefühl haben, als führte ich das Heer eines Xerxes mit. Viel fordere ich von Euch, doch mehr noch seid Ihr dem Ruf verpflichtet, den man von Eurer Nation verbreitet.«

»Genug, Herr Lorenzo«, sagte Don Juan, der ihm bis zu diesem Augenblick zugehört hatte, ohne ihn zu unterbrechen, »genug, denn von diesem Augenblick an erkläre ich mich zu Eurem Verteidiger und Ratgeber und nehme die Genugtuung oder die Rache für den Schimpf, den man Euch angetan, auf mich. Und dies nicht allein, weil ich Spanier bin, sondern weil Ihr wie ich Edelmann seid und noch dazu, wie ich und die ganze Welt weiß, aus solch erlauchtem Hause. Überlegt nun, wann wir aufbrechen sollen; am besten wäre, sogleich, denn das Eisen soll man schmieden, solange es heiß ist, und in des Zornes Glut stählt sich der Mut; der eben erst erlittene Schimpf erweckt die Rachegeister.«

Lorenzo erhob sich, schloß Don Juan fest in die Arme und sagte:

»Ein Herz, so edel wie das Eure, Herr Don Juan, braucht keinen anderen Ansporn als den der Ehre, die in diesem Streit zu gewinnen ist, eine Ehre, die ich Euch von jetzt an erweise und Euch noch in höherem Maße zu erweisen bereit bin, wenn wir dieses Unterfangen zu einem glücklichen Ende gebracht haben, und überdies stelle ich mich mit allem, was ich habe, kann und bin, zu Eurer Verfügung. Morgen wollen wir aufbrechen; den heutigen Tag will ich benützen, um alles Erforderliche vorzubereiten.«

»Dies scheint mir sehr angebracht«, sagte Don Juan. »Erlaubt mir, Herr Lorenzo, diese Sache einem anderen Edelmann, meinem Kameraden, mitzuteilen, von dessen Tapferkeit und Verschwiegenheit ich Euch viel mehr noch versprechen kann als von mir selbst.«

Fräulein Cornelia

»Da Ihr, Herr Don Juan, wie Ihr sagt, meine Ehre auf
Euch genommen habt, verfügt darüber, wie es Euch beliebt; weiht in die Sache ein, wen einzuweihen Ihr für
richtig erachtet, und teilt davon mit, was mitzuteilen nach
Eurem Dafürhalten notwendig ist, vor allem Eurem Kameraden, der der Eure nur sein kann, weil er ein Ehren-
mann ist.«

Damit umarmten sie einander und verabschiedeten sich,
nachdem sie übereingekommen waren, daß Don Lorenzo
ihn am nächsten Morgen abholen werde, sie jedoch erst
außerhalb der Stadt die Pferde besteigen und von dort
aus, verkleidet, die Reise antreten würden.

Don Juan kehrte nach Hause zurück und berichtete Don
Antonio und Cornelia, was zwischen ihm und Lorenzo
gesprochen worden war und welchen Entschluß sie gefaßt
hatten.

»Bei Gott!« rief Cornelia aus. »Groß ist Eure Gefälligkeit, Herr, und groß Eure Zuversicht. Wie? So schnell habt
Ihr eingewilligt, Euch in ein Unternehmen zu stürzen, das
so voll der Schwierigkeiten und Hindernisse ist? Wie wollt
Ihr wissen, ob Euch mein Bruder wirklich nach Ferrara
bringt und nicht anderswohin? Doch wohin er Euch auch
führen mag, Ihr könnt dessen gewiß sein, daß Euch dabei stets die Treue und die Redlichkeit selbst begleiten,
wiewohl ich Unglückliche vor jedem Sonnenstäubchen zit-
tere und vor jedem Schatten erschauere. Wie sollte ich
nicht fürchten, wenn für mich von der Antwort des Herzogs Leben und Tod abhängt? Weiß ich denn, ob er mit
solch höflicher Zurückhaltung antworten wird, daß sich
der Zorn meines Bruders in den Grenzen der Vernunft
hält? Und wenn Ihr nicht Genugtuung findet, glaubt Ihr
denn, der Feind wäre schwach? Bedenkt Ihr nicht, daß ich
die Tage, die Ihr ausbleibt, voll Unruhe, Besorgnis und
Zagen verbringen werde, da ich die süße oder die bittere
Nachricht vom Ausgang dieses Unternehmens erwarte?
Liebe ich denn den Herzog so wenig oder den Bruder nicht
genug, daß ich nicht für jeden der beiden ein Unglück in
tiefstem Herzen befürchten muß?«

»Viel sagt Ihr und viel fürchtet Ihr, Fräulein Cornelia«,

sagte Don Juan, »doch gebt bei aller Angst auch der Hoffnung Raum und vertraut auf Gott, auf mein Bemühen
und meine gute Absicht, und Ihr werdet sehen, wie sich
Eure Wünsche in großem Glück erfüllen werden. Der Reise
nach Ferrara kann ich mich nicht mehr entbinden, wie ich
auch nicht aufhören will, Eurem Bruder beizustehen. Bis
jetzt wissen wir noch nichts von der wahren Absicht des
Herzogs, wissen auch nicht, ob er von Eurer Flucht weiß.
Dies alles kann man erst aus seinem Mund erfahren, und
niemand anderer als ich vermag ihn dies zu fragen. Bedenkt, Fräulein Cornelia, daß Leben und Glück Eures
Bruders wie auch des Herzogs Glück und Leben von der
Wachsamkeit meiner Augen abhängen, und ich werde gleicherweise an den einen wie an den anderen denken.«

»Wenn Euch, Herr Don Juan«, sagte Cornelia, »der
Himmel so viel Macht schenkt, getanes Unrecht gutzumachen, wie er Euch die Gabe verliehen hat zu trösten,
dann schätze ich mich trotz meines Jammers für sehr
glücklich; deshalb möchte ich Euch in einem Augenblick
gehen und wiederkommen sehen, denn während Eurer
Abwesenheit wird mich die Furcht bedrängen und die Erwartung mich nicht atmen lassen.«

Don Antonio billigte den Entschluß Don Juans und
lobte den Widerhall, den das Vertrauen Lorenzo Benti-
bollis im Herzen des Freundes gefunden hatte. Überdies
sagte er, daß er sie auf alle Fälle begleiten wolle.

»Mitnichten«, entgegnete Don Juan, »denn es ist nicht
gut, wenn Fräulein Cornelia allein bleibt, und überdies
möchte ich nicht, daß Herr Lorenzo auf den Gedanken
käme, ich wollte mich fremder Tapferkeit bedienen.«

»Meine Tapferkeit ist auch die Eure«, erwiderte Don
Antonio, »und ich bin entschlossen, Euch – sei es auch nur
unerkannt und in einiger Entfernung – zu folgen, denn
Fräulein Cornelia wird sich darob nur freuen; zudem ist
es nicht so, daß sie niemand hätte, der sie bediene, über
sie wache und ihr Gesellschaft leiste.

Darauf sagte Cornelia:

»Mir wäre es ein großer Trost zu wissen, daß Ihr, meine
Herren, gemeinsam oder wenigstens solcherart reist, daß

einer dem andern, wenn nötig, beizustehen vermag. Da Ihr Euch, wie mir scheint, in große Gefahr begebt, erweist mir die Güte, meine Herren, diese Reliquien mitzunehmen.«

Indes sie dies sagte, zog sie aus ihrem Busen ein diamantenes Kruzifix von unschätzbarem Wert und ein goldenes Agnus, das ebenso kostbar war wie das Kruzifix. Die Freunde betrachteten das eine Kleinod und das andere und schätzten beide von noch größrem Wert als sie die Hutschnur eingeschätzt hatten; doch gaben sie ihr die beiden Kostbarkeiten zurück, denn sie wollten so wertvolle Reliquien auf keinen Fall mitnehmen, und sagten, daß auch sie ebenso wirksame bei sich hätten, wenn auch nicht so kostbar gefaßte. Cornelia bedauerte, daß die Freunde ihre Gabe nicht annehmen wollten, allein sie mußte sich dem Willen der beiden fügen.

Die Haushälterin gab sich alle erdenkliche Mühe, Cornelia zu dienen, und als sie hörte, daß ihre Herren abzureisen gedachten – man verschwieg ihr den Anlaß und das Ziel –, versprach sie, solcherart nach der Dame – sie wußte deren Namen noch nicht – zu sehen, daß diese die Abwesenheit der beiden nicht einmal fühlen sollte. Am folgenden Morgen, schon zeitig früh, wartete Lorenzo an der Haustür. Don Juan war reisefertig und trug den Hut mit der kostbaren Schnur, den er mit schwarzen und gelben Federn geschmückt hatte; die Schnur war von einem schwarzen Florband verdeckt. Don Juan und Don Antonio verabschiedeten sich von Cornelia, die, den Bruder in solcher Nähe wissend, so eingeschüchtert war, daß sie den beiden kein Wort des Abschieds zu sagen vermochte. Als erster ging Don Juan aus dem Hause und begab sich mit Lorenzo vor die Stadt, wo sie in einem etwas abgelegenen Garten zwei gute Pferde vorfanden, die zwei Reitknechte an den Zügeln hielten. Sie saßen auf und ritten, die beiden Knechte voran, auf abgelegenen Wegen und Stegen nach Ferrara. Don Antonio, verkleidet, folgte ihnen in einiger Entfernung. Doch als er zu bemerken glaubte, daß man, besonders Lorenzo, auf ihn aufmerksam geworden, beschloß er, auf der Straße geradewegs nach Ferrara zu reiten, wo er sie sicher zu treffen hoffte.

Kaum waren sie aus der Stadt, als Cornelia der Haushälterin ihre Geschichte erzählte, ihr sagte, daß dieses Kind ihr eigenes sei und der Herzog von Ferrara der Vater, und sie überdies noch in alle übrigen Einzelheiten einweihte, die bis jetzt im Zusammenhang mit dieser Geschichte erzählt worden sind. Zu allem Überfluß verhehlte sie ihr auch nicht, daß die Reise der jungen Herren nach Ferrara ging, wohin sie ihren Bruder begleiteten, der den Herzog Alfonso zum Zweikampf herausfordern wolle. Als die Haushälterin dies vernahm – es war, als hätte der Teufel es ihr anbefohlen, um Cornelias Rettung zu verhindern, zu verzögern oder zu erschweren –, sagte sie:

»Ach, liebste Herrin! Das alles ist um Euretwillen geschehen, und Ihr wartet hier so ungerührt und unbesorgt in der Stube? Habt Ihr denn kein Herz oder ist es so zage, daß kein Gefühl mehr in ihm wohnt? Glaubt Ihr denn wirklich, daß Euer Bruder nach Ferrara reist? Glaubt nur das nicht, sondern denkt daran, daß er meine beiden Herren nur von hier fortlocken wollte, um dann zurückzukehren und Euch das Leben zu nehmen, was ihm so leicht fallen wird, als hätte er sich vorgenommen, ein Glas Wasser zu trinken. Denkt doch daran, daß wir hier nur unter dem Schutz dreier lumpiger Pagen stehen, die viel zu sehr damit beschäftigt sind, sich die Krätze zu jucken, mit der sie bedeckt sind, als sich auf eine Gefahr einzulassen. Ich wenigstens hätte nicht den Mut, hier ein Geschehnis abzuwarten, das dieses Haus mit Untergang bedroht. Herr Lorenzo, ein Italiener, sollte sich Spaniern anvertrauen? Da« – und sie machte mit der Hand eine Feige –, »wenn ich so dumm wäre, das zu glauben! Wenn Ihr, mein Kind, meinen Rat annehmen wolltet, dann will ich Euch einen geben, der zu Eurem Besten ist.«

Erschreckt, sprachlos und verwirrt hörte Cornelia die Worte der Haushälterin an, die diese mit solcher Überzeugung und mit solchen Zeichen der Angst vorgetragen hatte, daß dem Fräulein alles, was jene gesagt, als volle Wahrheit erschien und es ihr dünkte, Don Juan und Don Antonio wären bereits tot, ihr Bruder trete ins Zimmer und durchlöchere sie mit dem Dolche. So fragte sie:

»Und welchen Rat würdet Ihr mir geben, meine Freundin, der imstande wäre, das drohende Unheil abzuwenden?«

»Ich werde dir einen so trefflichen Rat geben, wie es einen besseren nicht gibt«, sagte die Haushälterin. »Ich, mein Fräulein, habe früher bei einem Pievano, bei einem Pfarrer gedient, der in einem zwei Meilen von Ferrara entfernten Dorf lebt. Er ist ein guter Mensch von heiligmäßigem Leben und wird alles für mich tun, worum ich ihn bitte, denn er ist mir mehr denn als Herr verpflichtet. Dorthin wollen wir reisen, und ich werde für jemand sorgen, der uns auf der Stelle dorthin fährt; die Frau, die das Kind stillen kommt, ist arm und wird mit uns bis ans Ende der Welt gehen. Und gesetzt den Fall, Fräulein, daß du gefunden wirst, ist es doch besser, man findet dich im Hause eines alten, ehrwürdigen Meßpriesters denn in der Obhut zweier junger spanischer Studenten, die, wie ich wohl bezeugen kann, keine Kostverächter sind. Jetzt, Fräulein, da du krank bist, haben sie dich mit Respekt behandelt, doch wenn du wieder gesund sein wirst, dann sei Gott dir gnädig! Wahrhaftig, wenn mich nicht meine Zurückhaltung, meine Verachtung und meine Keuschheit geschützt hätten, dann wäre ich samt meiner Ehrbarkeit schon längst zuschanden; es ist nicht alles Gold, was glänzt, und eines sagt man, ein anderes denkt man, aber bei mir – ich bin ja gewitzigt – sind sie an die Richtige gekommen, und ich weiß, wo mich der Schuh drückt, und vor allem bin ich aus guter Familie, denn ich stamme von den Cribelos in Mailand ab, und kann wohl sagen, daß ich, was meine Ehrbarkeit angeht, zehn Meilen über den Wolken stehe; daraus kann man ersehen, Fräulein, wieviele Widerwärtigkeiten über mich hinweggegangen sind; denn bei allem, was ich bin und darstelle, bin ich so weit gekommen, eine Masara bei Spaniern, die unsereinen Ama oder Haushälterin nennen, abgeben zu müssen. Eigentlich kann ich mich über meine Herren nicht beklagen; sie sind sehr freundlich und liebenswürdig, wenn sie nicht gerade verärgert sind; im Zorn aber scheinen sie Biskayer zu sein – die sie ja ihrer Herkunft nach, wie sie behaupten, sind –, dir gegenüber aber werden sie sich vielleicht als Galleger erweisen, das ist ein anderes Volk bei ihnen und dem Rufe nach etwas weniger pflichtbewußt und gut angesehen als die Biskayer.«

Kurz gesagt, sie redete so lange und so eindringlich, daß die arme Cornelia sich entschloß, ihrem Rat zu folgen, und so saßen sie vier Stunden später, nachdem die Haushälterin mit Cornelias Einwilligung alles veranlaßt hatte, gemeinsam mit der Amme in einer Karosse und fuhren, ohne daß die Pagen etwas bemerkt hätten, nach dem Dorf des Pfarrers. All dies war auf Zureden der Haushälterin und mit ihrem Gelde geschehen, hatten ihr doch die beiden Freunde erst kürzlich den Jahrlohn gegeben. So war es auch nicht nötig gewesen, das Kleinod zu verpfänden, das Cornelia ihr zu diesem Zweck eingehändigt. Da Cornelia von Don Juan gehört hatte, er und ihr Bruder wollten nicht die gerade Straße nach Ferrara nehmen, sondern auf abgelegenen Wegen dorthin kommen, entschlossen sie sich zu dem geraden Weg und fuhren, damit sie mit ihnen nicht zusammenträfen, ziemlich gemächlich dahin. Der Eigentümer und Kutscher der Karosse tat ihnen gern ihren Willen, hatten sie ihn doch auch nach dem seinen bezahlt.

Lassen wir sie nun ihren Weg ziehen, den sie so unbesonnen und dabei doch glücklich eingeschlagen hatten, und suchen wir zu erfahren, was mit Don Juan de Gamboa und Herrn Lorenzo Bentibolli geschehen ist. Von ihnen heißt es, daß sie auf dem Weg erfuhren, der Herzog wäre nicht in Ferrara, sondern in Bologna, und so ließen sie den Umweg, begaben sich auf die Hauptstraße oder die Strada Maestra, wie sie dort sagen, da sie dachten, der Herzog werde diese Straße nehmen, wenn er von Bologna heimkehre. Sie waren, immer wieder in der Richtung nach Bologna Ausschau haltend, noch nicht lange auf der Hauptstraße dahingeritten, als sie einen Trupp Berittener erspähten. Don Juan bat Lorenzo, etwas abseits zu reiten, denn er wolle mit dem Herzog, falls er unter jenen Leuten wäre, hier sprechen, ehe er sich in Ferrara, das schon nahe lag, einschließe. Lorenzo stimmte dem Plan Don Juans zu und ritt beiseite. Kaum hatte er sich entfernt, als Don Juan den schwarzen Flor, mit dem er die kostbare Hutschnur verdeckt hatte, wegnahm, und dies sehr wohl überlegt, wie er dann selbst sagte.

Inzwischen näherte sich der Reitertrupp, und unter ihnen war auch eine Frau auf einem Schecken, in Reisetracht und das Antlitz hinter einer kleinen Maske verborgen, die sie trug, um sich entweder unkenntlich zu machen oder um sich vor Sonne und Wind zu schützen. Hoch zu Roß stand Don Juan inmitten der Straße und wartete unverhüllten Gesichts, bis die Reisenden herangekommen. Seine Gestalt, seine Haltung, das mächtige Roß, die Pracht seines Anzuges und das Blitzen der Diamanten zogen die Augen aller, die da herankamen, auf sich, vor allem aber die des Herzogs von Ferrara, der unter ihnen war. Als dieser die Hutschnur erblickte, dachte er sogleich, der Träger des Hutes müsse Don Juan de Gamboa sein, jener Mann, der ihn aus der Gefahr befreit hatte; er war sich sogleich seiner Sache so sicher, daß er, ohne sich länger zu besinnen, auf Don Juan lossprengte und sagte:

»Ich glaube mich nicht zu täuschen, Herr Edelmann, daß ich Euch mit dem Namen eines Don Juan de Gamboa anreden darf, sprechen doch Euer edler Anstand und diese Hutzierde zu deutlich dafür.«

»So ist es«, erwiderte Don Juan, »habe ich doch meinen Namen nicht zu verbergen. Doch sagt mir, Herr, wer Ihr seid, damit ich mir Euch gegenüber keine Unhöflichkeit zuschulden kommen lasse.«

»Ihr unhöflich? Nein!« entgegnete der Herzog. »Ich glaube, Ihr werdet nie unhöflich sein können. Wie dem auch sei, will ich Euch denn nun doch sagen, daß ich der Herzog von Ferrara bin, ein Mann, der verpflichtet ist, Euch Zeit seines Lebens dankbar zu sein, ist es doch noch keine vier Nächte her, da ihr es ihm gerettet habt.«

Der Herzog hatte noch nicht ausgesprochen, als Don Juan überaus behende vom Pferde sprang und hineilte, um dem Herzog den Fuß zu küssen; doch so schnell er auch sein mochte, der Herzog war noch schneller aus dem Sattel und lag, als er heruntersprang, in den Armen Don Juans.

Herr Lorenzo, der all dies aus einiger Entfernung be-

obachtete, dachte nicht daran, daß es sich um Höflichkeitsbezeugungen handeln könnte, sondern glaubte, es triebe
sie der Zorn gegeneinander; er gab seinem Pferd die Sporen, riß es aber sogleich zurück, als er sah, daß der Herzog
und Don Juan einander herzlich umarmten. Über die
Schulter Don Juans hinweg sah und erkannte der Herzog
Lorenzo, war über dessen Anwesenheit nicht wenig erstaunt und fragte Don Juan, noch während er ihn umarmte, ob Lorenzo Bentibolli mit ihm gekommen sei oder
nicht. Darauf erwiderte Don Juan:

»Treten wir ein wenig abseits, denn ich möchte Eurer
Hoheit seltsame Dinge berichten.«

Der Herzog tat so, und Don Juan sagte:

»Gnädiger Herr, Lorenzo Bentibolli, den Ihr dort seht,
führt eine nicht geringe Klage gegen Euch; er behauptet,
Ihr hättet seine Schwester, Fräulein Cornelia, aus dem
Hause seiner Base entführt, sie betrogen und entehrt. Deshalb wünscht er von Euch zu wissen, welche Genugtuung
Ihr ihm zu geben gedenkt, damit er sein Verhalten danach
einrichte. Mich hat er gebeten, sein Helfer und Beistand
zu sein. Ich selbst habe ihm meine Hilfe angeboten, denn
aus dem, was er mir über den Kampf sagte, konnte ich
entnehmen, daß Ihr, gnädiger Herr, der Eigentümer dieses
Hutes gewesen seid, den Ihr mir aus Freigebigkeit und
Höflichkeit zu eigen übermacht habt. Und da ich erkannte,
daß in dieser Sache keiner Eure Partei so gut vertreten könnte
wie ich, habe ich ihm meine Hilfe angeboten. Nun bitte ich
Euch, gnädiger Herr, mir zu sagen, was Ihr davon wißt
und ob die Behauptung Lorenzos auf Wahrheit beruht.«

»Ach, mein Freund!« erwiderte der Herzog. »Dies alles
ist so wahr, daß ich nicht wagte, es zu bestreiten, selbst
wenn ich wollte. Doch habe ich Cornelia weder betrogen,
noch entführt, obgleich ich weiß, daß sie aus dem genannten Hause fort ist. Ich habe sie nicht betrogen, weil ich
sie als meine rechtmäßige Gattin betrachte; ich habe sie
nicht entführt, denn ich weiß nicht, wo sie ist, und wenn
ich die Vermählung bisher nicht öffentlich gefeiert habe,
dann nur, weil ich darauf warte, daß meine Mutter – sie
ist dem Tode sehr nahe – aus diesem Leben in ein besseres

Fräulein Cornelia 579

abberufen werde. Sie wünscht nämlich, daß ich Livia, die Tochter des Herzogs von Mantua, zur Gattin nehme. Außer diesem gibt es noch andere, vielleicht sogar größere Hindernisse, doch können sie jetzt nicht beredet werden. Soviel ist aber gewiß: ich sollte Cornelia in der Nacht, in der Ihr mir Beistand geleistet, nach Ferrara bringen, da schon die Zeit herannahte, in der sie das Unterpfand der Liebe, das mich der Himmel in sie pflanzen ließ, zur Welt bringen sollte. Ob nun das Gefecht daran Schuld hatte oder meine Unachtsamkeit, ist gleichgültig; ich traf, als ich ans Haus kam, nur noch die Vermittlerin unserer Zusammenkünfte, die gerade aus dem Tor trat. Ich fragte sie nach Cornelia, und sie sagte mir, sie sei schon weggegangen, habe jedoch vorher in der Nacht den schönsten Knaben, den man sich denken könnte, geboren; diesen habe sie meinem Diener Fabio übergeben. Jene Frau dort ist die Jungfer, auch Fabio ist hier, allein weder das Kind noch Cornelia sind aufgefunden worden. Die letzten beiden Tage habe ich in Bologna verbracht und nachgeforscht in der Hoffnung, wenigstens irgend etwas über Cornelia in Erfahrung zu bringen, doch vergeblich.«

»So würdet Ihr, gnädiger Herr«, sagte Don Juan, »wenn Cornelia und Euer Sohn auftauchten, sie nicht als Eure Gattin und Euer eigen Kind verleugnen?«

»Gewiß nicht, denn wenn ich mich schon als Edelmann hochhalte, schätze ich mich höher noch als Christ; überdies verdiente Cornelia es, die Gebieterin eines Königreiches zu sein. Wenn sie sich nur wiederfände, so sollte, mag nun meine Mutter leben oder tot sein, die ganze Welt dies erfahren, daß ich, der ich es erreichte, ihr Geliebter zu werden, es auch verstehe, jenes Wort in aller Öffentlichkeit zu halten, das ich ihr im geheimen gegeben.«

»Dann wäret Ihr auch bereit«, sagte Don Juan, »dies Herrn Lorenzo, Eurem Schwäher, zu wiederholen?«

»Gewiß«, entgegnete der Herzog, »und es ist mir leid, daß es so lange gedauert hat, bis er es hört.«

Sogleich gab Don Juan Lorenzo ein Zeichen, daß er vom Pferde steigen und herbeikommen möge, was er tat, doch weit davon entfernt war, die gute Botschaft zu erhoffen, die ihn erwartete. Der Herzog ging ihm entgegen, damit er ihn in die Arme schließe, und das erste Wort, das er an ihn richtete, war ›Bruder‹.

Lorenzo wußte auf solch liebevolle Begrüßung und solch freundliche Aufnahme nichts zu erwidern, und da er so sprachlos dastand, sagte Don Juan, ehe Lorenzo auch nur ein Wort hervorbringen konnte:

»Der Herzog, Herr Lorenzo, bekennt den geheimen Umgang, den er mit Eurer Schwester, dem Fräulein Cornelia, gepflogen hat; er bekennt auch, daß sie seine rechtmäßige Gattin ist und daß er dies, wie er sagt, auch öffentlich bekanntmachen will, wenn die Gelegenheit dazu gekommen; er gesteht auch, daß er vor vier Nächten gekommen sei, um sie aus ihrer Base Haus zu holen und nach Ferrara zu bringen; dort wollte er mit ihr die günstige Gelegenheit abwarten, damit er die Vermählung mit ihr feiern könne, die nur durch eine begründete Ursache, die er mir mitteilte, bislang verzögert wurde; er sprach auch vom Waffengang, den er mit Euch hatte, und sagte, daß er, als er Cornelia holen wollte, Sulpicia, ihre Jungfer – jene Frau dort – getroffen habe, von der er erfuhr, daß Eure Schwester kaum eine Stunde zuvor niedergekommen war; das Neugeborene habe sie, die Jungfer, einem Diener des Herzogs übergeben, Cornelia jedoch sei, im Glauben, der Herzog erwarte sie bereits auf der Straße, aus dem Hause geflüchtet, denn sie vermutete, daß Ihr, Herr Lorenzo, bereits alles wüßtet. Sulpicia jedoch hatte das Kind nicht dem Diener des Herzogs, sondern irrtümlich einem Fremden übergeben; Cornelia ist verschwunden; der Herzog mißt die Schuld an alledem sich selber bei und erklärt, das Fräulein Cornelia, wenn sie auftauche, sogleich als seine rechtmäßige Gattin anerkennen zu wollen. Nun bedenkt, Herr Lorenzo, ob hier noch etwas zu sagen oder zu wünschen bleibt, es sei denn die beiden so kostbaren wie unglücklichen Wesen zu finden.«

Lorenzo warf sich dem Herzog zu Füßen, der sich bemühte, ihn aufzuheben, und sagte:

»Von Eurer christlichen Gesinnung und Größe, erlauchter Herr und Bruder, konnten meine Schwester und ich keine geringere Gnade erwarten als jene, die Ihr uns beiden jetzt gewährt: ihr, indem Ihr sie zu Eurem Rang erhöht, und mir, indem Ihr mich unter die Zahl Eurer Diener aufnehmt.«

Dabei traten ihm die Tränen in die Augen und dem Herzog desgleichen; diesem vor Trauer über den Verlust der Gattin, jenem vor Freude, einen solch guten Schwäher gefunden zu haben. Doch da es beiden Schwäche schien, ihren Gefühlen durch Tränen Ausdruck zu geben, unterdrückten sie ihr Weinen und drängten die Tränen im Auge zurück; beinahe hätten die freudig leuchtenden Blicke Don Juans die frohe Botschaft, daß Cornelia und ihr Sohn aufgetaucht seien – sie befanden sich ja in seiner Wohnung – verkündet.

So weit waren die Dinge gediehen, als Don Antonio de Isunza auftauchte, den Don Juan schon in der Ferne an seinem Klepper erkannt hatte. Als er näher kam, hielt er sein Pferd an und sah die Tiere Don Juans und Lorenzos, die von den etwas abseits wartenden Reitknechten an den Zügeln gehalten wurden; bald erkannte er auch Don Juan und Lorenzo, doch nicht den Herzog, und war im Zweifel, was er tun solle, ob zu Don Juan heranreiten oder nicht. Als er bei des Herzogs Dienern ankam, fragte er, ob sie jenen Herrn, der bei den anderen beiden stünde, kennten und zeigte auf den Herzog. Man erwiderte ihm, es sei der Herzog von Ferrara; dadurch wurde er noch verwirrter, doch Don Juan befreite ihn aus seiner Verlegenheit, indem er ihn mit Namen rief. Da Don Antonio sah, daß sie alle bei Fuß waren, stieg auch er vom Pferde und ging zu ihnen. Der Herzog, der von Don Juan gehört hatte, daß der Neuankömmling sein Kamerad sei, begrüßte ihn überaus freundlich. Schließlich berichtete Don Juan seinem Kameraden alles, was zwischen ihm und dem Herzog bis zu diesem Augenblick vorgefallen war. Darüber freute sich Don Antonio sehr und sagte zu Don Juan:

»Weshalb setzt Ihr, mein Herr Don Juan, nicht der Freude dieser Herren die Krone auf, weshalb verlangt Ihr nicht den Botenlohn für die frohe Nachricht, daß Fräulein Cornelia und ihr Sohn gefunden wurden?«

»Wäret Ihr nicht gekommen, Herr Don Antonio, würde ich den Botenlohn fordern, so aber könnt Ihr ihn verlangen, und ich versichere Euch, man wird ihn Euch mit großem Vergnügen zahlen.«

Da der Herzog und Lorenzo hörten, daß es sich um Cornelia und einen Botenlohn handle, fragten sie, welche Bewandtnis es damit habe.

»Welche Bewandtnis sollte es damit wohl haben«, erwiderte Don Antonio, »als daß auch ich eine Rolle in dieser Tragikomödie spielen möcht, und zwar die des Mannes, der Botenlohn für die Nachricht von der Auffindung Fräulein Cornelias und ihres Sohnes verlangt; sie sind nämlich in unserem Hause.«

Und dann erzählte er ihnen Punkt für Punkt, was bisher darüber berichtet worden ist, worüber der Herzog und Herr Lorenzo solche Freude zeigten, daß Don Lorenzo den Don Juan und der Herzog den Don Antonio in die Arme schloß; der Herzog versprach ganz Ferrara als Botenlohn und Herr Lorenzo sein ganzes Vermögen, sein Leben und seine Seele. Man rief die Jungfer herbei, die Don Juan das Kind übergeben hatte; sie fing zu zittern an, als sie vor Lorenzo stand. Sie wurde gefragt, ob sie den Mann kenne, dem sie das Kind eingehändigt. Sie sagte nein, denn sie habe nur gefragt, ob er Fabio sei, und der Mann habe mit einem Ja geantwortet; darum auch habe sie ihm das Kind in gutem Glauben übergeben.

»So ist es«, sagte Don Juan, »Ihr, Fräulein, habt mir gesagt, ich möchte das Kind in Sicherheit bringen und hernach wieder zurückkommen, dann habt Ihr die Tür zugezogen.«

»So war es«, erwiderte weinend die Jungfer.

Und der Herzog sagte:

»Jetzt sind keine Tränen mehr nötig, nur Jubel und Feste. Nun werde ich nicht nach Ferrara reiten, sondern nach Bologna zurückkehren, denn all dies ist nur der Schatten einer Freude, die erst durch den Anblick Cornelias zur Wirklichkeit wird.«

Ohne noch länger zu verweilen, kehrten alle einmütig nach Bologna zurück.

Don Antonio ritt voraus, um Cornelia vorzubereiten, damit das unvermutete Auftauchen des Herzogs und des Bruders sie nicht zu sehr erschrecke. Als er sie jedoch nicht fand, noch die Pagen ihm zu sagen wußten, wo sie wäre, war er so betrübt und verwirrt wie kaum ein anderer Mensch auf der Welt. Da er aber sah, daß auch die Haushälterin fort war, dachte er sogleich daran, daß nur sie die Ursache zu Cornelias Flucht sein konnte. Die Pagen sagen ihm, die Haushälterin wäre seit dem Augenblick abgängig, in dem die Herren aufgebrochen wären, und daß sie, die Pagen, eine Cornelia, nach der er nun frage, nie gesehen hätten. Ob dieses unerwarteten Zwischenfalls war Don Antonio ganz außer sich und befürchtete, der Herzog würde sie für Lügner und Betrüger halten, wenn er nicht gar noch Schlimmeres, das ihrer Ehre und dem Ansehen Cornelias sehr zum Nachteil gereichen könnte, vermuten wollte. Mit diesen Gedanken war er beschäftigt, als der Herzog, Don Juan und Lorenzo eintraten, die auf abgelegenen, heimlichen Wegen, nachdem sie ihre Leute vor der Stadt zurückgelassen, in Don Juans Wohnung gekommen waren und nun Don Antonio in einem Stuhl sitzend die Wange auf eine Hand gestützt und totenbleich, antrafen.

Don Juan fragte, ob ihm übel wäre und wo Cornelia sich befinde.

Don Antonio erwiderte:

»Wie sollte mir nicht übel sein? Cornelia ist nicht zu finden und auch die Haushälterin nicht, die wir ihr zur Bedienung und Gesellschaft zurückgelassen haben. Beide fehlen seit dem Augenblick, in dem wir abgereist sind.«

Als sie dies hörten, hätte nicht viel gefehlt und der Herzog hätte sein Leben ausgehaucht und Lorenzo wäre vor Verzweiflung verschieden. Mit einem Wort, alle waren verwirrt, verstört und nachdenklich. Indes kam einer der Pagen herein, trat zu Don Antonio und flüsterte ihm ins Ohr:

»Gnädiger Herr, Santiesteban, der Page des Herrn Don Juan, hat, seit Euer Gnaden abgereist sind, ein überaus hübsches Mädchen bei sich im Zimmer versteckt. Ich glaube, sie heißt Cornelia, denn so habe ich sie nennen hören.«

Von neuem befiel Don Antonio äußerste Bestürzung, und es wäre ihm lieber gewesen, Cornelia wäre nie wieder aufgetaucht, als daß man sie an einem solchen Ort fände, denn für ihn stand nun fest, daß das Mädchen, das der Page versteckt hielt, die wahre Cornelia sei. Darum ließ er kein Wort verlauten und begab sich zum Zimmer des Pagen, das er verschlossen fand. Der Page war nicht daheim; so trat Don Antonio an die Zimmertür und sagte leise:

»Öffnet, Fräulein Cornelia, und kommt heraus, um Euren Bruder und den Herzog, Euren Gatten, zu empfangen, die beide gekommen sind, Euch zu suchen.«

Von drinnen wurde ihm geantwortet:

»Wollt Ihr Euch über mich lustig machen? Ich bin nämlich weder übel noch heruntergekommen, und Herzöge wie Grafen könnten mich sehr wohl aufsuchen. Das hat man davon, wenn man sich mit Pagen einläßt!«

Aus diesen Worten entnahm Don Antonio, daß es nicht die wahre Cornelia war, die ihm solches antwortete. Indes kam Santiesteban, der Page, heim, ging nach seinem Zimmer und traf dort Don Antonio, der gerade nach den Schlüsseln des Hauses gerufen hatte, um zu sehen, ob darunter nicht einer wäre, der das Zimmer des Pagen aufschließe. Mit dem Schlüssel in der Hand kniete der Page nieder und sagte:

»Euer Gnaden Abwesenheit oder richtiger meine eigene Lumperei haben mich dazu getrieben, ein Weib herzubringen und es die letzten drei Nächte bei mir zu verbergen. Ich flehe Euch an, gnädiger Herr Don Antonio de Isunza, und möge Euch der Himmel dafür gute Nachricht aus Spanien zukommen lassen, meinem Herrn Don Juan de Gamboa, so er noch nichts davon wissen sollte, nichts zu sagen, denn ich werde sie auf der Stelle hinauswerfen.«

»Und wie heißt die Gewisse da drinnen?« fragte Don Antonio.

»Sie heißt Cornelia«, erwiderte der Page.

Der andere Page, der die Heimlichkeit entdeckt hatte und Santiesteban nicht sonderlich zugetan war, ging, man weiß nicht, ob aus Dummheit oder aus Bosheit, in den Raum, wo der Herzog, Don Juan und Lorenzo warteten, und sagte:

»Wohl bekomm's dem Herrn Pagen, bei Gott, jetzt hat er das Fräulein Cornelia herausgeben müssen. Versteckt hat er sie gehabt, und wären die Herren nicht unvermutet gekommen, so hätte das Gaudeamus noch drei oder vier Tage länger gedauert.«

Als Lorenzo dies vernahm, fragte er sogleich:

»Was sagt Ihr da, Page? Wo ist Cornelia?«

»Droben«, erwiderte der Page.

Kaum hatte der Herzog dies vernommen, als er wie ein Blitz die Treppe hinaufeilte, um Cornelia zu sehen, glaubte er doch, man hätte sie gefunden. Er drang sogleich in das Zimmer ein, in dem Don Antonio sich befand und sagte:

»Wo ist Cornelia? Wo ist der Inbegriff meines Lebens?«

»Hier ist Cornelia«, erwiderte ein Weib, das in ein Bettlaken gehüllt war und das Gesicht verdeckt hatte. Das Weib fuhr fort:

»Hat man Euch vielleicht, zum Teufel, einen Ochsen gestohlen? Ist's vielleicht so was Neues, wenn ein Mädchen mit einem Pagen schläft, weil man so viel Aufhebens davon macht?«

Lorenzo, der anwesend war, zog voll Ärger und Verachtung an einem Zipfel des Bettlakens und enthüllte ein junges, nicht gerade häßliches Mädchen, das vor Scham die Hände vors Gesicht schlug und sich beeilte, ihre Kleider anzuziehen, die ihr, weil das Bett keines hatte, als Kopfkissen dienten, und an den Kleidern sahen sie, daß das Mädchen zur Zunft der Barmherzigen Mägdlein gehörte.

Der Herzog fragte sie, ob es denn wahr sei, daß sie Cornelia hieße. Sie bejahte und sagte, sie hätte sehr ehrenwerte Anverwandte in der Stadt, und niemand möge behaupten, daß er von solchem Wasser nicht trinke. Der Herzog war solcherart verwirrt, daß er nahe daran war zu glauben, die Spanier hätten sich einen Scherz mit ihm erlaubt, doch um einem solchen Gedanken keinen Raum zu geben, machte er kehrt und ging, ohne ein Wort zu sagen. Lorenzo folgte ihm; sie bestiegen ihre Pferde und ritten fort. Don Juan und Don Antonio blieben noch tiefer beschämt zurück und beschlossen, alles Mögliche

und selbst das Unmögliche zu unternehmen, um Cornelia
aufzufinden und den Herzog von ihrer Redlichkeit und
ihren guten Absichten zu überzeugen. Sie entließen Santiesteban als einen Unverschämten, warfen die lockere
Cornelia zur Tür hinaus, und in diesem Augenblick fiel
ihnen ein, daß sie ganz vergessen hatten, dem Herzog vom
Agnus und vom Kruzifix mit den Diamanten zu erzählen,
die ihnen Cornelia als Reliquien angeboten, denn dank
dieser Zeichen hätte der Herzog erkannt, daß die wirkliche Cornelia in ihrer Obhut gewesen und daß, wenn sie
nun verschwunden sei, es nicht ihre Schuld gewesen sein
könnte. Sie verließen das Haus, um ihm dies mitzuteilen,
allein sie trafen ihn nicht im Hause Lorenzos an, wo sie
ihn vermutet hatten, wohl aber Lorenzo, der ihnen sagte,
der Herzog sei unverzüglich nach Ferrara zurückgeritten
und habe ihm den Auftrag erteilt, nach seiner Schwester
weiterzuforschen.

Sie sagten ihm, was sie dem Herzog hatten melden wollen; Lorenzo jedoch versicherte ihnen, der Herzog sei überaus zufrieden mit ihrem Verhalten und schriebe wie er
selbst die Flucht Cornelias nur ihrer großen Angst zu. Mit
Gottes Hilfe werde sie gewiß wieder zum Vorschein kommen, denn das Kind, die Haushälterin und Cornelia selbst
könnten doch nicht von der Erde verschlungen worden
sein. Damit trösteten sie sich, doch wollten sie bei der Suche
nicht die öffentliche Verlautbarung benützen, sondern sich
eher auf geheime Nachforschungen beschränken, wußte
doch bisher niemand von Cornelias Flucht außer der Base;
und bei denen, die nichts von des Herzogs Absicht wußten,
wäre das Ansehen Cornelias nur allzuleicht in Verruf
gekommen, wenn man sie hätte ausrufen lassen, und es
hätte großer Anstrengung bedurft, jeden Argwohn zu zerstreuen, den ein solch übereiltes Unternehmen hervorrufen
mußte.

Der Herzog ritt seines Weges, und ein günstiges Geschick, das alles zu seinem Glück wenden wollte, ließ ihn
in das Dorf kommen, wo der Pfarrer lebte, bei dem Cornelia, das Kind, die Amme und die Haushälterin wohlbehalten eingetroffen waren; dem Pfarrer hatte man Cor-

Fräulein Cornelia

nelias Geschichte erzählt und ihn um Rat gebeten, was fürderhin zu unternehmen wäre. Der Pfarrer war mit dem Herzog eng befreundet, und dieser pflegte oft von Ferrara zu kommen, um bei ihm, einem vermögenden und den Wissenschaften zugeneigten Kleriker, einzukehren und von hier aus der Jagd zu obliegen. Vielen Gefallen fand der Herzog an des Pfarrers Wissenschaft und Witz, den dieser in allem zeigte, was er sagte und tat. Der Pfarrer war keineswegs bestürzt, als der Herzog mit einem Male bei ihm eintrat, war es doch, wie schon gesagt, nicht das erste Mal, daß dieser kam; doch war der Pfarrer wenig glücklich darüber, ihn so traurig zu sehen, wußte er doch gleich, daß sich ein Kummer seiner Seele bemächtigt hatte.

Cornelia hatte zwischendurch vernommen, der Herzog von Ferrara sei eingetroffen, und war über alle Maßen bestürzt darüber, weil sie nicht wußte, in welcher Absicht er käme. Sie rang die Hände und ging aufgeregt im Raume auf und nieder. Cornelia wollte mit dem Pfarrer sprechen, allein dieser war in ein Gespräch mit dem Herzog vertieft, und so konnte sie nicht mit ihm reden.

Der Herzog sagte:

»Ich bin überaus traurig, Hochwürden, und will heute nicht mehr nach Ferrara. So laßt mich denn Euer Gast sein. Sagt meinen Leuten, sie sollen nach Ferrara weiterreiten, nur Fabio soll bei mir bleiben.«

Der gute Pfarrer tat, wie ihm geheißen, und gab sogleich den Auftrag, den Herzog zu bewirten und unterzubringen. Bei dieser Gelegenheit konnte Cornelia den Pfarrer sprechen; sie ergriff seine Hände und sagte:

»Ach, Hochwürden, was kann der Herzog nur wollen? Ich bitte Euch, um Gottes willen, Hochwürden, berührt mein Unglück mit einigen Worten und versucht, zu entdecken oder wenigstens nur ein Anzeichen darüber zu gewinnen, was er beabsichtigt. Ihr selbst werdet das Wie am besten einzurichten wissen, und Eure große Klugheit möge Euch beraten.«

Darauf antwortete der Pfarrer:

»Der Herzog ist sehr niedergeschlagen. Bis jetzt hat er mir noch keinen Grund dafür genannt. Ich glaube, Ihr

könnt indes nichts Besseres tun, als Euer Kind aufs beste
zu kleiden und ihm allen Schmuck, den Ihr besitzt, anzulegen, vor allem jenen, mein Fräulein, den Euch der Herzog gegeben hat. Im übrigen laßt nur mich sorgen, denn
ich hoffe auf den Himmel, daß er uns einen glücklichen
Tag beschert.«

Cornelia umarmte ihn und küßte ihm die Hand; dann
zog sie sich zurück, um das Kind zu kleiden und herzu-
richten. Der Pfarrer ging zum Herzog, um ihm die Zeit
zu vertreiben, bis das Abendessen bereit wäre, und fragte
im Verlauf des Gesprächs, ob es dem Herrn Herzog nicht
möglich wäre, ihm den Grund seiner Trauer zu entdecken;
den Kummer könnte man ihm schon auf eine Meile weit
anmerken.

»Hochwürden«, erwiderte der Herzog, »es ist nur natürlich, daß sich die Schwermut des Herzens in den Gesichtszügen spiegelt; in den Augen liest man, was in der Seele
vorgeht, schlimmer ist jedoch, daß ich meine Trauer mit
niemandem teilen kann.«

»Nun, wahrhaftig, gnädiger Herr«, sagte der Pfarrer,
»wenn Ihr jetzt in der Stimmung wäret, etwas anzuschauen,
das Freude bereitet, so würde ich Euch gerne etwas zeigen,
das Euch, wie ich glaube, großes Vergnügen bereiten
würde.«

»Es wäre töricht«, erwiderte der Herzog, »ein Mittel,
das einem zur Linderung des Schmerzes geboten wird, zu
verschmähen. Bei meinem Leben, Hochwürden, zeigt mir,
was Ihr da habt; gewiß ist es eine von Euren Merkwür-
digkeiten, die mir alle großen Genuß bereiten.«

Der Pfarrer stand auf und ging in das Zimmer, wo Cornelia sich aufhielt; schon hatte sie das Kind in die feinen
Windeln gehüllt und ihm das Kruzifix und das Agnus,
nebst drei anderen Schmuckstücken, die der Herzog Cornelia geschenkt hatte, dazugegeben. Der Pfarrer nahm das
Kind in die Arme und ging in das Zimmer, wo der Herzog
allein zurückgeblieben war. Er sagte ihm, er möge ans
Fenster treten und legte ihm das Kind in die Arme. Als
dieser die Schmuckstücke sah, sie als jene erkannte, die er
Cornelia geschenkt, war er sprachlos, und als er das Kind

genauer betrachtete, schien es ihm, als blicke er auf sein eigenes Abbild nieder. Voll Verwunderung fragte er den Pfarrer, wem dieses Kind zugehöre; es könne seiner Ausstattung und dem Schmuck nach das Kind eines Fürsten sein.

»Das weiß ich nicht«, erwiderte der Pfarrer. »Das einzige, das mir bekannt ist, ist folgendes: vor mehreren Nächten – ich weiß nicht, wieviele es sind – brachte mir ein Edelmann aus Bologna das Kind, trug mir auf, nach ihm zu sehen und es aufzuziehen, denn es sei der Sohn eines hochgestellten Vaters und einer angesehenen, überaus schönen Mutter. Mit dem Edelmann kam eine Frau, die dem Kind als Amme dient. Diese habe ich gefragt, ob sie etwas über die Eltern des Kindes wisse, doch sie erwiderte mir, sie sei mit keinem Wort eingeweiht worden. Wahrhaftig, wenn die Mutter so schön ist wie die Amme, dann muß sie die Schönste ganz Italiens sein...«

»Kann man die Amme sehen?« fragte der Herzog.

»Gewiß«, erwiderte der Pfarrer. »Kommt mit mir, gnädiger Herr. Wenn Euch schon – wie ich wahrzunehmen glaube – das feine Tuch, der Schmuck und die Schönheit des Kindes in Verwunderung versetzt haben, um wieviel mehr noch wird Euch der Anblick der Amme verwirren.«

Der Pfarrer wollte dem Herzog das Kind wieder abnehmen, doch dieser gab es ihm nicht zurück, sondern preßte es an sich und küßte es viele Male. Der Pfarrer ging voraus und sagte zu Cornelia, sie möge, ohne die geringste Aufregung zu zeigen, den Herzog begrüßen. Cornelia tat, wie ihr geheißen, doch ließ die Erregung sie überaus lieblich erröten, und sie erschien schön über jede menschliche Vorstellung hinaus. Der Herzog war wie erstarrt, als er so unvermutet Cornelia vor sich erblickte; sie aber warf sich vor ihm zu Boden und wollte ihm den Fuß küssen. Wortlos reichte der Herzog das Kind dem Pfarrer, drehte sich um und eilte mit großen Schritten aus dem Raum. Als Cornelia dies sah, wandte sie sich dem Pfarrer zu und sagte:

»Ach Hochwürden! Hat sich der Herzog erschreckt, als er mich so unvermutet vor sich sah? Bin ich ihm denn widerwärtig? Bin ich ihm häßlich vorgekommen? Hat er die Verpflichtung vergessen, die ihn an mich bindet? Wird er mir kein einziges Wort gönnen? Ist ihm sein Sohn schon eine solche Bürde geworden, daß er ihn fast fortwarf?«

Der Pfarrer wußte darauf kein Wort zu erwidern, denn auch er war überaus erstaunt über das Verhalten des Herzogs, mußte ihm doch als Flucht erscheinen, was nichts anderes gewesen als ein Hinauseilen, um Fabio zu rufen und ihm zu sagen:

»Rasch, Freund Fabio, rasch! Eile, so schnell du nur kannst, nach Bologna und sag Lorenzo Bentibolli, dann Don Juan de Gamboa und Don Antonio de Isunza, den beiden spanischen Edelleuten, sie möchten unverzüglich – eine Entschuldigung gilt nicht – in dieses Dorf kommen. Kehre aber, Freund, unter keinen Umständen ohne sie zurück; es liegt mir mehr daran, sie zu sehen, als an meinem Leben.«

Fabio machte sich in aller Eile auf den Weg und führte den Befehl des Herzogs aus. Der Herzog kehrte in das Zimmer zurück, in dem nun Cornelia schöne Tränen vergoß. Er schloß sie in seine Arme, und Träne zu Träne fügend, trank er tausendmal den Atem ihres Mundes. Beiden lähmte die Glückseligkeit die Zunge, und so gaben sich die beiden wahrhaft liebenden, wirklichen Gatten in ehrbarem, liebeseligem Schweigen ihrem Glück hin. Die Amme des Kindes und die Cribela – eine solche zu sein hatte die Haushälterin behauptet – hatten durch die halbgeöffnete Tür alles mitangesehen, was zwischen dem Herzog und Cornelia geschah, und rannten nun vor Freude die Köpfe gegen die Wand, daß man meinen konnte, sie hätten den Verstand verloren. Der Pfarrer herzte zu wiederholten Malen das Kind, das er im Arm hielt, und wurde nicht müde, das eng aneinandergeschmiegte herrschaftliche Paar mit der Rechten zu segnen. Die Haushälterin des Pfarrers, die bei den entscheidenden Begebnissen nicht zugegen gewesen, hatte sie doch die Zubereitung des Abendessens in Anspruch genommen, kam, als sie mit den Vorbereitungen fertig war, ins Zimmer, um alle zu Tisch zu bitten, und machte damit den zärtlichen Umarmungen ein

Fräulein Cornelia 591

Ende. Der Herzog nahm dem Pfarrer das Kind ab und hielt es während der mehr reinlichen und schmackhaften als prunkvollen Mahlzeit in den Armen. Indes sie aßen, berichtete Cornelia alles, was geschehen war, bis sie auf den Rat der Haushälterin der beiden spanischen Edelleute hin in dieses Haus gekommen. Die beiden Edelleute hätten ihr überaus ehrenhaft gedient, sie beschützt und behütet, so, wie sie es sich besser gar nicht vorstellen könnte. Der Herzog wieder erzählte ihr alles, was ihm bis zu diesem Augenblick zugestoßen war. Die Haushälterin und die Amme waren bei der Mahlzeit zugegen, und der Herzog machte ihnen große Anerbietungen und Versprechungen. Alle freuten sich von neuem über den glücklichen Ausgang der Begebnisse und warteten nur darauf, daß sich das Maß des Glücks durch die Ankunft Lorenzos, Don Juans und Don Antonios fülle. Diese kamen drei Tage später voll der Ungeduld und der Neugier, um endlich zu erfahren, ob der Herzog etwas über den Verbleib Cornelias wüßte, denn Fabio, den er um sie geschickt, konnte ihnen nichts sagen, da er selbst nichts davon wußte, daß Cornelia gefunden worden war.

Der Herzog ging ihnen entgegen, um sie in einem Zimmer zu empfangen, das vor dem Gemach Cornelias lag; er ließ keinerlei Zeichen der Freude erkennen, so daß die Neuankömmlinge darob sehr traurig waren. Der Herzog hieß sie Platz nehmen, setzte sich zu ihnen und sagte, sich an Lorenzo wendend:

»Ihr, Herr Lorenzo Bentibolli, wißt sehr wohl, daß ich Eure Schwester nie hintergangen habe; dafür sind mir der Himmel und mein Gewissen die besten Zeugen; Ihr wißt auch, mit welchem Fleiß ich sie gesucht habe und wie sehr ich begehrte, sie zu finden, um mich mit ihr zu vermählen, wie ich zugesagt hatte. Doch sie ist nirgends zu finden, und mein Wort kann nicht für die Ewigkeit gelten. Ich bin jung und in den Dingen dieser Welt nicht so erfahren, daß mich Dinge nicht mehr lockten, die mir doch auf Schritt und Tritt Genuß versprechen. Dieselbe Neigung, die mich veranlaßte, Cornelia zu versprechen, daß ich ihr Gatte sein wollte, hatte mich schon vorher verführt, einem Mäd-

chen aus diesem Dorfe ein Eheversprechen zu geben, doch
gedachte ich dieses zu betrügen, um die treffliche Cornelia
zu gewinnen, obgleich mich ein solcher Entschluß mit meinem Gewissen in einige Schwierigkeiten brachte; damit
habe ich Cornelia keinen geringen Beweis meiner Liebe
gegeben. Doch da sich keiner mit einer Frau vermählen
kann, die nirgends zu finden ist, und es auch nicht einzusehen ist, daß jemand die Frau suche, die ihn verlassen hat,
wenn er nicht Gefahr laufen will, eine Geliebte zu finden,
die ihn verschmäht, so bitte ich Euch, Herr Lorenzo, zu
bedenken, welche Genugtuung ich Euch leisten könnte für
einen Schimpf, den ich Euch in Wahrheit nie zugefügt,
weil ich nie die Absicht hatte, Euch zu beschimpfen; denn
ich möchte Euch um die Erlaubnis bitten, die es mir ermöglicht, mein älteres Eheversprechen zu halten und das Landmädchen zu heiraten, das bereits in diesem Hause ist.«
    Indes der Herzog dies sagte, wechselte Lorenzo oftmals
die Farbe und vermochte nicht mehr ruhig zu sitzen, deutliche Zeichen, daß der Zorn von allen seinen Sinnen Besitz
ergriff. So geschah es auch Don Juan und Don Antonio, die
sich beide sogleich vornahmen, den Herzog um jeden Preis
an der Verwirklichung seines Vorhabens zu hindern und
müßten sie ihm auch das Leben nehmen. Da ihnen der
Herzog die Gedanken vom Gesicht ablas, sagte er:
    »Beruhigt Euch, Herr Lorenzo, denn ehe Ihr mir eine
Antwort geben sollt, möchte ich, daß Euch die Schönheit
jener, die ich mir zur Gattin erwählt habe, zwingt, mir
die Erlaubnis zu geben, um die ich Euch gebeten, ist doch
die Schönheit jener Frau so ausbündig, daß sie selbst größere Verfehlungen zu entschuldigen vermöchte.«
    Dies gesagt, stand er auf und ging in das Zimmer, wo
Cornelia aufs reichste mit den Kostbarkeiten, die das Kind
getragen, und noch mehr, geschmückt wartete. Kaum hatte
der Herzog den dreien den Rücken gekehrt, als sich Don
Juan erhob, die Hände auf die Lehnen des Stuhls stützte,
in dem Lorenzo saß, und diesem ins Ohr flüsterte:
    »Beim heiligen Jakobus von Galicien, Herr Lorenzo,
und bei meinem Glauben als Christ und meiner Treu als
Edelmann, ich werde den Herzog seine Absicht genau so

Fräulein Cornelia 593

ausführen lassen, als ich ein Maure werde. Durch meine
Hand wird er hier sein Leben lassen oder das Wort halten,
das er gegeben, oder uns wenigstens die Frist zubilligen,
die wir brauchen, sie zu finden. Ehe wir nicht sicher wissen,
daß sie tot ist, darf er sich nicht verheiraten.«

»Ich bin Eurer Ansicht«, erwiderte Lorenzo.

»Der gleichen Ansicht ist gewiß auch mein Kamerad
Don Antonio«, versetzte Don Juan.

Indes trat Cornelia zwischen dem Pfarrer und dem
Herzog, der sie an der Hand führte, ein. Hinter ihnen
kam Sulpicia, die Jungfer Cornelias, um die der Herzog
mittlerweile nach Ferrara geschickt hatte, kamen die
Amme und die Haushälterin der beiden spanischen Edelleute. Als Lorenzo die Schwester erblickte, sich ihr Bild ins
Gedächtnis zurückrief und schließlich als Wirklichkeit erkannte, was ihm anfangs als Unmöglichkeit erschienen
war und er wahrhaftig nicht hatte erwarten können, stolperte er fast über die eigenen Beine, als er sich dem Herzog zu Füßen warf. Dieser hob ihn auf und führte ihn in
die Arme seiner Schwester; ich will sagen, daß die Schwester ihn mit allen nur möglichen Zeichen der Freude umarmte. Don Juan und Don Antonio sagten dem Herzog,
dies wäre der klügste und stärkste Scherz von der Welt
gewesen. Der Herzog nahm das Kind, das Sulpicia in den
Armen hielt, reichte es Lorenzo und sagte:

»Hier nehmt, Herr Bruder, Euren Neffen, meinen Sohn,
und denkt nun darüber nach, ob Ihr mir erlauben wollt,
daß ich mich mit diesem Landmädchen vermähle, dem ich
als der ersten ein Eheversprechen gegeben habe.«

Wir würden nie zu Ende kommen, wollten wir berichten, was Lorenzo antwortete, was Don Juan fragte, was
Don Antonio fühlte, würden nie enden, wollten wir das
Ergötzen des Pfarrers schildern, die Freude Sulpicias, die
Zufriedenheit der ratgeberischen Haushälterin, den Jubel
der Amme, die Verwunderung Fabios und schließlich die
Freude aller. Der Pfarrer vermählte sogleich die Liebenden, wobei Don Juan de Gamboa den Zeugen abgab. Man
verabredete, die Vermählung geheimzuhalten, bis man
sehe, welchen Verlauf die Krankheit nehme, die des Her-

zogs Mutter schon an den Rand des Grabes gebracht; indes sollte Cornelia mit ihrem Bruder nach Bologna zurückkehren. So geschah es denn auch. Die Herzogin starb; Cornelia hielt ihren Einzug in Ferrara und erfreute durch ihren Anblick die Herzen aller; die Trauer wandelte sich in Freude, die Haushälterin und die Amme wurden vermögend, Sulpicia die Frau Fabios; Don Antonio und Don Juan waren überaus glücklich, dem Herzog einen Dienst geleistet zu haben; er bot ihnen, das heißt jedem von ihnen, eine seiner Basen mit einer reichen Mitgift an. Die Spanier jedoch sagten, daß biskyische Edelleute meist biskyische Mädchen heirateten und sie ein solch glänzendes Anerbieten nicht aus Geringschätzung ablehnten, sondern weil sie mit der löblichen Sitte nicht brechen wollten und gedächten, den Wünschen der Eltern zu gehorchen, die gewiß schon Gattinnen für sie ausgewählt hätten.

Der Herzog ließ ihre Entschuldigung gelten, und bei allen schicklichen Gelegenheiten ließ er ihnen in Bologna viele Geschenke zukommen und einige davon von sehr großem Wert; dies auf überaus feine, ihr Ehrgefühl nicht kränkende Weise. Selbst wenn sie die Geschenke nicht hätten annehmen wollen, damit sie nicht einer Bezahlung der geleisteten Dienste gleichkämen, wären sie doch nicht imstande gewesen, sie auszuschlagen, weil sie alle zu solcher Zeit kamen, die jedes Bedenken beseitigte. Dies galt vor allem für die Geschenke, die sie erhielten, als sie sich zur Abreise nach Spanien rüsteten, und jene, die sie bekamen, als sie nach Ferrara reisten, um sich vom Herzog zu verabschieden; dort fanden sie Cornelia als Mutter auch zweier Töchter vor und ihren Gatten verliebter denn je. Die Herzogin überreichte Don Juan das Kruzifix mit den Diamanten, und das Agnus gab sie Don Antonio, die diese Geschenke annahmen, weil sie nicht anders konnten. Don Juan und Don Antonio landeten in Spanien und erreichten ihre engere Heimat, wo sie sich mit reichen, angesehenen und schönen Mädchen vermählten und zur größten Freude aller in ständiger Verbindung blieben mit dem Herzog, der Herzogin und Herrn Lorenzo Bentibolli.

DIE BETRÜGERISCHE HEIRAT

Kam aus dem Hospital de la Resurrección, das in Valladolid außerhalb der Puerta del Campo liegt, ein Soldat, der dadurch, daß er seinen Degen als Stecken benutzte, wie durch die Schwäche der Beine und die gelbliche Gesichtsfarbe sehr deutlich zeigte, daß er, obgleich das Wetter nicht sonderlich heiß war, innerhalb von drei Wochen jenen Saft wieder ausgeschwitzt haben mußte, den er sich vielleicht in einer einzigen Stunde einverleibt hatte. Als kaum Genesender machte er ganz kleine Kinderschritte und stolperte immer wieder. Als er durch das Stadttor trat, sah er, daß einer seiner Freunde, den er sechs Monate lang nicht gesehen, des Weges kam. Dieser bekreuzigte sich, als sähe er ein Gespenst, trat näher und sagte:

»Was soll das heißen, Herr Fähnrich Campuzano? Ist es denn möglich, daß Euer Gnaden noch im Lande ist? So wahr ich lebe, ich glaubte Euch in Flandern und meinte, Ihr führtet dort den Spieß, statt hier den Degen nachzuschleifen. Was ist das für eine Gesichtsfarbe? Was bedeutet diese Schwäche?«

Darauf antwortete Campuzano:

»Auf die Frage, ob ich im Lande sei oder nicht, Herr Lizentiat Peralta, darauf gibt Euch Antwort, daß Ihr mich hier seht; auf die übrigen Fragen kann ich Euch nur sagen, daß ich aus jenem Spital dort komme, wo ich vierzehn volle Eiterbubeln ausgeschwitzt, die mir ein Weib angehängt, das ich, obgleich ich nicht sollte, zu meinem Weibe gemacht habe.«

»Wie? Ihr habt Euch verheiratet, Euer Gnaden?« fragte Peralta.

»Ja, Señor«, erwiderte Campuzano.

»Wahrscheinlich eine Herzensangelegenheit«, sagte Peralta, »denn solchen Heiraten folgt die Reue gleich auf dem Fuß.«

»Ich könnte nicht behaupten, daß es eine Herzensangelegenheit war«, entgegnete der Fähnrich, »sicher ist, daß es eine Schmerzensangelegenheit war, denn mit meiner

Ehe – besser Wehe – habe ich so viel Schmerz an Leib und Seele erfahren, daß ich, um die Schmerzen des Leibes auszuheilen, schon vierzig Schwitzkuren ertragen habe, indes ich für die Schmerzen der Seele kein Mittel finde, das sie auch nur erleichtern könnte. Da ich jedoch noch nicht in einem Zustand bin, lange Gespräche auf offener Straße zu ertragen, bitte ich Euer Gnaden, mich zu entschuldigen; ein andermal werde ich Euch in größerer Bequemlichkeit von meinen Abenteuern erzählen, die gewiß das Unerhörteste und Seltsamste sind, was Euer Gnaden in Eurem ganzen Leben gehört haben wird.«

»Nichts da!« sagte der Lizentiat. »Ich möchte, daß Ihr mit mir in meine Wohnung kommt, wo wir gemeinsam Buße tun wollen, denn die Olla ist gerade das richtige für einen Kranken; sie reicht für uns beide, mein Diener mag mit einer Pastete vorlieb nehmen. Und wenn Eure Rekonvaleszenz es erlaubt, könnten wir unsere Mahlzeit mit ein paar Scheiben eines Schinkens aus Rute einleiten; vor allem aber sollt Ihr Euch an der Bereitwilligkeit erfreuen, mit der ich Euch dies nicht nur heute, sondern immer, wenn es Euer Gnaden beliebe, anbiete.«

Campuzano dankte ihm und nahm Einladung und Angebot des Lizentiaten gern an. Sie gingen zur Laurentiuskirche und hörten dort die Messe; dann nahm Peralta seinen Gast nach Hause mit, gab ihm, was er versprochen, bot ihm von neuem seine Dienste an und bat ihn, indes sie mit der Mahlzeit zu Ende kamen, doch die Abenteuer zu berichten, von denen er so viel Aufhebens gemacht hatte. Campuzano ließ sich nicht lange bitten und begann sogleich folgendes zu erzählen:

»Euer Gnaden, Herr Lizentiat, werdet Euch wohl daran erinnern, daß ich in dieser Stadt in die Kompagnie des Hauptmanns Pedro de Herrera, der jetzt in Flandern ist, eingetreten bin.«

»Wohl erinnere ich mich«, sagte Peralta.

»Eines Tages nun«, fuhr Campuzano fort, »als wir im Gasthof an der Solana, wo wir wohnten, eben mit dem Essen fertig waren, traten zwei Frauen von guter Figur in Begleitung zweier Dienerinnen ein. Die eine der beiden

Frauen fing mit dem Hauptmann, der an einem Fenster
lehnte, zu sprechen an; die andere setzte sich neben mich
auf einen Stuhl, hatte aber das Gesicht bis zum Kinn herab mit einem Schleier verdeckt, so daß man vom Gesicht
nicht mehr zu sehen bekam, als der Schleier eben erlaubte.
Obgleich ich sie bat, sich mir zu Gefallen zu entschleiern,
konnte ich sie doch nicht dazu bewegen, was mein Verlangen, ihr Gesicht zu sehen, nur noch mehr entzündete.
Und um mein Verlangen noch mehr zu reizen, legte die
Dame, sei es aus Absicht oder nur zufällig, eine sehr weiße,
gepflegte Hand mit sehr kostbaren Ringen an den Fingern
bloß. Ich war damals aufs beste herausgeputzt, trug jene
große Kette, die Euer Gnaden an mir gesehen haben werden, dann den Hut mit Federn und Hutschnur, meinen
bunten, nach Soldatenart geschnittenen Anzug und dünkte
mich in den Augen meines Wahns so stattlich und kühn,
daß ich mir einbildete, ich könnte die Weiber nur so um
den Finger wickeln. Dabei drängte ich sie immerzu, sich zu
entschleiern, worauf sie mir antwortete:

»Seid nicht so zudringlich! Ich besitze ein eigenes Haus;
gebt einem Pagen den Auftrag, mir zu folgen, denn obgleich ich ehrbarer bin, als diese Antwort erwarten ließe,
würde es mir ein Vergnügen bereiten, wenn Ihr mich zu
sehen bekämt, sofern Ihr mir dabei zeigt, daß Euer Verstand Eurer Kühnheit entspricht.«

Für die große Gunst, die sie mir erwies, küßte ich ihr
die Hand und versprach ihr dafür goldene Berge. Der
Hauptmann beendete sein Gespräch; die Damen gingen,
und einer meiner Burschen folgte ihnen. Der Hauptmann
sagte mir, die Dame habe ihn gebeten, einen Brief an einen
anderen Hauptmann nach Flandern mitzunehmen, von
dem sie behauptete, er wäre ihr Vetter, obgleich er wisse,
er sei nur ihr Liebhaber. Ich brannte nach den schneeweißen Händen, die ich gesehen, und starb fast vor Verlangen nach dem Gesicht, das ich zu sehen begehrte. So
ließ ich mich tags darauf von meinem Burschen hinführen,
und mir wurde der Zutritt gewährt. Ich fand ein sehr
gut ausgestattetes Haus vor und eine Frau von ungefähr
dreißig Jahren, die ich an den Händen wiedererkannte.

Sie war nicht übermäßig schön, doch immerhin imstande, bei näherer Bekanntschaft zu bezaubern, hatte sie doch eine so weiche Stimme, die sich einem durch das Ohr ins Herz schmeichelte. Mit der Dame verbrachte ich dann lange verliebte Gespräche: ich prahlte, schnitt auf, führte das große Wort, bot, versprach und tat alles, was mir erforderlich schien, mich in ihren Augen liebenswürdig zu machen, allein, da sie an ähnliche oder sogar an größere Anerbietungen und Worte gewöhnt war, schien es mir, als schenke sie meinen Worten mehr Aufmerksamkeit als Glauben. Kurz und gut, unser Gespräch stand die vier Tage, während derer ich sie besuchte, in voller Blüte, und doch gelang es mir nicht, die Frucht, die ich begehrte, zu pflücken.

In der Zeit, in der ich sie besuchte, fand ich das Haus immer leuteleer, sah nie einen Besuch von angeblichen Verwandten oder wirklichen Freunden. Ihr diente eine Magd, die eher ausgekocht zu sein schien als hausbacken. Schließlich entschloß ich mich, in meiner Liebesangelegenheit wie ein Soldat zu handeln, der am nächsten Tag abmarschieren muß, bedrängte meine Dame Doña Estefanía de Caicedo – so heißt die, welche mich in diesen Zustand versetzt hat–, und sie antwortete mir: ›Herr Fähnrich Campuzano, es wäre einfältig von mir, wollte ich mich Euch als Unschuldsengel vorstellen; ich war eine Sünderin, bin es auch heute noch, doch keine von der Art, daß die Nächsten darüber zu reden hätten, noch die Fernsten es mir ansähen. Ich habe weder von meinen Eltern noch von Anverwandten geerbt, und trotzdem ist die Einrichtung meines Hauses wenigstens zweitausendfünfhundert Goldtaler wert, festgelegt in Gütern, die bei einer Versteigerung, kaum daß sie angeboten, sofort gegen bar verkauft werden. Mit diesem Vermögen suche ich einen Gatten, dem ich mich ausliefern und dem ich gehorsam sein kann; ihm verspreche ich nebst einer besseren Lebensführung den größten Eifer, wenn es darum geht, ihn zu pflegen und zu hegen, denn es gibt keinen Fürsten, der einen besseren Koch hätte, einen Koch, der den Gerichten jene Würze zu geben weiß, die ich ihnen zu geben verstehe,

Die betrügerische Heirat   599

wenn ich als Hausfrau mich zum Kochen anschicke. Ich
bin eine gute Hausfrau im Hause, eine Magd in der Küche
und eine Dame in der Gesellschaft; schließlich weiß ich zu
befehlen und verstehe es, mir Gehorsam zu verschaffen.
Ich verschwende nichts und spare viel ein; mein Real ist
nicht etwa weniger wert als ein anderer, im Gegenteil, er
gilt viel mehr, wenn er nach meiner Anweisung ausgegeben
wird. Mein Linnen ist reichlich und gut; es wurde nicht in
Läden oder bei Weißkrämern gekauft: diese Daumen und
die meiner Mägde haben den Faden gedreht, und hätte
man sie im Hause weben können, wären sie auch hier gewebt worden. Dies sage ich mir zum Preis, ist doch ein
Lob nicht schimpflich, wenn einen die Notwendigkeit dazu
zwingt, es auszusprechen. Schließlich will ich noch sagen,
daß ich einen Gatten suche, der mich beschützt, mir befiehlt und mich ehrt, und keinen Liebhaber, der mir zwar
dient, mich aber doch lästert. Wenn Ihr, Euer Gnaden,
bereit seid, den Schatz zu heben, der sich Euch bietet, dann
bin ich, wie ich leib und lebe, Euch in allem gehorsam. So
bräuchte ich nicht lange feilgeboten werden, das heißt, ich
bräuchte nicht von allen Heiratsvermittlern beredet werden, denn niemand vermag alles besser ins Lot zu bringen
als die unmittelbar Beteiligten selbst.«
    Damals hatte ich meinen Verstand nicht im Kopf, son-
dern in den Fersen; ich dachte mir den Genuß größer, als
ihn mir die Phantasie vorgespiegelt hatte, und da mir der
ansehnliche Besitz so nahe vor den Augen lag, daß ich ihn
schon in klingende Münze umgesetzt sah, sagte ich – ohne
andere Worte zu gebrauchen als jene, die einem das erträumte Glück eingibt –, daß ich mich für überaus glücklich und als vom Himmel begünstigt betrachte, weil er mir,
wie durch ein Wunder, eine solche Gefährtin beschere, damit ich sie zur Herrin meines Willens und meines Vermögens mache, das auch nicht gering sei und mit der Kette,
die ich um den Hals trüge, mit anderen geringeren Kostbarkeiten, die ich daheim hätte, und mit dem, was ich aus
dem Verkauf einiger Galakleider – Soldatenprunk – erlösen
könnte, sich auf mehr als zweitausend Dukaten belaufe.
Diese und ihre zweitausendfünfhundert reichten aus, da-

mit wir uns in das Dorf, aus dem ich stamme und wo ich einige Grundstücke besäße, zurückziehen könnten. Dieser Besitz, durch Geld aufgebessert, würde uns, wenn wir die Erträgnisse des Bodens der Jahreszeit entsprechend absetzten, ein sorgenfreies, fröhliches Dasein erlauben. Kurz gesagt, damals beschlossen wir die Heirat, und wir beide fanden jeder einen Weg, um nachzuweisen, daß wir ledig wären; an den drei Feiertagen, die bald darauf aus Anlaß eines großen Kirchenfestes hintereinander fielen, wurden wir aufgeboten, und am vierten Tag heirateten wir. Bei der Trauung waren zwei meiner Freunde und ein junger Bursche, von dem sie behauptete, er sei ihr Vetter, anwesend. Diesem bot ich als Verwandtem mit sehr liebenswürdigen Worten meine Dienste an, mit Worten, wie ich sie bis dahin nur meiner neuen Gattin gesagt hatte, allein in solch hinterlistiger und verräterischer Absicht, daß ich darüber lieber schweige; denn wenn ich Euch jetzt auch die Wahrheit sage, so geht es dabei um keine Beichtstuhlwahrheit, bei der alles heraus muß.

Mein Bursche schaffte meinen Koffer aus dem Gasthof in das Haus meiner Frau. Vor ihr verschloß ich darein meine prunkvolle Kette; ich zeigte ihr drei oder vier andere, wenn auch nicht so große, so doch bester Machart, nebst drei oder vier verschiedenen Hutschnüren; ich führte ihr auch meine Galakleider und meine Hutfedern vor und gab ihr so an die vierhundert Realen, die ich besaß, für den Haushalt. Sechs Tage lang erfreute ich mich der Flitterwochen, breitete mich im Hause aus wie der arme Schwiegersohn im Haus des reichen Schwiegervaters, ging über weiche Teppiche, lag auf Bettlaken aus feinstem Linnen, leuchtete mir mit silbernen Leuchtern, frühstückte im Bett, stand um elf auf, aß um zwölf zu Mittag, und um zwei legte ich mich auf der Ruhebank zur Siesta nieder; Doña Estefanía und die Magd taten alles, was sie mir an den Augen nur ablesen konnten. Mein Bursche, den ich bis zur Stunde nur als einen faulen, langsamen Schlingel gekannt hatte, verwandelte sich in ein flinkes Reh. Die Zeit, in der Doña Estefanía nicht bei mir war, konnte man sie in der Küche finden, eifrig damit beschäftigt, Speisen bereiten zu

Die betrügerische Heirat

lassen, die mir den Hunger zu wecken und den Appetit anzuregen bestimmt waren. Meine Hemden, Kragen und Tücher waren ein zweites Aranjuez wegen der Blüten, nach denen sie dufteten, da sie von Engelwasser und Orangenblütenessenz durchtränkt waren.

Die Tage vergingen wie im Flug, so wie die Jahre dahinfliegen unter der Botmäßigkeit der Zeit, und da ich mich in diesen Tagen so gut gehalten und bedient sah, kam ich allmählich von der bösen Absicht, mit der ich den Handel begonnen, auf gute Gedanken. Eines Morgens aber – ich lag mit Doña Estefanía noch im Bett – begehrte man mit heftigen Schlägen an der Haustür Einlaß. Die Magd sah zum Fenster hinaus, zog aber den Kopf sogleich zurück und sagte:

»Na, die kommt gerade recht! Seht Ihr; sie kommt doch viel früher daher, als sie letzthin geschrieben.«

»Wer kommt gerade recht, Mädchen?« fragte ich.

»Wer?« sagte sie. »Meine Gnädige, Doña Clementa Bueso, und mit ihr kommen auch der Herr Don Lope Meléndez de Almendárez, zwei Diener und Hortigosa, die Dueña, die sie mitgenommen hat.«

»Lauf, Mädchen, mir zuliebe, und mach ihnen auf!« sagte Doña Estefanía sogleich. »Und Ihr, Herr, regt Euch mir zuliebe nicht auf und antwortet um meinetwillen auf nichts, was man gegen mich sagen wollte.«

»Nun, wer sollte es wagen, Euch zu beleidigen, wenn ich dabei bin? Sagt mir: was sind das für Leute, deren Ankunft Euch dermaßen erregt?«

»Jetzt habe ich keine Zeit, Euch Rede und Antwort zu stehen«, erwiderte Doña Estefanía, »doch wißt, daß alles, was hier geschehen mag, nur Täuschung ist und auf einen gewissen Zweck abzielt, den ich Euch hernach entdecken will.«

Ich wollte zwar darauf antworten, doch ließ mir die Dame Doña Clementa Bueso keine Zeit dazu; sie trat ins Zimmer, trug ein Kleid aus glänzendem grünem Atlas mit vieler Goldstickerei, ein Mäntelchen gleicher Art, einen Hut mit grünen, weißen und roten Federn und einer schönen goldenen Hutschnur; ein hauchdünner Schleier bedeckte das halbe Gesicht. Mit ihr trat Herr Don Lope Meléndez de Almendárez ein, in einem nicht weniger prächtigen wie kostbaren Reiseanzug.

Als erste sprach die Dueña Hortigosa, die ausrief:

»Herr Jesus! Was ist das? Das Bett meiner gnädigen Frau Doña Clementa belegt und noch dazu mit einem Mann!? Heute erlebe ich meine Wunder in diesem Haus! Meiner Seel', da hat Frau Doña Estefanía im Vertrauen auf die Freundschaft meiner Gnädigen statt des kleinen Fingers gleich die ganze Hand genommen!«

»Du hast recht, Hortigosa«, erwiderte Doña Clementa, »doch die Schuld liegt an mir. Nie werde ich durch Schaden klug, suche ich mir doch immer wieder Freundinnen, die es nur sind, weil ihr Vorteil es erheischt.«

Auf all das antwortete Doña Estefanía:

»Laßt es Euch nicht bekümmern, meine liebe Doña Clementa Bueso, und glaubt mir, daß alles, was hier in Eurem Hause vorgeht, seinen geheimen Sinn hat; wenn Ihr den kennt, dann weiß ich, daß ich entschuldigt bin und Euer Gnaden keinen Grund zur Klage habt.«

Indes hatte ich mir die Hose angelegt und das Wams; Doña Estefanía faßte mich an der Hand und führte mich in ein anderes Zimmer, wo sie mir sagte, diese ihre Freundin wolle jenem Herrn Lope, ihrem Begleiter, mit dem **sie sich zu verheiraten wünsche**, einen Streich spielen, und der Streich bestehe darin, ihn glauben zu machen, dieses Haus, mit allem was darin ist, gehöre ihr und sie wolle alles als Mitgift einbringen. Nach der Hochzeit mache es ihr im Vertrauen auf Don Lopes Liebe nur wenig aus, wenn der Betrug aufkäme.

»Und dann wird sie mir sogleich zurückgeben, was mein ist, und überdies wird man es weder ihr noch einer anderen Frau übelnehmen, wenn sie versucht, einen ehrenwerten Mann zu finden, selbst wenn dabei geschwindelt werde.«

Ich erwiderte, daß sie in der Freundschaft, die sie der Freundin bezeige, sehr weit gehe, und sie sollte sich das lieber vorher noch gut überlegen, denn nachher könnte sie sich gezwungen sehen, zu Gericht zu laufen, um ihr Eigentum wieder zu bekommen. Doch sie gab mir so viele

Die betrügerische Heirat

Gründe an und nannte so viele Verpflichtungen, die sie zwängen, Doña Clementa in noch viel wichtigeren Dingen gefällig zu sein, so daß ich nicht umhin konnte, mich wider Willen und wider besseres Urteil dem Wunsch Doña Estefanías zu fügen. Sie versicherte mir, daß die Sache nicht länger als acht Tage dauern sollte, während derer wir bei einer anderen ihrer Freundinnen wohnen würden. Doña Estefanía und ich zogen uns fertig an; während sie hineinging, um sich von Frau Doña Clementa Bueso und von Herrn Don Lope Meléndez de Almendárez zu verabschieden, befahl ich meinem Burschen, den Koffer zu nehmen und Doña Estefanía zu folgen; auch ich folgte ihr, ohne mich von irgend jemand zu verabschieden.

Doña Estefanía hielt beim Haus einer ihrer Freundinnen, und ehe man uns einließ, redete sie geraume Zeit mit der Freundin; endlich kam eine Magd heraus, die uns sagte, ich und mein Bursche könnten eintreten. Die Magd führte uns in ein schmales Zimmer, in dem zwei Betten so nahe beieinander standen, daß es aussah wie ein einziges Bett, war doch kein Zwischenraum zwischen den beiden, und die Bettlaken taten zärtlich miteinander. Dort blieben wir schließlich sechs Tage, und in dieser Zeit verging nicht eine Stunde, in der wir nicht Streit miteinander hatten, weil ich ihr die Torheit vorhielt, die sie bewiesen, als sie ihr Haus und ihre Habschaft verließ, was sie nicht einmal für die leibliche Mutter hätte tun dürfen. Darauf kam ich immer wieder zurück, und zwar so oft, daß die Eigentümerin des Hauses mich eines Tages, als Doña Estefanía ausgegangen war – sie hatte gesagt, sie wolle nachsehen, wie die Sache jetzt stünde –, fragte, weshalb ich mit Estefanía immer in Streit gerate und was sie angestellt, weil ich ihr immer vorwürfe, dies sei mehr eine ausgemachte Dummheit denn eine vollkommene Freundschaft gewesen. Ich erzählte ihr die ganze Geschichte, und als ich ihr sagte, ich wäre mit Doña Estefanía verheiratet und was ich an Mitgift ins Haus gebracht und welche Dummheit sie begangen, als sie ihr Haus und ihren Besitz der Doña Clementa zur Verfügung gestellt, wenn auch in der guten Absicht, sie einen so angesehenen Mann, wie Don Lope es sei, erobern zu lassen, begann sie sich ein übers andere Mal zu bekreuzigen, mit solchem Fleiß und so vielen ›Herr Jesus! Herr Jesus! Das schlechte Weib!‹, daß ich ganz wirr davon wurde. Schließlich sagte sie:

»Herr Fähnrich, ich weiß nicht, ob ich es vor meinem Gewissen verantworten kann, wenn ich Euch etwas entdecke, was mir, wenn ich es verschweigen wollte, das Gewissen gleicherweise belasten würde. Doch mit Gott und auf gut Glück und komme, was da wolle: es lebe die Wahrheit, und nieder mit der Lüge! Die Wahrheit ist einfach die, daß Doña Clementa Bueso die einzig wahre Eigentümerin des Hauses und des Besitztums ist, das man Euch als Mitgift eingebracht hat, und Lüge ist alles, was Euch Estefanía erzählt hat: sie hat weder Haus noch Vermögen, und nur das eine Kleid, das sie auf dem Leibe trägt, gehört ihr. Zeit und Gelegenheit für diesen Schwindel hat ihr Doña Clementa geboten, die verreiste, um Verwandte in der Stadt Plasencia zu besuchen, und dann nach dem Kloster Unserer lieben Frau von Guadalupe weiterzog, um dort Novene zu halten. Inzwischen hat sie das Haus der Doña Estefanía überantwortet, damit diese nach dem Rechten sehe, denn sie waren wirklich eng miteinander befreundet. Aber, genau genommen, kann man die arme Estefanía doch nicht allzusehr verurteilen, hat sie es doch verstanden, einen solchen Herrn wie den Herrn Fähnrich zum Manne zu bekommen.«

Damit endete sie ihre Enthüllung, und ich fing an mit meiner Verzweiflung, der ich mich ganz gewiß rettungslos überlassen hätte, wäre mir nicht mein Schutzengel zur Seite gestanden und hätte mir in meinem Herzen gesagt, ich sollte doch bedenken, daß ich Christ sei; die größte Sünde der Menschen aber sei die Verzweiflung, die Sünde des Teufels. Diese Überlegung oder gute Eingebung tröstete mich etwas, doch nicht solcherart, daß ich es unterlassen hätte, Mantel und Degen zu nehmen und auf die Suche nach Estefanía zu gehen, in der Absicht, sie exemplarisch zu bestrafen. Allein das Schicksal, von dem ich nicht weiß, ob es damit meine Sache verbesserte oder verschlimmerte, wollte, daß ich Doña Estefanía nirgends antraf, wo ich sie

Die betrügerische Heirat 605

zu finden gedacht hatte. Ich ging in die Laurentiuskirche, empfahl mich Unserer lieben Frau, setzte mich in eine Bank, und in meinem Kummer befiel mich ein so tiefer Schlaf, daß ich, hätte man mich nicht geweckt, so bald nicht aufgewacht wäre. Nachdenklich und bekümmert ging ich zu Doña Clementa, traf sie im sorglosen Genuß ihres Besitzes an; doch wagte ich ihr nichts zu sagen, da Herr Don Lope anwesend war. Ich kehrte zu meiner Zimmerwirtin zurück, die mir sagte, sie habe Doña Estefanía mitgeteilt, ich sei von dem ganzen Betrug und Schwindel unterrichtet. Diese habe sie gefragt, welche Miene ich dazu gemacht, worauf sie ihr erwidert habe, eine sehr böse, und daß ich, wie ihr geschienen, mit argem Vorsatz und noch schlimmeren Plänen ausgegangen sei, sie zu suchen. Schließlich sagte sie mir noch, Doña Estefanía habe alles, was in meinem Koffer gewesen, mitgenommen und mir nur einen einzigen Reiseanzug dagelassen.

So war's geschehen! Da hatte mich Gott wieder einmal an seiner Hand! Ich nahm meinen Koffer in Augenschein, fand ihn offen und wie eine Gruft, die nur auf den Leichnam wartet, und mit gutem Grund hätte es der meine sein können, wäre ich damals nur in der Lage gewesen, ein so großes Unglück zu fühlen und zu ermessen.

»Gewiß war es groß«, sagte hier der Lizentiat Peralta, »hatte doch Doña Estefanía so viele Ketten und Hutschnüre mitgenommen, denn, wie man zu sagen pflegt, kommt kein Unglück... und so weiter, und so weiter.«

»Dieser Verlust machte mir weiter keinen Kummer«, erwiderte der Fähnrich, »denn man kann auch sagen: ›Don Simueque wollte mir seine einäugige Tochter anhängen, doch, bei Gott, bin ich selber auf einer Seite lahm.‹«

»Ich verstehe nicht recht, weshalb Ihr, Euer Gnaden, dies sagt«, meinte Peralta.

»Deshalb«, erwiderte der Fähnrich, »weil jener ganze Kram und Plunder von Ketten, Hutschnüren und Anhängern höchstens zehn bis zwölf Goldtaler wert war.«

»Das ist doch nicht möglich«, versetzte der Lizentiat, »schien doch die Kette, die der Herr Fähnrich um den Hals getragen, mehr als zweihundert Dukaten wert zu sein.«

»So wäre es«, entgegnete der Fähnrich, »wenn der Schein dem Sein entspräche; aber da nicht alles Gold ist, was glänzt, gaben sich auch die Ketten, die Hutschnüre, das Geschmeid und die Anhänger damit zufrieden, vergoldet zu sein, doch waren sie so gut gemacht, daß sich ihre Falschheit nur am Probierstein oder im Feuer erwiesen hätte.«

»So ist das Spielchen«, sagte der Lizentiat, »zwischen Euer Gnaden und Doña Estefanía ausgeglichen.«

»Und so ausgeglichen«, erwiderte der Fähnrich, »daß wir wiederum die Karten mischen könnten. Doch will es das Unglück, daß sie sich meiner Ketten entschlagen kann, ich mich dessen, was sie mir eingebrockt, jedoch nicht; und wenn es noch so schwer auf mir lastet, so bleibt sie doch meine andere Hälfte.«

»Dankt dem Himmel, Herr Campuzano«, sagte Peralta, »daß diese andere Hälfte Füße hatte, Euch davongelaufen ist und Ihr nicht verpflichtet seid, sie zu suchen.«

»So ist es«, erwiderte der Fähnrich, »allein, ob ich sie suchte oder nicht, ich werde doch immer an sie erinnert, und wohin ich auch gehe, immer wird mir bewußt, was sie mir angetan.«

»Ich weiß nicht, was ich Euch darauf sagen soll«, versetzte Peralta. »Ich kann Euch nur zwei Verse des Petrarca in Erinnerung rufen, die da lauten:

Che chi prende diletto di far frode,
Non si de' lamentar s'altri l'inganna.

Was soviel bedeutet wie: ›Wer gewohnt ist und Freude daran hat, andere zu betrügen, darf sich nicht beklagen, wenn er selbst betrogen wird.‹«

»Ich beklage mich nicht«, erwiderte der Fähnrich, »ich bejammere mich nur, denn der Schuldige, der seine Schuld einsieht, fühlt die Strafe deshalb nicht weniger. Ich weiß sehr wohl, daß ich betrügen wollte und betrogen wurde, weil man mich mit meinen eigenen Waffen geschlagen hat, doch kann ich meine Gefühle nicht so sehr im Zaum halten, als daß ich mich nicht selbst bejammerte. Kurz und gut, um nun zum Kernpunkt meiner Geschichte – diesen Namen kann man dem Bericht meines Abenteuers wohl

Die betrügerische Heirat 607

geben – zu kommen, habe ich noch hinzuzufügen, daß ich erfuhr, der Entführer der Doña Estefanía sei kein anderer gewesen als der Vetter, der, wie schon gesagt, bei der Trauung anwesend war, und daß selber Vetter schon seit langem ihr erprobter Busen- und Bettfreund gewesen. Ich wollte sie nicht suchen, um mir das Übel, das ich los war, nicht von neuem aufzuhalsen. Ich wechselte die Wohnung, und innerhalb weniger Tage ging auch mein Haarwuchs seiner Wege, denn mir begannen die Augenbrauen und die Wimpern auszugehen; langsam suchte auch mein Haupthaar das Weite, und ich wurde vor der Zeit kahlköpfig, weil mich eine Krankheit befallen hatte, die man Alopekie oder mit einem verständlicheren Namen Fuchsräude oder Haarschwund nennt. Ich war wirklich ratzekahl, hatte ich doch weder einen Bart zu pflegen, noch Geld auszugeben. Die Krankheit ging im Gleichschritt mit meiner Not, und da die Armut das Ehrgefühl beseitigt – ein Zustand, der die einen an den Galgen bringt, die anderen ins Spittel, und andere wieder veranlaßt, ihren Feinden mit unterwürfigsten Bitten Tür und Tor einzurennen; wohl das Schlimmste, das einem Unglücklichen zustoßen kann –, ging ich, als die Zeit da war, da man im Hospital de la Resurrección Schwitzbäder verabreicht, in dieses Spital, nahm vierzig davon und schonte, Geld und Mühe sparend, die Kleider, die mich in gesunden Zeiten bedecken und mir Ansehen geben sollen. Es heißt, daß ich wieder gesund werde, wenn ich auf meiner Hut bin: den Degen habe ich, das übrige sei Gott anheimgestellt.«

Der Lizentiat machte sich ihm von neuem erbötig und sprach seine Verwunderung aus über die Dinge, die er ihm erzählt hatte.

»Über Geringes wundert Ihr Euch, Euer Gnaden, Herr Peralta«, sagte der Fähnrich. »Ich habe noch anderes zu berichten, Dinge, die jede Vorstellung übersteigen, weil sie alle Grenzen des Natürlichen überschreiten. Ich will Euer Gnaden nur sagen, daß diese Abenteuer von solcher Art sind, daß ich mein Unglück für ein Glück ansehe, weil mein Mißgeschick es war, das mich ins Spital brachte, wo ich sah, was ich Euch jetzt erzählen will, und was mir Euer Gnaden jetzt ebensowenig glauben werdet, wie es irgend jemand in der Welt gibt, der mit Glauben schenken könnte.«

Diese Einleitung und die Beteuerung, die der Fähnrich vorausschickte, ehe er zu erzählen begann, was er gesehen, entzündete die Neugier Peraltas solcherart, daß er Campuzano bat, ihm alsogleich die Wunder zu berichten, die ihm noch zu erzählen blieben.

»Euer Gnaden haben«, sagte der Fähnrich, »gewiß schon zwei Hunde gesehen, welche die Barmherzigen Brüder des Nachts mit Laternen begleiten, damit sie den Mönchen leuchten, wenn diese Almosen sammeln?«

»Freilich habe ich sie gesehen«, erwiderte Peralta.

»Ihr habt wohl selbst schon gesehen oder davon reden gehört«, sagte der Fähnrich, »daß die Hunde, wenn ein Almosen, das man aus einem Fenster wirft, auf den Boden fällt, sogleich herbeieilen, den Boden ableuchten und nach den Münzen suchen, und daß die Hunde vor jenen Fenstern stehenzubleiben pflegen, wo gewöhnlich ein Almosen gegeben wird. Obgleich sie mit solcher Sanftmut dahingehen, daß sie eher Lämmern als Hunden gleichen, sind sie doch im Spital gleich Löwen, die das Haus mit Strenge und Fleiß bewachen.«

»Ich habe davon gehört«, sagte Peralta, »doch dies kann und darf mich nicht verwundern.«

»Was ich Euch aber jetzt von den Hunden erzählen will, ist Grund genug, sich zu verwundern, und Ihr, Euer Gnaden, werdet Euch dareinfinden müssen, mir, ohne Euch zu bekreuzigen und von Unmöglichkeit und Unglaubwürdigkeit zu reden, Glauben zu schenken. Denn: eines Nachts, es war die vorletzte meiner Schwitzkuren, hörte und sah ich fast mit eigenen Augen diese beiden Hunde – der eine heißt Cipión und der andere Berganza –, die hinter meinem Bett auf einigen alten Matten lagen. Als ich nun, so gegen Mitternacht, in der Dunkelheit wachlag und dabei an mein verflossenes Abenteuer und mein gegenwärtiges Unglück dachte, hörte ich in nächster Nähe sprechen. Ich spitzte die Ohren, um zu erkunden, wer sprach und worüber gesprochen wurde, und bald darauf erkannte ich an der Art des Gesprächs die Sprecher selbst, die niemand

Die betrügerische Heirat   609

anderer waren als Cipión und Berganza, die beiden
Hunde.«

Kaum hatte Campuzano dies gesagt, als sich der Lizentiat erhob und sagte:

»Nun aber genug, Euer Gnaden, Herr Campuzano!
Wenn ich bis jetzt im Zweifel war, ob ich Euch die Geschichte, die Ihr mir von der Heirat erzählt habt, glauben
sollte oder nicht, und Ihr mir jetzt sagt, Ihr hättet Hunde
sprechen gehört, so zwingt mich dies zu der Erklärung,
daß ich Euch weder das eine noch das andere glaube. Um
Gottes willen, Herr Fähnrich, erzählt solchen Unsinn niemand, der Euch nicht so freundschaftlich gesinnt ist wie
ich!«

»Ihr, Euer Gnaden, solltet mich doch nicht für so unwissend halten«, erwiderte Campuzano, »und glauben,
daß ich nicht wüßte, Tiere können nicht sprechen, es sei
denn durch ein Wunder. Ich weiß sehr wohl, daß Drosseln,
Elstern und Papageien nur die Wörter sprechen, die man
ihnen beibringt und die sie im Gedächtnis behalten, und
überdies, weil diese Tiere eine zum Aussprechen solcher
Wörter geeignete Zunge haben; doch deshalb können sie
noch lange nicht sprechen und zusammenhängend reden,
wie dies die beiden Hunde taten. Deswegen habe auch ich
oft genug, nachdem ich sie reden gehört, mir selbst nicht
glauben wollen und hätte gern für einen Traum gehalten,
was ich wachend mit all den fünf Sinnen, die mir der Herrgott gegeben, hörte, vernahm, im Gedächtnis behielt, und
schließlich, ohne ein Wort von dem abzuweichen, was sie
gesagt, aufschrieb. Dies ist ein ziemlich deutlicher Fingerzeig, der Anlaß genug gibt, für wahr zu erachten, was ich
zu erzählen habe. Die Hunde sprachen über verschiedene
bedeutende Dinge, Dinge, die eher dazu bestimmt sind,
von Weisen behandelt als von Hundeschnauzen ausgesprochen zu werden. So also, da ich solche Dinge nicht selber hätte erfinden können, glaube ich zu meinem Leidwesen und gegen mein besseres Wissen, daß ich nicht geträumt und die Hunde wirklich gesprochen haben.«

»Meiner Treu!« rief der Lizentiat. »Da sind doch Olims
Zeiten wiedergekommen, da die Kürbisse redeten, oder

die Zeiten Äsops, da der Hahn mit dem Fuchs sprach und alles Vieh untereinander!«

»Ich selber will ein Vieh sein und noch dazu das größte«, entgegnete der Fähnrich, »wenn ich mir einbildete, diese Zeiten wären wiedergekehrt; ich wäre aber der großmächtigste Esel, wenn ich nun davon abließe, zu glauben, was ich selber hörte und sah und was ich mich mit dem heiligsten Eid zu beschwören getraute, mit einem Eid, der auch den Unglauben in Person verpflichtet oder zwingt, solches zu glauben. Doch, gesetzt den Fall, ich hätte mich geirrt, und was ich für Wahrheit gehalten, wäre nur ein Traum gewesen, und meine Behauptung wäre Unsinn, würde es Euch, mein Herr Peralta, nicht vielleicht doch ergötzen, ein Zwiegespräch über die Dinge, von denen diese Hunde – oder was sie eben sind – geredet haben, niedergeschrieben zu sehen?«

»Wenn Euer Gnaden sich weiterhin keine Mühe mehr gibt«, erwiderte der Lizentiat, »mich dazu überreden zu wollen, Ihr hättet Hunde sprechen hören, würde ich mir dieses Zwiegespräch sehr gern anhören, das ich von vornherein für gut halte, weil es von einem so vortrefflichen Geist, wie der Herr Fähnrich es ist, aufgezeichnet wurde.«

»Noch eines ist dabei zu bedenken«, sagte der Fähnrich. »Da ich so aufmerksam zuhörte und mein Verstand so geschärft war, so fein, treu und unbelastet mein Gedächtnis – dank der vielen Rosinen und Mandeln, von denen ich gelebt hatte –, nahm ich alles auf, als hätte ich es auswendig gelernt, und schrieb es am folgenden Tag fast mit den gleichen Wörtern nieder, die ich gehört, ohne zu versuchen, sie durch rhetorischen Aufputz zu verschönern, ohne etwas hinzuzufügen oder wegzulassen, um die Worte der Hunde schmackhafter zu machen. Die Hunde redeten nicht nur während einer Nacht; es waren zwei aufeinander folgende Nächte, da die Hunde miteinander sprachen. Ich habe aber nur das Zwiegespräch der einen Nacht zu Papier gebracht; es handelt vom Leben Berganzas, denn das Leben seines Gefährten Cipións – es wurde die darauffolgende Nacht erzählt – will ich niederschreiben, wenn ich sehen sollte, daß man mir entweder diese Geschichte glaubt oder sie

Die betrügerische Heirat 611

wenigstens nicht geringschätzt. Die Niederschrift des Zwiegesprächs habe ich bei mir; ich gab ihm diese Form, um mir das ewige ›Cipión sagte – Berganza antwortete‹ zu ersparen, Wendungen, die die Texte zu verlängern pflegen.«

Indes er solches sagte, holte er aus dem Hemdausschnitt ein Heft heraus, legte es in die Hände des Lizentiaten, der es lachend entgegennahm, als wollte er sich über alles, was er gehört und was er lesen werde, von vornherein lustig machen.

»Ich werde es mir in diesem Stuhl bequem machen«, sagte der Fähnrich, »indes Ihr, Euer Gnaden, wenn Ihr dazu Lust habt, diese Träume oder Unsinnigkeiten lest. Sie haben das Gute an sich, daß man sie weglegen kann, wenn sie langweilen oder ärgern.«

»Tut, was Euch beliebt, Euer Gnaden«, sagte Peralta, »denn ich werde mit dem Lesen bald fertig sein.«

Der Fähnrich lehnte sich im Stuhl zurück; der Lizentiat öffnete das Heft und sah, daß am Anfang folgende Überschrift stand:

NOVELLE UND ZWIEGESPRÄCH, DAS SICH BEGAB ZWISCHEN CIPION UND BERGANZA, HUNDEN DES HOSPITALS DE LA RESURRECCION, DAS IN DER STADT VALLADOLID VOR DER PUERTA DEL CAMPO LIEGT, EIN ZWIEGESPRÄCH JENER HUNDE, DIE MAN GEMEINIGLICH DIE HUNDE DES MAHUDES NENNT

CIPION. – Lassen wir, Freund, Berganza, dieses Hospital heute nacht unter der Obhut des Vertrauens und ziehen wir uns in diese Stille und zwischen diese Matten zurück, wo wir, ohne gehört zu werden, die unerhörte Gnade genießen können, die der Himmel uns beiden gleicherweise hat zuteil werden lassen.

BERGANZA. – Cipión, mein Bruder, ich höre dich sprechen, weiß, daß ich zu dir spreche und kann es doch nicht glauben, da mir scheint, unser Sprechen überschreite die Grenzen der Natur.

CIPION. – Wahrhaftig, Berganza, und noch größer ist das Wunder, da wir nicht nur sprechen, sondern unser Sprechen auch sinnvoll ist, als wären wir mit Vernunft begabt, obgleich wir keine besitzen, liegt doch der Unterschied zwischen dem rohen Tier und dem Menschen darin, daß der Mensch ein vernünftiges und das Tier ein unvernünftiges Wesen ist.

BERGANZA. – Ich verstehe alles, was du sagst, Cipión; doch daß du es sagst und ich es verstehe, erweckt in mir neues Staunen und neue Verwunderung. Ich habe tatsächlich im Verlauf meines Lebens oft bei den verschiedensten Gelegenheiten von unseren großen Vorzügen reden hören; ja, wie es scheint, haben einige Leute zu bemerken geglaubt, wir besäßen in vielen Dingen einen so feinen, wachen Instinkt, daß er darauf schließen lasse, es fehle uns nur wenig, um zu zeigen, wir hätten ein gewisses Etwas an Verstand, das uns zu vernünftiger Überlegung und Rede befähigen könnte.

CIPION. – Was ich an uns loben und preisen hörte, ist unser gutes Gedächtnis, unsere Dankbarkeit und große Treue, ja, man geht so weit, daß man uns als Symbol der Freundschaft darzustellen pflegt. Deshalb wirst du auch, falls du darauf geachtet haben solltest, gesehen haben, daß die Menschen auf ihren Alabastergrüften, wenn die dargestellten Figuren Mann und Frau sind – Abbilder der dort Begrabenen –, zu ihren Füßen und zwischen sie die Gestalt eines Hundes setzen zum Zeichen, daß die Gatten einander während ihres ganzen Lebens unverbrüchliche Treue und Freundschaft bewahrt haben.

BERGANZA. – Ich weiß wohl, daß es Hunde gegeben hat, die so dankbar und anhänglich waren, daß sie sich hinter den entseelten Leibern ihrer Herren in die gleiche Gruft gestürzt haben. Andere wieder haben sich auf die Grüfte gelegt, in denen ihre Herren bestattet waren, und blieben dort, ohne zu weichen, ohne zu fressen, bis sie selber das Leben aufgaben. Ich weiß auch, daß der Hund es ist, der nächst dem Elefanten den Eindruck erweckt, als sei er mit Verstand begabt; nach ihm kommt das Pferd und am Schluß erst der Affe.

CIPION. – So ist es; allein du wirst zugeben, daß du niemals gesehen oder davon gehört hast, ein Elefant, ein Hund, ein Pferd oder ein Affe hätten gesprochen. Daraus entnehme ich, daß dieses unser so unerwartetes Sprechen jenen Erscheinungen zuzurechnen ist, die man Vorzeichen nennt und von denen die Erfahrung lehrt, daß den Menschen, immer wenn solche Zeichen auftreten und sichtbar werden, großes Unglück droht.

BERGANZA. – Solcherart wird es mir auch nicht schwer, für ein Vorzeichen zu halten, was ich einen Studenten sagen hörte, als ich einmal durch Alcalá de Henares kam.

CIPION. – Was hörtest du ihn sagen?

BERGANZA. – Daß von den fünftausend Studenten, die in jenem Jahr die Universität besuchten, zweitausend Medizin studierten.

CIPION. – Nun, was schließt du denn daraus?

BERGANZA. – Ich schließe daraus, daß diese zweitausend Ärzte entweder genug Kranke zu behandeln finden – was eine Seuche oder ein großes Unglück voraussetzt – oder daß sie samt und sonders Hungers sterben müssen.

CIPION. – Sei dem, wie es sei: wir sprechen, ob dies nun ein Vorzeichen ist oder nicht; denn was der Himmel einmal bestimmt hat, vermag weder menschliches Bemühen, noch menschliche Weisheit abzuwenden; und darum haben wir keine Ursache, uns darüber zu unterhalten, wieso und warum wir sprechen. Es ist vorteilhafter, diesen Glückstag oder, besser, diese Glücksnacht aufs beste zu nützen, und da wir es auf unseren Matten so gut getroffen haben und nicht wissen, wie lange dieses unser Glück dauern wird, sollten wir den besten Gebrauch davon zu machen wissen. Sprechen wir also die ganze Nacht hindurch, ohne dem Schlaf zu erlauben, daß er uns diesen Genuß verderbe, den ich mir schon seit langem gewünscht habe.

BERGANZA. – Und ich erst; denn seit ich imstande bin, einen Knochen zu nagen, hatte ich immer das Verlangen zu sprechen, um das zu sagen, was ich in meinem Gedächtnis aufbewahrte und das dort, weil zu alt oder zu viel, entweder Rost ansetzte oder mir entfiel. Allein jetzt, da ich mich so unvermutet mit dem göttlichen Geschenk der Sprache begnadet sehe, gedenke ich dies zu genießen und aufs beste auszunützen, indem ich mich beeile, all das zu sagen, woran ich mich erinnere, und wenn ich es auch nur überstürzt und verworren hervorbrächte, weiß ich doch nicht, wann mir diese Gabe, die ich nur geliehen bekomme, wieder abgefordert werden wird.

CIPION. – Wir, Freund Berganza, wollen es auf folgende Weise halten: heute nacht erzählst du mir dein Leben und die Wechselfälle, die dich in diese Lage gebracht haben, und sollten wir morgen wieder mit Sprache begabt sein, werde ich dir mein Leben berichten; wir tun besser, die Zeit darauf zu verwenden, einander unser eigenes Leben zu erzählen, als sie zu vergeuden, indem wir fremder Leute Leben ausschnüffeln.

BERGANZA. – Seit jeher, Cipión, habe ich dich für klug und für einen guten Freund gehalten; jetzt mehr denn je, denn als Freund willst du mir deine Erlebnisse mitteilen und die meinen erfahren, und klug hast du die Zeit verteilt, in der wir sie einander berichten können. Doch schau dich um, ob uns auch niemand zuhört.

CIPION. – Niemand, wie ich glaube. Hier in der Nähe liegt zwar ein Soldat, der eine Schwitzkur macht; in seinem

Zwiegespräch der Hunde   615

jetzigen Zustand aber mehr Verlangen haben dürfte, zu
schlafen als irgend jemand zuzuhören.

BERGANZA. – Nun, wenn ich, dessen sicher, sprechen kann,
so höre; sollte dich aber langweilen, was ich dir berichten
möchte, dann weise mich entweder zurecht oder heiße mich
schweigen.

CIPION. – Sprich nur, bis es Tag wird oder bis man uns
wahrnimmt, denn ich will dir mit großem Vergnügen zuhören und dich nicht unterbrechen, außer wenn es mir
nötig scheint.

BERGANZA. – Mich dünkt, daß ich das Licht der Welt in
Sevilla erblickte, und zwar im Schlachthause, das außerhalb der Puerta de la Carne liegt, weshalb ich (wäre es
nicht eines Umstandes wegen, von dem ich dir hernach
sprechen werde) annehmen könnte, daß meine Eltern von
der Rasse der Fleischerhunde gewesen seien, von jener
Hunderasse, die die Fleischerknechte, Diener jenes Wirr-
warrs, züchten. Der erste Herr, den ich hatte, war ein
Fleischerknecht namens Nicolás el Romo, ein kräftiger,
untersetzter und jähzorniger Bursche, wie alle es sind, die
das Schlächterhandwerk betreiben. Der besagte Nicolás
also lehrte mich und andere junge Hunde gemeinsam mit
alten Fleischerhunden die Stiere anzufallen und sie bei den
Ohren zu packen. Bald war ich ein Meister in dieser Kunst.

CIPION. – Das wundert mich nicht, Berganza, denn da
das Böse von Natur aus gegeben ist, lernt man leicht, es
zu tun.

BERGANZA. – Was soll ich dir, Bruder Cipión, nun davon
erzählen, was ich in jenem Schlachthaus sah und was von
den schändlichen Dingen, die dort geschehen? Vor allem
mußt du daran denken, daß alle, die dort arbeiten, vom
unbedeutendsten Helfer bis zum Meister herauf, herzlose
Leute mit sehr weitem Gewissen sind, die weder den König noch sein Gericht fürchten; die meisten unter ihnen leben
mit Buhldirnen zusammen, sind fleischgierige Raubvögel:
sich und ihre Buhlerinnen ernähren sie von dem, was sie
rauben. An allen Fleischtagen finden sich am Schlachthaus,
noch bevor der Tag graut, eine große Anzahl billiger Weiber und Straßenjungen mit großen Körben ein, die sie leer

bringen und mit Fleischstücken gefüllt wieder wegtragen, während die Mädchen mit den Hoden und fast ganzen Lenden abziehen. Es wird kein Stück Vieh geschlachtet, von dem dieses Gesindel nicht den Zehnten und das Erstteil und immer das Saftigste und Schönste einhebt. Und da in Sevilla die Schlachtung nicht in der Hand eines Pächters liegt, kann jeder selber zum Schlachten bringen, was ihm beliebt, und was als erstes geschlachtet wird, ist entweder das Beste oder das Schlechteste; Fleisch ist stets im Überfluß vorhanden. Die Eigentümer stellen sich ganz dem Wohlwollen dieser löblichen Leute, von denen ich gesprochen, anheim, nicht damit diese aus solchem Grund das Stehlen unterließen (das ist unmöglich zu erreichen), sondern daß sie sich beim Zuschneiden und Zusammenstutzen des toten Viehs etwas mäßigten, gehen sie doch damit nicht anders um, als beschnitten oder putzten sie Weiden oder Weinstöcke. Allein nichts hat mich mehr verwundert oder war mir scheußlicher, als sehen zu müssen, wie diese Schlächtergesellen einen Menschen ebenso kaltblütig abstechen wie eine Kuh. Wegen einer Geringfügigkeit rennen sie einem Menschen mir nichts dir nichts das Schlächtermesser in den Bauch, so als töteten sie einen Stier durch einen Genickstich. Es ist ein Wunder, wenn ein Tag ohne Streit und Verletzte abgeht und ohne Tote. Alle tun sich etwas auf ihren Mut zugute und sind gehörige Raufbolde und Gauner; unter ihnen gibt es keinen, der sich nicht auf der Plaza de San Francisco dank der Rinderlenden und Ochsenzungen einen Schutzengel eingewirtschaftet hätte. Dazu möchte ich noch sagen, daß ich einmal von einem klugen Mann hörte, der König müsse in Sevilla drei Dinge erst noch erobern: die Calle de la Caza, die Costanilla und das Schlachthaus.

Cipion. – Wenn du, Freund Berganza, dich so lange damit aufhalten wirst, die Lebensart deiner Herren und die Schattenseiten ihres Gewerbes zu schildern, wie du dies jetzt getan, dann müssen wir den Himmel darum anflehen, daß er uns die Gabe der Sprache wenigstens für ein Jahr schenkt, und selbst dann befürchte ich noch, daß du bei der Gemächlichkeit, mit der du fortschreitest, nicht einmal bei

Zwiegespräch der Hunde   617

der Hälfte deiner Geschichte angelangt sein wirst. Und
ich möchte dich auf eines aufmerksam machen, was du bestätigt finden wirst, wenn ich dir die Geschichte meines
Lebens erzähle, nämlich, daß es Erzählungen gibt, die
ihren Reiz in sich selber beschlossen tragen; andere haben
ihn in der Weise, wie sie erzählt werden, was so viel heißt,
als daß es Erzählungen gibt, die, auch ohne lange Ein-
leitungen und vielen Wortschmuck erzählt, Vergnügen bereiten; andere wieder müssen erst in schöne Worte gekleidet und von Mienenspiel, Gebärden und dem Wechsel der
Stimme begleitet werden, damit aus Nichtssagendem etwas
wird und aus Schwächlichem und Plattem Geistreiches und
Geschmackvolles herauskommt. Vergiß also diesen Hinweis
nicht und nütze ihn für das, was dir noch zu sagen bleibt.

BERGANZA. – So will ich es halten, wenn es mir möglich
ist und mich die große Versuchung zu reden nicht daran
hindert, obgleich mir scheint, daß ich mich nur sehr schwer
werde im Zaum halten können.

CIPION. – Halte vor allem die Zunge im Zaum, denn sie
stiftet im Leben das größte Unheil.

BERGANZA. – Also denn: mein Herr lehrte mich, einen
Korb im Maul zu tragen und ihn gegen jedermann zu verteidigen, der ihn mir abnehmen wollte. Er zeigte mir auch
das Haus, in dem seine Liebste wohnte; sie brauchte nicht
zum Schlachthaus zu kommen, trug ich ihr doch des Morgens alles zu, was ihr Liebhaber in der Nacht zusammen-
gestohlen hatte. Eines Tages nun, als ich beim Morgengrauen voll Fleiß und Eifer dahinlief, um ihr den Teil zu
bringen, hörte ich, wie man mich von einem Fenster her
mit meinem Namen anrief. Ich hob die Augen und sah ein
überaus schönes Mädchen. Ich blieb stehen; sie kam zur
Haustür herunter und rief mich wieder beim Namen; dann
lief ich zu ihr hin, um ihr zu verstehen zu geben, daß ich
sehen wollte, was sie von mir begehrte. Sie begehrte aber
nur, mir wegzunehmen, was ich im Korbe trug, und mir
dafür einen alten Pantoffel hineinzulegen. Da dachte ich
bei mir: ›Das Fleisch ist den Weg alles Fleisches gegangen.‹
Das Mädchen, das mir das Fleisch weggenommen hatte,
sagte: »Geh, Gavilán, oder wie du sonst heißen magst,

und richte Nicolás el Romo, deinem Herrn, aus, er solle sich nicht auf Tiere verlassen, und daß man von einem Knicker nehme, was der Korb eben hergebe.« Ich hätte umkehren können und ihr mit Leichtigkeit wieder abgenommen, was sie mir entwendet, doch wollte ich jene weißen, reinen Hände nicht mit meinem schmutzigen Schlächterhundemaul berühren.

CIPION. – Daran hast du wohl getan, ist es doch ein Vorrecht der Schönheit, daß man sie stets achte.

BERGANZA. – So habe ich es gehalten und kehrte zu meinem Herrn zurück: ohne Fleisch, aber mit einem Pantoffel im Korb. Ihm schien, ich käme sehr früh schon zurück; er sah den Pantoffel, merkte den Possen, zog das Schlächtermesser und stach solcherart nach mir, daß, wäre ich nicht zur Seite gesprungen, du diese Geschichte und die vielen andern, die ich dir noch zu erzählen gedenke, nie vernehmen würdest. Ich machte mich aus dem Staube, nahm den Weg zwischen die Vorder- und die Hinterläufe und lief hinter San Bernardo hinaus in Gottes freie Welt, wohin mein Geschick mich eben führen wollte. In jener Nacht schlief ich unter freiem Himmel, und tags darauf bescherte mir das Schicksal ein Rudel oder eine Herde Schafe und Hammel. Als ich sie sah, glaubte ich darin mein höchstes Glück gefunden zu haben, schien es mir doch das den Hunden eigene und natürliche Amt zu sein, Herden zu hüten, ein Amt, das große Würde besitzt, weil es bestimmt ist, die Schwachen und Ohnmächtigen vor den Mächtigen und Übermütigen zu schützen und jene gegen diese zu verteidigen. Kaum hatte mich einer der drei Hirten, die die Herde hüteten, erblickt, als er nach mir rief und mich mit einem »To! To!« anlockte. Und ich, der ich nichts anderes begehrte, senkte den Kopf, wedelte mit der Rute und lief ihm zu. Er fuhr mir mit der Hand über den Rücken, öffnete mir die Lefzen, spuckte hinein, beschaute die Fangzähne, sah daran, wie alt ich war, und sagte den anderen Hirten, ich hätte alle Zeichen eines Rassehundes an mir. In diesem Augenblick langte auch der Besitzer der Herde an, der auf einer mausfahlen Stute in hohem Sitz, mit kurzem Bügel geritten kam, eine Lanze und eine

Zwiegespräch der Hunde

Tartsche trug, so daß er eher einem Strandreiter glich als einem Herdenbesitzer. Er fragte den Hirten: »Was ist das für ein Hund? Er schaut nach Rasse aus.« »Das könnt Ihr wohl glauben, Euer Gnaden«, erwiderte der Hirt, »denn ich habe ihn mir genau angeschaut, und es ist an ihm kein Zeichen, das nicht anzeigen oder versprechen würde, daß er ein vortrefflicher Hund wird. Er ist eben jetzt zugelaufen, und ich weiß nicht, wem er gehören könnte; sicher weiß ich nur, daß er zu keiner der Herden da im Umkreis gehört.« »Wenn dem so ist«, entgegnete der Herr, »dann leg ihm das Halsband Leoncillos um, des Hundes, der uns verendet ist; füttere ihn wie die andern und zärtle ihn, damit er sich an die Herde gewöhne und bei ihr bleibe.« Dies gesagt, ritt er fort. Der Hirt setzte mir sogleich in einem kleinen Trog eine tüchtige Portion Milchsuppe vor und legte mir dann ein Stachelhalsband um. Er gab mir auch gleich einen Namen und nannte mich »Barcino«. Ich sah mich gesättigt und war mit meinem zweiten Herrn und meinem neuen Amt zufrieden; ich zeigte mich bei der Bewachung der Herde beflissen und aufmerksam, verließ sie nur zur Zeit der Siesta, die ich entweder im Schatten eines Baumes, eines Erdhügels oder eines Felsen verbrachte oder auch im Schatten eines Strauchs am Ufer eines der vielen Bäche, die dort fließen. Aber auch diese Ruhepausen vertrödelte ich nicht, denn ich beschäftigte mich damit, mir viele Dinge ins Gedächtnis zu rufen, besonders aber das Leben, das ich im Schlachthaus gehabt, dann das Leben, das mein ehemaliger Herr und alle geführt, die, wie er, den unverschämten Gelüsten und Launen ihrer Freundinnen unterworfen sind und sich gezwungen sehen, sie zu erfüllen. Oh, was könnte ich dir alles von dem berichten, was ich in der Schule der Schlächterliebsten meines Herrn erfahren habe! Doch darüber will ich schweigen, damit du mich nicht für einen Schwätzer und einen Verleumder hältst.

CIPION. – Da ich gehört, ein großer Dichter des Altertums habe gesagt, es sei schwer, keine Satiren zu schreiben, will ich dir erlauben, daß du mit deiner Afterrede Lichter aufsteckst, doch werde ich es nicht zulassen, daß du bis aufs Blut geißelst; ich meine, du solltest bestimmte Dinge be-

leuchten, aber niemand dadurch verletzen oder der Äch-
tung aussetzen, denn die Afterrede ist, wenn sie auch viele
lachen macht, schlecht, sobald sie auch nur einen ächtet.
Solltest du es aber verstehen, ohne Lästerung zu gefallen,
dann werde ich dich für sehr klug erachten.

BERGANZA. – Ich werde deinen Rat befolgen und sehe
mit großem Verlangen dem Augenblick entgegen, da du
mir deine Erlebnisse berichten wirst, denn von einem, der
die Fehler, die ich in meiner Erzählung mache, so gut erkennt und zu verbessern weiß, kann man gewißlich erwarten, daß er selbst seine Abenteuer auf eine Weise erzählt, die gleicherweise belehrt und ergötzt. Doch um den
abgerissenen Faden meines Berichtes wieder aufzunehmen,
will ich sagen, ich bedachte in der Stille und Einsamkeit
meiner Siesta unter anderem, daß alles, was ich vom Leben der Schäfer gehört, doch nicht wahr sein dürfte, wenigstens nicht das, was die Liebste meines verflossenen Herrn
in einigen Büchern las und ich vernahm, wenn ich zu ihr
geschickt worden war; alle handelten von Schäfern und
Schäferinnen, und es hieß darin, sie verbrächten ihr ganzes Leben mit Gesang und Spiel, bliesen auf Sackpfeifen,
Schalmeien und Schnabelflöten und spielten auf Streichlauten und anderen ungewöhnlichen Instrumenten. Ich
blieb, um ihr zuzuhören, und sie las, wie der Schäfer Anfriso
so überaus schön und göttlich sang und das Lob der unvergleichlichen Belisarda verkündete. In keinem der Wälder
Arkadiens gab es auch nur einen Baum, an dessen Stamm
er nicht gesessen, um zu singen, von dem Augenblick an,
in dem Phöbus in den Armen Auroras erwachte, bis zu
jenem, in dem er sich in denen der Thetis zur Ruhe begab;
und selbst dann, wenn die dunkle Nacht das Antlitz der
Erde mit schwarzen Schwingen bedeckte, ließ er nicht ab
von seinen gut gesungenen und noch besser geweinten Klagen. Auch der Schäfer Elicio, mehr verliebt als verwegen,
von dem sie sagte, er habe sich mehr in fremde Angelegenheiten gemischt, als sich um seine Liebe und seine Herde
gekümmert, blieb nicht vergessen. Sie sagte auch, daß der
große Schäfer Fílidas, unter Schäfern der einzige Maler
eines Gemäldes, mehr vertrauensselig als glücklich gewesen

sei. Von den Ohnmachtsanfällen Sirenos und von der Treue Dianas sagte sie, sie danke Gott und der weisen Felicia, daß diese mit ihrem Zauberwasser jenes Werk der Verwirrung zerstört und jenes Labyrinth der Hindernisse aufgehellt habe. Ich erinnerte mich noch anderer Bücher der gleichen Gattung, die ich hatte lesen hören, doch sind diese es nicht wert, erwähnt zu werden.

CIPION. – Du machst dir meinen Rat zunutze, Berganza. Lästere, stichle und tadle, doch sei deine Absicht rein, mag auch die Zunge nicht danach erscheinen.

BERGANZA. – In solchen Dingen stolpert die Zunge nie, wenn nicht zuvor die Absicht zu Fall kommt. Sollte ich aber vielleicht aus Unachtsamkeit oder aus Bosheit spotten, so würde ich dem, der mich deswegen schelten wollte, antworten, was Mauleón, ein beschränkter Dichter und unordentliches Mitglied der Akademie der Nachahmer, einem Mann erwiderte, der ihn fragte, was »Deum de Deo« heiße; er sagte es bedeute »Dummer Deibel«.

CIPION. – Das war die Antwort eines Einfaltspinsels, doch du selbst, wenn du klug bist oder es sein willst, sollst nie etwas sagen, wofür du dich entschuldigen müßtest. Fahr fort!

BERGANZA. – Alle diese Gedanken, von denen ich gesprochen, und viele andere noch kamen mir, als ich sah, wie sehr sich das Tun und Treiben meiner Schäfer und all der andern an den Ufern jener Bäche von dem der Schäfer in den Büchern unterschied. Was meine Schäfer sangen, waren nicht wohltönende Lieder hoher Dichtkunst, sondern ein

»Hüte dich vorm Wolfe, Hannchen«

und ähnliches Zeug. Und dies wurde nicht zum Klang von Schnabelflöten, Streichlauten oder Sackpfeifen gesungen, sondern einzig zum Ton, der entsteht, wenn man einen Schäferstab gegen einen andern schlägt oder wenn man zwei Scherben zwischen die Finger einer Hand steckt und sie aufeinander klirren läßt. Auch sangen sie nicht mit sanften wohltönenden, bewundernswerten Stimmen, sondern mit sehr rauhen, so daß es sich, wenn sie allein oder gemeinsam sangen, nicht wie Gesang, sondern wie Brüllen und Grunzen anhörte. Den größten Teil des Tages waren sie damit beschäftigt, Flöhe zu jagen oder das grobe Schuhwerk auszubessern. Keiner erwähnte je eine Amarilis, eine Fílida, eine Galatea oder eine Diana, es gab auch keinen Lisardo, Lauso, Jacinto, noch einen Riselo; sie hießen einfach: Antón, Domingo, Pablo oder Llorente. Daraus schloß ich, was ich und alle davon zu halten hätten: daß alle jene Bücher zur Unterhaltung Müßiger erträumte, gut geschriebene Dinge erzählen, daß sie aber keine einzige Wahrheit enthalten; denn wäre dem so, dann wäre unter meinen Schäfern noch irgendein Abglanz jenes überaus glücklichen Lebens zu entdecken gewesen; man hätte etwas von jenen lieblichen Wiesen, ausgedehnten Wäldern, geheiligten Bergen, schönen Gärten, klaren Bächlein und kristallhellen Quellen finden müssen und hätte etwas noch von jenen ebenso ehrbaren wie gut gedrechselten Schmeicheleien und Liebeserklärungen vernommen und etwas noch von jenen Ohnmachtsanfällen gesehen, die den Schäfer hier, die Schäferin dort befallen, und man hätte hier den Ton der Sackpfeife des einen und dort den der Schalmei des anderen gehört.

CIPION. – Genug davon, Berganza! Zur Sache und fahre fort!

BERGANZA. – Ich danke dir, Freund Cipión, denn hättest du mich nicht darauf aufmerksam gemacht, dann würde ich mich in die Hitze geredet und nicht eher aufgehört haben, als bis ich dir ein ganzes Buch der Gattung, die mich irregeführt hatte, hergesagt hätte. Allein es wird der Tag kommen, an dem ich alles mit besseren Worten und in besserer Ordnung als jetzt zu sagen imstande sein werde.

CIPION. – Bedenke, Berganza, daß Hochmut vor dem Fall kommt. Damit will ich sagen, du solltest bedenken, daß du ein unvernünftiges Tier bist, und wenn du jetzt einige Vernunft zeigst, so haben wir beide doch festgestellt, daß dies unerhört und übernatürlich ist.

BERGANZA. – Dem wäre so, wenn ich immer noch mit meiner ursprünglichen Unwissenheit behaftet wäre, allein jetzt, da ich mich dessen erinnere, was ich dir zu Beginn unseres Gesprächs gesagt, staune ich nicht nur über das, was ich sage, sondern ich erschrecke gleicherweise über das, was zu sagen ich unterlasse.

CIPION. – Nun, kannst du mir nicht jetzt sogleich sagen, woran du dich jetzt erinnerst?

BERGANZA. – Es ist eine gewisse Geschichte, die mir mit einer großen Hexenmeisterin, einer Schülerin der Camacha de Montilla, zugestoßen ist.

CIPION. – Erzähle mir diese Geschichte doch, ehe du mit dem Bericht über dein Leben fortfährst.

BERGANZA. – Das werde ich gewiß nicht tun, ehe ich nicht so weit bin; fasse dich also in Geduld und höre dir meine Abenteuer der Reihenfolge nach an, denn solcherart werden sie dir mehr Vergnügen bereiten, wenn dich nicht etwa das Verlangen plagen sollte, die Mitte vor dem Anfang zu erfahren.

CIPION. – Faß dich kurz und erzähle, was und wie du willst.

BERGANZA. – Ich fühlte mich also in meinem Amt, die Herde zu bewachen, sehr wohl, weil es mir schien, daß ich solcherart mein Brot durch eigenen Schweiß verdiente und der Müßiggang, der aller Laster Anfang ist, nichts mit mir zu tun hatte, und wenn ich mich auch am Tag ausruhte, so schlief ich doch in den Nächten nicht, denn häufig überfielen uns Wölfe und zwangen uns zur Abwehr. Kaum hatten mir die Hirten zugerufen: »Auf den Wolf, Barcino!«, als ich, allen anderen Hunden voraus, in die Richtung lief, wo der Wolf sein sollte; ich lief durch Täler, durchsuchte die Wälder, streifte durch das Unterholz, sprang über Gräben, überquerte Wege, und am Morgen kehrte ich zur Herde zurück, ohne einen Wolf oder auch nur eine Spur von ihm entdeckt zu haben; kam keuchend, todmüde, zerschlagen und die Läufe zerfetzt von dürren Ästen, zurück und fand, daß der Wolf ein Schaf oder einen Hammel gerissen und halb aufgefressen hatte. Ich verzweifelte fast, als ich sah, wie wenig meine Wachsamkeit und mein Fleiß nützen wollten. Der Besitzer der Herde kam; die Hirten gingen ihm mit dem Fell der toten Tiere entgegen; er warf den Hirten Nachlässigkeit vor und befahl, die Hunde ihrer Faulheit wegen zu bestrafen; so regnete es Prügel auf uns und auf die Hirten Vorwürfe. Als ich mich eines Tages wiederum so unschuldig bestraft sah und erkannte, daß meine Wachsamkeit, meine Schnelligkeit und mein Mut gar nichts nützten, um den Wolf zu fassen, entschloß ich mich, mein Vorgehen zu ändern, nicht fortzulaufen, um den Wolf fern der Herde zu suchen, wie ich es bisher gehalten, sondern in der Nähe zu bleiben; denn wenn der Wolf hieherkam, würde ich ihn leichter zu fassen bekommen. Jede Woche wurden wir Hunde einmal auf den Wolf gehetzt, und eines Nachts, da sah ich dann die Wölfe, vor denen es für die Herde keinerlei Schutz gab. Ich duckte mich hinter einem Gebüsch; die Hunde, meine Kameraden, rannten an mir vorüber, und von meinem Versteck aus sah ich, wie zwei Hirten einen der besten Hammel der Herde ergriffen, ihn töteten, und zwar solcherart, daß man am Morgen glauben konnte, ein Wolf wäre der Würger gewesen. Ich erschrak und staunte, als ich sah, daß die Hirten selber die Wölfe waren und gerade jene, die die Herde hätten schützen sollen, in sie einbrachen. Die Hirten meldeten dem Herrn sogleich den Schaden, den angeblich der Wolf angerichtet, übergaben ihm das Fell und einen Teil des Fleisches, indes sie den größeren und besseren Teil selber verzehrten. Wieder schalt sie der Herr, und wieder kam die Strafe über uns Hunde. Es gab keine Wölfe; die Herde nahm ab; ich wollte dies aufdecken, allein ich war stumm: dies alles machte mich sehr bekümmert. »Gott steh' mir bei!« sagte ich bei mir selbst. »Wer könnte doch solcher Gemeinheit beikommen? Wer nur könnte begreiflich machen, daß hier Abwehr Angriff war, daß die Wachen schliefen, die Treue raubte und jener, der euch hütet, euch tötet?«

CIPION. – Das hast du sehr gut gesagt, Berganza, gibt es doch keinen verschlageneren Dieb als den Hausdieb, und so sterben auch viel mehr von denen, die vertrauen, als von jenen, die gewarnt sind; allein das Schlimme daran ist, daß es unmöglich ist, ohne Treu und Glauben zu leben. Doch lassen wir das, denn ich möchte nicht, daß man uns für Prediger hielte. Fahr fort!

Zwiegespräch der Hunde   625

BERGANZA. – Ich fahre also fort, indem ich dir sage, daß ich beschloß, jenes Amt aufzugeben, obgleich es so gut zu sein schien, und wollte mir ein neues suchen, in dem man wenigstens, weil man Gutes getan, dafür nicht noch bestraft würde. Ich kehrte nach Sevilla zurück und trat in den Dienst eines sehr reichen Kaufherrn.

CIPION. – Wie hast du es angefangen, einen neuen Herrn zu finden? Denn so, wie die Dinge heute liegen, fällt es sehr schwer, einen Menschen zu finden, der einem auch ein guter Herr ist. Wie verschieden sind doch die Herren der Welt vom Herrn des Himmels. Wenn jene einen Diener aufnehmen wollen, erkundigen sie sich vorerst bis ins kleinste nach seiner Herkunft, prüfen seine Fähigkeiten, sehen auf sein Äußeres und wollen schließlich noch wissen, welche Kleider er trägt; doch um in den Dienst Gottes zu treten, gilt der Ärmste als der Reichste, der Niedrigste als der Vornehmste, und wer sich nur anschickt, diesem Herrn aus reinem Herzen zu dienen, den läßt er in sein Lohnbuch eintragen und weist ihm solchen Lohn zu, wie der Dienende es sich selbst nicht besser hätte wünschen können.

BERGANZA. – Das ist ja eine wahre Predigt, Freund Cipión.

CIPION. – So scheint es mir auch, und darum schweige ich lieber.

BERGANZA. – Auf deine Frage, wie ich es angestellt habe, um zu einem neuen Herrn zu kommen, kann ich dir nur sagen, daß – wie du wohl weißt – die Demut die Grundlage aller Tugenden ist und es ohne die Demut keine Tugend gibt, die als solche gelten dürfte. Die Demut überwindet Hindernisse, beseitigt Schwierigkeiten und ist ein Weg, der uns stets zu rühmlichen Zielen führt; aus Feinden macht sie Freunde; sie besänftigt den Zorn der Erbosten und beugt den Hochmut der Stolzen; sie ist die Mutter der Bescheidenheit und die Schwester der Genügsamkeit. Kurz, die Laster kommen bei ihr nicht zum Stich, denn an ihrer Sanftmut und Güte werden selbst die Pfeile der Sünde stumpf. Diese Demut also nützte ich, wenn ich in irgendeinem Hause Dienst nehmen wollte, nachdem ich mich vorher aufs genaueste umgesehen, daß es ein Haus war, das einen großen Hund nähren konnte und ihm Platz gab. Ich stellte mich dann einfach an die Haustür, und wenn einer eintreten wollte, den ich für einen Fremden hielt, dann bellte ich; wenn der Herr kam, senkte ich den Kopf, wedelte mit dem Schwanz und putzte meinem erwählten Herrn mit der Zunge die Schuhe. Vertrieben sie mich mit Stockschlägen, dann ertrug ich dies mit Sanftmut und kehrte mit der gleichen Demut wieder, dem zu schmeicheln, der mich geschlagen; keiner schlug mich ein zweites Mal, da er meinen Eifer und meine gute Absicht erkannte. Solcherart kam ich nach zweimaliger Beharrlichkeit ins Haus, blieb dort, diente gut; man gewann mich lieb, und niemand hätte mir den Abschied gegeben, hätte ich ihn nicht selber genommen und wäre, besser gesagt, davongelaufen. Und manchmal fand ich auch einen Herrn, bei dem ich heute noch wäre, hätte mich nicht ein widriges Geschick verfolgt.

CIPION. – Auf die gleiche Weise, wie du sie geschildert, habe auch ich mir die Herren gefunden, die ich hatte, und es scheint mir, als hätten wir einander die Gedanken gelesen.

BERGANZA. – Wie in diesen sind wir uns, wenn ich mich nicht irre, auch in anderen Dingen ähnlich, von denen ich dir, wie versprochen, zu gegebener Zeit erzählen will. Allein jetzt höre, was mir zustieß, nachdem ich die Herde in der Gewalt jener Höllenknechte zurückgelassen. Ich kehrte, wie gesagt, nach Sevilla zurück, dem Schutz der Armen und der Zufluchtsstätte der Ausgestoßenen, denn in der Weite dieser Stadt haben nicht nur die Kleinen Platz, sogar die Großen verschwinden darin. Ich trat an die Tür eines großen Hauses, das einem Kaufherrn gehörte, wandte dort meine üblichen Schliche an, und bald darauf war ich im Hause. Man nahm mich dort auf, kettete mich tagsüber hinter der Tür an und ließ mich nachts frei umherlaufen; ich diente mit großer Wachsamkeit und ebenso großem Fleiß, bellte die Hausfremden an, knurrte gegen jene, die ich nicht sehr gut kannte, und des Nachts schlief ich nicht, sondern durchstreifte die Höfe, stieg auf die Hausterrassen, wo ich der allgemeine Wächter des eigenen und der fremden Häuser wurde. Meinem Herrn gefiel mein Eifer

Zwiegespräch der Hunde

so sehr, daß er befahl, mich gut zu behandeln und mir das Brot und die Knochen zu geben, die von seinem Tisch abgetragen wurden – die man sonst weggeworfen hätte –, und dazu bekam ich noch, was in der Küche übrigblieb; meine Dankbarkeit dafür bezeigte ich, indem ich meinen Herrn, so oft ich ihn sah, mit unzähligen Sprüngen begrüßte, besonders dann, wenn er von auswärts kam; so viele Freudenbezeugungen gab ich und so viele Sprünge tat ich, daß mein Herr schließlich befahl, mich von der Kette zu nehmen und mich Tag und Nacht frei umherlaufen zu lassen. Als ich mich frei sah, lief ich ihm zu, umsprang ihn, ohne jedoch zu wagen, ihm mit den Pfoten nahezukommen, da ich mich der Fabel des Äsop erinnerte, in der der eselhafte Esel, der, als er seinem Herrn auf gleiche Weise die Liebe bezeigen wollte wie das gehegte Schoßhündchen, eine Tracht Prügel dafür einheimste. Mir schien es, als wollte man uns mit dieser Fabel zu verstehen geben, daß, was dem einen wohl ansteht, dem andern übelgenommen wird: der Schalksnarr reiße Possen, der Gaukler treibe Taschenspielerkünste und schlage das Rad, der Schelm i-a-he, der gemeine Mann, der sich darauf verlegt, ahme den Gesang der Vögel nach und die verschiedenen Gebärden und Handlungen der Tiere und Menschen, allein der Mann von Rang und Namen versuche dies alles nicht, denn keine dieser Handfertigkeiten und Geschicklichkeiten vermag ihm Ansehen oder Ruhm zu verschaffen.

CIPION. – Genug davon, Berganza! Ich habe dich schon verstanden.

BERGANZA. – Wolle Gott, daß alle, deretwegen ich dies sage, mich so gut verstünden wie du! Ich weiß ja, daß ich von Natur aus gutmütig bin, doch schmerzt es mich immer sehr, wenn ich sehe, wie ein Edelmann sich zum Possenreißer herabwürdigt und sich rühmt, ein geschickter Taschenspieler zu sein und andere ähnliche Kunststückchen zu beherrschen und daß überdies keiner die Chacone so gut tanze wie er. Ich kenne einen Edelmann, der damit prahlte, auf die Bitte eines Mesners hin, zweiunddreißig Papierblumen geschnitten zu haben, damit sie am Gründonnerstag auf die schwarzen Tücher des heiligen Grabes gelegt würden, und diesem Schnittwerk maß er solche Bedeutung bei, daß er seine Freunde hinführte, damit sie sich die Papierblumen ansähen, so als führte er sie zu den Fahnen und den Beutestücken, die, von seinem Vater und seinen anderen Vorfahren den Feinden abgenommen, nun deren Grabstätten schmückten. Mein Kaufherr also hatte zwei Söhne, einen von zwölf und den andern von ungefähr vierzehn Jahren, die in einer Jesuitenschule die Humaniora studierten. Sie kamen gewichtig daher, mit Hofmeister und Pagen, die ihnen die Bücher und das Vademecum, wie sie es nennen, trugen. Wenn ich sie in solchem Aufzug, auf Tragstühlen, wenn die Sonne schien, und in der Kutsche, wenn es regnete, daherkommen sah, dachte ich daran, mit welcher Einfachheit der Vater zur Lonja – der Börse – ging, um dort seine Geschäfte zu treiben, denn er hatte keinen anderen Diener bei sich außer einem Neger, und manchmal nur schwang er sich dazu auf, ein nicht sonderlich gut geschirrtes Mauleselchen zu reiten.

CIPION. – Du mußt wissen, Berganza, daß es bei den Kaufherren Sevillas und auch bei denen anderer Städte Sitte und Brauch ist, Reichtum und Geltung nicht an sich selbst, sondern an ihren Kindern zu zeigen; der Schatten, den sie werfen, ist größer als sie selbst es sind. Und da sie sich nur selten um etwas anderes kümmern als um ihre Abmachungen und Verträge, geben sie sich bescheiden, doch da der Ehrgeiz und der Reichtum danach drängen, sich zu zeigen, prahlen sie an den Kindern, die sie so halten und ausstatten, als wären es Fürstenkinder. Einige Kaufleute gibt es, die ihren Söhnen Adelstitel verschaffen und Zeichen, die, auf der Brust getragen, angesehene Leute vom gewöhnlichen Volk unterscheiden.

BERGANZA. – Es ist Ehrgeiz; doch der Ehrgeiz dessen, der seinen Stand zu verbessern trachtet, ohne einem andern Menschen zu schaden, ist großherzig.

CIPION. – Selten oder nie läßt sich der Ehrgeiz befriedigen, ohne daß einem andern damit geschadet wird.

BERGANZA. – Wir haben uns doch vorgenommen, nicht zu lästern.

CIPION. – Gewiß, aber ich lästere ja niemand.

BERGANZA. – Jetzt sehe ich es als wahr erwiesen, was ich schon oft gehört habe. Ein Lästermaul hat zum Beispiel soeben zehn Familien aufs ärgste geschmäht und zwanzig brave Leute verleumdet, und wenn einer ihn tadelt, dann antwortet der Lästerer, er habe doch gar nichts gesagt, und wenn er etwas gesagt habe, so sei es nicht bös gemeint gewesen, und hätte er gedacht, es könnte jemand Anstoß daran nehmen, dann würde er es nicht gesagt haben. Meiner Treu, Cipión, wer durch zwei Stunden hindurch ein Gespräch im Gang halten soll, ohne dabei an die Grenze der Lästerung zu kommen, der muß viel wissen und sich gut im Zaum halten. Das sehe ich an mir, der ich doch nur ein Tier bin; denn kaum sage ich ein paar Sätze, da kommen mir schon – wie Mücken in den Wein – Wörter auf die Zunge, die boshaft und lästerlich sind. Deshalb wiederhole ich, was ich schon einmal gesagt, daß wir das böse Tun und Reden von Adam und Eva her haben und es schon mit der Muttermilch trinken. Das sieht man deutlich daran, daß ein Kind, das kaum erst die Hand aus dem Kissen hervorzustrecken vermag, diese Hand bereits hebt, um sich an dem zu rächen, der es der kindlichen Meinung nach kränkt, und das erste verständliche Wort, das es hervorbringt, dient ihm dazu, die Amme oder die Mutter »Hur« zu nennen.

CIPION. – Du hast recht; ich bekenne meinen Fehler und bitte dich, mir zu verzeihen, denn auch ich habe dir schon viele Fehler vergeben. Also: draufgespuckt und ausgelöscht, wie die Buben sagen, und lästern wir weiterhin nicht. Fahr du mit deiner Geschichte fort, die du bei dem Aufwand belassen hast, mit dem die Kinder des Kaufmanns, deines Herrn, in die Jesuitenschule gingen.

BERGANZA. – Dem Herrn Jesus empfehle ich mich in allen Dingen, und obgleich ich es für schwierig halte, vom Lästern abzulassen, will ich doch ein Mittel dagegen anwenden, ähnlich dem, das, wie ich gehört, ein großer Flucher gebrauchte, der, seine schlechte Gewohnheit bereuend, jedesmal, wenn er wiederum fluchte, sich zur Strafe für seine Sünde in den Arm kniff oder die Erde küßte. Doch trotz allem fluchte er lustig weiter. Und so will ich mich, jedesmal wenn ich gegen das Gebot, das du mir auferlegt hast, verstoßen oder dem Vorsatz, nicht zu lästern, untreu werden sollte, in die Zungenspitze beißen, solcherart, daß es mich schmerzt, und der Schmerz mir meine Sünde ins Gedächtnis ruft, damit ich sie nicht wieder begehe.

CIPION. – Dieses Mittel ist ausgezeichnet, und ich hoffe, daß du dich, wenn du es wirklich anwendest, so oft in die Zunge beißen mußt, daß dir schließlich keine mehr bleibt und du solcherart nicht mehr in der Lage sein wirst zu lästern.

BERGANZA. – Ich wenigstens werde tun, was ich vermag, und der Himmel helfe mir dort, wo meine Kraft nicht mehr ausreicht. Nun denn: eines Tages ließen die Söhne meines Herrn eine Mappe im Hof liegen, wo ich mich gerade aufhielt, und da mich mein früherer Herr, der Schlächter, gelehrt hatte, den Fleischkorb zu tragen, nahm ich das Vademecum ins Maul und lief hinter ihnen her, mit dem Vorsatz, es nicht loszulassen, ehe ich nicht in der Schule wäre. Alles geschah, wie ich wollte: meine Herren, die mich mit dem Vademecum, das ich fein säuberlich an den Bändern gefaßt im Maul trug, daherkommen sahen, befahlen einem Pagen, es mir abzunehmen. Ich ließ dies nicht zu und behielt das Vademecum, bis ich im Hörsaal war, was alle Studenten zum Lachen brachte. Ich lief zu dem älteren der Söhne meines Herrn hin, legte ihm die Mappe, meiner Ansicht nach, mit vielem Anstand in die Hand. Dann setzte ich mich an die Tür des Hörsaals und blickte unverwandt auf den Lehrer, der auf seinem Lehrstuhl saß und Vorlesung hielt. Ich weiß nicht, welche geheime Kraft der Tugend innewohnt, verstehe ich doch nur wenig oder gar nichts davon, doch empfand ich großes Vergnügen dabei, zu sehen, mit welcher Liebe, Hingabe, mit welchem Eifer und Fleiß die frommen Patres und Lehrer jene Knaben unterrichteten, die zarten Stämmlein der Jugend geradebogen, damit sie sich nicht krümmten, noch dem Licht der Tugend auswichen, in der sie neben der Wissenschaft unterwiesen wurden. Ich beobachtete, wie die Patres die Knaben mit Sanftmut tadelten, mit Barmherzigkeit züchtigten, durch Beispiele ermunterten, durch Preise anspornten, sie mit Klugheit zur Arbeit anhielten und ihnen schließlich

Zwiegespräch der Hunde   631

die Häßlichkeit und den Schrecken des Lasters ausmalten und die Schönheit der Tugend schilderten, damit die jungen Leute, jenes verabscheuend und diese liebend, das Ziel erreichten, zu dem hin sie erzogen wurden.

CIPION. – Das hast du sehr gut gesagt, Berganza; denn ich habe von diesen frommen Männern sagen hören, daß es in den Gemeinwesen dieser Welt keine klügeren Leute gebe, und als Führer und Hüter auf dem Wege zum Himmel werden sie nur von wenigen erreicht. Sie sind die Spiegel, in denen die Sittsamkeit, die katholische Lehre, die einzigartige Klugheit und schließlich die abgrundtiefe Demut leuchtet, auf deren Grundfesten sich das ganze Gebäude der himmlischen Seligkeit erhebt.

BERGANZA. – Alles ist, wie du sagst. Um aber in meiner Geschichte fortzufahren, sage ich, daß meine Herren es gerne sahen, wenn ich ihnen von nun an immer das Vademecum nachtrug, was ich mit großem Vergnügen tat. Dadurch hatte ich ein Leben wie ein König, ja ein besseres sogar, denn es war ergötzlich, weil nun die Studenten anfingen, allerlei Kurzweil mit mir zu treiben. Ich gewöhnte mich solcherart an sie, daß ich mir die Hand ins Maul legen und die kleinsten unter ihnen auf mir reiten ließ. Sie warfen ihre Mützen und Hüte, und ich brachte sie ihnen säuberlich und unter großen Freudenbezeugungen zurück. Dann fiel es ihnen ein, mich zu füttern, so viel sie nur konnten, und es bereitete ihnen großes Vergnügen, zu sehen, wie ich die Nüsse oder die Haselnüsse, die sie mir gaben, gleich einem Affen aufknackte, die Schalen fallen ließ und die Nuß verzehrte. Um meine Fähigkeit auf die Probe zu stellen, brachte einer einmal ein Tuch mit einer großen Menge Salat, den ich fraß, als wäre ich ein Mensch. Es war Winterszeit, da es in Sevilla Buttersemmeln in Hülle und Fülle gibt, mit denen man mich so reichlich fütterte, daß mancher Antonio versetzt oder verkauft wurde, damit ich mein Frühstück hätte. Kurz und gut, ich führte das Leben eines Studenten, den kein Hunger und keine Krätze plagen, was wohl das höchste ist, das man sagen kann, wenn man ausdrücken will, daß es ein gutes Leben war. Wäre das Studentenleben nicht gleichbedeutend mit Hunger und Krätze, dann gäbe es keines, das vergnüglicher und kurzweiliger wäre, denn in ihm gehen Tugend und Vergnügen Hand in Hand, und man verbringt dabei die Jugend mit Lernen und in Freuden. Dieses herrlichen, geruhsamen Lebens ging ich verlustig einer Dame wegen, die man unter den Menschen die »Staatsraison« nennt; will man ihre Gebote befolgen, dann muß man gegen viele andere Gebote verstoßen. Es geschah nämlich, daß jene Herren Lehrer meinten, die halbe Stunde Pause zwischen Vorlesung und Vorlesung werde von den Studenten nicht, wie sie sollten, dazu benützt, die Lektion zu wiederholen, sondern verzettelt, weil sie ihre Späße mit mir trieben, und so befahlen sie meinen Herren, mich nicht mehr zur Schule zu bringen. Meine Herren gehorchten; ich blieb im Haus und wachte wieder an der Tür, wo ich – mein eigentlicher Herr erinnerte sich nicht mehr der Gnade, die er mir gewährt, Tag und Nacht frei umherlaufen zu dürfen – meinen Hals wieder der Kette bequemen und den Leib einer Matte anpassen mußte, die man mir hinter die Tür legte. Ach, Freund Cipión, wenn du wüßtest, wie schwer einem der Übergang vom Glück zum Unglück fällt! Sieh, wenn Elend und Jammer in immergleichem breitem Strom einherfließen, dann macht entweder der Tod dem Leiden bald ein Ende, oder man gewöhnt sich durch die Dauer des Leids daran, es zu ertragen, was einem, wenn das Leid am größten ist, sogar eine gewisse Erleichterung bedeutet. Allein wenn man aus einer unglücklichen, bedrängten Lage plötzlich in ein angenehmes, fröhliches und glückliches Leben versetzt wird und sich kurz darauf gezwungen sieht, sein früheres Geschick mit all seinen Mühen und Leiden zu ertragen, dann erfaßt einen der furchtbarste Jammer, der, wenn er einem nicht das Leben auslöscht, dieses Leben um so qualvoller macht. Kurz gesagt, ich kehrte wieder zu meinem Hundefraß zurück und zu den Knochen, die mir eine Negerin, die im Hause diente, hinwarf, und auch davon noch holten sich zwei Hauskatzen ihren Zehnten, die, flink und frei, mir leicht fortzunehmen vermochten, was nicht in den Kreis fiel, den ich im Raume meiner Kette beherrschte. Ach, mein Bruder Cipión, der Himmel möge dir

Zwiegespräch der Hunde 633

alles gewähren, was du dir wünschst, wenn du mich, ohne ärgerlich zu werden, jetzt ein wenig philosophieren ließest; denn wenn ich es jetzt unterließe, das zu sagen, was mir in Erinnerung dessen, was mir damals geschah, in den Sinn kommt, wird, wie mir scheint, meine Geschichte weder vollständig, noch wäre sie zu etwas nütze.

CIPION. – Überlege gut, Berganza, ob dieses Verlangen zu philosophieren, das dich, wie du sagst, befallen, nicht eine Versuchung des Teufels ist, findet doch die Verleumdung keinen besseren Deckmantel, um ihre grenzenlose Bosheit zu verbergen und zu beschönigen, als wenn der Verleumder so tut, als wäre alles, was er sagt, die Weisheit eines Philosophen, als wäre die Afterrede nur wohlgemeinter Tadel und das Aufdecken fremder Fehler nichts als löblicher Eifer. Betrachte nur das Leben irgendeines Verleumders näher, bedenke es und du wirst es voller Laster und Schamlosigkeiten finden. Solange du daran denkst, magst du philosophieren, soviel du willst.

BERGANZA. – Sei dessen versichert, Cipión, daß ich nicht mehr lästern werde, habe ich mir doch fest vorgenommen, es nicht mehr zu tun. Da ich jedoch den ganzen Tag müßig war und die Muße die Mutter der Gedanken ist, wiederholte ich einige lateinische Brocken, die mir von den vielen haften geblieben sind, die ich hörte, als ich mit meinen Herren zur Schule ging. Damit schärfte sich mir, wie es schien, der Verstand, und ich beschloß – so als könnte ich sprechen –, mich ihrer bei allen passenden Gelegenheiten zu bedienen, doch auf andere Weise, als einige Ignoranten dies zu tun pflegen. Es gibt Leute, die, wenn sie in ihrer Muttersprache reden, von Zeit zu Zeit einen kurzen lateinischen Satz ins Gespräch werfen, um jenen, die kein Latein verstehen, zu zeigen, welch große Lateiner sie doch wären, obgleich sie weder ein Nomen deklinieren, noch ein Verbum konjugieren können.

CIPION. – Ich glaube, sie richten damit weniger Schaden an als jene, die wirklich Latein können und doch so unvernünftig sind, daß sie noch im Gespräch mit einem Schuster oder mit einem Schneider lateinische Wendungen wie aus Scheffeln über die Ärmsten gießen.

BERGANZA. – Daraus können wir den Schluß ziehen, daß jemand, der bei Nichtlateinern lateinische Wendungen anbringt, ebenso sündigt wie ein Nichtlateiner, der damit umherwirft.

CIPION. – Daraus kannst du noch etwas anderes ersehen, nämlich, daß es Leute gibt, die, obgleich Lateiner, trotzdem Esel sind.

BERGANZA. – Nun? Wer bezweifelt dies? Die Ursache liegt offen zutage, denn als zu der Römer Zeiten alle Latein als ihre Muttersprache redeten, gab es wohl auch den einen oder den anderen Einfaltspinsel, den auch das Lateinisch-Sprechen nicht davor bewahrte, ein Esel zu sein.

CIPION. – Um in seiner Muttersprache schweigen und in lateinischer Sprache reden zu können, dazu braucht man Verstand, Freund Berganza.

BERGANZA. – So ist's, denn man kann eine Dummheit so gut auf Lateinisch wie in seiner Muttersprache sagen. Ich habe dumme Studierte kennengelernt, langweilige Grammatiker, und Menschen kastilischer Zunge, die ihre Wortgewebe mit lateinischen Streifen durchwirken und solcherart imstande sind, alle Welt nicht nur einmal, sondern viele Male zu langweilen.

CIPION. – Lassen wir das! Fang an, deine Philosophie vorzutragen!

BERGANZA. – Ich bin damit schon fertig. Die Sätze, die ich eben gesagt, sind meine Philosophie.

CIPION. – Welche Sätze?

BERGANZA. – Die über das Lateinische und die Muttersprache, die ich begonnen habe und die von dir vollendet wurden.

CIPION. – Lästern nennst du philosophieren? So also steht es! Berganza, erhebe nur die verfluchte Plage der Verleumdung zu den Altären, heilige sie und gib ihr den Namen, den du ihr zu geben beliebst! Uns wird die Verleumdung als Kyniker verreden, als schmähsüchtige Hunde. Darum schweig, bei deinem Leben, und fahre mit deiner Geschichte fort!

BERGANZA. – Wie soll ich fortfahren, wenn ich schweige?

CIPION. – Ich will damit sagen, daß du deine Geschichte

Zwiegespräch der Hunde   635

erzählen sollst, ohne sie zu einem Kaninchen zu machen,
das immerfort Junge gebiert.

BERGANZA. – Sprich richtig! Kaninchen »gebären« nicht.

CIPION. – Das ist der gleiche Irrtum wie der jenes Mannes, der behauptete, es wäre weder falsch noch ungebühr-
lich, die Dinge bei ihrem Namen zu nennen. Ich aber
meine, daß man, wenn man schon gezwungen ist, von solchen Dingen zu reden, lieber einen übertragenen Ausdruck
nehmen oder sie umschreiben soll, um den Abscheu zu
mildern, den das eigentliche Wort hervorruft. Anständige
Wörter sind immer ein Beweis für den Anstand dessen,
der sie sagt oder schreibt.

BERGANZA. – Du sollst recht haben. Also: mein Unstern
gab sich nicht damit zufrieden, mich aus meinen Studien
zu werfen, mich um das Leben zu bringen, das ich vergnügt
und glücklich geführt, begnügte sich nicht damit, daß ich
nun hinter einer Tür angekettet war und die Freigebigkeit
der Studenten verdrängt war vom Geiz einer Negerin;
dieses mein Mißgeschick beschloß, mir auch das noch zu
verderben, was ich gerne wieder für Ruhe und Behaglich-
keit hätte gelten lassen. Schau, Cipión, halte es für erwiesen – ich bin davon überzeugt –, daß das Unglück den
Unglücklichen verfolgt und ihn selbst dann noch zu finden
weiß, wenn er sich im hintersten Winkel der Welt verborgen hätte. Ich sage dies, weil unsere Negerin verliebt
war in einen Neger, der gleichfalls Haussklave bei uns war.
Dieser Neger schlief im Hausflur, daß heißt zwischen der
Haustür und der Innentür, hinter der ich lag. Die beiden
konnten nur des Nachts zueinander kommen und hatten
zu diesem Zweck die Schlüssel gestohlen oder nachmachen
lassen. Fast jede Nacht kam die Negerin herunter, stopfte
mir das Maul mit einem Stück Fleisch oder Käse, ließ den
Neger ein, mit dem sie sich dann die Zeit aufs angenehmste
vertrieb. Dies wurde ihr durch mein Schweigen und die
vielen Dinge, die sie stahl, ermöglicht. Einige Tage lang
beschwichtigten die Geschenke der Negerin mein Gewissen,
um so mehr als ich ganz dürr geworden war und mich
allmählich aus einem Fleischerhund in einen Windhund zu
verwandeln drohte; schließlich aber trieb mich doch meine

gute Anlage dazu, meinem Herrn zu geben, was meines Herren war, stand ich doch in seinem Dienst und Lohn und aß sein Brot; ich tat also, was nicht nur alle ehrbaren Hunde tun sollen – deshalb nennt man sie ja auch anhänglich und treu –, sondern alle, die dienen.

CIPION. – Das, Berganza, will ich für Philosophie gelten lassen, denn das sind Gründe, die auf der Wahrheit und der Vernunft beruhen. Doch fahr fort mit deiner Geschichte und mach – ich will nicht mehr von »Kaninchen« und »gebären« reden – keine lange Wurst daraus.

BERGANZA. – Vorerst möchte ich dich bitten, mir, falls du es weißt, zu sagen, was Philosophie ist; denn wenn ich auch davon geredet habe, so weiß ich doch nicht, was es ist; ich nehme aber an, daß Philosophie etwas Gutes ist.

CIPION. – Ich will es dir kurz erklären. Dieses Wort besteht aus zwei griechischen Wörtern, nämlich »philos« und »sophía«; »philos« heißt »Liebe« und »sophía« »Wissenschaft«; so bedeutet »philosophía«, die Philosophie also, nichts anderes als »Liebe zur Wissenschaft« und »Philosoph« »Liebhaber der Wissenschaft«.

BERGANZA. – Viel weißt du, Cipión. Wer, zum Teufel, hat dich griechische Wörter gelehrt?

CIPION. – Du bist wahrhaft einfältig, Berganza, da du solches Aufheben davon machst; das sind doch Dinge, die selbst Schulkinder schon wissen. Allein es gibt auch Leute, die vorgeben, Griechisch zu können, ohne etwas davon zu verstehen, wie sie es ja auch mit dem Latein halten, das sie gleicherweise nicht können.

BERGANZA. – Das sage ich ebenfalls, und ich möchte, daß man diese gewissen Leute alle unter eine Presse legte und ihnen, die Spindel immer fester zudrehend, den dünnen Saft ihres falschen Wissens ausquetschte, damit sie die Welt nicht länger mit dem Flitterzeug ihres verhunzten Griechisch und ihres falschen Lateins hineinlegen, wie die Portugiesen es mit ihrem Glas und Flitter bei den Negern in Guinea tun.

CIPION. – Jetzt, Berganza, mußt du dich wahrhaftig in die Zunge beißen, und ich müßte sie mir zerfleischen, denn alles, was wir gesagt haben, ist Lästerung.

Zwiegespräch der Hunde

BERGANZA. – Ja, wenn ich auch nicht verpflichtet bin, zu tun, was, wie ich vernommen, ein gewisser Corondas, ein Tyrer, getan hat. Dieser hatte nämlich ein Gesetz erlassen, daß bei Todesstrafe keiner bewaffnet die Volksversammlung betreten dürfe. Er selbst kam tags darauf, ohne an sein eigenes Gesetz zu denken, mit umgegürtetem Schwert in den Rat. Man machte ihn darauf aufmerksam; er erinnerte sich der angedrohten Strafe, zog das Schwert und stieß es sich in die Brust; so war er der erste, der das Gesetz erlassen, es gebrochen und dafür die Strafe erlitten hatte. Mit dem, was ich gesagt, habe ich kein Gesetz erlassen, sondern nur das Versprechen gegeben, mich in die Zunge zu beißen, wenn ich lästern sollte. Doch heute werden die Dinge nicht mehr mit derselben Strenge gehandhabt wie im Altertum; heute erläßt man ein Gesetz, morgen bricht man es, und vielleicht ist es so am besten. Jetzt verspricht einer, seine Fehler abzulegen, und verfällt sofort in andere, schlimmere. Eines ist, die Zucht zu loben, ein anderes, sich ihr zu unterwerfen, und wirklich: zwischen sagen und tun ist gut ruh'n. Laß den Teufel sich in die Zunge beißen, denn ich mag nicht, noch will ich hinter dieser Matte, wo keiner mich sieht, der meinen ehrenhaften Entschluß loben könnte, den Vortrefflichen spielen.

CIPION. – Demnach wärest du, Berganza, als Mensch ein Heuchler, und alles, was du tätest, wäre nur scheinbar, vorgetäuscht und falsch, mit dem Mantel der Tugend zugedeckt, nur damit man dich lobe, genau wie die Heuchler es halten.

BERGANZA. – Ich weiß nicht, was ich als Mensch täte, doch weiß ich, was ich jetzt will: mich nicht in die Zunge beißen, habe ich doch noch so viel zu sagen, daß ich nicht einmal weiß, wie und wann ich damit fertig werde, und überdies fürchte ich, daß wir, wenn die Sonne aufgeht, erst recht im Dunkeln sind, weil uns die Sprache fehlt.

CIPION. – Der Himmel wird es schon aufs beste fügen. Fahr du mit deiner Geschichte fort; weich nicht von der Hauptstraße ab mit deinen unpassenden Umschweifen, dann wirst du, wäre deine Geschichte noch so lang, am schnellsten zu Ende kommen.

BERGANZA. – Also, nachdem ich die Unverschämtheit, die Dieberei und die Schamlosigkeit der Neger gesehen, beschloß ich – ein guter Diener –, sie mit allen mir gegebenen Mitteln dabei zu stören. Die Negerin kam, wie gesagt, herab, um sich, darauf vertrauend, mich durch die Fleisch-, Brot- oder Käsehappen zum Schweigen gebracht zu haben, wieder einmal mit dem Neger zu erlustigen... Geschenke vermögen viel, Cipión!

CIPION. – Viel. Doch schweife nicht ab, erzähl weiter!

BERGANZA. – Ich erinnere mich, daß ich, als ich studierte, den Lehrer ein lateinisches Sprichwort – sie nennen es Sentenzen – habe sagen hören. Es lautet: »Habet bovem in lingua.«

CIPION. – Wie schlecht hast du doch hier dein Latein untergebracht! So rasch hast du vergessen, was wir vorhin gegen jene sagten, die Latein in ein Gespräch mischen, das sie in der Muttersprache führen?

BERGANZA. – Hier aber kommt das lateinische Sprichwort trefflich zupaß, denn du mußt wissen, daß die Athener unter anderen Münzen auch eine mit der Abbildung eines Ochsen hatten. Wenn also irgendein Richter, weil er bestochen war, es unterließ, auszusprechen oder zu tun, was ihm Vernunft und Recht gebot, dann sagten sie: »Der hat den Ochsen auf der Zunge.«

CIPION. – Die Nutzanwendung fehlt.

BERGANZA. – Ist die Nutzanwendung nicht deutlich genug, wenn die Geschenke der Negerin mich viele Tage hindurch still sein ließen und ich nicht zu bellen wagte, ja, nicht einmal begehrte, dies zu tun, wenn sie herunterkam, um sich mit ihrem verliebten Neger zu treffen? Deshalb wiederhole ich: viel vermögen Geschenke.

CIPION. – Ich habe dir schon einmal gesagt, sie vermöchten viel, und ich könnte dir, wenn ich nicht eine lange Abschweifung vermeiden wollte, an tausend Beispielen zeigen, wieviel Geschenke vermögen. Vielleicht werde ich dies noch tun, wenn mir der Himmel Zeit, Ort und Sprache gibt, dir mein Leben zu berichten.

BERGANZA. – Gott erfülle dir deinen Wunsch! Doch höre! Schließlich also siegten meine guten Vorsätze über die hin-

terhältigen Geschenke der Negerin. Als sie in einer sehr
dunklen Nacht zu ihrem gewohnten Zeitvertreib herunterkam, fiel ich sie – ohne zu bellen, damit die Leute im Hause
nicht erschreckten – an, und im Nu hatte ich ihr das Hemd
in Stücke gerissen und ein Stück Fleisch aus dem Schenkel
herausgebissen; ein Scherz, der sie zwang, im Ernst mehr
als acht Tage lang das Bett zu hüten, wobei sie ihrer Herrschaft gegenüber weiß Gott was für welche Krankheit vor-
schützte. Sie wurde gesund, kam die darauffolgende Nacht
wieder herunter, und ich stürzte mich wieder in den Kampf
mit der schwarzen Bestie. Ohne zu beißen, zerkratzte ich
ihr den ganzen Leib so, als wäre er kardätscht worden wie
eine Wolldecke. Unsere Kämpfe wurden immer schweigend
ausgefochten; immer ging ich als Sieger daraus hervor, die
Negerin aber übel zugerichtet und noch übler gelaunt. Ihr
Ärger hinterließ sehr deutliche Spuren an meinem Fell
und in meiner Gesundheit; sie hielt das für mich bestimmte
Futter zurück und entzog mir die Knochen, so daß meine
eigenen nach und nach in jedem Wirbel des Rückgrats
deutlich hervortraten. Doch obgleich sie mir die Nahrung
entzog, konnte sie mir das Bellen nicht nehmen. Damit
sie ein für allemal mit mir fertig werde, brachte mir die
Negerin einen in Fett gebackenen Schwamm. Ich erkannte
die böse Absicht, sah, daß dies schlimmer wäre als Ratten-
gift; denn wer den Schwamm frißt, dem quillt der Magen
auf, und der Schwamm geht nicht aus dem Leib, ohne auch
das Leben mitzunehmen. Da es mir nun unmöglich schien,
mich vor den Anschlägen solch erbitterter Feinde zu schützen, beschloß ich, ihnen aus dem Weg zu gehen und davon-
zulaufen. Eines Tages hatte man vergessen, mich an die
Kette zu legen, und ich lief, ohne mich von irgend jemand
im Hause zu verabschieden, auf die Straße, wo ich nach
kaum hundert Schritten ganz zufällig auf den Gerichtsdiener stieß, von dem ich am Anfang meiner Geschichte
sagte, daß er mit meinem Herrn Nicolás el Romo eng befreundet gewesen. Kaum hatte er mich gesehen, als er mich
auch schon erkannte und mich bei meinem Namen rief.
Auch ich hatte ihn erkannt, und als er mich rief, lief ich
mit meinen üblichen Schmeicheleien und meinem Getue zu

ihm hin; er packte mich am Nackenfell und sagte zu zweien seiner Häscher: »Das ist ein ausgezeichneter Fanghund; er hat einem meiner Freunde gehört. Schafft ihn mir nach Hause.« Die Häscher freuten sich darüber und sagten, wenn ich wirklich ein Fanghund sei, hätten auch sie es leichter. Sie wollten mich am Fell packen, um mich fortzuschleppen, doch mein neuer Herr sagte, dies wäre nicht notwendig; ich würde schon freiwillig gehen, weil ich ihn kenne. Ich habe vergessen, dir zu sagen, daß mir das Halsband mit den Stacheln, das ich mitgenommen, als ich mich von der Leine losriß und von der Herde trennte, ein Zigeuner in einer Schenke weggenommen und ich schon bei meiner Rückkehr nach Sevilla kein Halsband mehr hatte. Der Gerichtsdiener gab mir ein Halsband, das ganz mit kupfernen Nieten beschlagen war. Da siehst du, Cipión, wie das Rad meines Schicksals sich dreht: gestern noch sah ich mich als Student, und heute siehst du mich als Häscher.

CIPION. – Das ist der Lauf der Welt, und es besteht keine Ursache, daß du dich jetzt weitläufig über die Launen des Glücks ausläßt, als bestünde ein großer Unterschied zwischen einem Schlächterknecht und einem Häscherknecht. Ich kann die Klagen mancher Leute nicht ertragen, noch sie mit Geduld anhören, wenn sie über ihr Schicksal jammern, hatten sie doch nur Voraussetzungen für eine Stelle als Kammerdiener; mehr hätten sie gar nicht erwarten dürfen. Mit welchen Verwünschungen sie das Schicksal verfluchen! Mit wieviel Schimpfwörtern sie es schmähen! Und dies nur aus dem Grunde, damit alle, die sie hören, denken sollten, sie seien aus einer glücklichen und guten Lage in die unglückliche und schlechte geraten, in der man sie nun sieht.

BERGANZA. – Du hast ganz recht! Doch wisse, daß der genannte Gerichtsdiener mit einem Schreiber befreundet war, mit dem er oft zusammenkam. Beide lebten in wilder Ehe mit zwei Weibsbildern, die nicht etwa einen mehr oder weniger guten, sondern einen eindeutig schlechten Ruf genossen. Sie hatten zwar einigermaßen hübsche Lärvchen, doch waren sie sehr unverschämt und verfügten über tausend Hurenschliche. Sie dienten als Netz und Angel, um

Zwiegespräch der Hunde

im Trockenen zu fischen, und zwar auf folgende Weise: Sie kleideten sich solcherart, daß man den Vogel sogleich am Gefieder zu erkennen vermochte und sie sich schon auf Büchsenschußweite als Freidamen auswiesen; sie waren immer auf der Jagd nach Ausländern, und wenn die ausländischen Schiffe mit ihren billigen Linnen und anderen Waren nach Cádiz und Sevilla kamen, wo jene Kaufleute ihren Ramsch zu versteigern pflegten, dann blühte auch ihr Weizen, und es gab keinen Ausländer, den sie nicht gekeilt hätten. Wenn dann einer der von Dreck und Speck strotzenden Burschen in die Netze dieser sauberen Mädchen ging, ließen die Dirnen den Gerichtsdiener und den Schreiber wissen, wohin und in welche Herberge sie zogen. Waren die Weiber schließlich mit den Männern allein im Zimmer, kamen der Gerichtsdiener und der Schreiber daher und taten, als wollten sie den Ausländer wegen Buhlerei festnehmen. Doch nie führte man ihn ins Gefängnis, da jeder Ausländer sich mit Geld von der Schikane loszukaufen pflegte.

Nun geschah es, daß sich die Colindres – so hieß die Kebse des Gerichtsdieners – einen schmier-schmierigen Ausländer gefischt hatte. Die beiden kamen überein, daß sie mit ihm zu Abend essen und darauf sein Bett im Gasthof, in dem er abgestiegen, teilen sollte. Dies verpfiff sie ihrem Freund, und kaum hatten sich die beiden ausgezogen, als der Gerichtsdiener, der Schreiber, zwei Häscher und ich ihnen auf die Bude rückten. Das Pärchen erschrak; der Gerichtsdiener erhob ein großes Geschrei der Buhlerei wegen, befahl ihnen, sich sogleich anzuziehen, damit er sie ins Gefängnis bringe; der Ausländer war bekümmert; der Schreiber, von Erbarmen erfaßt, mischte sich ein, und es gelang ihm durch inständiges Bitten, eine Strafe von nur hundert Realen herauszuholen. Der Ausländer bat, ihm die gemshäutene Hose, die er am Fußende des Bettes auf einen Stuhl gelegt hatte, herauszugeben, weil dort das Geld steckte, mit dem er sich die Freiheit zu erkaufen gedachte. Doch die Hose fand sich nicht, konnte sich auch nicht finden, denn kaum war ich ins Zimmer gekommen, als mir schon ein Rüchlein von Speck in die Nase drang,

das mich über alles ergötzte; ich war dem Geruch nach-
gegangen und hatte seinen Ursprung in einer Tasche der
Hose gefunden, das heißt ich hatte darin ein Stück rühmlich bekannten Selchspecks entdeckt; und um es ohne
Schwierigkeiten herauszuholen und genußvoll zu fressen,
hatte ich die Hose auf die Straße gezerrt, wo ich mich voll
Inbrunst dem Selchspeck hingab. Als ich wieder ins Zimmer kam, brüllte der Ausländer in einem fürchterlichen
Kauderwelsch, man solle die Hose herausgeben, denn
darin habe er fünfzig scuti d'oro in oro. Der Schreiber
dachte, das Beinkleid wäre von der Colindres oder den
Häschern heimlich entwedet worden; der Gerichtsdiener
vermutete das gleiche, nahm sie vor; keiner gestand, und
einer wünschte den andern zum Teufel. Als ich sah, was da
vorging, lief ich wieder auf die Straße, wo ich die Hose hatte
liegen lassen; ich wollte sie zurückbringen, nützte mir doch
das Geld nichts; ich fand die Hose nicht mehr, denn irgendein Glückspilz, der vorübergegangen, hatte sie mitgenommen. Als der Gerichtsdiener sah, daß der Ausländer
kein Geld hatte, ihn zu bestechen, wurde er überaus ärgerlich und gedachte nun, von der Wirtin herauszupressen,
was der Ausländer nicht hergeben konnte. Er rief nach
ihr; sie kam halbnackt daher, und als sie sah, wie der
Ausländer schimpfte und klagte, die Colindres heulend
und nackig dastand, und als sie den Gerichtsdiener zornig
und den Schreiber sehr schlecht gelaunt antraf und entdeckte, daß die Häscher alles durchsuchten, was sie im
Zimmer vorfanden, wollte ihr dies alles nicht sonderlich
gefallen. Der Gerichtsdiener befahl ihr, sich anzuziehen
und mit ihm mit ins Gefängnis zu kommen, da sie in ihrem
Hause Männern und Weibern von schlechtem Lebenswandel Unterschlupf gebe. Da ging es los! Da erhob sich ein
Geschrei und entstand ein Durcheinander, denn die Wirtin sagte: »Herr Gerichtsdiener, und Ihr, Herr Schreiber,
mit mir werdet Ihr nichts aufstecken; ich sehe hinter Eure
Schliche. Bei mir ist mit Auftrumpfen und Drohen nichts
auszurichten! Haltet deshalb schön den Mund und geht
mit Gott! Wenn nicht, dann schreie ich die ganze Sauerei
zum Fenster hinaus und bringe die ganze Geschichte unter

die Leute! Ich kenne doch das Fräulein Colindres sehr genau und weiß, daß der Herr Gerichtsdiener schon seit vielen Monaten ihr Zuhälter ist. Zwingt mich nicht, noch deutlicher zu werden; gebt dem Herrn da sein Geld zurück, und damit basta! Ich bin eine ehrbare Frau und habe einen Mann mit einem Adelspatent a perpenam rei de memoria mit seinen Siegeln in Blei, Gott sei's gedankt, und ich übe meinen Beruf in aller Sauberkeit und keinem zum Schaden aus. Die Preisliste für die Zimmer habe ich dort angeschlagen, wo jedermann sie sehen kann, und nun kommt mir mit keinen Geschichten, denn, bei Gott, ich weiß mich reinzuwaschen! Das wäre so das rechte, daß mit meiner Erlaubnis und meinem Wissen liederliche Weiber mit den Gästen ins Haus kommen! Sie haben die Schlüssel zu ihren Zimmern, und ich bin kein Fuchs, der durch sieben Wände schauen kann.«

Mein Herr, der Schreiber und die beiden Häscher waren wie vom Blitz getroffen, als die Wirtin ihnen eine solche Standpauke hielt und sie hören mußten, wie genau sie ihnen die Leviten las. Da sie aber auch sahen, sie könnten nur über sie zu ihrem Gelde kommen, drohten sie ihr weiter und bestanden darauf, sie ins Gefängnis abzuführen. Die Wirtin schrie wegen der Unbill und der Ungerechtigkeit, die man ihr antue, zum Himmel, besonders da ihr Mann, ein so angesehener Edelmann, abwesend sei. Der Ausländer brüllte um seine fünfzig Scudi. Die Häscher schworen feierliche Eide, sie hätten die Hose nicht gesehen, der Himmel bewahre sie! Der Schreiber bestand beim Gerichtsdiener heimlich darauf, daß man die Kleider der Colindres näher in Augenschein nehme, hatte sie doch die Gepflogenheit, Verstecke und Taschen jener, die sich mit ihr einließen, aufs genaueste zu untersuchen. Colindres behauptete, der Mann wäre betrunken und die Sache mit dem Geld müsse erstunken und erlogen sein. Kurz gesagt, alles war Verwirrung, Geschrei und Gefluch, und es sah wahrlich nicht danach aus, als würden sie sich bald beruhigen, und sie hätten sich auch nicht beruhigt, wäre in diesem Augenblick nicht der Stellvertreter des Stadtrichters von Sevilla, der in jenem Gasthof zu tun hatte, vom allgemeinen

Geschrei angelockt, ins Zimmer getreten, um zu sehen, weshalb es dort solchen Lärm gebe. Er fragte nach der Ursache; die Wirtin berichtete alle Einzelheiten: sie sagte, wer die Sylphide Colindres eigentlich sei – die hatte sich inzwischen angezogen –, erzählte von der stadtbekannten Freundschaft des Mädchens mit dem Gerichtsdiener, hielt nicht hinter dem Berg mit seinen Schlichen und seiner Art, die Leute auszuplündern; sich selber jedoch entschuldigte sie damit, daß mit ihrem Wissen und Willen nie ein verdächtiges Weibsstück ins Haus gekommen sei, stellte sich als Heilige hin, ihren Gatten als Engel und rief nach einer Magd, damit sie aus einem Kästchen rasch den Adelsbrief des Gatten herbeischaffe, damit der Herr Teniente ihn ansehen könne; daraus könne er entnehmen, daß die Frau eines so ehrbaren Gatten nichts Schlechtes zu tun imstande sein könne, und wenn sie schon das Bettgeschäft betreibe, dann nur, weil sie nicht anders könne, wisse doch Gott am besten, wie schwer es ihr auf der Seele liege und daß sie nichts lieber hätte als eine Rente, die für das tägliche Brot ausreiche, denn jenes Geschäft. Der Stellvertreter des Stadtrichters, ärgerlich über das Geschwätz und das Auftrumpfen mit dem Adelsbrief, sagte: »Frau Bettvermieterin, ich will Euch gern glauben, daß Euer Gatte ein Adelspatent besitzt, womit Ihr mir eingesteht, daß er ein gasthälterischer Edelmann ist.« »Und auf sehr ehrbare Weise«, erwiderte die Wirtin. »Und sagt mir, wo in der Welt gibt es ein Adelsgeschlecht, dem man, wie gut es auch sei, nicht irgend etwas anhängt?« »Ich habe Euch nur zu sagen, daß Ihr Euch jetzt anziehen sollt, liebe Frau, denn Ihr müßt mit mir ins Gefängnis kommen.« Diese Mitteilung warf sie vollends um; sie zerkratzte sich das Gesicht und heulte fürchterlich, allein der Teniente, überstreng, brachte sie allesamt ins Gefängnis, das heißt den Ausländer, die Colindres und die Wirtin. Hernach erfuhr ich, daß der Ausländer seine fünfzig Scudi los war und noch zehn dazu, denn auf zehn beliefen sich die Gerichtskosten; die Wirtin mußte ebensoviel zahlen, nur die Colindres ging frei. Am gleichen Tag, an dem man sie freiließ, fischte sie sich einen Seemann, der mit dem gleichen Schwindel gezwungen

Zwiegespräch der Hunde 645

wurde, für den Ausländer mitzubezahlen. Dies alles erzählte ich dir, Cipión, damit du siehst, wieviele und welch
große Verwicklungen aus meiner Naschhaftigkeit entstanden sind.

CIPION. – Richtiger wäre, du sagtest, aus der Spitzbübe-
rei deines Herrn.

BERGANZA. – Doch höre weiter. Sie trieben es nachher
noch ärger. Ich muß dies sagen, so leid es mir tut, den Ge-
richtsdienern und Häschern Übles nachsagen zu müssen.

CIPION. – Gewiß; doch einem von ihnen Übles nachzu-
reden, heißt nicht, das gleiche von allen zu behaupten. Ja,
es gibt viele, sehr viele Schreiber, die gut, treu und recht-
lich sind, die, wenn sie einem andern nicht schaden, gern
Gefälligkeiten erweisen; ja, nicht alle ziehen die Prozesse
hinaus, noch stecken alle den beiden Parteien heimlich, was
sie von der andern wissen, nicht alle verlangen über ihre
Gebühren hinaus, noch schnüffeln sie im Leben anderer
Menschen nach, um ihnen ein Verfahren anzuhängen; nicht
alle verbinden sich mit dem Richter nach dem Rezept »Eine
Hand wäscht die andere«, und nicht alle Gerichtsdiener
arbeiten Hand in Hand mit Landstreichern und Beutel-
schneidern, noch haben alle solche Weiber, wie dein Herr
eins hatte, um andere Leute zu erpressen. Viele, sehr viele
gibt es, die ihrer Herkunft und Art nach Edelleute sind,
und viele sind Edelleute dank ihrer Gesinnung; es gibt
viele, die nicht draufgängerisch, noch unverschämt oder
schlecht erzogen und niederträchtig sind wie jene, die die
Schenken abklappern, um die Degen der Ausländer zu
messen und, wenn diese Degen auch nur ein Härchen länger sind als erlaubt, ihren Trägern die Hölle heiß machen
und sie bestrafen. Ja, nicht alle lassen wieder frei, was sie
verhaftet, nicht alle sind Richter und Verteidiger in einem,
wenn es ihnen zupaß kommt.

BERGANZA. – Mein Herr wollte höher hinaus; er schlug
einen anderen Weg ein: er gebärdete sich, als wäre er tapfer und ein Kerl, der aufsehenerregende Verhaftungen zustande brächte. Den Ruf der Tapferkeit hielt er ohne Gefahr für sein Leben aufrecht, doch ging dies auf Kosten
seines Beutels. Eines Tages griff er an der Puerta de Jerez

ganz allein sechs stadtbekannte Schurken und Raufbolde
an. Ich hätte ihm auf keinen Fall beispringen können, da
ich nicht imstande war, das mit einem Strick geknebelte
Maul aufzutun. So hielt er mich tagsüber; nur des Nachts
nahm er mir den Strick ab. Ich war sehr erstaunt, als ich
ihn so voller Mut, Schwung und Gewandtheit sah; zwischen den sechs Degen seiner Gegner bewegte er sich, als
wären sie Schilfrohr. Es war großartig anzusehen, mit welcher Leichtigkeit er angriff, wie er die Stöße führte, wie er
zu parieren wußte, wie er zu berechnen verstand und wie
wachsam er sich erwies, damit ihm die Gegner nicht in den
Rücken fielen. Kurz und gut, in meiner Meinung und in
der Meinung aller, die dem Kampf beiwohnten oder davon erfuhren, war er ein neuer Rodamonte, da er seine
Gegner von der Puerta de Jerez bis ans Marmorportal des
Colegio de Mase Rodrigo, also mehr als hundert Schritte
weit, vor sich hertrieb. Er brachte sie in Gewahrsam und
kehrte zurück, um die Beutestücke der Schlacht zu holen,
drei Degenscheiden, mit denen er zum Stadtrichter ging,
um sie ihm vorzuweisen. Damals war der Lizentiat Sar-
miento de Valladares Stadtrichter, der sich mit der Ver-
nichtung der Sauceda einen großen Namen gemacht hatte.
Man blickte meinem Herrn in allen Straßen, durch die er
ging, bewundernd nach, zeigte ihn mit den Fingern, als
wolle man sagen: »Das ist der tapfere Held, der sich erkühnte, allein mit der Blüte der Raufbolde Andalusiens zu
kämpfen.« Den Rest des Tages verbrachte er damit, sich
überall sehen zu lassen, indem er durch die Stadt ging; die
Nacht überraschte uns im Triana-Viertel in einer Straße
nahe der Pulvermühle. Nachdem mein Herr dort ge-
spennt hatte – so pflegt man in der Gaunersprache für
»umherspähen« zu sagen –, betrat er ein Haus, und ich lief
hinter ihm drein. In einem Innenhof trafen wir alle die
Recken des berühmten Kampfes, ohne Mäntel und Degen
und alle mit aufgeknöpften Wämsern. Einer, der der Gastgeber gewesen sein dürfte, hielt einen gewaltigen Krug in
der einen und einen großen Wirtshaushumpen in der anderen Hand, mit dem er, nachdem er ihn mit edlem, schäu-
mendem Wein gefüllt, auf das Wohl der ganzen Gesell-

schaft trank. Kaum hatten sie meinen Herrn erblickt, als sie mit weitgebreiteten Armen auf ihn zugingen; dann stießen alle auf sein Wohl an, und er trank ihnen zu. Er hätte auch noch doppelt so vielen Leuten Bescheid getan, wenn solches erforderlich gewesen wäre, war er doch von Natur aus sehr gefällig und hätte um solch geringfügiger Dinge nicht gern niemand vor den Kopf gestoßen. Wollte ich dir jetzt erzählen, worum es dort ging, was sie zu Abend aßen, was für Händel sie einander mitteilten, welche Diebstähle sie einander berichteten, welche Damen sie ihrer Tüchtigkeit wegen lobten und welche sie tadelten, welches Lob sie einander zollten, welche abwesenden Raufbolde und Schurken sie nannten, welche Geschicklichkeit sie bewiesen, wenn sie mitten im Essen aufsprangen, um die Griffe und Kniffe, die zur Sprache kamen, mit vielen Gebärden zu zeigen, die gesuchten Wörter, die sie gebrauchten, und schließlich, wie der Gastgeber aussah, dem sie alle wie einem Herrn und Vater Ehrfurcht bezeigten, wenn ich dir also dies alles erzählen wollte, dann würde ich mich in ein Labyrinth begeben, aus dem ich nicht mehr herausfände, selbst wenn ich wollte. Schließlich wurde es mir zur Gewißheit, daß der Hausherr, den sie Monipodio nannten, der Hehler und Schutzherr der Gauner war, und daß der Kampf mit meinem Herrn schon vorher verabredet gewesen, auch der Rückzug und die Sache mit den Degenscheiden. Dies alles und auch das, was der Behauptung Monipodios nach das Gastmahl gekostet, bezahlte mein Herr sogleich in bar. Dann trennte man sich in allgemeiner Zufriedenheit beim Morgengrauen. Als Nachspeise und Draufgabe verpfiffen sie meinem Herrn einen fremden Gauner, der, sehr unternehmungslustig noch, erst neulich in der Stadt eingetroffen war; er mußte wohl tapferer sein als sie, und so verpfiffen sie ihn aus Neid. In der folgenden Nacht nahm mein Herr den fremden Gauner fest, als dieser nackt im Bett lag; denn wäre er angekleidet gewesen, so hätte er sich, wie ich an seinem Körperbau erkennen konnte, nicht so ohne weiteres festnehmen lassen. Mit dieser Festnahme, die auf das berühmte Gefecht folgte, wuchs der Ruhm meines Feiglings, der wahrhaftig furchtsamer war als ein Kaninchen und den Ruf eines tapferen Mannes nur unterhielt, weil er den Gaunern Gastmähler und Saufgelage gab; doch alles, was er sich dank seines Amtes und dank seiner Kniffe zu erwerben wußte, floß wieder durch den Kanal seiner erdichteten Tapferkeit ab.

Nun habe noch Geduld und höre jetzt eine Geschichte, die ihm zustieß. Ich werde die Tatsachen weder übertreiben noch abschwächen. Zwei Diebe stahlen in Antequera ein sehr gutes Pferd. Sie schafften es nach Sevilla, und um es ungefährdet zu verkaufen, wendeten sie eine List an, die meines Erachtens viel Scharfsinn und Klugheit verrät. Sie ließen sich jeder in einem anderen Gasthof nieder; der eine wandte sich ans Gericht und brachte eine Klage ein, nach der ihm Pedro de Losada vierhundert Realen schulde, wie dies aus einem vom Genannten unterschriebenen Schuldschein, den der Kläger vorwies, hervorging. Der Teniente, einer der beigeordneten Stadtrichter, verfügte, den besagten Losada über den Schuldschein zu vernehmen, und wenn er ihn anerkenne, dann solle man ihn bis zur Höhe des Betrages pfänden oder ihn gefänglich einziehen. Dieser Auftrag fiel meinem Herrn und seinem Freund, dem Schreiber, zu. Der eine Dieb, der als Kläger auftrat, brachte sie zum Gasthof, in dem der andere abgestiegen war; dieser anerkannte den Schuldschein sogleich und ließ sich auf den Gaul exekutieren, der meinem Herrn so sehr in die Augen stach, daß er bei sich beschloß, das Pferd müsse, wenn es zum Zwangsverkauf käme, sein eigen werden. Der Dieb ließ die gesetzliche Frist verstreichen, ohne die Schuld zu begleichen; das Pferd kam zur Versteigerung und wurde schließlich für fünfhundert Realen einem Helfer meines Herrn zugeschlagen, der es für ihn erwarb. Das Pferd war jedoch viel mehr wert, als dafür bezahlt wurde; allein, da es dem Verkäufer darauf ankam, den Handel so rasch wie möglich zu Ende zu bringen, stimmte er dem ersten Angebot zu, so daß dem einen der Diebe eine Schuld beglichen wurde, die ihm keiner zu zahlen gehabt hätte, und der andere seinen Schuldschein zurückerhielt, den er gar nicht brauchte, während mein Herr das Pferd bekam, das ihm mehr schadete als der Sejanus seinen Besitzern. Die

Zwiegespräch der Hunde 649

Diebe räumten sogleich das Feld, und zwei Tage hernach, nachdem mein Herr das Zaumzeug und andere Kleinigkeiten des Pferdegeschirrs hatte ausbessern lassen, zeigte er sich, aufgeblasener und protziger als ein Bauer in der Sonntagstracht, auf der Plaza de San Francisco. Man beglückwünschte ihn zu dem guten Kauf und sagte, daß das Pferd, so gewiß wie ein Ei einen Maravedi koste, seine hundertfünfzig Dukaten wert sei; mein Herr ließ das Pferd im Kreise sich drehn und aufs zierlichste sich tummeln, und so führte er solcherart die eigene Tragödie auf der Bühne des besagten Platzes vor. Als er nämlich dabei war, Kurbetten und Kapriolen zu zeigen, kamen zwei Männer guten Aussehens und noch besserer Kleidung des Wegs, und einer von den beiden sagte: »Bei Gott! Das ist doch Piedehierro, mein Pferd, das man mir vor ein paar Tagen in Antequera gestohlen hat!« Die vier Leute, die ihn begleiteten – seine Diener –, sagten, das sei wahr und wahrhaftig, und jenes Pferd sei Piedehierro, der Gaul, den man gestohlen habe. Mein Herr erschrak; der Eigentümer des Pferdes klagte; der Beweis wurde verlangt, und die Beweise des Eigentümers waren so trefflich, daß ein Urteil zu seinen Gunsten gefällt und mein Herr des Pferdes ledig wurde. Der Streich der listigen Diebe, die es verstanden hatten, mit Hilfe des Gerichts zu verkaufen, was sie gestohlen, wurde allgemein bekannt, und fast alle Leute freuten sich, daß die Habgier meinen Herrn solcherart vom hohen Roß geholt hatte.

Doch damit war sein Unstern noch nicht zu Ende, denn in der selben Nacht ging der Herr Stadtrichter selbst auf die Ronde, hatte man ihm doch zur Kenntnis gebracht, daß sich im San-Julián-Viertel Diebe umhertrieben. Als die Ronde an einer Straßenkreuzung vorbeikam, sahen die Wachen einen Mann eilig davonrennen. Der Stadtrichter faßte mich sogleich am Halsband und hetzte mich: »Fang den Dieb, Gavilán! Fang den Dieb, lieber Gavilán! Auf den Dieb, den Dieb!« Ich, der ich der Schurkereien meines Herrn längst schon überdrüssig war und den Befehl des Stadtrichters aufs pünktlichste befolgen wollte, stürzte auf meinen eigenen Herrn los und warf ihn, ohne daß er sich

zu wehren vermochte, zu Boden, und hätte man mich nicht
von ihm zurückgerissen, ich hätte meinen Gelüsten an ihm
genug getan; allein man riß mich von ihm los. Die Häscher
wollten mich bestrafen, ja, sogar totprügeln, und sie würden dies auch getan haben, wenn der Stadtrichter ihnen
nicht gesagt hätte: »Keiner soll ihn mir anrühren, hat doch
der Hund nur getan, was ich ihm befohlen.« Meine Bosheit
war jedoch offensichtlich, und ich lief, ohne auch nur von
einem Abschied zu nehmen, durch ein Loch in der Stadt-
mauer hinaus ins Freie. Noch vor Tagesanbruch war ich in
Mairena, einem Ort, der vier Meilen von Sevilla entfernt
liegt. Mein Glück wollte es, daß ich dort auf eine Kompagnie Soldaten stieß, die, wie ich hörte, auf dem Wege
nach Cartagena war, um sich dort einzuschiffen. Unter
den Soldaten waren auch vier mit meinem Herrn befreun-
dete Spitzbuben, und der Trommler war früher Häscher
gewesen, ein großer Possenreißer, wie die meisten Trommler es sind. Alle erkannten mich, sprachen mich an und
fragten, wie es meinem Herrn ginge, als ob ich ihnen hätte
antworten können. Am freundlichsten war der Trommler
zu mir, und ich beschloß, mich mit ihm zusammenzutun,
wenn er nur wollte, und mich in mein Geschick zu fügen,
ob es mich nun nach Italien oder nach Flandern führte. Mir
nämlich scheint es, und auch du wirst meiner Meinung
sein, daß trotz des Sprichworts »Wer in seinem Dorf ein
Narr, ist's auch anderswo fürwahr« der Verstand geschärft wird, wenn man die Welt bereist und mit anderen
Menschen in Berührung kommt.

Cipion. – Das ist sicherlich wahr, und ich erinnere mich,
von einem meiner Herren, einem sehr klugen Mann, gehört zu haben, daß man dem berühmten Griechen namens
Ulysses nur deshalb den Beinamen eines Listenreichen gegeben hat, weil er viele Länder bereist und mit verschie-
denartigen Menschen und Völkern Umgang hatte. Und
darum lobe ich den Entschluß, den du damals gefaßt, dorthin zu gehen, wohin man dich eben führte.

Berganza. – Nun geschah es, daß der Trommler, um
seine Possen im hellsten Licht zu zeigen, sich darauf verlegte, mir beizubringen, wie man zum Takt der Trommel

Zwiegespräch der Hunde

tanze und andere Dummheiten mehr – du wirst von ihnen sogleich hören –, die ein anderer Hund als ich überhaupt nicht zu erlernen imstande gewesen wäre. Da unser Verpflegungsdistrikt bald hinter uns lag, marschierten wir nur langsam; es gab keinen Kommissär, der uns zur Ordnung angehalten hätte; der Hauptmann, ein guter Edelmann und frommer Christ, war jedoch noch sehr jung; der Fähnrich hatte erst vor wenigen Monaten den Hof und den Vorzimmerdienst verlassen; der Feldwebel war ein durchtriebener, umsichtiger Bursche und ein bekannter Treiber, der die Kompagnien von ihrem Aushebungsort nach dem Einschiffungshafen brachte. Die Kompagnie war voll von aufschneiderischen Schurken, die sich in den Ortschaften, durch die wir zogen, manche Übergriffe erlaubten, die alle dazu führten, daß auch jene verwünscht wurden, die es nicht verdient hatten: es ist das traurige Schicksal eines Fürsten, daß die einen seiner Untertanen ihm die Vergehen jener, die sich ohne sein Verschulden zu Unterdrückern aufwerfen, zur Last legen. Selbst wenn ein Fürst solches abzustellen unternehme, sind doch die Kriegsläufte solcherart, daß sie Härte, Grausamkeit und Unbequemlichkeiten mit sich bringen. Schließlich – um es kurz zu machen – lernte ich dank meiner guten Auffassungsgabe und des Fleißes, den der daransetzte, den ich zu meinem Herrn erwählt, in vierzehn Tagen soviel, daß ich für den König von Frankreich tanzen und springen konnte, doch nicht springen wollte für die schlechte Schenkwirtin; er brachte mir auch bei, Kurbetten zu machen wie die Napolitanerpferde oder im Kreis herumzutrotten wie ein Maulesel am Wassergöpel, nebst anderen Dingen, die, wenn ich mich nicht gehütet hätte, sie zu zeigen, die Leute verführt hätten zu glauben, es wäre der Teufel selbst in Hundegestalt, der solches vollbrächte. Mein Herr legte mir den Namen der »wissende Hund« bei, und wir waren noch nicht in unserem Quartier eingerichtet, als er schon durch den Ort zog, die Trommel rührte und bekanntgab, daß alle Personen, die die wunderbaren Einfälle und Fähigkeiten des weisen Hundes sehen wollten, in dieses oder jenes Haus, in dieses oder jenes Hospital kommen sollten, wo sie für acht oder vier Maravedis – je nachdem ob der Ort groß oder klein war – solches zu sehen bekämen. Bei solchen Anpreisungen gab es keinen Menschen im ganzen Ort, der mich nicht zu sehen begehrte, doch auch keinen, der nachher darob nicht verwundert und zufrieden gewesen, mich gesehen zu haben. Mein Herr jubelte über die reichlichen Einnahmen und unterhielt damit sechs Soldaten wie Fürsten. Die Habgier und der Neid weckte in manchem Spitzbuben das Verlangen, mich zu stehlen, und sie warteten nur auf die Gelegenheit; denn die Möglichkeit, sein Brot im Nichtstun zu verdienen, hat viele Liebhaber und Feinschmecker. Deshalb gibt es auch so viele Puppenspieler in Spanien, so viele Bänkelsänger mit ihren Bildtafeln, so viele, die Schmucknadeln und Modelieder verkaufen. Ihr ganzes Vermögen würde, selbst wenn sie all ihr Gut verkauften, nicht dazu ausreichen, ihnen auch nur einen Tag lang das Essen zu sichern, und doch stecken die einen wie die andern das liebe ganze Jahr in Garküchen und Schenken. Aus all dem ziehe ich den Schluß, die Mittel zu all den zahllosen Räuschen müßten aus einer anderen Quelle fließen als aus ihrem Gewerbe. All diese Leute sind unnütze Landstreicher; Weinschwämme sind sie und Brotwürmer.

CIPION. – Genug, Berganza! Verfallen wir nicht wieder in den alten Fehler! Fahr fort, denn die Nacht verstreicht, und ich möchte nicht, daß wir bei Sonnenaufgang in den Schatten des Schweigens verbannt werden.

BERGANZA. – So schweig also und hör zu! Da es leicht ist, das Erfundene zu verbessern, ließ mir mein Herr, als er sah, wie gut ich Napolitanerpferde nachzuahmen wüßte, eine Schabracke aus Preßgoldleder und einen kleinen Sattel verfertigen, die er mir aufschnallte. Auf dem Sattel befestigte er eine leichte, männliche Puppe mit einer kleinen Lanze zum Ringelstechen und brachte mir bei, geradewegs auf einen Ring loszurennen, den er zwischen zwei Pfählen befestigt hatte. An den Tagen nun, an denen ich dieses Kunststück zeigen sollte, verkündete er, daß der weise Hund an diesem Tage ein Ringelstechen laufen und noch andere neue und nie gesehene Künste zeigen werde, was ich denn auch, um meinen Herrn nicht als Lügner erscheinen zu lassen, tat. So kamen wir, Tagmarsch um Tagmarsch, nach Montilla, dem Flecken des berühmten und frommen Marqués de Priego, der Leuchte des Hauses Aguilar und Montilla. Mein Herr wurde, wie er es einzurichten gewußt, im Spital untergebracht; dann schritt er zur üblichen Bekanntmachung, und da der Ruf von den Fähigkeiten und den Kunststücken des weisen Hundes uns schon vorausgeeilt war, füllte sich, noch war keine Stunde vergangen, der Hof des Spitals mit Leuten. Mein Herr freute sich darüber, weil sein Weizen so reich blühte, und zeigte sich an jenem Tag zu besonderen Possen aufgelegt. Die Vorstellung begann damit, daß ich durch einen Reifen sprang, der von einem alten Sieb herstammte, durch einen Reifen, der tief war wie ein Faß. Mein Herr beschwor mich mit den üblichen Worten, und ich hatte, wenn er eine Quittenrute senkte, zu springen; hob er sie in die Höhe, mußte ich zuwarten. Die erste Beschwörung an diesem Tage – bemerkenswert unter allen Tagen meines Lebens – war: »Ea, Gavilán, spring für den alten geilen Gecken, der sich den Bart färbt; du kennst ihn ja. Wenn du nicht willst, dann springe für die Pracht und die Erscheinung der Doña Pimpinela von Plaphagonien, die eine Gefährtin war der Gallegerin, die in Valdeastillas diente. Paßt dir diese Beschwörung nicht, dann springe für den Bakkalaureus Pasillas, der sich als Lizentiat unterschreibt, obgleich er diesen Grad nie erworben hat. Was? Du bist faul! Warum springst du nicht? Aber ich verstehe und kenne deine Schliche: jetzt spring für den berühmten Saft von Esquivias, einen Wein, der ebenbürtig ist dem von Ciudad Real, dem von San Martín und dem von Ribadavia!« Er senkte die Rute, ich sprang, verstand ich doch seine Schliche und seine Anspielungen. Er wandte sich dann an die Leute und sagte laut: »Glauben Eure Gnaden, hoher Senat, nicht, das Können des Hundes wäre eine Kleinigkeit. Vierundzwanzig Nummern habe ich ihm beigebracht, und schon für die geringste unter ihnen würde sich ein Sperber die Mühe machen herunterzustoßen; ich will sagen, daß man ruhig dreißig Meilen darauf verwenden kann, um auch nur die kleinste Leistung dieses Hundes zu sehen. Der Hund kann die Sarabande tanzen und auch die Chacone, besser als ihre Erfinderin; er säuft einen Humpen Wein leer, ohne auch nur einen Tropfen übrigzulassen; er singt eine Tonleiter genauso gut wie ein Mesner. All dies und noch viel mehr, wovon ich erst gar nicht reden will, werden Eure Gnaden in den Tagen sehen können, die die Kompagnie an diesem Ort bleibt. Und jetzt soll unser Weiser noch einen Sprung tun, dann werden wir ans Beste gehen.« Damit brachte er Spannung ins Publikum, das er Senat genannt, und entzündete das Verlangen, nichts von dem zu versäumen, was ich zu zeigen vermöchte. Mein Herr wendete sich mir zu und sagte: »Komm, mein lieber Gavilán, und springe die gleichen Sprünge, die du getan, zierlich und gewandt, wieder zurück; diese Sprünge tu der berühmten Hexe zu Ehren, die an diesem Ort gelebt haben soll.« Kaum hatte er dies gesagt, als die Spittelmutter, eine Alte von mehr als siebzig Jahren, ausrief: »Lump! Aufschneider, Schwindler, Hurensohn! Hier gibt es keine Hexen! Wenn Ihr die Camacha meint, so hat die ihre Sünden gebüßt und ist jetzt Gott weiß wo; wenn Ihr mich meint, Possenreißer, so bin ich keine Hexe und bin mein Leben lang keine gewesen. Wenn ich im Ruf gestanden habe, eine Hexe zu sein, dann verdanke ich dies den falschen Zeugen, der Willkür des Gesetzes und einem schlechtunterrichteten Hitzkopf von Richter. Jedermann weiß, welch bußfertiges Leben ich führe, nicht wegen der Hexereien, die ich nie getan, sondern allein wegen vieler anderer Sünden, die ich Sünderin begangen habe. Und jetzt, Ihr erzschelmiger Trommelbube, hinaus mit Euch aus dem Spittel, sonst mach' ich Euch, meiner Seel', Beine!« Damit begann sie zu schreien und meinen Herrn mit einer solchen Flut von Schimpfwörtern zu überschütten, daß er ganz verwirrt und verwundert war. Kurz gesagt, sie ließ es um keinen Preis der Welt zu, daß die Schaustellung fortgesetzt werde. Der Aufruhr bekümmerte aber meinen Herrn wenig, hatte er doch sein Geld schon in der Tasche, und so verschob er die Vorführung, die ihm hier schiefgegangen war, auf einen andern Tag und verlegte sie in ein anderes Hospital. Die Alte verfluchend, gin-

Zwiegespräch der Hunde

gen die Zuschauer weg und nannten sie nicht nur Hexe, sondern auch des Böckleins Reitgenossin und bärtige Vettel. Trotz allem blieben wir diese Nacht im Hospital. Als die Alte mich allein im Hofe antraf, fragte sie: »Bist du es, mein Sohn Montiel? Bist du's, mein Lieber, oder bist du's nicht?« Ich hob den Kopf und blickte sie lange an. Als die Alte dies sah, kam sie mit Tränen in den Augen zu mir, legte mir die Arme um den Nacken, und wenn ich es geduldet hätte, hätte sie mich geküßt; allein mich ekelte und ich ließ es nicht zu.

CIPION. – Daran hast du gut getan, ist es doch kein Genuß, sondern eine Qual, eine alte Vettel zu küssen oder sich von ihr küssen zu lassen.

BERGANZA. – Was ich dir jetzt berichten will, das hätte ich dir gleich zu Beginn meiner Erzählung sagen müssen; so hätten wir uns die Verwunderung darüber, daß wir plötzlich mit Rede begabt waren, ersparen können. Du mußt wissen, daß die Alte mir sagte: »Mein Sohn Montiel, komm hinter mir her, damit du weißt, wo meine Kammer liegt, und versuche es so einzurichten, daß wir uns heute nacht allein sprechen können; ich werde die Tür zu meiner Kammer offen lassen. Und wisse, daß ich dir viel über dich zu sagen habe, dir zum Besten.« Ich senkte den Kopf zum Zeichen, daß ich ihr gehorchen wolle, woran sie – so sagte sie mir nachher – erkannt hätte, daß ich der Hund Montiel sei, den sie suche. Ich war darob verwundert, war sehr nachdenklich und erwartete die Nacht, um zu erfahren, worin dieses Geheimnis oder Wunder – daß die Alte mich solcherart angesprochen hatte, war eines – bestünde; da ich sie Zauberin und Hexe hatte nennen hören, erhoffte ich von unserer Zusammenkunft große Dinge. Schließlich kam der Augenblick, da ich mich mit ihr in ihrer Kammer allein sah, in einem dunklen, engen und niederen Raum, nur erhellt vom schwachen Schein einer irdenen Öllampe. Die Alte putzte den Docht, setzte sich auf eine kleine Truhe; ich trat an sie heran, und wieder umarmte sie mich, wobei ich von neuem sehr darauf achtete, daß sie mich nicht küsse. Als erstes sagte sie mir: »Mit Recht habe ich gehofft, daß der Himmel mir erlauben würde, dich, mein Sohn, noch einmal zu sehen, bevor sich diese alten Augen zur Ruhe schließen. Da ich dich jetzt gesehen, mag der Tod mich aus diesem beschwerlichen Leben wegholen. Wisse denn, Sohn, daß hier in diesem Ort die berühmteste Zauberin lebte, die es jemals in der Welt gegeben. Sie wurde die Camacha von Montilla genannt und war so einzigartig in ihrer Kunst, daß die Sibyllen, die Circen und Medeen, von denen, wie ich nach dem Hörensagen weiß, viele Geschichten im Umlauf sind, ihr allesamt nicht gleichkamen. Sie ließ die Wolken sich verdichten, wann es ihr beliebte, und verhüllte damit das Antlitz der Sonne; wann es ihr paßte, verwandelte sie den trübsten Himmel in eitel Bläue. In einem Nu holte sie Menschen aus den fernsten Gegenden herbei; sie wußte ganz wunderbar jene Jungfern wieder instandzusetzen, denen bei der Wahrung ihrer Jungfernschaft ein Mißgeschick unterlaufen war; sie gab Witwen die Möglichkeit, in aller Sittsamkeit ein sittenloses Leben zu führen; sie brachte verheiratete Weiber von ihren Ehemännern weg, schaffte die unverheirateten nach ihrem Gutdünken unter die Haube. Im Dezember hatte sie frische Rosen im Garten, und im Jänner schnitt sie Korn. In Backtrögen Kresse wachsen zu lassen, war eine ihrer geringsten Künste; auch fiel es ihr nicht schwer, in einem Spiegel oder auf einem der Fingernägel eines Kindes das Bild eines Lebendigen oder eines Toten erscheinen zu lassen, den man zu sehen begehrte. Man sagte ihr auch allgemein nach, daß sie Menschen in Tiere verwandelt und sich sechs Jahre lang eines Mesners in der wirklichen und wahrhaftigen Gestalt eines Esels bedient habe, obgleich ich nie begreifen konnte, wie sie solches zuwege brächte. Denn wenn man von jenen Magierinnen des Altertums behauptet, sie hätten Männer in Tiere verwandelt, so hatten sie nach der Meinung der Gelehrten nichts anderes getan, als sie durch ihre große Schönheit und durch Schmeichelreden solcherart an sich gefesselt, daß die Männer ganz verliebt wurden und sich ihnen in allem, was sie begehrten, unterwarfen; die Magierinnen konnten sich der Männer dann so bedienen, als wären sie folgsame Tiere. Allein in diesem Fall, mein Sohn, beweist mir die Erfahrung das Gegenteil. Ich weiß, daß du ein vernünftiges Wesen bist und ich dich doch in der Gestalt eines Hundes vor mir sehe; sofern dies nicht Blendwerk ist, Trapelie, wie man sagt, wenn uns eine Sache für eine andere vorgetäuscht wird. Sei dem, wie es sei, mich schmerzt nur, daß weder ich noch deine Mutter, die wir Schülerinnen der guten Camacha waren, es in dieser Wissenschaft je so weit brachten wie sie, und dies nicht etwa, weil es uns an Verstand, an Geschicklichkeit oder Eifer gefehlt hätte – davon hatten wir eher zu viel als zu wenig –, sondern ganz einfach, weil sie ein Übermaß an Bosheit besaß, das es ihr nicht erlaubte, uns jene höheren Künste zu lehren, die sie einzig für sich behalten wollte.

»Deine Mutter, mein Sohn, hieß die Montiela; sie war nach der Camacha die berühmteste. Ich heiße die Cañizares, und wenn ich schon nicht so viel weiß wie die beiden, so hatte ich wenigstens die gleiche Bereitschaft zu lernen. Freilich konnte die Camacha selbst deine Mutter nicht an Mut übertreffen; deine Mutter war so tapfer, daß sie eine ganze Legion Teufel in einen Hexenkreis bannte und selber in den Kreis trat. Ich war immer etwas furchtsam und gab mich mit einer halben Legion Teufel zufrieden. Allein bei aller Achtung vor den beiden sei gesagt, daß mich keine von ihnen in der Kunst übertraf, die Salben zu bereiten, mit denen wir, die Hexen, uns bestreichen; darin wird mich auch keine von denen, die heute noch unserer Regel folgen und sie beobachten, übertreffen. Nun wisse eines, mein Sohn: da ich sah – und sehe –, wie mir das Leben, das auf den leichten Schwingen der Zeit enteilt, zu Ende geht, habe ich mich befleißigt, alle die Laster der Zauberei, denen ich so viele Jahre verfallen gewesen, abzulegen; mir ist nur die Sonderlichkeit, eine Hexe zu sein, geblieben, ein Laster, das man überaus schwer ablegen kann. Deine Mutter tat desgleichen; sie ließ von vielen Lastern und verrichtete in diesem Leben viele gute Werke; schließlich aber starb sie doch als Hexe, wenn auch nicht an einer Krankheit, sondern aus Gram über einen Kummer, den ihr die Camacha, ihre Lehrmeisterin, bereitet hatte, sei es aus Neid darüber, daß deine Mutter ihr nach und nach mit ihrem Können ins Gehege kam, oder sei es aus einem an-

dren kleinlichen Groll, den jene gegen sie hegte, wohinter
ich nie gekommen bin. Der Kummer bestand darin, daß
die Camacha, als deine Mutter schwanger war und sie ihr
in der Stunde der Niederkunft als Hebamme diente, in die
Hände nahm, was deine Mutter geboren, ihr zeigte, daß
es zwei Hunde waren und, sobald sie solches gesehen, ausrief: ›Hier ist Betrug im Spiel! Da ist eine Schurkerei geschehen! Doch, Schwester Montiela, ich bin deine Freundin.
Ich werde diese Geburt verhehlen. Achte du darauf, wieder
gesund zu werden, und rechne damit, daß dieses dein Mißgeschick in tiefstem Schweigen begraben bleiben wird. Laß
dir aus diesem Begebnis keinen Kummer erwachsen, denn
du weißt so gut wie ich, daß du seit langem mit keinem
andern verkehrt hast als mit dem Taglöhner Rodríguez,
deinem Liebhaber; diese Hundegeburt muß also von einer
anderen Seite kommen und irgendein Geheimnis enthalten.‹ Deine Mutter und ich, die dabei zugegen war, staunten über den seltsamen Vorfall. Die Camacha ging fort
und nahm den Hundewurf mit. Ich blieb bei deiner Mutter, um ihrer zu warten, doch sie vermochte das Geschehene
einfach nicht zu glauben. Als das Ende der Camacha kam
und damit die Sterbestunde, ließ sie deine Mutter holen
und sagte ihr, sie selber sei es gewesen, die die Neugeborenen wegen eines Ärgers, den sie mit ihr gehabt, in Hunde
verwandelt habe. Deine Mutter möge sich jedoch deswegen
keine grauen Haare wachsen lassen, denn die Hunde, ihre
Söhne, würden in ihre ursprüngliche Gestalt zurückfinden,
wenn sie es am wenigsten vermuteten. Dies könne aber
nicht geschehen, ehe sie nicht das folgende erlebt hätten:

> Die eigene Gestalt wird ihnen wieder,
> Wenn sie einst sehen, wie mit Windesschnelle
> Die Stolzen, die hoch oben, in die Tiefe fallen
> Und sich die unten ganz nach oben heben,
> Dank einer starken Hand, die solches richtet.

Solches eröffnete die Camacha deiner Mutter, wie schon
gesagt, in ihrer Sterbestunde. Deine Mutter schrieb dies auf
und lernte es auswendig; auch ich behielt den Spruch im
Gedächtnis, damit ich ihn, wenn die Zeit gekommen und

Zwiegespräch der Hunde 659

es geschehe, einem von euch sagen könnte. Und um euch zu
erkennen, rief ich alle Hunde von deiner Rasse, die mir
unterkamen, mit dem Namen deiner Mutter, nicht, weil
ich etwa glaubte, die Hunde müßten diesen Namen kennen, sondern einfach, um zu sehen, ob sie sich von einem
Namen angesprochen fühlten, der so verschieden ist von
allen andern Hundenamen. Und heute nachmittag, als ich
dich so viele Dinge verrichten sah und hörte, daß man dich
den weisen Hund nennt, und auch, weil du den Kopf gehoben, um mich anzusehen, als ich dich im Hofe ansprach,
habe ich als gewiß annehmen müssen, daß du einer der
Söhne der Montiela bist, dem ich mit größtem Vergnügen
Nachricht über seine Herkunft und auch darüber gebe,
auf welche Weise du deine ursprüngliche Gestalt wieder
erlangen kannst. Ich wollte, daß dir dies ebenso leicht ge-
länge, wie Apulejus es im ›Goldenen Esel‹ berichtet, wo
nichts zu tun war, um die Verwandlung zu bewerkstelligen, als eine Rose zu fressen. Deine Verwandlung aber
hängt nicht von deinem Bemühen, sondern von Handlungen anderer ab. Was du tun kannst, ist, dich im Innersten
deines Herzens Gott anzuempfehlen und darauf zu warten, bis dies, was ich nicht Prophezeiung, sondern nur Rät-
selspruch nennen will, bald glücklich in Erfüllung gehe,
denn, da die gute Camacha es sagte, wird dies zweifelsohne eintreten, und sowohl du wie dein Bruder, sollte er
noch am Leben sein, werdet in die Gestalt zurückkehren,
in der zu sein ihr begehrt.

Was mich aber bedrückt, ist, daß ich so nahe an meinem
Ende bin und nicht mehr die Möglichkeit haben werde,
dies alles zu erleben. Oftmals habe ich mir vorgenommen,
meinen Bock zu fragen, wie euer Abenteuer ausgehen
werde, doch nie habe ich es zu tun gewagt, denn nie antwortet er auf die Fragen, die wir ihm stellen, geradeheraus, sondern immer nur mit gewundenen und vieldeutigen
Reden. So können wir unseren Herrn und Gebieter nichts
fragen, denn er vermischt eine Wahrheit mit tausend Lügen, und wie ich aus seinen Antworten entnommen, weiß
auch er von der Zukunft nichts Gewisses, sondern stellt
nur Vermutungen an. Trotzdem hält er uns Hexen so sehr

im Bann seines Betruges, daß wir, obgleich er uns tausend
arge Streiche spielt, doch nicht von ihm lassen können. Um
mit ihm zusammenzukommen, reisen wir sehr weit weg
von hier, auf ein großes freies Feld, wo wir, Hexenmeister
und Hexen ohne Zahl, uns treffen; dort gibt er uns ein
wüstes Gastmahl, und auch anderes geschieht dort, was ich
dir bei Gott und bei meiner Seele nicht zu berichten wage,
weil es so schmutzig und abscheulich ist; ich möchte deine
keuschen Ohren nicht beleidigen. Es heißt, wir eilten zu
diesen Gastmählern nur in unserer Phantasie, in der der
Teufel die Bilder all jener Dinge erweckt, die wir nachher so berichten, als wären sie uns wahrhaftig zugestoßen.
Andere wieder behaupten, daß wir wahr- und leibhaftig
dorthin fahren. Ich glaube, daß beide Meinungen etwas
Wahres an sich haben, denn wir, die Hexen, wissen nie,
ob wir auf die eine oder die andere Weise dorthin kommen,
denn alles, was uns in der Phantasie geschieht, ist so stark,
daß wir es nie vom wirklichen Geschehen unterscheiden
können. Erfahrungen darüber haben die Herren Inquisitoren mit einigen von uns gemacht, derer sie habhaft geworden, und ich glaube, die Herren haben herausgefunden,
daß dem so ist, wie ich sage.

Wie gern möchte ich mich aus dieser Sünde befreien,
mein Sohn, und ich habe mir darum schon sehr viele Mühe
gegeben; ich bin Spittelmutter geworden, pflege die Kranken; einige sterben und halten mich mit dem am Leben,
was sie mir vermachen, oder durch das, was sie in ihren
Kleidern zurücklassen, die ich mir aufs genaueste durch-
suche; ich bete wenig, doch öffentlich; lästere viel, und das
im geheimen; es geht mir nämlich besser als Heuchlerin
denn als erklärte Sünderin, und der Schein der guten Werke,
die ich jetzt verrichte, läßt das Andenken an die vergangenen schlechten allmählich aus dem Gedächtnis derer entschwinden, die mich kennen. Denn in der Tat schadet die
vorgetäuschte Heiligmäßigkeit nur dem, der sie übt, doch
keinem andern. Montiel, mein Sohn, befolge den Rat, den
ich dir gebe: sei so gut, wie du nur kannst, allein, wenn du
schlecht sein mußt, dann versuche, so wenig schlecht zu erscheinen, wie es dir nur gelingen mag. Ich bin eine Hexe,

das leugne ich nicht vor dir; eine Hexe und Zauberin war deine Mutter, was ich vor dir nicht bestreiten will; allein der gute Anschein, denn wir beide zu wahren wußten, vermochte uns bei allen Leuten Geltung zu verschaffen. Drei Tage, ehe deine Mutter starb, waren wir noch gemeinsam auf einem großen Hexenritt in einem Tal des Pyrenäengebirges, und trotzdem verschied sie – abgesehen von einigen Grimassen, die sie eine Viertelstunde, ehe sie den Geist aufgab, noch schnitt – mit solcher Ruhe und Sanftmut, daß es aussah, als läge sie auf einem mit Blumen bestreuten Brautbett. Allein die Sache mit den beiden Söhnen lag ihr solcherart am Herzen, daß sie, selbst in ihrer Sterbestunde, der Camacha nicht verzeihen wollte; so hart und unnachgiebig war die Montiela in allen Dingen. Ich drückte ihr die Augen zu und begleitete sie auf ihrem letzten Weg. Dort verließ ich sie, und sie ist mir nicht mehr erschienen, obgleich ich die Hoffnung nicht verloren habe, sie vor meinem Tode noch einmal zu sehen, hat man sich doch im Ort erzählt, einige Leute hätten die Montiela in verschiedenen Gestalten auf Kirchhöfen und an Kreuzwegen umgehen sehen. Vielleicht stoße ich auch einmal auf sie, und dann kann ich sie fragen, ob ich nicht etwas tun könnte, um ihr Gewissen zu erleichtern.«

Alles, was mir die Alte zum Lob meiner angeblichen Mutter sagte, war mir ein Stich ins Herz; am liebsten wäre ich über die Vettel hergefallen und hätte sie mit meinen Zähnen zerfleischt. Wenn ich dies nicht tat, dann nur, damit sie der Tod nicht in solch heillosem Zustand überkäme. Schließlich sagte sie mir, sie wolle sich in derselben Nacht noch mit den Salben beschmieren, um zu einem der gewöhnlichen Gastmähler zu eilen; dort wolle sie ihren Herrn und Meister fragen, was mir noch bevorstünde. Ich hätte sie gern gefragt, welcher Art die Salben seien, von denen sie redete, aber sie schien meine Gedanken erraten zu haben, denn sie antwortete, als hätte ich sie darum gefragt:

»Die Salbe, mit der wir Hexen uns einschmieren, ist aus dem Saft überaus kalter Kräuter bereitet, und nicht, wie der Pöbel meint, aus dem Blut von Kindern, die wir erwürgen. Nun könntest du mich auch fragen, welches Vergnügen oder welchen Gewinn der Teufel dabei haben könnte, wenn er uns befiehlt, solch zarte Geschöpfe zu töten, wo er doch weiß, daß sie getauft sind und als unschuldig und sündenfrei sogleich in den Himmel kommen, er jedoch mit jeder christlichen Seele, die ihm entgeht, besonders schmerzlich getroffen wird. Darauf könnte ich dir nur mit einem Sprichwort antworten, nämlich, daß mancher gern zwei Augen dafür gäbe, wenn sein Feind nur eines verlöre, und daß es den Eltern großen Kummer bereitet, wenn ihre Kinder sterben, ist dies doch der größte Schmerz, den man sich vorstellen kann. Am meisten liegt dem Teufel daran, uns dazu zu bewegen, daß wir auf Schritt und Tritt solch grausame, ruchlose Sünde begehen; all dies läßt Gott zur Strafe für unsere Sünden zu, und ich selbst habe die Erfahrung gemacht, daß der Teufel ohne Gottes Erlaubnis nicht einmal einer Ameise etwas zuleide tun kann; dies ist so wahr, daß er mir, als ich ihn einmal gebeten, den Weingarten eines meiner Feinde zu verwüsten, antwortete, er könne, wenn Gott es nicht wolle, nicht einmal ein Weinblatt verderben. Daraus kannst du, wenn du wieder Mensch sein wirst, entnehmen, daß alles Unglück, das über Leute, Reiche, Städte und Dörfer kommt, daß plötzlicher Tod, Schiffbrüche, Untergang, kurz alles Übel, das man ›höhere Gewalt‹ nennt, aus der Hand des Allerhöchsten und aus seinem Willen kommt; die Schäden und das Unheil, die man verschuldet nennt, kommen von uns selber oder werden durch uns verursacht. Gott ist unfehlbar, woraus hervorgeht, daß wir selber die Urheber der Sünde sind, indem wir sie in Gedanken, Worten und Werken entstehen lassen, was Gott eben, wie schon gesagt, zur Strafe für unsere Sünden zuläßt. Wenn du mich verstehst, wirst du nun fragen, wer mich denn zur Theologin gemacht hat, und vielleicht sagst du sogar bei dir selbst: ›Zum Teufel mit der alten Hur'! Warum läßt sie, wenn sie so viel weiß, nicht davon ab, die Hexe zu spielen, und sucht, zu Gott zurückzufinden, von dem sie weiß, daß er geneigter ist, Sünden zu vergeben als sie zuzulassen?‹ Darauf antworte ich dir, als hättest du mich gefragt, daß die sündhafte Gewohnheit zur zweiten Natur wird und das

Hexesein zu Fleisch und Blut; inmitten der Glut, die übermäßig ist, bringt das Hexesein eine Kälte mit sich, die sich in die Seele einfrißt, so sehr, daß auch der Glaube daran erkaltet und stumpf wird; daraus entspringt dann eine solche Selbstvergessenheit, daß auch die Seele sich nicht mehr der Schrecknisse entsinnt, mit der Gott sie bedroht, noch der Seligkeit, zu der er sie einlädt. Und da dieses Hexesein wirklich eine Sünde des Fleisches und der Wollust ist, muß es die Sinne abstumpfen, sie verrücken und betäuben und an der Ausübung des Amtes, das sie recht verrichten sollen, behindern. So ist dann die Seele unnütz, schwach und müde und außerstande, sich selbst zur Betrachtung irgendeines guten Gedankens zu erheben. Solcherart in die tiefste Tiefe ihres Elends versunken, will die Seele nicht mehr nach der Hand Gottes greifen, die er ihr allein aus seiner Barmherzigkeit heraus entgegenstreckt, damit sie sich erhebe. Meine Seele gehört zu denen, die ich eben geschildert habe; alles sehe und verstehe ich, allein da die Wollust meinem Willen Fesseln angelegt, war ich immer schlecht und werde es immer sein.

Doch lassen wir das und kehren wir wieder zur Salbe zurück. Ich sage dir, sie ist so kalt, daß sie uns aller Sinne beraubt, wenn wir uns mit ihr bestreichen; wir bleiben nackt auf den Boden hingestreckt liegen, und darum heißt es, daß wir alles nur in der Einbildung erleben, was uns selber als wirklich vorzugehen scheint. Ein andermal wieder, wenn wir uns gesalbt haben, verwandeln wir – so meinen wir – die eigene Gestalt und, verwandelt in Hähne, Eulen oder Raben, fliegen wir an den Ort, wo unser Herr uns erwartet; dort angekommen, nehmen wir unsere ursprüngliche Gestalt wieder an und frönen den Genüssen, die ich unterlasse, dir zu schildern, da sie solcherart sind, daß sich das Gedächtnis dagegen sträubt, sich ihrer zu erinnern, und gleicherweise die Zunge, sie zu berichten. Bei alledem bin ich eine Hexe und verhülle alle meine Sünden unter dem Mantel der Heuchelei. Allein, obgleich es viele gibt, die mich als gut schätzen und ehren, fehlt es auch nicht an Leuten – ebenso vielen –, die mir, kaum drehe ich mich um, alle Schimpfnamen geben, mit denen uns der

Eifer des hitzköpfigen Richters gebrandmarkt hat, mit dem ich und deine Mutter in längst vergangener Zeit zu tun hatten. Dieser Richter hatte damals seinen Zorn in die Hand eines Zuchtknechts gelegt, der, da er nicht bestochen war, unseren Rücken unerbittlich seine ganze Kraft zeigte. Allein dies ist längst vorbei, und alles hat sein Ende; die Erinnerung schwindet; das Leben macht nicht kehrt; die Zungen werden müde, und neue Begebnisse bringen die alten in Vergessenheit. Spittelmutter bin ich, mein Verhalten stelle ich dauernd unter guten Beweis, meine Salben verschaffen mir ergötzliche Augenblicke, und ich bin noch nicht so alt, daß ich nicht noch ein Jahr leben könnte, obgleich ich meine fünfundsiebzig auf dem Buckel habe. Und wenn ich auch meines Alters wegen nicht fasten kann, nicht beten wegen meiner Schwächeanfälle, noch imstande bin zu wallfahrten, weil meine Beine zu kraftlos sind, noch Almosen geben kann wegen meiner Armut und auch nichts Gutes zu denken vermag, weil ich eine Freundin der Verleumdung bin – um zu lästern, muß man vorher Schlechtes denken, und deshalb muß auch mein Denken schlecht sein –, so weiß ich trotz allem, daß Gott allgütig und barmherzig ist und weiß, was aus mir werden soll. Nun genug von dieser Rede, die mich wahrhaftig traurig gemacht hat. Komm, mein Sohn, und schau zu, wie ich mich salbe, denn beim Essen wird das Leid vergessen, guter Tag macht wenig Plag, denn solang man lacht, kann man nicht weinen; ich will damit sagen, daß die Freuden, die der Teufel uns verschafft, zwar nichts als Trug und Schein sind, deswegen aber doch nicht aufhören, Freuden zu sein, denn die eingebildete Wollust ist größer als die erlebte, obgleich es sich mit den wahren Freuden wahrscheinlich ganz anders verhält.«

Nach dieser langen Rede stand sie auf, nahm die Öllampe und trat in eine andere, noch engere Kammer. Von tausenderlei Gedanken bestürmt, höchlichst verwundert über das, was ich vernommen, und neugierig auf das, was zu sehen ich erwartete, folgte ich ihr. Die Cañizares hängte die Lampe an die Wand, entkleidete sich bis aufs Hemd, holte einen glasierten Topf aus einem Winkel, fuhr mit der Hand hinein und beschmierte sich, während sie zwi-

Zwiegespräch der Hunde

schen den Zähnen vor sich hinmurmelte, vom unbedeckten
Kopf bis zum Fuß. Noch ehe sie sich fertiggesalbt hatte,
sagte sie mir, ich sollte nicht erschrecken, wenn entweder
ihr Leib wie entseelt da liegen bliebe oder aus dem Raum
verschwinde, und ich sollte nicht versäumen, bis zum Morgen auf sie zu warten, damit sie mir darüber Nachricht
brächte, was mir noch bevorstehe, ehe ich wieder Mensch
würde. Mit einer Neigung meines Schädels deutete ich ihr
an, ich wolle tun, was sie verlange. Sie salbte sich nun
fertig ein und streckte sich auf dem Boden aus, als wäre
sie tot. Ich brachte meine Schnauze ihrem Mund nahe und
fand, daß sie überhaupt nicht mehr atmete. Eines will ich
dir gestehen, Freund Cipión: ich fürchtete mich sehr, als
ich mich in jenem überaus kleinen Raum allein fand mit
jener Gestalt vor mir, die ich dir nun beschreiben will, so
gut ich es eben vermag. Sie war über sieben kastilische Fuß
lang, ein bloßes Skelett, verpackt in eine schwarze ledrige,
behaarte Haut, hatte einen Bauch, der aussah wie gegerb-
tes Schafleder, der die Scham bedeckte und noch bis zur
Hälfte der Oberschenkel hinabhing; die Brüste glichen
zwei runzeligen getrockneten Ochsenblasen; die Lippen
waren schwärzlich, die Zähne faul, die Augen aus den
Höhlen getreten, die krumme Nase war ganz schmal, der
Hals schrumpelig und die Brust eingesunken, kurz gesagt, sie
war überaus mager und teuflisch anzusehen. Ich betrachtete
sie genau; mit einem Male überkam mich die Angst, weil ich
den üblen Anblick des Leibes und die noch üblere Verfassung
ihrer Seele bedachte. Ich versuchte, sie zu beißen, um zu
sehen, ob sie wiederum zu sich käme, allein ich fand keine
Stelle an ihr, bei der der Ekel mich nicht gehindert hätte,
sie mit meiner Schnauze zu berühren. Doch faßte ich sie
endlich an einer Ferse und schleppte sie in den Hof hinaus, aber nicht einmal hiebei gab sie ein Zeichen, daß sie
bei Bewußtsein wäre. Im Hofe, da ich den Himmel sehen
konnte und ich mich im Freien befand, verging mir die
Angst, oder sie minderte sich wenigstens so weit, daß ich
den Mut aufbrachte, abzuwarten, wie die Hin- und Rückreise dieser bösen Vettel ausgehen und was sie mir über
mein Schicksal berichten würde. Indes fragte ich mich:

›Wer hat dieses böse alte Weibsstück so klug und hinter-hältig gemacht? Woher weiß sie, welche Übel höherer Gewalt sind und welche verschuldet? Weshalb versteht und redet sie so viel von Gott und handelt doch, wie der Teufel es begehrt? Wie kann sie nur so boshaft sündigen, ohne sich dabei auf ihre Unwissenheit ausreden zu können?‹

Unter solchen Betrachtungen verging die Nacht, und der Tag brach an, der uns beide inmitten des Hofes überraschte, sie ohne Bewußtsein, und mich neben ihr sitzend, wobei ich aufmerksam auf die ebenso abstoßende wie schreckliche Gestalt blickte. Die Leute aus dem Spittel kamen herbei und sagten, als sie dieses Bild vor sich sahen: »Die gott-gefällige Cañizares ist tot; schaut doch, wie die Buße sie entstellt und abgemagert hat.« Allein andere wieder, über-legter, fühlten ihr den Puls; als sie sahen, daß er schlug und sie nicht tot war, glaubten sie, das Weib läge in from-mer Ekstase da und wäre entrückt. Andere wieder sagten: »Die alte Hure da ist zweifelsohne eine Hexe und hat sich nur mit Hexensalbe beschmiert, denn die Heiligen haben nie solche schamlose Entrückungen; überdies hatte sie bei uns, die wir sie kennen, mehr den Ruf einer Hexe als den einer Heiligen.« Es gab auch ganz Wißbegierige, die ihr Nadeln bis an den Kopf ins Fleisch stachen. Aber auch dadurch wurde die Schlafmütze nicht wach und kam vor sieben Uhr morgens nicht zu sich. Da sie nun aber die vielen Nadelstiche spürte, da sie nun fühlte, wie ihre Fer-sen die Spur meiner Zähne trugen und der Leib abgeschürft und zerschunden war, weil ich sie aus ihrer Kammer ge-schleppt, und da sie überdies die vielen Leute sah, die sie anstarrten, glaubte sie mit einiger Berechtigung, ich sei der Urheber ihrer Schande gewesen. Sie stürzte auf mich los, griff mich mit beiden Händen am Hals, um mich zu wür-gen, und sagte: »O du undankbarer, unwissender und bos-hafter Schuft! Ist das der Dank für alle die Wohltaten, die ich deiner Mutter erwiesen habe und dir zu erweisen ge-dachte?« Ich, der ich mich in Gefahr sah, mein Leben unter den Krallen jener wütenden Harpie zu verlieren, schüttelte mich los, packte sie am herabhängenden Faltenbauch, zerrte daran und schleifte sie so durch den ganzen Hof. Sie

Zwiegespräch der Hunde

schrie aus Leibeskräften, man möge sie doch aus den Zähnen dieses bösen Geistes befreien.

Bei diesen Worten der hinterhältigen Alten glaubten die meisten, ich müßte irgendeiner jener Teufel sein, die in ständiger Fehde mit den guten Christen lebten, und so eilten einige herbei, mich mit Weihwasser zu besprengen, andere wieder wagten sich nicht heran, mich von der Alten loszureißen, und noch andere schrien, man solle mich beschwören; die Alte knurrte, ich preßte die Zähne fester in sie; die Verwirrung wuchs, und mein Herr, der auf diesen Lärm hin hergeeilt war, wollte verzweifeln, als er vernahm, daß die Leute mich für einen Teufel hielten. Schließlich kamen jene, die nichts von Austreibungen und Beschwörungen hielten, mit Prügeln herbei, mit denen sie mir den Rücken zu segnen begannen. Der Spaß begann mich zu jucken, ich ließ die Alte los; in drei Sprüngen war ich auf der Straße und in ein paar mehr war ich aus dem Flecken, verfolgt von zahllosen Straßenjungen, die laut brüllten: »Aus dem Weg! Der weise Hund ist tollwütig geworden!« Andere riefen: »Er ist nicht tollwütig, er ist ein Teufel in Hundegestalt!« Verprügelt und in größter Eile verließ ich den Ort, und hinter mir her rannten viele, die zweifelsohne glaubten, ich wäre ein Teufel, sowohl wegen der Kunststücke, die sie mich hatten verrichten sehen, als auch wegen der Worte, die die Alte gesagt, als sie aus ihrem verfluchten Schlaf erwacht war. Ich ließ mir die Flucht angelegen sein; rannte, so schnell ich nur konnte, damit ich ihnen aus den Augen käme, so daß sie glaubten, ich hätte mich – wie ein Teufel – unsichtbar gemacht. In sechs Stunden legte ich zwölf Meilen zurück und stieß schließlich auf ein Zigeunerlager, das nahe bei Granada auf einem Feld aufgeschlagen war. Dort erholte ich mich ein wenig; einige Zigeuner hatten mich als den »weisen« Hund erkannt, nahmen mich mit nicht geringer Freude auf und versteckten mich in einer Höhle, damit man mich nicht finden sollte, falls man mich suchte. Dies alles taten sie, wie ich später merkte, in der Absicht, wie mein früherer Herr, der Trommler, mit mir Geld zu verdienen. Zwanzig Tage lang blieb ich bei den Zigeunern, lernte ihr Leben und ihre Gebräuche kennen, die ich dir, weil sie bemerkenswert sind, notwendigerweise mitteilen muß.

CIPION. – Ehe du fortfährst, Berganza, wäre es gut, wenn wir uns mit dem beschäftigten, was die Hexe gesagt, und versuchten klarzustellen, ob die haushohe Lüge, die sie dir aufgebunden und die du zu glauben scheinst, Wahrheit sein kann. Schau, Berganza, es wäre doch ungeheurer Unsinn zu glauben, daß die Camacha Menschen in Tiere verwandelt hätte und daß ihr der Sakristan in Gestalt eines Esels all die Jahre, die genannt wurden, diente. All dies und ähnliches ist nur Lug und Trug und Vorspiegelung des Teufels. Wenn uns jetzt vorkommt, wir hätten etwas Verstand und Vernunft, da wir sprechen, obgleich wir echte Hunde sind – oder in Gestalt von Hunden leben –, so haben wir ja schon gesagt, daß dieser Fall wunderbar und unerhört ist; wenn wir es auch mit Händen greifen können, so dürfen wir dem doch so lange keinen Glauben schenken, bis der Ausgang uns zeigt, was zu glauben angebracht ist. Willst du es noch deutlicher haben? Dann bedenke, welch hohle Bedingungen und alberne Forderungen die Camacha für unsere Rückverwandlung gestellt hat; was dir als Prophezeiung erscheinen will, ist nichts als Fabel oder Ammenmärchen, wie jene vom Pferd ohne Kopf und von der Wünschelrute, mit denen man sich an den langen Winterabenden am Herdfeuer die Zeit vertreibt, denn wäre die Prophezeiung etwas anderes, dann hätte sie schon in Erfüllung gehen müssen. Es kann sein, daß dies alles in einem Sinne aufgefaßt werden muß, den ich den allegorischen habe nennen hören; in diesem Sinn bedeuten die Wörter nicht, was sie ihren Buchstaben nach darstellen, sondern etwas anderes, das ihnen, wenn auch auf andere Art, ähnlich ist. Und wenn man so den Spruch

> »Die eigene Gestalt wird ihnen wieder,
> Wenn sie einst sehen, wie mit Windesschnelle
> Die Stolzen, die hoch oben, in die Tiefe fallen
> Und sich die unten sind nach oben heben,
> Dank einer starken Hand, die solches richtet«,

Zwiegespräch der Hunde

in dem Sinn nimmt, von dem ich gesprochen, so scheint mir dies zu heißen, daß wir unsere wahre Gestalt annehmen, wenn wir sehen, wie jene, die gestern noch hoch oben auf dem Glücksrad standen, heute, getreten und ohnmächtig, zu Füßen des Mißgeschicks liegen und dabei verachtet werden von jenen, von denen sie am höchsten geschätzt worden waren, und wenn wir gleicherweise sehen, daß andere, denen vor noch kaum zwei Stunden an dieser Welt kein anderer Teil zugefallen war, als zur Zahl des großen Haufens zu gehören, nun auf dem Gipfel des Glücks so hoch stehen, daß wir sie aus dem Gesicht verlieren, und wir schließlich jene, die wir vorher ihrer Unscheinbarkeit wegen nicht zu erkennen vermochten, nunmehr ihrer Größe und Erhabenheit wegen nicht mehr erreichen können. Hinge unsere Rückkehr zu der Form, von der du gesprochen, davon ab, dann haben wir dies alles doch schon gesehen, und sehen es auf Schritt und Tritt. Daraus schließe ich, daß wir die Verse der Camacha nicht im allegorischen, sondern im buchstäblichen Sinn zu nehmen haben. Aber auch darin kann unsere Rettung nicht liegen, denn viele Male haben wir doch gesehen, was sie besagen, und wir sind so Hunde wie zuvor. Darum war die Camacha eine heimtückische Possenreißerin, die Cañizares eine Schwindlerin und die Montiela dumm, bösartig und schuftig, was mit Verlaub gesagt sei für den Fall, daß sie vielleicht doch unsere Mutter wäre – oder deine allein, denn ich will sie nicht zur Mutter haben. Ich glaube also, der wahre Sinn der Verse ist ein Kegelspiel, bei dem jene Kegel, die aufrecht stehen, mit Windeseile umgeworfen und die Gefallenen wieder aufgerichtet werden, und zwar durch die starke Hand, die solches zu richten vermag. Bedenke also, ob wir denn im Verlauf unseres Lebens nicht oft genug Kegel spielen gesehen, ohne daß wir Menschen geworden, wenn wir je Menschen waren.

BERGANZA. – Ich sage, du hast recht, mein lieber Cipión, und du bist noch klüger, als ich ohnehin dachte. Und durch das, was du sagst, komme ich auf den Gedanken, daß wir alles, was wir bisher erlebten und jetzt noch erleben, nur geträumt haben oder träumen, und daß wir Hunde sind.

Doch lassen wir uns deshalb nicht davon abhalten, die Gnade des Sprechens zu genießen, die uns geschenkt, und laß uns von dem übergroßen Vorzug, menschliches Denken zu besitzen, die ganze Zeit, da wir solches vermögen, den besten Gebrauch machen. Und so laß es dich auch nicht verdrießen, mich anzuhören, wenn ich dir jetzt erzähle, wie es mir mit den Zigeunern ergangen, die mich in der Höhle versteckt hielten.

CIPION. – Gern hör' ich dir zu, um dich zu verpflichten, auch mich anzuhören, wenn ich dir, falls der Himmel es gestattet, die Geschichte meines Lebens erzähle.

BERGANZA. – Mein Leben bei den Zigeunern bestand darin, daß ich die ganze Zeit die vielen Spitzbübereien, Gaukeleien und Betrügereien beobachtete und auch die Diebereien, deren sich Zigeuner wie Zigeunerinnen befleißigen, sobald sie den Windeln entwachsen sind und imstande sind, die ersten Schritte zu tun. Du weißt doch, wie groß die Zahl der Zigeuner ist, die da über ganz Spanien verstreut leben. Sie alle kennen einander, wissen immer voneinander und spielen einander das erbeutete Diebsgut zu. Mehr als einem König gehorchen sie einem Manne unter ihnen, dem sie den Titel eines Grafen geben. Dieser Graf und seine Nachkommen heißen Maldonado, nicht etwa, weil sie diesem edlen Geschlecht entstammen, sondern weil ein Page, der bei einem Edelmann dieses Namens diente, sich in eine Zigeunerin verliebt hatte, die jedoch dem Anbeter ihre Gunst nicht schenken wollte, ehe er nicht selbst Zigeuner geworden und sie als Zigeuner zum Weibe genommen. Der Page tat dies, und er gefiel den übrigen Zigeunern solcherart, daß sie ihn zu ihrem Herrn machten und ihm Gehorsam leisteten. Von jeder größeren Diebsbeute liefern sie ihm zum Zeichen ihrer Unterwerfung einen Anteil ab. Um ihren Müßiggang zu bemänteln, beschäftigen sich die Zigeuner mit Schmiedearbeit und schmieden Gegenstände, bei deren Verkauf sie die Gelegenheit für ihre Diebereien auskundschaften, und so wirst du die Männer Zangen, Handbohrer und Hämmer auf der Straße feilbieten sehen und die Weiber Dreifüße und Feuerschaufeln. Alle Zigeunerinnen sind Hebammen,

Zwiegespräch der Hunde

und darin übertreffen sie die unseren, da sie die Kinder ohne Mühe und Umstände zur Welt bringen. Gleich nach der Geburt waschen sie ihre Kinder mit kaltem Wasser; von der Geburt bis zum Tode härten sie sich ab und lernen die Unbilden des Wetters und die Sonnenhitze ertragen. So sind sie, wie du sehen kannst, allesamt wackere Springer, Läufer und Tänzer. Immer heiraten sie untereinander, damit ihre Schliche nicht auch anderen zur Kenntnis kämen. Die Weiber achten auf das Ansehen und die Würde der Männer, und es gibt nur wenige Zigeunerinnen, die ihre Männer mit anderen betrügen. Wenn sie um Almosen betteln, dann holen sie viel mehr heraus mit ihren Lügenpossen als mit gottesfürchtigen Sprüchen, und unter dem Vorwand, ihnen traue man ohnehin nicht, nehmen sie keinen Dienst an und pflegen so des Müßiggangs. Nur wenige Male, oder nie, habe ich, wenn mich mein Gedächtnis nicht trügt, eine Zigeunerin am Fuß des Altars bei der Kommunion gesehen, obgleich ich sehr oft in Kirchen gewesen bin. Ihr ganzes Denken dreht sich darum, wie sie am besten belügen und betrügen, und wo sie am leichtesten zu stehlen vermöchten; Diebereien und die Art, in der sie begangen, teilen sie einander mit, und so hat eines Tages ein Zigeuner, als ich zugegen war, von einem Betrug und Diebstahl erzählt, den er an einem Bauern begangen hatte. Der Zigeuner hatte einen Esel mit gestutztem Schwanz, und an den Stummel, der ohne Haare war, hatte er ein Stück Schwanz mit einem Haarbüschel solcherart angebracht, daß es schien, als wäre dies der wirkliche Schwanz des Esels. Der Zigeuner brachte das Tier auf den Markt; ein Bauer kaufte es für zehn Dukaten. Nachdem aber der Zigeuner den Esel verkauft und das Geld dafür eingesteckt hatte, sagte er dem Bauern, er könnte ihm, wenn er einen Bedarf hätte, noch einen zweiten Esel, den Bruder des eben verkauften, zu einem billigeren Preis verkaufen. Der Bauer sagte, der Zigeuner möge den Esel holen, denn er gedächte, auch diesen zu kaufen; doch in der Zwischenzeit, während der Zigeuner den anderen Esel holen ginge, wolle er den gekauften Esel in seine Herberge bringen. Der Bauer ging, der Zigeuner folgte ihm heimlich, und auf irgendeine Weise fand der Zigeuner eine Möglichkeit, dem Bauern den Esel, den er ihm eben verkauft hatte, zu stehlen. Dann nahm er dem Tier den falschen Schwanz ab, so daß der Esel nur noch einen haarlosen Stummel hatte, wechselte Saumsattel und Halfter und hatte die Frechheit, den Bauern aufzusuchen, damit er ihm auch diesen Esel abkaufe. Noch ehe der Bauer seinen Esel vermißt hatte, traf der Zigeuner ein; nach kurzem Handel kaufte der Bauer den Esel. Um ihn zu bezahlen, trat er in die Herberge, und hier erst sah der eine Esel, daß der andere fehlte. Obgleich der Bauer erzdumm war, kam ihm doch der Verdacht, der Zigeuner selbst könnte ihm den Esel entwendet haben, und verweigerte die Bezahlung. Der Zigeuner lief um Zeugen, brachte die Steuereinnehmer herbei, die die Verkaufssteuer für den ersten Esel eingehoben hatten, und diese beschworen, der Zigeuner habe dem Bauern einen Esel mit einem langen Schwanz verkauft, der sehr verschieden war von dem zweiten, den er jenem nun verkauft habe. Bei dem ganzen Handel war ein Gerichtsdiener zugegen, der dem Zigeuner solcherart beistand, daß dem Bauern nichts übrig blieb, als den gleichen Esel zweimal zu bezahlen. Die Zigeuner erzählten überdies noch von anderen Diebstählen, die fast alle, oder zumindest die meisten darunter, Viehdiebstähle sind, in denen sie dank vieler Übung die größte Meisterschaft besitzen. Kurz und gut, die Zigeuner sind Gesindel, und wenn auch viele kluge Richter gegen sie aufgetreten sind, bleiben sie doch unverbesserlich.

Drei Wochen später wollten sie mich nach Murcia bringen. Ich kam durch Granada, wo der Hauptmann, dessen Trommler mein Herr war, bereits eingetroffen war. Sobald die Zigeuner davon erfuhren, sperrten sie mich in eine Kammer des Gasthofes, in dem sie Herberge genommen. Ich hörte von ihnen den Grund, weshalb sie mich eingesperrt, und da mir die Reise, die sie zu unternehmen gedachten, nicht behagte, beschloß ich mich zu befreien, was mir auch gelang. Ich lief von Granada weg, kam in den Nutzgarten eines Morisken, der mich mit großer Freude aufnahm, indes ich mit noch größerem Vergnügen blieb, dachte ich doch, er wollte mich zur Bewachung seines kleinen Besitzes haben, für ein Amt, das meiner Meinung nach weniger Arbeit mit sich brachte als das Viehhüten. Da wir über den Lohn nicht erst einig zu werden brauchten, war es dem Morisken ein leichtes, in mir einen Diener, und mir, in ihm einen Herrn zu finden. Bei ihm blieb ich mehr als einen Monat, nicht weil ich an dem Leben, das ich führte, besonderen Gefallen fand, sondern einfach weil es mir Gelegenheit gab, etwas über das Leben meines Herrn zu erfahren und damit über das Leben aller Morisken, die in Spanien leben. Oh, Freund Cipión, was könnte ich dir alles von diesem Moriskengesindel erzählen, müßte ich nicht befürchten, damit nicht einmal in zwei Wochen fertig zu werden! Wollte ich überdies in Einzelheiten gehen, dann reichten nicht einmal zwei Monate dazu aus. Etwas muß ich dir doch darüber erzählen, und so höre in groben Zügen, was ich bei diesen feinen Leuten Besonderes sah und mir merkte. Es wäre ein Wunder, wenn man unter so vielen auch nur einen einzigen fände, der dem geheiligten Christenglauben ohne Hintergedanken anhinge; ihr ganzes Streben geht danach, Geld zu erwerben und es zu bewahren, und um zu Geld zu kommen, arbeiten sie viel und essen fast nichts; kaum fällt ihnen ein Real in die Hände, dann verurteilen sie ihn, sofern es nicht ein einfacher Real ist, zu lebenslänglichem Kerker und ewiger Dunkelhaft, und solcherart, immer verdienend und nie etwas ausgebend, sammeln und häufen sie das meiste Geld, das in Spanien umläuft, bei sich an. Sie sind Spaniens Sparbüchse, sind seine Motten, seine Elstern und seine Wiesel: sie sammeln alles, alles verstecken sie und alles verschlingen sie. Man denke nur daran, daß der Morisken viele sind und daß sie jeden Tag – ob nun viel oder wenig, tut nichts zur Sache – verdienen und verstecken und daß ein schleichendes Fieber das Leben ebenso vernichtet wie das jähe. Da sie sich vermehren, vermehren sich auch die Raffer und wachsen, wie die Erfahrung beweist, ins Endlose. Unter den Morisken gibt es keine Ehelosigkeit, weder Männer noch Frauen gehen ins Kloster; alle heiraten, alle vermehren sich, und ihre einfache nüchterne Lebensweise vermehrt die Ursache ihrer Fruchtbarkeit. Weder der Krieg setzt ihnen zu, noch irgendeine andere Plage vermindert sie; sie berauben uns in aller Sicherheit, und mit den Erträgnissen der Besitztümer, die sie an uns zurückverkaufen, werden sie reich. Sie haben keine Knechte, denn sie verrichten alles selbst; sie geben kein Geld aus, um ihre Kinder studieren zu lassen, ist doch ihre Wissenschaft einzig und allein der Diebstahl, den sie an uns begehen. Von den zwölf Söhnen Jakobs, die, wie ich sagen hörte, nach Ägypten kamen, holte Moses aus jener Gefangenschaft sechshunderttausend Männer, die Frauen und die Kinder nicht gerechnet; daraus kann man schließen, wie stark sich erst die Morisken, die von viel größerer Zahl sind, vermehren.

CIPION. – Für alle die Übel, die du angedeutet und in groben Zügen entworfen hast, hat man nach Abhilfe gesucht. Ich weiß sehr wohl, daß es der Übel, die du verschweigst, noch viel mehr gibt und sie größer sind als jene, die du nennst, doch bis jetzt hat man noch kein rechtes Mittel gefunden, das sich zu ihrer Behebung eignete. Allein unser Gemeinwesen hat überaus wachsame Hüter; sie denken daran, daß Spanien an seinem Busen so viele Vipern hegt und nährt, als es Morisken gibt, und sie werden mit Gottes Hilfe solchem Übel sichere, rasche und erfolgreiche Abhilfe schaffen. Fahr fort!

BERGANZA. – Da mein Herr wie alle seiner Rasse ein Geizhals war, fütterte er mich mit Hirsebrot und den Resten eines Mehlbreis, ihrer gewöhnlichen Nahrung. Doch half mir der Himmel auf seltsame Weise, dieses Elend zu ertragen, auf eine Weise, von der ich dir jetzt berichten will. An jedem Morgen saß, schon bei Morgengrauen, am Fuß eines Granatapfelstrauchs – eines von den vielen, die es dort in jenem Garten gab – ein Jüngling, allem Anschein nach ein Student; er trug einen Anzug aus Flausch, doch war das Tuch nun weder schwarz noch haarig, sondern sah vom vielen Gebrauch grau und abgetragen aus. Stets war er damit beschäftigt, etwas in ein Heft zu schreiben; von Zeit zu Zeit schlug er sich mit der Hand an die Stirn und biß, nach dem Himmel starrend, die Fingernägel. Ein andermal war er wieder so sehr in sich versunken und nachdenklich, daß er weder Hand noch Fuß bewegte, ja, nicht einmal mit einer Wimper zuckte; so sehr war er entrückt. Einmal kam ich in seine Nähe, doch er hätte mich nicht wahrgenommen; ich hörte ihn vor sich hin murmeln und nach einer langen Pause ausrufen: »So wahr Gott lebt, das ist die beste Oktave, die ich je in meinem Leben verfaßt habe!« Und dann schrieb er mit allen Anzeichen großer Freude rasch in seinem Heft. All dies ließ mich erkennen, daß der Unglückliche ein Dichter war. Ich erzeigte ihm meine üblichen Liebkosungen, um ihn meiner Sanftmut zu versichern, dann legte ich mich ihm zu Füßen; er aber, meiner Ungefährlichkeit vergewissert, vertiefte sich von neuem in seine Gedanken, kratzte sich wieder am Kopf, geriet wieder in Verzückung und schrieb nieder, was ihm eingefallen war. Indes trat ein anderer Jüngling in den Garten, hübsch und wohlgekleidet, der einige Papiere in der Hand hielt, in denen er dann und wann las. Er trat an den andern Jüngling heran und sagte: »Habt Ihr den ersten Aufzug fertig?« »Jetzt bin ich damit fertig geworden«, erwiderte der Dichter, »und zwar auf die prächtigste Art, die man sich nur erträumen könnte.« »Auf welche Art?« fragte der andere. »Solcherart«, erwiderte der erste, »daß Seine Heiligkeit der Papst in großem Ornat auftritt mit zwölf Kardinälen, die alle violett gekleidet sind, denn als der Fall sich zutrug, war gerade die Zeit der mutatio capparum, da die Kardinäle sich nicht mehr in Purpur, sondern violett kleiden. So müssen auch meine Kardinäle, um sich an die Sitte zu halten, violett gekleidet auftreten. Dieser Punkt ist für das Schauspiel sehr wichtig; gewiß hätten viele gar nicht daran gedacht, weshalb auch auf Schritt und Tritt tausend Ungereimtheiten und Dummheiten geschehen. Ich kann mich darin nicht irren, habe ich doch das ganze römische Zeremoniell durchgelesen, nur um in den Kostümen sicherzugehen.« »Und woher soll«, fragte der andere »mein Theaterdirektor violette Gewänder für zwölf Kardinäle hernehmen?« »Wehe, wenn er mir nur ein einziges streicht!« versetzte der Dichter. »Ich werde ihm mein Schauspiel nie und nimmer geben. Zum Teufel noch einmal! Soll dieser großartige Aufzug denn verlorengehen? Stellt Euch doch einmal vor, wie wirksam auf einer

Bühne ein Papst mit zwölf würdigen Kardinälen und anderen kirchlichen Würdenträgern als Begleitung – sie müssen notwendigerweise mit den Kardinälen auftreten – sich ausnimmt. Beim Himmel, das wird einer der größten und erhabensten Auftritte werden, die jemals in einem Stück gesehen worden sind, die ›Blumenlese der Daraja‹ nicht ausgenommen.« Nun endlich verstand ich, daß der eine Bühnendichter und der andere Schauspieler war. Der Schauspieler riet dem Dichter, bei den Kardinälen einiges zu beschneiden, wenn er den Theaterdirektor nicht außerstande setzen wolle, das Stück auf die Bühne zu bringen. Darauf erwiderte der Dichter, man solle ihm dafür dankbar sein, daß er nicht das ganze Kardinalskollegium hineingebracht, das bei dem denkwürdigen Geschehnis, das er in seinem überaus gelungenen Schauspiel den Leuten in Erinnerung rufen wolle, versammelt gewesen sei. Der Schauspieler lachte und überließ den Dichter seiner Beschäftigung, indes er an die seine, das Erlernen einer Rolle in einem neuen Stück, ging. Nachdem der Dichter einige Strophen für sein großartiges Schauspiel geschrieben hatte, holte er aus seiner Tasche mit viel Ruhe und Gemessenheit ein paar Brotreste und so an die zwanzig Rosinen hervor, die ich allem Anschein nach gezählt habe und nun doch im Zweifel bin, ob es so viele waren, da er mit ihnen auch einige Brotkrumen hervorzog. Die Brotkrumen blies er weg, aß die Rosinen eine nach der andern samt dem Stengel, denn ich sah nicht, daß er die Stengel weggeworfen hätte. Den Rosinen half er mit den Brotresten nach, die, vermengt mit dem violetten Wollhaar des Taschenfutters, schimmelig zu sein schienen; allein die Brotreste waren so hart, daß er sie, obgleich er sie mehrmals im Mund hin und her wälzte, doch nicht zu erweichen vermochte. Das alles gereichte mir zum Vorteil, denn er warf sie mir zu und sagte: »Da, da nimm! Und guten Appetit!« »Da seht einmal«, sagte ich bei mir, »welchen Nektar und welche Ambrosia dieser Dichter mir reicht; denn davon nähren sich, wie sie behaupten, die Götter und auch Apoll im Himmel droben!« Kurz gesagt, mag auch das Elend der Dichter sehr groß sein, größer noch war meine Not, zwang sie mich doch zu fressen, was selbst ein Dichter verschmähte. Solange er mit der Abfassung seines Schauspiels zu tun hatte, versäumte er nicht, in den Garten zu kommen, und so fehlte es mir nicht an Brotresten; denn er teilte sehr freigebig mit mir. Nachdem wir solcherart gegessen, pflegten wir ans Schöpfrad zu gehen, wo wir, ich hingestreckt und er mit einem großen irdenen Krug, fürstlich unseren Durst löschten. Doch blieb der Dichter eines Tages aus, und mein Hunger bekam Zuwachs, solchen Zuwachs, daß ich mich entschloß, den Morisken zu verlassen und in die Stadt zu ziehen, um dort mein Glück zu suchen, ein Glück, das angeblich jeder findet, der sich verändert. Als ich in die Stadt einzog, sah ich, wie mein Dichter aus dem berühmten Kloster von San Jerónimo herauskam, der, als er mich erblickte, mit offenen Armen auf mich zueilte. Ich lief ihm, über das Wiedersehen erfreut, mit großen Freudenbezeugungen entgegen. Sogleich holte der Dichter große Stücke Brot hervor, zarter als jene, die er in den Garten mitzunehmen pflegte, und überließ sie meinen Zähnen, ohne sie erst den seinen unterworfen zu haben, eine Gunst, die meinen Hunger mit größerem Appetit stillte. Die zarten Brotstücke und der Umstand, daß ich meinen Dichter aus dem besagten Kloster herauskommen sah, ließen in mir den Verdacht hochkommen, daß seine Musen, wie die mancher anderer, verschämt sein müßten. Der Dichter ging stadteinwärts, ich folgte ihm, entschlossen, ihn zu meinem Herrn zu machen, sofern er dies wollte, und hoffte, daß ich mit den Abfällen aus seinem Schloß meine armselige Hütte ernähren könnte, gibt es doch keine größere und bessere Tasche als die Barmherzigkeit, deren freigebige Hände niemals leer sind. Deshalb bin ich auch mit jenem Sprichwort nicht einverstanden, das da sagt: »Gibt doch noch der Geiz mehr Brot als ein Armer in der Not«, als gäben der Hartherzige und der Geizige überhaupt etwas, indes der freigebige Arme, selbst wenn er nichts zu geben hat, immer noch die gute Absicht zeigt. Nach und nach kamen wir zum Haus eines Schauspieldirektors, der, so weit ich mich erinnere, Angulo el Malo hieß zum Unterschied von einem andern Angulo, der nicht Direktor, sondern Schauspieler ist, und zwar einer der besten, den die Bühne besitzt. Die ganze Truppe trat zusammen, um das Schauspiel meines Herrn – schon hielt ich ihn dafür – anzuhören. Schon in der Mitte des ersten Aufzuges gingen sie, einer nach dem andern erst und dann auch zu zweit, und übrigblieben als Zuhörer nur der Direktor und ich. Das Schauspiel war solcherart, daß es selbst mir, der ich in der Dichtkunst ein Esel bin, erschien, als hätte es der leibhaftige Satanas verfaßt zum vollständigen Untergang und Verderben des Dichters, der Speichel schluckte und schluckte, als er die Einsamkeit bemerkte, in der seine Zuhörerschaft ihn gelassen. Es könnte sein, daß ihm die Seele, hellsichtig, das Unglück schon vorhergesagt, das ihn bedrohte, ein Unglück, das darin bestand, daß alle Schauspieler – mehr als zwölf an der Zahl – zurückkehrten, ohne ein Wort zu sagen, meinen Dichter packten und ihn zweifelsohne geprellt hätten, wäre der Direktor nicht kraft seines Ansehens mit Bitten und Drohungen dazwischengetreten. Ich war über das Geschehene entsetzt, der Direktor ärgerlich, die Schauspieler vergnügt und der Dichter gekränkt; er nahm mit großer Ruhe, wenn auch mit etwas verzerrtem Gesicht, sein Schauspiel an sich, steckte es in sein Wams und murmelte zwischen den Zähnen: »Man soll Perlen nicht vor die Säue werfen.« So ging er mit vieler Würde weg. Ich konnte und wollte ihm vor Scham nicht folgen und hatte daran gut getan, denn der Schauspieldirektor erwies mir so viele Liebkosungen, daß ich mich verpflichtet fühlte, bei ihm zu bleiben. In weniger als einem Monat brachte ich es zu einem tüchtigen Darsteller in Zwischenspielen und stummen Rollen. Man legte mir ein Maulgatter aus Strickwerk an und richtete mich darauf ab, auf der Szene jeden anzufallen, den man mir bezeichnete, so daß die Zwischenspiele, die sonst meist in Prügeleien zu enden pflegen, bei der Truppe meines Herrn damit ausgingen, daß man mich hetzte und ich auf einen nach dem andern losging und ihn umwarf, was den Unwissenden viel zu lachen gab und meinem Herrn viel Gewinn eintrug. O Cipión, was könnte ich dir von dieser und zwei anderen Schauspieltruppen, mit denen ich umherzog, alles erzählen!

Zwiegespräch der Hunde   679

Allein da es nicht möglich ist, diese Abenteuer in kurzer
gedrängter Erzählung zusammenzufassen, werde ich dies
wohl einem andern Tag überlassen müssen, wenn es einen
solchen andern Tag, an dem wir miteinander sprechen
können, überhaupt noch geben wird. Siehst du, wie lang
meine Erzählung geworden ist! Siehst du, wie viel und
mancherlei ich erlebt habe? Bedenke du meine weiten Reisen und meine vielen Herren. Allein alles, was du gehört,
ist nichts, verglichen mit dem, was ich dir von den Theater-
leuten als bemerkt, erkundet und gesehen über ihr Verhalten, ihr Leben, ihre Sitten, ihre Gebräuche, ihre Arbeit,
ihren Müßiggang, ihre Unwissenheit, ihren Einfallsreichtum und vieles anderes noch erzählen könnte, wobei gewisse Beobachtungen sich nur dazu eignen, ins Ohr geflüstert zu werden, während andere wieder es wert sind,
daß man sie in aller Öffentlichkeit bekanntmache; doch
sollten alle in der Erinnerung behalten werden zur Er-
nüchterung der vielen, die sich an den erdachten und vor-
getäuschten Gestalten, der künstlichen Schönheit und der
Verwandlung vergötzen.

CIPION. – Es leuchtet mir sehr ein, Berganza, welch weites Feld sich vor dir aufgetan hat, auf dem du deine Worte
tummeln lassen kannst, allein ich meine, du solltest dies
für eine besondere Erzählung aufbewahren und für eine
gemächliche Stunde.

BERGANZA. – So sei es, und höre weiter. Mit einer Schau-
spieltruppe kam ich in diese Stadt Valladolid, wo man
mich in einem Zwischenspiel solcherart verwundete, daß
ich dabei fast mein Leben eingebüßt hätte. Ich konnte mich
nicht rächen, da ich damals das Maulgatter umhatte, und
hernach, ruhigen Blutes, vermochte ich es nicht mehr zu
tun, verlangt doch überlegte Rache Grausamkeit und bösen
Vorsatz. Ich war jenes Berufes müde, nicht etwa weil er
mühevoll gewesen, sondern weil ich dabei viele Dinge gesehen, die gleicherweise Besserung wie Strafe verdienen.
Da ich aber diese Dinge mehr zu spüren bekam, als ich sie
hätte ändern können, beschloß ich, darüber hinwegzusehen,
entschied mich, diesem Beruf zu entsagen und mich der
Frömmigkeit anzuvertrauen, wie jene es tun, die die Laster

dann aufgeben, wenn sie nicht mehr imstande sind, ihnen zu frönen; denn besser spät als nie. Nun sah ich dich eines Nachts die Laterne vor dem guten Christen Mahudes hertragen, hielt dich für zufrieden bei deiner rechtschaffenen, frommen Tätigkeit. Von edlem Neid erfüllt, entschloß ich mich, dir auf deinem Pfad zu folgen, und in dieser lobenswerten Absicht stellte ich mich vor Mahudes hin, der mich dir zum Gefährten bestimmte und mich in dieses Hospital brachte. Was mir hier begegnet ist, kann man ebensowenig als so unbedeutend ansehen, daß man nicht einige Zeit darauf verwendete, es zu berichten, besonders was ich von vier Kranken und Armen vernahm, die das Schicksal und die Not in dieses Hospital geführt und in vier nebeneinander stehende Betten gelegt hatte. Verzeih mir, allein die Erzählung ist kurz, duldet keinen Aufschub und kommt hier treffend zupaß.

CIPION. – Ich verzeihe dir. Komm aber zum Schluß, denn ich glaube, der Tag dürfte nicht mehr fern sein.

BERGANZA. – In jedem der vier Betten also, die am Ende dieses Saales stehen, lagen hintereinander ein Alchimist, ein Dichter, ein Mathematiker und einer von den Leuten, die man Projektisten nennt.

CIPION. – Ich entsinne mich, diese guten Leute gesehen zu haben.

BERGANZA. – Einmal nun, als während einer Siesta im vergangenen Sommer die Fenster geschlossen waren und ich der Kühle wegen unter dem Bett eines der vier lag, begann der Dichter, sich bitterlich über sein Los zu beklagen. Als der Mathematiker ihn fragte, weshalb er so klage, erwiderte der Dichter, es geschehe seines Mißgeschicks wegen. »Wie sollte ich nicht Ursache haben, mich zu beklagen?« fuhr er fort. »Ich habe die Vorschrift befolgt, die Horaz uns in seiner Poetik gibt, nach der man ein Werk nicht eher veröffentlichen soll, ehe nicht zehn Jahre seit seiner Abfassung verflossen seien. Nun habe ich ein Werk, das mich zwanzig Jahre Arbeit gekostet hat und das zwölf Jahre abgelagert ist, ein Poem, das groß ist im Stoff, bewundernswert und neu in der Erfindung, edel im Versmaß, unterhaltsam in den Episoden, rühmenswert in der Gliederung, da doch der Anfang der Mitte und dem Schluß entspricht, also, kurz gesagt, ein Werk solcher Art, daß es im Ganzen ein erhabenes, tönendes, heldisches, unterhaltsames und gehaltvolles Dichtwerk darstellt, und ich bei alledem doch keinen hohen Herrn finde, dem ich es widmen könnte. Einen hohen Herrn, sage ich, der verständig, freigebig und großzügig wäre. Jämmerliche Zeit, herabgekommenes Jahrhundert!« »Wovon handelt das Buch?« fragte der Alchimist. Erwiderte der Dichter: »Es handelt von dem, was der Erzbischof Turpin vom König Artus von England zu berichten vergaß, mit einem weiteren Nachtrag zur ›Geschichte von der Aufsuchung des heiligen Prahl‹, und das alles in Elfsilbnern, zum Teil in Oktaven und zum Teil im Freivers, alle jedoch vorvorsilbig betont, das heißt, alle Wörter sind vorvorsilbig betonte Hauptwörter; kein einziges Zeitwort ist zugelassen.« »Ich«, sagte der Alchimist, »verstehe wenig von der Dichtkunst, und so kann ich das Unglück, über das Euer Gnaden sich beklagt, nicht so recht mitempfinden, doch selbst wenn es ganz furchtbar wäre, käme es dem meinen nicht gleich, denn einzig und allein, weil es mir an Instrumenten fehlt, weil es mir fehlt an einem Fürsten, der mich unterstützt und mir die Requisiten gibt, die die Wissenschaft der Alchimie verlangt, schwimme ich jetzt nicht in Gold und verfüge nicht über Reichtümer, die größer sind als die eines Midas, eines Crassus oder eines Krösus.« »Haben Euer Gnaden, Herr Alchimist«, fiel hier der Mathematiker ein, »schon einmal den Versuch gemacht, andere Metalle in Silber zu verwandeln?« »Bis jetzt«, erwiderte der Alchimist, »habe ich noch kein Silber herausgeholt, allein ich weiß, daß dies möglich ist, und ich brauche keine zwei Monate mehr, um den Stein der Weisen zu finden, mit dem man Silber und Gold sogar aus Steinen machen kann.« »Ihr, meine Herren«, fiel hier der Mathematiker ein, »habt Euch nicht zu Unrecht über Euer Unglück beklagt, doch schließlich hat der eine ein Buch zu widmen und der andere hat die Möglichkeit, kurz über lang den Stein der Weisen zu finden, allein, was soll ich von meinem Unglück sagen, das so einzigartig ist, daß es sich mit keinem andern vergleichen läßt? Zweiundzwanzig

Jahre bin ich hinter dem festen Punkt im Raum her; hier lasse ich ihn fahren und dort nehme ich ihn, und wenn es mir scheint, ich hätte ihn gefunden und er könnte mir nun unter keinen Umständen mehr entgehen, so bin ich, wenn ich nur ein klein wenig unachtsam bin, so weit von ihm entfernt, daß ich nur noch zu staunen vermag. Ebenso geht es mir mit der Quadratur des Kreises, deren Entdeckung ich so überaus nahegekommen bin, daß ich es einfach nicht verstehen kann, weshalb ich sie noch nicht in der Tasche habe. Solcherart ist meine Qual mit der des Tantalus vergleichbar, der, nahe an der Frucht, doch vor Hunger vergeht und, ganz am Wasser, doch verdurstet. Es gibt Augenblicke, da ich glaube, die Wahrheit gefunden zu haben, und in wenigen Minuten bin ich von ihr wiederum so weit entfernt, daß ich von neuem den Berg hinansteigen muß, den ich eben hinabgegangen bin, mit der Last meiner Mühe auf den Schultern gleich einem anderen Sisyphus.« Bis hieher hatte der Projektemacher geschwiegen; nun brach er sein Schweigen und sagte: »Vier klägliche Leute, so kläglich, daß sie selbst dem Großtürken keine Schande mehr machen könnten, hat die Armut hier in diesem Spittel zusammengeführt. Doch ich verachte alle Berufe und Tätigkeiten, die jenen, welche sie ausüben, weder Heimstatt noch Nahrung sichern. Ich, meine Herren, bin ein Projektemacher und habe Seiner Majestät zu verschiedenen Zeiten die unterschiedlichsten Projekte, alle zu seinem Vorteil und nicht zum Nachteil des Reiches, unterbreitet, und jetzt habe ich eine Denkschrift verfaßt, in der ich Seine Majestät untertänigst bitte, mir eine Person zu nennen, der ich ein neues Projekt unterbreiten darf, mit dem die volle Gesundung unserer Finanzen erreicht werden kann. Allein nach dem, was mir mit den anderen Denkschriften zugestoßen ist, fürchte ich, daß auch diese wieder gänzlich mit Schweigen übergangen werden wird. Damit mich aber Eure Gnaden nicht für einen dummen Schwätzer oder einen Narren halten, will ich Euch, obgleich damit mein Projekt öffentlich bekannt wird, sagen, worin es besteht. Es muß in den Cortes gefordert werden, daß alle Untertanen Seiner Majestät im Alter von vierzehn bis sechzig Jahren

Zwiegespräch der Hunde 683

verpflichtet werden, einmal im Monat bei Wasser und Brot zu fasten und dies an einem bestimmten öffentlich kundzumachenden Tag. Aller Aufwand jedoch, der sonst an diesem Tag an Obst, Fleisch und Fisch, Wein, Eiern und Gemüse getrieben würde, soll in Geld berechnet und an Seine Majestät unter dem Eid, daß kein Hellerlein daran fehle, abgeführt werden. Auf diese Weise wird der Staat nach zwanzig Jahren seiner Schulden frei und ledig sein. Denn man kann, wie ich es getan habe, damit rechnen, daß es in Spanien gut an die drei Millionen Menschen im genannten Alter gibt, die Kranken, die Älteren und die Jüngeren nicht gerechnet, und man kann annehmen, daß jeder im Durchschnitt nicht weniger als anderthalb Realen täglich ausgibt, ja, ich rechne nur einen Real, denn weniger kann einer nicht ausgeben, wenn er auch nur Johannisbrot äße. Nun, wie scheint es Euer Gnaden, so mir nichts dir nichts, drei Millionen Realen Monat für Monat einzunehmen? Und dies wäre für die Faster eher ein Nutzen als ein Schaden, da sie mit ihrem Fasten dem Himmel gefällig wären, ihrem König einen Dienst erwiesen, und manchem könnte das Fasten nur gut tun. Dies ist das einfache, klare Projekt, und man könnte die Abgabe nach Pfarrsprengeln einheben, ohne etwas für Kommissäre ausgeben zu müssen, die den Staat ohnehin nur zugrunde richten.« Alle lachten über den Vorschlag des Projektemachers; auch er lachte über seinen Unsinn; ich aber war über ihre Reden ebenso verwundert wie darüber, daß die meisten Leute dieser Art in den Spitälern sterben.

CIPION. – Du hast recht, Berganza. Denk nach, ob dir noch etwas zu sagen bleibt.

BERGANZA. – Nur noch zwei Dinge, mit denen ich meinen Bericht zu Ende bringen will, scheint mir doch, als käme schon der Tag herauf. Als mein Oberer eines Nachts in das Haus des Korregidors dieser Stadt ging, eines angesehenen Edelmanns und frommen Christen, fanden wir ihn allein, und mir schien die Gelegenheit günstig, ihm einige Bemerkungen sagen zu können, die ich von einem greisen Kranken dieses Hospitals gehört habe, der darüber sprach, wie man dem so offensichtlichen Übel der käuflichen Mädchen abhelfen könnte, die, weil sie nicht dienen wollen, von Stufe zu Stufe herabsinken und so gefährlich werden, daß sie jeden Sommer die Spitäler mit den Unglücklichen füllen, die sich mit ihnen abgeben: eine unerträgliche Landplage, die rasch wirksame Abhilfe fordert. Ich hob also die Stimme, um ihm dies zu sagen, weil ich mir einbildete, reden zu können, und statt vernünftige Gründe vorzubringen, bellte ich so wütend, daß der Korregidor, ärgerlich, nach seinen Bedienten rief, damit sie mich aus dem Saal hinausprügelten. Einer der Lakaien, der auf die Stimme seines Herrn herbeigeeilt kam, obgleich ich wünschte, er wäre taub gewesen, ergriff ein kupfernes Kühlgefäß, das ihm gerade zur Hand war, und schlug es mir solcherart an die Rippen, daß ich heute noch Spuren jenes Schlages an mir trage.

CIPION. – Und deshalb beklagst du dich, Berganza?

BERGANZA. – Wie sollte ich mich nicht beklagen, wenn der Schlag, wie ich gesagt, mich heute noch schmerzt und mir überdies scheinen will, daß meine gute Absicht keine so harte Strafe verdient hat?

CIPION. – Schau, Berganza, niemand soll seine Nase in Dinge stecken, die ihn nichts angehen, noch darf er ein Amt auf sich nehmen, das ihm in keiner Weise zukommt. Bedenke überdies, daß der Rat des Armen, so gut er auch sein mag, nie angenommen wurde, noch der unscheinbare Arme es sich anmaßen soll, die Großen und vor allem jene zu beraten, die glauben, ohnehin alles zu wissen. Die Weisheit des Armen liegt im Schatten, sind doch die Not und das Elend die Schatten und die Wolken, die sie verdüstern, und sollte diese Weisheit sich einmal kundtun, so wird man nicht verfehlen, sie als Dummheit zu betrachten und zu mißachten.

BERGANZA. – Du hast recht, und durch eigenen Schaden gewitzigt, werde ich von nun an deinem Rat folgen. In einer anderen Nacht bin ich gleicherweise in das Haus einer angesehenen Dame gekommen, die ein Schoßhündchen – so nennt man ein solches Tier – in den Armen hielt, ein Hündchen so klein, daß es leicht in ihrem Schoß verschwunden wäre. Als das Schoßhündchen mich erblickte, sprang es aus

Zwiegespräch der Hunde 685

den Armen seiner Herrin, ging zornig bellend auf mich los und so wütend, daß es sich nicht eher zufrieden gab, ehe es mich nicht in ein Bein gebissen. Ich sah das Hündchen mit grimmigen und achtunggebietenden Blicken an und sagte bei mir selbst: »Wenn ich Euch, elendes Viehzeug, auf der Straße begegnete, dann würde ich mich entweder nicht im geringsten um Euch bekümmern oder Euch mit meinen Zähnen in Stücke zerfetzen.« Dabei dachte ich, daß selbst Feiglinge und solche, die sonst wenig Streitlust zeigen, kühn und unverschämt werden, sobald sie sich unter dem Schutz eines Mächtigen wissen, und sich erfrechen, jene anzugreifen, die mehr wert sind als sie.«

CIPION. – Ein Beispiel und einen Beweis für diese Wahrheit liefern uns einige Leute, die im Schatten ihrer Herren sich erkühnen, unverschämt zu werden; wenn der Baum, der sie trägt, stirbt oder durch ein widriges Geschick gefällt wird, dann zeigt und offenbart sich der Unwert jener Leute, liegt doch ihr Glanz und ihr Feingehalt nur im Lichte, das von ihren Herren und Gönnern auf sie ausstrahlt. Tugend und gesunder Menschenverstand sind jedoch überall ein und dasselbe, ob sie nun nackt oder bekleidet, allein oder in Begleitung zu finden sind. Es ist wahr, daß sie von den Menschen mißachtet werden können, doch nie in dem, was sie in Wahrheit an Ansehen verdienen und wert sind. Und damit wollen wir unser Gespräch beenden, denn das Licht, das durch die Ritzen jener Läden dringt, zeigt uns, daß es schon Tag ist; die kommende Nacht wird, sofern uns diese große Gnade nicht verlorengegangen ist, mir gehören, damit ich dir mein Leben erzählen kann.

BERGANZA. – So sei es, und denk daran, dich wieder hier einzufinden.

Im gleichen Augenblick, in dem der Lizentiat mit dem »Zwiegespräch« zu Ende war, wachte auch der Fähnrich auf, und der Lizentiat sagte:

»Wenn dieses Gespräch auch erdichtet ist und niemals Wirklichkeit gewesen sein kann, so scheint es mir doch so vorzüglich abgefaßt, daß der Herr Fähnrich wohl auch das zweite schreiben müßte.«

»Diese Meinung«, erwiderte der Fähnrich, »wird mich zum Schreiben anspornen, doch werde ich mich mit Euer Gnaden in keinen weiteren Streit darüber einlassen, ob nun die Hunde wirklich gesprochen haben oder nicht.«

Darauf antwortete der Lizentiat:

»Herr Fähnrich, fangen wir nicht wiederum mit diesem Streit an. Ich verstehe den Vorwand des ›Zwiegesprächs‹, seine Erdichtung, und das genügt. Gehen wir jetzt zum Espolón, um uns dort die Augen zu erquicken, nachdem ich mir den Geist erfreut habe.«

»Gut, gehen wir!« sagte der Fähnrich.

Und damit gingen sie.

Die Mühen und Leiden des Persiles und der Sigismunda

Eine septentrionale Geschichte

ZUEIGNUNG

an Don Pedro Fernández de Castro, Grafen von Lemos, Andrade und Villalba, Markgrafen von Sarria, Kammerherrn Seiner Majestät, Präsidenten des Obersten Italien-Rates, Komtur der Kommende La Zarza des Alcántara-Ordens.

Ich wollte, jene alten, einstmals beliebten Verse, die mit

›Schon hab' ich den Fuß im Bügel‹

beginnen, paßten nicht so haargenau in diese Zueignung, kann ich sie doch mit den fast gleichen Worten einleiten:

Schon hab' ich den Fuß im Bügel
und ich schreibe, edler Herr, dies,
da der Tod mir hält die Zügel.

Gestern reichte man mir die Letzte Ölung, und heute schreibe ich dies; die Zeit drängt, die Beklemmung wächst, die Hoffnung schwindet, und bei alledem lebe ich nur, weil ich nach dem Leben verlange, und ich möchte es gerne noch so lange erhalten, bis ich mich Ew. Exzellenz zu Füßen werfen kann; es könnte auch sein, daß die übergroße Freude, Ew. Exzellenz wieder wohlbehalten in Spanien zu wissen, mir die Lebensgeister von neuem weckt. Sollte es jedoch beschlossen sein, daß ich aus dem Leben zu scheiden habe, dann geschehe Sein Wille, doch soll Ew. Exzellenz wenigstens erfahren, welchen Wunsch ich noch gehegt, und wissen, daß Ihr an mir einen ganz ergebenen Diener gehabt, der Euch noch über das Grab hinaus seine gute Gesinnung beweisen wollte. Trotzdem – mir ist, als erlebte ich den Tag – freue ich mich über Ew. Exzellenz Rückkehr, sehe ich mit Vergnügen, wie die Leute voll Bewunderung mit dem Finger auf Euch weisen, und ich bin glücklich zu erkennen, daß sich meine Hoffnung, der Ruf von Ew. Exzellenz Vorzüge würde sich verbreiten, als richtig erwiesen hat. Noch hege ich in meinem Innersten gewisse Gedanken und Pläne für die »Wochen im Garten« und den »Rühmenswerten Bernardo«. Sollte mir der Himmel zu meinem Glück – was ja nicht ein Glücksfall wäre, sondern ein Wunder – vielleicht doch noch eine Spanne Lebens schenken, dann würdet Ihr diese Werke noch zu Gesicht bekommen und mit ihnen den Schluß der »Galatea«, die, wie ich weiß, Ew. Exzellenz Beifall gefunden hat. Und während ich in Gedanken an diese Werke weiterhin den Wunsch hege, zu leben und Euch zu Diensten zu sein, möge Gott Ew. Exzellenz noch lange erhalten. Zu Madrid, den neunzehnten April des Jahres sechzehnhundertsechzehn.

Ew. Exzellenz Diener
MIGUEL DE CERVANTES

VORREDE

Als ich, vielgeliebter Leser, mit zweien meiner Freunde aus dem rühmenswerten Flecken Esquivias heimkehrte – einem Ort, rühmenswert aus tausend Gründen, von denen einer die erlauchten Geschlechter sind, die von dort kommen, und der andere die noch erlauchteren Weine –, vernahm ich, wie hinter mir einer in großer Eile nachgeritten kam, der allem Anschein nach den Wunsch hatte, uns einzuholen, und diesen Wunsch auch äußerte, indem er uns nachrief, wir sollten nicht so rasch reiten. Wir warteten auf ihn, und herankam auf einer Eselin ein Student, der fürs erste wie ein Spatz aussah, da er ganz spatzenbraun gekleidet war; er trug Reitgamaschen, Rundschuhe, einen Degen mit Ortband, einen gestärkten, auf Hochglanz geplätteten Schulterkragen mit gleichlangen Halteschleifen; freilich hatte er derer nur zwei, denn der Schulterkragen rutschte immer wieder zur Seite, und der Student hatte jedesmal seine liebe Not, den Schulterkragen wieder zu richten. Als der Reiter uns eingeholt hatte, fragte er:

»Wollen Eure Gnaden irgendeine Pfründe oder ein Amt erjagen von Seiner Erzbischöflichen Gnaden von Toledo oder von Seiner Majestät, die ja beide in Madrid sind? Ich muß dies aus der Eile schließen, mit der Ihr dahin reitet, denn meine Eselin konnte Euch nicht einholen, obwohl sie mehr als einmal den Sieg als schnellstes und ausdauerndstes Tier davongetragen hat.«

Darauf antwortete einer meiner Reisegefährten:

»Daran ist nur der Gaul des Herrn Miguel de Cervantes schuld; das Tier schreitet etwas weit aus.«

Kaum hatte der Student den Namen Cervantes vernommen, als er auch schon von seiner Eselin absprang, indes das Sattelkissen hierhin und der Mantelsack dorthin fiel – solcherart war er wohl ausgestattet –, auf mich zustürzte, um meine linke Hand zu packen, und ausrief:

»Wahrhaftig! Es ist der Krüppel ohne Fehl, der ganz Rühmenswerte, der heitere Schriftsteller, mit einem Wort: die Freude der Musen!«

692   Die Mühen und Leiden des Persiles und der Sigismunda

Ich, der ich in so wenigen Worten soviel Lob über mich sagen hörte, hielt es für unhöflich, nicht darauf einzugehen, und so erwiderte ich, indes ich ihn umarmte und ihm dabei den Schulterkragen völlig verdarb:

»Dies ist ein Irrtum, dem viele mir geneigte, aber unwissende Leute verfallen sind; ich, mein Herr, bin Cervantes, nicht aber die Freude der Musen oder sonst etwas von dem billigen Zeug, das Ihr, Euer Gnaden, gesagt habt. Holt Eure Eselin, steigt auf und laßt uns das kurze Stück Weges, das noch vor uns liegt, in freundschaftlichem Gespräch hinter uns bringen.«

Solches tat der artige Student; wir nahmen unsere Tiere fester in den Zaum und setzten unseren Weg in gemächlicher Gangart fort. Dabei sprachen wir über meine Krankheit, und der Student, ein guter Kerl, nahm mir sogleich jede Hoffnung auf Heilung, indem er sagte:

»Diese Krankheit heißt Wassersucht, und alles Wasser des Ozeanischen Meeres, wie süß es einem auch zu trinken schiene, wäre nicht imstande, sie zu heilen. Mäßigt Euch im Trinken, mein gnädiger Herr Cervantes, und vergeßt dabei nicht aufs Essen, denn solcherart werdet Ihr ohne irgendeine andere Medizin wieder gesund werden.«

»Das haben mir schon viele angeraten«, erwiderte ich, »allein ich kann einfach nicht davon lassen, ganz nach meinem Durst zu trinken, als wäre ich nur dazu geschaffen worden. Mein Leben geht seinem Ende zu; da nun mein Herz von Tag zu Tag immer schwächer schlägt, wird es spätestens am kommenden Sonntag stillstehen, und mit ihm das Uhrwerk meines Lebens. Ihr, Euer Gnaden, habt mich zu schlimmer Stunde kennengelernt, denn mir ist keine Zeit mehr gegeben, mich für die freundliche Gesinnung, die Ihr mir bewiesen habt, erkenntlich zu zeigen.«

Damit waren wir an die Toledo-Brücke gekommen; ich schickte mich an, diese Brücke zu benützen, während er seinen Weg über die Segovia-Brücke nehmen wollte. Was über meine Begegnung zu sagen ist, darum wird sich wohl die Fama kümmern; meine Freunde werden gern darüber reden und ich würde mit noch größerem Vergnügen davon reden hören. Wieder umarmte ich ihn; er versicherte mich

Vorrede

von neuem seiner Dienste. Dann gab er seiner Eselin die Sporen und ließ mich ebenso leidend und niedergeschlagen zurück, wie er selbst unbeschwert und hochgemut auf seiner Eselin davontrabte, was meiner Feder Gelegenheit geboten hätte, witzige Bemerkungen von sich zu geben; allein die Zeiten ändern sich. Vielleicht kommt doch noch der Tag, da ich diesen abgerissenen Faden wieder aufnehmen und sagen kann, was ich dazu noch zu sagen hätte und was, wie ich weiß, zu sagen wäre. Lebt wohl, ihr Scherze! Lebt wohl, ihr Späße! Lebt wohl, ihr heiteren Freunde, denn ich sterbe und hoffe dabei, euch bald zufrieden im Jenseits wiederzusehen!

ERSTES BUCH

ERSTES KAPITEL

Periandro wird aus dem Kerkerloch geholt; er soll auf einem Floß übers Meer gebracht werden. Ein Sturm bricht los, und Periandro wird von einem Schiff gerettet.

Laut brüllte der Barbar Corsicurbo in die enge Öffnung eines tiefen Kerkerloches, das eher einer Gruft glich als einem Gefängnis für die vielen lebendigen Leiber, die darin begraben waren. Wenn auch der schreckliche dröhnende Lärm, den er machte, nah und fern hörbar war, so wurden doch die Worte, die er brüllte von niemand anderem deutlich verstanden als von der unglücklichen Cloelia, die ein widriges Geschick in jene Tiefe verbannt hatte.

»Sorge dafür, o Cloelia«, rief der Barbar, »daß jener Jüngling, den wir dir vor zwei Tagen übergeben haben, so wie er ist – die Hände auf den Rücken gebunden –, an dieses Seil, das ich dir hinunterlasse, gehängt, hier heraufkomme, und schau gut nach, ob du unter den Weibern des letzten Fanges nicht eine findest, die es verdiente, uns Gesellschaft zu leisten und das Licht des heiteren Himmels, der uns bedeckt, wie die gesunde Luft, die uns umgibt, zu genießen«.

Damit ließ er ein dickes Hanfseil hinab, und kurz darauf zogen er und noch vier Barbaren das Seil wieder hoch. An diesem Seil holten sie einen Jüngling, der unter den Armen daran festgebunden war, herauf; der Jüngling mochte so an die neunzehn oder zwanzig Jahre alt sein, und obgleich wie ein Seemann in grobes Leinen gekleidet, war er über alle Maßen schön. Als erstes untersuchten die Barbaren die Fesseln und die Stricke, mit denen ihm die Hände auf dem Rücken festgebunden waren; dann schüttelten sie ihm den Schmutz aus dem Haar, das gleich purem Gold in Ringellocken sein Haupt bedeckte; sie reinigten sein Gesicht vom Staub, und es erstrahlte in solch wunderbarer Schönheit, daß selbst die Gemüter jener, die ihn geholt, um seine

Erstes Buch 695

Henker zu sein, von Bewunderung und Mitleid erfaßt
wurden. Mit keiner Miene zeigte der stattliche Jüngling
auch nur die geringste Spur von Bedrängnis, sondern hob
mit anscheinend frohen Blicken das Antlitz, schaute nach
allen Seiten des Himmels empor und sagte mit deutlicher,
unbeschwerter Zunge:

»Ich danke dir, o du unendlicher, barmherziger Himmel, dafür, daß du mich zum Sterben hiehergeführt, wo
dein Licht meinen Tod erhellt, und daß ich nicht zu sterben brauche in jenem düsteren Kerker, aus dem ich jetzt
komme, wo finstere Schatten mein Ende verhüllen würden.
Ich möchte zwar nicht aus Verzweiflung sterben, denn ich
bin Christ, allein mein Unglück ist solcherart, daß es mich
aufruft und fast zwingt, den Tod herbeizuwünschen.«

Keines dieser Wörter wurde von den Barbaren verstanden, da sie in einer von der ihren verschiedenen Sprache
gesagt worden waren. Nachdem die Barbaren als erstes die
Öffnung des Kerkerloches mit einem großen Stein wieder
verschlossen und dann ihrer vier den Jüngling, ohne ihm
die Fesseln zu lösen, in die Mitte genommen hatten, kamen
sie an den Strand, wo ein Floß vertäut lag, dessen Balken
durch Binsen und geschmeidige Ruten miteinander verbunden waren. Dieses Floß diente ihnen, wie sich alsbald herausstellte, als Fähre, mit der sie eine andere Insel erreichen
wollten, die in einer Entfernung von höchstens zwei oder
drei Meilen sichtbar war. Die Barbaren sprangen auf die
roh behauenen Stämme und setzten den Gefangenen in ihre
Mitte. Einer von ihnen ergriff einen sehr großen Bogen,
der auf dem Floß lag, legte einen ungewöhnlich langen
Pfeil mit einer Feuersteinspitze auf die Sehne, spannte sie
behende, stellte sich vor dem Jüngling auf und richtete den
Pfeil auf ihn, als wollte er ihm sogleich die Brust durchbohren. Die übrigen nahmen jeder einen Pfahl zur Hand,
der wie ein Ruder geschnitten war, und einer der Barbaren besetzte die Stelle des Steuermanns, indes die beiden
anderen das Floß in Richtung auf die andere Insel hin zu
bewegen begannen. Der schöne Jüngling, der gleicherweise
hoffte und befürchtete, der drohend auf seine Brust gerich-
tete Pfeil werde ihm das Herz durchbohren, zog die Schul-

tern hoch, preßte die Lippen aufeinander, hob die Brauen und flehte in seinem Herzen zu Gott, nicht etwa, daß er ihn aus so naher, schrecklicher Not erlöse, sondern ihm Mut genug gebe, sie zu erdulden. Dies wurde der barbarische Bogenschütze gewahr, und da er wußte, daß jenem das Leben nicht auf diese Weise genommen werden sollte, vermochte die Schönheit des Jünglings Mitleid sogar im verstockten Herzen des Barbaren zu wecken; dieser wollte jenen nun nicht länger durch dauernde Todesdrohungen quälen, indem er mit dem Pfeil an der gespannten Sehne unablässig nach seinem Herzen zielte, warf den Bogen fort, trat an ihn heran und gab ihm, so gut er es eben vermochte, zu verstehen, daß er ihn nicht töten wolle.

So standen also die Dinge, als das Floß in die Mitte der Meerenge kam, die von den beiden Inseln gebildet wurde; hier brach plötzlich ein Sturm los, und ohne daß die unerfahrenen Schiffer etwas dagegen hätten unternehmen können, brach das Floß in mehrere Teile auseinander. Auf dem einen Teil, der von ungefähr sechs Baumstämmen gebildet wurde, befand sich der Jüngling, der noch vor einem Augenblick gefürchtet hatte, einen anderen Tod als den Ertrinkungstod erleiden zu müssen. Hoch gingen die Wogen und bildeten Strudel; die Winde tobten gegeneinander; die Barbaren ertranken; der Teil des Floßes aber, auf dem der Gefangene war, wurde ins offene Meer hinausgetrieben; die Wogen fielen über ihn her und verdeckten ihm nicht nur den Himmel, sondern nahmen ihm auch die Möglichkeit, diesen anzuflehen, er möge mit ihm Mitleid in solcher Not haben. Und der Himmel hatte Mitleid mit ihm, denn die unablässig tosenden Wogen, die über ihn herfielen und ihn bedeckten, rissen ihn nicht von den Baumstämmen hinunter in den Abgrund, der Himmel hatte wirklich Mitleid mit ihm, denn da ihm die Hände am Rücken gefesselt waren, konnte der Jüngling sich weder anklammern, noch sich auf andere Weise helfen. Solcherart trieb er, wie schon gesagt, ins offene Meer hinaus, das sich etwas friedlicher und ruhiger erwies, als er um die Spitze der Insel herumgekommen war; die Balken hatten wie durch ein Wunder diesen Weg genommen, als hätten

Erstes Buch

sie Schutz gesucht vor der Wut des erregten Meeres. Der erschöpfte Jüngling setzte sich auf, und als er den Blick nach allen Seiten umherschweifen ließ, entdeckte er ganz in der Nähe ein Schiff, das in dieser Stille wie in einem sicheren Hafen Rettung vor dem empörten Meer gefunden hatte. Auch die Leute auf dem Schiff entdeckten die Reste des Floßes und die Gestalt darauf, und um sich zu vergewissern, was es damit auf sich haben mochte, setzten sie ein Boot aus und ruderten heran. Als sie dann den Jüngling – schön, obgleich vom erlittenen Ungemach entstellt – fanden, brachten sie ihn, von Mitleid bewegt, rasch an ihr Schiff und setzten dort alle mit ihrem Fund in Erstaunen. Der Jüngling wurde aufs Schiff getragen; da er jedoch seit drei Tagen nichts zu sich genommen hatte und von den Wogen ganz zerschlagen war, brach er aus Schwäche zusammen und schlug der Länge nach aufs Verdeck hin. Von Mitleid erfaßt, befahl der großherzige Schiffsherr, man möge dem Jüngling sogleich beistehen. Die einen beeilten sich, ihm die Fesseln zu lösen, die andern brachten Speisen und duftende Weine, und der Jüngling kam zu sich, als kehre er aus dem Reiche des Todes ins Leben zurück. Er blickte den Schiffsherrn an, dessen edle Art und reiche Kleidung ihm den Blick bannten und die Zunge lösten, und sagte:

»Der gütige Himmel möge dir, barmherziger Herr, die Guttat lohnen, die du an mir verrichtest, denn nur schwer läßt sich der Kummer ertragen, wenn der matte Leib nicht gestärkt wird. Mein widriges Geschick hat mich in eine Lage versetzt, in der ich dir diese Wohltat nur durch Dank abzugelten imstande bin, und wenn es einem armen Unglücklichen gestattet ist, etwas zu seinem eigenen Lob vorzubringen, dann kann ich behaupten, daß es kein Mensch auf der Welt mit mir an Dankbarkeit aufzunehmen vermag.«

Damit versuchte er, sich zu erheben, um dem Schiffsherrn den Fuß zu küssen, allein die Schwäche erlaubte ihm dies nicht; er versuchte dreimal, sich aufzurichten, doch fiel er ebensooft wieder aufs Verdeck zurück. Als der Schiffsherr dies sah, befahl er, man solle den Jüngling unter

Deck bringen, ihn dort auf zwei weiche Matratzen betten, ihm die nassen Kleider ausziehen, diese durch trockene reine Gewänder ersetzen und ihn schließlich ruhig schlafen lassen. Es geschah, wie der Schiffsherr befohlen hatte; der Jüngling gehorchte ohne Widerspruch, und als man ihn auf die Füße stellte, wunderte sich der Schiffsherr von neuem über die edle Erscheinung. Zwar plagte den Schiffsherrn wiederum das Verlangen, so rasch wie möglich zu erfahren, wer der Jüngling sei, wie er heiße und durch welche Umstände er in solche Not geraten sei, doch war die gute Lebensart des Schiffsherrn stärker als seine Neugier, und so ließ er es gerne zu, daß man der Schwäche des Unglücklichen abhelfe, bevor dieser seine Neugier befriedigen sollte.

Zweites Kapitel

Es wird berichtet, wer der Schiffsherr ist. Von Taurisa erfährt Periandro, daß Auristela geraubt worden ist. Um sie ausfindig zu machen, will er sich an die Barbaren verkaufen lassen.

Dem Befehl ihres Herrn gehorchend, ließen die Schiffsleute den Jüngling allein, damit er sich ausruhe. Da ihn jedoch viele traurige Gedanken beschäftigten, konnte der Schlaf seiner nicht Herr werden; noch weniger ließen dies die jämmerliche Klage und die schmerzlichen Seufzer zu, die an sein Ohr drangen und, wie ihm schien, durch die Fugen in einer Bretterwand kamen, die seine Kajüte von einer anderen trennte. Als er sehr aufmerksam hinhorchte, konnte er folgendes vernehmen:

»Meine Eltern müssen mich unter einem traurigen Gestirn gezeugt haben, und unter einem ungünstigen Stern stieß mich meine Mutter hinaus ins Licht der Welt, stieß mich hinaus, denn eine Geburt wie die meine kann man wohl eher ein Hinausstoßen denn ein Gebären nennen. Ich dachte, ich würde mein ganzes Leben das Sonnenlicht als freigeborener Mensch genießen, doch täuschte ich mich,

Erstes Buch   699

laufe ich doch jetzt Gefahr, als Sklavin verkauft zu werden, ein Unglück, dem kein anderes vergleichbar ist.«

»O du, wer du auch immer sein magst«, sagte nun der
Jüngling, »so es wahr ist, daß, wie man zu sagen pflegt,
Mißgeschick und Leiden erträglicher werden, wenn man
sie anderen mitteilt, dann trete näher und berichte mir
durch die Fugen dieser Bretterwand, welche Leiden dich
bedrücken; denn wenn ich dir auch nicht werde helfen
können, so wirst du an mir doch einen Menschen finden,
der dich um deiner Leiden willen bemitleidet.«

»So höre denn«, ward ihm zur Antwort, »in sehr wenigen Worten will ich dir von den furchtbaren Schlägen berichten, die mir das Schicksal zugefügt hat. Doch vorerst
möchte ich wissen, wem ich dies erzähle. Sag mir, ob du
vielleicht jener Jüngling bist, den man vor kurzem erst
halbtot auf einigen roh zusammengefügten Baumstämmen
aufgefunden hat, die, wie man sagt, als Schiffe benutzt
werden von den Barbaren, die auf dieser Insel leben, an
der wir Anker geworfen haben, um Zuflucht vor dem
Sturm zu suchen.«

»Der bin ich«, erwiderte der Jüngling.

»Und wer bist du also?« fragte die Stimme.

»Ich hätte es dir gesagt, doch möchte ich, daß du mich
vorerst zu deinem Schuldner machtest, indem du mir dein
Leben berichtest, das nach den Worten, die ich vorhin von
dir vernommen habe, nicht so glücklich verlaufen ist, wie
du möchtest.«

Darauf wurde ihm geantwortet:

»So höre, denn in kurzen Worten will ich dir meine
Leiden erzählen. Der Herr dieses Schiffes heißt Arnaldo.
Er ist der Sohn und der Erbe des Königs von Dänemark,
und durch mannigfaltige seltsame Ereignisse kam ein vornehmes Fräulein in seine Gewalt. Sie war meine Gebieterin und ist, wie mich dünkt, so schön, daß sie von allen
jetzt lebenden Schönen wie unter jenen, die die Einbildungskraft des Scharfsinnigsten sich als die Schönsten vorzustellen vermöchte, die Allerschönste ist und wäre. Ihr
Verstand gleicht ihrer Schönheit, ihr Unglück ist aber
ebenso groß wie ihr Verstand und ihre Schönheit zusam-

men; sie heißt Auristela; ihre Eltern sind aus königlichem Geblüt und überaus reich. Dieses Fräulein also, zu dessen Lob keines meiner Worte ausreicht, sah sich an Arnaldo verkauft, der sie mit solcher Inbrunst und Leidenschaft liebt, daß er sie schon tausendmal aus ihrem Sklavenlos zu seiner Herrin und zwar zu seiner rechtmäßigen Gattin erheben wollte. Dies mit der Zustimmung des Königs, seines Vaters, der meint, die seltenen Vorzüge und die Anmut Auristelas verdienten eine höhere Würde als die einer Königin. Doch sie wehrte ab, indem sie sagte, es sei ihr unmöglich, ein Gelübde zu brechen, das sie verpflichte, zeitlebens Jungfrau zu bleiben, und sie gedächte es auch nicht zu brechen, ob man ihr nun große Versprechungen mache oder sie mit dem Tod bedrohe. Doch desungeachtet hat Arnaldo nicht davon abgelassen, seine Hoffnung mit zweifelhaften Erwartungen zu nähren, wobei er auf den Lauf der Zeit und auf die angeborene Wankelmütigkeit der Weiber baut. Eines Tages, als Auristela, meine Gebieterin, nicht wie eine Sklavin, sondern wie eine Königin am Meer lustwandelte, kamen einige Korsarenschiffe heran, nahmen sie gefangen und verschleppten sie, niemand weiß wohin. Prinz Arnaldo hält diese Korsaren für die gleichen, die ihm einst Auristela verkauft hatten. Die Korsaren durchsegeln alle diese Meere, durchstreifen Inseln und Küstenstriche und rauben oder kaufen die schönsten Mädchen, derer sie habhaft werden können, um sie mit Gewinn auf dieser Insel zu verkaufen. Sie ist von Barbaren, unbändigen, grausamen Menschen, bewohnt, unter denen ein durch nichts zu erschütternder Aberglaube herrscht; er wurde ihnen entweder vom Teufel oder von irgendeinem Zauberer der Vorzeit, den sie für einen großen Weisen halten, eingeredet. Die Barbaren sind nun überzeugt, daß unter ihnen ein König erstehen werde, der einen Großteil der Welt erobern wird; sie wissen jedoch nicht, wer der erhoffte König sein könnte, und damit sie ihn herauszufinden vermöchten, hat ihnen der Zauberer folgende Weisung hinterlassen: sie sollten alle fremden Männer, die auf diese Insel kämen, hinopfern und aus ihren Herzen, das heißt, aus jedem der Herzen für sich, ein Pulver berei-

Erstes Buch   701

ten, das sie dann den vornehmsten Barbaren dieser Insel
aufgelöst zu trinken geben sollten, mit dem ausdrücklichen
Befehl, nur den ihrer Vornehmen zu ihrem König zu
machen, der das Gebräu trinke, ohne eine Miene zu verziehen oder ein sonstiges Zeichen des Ekels zu geben; doch
sei es nicht dieser, der die Welt erobern werde, sondern
erst einer seiner Söhne. Darum auch hatte der Zauberer
sie angewiesen, sie sollten alle Jungfrauen, die sie zu rauben oder zu kaufen imstand wären, aufnehmen und die
Schönste unter ihnen jenem Barbaren zum Weibe geben,
der durch das Trinken des Pulvers tapfere Nachkommenschaft versprochen habe. Die gekauften oder geraubten
Mädchen werden von den Barbaren gut gehalten, und nur
darin sind sie keine Barbaren. Die Mädchen, die man ihnen
zum Kauf anbietet, erstehen sie zu höchsten Preisen und
bezahlen sie mit Stücken ungemünzten Goldes oder den
kostbarsten Perlen, die in den Meeren um diese Inseln in
reichem Überfluß zu finden sind. Und so sind, verführt
von Eigennutz und Gewinnsucht, viele zu Korsaren und
Mädchenhändlern geworden. Nun meint Arnaldo, wie gesagt, Auristela, die andere Hälfte seines Herzens, ohne die
er nicht zu leben vermag, könnte hier zu finden sein, und
um sich darüber Gewißheit zu verschaffen, hat er beschlossen, mich an die Barbaren zu verkaufen, damit ich, einmal
unter ihnen, als seine Späherin in Erfahrung brächte, was
zu erfahren er wünscht. Nun wartet er nur darauf, daß
sich das Meer beruhige, um die Insel anzulaufen und den
Handel abzuschließen. Bedenke darum, ob ich nicht Grund
genug habe, mich zu beklagen, denn ich bin dazu bestimmt,
als Barbarin unter Barbaren zu leben, bin ich doch nicht so
schön, daß ich hoffen könnte, ihre Königin zu werden,
besonders dann, wenn ein widriges Geschick meine Herrin, die unvergleichliche Auristela, hiehergeführt hat. Dem
entsprangen die Seufzer, die du gehört; diesen Befürchtungen entspringt der Kummer, der mich quält.«

Dies gesagt, verstummte sie; dem Jüngling erstickte das
Wort in der Kehle; er legte die Lippen an die Bretterwand,
die er mit vielen Tränen benetzte, und erst nach einer
kleinen Weile fragte er, ob sie vielleicht irgendwie An-

zeichen dafür hätte, daß Arnaldo die Gunst Auristelas genossen, oder ob sie Arnaldo wegen eines anderen verschmähe und aus diesem Grunde selbst ein Geschenk, wie ein Königreich es ist, ablehne; ihm scheine, daß ein Gelübde weniger Macht habe als menschliches Gelüst. Sie erwiderte ihm, daß sie zwar vermute, die Zeit hätte Auristela wohl dahin zu bringen vermocht, einen gewissen Periandro von Herzen zu lieben, einen Edelmann, ausgestattet mit allem, was imstande wäre, ihn allen jenen liebenswert zu machen, die ihn kennen; dieser Edelmann habe Auristela aus ihrer Heimat fortgeführt, doch habe sie von ihrer Gebieterin nie, auch dann nicht, wenn sie ihr Leid dem Himmel klagte, seinen Namen nennen hören. Der Jüngling fragte, ob sie besagten Periandro kenne. Sie verneinte und sagte, sie wisse nur vom Hörensagen, daß es dieser Periandro sei, der ihre Herrin aus ihrer Heimat geführt habe; sie selbst sei jedoch erst in deren Dienst gekommen, nachdem Periandro durch eine seltsame Begebenheit von Auristela getrennt worden war. Hier wurde Taurisa – so hieß jene, die dem Jüngling die Geschichte ihres Unglücks berichtet hatte – von Deck her gerufen. Sie sagte noch:

»Ohne Zweifel hat sich der Sturm gelegt, und das Meer hat sich beruhigt, denn nun ruft man mich, um mich Unglückliche an die Barbaren auszuliefern. Gott beschütze dich, wer du auch immer sein magst, und möge dich der Himmel davor bewahren, daß man auch dich an die Barbaren ausliefere, damit man mit der Asche deines Herzens die dumme unerhörte Prophezeiung unter Beweis stelle, denn die machtgierigen Bewohner dieser Insel suchen ebenso nach Herzen, die sie einäschern können, wie nach Jungfrauen, die sie für den geeigneten Augenblick aufbewahren.«

Sie trennten sich. Taurisa ging aufs Verdeck; der Jüngling blieb nachdenklich zurück; dann verlangte er nach Kleidern, damit er aufstehen könne. Man brachte ihm ein Kleid aus grünem Seidendamast, das vom gleichen Schnitt war wie das Leinenkleid, mit dem er gekommen. Er ging an Deck; Arnaldo begrüßte ihn überaus liebenswürdig und

Erstes Buch 703

hieß ihn an seiner Seite Platz nehmen, indes man Taurisa so reich und prächtig kleidete, wie sich nur die Quellennymphen und die Baumnymphen zu schmücken pflegen. Unterdes berichtete Arnaldo dem verwunderten Jüngling die Geschichte seiner Liebe und seiner Bemühungen um Auristela, bat ihn überdies um Rat, was er, Arnaldo, unternehmen solle, und fragte ihn, ob er die Mittel, die er anzuwenden gedächte, um Sicheres über Auristelas Aufenthalt zu erfahren, für richtig erachte. Der Jüngling, dessen Seele durch das Gespräch, das er mit Taurisa geführt, wie durch die Eröffnungen Arnaldos von tausend Gendanken und Zweifeln bewegt war, überdachte in Blitzesschnelle, was geschehen würde, wenn Auristela sich vielleicht doch in der Gewalt jener Barbaren befände, und sagte:

»Herr, es fehlt mir an Alter, um dir raten zu dürfen; allein ich bin guten Willens, dir zu dienen, denn das Leben, das du mir gerettet, die liebevolle Aufnahme und die Gunst, die du mir erzeigt, verpflichten mich, dieses Leben deinem Dienst zu weihen. Ich heiße Periandro, bin edelster Eltern Kind, doch ist die Höhe meines Adels gleich dem Abgrund meines Unglücks und meiner Leiden, die so mannigfaltig und zahlreich sind, daß ich sie jetzt unmöglich berichten kann. Jene Auristela, die du suchst, ist eine meiner Schwestern, auf deren Suche auch ich bin, nachdem wir vor einem Jahr durch widrige Umstände voneinander getrennt wurden. Dank des Namens und der Schönheit, die du so sehr gepriesen, weiß ich, daß es sich zweifelsohne um meine verlorengegangene Schwester handelt, die zu finden ich nicht nur mein Leben, sondern auch die Freude darüber, sie gefunden zu haben – die schönste, die ich mir wünschen könnte – gerne hingeben wollte. Da auch ich danach strebe, daß Auristela gefunden werde, möchte ich unter all den Mitteln und Wegen, die sich mir aufdrängen, einen Weg wählen, der mir der kürzeste und der sicherste zu sein scheint, obgleich ich mich dabei in Lebensgefahr begebe. Bist du, mein Herr Arnaldo, nicht entschlossen, diese Jungfrau hier an die Barbaren zu verkaufen, damit sie, einmal in deren Gewalt, sich umsehe, ob sich nicht auch Auristela in den Händen der Barbaren befinde? Willst du dies nicht in Erfahrung bringen, indem du später wiederkehrst, um den Barbaren eine andere Jungfrau zu verkaufen, in der Hoffnung, Taurisa habe dann Mittel und Wege gefunden, dir durch Zeichen bekanntzugeben, ob Auristela unter den Jungfrauen sei, die die Barbaren zu einem bestimmten Zweck so eifrig kaufen und sorgsam hüten?«

»So ist es«, sagte Arnaldo, »und ich habe Taurisa unter den vier Jungfrauen, die sich zu dem gleichen Zweck auf diesem Schiff befinden, vor allem deshalb ausgewählt, weil sie Auristela kennt, da sie deren Jungfer gewesen ist«.

»Dies alles ist gewiß gut ersonnen«, sagte Periandro, »doch scheint mir, daß dies keiner besser auszuführen vermag als ich, denn alles – meine Jugend, mein Gesicht, mein inniges Verlangen und der Umstand, daß ich Auristela persönlich kenne – bestimmt mich, dieses Wagnis auf mich zu nehmen. Und wenn du, Herr, dir nun diesen Plan zu eigen machen wolltest, dann zögere nicht, denn bei schwierigen und gefährlichen Unternehmungen soll die Tat dem Entschluß auf dem Fuße folgen.«

Periandros Gründe leuchteten Arnaldo ein, und ohne sich lange bei einigen Bedenken aufzuhalten, die ihm gekommen waren, setzte er den Plan des Jünglings in die Tat um.

Er ließ Periandro eines der vielen kostbaren Gewänder reichen, die er für den Fall, daß Auristela gefunden werde, mitgenommen hatte, und der Jüngling glich dem stattlichsten, schönsten Weibe, das ein menschliches Auge bis dahin gesehen, denn außer Auristelas Schönheit war keine andere der seinen vergleichbar. Die Schiffsleute waren verwundert, Taurisa war sprachlos, der Prinz verwirrt, und hätte dieser nicht bedacht, daß Periandro Auristelas Bruder sei, so würde ihm der Gedanke an einen solchen Mann die Seele mit dem harten Speer der Eifersucht durchbohrt haben, dessen Spitze auch den härtesten Diamanten durchdringt. Ich will damit sagen, daß die Eifersucht den Panzer der Zuversicht und des Vertrauens durchdringt, wie sehr sich die Liebenden auch damit wappnen mögen.

Nachdem die Verwandlung Periandros vollzogen war,

Erstes Buch 705

fuhren sie ein weniges ins Meer hinaus, damit sie dort nach und nach von den Barbaren entdeckt würden.

Die Eile, die Arnaldo daransetzte, etwas über Auristelas Schicksal zu erfahren, ließ es nicht zu, daß er Periandro erst gefragt hätte, wer denn er und seine Schwester wären und durch welche Begebnisse er in den beklagenswerten Zustand gekommen, in dem er aufgefunden wurde, denn all dies hätte, der Vernunft gemäß, dem Vertrauen vorangehen müssen, das er in ihn setzte. Allein es ist die Eigenart aller Verliebten, eher an die Befriedigung des eigenen Begehrens zu denken als an anderes, und solcherart ließ sich Arnaldo nicht die Zeit, nach dem zu fragen, was zu wissen ihm heilsam gewesen wäre, er jedoch erst erfuhr, als es für ihn besser gewesen, es nicht zu erfahren. Da sie sich, wie schon gesagt, etwas von der Insel entfernt hatten, schmückten sie das Schiff mit Wimpeln und Flaggen, die – diese die Lüfte peitschend und jene mit dem Wasser zärtelnd – einen überaus lieblichen Anblick boten. Das ruhige Meer, der heitere Himmel, der ebenso kriegerische wie fröhliche Klang der Schalmeien und der anderen Instrumente ließen die Herzen höher schlagen, und die Barbaren, die alles aus geringer Entfernung mit ansahen, waren sehr verwundert und liefen, mit Pfeil und Bogen bewaffnet – vom Ausmaß dieser Waffen wurde schon gesprochen – am Strand zusammen. Das Schiff fuhr auf etwas weniger als eine Meile an die Insel heran und setzte unter dem Feuer seiner gesamten Artillerie – sie bestand aus vielen großen Stükken – ein Boot aus, in das sich Arnaldo, Taurisa, Periandro und sechs Schiffsknechte begaben. Sie befestigten ein weißes Tuch an einer Lanze zum Zeichen, daß sie in friedlicher Absicht kämen, wie dies bei fast allen Völkern der Erde üblich ist. Was ihnen auf der Insel zustieß, wird im folgenden Kapitel berichtet.

DRITTES KAPITEL

Arnaldo verkauft den als Mädchen verkleideten Periandro auf der Barbareninsel.

Während sich das Boot dem Strand näherte, liefen immer mehr Barbaren herbei, jeder von ihnen begierig, als erster zu sehen, was es bringe. Zum Zeichen, daß man das Boot in friedlicher und nicht in kriegerischer Absicht empfangen wolle, holten sie viele weiße Tücher hervor, schwenkten sie, schossen unzählige Pfeile in die Höhe, und einige der Barbaren sprangen mit unglaublicher Behendigkeit von einer Stelle zur andern.

Da eben Ebbe war – auch in jenen Breiten steigt und fällt das Meer mit den Gezeiten –, konnte das Boot nicht am Ufer anlegen; allein ungefähr zwanzig Barbaren wateten durch den nassen Sand und kamen dem Boot so nahe, daß sie es beinahe mit den Händen greifen konnten. Auf den Schultern trugen sie eine sehr schöne Barbarin, die, ehe noch ein anderer den Mund öffnete, in polnischer Sprache sagte:

»Euch, wer immer ihr auch sein mögt, läßt unser Fürst oder, besser gesagt, unser Regent, bitten, daß ihr ihm kundtut, wer ihr seid, wozu ihr kommt und was ihr begehrt. Solltet ihr vielleicht eine Jungfrau verkaufen wollen, so wird sie euch sehr gut bezahlt werden. Solltet ihr jedoch andere Waren zum Verkauf mit euch führen, so bedürfen wir dieser nicht, haben wir doch auf dieser Insel, dem Himmel sei Dank, alles, was Menschen zum Leben benötigen, und so brauchen wir nicht anderswo hinzufahren, es zu suchen.«

Arnaldo verstand sie sehr gut und fragte, ob sie Barbarin von Geburt wäre oder vielleicht nur eine von den gekauften Jungfrauen, worauf sie entgegnete:

»Beantworte du mir die Frage, die ich dir gestellt, denn meine Herren und Gebieter lieben es nicht, wenn ich mich in andere Gespräche einlasse als jene, die ihre Geschäfte betreffen.«

Als Arnaldo solches vernahm, erwiderte er:

Erstes Buch

»Wir sind Dänen, von Beruf Kaufleute und Korsaren, wir tauschen, was wir tauschen können, verkaufen, was man uns abkauft, schlagen los, was wir geraubt, und unter anderer Beute fiel uns auch diese Jungfrau – er wies auf Periandro – in die Hände, die wir, da sie eine der schönsten oder vielmehr die allerschönste auf der ganzen Welt ist, hierher bringen, denn wir wissen, zu welchem Zweck die Jungfrauen auf dieser Insel gekauft werden, und wenn sich die Prophezeiung eurer Weisen erfüllen sollte, so könnt ihr von dieser ausbündigen Schönheit und dieser edlen Haltung mit Recht erwarten, daß sie euch schöne und tapfere Söhne gebäre.«

Als Arnaldo schwieg, sagten einige Barbaren der Jungfrau, sie möge ihnen dolmetschen, was er gesagt; sie tat es, und sogleich entfernten sich vier von ihnen, um, wie es schien, dem Regenten Nachricht zu geben. In der Zeit, die bis zu ihrer Rückkehr verstrich, fragte Arnaldo die Barbarin, ob sich auf der Insel einige gekaufte Jungfrauen befänden und darunter eine, die von solcher Schönheit wäre, daß sie sich mit dem Mädchen vergleichen ließe, das sie zum Verkauf anböten.

»Nein«, sagte die Barbarin, »denn keine der vielen, die hier sind, kommt mir an Schönheit gleich; ich bin in der Tat eine der Unglücklichen, die dazu bestimmt sind, die Königin dieser Barbaren zu werden, was wohl das größte Unglück ist, das mir zustoßen könnte.«

Nun kehrten jene Barbaren zurück, die landeinwärts gegangen waren, und mit ihnen kamen viele andere, darunter auch der Fürst, der an dem reichen Schmuck, den er trug, zu erkennen war. Periandro hatte sein Anlitz mit einem dünnen, durchsichtigen Schleier verdeckt, um dann plötzlich das Licht seiner Augen wie einen Blitz in die Augen der Barbaren fallen zu lassen, die ihn aufs genaueste prüfend betrachteten. Der Regent sprach mit der Barbarin, die nun Arnaldo verdolmetschte, ihr Fürst sage, daß er jener Jungfrau den Schleier vom Anlitz nehmen lassen solle. So geschah es: Periandro erhob sich im Boot, enthüllte das Anlitz, hob die Augen zum Himmel, als beklage er sein widriges Geschick, sandte dann die Strahlen seiner Augensonnen nach der einen und der anderen Seite, die, als sie den Augen des Häuptlings der Barbaren begegneten, diesen allsogleich zu Boden warfen; wenigstens gab er solches zu verstehen, indem er auf die Knie fiel, um auf seine Weise die wunderbare Erscheinung, die er für ein Weib hielt, anzubeten. Darauf sprach er einige Worte mit der Barbarin, tätigte, ohne auch nur ein weiteres Wort zu verlieren, den Kauf, indem er Arnaldo jeden Preis bewilligte, den dieser zu fordern gedächte.

Die Barbaren gingen nun alle wieder landeinwärts und kehrten im Nu mit einer Unzahl von Goldstücken und feinsten Perlen an langen Schnüren zurück, die sie Arnaldo ungezählt in einem Haufen übergaben. Arnaldo nahm darauf Periandro an einer Hand, übergab ihn den Barbaren und wies die Dolmetscherin an, ihrem Herrn zu sagen, er werde in einigen Tagen wiederkehren, um ihm eine andere Jungfrau zu verkaufen, die, wenn auch nicht so schön wie diese, es doch wert sei, gekauft zu werden. Periandro umarmte alle, die im Boote waren, und seine Augen standen voll Tränen, die aber keineswegs aus einem weibischen Herzen kamen, sondern der Erinnerung an die Leiden, die er durchgemacht, entsprangen. Arnaldo gab den Leuten auf dem Schiff ein Zeichen, die Artillerie abzufeuern, und der Barbar winkte seinen Leuten zu, ihre Instrumente erklingen zu lassen; kurz darauf hallten dann der Kanonendonner vom Schiff her und die Musik der Barbaren in einem zusammen und erfüllten die Luft mit unterschiedlichen, verworrenen Tönen. Unter diesem Gelärm setzte Periandro, der von den Barbaren auf den Schultern an Land getragen worden war, den Fuß auf den Boden, Arnaldo kam auf seinem Schiff an und mit ihm seine Begleiter. Zwischen Periandro und Arnaldo war verabredet worden, daß dieser sich von der Insel nicht weiter entfernen sollte, als nötig war, um nicht von den Barbaren entdeckt zu werden; dann solle er wieder zurückkehren, um, wenn es sein müßte, Taurisa zu verkaufen, und an den Zeichen, die Periandro ihm geben würde, könnte man dann sehen, ob er Auristela gefunden habe oder nicht. Für den Fall, daß sie nicht auf der Insel wäre, solle Arnaldo sich be-

Erstes Buch 709

mühen, Mittel und Wege zu finden, um Periandro zu befreien, und müßte er auch mit seiner ganzen Macht und jener seiner Freunde die Barbaren mit Krieg überziehen.

VIERTES KAPITEL

Zur Opferung bestimmt, wird Auristela in Männerkleidung aus dem Kerkerloch geholt. Zwischen den Barbaren kommt es zu blutigem Streit, und ein Waldbrand verwüstet die Insel. Ein spanischer Barbar bringt Periandro, Auristela, Cloelia und die Dolmetscherin in seine Höhle.

Unter den Leuten, die mit dem Häuptling gekommen waren, um die herrliche Jungfrau einzuhandeln, befand sich auch ein Barbar namens Bradamiro. Er war einer der Tapfersten und Angesehensten auf der ganzen Insel, ein Verächter jeglichen Gesetzes, anmaßender denn die Anmaßung selbst, kühn nur wie er selbst, da sich ihm keiner an Kühnheit gleichstellen konnte. Als Bradamiro nun Periandro erblickte, den er wie die anderen auch für ein Weib hielt, beschloß er bei sich, dieses angebliche Weib für sich zu erlesen, ohne erst darauf zu warten, daß die Bedingungen der Prophezeiung erfüllt würden. Kaum hatte Periandro den Fuß auf die Insel gesetzt, da drängten sich schon viele Barbaren um die Wette, ihn auf die Schultern heben zu dürfen. So brachten sie ihn unter den größten Freudenbezeugungen zu einem großen Zelt, das mit vielen anderen kleineren Zelten aus den Fellen zahmer wie wilder Tiere verfertigt, in einer friedlichen, heiteren Au stand. Die Barbarin, die bei dem Geschäft als Dolmetscherin gedient hatte, ging ihm nicht von der Seite und tröstete ihn mit Wörtern einer Sprache, die er nicht verstand.

Unverzüglich befahl der Regent einigen Barbaren, nach der Kerkerinsel zu fahren, um, falls dort einer vorhanden wäre, einen Mann zu holen, damit sie die Bedingungen der trügerischen Prophezeiung ohne Zaudern erfüllen

könnten. Sogleich wurde seinem Befehl Folge geleistet,
und im gleichen Augenblick wurden auch einige gegerbte
Häute auf dem Boden ausgebreitet, alle wohlriechend, sauber und weich, um ihnen als Tischtücher zu dienen. Darauf
schütteten sie nun wahllos und unordentlich getrocknetes
Obst verschiedenster Art. Der Häuptling und einige der
angesehensten Barbaren, die gerade anwesend waren, setzten sich; er begann zu essen und lud Periandro durch ein
Handzeichen ein, es ihm gleichzutun. Nur Bradamiro blieb,
auf seinen Bogen gestützt, stehen und hielt die Augen unverwandt auf den gerichtet, den er für ein Weib hielt; der
Regent bat ihn, doch Platz zu nehmen, doch wollte er
nicht, sondern kehrte ihm, einen tiefen Seufzer ausstoßend,
den Rücken und verließ das Zelt. Indes kam aber ein Barbar ins Zelt und berichtete dem Häuptling, daß im gleichen Augenblick, als er und vier seiner Kameraden sich
angeschickt hatten, nach der Kerkerinsel hinüberzufahren,
ein Floß anlegte, auf dem sich ein Mann und die Kerkermeisterin befanden. Diese Nachricht setzte dem Mahl ein
Ende; der Häuptling und seine Tischgenossen erhoben
sich, um an den Strand zu eilen. Periandro begehrte ihn zu
begleiten, worüber der Häuptling sehr erfreut war.

Als sie an den Strand kamen, waren der Gefangene und
seine Wächterin bereits an Land. Periandro betrachtete den
Gefangenen eingehend, um zu sehen, ob er den Unglücklichen kenne, den sein Unstern in dieselbe Gefahr gebracht
hatte, in der er selbst geschwebt. Allein er vermochte dessen Antlitz nicht recht zu sehen, denn der Gefangene hielt
den Kopf geneigt, als wollte er, wie es schien, absichtlich
verhindern, daß irgendjemand ihn erkenne; die Frau jedoch, die man die Kerkermeisterin nannte, erkannte er
sehr wohl; ihr Anblick traf ihn mitten in die Seele und
verwirrte ihm die Sinne, erkannte er in ihr doch, über
jeden Zweifel erhaben, Cloelia, die Amme seiner geliebten
Auristela. Er wollte sie ansprechen, doch wagte er es nicht,
weil er nicht wußte, ob er daran guttäte oder nicht, und
so, seinem Wunsch und seiner Zunge Zügel anlegend, entschloß er sich abzuwarten, wie dieses seltsame Begebnis
enden würde. Begierig, mit der Prüfung zu beginnen und

Erstes Buch

Periandro einen glücklichen Ehegefährten zu geben, befahl der Regent, den Jüngling sogleich zu opfern, damit aus dessen Herzen das Pulver für die lächerliche und trügerische Probe gemacht werde. Im Nu ergriffen die Barbaren den Gefangenen, verbanden ihm ohne irgendwelche Förmlichkeit mit einem Tuch die Augen, ließen ihn niederknien und banden ihm die Hände auf den Rücken. Ohne ein Wort zu sagen, erwartete der Jüngling gleich einem sanften Lamme den Streich, der ihm das Leben nehmen sollte. Als die alte Cloelia dies sah, erhob sie die Stimme und rief lauter, als ihr Alter es hätte erwarten lassen:

»Bedenke, o großer Regent, was du tust, denn dieser Jüngling, den zu opfern du befiehlst, ist kein männliches Wesen und kann deinem Zwecke in keiner Weise dienen; er ist die schönste Jungfrau, die man sich vorstellen kann. Rede doch, allerschönste Auristela, und lasse es nicht zu, daß man dir das Leben nehme, indes du, von der Flut deines Unglücks mitgerissen, die Vorsehung daran hinderst, dein Leben zu erhalten und zu beschützen, damit du es hernach noch in vollem Glück genießest.«

Bei diesen Worten ließen die grausamen Barbaren davon ab, den Todesstreich zu führen, obgleich schon der Schatten des Messers sich an der Kehle des Knienden abzeichnete. Der Häuptling befahl, dem Jüngling die Fesseln abzunehmen, um ihm die Hände freizugeben und auch die Binde von den Augen zu lösen. Als er den Gefangenen genauer betrachtete, glaubte er, in das schönste weibliche Antlitz zu blicken, das er je gesehen, und obgleich Barbar, wußte er doch, daß sich diesem Antlitz kein anderes, es sei denn das des Periandro, vergleichen könnte. Welche Zunge vermöchte zu sagen und welche Feder zu beschreiben, was Periandro empfand, als er sah, daß niemand anderer als Auristela es war, die hier erst dem Tode geweiht und nun frei war! Die Augen wurden ihm trübe, das Herz hörte fast auf zu schlagen, und mit schwanken Füßen ging er zu Auristela hin, um sie in seine Arme zu schließen; sie eng an sich pressend, sagte er:

»O, du geliebte Hälfte meines Herzens! O feste Säule meiner Hoffnung! O süßes Kleinod, das ich, ob zu meiner

712   Die Mühen und Leiden des Persiles und der Sigismunda

Freude oder zu meinem Leid, wiedergefunden habe! Allein es vermag ja nur zu meiner Freude sein, da mir aus deinem Blick doch kein Leid erwachsen kann. Sieh hier deinen Bruder Periandro!«

Dies hatte er so leise gesagt, daß niemand anderer es hören konnte; dann fuhr er fort:

»So lebe denn, meine Schwester und Gebieterin, denn auf dieser Insel droht der Tod nicht den Frauen; sei darum auch du nicht grausamer gegen dich, als diese Barbaren es sind. Vertraue dem Himmel, der dich bis jetzt aus den zahllosen Gefahren errettet hat, die du gewiß erlebt hast; vertraue ihm, der dich sicherlich auch aus den Gefahren erretten wird, die dir noch bevorstehen mögen.«

»Ach, Bruder«, erwiderte Auristela, denn sie war es wirklich, die da als Mann hätte geopfert werden sollen. »Ach Bruder«, wiederholte sie, »ich glaube, daß diese Gefahr die letzte ist, die wir in unserem widrigen Geschick noch zu fürchten haben werden. Ein großes Glück war es, dich zu finden, doch auch ein Unglück, daß es an solchem Ort und in solchem Gewand sein mußte.«

Beide weinten. Als jedoch der Barbar Bradamiro sie weinen sah, glaubte er, Periandro vergieße Tränen des Schmerzes über den sicheren Tod dessen, den er für dessen Bekannten, Anverwandten oder Freund hielt, und beschloß jenen zu befreien, koste es, was es wolle. So ging er auf beide zu, nahm an der einen Hand Auristela und an der anderen Periandro und rief mit drohendem Blick und stolzer Gebärde:

»Keiner, dem sein Leben nur ein weniges lieb ist, erkühne sich, diesen beiden auch nur ein einziges Haar zu krümmen; diese Jungfrau ist mein, weil ich sie liebe, und jener Mann ist frei, weil sie es so begehrt.«

Kaum hatte er dies gesagt, als der Regent der Barbaren, über alle Maßen empört und erzürnt, einen langen scharfen Pfeil auf die Sehne des Bogens legte; er streckte den Bogen mit der linken Hand so weit vor, als sein Arm reichte, legte die Kerbe des Pfeils ans rechte Ohr und schoß ihn mit solcher Sicherheit und Kraft, daß er sich im nächsten Augenblick in Bradamiros Mund bohrte, ihn schloß, die

Erstes Buch 713

Zunge lähmte und ihm das Leben nahm, worüber alle Anwesenden verwundert, sprachlos und entsetzt waren. Doch hatte der Häuptling, so kühn und treffsicher er auch war, den Pfeil keineswegs zu seinem Vorteil abgeschossen, wurde er doch gleich darauf für seine verwegene Tat bestraft, denn ein Sohn des Corsicurbo, des Barbaren, der bei der Überfahrt Periandros ertrunken war, schätzte seine Füße flinker als seinen Pfeil, war in zwei Sprüngen neben dem Häuptling, hob den Arm und stieß ihm seinen Dolch in die Brust, der, wenn auch nur aus Stein, doch härter und schärfer war als geschmiedeter Stahl. Der Häuptling schloß die Augen zu ewiger Nacht und büßte den Tod des Bradamiro mit seinem Leben. Dies brachte die Gemüter und Herzen der Anverwandten der Toten in Wallung, ließ sie alle zu den Waffen greifen, und im Nu, von Zorn und Rachegelüsten hingerissen, begannen die Gegner mit ihren Pfeilen den Tod zu verschicken. Die Pfeile verschossen, blieben ihnen die Hände und Dolche, mit denen sie einander anfielen, ohne daß der Sohn den Vater und der Bruder den Bruder geschont hätte; sie zerfleischten einander mit den Nägeln und verwundeten einander mit den Dolchen, so als wären sie seit langem wegen vieler Unbill Todfeinde, und es fand sich keiner, der zwischen ihnen Frieden gestiftet hätte.

In dieser Wirrnis von Pfeilen, Wunden, Schlägen und Toten standen eng aneinander gedrängt, zutiefst erfüllt von Furcht und Entsetzen, die alte Cloelia, die Dolmetscherin, Periandro und Auristela. Inmitten des tobenden Zorns lösten sich einige Barbaren, die wohl zur Partei Bradamiros gehörten, aus dem Kampfe und eilten davon, einen Wald, Besitztum des Regenten, in Brand zu stecken. Die Bäume begannen zu brennen, der Wind fachte den Brand an, so daß die Flammen und der Rauch immer heftiger wurden und alle fürchteten, daran zu ersticken oder zu erblinden. Die Nacht brach herein, die, und wäre sie auch mondhell gewesen, verfinstert worden wäre, nun aber nur noch dunkler und schrecklicher war. Das Stöhnen der Sterbenden, das Brüllen der Kämpfer, das Krachen des Feuers vermochten die Herzen der Barbaren, die erfüllt waren von Wut und Rachegelüst, nicht erschrecken, wohl aber die Armen, die sich aneinander drängten und nicht wußten, was tun, wohin fliehen oder wie sonst sich retten. Aber in dieser schrecklichen Verwirrung vergaß der Himmel nicht, ihnen beizustehen, und zwar auf solch seltsame Weise, daß ihre Rettung ihnen wie ein Wunder erschien. Fast war es völlige Nacht und, wie gesagt, dunkel und schrecklich, und nur die Flammen des brennenden Waldes gaben Licht, die Dinge zu unterscheiden. Da trat ein junger Barbar an Periandro heran und sagte ihm in kastilischer Sprache, die dieser gut verstand:

»Folge mir, schöne Jungfrau, und sage deinen Begleitern, mir ebenfalls zu folgen, denn ich will euch alle, wenn der Himmel mir beisteht, in Sicherheit bringen.«

Periandro erwiderte nichts, doch ermutigte er Auristela, Cloelia und die Dolmetscherin durch ein Zeichen, ihm zu folgen, und so gingen sie, auf Tote tretend und Zweige knickend, hinter dem jungen Barbaren her, der sie führte. Hinter sich hatten sie die Flammen des glühenden Waldes, die sie, als wären sie Wind in Segeln, zu größter Eile antrieben. Allein das hohe Alter Cloelias und das zarte Auristelas erlaubte ihnen nicht, mit dem jungen, starken und ausdauernden Barbaren Schritt zu halten, der, als er solches bemerkte, Cloelia kurzerhand packte und auf seine Schulter nahm; Periandro tat desgleichen mit Auristela, und die Dolmetscherin, weniger zart, mutiger, folgte ihnen mit männlichem Schritt. Und solcherart, bald so, bald anders, wie man zu sagen pflegt, kamen sie an den Strand, und nachdem sie noch ungefähr eine Meile die Küste entlang nach Norden gegangen waren, trat der Barbar in eine geräumige Höhle, in die das Meer seine Wogen warf. Nicht wenige Schritte hatten sie in dieser Höhle zu gehen, wandten sich bald nach dieser, bald nach der anderen Seite, hatten sich hier schmal zu machen, dort konnten sie freier gehen, bald mußten sie sich ducken, bald sich nach vorne beugen, bald fast auf dem Boden kriechen, dann konnten sie wieder aufrecht gehen, bis sie auf ein ihrer Meinung nach ebenes Gelände kamen, denn es schien ihnen, als könnten sie sich frei bewegen, was ihnen auch ihr Führer

Erstes Buch

sagte; sie selbst konnten im Nachtdunkel nichts sehen, und der Flammenschein der lodernden Wälder, die jetzt noch wilder brannten als früher, reichte nicht so weit.

»Gott sei gelobt«, sagte der Barbar wieder in kastilischer Sprache, »daß er uns an diesen Ort geführt, denn obgleich uns auch hier die eine oder die andere Gefahr bedrohen mag, so ist sie doch nicht tödlich!«

Indes sahen sie, wie ein großes Licht rasch auf sie zukam, das ihnen wie ein Komet erschien oder besser wie eine feurige Erscheinung, die durch die Lüfte strich, und sie würden angstvoll stehen geblieben sein, hätte nicht der Barbar gesagt:

»Es ist mein Vater, der mir entgegenkommt.«

Periandro, der, wenn auch nicht sehr geläufig, Kastilisch konnte, sagte:

»Der Himmel möge es dir vergelten, o Engel in Menschengestalt, oder wer du auch immer seist, was du Gutes an uns getan! Hätte es auch nur dazu gedient, unseren Tod hinauszuzögern, werden wir dies doch für eine große Gunst erachten.«

Indes kam das Licht heran, das einer trug, der ebenfalls ein Barbar zu sein schien und dem Alter nach nur ein weniges über die fünfzig Jahre zählen mochte. Angekommen, steckte er die Leuchte, eine Kienfackel, in den Boden, ging mit offenen Armen auf den Sohn zu und fragte ihn auf kastilisch, was ihm zugestoßen sei, da er in solcher Begleitung zurückkäme.

»Vater«, erwiderte der Jüngling, »laß uns in unsere Behausung gehen, denn es gibt viel zu erzählen und mehr noch zu überlegen. Die Insel brennt, ihre Bewohner sind halb oder ganz zu Asche verbrannt; diese wenigen Überlebenden hier habe ich dank einer Eingebung des Himmels den Flammen und den Dolchen der Barbaren entrissen. Gehen wir also, Herr Vater, wie ich schon gesagt, nach unserer Behausung, damit meine Mutter und meine Schwester Barmherzigkeit zeigen und üben können, indem sie meine ermüdeten und erschreckten Gäste bewirten.«

Der Vater ging voran, die übrigen gingen hinter ihm drein; Cloelia war wieder zu Kräften gekommen und setzte den Weg zu Fuß fort; Periandro aber wollte die süße Last, die er trug, nicht missen, denn Auristela, sein höchstes Gut auf Erden, beschwerte ihn nicht.

Nach einer kurzen Strecke Weges gelangten sie an einen hohen Felsen, an dessen Fuß sie einen sehr weiten Raum oder eine Art Höhle sahen, deren Decke und Wände der Felsen bildete. Mit brennenden Kienfackeln in den Händen kamen zwei weibliche Wesen in Barbarentracht heran; das eine war ein Mädchen von etwa fünfzehn Jahren, das andere eine Frau von ungefähr dreißig; die Frau war schön, die Jungfrau aber noch viel schöner. Die eine rief:

»Ach, mein Vater und mein Bruder!«

Und die andere sagte nur:

»Sei willkommen, liebster Herzenssohn!«

Die Dolmetscherin war erstaunt, in dieser Gegend und noch dazu von Frauen, die Barbarinnen zu sein schienen, eine andere Sprache sprechen zu hören als die auf der Insel gebräuchliche, allein als sie sich anschickte zu fragen, welches Geheimnis wohl dahinterstecke, kam ihr der Vater zuvor und befahl der Frau und der Tochter, den nackten Boden der unwirtlichen Höhle mit Fellen auszulegen. Sie gehorchten, steckten die Kienfackeln an die Wand und holten gefällig und diensteifrig aus einer anderen Höhle, die weiter hinten lag, Felle von Ziegen, Schafen und anderen Tieren, bedeckten damit den Boden und wehrten so der Kälte, die anfing, allen zuzusetzen.

Fünftes Kapitel

Von der Lebensgeschichte, die der spanische Barbar seinen Gästen erzählte.

Das Abendessen war bald zubereitet, und auch die Mahlzeit währte nicht lange; ohne Furcht genossen, war sie aber schmackhaft. Die Kienfackeln wurden erneuert, und wenn sie auch den Raum verräucherten, gaben sie ihm doch Wärme. Die Gefäße, derer sie sich bedienten, waren weder

Erstes Buch   717

aus Silber noch aus Alabaster; als Schüsseln dienten ihnen
die Handflächen des jungen Barbaren und seiner Schwester, und als Becher Baumrinden, die etwas angenehmer
waren als Kork. Süßer Candia-Wein war nicht vorhanden,
doch gab es an seiner Stelle kristallklares, frisches Wasser.
Cloelia schlief ein, ist doch das hohe Alter mehr ein Freund
des Schlafes als selbst angenehmster Unterhaltung. Die
Frau des Barbaren brachte sie im anderen Raum zur Ruhe
und bereitete ihr aus Fellen Unterbett und Decke; dann
kam sie zurück und setzte sich zu den übrigen, denen der
Spanier in kastilischer Sprache folgendes berichtete:

»Es wäre nur recht und billig, wenn ich, meine Lieben,
etwas über euch und eure Erlebnisse erführe, ehe ich von
mir und meinem Geschick berichte. Allein um euch gefällig
zu sein, will ich euch mitteilen, wer ich bin und was mir
zugestoßen, denn ihr werdet mir euer Schicksal gewiß
nicht verschweigen, nachdem ihr meines vernommen habt.
Ich wurde, wie mein gutes Los es wollte, in Spanien geboren, und zwar in einer der besten Provinzen des Landes.
Meine Eltern gehörten dem Kleinadel an, erzogen mich
aber wie ein Kind aus vermögendem Haus; ich kam bis
an die Pforte der Humaniora, durch die man zu den
übrigen Wissenschaften gelangt, doch drängte mich mein
Gestirn, wenn es auch den Wissenschaften nicht abhold
war, mehr zum Waffendienst. In meinen Jünglingsjahren
hatte ich weder mit Ceres noch mit Bacchus vertrauteren
Umgang, und so ließ mich auch Venus kalt. Von meiner
angeborenen Neigung getrieben, verließ ich mein Vaterland und zog in den Krieg, den Seine Majestät Kaiser Karl
der Fünfte in Deutschland gegen einige Fürsten jenes Landes führte. Mars war mir freundlich gesinnt, ich erwarb
mir den Namen eines guten Soldaten, der Kaiser zeichnete
mich aus, ich hatte Freunde, und vor allem hatte ich gelernt,
freigebig zu sein und mich ritterlich zu betragen; all diese
Tugenden werden in der Schule des christlichen Mars gelehrt. Angesehen und reich kehrte ich in meine Heimat
zurück in der Absicht, mich dort einige Zeit der Gesellschaft meiner Eltern, die noch lebten, und der einiger
Freunde, die mich erwarteten, zu erfreuen. Allein jene, die

man Fortuna nennt, von der ich aber nichts Rechtes weiß, neidete mir meinen Frieden, drehte das Rad, das sie haben soll, herum und warf mich von der Höhe, auf der ich mich sicher glaubte, hinab in den Abgrund des Elends, in dem ich mich jetzt sehe. Dazu bediente sich Fortuna eines Edelmannes, des zweiten Sohnes eines hochadeligen Herrn, der den Hauptort seiner Besitzungen in der Nähe meines Heimatortes hatte.

Dieser Edelmann kam nun eines Tages in mein Dorf, um bei einem Feste zuzusehen, und als wir mit anderen Vornehmen und Edelleuten auf dem Dorfplatz in einer Runde beisammenstanden, wandte er sich mir, überheblich lächelnd, zu und sagte: ›Er hat sich herausgemacht, der Herr Antonio; die Erfahrungen, die Er in Flandern und Italien gesammelt hat, sind Ihm wohlbekommen, denn Er hat sich wirklich gute Sitte angewöhnt. Im übrigen möge der gute Antonio wissen, daß ich Ihn sehr gut leiden mag.‹ Darauf erwiderte ich ihm: ›Eben weil ich ein solcher Antonio bin, küsse ich Euer Erlaucht vielmals die Hände für die Gnade, die Euer Erlaucht mir erweisen, denn Euer Erlaucht handelt Euer Erlaucht Rang gemäß, indem Euer Erlaucht Eure Landsleute und Diener auszeichnet; doch bei alledem möge Euer Erlaucht wissen, daß ich mich schon herausgemacht hatte, bevor ich nach Flandern ging, und gute Sitte mir schon im Mutterleib beigebracht worden ist. Dafür verdiene ich jedoch weder Lob noch Hohn, und ob ich nun gut bin oder schlecht, so bleibe ich doch Euer Erlaucht ergebener Diener und bitte Euer Erlaucht, mich so auszuzeichnen, wie meine Ergebenheit es verdient.‹ Ein Edelmann, der neben mir stand, ein guter Freund nebstbei, sagte, doch nicht so leise, daß jener Herr es nicht hätte hören können: ›Freund Antonio, überlegt, was Ihr sagt, denn hierzulande nennen wir solche Leute keineswegs Erlaucht.‹ Jener Herr kam ihm zuvor und sagte: ›Der gute Antonio verwendet schon die richtige Anrede, redet er mich doch auf italienische Art an; dort sagt man Euer Gnaden statt Euer Erlaucht. ›Wohl kenne ich die Sitten und Gebräuche feiner Lebensart‹, sagte ich, ›und wenn ich Euer Erlaucht mit Erlaucht anrede, dann nicht auf italienische Art, sondern weil ich der Meinung bin, daß jemand, der mich auf spanische Art mit Er anredet, ein Erlaucht sein muß, und ich, der ich auf meine Leistung und meine vornehme Abkunft pochen kann, habe das Recht, von jeder Erlaucht mit Euer Gnaden angeredet zu werden; wer aber anderes behauptet‹ – hier legte ich die Hand an den Degen – ›ist weit davon entfernt, wohlerzogen zu sein‹. Gesagt, getan; ich zog ihm den Degen zweimal krätig über den Kopf, was ihn solchermaßen verwirrte, daß er nicht recht wußte, wie dies zugegangen, und er nichts unternahm, seine Ehre wieder reinzuwaschen. Ich stand zu meiner Tat und behauptete mit dem blanken Degen in der Hand den Platz. Als jener die Verwirrung überwunden hatte, zog auch er den Degen und suchte, kühn und entschlossen, den Schimpf zu rächen, den ich ihm angetan, allein ich ließ es nicht soweit kommen, daß er seinen Entschluß in die Tat umsetze, auch erlaubte es ihm das Blut nicht, das ihm aus einer der beiden Kopfwunden floß. Die Umstehenden gerieten in Aufruhr, wandten sich gegen mich, ich floh ins Haus meiner Eltern, berichtete ihnen den Vorfall, und da sie die Gefahr, in der ich schwebte, erkannten, versahen sie mich mit Geld und einem guten Pferd. Sie rieten mir, mich rasch in Sicherheit zu bringen, denn ich hätte mir viele mächtige Feinde gemacht. Ich folgte ihrem Rat und kam zwei Tage hernach über die aragonesische Grenze, wo ich mich erst ein weniges von dem überaus schnellen Ritt ausruhte. Kurz und gut, mit kaum geringerer Geschwindigkeit begab ich mich nach Deutschland, wo ich wieder in des Kaisers Dienst trat. Dort erfuhr ich, daß mein Feind mich mit vielen seiner Freunde suchte, um mich, auf welche Art auch immer, aus der Welt zu schaffen. Diese Gefahr nahm ich so ernst, wie sie ernstgenommen zu werden verdiente. Ich kehrte nach Spanien zurück – es gibt keine bessere Zuflucht als das Haus des Feindes selbst –, suchte meine Eltern des nachts auf; sie versorgten mich von neuem mit Geld und Schmuck, womit ich mich nach Lissabon begab und dort ein Schiff nahm, das, nach England bestimmt, segelfertig im Hafen lag. Auf dem Schiff traf ich einige englische Edelleute, die, von ihrer

720   Die Mühen und Leiden des Persiles und der Sigismunda

Wißbegierde getrieben, nach Spanien gereist waren, und
nun, nachdem sie das ganze Land oder wenigstens die bedeutendsten Städte des Landes gesehen, wieder in ihre
Heimat zurückkehrten.

Nun begab es sich, daß ich mit einem englischen Matrosen wegen einer unbedeutenden Sache in Streit geriet und
mich gezwungen sah, ihm eine Ohrfeige zu geben. Diese
Ohrfeige erregte die Wut der übrigen Seeleute und des Gesindels, das sich an Bord befand, die mich mit allem, was
ihnen unter die Hände kam, zu bewerfen begannen; ich
zog mich aufs Hinterkastell zurück, rief einen der englischen Edelleute zu Hilfe, der mir den Rücken deckte und
dessen Beistand mir wenigstens soviel nützte, daß ich nicht
sogleich mein Leben verlor. Die übrigen Edelleute beruhigten den zornigen Haufen, und dieser wollte meiner nur
unter der Bedingung schonen, daß man mich ins Meer
werfe oder mir ein Boot oder eine kleine Schaluppe des
Schiffes gebe, worin ich nach Spanien zurückkehren oder
dorthin fahren könnte, wohin der Himmel mich eben führen wollte. So geschah es auch; man gab mir ein Boot, ich
besorgte mir zwei Fässer Wasser, eines mit fettem Selch-
fleisch und etwas Schiffszwieback; dann dankte ich meinen
Beschützern für die Gunst, die sie mir erwiesen, begab
mich mit nur zwei Rudern ins Boot; das Schiff entfernte
sich, die dunkle Nacht brach an, und ich war ganz allein
inmitten der Unendlichkeit jener Gewässer, ohne eine
andere Möglichkeit zu haben, als mich weder gegen den
Wind noch die Wellen zu sträuben, die mich hintrieben,
wohin sie wollten; ich hob die Augen zum Himmel, empfahl mich Gott mit der größten Andacht, der ich fähig war,
und richtete mein Auge auf den Nordstern, durch den
allein ich den Weg, den ich nahm, feststellen konnte, ohne
jedoch zu erkennen, wo ich mich wirklich befände.

Sechs Tage und Nächte trieb ich solcherart dahin, mehr
der Güte des Himmels als der Kraft meiner Arme vertrauend, die nun ermüdet und, von der ununterbrochenen
Mühe jeder Kraft beraubt, die Ruder nicht mehr bedienen konnten; ich zog die Ruder aus den Dollen und legte
sie ins Boot, damit ich mich ihrer wieder bedienen könnte,

Erstes Buch

wenn das Meer es zuließe und meine Kräfte dazu ausreichten. Ich streckte mich im Boot aus, schloß die Augen, und es gab keinen Heiligen im Himmel, den ich im Herzinnersten nicht um Beistand angefleht hätte. Inmitten dieser Bedrängnis und inmitten dieser Not überkam mich (kaum ist es zu glauben) eine solche Müdigkeit, daß meinen Sinnen jede Empfindung schwand und ich einschlief (mit solcher Macht fordert die Natur ihr Recht); allein im Traum spiegelte mir meine Einbildungskraft tausend schreckliche Todesarten vor, jeder Tod ein Wassertod, und in einigen Traumbildern war es mir, als fräßen mich Wölfe auf oder zerrissen mich andere wilde Tiere, so daß mein Leben, ob nun im Schlafen oder im Wachen, nur ein verlängertes Sterben war. Aus diesem unruhigen Schlaf wurde ich fürchterlich herausgerissen von einer wütenden Woge. die über mein Boot herfiel und es mit Wasser füllte. Ich wurde mir der Gefahr bewußt, gab schöpfend, so gut ich es vermochte, das Meer dem Meere zurück und griff wieder zu den Rudern, die mir jedoch nicht das geringste nützten. Ich sah wie das Meer sich immer wütender gebärdete, wie der Südwestwind es peitschte und aufwühlte, ein Wind, der in jenen Gegenden mächtiger ist als auf anderen Meeren. Ich erkannte, wie töricht es wäre, meinen zerbrechlichen Kahn gegen die Wut des Sturmes zu setzen und mit meinen erschöpften, unzulänglichen Kräften gegen seine Gewalt anzukämpfen. So zog ich denn die Ruder wieder ein und ließ das Boot dorthin treiben, wohin die Wogen und der Wind es getrieben haben wollten. Ich erneuerte meine flehentlichen Gebete, legte Gelübde um Gelübde ab, vermehrte das Wasser des Meeres mit meinen Tränen, nicht, weil ich Angst gehabt hätte vor dem Tode, der sich mir so ganz nahe zeigte, sondern aus Furcht vor der Strafe und Pein, die meine schlechten Werke verdienten. Nachdem ich, immer unruhiger und verworrener, viele Tage und Nächte – ich weiß nicht wieviele – im Meer umhergeworfen worden war, fand ich mich schließlich einmal an einer Insel; sie war menschenleer, dafür aber hausten dort zahlreiche Wölfe, die in großen Rudeln umherstreiften.

Ich ruderte an einen Felsen heran, der knapp am Ufer stand und mir Schutz zu bieten schien, wagte es jedoch nicht, den Fuß an Land zu setzen aus Furcht vor den Raubtieren, die ich gesehen hatte. Ich aß vom durchnäßten Schiffszwieback, denn Hunger und Not sind zu allem willig. Dann kam die Nacht, die weniger finster war, als die vergangene es gewesen; es schien, als beruhige sich das Meer und verspreche für den folgenden Tag einige Glätte; ich blickte zum Himmel auf und sah, daß die Sterne ein heiteres Meer und Windstille vorhersagten.

Als ich so um mich blickte, schien es mir im flirren Licht der Nacht, als hätten sich droben auf dem Felsen, der mir als Hafen diente, die Wölfe versammelt, die ich am Strande gesehen, und mir kam vor, daß einer von ihnen (und so war es auch) mir laut und deutlich in meiner eigenen Sprache sagte: ›Spanier, mach, daß du fortkommst, versuche anderswo dein Glück, wenn du nicht hier, von unseren Klauen und Zähnen in Stücke gerissen, sterben willst, und frage nicht, wer dir solches sagt, sondern danke dem Himmel, daß du selbst unter Raubtieren noch Barmherzigkeit gefunden hast.‹

Eurem Urteil überlasse ich es zu entscheiden, ob ich darob erschrak oder nicht; der Zustand der Verworrenheit, in dem ich mich befand, war nun doch nicht so groß, daß ich den Rat, den man mir gegeben, nicht befolgt hätte. So setzte ich die Dollen, legte die Ruder ein und strebte mit aller Kraft, derer meine Arme noch fähig waren, ins offene Meer hinaus. Da nun Leiden und Kummer das Gedächtnis der Unglücklichen, die ihnen unterworfen sind, zu schwächen pflegen, könnte ich euch nun nicht mehr sagen, wieviele Tage und Nächte es waren, die ich jene Meere befuhr, wobei ich nicht nur einen, sondern tausend Tode erlitt, bis mein Boot eines Tages, wie von einer mächtigen Hand gepackt, durch einen fürchterlichen Sturm an diese Insel geworfen wurde, und zwar an der gleichen Stelle, wo der Eingang zu dieser Höhle sich dem Meere zu öffnet, durch den auch ihr gekommen seid. Im Innern der Höhle lief das Boot fast auf Sand, wurde jedoch von der Brandung wieder zurückgerissen. Als ich dies sah,

Erstes Buch

warf ich mich aus dem Boote und krallte meine Hände in den Sand, damit die Rückflut mich nicht forttragen könnte. Wenn auch die Rückflut das Boot, das mein Leben gewesen, ins Meer hinaustrug und mir die Hoffnung raubte, es wiederzuerlangen, so freute ich mich doch, da die Art des Todes, der mir bestimmt zu sein schien, nun eine andere war und ich festen Boden unter den Füßen hatte, denn solange das Leben währt, stirbt auch die Hoffnung nicht.«

So weit kam der spanische Barbar – diesen Namen verdiente er seiner Tracht wegen –, als aus dem rückwärtigen Raum, wohin man Cloelia gebracht hatte, schmerzliches Stöhnen und Seufzen hörbar wurde. Sogleich eilten Auristela, Periandro und die übrigen mit Lichtern hinein, um zu sehen, was Cloelia geschehen sei. Sie sahen, daß Cloelia, auf den Fellen sitzend und den Rücken an die Felswand gelehnt, mit brechenden Augen zum Himmel emporblickte. Auristela trat an sie heran und sagte mit schmerzlich bewegter, liebevoller Stimme:

»Was ist dir, meine liebe Amme? Ist es möglich, daß du mich, da ich in solcher Einsamkeit deines Rates mehr als sonst bedarf, verlassen willst?«

Cloelia kam etwas zu sich, ergriff Auristelas Hand und sagte:

»Hier nimm, mein Herzenskind, was dir gehört. Ich möchte zwar gerne noch so lange leben, bis du dich des verdienten Friedens erfreust; sollte es der Himmel jedoch anders wollen, dann füge ich meinen Willen dem seinen und bringe ihm freudig mein Leben dar. Dich, meine Gebieterin, bitte ich um eines: sollte das günstige Geschick es fügen – wie könnte es anders sein! –, daß du wieder in deinen wahren Stand zurückversetzt wirst, und sollten dann meine Eltern oder einer meiner Anverwandten noch leben, so sage ihnen, ich sei als Christin im Glauben an Jesus Christus, dem Glauben der heiligen römisch-katholischen Kirche, an den auch sie sich halten, fromm verstorben. Mehr sag' ich nicht; ich kann nicht mehr.«

Nachdem sie solches gesagt und viele Male den Namen Jesu ausgesprochen hatte, schloß sie die Augen zur Nacht der Schatten hin. Als Auristela dies sah, schlossen sich auch ihre Augen und sie fiel in tiefe Ohnmacht. Aus Periandros Augen flossen die Tränen wie aus Quellen, und aus den Augen der Anwesenden rannen sie, als wären es Bäche. Periandro eilte, um Auristela beizustehen; diese, wieder zu sich gekommen, weinte noch heftiger und sagte unter vielen Seufzern so rührende Worte, daß sie selbst die Steine erweichte. Es wurde beschlossen, Cloelia am folgenden Tag zu beerdigen, und zurückblieben bei ihr als Totenwache die junge Barbarin und ihr Bruder, indes die übrigen hinausgingen, um in der kurzen Zeit, die ihnen von der Nacht noch blieb, der Ruhe zu pflegen.

SECHSTES KAPITEL

Worin der spanische Barbar seine Lebensgeschichte forsetzt.

Länger als sonst zögerte jedoch der Tag, sich der Welt zu zeigen, denn der Rauch und die Glutasche des Inselbrandes, der immer noch nicht erloschen war, hinderte die Sonnenstrahlen daran, in jener Gegend zur Erde durchzudringen. Der spanische Barbar befahl seinem Sohn, die Höhle wie üblich zu verlassen und zu erkunden, was auf der Insel vorgehe. Die übrigen hatten die Nacht in unruhigem Schlummer verbracht; Auristela hatte vor Schmerz und Kummer über den Tod ihrer Amme keinen Schlaf gefunden, und die Schlaflosigkeit Auristelas hatte es wiederum Periandro nicht erlaubt, die Augen zu schließen. So trat er mit ihr hinaus ins Freie und sah, daß die Natur die Landschaft dort solcherart geschaffen und gestaltet hatte, als wäre sie mit Kunst und Fleiß so eingerichtet worden. Der Platz war rund, umschlossen von hohen kahlen Felsen, und es schien Periandro, als hätte er etwas mehr als eine Meile im Umkreis; überall war er mit Bäumen bestanden, die, wenn auch nur wilde, so doch eßbare Früchte trugen; Gras und Kräuter standen hoch, denn das viele Wasser, das aus den Felsen zufloß, hielt

Erstes Buch 725

sie in dauerndem Grün: all dies verwunderte und entzückte ihn. Indes kam der spanische Wilde heran und
sagte:

»Kommt, meine Freunde, wir wollen die Verstorbene
in ein Grab legen und dann das Ende meiner Geschichte
hören.«

So geschah es; sie legten Cloelia in einer Höhlung im
Felsen zur letzten Ruhe und verschlossen die Öffnung
mit Erde und kleineren Felsbrocken. Auristela bat, man
möge ein Kreuz darüber setzen zum Zeichen, daß die
Tote Christin gewesen sei. Der Spanier sagte, er wolle
ein Kreuz holen, das er in seiner Behausung habe, und es
auf das Grab setzen. Dann sagten sie der Toten ein letztes
Lebewohl; wieder weinte Auristela, und ihre Tränen ließen auch Periandros Augen überfließen. Die Kälte, die
sich grimmig zeigte, zwang sie, Schutz zu suchen, und so
kehrten sie in jenen Teil der Höhle zurück, wo sie die
Nacht verbracht hatten; hier wollten sie die Rückkunft
des jungen Barbaren erwarten. Als sie nun wieder auf den
weichen Fellen Platz genommen hatten, bat Antonio, der
Barbar, um Aufmerksamkeit und fuhr mit seiner Erzählung, wie folgt, fort:

Als mich das Boot, in dem ich gekommen, auf dem Sand
zurückließ und das Meer es wieder mit sich nahm (mit
ihm entschwand, wie schon gesagt, auch meine Hoffnnug,
je wieder die Freiheit zu erlangen, und bis jetzt habe ich
sie nicht wieder gewonnen), drang ich hier ein, sah diesen
Ort, und es schien mir, als habe ihn die Natur dazu geschaffen und gemacht, damit er die Schaubühne abgebe,
auf der die Tragödie meines Unglücks zu spielen war. Ich
wunderte mich, nirgends einen Menschen zu entdecken,
sondern nur Bergziegen und kleinere Tiere verschiedenster Art zu erblicken. Dann erforschte ich die Gegend,
fand diese in den Felsen gegrabene Höhle und bestimmte
sie mir zur Wohnstatt. Nachdem ich alles durchforscht
hatte, kehrte ich schließlich wieder an den Eingang zurück, durch den ich hereingekommen war; ich wollte sehen,
ob ich nicht eine menschliche Stimme vernähme oder jemand fände, der mir zu sagen vermochte, wo ich denn sei.

Mein Stern und der barmherzige Himmel, der meiner noch nicht ganz vergessen hatte, schickte mir eine junge Barbarin von ungefähr fünfzehn Jahren, die zwischen den Schroffen, Klippen und Steinen am Ufer bunte Muscheln und wohlschmeckende Schalentiere suchte. Als sie mich erblickte, erschrak sie, stand wie im Boden verwurzelt da, indes sie die aufgelesenen Muscheln und Schalentiere fallen ließ. Ich nahm das Mädchen in meine Arme, trug es, ohne daß einer von uns beiden ein Wort sprach, durch den Gang hierher. Hier setzte ich sie auf den Boden, küßte ihr die Hände, legte mein Gesicht zärtlich an das ihre und bezeigte mich, so gut ich es vermochte, durch mancherlei Zeichen und Beweise, als ungefährlich und liebevoll ergeben. Nachdem sich die Jungfrau von ihrem ersten Schreck erholt hatte, betrachtete sie mich lange mit ihren großen Augen und befühlte mich mit ihren Händen; dann und wann, den Schrecken schon überstanden, lachte sie und küßte mich. Dann zog sie aus ihrem Busen eine Art Brot, das jedoch nicht aus Weizen bereitet war, hervor und steckte es mir in den Mund, redete mich in ihrer Sprache an, um mich, wie ich später erfuhr, aufzufordern, ich möge essen. So tat ich, hatte ich es doch sehr nötig; dann nahm sie mich an der Hand, führte mich an jenen Bach, den ihr dort seht, und forderte mich, diesmal durch Zeichen, auf, zu trinken. Ich konnte mich an ihrem Anblick nicht sattsehen, schien sie mir doch eher ein himmlischer Engel zu sein denn eine irdische Wilde. Dann kehrte ich mit ihr zum Zugang zur Höhle zurück und flehte sie dort durch Zeichen und in einer Sprache, die sie nicht verstehen konnte, an, sie möge wiederkommen. Dabei umarmte ich sie von neuem, und sie, ein unschuldiges, barmherziges Wesen, küßte mich auf die Stirn und gab mir durch Zeichen klar und eindeutig zu verstehen, daß sie wiederkommen werde. Nachdem sie gegangen, kehrte ich hieher zurück, pflückte einige der Früchte, mit denen mehrere Bäume überladen waren, und versuchte sie; dabei entdeckte ich Nüsse, Haselnüsse und einige Birnen, ich dankte Gott für den Fund und ließ die mir fast entschwundene Hoffnung auf Rettung wieder aufleben. Jene

Erstes Buch 727

Nacht verbrachte ich hier, erwartete den Tag, und mit dem Tag erwartete ich auch die Rückkehr meiner schönen Wilden; zugleich aber begann ich mißtrauisch zu werden und zu befürchten, das Mädchen würde mich den Barbaren, die diese Insel bewohnten, entdecken und ausliefern. Von dieser Furcht wurde ich erlöst, als ich das Mädchen mit der größeren Helle des Tages, schön wie die Sonne, sanft wie ein Lamm und ohne Wilde, die mich fangen würden, dafür aber beladen mit Vorräten, die mein Fortleben sichern sollten, daherkommen sah.«

So weit war der wackere Spanier in seiner Erzählung gekommen, als sein Sohn, der auf Kundschaft ausgegangen war, zurückkehrte und berichtete, der Brand habe fast die ganze Insel verwüstet, alle oder fast alle Barbaren seien entweder im Kampf oder durchs Feuer umgekommen, und wenn jemand am Leben geblieben sei, dann nur jene, die sich auf Flößen in die Gewässer des Meeres hinausgewagt hätten, um dem Feuer auf dem Lande zu entrinnen. Sie selbst könnten nun alle die Höhle ohne Furcht verlassen und die Insel durchwandern, wo das Feuer nicht wüte. Jeder aber solle daran denken, wie man von dieser verfluchten Erde wegkommen könne, gebe es doch in der Nähe andere Inseln, die von weniger barbarischen Menschen bewohnt würden, vielleicht änderten sie auch ihr Schicksal, wenn sie den Aufenthaltsort veränderten.

»Hab noch ein wenig Geduld, mein Sohn, denn ich bin gerade dabei, diesen Herrschaften meine Schicksalsläufte zu berichten, und obgleich meine Leiden unsäglich waren, bleibt mir nicht mehr viel zu erzählen.«

»Bemühe dich nicht, mein Herr und Gemahl«, sagte indes die Frau des Spaniers, »alles so ausführlich zu berichten; du könntest dabei dich oder deine Zuhörer ermüden. Überlasse es mir zu erzählen, was noch zu erzählen bleibt.«

»Ich bin es zufrieden«, erwiderte der Spanier, »um so mehr als es mir viel Vergnügen bereiten wird zu hören, wie du die Begebnisse darstellst.«

Es geschah also«, fuhr die Frau fort, »daß aus meinem häufigen Kommen und Gehen mir und meinem Gatten dieses Mädchen und dieser Knabe entsprangen. Ich nenne diesen Mann meinen Gatten, denn ehe ich mich ihm gänzlich hingab, versprach er mir, mein Gatte zu sein und zwar so, wie dies, nach dem was er mir gesagt, unter wahren Christen gehalten wird. Er hat mich seine Sprache gelehrt, und ich ihn die meine, und in meiner Sprache unterwies er mich im christlichen, katholischen Glauben; er taufte mich mit dem Wasser jenes Baches, wenn auch nicht mit der Feierlichkeit, die, wie er mir gesagt, in seiner Heimat üblich ist; seinen Glauben lehrte er mich, so gut er ihn kennt; ich nahm diesen Glauben mit Herz und Seele auf und ließ ihn darin so fest Wurzeln schlagen, wie ich nur vermochte. Ich glaube an die heilige Dreifaltigkeit: Gott Vater, Gott Sohn und Gott heiliger Geist, drei verschiedene Personen und doch gemeinsam der einzige wahre Gott. Denn ist auch Gott der Vater, Gott der Sohn und Gott der heilige Geist, so sind es doch nicht drei verschiedene, von einander unterscheidbare Götter, sondern nur ein einziger wahrhaftiger Gott. Schließlich glaube ich an alles, was die heilige römisch-katholische Kirche für wahr hält und glaubt, jene Kirche, die vom heiligen Geist gelenkt, doch verwaltet wird vom Papst, dem Stellvertreter und Vizekönig Gottes auf Erden, dem rechtmäßigen Nachfolger des heiligen Petrus, des ersten Hirten der Kirche nach Jesu Christo, dem ersten allgemeinen Hirten Seiner Braut, der Kirche. Wunderbare Dinge berichtete mein Gatte von der unbefleckten Jungfrau Maria, der Himmelskönigin, Herrin der Engel und unsere Gebieterin, Schatzkammer des Vaters, Schrein des Sohnes und Liebe des heiligen Geistes, Schutz und Zuflucht der Sünder. Überdies hat er mich noch vieles andere gelehrt, worüber ich jetzt nichts mehr sagen will, da mich dünkt, es genüge das bisher Gesagte, um euch klarzumachen, daß ich eine katholische Christin bin. Einfach und barmherzig von Natur, legte ich meine ungeformte Seele in seine Hände; er hat meine Seele, dem Himmel sei's gedankt, licht und christlich gemacht und sie mir zurückgegeben. Da ich überzeugt war, niemand ein Unrecht anzutun, habe ich ihm meinen Leib ausgeliefert und dank dieser Hingabe

Erstes Buch

konnte ich ihm diese beiden Kinder schenken und solcherart die Zahl derer vermehren, die den wahren Gott preisen. Von Zeit zu Zeit brachte ich etwas von dem Golde mit, das in großer Menge auf dieser Insel zu finden ist, und einige Perlen; dies alles bewahre ich auf in der Erwartung des Glückstages, der uns aus diesem Gefängnis befreit und uns an einen Ort bringt, wo wir uns in Ruhe, Sicherheit und frei von Gewissensnot zur Herde Christi, den ich an jenem Kreuze verehre, zählen dürfen. Dies schien mir noch an dem zu fehlen, was mein Gemahl Antonio« – so hieß der spanische Barbar – »berichtet hat.«

»Du hast sehr wahr gesprochen, meine Ricla.« So hieß die Barbarin. Beide hatten ihre Zuhörer durch die abwechslungsreiche Geschichte in große Verwunderung versetzt und wurden von ihnen mit großem Lob überhäuft. Die Zuhörer gaben ihnen alle Hoffnung auf einen glücklichen Ausgang ihres wechselvollen Schicksals, besonders Auristela, die Ricla und deren Tochter ins Herz geschlossen hatte.

Der junge Barbar, der wie sein Vater Antonio hieß, meinte nun, es wäre nicht gut, wenn sie hier untätig zuwarteten und nicht über Mittel und Wege nachdächten, wie sie der Abgeschiedenheit der Insel entkämen. Wenn nämlich das Feuer, das sich rasch ausbreite, die Berge überwinde oder die Flammen, vom Winde getragen, hier einfielen, dann würden sie allesamt verbrennen.

»Du hast recht, mein Sohn«, sagte der Vater.

»Ich bin der Meinung«, sagte Ricla, daß wir hier noch zwei Tage zuwarten sollten, denn von einer Insel, die dieser hier so nahe liegt, daß man sie bei ruhigem Meer an sonnigen Tagen von hier aus sehen kann, kommen zuweilen die Einwohner zu uns herüber, um ihre Waren zu verkaufen oder gegen unsere Waren einzutauschen. Da nun niemand mehr mich belauschen und hindern könnte – die Toten können nicht hören, noch irgendetwas verhindern –, werde ich, wenn die Leute von drüben kommen, die Höhle verlassen und mit ihnen verhandeln, damit sie mir eines ihrer Boote, gleichgültig zu welchem Preis, verkaufen. Ich werde ihnen sagen, daß ich das

Boot bräuchte, damit ich mit meinen Kindern und meinem Mann, die ich in eine Höhle gerettet hätte, der Wut des Feuers entkäme. Ihr müßt wissen, daß jene Boote aus Holz gebaut und mit starken Häuten bekleidet sind, stark genug, daß kein Wasser an den Seiten einzudringen vermag; wie ich aber gesehen und mir gemerkt habe, kommen die Boote nur bei ruhiger See herüber und es fehlt ihnen an jenen Tüchern, die ich bei den Schiffen gesehen habe, die an diesen Strand zu kommen pflegen, um Jungfrauen oder Männer zu bringen, die man hier um des dummen Aberglaubens willen, von dem ihr wohl schon gehört habt – er herrscht seit undenklichen Zeiten auf dieser Insel –, mit großem Eifer gekauft hat. Darum glaube ich, daß jene Boote nicht stark genug sind, um sich mit ihnen auf die hohe See zu wagen und dort den Ungewittern und Stürmen, die, wie es heißt, jeden Augenblick ausbrechen, zu trotzen.

Hier fragte Periandro:

»Hat der Herr Antonio in den vielen Jahren, die er hier eingeschlossen gelebt hat, nie versucht, sich dieser Boote zu bedienen?«

»Nein«, erwiderte Ricla, »denn die vielen Augen, die mich überall beobachten konnten, nahmen mir jede Möglichkeit, mit den Besitzern der Boote zu verhandeln, und überdies hätte ich nicht gewußt, welchen Grund ich für den Kauf hätte vortäuschen sollen.«

»So ist es«, sagte Antonio, »und überdies wollte ich der geringen Festigkeit dieser Boote nicht recht trauen. Jetzt aber, da der Himmel selbst mir diesen Rat gibt, will ich ihn befolgen. Meine schöne Ricla wird darum achtgeben, wann die Händler von der anderen Insel herüberkommen und von ihnen, ohne auf den Preis zu achten, ein Boot und den nötigen Mundvorrat kaufen, indem sie ihnen den schon genannten Grund dafür angibt.«

Kurz und gut, alle schlossen sich dieser Meinung an, und als sie die Höhle verlassen hatten, sahen sie mit staunenden Augen, welche Verheerung das Feuer und die Waffen angerichtet hatten. Sie sahen auch die vielen Arten Tod, deren Urheber die Wut, die Unvernunft und der Zorn sind; sie

Erstes Buch

sahen auch, wie die überlebenden Barbaren, auf Flößen zusammengedrängt, aus der Ferne den wütenden Brand verfolgten, der ihnen die Heimat vernichtete. Einige Barbaren schienen sich auf die Kerkerinsel zurückgezogen zu haben. Auristela verlangte, daß man auf jene Insel hinüberfahre, um nachzusehen, ob dort im finsteren tiefen Kerkerloch nicht noch ein Gefangener zurückgeblieben wäre; allein dies war unnötig, denn sie sahen ein Floß an den Strand kommen, auf dem ungefähr zwanzig Leute durch ihre Kleidung schon verrieten, daß es sich um jene Unglücklichen handeln mußte, die im Kerkerloch gefangen gehalten worden waren. Sie legten an, küßten den Boden, und beinahe hätten sie das Feuer angebetet, hatte ihnen doch der Barbar, der sie aus dem Kerker geholt, gesagt, daß die Insel brenne und sie nun nichts mehr zu fürchten hätten. Sie wurden von den Freien freundlich begrüßt und auf die bestmögliche Weise getröstet. Einige der Neuankömmlinge sprachen von ihren Leiden, andere übergingen es mit Schweigen, da ihnen die Worte fehlten, um die erlittenen Qualen auszudrücken. Ricla wunderte sich sehr, daß ein Barbar so barmherzig gewesen wäre, sie aus dem Kerker zu holen, und noch keiner der Wilden, die sich auf die Flöße gerettet, drüben auf der Kerkerinsel aufgetaucht wäre. Einer der Befreiten sagte, der Wilde, der sie aus dem Kerker geholt hatte, habe ihnen in italienischer Sprache die furchtbare Geschichte von der verbrannten Insel erzählt und ihnen geraten, hinüberzufahren, um sich an dem Gold und den Perlen, die sie dort finden würden, für ihre Leiden schadlos zu halten. Er selbst würde ihnen auf einem anderen Floß folgen, um dann mit ihnen gemeinsam nach Mitteln und Wegen zu suchen, damit sie die wirkliche Freiheit erlangten. Die Erlebnisse, die die Befreiten berichteten, waren so unterschiedlich, so seltsam und so schrecklich, daß die einen ihnen Tränen entlockten und die anderen sie zum Lachen brachten.

Indes sahen sie, daß sich sechs von jenen Booten, von denen Ricla gesprochen hatte, der Insel näherten; sie legten zwar an, doch brachte man keine Ware an Land, da keine Barbaren sichtbar waren, die zum Kauf herbeigeeilt wären.

Ricla verhandelte mit den Leuten über den Ankauf aller Waren samt den Booten, obgleich sie nicht die Absicht hatte, alles zu kaufen. Die Händler wollten aber nur vier der Boote abgeben, damit sie wenigstens zwei Boote hätten, um heimzukehren. Der geforderte Preis wurde großzügig und ohne Feilschen hingenommen. Ricla ging in die Höhle und bezahlte dann in Stücken ungemünzten Goldes, von denen schon einmal die Rede war, den Preis, den die Händler verlangten. Zwei Boote gaben sie den Leuten, die aus dem Kerkerloch befreit worden waren; die beiden anderen behielten sie für sich, und in das eine Boot kamen alle Vorräte, die nebst vier Befreiten darin Platz fanden, und in das andere stiegen Auristela, Periandro, Antonio, der Vater, und Antonio, der Sohn, die schöne Ricla, die kluge Transila und die liebliche Constanza, die Tochter Antonios und Riclas. Auristela wollte noch vom Grabe ihrer geliebten Cloelia Abschied nehmen; alle begleiteten sie dahin, und sie weinte über der Toten. Unter Tränen der Trauer und der Freude begaben sie sich wieder zu den Booten. Bevor sie sich einschifften, knieten sie am Strand nieder und flehten den Himmel mit innigem, demütigem Gebet an, ihnen allen eine glückliche Reise zu bescheren und ihnen den Weg zu weisen, den sie zu nehmen hätten. Periandros Boot diente als Flaggschiff, dem die übrigen Boote folgen sollten; allein als sie die Ruder ins Wasser schlagen wollten, denn Segel hatten sie keine, kam ein stattlicher Barbar ans Ufer gelaufen und rief ihnen in toskanischer Sprache zu:

»Solltet ihr Christen sein, die ihr in diesen Booten abfahren wollt, dann nehmt auch diesen Christenmenschen hier mit; er bittet euch im Namen des wahrhaftigen Gottes darum.«

Von einem anderen Boot her rief einer:

»Jener Wilde dort, ihr Damen und Herren, ist es gewesen, der uns aus dem tiefen Kerkerloch befreit hat. Wenn ihr so edel handeln wollt, wie ihr edel zu sein scheint« – und damit wandte er sich denen zu, die im Flaggboot saßen –, »dann solltet ihr ihm die Guttat, die er uns erwies, dadurch vergelten, daß ihr ihn unter uns aufnehmt.«

Erstes Buch 733

Kaum hatte Periandro dies vernommen, als er jenem befahl, sein Boot – es war das Boot mit den Vorräten – noch einmal ans Ufer zu rudern und den Mann aufzunehmen. Als dies geschehen war, brachen sie in Freudenrufe aus und gaben, nach den Rudern greifend, ihrer Fahrt einen frohen Beginn.

SIEBENTES KAPITEL

Sie verlassen die Barbareninsel in Ruderbooten und entdecken eine Insel, wo sie an Land gehen.

Die Boote mochten bereits so an die vier Meilen zurückgelegt haben, als die wagemutigen Seefahrer eines mächtigen Schiffes gewahr wurden, das, den Wind im Rücken, mit vollen Segeln auf sie zukam und sie allem Anschein nach angreifen wollte. Als Periandro das Schiff erblickte, sagte er:

»Zweifelsohne ist dies das Schiff Arnaldos, der zurückkehrt, um zu erfahren, wie es mir ergangen, doch wäre es mir lieber, ihm jetzt nicht zu begegnen.«

Periandro hatte Auristela schon alles berichtet, was ihm mit Arnaldo widerfahren war und was sie vereinbart hatten. Auristela erschrak, denn sie wollte nicht wieder in Arnaldos Hände fallen; sie hatte, wenn auch kurz, gedrängt, Periandro erzählt, was ihr in dem Jahre, in dem sie in Arnaldos Gewalt gewesen, zugestoßen war. Sie wollte nicht, daß die Nebenbuhler einander wieder begegneten, denn wenn Arnaldo auch beruhigt sein mochte, weil Periandro sich als ihr Bruder ausgegeben hatte, so quälte sie doch die Furcht, daß die angebliche Verwandtschaft als Betrug entdeckt werden könnte, und überdies, wer wäre imstande, Periandro vor eifersüchtigen Regungen zu bewahren, wenn er solch mächtigen Nebenbuhler immer vor Augen hätte? Weder ruhige Überlegung noch die Treue der Geliebten geben dem Liebenden irgendeine Sicherheit, wenn sich seiner, zu seinem Unglück, eifersüchtige Gedanken bemächtigen. Von allen diesen Befürchtungen befreite sie der Wind, der sich plötzlich vom Steven nach dem Bug drehte und in entgegengesetzter Richtung blies, während das Schiffsvolk vor ihren erstaunten Augen in kürzester Zeit die Segel reffte und sie in einem weiteren Augenblick, kaum wahrnehmbar, einschließlich des Marssegels von neuem setzte; das Schiff segelte wieder im Wind, doch in entgegengesetzter Richtung, und entfernte sich sehr rasch von den Booten. Auristela atmete auf; Periandro faßte neuen Mut; allein die übrigen hätten die Boote gern mit dem Schiff vertauscht, da es ihrem Leben seiner Größe wegen mehr Sicherheit geboten und eine glücklichere Reise versprochen hätte. In weniger als zwei Stunden hatten sie das Schiff aus den Augen verloren; sie wären ihm, hätten sie es nur vermocht, gerne gefolgt, doch dies war ihnen nicht möglich, und so konnten sie nichts anderes tun, als sich einer Insel zuzuwenden, deren hohe schneebedeckte Berge ihnen nahe erschienen, obgleich sie noch sechs Meilen entfernt waren. Die Nacht brach herein; der Himmel war bewölkt; ein frischer Wind blies ihnen im Rücken, was den Männern, die die Ruder wieder zur Hand nahmen und der Insel zustrebten, die Arbeit sehr erleichterte.

Es dürfte nach der Berechnung, die Antonio, der Vater, nach dem Polarstern und den beiden Sternen des Kleinen Bären anstellte, Mitternacht gewesen sein, als sie die Insel erreichten, und weil das Wasser nur leicht das Ufer bespülte und die Rückflut kaum spürbar wurde, ließen sie die Boote auf Sand treiben und zogen sie dann vollends an Land. Die Nacht war kalt, so kalt, daß sie vor dem Frost Schutz suchen mußten, doch vergeblich. Periandro gebot allen Frauen, sich in das Flaggboot zu begeben, sich dort aneinander zu schmiegen und sich solcherart am besten gegen die Kälte zu wehren. Dies geschah; die Männer übernahmen die Wache beim Flaggboot, gingen gleich Posten auf und nieder und warteten auf diese Weise, daß der Tag anbreche und sie zu sehen vermöchten, wo sie seien, denn vorderhand konnten sie nicht erkennen, ob die Insel bewohnt war oder nicht. Da es nur natürlich ist, daß

Sorgen den Schlaf verscheuchen, vermochte niemand in diesem bekümmerten Häuflein ein Auge zuzutun. Als Antonio, der Vater, dies sah, bat er den Italiener, er möge ihnen, um die Zeit zu vertreiben und die Beschwernis der üblen Nacht erträglicher zu machen, die Wechselfälle seines Lebens erzählen, die gewiß ungewöhnlich und seltsam sein mußten, da sie ihn zu solcher Gewandung an einem solchen Ort gebracht hatten.

»Das will ich gerne tun«, sagte der Italiener, »obgleich ich fürchte, daß ihr mir, dessen unglückliche Erlebnisse so zahlreich, so unerhört und ungewöhnlich sind, keinen Glauben schenken werdet.«

Hierauf erwiderte Periandro:

»Durch die Abenteuer, die uns zugestoßen sind, haben wir uns daran gewöhnt, alle Erlebnisse, die man uns berichtet, für wahr zu halten, selbst wenn sie mehr an Unglaublichem als an Nachweisbarem enthalten.«

»Treten wir näher an das Boot heran, in dem sich die Frauen befinden«, sagte der Italiener. »Vielleicht vermag die eine oder die andere beim Anhören meiner Schicksalsschläge einzuschlafen, eine andere der Frauen wieder vermag vielleicht die Müdigkeit zu überwinden und mir ihr Mitleid bezeugen; denn für einen, der von seinem Unglück erzählt, ist es ein Trost zu sehen und zu hören, wie sich jemand seiner erbarmt.«

»Was mich betrifft«, erwiderte Ricla vom Boot aus, »so kann ich Euch versichern, daß ich trotz der Müdigkeit über Tränen genug verfüge, die ich Euch, der Ihr arm an Glück und reich an Leiden seid, darbringen kann.«

Fast dasselbe sagte Auristela, und damit stellten sich alle um das Boot herum auf und lauschten aufmerksam dem, was jener, der ihnen wie ein Barbar vorgekommen war, zu erzählen hatte. Dieser begann also:

ACHTES KAPITEL

Worin Rutilio seine Lebensgeschichte beginnt.

»Ich heiße Rutilio und bin aus Siena, einer der berühmtesten Städte Italiens gebürtig; von Beruf bin ich Tanzmeister, einzigartig in meiner Kunst, und ich hätte glücklich sein können, wenn ich nur gewollt hätte. In Siena
lebte ein vermögender Edelmann, dem der Himmel eine
Tochter geschenkt hatte, die mehr schön als klug war. Der
Vater hatte die Absicht, sie mit einem florentinischen
Edelmann zu verheiraten, und um sie diesem, da es ihr an
natürlichen Geistesgaben gebrach, wenigstens mit erlern-
ten Fähigkeiten ausgestattet übergeben zu können, wollte
er, daß ich sie tanzen lehre; denn die Anmut, die gefällige
Erscheinung und das Ebenmaß des Körpers zeigen sich bei
keiner Gelegenheit so vorteilhaft als bei ehrbaren Tänzen,
weshalb es auch vornehmen Damen wohl ansteht, für
unvermeidliche Gelegenheiten solche Tänze zu beherrschen. Ich begann damit, sie die Bewegungen des Körpers
zu lehren, brachte damit aber ihr Herz in Wallung, und
da sie, wie schon gesagt, keineswegs vernünftig war, lieferte sie mir ihr Herz aus, und das Schicksal, das schon
lange das Unheil hinter mir herschickte, veranlaßte mich,
das Mädchen aus dem Hause des Vaters zu entführen und
nach Rom zu bringen, wo wir beide uns in Ruhe aneinander ergötzen wollten. Allein da die Liebe ihre Freuden
nicht wohlfeil abgibt und der Untat die Strafe auf dem
Fuß folgt, weil man ständig in der Furcht vor der Strafe
lebt, wurden wir beide auf Betreiben ihres Vaters, der
uns suchen ließ, schon auf der Reise festgenommen.
Ihre Aussage, sie begleite den Gatten, und meine, ich
führte meine Gattin mit mir, diente nur dazu, mich noch
schuldiger erscheinen zu lassen, als ich war, und zwar sosehr schuldig, daß der Richter, von meinem Verbrechen
überzeugt, sich für verpflichtet hielt, mich zum Tode zu
verurteilen. Im Gefängnis sperrte man mich mit anderen
wegen weniger ehrbaren Untaten zum Tode Verurteilten
zusammen.

Erstes Buch

Dort besuchte mich ein Weib, das, wie es hieß, wegen fatucherie – was in unserer Sprache Hexerei heißt – eingesperrt war. Die Frau des Kerkermeisters hatte sie von den Handschellen und Fußeisen befreien lassen und in ihre Wohnung genommen, damit sie ihr mit Hilfe von Kräutern und Beschwörungen eine Tochter von einer Krankheit befreie, die die Ärzte nicht zu heilen vermochten. Kurz und gut, um meine Geschichte abzukürzen, denn selbst eine ausgezeichnete Geschichte wird dem Zuhörer wie eine schlechte vorkommen, wenn sie sich in die Länge zieht, will ich nur sagen: ich lag in Ketten, das Messer saß mir an der Kehle, ich war zum Tode verurteilt, hatte keine Hoffnung mehr auf Rettung, noch die Mittel dazu, und so gab ich der Hexe mein Wort, sie zu heiraten, wenn sie mich aus meiner Bedrängnis befreie. Sie erwiderte mir, ich möge ohne Sorge sein, denn in der kommenden Nacht wolle sie meine Ketten und Fußeisen sprengen, mich trotz der Hindernisse in Freiheit setzen und so verbergen, daß meine Feinde – und hätte ich derer noch so viele und mächtige – mir nichts anhaben könnten. Ich hielt sie nicht für eine Hexe, sondern für einen Engel, den mir der Himmel zu meiner Rettung gesandt hatte und harrte der Nacht. Als die Nacht ganz mit Schweigen erfüllt war, kam sie und sagte mir, ich solle das Ende des Rohrstabes, den sie in die Hand nahm, ergreifen und ihr folgen. Ich war etwas verwirrt, doch da ich mich in allergrößter Not befand, bewegte ich die Beine, um ihr zu folgen, fühlte mich frei von Schellen und Fußeisen und sah, daß die Türen des Gefängnisses weit offenstanden, die Gefangenen und ihre Wächter jedoch in tiefstem Schlaf begraben waren. Auf der Straße angekommen, breitete meine Führerin einen Mantel auf den Boden, wies mich an, mich darauf zu stellen, und sagte, ich möge guten Mutes sein, meine Gebete jetzt doch lieber unterlassen. Mir schien dies ein böses Zeichen, denn ich erkannte, daß sie mich durch die Lüfte entführen wollte; allein obgleich ich als ein gut unterwiesener Christ all diese Hexenkünste für alberne Possen hielt, wofür man sie auch zu halten hat, ließ mich doch die Todesgefahr, in der ich, wie gesagt, schwebte, alle Bedenken beiseite schieben. Kurz und gut, ich stellte mich auf den Mantel, und sie murmelte, ohne ein weiteres Wort an mich zu richten, rasch einige Wörter, die ich nicht verstehen konnte, worauf sich der Mantel in die Luft erhob und ich mich solcherart zu fürchten begann, daß ich in meiner Litanei keinen Heiligen ausließ, um ihn anzuflehen, mir beizustehen. Sie mußte sowohl meine Furcht als auch mein Beten bemerkt haben, denn sie befahl mir wieder, dies zu unterlassen. ›Weh mir Unglücklichen!‹ sagte ich bei mir. ›Welches Glück kann ich denn erhoffen, wenn sie es mir verbietet, Gott darum zu bitten, von dem doch alles Gute kommt?‹

Kurz und gut: ich schloß die Augen und ließ mich von den Teufeln fahren, denn diese sind die Postpferde der Hexen. Nachdem wir, wie mir schien, vier Stunden oder ein weniges mehr geflogen waren, befand ich mich zur Morgendämmerung in einem fremden Lande. Der Mantel senkte sich zur Erde nieder, und meine Führerin sagte: ›Du bist jetzt an einem Ort, Freund Rutilio, wo dir das ganze Menschengeschlecht nichts mehr anhaben kann.‹ Indes sie solches sagte, begann sie mich, nicht sehr ehrbar, zu umarmen; ich drängte sie von mir ab und erkannte, soviel ich in der Dämmerung zu sehen vermochte, daß die, welche mich umarmte, die Gestalt einer Wölfin angenommen hatte. Dieser Anblick ließ mir die Seele erstarren, verwirrte mir die Sinne, und mein Mut begann mich zu verlassen; allein wie es in der größten Not häufig zu geschehen pflegt, schenkte mir die geringe Hoffnung auf Rettung die Kraft der Verzweiflung, und so griff ich nach einem Messer, das ich zufällig in meinem Hemd verborgen hatte, und stieß es der, die ich für eine Wölfin hielt, wütend und grimmig in die Brust. Als sie fiel, entschwand die scheußliche Gestalt, und zu meinen Füßen lag, in ihrem Blute schwimmend, die unglückliche Zauberin.

Bedenkt nun, meine Freunde, in welcher Lage ich mich in dem fremden Land und ohne einen Führer befand. Mehrere Stunden wartete ich auf den Tag; allein der Tag wollte nicht anbrechen, und nirgends am Horizont war ein Anzeichen der aufgehenden Sonne zu entdecken. Ich ent-

Erstes Buch

739

fernte mich von dem Leichnam, da es mich mit Abscheu und Grauen erfüllte, ihn so in meiner Nähe zu haben. Oftmals richtete ich meine Augen auf den Himmel, betrachtete den Lauf der Sterne, und nach dem Weg, den sie zurücklegten, schien es mir, als müßte es schon Tag sein. In dieser Verwirrung schien mir, als sprächen in meiner Nähe einige Leute miteinander. So war es auch; ich ging zu ihnen hin und bat sie in toskanischer Sprache, mir zu sagen, welches Land dies sei, und einer antwortete mir gleichfalls auf italienisch: ›Dieses Land ist Norwegen; wer aber bist du, der du solches fragst, und überdies in einer Sprache, die hierzulande nur wenige verstehen?‹ ›Ich bin‹, erwiderte ich, ›ein Unglücklicher, der, um dem Tod zu entfliehen, ihm geradewegs in die Arme gelaufen ist.‹ Und in wenigen Worten berichtete ich ihm von meiner Reise und auch vom Tod der Hexe. Der Mann, der mit mir sprach, schien Mitleid mit mir zu haben, denn er sagte: ›Du, mein guter Mann, kannst dem Himmel nur unendlich danken, daß er dich aus der Gewalt dieser bösartigen Hexe befreit hat, deren es in diesen nördlichen Breiten eine Unmenge gibt. Es heißt, daß sich hier Männer und Weiber in Wölfe verwandeln, denn unter den Männern gebe es Hexenmeister wie unter den Weibern Hexen. Wie dies zugeht, kann ich dir nicht sagen, und als katholischer Christ glaube ich nicht daran; allein die Erfahrung belehrt mich eines anderen. Ich kann mir dies nur so erklären, daß alle diese Verwandlungen Vorspiegelungen des Teufels sind, die Gott zur Strafe für die abscheulichen Sünden dieser verfluchten Menschengattung zuläßt.‹ Ich fragte ihn, wie spät es sein könnte, denn mir scheine es, daß sich die Nacht über Gebühr verlängere und der Tag nie erscheine. Er antwortete mir, daß sich das Jahr in jenen Regionen in vier Abschnitte teile. Drei Monate herrsche völlige Nacht, in der die Sonne nie erscheine, drei Monate wäre Morgendämmerung, wo es nie ganz dunkel, noch ganz hell sei, wieder andere drei Monate herrsche ununterbrochen heller Tag, und die Sonne gehe nie unter; dann gäbe es wieder drei Monate Abenddämmerung; die gegenwärtige Jahreszeit sei die Morgendämmerung, und so sei ein Warten darauf, daß die Sonne aufgehe, vergeblich; ebenso vergeblich würde ich jetzt darauf warten, in meine Heimat zurückkehren zu können; denn dies wäre nur in der Jahreszeit des langen Tages möglich, wenn die Kauffahrerschiffe von hier nach England, Frankreich und Spanien führen. Er fragte mich, ob ich einen Beruf erlernt hätte, mit dem ich meinen Lebensunterhalt verdienen könnte, bis sich mir die Gelegenheit böte, wieder in meine Heimat zurückzukehren. Ich sagte ihm, daß ich Tänzer sei und ein großer Springer und gleichzeitig sehr erfahren in den Taschenspielerkünsten. Der Mann lachte aus vollem Halse und sagte, alle diese Künste oder Berufe, oder wie ich sie sonst nennen wolle, seien weder in Norwegen noch in einem anderen nordischen Land begehrt. Er fragte mich, ob ich die Goldschmiedekunst erlernen wolle. Ich entgegnete ihm, ich sei geschickt genug, alles zu erlernen, was man mich lehren wolle. ›So kommt denn mit mir; doch vorerst müssen wir noch diese Elende begraben.‹

Dies taten wir, und dann brachte er mich in eine Stadt, wo alle Leute mit Kienfackeln in den Händen durch die Straßen gingen, um ihre Geschäfte zu besorgen. Unterwegs fragte ich ihn, wie und wann er denn in dieses Land gekommen und ob er wahrhaftig Italiener wäre. Er erwiderte mir, daß einer seiner Vorväter, der häufig in Geschäften von Italien hieher gekommen sei, sich hier verheiratet und den Kindern seine Sprache gelehrt habe. Die Sprache sei dann in der Familie von den Vätern an die Kinder weitergegeben worden und so sei sie auch auf ihn, einen der Enkel des vierten Gliedes gekommen. ›Und so, seit langem hier eingeboren und ansässig, bin ich aus Liebe zu meiner Frau und meinen Kindern mit diesem Volke ganz verwachsen, ohne irgendwie an Italien zu denken, noch an die Verwandten, die meine Voreltern dort zu besitzen behaupteten.‹

Wollte ich nun das Haus beschreiben, das ich betrat, die Frau und die Kinder, die ich antraf, schildern und auch die Dienerschaft (die sehr groß war), das große Vermögen, den Empfang und die Bewirtung, die sie mir bereiteten, so hieße dies: ins Unendliche abschweifen. Es genüge darum,

Erstes Buch   741

wenn ich sage, daß ich sein Handwerk erlernte und in
wenigen Monaten imstande war, mir mein Leben durch
meine Arbeit zu verdienen. Indes kam die Jahreszeit des
großen Tages heran, und mein Herr und Meister (so kann
ich ihn wohl nennen) beschloß, eine große Menge seiner
Erzeugnisse auf anderen nahen Inseln und einigen entfernten zum Verkauf zu bringen. Ich begleitete ihn, sowohl aus Wißbegierde wie auch in der Absicht, einiges,
was ich selbst verfertigt hatte, zu verkaufen. Auf dieser
Reise sah ich Dinge, die der Bewunderung und des Schau-
ders wert sind, andere wieder, die Lachen und Freude verdienten; ich lernte Sitten kennen, sah Gebräuche, die ich
nie gesehen und die auch von keinem anderen Volke geübt
werden; nach zwei Monaten kamen wir in einen Sturm,
der fast vierzig Tage lang anhielt und uns schließlich auf
die Insel zutrieb, die wir heute verlassen haben. Hier zerschellte unser Schiff an den Felsen, und keiner außer mir
kam mit dem Leben davon.

NEUNTES KAPITEL

Worin Rutilio die Geschichte seines Lebens fortsetzt.

»Noch ehe ich etwas anderes gesehen, bot sich als erstes
meinen Blicken ein Wilder dar, der tot an einem Baume
hing und offensichtlich gehenkt worden war. Daran erkannte ich, daß ich in einem Lande war, in dem grausame
Wilde hausten, und sogleich spiegelte mir die Angst tausend Tode vor, und da ich nicht wußte, wie dem entrinnen,
fürchtete ich eine Todesart so gut wie die andere. Da aber,
wie man sagt, die Not erfinderisch macht, kam ich auf
einen seltsamen Einfall. Ich knüpfte den Wilden vom
Baum und zog mir, nachdem ich mich meiner Kleider ent-
ledigt und sie im Sand vergraben hatte, die Kleider des
Wilden an, die mir sehr gut paßten, da sie keinerlei Schnitt
hatten, waren sie doch – wie ihr gesehen habt – aus Tier-
fellen grob verfertigt, die dann ungenäht, einfach um den

Körper gewickelt werden. Um meine Unkenntnis der Sprache zu verbergen und an meiner eigenen nicht als Fremder erkannt zu werden, stellte ich mich taubstumm und drang hüpfend und Luftsprünge machend, ins Innere der Insel vor.

Noch war ich nicht weit gekommen, als ich auf eine große Anzahl Barbaren stieß, die mich umringten und mich, in ihrer Sprache überstürzt auf mich einredend, fragten (dies habe ich erst später verstanden), woher ich käme und wohin ich wolle. Ich schwieg und gab ihnen, so deutlich ich es nur vermochte, durch Zeichen zu verstehen, daß ich taub wäre; dann fing ich wieder an zu hüpfen und machte noch häufigere Luftsprünge. Ich entfernte mich von ihnen; die Knaben liefen mir nach und folgten mir auf Schritt und Tritt. Dank dieser Täuschung galt ich als stummer Barbar, und die Knaben gaben mir von ihrem Essen ab, um mich springen und Gesichter schneiden zu sehen. Auf diese Weise verbrachte ich drei Jahre unter ihnen und hätte alle Jahre meines Lebens unter ihnen verbringen können, ohne jemals entdeckt zu werden. Mit großer Aufmerksamkeit und Wißbegierde hörte ich ihnen zu, wenn sie redeten und so lernte ich viel von ihrer Sprache. Auf diese Weise erfuhr ich auch von der Prophezeiung über die Dauer des Reiches, die einer ihrer ältesten Weisen, dem großer Glaube geschenkt wurde, verkündet hatte; ich habe gesehen, wie sie einige Männer opferten, um zu erproben, wie die Weissagung sich erfülle, und habe auch gesehen, daß sie um derselben Weissagung willen Jungfrauen kauften, bis der Brand auf der Insel, den ihr meine Freunde selbst erlebt habt, ausgebrochen ist. Ich rettete mich vor den Flammen, fuhr ab, um die Gefangenen im Kerkerloch, in dem wohl auch ihr geschmachtet habt, von den Ereignissen zu unterrichten; dann sah ich diese Boote, eilte ans Ufer, und meine Bitte rührte euer großmütiges Herz. Ihr habt mich aufgenommen, wofür ich euch unendlichen Dank sage, und jetzt hoffe ich auf die Gnade des Himmels, der, da er uns alle aus solchem Elend befreit hat, unsere, wie wir hoffen, glückliche Fahrt gleichfalls begünstigen wird.«

Hiermit schloß Rutilio seinen Bericht, den alle mit Ver-

Erstes Buch

wunderung und großem Vergnügen angehört hatten. Der Tag brach an, rauh, trüb, mit allen Anzeichen drohenden Schnees. Auristela übergab Periandro, was sie von Cloelia in der Nacht, in der diese gestorben, erhalten hatte: zwei Wachskugeln, deren eine, wie man sah, ein Kruzifix aus Diamanten einschloß, ein Kruzifix von solchem Wert, daß sie erst gar nicht versuchten, es zu schätzen, um sich nicht im Werte zu irren; die andere Wachskugel enthielt zwei runde Perlen, deren Wert ebenso unschätzbar war. An diesen Kostbarkeiten erkannten alle, daß Auristela und Periandro von sehr hohem Stande waren, obgleich ihre edle Gestalt und ihr liebenswürdiges Betragen dies schon deutlich genug zeigten. Als der Tag anbrach, drang Antonio, der Vater, tiefer in die Insel ein, wo er aber nur schroffe Höhen und Schneegebirge entdeckte. Darum kehrte er gleich zu den Booten zurück und sagte, die Insel sei kahl und unbewohnt, und man täte gut daran, rasch abzufahren, um anderswo vor der aufkommenden Kälte Schutz zu suchen und die Lebensmittel zu ersetzen, die zur Neige zu gehen drohten. Rasch zogen sie die Boote ins Wasser, stiegen ein und setzten den Kiel nach einer anderen Insel, die sich in nicht allzugroßer Ferne zeigte. Während sie so dahinfuhren, gerade so schnell, als es die beiden Ruder erlaubten, mit denen jedes Boot versehen war, hörten sie, wie aus einem der anderen beiden Boote ein Lied ertönte, das von einer weichen, lieblichen Stimme gesungen wurde, einer Stimme, die alle zwang zuzuhören. Sie lauschten, besonders aber Antonio, der Vater, der erkannte, daß dort portugiesisch gesungen wurde, eine Sprache, die er sehr gut verstand. Die Stimme schwieg, ließ sich aber bald wieder vernehmen, diesmal in kastilischer Sprache, von keinem anderen Instrument begleitet als von den Rudern, die die Boote mit leichtem Schlag vorwärts trieben. Und so vernahm man denn folgendes:

Das Meer, der Wind, der klare Stern bescheren
auf unbekanntem Weg durch diese Breiten
euch Glück, da euer seltsam Schiff sie leiten
zu sichrem Hafen hin in bess'ren Sphären.

Nicht Skylla, noch Charybdis können wehren
den Weg ihm, noch die Riffe, die sich breiten,
vom Meer bedeckt, die Durchfahrt ihm bestreiten,
will sich doch Tugend durch die Fahrt bewähren.

Doch sollte es an Zuversicht euch fehlen,
den sichren Port zum Lohn euch zu erzwingen,
dann wendet nie den Kiel zu neuen Zielen,

Denn Liebe liebt nicht wankelmüt'ge Seelen,
und keiner konnte je den Preis erringen,
der nie zu wählen wußte unter vielen.

Als die Stimme schwieg, sagte Ricla:

»Der Sänger muß aller Sorgen ledig sein, da er die Muße findet, in solcher Lage noch zu singen.«

Allein Auristela und Periandro waren anderer Meinung; sie hielten den Sänger eher für einen Verliebten denn für einen Sorglosen. Liebende verstehen allsogleich verwandte Seelen und schließen leicht Freundschaft mit solchen, die an der gleichen Krankheit leiden wie sie selbst. Und so ließ Periandro, obgleich er nicht darum hätte bitten müssen, den Sänger mit Einwilligung der übrigen in ihr Boot herüberkommen, damit sie sowohl die schöne Stimme in der Nähe vernehmen als auch sein Geschick erfahren könnten, mußte doch ein Mensch, der in solcher Lage zu singen vermochte, entweder sehr viel Herz oder gar keines besitzen. Die Boote schoben sich aneinander; der Sänger stieg in Periandros Boot um, und alle bereiteten ihm einen freundlichen Empfang. Indes der Sänger von einem Boot ins andere stieg, sagte er halb portugiesisch, halb spanisch:

»Dem Himmel, Euch, meine Damen und Herren, und meiner Stimme verdanke ich diese Veränderung und das angenehmere Boot, das bald, wie ich glaube, von der Last meines Leibes befreit sein wird, denn die Herzenspein, an der ich leide, zeigt mir schon an, daß mein Leben nur noch an einem Faden hängt«.

»Der Himmel findet immer einen Ausweg«, erwiderte Periandro, »denn, da auch ich noch am Leben bin, kann

Erstes Buch

keine Pein so arg sein, daß sie einen Menschen zu töten vermöchte.«

»Was wäre das schon für eine Hoffnung«, sagte hier Auristela, »die sich durch widriges Geschick sogleich entmutigen oder gar zunichte machen ließe; so wie das Licht am hellsten im Dunkeln leuchtet, muß auch die Hoffnung im Leid am stärksten sein. Im Leid zu verzweifeln, ist nur kleinmütigen Seelen eigen, und es gibt nichts, was jämmerlicher wäre, als sich im Kummer der Verzweiflung zu überantworten.«

»Die Seele«, sagte Periandro, »muß, sofern ich mich richtig ausdrücke, gleichzeitig am Entschweben und doch dem Leib verhaftet sein, und deshalb darf man auch nie die Hoffnung auf Rettung aufgeben, denn dies hieße, Gott beleidigen, der nur dann nicht beleidigt wird, wenn wir seiner unendlichen Barmherzigkeit keine Grenzen und Schranken setzen.«

»Das ist wahr«, erwiderte der Sänger, »und ich glaube daran trotz aller und gegen jede Erfahrung, die ich in meinem Leben an unzähligen Leiden gemacht habe.«

Trotz diesem Gespräch ließen sie nicht ab, fleißig zu rudern und solcherart, daß sie zwei Stunden später, noch vor Einbruch der Nacht, an eine Insel kamen, die gleichfalls unbewohnt war, doch viele Bäume hatte, an denen zahlreiche überreife und auch trockene Früchte hingen, die genießbar waren. Alle sprangen an Land, zogen die Boote aus dem Wasser und machten sich sogleich daran, Bäume umzuhauen und eine große Hütte zu errichten, um sich für die Nacht vor der Kälte zu schützen. Ebenso machten sie Feuer, indem sie zwei trockene Hölzer aneinanderrieben, ein Verfahren, das ebenso bekannt wie gebräuchlich ist. Da alle eifrig mit Hand anlegten, war die armselige Hütte bald erbaut; darin nahmen sie Zuflucht, machten die Unfreundlichkeit ihrer Wohnstatt durch ein großes Feuer erträglich, und bald schien ihnen die Hütte wie ein geräumiger Palast. Sie stillten den Hunger und hätten sich auch sogleich schlafen gelegt, wären sie daran nicht durch das brennende Verlangen Periandros gehindert worden, der so bald als möglich die Geschichte des Sängers erfahren wollte.

So bat er ihn denn, sofern es ihm möglich wäre, sie zu Mitwissern seines Unglücks zu machen, denn man könnte es gewiß nicht Glück nennen, was ihn auf jene Insel verschlagen habe. Der Sänger war gefällig, und ohne sich lange bitten zu lassen, berichtete er:

Zehntes Kapitel

Was der liebeskranke Portugiese berichtete.

»So kurz wie·nur möglich werde ich meine Geschichte erzählen und mit ihr werde ich auch mein Leben beenden, wenn ich einem Traum Glauben schenken darf, der mir in der vergangenen Nacht die Seele verwirrte. Ich, ihr Damen und Herren, bin Portugiese, stamme aus edlem Geschlecht, bin reich an jenen Gütern, die das Glück schenkt, und nicht arm an Gaben, die die Natur verleiht. Ich heiße Manuel de Sosa Coutiño, mein Geburtsort ist Lissabon, und von Beruf bin ich Soldat. Neben meinem Elternhaus, fast Wand an Wand, befand sich das Haus eines Edelmannes aus dem alten Geschlecht der Pereira; dieser hatte eine einzige Tochter, Alleinerbin seines überaus großen Vermögens, die Stütze und Glückseligkeit ihrer Eltern. Wegen ihres Adels, ihres Reichtums und ihrer Schönheit wurde sie von den Vornehmsten des Königreiches Portugal begehrt, doch ich, der ihrem Hause Nächste, hatte es leichter, sie zu sehen; ich sah sie, betrachtete sie und betete sie an mit eher weniger denn vieler Hoffnung darauf, daß sie eines Tages meine Gattin werden könnte. Allein um die Zeit des Wartens abzukürzen und weil ich wußte, daß bei ihr weder Schmeicheleien, Geschenke oder Versprechungen etwas vermochten, entschloß ich mich, ihren Vater durch einen meiner Anverwandten um ihre Hand bitten zu lassen, denn wir unterschieden uns weder im Adel, noch im Vermögen und nicht einmal im Alter. Die Antwort, die ich erhielt, besagte, daß seine Tochter Leonora noch nicht in dem Alter wäre, sich zu verheiraten; ich sollte noch zwei

Jahre zuwarten; er verpfände sein Wort, in dieser Zeit
nicht über seine Tochter zu verfügen, ohne mich vorher
davon zu benachrichtigen. Ich fing diesen ersten Schlag mit
dem Schild meiner Hoffnung auf und trug die Last auf
der Schulter meiner Geduld, doch unterließ ich es nicht,
ihr in ehrenhafter Bewerbung weiterhin öffentlich zu huldigen, was bald in der ganzen Stadt offenkundig wurde;
sie, im Schutze ihrer Tugend und zurückgezogen in das
Bollwerk ihrer Vorsicht, erlaubte mir mit Einwilligung
ihrer Eltern und unter Wahrung ihrer Sittsamkeit, ihr zu
dienen, wobei sie mir zu verstehen gab, daß sie wenigstens
meine Dienstbarkeit anerkennen wolle, wenn sie auch mein
Entgegenkommen nicht durch ihr Entgegenkommen belohnen könne.

Nun begab es sich, daß mich der König als General-
kapitän in eine seiner Festungen schickte, die er in der Berberei unterhielt, ein glänzendes Amt und ein Beweis seines
Vertrauens. Der Tag meiner Abreise kam heran, und da
dieser Tag nicht auch der Tag meines Todes war, glaube
ich nicht, daß Trennung tötet, und ein Schmerz einem das
Leben nimmt. Ich sprach mit Leonoras Vater, ließ ihn das
mir gegebene Wort wiederholen, daß er zwei Jahre zuwarten wolle; er hatte Mitleid mit mir, da er verständig war,
und gestattete mir, mich bei seiner Gemahlin und Leonora
zu beurlauben; sie kam mit ihrer Mutter in einen Saal, und
mit ihr traten ein die Sittsamkeit, die Anmut und das
Schweigen. Ich war wie gebannt, als ich so viele Schönheit
so ganz in meiner Nähe erblickte; ich wollte sprechen, doch
blieb mir das Wort in der Kehle stecken, und die Zunge
klebte mir am Gaumen; so konnte ich nichts anderes tun
als schweigen und mit meinem Schweigen die Verwirrung
zeigen, die sich meiner bemächtigt hatte. Als ihr Vater, der
klug und höflich war, solches sah, schloß er mich in die
Arme und sagte: ›Nie, mein Herr Manuel de Sosa, läßt
der Abschied es zu, daß die Zunge freien Lauf nehme, und
vielleicht spricht dieses Schweigen mehr zu Euren Gunsten
als eine wohlgesetzte Rede. Geht nun, erfüllt Eure Pflicht
und kehrt gesund und wohlbehalten zurück; ich werde
Euch gern in allem, was Euch nützen kann, dienstbar

sein. Leonora ist ein gehorsames Kind; meine Gemahlin wünscht, mir Freude zu machen, und ich selbst hege den Wunsch, von dem ich Euch gesprochen. Mit diesen drei Zusicherungen können Euer Gnaden, wie mir scheint, den guten Ausgang Eurer Erwartungen erhoffen.‹ Diese Worte blieben mir so tief ins Gedächtnis und in meine Seele eingegraben, daß ich sie nicht vergessen habe, noch vergessen werde, solange ich lebe. Weder die schöne Leonora noch ihre Mutter sprachen ein Wort; auch ich konnte, wie schon gesagt, kein Wort hervorbringen. Ich reiste in die Berberei; zwei Jahre lang übte ich dort mein Amt zur Zufriedenheit meines Königs aus und kehrte dann nach Lissabon zurück. Ich fand, daß der Ruf von der Tugend und Schönheit Leonoras über die Grenzen der Stadt und des Königreiches hinausgedrungen war, sich über Kastilien und andere Gegenden verbreitet hatte, von woher auch Gesandtschaften der Fürsten und anderer hochgestellter Herrn kamen, die Leonora zur Gemahlin begehrten; doch sie, ganz dem Willen und dem Vorhaben der Eltern unterworfen, kümmerte sich nicht darum, ob sie nun umworben wurde oder nicht.

Kurz und gut: als ich sah, daß die Frist von zwei Jahren abgelaufen war, ging ich wieder zu ihrem Vater und bat ihn, mir Leonora nun zum Weibe zu geben. Ach, nun kann ich nicht länger mehr bei dieser Begebenheit verweilen, klopft doch schon der Tod an meines Lebens Pforte, und ich fürchte, daß er mir nicht mehr Zeit genug läßt, die Geschichte meines Jammers zu Ende zu führen. Wäre dem so, auch mein Jammer hätte ein Ende. Kurz und gut: eines Tages wurde mir bekanntgegeben, man wolle Leonora am folgenden Sonntag mit mir vermählen, und fast hätte mich die Freude über diese Nachricht das Leben gekostet. Ich lud meine Verwandten ein, rief meine Freunde zusammen, ließ mir die Prunkkleider anfertigen, schickte ihr die Geschenke und traf alle Vorbereitungen, die nötig waren, um zu zeigen, daß ich es war, der sich verheiratete, und Leonora es war, die mein Weib werden sollte. Der festgesetzte Tag brach an, und ich begab mich, begleitet von den Vornehmsten der Stadt, zu einem Nonnenkloster, das der

Erstes Buch 749

Muttergottes geweiht war, wo mich meine Braut, wie man mir sagte, schon seit dem Vortag erwartete. Ihr Wunsch sei es gewesen, ihre Eheschließung mit der Erlaubnis des Erzbischofs in diesem Kloster zu vollziehen.«

Der unglückliche Edelmann hielt einige Augenblicke inne, als wollte er Atem schöpfen, um seine Geschichte fortsetzen zu können, und sagte dann:

»Ich kam zum Kloster, das überaus prunkvoll geschmückt war. Fast der ganze Adel des Landes, der sich dort mit den vornehmsten Damen der Stadt versammelt hatte, kam mir entgegen, um mich zu begrüßen. Der Tempel hallte wider von Chorgesang und Musik, und im gleichen Augenblick trat die unvergleichliche Leonora, von der Priorin und vielen Nonnen begleitet, ein. Leonora trug ein Untergewand aus geschlitztem weißen Atlas. Darüber lag nach kastilischer Art ein langes offenes Überkleid. Die Schlitze des Untergewandes waren mit großen kostbaren Perlen eingefaßt. Das Überkleid zeigte ein Futter aus grüngoldenem Brokat; golden fiel das Haar über Leonoras Rücken hinab, so golden, daß davon die Sonne verdunkelt ward, und so lang war es, daß es fast den Boden berührte. Gürtel, Halsketten und Ringe, die sie schmückten, waren, wie die Leute schätzten, ein Königreich wert. Ich wiederhole nur, Leonora war so schön, so kostbar, so anmutig und so prachtvoll gekleidet und geschmückt, daß alle Frauen neidisch wurden und alle Männer sie bewunderten. Von mir kann ich nur sagen, daß mich ihr Anblick hinriß und ich mich unwürdig fühlte, sie die meine zu nennen, weil mir schien, sie würde auch dann noch entwürdigt, wenn ich niemand anderer gewesen wäre als der Weltenkaiser selbst.

Inmitten der Kirche hatte man eine Art Bühne errichtet, auf der unsere Trauung öffentlich, und doch von keinem behindert, vollzogen werden sollte. Als erste betrat die schöne Jungfrau die Bühne und zeigte sich weithin sichtbar in ihrer ganzen Stattlichkeit und Anmut. Allen, die sie sahen, schien es, als käme die schöne Aurora bei Anbruch des Tages herauf oder als erblickten sie die keusche Diana in den Wäldern, wie die alten Fabeln sie beschreiben, doch einige der Anwesenden waren, wie ich glaube, geistreich genug, Leonora mit keiner anderen zu vergleichen als mit ihr selbst. Ich betrat die Bühne – glaubte den Himmel zu betreten – und ließ mich vor Leonora auf die Knie nieder, und es sah fast so aus, als bete ich sie an. In der Kirche wurden viele beifällige Stimmen laut, und über das Gemurmel erhob sich eine Stimme, die ausrief: ›Lebt lange und glücklich in dieser Welt, Ihr seligen, überaus schönen Liebenden! Mögen bald lieblichste Kinder Euren Tisch schmücken und möge Eure Liebe sich in späten Jahren noch in Euren Enkeln erneuern! Nie soll die wütende Eifersucht noch der wahnwitzige Verdacht den Weg in die Heimstatt Euerer Herzen finden! Der Neid liege bezwungen zu Euren Füßen, und das Glück möge nie aus Eurem Hause weichen!‹ Diese Worte und Fürbitten erfüllten mein Herz mit Freude, da ich sah, mit welcher Genugtuung das Volk meine Vermählung verzeichnete. Hier ergriff die schöne Leonora meine Hand, und als wir beide nebeneinander standen, sprach sie mit etwas erhobener Stimme: ›Ihr wißt, Herr Manuel de Sosa, daß mein Vater Euch das Wort gab, im Verlauf von zwei Jahren nicht über mich zu verfügen, und zwar galten diese beiden Jahre von dem Tage an, an dem Ihr mich Euch zum Weibe erbeten habt. Von Eurer Bewerbung gedrängt und verpflichtet durch die Gunstbeweise, die Ihr mir erzeigtet, mehr aus Eurer Höflichkeit als um meiner Verdienste willen, habe auch ich Euch, wenn ich mich recht erinnere, gesagt, ich wollte auf Erden keinen anderen Gatten erwählen als Euch. Wie Ihr seht, hat Euch mein Vater sein Wort gehalten, und auch ich will mein Wort halten, wie Ihr gleich sehen werdet. Allein da jeder Betrug – möge er noch so fromm und heilsam sein – einen leichten Beigeschmack von Verrat annimmt, sofern man ihn durch längere Zeit aufrecht erhält, will ich Euch jetzt in diesem Augenblick die Augen über einen Betrug öffnen, den ich, wie Euch scheinen mag, an Euch verübt habe. Ich, mein Herr, bin bereits vermählt und kann mich, solange mein Gatte lebt, mit keinem anderen vermählen. Ich verlasse Euch nicht wegen eines irdischen Bräutigams, sondern wegen eines himmlischen, der kein anderer ist als

Erstes Buch 751

Jesus Christus, wahrer Gott und Mensch. Er ist mein Bräutigam; ihm hatte ich mein Wort gegeben, ehe ich es Euch verpfändete, ihm ohne Betrug und aus freiem Willen, Euch aber mit Verstellung und ohne Treue. Hätte ich auf dieser Erde einen Gatten zu erwählen gehabt, dann wäre Euch keiner gleichgekommen; da ich meinen Gatten aber im Himmel zu erwählen hatte, wer hätte es sonst sein können als Gott? Dünkt Euch dies Verrat oder schändliches Betragen, dann vollzieht an mir die Strafe, die Ihr mir zumessen wollt, und gebt mir den Namen, der Euch beliebt; allein weder der Tod, noch Versprechungen oder Drohungen werden mich vom Gekreuzigten, meinem Bräutigam, trennen.‹ Sie schwieg, und sogleich begannen die Priorin und andere Nonnen sie des Prunkes zu entkleiden und ihr das herrliche Haar abzuschneiden. Ich konnte kein Wort hervorbringen, und um keine Schwäche zu zeigen, tat ich alles, um die Tränen, die mir in die Augen traten, zu unterdrücken. Wieder kniete ich vor ihr nieder und küßte ihr wie unter einem Zwang die Hand, und sie, in christlichem Erbarmen, legte mir die Arme um den Hals. Dann stand ich auf und sprach laut und deutlich, daß alle mich hören konnten: ›Maria optimam partem elegit.‹ Dies gesagt, stieg ich von der Bühne herab, und von meinen Freunden begleitet, ging ich nach Hause, wo ich dieses seltsame Ereignis immer wieder und wieder überdachte und darüber fast den Verstand verlor; jetzt wird aus dem gleichen Grund mein Leben erlöschen.«

Er stieß einen Seufzer aus; die Seele verließ den Leib und der entseelte Körper fiel zur Seite.

Elftes Kapitel

Sie erreichen eine andere Insel und werden dort gut aufgenommen.

Periandro eilte, ihm beizustehen, und fand, daß er wirklich tot war. Ob des traurigen, unerhörten Vorfalles waren sie alle erschüttert und verwirrt.

»Dieser Schlaf«, sagte hier Auristela, »hat diesen Herrn der Mühe enthoben, uns zu berichten, was ihm vergangene Nacht geträumt hat, und auf welchen Wegen er in die Hände der Barbaren gefallen und zu solch schrecklichem Ende gekommen ist; zweifelsohne waren seine Erlebnisse ebenso furchtbar wie ungewöhnlich.«

Darauf sagte Antonio, der Vater:

»Ist denn der Unglückliche nur durch seine Erlebnisse unglücklich? Selten kommt ein Unglück allein; jedes ist schwer genug zu ertragen und endet erst, wenn der Unglückliche sein Leben aushaucht.«

Sie trafen sogleich alle Anstalten, ihn zu beerdigen. Als Leichentuch diente ihm das Kleid, das er trug, als Grab der Schnee und als Grabkreuz jenes Kruzifix, das sie an einem Band an der Brust des Toten fanden, das Zeichen des Christus-Ordens, dessen Ritter er gewesen. Es hätte dieses Ehrenzeichens nicht bedurft, um zu wissen, daß er edler Abkunft war, hatte er solches doch schon längst durch sein ernstes Betragen und die kluge Rede bewiesen. Es fehlte auch nicht an Tränen, die den Toten begleiteten, denn das Mitleid tat das Seine und trieb sie in die Augen aller. Indes wurde es Tag; sie schoben die Boote ins Wasser. Es schien, als würde das Meer ihnen eine ruhige Fahrt erlauben, und so ruderten sie, zwischen Furcht und Hoffnung schwankend, bald fröhlich, bald traurig dahin, ohne zu wissen, welche Richtung sie zu nehmen hätten. Jene Meere sind mit Inseln übersät, alle oder die meisten kahl und unbewohnt; dort, wo sich Menschen finden, sind diese roh, fast wild, unfreundlich, hartherzig und unverschämt. Bei alledem wünschten unsere Reisenden doch, Menschen zu finden, die sie aufnehmen würden, denn sie meinten, daß Menschen nie so hart und grausam sein könnten wie die Schneegebirge und die rauhen Klippen, die sie hinter sich gelassen. Zehn Tage fuhren sie so dahin, ohne eine Bucht, einen Strand oder sonstiges Land anzulaufen, denn die vielen kleinen Inseln, die sie rechts und links liegen ließen, schienen alle unbewohnt. Nun richteten sie ihre Kiele auf ein hohes Gebirge zu, das sich ihnen zeigte, und mühten sich aus Leibeskräften, so rasch wie möglich dorthin zu ge-

Erstes Buch 753

langen, ließen doch die Boote schon Wasser ein und der Mundvorrat neigte sich rasch seinem Ende zu.

Kurz und gut: mehr durch den Beistand des Himmels als dank der eigenen Kraft erreichten sie die ersehnte Insel. Am Strand ergingen sich zwei Männer; Transila rief sie an und fragte, welches Land dies sei, wer es beherrsche und ob katholische Christen hier wohnten. In einer Sprache, die sie verstand, wurde ihr geantwortet, die Insel heiße Golandia, gehöre Katholiken, sei aber eigentlich unbewohnt, denn es gäbe hier nur so wenige Menschen, daß sie alle in einem Haus Platz hätten, das auch den Fremden als Herberge diene, die mit ihren Schiffen in den Hafen einliefen; der Hafen liege hinter einem Felsen. Diesen bezeichnete der Sprecher mit der Hand. »Wenn ihr, wer auch immer ihr sein möget, euch erholen und eure Boote ausbessern wollt, dann folgt uns; wir werden euch nach dem Hafen führen.« Sie – die in den Booten waren – dankten Gott und folgten auf dem Wasser jenen, die sie vom Lande aus führten, und als sie hinter dem Felsen angekommen, fanden sie eine geschützte Bucht, die wohl als Hafen gelten konnte; dort lagen ungefähr zehn bis zwölf Schiffe, kleine, mittlere und große. Dieser Anblick erfüllte sie mit unbeschreiblicher Freude, denn sie hofften, ein besseres Fahrzeug zu finden und so sicher in bewohntere, freundlichere Gegenden zu gelangen. Sie gingen an Land; sogleich kamen sowohl von den Schiffen, wie aus der Herberge die Leute gelaufen, um sie zu begrüßen. Von Periandro und den beiden Antonio, Vater und Sohn, getragen, kam die schöne Auristela an Land, angetan mit den Kleidern und in der Zier, in der Periandro von Arnaldo an die Barbaren verkauft worden war; ihr folgten die reizende Transila und die schöne Constanza mit Ricla, ihrer Mutter, und dann kamen aus den Booten die Gefährten dieser mutigen Schar. Auristela rief bei allen den Seeleuten und den Landbewohnern solches Staunen, solche Bewunderung hervor, daß alle in die Knie sanken und ihr fast göttliche Ehren zollten. Sie betrachteten sie schweigend und mit solcher Ehrfurcht, daß sie ihre Zungen im Zaume hielten, weil sie nichts als schauen konnten. Transila, die wußte, daß man ihre Sprache hier verstand, brach als erste das Schweigen und sagte:

»An eure Herberge hat uns ein Geschick geführt, das sich uns bis heute widrig entgegenstellte. An unserem Gewand und an unserer Demut werdet ihr erkennen, daß wir nicht gekommen sind, Krieg zu suchen, sondern Frieden, und überdies pflegen Frauen und schwergeprüfte Männer nicht zu kämpfen. Nehmt uns in eurer Herberge und auf euren Schiffen auf; die Boote, in denen wir gekommen, verbieten es, daß wir uns darin zuversichtlich und mutig dem unsicheren Meere anvertrauen. Sollten wir bei euch für Gold und Silber alles finden, dessen wir bedürfen, so wollten wir euch überreich entschädigen für alles, was ihr uns überlassen könntet; wir werden all das, und sei der Preis dafür noch so hoch, als ein Geschenk ansehen.«

Einer, der zu den Schiffsleuten zu gehören schien, erwiderte – o Wunder! – in kastilischer Sprache:

»Unverständig müßte einer sein, der, schöne Frau, an dem zweifelt, was Ihr sagt; denn vermag sich die Lüge auch zu verstellen und die Hinterlist sich hinter der Maske der Redlichkeit verstecken, so können sie sich doch nie in solche Schönheit hüllen. Der Eigentümer der Herberge ist überaus entgegenkommend, und sehr gefällig sind auch die Schiffsleute. An euch ist es zu entscheiden, ob ihr euch sogleich auf eines der Schiffe begeben oder die Herberge benützen wollt, denn da wie dort werdet ihr so aufgenommen und behandelt werden, wie euer Rang es verdient.«

Da Antonio, der Vater, sah oder, besser, hörte, daß man seine Muttersprache redete, sagte er:

»Nun der Himmel uns an einen Ort geführt hat, wo die süße Sprache meiner Heimat an mein Ohr dringt, glaube ich fast am Ende meiner Leiden angekommen zu sein. Laßt uns, meine Freunde, also in die Herberge gehen und, wenn wir etwas ausgeruht sind, unsere Reise, diesmal mit größerer Sicherheit, fortsetzen.«

Indes rief ein Schiffsjunge, der in einem der Mastkörbe war, in englischer Sprache:

»Es zeigt sich ein Schiff, das mit geschwellten Segeln und Rückenwind auf diese Bucht zusteuert!«

Erstes Buch   755

Aller bemächtigte sich große Aufregung, und ohne sich auch nur einen Schritt von der Stelle zu rühren, erwarteten sie das Schiff, das schon nahe der Bucht war. Als es einfuhr, sahen sie, daß die geschwellten Segel große rote Kreuze trugen, und an einer Fahne, die von der Stange des Großmasts wehte, erkannten sie das englische Wappen. Bevor das Schiff anlegte, feuerte es zwei Geschütze ab und weitere zwanzig Musketenschüsse; von Land aus gab man Zeichen der Begrüßung und stieß ein Freudengeschrei aus, da kein Geschütz vorhanden war, um den Salut des Schiffes zu beantworten.

ZWÖLFTES KAPITEL

Worin berichtet wird, wer die Leute auf dem Schiffe waren und woher sie kamen.

Nachdem man einander, wie gesagt, vom Schiff und vom Lande her begrüßt hatte, warfen die Leute des neuangekommenen Schiffes die Anker aus und setzten ein Boot ins Wasser, das vier Matrosen sogleich mit Teppichen auslegten. Während sie die Ruder ergriffen, bestieg das Boot ein würdiger Greis von ungefähr sechzig Jahren, der ein Kleid aus schwarzem Samt trug, das ihm bis auf die Füße herabfiel, mit schwarzem Felbel gefüttert war und von einem breiten Seidenband zusammengehalten wurde. Auf dem Kopfe trug er einen hohen spitzen Hut, der ebenfalls aus Felbel zu sein schien. Hinter ihm stieg ins Boot ein stattlicher, feuriger Jüngling von etwas mehr als vierundzwanzig Jahren, der eine Matrosentracht aus schwarzem Samt trug, einen vergoldeten Degen in der Hand hielt und einen Dolch im Gürtel hatte. Dann wurde, fast schien es, als werfe man ihn, ein Mann vom Schiff ins Boot gebracht, der mit schweren Ketten gefesselt war, und, mit demselben Eisen an ihn gebunden, eine Frau. Der Mann mochte so an die vierzig Jahre alt sein; sie jedoch war schon über die fünfzig. Er sah kühn und verächtlich drein, sie jedoch war schwermütig und niedergeschlagen. Die Matrosen stießen das Boot vom Schiff ab und in wenigen Augenblicken waren sie am Ufer. Dort angekommen, brachten die Matrosen den Greis und den Jüngling an Land, und einige Musketiere des Schiffes trugen die beiden Gefangenen. Transila, die wie alle andern, die Leute, die mit dem Boot kamen, aufmerksam betrachtet hatte, wandte sich an Auristela und sagte:

»Bei deinem Leben, Señora, bedecke mir das Gesicht mit dem Schleier, den du an den Arm gebunden hast, denn, wenn ich mich nicht sehr täusche, kenne ich einige von den Neuankömmlingen, und sie kennen mich.«

Auristela tat so. Indes kamen die Leute aus dem Schiff heran und wurden mit aller Höflichkeit begrüßt. Der Greis im Felbelkleide ging allsogleich auf Transila zu und sagte:

»Wenn meine Wissenschaft mich nicht täuscht und das Glück mir nicht abhold ist, dann werde ich mit dieser Entdeckung eine große Freude erleben.«

Indes er solches sagte, hob er den Schleier von Transilas Antlitz und sank ohnmächtig in ihre Arme, die sie ihm entgegenstreckte, damit er nicht zu Boden stürze. Es ist wohl zu glauben, daß dieses so unerwartete und ungewöhnliche Geschehnis alle Umstehenden höchlichst erstaunte, besonders als sie vernahmen, wie Transila sagte:

»Oh, mein bester Vater! Was führt Euch hieher? Was treibt Euer verehrungswürdiges Weißhaar und Euer hohes Alter in diese von der Heimat so weit entfernten Breiten?«

»Was wird ihn schon herführen«, sagte hier der stattliche Jüngling, »als das Glück zu suchen, das ihm ohne Euch fehlte? Er und ich, teuerste Gebieterin und Gattin, suchten den Polarstern, der uns in den Hafen unserer Glückseligkeit führen soll; da wir ihn nun, dem Himmel sei Dank dafür, gefunden haben, sorge, Señora, dafür, daß dein Vater Mauricio wieder zu sich komme, und erlaube mir, an seiner Freude teilzuhaben, indem du ihn als deinen Vater und mich als deinen rechtmäßigen Gemahl begrüßest.«

Mauricio kam wieder zu sich, und nun fiel Transila in Ohnmacht. Auristela eilte herbei, um ihr zu helfen, doch

Erstes Buch 757

Ladislao – so hieß Transilas Gemahl – wagte nicht, ihr
beizustehen, um die Wertschätzung nicht zu verletzen, die
er seiner Gattin schuldig war; allein die Ohnmacht, die
auf unerwartete freudige Ereignisse folgt, tötet entweder
sogleich oder dauert nur kurz, und so ging auch die Ohnmacht, in die Transila gefallen war, bald zu Ende. Der
Wirt des Gasthauses – oder jener Herberge – sagte:

»Kommt, meine Herrschaften, ins Haus, wo ihr euch in
größerer Bequemlichkeit und bei geringerer Kälte als hier
draußen eure Abenteuer mitteilen könnt.«

Man folgte seinem Rat; sie gingen alle in die Herberge
und fanden, daß eine ganze Flotte darin Platz gefunden
hätte. Die beiden Angeketteten gingen zu Fuß, und die
Musketiere, die sie bewachten, halfen ihnen, die Eisen zu
tragen. Einige der Matrosen eilten auf ihre Schiffe und
brachten ebenso rasch wie großherzig die wohlschmeckend-
sten Speisen herbei. Es wurde das Feuer angezündet; die
Tische wurden gedeckt, und ohne sich um etwas anderes zu
kümmern, stillten sie mehr mit Fisch als mit Fleisch den
Hunger. Als Fleischspeise wurde nämlich das Fleisch von
Vögeln aufgetragen, die dort auf seltsame Weise gezogen
werden, auf eine so seltsame Weise, daß ich mich verpflichtet fühle, hier davon zu berichten. Es werden nämlich am
Ufer, zwischen den vom Wasser bespülten Steinen, Pfähle
eingeschlagen; diese Pfähle verwandeln sich in kurzer Zeit,
so weit sie im Wasser sind, in hartes Gestein; was von den
Pfählen über das Wasser hinausragt, verfault, und aus
dem verwesenden Holz entsteht ein kleiner Vogel, der
aufs Land fliegt, dort aufwächst und schließlich von so
schmackhaftem Fleisch ist, daß er eines der besten Gerichte
ergibt, die überhaupt zu finden sind. In den Provinzen
Hiberniens und Irlands herrscht ein großer Überfluß an
diesen Vögeln; man nennt sie dort Barnaklas. Da nun
allesamt großes Verlangen hatten, die Geschichte und die
Abenteuer der Neuankömmlinge zu erfahren, schien sich
ihnen die Mahlzeit sehr lange hinauszuziehen. Nach beendetem Mahle endlich schlug der greise Mauricio mit der
flachen Hand auf den Tisch zum Zeichen, daß er um Aufmerksamkeit bitte. Alle verstummten; das Schweigen ver-

siegelte ihnen die Lippen, und die Neugierde ließ sie die Ohren spitzen, und als Mauricio solches sah, fing er das Folgende zu erzählen an:

»Ich wurde auf einer der sieben, der Küste Hiberniens benachbarten Inseln geboren, wo auch mein Geschlecht seinen Ursprung genommen, dessen Alter und Rang schon dadurch erwiesen ist, daß es von den Mauritiern abstammt, einen Namen, den ich aufs höchste schätze. Ich bin katholischer Christ und nicht einer von denen, die den wahren Glauben in Zweifeln vergeuden. Meine Eltern haben mich zum Studium sowohl der Waffen (wenn man sagen darf, daß man die Waffen studiere) als auch der schönen Künste angehalten, besonders wandte ich mich der Judizial-Astrologie zu, in der ich mir bald einen Namen machte. Als ich heiratsfähig war, verheiratete ich mich mit einer schönen, hochangesehenen Frau aus meiner Stadt, die mir diese Tochter da gebar. Den Sitten meiner Heimat unterwarf ich mich in allem, was mit der Vernunft in Einklang steht, indes ich alles, was ihr widerspricht, nur dem Scheine nach befolgte; zuweilen ist Verstellung unvermeidlich. Dieses Mädchen wuchs unter meiner Obhut und Leitung heran, wurde ihr doch die Mutter zwei Jahre nach ihrer Geburt entrissen. So wie ihr die Mutter fehlte, fehlte mir die Stütze meiner Tage; die Sorge um die Erziehung meiner Tochter drückte mich – eine Sorge, viel zu drückend für altersmüde Schultern –, und als meine Tochter ins heiratsfähige Alter kam, beschloß ich, mich dieser Last zu entledigen und ihr einen Gatten zu suchen, der ihr sowohl Stütze als auch Gefährte wäre. Ich setzte diesen Gedanken in die Tat um und erwählte diesen Jüngling hier an meiner Seite, der Ladislao heißt, wobei ich vorher die Zustimmung meiner Tochter einholte, denn es scheint mir nur vernünftig, daß die Eltern ihre Töchter allein mit deren Einverständnis verheiraten, geben sie ihnen doch nicht bloß einen Gefährten für einen Tag, sondern für alle Tage, die das Leben währt; geschieht dies nicht, dann entstehen daraus immer tausendfache Schwierigkeiten, die gewöhnlich zu einem überaus traurigen Ende führen. So ist es gewesen, ist es heute und wird es immer sein. Ihr

Erstes Buch 759

müßt nun wissen, daß in meiner Heimat eine Sitte herrscht, die unter vielen üblen Sitten die übelste ist. Wenn nämlich eine Ehe beschlossen und der Tag der Hochzeit gekommen ist, dann versammeln sich in einem vornehmen, für diesen Zweck bestimmten Haus die Brautleute und deren Brüder, sofern sie solche haben, dann die nächsten männlichen Verwandten der beiden und die Stadtväter, diese als Zeugen, jene aber als Henker, denn so darf und kann ich sie wohl nennen. Die Braut wird in einen prächtigen Raum geführt, wo sie auf etwas wartet, was ich nur mit Mühe die Scham überwindend auszusprechen vermag; sie wartet also darauf, sage ich, daß die Brüder des Bräutigams, wenn er solche hat, und einige seiner nächsten männlichen Verwandten nacheinander ins Brautgemach gehen, um dort die Blumen des jungfräulichen Gartens zu pflücken und zu verderben, was sie als unberührte Blütengabe ihrem Gatten allein zugedacht hat, eine barbarische, schändliche Sitte, die gegen alle Ehrbarkeit und allen Anstand verstößt, denn welch schönere Mitgift kann eine Jungfrau ihrem Bräutigam mitbringen als dieses jungfräuliche Sein, und welche Reinheit könnte den Gatten mehr beglücken als die Unversehrtheit der Braut? Die Ehrbarkeit geht immer Hand in Hand mit der Schamhaftigkeit, und die Schamhaftigkeit mit der Ehrbarkeit, und wenn die eine oder die andere untergraben ist und morsch, dann stürzt das ganze Gebäude der Schönheit ein und wird als wertlos mißachtet. Oftmals habe ich versucht, meine Landsleute zu überreden, von solch abscheulicher Sitte abzulassen, doch kaum fing ich damit an, als man mich schon mit tausend Toden bedrohte und ich daran die Wahrheit des alten Wortes erkannte, das da sagt: Der Mensch ist ein Gewohnheitstier und glaubt, er müsse sterben, wenn er seine Gewohnheiten ablegen soll. Kurz und gut, meine Tochter betrat das Brautgemach und wartete auf ihr Verderben; doch als ein Bruder des Bräutigams den Raum betreten wollte, um sein schändliches Geschäft zu vollziehen, da stürzte Transila – ich sehe sie immer noch so vor meinen Augen – schön wie die Sonne, tapfer wie eine Löwin und zornig wie eine Tigerin mit geschwungener Lanze in den Saal, in dem alle versammelt waren.«

Bis hieher war der greise Mauricio in seinem Bericht gekommen, der von allen mit größter Spannung angehört worden war, als Transilia, von gleichem Geist erfaßt wie zu jener Zeit, von der ihr Vater gesprochen, aufsprang und mit zornerstickter Stimme, das Antlitz in Glut und die Augen Feuer sprühend, mit einer Gebärde – sie wäre dadurch weniger schön gewesen, wenn die wahre Schönheit durch irgendetwas verändert werden könnte – ihrem Vater ins Wort fiel und sagte, was im folgenden Kapitel erzählt wird:

DREIZEHNTES KAPITEL

Worin Transila die Geschichte fortsetzt, die ihr Vater begonnen hat.

»Ich stürzte«, sagte Transila, »wie mein Vater gesagt hat, in den Saal, blickte nach allen Seiten und rief mit zornbebender Stimme: ›Nur heran, ihr alle, deren sittenlose, barbarische Gebräuche sich gegen alles wenden, was ein geordnetes Gemeinwesen ziert und trägt! Ihr, die ihr wollüstiger seid denn fromm und unter dem Deckmantel falscher Bräuche ohne Erlaubnis der Eigentümer auf fremden Feldern pflügen wollt! Hier bin ich, verworfenes und schlecht beratenes Gesindel! Kommt doch, kommt nur heran! Die Spitze dieser Lanze wird meine gerechte Sache verteidigen und die Gewalt eurer lüsternen Begierden brechen, einer Lüsternheit, die alle Sitte und Ehrbarkeit zuschanden machen will!‹ Indes ich solches sagte, drang ich in die Mitte des Haufens vor, durchbrach ihn, lief, nur von meiner Wut begleitet, auf die Straße und rannte an den Strand; tausend Gedanken in einen einzigen umsetzend, warf ich mich in ein kleines Boot, das gewiß der Himmel mir gesandt hatte. Die Ruder ergreifend, entfernte ich mich vom Lande, so weit ich nur vermochte; als

Erstes Buch

ich aber erkannte, daß sie sich anschickten und beeilten, mich in vielen Fahrzeugen zu verfolgen, und sah, daß ihre Fahrzeuge besser ausgerüstet waren als mein Boot und schneller, erkannte ich auch, daß ich ihnen nicht entkommen würde; so ließ ich denn die Ruder fahren, griff wieder nach meiner Lanze in der Absicht, meine Verfolger zu erwarten und, sollte ich nicht das Leben dabei verlieren, mich ihnen nicht eher zu übergeben, bevor ich nicht die Beleidigung, die sie mir angetan, am ersten, der mir näherträte, gerächt hätte. Ich wiederhole noch einmal, daß mir auch hier der Himmel, von meinem Jammer gerührt, zu Hilfe kam, den Wind auffrischen ließ, so daß mein Boot, ohne daß ich die Ruder gebrauchen mußte, weit ins Meer hinausgetrieben wurde. Dann geriet ich in eine Strömung, die mein Boot rasch dahintrug und noch weiter hinausführte, so daß meine Verfolger die Hoffnung aufgaben, mich einzuholen, um so mehr als sie sich nicht in die reißende Strömung hineinwagten, die dort durchs Meer ging.«

»So war es«, sagte hier Ladislao, ihr Gemahl, »denn ich, dessen Herz du mit dir genommen, konnte nichts anderes tun, als dir folgen. Die Nacht brach herein, und wir verloren dich aus den Augen, verloren jedoch auch die Hoffnung, dich lebend wiederzufinden, es sei denn weiterlebend auf den Zungen des Ruhms, der es auf sich genommen, deine herrliche Tat jetzt und durch die Jahrhunderte hindurch zu verkünden.«

»In jener Nacht also«, fuhr Transila fort, »drehte sich der Wind und trieb mein Boot dem Land zu, wo ich am Strand auf Fischer stieß, die mich freundlich aufnahmen und mir Herberge gaben, ja mir sogar einen Gatten verschaffen wollten, falls ich einen solchen nicht hätte, und ich glaube, sie hätten mir einen Gatten gegeben ohne die schändliche Bedingung, vor deren Erfüllung ich geflohen war. Doch die menschliche Habgier, die überall, selbst zwischen Felsen und Klippen und auch über einfache Menschen herrscht, bemächtigte sich in jener Nacht der Sinne dieser rauhen Fischer, und – da ich doch als Strandgut anzusehen wäre, das ihnen allen zu eigen und nicht aufgeteilt werden konnte – kamen sie überein, mich an Korsaren zu verkaufen, die sie am Nachmittag unweit ihrer Fischplätze gesehen hatten. Ich hätte ihnen für mich wohl einen höheren Preis bieten können, als sie von den Korsaren erwarten durften, allein ich wollte von meinem barbarischen Vaterland keinerlei Hilfe. Und so wurde ich denn, da die Korsaren beim Morgengrauen an Land kamen, für ich weiß nicht welchen Betrag verkauft, nachdem mir die Fischer zuvor noch den bräutlichen Schmuck abgenommen hatten. Die Korsaren behandelten mich wahrlich besser, als meine Landsleute es getan, und sagten mir, ich sollte mich nicht grämen, denn sie nähmen mich nicht mit, um mich als Sklavin zu verkaufen, sondern damit ich eine Königin würde, wenn nicht gar die Beherrscherin des Weltenalls, sofern eine Prophezeiung sich als wahr erweise, an die die Barbaren einer gewissen Insel glaubten und von der überall viel gesprochen werde. Wie ich dahin kam, wie jene Barbaren mich aufnahmen, wie ich, seit ich von euch getrennt, deren Sprache erlernte, ihre Sitten und Gebräuche und den eitlen Aberglauben kennenlernte, wie ich diese Herrschaften, mit denen ich hiehergekommen, traf, wie die Insel brannte, die nun in Asche liegt, und wie wir schließlich die Freiheit erlangten, davon werde ich ein andermal erzählen. Jetzt sei es mit dem, was ich gesagt, genug, denn ich möchte, daß mein Vater nun berichte, welcher Zufall ihn zu meinem Glück hiehergeführt in einem Augenblick, in dem ich es am wenigsten erwartete.«

Hiermit endete Transila ihre Erzählung, bei der sie durch die liebliche Stimme und die große Schönheit, in der außer Auristela keine sie übertraf, alle in Bann geschlagen hatte. Mauricio, ihr Vater, sagte:

»Du schöne Transila, geliebte Tochter, weißt, daß mich unter den vielen angenehmen und nützlichen Studien, die Judizial-Astrologie immer am meisten angezogen hat, da doch ihre Zeichen, wenn sie richtig berechnet, den natürlichen Wunsch aller Menschen erfüllen, nämlich nicht allein das Vergangene und das Gegenwärtige, sondern auch das Zukünftige zu erfahren. Als ich dich verloren hatte, verzeichnete ich genau die Stunde, beobachtete die Gestirne,

Erstes Buch 763

maß den Stand der Planeten, zeichnete mir die Standorte und Häuser auf, was notwendig ist, damit das Horoskop mir, wie ich wollte, die richtige Antwort gebe, denn keine Wissenschaft ist trügerisch, so weit sie Wissenschaft ist; der Trug liegt allein beim unwissenden Menschen, besonders in der Astrologie, weil das überrasche Kreisen der Himmel alle Gestirne mit sich reißt, die an jedem Ort einen anderen Einfluß ausüben. Wenn nun der Astrologe dann und wann die Zukunft trifft, dann nur, weil er sich an das Wahrscheinlichste und an seine lange Erfahrung hält. Nun ist, wenngleich er sich auch oftmals täuscht, der Teufel selbst der beste Astrolog der Welt; die Zukunft vermag er nicht etwa aus einem teuflischen Vorwissen vorauszusagen, muß doch auch er sich an Prämissen und Konjekturen halten. Da er nun die Vergangenheit ebenso genau kennt, wie ihm die Gegenwart bekannt ist, kann er sich leicht darauf einlassen, die Zukunft vorherzusagen. Seine Kenntnis jedoch fehlt uns, den Schülern dieser Wissenschaft; wir können immer nur erahnen, erraten. Bei alledem brachte ich durch meine Berechnungen doch heraus, daß ich dich, mein Kleinod, zwei Jahre lang nicht wiedersehen, dich jedoch am heutigen Tag und an diesem Ort wiederfinden würde, an diesem Tag und an diesem Ort, an denen ich dem Himmel dafür zu danken vermag, weil er mich durch deinen Anblick verjüngt und meinen Geist erfreut. Ich weiß, daß dies alles erst nach einigem Schrecken geschehen konnte, denn in den meisten Fällen wird kein Glück geschenkt ohne das Gegengewicht des Unglücks, steht es doch dem Unglück frei, sich in unser Glück zu drängen, um uns begreiflich zu machen, daß weder das Gute ewig dauert, noch das Böse unabänderlich ist.«

»Möge uns der Himmel«, sagte Auristela, die bislang geschwiegen hatte, »eine so glückliche Reise schenken, wie diese frohe Begegnung sie uns zu verheißen scheint.«

Die Frau, die in Fesseln war, hatte Transilas Erzählung mit großer Aufmerksamkeit verfolgt. Trotz der schweren Ketten und trotz des Widerstandes, den der Mitgefesselte ihr entgegensetzte, um sie am Aufstehen zu hindern, erhob sie sich und sagte laut und deutlich:

VIERZEHNTES KAPITEL

Worin berichtet wird, wer die mit schweren Eisen aneinander Geketteten waren.

»Wenn es den Betrübten angesichts der Glücklichen gestattet ist zu sprechen, dann gebe man mir für diesmal die Erlaubnis dazu, wird doch die Kürze meiner Worte den Abscheu mildern, den ihr empfinden möget, wenn ihr hört, was ich zu sagen habe.« Sich an Transila wendend, fuhr sie fort: »Du, mein Fräulein Jungfrau, hast dich über die Sitte deiner Landsleute beklagt, als wäre es barbarisch, wenn man Mühseligen die Mühe abnimmt und Schwache von einer Last befreit. Es ist gewiß nicht falsch, wenn man ein Pferd, wie gut es auch sein mag, zuerst auf der Rennbahn laufen läßt, ehe der Eigentümer es besteigt; auch verstoßen Brauch und Sitte nicht gegen die Ehrbarkeit, wenn man durch sie nicht an Ansehen verliert und für richtig hält, was dem Anschein nach nicht richtig sein mag; um wieviel besser wird einer, der Seemann gewesen, das Steuer eines Schiffes zu führen wissen als ein anderer, der sein Kapitänspatent auf dem Festland erworben hat. In allen Fällen macht Übung erst den Meister, und es wäre besser für dich gewesen, du hättest dich deinem Gatten geübt zugesellt als unerfahren und unwissend.«

Kaum hatte der Mann, der an sie gefesselt war, die letzten Worte vernommen, als er der Sprecherin die geballte Faust vors Gesicht hielt und sagte:

»O Rosamunda oder, besser gesagt, Rose der Gosse! Denn nie warst du rein, bist du rein, wirst in deinem ganzen Leben keinen reinen Gedanken hegen, und lebtest du bis ans Ende der Zeiten! Es wundert mich auch nicht, daß dir Ehrbarkeit und Zurückhaltung, die ein ehrenwertes Fräulein üben muß, gering erscheinen. Wisset, Ihr Damen und Herren«, fuhr er, sich an die Zuhörer wendend, fort, »dieses Weib, das Ihr hier wie eine Irre in Ketten seht und frei in ihrer Schamlosigkeit vernehmt, ist jene berüchtigte Rosamunda, Beischläferin und Herzensfreundin des Königs von England. Von ihr und ihrem Lebens-

Erstes Buch   765

wandel berichten des langen und breiten zahllose Geschichten, die bei allen Völkern der Erde in Umlauf sind.
Dieses Weib beherrschte den König und durch den König
das Reich; sie machte die Gesetze und schaffte sie ab; sie
erhob Lasterhafte zu höchsten Ehren und stürzte Ehrenmänner in tiefste Schmach; das Ansehen des Königs schä-
digte sie, indem sie ihre schändlichen Gelüste in aller
Öffentlichkeit befriedigte, bis ihre Unverschämtheit und
Anmaßung jede mögliche Grenze überstieg und der König
schließlich die diamantenen Ketten zerbrach und die ehernen Netze zerriß, mit denen sie sein Herz in ihrer Gewalt
gehalten hatte. Der König verstieß sie und verachtet sie
nun ebensosehr, wie er sie hochgeschätzt hatte. Als dieses
Weib oben auf dem Glücksrad saß und das Glück selbst
beim Schopf gepackt hielt, lebte ich mißachtet in der Tiefe,
erfüllt vom Verlangen, aller Welt zu zeigen, wie unwürdig mein Herr und König seine Neigung verschwende. Ich
besitze eine gewisse satirische Ader und eine Neigung zu
lästern, habe eine flinke Feder und eine schlagfertige
Zunge, mich erfreuen boshafte Witze, und um einen Witz
an den Mann zu bringen, würde ich nicht nur einen Freund
ins Unglück stürzen, sondern sogar hunderttausend Leben
opfern. Kein Kerker konnte meine Zunge zum Schweigen
bringen, keine Verbannung mich stumm machen, keine
Drohung schüchterte mich ein, und keine Strafe besserte
mich. Schließlich kam für uns beide, Rosamunda und mich,
der Tag der Vergeltung: ihr durfte über Befehl des Königs niemand in der Hauptstadt noch in allen seinen
Reichen oder Herrschaften weder geschenkt noch für Geld
etwas anderes verabreichen als Brot und Wasser; ich aber
soll mit ihr auf eine der vielen unbewohnten Inseln gebracht und dort zurückgelassen werden, eine Strafe, die
mich härter trifft als die Todesstrafe, denn das Leben, das
ich mit ihr verbringe, ist schlimmer als der Tod.«

»Bedenke, Clodio«, sagte hier Rosamunda, »welche
Qual deine Gegenwart erst für mich ist, denn tausendmal schon ist mir der Gedanke gekommen, mich ins Meer
zu stürzen, und wenn ich dies unterließ, dann nur, um mich
nicht gezwungen zu sehen, dich auch dorthin mitzuneh-

men. Könnte ich in der Hölle ohne dich sein, meine Qualen wären geringer. Ich bekenne, daß meine Verirrungen überaus groß waren, doch war das Opfer *meiner* Verirrungen ein schwächliches und nicht sonderlich kluges Geschöpf; *deine* Verirrungen jedoch haben tapfere und kluge Menschen geschädigt, ohne daß du daraus einen anderen Gewinn gezogen hättest als Schadenfreude, eine Freude, die nicht schwerer wiegt als ein Strohhalm, den der Wind hochwirbelt. Du hast fremdes Ansehen tausendfach geschädigt, hast den Ruf bedeutender Männer vernichtet, hast sorgsam gehütete Geheimnisse an den Tag gezerrt und edle Geschlechter besudelt; du hast dich an deinen König gewagt, an deine Mitbürger, an deine Freunde, ja selbst an deine Verwandten, und weil du dich als witziger Kopf erweisen wolltest, hast du dich mit aller Welt verfeindet. Ich wünschte, es hätte dem König gefallen, daß er mich zur Strafe meiner Untaten in meinem Vaterlande mit einem anderen Tod bedacht hätte und nicht mit jenem, den ich langsam durch die Wunde erleide, die deine Zunge mir auf Schritt und Tritt zufügt, eine Zunge, vor der weder der Himmel noch die Heiligen sicher sind.«

»Doch bei alledem«, sagte Clodio, »hat mich mein Gewissen noch nie angeklagt, eine Lüge gesagt zu haben.«

»Würde dein Gewissen«, sagte Rosamunda, »über alle Wahrheiten, die du gesagt, urteilen, so hättest du genug zu bereuen, denn nicht jede Wahrheit muß bekanntgemacht und vor aller Augen breitgetreten werden.«

»Fürwahr«, sagte hier Mauricio, »Rosamunda hat recht, denn die Schuld, die jemand im Geheimen auf sich geladen hat, soll keiner ans Licht der Öffentlichkeit ziehen, besonders nicht die Schuld und die Fehler der Könige und der Fürsten, die uns regieren. Es kommt einem Privatmann nicht zu, seinen Herrn und König zu tadeln, noch geziemt es ihm, die Fehler des Fürsten durch Meuchelrede zu verbreiten, wird doch der Fürst dadurch nicht gebessert, sondern nur von den Seinen mißachtet. Da jede Ermahnung unter den Menschen brüderlich sein soll, weshalb sollte denn nicht auch der Fürst dieses Vorrecht genießen? Weshalb soll man gerade ihm die Fehler, die er begangen,

Erstes Buch   767

öffentlich ins Gesicht schleudern? Verhärtet doch oft
genug ein unüberlegter öffentlicher Tadel das Gemüt
dessen, gegen den er gerichtet ist, und macht ihn eher
störrisch als willig. Da jeder Tadel nun eine wahre oder
erdichtete Schuld trifft, liebt es keiner, daß man ihn öffentlich bloßstelle, und so ist es nur gerecht, daß jeder die
Satiriker, die Meuchelredner, die Böswilligen aus seinem
Hause jagt und verbannt, damit sie ehrlos und mit Schimpf
beladen lebten und ihr Lohn nur darin bestehe, daß man
sie unter Spitzbuben für klug und unter klugen Leuten
für Spitzbuben halte. Es sei wie man zu sagen pflegt: man
liebt den Verrat, doch den Verräter nicht. Und mehr noch:
wenn das Ansehen geschmälert wird durch Flugschriften,
die rasch von Hand zu Hand eilen, so kann dies nicht
wieder gutgemacht werden, und ohne Wiedergutmachung
gibt es keine Vergebung.«

»Das alles weiß ich«, erwiderte Clodio, »allein wenn ich
nicht sprechen noch schreiben darf, dann kann man mir
gleich die Zunge ausreißen und mir die Hände abhacken,
und selbst dann würde ich noch den Mund an den Schoß
der Erde legen und schreiben, so gut ich es vermöchte, in
der Hoffnung, es wachse dort das Schilf des Midas.«

»Eines könnten wir tun«, sagte hier Ladislao, »nämlich
Frieden stiften, indem wir Rosamunda mit Clodio verheiraten. Vielleicht hilft ihnen die Gnade des Sakraments und
ihre eigene Klugheit, mit dem Ehestand ein neues Leben
anzufangen.«

»Zum Glück«, sagte Rosamunda, »habe ich hier einen
Dolch, mit dem ich mir eine oder zwei Pforten in der Brust
öffnen könnte, damit meine Seele daraus entweiche, will
sie mich doch schon verlassen, da ich von einer so unsinnigen wie abscheulichen Ehe sprechen höre.«

»Ich würde mir nie das Leben nehmen«, sagte Clodio,
»denn wenn ich auch ein Meuchelredner bin, so ist die
Freude, die ich daran habe, Böses gut zu sagen, so groß,
daß ich gerne recht lange leben möchte, um den Leuten nur
recht viel Böses nachreden zu können. Vor den Fürsten
werde ich mich in acht zu nehmen wissen, haben sie doch
einen gar langen Arm und kriegen mit ihm jeden überall

zu fassen, wenn sie nur wollen; aus Erfahrung weiß ich nun, es ist besser, die Mächtigen nicht zu kränken, und überdies lehrt uns die christliche Barmherzigkeit, man solle den Himmel bitten, daß er dem guten Fürsten Gesundheit und ein langes Leben schenke und den schlechten bessere.«

»Wer solches erkennt«, sagte Antonio, der Vater, »ist auf dem besten Wege, sich zu bessern; es gibt keine Sünde, die zu groß, und kein Laster, das so tief verwurzelt sei, als daß Sünde und Laster durch die Reue nicht ausgelöscht und abgelegt werden könnten. Die Lästerzunge ist ein doppelt scharfes Schwert, das tief ins Fleisch dringt oder blitzschnell zustößt und entwaffnet, ohne daß es einen Schutz dagegen gäbe. Wenn sich auch Gespräch und Unterhaltung mit dem Salz des Spottes würzen lassen, so ist doch der Nachgeschmack meist bitter und widerwärtig. Leicht wie der Gedanke ist die Zunge, und mag es schon schlimm genug sein, wenn das Denken mit der Bosheit schwanger geht, so ist doch schlimmer noch die Niederkunft, bei der die Zunge die Geburtshelferin ist. Das Wort, einmal gesagt, gleicht einem Stein, der, von der Hand geworfen, nicht mehr ungeworfen sein kann und, ohne getroffen zu haben, nie mehr zurückkehrt an den Ort, von dem her er geschleudert wurde. Selten nur vermag das Bedauern darüber, Lästerworte gesagt zu haben, die Schuld dessen, der sie ausgesprochen, verkleinern, obgleich, wie ich schon erklärt habe, wirkliche Reue die beste Medizin gegen alle Krankheiten der Seele und des Gemüts ist.«

FÜNFZEHNTES KAPITEL

Arnaldo erreicht die Insel, auf der sich Periandro und Auristela befinden.

So weit waren sie gekommen, als ein Matrose den Saal betrat und rief:

»Mit geschwellten Segeln fährt ein großes Schiff in den Hafen ein, doch konnte ich bis jetzt nicht erkennen, woher es stammt.«

Erstes Buch 769

Kaum hatte der Matrose dies gesagt, als schon der schreckliche Donner vieler Geschütze vernehmbar wurde, die das Schiff bei der Einfahrt in den Hafen abfeuerte – reines Pulver, ohne Kugel – zum Zeichen des Friedens und nicht des Krieges. Auf gleiche Weise wurde der Gruß von Mauricios Schiff her erwidert, wo auch die Musketen knallten, die die Soldaten, die es bemannten, abschossen. Alle im Saale eilten zum Strand, und als Periandro das einlaufende Schiff sah, erkannte er es sogleich als das Schiff Arnaldos, des Prinzen von Dänemark. Darüber war er nicht sonderlich erfreut, vielmehr beunruhigte ihn das Erscheinen Arnaldos in tiefster Seele, und sein Herz schlug ihm zum Halse hinauf. Die gleiche Unruhe und den gleichen Schreck empfand Auristela, kannte sie doch seit langem schon die leidenschaftliche Zuneigung, die Arnaldo für sie hegte; sie vermochte ihr Herz auch damit nicht zu beruhigen, daß sie hoffte, die Neigungen, die sowohl Arnaldo als auch Periandro für sie empfanden, möchten nebeneinander hergehen, ohne daß der unfehlbare Pfeil der Eifersucht ihnen die Seele vergifte. Schon stand Arnaldo in der Schaluppe seines Schiffes, schon war er dem Ufer nahe, ehe Periandro ihm entgegenging, ihn zu begrüßen; Auristela bewegte sich nicht von der Stelle und wünschte, ihre Füße möchten in den Boden sinken und sich dort in verworrenes Wurzelwerk verwandeln, wie es der Tochter des Peneus geschah, als der schnelle Läufer Apollo sie verfolgte. Sogleich erkannte Arnaldo Periandro, und ohne darauf zu warten, daß seine Leute ihn auf den Schultern an Land brächten, sprang er mit einem Satz aus dem Boot und lag an Periandros Brust, der ihn mit offenen Armen aufgefangen hatte. Arnaldo sagte:

»Wäre ich doch so glücklich, mit dir, Freund Periandro, auch deine Schwester Auristela wiederzufinden, ich wüßte nicht, was ich noch Schlimmes zu fürchten hätte und Besseres noch erhoffen könnte.«

»Sie ist bei mir, edler Herr«, erwiderte Periandro, »denn der Himmel, der deine tugendhaften Absichten begünstigen will, hat sie dir unversehrt an Leib und Seele bewahrt, wie sie in ihrer Reinheit es auch verdient.«

Indes war durch die Neuankömmlinge unter allen, die auf der Insel waren, schon verbreitet worden, wer der Fürst sei, der mit dem Schiff gekommen war, und immer noch stand Auristela da wie eine Statue, stumm und bewegungslos, und neben ihr standen Transila, sowie Ricla und Constanza, die beide noch wie Barbarinnen gekleidet waren. Arnaldo trat an sie heran, kniete vor Auristela nieder und sagte:

»Sei mir gegrüßt, Du glücklich Wiedergefundene, Nordstern, nach dem sich all mein ehrenhaftes Denken richtet! Leitstern du, der mich zum Hafen führt, wo mein ehrbares Verlangen zur Ruhe kommen wird!«

Auf all dies erwiderte Auristela kein Wort; allein aus ihren Augen brachen Tränen und begannen über die rosigen Wangen zu fließen. Darob war Arnaldo verwirrt und wußte nicht, ob er dieses unerwartete Weinen dem Schmerz oder der Freude zuzuschreiben hätte, allein Periandro, der alles gesehen, da er jede Regung Auristelas mit wachsamem Auge verfolgte, beschwichtigte Arnaldos mögliche Zweifel, indem er sagte:

»Herr, das Schweigen und die Tränen meiner Schwester entspringen der Überraschung und der Freude, das Schweigen der Überraschung, dich hier, wo niemand dich erwartet hätte, so unvermutet wiederzusehen, und die Tränen sind das Zeichen der Freude, dir wieder begegnet zu sein. Sie ist dankbar, wie es alle Wohlgeborenen sein müssen, und sie kennt genau die Pflichten, die du ihr auferlegt hast, indem du ihr stets viel Gunst erwiesen und sie immer mit Achtung behandelt hast.«

Sie gingen zur Herberge; wieder bogen sich die Tische unter den Speisen; jedes Herz war voll von Freude, denn die Becher füllten sich mit edlem Wein, der auf der Meerfahrt solcherart an Güte gewinnt, daß es keinen Nektar gibt, der ihm gleichkäme. Dieses zweite Mahl wurde dem Prinzen Arnaldo zu Ehren gegeben. Periandro berichtete ihm, was auf der Barbareninsel geschehen, wie Auristela befreit wurde, mit allen Begebenheiten und Einzelheiten, die bisher berichtet worden sind, worüber Arnaldo erstaunte und sich alle Anwesenden freuten.

Sechzehntes Kapitel

Einhellig beschließen alle, die Insel zu verlassen und weiterzureisen.

Hier sagte der Eigentümer der Herberge:

»Ich weiß nicht, ob ich euch sagen darf, daß mich das gute Wetter, das der Himmel nun verspricht, betrübt. Die Sonne geht hell und rein unter, weder nah noch fern zeigt sich eine Spur von Nebel, die Wellen schlagen sanft an den Strand und die Vögel fliegen weit ins Meer hinaus. Dies alles sind Zeichen, daß das schöne Wetter andauern wird, und dies wird wohl die Ursache werden, daß mich so hochwerte Gäste, wie sie das Glück in meine Herberge gesendet hat, nun verlassen werden.«

»So ist es«, erwiderte Mauricio, »denn wie angenehm uns allen eure werte Gesellschaft auch sein mag, so erlaubt uns das Verlangen, so rasch wie möglich in unsere Heimat zu gelangen, nicht mehr das Vergnügen, eurer Gesellschaft noch länger teilhaftig zu werden. Was mich angeht, so kann ich nur sagen, daß ich zur ersten Wache in See zu stechen gedenke, wenn mein Steuermann und die Herren Soldaten, die mit mir fahren, der gleichen Meinung sind.«

Arnaldo fügte hinzu:

»Verlorene Zeit bleibt verloren, vor allem in der Seefahrt, wo jede vergeudete Stunde unwiederbringlich ist.«

Und so kamen alle, die in diesem Hafen lagen, überein, noch in der gleichen Nacht nach England in See zu stechen, wohin sich alle zu begeben gedachten. Arnaldo stand auf, nahm Periandro bei der Hand und ging mit ihm vors Haus, wo der Prinz ihm unter vier Augen, ohne daß ein Unberufener sie hören konnte, sagte :

»Gewiß, mein lieber Periandro, hat dir deine Schwester von der Zuneigung gesprochen, die ich ihr in den beiden Jahren bezeigte, die sie sich in der Gewalt meines Vaters, des Königs, befand, eine Zuneigung, die sich ganz ihren berechtigten keuschen Wünschen anpaßte, denn nie kam ein Wort über meine Lippen, das ihre Keuschheit hätte verwirren können, nie begehrte ich mehr über ihren Stand und ihre Herkunft zu wissen, als was sie selber mir zu sagen beliebte, und so stand sie vor meinen Augen nicht als eine Frau aus niederem, geringem Stande, sondern als die Königin der Welt, denn ihre Sittsamkeit, ihre Würde, ihre überaus große Verständigkeit erlaubten es mir nicht, anders zu denken. Tausendmal habe ich mich ihr als Gatten angeboten, und dies mit Wissen und Zustimmung meines Vaters, obgleich mir das, was ich ihr bieten konnte, als gering für sie erschien. Stets gab sie mir zur Antwort, sie könne nicht eher über ihre Person verfügen, ehe sie nicht in der Stadt Rom gewesen sei, um ein Gelübde zu erfüllen, das sie getan habe. Nie wollte sie mir ihren Rang, noch den ihrer Eltern eröffnen, und auch ich drang, wie ich schon gesagt habe, nie in sie, mir darüber Aufschluß zu geben, verdient sie es doch nur um ihrer selbst willen und ohne die Zierde eines anderen Adels, nicht nur die Krone Dänemarks zu tragen, sondern die der Weltmonarchie. Dies alles habe ich dir, mein Periandro, gesagt, damit du als kluger und einsichtiger Mensch bedenken mögest, daß es kein geringes Glück ist, das da an deine und deiner Schwester Tür klopft. Ich verspreche hier in aller Feierlichkeit, daß ich mich ihr als Gatte erbiete und sie heiraten werde, wann und wo sie nur will: hier unter diesem ärmlichen Dach oder unter den goldenen Dächern des berühmten Rom. Ich verspreche dir gleichzeitig, mich stets in den Grenzen der Sittsamkeit und des Anstands zu halten, obgleich ich mich am sehnsüchtigen Verlangen verzehren werde, das vom engen Beisammensein und von der ständigen Gelegenheit gefördert wird, ist doch die greifbare Gelegenheit in ihrem Drängen ärger als die entfernte.«

Hier endete Arnaldo seine Worte und wartete mit Spannung auf Periandros Antwort. Dieser sagte folgendes: »Allzugut weiß ich, edelmütiger Prinz Arnaldo, um die Schuld, in der ich und meine Schwester bei dir stehen wegen der vielen Gunstbezeigungen, die du uns bis jetzt erwiesen hast, und um der Gnade willen, die du uns von nun an zu gewähren gedenkst, mir, weil du dich mir als Bruder anbietest, und meiner Schwester, weil du sie zu deiner Gemahlin zu erheben gedenkst. Mag es auch wie

Wahnsinn erscheinen, wenn zwei arme, aus ihrem Vaterlande verbannte Pilger nicht sogleich das Glück ergreifen, das sich ihnen anbietet, so kann ich dir nur sagen, daß wir ebensowenig darauf eingehen können, wie wir dir dafür stets dankbar sein werden. Meine Schwester und ich, vom Schicksal dazu auserkoren und dem eigenen Wunsche folgend, reisen nach der heiligen Stadt Rom, und ehe wir sie nicht erreicht haben, sind wir nicht frei, nach unserem eigenen Willen zu entscheiden und zu handeln. Wenn der Himmel uns erlaubt, den allerheiligsten Boden zu betreten und dort die heiligen Reliquien zu verehren, dann erst werden wir in der Lage sein, über unseren bislang gebundenen Willen zu verfügen, und dann wird dir mein Wille ganz zu Diensten stehen. Ich kann dir jedoch jetzt schon sagen, daß du, solltest du erreichen, daß dein Wunsch in Erfüllung geht, eine Gattin aus vornehmstem Hause dein eigen nennen wirst und einen Bruder dir erwirbst, der dir mehr sein will als ein Schwager. Ich bitte dich nun, zu den Gnaden, die wir beide von dir erfahren haben, noch eine weitere hinzuzufügen, nämlich, daß du nicht mehr nach unserem Stand und unserem Leben fragst, damit du mich nicht zwingst, dich zu belügen und dir Schimären zu bieten, die alle lügnerisch und falsch wären, weil ich dir die wahren Begebenheiten unseres bisherigen Lebens nicht kundtun darf.«

»Verfüge nach deinem Belieben über mich, mein Bruder«, erwiderte Arnaldo, »und bedenke, daß ich das Wachs bin und du der Prägestempel, der mir jedes Siegel aufprägt, das du mir aufzuprägen begehrst. Wenn du es für gut erachtest, könnten wir noch heute nacht nach England in See gehen, denn von England aus werden wir leicht nach Frankreich kommen und von dort weiter nach Rom, denn ich will euch auf dieser Reise, auf welche Art auch immer sie getan werde, begleiten, sofern ihr solches wünschen solltet.«

Obgleich Periandro über dieses Anerbieten nicht sehr erfreut war, nahm er es doch an und hoffte, daß die lange Zeit, die er bis dahin noch hatte, auch diese Verwicklung lösen werde. Die beiden künftigen Schwäger umarmten einander und kehrten ins Haus zurück, um dort alle Anstalten zur Abreise zu treffen. Auristela hatte bemerkt, wie Arnaldo und Periandro hinausgegangen waren, und erwartete bange den Ausgang der Unterredung, denn obgleich sie die Bescheidenheit des Prinzen Arnaldo und die Klugheit Periandros kannte, bedrängten sie doch tausend Ängste; sie bedachte nämlich, daß die Macht Arnaldos dessen Liebe gleichkäme und er, statt weiterhin bei Bitten zu verbleiben, nun doch zur Gewalt seine Zuflucht nehmen könnte, geschieht es doch oft genug, daß sich im Herzen Verliebter die Geduld in Wut und die Zurückhaltung in Angriffslust verwandelt. Als Auristela jedoch beide so friedlich und ruhigen Gemütes zurückkehren sah, faßte sie von neuem Mut. Da Clodio, der Lästerer, erfahren hatte, wer Arnaldo sei, warf er sich ihm zu Füßen und flehte ihn an, den Befehl zu geben, man möge ihm die Ketten abnehmen und ihn aus der Gesellschaft Rosamundas befreien. Mauricio berichtete dem Prinzen, welchen Standes beide seien und welche Schuld und Strafe Clodio und Rosamunda auf sich geladen hatten. Von Mitleid bewegt, veranlaßte Arnaldo den Hauptmann, in dessen Obhut beide gegeben waren, ihnen die Ketten abzunehmen und die beiden ihm zu überlassen, denn er nahm es auf sich, von ihrem König, seinem vertrauten Freunde, ihre Verzeihung zu erwirken. Als der boshafte Clodio dies sah, sagte er:

»Wären alle Fürsten nur darauf bedacht, gute Werke zu verrichten, dann fände sich keiner, der Böses über sie reden wollte; wie kann aber der, welcher Böses tut, erwarten, daß man Gutes von ihm spricht? Und wenn schon die tugendhaften, vorzüglich verrichteten Werke von menschlicher Bosheit verunglimpft werden, weshalb dann nicht die schlechten auch? Wie kann jemand, der Zwietracht und Bösartigkeit sät, darauf hoffen, gute Frucht zu ernten? Nimm mich mit dir, o Fürst, und du wirst sehen, wie ich dich über den Mond hinaus loben werde.«

»Nein, nichts da«, erwiderte Arnaldo, »ich will nicht, daß du mich um jener Werke willen lobst, die meiner Natur entspringen, um so mehr als das Lob nur insoferne

Erstes Buch

von Wert ist, als es von einem Gutgesinnten kommt, es aber um so schlechter ist, je schlechter und lasterhafter der Mensch ist, der das Lob ausspricht. Von einem tugendhaften Menschen gesagt, ist das Lob der Lohn der Tugend, von einem lasterhaften jedoch eine Schmach.«

SIEBZEHNTES KAPITEL

Arnaldo berichtet, was inzwischen mit Taurisa geschehen ist.

Auristela verlangte es sehr zu erfahren, was Arnaldo und Periandro vor dem Hause miteinander gesprochen hatten, und so wartete sie auf eine günstige Gelegenheit, um Periandro darüber zu befragen, wie sie auch auf eine andere Gelegenheit wartete, die sie benützen wollte, um sich bei Arnaldo zu erkundigen, was aus ihrer Zofe Taurisa geworden sei. Es war, als hätte Arnaldo ihre Gedanken gelesen, denn er sagte:

»Die Leiden, die du erduldet hast, schöne Auristela, werden wohl alle Personen, derer dich zu erinnern du verpflichtet gewesen wärest, aus deiner Erinnerung gelöscht haben. Wäre auch ich mit ihnen deinem Gedächtnis entschwunden, so würde ich mich dennoch für glücklich erachten, denn allein mit dem Gedanken, daß ich einmal dein Denken bewegte, wollte ich zufrieden leben, kann man doch nur vergessen, woran man einmal gedacht hat. Deine ganze Vergangenheit scheint deinem augenblicklichen Vergessen anheimgefallen zu sein. Doch sei dem wie es sei, ob du dich meiner erinnerst oder nicht, ich bin mit allem zufrieden, was du zu tun gedenkst; der Himmel, der mich dir zu eigen gegeben, läßt mir keine andere Wahl, und mein einziger Wille besteht darin, dir zu gehorchen. Dein Bruder Periandro hat mir viel von dem berichtet, was dir zugestoßen ist, seitdem du aus meinem Reiche geraubt worden bist; einige deiner Erlebnisse haben mich erstaunt, andere wieder haben mich erschreckt, doch sehe ich nun, daß Leiden die Macht besitzen, auch jene Verpflichtungen aus dem Gedächtnis zu löschen, die einem immer gegenwärtig sein müßten. Du hast mich weder nach meinem Vater gefragt, noch nach Taurisa, deiner Zofe. Ihn ließ ich gesund zurück; er wünscht nichts sehnlicher, als daß ich dich finden möge; Taurisa hatte ich mit mir genommen, damit ich sie an die Barbaren verkaufe, wo sie mir als Späherin diene sollte, um auszukundschaften, ob du in die Gewalt der Barbaren gefallen seist oder nicht. Wie dein Bruder Periandro auf mich gestoßen ist, wird er dir wohl selbst berichtet haben und ebenso wird er dir von der Vereinbarung erzählt haben, die wir getroffen hatten. Obwohl ich indes oftmals versucht habe, zur Barbareninsel zu gelangen, stellten sich mir immer wieder widrige Winde entgegen; auch jetzt bin ich mit dem gleichen Wunsch unter Segel gegangen; diesen Wunsch hat der Himmel mir erfüllt, indem er es zuließ, daß ich dich wieder fände, dich, den Trost in allen meinen Kümmernissen. Taurisa, deine Zofe, habe ich – es mag zwei Tage her sein – zwei mir befreundeten Rittern übergeben, die ich mitten im Meer auf einem großen Schiff traf, das nach Irland segelte. Taurisa war sterbenskrank. Da mein Schiff eher einem Korsarenschiff gleicht als dem eines Königssohnes und da ich weder über die Annehmlichkeiten verfüge noch über die Heilmittel, derer Kranke bedürfen, so vertraute ich sie jenen Freunden an, die sie nach Irland bringen und dort ihrem König übergeben sollten, damit dieser für Taurisas Pflege und Heilung sorge und sie bei sich behalte, bis ich sie hole. Heute bin ich mit deinem Bruder Periandro übereingekommen, daß wir morgen, sei es nach England, Spanien oder Frankreich abreisen, denn in welches von diesen Ländern wir auch kämen, wir würden überall sichere Gelegenheit zur Erreichung deiner frommen Absicht finden, von der mir dein Bruder gesprochen hat. Ich aber werde inzwischen meine Hoffnungen auf der Schulter meiner Geduld tragen, die, wie ich hoffe, von deinem Verständnis gestützt werden wird. Bedenke also, Señora, ich flehe dich darum an, ob deine Meinung mit der unseren übereinstimme, denn sollte sie auch nur im geringsten davon abweichen, werden wir unseren Plan fallen lassen.«

Erstes Buch   777

»Ich habe«, erwiderte Auristela, »keinen anderen Wunsch
als den meines Bruders Periandro, und er wird, weil er
verständig ist, in keinem Punkte von deinem Plane abgehen.«

»Wenn dem so ist«, entgegnete Arnaldo, »dann will ich
nicht befehlen, sondern gehorchen, damit man von mir
nicht behaupte, daß ich um meines Ranges willen jenen
befehlen wollte, die ich als meine Gebieter anerkenne.«

Dies trug sich zwischen Arnaldo und Auristela zu, die
alles ihrem Bruder berichtete, und in der gleichen Nacht
traten alle, Arnaldo, Periandro, Mauricio, Ladislao, die
beiden Hauptleute und alle, die von der Barbareninsel
gekommen waren, zu einer Beratung zusammen und beschlossen ihre Abreise in folgender Weise:

ACHTZEHNTES KAPITEL

Worin Mauricio die Sterne befragt und von einem Unglück
erfährt, das ihnen dann auch zustößt.

Auf dem Schiff, mit dem Mauricio und Ladislao, die
Hauptleute und die Soldaten gekommen waren, die Rosa-
munda und Clodio gebracht hatten, schifften sich alle jene
ein, die aus dem Höhlenkerker der Barbareninsel gekom-
men waren, und auf Arnaldos Schiff wurden auch noch
Ricla und Constanza, die beiden Antonio, Vater und
Sohn, Ladislao, Mauricio und Transila untergebracht.
Arnaldo ließ nicht zu, daß Clodio und Rosamunda auf
der Insel zurückgelassen würden. Rutilio fand ebenfalls
Platz auf Arnaldos Schiff. Noch in der Nacht nahmen sie
Trinkwasser an Bord und versorgten sich mit allen Lebensmitteln, die der Eigentümer der Herberge beschaffen konnte
und verkaufen wollte. Nachdem Mauricio die günstige
Konstellation für die Abfahrt berechnet hatte, sagte er, daß
sie eine glückliche Reise vor sich hätten, wenn ein günstiges
Geschick sie aus einer üblen Lage, in die sie bald kommen
würden, befreie. Die Gefahr, in die sie geraten würden,

träfe sie zwar auf dem Meere, doch käme sie nicht von einem Sturm oder Ungewitter, sondern beruhe auf einem Verrat, der zum Teil, wenn nicht ganz aus unsauberen, lüsternen Begierden entspränge. Periandro, der ohnehin durch Arnaldos Gesellschaft beunruhigt war, befürchtete, jener Verrat könnte vom Prinzen ausgeheckt sein, um die schöne Auristela in seine Gewalt zu bringen, die ja auch auf seinem Schiffe war. Diesem Argwohn widersprach jedoch Periandros edles Gemüt, und er weigerte sich, daran zu glauben, schien es ihm doch, daß der Seele edelmütiger Fürsten keinerlei Verrat entspringen könnte. Doch unterließ er es nicht, Mauricio dringend zu bitten, sein Horoskop noch einmal zu befragen, von welcher Seite die Gefahr drohe. Mauricio erwiderte, daß er dies nicht wisse, und obgleich er das Unglück für sicher halten müsse, könne er nur sagen, die Größe des Unheils werde dadurch gemildert, daß keiner der Betroffenen dabei das Leben einbüße, wohl aber würden ihnen der Friede und die Sicherheit genommen, würden ihre Pläne zerstört und ihre schönsten Erwartungen zunichte. Periandro erwiderte darauf, man möge die Abreise um einige Tage verschieben, vielleicht würde sich dann der verderbliche Einfluß der Gestirne abgeschwächt haben oder ganz vorüber sein.

»Nein«, entgegnete Mauricio, »es ist besser, wir begeben uns in diese Gefahr, da keiner umkommen wird, während uns vielleicht eine Verzögerung der Abreise ins Verderben stürzen könnte.«

»Wohlan denn«, sagte Periandro, »die Würfel sind gefallen! Laßt uns also zu guter Stunde abreisen, und es geschehe, was der Himmel über uns verfügt hat und wir durch unser Bemühen nicht abwenden können.«

Arnaldo lohnte dem Wirt die erwiesene Gastfreundschaft mit vielen reichen Geschenken; alle schifften sich ein, die einen auf diesem, die andern auf jenem Schiff, wie es ihnen eben am dienlichsten schien. So verließen sie den Hafen und stachen in See. Arnaldos Schiff fuhr geschmückt mit leichten Wimpeln, Flaggen und prachtvoll bunten Fähnchen aus dem Hafen. Während sie die Ketten loswarfen und die Anker hievten, schossen sie aus schweren Ge-

Erstes Buch

schützen, aus leichten und aus Musketen, und die Lüfte
hallten wider vom Klang der Schalmeien und anderer heiterer Instrumente, und mit ihm vermischte sich der oftmals
wiederholte Ruf: »Glückliche Fahrt! Glückliche Fahrt!«
Indes ging die schöne Auristela, den Kopf zur Brust geneigt, nachdenklich umher, als ahne sie das Unheil, das
über sie hereinzubrechen drohte. Periandro blickte sie an,
und Arnaldo wendete den Blick kaum von ihr, war sie
doch für jeden der beiden das Augenlicht, das Ziel ihrer
Wünsche und die Quelle ihrer Freuden. Der Tag ging zu
Ende; die Nacht zog hell und friedlich herauf, und ein
sanfter Wind zerstreute die Nebel, die sich sonst zu finsteren
Wolken geballt hatten. Mauricio richtete den Blick zum
Himmel empor, verglich in Gedanken die Figuren des
Horoskops, das er berechnet hatte, mit dem Stand der Gestirne und fand von neuem die Gefahr bestätigt, die ihnen
drohte; allein auch diesmal gelang es ihm nicht zu erkennen, woher sie komme. Indes er, verwirrt, darüber grübelte, schlief er auf dem Verdeck ein, erwachte jedoch bald
und rief mit allen Zeichen des Schreckens:

»Verrat! Verrat! Verrat! ... Wach auf, Prinz Arnaldo,
deine Leute morden uns!«

Arnaldo, der auf dem gleichen Verdeck neben Periandro
lag und nicht geschlafen hatte, erhob sich bei den Schreien
und fragte:

»Was ist dir, Freund Mauricio? Wer greift uns an, wer
mordet uns? Sind wir denn auf diesem Schiff nicht alle
Freunde? Sind nicht die übrigen meine Untertanen und
Diener? Ist der Himmel nicht heiter, das Meer nicht ruhig
und sanft? Gleitet denn das Schiff nicht dahin, ohne auf
Klippen und Untiefen zu stoßen? Stellt sich denn sonst
ein Hindernis unserer Fahrt entgegen? Da uns also keine
Gefahr droht, was erschreckt dich dann, und weshalb
ängstigst du uns mit deiner Furcht?«

»Ich weiß es nicht«, erwiderte Mauricio. »Laß, o Herr,
deine Taucher die Bilge des Schiffes prüfen, denn, wenn es
kein Traum war, dann scheint es mir, als sänken wir.«

Noch hatte er nicht ausgesprochen, als schon vier oder
auch sechs Matrosen, allesamt vorzügliche Taucher, zum

Schiffsboden hinabtauchten und ihn nach allen Seiten untersuchten; sie fanden jedoch keine lecke Stelle, durch die das Wasser hätte ins Schiff eindringen könne; so kehrten sie an Deck zurück und berichteten, das Schiff sei unbeschädigt, das Wasser in der Bilge trüb und es stinke, ein deutliches Zeichen dafür, daß kein frisches Wasser von außen eingedrungen sei.

»So mag es wohl sein«, sagte Mauricio, »denn da ich ein alter Mann bin mit der dem Alter eigenen Bedenklichkeit, erschrecken mich selbst Träume. So gebe Gott, daß mein Traum nur ein Traum ist. Ich würde lieber als furchtsamer alter Greis gelten, denn als ein Sterndeuter angesehen werden, der recht behält.«

Arnaldo sagte:

»Beruhigt Euch doch, mein guter Mauricio, Euer Träumen könnte diesen Damen den Schlaf rauben.«

»Wenn ich es vermag«, erwiderte Mauricio, »will ich es gerne tun.«

Nachdem er sich wieder auf dem Verdeck niedergelegt hatte, breitete sich große Stille über das Schiff; Rutilio, der am Fuß des Großmastes saß, ließ sich, von der heiteren Nacht, dem angenehmen Wetter oder der überaus schönen Stimme, die er sein eigen nannte, verführen und sang zum Rauschen des Windes, der lind in die Segel blies, in toskanischer Sprache folgendes Lied, das, in die unsere übertragen, solcherart lautet:

Gewarnt vor wütenden Naturgewalten,
zur Arche flieht, um dort sich einzuschließen,
der Weltmonarch, den zornig sie verstießen,
da Gott ihn hieß, die Menschen zu erhalten.

Und vor des Todes ungehemmtem Schalten
gibt er Asyl, da alles sonst beschließen
muß seines Lebens Lauf, und weitersprießen
nur jenes darf, das er behalten.

Man sieht in hoher Arche Bau geborgen
den Löwen und das Lamm; es wohnt in Frieden
die Taube bei dem Sperber, doch indessen

Erstes Buch 781

ist es kein Wunder, daß der Zwietracht Sorgen
verschwunden sind, denn die Gefahr hienieden
läßt alle Feindschaft der Natur vergessen.

Wer am besten verstand, was Rutilio gesungen, war Antonio, der Vater, der sogleich sagte:

»Rutilio singt gut, und sollte das Sonett, das er gesungen, von ihm selbst stammen, dann wäre er auch kein übler
Poet. Wie könnte aber einer, der ein Handwerk betreibt,
ein guter Dichter sein? Doch glaube ich mich hier zu irren,
denn ich erinnere mich, in Spanien, meinem Vaterlande,
Dichter in allen Berufen gesehen zu haben.«

Dies sagte er so laut, daß Mauricio, der Prinz und
Periandro, die alle nicht schliefen, ihn vernahmen; Mauricio sagte:

»Es ist leicht möglich, daß einer, der ein Handwerk
treibt, auch ein Dichter ist, hängt doch die Dichtkunst nicht
von den Händen ab, sondern vom Verstand und vom Gemüt, und die Seele eines Schneiders kann ebenso für die
Dichtkunst geschaffen sein wie die Seele eines Feldobristen,
sind doch die Seelen einander alle gleichwertig, aus ein und
derselben Substanz entstanden und von ihrem Schöpfer
von allem Anfang an geformt; dem Leibe, der sie einschließt, und den Temperamenten entsprechend, sind sie,
die eine mehr die andere weniger, begabt. Sie neigen jenen
Wissenschaften, Künsten und Handwerken zu, nach denen
sie durch ihr Gestirn inklinieren. Mit Recht aber heißt es:
›poeta nascitur‹ – zum Dichter wird man geboren. Und
so ist es nicht zu verwundern, daß Rutilio, obwohl ein
Tanzmeister, auch ein Dichter ist.«

»Und als Tanzmeister so hervorragend«, erwiderte
Antonio, »daß er höher sprang als die Wolken reichen.«

»Dem ist so«, entgegnete Rutilio, der alles angehört
hatte, »sprang ich doch fast bis zum Himmel, als mich die
Zauberin auf einem Mantel von der Toskana nach Norwegen brachte, wo ich sie dann, wie ich schon berichtet
habe, tötete, weil sie sich in eine Wölfin verwandelte.«

»Daß es im Norden Menschen gibt, die sich in Wölfe
und Wölfinnen verwandeln, ist grober Aberglaube«, sagte

782   Die Mühen und Leiden des Persiles und der Sigismunda

Mauricio, »wenn es auch viele Leute gibt, die solches für
wahr erachten.«

»Wie ist es dann möglich«, fragte Arnaldo, »daß man
überall davon spricht und es für eine ausgemachte Sache
hält, es streiften in England große Rudel von Wölfen
durch das Land, die alle verwandelte Menschen seien?«

»Das kann in England nicht sein«, erwiderte Mauricio,
»denn auf jener fruchtbaren Insel der gemäßigten Zone
gibt es nicht nur keine Wölfe, sondern es fehlen dort auch
andere schädliche Tiere wie Schlangen, Vipern, Kröten,
Spinnen und Skorpione. Es ist eine allgemein anerkannte
Tatsache, daß jedes giftige Tier, das man aus anderen Ländern nach England bringt, dort stirbt. Ja, selbst wenn man
nur ein wenig englische Erde nach irgendwelchen anderen
Ländern mitnimmt und dort damit einen Kreis um eine
Viper legt, so wagt dieses Tier es nicht, aus diesem Kreis
auszubrechen; es bleibt darin und verendet. Was die Verwandlung von Menschen in Wölfe angeht, so verhält es
sich damit solcherart: es gibt eine Krankheit, die die Ärzte
die Wolfsucht nennen, und jeder, der von ihr befallen
wird, meint, sich in einen Wolf verwandelt zu haben,
heult wie ein Wolf und rottet sich mit anderen, an der
gleichen Krankheit Leidenden zusammen; so laufen sie in
Rudeln über die Felder und durch die Wälder, bellen entweder wie Hunde oder heulen wie Wölfe; sie zerstören
Bäume, töten alles, was ihnen unterkommt, und verschlingen
das rohe Fleisch der Toten. Ich weiß, daß es auf der Insel
Sizilien, der größten des Mittelmeeres, auch heute noch
Menschen dieser Art gibt; die Sizilianer nennen sie Werwölfe. Ehe diese Menschen von der schrecklichen Krankheit
befallen werden, fühlen sie dies voraus und sagen ihren
Nachbarn, sie möchten ihnen ausweichen, vor ihnen fliehen,
sie entweder einsperren oder töten, denn, nähmen sie sich
nicht vor ihnen in acht, dann würden sie in Stücke gerissen
und auf greuliche Art zerfleischt; sie – die Wölfe – stießen
dabei ein furchtbares Geheul aus. Dies ist wahr, denn über
alle, die sich dort zu verheiraten wünschen, werden genaue
Erkundigungen angestellt, ob einer unter ihnen von dieser
Krankheit befallen ist; erweist sich dann im Verlaufe der

Erstes Buch

Zeit, daß dies der Fall war, dann wird die Ehe für null und nichtig erklärt. Plinius meint – er schreibt darüber im dreizehnten Kapitel des achten Buches –, es habe auch in Arkadien Menschen gegeben, die sich in Wölfe verwandelt hätten. Diese sollen durch einen See geschwommen und, nachdem sie die Kleider an eine Eiche gehängt, nackt ins Land hineingelaufen sein, wo sie sich mit anderen ihrer Gattung, die schon verwandelt waren, vereinigten; dort sollen sie neun Jahre lang geblieben, dann wieder über den See zurückgeschwommen sein und ihre vorige Gestalt angenommen haben. Dies alles kann man aber nur als ein Märchen gelten lassen, denn es ist nichts Wirkliches daran, sondern nur Eingebildetes.«

»Ich bin mir dessen nicht so sicher«, sagte Rutilio, »und weiß nur eines, nämlich, daß ich eine Wölfin getötet und dann zu meinen Füßen eine tote Hexe vorgefunden habe.«

»Das mag sein«, entgegnete Mauricio, »ist doch die Macht der Hexenmeister und Zauberer – solche gibt es ja – imstande, uns eine Sache für die andere vorzuspiegeln, doch steht fest, daß kein Mensch imstande ist, seine ursprüngliche Art und Gestalt in eine andere zu verwandeln.«

»Ich bin sehr froh darüber«, sagte Arnaldo, »dies alles erfahren zu haben, gehörte ich doch auch zu jenen, die diesem Aberglauben anhingen. Das gleiche gilt wohl auch für die Fabeln, die man sich über die Verwandlung des Königs Artus von England in einen Raben erzählt. Die sonst so vernünftigen Engländer nehmen sie für bare Münze, und jeder Engländer steht davon ab, einen Raben zu töten«.

»Ich könnte nicht sagen«, entgegnete Mauricio, »worauf diese ebenso schlecht erfundene wie bereitwillig geglaubte Fabel zurückzuführen ist.«

Unter solchen Gesprächen verstrich die Nacht, und als der Tag sich abzeichnete, sagte Clodio, der bisher schweigend zugehört hatte:

»Mir ist es ganz und gar gleichgültig, ob diese Geschichten wahr oder unwahr sind. Was kann es mir ausmachen, ob es Werwölfe gibt oder nicht, oder ob Könige in Gestalt von Raben oder Adlern umherfliegen? Wenn sich Könige

schon in Vögel verwandeln müssen, dann sind sie mir als
Tauben lieber denn als Sperber.«

»Schweig, Clodio, und rede den Königen nichts Schlechtes nach. Mir scheint, du willst schon wieder deine Zunge
wetzen, um ihnen den Faden der Ehre abzuschneiden.«

»Nein«, erwiderte Clodio, »denn die Strafe hat mir
einen Knebel in den Mund oder, besser gesagt, an meine
Zunge gelegt, und dieser Knebel erlaubt mir nicht, daß ich
sie rühre; darum will ich künftig lieber schweigen – und
müßte ich darum zerbersten –, als mir durch Reden Luft
machen. Stichelreden und Meuchelreden erfreuen vielleicht
die einen, kränken aber die andern; dem Schweigen jedoch
kann man weder durch Erwiderung noch durch Strafen
begegnen. Ich möchte die Tage, die mir noch gegönnt sind,
unter deinem großmütigen Schutz in Frieden verbringen,
wenn mir auch manchmal einige grobe Wahrheiten, die an
die Öffentlichkeit drängen, auf die Zunge kommen mögen,
Wahrheiten, die mir doch zwischen den Zähnen sterben
werden, wenngleich mich die Zunge juckt, sie heraus-
zusagen. Nun, Gott halte es, wie er will.«

Darauf erwiderte Auristela:

»Das Opfer, o Clodio, das du dem Himmel mit deinem
Schweigen darbringst, ist sehr hoch einzuschätzen.«

Indes war Rosamunda hinzugetreten und sagte zu Auristela gewendet:

»An dem Tag, an dem sich Clodio selbst zum Schweigen
bringt, werde ich sittsam, denn so wie die Unsittlichkeit
mein Wesen ist, ist das seine die Verleumdung. Ich jedoch
darf eher hoffen, mich zu bessern als er, welkt doch die
Schönheit mit den Jahren, und fehlt einmal die Schönheit,
dann erlöschen allmählich auch die lüsternen Gedanken.
Über eine Lästerzunge hat auch die Zeit keine Gewalt,
und je älter der Meuchelredner, desto mehr verleumdet
und lästert er, da er doch mit jedem Tag neues sieht und
erlebt. Schließlich, wenn er an allen anderen Sinnen matt
geworden, bleibt ihm als letzte Freude immer noch die
eigene Zunge.«

»Beides ist gleicherweise schlecht«, sagt Transila. »Es
findet eben jeder seinen eigenen Weg zur Verderbnis.«

Erstes Buch   785

»Unser Weg jedoch«, sagt Ladislao, »ist der des Glücks und der Freude, da der Wind sich uns so geneigt erweist und das Meer sich so ruhig gibt.«

»So war es auch in der vergangenen Nacht«, sagte Constanza, »allein der Traum des Herrn Mauricio hat uns sehr verwirrt und erschreckt, und fast glaubten wir, das Meer hätte uns alle schon verschlungen.«

»Wahrlich, mein Fräulein«, sagte Mauricio, »wäre ich nicht im katholischen Glauben erzogen und dächte ich nicht daran, daß der Herr im Levitikus sagt: ›Seid keine Wahrsager und glaubt nicht den Träumen, denn nicht allen ist es gegeben, sie auszulegen‹, dann würde ich es wagen, den Traum auszulegen, der mir so großen Schreck eingejagt hat. Er ist, wie mich dünkt, keineswegs auf die Ursachen zurückzuführen, aus denen Träume zu entstehen pflegen – sofern sie nicht Eingebungen Gottes oder des Teufels sind –, auf im Übermaß genossene Speisen, die die Dünste ins Gehirn treiben und den Verstand trüben, oder aus dem, was den Träumenden schon während seines Tagwerks am meisten beschäftigt hat. Auch ist mein Traum nicht darauf zurückzuführen, daß ich mich mit der Astrologie beschäftige, denn ich beobachtete im Traum weder die Gestirne noch deren Konstellationen, noch durchforschte ich die Bahnen und die Sternbilder, und doch konnte ich ganz deutlich sehen, wie auf einen Palast aus Holz, in dem wir alle waren, Blitz um Blitz niederging und den Himmel aufriß. Durch diese Himmelsrisse schütteten die Wolken nicht nur ein Meer an Wasserfluten, sondern tausend Meere, so daß ich, der Meinung, ertrinken zu müssen, laut aufschrie und die gleichen Bewegungen ausführte wie ein Ertrinkender. Auch jetzt habe ich mich noch nicht von meinem Schreck erholt, und meine Seele zeigt noch die Spuren der Angst. Da ich aber weiß, daß es keine zuverlässigere Astrologie gibt als weise Voraussicht – entspringen ihr doch die besten Überlegungen – so ist es nur naheliegend, daß man während einer Meerfahrt auf einem Schiff aus Holz Blitze vom Himmel, Regen von den Wolken und Wasserfluten vom Meer befürchtet. Was mich jedoch am meisten verwirrt und wundert, ist der Umstand, daß uns die Gefahr nicht von den Elementen droht, sondern daß sie der Heimtücke entspringt, die, wie schon gesagt, lüsterne Gesellen aushecken.«

»Ich kann mich nicht dazu überreden«, sagte hier Arnaldo, »zu glauben, daß jene, die sich den Gefahren der See aussetzen, verführt werden könnten durch die Zärtlichkeiten der Venus und die Lockungen ihres lüsternen Sohnes. Die keusche Liebe vermag, ohne Schaden zu erleiden, auch durch die Schrecknisse des Todes hindurchzugehen und in einer besseren Welt fortzuleben.«

Dies sagte Arnaldo, damit Auristela und Periandro, sowie alle, die um seine Liebe wußten, sähen, wie sehr seine Neigung vernünftigen Erwägungen unterliege. Er fuhr fort:

»Mit Recht glaubt ein edler Fürst, in aller Sicherheit unter seinen Untertanen zu leben; denn die Angst vor Verrätereien entspringt nur einem tadelnswerten Leben und Verhalten des Fürsten.«

»So ist es«, sagte Mauricio, »und so sollte es auch sein. Doch wäre erst dieser Tag vorbei, ohne daß er uns ein Unheil bescherte, und ginge auch die Nacht vorüber, ohne uns mit Schrecken zu erfüllen, dann wollte ich gerne mir selbst oder anderen guten Botenlohn bezahlen.«

Bei diesen Worten senkte sich die Sonne und sank in die Arme der Thetis. Das Meer war so ruhig, wie es gewesen, ein günstiger Wind wehte, nirgends war auch nur ein Wolkenschleier zu entdecken, der die Seeleute beunruhigt hätte: der Himmel, das Meer, der Wind, allesamt und jedes für sich, versprachen die glücklichste Fahrt, als der weise Mauricio entsetzt ausrief:

»Zweifelsohne sinken wir! Wir sinken zweifelsohne!«

NEUNZEHNTES KAPITEL

Worin berichtet wird, was zwei Soldaten unternahmen und wie
Periandro und Auristela getrennt wurden.

Auf Mauricios Ruf erwiderte Arnaldo:

»Was ist Euch, großer Mauricio? Welches Wasser er-
tränkt uns? Welche Meere verschlingen uns? Welche Wogen brechen über uns herein?«

Statt eine Antwort zu erhalten, sah Arnaldo, wie ein
entsetzter Matrose, dem Wasser aus Mund und Nase
rann, aufs Verdeck stürzte, und er vernahm, wie jener mit
bebender Stimme, die Sätze zerreißend, ausrief:

»Das Schiff ist an vielen Stellen geborsten. Das Wasser
dringt so rasch und unaufhaltsam ein, daß es bald das
Verdeck erreicht haben wird. Jeder denke daran, sein
Leben zu retten. Komm, o Prinz Arnaldo, schnell in die
Schaluppe oder in die Pinasse und nimm mit, was dir als
das Wertvollste erscheint, ehe die salzige Flut es verschlingt.«

In diesem Augenblick blieb das Schiff unter dem Gewicht des Wassers, mit dem es vollgelaufen war, bewegungslos liegen. Der Steuermann ließ alle Segel auf einmal reffen, und jedermann, erschreckt und verängstigt,
suchte nach Rettung: der Prinz und Periandro liefen zur
Schaluppe, ließen sie ins Wasser und brachten in ihr Auristela, Transila, Ricla und Constanza unter. Zu ihnen gesellte sich, als sie sah, daß man ihrer vergaß, auch Rosamunda. Arnaldo drängte Mauricio, den Frauen in die
Schaluppe zu folgen. Indes setzten zwei Soldaten die
Pinasse, die an der Bordwand des Schiffes befestigt gewesen, ins Wasser; als der eine der beiden sah, daß der andere
vor ihm in die Pinasse stieg, zog er den Dolch aus dem
Gürtel und stieß ihn jenem in die Brust, wobei er ausrief:

»Da wir unser Verbrechen so ohne Gewinn verübt
haben, diene dir dieser Dolchstoß zur Strafe und mir zur
Warnung für die kurze Zeit, die ich noch zu leben gedenke.«

Indes er dies sagte, warf er sich, statt seine Rettung in

der Pinasse zu suchen, voll Verzweiflung ins Meer und rief mit stockender Zunge:

»Höre, Arnaldo, die Wahrheit, die ich, der Verräter, dir zu deinem Nutzen sagen will. Ich und jener, den ich vor deinen Augen erdolchte, haben dieses Schiff an vielen Stellen angebohrt und Löcher dareingeschlagen in der Absicht, uns Auristelas und Transilas zu bemächtigen, sie mit der Pinasse zu entführen und ihnen Gewalt anzutun; allein da mein Plan anders ausgegangen ist, als ich wollte, erdolchte ich meinen Spießgesellen und werde auch mich töten.«

Mit dem letzten Wort ließ er sich in die Flut versinken; sie erstickte ihn und begrub ihn in ewigem Schweigen. Obgleich alle wirr durcheinanderliefen und damit beschäftigt waren, Rettung aus der gemeinsamen Not zu finden, hatte Arnaldo doch die Worte des Unglückseligen vernommen. Er und Periandro eilten zur Pinasse, und ehe sie einstiegen, wiesen sie den jungen Antonio an, sich in die Schaluppe zu begeben, vergaßen aber, daß alle mit Lebensmitteln versorgt werden müßten. Arnaldo, Ladislao, Antonio, der Vater, Periandro und Clodio sprangen in die Pinasse und suchten die Schaluppe zu erreichen, die sich bereits vom Schiff entfernt hatte, über das schon die Wogen hinwegfluteten, so daß nur noch der Großmast zu sehen war wie ein Zeichen, an dem man das Grab eines Schiffes erkenne. Die Nacht brach herein, ohne daß es der Pinasse gelungen wäre, die Schaluppe einzuholen, aus der Auristela nach ihrem Bruder Periandro rief, der, ihr zur Antwort, immer wieder ihren ihm so süßen Namen wiederholte. Auch Transila und Ladislao riefen, und so trafen einander die Rufe ›Mein süßester Gemahl!‹ und ›Meine vielgeliebte Gattin‹ in den Lüften, während ihre Pläne und ihre Hoffnung zunichte wurden, da sie jede Möglichkeit, sich zu vereinen, verloren, denn die Nacht wurde immer schwärzer, und die Winde begannen in zwei einander entgegengesetzten Richtungen aufzufrischen. Kurz und gut: die Pinasse entfernte sich von der Schaluppe, und da sie leichter war und geringer bemannt, flog sie dahin, wohin Wind und Wellengang sie treiben wollten. Mehr durch

Erstes Buch

ihr eigenes Gewicht als durch die Last jener, die in ihr
dahintrieben, blieb die Schaluppe zurück, so als hätten
ihre Insassen die Absicht, nicht weiterzukommen. Als dann
die Nacht noch schwärzer wurde, als sie gewesen, fühlten
die nun Verlassenen von neuem die ganze Schwere des
Unglücks, das sie betroffen hatte. So sahen sie sich einem
unbekannten Meer ausgeliefert, bedroht von allen Unbilden des Himmels und fern jeder Annehmlichkeit, die
das Land ihnen geboten; die Schaluppe hatte keine Ruder, es fehlte ihnen an Lebensmitteln, und der Hunger,
den nur der Kummer, den sie empfanden, etwas zähmte,
gefährdete sie. Mauricio, der zum Herrn und Kapitän der
Schaluppe geworden, wußte nicht, wie und womit er sein
Boot steuern sollte; nach den Klagen, dem Stöhnen und
den Seufzern seiner Gefährten mußte er befürchten, daß
sie vor allem dadurch dem Verderben ausgeliefert würden. Er blickte nach den Sternen. Wenn auch nicht alle
zu sehen waren, so zeigten ihm doch jene, die in der Dunkelheit am Himmel strahlten, daß das Wetter gut bleiben
werde; allein, wo sie sich befanden, vermochte er an ihnen
nicht zu erkennen. Der Kummer, den die Schiffbrüchigen
empfanden, erlaubte ihnen nicht, ihre Sorgen im Schlaf zu
lindern, und so verbrachten sie die Nacht, ohne ein Auge
zuzutun. Der Tag brach an, nicht um ihnen, wie man sagt,
neue Freuden zu bereiten, sondern um sie den alten Kummer noch drückender empfinden zu lassen. In der Helle
des Tages suchten sie das Meer nah und fern ab, ob sie
nicht irgendwo die Pinasse erblickten, die das Liebste,
das sie besaßen, davontrug, oder ob sie nicht wenigstens
ein anderes Schiff entdeckten, das ihnen Hilfe und Rettung hätte bringen können. Sie sahen nur zur Linken eine
Insel, was sie gleicherweise erfreute und betrübte, erfreute, weil sie sich so nahe dem Lande sahen, und betrübte, weil sie erkannten, daß es unmöglich war, an die
Insel heranzukommen, wenn nicht der Wind sie dahin
treiben wollte. Mauricio war der einzige, der die Hoffnung, alle zu retten, nicht fahren ließ, besagte doch das
Horoskop, das er, wie schon gesagt, berechnet hatte, daß
sie in diesem Abenteuer wohl fast tödliche Gefahren zu

bestehen hätten, das Leben dabei aber nicht einbüßen würden.

Schließlich bewog die Gnade des Himmels die Winde, ihnen beizustehen, und so kam die Schaluppe nach und nach zur Insel hin. Auf einem weiten, menschenleeren, jedoch schneebedeckten Strand konnten sie landen. So schrecklich und furchtbar sind die Gefahren des Meeres, daß alle, die unter seinen Unbilden zu leiden haben, sich glücklich schätzen, wenn sie diese mit größeren noch, sofern sie ihnen nur auf festem Lande begegnen, vertauschen können. Der Schnee, der den verlassenen Strand bedeckte, schien ihnen feinster Sand und die Einsamkeit fröhliche Gesellschaft. Die einen wurden von den andern an Land getragen. Der junge Antonio, ein zweiter Atlas, trug Auristela und Transila an Land und holte dann auch Rosamunda und Mauricio. Nachdem sie, so gut sie es vermochten, die Schaluppe, die nach Gott ihre einzige Hoffnung war, aus dem Wasser gezogen, suchten sie Zuflucht an einem hohen Felsen, den sie unweit des Strandes entdeckt hatten. Antonio, der nun bedachte, daß der Hunger bald fühlbar und so heftig würde, daß er sie das Leben kosten könnte, nahm den Bogen zur Hand, den er stets über die Schulter gehängt mit sich führte, und sagte, er wolle das Land erkunden, um zu sehen, ob er nicht Leute anträfe oder wenigstens ein Wild, mit dem sie ihrer Not abhelfen könnten. Alle billigten sein Vorhaben, und so ging er leichtfüßig ins Innere der Insel, den Fuß nicht auf Erde setzend, sondern auf hartgefrorenen Schnee, so daß es ihm schien, als ginge er über Schotter. Ihm folgte, ohne von ihm bemerkt zu werden, die lüsterne Rosamunda, die von den anderen nicht zurückgehalten wurde, da sie meinten, sie sehe sich durch ein natürliches Bedürfnis gezwungen, sich zu entfernen. Als Antonio schon eine größere Strecke gegangen war – die übrigen hatten ihn bereits aus den Augen verloren –, wandte er sich zufällig um, erblickte hinter sich Rosamunda und sagte:

»Was ich in dieser Stunde der Gefahr am wenigsten brauchen kann, ist deine Gesellschaft. Was willst du, Rosamunda? Kehre um, denn du hast keine Waffe bei dir, mit

Erstes Buch 791

der du irgendein Wild erjagen könntest, noch kann ich
meinen Schritt verlangsamen, um auf dich zu warten.
Weshalb folgst du mir denn?«

»O du unerfahrener Jüngling«, erwiderte das lüsterne
Weib. »Wie weit bist du doch davon entfernt zu begreifen,
in welcher Absicht ich dir gefolgt bin und was du mir deshalb schuldest!«

Damit kam sie an seine Seite und fuhr fort:

»Hier hast du vor dir, o junger Jäger, schöner als Apoll,
eine zweite Daphne, die nicht vor dir flieht, sondern dich
verfolgt. Vergiß, daß meine Schönheit schon unter der
Strenge der rasch entfliehenden Zeit zu welken beginnt,
und denke daran, daß du in mir jene Rosamunda vor dir
siehst, die einst die Nacken stolzer Könige beugte und die
edelsten Männer in Fesseln schlug. Ich bete dich an, hochherziger Jüngling, denn hier, inmitten von Eis und Schnee
verbrennt die Liebesglut mein Herz zu Asche. Genießen
wir einander und betrachte mich als die Deine, denn ich
will dich an einen Ort bringen, wo du in reichen Schätzen
wühlen kannst, die, von mir zweifelsohne für dich zusam-
mengerafft und versteckt, in England liegen, wo mich
tausendfacher Tod an meinem Leben bedroht. Heimlich
werde ich dich an jenen Ort bringen, wo du mehr Gold
finden wirst, als König Midas hatte, und größere Reichtümer, als Crassus je zu raffen vermochte.«

Hier schwieg sie, doch ließ sie nicht davon ab, weiter
mit den Händen nach Antonio zu greifen. Dieser drängte
sie zurück und sagte während dieses Zweikampfes zwischen der Sittsamkeit und der Lüsternheit:

»Halt ein, du Harpyie, besudle nicht den reinen Tisch
des Phineus! Tue, schnöde Ägypterin, der Keuschheit dessen, der dein Sklave nicht ist, keine Gewalt an, versuche
nicht, ihn zu verführen! Stirb an deinem Gift, verfluchte
Schlange! Sprich nicht aus mit unreinem Wort, was dein
unreines Verlangen will! Bedenke, wie nahe wir dem
schrecklichen Tode sind, der uns mit dem Hunger bedroht
und mit der Ungewißheit, ob wir diesen Ort verlassen
werden oder nicht. Und sollten wir ihn verlassen, dann
würde ich dich aus einem anderen Grunde mitnehmen als

aus jenem, den du mir entdeckt hast! Hinweg von mir und folge mir nicht weiter, da ich sonst deine Vermessenheit bestrafen und deinen Wahnsinn öffentlich machen will! Wenn du umkehrst, dann will ich den Mantel des Schweigens über deine Schamlosigkeit breiten; wenn du mich nicht verläßt, werde ich dich töten!«

Als die lüsterne Rosamunda solches vernahm, betrübte sich ihr Herz solcherart, daß ihr die Tränen versiegten und sie nicht weiter zu seufzen und zu bitten vermochte. Antonio, klug und umsichtig, ließ sie stehen; Rosamunda kehrte zu den übrigen zurück, und Antonio setzte seinen Weg fort. Doch da er keinerlei Anzeichen fand, das seiner Jagd Erfolg versprochen hätte, lag doch überall viel Schnee, waren doch die Wege hart und nirgends Leute zu treffen, und da er überdies daran dachte, daß er sich verirren könnte, wenn er weiterginge, kehrte auch er zu den übrigen zurück. Von der Aussichtslosigkeit, ihr Elend zu lindern, erschüttert, hoben alle die Arme zum Himmel und senkten den Blick zu Boden.

Zu Mauricio sagten sie, er möge die Schaluppe wieder flottmachen lassen, da es für sie auf dieser unwirtlichen einsamen Insel keinerlei Rettung gebe.

Zwanzigstes Kapitel

Von dem seltsamen Begebnis, das sich auf der Schneeinsel zutrug.

Kaum war der Tag etwas weiter vorgeschritten, als sie in der Ferne ein mächtiges Schiff herankommen sahen, das ihre Hoffnung auf Rettung von neuem belebte. Die Segel des Schiffes wurden gerefft und, wie es schien, auch die Anker ausgeworfen, da das Schiff nicht weitersegelte. Sie sahen, wie die Schaluppe des Schiffes aufs Wasser gelassen wurde und die Matrosen sie dem Strand zuruderten, wo die Schiffbrüchigen bereits wieder ihre Plätze in der eigenen Schaluppe einnahmen. Auristela sagte, es wäre wohl besser, die Neuankömmlinge zu erwarten, um zu erfah-

Erstes Buch 793

ren, wer sie seien. Die Schaluppe des Schiffes strebte dem
Strand zu, fuhr auf dem gefrorenen Schnee auf, und zwei,
wie es schien, stattliche, starke Jünglinge, beide von großer Schönheit und feurig, sprangen aus dem Boot und
trugen eine schöne Jungfrau auf ihren Schultern an Land,
schien sie doch so kraftlos, daß sie sich nicht auf eigenen
Füßen halten konnte. Die Jünglinge riefen den Schiffbrüchigen, die mit ihrer Schaluppe schon von den Wellen
fortgetragen wurden, zu, sie möchten wieder an Land
zurückkehren, um Zeugen eines Begebnisses zu sein, das
notwendigerweise Zeugen erfordere. Mauricio erwiderte,
sie hätten keine Ruder und könnten erst wieder an den
Strand zurückkehren, wenn man ihnen Ruder gebe. So
holten denn die Matrosen die Schaluppe der Schiffbrüchigen
an den Strand zurück, und diese setzten den Fuß wiederum
auf den Schnee. Sogleich ergriffen die beiden kühnen Jünglinge jeder einen hölzernen Schild, mit dem sie die Brust
deckten, und sprangen jeder mit einem scharfen Schwert
an Land. Auristela, die voll Schreck und Bangen ahnte,
daß hier ein Unglück geschehen würde, eilte herbei, um
der schönen Jungfrau beizustehen, und ihre Leidensgefährten taten desgleichen. Die beiden Ritter sagten:

»Wartet, Freunde, und vernehmt, was wir euch zu
sagen haben.«

»Dieser Ritter und ich«, fuhr dann einer der beiden
Jünglinge fort, »sind übereingekommen, miteinander um
den Besitz jener ohnmächtigen Jungfrau zu kämpfen. Da
wir kein Mittel wissen, unseren Streit um diese Jungfrau
zum Vorteil des einen oder des andern zu schlichten, soll
der Tod das Urteil sprechen, es sei denn, diese Jungfrau
entscheide aus eigenem, freien Willen, welchen von uns
beiden sie zu ihrem zukünftigen Gatten bestimme; nur
so würde sie uns bewegen, die Schwerter wieder in die
Scheide zurückzustoßen und unsern Zorn zu besänftigen.
Was wir von euch erbitten, ist nichts anderes, als daß ihr
unseren Kampf nicht stört. Wir werden ihn zu Ende
bringen, ohne daß uns jemand daran zu hindern vermöchte; wir bedurften euer, damit ihr, wenn es in dieser
Wüste möglich ist, das Leben dieser Jungfrau erhaltet, die

uns das Leben raubt. Die Eile, die wir haben, unseren Handel zu Ende zu bringen, gestattet uns nicht, euch zu fragen, wer ihr seid, wie ihr auf diese einsame Insel geraten und weshalb ihr nicht einmal Ruder habt, um euch von diesem unwirtlichen Eiland zu entfernen, auf dem nicht einmal ein Tier lebt.«

Mauricio erwiderte ihnen, sie würden nicht in einen einzigen Punkte von dem abweichen, was sie begehrten; dann griffen die beiden sogleich zu den Schwertern, ohne erst abzuwarten, daß die kranke Jungfrau ihre Wahl treffe, denn sie zogen es vor, die Entscheidung ihres Streites besser den Waffen zu überlassen als den Wünschen ihrer Dame. Sie fielen einander an, ohne sich in Aufstellung, Angriff, Rückzug, Schritt und Bewegung um die Regeln der Fechtkunst zu kümmern, und schon nach wenigen Streichen brach der eine mit durchbohrtem Herzen zusammen, während der andere eine schwere Kopfwunde davontrug. Diesem schenkte der Himmel noch so lange Zeit zum Leben, daß er sich zur Jungfrau begeben, sein Gesicht an das ihre legen und sagen konnte:

»Ich habe gesiegt, Herrin! Du bist mein! Und wenn auch mein Glück, dich zu besitzen, von ganz kurzer Dauer sein wird, so halte ich mich doch, da ich dich nur einen einzigen Augenblick die meine nennen kann, für den glücklichsten aller Menschen. Empfange, Herrin, diese Seele, die ich dir mit meinen letzten Atemzügen übergebe; nimm sie auf in deinem Herzen, ohne daß du erst fragst, ob deine Ehrbarkeit solches erlaube, gibt mir doch der Name eines Gemahls das Recht, mir solche Freiheit herauszunehmen.«

Das Blut, das aus der Wunde floß, überströmte das Gesicht der Dame, die immer noch in tiefer Ohnmacht dalag und nicht zu antworten vermochte. Die beiden Matrosen, die die Schaluppe an den Strand gerudert hatten, sprangen an Land, um sich des Toten wie des Verwundeten anzunehmen. Der Todwunde preßte die Lippen auf den Mund der so teuer erkauften Braut, verhauchte die Seele und sank als Leichnam neben der Jungfrau zu Boden. Bevor Auristela, die all dies aufmerksam verfolgt hatte, die Züge der kranken Dame näher betrachten konnte, mußte sie deren Antlitz erst reinigen, da es vom Blut aus der Wunde des nun toten Anbeters überströmt war. Auristela trat zu ihr, reinigte ihr das Antlitz und sah, daß die Unbekannte keine andere war als Taurisa, die ihr, als sie selbst in der Gewalt des Prinzen Arnaldo gewesen, als Jungfer gedient hatte. Prinz Arnaldo hatte, wie schon berichtet wurde, Taurisa zwei Rittern anvertraut, damit die Kranke nach Irland gebracht werde. Über dieses Zusammentreffen war Auristela verwundert, war sprachlos und wurde trauriger noch als die Trauer selbst, als sie erkannte, daß auch Taurisa tot war.

»Weh mir!« klagte sie. »Durch welch schreckliches Wunderzeichen verkündet mir der Himmel mein eigenes Geschick! Möge doch der Tod meine Leiden bald beenden! Ich würde mich darum glücklich preisen, lassen doch die Leiden, die durch einen frühen Tod enden, auch das kurze Leben als glücklich erscheinen! Mit welchem Grundnetz versperrt der Himmel jeden Weg, der mich zu meinem Glück führen könnte? Welches Halt ertönt bei jedem Schritt, den ich zu meiner Rettung tue? Da nun aber alle Klagen vergeblich sind und alles Jammern unnütz, so laßt uns – damit ich nicht die Zeit vergeude – unseren Christenpflichten Genüge tun. Laßt uns die Toten begraben, damit ich den Lebenden durch meinen Jammer keinen Kummer mehr bereite.«

Sie bat Mauricio, er möge die Matrosen veranlassen, zum Schiff zurückzufahren, um dort das Werkzeug zu holen, das sie bräuchten, die Toten zu begraben. Mauricio tat, worum er gebeten, und fuhr mit den Matrosen zum Schiff auch in der Absicht, mit dem Steuermann oder dem Schiffsherrn – wer eben das Schiff führe – ein Abkommen zu treffen, damit er sie von der Insel wegbringe und sie dorthin mitnehme, wohin er führe. Indes nahmen Auristela und Transila die Gelegenheit war, Taurisa für das Begräbnis vorzubereiten; Barmherzigkeit und Anstand erlaubten es ihnen nicht, die Tote zu entkleiden. Mauricio kehrte mit den Werkzeugen zurück und hatte alles nach seinem Wunsch ausgehandelt. Sie gruben Taurisa ein

Grab; den beiden im Zweikampf Getöteten ein Grab zu
bereiten, ließen die Matrosen als Katholiken nicht zu.
Rosamunda hatte, seitdem sie dem jungen Antonio ihre
Gelüste bekanntgemacht und wieder zu den übrigen
Schiffbrüchigen zurückgekehrt war, die Augen nicht mehr
vom Boden erhoben, sosehr war sie beschämt. Als Tau-
risas Leichnam zu Grabe getragen wurde, hob sie den
Kopf und sagte:

»Wenn ihr euch barmherzig nennt, ihr Damen und
Herren, und wenn in eurem Herzen gleicherweise Barmherzigkeit und Gerechtigkeit wohnen, dann übt sie an
mir. Seit ich in den Gebrauch der Vernunft gekommen bin,
habe ich sie nie wirklich genützt, war ich immer böse. In
meiner Jugend schon haben sich ob der großen Schönheit,
ob der übergroßen Freiheit und ob des Reichtums, die
mein eigen waren, die Laster meiner solcherart bemächtigt,
daß sie mir angeboren schienen und noch scheinen. Wie ich
schon einmal gesagt, habe ich meinen Fuß auf Königsnacken
gesetzt und habe Männer am Gängelband ihrer Verliebtheit
geführt, allein die Jahre, Räuber und Vernichter der leiblichen Schönheit der Weiber, haben auch meine Schönheit
welken lassen, so unverhofft, daß ich, noch ehe mein Verlangen und meine Begierde erloschen sind, erkennen mußte,
ich sei häßlich geworden. Da nun die Begierden in einer
Seele nisten, die nie altert, wollen sie nicht ersterben, und
da ich meinen Begierden keinen Widerstand zu leisten
vermag und mich von meinen Gelüsten mitreißen lasse,
folgte ich ihnen auch, als ich diesen wilden Knaben erblickte. Ihm habe ich meine Neigung entdeckt, doch erwidert er sie nicht mit der seinen, und wo ich Glut bin, ist
er starres Eis. So sah ich mich von ihm verachtet und weg-
gestoßen, wo ich erwartete, geschätzt und geliebt zu werden. Diesen Schlag vermag ich mit meiner geringen Geduld und in meinem übergroßen Verlangen nicht zu ertragen. Schon tritt der Tod mich an und steckt die dürre
Hand nach mir aus; darum bitte ich euch bei dem Erbarmen, das ein edler Mensch dem Elenden bezeigen soll,
wenn dieser ihn um Mitleid anfleht, daß ihr meine Glut
in diesem Schnee erstickt und mir in diesem Grabe eine

Erstes Buch 797

Heimstatt gebt. Wenn ihr das Gebein einer Lüsternen mit dem dieser keuschen Jungfrau mengt, so wird die Jungfrau doch nicht von der Wollust meines Leibes beschmutzt werden, bleibt doch überall das Reine rein.«

Und sich an den Jüngling Antonio wendend, fuhr sie fort:

»Für dich aber, stolzer Jüngling, der du jetzt das Alter des Lebensgenusses erreichst oder bald erreichen wirst, flehe ich den Himmel an, er möge es solcherart fügen, daß dich das hohe Alter nie bedrücke und deine Schönheit nie verwelke. Weil ich dein keusches Ohr – so darf ich es wohl nennen – mit unüberlegten unkeuschen Worten beleidigt habe, bitte ich dich, mir zu verzeihen. Wer in solcher Lage um Verzeihung bittet, verdient es, daß man ihn wenigstens aus Höflichkeit anhört, wenn man ihm schon nicht verzeiht.«

Dies gesagt, seufzte sie tief und sank in totengleiche Ohnmacht.

EINUNDZWANZIGSTES KAPITEL

Sie verlassen die Insel mit dem Korsarenschiff.

»Ich verstehe nicht«, sagte hier Mauricio, »was jene, die man die Göttin der Liebe nennt, hier in diesen Gebirgen, dieser felsigen Einöde, in Schnee und Eis zu suchen hat und weshalb sie ihr Paphos, ihr Gnidos, ihr Zypern und die elysäischen Gefilde verläßt, wo es keinen Hunger gibt und keine Gefahren drohen. Die Liebe pflegt doch ihre Heimstatt nur in ruhigen Herzen, zufriedenem Gemüt und nicht unter Tränen und Gefahren aufzuschlagen.«

Auristela, Transila, Constanza und Ricla waren über das Begebnis mit Rosamunda überaus verwundert, doch schwiegen sie darüber und legten Taurisa unter nicht wenigen Tränen ins Grab. Nachdem auch Rosamunda wieder zur Besinnung gekommen war, sammelten sich die Schiffbrüchigen und fuhren mit der Schaluppe zum Schiff, wo sie

freundlich aufgenommen und bewirtet wurden und den
quälenden Hunger stillen konnten; nur Rosamunda erholte sich nicht wieder, und es schien manchmal, als wolle
sie schon an die Pforte des Todes klopfen. Die Segel wurden gehißt. Einige der Schiffsleute beweinten die toten
Anführer, dann wählte man einen neuen Kapitän aus der
Mitte der Besatzung, und sie setzten die Fahrt fort. Sie
hatten kein bestimmtes Ziel, denn sie waren Korsaren und
nicht Irländer, wie sie Arnaldo gesagt hatten, und auf
einer Insel beheimatet, die sich gegen England empört
hatte. Mauricio, wenig glücklich über solche Gesellschaft,
fürchtete, sie könnten durch die Unüberlegtheit und die
üblen Lebensgewohnheiten dieser Leute in Gefahr kommen. Da er alt und welterfahren war, schlug ihm das Herz
bis zum Halse hinauf, wenn er daran dachte, die ausbündige Schönheit Auristelas, die stattliche Erscheinung seiner
Tochter Transila, die Jugend und die ungewöhnliche Tracht
Constanzas könnten bei den Korsaren gefährliche Gelüste
wachrufen. Wie einst der Hirt am Amphryssos diente der
junge Antonio als Argus; die Augen der beiden waren
unermüdliche Wächter, die einander ablösten und solcherart die sanften schönen Lämmchen behüteten, die unter
ihrem Schutz und Schirm standen. Rosamunda wurde
durch die unerwiderte Liebe immer schwächer, und eines
Nachts fand man sie in ihrer Kajüte, ins ewige Schweigen
eingegangen, auf. Sie alle hatten schon genug geweint, um
auch sie noch zu beweinen; allein in christlicher Nächstenliebe bedauerten sie ihr Sterben. Als Grab diente ihr das
weite Meer, doch dürfte es nicht genug Wasser gehabt
haben, um die Glut zum Erlöschen zu bringen, die der
stattliche Jüngling Antonio in ihrem Herzen entfacht hatte.
Der junge Antonio und die übrigen hatten die Korsaren
schon oft gebeten, sie doch endlich einmal nach Irland oder
Hibernien zu bringen, wenn sie schon England oder Schottland nicht anlaufen wollten. Die Korsaren erwiderten
immer wieder, sie gedächten nicht eher zu landen – es sei
denn, um sich mit Wasser und Proviant zu versorgen –,
ehe sie nicht reiche Seebeute gemacht hätten. Ricla hätte
ihnen gerne viele Goldstücke gegeben, um sie zu bewegen,

Erstes Buch   799

sie alle nach England zu bringen; allein sie wagte es nicht,
den Korsaren etwas von ihren Goldstücken zu sagen, damit man sie ihr nicht wegnehme, wenn sie das Gold nicht
gutwillig geben wollte. Der Kapitän gab ihnen eigene, von
den Schiffsleuten abgesonderte Kajüten, damit sie vor
möglichen Unverschämtheiten der Besatzung verschont
blieben.

Solcherart befuhren sie fast drei Monate lang die Meere,
von hier nach dort, bald eine Insel anlaufend, bald eine
andere, dann lagen sie wieder auf offener See, ein Brauch
beutegehender Korsaren, wenn eine Flaute eintritt und das
glatte Meer ihnen die Möglichkeit nimmt weiterzusegeln.
Der neue Kapitän ging gern in die Kajüte seiner Fahrgäste,
wo er sie oft mit kluger Rede, launigen, jedoch stets den
Anstand wahrenden Geschichten unterhielt, und Mauricio
tat desgleichen. Auristela, Transila, Ricla und Constanza
waren viel mehr damit beschäftigt, an ihre abwesenden
Lieben zu denken, als dem Kapitän oder Mauricio zuzuhören. Trotzdem folgten sie mit gespannter Aufmerksamkeit einer Geschichte, die der Kapitän ihnen erzählte und
von der im folgenden Kapitel die Rede ist.

ZWEIUNDZWANZIGSTES KAPITEL

Worin der Kapitän die großen Feste beschreibt, die König Policarpo in seinem Reiche zu veranstalten pflegte.

»Der Himmel gab mir eine der Inseln, die in der Nähe
Hiberniens liegen, zur Heimat. Sie ist so groß, daß man
sie als Königreich bezeichnet; es ist aber weder erblich auf
alle Kinder des Königs, noch geht es vom Vater auf den
Sohn, denn die Bewohner der Insel wählen den König
nach ihrem Geschmack und suchen immer den besten und
tugendhaftesten Mann ihres Reiches auf den Thron zu
erheben. Und so, ohne daß die Wahl durch Bitten oder
geschäftliche Beziehungen beeinflußt werde, oder daß man
Versprechungen oder Geschenke dafür nimmt, wählen alle

nach Übereinkunft den König, der die absolute Macht ausübt, solange er lebt oder bis er durch Krankheit seine Herrschaft nicht mehr auszuüben vermag oder sich ihrer als unwürdig erweist. Alle, die die Königswürde nicht besitzen, streben immer nach der Tugend, damit sie eines Tages zum König gewählt werden können, und der jeweilige König will sie an Tugend noch übertreffen, damit er seiner Würde nicht verlustig geht. Damit werden dem falschen Ehrgeiz die Flügel gestutzt, wird die Habsucht im Keim erstickt, und wenn sich auch die Heuchelei noch so vorsichtig erweist, so fällt ihr auf die Dauer doch die Maske vom Gesicht, und der Heuchler vermag das angestrebte Ziel nicht zu erreichen. So lebt das Volk glücklich und zufrieden; die Gerechtigkeit herrscht, und Barmherzigkeit wird überall geübt; die Bittschriften der Armen werden in kürzester Zeit erledigt und die Bittschriften der Reichen nicht schneller abgefertigt, weil sie von reichen Leuten kommen; auf der Waage der Gerechtigkeit wiegen weder Geschenke noch verwandtschaftliche Beziehungen. Alle Geschäfte halten sich an die Bestimmungen und überschreiten nie die gesetzten Schranken. Kurz und gut, es geht hier um ein Reich, in dem der Mensch ohne Furcht vor Übergriffen lebt und wo jeder das Seine genießt.

Dieser nach meiner Meinung gerechte und löbliche Brauch legte das Szepter des Königreiches in die Hand des Policarpo, eines edlen sowohl in den Waffen wie auch in den Wissenschaften berühmten Mannes. Als er König wurde, hatte er schon zwei Töchter von außerordentlicher Schönheit, von denen die ältere Policarpa und die jüngere Sinforosa heißt. Sie hatten keine Mutter, und man kann wohl sagen, daß ihnen diese, da sie starb, wohl als liebste Gefährtin fehlte, nicht aber als Erzieherin, waren doch Tugend und gute Sitte den Mädchen der beste Schutz, wobei sie dem ganzen Reiche als leuchtendes Vorbild dienten. Diese liebenswürdigen Vorzüge machten sowohl den Vater als auch die Töchter bei allen beliebt und hochgeschätzt. Da unsere Könige nun meinen, der Trübsinn sei es, der die Untertanen auf böse Gedanken bringt, so unternehmen sie alles, um das Volk zu erheitern und durch öffentliche

Erstes Buch

Feste, manchmal auch durch Schauspiele zu unterhalten.
Vor allem feiern sie den Tag ihrer Wahl und suchen an
diesem Tage, soweit dies noch möglich ist, die Spiele zu erneuern, die bei den Griechen die olympischen genannt
wurden. Unsere Könige setzen Siegespreise aus für die
Läufer, ehren die Fechter, krönen die Bogen- und Armbrustschützen, die Lanzenwerfer und geben den Siegern
unter den Ringern hohes Lob. Diese Feste werden am Meer,
auf einem weiten Strand veranstaltet, den sie mit vielen
verflochtenen Zweigen überdachen, damit die brennende
Sonne nicht störe, und in der Mitte des Strandes errichten
sie eine prunkvolle Bühne, von der aus der König und die
königliche Familie den friedlichen Wettkämpfen zusehen.
Nun nahte sich wieder einer dieser festlichen Tage, und
Policarpo hatte alles getan, um ihn noch prächtiger feiern
und denkwürdiger gestalten zu lassen als alle, die bisher
gehalten wurden. Schon hatten der König und die Ersten
des Reiches auf der Bühne Platz genommen, schon sollten
die kriegerischen und die friedlichen Musikinstrumente das
Zeichen zum Beginn des Festes geben, schon hatten die vier
Wettläufer, schlanke, gewandte Jünglinge, den linken Fuß
vorgesetzt und den rechten gehoben, nur darauf wartend,
daß eine Schnur, die ihnen als Schranke und als Signal dienen sollte, weggezogen würde, damit sie sich in die Rennbahn stürzten und nach dem Ziel hin flögen, das am Ende
der Rennbahn aufgestellt war. Soweit war alles, sage ich,
als man mit einem Male eine Schaluppe auf die Küste zukommen sah, deren Wanten weiß leuchteten, weil die
Schaluppe erst vor kurzem überholt worden war; sechs
Ruder an jeder Seite trieben die Schaluppe durch die Wellen, und an den Rudern saßen zwölf allem Anschein nach
stattliche Jünglinge mit breiten Schultern und kräftigen
Armen. Sie waren alle weiß gewandet, nur der Steuermann trug einen roten Anzug. Das Boot stieß auf den
Strand, und indes es noch auf den Sand auflief, sprangen
die Neuankömmlinge schon ans Land. Policarpo befahl,
den Wettlauf nicht eher zu beginnen, ehe man wisse, wer
die Leute wären und was sie begehrten; doch nehme er
an, sie kämen nur zum Feste und wollten ihre Gewandt-

heit bei den Wettkämpfen erproben. Als erster von den Fremden trat jener, der das Steuer bedient hatte, vor den König; es war ein Jüngling, noch fast ein Knabe, dessen glatte Wangen wie Schnee und Rosen waren, dessen goldene Locken leuchteten, und jeder Teil seines Antlitzes war von solcher Vollkommenheit und alle Teile zusammen waren von solcher Schönheit, daß sie gemeinsam ein bewundernswertes Bild ergaben. Die anmutige Erscheinung des Jünglings zog sogleich aller Augen auf sich, eroberte die Herzen aller, die ihn betrachteten, und auch ich schenkte ihm vom ersten Augenblick an meine Zuneigung. Er sprach dann zum König:

›Herr, diese meine Gefährten und ich haben von dem Feste erfahren und sind hiehergekommen, um dir zu dienen und daran teilzunehmen. Wir kommen nicht aus fernen Landen, sondern von einem Schiff, das wir auf der nahen Insel Stinta zurückgelassen haben. Da uns der Wind nicht günstig war, um unsere Segel hieher zu wenden, haben wir diese Schaluppe genommen und sind dank der Ruder und der Kraft unserer Arme hiehergekommen. Wir sind von Adel und begehren, hier Ehren zu gewinnen, weshalb wir dich um das bitten, was du als König den Fremdlingen, die vor dein Angesicht treten, nicht weigern kannst, nämlich uns zu gestatten, unsere Kraft und unseren Geist dir zur Freude und uns zu Ruhm und Nutzen zu beweisen.‹

›Du liebenswürdiger Jüngling‹, erwiderte Policarpo, ›trägst deine Bitte mit solcher Anmut und solchem Anstand vor, daß és ungerecht wäre, sie dir abzuschlagen. Beehrt mein Fest, womit ihr wollt, und überlaßt es mir, eure Leistungen zu lohnen, die, wenn ich nach eurer stattlichen Erscheinung urteile, so bedeutend sein dürften, daß sie den anderen keine Hoffnung geben, die ersten Preise zu erringen.‹

Der schöne Jüngling beugte das Knie und verneigte zum Zeichen seiner guten Erziehung und des Dankes das Haupt; dann war er in zwei großen Sprüngen an der Schnur, die die vier Schnelläufer zurückhielt. Seine zwölf Gefährten stellten sich an seiner Seite auf, um dem Lauf zuzusehen. Ein Trompetenstoß ertönte; die Schnur wurde losgelassen,

Erstes Buch

und die fünf Läufer stürmten die Bahn entlang; allein sie
waren noch keine zwanzig Schritte gelaufen, als ihnen der
Neuankömmling schon sechs Schritte voraus war, und als
sie dreißig gelaufen waren, hatte er sie mit fünfzehn überholt; schließlich ließ er sie, in der Mitte der Bahn angekommen, solcherart zurück, als wären sie in den Boden
verpflanzte Statuen. Die Zuschauer waren allesamt voll
der Bewunderung, besonders aber Sinforosa, die, mochte
er nun laufen oder stehen, die Augen nicht von ihm ab-
wandte, waren doch die Schönheit und die Behendigkeit
des Jünglings so ungewöhnlich, daß er nicht nur die
Augen aller, die ihm zusahen, mit sich riß, sondern auch
die Herzen. Ich bemerkte dies, weil ich meine Augen
unverwandt auf Policarpa, das Ziel meiner heimlichen
Wünsche, gerichtet hatte und dabei auch beobachten
konnte, wie hingerissen Sinforosa war. Dann begann
sich der Neid der Herzen aller Wettkämpfer zu bemächtigen, da sie gesehen, mit welcher Leichtigkeit der Fremde
den Preis im Wettlauf davongetragen hatte. Der zweite
Wettkampf wurde im Fechten ausgetragen; der Unbekannte, schon Gewinner des Wettlaufes, ergriff das Rapier,
mit dem er den sechs Gegnern, einem nach dem andern,
den Mund verschloß, die Nase putzte, die Augen blendete
und die Köpfe segnete, ohne daß ein einziger dazu kam,
auch nur einen Faden seines Kleides zu treffen. Die Zuschauer jubelten ihm zu, und einstimmig wurde ihm der
erste Preis zugesprochen. Dann traten sechs zum Ringen
gegen ihn an, wobei der Jüngling am deutlichsten zeigte,
wie stattlich und stark er war; er entblößte die breiten
Schultern, die feste, ebenso breite Brust und die kräftigen
nervigen Arme, mit denen er dank seiner unglaublichen
Geschicklichkeit und Wendigkeit die Schultern seiner sechs
Gegner trotz ihrer verzweifelten Gegenwehr und zu ihrem
Verdruß in den Sand drückte. Dann griff er nach der
schweren Eisenstange, die auf dem Boden lag, denn man
hatte ihm gesagt, diese zu werfen, sei die vierte Prüfung.
Er wog die Stange und gab den Leuten, die vor ihm stan-
den, ein Zeichen, Platz zu machen und ihm Raum für den
Wurf zu geben. Nun nahm er die Stange wurfgerecht zur

Hand, und ohne mit dem Arm nach rückwärts auszuholen, stieß er sie mit solcher Kraft von sich, daß sie weit über den Strand hinwegflog und ihr erst das Meer, in dessen Tiefe sie verschwand, die Zielgrenze setzte. Dieser ungeheuerliche Wurf entmutigte seine Gegner solcherart, daß sie sich im Wurfe nicht erst versuchten. Man gab ihm eine Armbrust und einige Pfeile und zeigte ihm einen hohen glatten Baum, an dessen Spitze eine kurze Lanze festgemacht war; daran war an einem Faden eine Taube befestigt, die jeder, der an dem Wettkampf teilnahm, mit einem einzigen Schuß der Armbrust zu erlegen gehabt hätte.

Einer, der sich für einen sicheren Schützen hielt, trat vor, zielte, weil er, wie ich glaube, dachte, er könne die Taube eher erlegen als irgendein anderer; er drückte ab und heftete seinen Pfeil an das äußerste Ende der Lanze, indes die Taube, von dem Stoß erschreckt, aufflog. Ein anderer, nicht weniger auf seine Geschicklichkeit vertrauend, schoß mit solcher Sicherheit, daß er den Faden traf, an dem die Taube festgebunden war, die sich, nun frei von der Fessel, die sie gehalten hatte, in die Luft warf, die Schwingen breitete und flog. Allein jener, der es schon gewohnt war, sich in allen Wettkämpfen den ersten Preis zu holen, schoß seinen Pfeil ab, und so als wäre dem Pfeil befohlen worden, was er zu tun hätte, führte er diesen Befehl mit Vernunft aus, flog mit langgezogenem Zischen durch die Luft, traf die Taube mitten ins Herz, ihrem Flug und ihrem Leben zu gleicher Zeit ein Ende setzend. Von neuem wurde das Freudengeschrei der Zuschauer laut, ließen sich die Lobrufe für den Fremdling vernehmen, der sich im Lauf, im Fechten, im Ringen, im Werfen und im Armbrustschießen und noch vielen anderen Bewerben, von denen ich nicht sprechen will, die ersten Preise geholt und damit seinen Gefährten jede eigene Mühe erspart hatte. Als die Kämpfe zu Ende gingen, begann der Abend zu dämmern; König Policarpo wollte sich mit den Preisrichtern, die neben ihm saßen, erheben, um den siegreichen Jüngling zu ehren und auszuzeichnen, allein dieser hatte bereits das Knie vor ihm gebeugt und sagte:

Erstes Buch

›Unser Schiff ist unbewacht zurückgeblieben, und die Nacht wird dunkel werden. Die Preise, die ich zu erhoffen habe und überaus hoch einschätze, weil sie von deiner Hand kommen, o großer Herr, bitte ich zurückzuhalten für eine andere Gelegenheit, da ich in größerer Muße und Bequemlichkeit zurückzukehren gedenke, um dir zu dienen.‹

Der König umarmte ihn und fragte ihn nach seinem Namen, der wie der Jüngling sagte, Periandro war. Die reizende Sinforosa nahm einen Blütenkranz, mit dem sie ihr schönes Haupt geschmückt hatte, setzte ihn auf das des stattlichen Jünglings und sagte, indes sie solches tat, mit sittsamer Anmut:

›Wenn mein Vater so glücklich sein sollte, Euch hier wieder begrüßen zu können, dann werdet Ihr sehen, daß Ihr nicht gekommen seid, zu dienen, sondern um bedient zu werden.‹«

DREIUNDZWANZIGSTES KAPITEL

Von dem, was der eifersüchtigen Auristela geschah, als sie erfuhr, daß ihr Bruder Periandro es gewesen, der die Preise des Wettkampfes gewonnen hatte.

O schreckliche Macht der Eifersucht! O Krankheit, die du dich der Seele solcherart verbindest, daß nur der Tod sie davon befreien kann! O du überaus schöne Auristela! Halte dich zurück und lasse die wütende Besessenheit nicht so übereilt von deinen Vorstellungen Besitz ergreifen! Allein wer könnte die Gedanken so fest im Zaume halten, da sie doch so leicht und flüchtig zu sein pflegen, daß sie, die doch keinen Körper besitzen, durch Mauerwerk dringen, in die Busen eingehen und das Verborgenste in den Seelen erkennen? Dies wurde gesagt, weil Auristela, als sie den Namen Periandros, ihres Bruders, vernahm und vorher die Lobpreisungen gehört hatte, die er Sinforosa gezollt, und überdies noch erfuhr, daß diese Periandro die Gunst bezeigt, ihm ihren Blütenkranz aufs Haupt zu setzen, ihr Leiden in Verdacht verwandelte und die Geduld in Stöhnen; sie stieß einen tiefen Seufzer aus, schloß Transila in die Arme und sagte:

»Bitte den Himmel, geliebte Freundin, daß dein Gemahl Ladislao für dich nicht ebenso verloren sei, wie ich meinen Bruder Periandro verloren habe. Siehst du Periandro nicht im Munde dieses tapferen Kapitäns, geehrt als Sieger, gekrönt als mutig, mehr bedacht auf die Gunst einer Jungfrau als auf die Pflicht, die ihm die Trennung und die Mühen dieser seiner Schwester auferlegen sollten? In fremden Ländern sucht er nun Palme und Siegespreis und verläßt zwischen Felsen und Klippen und den hohen Wogen, die die stürmische See aufwirft, diese seine Schwester, die auf seinen Rat und seines Wunsches wegen in jede Todesgefahr gerät, die es irgendwo geben kann.«

Verwundert vernahm der Kapitän des Schiffes diese Reden und wußte nicht, was er daraus machen sollte; schon wollte er sprechen, doch kam er nicht mehr dazu, denn mit einem Male nahm ihm eine heftige Bö das Wort vom Munde. Er stand auf, und ohne auf Auristelas Worte etwas zu sagen, rief er den Matrosen zu, die Segel zu reffen und festzutäuen. Alle Leute eilten an ihre Posten; das Schiff flog mit dem Wind im Heck über das weitwogende Meer dorthin, wohin er es führen mochte. Mauricio und seine Gefährten zogen sich in die Kajüte zurück, damit sie den Matrosen, die auf Deck zu tun hatten, nicht im Wege stünden. In der Kajüte fragte Transila Auristela, weshalb sie denn, wie ihr geschienen, solcherart erschrocken sei, als der Name Periandro genannt worden war; sie könne nicht verstehen, weshalb das Lob und der Erfolg eines Bruders ihr derartigen Kummer bereiten könnten.

»Ach, meine Freundin«, erwiderte Auristela. »Die Pilgerschaft, auf der ich bin, verpflichtet mich, über vieles zu schweigen, so daß ich diesesSchweigen, ehe ich an Ort und Stelle angekommen bin, nicht brechen darf, und sollte es mich auch mein Leben kosten. Wüßtest du, wer ich bin, – was du erfahren wirst, wenn es der Himmel will –, so würdest du eine Entschuldigung für mein Erschrecken finden; kenntest du die Ursache, aus der meine schwester-

Erstes Buch

lichen Gefühle entspringen, dann verstündest du, daß
diese reinen Gefühle zwar beschwert, doch ungetrübt sind,
du verstündest ungesuchtes Leid und fändest Labyrinthe,
aus denen wegen unvorstellbarer Schwierigkeiten der Weg
ins Freie noch nicht gefunden wurde. Siehst du, wie eng
das Band ist, das Bruder und Schwester verbindet?
Über dieses Band hinaus, bindet mich ein stärkeres noch
an Periandro. Ist es nicht natürlich, wenn Liebende aufeinander eifersüchtig sind? Mit größerem Recht jedoch
kann ich auf Periandro eifersüchtig sein. Hat dieser Kapitän Sinforosas Schönheit nicht über alle Maßen gelobt?
Hat sie Periandro nicht angesehen, als sie ihm die Schläfe
bekränzte? Gewiß, zweifelsohne! Du hast doch selbst gesehen, wie schön und edel Periandro ist. Sollte da nicht
sein Bild in Sinforosa Gefühle erwecken, die ihn schließlich die Schwester doch vergessen lassen?«

»Bedenke, meine Liebe«, erwiderte Transila, »daß alles,
was der Kapitän berichtet hat, vor der Gefangenschaft
auf der Barbareninsel geschehen ist, und daß ihr euch hernach noch gesehen und gesprochen habt. Dabei konntest
du doch erkennen, daß er keine andere liebt und an nichts
anderes denkt, als dir Freude zu machen. Überdies glaube
ich, daß die Macht der Eifersucht nicht so weit reichen
dürfte, daß sogar eine Schwester auf ihren Bruder eifersüchtig wird.«

»Bedenke Transila, meine Tochter«, sagte Mauricio,
»daß die Erscheinungsformen der Liebe mannigfaltig und
oft unerklärlich sind, wie auch die vielen Gesetze, denen
sie folgt, keineswegs stets die gleichen sind. Sei verständig
und dränge dich nicht in fremde Gefühle, noch suche von
jemandem mehr zu erfahren, als er dir sagen will. Die
Neugier in eigenen Sachen mag noch als zulässig und berechtigt gelten, sie mag uns manchmal auch zieren, doch
darf von ihr in fremden Angelegenheiten nicht die Rede
sein.«

Was Auristela hier von Mauricio vernahm, war für sie
eine Warnung, ihre Gefühle und ihre Zunge im Zaum zu
halten, da Transila, etwas zu neugierig, auf dem besten
Wege gewesen, ihr Geheimnis ans Licht zu bringen.

Indes legte sich der Wind wieder, der nicht so heftig aufgefrischt war, um die Schiffsmannschaft zu beunruhigen und ihre Gäste in Aufregung zu versetzen. Der Kapitän kehrte zurück, um die Geschichte, die er begonnen hatte, fortzusetzen, denn Auristelas Erschrecken, als sie Periandros Namen gehört, hatte seine Teilnahme wachgerufen. Auch Auristela wollte wieder zur unterbrochenen Erzählung zurückkehren, um vom Kapitän zu erfahren, ob die Gunstbezeigungen Sinforosas sich nur darauf beschränkt hatten, Periandro einen Kranz aufs Haupt zu setzen, und so fragte sie ruhig und mit Zurückhaltung, um ihre Gefühle nicht zu verraten, den Kapitän danach. Der Kapitän erwiderte, Sinforosa habe keine Gelegenheit mehr gehabt, Periandro weiter Gnaden zu erweisen – Gnaden, ja so müßten die Gunsbeweise der Damen genannt werden. Er selbst sei, ohne der Tugendhaftigkeit Sinforosas nahetreten zu wollen, zu dem Schluß gekommen, daß Periandro sie über alle Maßen beeindruckt habe, denn immer, wenn später die Rede auf Periandros Vorzüge kam, war sie es, die diese bis in den Himmel hob. Überdies hatte Sinforosa ihm, dem Kapitän, den Auftrag gegeben, auszufahren, damit er Periandro bewege, ihren Vater zu besuchen. Dadurch sei seine Vermutung bestätigt worden.

»Wie? Ist es möglich«, sagte Auristela, »daß so hoch stehende Damen, Töchter von Königen, die auf den Thron des Glückes erhoben wurden, sich so weit herablassen können, um anzudeuten, daß sie ihre Augen auf Niedriggeborene geworfen haben? Und wenn es wahr ist, daß die Größe und die Majestät sich schwer mit einer Liebesneigung vereinbaren lassen, und die Größe mit der Liebe stets im Kampfe liegt, so ergibt sich daraus, daß Sinforosa, die schöne, freie Königstochter, sich nicht auf den ersten Blick in einen unbekannten Jüngling verlieben durfte, dessen Rang gewiß nicht hoch sein konnte, da er als Steuermann einer Schaluppe mit zwölf halbnackten Gesellen, wie alle Ruderer es sind, daherkam.«

»Schweig, Auristela, Mädchen«, sagte Mauricio, »denn nirgends in der Natur begegnen wir größeren und häu-

Erstes Buch 809

figeren Wundern als in der Liebe, nur spricht man nicht
von ihnen, da dieser Wunder so viele und so große sind,
daß man sie nicht einmal mehr als Wunder beachtet, wenn
sie auch noch so außergewöhnlich wären. Die Liebe vereint
das Szepter mit dem Hirtenstab, das Hohe mit dem Niederen, macht das Unmögliche möglich, gleicht die verschiedenen Ränge aus, und ist so mächtig wie sonst nur der
Tod. Du, Señora, kennst wie ich, die Anmut, die Stattlichkeit und den Wert deines Bruders Periandro, dessen Vorzüge sich zu einzigartiger Schönheit verbinden, und es ist
das Vorrecht der Schönheit, den Willen zu zwingen und
die Herzen aller an sich zu reißen, die sie erkennen; je größer
und offenbarer die Schönheit, desto mehr wird sie geliebt
und geschätzt, und so wäre es kein Wunder, wenn Sinforosa, so hoch sie auch gestellt sein mag, deinen Bruder
liebte, denn sie würde ihn nicht einfach als einen gewissen
Periandro lieben, sondern als den Schönen, den Tapferen,
den Behenden, den Leichtfüßigen, kurz als ein Wesen, in
dem sich alle Tugenden vereint finden.«

»Wie?«, rief der Kapitän aus. »Periandro ist der Bruder
dieser Dame hier?«

»Ja«, erwiderte Transila, »und, weil sie von ihm getrennt ist, lebt sie stets in Trauer, und wir alle, die wir ihn
kennen und lieben, weinen bittere Tränen um ihn.«

Dann berichteten sie dem Kapitän vom Schiffbruch, den
sie mit Arnaldos Schiff erlitten, von der Trennung der
Schaluppe von der Pinasse, mit allem, was ihm die Abenteuer, die sie bislang bestanden hatten, verständlich
machte. Hier schließt der Autor das erste Buch dieser
merkwürdigen Geschichte und geht zum zweiten Buch
über, in dem Dinge berichtet werden, die, wenn sie auch
nicht von der Wahrheit abweichen, doch bei weitem die
kühnste Vorstellung übertreffen.

ZWEITES BUCH

ERSTES KAPITEL

Worin erzählt wird, wie das Schiff mit allen seinen Insassen kenterte.

Es scheint, daß der Autor dieser Geschichte mehr von der Liebe verstanden hat als von der Geschichte selbst, denn das einleitende erste Kapitel des zweiten Buches vergeudet er ganz mit der Darstellung der Eifersucht, einer Abhandlung, zu der er durch die Eifersucht veranlaßt wurde, die Auristela während der Erzählung des Schiffskapitäns bekundete. In dieser Übersetzung aber – um eine solche handelt es sich – wird die Abhandlung als zu weitläufig weggelassen, betrifft sie doch einen Gegenstand, der häufig genug beschrieben und von allen Seiten beleuchtet worden ist. So kann gleich zum Wesentlichen der Sache übergegangen werden. Es besteht darin, daß mit dem Umschlagen des Windes und dem Zusammenballen der Wolken die Nacht mondlos, sternlos und düster anbrach, und die Donnerschläge, die den als Herolde vorauseilenden Blitzen folgten, die Matrosen in Unruhe versetzten, nachdem die Blitze ihnen die Augen geblendet hatten. Der Sturm brach plötzlich mit solcher Wut los, daß ihm weder der Eifer noch die Geschicklichkeit der Matrosen zu begegnen vermochten und die Schiffsleute gleichzeitig mit dem Sturm von großer Verwirrung heimgesucht wurden. Trotzdem unterließ es keiner der Matrosen, seine Arbeit zu verrichten und alles zu tun, was ihm zu tun nötig schien, um, wenn dies schon nicht ausreichte, dem Tod zu entrinnen, doch das Leben länger zu erhalten. Die Wagemutigen nämlich, die ihr Leben einigen Brettern anvertrauen, kämpfen um dieses Leben, solange sie können, und setzen ihre Hoffnung noch auf ein Stück Planke, die der Sturm aus dem Schiff gerissen hat, schließen es in die Arme, und die harte Umarmung dünkt ihnen noch ein Glück zu sein.

Zweites Buch

Mauricio hielt Transila, seine Tochter, in den Armen; Antonio umschlang Ricla, seine Mutter, und Constanza, die Schwester; nur die unglückliche Auristela war jeder Stütze beraubt, ausgenommen der einzigen Zuflucht, die ihr die eigene Betrübnis anbot, der Stütze des Todes nämlich, dem sie sich freudig hingegeben, hätte es ihr der christliche, katholische Glaube, dem nachzuleben sie sich redlich bemühte, erlaubt. So trat sie denn zu den übrigen, die sich, gleich einem Knoten oder, besser gesagt, zu einem Knäuel verschlungen, bis in den untersten Schiffsraum drängen ließen, um dem schrecklichen Rollen des Donners, dem Aufzucken der Blitze und dem wirren Lärmen der Matrosen zu entgehen. In jenem Raum, der der Vorhölle glich, sahen sie sich wenigstens nicht gezwungen, bald den Himmel mit den Händen greifen zu müssen, weil das Schiff bis über die Wolken hinausgeworfen wurde, bald sehen zu müssen, wie das Topsegel am tiefsten Meeresgrund den Sand entlang fegte. So erwarteten sie den Tod, ohne ihm ins Gesicht zu schauen, oder, besser gesagt, sie fürchteten ihn, ohne ihn herankommen zu sehen, ist doch der Tod fürchterlich, in welchem Gewand er auch immer erscheinen mag, und ein Tod, der den Ahnungslosen in der Fülle seiner strotzenden Gesundheit trifft, ist ungeheuerlich. Das Ungewitter steigerte sich zu solcher Wucht, daß es das Können der Matrosen und die Anstrengungen des Kapitäns überstieg und schließlich jede Hoffnung auf Rettung zerstörte. Schon hörte man keinen Befehl mehr, dies oder jenes zu tun; nur flehentliche Stoßgebete und Gelübde wurden zum Himmel emporgeschrien. Das Elend und die Angst brachten es zuwege, daß Transila nicht mehr an Ladislao dachte und Auristela nicht mehr an Periandro, ist doch eine der stärksten Wirkungen des Todes darin gelegen, daß er die Erinnerung an alles Erlebte auslöscht, und da der drohende Tod es vermag, sogar das Gefühl der Eifersucht zu ertöten, heißt es wohl mit Recht, er vermöge das Unmögliche. Keine Sanduhr war da, die Stunden zu messen, keine Kompaßnadel gab es, die die Richtung angegeben, noch hätte ihnen ein Ortsgefühl gesagt, wo sie wären: alles war Verwirrung, alles war Schreien, war

Stöhnen und Stoßgebet. Der Kapitän verlor die Hoffnung, die Matrosen ließen sich gehen, die Widerstandskraft war erschöpft, und allmählich folgte der Ermattung das Schweigen, und selbst die Stimmen jener, die am lautesten gejammert, verstummten. Das unerbittliche Meer trieb seine Fluten über das Deck, schickte seine Wogen hinauf zu den Spitzen der Masten, die wiederum, als wollten sie die ihnen angetane Schmach vergelten, den Sand der Meerestiefe aufwirbelten. Bei Tagesanbruch, wenn man Tag nennen darf, was keine Helle mit sich bringt, lag das Schiff fest und verharrte unbeweglich an der gleichen Stelle, außer dem Untergang das größte Unheil, das einem Schiff begegnen kann. Und dann packte es ein wütender Orkan und, als würde es von einer Maschine umgewendet, steckte es den Mast in die Tiefe des Meeres, und der Kiel wandte sich dem Himmel zu, so daß das Schiff zur Gruft seiner Insassen wurde.

Ade! ihr keuschen Gedanken Auristelas! Umsonst die wohlbegründeten Pläne und Absichten! Beendet bist du, ebenso reine wie heilige Wallfahrt! Erwarte dir kein anderes Mausoleum, keine Pyramide, keinen Obelisken, da dir diese schlecht geteerten Planken zum Grabmal geworden sind. Und du, o Transila, leuchtendes Vorbild der Sittsamkeit, in den Armen deines weisen, ergrauten Vaters feierst du nun deine Vermählung und nicht in den Armen Ladislaos, deines Gatten, der dir, wie du gehofft, ein besseres Hochzeitslager bereitet hätte. Und du, o Ricla, da dich deine Wünsche in den letzten Schlaf führen, nimm Antonio und Constanza, deine Kinder, in die Arme und führe sie vors Angesicht dessen, der dir jetzt das Leben genommen, um dir ein anderes, besseres im Himmel zu schenken!

Kurz und gut, das Kentern des Schiffes und die Gewißheit, daß alle seine Insassen den Tod gefunden hatten, ließ die eben gesagten Worte aus der Feder des Autors fließen, der diese große, traurige Geschichte verfaßte und sie fortsetzte mit den Worten, die im folgenden Kapitel zu lesen sind.

Zweites Kapitel

Worin von einem seltsamen Begebnis berichtet wird.

Es scheint, daß mit dem Kentern des Schiffes auch der Verstand des Verfassers dieser Geschichte kenterte oder, besser gesagt, sich verwirrte, denn er gab diesem zweiten Kapitel vier oder fünf Anfänge, als zweifelte er daran, wie er es enden sollte. Endlich entschloß er sich fortzufahren, indem er sagte, daß Glück und Unglück immer nebeneinander hergehen und es vielleicht gar keine Möglichkeit gibt, sie auseinander zu halten; jedenfalls gehen Freud und Leid so sehr Hand in Hand, daß der Pessimist, der verzweifelt, ein Einfaltspinsel ist; ein Einfaltspinsel ist aber auch der Optimist, der auf die Dauerhaftigkeit seines Glücks vertraut, wie dieses seltsame Begebnis eindringlich lehrt. Das Schiff wurde, wie gesagt, zur Gruft im Meere, den Toten ein Grab ohne Erde; ihre Hoffnung hatte ein Ende, denn jede Rettung war ihnen verwehrt. Allein der Himmel in seiner Güte, der von allem Anfang an daran denkt, unseren Leiden abzuhelfen, fügte es, daß das Wrack von den nun friedlichen Wellen allmählich dem Lande zugetragen wurde und an einem stillen Strand festlief, der dem gekenterten Schiff als sicherer Ruheplatz dienen konnte. Nicht weit davon lag ein geräumiger Hafen voll von Schiffen, in dessen klarem Wasser sich eine volkreiche Stadt, deren prächtige Gebäude auf einem hohen Bergrücken lagen, wie in einem Spiegel beschaute.

Die Bewohner der Stadt sahen das Wrack und hielten es für einen Wal oder ein anderes Seeungetüm, das im Sturm der vergangenen Nacht gestrandet war. Eine riesige Menschenmenge strömte herbei, um zu sehen, was es damit auf sich habe. Als sie sahen, daß es sich um das Wrack eines Schiffes handle, ließen sie Policarpo, dem Beherrscher der Stadt, Nachricht von dem Fund zugehen. Der König kam mit Policarpa und Sinforosa, seinen beiden schönen Töchtern, und einer großen Menschenmenge herbei und befahl, das Wrack mit Booten zu umgeben und mit Hilfe von Winden und Taljen in den Hafen abzuschleppen.

Einige Leute sprangen auf das Wrack; sie riefen dem König zu, daß sie aus dem Schiffsbauch Klopflaute vernähmen und glaubten, sogar Menschenstimmen daraus zu hören. Ein ergrauter Edelmann, der neben dem König stand, sagte:

»Ich, mein Herr und König, erinnere mich, im Mittelmeer an der genuesischen Küste eine spanische Galeere gesehen zu haben, die wie dieses Schiff – den Mast in Sand – kieloben am Strande lag; die Galeere war gekentert, als sie bei ungerefften Segeln ein Sturm überraschte. Da man auch dort – wie bei diesem Wrack – aus dem Bauch des Schiffes Geräusche vernahm, sägte man, bevor man versuchte, die Galeere wieder flottzumachen, ein Loch in den Schiffsrumpf, damit man sehen könne, was drinnen war. Noch war das Tageslicht nicht durch die Öffnung gedrungen, als schon der Kapitän und vier Mann der Besatzung hintereinander herauskamen. Das habe ich selbst gesehen, und überdies kann man diesen Fall in spanischen Geschichtsbüchern nachlesen. Es könnte nun sein, daß auch hier aus dem Leib dieses Schiffes Menschen zum zweitenmal entbunden würden, und sollte sich solches hier wiederholen, dann darf man dies nicht für ein Wunder halten, sondern nur für ein erstaunliches Begebnis. Wunder geschehen nur jenseits der natürlichen Ordnung der Dinge; erstaunliche Begebnisse jedoch sind solche, die zwar wie ein Wunder anmuten, letzthin aber, wenn sie auch nur sehr selten vorkommen, doch ganz natürlich sind.«

»Worauf warten wir also noch?« fragte der König. »Man säge ein Loch in den Schiffsbauch, und es geschehe das erstaunliche Begebnis; wenn dieser Bauch lebende Wesen entläßt, dann werde ich dies für ein Wunder halten.«

In aller Eile machten sich die Leute daran, ein Loch in das Wrack zu sägen, und groß war das Verlangen aller, der seltsamen Niederkunft beizuwohnen. Schließlich hatten sie eine große Öffnung herausgeschnitten, durch die man Tote sah und Lebende, die tot zu sein schienen. Einer griff in das Loch und zog eine Jungfrau heraus, die allem Anschein nach lebte, da ihr Herz noch schlug; andere taten

Zweites Buch

desgleichen, und jeder holte sich seinen Fang. Einige, die glaubten, Lebende gefischt zu haben, mußten sich mit Toten zufrieden geben; nicht immer haben die Fischer Glück. Da nun aber die Halbtoten mit der frischen Luft und dem Licht in Berührung gekommen waren, begannen sie zu atmen und zum Leben zu erwachen; sie fuhren sich mit den Händen über das Gesicht, rieben die Augen, reckten die Arme und blickten – als erwachten sie aus tiefem Schlaf – verwundert nach allen Seiten. Auristela fand sich in Arnaldos Armen, Transila in den Armen Clodios, Ricla und Constanza in denen des Rutilio, Antonio, der Vater, und Antonio der Sohn, sahen sich in niemandes Armen, waren sie doch wie auch Mauricio ohne fremde Hilfe ans Tageslicht gekommen. Arnaldo war sprachlos, erstaunter als die Wiedererstandenen, und glich mehr einem Toten als die Toten selbst. Auristela starrte ihn an und sagte, ohne Arnaldo zu erkennen, als erstes – sie war auch die erste, die das allgemeine Schweigen brach:

»Sag, Bruder, ist vielleicht die über alle Maßen schöne Sinforosa unter diesen Leuten?«

»Großer Gott, was soll das heißen?« sagte Arnaldo bei sich. »Wie kommt sie gerade in diesem Augenblick dazu, nach Sinforosa zu fragen, da sie an nichts anderes denken sollte, als Gott für die erwiesene Gnade zu danken?«

Trotzdem erwiderte Arnaldo, daß Sinforosa anwesend sei, und fragte, woher sie diese kenne. Er konnte nicht wissen, daß Auristela durch den Schiffskapitän von den Siegen Periandros gehört hatte, und kannte darum auch nicht die Ursache, weshalb Auristela nach Sinforosa gefragt hatte. Hätte er den Grund gekannt, dann würde er wohl gesagt haben, daß die Eifersucht noch an der Sense des Todes haftet – so gewaltig und fein ist die Eifersucht – und dem Verliebten die Seele selbst im Sterben vergiftet.

Nachdem die Auferstandenen – so darf man sie wohl nennen – den Schrecken etwas überwunden, die Lebenden, die sie herausgezogen, sich von ihrem Staunen einigermaßen erholt hatten und die Überlegung aller sich wieder in den Bahnen der Vernunft bewegten, fragten sie wirr durcheinander, wie denn die einen schon an Land wären und die andern in einem Wrack kämen. Indes hatte Policarpo bemerkt, daß das Schiff, nachdem die Öffnung gemacht worden und die eingeschlossene Luft entwichen war, mit Wasser vollief; er befahl, das Wrack ins Schlepptau zu nehmen, in den Hafen zu bringen und dort mit Winden an Land zu ziehen, was auch sogleich geschah. An Land gingen auch jene, die auf dem Schiffboden gestanden; sie wurden von König Policarpo, seinen Töchtern und den vornehmsten Bürgern der Stadt mit ebensoviel Freude wie Bewunderung begrüßt; die größte Bewunderung jedoch nötigte ihnen allen, besonders aber der Sinforosa, die unvergleichliche Schönheit Auristelas ab; bewundert wurden auch die große Anmut Transilas, die ungewohnte, kleidsame Tracht, die Jugend und die liebliche Erscheinung Constanzas, neben der aber auch das gute Aussehen und der Liebreiz Riclas, ihrer Mutter, nichts verlor. Da die Stadt in der Nähe lag, war es nicht nötig, für Fahrgelegenheiten zu sorgen, und so begaben sich alle zu Fuß dahin. Inzwischen hatte Periandro Gelegenheit gefunden, seine Schwester Auristela zu sprechen; Ladislao sprach mit Transila, und Antonio, der Vater, mit seinem Weib und seiner Tochter; sie berichteten einander die Erlebnisse, die sie gehabt; nur Auristela, die unverwandt Sinforosa ansah, schwieg; schließlich tat auch sie den Mund auf und sagte zu Periandro:

»Sag, Bruder, ist jene überaus schöne Jungfrau dort nicht Sinforosa, die Tochter König Policarpos?«

»Sie ist es«, erwiderte Periandro. »Sie ist ebenso schön wie liebenswürdig.«

»Sehr liebenswürdig muß sie sein«, gab Auristela zurück, »ist sie doch ausnehmend schön.«

»Und wäre sie weniger schön, als sie ist«, entgegnete Periandro, »so zwingt mich, vielgeliebte Schwester, doch die Verpflichtung, in der ich bei ihr stehe, sie als überaus schön anzuerkennen.«

»Wenn es sich um eine Verpflichtung handelt und Ihr deshalb Sinforosas Schönheit rühmt, dann muß ich, da Ihr

Zweites Buch

mir mehr noch verpflichtet seid, für Euch die allerschönste Frau auf Erden sein.«

»Das Irdische soll man nicht mit dem Himmlischen vergleichen«, erwiderte Periandro. »Alle Lobeserhebungen müssen sich, so sehr sie auch übertrieben werden, in gewissen Grenzen halten. Wenn man von einer Frau sagt, sie sei schöner als ein Engel, dann ist dies eine höfliche Übertreibung. Nur bei dir, meine holdeste Schwester, sind die Regeln der Höflichkeit falsch am Platz, denn die Lobpreisungen, die man deiner Schönheit zollt, entspringen der Wahrheit.«

»Hätten die Leiden und der Jammer, die ich hinter mir habe, meine Schönheit nicht entstellt, dann würde ich, mein liebster Bruder, das Lob, das du dieser meiner Schönheit zollst, für wahr erachten. Ich hoffe aber, daß der Himmel in seiner Güte meinen Jammer eines Tages in Freude verwandeln wird und in Glückseligkeit meine Bedrängnis. Indes bitte ich dich aber aus ganzem Herzen, daß du dir weder durch fremde Schönheit noch fremde Verpflichtung das aus dem Gedächtnis verdrängen und löschen läßt, was du mir schuldest, da du ja mit meiner Schönheit und meiner Gunst einst deine Sehnsucht zu stillen vermagst und deine Neigung erfüllt sehen wirst, wenn du bedenkst, daß du, zu meiner leiblichen Schönheit die meiner Seele rechnend, ein Ganzes an Schönheit findest, das dir Genüge tun mag.«

Verwirrt hörte sich Periandro Auristelas Reden an; er hielt sie für eifersüchtig, was ihn an ihr überraschte, da er aus langer Erfahrung wußte, daß Auristela, klug und verständig, nie die Grenzen der gebotenen Zurückhaltung übertrat; über ihre Lippen kamen nur ehrbare und keusche Gedanken, nie sagte sie ein Wort, das man öffentlich und im Geheimen einem Bruder nicht hätte sagen dürfen. Arnaldo war auf Periandro neidisch, Ladislao glücklich mit Transila, seiner Gattin, Mauricio froh mit der Tochter und dem Schwiegersohn, Antonio, der Vater, dankbar, daß er Frau und Kinder wieder hatte; Rutilio war vergnügt, weil alle wieder vereint waren, und der schmähsüchtige Clodio war selig, da sich ihm die Gelegenheit bot, wo immer er auch wäre, von dem unerhörten Begebnis und seiner Einmaligkeit reden zu können.

Sie gelangten in die Stadt, und der großmütige Policarpo sorgte wahrhaft königlich für seine Gäste. Er ließ sie im Palast unterbringen, ehrte vor allem Arnaldo, von dem er wußte, daß er der Erbe der Krone Dänemarks sei und das Reich seines Vaters aus Liebe zu Auristela verlassen hatte; als der König dann Auristela in ihrer ganzen Schönheit sah, verdachte er auch dem Prinzen dieses Umherschweifen nicht. Policarpa und Sinforosa gaben Auristela in einem Teil ihrer Gemächer Wohnung. Sinforosa konnte den Blick nicht von Auristela abwenden und dankte dem Himmel dafür, daß er Auristela die Schwester und nicht die Angebetete Periandros sein ließ. Sinforosa verehrte Auristela sowohl um ihrer ausbündigen Schönheit willen als auch wegen der engen Verwandtschaft mit Periandro und vermochte sich nicht einen Schritt von ihr zu trennen. Sie achtete auf jede einzelne ihrer Gesten, horchte auf jedes ihrer Worte, erfreute sich an ihrer reizvollen Haltung; ja selbst der Klang ihrer Stimme bereitete ihr großes Vergnügen. Auristela wiederum beobachtete Sinforosa fast auf die gleiche Weise und mit gleichen Gefühlen, wenngleich der Anlaß bei beiden verschieden war: Auristela schaute mit den Augen der Eifersucht und Sinforosa mit dem Blick aufrichtiger Zuneigung.

Schon waren sie einige Tage in der Stadt und erholten sich von den überstandenen Leiden; Arnaldo trug sich mit dem Plan, nach Dänemark zurückzukehren oder sich dorthin zu wenden, wohin Auristela und Periandro zu ziehen gedächten, wobei er immer seinen eigenen Willen von dem der Geschwister abhängig machte. Clodio hatte indes mit neugieriger Muße das Verhalten Arnaldos beobachtet und bemerkt, wie sehr dieser unter dem Joch der Liebe litt. Als er sich eines Tages mit Arnaldo allein sah, sagte er:

»Stets habe ich die Laster der Fürsten ohne Rücksicht auf die der hohen Stellung gebührende Achtung öffentlich getadelt und nie den Schaden bedacht, der aus der Nachrede erwächst. Jetzt will ich dir, auch ohne deine Erlaubnis, unter vier Augen etwas mitteilen, das mit Geduld an-

Zweites Buch   819

zuhören, ich dich anflehe, denn ein guter Rat findet auch
dort, wo er mißfällt, seine Entschuldigung in der guten
Absicht.«

Arnaldo war verwirrt, da er nicht wußte, wohin diese
Einleitung Clodios führen sollte. Um dahinterzukommen,
beschloß er, ihn anzuhören, und so befahl er Clodio, er
möge ihm sagen, was er ihm zu sagen hätte. Mit diesem
Freibrief ausgestattet, fuhr Clodio fort:

»Du, Herr, liebst Auristela, besser gesagt, du betest sie
an, und wie ich erfahren habe, weißt du über ihre Ver-
hältnisse und über sie selbst nur, was zu sagen sie für gut
hielt, und das ist soviel wie nichts. Zwei Jahre lang war sie
in deiner Gewalt, und in dieser Zeit hast du, wie man
annehmen darf, alles getan, um ihre Härte zu erweichen,
ihre Strenge zu mildern und ihren Willen dem deinen
durch das ehrbare und sonst so wirksame Versprechen der
Ehe zu unterwerfen. Doch ist Auristela heute genau so
unbezwungen wie am ersten Tag, da du dich um sie beworben hast. Daraus ziehe ich den Schluß, daß du um so
viel mehr Geduld besitzt, als es ihr an Dankbarkeit mangelt. Denke doch daran, daß hinter all dem ein Geheimnis
verborgen sein muß, da eine Frau ein Königreich und dazu
einen Fürsten verschmäht, der es verdient, geliebt zu werden. Ein Geheimnis muß ebenfalls dahinterstecken, wenn
eine Jungfrau, überaus bemüht, ihre Herkunft zu verschleiern, begleitet von einem Jüngling – sie behauptet, er
wäre ihr Bruder, doch könnte er es auch nicht sein – um-
herzieht von Land zu Land, von Insel zu Insel, der Mißgunst des Himmels ausgesetzt und ausgeliefert den Stürmen auf dem festen Lande, die schlimmer zu sein pflegen
als die Stürme über dem aufgewühlten Meer. Unter den
Gütern, die der Himmel den Sterblichen vermacht hat,
sind wohl die Ehre und das Ansehen das höchste, stellt
man sie doch über das Leben. Kluge Menschen sollten ihre
Neigungen an der Vernunft messen und nicht an den Neigungen selbst.«

So weit kam Clodio, und es schien, als wollte er mit
ernsten, philosophischen Betrachtungen fortfahren, doch
trat Periandro ein und brachte ihn zum Schweigen, ob-

820   Die Mühen und Leiden des Persiles und der Sigismunda

gleich es Clodio sehr danach verlangte weiterzusprechen, und Arnaldo, ihm zuzuhören. Es traten auch Mauricio, Ladislao und Transila ein, und mit ihnen kam Auristela, die sich auf Sinforosas Schulter stützte. Auristela fühlte sich so unpäßlich, daß es notwendig wurde, sie auf ein Lager zu betten. Ihr Leiden erfüllte die Herzen Periandros und Arnaldos mit solchem Schrecken und solcher Angst, daß auch sie, hätten sie ihren Schrecken und ihre Angst nicht klug zu verbergen gewußt, nicht weniger des Arztes bedurft hätten als Auristela.

Drittes Kapitel

Sinforosa vertraut Auristela das Geheimnis ihrer Liebe an.

Kaum erfuhr Policarpo von der Unpäßlichkeit Auristelas, als er schon befahl, seine Ärzte herbeizurufen, damit sie nach ihr sähen. Da nun der Puls die Krankheit offenbart, an der man leidet, fanden die Ärzte bald heraus, daß die Krankheit Auristelas nicht den Körper betraf, sondern die Seele. Dies hatte Periandro schon vor den Ärzten erkannt; Arnaldo erriet es zum Teil, Clodio jedoch war seiner Sache sicher. Die Ärzte verfügten, daß man Auristela unter keinen Umständen allein lasse, und rieten, man solle sie mit Musik zerstreuen, wenn sie solche wünsche, oder durch andere heitere Unterhaltung. Sinforosa übernahm es, Auristela zu pflegen, und erbot sich, Tag und Nacht bei ihr zu bleiben, ein Anerbieten, das Auristela nicht sonderlich behagte, wäre es ihr doch lieber gewesen, jene, die sie für die Ursache ihres Leidens hielt, nicht so häufig vor Augen zu haben, eines Leidens, für das sie keinerlei Heilung erwartete, da sie fest entschlossen war, die Ursache zu verschweigen, um so mehr als ihr die Sittsamkeit die Zunge lähmte, und ihr Stolz stärker war als der Wunsch nach Heilung. Schließlich räumten alle mit Ausnahme von Sinforosa und Policarpa das Zimmer, in dem Auristela untergebracht war, und bei der ersten schicklichen Gelegenheit verab-

Zweites Buch

schiedete Sinforosa die Schwester. Kaum war sie mit Auristela allein, als sie schon den Mund der Leidenden mit vielen Küssen bedeckte, ihr die Hände drückte und die eigene Seele mit heißen Seufzern in Auristelas Körper einzuhauchen schien, Gefühlsausbrüche, die Auristela von neuem verwirrten und sie sagen ließen:

»Was ist Euch, Herrin? Diese Gefühlsausbrüche lassen mich erkennen, daß Euer Leiden schwerer sein muß als das meine und Euer Herz bedrängter. Sagt mir, ob ich Euch in irgendeiner Weise zu helfen vermag, denn bin ich auch am Leibe krank, so ist mir der Wille, Euch zu helfen, gesund genug.«

»Wie danke ich dir, süße Freundin«, erwiderte Sinforosa, »für dein Anerbieten, und mit der gleichen Bereitwilligkeit, mit der du dich erbötig machst, erwidere ich es, denn ich kenne weder Falsch noch Lauheit. Ich, meine Schwester – mit diesem Namen sollst du, solange ich lebe, angesprochen werden –, liebe, liebe innig, bete an. Habe ich mehr gesagt? Nein, denn die Scham und die Selbstachtung knebeln meine Zunge. Soll ich aber sterben, weil ich schweige? Soll mein Leiden etwa durch ein Wunder Heilung finden? Kann das Schweigen denn reden? Hat ein sittsamer, verschämter Blick die Macht, die unendlichen Gefühle einer liebenden Seele auszusprechen?«

Dies sagte Sinforosa unter soviel Tränen und Seufzern, daß Auristela, gerührt, nicht umhin konnte, ihr die Augen zu trocknen, sie in die Arme zu schließen und zu sagen:

»Laß deine Worte nicht schon auf der Zunge sterben, o liebeskranke Herrin, und überwinde für eine kurze Spanne wenigstens deine Verwirrung und Verschämtheit. Laß mich deine Vertraute sein, denn wenn geteiltes Leid auch nicht geheiltes Leid bedeutet, so verschafft es doch Linderung. Wenn dein Kummer, wie ich es als gewiß annehme, vom Liebesleid herrührt, dann sei dessen sicher, daß ich sehr wohl weiß, auch du seist nur aus Fleisch und Blut, wenn du auch aus Alabaster gemacht zu sein scheinst; ich weiß auch, daß unsere Seelen in unaufhörlicher Bewegung sind, immer bereit, irgendein Wesen zu lieben, innig zu lieben, es anzubeten, ein Wesen, zu dem uns die Gestirne hinneigen, wenn sie auch unseren Willen nicht zu zwingen vermögen, wie manche denken. Sag mir, o Herrin, wen du liebst, wen du innig liebst, wen du anbetest. Da du gewiß nicht unter der Verwirrung leidest, einen Stier zu lieben, noch dem Wahn verfallen bist, eine Platane anzubeten, so muß der, den du – so sagtest du ja – anbetest, ein Mensch sein, was mich aber weder erschreckt noch verwundert. Wie du, bin auch ich ein Weib; auch ich habe meine Neigungen; allein dieses Eingeständnis ist mir bis jetzt dank meines Stolzes noch nicht über die Lippen gekommen, obgleich solches im Fieberwahn leicht hätte geschehen können. Einmal jedoch werde ich dies trotz aller Hindernisse und Schwierigkeiten einbekennen müssen, und vielleicht werde ich die Ursache meines Todes in meinem Testament bekanntmachen.«

Sinforosa betrachtete sie aus staunenden Augen. Jedes Wort, das Auristela sagte, schien ihr ein Orakelspruch.

»Ach, Freundin«, sagte sie, »gewiß hat dich der Himmel, der sich meiner Schmerzen erbarmte und mich um meines Leides willen bemitleidete, auf solch seltsamen Umweg, der ein Wunder zu sein scheint, hierhergeführt! Aus dem finsteren Schoß des Schiffes holte der Himmel dich wieder in die Welt und ihr Licht, damit auch meine Finsternis erhellt werde und meine Gefühle einen Ausweg fänden aus der Verworrenheit. Um mich selbst und auch dich nicht länger auf die Folter zu spannen, sollst du erfahren, daß dein Bruder Periandro vor einiger Zeit auf diese Insel kam . . .«

Und dann erzählte sie, auf welche Weise Periandro gekommen war, welche Siege er hier errungen, welche Gegner er besiegt und welche Siegespreise ihm zugefallen waren, wie dies schon berichtet worden ist. Sie gestand auch, wie die Liebenswürdigkeit Periandros in ihr zuerst eine Neigung wachgerufen hatte, die nicht Liebe war, sondern nur ein Wohlwollen, später aber, als sie sich in aller Stille und Muße seine Anmut und seine Vorzüge in Erinnerung rief und sie darüber nachsann, da stellte ihr die Liebe Periandro nicht als irgendeinen Mann vor Augen, sondern als einen Fürsten, der zu sein er auch verdiente.

Zweites Buch

»Dieses Bild prägte sich meinem Herzen ein, und ich, die Unachtsame, ließ dies zu, ohne mich auch nur im geringsten dagegen zu wehren, und so kam ich allmählich dazu, ihn zu mögen, ihn zu lieben, ja, ihn sogar anzubeten, wie ich gesagt habe.«

Sinforosa hätte noch mehr gesagt, doch kehrte Policarpa mit einer Harfe in den Händen zurück und sang dazu, um Auristela zu zerstreuen. Sinforosa verstummte; Auristela überließ sich ihren Gedanken, doch, schweigend die eine und gedankenverloren die andere, lauschten beide dem Gesang Policarpas, die in der Musik nicht ihresgleichen fand. Policarpa sang in ihrer Muttersprache ein Lied, das von Antonio, dem Vater, übersetzt, so lautete:

Wenn, Cynthia, du der Hoffnung mußt entsagen,
das Joch zu brechen, das dir aufgegeben,
laß freien Lauf dem Schmerz, gib Recht dem Leben;
nicht Ehr' noch Mut verbieten dir zu klagen.

Die Glut im Herzen, kaum noch zu ertragen,
die deinen Willen brach, wird deinem Leben
ein Ende sein, weil, schweigend und ergeben,
du davon Ruhm erhoffst in späten Tagen.

So laß dein Herzeleid in Klagen münden,
denn Klugheit fordert, daß sich offenbare,
was schwärt und schmerzt in tiefstem Seelengrunde.

Und wenn du klagst, dann kann die Welt verkünden:
zu groß war solches Leid, als daß bewahre
das Herz es, und zu tief war solche Wunde.

Niemand verstand Policarpas Verse besser als Sinforosa, war doch die Schwester ihre Mitwisserin, und wenn Sinforosa auch einmal entschlossen gewesen, ihr Geheimnis für immer im Dunkel des Schweigens zu begraben, so wollte sie nun Policarpas Ratschlag ganz befolgen und Auristela, die sie schon einzuweihen begonnen hatte, alle Wünsche und Pläne eröffnen.

Oft blieb Sinforosa bei Auristela; allein sie tat, als leiste sie ihr mehr aus Gefälligkeit denn zu ihrem eigenen Vergnügen Gesellschaft. Eines Tages aber nahm Sinforosa den Faden des abgebrochenen Gesprächs wieder auf und sagte:

»Hör mich noch einmal an, meine Freundin, und laß dir meine Worte nicht über werden; allein was mir in der Seele brennt, läßt meine Zunge nicht ruhen. Das Herz zerspringt mir, wenn ich nicht rede, und weil ich diesen Zustand nicht mehr ertrage, so sollst du, wenn ich dir deshalb auch weniger ehrbar erscheinen mag, wissen, daß ich deines Bruders wegen vergehe, dessen Vorzüge mein liebevolles Verlangen wecken. Ohne mich um seine Herkunft, seine Heimat oder sein Vermögen zu kümmern, noch um den Stand, in den das Schicksal ihn versetzt hat, achte ich nur jener Gaben, mit denen die Natur ihn so freigiebig ausgestattet hat. Um seinetwillen liebe ich ihn, um seinetwillen bete ich ihn an und um deinetwillen beschwöre ich dich: tue für mich, was du vermagst und verrede mich nicht meines übereilten Schrittes wegen. Als meine Mutter starb, hinterließ sie mir ohne Wissen meines Vaters unermeßlichen Reichtum; die Tochter bin ich eines Königs, der, wenn auch nur erwählt, immerhin ein König ist; wie alt ich bin, siehst du mir an, und wenn meine Schönheit auch keines sonderlichen Lobes wert scheint, so verdient sie es keineswegs, geringgeschätzt zu werden. Gib mir, Gebieterin, deinen Bruder zum Gemahl; ich werde mich dir als Schwester überliefern, werde mit dir meinen Reichtum teilen, werde alles daransetzen, um dir einen Gatten zu verschaffen, den man nach dem Tod meines Vaters, ja noch früher, zum Herrscher dieses Reiches wählt; und sollte mir dies nicht gelingen, so kann ich dir mit meinem Reichtum andere Kronen kaufen.«

Während Sinforosa diese schmeichelnd zärtlichen Worte sprach, hielt sie Auristelas Hände in den ihren und benetzte sie mit Tränen. Auch Auristela weinte, wußte sie doch aus eigenem, welche und wieviele Qualen ein liebevolles Herz zu bedrängen pflegen, und wenn ihr Sinforosa auch als Nebenbuhlerin erschien, so hatte sie doch Mitleid mit ihr, denn ein großmütiges Herz will sich nicht rächen, wenn sich ihm auch die Gelegenheit dazu bietet, um so mehr als Sinforosa sie nicht auf eine Weise gekränkt hatte,

Zweites Buch   825

die ihr die Rache zur Pflicht gemacht hätte. Sinforosas
Schuld war auch die ihre; beider Gedanken waren aufs
gleiche ausgerichtet; Sinforosas Sehnsucht war die gleiche
wie jene, die auch sie dem Wahnsinn nahe brachte. Kurz
und gut, sie konnte Sinforosa keines Vergehens anklagen,
ohne sich selbst zuerst des gleichen Vergehens für schuldig
zu erkennen. Auristela bedrängte Sinforosa, denn sie wollte
erkunden, ob diese den Bruder irgendwann, wenn auch in
belanglosen Dingen, begünstigt oder ihm mit Worten oder
Blicken ihre Liebe zu verstehen gegeben habe. Sinforosa
erwiderte, sie habe nie die Kühnheit gehabt, Periandro
anders als keusch und züchtig anzublicken, wie dies ihre
Person und ihr Stand verlangten; ihre Zunge sei ebenso
zurückhaltend gewesen wie die Augen.

»Dies will ich gerne glauben«, erwiderte Auristela. »Ist
es aber möglich, daß er dir durch keinerlei Zeichen seine
Zuneigung zu erkennen gegeben hat? Gewiß hat er dies
getan, ist er doch nicht so kalt, hart und unempfänglich,
daß ihn eine Schönheit wie die deine nicht erweicht hätte.
Deshalb bin ich der Meinung, daß du selber mit ihm
sprichst, ehe ich in dieser heiklen Sache etwas unternehme.
Durch irgendeinen ehrbaren Beweis deiner Huld kannst
du ihm leicht eine Gelegenheit geben, denn manchmal ist
es unverhoffte Huld, die auch laueste, gleichgültigste Herzen aufrüttelt und entzündet. Ist er einmal von deiner
Neigung angetan, dann wird es mir ein Leichtes sein, ihn
so weit zu bringen, daß er allen deinen Wünschen will-
fährt. Aller Anfang, meine Liebe, ist schwer, am schwersten jedoch in Liebesdingen. Ich rate dir aber davon ab,
auch nur das geringste zu tun, das dich in deiner Ehrbarkeit schmälern könnte, rate dir davon ab, überstürzt zu sein,
denn so keusch auch die Gunst sein mag, die eine Jungfrau
dem geliebten Manne gewährt, immer wird dies anders
scheinen, und um der Neigung willen darf man die Ehre
nicht aufs Spiel setzen. Doch sei dem, wie es sei: viel vermag die Klugheit, und die Liebe, die erfinderisch macht,
schafft selbst den Schüchternsten die Gelegenheit, ihre Gefühle zum Ausdruck zu bringen, ohne daß sie dabei ihr
Ansehen schmälern.

VIERTES KAPITEL

Worin Sinforosas Geständnis zu Ende geführt wird.

Aufmerksam hatte Sinforosa die klugen Worte Auristelas angehört, doch ging sie nicht darauf ein, sondern knüpfte dort an, wo sie stehen geblieben war, und sagte:

»Nun höre, Freundin, wozu mich die Liebe verleitet hat, die von deines Bruders Vorzügen in meinem Busen entfacht wurde. Ich veranlaßte einen Hauptmann der Garde meines Vaters, daß er ausfahre und mir deinen Bruder freiwillig oder gezwungen herschaffe; das Schiff, mit dem er abfuhr, ist das gleiche, in dem du gekommen, da man darin den Hauptmann tot unter den Toten aufgefunden hat.«

»So wird es wohl sein«, erwiderte Auristela, »denn er hat mir schon viel von dem berichtet, was du mir erzählt hast, und so wußte ich bereits, wenn auch nur verworren, von deiner Neigung. Nun aber besänftige deine Gefühle, bis du sie meinem Bruder entdecken kannst und ich es dann auf mich nehmen kann, dir zu helfen, was ich in dem Augenblick tun werde, da ich weiß, wie es dir mit ihm ergangen ist. Ihn zu sprechen, wird es weder dir noch mir an Gelegenheit fehlen.«

Wiederum bedankte sich Sinforosa bei Auristela, und wiederum tat Sinforosa der Auristela leid.

Indes solches zwischen den beiden besprochen wurde, hatte es Arnaldo mit Clodio zu tun, der geradezu vor Begierde danach verging, die Liebe, die Arnaldo für Auristela empfand, zu trüben oder zu zerstören. Als er Arnaldo einmal allein antraf – als ob einer, dessen Sinn voll von Liebesgedanken ist, jemals allein wäre –, sagte Clodio zu ihm:

»Neulich, Herr, habe ich dir gesagt, wie wenig man sich auf den Wankelmut der Weiber verlassen kann, und Auristela ist, wenngleich sie ein Engel zu sein scheint, ein Weib, und Periandro ist, mag er auch als ihr Bruder gelten, ein Mann. Ich möchte nicht, daß du deswegen irgendwelchen Argwohn in deinem Busen hegest, wohl aber, daß du dir

Zweites Buch

kluge Zurückhaltung auferlegst. Solltest du, ruhiger geworden, den Weg vernünftiger Überlegungen beschreiten wollen, dann bedenke doch, wer du bist, wie einsam dein Vater ist, wie sehr du deinen Untertanen fehlst, welche Gefahr du läufst, dir dein Reich zu verscherzen, da es nun einem Schiff ohne Steuermann gleicht. Bedenke, daß Könige sich eine Gattin nicht um ihrer Schönheit willen erwählen, sondern um ihrer Herkunft willen, nicht wegen ihres Reichtums, wohl aber wegen ihrer Tugend, sind doch Könige verpflichtet, ihren Reichen würdige Nachfolger zu schenken. Die Achtung, die man einem Fürsten schuldet, wird gemindert, wenn man sieht, daß er es mit dem Adel des Blutes nicht sonderlich genau nimmt, und es genügt nicht zu sagen, daß die Königswürde an sich so mächtig sei, um niedrig geborene Frauen zu solchem Rang zu befähigen. Hengst und Stute reinsten Blutes versprechen eine gute Rasse, nicht aber Hengst und Stute unbekannten, unreinen Blutes. Unter gemeinem Volk pflegt die Neigung zu entscheiden, was jedoch unter Hochgestellten nicht geschehen darf. Und darum, mein Herr und Gebieter, kehre entweder in dein Reich zurück, oder lasse jede Vorsicht walten, damit du nicht hintergangen wirst! Doch verzeih mir die Kühnheit, denn, wenngleich ich als böse Zunge gelte, möchte ich nicht in den Ruf kommen, aus böser Absicht zu handeln. Unter deinen Schutz hast du mich genommen, unter dem Schild deiner Großmut steht mein Leben; von dir beschützt, fürchte ich auch die Ungunst des Himmels nicht, denn mit der günstigeren Konstellation der Gestirne scheint sich auch meine bislang verderbte Natur zu bessern.«

»Ich, o Clodio, danke dir für den guten Rat, den du mir gegeben«, sagte Arnaldo, »doch möge der Himmel verhüten, daß ich ihn befolge. Auristela ist die Güte selbst; Periandro ist ihr Bruder, und da sie gesagt, er sei es, will ich nichts anderes glauben, ist doch alles, was immer sie sagt, für mich nichts als die reine Wahrheit. Ich bete sie an ohne jeden Hintergedanken, denn Auristela, dieser fast unermeßliche Abgrund ausbündiger Schönheit, reißt die Fülle meiner Sehnsucht in sich hinein, und meine Sehnsucht wird nur in ihr zur Ruhe kommen. Nur durch Auristela habe ich gelebt, lebe ich und werde ich leben. Darum, o Clodio, spare dir deinen Rat, denn deine Worte verweht der Wind, und mein Tun wird dir beweisen, wie wenig ich deiner Ratschläge achte.«

Clodio zuckte mit den Achseln, senkte den Kopf und ging weg mit dem Vorsatz, sich nicht mehr als Ratgeber zu betätigen, denn ein Ratgeber muß über dreierlei verfügen: erstens Ansehen, zweitens Klugheit, und drittens muß er um Rat gebeten worden sein.

Der Schauplatz all dieser Betriebsamkeit, dieses Pläneschmiedens und der heimlichen Anschläge, mit denen sich die verworrenen Gemüter der Liebenden beschäftigten, war Policarpos Palast. Auristela war eifersüchtig, Sinforosa verliebt, Periandro unruhig und Arnaldo standhaft; Mauricio schmiedete Pläne, um in seine Heimat zurückzukehren, sehr gegen Transilas Absicht, nicht mehr zu Menschen zurückzukehren, die so sehr gegen jede Sittlichkeit verstießen wie ihre Landsleute. Ladislao, ihr Gatte, wollte und wagte es nicht, ihr zu widersprechen; Antonio, der Vater, starb fast vor Verlangen, sich mit Frau und Kindern in Spanien zu sehen, und Rutilio sehnte sich nach Italien, seiner Heimat. Jeder hatte seinen eigenen Wunsch, doch blieb es für jeden beim Wünschen. So ist es mit der menschlichen Natur bestellt, daß sie, wenngleich von Gott als vollkommen erschaffen, durch unsere Schuld immer unvollkommen bleibt, ein Gebrechen, das ihr immer anhaften wird, solange der Mensch nicht aufhört zu wünschen.

Eines Tages nun ließ Sinforosa Periandro und Auristela allein. Es schien, als hätte Sinforosa diese Gelegenheit absichtlich herbeigeführt, damit Auristela in ihrer Sache den Anfang mache und ihr Verfahren zur ersten Verhandlung angesetzt würde, damit der Urteilspruch zustandekäme, der über ihr Leben oder ihren Tod entscheiden sollte. Auristela wandte sich mit folgenden Worten an Periandro:

»Unsere Pilgerfahrt, mein Herr und Bruder, ist so voll der Mühen und Schrecken, so voll der Gefahren, daß jeder

Zweites Buch

Tag, ja, jeder Augenblick mich den Tod fürchten läßt, und darum wäre es mir lieb, wir fänden eine Möglichkeit, die uns das Leben sichert, indem wir uns irgendwo niederließen; kein Ort scheint mir dazu geeigneter als dieser hier. Hier bieten sich dir unermeßliche Reichtümer, nicht etwa Reichtümer, die man eben verspricht, sondern wirkliche, und gleichzeitig bietet sich dir hier eine edle, überaus schöne Frau zum Weibe an, die es verdiente, daß nicht sie um dich werbe, sondern daß du nach ihr verlangtest, sie anflehtest und um sie werbest.«

Indes Auristela dies sagte, betrachtete Periandro sie so aufmerksam, daß er nicht ein einziges Mal mit der Wimper zuckte. Rasch überlegte er, worauf diese Reden hinauslaufen könnten, doch Auristela enthob ihn sogleich der Ungewißheit, indem sie fortfuhr:

»Ich sage dir, mein Bruder – diesen Namen will ich dir immer geben, gleichviel, ob du verheiratet oder ledig bist –, ich sage dir also, daß Sinforosa dich anbetet und dich zum Gatten begehrt. Sie sagt, daß sie unvorstellbar reich sei, und ich sage, sie ist vorstellbar schön, vorstellbar, weil sie so schön ist, daß man ihre Schönheit nicht erst durch Übertreibung erheben, noch durch Überschwenglichkeiten vergrößern muß. Nach dem, was ich erkennen konnte, ist sie von sanftem Wesen, von scharfem Verstand und von ebenso verständigem wie sittsamem Betragen. Trotz allem, was ich dir nun gesagt habe, vergesse ich nicht, was du um deinetwillen verdienst; in unserer augenblicklichen Lage würde dir eine solche Verbindung nicht übel anstehen. Fern sind wir der Heimat, du, verfolgt von deinem Bruder, und ich, verfolgt von meinem Unstern; unser Weg nach Rom wird, je mehr wir uns bemühen, immer schwieriger und länger. Mein Vorsatz ist der gleiche wie immer, doch fange ich an, darin wankend zu werden, und ich möchte nicht, daß mich der Tod in Ängsten und Gefahren überrascht, weshalb ich mein Leben im Kloster zu beschließen gedenke und wünsche, du möchtest das deine in glücklicher Ehe verbringen.«

Hier beschloß Auristela ihre Rede und begann, Tränen zu vergießen, die alles, was sie gesagt, Lügen straften und

830   Die Mühen und Leiden des Persiles und der Sigismunda

für ungesagt erklärten; sittsam zog sie die Arme unter der
Decke hervor, legte sie darauf und wandte sich von Periandro ab. Als Periandro sie solcherart überwältigt sah
und dabei an ihre Worte dachte, wurde ihm, ohne daß er
dagegen hätte aufkommen können, dunkel vor den Augen,
die Kehle schnürte sich ihm zu, die Zunge war ihm wie
gelähmt, er sank in die Knie und stützte sein Haupt auf
Auristelas Lager. Auristela wandte sich um, und als sie
ihn so ohne Besinnung sah, fuhr sie ihm mit der Hand
über das Antlitz und trocknete die Tränen, die ihm, ohne
daß er es fühlte, über die Wangen flossen.

FÜNFTES KAPITEL

Was zwischen König Policarpo und seiner Tochter Sinforosa besprochen wurde.

In der Natur sehen wir oft Wirkungen, deren Ursache wir
nicht kennen. Dem einen werden die Zähne stumpf, wenn
er sieht, wie man mit einem Messer Tuch zerschneidet;
manchmal zittert einer vor einer Maus; einen habe ich
erbeben sehen, als man vor ihm einen Rettich anschnitt,
und einen anderen wieder habe ich gesehen, wie er sich
von einem Festmahl erhob, weil man Oliven auf den Tisch
brachte. Fragt man nach der Ursache solcher Erscheinungen, dann weiß keiner sie anzugeben. Manche, die mehr
glauben, als sie wissen, behaupten, die Gestirne stünden
der Beschaffenheit solcher Menschen entgegen und verführten sie zu solchem Tun, zu Schrecken oder Entsetzen,
wenn sie die genannten oder ähnliche Dinge erblickten,
denen man auf Schritt und Tritt begegnet. Eine der Definitionen des Menschen besagt, daß er ein zum Lachen befähigtes Tier sei, lache doch nur der Mensch und sonst
kein Tier. Ich behaupte aber, man könnte den Menschen
als ein zum Weinen befähigtes Tier bezeichnen, als ein
Tier, das weint, und so wie man am vielen Lachen den
geringen Verstand erkennt, so auch am vielen Weinen die

Zweites Buch

geringe Überlegung. Drei Dinge sind es, die dem vernünftigen Mann zu weinen erlauben: erstens, weil er gesündigt hat, zweitens, um Vergebung zu erlangen, und drittens aus Eifersucht; alle übrigen Tränen stehen einem edlen Antlitz nicht wohl an.

Wir sehen also Periandro in Ohnmacht, und da er nicht als Sünder weint oder als einer, der um Vergebung bittet, muß er aus Eifersucht weinen. Gewiß wird sich jemand finden, der ihn dafür entschuldigt und ihm die Tränen trocknet, wie Auristela es getan, nachdem sie ihn durch ihre Verstellung in jenen Zustand versetzt hatte. Schließlich kam Periandro wieder zu sich, und da er Schritte im Zimmer vernahm, wandte er sich um und erblickte hinter sich Ricla und Constanza, die eben eintraten, um Auristela zu besuchen. Dies war ein Glück für ihn, denn wäre er allein geblieben, er hätte keine Worte gefunden, um seiner Herrin zu antworten; so aber konnte er seine Worte überlegen und über den Rat nachdenken, den sie ihm gegeben hatte.

Auch Sinforosa war begierig zu erfahren, welches Urteil in der ersten Verhandlung ihres Falles vor dem Gericht der Liebe gefällt worden sei. Sie wäre zweifelsohne auch die erste gewesen, die Auristela aufgesucht hätte, und nicht Ricla und Constanza, wenn sie nicht eine Botschaft ihres Vaters, des Königs, daran gehindert hätte. Dieser ließ ihr sagen, sie möge sich unverzüglich bei ihm einfinden. Sinforosa gehorchte, ging zu ihm und fand ihn allein. Policarpo hieß sie, neben ihm Platz nehmen, und sagte, nachdem er eine Weile geschwiegen hatte, ganz leise, als fürchte er, belauscht zu werden, zu Sinforosa:

»Wenn auch deine zarte Jugend, meine Tochter, noch nicht fähig sein sollte zu fühlen, was man Liebe nennt, und auch mein reifes Alter nicht mehr ihrer Gerichtsbarkeit unterliegen dürfte, so weicht doch die Natur manchmal von ihrem Weg ab, und es brennen unreife Mädchen und dürre Greise gleicherweise in ihrem Feuer.«

Als Sinforosa solches vernahm, zweifelte sie nicht daran, daß ihr Vater um ihre Liebesleidenschaft wisse; allein sie schwieg und wollte ihn nicht unterbrechen, ehe er sich nicht genauer ausgesprochen hätte; immerhin schlug ihr, indes ihr Vater sprach, das Herz heftiger im Busen. Policarpo fuhr also fort:

»Seit mir, o meine Tochter, deine Mutter entrissen wurde, habe ich mich von dir umsorgen lassen, habe mich deiner als Schutzwehr bedient, habe mich an deinen Rat gehalten und habe, wie du weißt, stets die ungeschriebenen Gesetze des Witwerstandes getreulich eingehalten; dies sowohl meines persönlichen Ansehens wegen als auch um des katholischen Glaubens willen, den ich bekenne. Allein seit diese unerwarteten Gäste in unsere Stadt gekommen sind, ist das Uhrwerk meines Verstandes in Unordnung geraten, der regelmäßige Ablauf meines Lebens gestört, und schließlich bin ich vom Gipfel meiner eingebildeten Klugheit hinabgestürzt in den Abgrund unsäglicher Begierden, die mich töten werden, wenn ich sie verschweige, mich aber mein Ansehen kosten werden, wenn ich sie einbekenne. Nun will ich nicht länger mehr zaudern, meine Tochter, nicht länger noch schweigen, Freundin, und sofern du willst, daß ich weiterrede, so wisse, daß ich um Auristelas willen ersterbe. Der Strahl ihrer morgendlichen Schönheit hat meine alten Knochen neu erwärmt; an ihren Augensternen haben sich meine schon erlöschenden Augen neu entzündet, die Jugendfrische ihres Leibes hat meinen Leib, den schwachen, gestärkt. Ich möchte, sofern dies möglich ist, dir und deiner Schwester eine Stiefmutter geben, deren Vorzüge ein solches Vorhaben entschuldigen. Solltest du mit mir eines Sinnes sein, dann schert mich kein Gerede, und sollte man mir, weil man meinen Schritt für eine Torheit hält, die Königswürde aberkennen, dann würde ich in Auristelas Armen so sehr König sein, daß es auf der ganzen Welt keinen Monarchen gäbe, der sich mir vergleichen könnte. Ich möchte nun, mein Kind, daß du Auristela all dies sagst und von ihr das Jawort erwirkst, an dem mir soviel liegt, und es wird ihr, wie ich glaube, nicht sehr schwer fallen, mir das Jawort zu geben, wenn sie, verständig wie sie ist, mein Ansehen gegen mein Alter und meinen Reichtum gegen ihre Jugend in die Waagschale wirft. Es ist eine gute Sache, Königin zu sein; eine gute

Zweites Buch 833

Sache ist es, befehlen zu können; Vergnügen bereiten die
Ehren, und nicht jede Annehmlichkeit beruht auf einer
Ehe zwischen Gleichaltrigen. Als Lohn für das Jawort,
das du mir mit dieser Botschaft heimbringen sollst, will
ich dir helfen, dir ein Glück zu bereiten, wie du es dir,
wenn du verständig bist, nicht besser wünschen könntest.
Vier Dinge muß ein Mann von Rang und Namen zu erwerben und zu halten versuchen: ein gutes Weib, ein gutes
Haus, ein gutes Pferd und gute Waffen. Zu den beiden
ersten Dingen das Ihre beizutragen, ist das Weib ebenso
verpflichtet wie der Mann und mehr noch, denn nicht die
Gattin hat den Gemahl, sondern der Gatte die Gemahlin
zu sich emporzuheben; Majestäten und Männer des Hochadels werden durch die Heirat mit niedriggeborenen Frauen
nicht erniedrigt, denn sie erheben die Gattinnen durch die
Heirat in den eigenen Rang. Darum auch wird Auristela,
mag sie sein, wer sie will, als meine Gattin zur Königin;
ihr Bruder Periandro wird mein Schwager. Indem ich dir
Periandro zum Gemahl gebe und ihn als meinen Schwager
auszeichne, wirst du als seine Gattin und als meine Tochter
hoch geschätzt werden.«

»Allein wie weißt du, Herr«, fragte Sinforosa, »ob
Periandro nicht schon verheiratet ist, und ob er, sollte er
nicht verheiratet sein, mein Gatte werden will?«

»Daß er noch nicht vermählt ist«, erwiderte der König,
»ersehe ich daraus, daß er durch fremde Länder zieht, was
ein Hausstand nicht zuließe. Daß er der Deine sein will,
dessen versichert mich seine große Verständigkeit; er wird
einsehen, was er mit dir gewinnt, und da schon die Schönheit seine Schwester zur Königin werden läßt, wäre es verwunderlich, wenn deine Schönheit ihn dir nicht zum Gatten bescherte.«

Mit diesen Worten und diesem Versprechen stachelte der
König die Hoffnung Sinforosas an und machte ihr damit
auch sein eigenes Vorhaben schmackhaft. So versprach Sinforosa, ohne gegen ihres Vaters Wünsche einen Einwand zu
erheben, ihm als Brautwerberin zu dienen; den Lohn für den
noch nicht geleisteten Dienst nahm sie bereits in Gedanken
vorweg. Doch sagte sie dem Vater, er möge wohl beden-

ken, was er tue, wenn er Periandro zu ihrem Gatten zu machen gedächte. Sei auch der Wert Periandros durch seine Vorzüge erwiesen, so sei es immerhin gut, nichts zu übereilen und abzuwarten, bis ihnen Erfahrung und längerer Umgang mit Periandro größere Sicherheit gäben. Dabei hätte sie alles Glück, das sie sich in diesem Leben bis ans Ende der Zeiten hätte wünschen können, dafür hingegeben, daß ihr Periandro auf der Stelle angetraut würde. Bei hochgestellten sittsamen Jungfrauen sagt eins die Zunge, ein anderes meint das Herz.

Während sich dies zwischen Policarpo und seiner Tochter zutrug, führten Rutilio und Clodio in einem anderen Raum ein anderes Gespräch. Clodio war, wie aus dem zu ersehen, was über sein Leben und seine Eigenheiten gesagt worden ist, ein ebenso boshafter wie kluger Kopf und darum auch von einer reizenden, aufreizenden Bosheit. Ein dummer einfältiger Mensch ist nicht imstande, wirklich zu lästern und Meuchelreden zu führen, und wenngleich, wie schon gesagt, es keineswegs gut ist, Böses gut sagen zu können, so wird doch der kluge Meuchelredner gelobt, denn die witzige Bosheit gibt dem Gespräch Würze und Geschmack, so wie erst das Salz die Speisen schmackhaft macht. Beschimpft man auch den witzigen Meuchelredner wegen des Schadens, den er anrichtet, so lobt man ihn doch seines Witzes wegen und spricht ihn frei. Dieser unser Meuchelredner also, der seiner Zunge wegen gemeinsam mit der schändlichen Rosamunda aus seiner Heimat verbannt worden war, wobei der König von England ihm für die Zunge die gleiche Strafe zugemessen hatte wie der Rosamunda für ihre Lasterhaftigkeit, dieser Meuchelredner also sah sich einmal allein mit Rutilio und sagte:

»Gewiß ist jemand töricht, sehr töricht sogar, der einem andern ein Geheimnis eröffnet und ihn gleichzeitig eindringlich bittet, er möge dieses Geheimnis für sich behalten, denn ihm läge alles daran, damit niemand davon erfahre. Nun sage ich: her mit dir, du Verräter deiner Gedanken, du Zwischenträger deiner Geheimnisse; wenn du dein Geheimnis preisgibst, obgleich dir, wie du sagst, alles

Zweites Buch 835

daranliegt, daß niemand davon erfahre, und du es einem andern mitteilst, dem an der Geheimhaltung nicht das geringste liegt, wie kannst du nur von ihm verlangen, daß er es hinter dem Riegel des Stillschweigens in seiner Brust verschließe? Welch größere Sicherheit, daß niemand erfahre, was du weißt, gibt es denn, als dies bei dir selbst zu behalten? Das alles weiß ich, Rutilio, und trotzdem hüpfen mir gewisse Bedenken in den Mund und auf die Zunge. Bedenken, die mich drängen, daß ich sie laut werden lasse und öffentlich mache, sonst würden sie mir in der Brust verfaulen, und ich müßte daran verrecken. Sag doch einmal, Rutilio, was treibt denn dieser Arnaldo hier, und weshalb ist er so hinter Auristelas Leib her, als wäre er dessen Schatten, indes er sein Reich in den Händen seines greisen, vielleicht schon verfallenden Vaters weiß, sich bald da verirrt, bald dort ersäuft, hier Tränen vergießt, anderswo seufzt und sich bitter über ein Schicksal beklagt, das er sich selbst bereitet? Was soll man von dieser Auristela denken und diesem ihrem Bruder, diesen jungen Landstörzern, die ihre Herkunft verheimlichen, vielleicht damit man sie für vornehme Leute halte? Fern der Heimat kann sich jeder, da niemand ihn kennt, die Eltern andichten, die er sich geben mag. Nun gehaben sich die beiden in ihrem Betragen so schlau, daß man sie für Kinder der Sonne und des Mondes halten könnte. Ich bestreite nicht, daß es lobenswert ist, wenn jemand in die Höhe strebt, doch darf dies nicht zum Schaden anderer geschehen. Ehr' und Preis sind der Lohn der Tugend; ihr gebührt er, solange sie echt und wahr ist; falsche und geheuchelte Tugend verdient weder Ehre noch Lob. Wer aber ist denn dieser Ringkämpfer, dieser Fechter, dieser Läufer und Springer, dieser Ganymed, dieser Zierbengel, dieser Allerweltsdiener schon, dieser Argus der Auristela, einer zweiten Jo, von der er uns nicht einmal ein Zipfelchen sehen lassen möchte? Von diesem so gleichen, an Schönheit so unvergleichlichem Paar wissen wir weder, woher es kommt, noch wohin es geht, und wir werden es auch nicht erfahren. Mich verdrießt an beiden ganz besonders eines, und ich schwöre dir bei den elf Himmeln, die es geben soll, daß ich mir nicht einreden lasse, die beiden seien wirklich Bruder und Schwester. Und selbst wenn sie Geschwister wären, dann kann ich nichts Gutes denken von einer Bruder- und Schwesternschaft, die solcherart über Meere, durch Länder, Wüsteneien und über Felder zieht und sich in Herbergen und Gasthöfen umhertreibt. Was sie ausgeben, kommt alles aus den Mantelsäcken, den Taschen und geheimen Täschlein, die die Barbarinnen Ricla und Constanza, mit Goldstücken vollgestopft, mit sich führen. Natürlich weiß ich, daß jenes diamantene Kruzifix und jene beiden Perlen, die Auristela besitzt, ein hübsches Vermögen wert sind; allein man kann solche Kostbarkeiten nicht leicht in Kleingeld umwechseln. Wenn sie sich aber einbilden, sie fänden immerzu Könige, die sie beherbergen und verköstigen werden, oder Fürsten, die sie begünstigen, dann bauen sie auf Sand. Was soll man von der eingebildeten Transila und ihrem astrologischen Vater halten? Sie platzt beinahe vor lauter Hochmut, und er bildet sich ein, der größte Judizial-Astrologe der ganzen Welt zu sein. Ich möchte wetten, daß es Ladislao, dem unterwürfigen Gatten der Transila, viel lieber wäre, er könnte jetzt geruhsam in seinem Hause daheim sitzen, und wäre es auch, weil die Bedingungen seiner Landsleute erfüllt worden sind, statt sich in einem fremden Haus zu sehen, wo er von der Gnade eines anderen abhängt, der ihm nach seiner Laune gibt, was er benötigt. Und was ist mit diesem unserem Spanier los, der ein Barbar gewesen und nun glaubt, daß alle Tapferkeit der Welt in seinem Hochmut liegt? Ich wette, er wird – sollte ihm der Himmel die Heimkehr gestatten – in seiner Heimat als Bänkelsänger auftreten, Weib und Kinder, in Felle gehüllt, zur Schau stellen und mit einem Stecken an der auf eine Leinwand gepinselten Barbareninsel den Ort zeigen, wo er sich fünfzehn Jahre lang versteckt gehalten, dann auf die tiefe Kerkergrube weisen, wo die Gefangenen eingesperrt waren, vom lächerlichen Aberglauben der Barbaren reden und vom unerhörten Inselbrand. Er wird es genau so halten wie die aus türkischer Sklaverei Befreiten, die die Ketten, die sie einst an den Beinen hatten, nun über der Schulter tragen und mit jämmerlicher Stimme und demü-

Zweites Buch

tigen Stoßseufzern in Christenländern von ihren Leiden
in der Sklaverei erzählen. Dies mag noch angehen, denn
berichten sie oft auch Dinge, die ans Unmögliche grenzen,
so ist der Mensch häufig noch größeren Bedrängnissen ausgesetzt; auch die Nöte, denen ein Verbannter ausgeliefert
ist, sollte man glauben, so ungeheuerlich sie auch klingen
mögen.«

»Worauf willst du hinaus, o Clodio?« fragte Rutilio.

»Darauf will ich hinaus«, erwiderte Clodio, »daß du
deinen Beruf hier in diesen Breiten kaum wirst ausüben
können, denn die Bewohner dieser Gegenden tanzen nicht,
noch kennen sie einen anderen Zeitvertreib als jenen, den
Bacchus ihnen bietet: Fröhlichkeit in seinen Bechern und
Geilheit in seinen Tränken. Auch darauf will ich hinaus,
daß ich, wenngleich ich durch die Gnade des Himmels und
dank der Freundlichkeit Arnaldos dem sicheren Tode entronnen bin, weder dem Himmel noch Arnaldo Dank dafür weiß; eher möchte ich alles daransetzen, daß wir beide
unsere Lage verbessern, wenn Arnaldo dies auch mit seinem Unglück bezahlen müßte. Nur unter armen Leuten
kann Freundschaft von Dauer sein, da sie die gleiche Armut
miteinander herzlich verbindet; zwischen Reichen und
Armen jedoch kann es wegen des Unterschiedes von arm
zu reich keine dauernde Freundschaft geben.«

»Du philosophierst, Clodio«, entgegnete Rutilio, »allein
ich kann mir nicht vorstellen, auf welchem Wege wir, wie
du sagst, unsere Lage verbessern könnten, hat sich doch
unser Schicksal schon von Geburt her nicht gut angelassen.
Ich bin nicht so gelehrt wie du, allein ich erkenne klar, daß
Kinder von Eltern niederen Standes, wenn ihnen der
Himmel nicht sehr unter die Arme greift, niemals aus
eigener Kraft jene Höhen erreichen, wo die Leute bewundernd mit dem Finger auf sie weisen, es sei denn, daß
menschliche Tugend ihnen eine hilfreiche Hand entgegenstreckte. Wie aber sollte dir die Tugend die Hand bieten,
da doch deine größte Tugend darin liegt, von der Tugend
selbst noch schlecht zu reden? Wer sollte denn mich erheben, der ich trotz der größten Anstrengung nicht höher
komme, als ein Luftsprung es erlaubt? Ich ein Tänzer, du

ein Meuchelredner, ich in meiner Heimat zum Tod durch
den Strang verurteilt, du als Lästerer aus der deinen verbannt, sieh doch einmal zu, wie wir eine Verbesserung
unserer Lage erwarten können!«

Clodio wurde durch Rutilios Worte in Erstaunen versetzt und mit diesem Erstaunen schließt der Autor dieser
merkwürdigen Geschichte dieses Kapitel.

SECHSTES KAPITEL

Sinforosa entdeckt der Auristela die Liebe ihres Vaters.

Jeder hatte jemand, dem er sich anvertrauen konnte: Policarpo hatte seine Tochter und Clodio hatte Rutilio; der
entsetzte Periandro konnte sich nur mit sich selber aussprechen. Auristelas Worte hatten in ihm so viele Empfindungen wachgerufen, daß er nicht wußte, welches ihrer
Worte er zuerst in Erwägung ziehen sollte, um seinen
Kummer zu beschwichtigen.

»Gott steh mir bei! Was soll das bedeuten?« sagte er
vor sich hin. »Hat Auristela den Verstand verloren? Sie
meine Heiratsvermittlerin! Wie ist es möglich, daß sie
unsere Abmachungen vergessen hat? Was habe ich mit
Sinforosa zu schaffen? Welche Reiche, welche Reichtümer
könnten mich dazu bringen, meine Schwester Sigismunda
zu verlassen, es sei denn, ich hörte auf, Persiles zu sein?«

Als er diese Worte gesagt hatte, biß er sich in die Zunge
und blickte nach allen Seiten, um zu sehen, ob ihn jemand
belausche. Als er sich davon überzeugt hatte, daß niemand
ihm zuhöre, fuhr er fort:

»Zweifelsohne ist Auristela eifersüchtig, entspringt doch
bei wahrhaft Liebenden die Eifersucht selbst dem Luft-
hauch, der vorüberzieht, den Sonnenstrahlen, die sie berühren und auch der Erde, die ihre Sohlen treten. Bedenke,
o meine Gebieterin, was du tust, schmähe nicht deinen
Wert noch deine Schönheit, noch nimm mir den Ruhm
der Beständigkeit meiner Gefühle, deren Reinheit und

Zweites Buch

Treue mir den unschätzbaren Ehrenkranz eines wahrhaft
Liebenden erringen werden. Schön, reich und edelgeboren
ist Sinforosa; allein mit dir verglichen ist sie häßlich, arm
und von minderer Herkunft. Bedenke, o Herrin, daß die
Liebe entweder durch eigene Entscheidnug oder durch das
Schicksal unseren Herzen eingegeben wird. Die vom Schicksal vorbestimmte Liebe wird sich immer gleichbleiben; die
Liebe, die aus eigener Entscheidung erwächst, vermag heftiger oder lauer zu werden, je nachdem die Gründe, die
uns zur Liebe bewegen oder zwingen, stärker oder schwächer werden. Da diese Wahrheit unbestreitbar ist, finde ich
für meine Liebe keinen Ausdruck, der sie wiederzugeben
vermöchte, noch Worte, die sie zu erklären imstande
wären. Beinahe könnte ich sagen, daß ich dich schon von
der Wiege auf liebte und meine Liebe daher vorbestimmt
war. Als ich heranwuchs und in den Gebrauch der Vernunft kam, wuchs in mir das Verständnis, und in dir wuchsen all die Eigenschaften, die dich liebenswert machten.
Diese deine Eigenschaften entdeckte ich, bedachte ich, lernte
ich schätzen, prägte sie mir in die Seele und schuf mir
schließlich aus deiner und meiner Seele ein solch einzig-
artiges Ganzes, daß ich behaupten möchte, es würde auch
dem Tod schwerfallen, die beiden Seelen voneinander zu
trennen. Darum, du mein höchstes Glück, laß Sinforosa
sein, biete mir nicht fremde Schönheit an, noch versuche,
mich mit Imperien und Monarchien zu bestechen, und ent-
ziehe meinem Ohr nicht den süßen Namen Bruder, den du
mir gegeben. Dies alles sage ich zu mir selbst, und ich wollte
es dir mit den gleichen Ausdrücken sagen, die ich jetzt in
meinem Geiste präge. Doch wird solches unmöglich, denn
das Feuer deiner Augen, vor allem wenn sie zürnend
schauen, trübt meinen Blick und macht meine Zunge verstummen. Besser wäre es, dir zu schreiben, denn die Worte
werden dann immer die gleichen bleiben, und du könntest
sie immer wieder lesen und in ihnen immer die gleiche
Wahrheit finden, die immergleiche Treue und ein löbliches,
glaubwürdiges Begehren. So sei es; ich entschließe mich,
dir zu schreiben.«

Damit beruhigte er sich ein weniges, und es dünkte ihn,

daß er seine Gefühle mit der Feder klarer und umsichtiger dartun könnte als mit der Zunge.

Lassen wir Periandro schreiben und belauschen wir, was Sinforosa zu Auristela sagte. Sinforosa, die erfahren wollte, was Periandro Auristela geantwortet habe, wußte es einzurichten, daß sie mit Auristela allein blieb. Sie wollte Auristela so nebenbei auch von den Wünschen ihres Vaters und dessen Absicht unterrichten und glaubte, Auristela würde sogleich ihr Jawort geben, sobald sie nur davon spräche. Sinforosa meinte nämlich, daß Reichtümer und Macht nur selten ausgeschlagen würden, vor allem nicht von Frauen, die meist von Natur aus ebenso habgierig sind wie hochmütig und hoffärtig. Als Auristela Sinforosa erblickte, wollte ihr deren Gegenwart nur wenig behagen, wußte sie doch nicht, was sie ihr sagen sollte, denn sie hatte ja Periandro nicht mehr gesehen. Allein Sinforosa wollte, ehe sie auf ihr eigenes Anliegen zu sprechen käme, nun doch zuerst das Anerbieten ihres Vaters vorbringen, zumal sie dachte, sie könnte Auristela mit solch erfreulicher Botschaft auf ihre Seite ziehen, wovon ihrer Meinung nach der glückliche Ausgang des eigenen Vorhabens abhing. So sagte sie zu Auristela:

»Zweifelsohne, schönste Auristela, meint der Himmel es gut mit dir, denn er läßt, wie mir scheint, Gnaden über Gnaden auf dich herabregnen. Mein Vater, der König, betet dich an und läßt dir durch mich sagen, daß er dein Gemahl zu sein begehrt. Zum Lohn für das Jawort, das ihm ich von dir überbringe, hat er mir Periandro als Gatten zugesagt. Du, Herrin, bist nun Königin; nun ist Periandro mein; du bist unermeßlich reich, und wenn du auch am Grauhaar meines Vaters keinen sonderlichen Gefallen finden magst, so wird dir wenigstens das Befehlen und der Gehorsam der Untertanen gefallen, die dir unaufhörlich zu Diensten stehen. Viel habe ich dir, meine Freundin und Herrin, verkündet, und viel schuldest du mir nun, denn ein großer Dienst darf gewiß auch auf große Dankbarkeit rechnen. In uns soll die Welt zum ersten Mal zwei Schwägerinnen sehen, die einander aufrichtig lieben, und zwei Freundinnen ohne Arg und Falsch, wenn du nur immer so

Zweites Buch

verständig bleibst, wie du es jetzt bist. Nun aber sage mir, was dein Bruder auf mein Anerbieten geantwortet hat? Ich vertraue auf eine günstige Antwort, denn einfältig müßte jemand sein, der deinen Ratschlag nicht aufnähme wie einen Orakelspruch.«

Darauf erwiderte Auristela:

»Als Edelmann von hohem Rang ist mein Bruder Periandro dankbar, und umsichtig ist er als erfahrener Pilger, schärft sich doch der Geist des Menschen, der viel gesehen und gelesen hat. Die Mühen und Leiden, die mein Bruder und ich durchgemacht, lehren uns, wie sehr Ruhe und Frieden zu schätzen sind, und da die Sicherheit und der Friede, die du uns bietest, wahrlich groß sind, zweifle ich nicht daran, daß wir auf euer Anerbieten eingehen werden. Allein bis jetzt hat mir Periandro noch keine Antwort gegeben, noch weiß ich etwas von ihm, das deine Erwartungen beflügeln oder enttäuschen könnte. Laß, o schöne Sinforosa, der Zeit die Weile, und laß auch uns das Glück, das du uns in Aussicht stellst, gut durchdenken, damit wir, wenn es Wahrheit wird, es auch wirklich zu schätzen wissen. Dinge, die sich nur ein einziges Mal tun lassen, kann man, wenn sie nicht gelungen sind, nicht durch ein zweites Mal verbessern; die Ehe ist eines dieser Dinge. Deshalb soll man vorher alles reiflich überlegen, bevor man eine Ehe eingeht; allein da ich die Voraussetzungen in unserem Fall für gegeben erachte, glaube ich, daß du dein Ziel erreichen wirst und ich deine Vorschläge befolgen werde. Und nun geh, liebe Schwester, und laß Periandro zu mir bitten, denn ich möchte gern eine für dich erfreuliche Antwort von ihm erreichen und mit ihm als meinem älteren Bruder, dem ich Achtung und Gehorsam schulde, über das zu Rate gehen, was mich betrifft.«

Sinforosa umarmte Auristela und verließ sie, um Periandro zu ihr zu bescheiden. Periandro hatte sich indes in seinem Zimmer eingeschlossen und zur Feder gegriffen. Immer wieder hatte er angefangen, durchgestrichen und umgeschrieben, weggelassen und hinzugefügt, bis schließlich ein Brief folgenden Inhalts zustandegekommen war:

»Ich habe es nicht gewagt, meiner Zunge anzuvertrauen,

was ich meiner Feder zu sagen überlasse, und nicht einmal ihr vertraue ich, denn einer, der jeden Augenblick den Tod erwartet, ist nicht imstande, etwas niederzuschreiben, was wirkliches Gewicht für die Zukunft haben könnte. Jetzt begreife ich erst, daß selbst die Verständigen nicht für alle Fälle einen Rat wissen, sondern nur für jene, in denen sie Erfahrung besitzen. Verzeih mir, wenn ich Deinen Rat nicht annehme, da mir scheinen will, daß Du entweder mich nicht kennst oder Dein eigenes Selbst vergessen hast. Finde wieder zu Dir, Gebieterin, und laß Dich nicht durch eine leere eifersüchtige Vermutung verführen, die Grenzen der Würde zu vergessen und auf Deine so einzigartige Einsicht zu verzichten. Bedenke, was Du Dir schuldest, und vergiß nicht, wer ich bin; auf diese Weise wirst du in Dir den höchsten Wert, den man nur wünschen könnte, entdecken und in mir die tiefste Liebe und unverbrüchlichste Treue, die man sich vorzustellen wüßte. Wenn Du Dich dieser vernünftigen Überlegung nicht verschließt, dann brauchst Du nicht zu fürchten, daß ich mich an fremder Schönheit entzünden könnte, noch bräuchtest Du Dir vorzustellen, ich könnte Deiner unvergleichlichen Tugend und Schönheit je eine andere vorziehen. Setzen wir unsere Fahrt fort, erfüllen wir unser Gelübde und lassen wir unnütze Eifersucht und unbegründeten Argwohn beiseite. Ich werde alles daransetzen, daß wir von dieser Insel so bald als möglich abreisen können, denn mir scheint, daß ich beim Verlassen dieser Insel die Hölle meiner Qual verlasse und dafür die Seligkeit erlange, Dich frei von Eifersucht zu sehen.«

Solches schrieb Periandro ins reine, nachdem er sechs Entwürfe verworfen hatte. Er faltete das Blatt zusammen und ging, Auristela aufzusuchen, die ihn schon zu sich hatte rufen lassen.

Siebentes Kapitel, 1. Teil

Worin der in Liebe zu Policarpa entbrannte Rutilio der Jungfrau einen Brief schreibt, in dem er ihr seine Liebe erklärt. Einen Brief schreibt auch Clodio, der in Auristela verliebt ist. Rutilio sieht seine Vermessenheit ein und zerreißt seinen Brief; Clodio jedoch beschließt, den seinen der Auristela auszuhändigen.

Rutilio und Clodio waren entschlossen, ihr bescheidenes Los zu verbessern. Da der eine mit seinem klugen Kopf und der andere mit seiner Unverschämtheit rechnete, glaubten sie, der eine könnte Policarpa erobern und der andere Auristela gewinnen. Rutilio war von der schönen Stimme und dem einnehmenden Wesen Policarpas sehr angetan, und Clodio gefiel die ausbündige Schönheit Auristelas über alle Maßen. So suchten beide nach einer Gelegenheit, den Erkorenen die Gefühle zu entdecken, die sie hegten, ohne daß ihnen dies zu ihrem Nachteil ausschlüge. Es ist nur recht und billig, wenn ein geringer Mensch aus niederm Stande sich fürchtet, einer vornehmen Frau das zu sagen, was zu denken er sich nicht einmal erkühnen dürfte. Manchmal freilich geschieht es, daß das allzufreie Gehaben einer wenig ehrbaren, wenngleich vornehmen Dame für einen niedern Menschen aus geringem Stande der Anlaß ist, daß er die Augen zu ihr erhebt und ihr seine Gefühle offenbart. Einer Frau von Stand jedoch geziemt es, sich würdig, beherrscht und zurückhaltend zu benehmen; sie darf sich, weil von Stand, aber nicht hochmütig, unverschämt und geringschätzig gebärden, denn je höher eine Frau im Range steht, desto unauffälliger und ernster muß sie auftreten.

Das Verlangen dieser beiden neuen, ritterlichen Liebhaber entsprang nun keineswegs einem allzufreien Gehaben oder einer Leichtfertigkeit der von ihnen Angebeteten. Doch sei dem, wie dem sei, auf jeden Fall schrieben Rutilio an Policarpa und Clodio an Auristela folgende Briefe:

Rutilio an Policarpa

»Herrin, ich bin ein Fremdling; wollte ich Dir jedoch große Dinge über meine Abstammung schreiben, so würde dies, da ich über keine Zeugen verfüge, die solches bekräftigen könnten, wahrscheinlich keinen Glauben bei Dir finden, wenngleich sich meine erlauchte Abstammung schon dadurch bestätigt, daß ich die Kühnheit habe, Dir zu sagen: ich bete Dich an. Überlege, welche Beweise Du von mir zu fordern gedenkst, damit Du Dich von der Wahrheit meiner Behauptung überzeugst; an Dir ist es, solche Beweise zu fordern, und an mir liegt es, sie zu erbringen. Da ich Dich zur Gemahlin begehre, kannst Du Dir denken, daß ich diesen Wunsch nur ausspreche als der, der ich bin, und daß ich es verdiene, diesem meinem Wunsche gemäß behandelt zu werden; ist es doch nur edlen Geistern gegeben, nach Hohem zu streben. Gib mir mit Deinen Augen eine Antwort auf dieses Schreiben, denn in der Milde oder der Strenge Deines Blickes werde ich lesen, ob Du mir das Leben gibst oder mich zum Tode verurteilst.«

Rutilio faltete das Blatt zusammen in der Absicht, es bei der ersten Gelegenheit Policarpa zuzustecken, denn er gedachte nach dem Sprichwort ›Frisch gewagt, ist halb gewonnen‹ zu handeln. Doch vorerst zeigte er sein Schreiben Clodio, der ihm daraufhin den Brief vorlas, den er selbst an Auristela gerichtet hatte und der folgendermaßen lautete:

CLODIO AN AURISTELA

»An der Liebe Angel hängen die einen geködert von der Schönheit, andere geködert von einem anmutigen Gehaben, und andere wieder angezogen von den inneren Vorzügen jenes Menschen, dem sie ihren Willen zu unterwerfen entschlossen sind. Ich jedoch beuge mich aus einem anderen Grund dem Joch der Liebe, aus einem anderen Grund lasse ich mich von ihr ins Geschirr legen, unterwerfe mich ihren Gesetzen und lasse mir ihre Fußschellen ans Bein schließen: aus Mitleid nämlich. Wo ist das Herz von Stein, das mit Dir, schöne Gebieterin, kein Mitleid empfände, da dieses Herz Dich immer wieder als Sklavin verkauft sieht und in solcher Bedrängnis, daß Du mehr als einmal in höchster Lebensgefahr geschwebt hast? Der erbarmungslose Stahl hat Deine Kehle bedroht, das Feuer

Zweites Buch

hat Deine Kleider angesengt, der Schnee hat Dich zum
Erstarren gebracht, der Hunger Dich abmagern und Dir
die rosenroten Wangen vergilben lassen, und schließlich hat
Dich das Meer verschlungen und wieder ausgespien. Woher Du die Kraft nimmst, diese Mühen und Leiden zu
ertragen, begreife ich nicht, denn die schwachen Kräfte
eines umherstreunenden Königs können Dich nicht stützen,
folgt er Dir doch nur, weil er Deinen Leib genießen will.
Auch die Kräfte Deines Bruders, wenn er dies wirklich ist,
reichen nicht aus, um Dir in Deinem Elend Trost zu geben.
Verlasse Dich nicht, o Herrin, auf weit zurückliegende
Versprechungen, sondern halte Dich an näherliegende
Aussichten und entscheide Dich für ein Leben, in dem die
Tage, die der Himmel Dir noch schenken will, gesichert
sind. Ich bin jung, besitze alle Gaben, um mich auch in den
abgelegensten Teilen der Welt durchzubringen; ich werde
Mittel und Wege finden, um Dich von den Zudringlich-
keiten Arnaldos zu befreien und werde Dich aus diesem
Ägypten ins gelobte Land führen: nach Spanien, Frankreich oder Italien, da ich schon nicht nach England, meiner
süßen, geliebten Heimat zurück darf. Vor allem aber empfehle ich mich Dir als Gatte und betrachte Dich selbstver-
ständlich von stund an als meine Gemahlin.«

Nachdem Rutilio vernommen, was Clodio geschrieben
hatte, sagte er:

»Wir beide müssen wahrhaftig verrückt sein, da wir uns
einreden wollen, wir könnten ohne Flügel zum Himmel
emporfliegen, sind doch die Flügel, die uns die Verwegenheit beschert, nur Ameisenflügel. Höre, Clodio, ich bin
der Meinung, wir sollten diese Briefe zerreißen, denn uns
hat keine Macht der Liebe gezwungen, sie zu schreiben,
sondern nur eine müßiggängerische Laune. Liebe kann nur
dort entstehen und gedeihen, wo ihr die Sehnsucht und die
Hoffnung auf Erfüllung den Rückhalt geben; fehlen diese,
dann fehlt auch die Liebe. Warum nur sollen wir uns der
Gefahr aussetzen, in diesem Unterfangen alles zu verlieren
und nichts zu gewinnen? Uns erklären und den Strick
oder das Schwert am Hals spüren, wird eins sein, und überdies würden wir, um uns das Ansehen von Verliebten zu

geben, als Undankbare und Verräter dastehen. Siehst du nicht die Kluft, die einen Tanzmeister, der, um seine Lage zu verbessern, nachher Goldschmied wurde, von einer Königstochter trennt, und erkennst du nicht den Abgrund, der zwischen einem verbannten Meuchelredner und einer Frau liegt, die Königreiche mißachtet und zurückweist? Legen wir darum unsere Zunge in Zaum und treiben wir die Reue soweit, wie wir in unserer Torheit gegangen sind. Ich wenigstens will dieses Blatt eher dem Feuer oder dem Wind überliefern, als es Policarpa überreichen.«

»Mach du mit deinem Brief, was dir beliebt«, entgegnete Clodio, »denn ich will den meinen, wenn ich ihn nicht schon Auristela aushändige, aufbewahren zur Ehre meiner Feder. Wenn ich ihr den Brief aber nicht überreiche, dann muß ich befürchten, daß ich mein ganzes Leben lang meinen reuigen Entschluß bereute, muß doch nicht jedes Unterfangen scheitern und ins Unglück stürzen.«

Dies wurde zwischen den beiden angeblichen und wahrhaft frechen, törichten Liebhabern gesprochen.

Endlich kam der Augenblick, da Periandro mit Auristela unter vier Augen sprechen konnte; er trat ein, um sie zu besuchen und ihr das Schreiben zu übergeben, das er verfaßt hatte. Als er Auristela erblickte, vergaß er alle Überlegungen und Entschuldigungen, die er hatte vorbringen wollen, und sagte:

»Sieh, Herrin, ich bin Periandro; war einst Persiles, und bin, weil du es wolltest, Periandro. Das Band, das uns beide aneinanderknüpft, vermag nur der Tod zu lösen. Da nun dem so ist, weshalb gibst du mir Ratschläge, die dem so sehr zuwiderlaufen? Beim Himmel und bei dir selbst, die du schöner bist als der Himmel, beschwöre ich dich, Sinforosa nicht mehr zu erwähnen, noch dir einzureden, ihre Schönheit oder ihr Reichtum vermöchten es, daß ich darob den reichen Schatz deiner Tugend und die unvergleichliche Schönheit deines Leibes und deiner Seele vergäße. Wieder lege ich dir meine Seele, die sich nach dir sehnt, zu Füßen; nicht daß sie nun schöner und reicher wäre als damals, da meine Augen dich zum erstenmal erblickten und ich dir meine Seele auslieferte, denn die Ver-

Zweites Buch

pflichtung, dir in allem dienstbar zu sein, die ich damals
übernahm, als sich die Erkenntnis deiner großen Tugenden
meinem Verstand, meinem Gedächtnis und meinem Willen
einprägten, läßt sich nicht mehr erweitern. Sieh zu, Herrin, daß du wieder gesund wirst; ich werde alles daransetzen, daß wir von hier abreisen können, und, so gut ich
es vermag, werde ich für unsere weitere Fahrt sorgen, denn
wenn Rom auch der Himmel dieser Welt ist, so liegt es
doch nicht im Himmel, und es wird keine solchen Mühen,
Leiden oder Gefahren geben, die verhindern könnten, daß
wir nach Rom kommen, wenn sie uns auch den Weg dahin
zu erschweren imstande sind. Fasse wieder Mut, erinnere
dich deiner Entschlossenheit und glaube nicht, daß irgendetwas in der Welt ihr zu widerstehen vermöchte.«

Indes Periandro dies sagte, blickte ihn Auristela mit
zärtlichen Augen an, voll von Tränen der Eifersucht wie
des Mitleids, doch verfehlten schließlich die liebevollen
Worte Periandros ihre Wirkung nicht. Auristela gab der
Wahrheit, die sie enthielten, die Ehre und erwiderte mit
wenigen Worten:

»Es fällt mir nicht schwer, o mein Gebieter, dir zu glauben; vertrauensvoll bitte ich dich, alles zu tun, damit wir
in Bälde dieses Land verlassen können, denn in einem
anderen Lande werde ich vielleicht von der krankhaften
Eifersucht genesen, die mich an dieses Lager gefesselt hält.«

»Hätte ich dir, o Herrin«, erwiderte Periandro, »irgendeinen Anlaß zu deiner Krankheit gegeben, so würde ich
deine Klagen einsehen, und du würdest in meiner Rechtfertigung ein Heilmittel für deine Leiden finden; allein da
ich dich nicht beleidigt habe, brauche ich mich auch nicht
zu entschuldigen. Bei allem, was du bist, flehe ich dich an,
daß du wieder die Herzen aller erfreuest, die dich kennen,
und tue es bald, denn da die Ursache deiner Krankheit
behoben ist, besteht auch kein Grund mehr, daß du uns
tötest, da wir sehen müssen, wie du leidest. Ich werde deinen Befehl in die Tat umsetzen: wir werden sobald als
möglich dieses Land hier verlassen.«

»Wenn du wüßtest, wieviel für dich davon abhängt,
Periandro«, sagte Auristela. »Mich umschmeicheln hier

Versprechungen, und Geschenke bedrängen mich, und nicht etwa unbedeutende, denn als geringstes bietet man mir ein Königreich. König Policarpo möchte mein Gatte werden. Dies hat er mir durch Sinforosa, seine Tochter, sagen lassen, und sie, in der Hoffnung auf die Gunst, in der sie bei mir, ihrer künftigen Stiefmutter, zu stehen glaubt, begehrt dich zum Gemahl. Daß dies unmöglich ist, weißt du ja; darum bedenke, in welcher Gefahr wir uns befinden, und überlege reiflich, welche Rettung aus unserer Not es gibt. Verzeih mir, wenn die Gewalt des Argwohns mich dazu getrieben hat, dich zu kränken, doch solche Vergehen verzeiht die Liebe rasch.«

»Von ihr heißt es«, entgegnete Periandro, »daß sie ohne Eifersucht nicht bestehen könne; denn die Eifersucht, die aus geringen Ursachen entspringt, läßt die Liebe sich mehren und spornt die Gefühle an, die sonst bei ungetrübtem Vertrauen lauer werden oder zumindest lauer zu werden scheinen. Deshalb bitte ich dich, deiner eigenen Verständigkeit wegen, daß du mich von stund an – nicht etwa mit klaren Augen, kann es doch auf der ganzen Welt keine Augen geben, die den deinen gleichen – mit unbefangenerem und weniger empfindlichem Gemüt betrachtest und nicht irgendein Versehen von meiner Seite, das nicht größer als ein Senfkorn ist, zu einem Berg werden läßt, der sich bis zum Himmel hinauftürmen muß, damit er das Ausmaß der Eifersucht erreicht. Was das übrige betrifft, so halte den König und Sinforosa auf geschickte Weise hin, indem du ihnen gute Worte gibst, die ihrem Begehren Erfolg versprechen; du wirst sie dadurch gewiß nicht kränken. Nun leb wohl, damit unser langes Gespräch nicht bei jemandem, der Schlechtes denken könnte, argen Verdacht erweckt.«

Mit diesen Worten verließ Periandro Auristela, und als er aus dem Zimmer trat, stieß er auf Clodio und Rutilio. Rutilio hatte eben den Brief zerrissen, den er an Policarpa geschrieben, doch Clodio hatte den seinen zusammengefaltet, um das Blatt an seiner Brust zu verbergen. Rutilio bereute die Torheit, indes Clodio sehr zufrieden war mit seiner wendigen Feder und überaus stolz auf seine Unver-

Zweites Buch

frorenheit. Allein mit der Zeit wird auch der Augenblick
kommen, da er die Hälfte seines Lebens – sofern man das
Leben in Hälften teilen kann – hergeben würde, hätte er
den Brief nicht geschrieben.

Siebentes Kapitel, II. Teil

Was zwischen Sinforosa und Auristela besprochen wurde. Die
Fremdlinge beschließen, die Insel so rasch wie möglich zu verlassen.

König Policarpo vertrieb sich die Zeit mit seinen verliebten Gedanken und dem Wunsch, bald Auristelas Antwort
zu vernehmen. Dabei war er seiner Sache überaus sicher;
voll des Vertrauens darauf, daß Auristela seinem Wunsch
willfahren werde, richtete er in Gedanken bereits die Hochzeit, ordnete die Festlichkeiten an, entwarf Prunkkleider
und teilte bereits in Erwartung der baldigen Vermählung
Gnaden aus. In solche Pläne versponnen, vergaß er, seinem
Alter den Puls zu fühlen, noch bedachte er mit etwas Überlegung den Unterschied und Gegensatz zwischen siebzehn
und siebzig Jahren, denn selbst bei sechzig wäre der Abstand noch groß genug gewesen. So umschmeichelt und be-
sticht die Begierde das Herz, so werden selbst kluge Köpfe
von eingebildeten Genüssen betrogen und so reißen wol-
lüstige Vorstellungen jene mit, die sich in Liebesdingen
nicht zur Wehr zu setzen verstehen.

Anderer Art waren die Gefühle, die Sinforosa bewegten. Sie war sich ihres Glücks keineswegs so sicher – es ist
doch nur natürlich, daß jemand, der viel begehrt, auch
viel befürchtet –, und so schien ihr alles, was ihre Hoffnung hätte beflügeln müssen – ihr Wert, ihre Herkunft und
ihre Schönheit – wertlos, denn rettungslos Verliebte glauben immer, sie besäßen nichts, was liebenswert wäre. Die
Liebe und die Furcht gehen immer nebeneinander her, und
ihr mögt hinschauen, wohin ihr wollt, ihr werdet sie immer
beieinander sehen. Die Liebe ist nicht, wie einige meinen,

überheblich, sondern bescheiden, freundlich und sanft, und zwar solcherart, daß sie lieber auf ihr Vorrecht zu verzichten pflegt, ehe sie dem geliebten Wesen Kummer bereitet. Da nun überdies jeder Liebende den Gegenstand seiner Liebe über alles schätzt, vermeidet er es ängstlich, irgendeinen Anlaß zu geben, durch den er das geliebte Wesen verlieren könnte.

All dies überdachte die schöne Sinforosa reiflicher als ihr Vater und suchte, zwischen Furcht und Hoffnung hin und her gerissen, Auristela auf, um von ihr zu hören, was sie gleicherweise erhoffte und befürchtete. Als sie endlich mit Auristela allein war – was sie von Herzen gewünscht hatte –, war ihr Begehren, die gute oder die schlimme Botschaft zu vernehmen, so groß, daß sie, indes sie eintrat, Auristela nur unverwandt anblickte, um aus deren Miene das Urteil über Leben und Tod herauszulesen. Auristela erkannte, was in Sinforosa vorging, und sagte lächelnd, ich meine, mit fröhlicher Miene:

»Kommt, Herrin, noch hat ein widriges Geschick nicht die Axt an die Wurzel des Baumes Eurer Hoffnung gelegt. Zwar wird sich Euer Glück wie auch das meine noch etwas Zeit lassen, doch wird es schließlich Wirklichkeit werden, denn wenn es auch Hindernisse gibt, die sich der Erfüllung berechtigter Wünsche in den Weg stellen, so braucht man deshalb nicht unter der Enttäuschung zusammenzubrechen und zu verzweifeln. Mein Bruder sagt, daß deine ihm wohlbekannten Tugenden ihn nicht nur verpflichten, sondern auch zwingen, dich zu lieben, und er es für ein großes Glück und eine besondere Gnade erachte, die du ihm erweisest, da du die Seine werden willst; doch könne er in den Genuß solcher Seligkeit nur dann gelangen, wenn er die Hoffnungen zerstöre, die Prinz Arnaldo dareingesetzt hat, mich zu seiner Gemahlin zu machen. Ich würde gewiß Arnaldos Gattin werden, wenn nicht dein Wunsch, die Gattin meines Bruders zu sein, dies unmöglich machte. Du mußt nämlich wissen, liebe Schwester, daß ich ohne Periandro ebensowenig zu leben vermag, wie ein Leib dies ohne Seele kann; dort, wo er ist, muß auch ich sein; er ist der Geist, der mich bewegt und die Seele,

Zweites Buch 851

die mich belebt. Da dem so ist und er, mit dir vermählt, in diesem Lande leben wird, wie könnte ich in Arnaldos Landen sein, wenn mir dort der Bruder fehlt? Damit ich diesem mir drohenden Unglück entgehe, hat mein Bruder angeordnet, daß wir mit Arnaldo in dessen Reich reisen. Dort angekommen, wollen wir ihn um Urlaub bitten, damit wir nach Rom pilgern können, um ein Gelübde zu erfüllen, das uns aus unserer Heimat fortgeführt hat. Eines ist gewiß, und die Erfahrung hat es mir bewiesen, daß Prinz Arnaldo sich ganz meinem Wunsche fügen wird. Wenn wir solcherart unsere Freiheit wiedergewonnen haben, wird es uns ein Leichtes sein, auf diese Insel zurückzukehren, wo wir, nachdem Arnaldo um seine Hoffnungen betrogen ist, ans Ziel unserer eigenen gelangen, indem ich mich mit deinem Vater und du dich mit Periandro vermählst.«

Darauf erwiderte Sinforosa:

»Ich weiß nicht, mit welchen Worten ich dir für die Gnade danken soll, die du mir mit deinen Worten erwiesen hast, und weil ich dies nicht auszudrücken vermag, will ich es dabei bewenden lassen. Doch was ich dir jetzt sagen will, bitte ich dich, mehr als Warnung denn als einen Rat aufzufassen. Du bist jetzt in diesem Lande und in der Gewalt meines Vaters, der dich gegen jedermann schützen will und kann, und es wäre nicht am Platze, deine Sicherheit von neuem dem Zufall preiszugeben. Arnaldo wird es unmöglich sein, deinen Bruder und dich mit Gewalt von hier fortzuholen, und er muß, ob gerne oder wider Willen, alles tun, was mein Vater, der ihn ja in seinem Reiche und seinem Hause hat, verlangt. Gib du, liebe Schwester, mir nur die Zusicherung, daß du meine Gebieterin sein willst, indem du die Gattin meines Vaters wirst, und daß dein Bruder sich nicht für zu erhaben dünkt, mein Gemahl zu werden; ich will dann gerne alle Schwierigkeiten und Hindernisse beseitigen, die uns Arnaldo in den Weg legen könnte«.

Darauf erwiderte Auristela:

»Verständige Menschen sollen zukünftige Dinge nach den vergangenen und gegenwärtigen beurteilen. Wenn uns dein Vater mit offener oder geheimer Gewalt hier zurückhalten will, dann wird er Arnaldos Zorn erwecken, und Arnaldo ist schließlich ein mächtiger König, mächtiger als dein Vater; und Könige, die man hintergeht und zum Gespött macht, neigen leicht dazu, sich zu rächen, und so würdet ihr, statt an der Verbindung mit uns Freude zu haben, nur geschädigt sein, indem ihr euch den Krieg ins Haus zieht. Und solltest du sagen, daß man dieser Gefahr immer ausgesetzt sein wird, ob wir nun hierbleiben oder erst später zurückkehren, so bin ich – der Himmel schickt seine Übel nie in solchem Maße, daß nicht noch ein Schimmer der Hoffnung auf Rettung bleibt – der Ansicht, daß wir mit Arnaldo abreisen sollen und du selbst mit deiner Verständigkeit und Umsicht unsere Abreise fördern müßtest. Damit förderst du ja auch unsere Rückkehr und kürzest sie ab; und hier, wenn nicht schon in einem so großen Reich wie in dem Arnaldos, werde ich wenigstens in größerem Frieden mich der Weisheit deines Vaters und du dich der Schönheit und Güte meines Bruders erfreuen, ohne daß unser beider Seelen getrennt werden.«

Als Sinforosa dies hörte, lief sie außer sich vor Freude auf Auristela zu, schlang ihr die Arme um den Hals und küßte ihr den Mund und die Augen mit ihren schönen Lippen. In diesem Augenblick sahen sie die beiden sogenannten Barbaren, den Vater und den Sohn, den Raum betreten und mit ihnen Ricla und Constanza. Hinter ihnen kamen Mauricio, Ladislao und Transila, alle vom Wunsch getrieben, Auristela zu sehen, mit ihr zu sprechen und von ihr zu erfahren, wie es mit ihrer Krankheit stünde, die auch sie alle leiden machte. Sinforosa verabschiedete sich, fröhlicher, wenn auch betrogener als sie gekommen, denn Verliebte glauben selbst gerne noch an den leisesten Schatten eines ihnen genehmen Versprechens.

Nachdem Mauricio Auristela die üblichen Fragen gestellt und die Antworten erhalten hatte, die gewöhnlich zwischen den Kranken und ihren Besuchern getan und gegeben werden, sagte er:

»Wenn schon die Armen, ja selbst die Bettler, die in ihrer Heimat nichts zurückließen als eine kümmerliche

Zweites Buch   853

Scholle, die Verbannung oder Abwesenheit von der Heimat nur mit Kummer ertragen, was müssen erst jene empfinden, die in ihrer Heimat alle Güter zurückgelassen haben, die man sich vom Glück nur erhoffen kann? Dies sage ich, Herrin, weil mein Alter, das mit schnellen Schritten dem letzten meiner Tage zueilt, mich wünschen läßt, wieder in meinem Vaterlande zu sein, wo mir die Freunde, die Anverwandten und meine Kinder die Augen schließen und mich zum letzten Lebewohl ans Grab begleiten können. Nach diesem Glück und dieser Gnade streben wir alle, die wir hier sind, denn alle sind wir hier Fremdlinge und vom Heimatboden Gelöste, und alle finden wir in unserer Heimat, was wir in fremden Ländern nicht finden können. Es wäre uns lieb, wenn du, o Herrin, unsere gemeinsame Abreise betreiben oder es wenigstens gestatten wolltest, daß wir selbst dafür sorgen; dich zu verlassen wäre uns unmöglich, bist du doch dank deiner Großherzigkeit und deiner seltenen mit hohem Verstand gepaarten Schönheit der Magnet, der unseren Willen bestimmt und lenkt.«

»Wenigstens den meinen«, sagte hier Antonio, der Vater, »und den meiner Frau und meiner Kinder bestimmt und lenkt er solcherart, daß ich eher mein Leben verlöre als die Gesellschaft Fräulein Auristelas, sofern sie unsere Gesellschaft nicht verschmäht.«

»Ich danke euch, meine Freunde«, erwiderte Auristela, »für die Geneigtheit, mit der ihr mir euren Wunsch bekanntgegeben habt, und wenn es auch nicht in meiner Macht steht, diesem Wunsche zu entsprechen, wie ich sollte, so werde ich alles tun, damit ihn Prinz Arnaldo und mein Bruder Periandro in die Tat umsetzen, ohne daß meine Krankheit, von der ich fast schon genesen bin, dem im Wege stehe. Indes, bis der glückliche Tag unserer Abreise kommt, laßt wieder Freude in euren Herzen einziehen, und erlaubt nicht, daß die düstere Trauer in ihnen herrsche, noch denkt an zukünftige Gefahren, hat uns doch der Himmel aus so vielen Fährnissen befreit, daß er auch jeden von uns, ohne uns weitere zu bescheren, glücklich in die Heimat zurückführen wird; die Gefahren, die nicht imstande sind, das Leben zu vernichten, können auch die Geduld nicht erschöpfen.«

Alle bewunderten Auristelas Antwort, denn damit wurden ihr mitfühlendes Herz und ihre einzigartige Verständigkeit offenbar. In diesem Augenblick trat König Policarpo überaus vergnügt ein, hatte er doch von seiner Tochter Sinforosa schon vernommen, daß er sich Hoffnung auf die Erfüllung seiner Wünsche, die gleicherweise ungeziemlich wie ehrbar waren, machen dürfte. Wenn das Verlangen nach Frauenliebe alte Männer befällt, dann verbirgt es sich, anderes heuchelnd; allein ein Heuchler wird bald entlarvt und schadet schließlich nur sich selber, so auch die alten Männer, die ihre lächerlichen Gelüste hinter dem Wunsch nach Ehe verbergen.

Mit dem König waren auch Arnaldo und Periandro gekommen, und der König, der Auristela seine Glückwünsche zu ihrer Besserung aussprach, befahl, daß man, zum Zeichen des Dankes für die Gnade, die der Himmel ihnen allen mit der Besserung des Gesundheitszustandes Auristelas erwiesen, die Stadt festlich beleuchten und acht Tage hindurch Spiele und andere Vergnügungen veranstalten solle. Als Auristelas Bruder dankte ihm Periandro dafür; ebenso Arnaldo als der Liebhaber, der nach ihrer Hand strebte. Policarpo freute sich im geheimen darüber, wie arglos Arnaldo sich täuschen ließ, der, erstaunt über die unvermutete Besserung Auristelas, und ohne zu wissen, was Policarpo vorhatte, nach Möglichkeiten suchte, die Stadt zu verlassen, denn je länger die Abreise verzögert wurde, desto länger dauerte es, seiner Meinung nach, bis seine Wünsche in Erfüllung gingen.

Mauricio, den es sehr danach verlangte, in die Heimat zurückzukehren, nahm Zuflucht zur Astrologie und fand, daß die Abreise durch große Schwierigkeiten behindert werde. Dies teilte er Arnaldo und Periandro mit, die, von den Absichten Sinforosas und Policarpos unterrichtet, sehr besorgt waren, da sie wußten, daß Fürsten, derer sich die Liebesleidenschaft bemächtigt, sich über alles hinwegsetzen, um ihr Ziel zu erreichen. Dann achten die Mächtigen nicht mehr des Ansehens, sie brechen das gegebene Wort und

Zweites Buch   855

kümmern sich um keine Verpflichtung mehr. Da nun Policarpo ihnen wenig oder gar nicht verpflichtet war, konnten
sie auch darauf nicht hoffen. Schließlich kamen sie überein,
daß Mauricio unter den vielen Schiffen, die im Hafen
lagen, eines suche, das sie alle – sie würden nicht erst Abschied nehmen – nach England bringe; an einer passenden
Gelegenheit, sich unbemerkt einzuschiffen, würde es ihnen
nicht fehlen; doch solle bis dahin keiner zu erkennen geben,
daß er um Policarpos Vorhaben wisse. Dies wurde auch
Auristela mitgeteilt, die ihnen zustimmte und von neuen
Sorgen um ihre und aller Sicherheit bestürmt wurde.

ACHTES KAPITEL

Clodio händigt Auristela seinen Liebesbrief ein. Antonio, der
Barbar, tötet ihn versehentlich.

Die Geschichte erzählt, daß die Dreistigkeit oder, besser
gesagt, die Unverschämtheit Clodios so weit ging, daß er
die Kühnheit hatte, den unverschämten Brief Auristela
einzuhändigen. Auristela hatte er damit irregeführt, daß
er ihr sagte, es handle sich um einige fromme Gedichte, die
es wert wären, gelesen und hochgehalten zu werden. Auristela entfaltete das Blatt, und die Neugier bemächtigte sich
ihrer solcherart, daß der Ärger sie nicht davon abhielt, das
Schreiben bis zu Ende zu lesen. Sie las es also, faltete es
wiederum zusammen, heftete die Augen auf Clodio, die
nun nicht wie sonst milde erstrahlten, sondern Funken hef-
tigsten Zornes sprühten, und sagte:
»Aus meinen Augen, verfluchter, unverschämter Mensch!
Wäre ich mir dessen bewußt, daß deine Unverschämtheit
auf eine Unachtsamkeit von meiner Seite, die meinem Ansehen und meiner Ehre zum Schaden gereicht hätte, zurückzuführen ist, dann würde ich mich selbst für deine
Kühnheit bestrafen. Sie wird jedoch nicht straflos bleiben,
sollte sich zwischen deine Torheit und meine Geduld nicht
noch das Mitleid stellen.«

856   Die Mühen und Leiden des Persiles und der Sigismunda

Clodio war sprachlos, und er hätte, wie schon gesagt, die Hälfte seines Lebens dafür gegeben, nicht so kühn gewesen zu sein. Tausend Ängste bestürmten seine Seele, und er hielt jenen Augenblick, da Arnaldo oder Periandro von seiner Lumperei erführen, für den letzten seines Lebens. Ohne ein Wort zu erwidern, schlug er die Augen nieder, wandte sich um und ließ Auristela allein, die nun begann, die nicht unbegründete Furcht zu hegen, Clodio könnte in seiner Verzweiflung zum Verräter werden und sich die Absichten Policarpos zunutze machen, wenn er vielleicht von diesen Kenntnis erhalte. Sie beschloß darum, Periandro und Arnaldo mitzuteilen, was geschehen war.

Indes geschah es, daß Antonio, der junge, allein in seinem Zimmer war und zur Unzeit eine Frau bei ihm eintrat, die etwa vierzig Jahre alt sein mochte, doch ihrer feurigen Art und ihrer guten Gestalt wegen für zehn Jahre jünger gelten konnte. Sie war nicht nach der landesüblichen Art gekleidet, sondern trug spanische Tracht, und wenngleich Antonio außer der hier üblichen nur jene Tracht kannte, die er auf der Barbareninsel gesehen hatte, wo er geboren und aufgewachsen, so wußte er doch sogleich, daß die Frau keine Einheimische war. Er stand auf, sie höflich zu begrüßen, denn er war, wenn auch in der Wildnis groß geworden, gut erzogen. Sie setzten sich, und die Schöne – wenn man bei ihrem Alter diesen Namen noch gebrauchen darf – betrachtete eine Zeitlang prüfend die Gesichtszüge Antonios und sagte schließlich:

»Mein Besuch, o Jüngling, mag dir seltsam erscheinen, denn du dürftest es nicht gewohnt sein, Frauenbesuche zu empfangen, da du, wie ich erfahren habe, auf der Barbareninsel aufgewachsen bist, und wenn auch nicht unter Barbaren, so doch zwischen Klippen und Felsen, die dir wahrscheinlich die Schönheit und das Feuer, aber auch die Herzenshärte gegeben haben, so daß mir die Weichheit meines Herzens wenig nützen wird. Wende dich nicht ab, beunruhige dich nicht und werde nicht scheu, spricht doch mit dir kein Ungeheuer, noch ein Mensch, der dir Dinge sagt oder anraten will, die die menschliche Natur übersteigen. Sieh, ich spreche spanisch mit dir, die Sprache, die

Zweites Buch

du kennst, und die gemeinsame Sprache pflegt auch zwischen Unbekannten Freundschaft zu stiften. Ich heiße Zenotia, stamme aus Spanien, geboren und aufgezogen wurde ich in Alhama, einer Stadt des Königreiches Granada. Mein Name ist in allen Königreichen Spaniens bekannt, und überdies noch in vielen anderen Reichen, denn die Taten und Werke, die ich dank meiner Fähigkeiten vollbringe, machten meinen Namen allenthalben bekannt. Vier Jahre wird es her sein, daß ich meine Heimat verließ, um der Wachsamkeit der Spürhunde zu entgehen, die in jenem Königreich Granada über die katholische Herde wachen. Ich bin maurischer Abstammung, und meine Praktiken sind die des Zoroaster, in denen ich einzigartig bin. Siehst du die Sonne, die uns jetzt leuchtet? Wenn du willst, daß ich diese Sonne zum Beweis meines Könnens verdunkle und sie hinter Wolken verberge, dann brauchst du es nur von mir zu fordern, und sogleich wird finstere Nacht die Tageshelle verdrängen. Wenn du sehen willst, daß die Erde bebt, die Winde miteinander kämpfen, das Meer sich aufbäumt, die Berge aufeinander stürzen, die wilden Tiere brüllen oder wenn du andere furchtbare Zeichen sehen willst, die uns das ursprüngliche Chaos zeigen, dann brauchst du es mir nur zu sagen, und du wirst zufriedengestellt werden und mir Glauben schenken. Du sollst auch wissen, daß es in jener Stadt Alhama immer eine Frau meiner Art gegeben hat, die mit dem Namen Zenotia auch diese Wissenschaft erbte, in der wir nicht lernen, Hexen zu sein, wie einige uns nennen, sondern Zauberinnen und Magierinnen, Namen, die besser zu uns passen. Hexen tun nie irgendetwas von Bedeutung: sie treiben ihre Lächerlichkeit mit Dingen, die, wie es sich zeigt, ebenso lächerlich sind, wie etwa mit angebissenen Saubohnen, stumpfen Nähnadeln, Stecknadeln ohne Köpfe, und Haar, das man bei aufnehmendem oder abnehmendem Mond schneidet; sie gebrauchen Schriftzeichen, die sie nicht verstehen, und wenn sie vielleicht etwas von dem erreichen, was sie zu tun sich bemühen, dann nicht dank ihrer Dummheiten, sondern nur, weil Gott es zu ihrer größeren Verdammnis zuläßt, daß der Teufel sie betrügt. Allein wir, die wir Zauberinnen und Magierinnen heißen, sind Leute gewichtigerer Art: wir haben es mit den Gestirnen zu tun, wir beobachten das Kreisen der Himmelssphären, wir kennen die Wirkung der Kräuter, der Pflanzen, der Steine, der Wörter; indem wir das Tätige mit dem Leidenden verbinden, scheint es, als täten wir Wunder, und wir erkühnen uns, so außerordentliche Dinge zu tun, daß sie die Leute zur Bewunderung hinreißen. Aus alldem leitet sich unser guter oder schlechter Ruf ab; unser guter Ruf, wenn wir mit unserer Kunst Gutes verrichten; unser schlechter, wenn wir Schlechtes tun. Da aber die Natur den Menschen eher zum Schlechten als zum Guten hinzuneigen scheint, vermag er seine Leidenschaft keineswegs so sehr im Zaume zu halten, daß er nicht danach strebte, anderen Schaden zuzufügen: wer wird imstande sein, einem Erbosten oder Gekränkten das Verlangen nach Rache zu nehmen? Wer wird es verschmähten Liebenden verwehren, Liebe erzwingen zu wollen von einem Wesen, das einen verschmäht? Allein es gibt keine Wissenschaft, keine Kräuter, die imstande wären, Neigungen zu verändern, sie mit der Wurzel umzupflanzen, denn solches würde gegen den freien Willen verstoßen.«

Indes Zenotia, die Spanierin, dies sagte, blickte Antonio sie schweigend an und hätte gerne gewußt, worauf die lange Rede hinauslaufen werde; allein Zenotia fuhr fort: »Wie dem auch sei, verständiger Barbar, ich sagte dir schon, daß ich mich wegen der Verfolgung durch jene Leute, die man in Spanien Inquisitoren nennt, aus der Heimat losriß, denn wenn man sie gezwungen verläßt, so kann man dies wohl eher als ein Losreißen denn als ein Verlassen bezeichnen. Diese Insel erreichte ich auf seltsamen Umwegen, unter zahllosen Gefahren; und wenn ich nur den Kopf nach hinten wendete, dann schien es mir, als wären die Hunde, vor denen ich mich auch hier noch fürchte, ganz nahe und schlügen ihre Zähne in mein Kleid. Ich gab mich dem Vorgänger König Policarpos sogleich zu erkennen, vollbrachte einige Wundertaten, mit denen ich das Volk in baß Erstaunen versetzte und verkaufte mein Können mit solchem Erfolg, daß ich heute mehr als dreißigtausend Goldtaler

Zweites Buch

besitze. Immer auf meinen Gewinn bedacht, habe ich in Keuschheit gelebt, ohne an irgendeine Lust zu denken, und ich würde mich auch jetzt nicht darum bekümmern, hätte nicht mein Glück oder mein Unglück dich hierhergebracht, denn in deiner Hand liegt es, mich glücklich oder unglücklich zu machen. Sollte ich dir nicht hübsch genug scheinen, so werde ich es bewirken, daß du mich für schön halten kannst; wenn dir die dreißigtausend Goldtaler, die ich dir biete, zu gering erscheinen, so fordere mehr, mach Sack und Tasche der Habgier größer und fange gleich an, das Geld zu zählen, das du haben möchtest. Dir zu Diensten werde ich Perlen heraufholen, die in ihren Muscheln in der Tiefe des Meeres verborgen sind, in deine Hand will ich die Vögel geben, die die Lüfte durchschneiden, alle Pflanzen der Erde werde ich dazu bringen, daß sie dir ihre Frucht geben, ich werde die Eingeweide der Erde das Kostbarste gebären lassen, das sie bergen, ich werde dich unbesiegbar machen, milde im Frieden, fürchterlich im Kriege, kurz und gut: ich werde dein Geschick solcherart verbessern, daß du immer beneidet werden wirst und nicht beneiden mußt. Zum Dank für alle die Vorteile, die ich dir, wie gesagt, biete, verlange ich von dir, nicht daß du mein Gemahl werdest, sondern du mich wenigstens als deine Sklavin betrachten wolltest, denn einer Sklavin brauchst du nicht jene Neigungen entgegenzubringen, die du deiner Gattin schuldig wärest, und ich, auf welche Weise auch immer ich die Deine wäre, würde glücklich und zufrieden sein. Und nun, edelmütiger Jüngling, beginne dich als verständig zu erweisen, indem du dich mir als dankbar erzeigst; als verständig wirst du dich erweisen, wenn du, ehe du auf meine Wünsche eingehst, Beweise für mein Können forderst, und zum Zeichen, daß du solches begehrst, erfreue mein Herz mit einem Unterpfand deines Einverständnisses, indem du mir deine tapfere Hand reichst.«

Indes sie solches sagte, erhob sie sich, um ihn zu umarmen. Als Antonio dies jedoch gewahrte, wurde er verwirrt wie das züchtigste Mädchen der Welt, und als würden Feinde die Burg seiner Ehrbarkeit bestürmen, ging er daran, sie zu verteidigen, sprang auf, griff nach dem Bogen, den er immer entweder umgehängt oder in nächster Nähe hatte, legte einen Pfeil an die Sehne und legte aus einer Entfernung von zwanzig Schritten auf Zenotia an. Der verliebten Dame wollte die todesdrohende Haltung Antonios nur wenig behagen, und sie wich, um nicht getroffen zu werden, zur Seite, so daß der Pfeil knapp an ihrem Halse vorbeiflog. Durch diese Tat bewies Antonio sich mehr noch als Barbar denn durch seine Kleidung. Der Pfeil traf jedoch nicht ins Leere, denn in diesem Augenblick trat Clodio, der Meuchelredner, durch die Tür, wurde dem Pfeil zum Ziel, der ihm Mund und Zunge durchbohrte und sie für immer zum Schweigen brachte; eine gerechte Strafe für seine vielen Sünden. Zenotia wandte den Kopf, sah den Todesschuß, fürchtete einen zweiten und floh, ohne sich auch nur des geringsten Vorteils zu bedienen, den sie sich von ihrer Wissenschaft hätte versprechen müssen, voll Furcht und Entsetzen, halb stolpernd, halb stürzend, aus dem Zimmer, indes sie den Entschluß faßte, sich an dem grausamen, lieblosen Jüngling zu rächen.

NEUNTES KAPITEL

Von der Krankheit, die Antonio, den jungen, heimsuchte.

Antonio war nicht sehr glücklich über den Schuß, den er getan; und wenn er auch, verfehlend, getroffen hatte, so wäre es ihm lieber gewesen, er hätte das von ihm gewählte Ziel erreicht, denn er wußte nichts von der Schuld, die Clodio auf sich geladen hatte, wohl aber hatte er Zenotias Unverschämtheit noch vor Augen. Er trat an Clodio heran, um zu sehen, ob dieser noch ein Lebenszeichen von sich gebe, doch erkannte er, daß der Tod sich des Mannes bemächtigt hatte. Antonio wurde sich nun seiner Verfehlung bewußt und kam sich wirklich wie ein wahrer Barbar vor. Indes trat sein Vater ein, sah das Blut, sah den Leichnam Clodios und erkannte am Pfeil, daß der Schuß aus der

Zweites Buch

Hand des Sohnes gekommen war. Er fragte ihn; der Jüngling bejahte; der Vater wollte den Grund wissen, der Sohn verhehlte ihm den Anlaß nicht; der Vater entsetzte sich und sagte voll Erbitterung:

»Hör mich an, du Barbar! Wenn du dich anschickst, jenen, die dich lieben, das Leben zu nehmen, was erst wirst du mit denen tun, die dich hassen? Wenn du soviel von deiner Keuschheit und Ehrbarkeit hältst, dann verteidige sie, indem du standhaft duldest, denn solche Gefährdungen vermeidet man nicht durch die Waffe, noch dadurch, daß man wartet, bis der Feind angreift; man wehrt sich ihrer nur, indem man die Gefahr flieht. Es scheint jedoch, daß du aus dem, was sich mit jenem hebräischen Jüngling zutrug, der den Mantel in den Händen eines begierigen lasterhaften Weibes zurückließ, nichts gelernt hast. Hättest du, Unwissender, doch das rohe Fell, das du trägst, und diesen Bogen, mit dem du der Tapferkeit selbst begegnen zu können glaubst, zurückgelassen, dann würdest du die Waffe nicht erhoben haben gegen die Zärtlichkeit eines von der Liebe bezwungenen Weibes, das, solange es verliebt ist, jedes Hindernis zu überwinden weiß, das sich ihr in den Weg stellt. Wenn du in deinem weiteren Leben solcherart verfahren wirst, dann werden dich alle, die dich kennen und kennenlernen, für einen Barbaren halten. Ich verlange nicht, daß du Gott beleidigst, sondern nur, daß du jene ermahnst, nicht bestrafst, die deine Sittsamkeit bedrängen wollten, und mach dich gefaßt auf mehr als eine Bedrängnis, denn deine Jugend und deine stattliche Erscheinung werden dich noch mehr als einen Kampf kosten. Bedenke auch, daß nicht immer du der Umworbene sein wirst, denn auch du wirst umworben und auch dich könnte dabei der Tod ereilen, ehe du ans Ziel deiner Wünsche gelangt bist.«

Den Blick gesenkt, ebenso beschämt wie reumütig, lauschte Antonio den Worten des Vaters. Schließlich sagte er:

»Vergiß, mein Herr und Vater, was ich getan, denn ich bereue, es getan zu haben. Ich will mich von stund an bessern, so daß ich weder als Barbar erscheine, weil ich zu hart bin, noch als lasterhaft gelten könnte, weil ich gefällig bin. Man lasse Clodio begraben, und man möge ihm jene Genugtuung und Ehre erweisen, die man ihm als passend gewähren kann.«

Indes war die Nachricht vom Tode Clodios durch den ganzen Palast geeilt, nicht aber der Anlaß bekanntgeworden, der von der verliebten Zenotia verschwiegen wurde, die nur erklärte, der junge Barbar habe Clodio, sie wisse nicht warum, getötet. Die Nachricht kam auch Auristela zu Ohren, die immer noch den Brief Clodios in der Hand hielt, da sie die Absicht hatte, ihn Periandro oder Arnaldo zu zeigen, damit sie Clodio für seine Unverschämtheit züchtigten. Als sie jedoch sah, daß der Himmel es auf sich genommen, ihn zu bestrafen, zerriß sie daß Blatt, denn sie wollte nicht, daß die Schuld eines Toten an den Tag käme, ein ebenso kluger wie christlicher Entschluß.

Wenngleich Policarpo über den Vorfall erzürnte und sich dadurch beleidigt sah, daß ein Mensch im Palast es wagte, ihm angetane Kränkungen aus eigenem zu rächen, wollte er die Sache nicht näher untersuchen und übergab sie Arnaldo. Dieser verzieh Antonio, weil Auristela und Transila ihn darum gebeten, und ohne den Anlaß, der zu Clodios Tod geführt, näher zu erkunden, befahl er, man möge den Toten beerdigen. Er glaubte Antonio, der ihm versicherte, er habe Clodio nur durch einen unglücklichen Zufall getötet; der Jüngling verschwieg jedoch die Verliebtheit Zenotias, damit man ihn nicht für einen ungeschliffenen Barbaren halte. Das Gerede über den Fall verstummte; man beerdigte Clodio; Auristela war gerächt, wenngleich ihrem großmütigen Herzen jegliches Rachegelüst fremd war, indes Zenotia nach Rache lechzte und sich, wie man sagt, daran berauschte, sich vorzustellen, auf welche Weise sie den grausamen Bogenschützen bestrafen könnte. Dieser fühlte sich zwei Tage später kränklich und legte sich so schwach zu Bett, daß die Ärzte, die die Ursache dieser Krankheit nicht zu entdecken vermochten, ihn aufgaben. Ricla, die Mutter, weinte, und dem Vater blutete das Herz; weder Auristela noch Mauricio konnten sich erheitern; Ladislao und Transila waren ebenso niederge-

Zweites Buch

schlagen. Als Policarpo dies sah, nahm er seine Zuflucht bei seiner Ratgeberin Zenotia und bat sie, ein Mittel gegen Antonios Krankheit zu suchen, da die Ärzte nicht wüßten, um welche Krankheit es sich handle und ihn deshalb auch nicht zu heilen vermöchten. Zenotia beruhigte den König und machte ihm Hoffnung, da sie ihm versicherte, der Jüngling werde an dieser Krankheit nicht sterben, wenngleich es angebracht sei, mit der Behandlung noch etwas zuzuwarten. Policarpo glaubte ihr wie einem Orakelspruch.

Alle diese Ereignisse gingen Sinforosa nicht sehr nahe, da sie erkannte, daß sich deshalb die Abreise Periandros hinauszögern und sein Anblick ihr noch länger das Herz erleichtern würde. Wenngleich Sinforosa Periandros Abreise herbeisehnte, da er ja nicht wiederkehren konnte, ehe er abgereist war, so empfand sie bei seinem Anblick doch solches Vergnügen, daß sie wiederum seine Abreise verhindert sehen wollte.

Eines Tages nun hatte es sich ergeben, daß Policarpo, seine beiden Töchter, Arnaldo, Periandro und Auristela, Mauricio, Ladislao und Transila, und auch Rutilio versammelt waren. Rutilio war, wenngleich er seinen Brief an Policarpa zerrissen hatte, vor Scham darüber, daß er ihn geschrieben, traurig und nachdenklich wie einer, der eine Schuld auf sich geladen hat und nun glaubt, jeder, der ihn nur ansehe, müsse sie ihm vom Gesicht ablesen. Sie waren also alle im Zimmer des kranken Antonio versammelt, den sie aufgesucht hatten, weil Auristela sie darum gebeten, da sie ihn wie seine Eltern sehr schätzte und auch wußte, wiesehr sie dem jungen Barbaren zu Dank verpflichtet war für alles, was dieser getan, als er sie aus dem Inselbrand rettete und in die Behausung seines Vaters brachte. Da nun überdies gemeinsam überstandene Gefahren die Herzen einander näherbringen und Freundschaften begründen, so liebte sie, die gemeinsam mit Ricla, Constanza und den beiden Antonio so viele Gefahren erlebt hatte, diese Menschen nicht nur aus Dankbarkeit, sondern auch aus reiner Zuneigung.

Da sie nun alle, wie gesagt, eines Tages beisammen

864   Die Mühen und Leiden des Persiles und der Sigismunda

waren, bat Sinforosa Periandro mit aller Eindringlichkeit, er möge ihnen einiges von dem erzählen, was ihm in seinem Leben zugestoßen sei; vor allem würde es sie freuen zu erfahren, woher er gekommen, als er die Insel zum erstenmal betreten und alle Siegespreise gewonnen hatte, die in den Festlichkeiten zu vergeben waren, die man damals an einem Jahrestag der Wahl ihres Vaters zum König veranstaltet hatte. Periandro erwiderte, er wolle gern ihrem Wunsch entsprechen, wenn man ihm gestatte, seine Geschichte nicht bei ihrem Anfang zu beginnen, denn diesen Anfang dürfe er nicht kundtun, ehe er nicht mit Auristela, seiner Schwester, in Rom gewesen. Einer wie der andere entgegnete, er möge ganz nach seinem Belieben verfahren, und sie alle würden, was auch immer er ihnen erzählen wolle, mit großem Vergnügen hören. Am glücklichsten war Arnaldo, da er hoffte, aus dem, was Periandro berichten würde, zu entnehmen, wer er eigentlich sei. Mit allgemeiner Zustimmung begann Periandro folgendermaßen:

ZEHNTES KAPITEL

Periandro berichtet von den Begebnissen, die ihm auf seiner Fahrt zustießen.

»Die Einleitung und Vorrede zu meiner Geschichte, die ich euch, meine Freunde, eurem Wunsche gemäß erzählen soll, möge folgende sein: denkt euch meine Schwester und mich, begleitet von ihrer Amme, auf einem Schiff, dessen Herr nicht ein Kaufmann war, wie er vorgegeben, sondern ein großer Korsar. Wir strichen die Küste einer Insel entlang, ich will damit sagen, wir fuhren so nahe an ihr längs, daß wir nicht nur die Bäume im allgemeinen, sondern auch in allen ihren Einzelheiten erkennen konnten. Meine Schwester, die von der schon mehrere Tage dauernden Seefahrt ermüdet war, wollte an Land gehen, um sich ein weniges zu erholen. Sie bat den Kapitän darum, und da ihre Bitten immer die Wirkung von Geboten haben, gab

Zweites Buch

dieser ihrem Wunsche nach, und in einem kleinen Beiboot des Schiffes, nur von einem Matrosen begleitet, schickte er mich, meine Schwester und Cloelia – so heißt ihre Amme – an Land. Als wir dort anlegten, sah der Matrose, daß ein kleiner Fluß aus einer schmalen Mündung ins Meer strömte, um diesem seinen Tribut zu zollen. Der Fluß wurde von beiden Ufern her durch viele dichtbelaubte frischgrüne Bäume überschattet, die sich im klaren Wasser kristallen spiegelten. Wir baten den Matrosen, weiter den Fluß hinaufzufahren, da uns die liebliche Gegend anlockte. Er tat, wie wir gebeten, und begann flußaufwärts zu rudern; als wir das Schiff aus den Augen verloren hatten, ließ der Matrose die Ruder fahren und sagte:

›Überlegt euch nun, meine Freunde, wie ihr eure Fahrt fortsetzen werdet, und denkt daran, daß dieses kleine Beiboot nunmehr euer Schiff sein wird, denn auf das andere, das euch draußen auf der See erwartet, dürft ihr nicht mehr zurück, wenn dieses Fräulein nicht ihre Ehre verlieren soll und Ihr, der Ihr Euch ihren Bruder nennt, nicht das Leben einbüßen wollt.‹

Kurz und gut, er erzählte mir, daß der Kapitän meine Schwester entehren und mich töten möchte, und meinte, wir sollten nun an unsere Rettung denken; er würde uns unter allen Umständen überall hin begleiten. Ob wir dieser Mitteilung wegen bestürzt waren oder nicht, mag der entscheiden, der selbst schon erfahren hat, was es heißt, wenn einem statt des erhofften Glücks ein Unglück begegnet. Ich dankte dem Matrosen für seine Warnung und versprach, ihn dafür zu belohnen, wenn wir in einer glücklicheren Lage wären.

›Zum Glück‹, sagte Cloelia, ›habe ich die Juwelen meiner Herrin bei mir.‹

Wir berieten dann zu viert darüber, was wir nun beginnen sollten, und der Matrose meinte, wir sollten den Fluß weiter hinauffahren, vielleicht fänden wir einen Platz, wo wir uns zu verteidigen imstande wären, wenn die Schiffsleute nach uns suchen sollten. ›Sie werden aber nicht kommen‹ fuhr er fort, ›denn alle diese Inseln sind bewohnt, und da die Bewohner glauben, alle, die diese

Küste befahren, seien Korsaren oder Seeräuber, greifen sie, sobald sie ein oder mehrere Schiffe aufkreuzen sehen, zu den Waffen, um sich zu verteidigen. Deshalb erreichen die See- und Strandräuber ihr Ziel nur, wenn sie überraschend nächtliche Überfälle ausführen‹.

Der Rat gefiel mir; ich nahm ein Ruder zur Hand und half dem Matrosen. Wir fuhren flußaufwärts; nachdem wir so an die zwei Meilen gerudert waren, drang der Klang vieler unterschiedlicher Instrumente an unser Ohr, und bald bot sich unseren Blicken ein Wald belebter Bäume dar, die sich hurtig von einem Ufer zum andern bewegten; wir kamen näher heran, erkannten, daß es sich um Barken handelte, die mit Zweigen besteckt waren und darum wie Bäume aussahen, und hörten, daß der Klang von den Instrumenten herrührte, die von den Leuten gespielt wurden, die in den Barken waren. Kaum hatten sie uns entdeckt, als sie auch schon auf uns zukamen und uns umringten. Meine Schwester stand auf und strich ihr schönes Haar, das an der Stirn von einem lohfarbenen Band, dem Geschenk ihrer Amme, zusammengehalten wurde, über die Schulter zurück; so glich sie mit einem Male einer fast göttlichen Erscheinung. Für eine Gottheit hielten sie auch, wie ich später erfuhr, die Leute in den Barken, die, wie der Matrose, der sie verstand, mir sagte, wie aus einem Munde riefen: ›Was sehen wir? Welche Gottheit kommt zu uns, um dem Fischer Carino und der unvergleichlichen Selviana Glück zu ihrer Hochzeit zu wünschen?‹ Dann befestigten sie unser Boot mit einem Tau an einer der Barken, brachten uns an einen Platz, der nicht weit von dem Ort entfernt lag, wo sie uns entdeckt hatten, und hießen uns an Land gehen.

Kaum hatten wir den Fuß ans Ufer gesetzt, als uns eine Schar von Fischern – dies waren sie, nach ihrer Kleidung zu schließen – umringte und einer nach dem andern herankam, um, voll der Bewunderung und Ehrfurcht, den Saum von Auristelas Kleid zu küssen. Auristela war trotz der Angst, in die sie die Mitteilung des Matrosen versetzt hatte, so überirdisch schön, daß ich den Irrtum der Leute, sie für eine Gottheit zu halten, entschuldigte.

Nicht weit vom Ufer entfernt erblickten wir ein Braut-

Zweites Buch

gerüst, das von den starken Stämmen des Sevinebaumes getragen wurde und dem eine Lage frischen Riedgrases, das
mit unterschiedlichen wohlriechenden Blumen durchsetzt
war, als Teppich diente. Wir sahen, wie sich zwei Burschen
und zwei Mädchen von ihren Sitzen erhoben und vom
Brautgerüst zu uns herunterstiegen. Das eine der Mädchen
war überaus schön und das andere überaus häßlich; von
den Burschen war einer stattlich und von einnehmender
Art, der andere war weniger stattlich und auch nicht so
einnehmend. Alle vier knieten vor Auristela nieder, und
der hübschere der beiden Burschen sagte: ›Du, wer Du auch
immer seist, kannst doch nur ein göttliches Wesen sein.
Mein Bruder und ich danken Dir aus übervollem Herzen für die Gnade, die Du uns erweisest, da Du unsere
dürftige, aber nun durch Dich so reiche Hochzeit beehrst.
Wenn Du, Erhabene, hier statt auf kristallene Paläste, die
Du in der Tiefe des Meeres als eine seiner Beherrscherinnen
bewohnst, nur Hütten mit Muschelwänden und weidenen
Dächern oder, besser gesagt, mit weidenen Wänden und
Muscheldächern triffst, so findest Du dafür einen goldenen
Willen und Herzen wie Perlen, die Dir dienen wollen.
Diesen vielleicht unpassenden Vergleich mache ich, weil ich
nichts Kostbareres kenne als Gold und nichts Schöneres als
Perlen.‹
  Auristela neigte sich zum Sprecher hinab und umarmte
ihn freundlich, womit sie die Meinung bekräftigte, die alle
von ihrer Würde, ihrer Liebenswürdigkeit und ihrer Schönheit hatten. Der weniger stattliche Fischer ging zu den
übrigen Leuten und sagte ihnen, sie möchten die Stimmen
erheben zu Lob und Preis der fremden Frau und alle
Instrumente zum Zeichen der Freude ertönen lassen. Die
beiden Fischermädchen, die häßliche wie die schöne, küßten, ergeben und demütig, Auristelas Hand, und sie umarmte die beiden voll Huld und Liebe. Der Matrose, sehr
erfreut über den Lauf der Dinge, teilte den Fischern mit,
daß draußen auf dem Meere ein Schiff liege, das Korsaren
gehöre, von denen zu befürchten wäre, daß sie jene Jungfrau entführen wollten, die eine hochgestellte Frau, eine
Königstochter, sei. Dieses Zeugnis schien ihm notwendig,

um die Herzen der Fischer zur Verteidigung meiner Schwester zu entflammen. Kaum hatten diese solches vernommen, als sie die hellen Instrumente der Freude sein ließen, zu den dumpfen und schrillen des Krieges griffen und auf beiden Ufern des Flusses den Waffenruf bliesen und schlugen.

Indes brach die Nacht an; wir nahmen Wohnung in der Hütte der Brautleute; Wachen wurden bis zur Mündung des Flusses aufgestellt; die Reusen wurden mit Ködern versehen, die Netze gespannt und die Angeln ausgeworfen, denn die Fischer hatten die Absicht, ihre Gäste reichlich zu bewirten. Um diesen noch größere Ehre zu erweisen, wollten die verlobten Männer diese Nacht nicht bei ihren Bräuten verbringen, sondern diesen mit Auristela und Cloelia die Hütte zu ihrer alleinigen Benützung überlassen, indes sie, ihre Freunde, ich und der Matrose draußen vor der Hütte Wache hielten. Wenngleich die Nacht durch den aufnehmenden Mond erhellt war und überall die Freudenfeuer brannten, die man zur Hochzeit angezündet hatte, meinten die beiden jungen Fischer, es wäre besser, wenn die Männer ihr Abendbrot im Freien äßen, indes die Frauen dies drinnen in der Hütte täten. So geschah es auch; das Abendbrot war so reichlich, daß es schien, als hätte das Land versucht, das Meer zu überbieten, und das Meer, das Land zu übertreffen, indem das Land alles Fleisch bot und das Meer seine Fische. Als das Abendessen vorüber war, ergriff Carino meine Hand, führte mich an das Ufer des Flusses, wo wir auf und niedergingen, und sagte mir, nachdem er durch manche Zeichen kundgetan hatte, daß schwerer Kummer ihm die Seele bedrücke, unter Schluchzen und Seufzen:

›Da ich deine Ankunft bei uns unter diesen Umständen und der damit verbundenen Verzögerung meiner Hochzeit für eine wunderbare Schickung halte, glaube ich auch, daß mein Unglück durch deinen Rat vermieden werden kann. Wenngleich du mich vielleicht für einen Toren, einen Menschen von wenig Verstand und von sehr schlechtem Geschmack halten magst, muß ich dir zu wissen geben, daß mir von den beiden Fischermädchen, die du gesehen, – die eine ist häßlich, die andere schön – die schöne, die Selviana heißt,

Zweites Buch

als Gattin zugefallen ist, indes ich – ich weiß nicht, wie ich
es dir erklären soll oder wie ich mich für die Sinnesver-
wirrung entschuldige – Leoncia, so heißt die Häßliche, anbete und nicht anders kann. Damit will ich dir eine ausgemachte Wahrheit sagen, und ich täusche mich gewiß nicht,
wenn ich dies glaube, ist doch Leoncia, an der ich die schönsten Tugenden entdecke, in meinen Augen die schönste Frau
der Welt. Überdies weiß ich aus mehr als einem Anzeichen,
daß Solercio, der andere Bräutigam, vor Sehnsucht nach
Selviana beinahe stirbt. So sind die Neigungen, die wir
vier empfinden, zunichte gemacht, und zwar einzig und
allein, weil wir alle unseren Eltern und Verwandten gehorchen wollen, die diese Ehen beschlossen haben. Ich aber
kann nicht begreifen, aus welchem Grund sich ein Mensch
eine Bürde auferlegen soll, an der er das ganze Leben zu
tragen hat, wenn dies nicht aus eigenem, sondern durch
fremden Willen geschieht. Heute nachmittag nun, da wir
durch unser Jawort unsere Herzen gefangen geben sollten,
wurde dies ohne unser Zutun, wohl aber, wie ich gern
glauben möchte, dank einer Fügung des Himmels durch
eure Ankunft verhindert. So bleibt uns noch Zeit, unser
Geschick zu ändern, und darum bitte ich dich, der du ein
Fremder und unparteiisch bist, um einen Rat. Sollte ich
jedoch keinen Weg zu meiner Rettung finden, so bin ich
entschlossen, diese Ufer zu verlassen und Zeit meines Lebens nie wieder zurückzukehren, ob nun meine Eltern sich
erzürnen, meine Verwandten mich schelten und meine
Freunde mir böse sind.‹

Ich hatte ihm aufmerksam zugehört, und plötzlich fiel
mir ein Mittel ein, das ihm helfen könnte, und ich sagte:
›Du brauchst dieses Land nicht zu verlassen, Freund,
wenigstens nicht, ehe ich mit meiner Schwester Auristela
gesprochen habe, jener überaus schönen Jungfrau, die du
gesehen hast. Sie ist so klug, daß es scheint, als besäße sie,
wie ihre Schönheit göttlich ist, auch göttliches Wissen.‹

Damit kehrten wir zu den Hütten zurück, und ich berichtete meiner Schwester, was dem Fischer zugestoßen
war, und sie fand in ihrem Verstand sogleich das Mittel,
um meine Worte wahrzumachen und alle zufriedenzu-

stellen. Sie nahm Leoncia und Selviana beiseite und sagte: ›Ihr, meine Freundinnen, die ihr von stund an meine wahren Freundinnen sein sollt, müßt wissen, daß mir der Himmel neben einem gefälligen Äußern auch einen scharfen Verstand geschenkt hat, der es mir erlaubt, in der Seele eines Menschen zu lesen und zu erraten, was in ihr vorgeht, wenn ich nur sein Antlitz sehe. Für die Wahrheit dieser Behauptung sollt ihr beide mir jetzt Zeugen sein: du, Leoncia, liebst Carino inniglich, und du Selviana, verzehrst dich aus Liebe für Solercio; jungfräuliche Scham heißt euch schweigen, doch soll meine Zunge euer Schweigen brechen, und auf meinen Rat hin, den man befolgen wird, werden eure wahren Neigungen zu ihrem Recht kommen. Schweigt darüber und laßt mich handeln, denn sofern ich einige Klugheit besitze, werden eure Wünsche glücklich in Erfüllung gehen.‹ Die beiden Mädchen sprachen kein Wort, küßten ihr immer wieder die Hand und bestätigten durch innige Umarmungen, daß Auristela das Richtige getroffen, besonders was die wahre Neigung der beiden betraf.

Die Nacht verging; es wurde Tag, und der neue Tag zeigte ein gar liebliches Bild, denn die Fischerbarken waren mit frischen grünen Zweigen neu geschmückt worden. Wieder ertönten die Instrumente in frohen Klängen, alle Stimmen jubelten, und damit wuchs auch die Freude. Die Verlobten kamen, um sich aufs Brautgerüst zu begeben, wo sie schon tags zuvor gewesen waren. Selviana und Leoncia hatten wieder die Hochzeitskleider angelegt. Meine Schwester hatte sich sorgfältig mit den Gewändern geschmückt, in denen sie gekommen, und an der reinen Stirn trug sie ein diamantenes Kruzifix und in den Ohrläppchen Perlen, Kostbarkeiten von solchem Wert, daß bis heute niemand imstande war, ihren wahren Preis zu bestimmen, was ihr sehen werdet, wenn ich sie euch zeige. Solcherart geschmückt, schien sie ein überirdisches Wesen zu sein. An den Händen führte sie Selviana und Leoncia, und als sie auf der Bühne, die als Brautgerüst diente, angekommen war, rief sie Carino und Solercio, damit sie heraufkämen. Bebend und verwirrt, da er nicht wußte, was ich mit Auri-

Zweites Buch

stela besprochen hatte, trat Carino zu ihr, und als der Priester sich schon anschickte, die Hände der Brautpaare ineinander zu legen und die gewohnten katholischen Riten zu vollziehen, gab meine Schwester ein Zeichen, damit man sie anhöre. Große Stille legte sich über alle; eine solche Stille trat ein, daß sich selbst die Lüfte kaum rührten. Als Auristela sah, daß alle bereit waren, ihr ein geneigtes Ohr zu leihen, sagte sie laut mit klingender Stimme: ›So will es der Himmel!‹ Und sie nahm Selvianas Hand, legte sie in die Hand Solercios, indes sie die Hand Leoncias in die des Carino legte. ›Dies, meine Freunde‹, fuhr meine Schwester fort, ›ist, wie ich schon gesagt habe, der Wille des Himmels und keine zufällige Laune, sondern der eigene Wunsch dieser glücklich Liebenden, wie die Freude zeigt, die jetzt auf ihren Gesichtern liegt, und ihr Jawort beweisen wird.‹ Die vier Liebenden umarmten einander, was den Anwesenden Zeichen und Anlaß war, den Austausch gut zu heißen. Dadurch schien es ihnen, wie schon gesagt, bewiesen, daß der Verstand und die Schönheit meiner Schwester überirdisch seien, denn sie hatte durch ihre bloße Anordnung jene fast schon vollzogenen Ehen den wahren Neigungen entsprechend richtiggestellt.

Das Hochzeitsfest wurde gefeiert; aus der großen Zahl der Barken, die im Fluß lagen, lösten sich vier, welche durch die verschiedenen Farben auffielen, in denen sie bemalt waren; ebenso waren die sechs Ruder, die jede Barke auf beiden Seiten hatte, bunt bemalt; auch die Wimpel, die an Stangen befestigt waren, leuchteten in verschiedenen Farben. Die zwölf Ruderer, mit denen jede Barke bemannt war, trugen Kleider aus feinstem weißen Leinen, wie ich eines trug, als ich zum erstenmal diese Insel betrat. Bald erkannte ich, daß die Barken um die Wette nach einem kostbaren Tuch rudern sollten, das am Mast einer Barke befestigt war, die von den vier anderen so an die drei Längen einer Rennbahn entfernt lag. Das Tuch war aus schönem grünen, mit Goldborten bestickten Taft und war so groß, daß es nicht nur das Wasser leicht berührte, sondern noch darein tauchte.

Das Lärmen der Leute und der Klang der Instrumente

war so stark, daß man nicht verstehen konnte, was der Befehlshaber der Fischerflotte, der in einer anderen bemalten Barke stand, anordnete. Die mit Zweigen geschmückten Barken reihten sich längs der beiden Ufer und ließen zwischen ihnen eine Fahrrinne frei, durch die die vier miteinander um den Preis rudernden Barken dahineilen konnten, ohne daß den zahllosen Zuschauern, die dem Schauspiel von der Höhe des Brautgerüsts und von den beiden Ufern her beiwohnten, die Sicht genommen wäre. Die Rudergriffe in den Händen, warteten die Wettkämpfer mit entblößten Armen, an denen die kräftigen Sehnen, die breiten Adern und die straffen Muskelbündel sichtbar wurden, auf das Zeichen, daß der Wettkampf beginnen könne, und waren ungeduldig wegen der Verzögerung und glühten vor Ungestüm wie der edle irländische Hund, wenn ihn der Herr nicht von der Leine lassen will, um die Beute zu erjagen, die sich zeigt.

Endlich wurde das ersehnte Zeichen gegeben, und zu gleicher Zeit fuhren die vier Barken los, die nicht durch das Wasser zu gleiten, sondern in der Luft dahinzufliegen schienen. Eine der Barken, die als Zeichen einen Cupido hatte, dessen Augen verbunden waren, eilte den anderen um fast drei Barkenlängen voraus, so daß sie mit diesem Vorteil alle Zuschauer erwarten ließ, sie werde es sein, die den begehrten Preis gewänne. Die andere Barke, die hinter der ersten herkam, hatte ihre Hoffnung auf die beharrliche Kraft ihrer Ruderer gesetzt; doch als diese sahen, daß die erste Barke in ihrer Bemühung nicht im geringsten nachließ, waren sie schon daran, die Ruder sinken zu lassen. Der wirkliche Verlauf der Dinge ist meist anders, als man es sich vorstellt, und wenn es auch bei Wettkämpfen und sonstigen Kämpfen ungeschriebenes Gesetz ist, daß keiner der Zuschauer den einen oder den andern der Kämpfer durch Zeichen, Zurufe oder auf sonstige Weise ermutige, so achteten doch viele der Zuschauer am Ufer des ungeschriebenen Gesetzes nicht. Als sie nämlich sahen, daß die Barke, die den Cupido zum Zeichen hatte, den andern weit voraus war, dachten sie, der Sieg gehöre dieser Barke und riefen: ›Cupido siegt! Die Liebe ist unbesieg-

Zweites Buch

lich!‹ Es schien, als ließen die Ruderer der Liebe ein weniges in ihrer Anstrengung nach, da sie die Zurufe vernahmen. Dies nützte die zweite Barke, die hinter der Liebe herkam und als Zeichen den Eigennutz hatte, dargestellt als ein reich herausgeputzter Gigant in kleinen Ausmaßen. Seine Ruderer legten sich solcherart in die Riemen, daß der Eigennutz der Liebe gleichkam, sie streifte und ihr dabei die Ruder der rechten Seite zerbrach; der Eigennutz hatte indes seine Ruder schon vorher eingezogen. So schoß die Barke vorwärts und machte die Erwartungen aller zunichte, die schon die Liebe als sichere Siegerin gepriesen hatten; nun riefen sie: ›Der Eigennutz siegt! Der Eigennutz siegt!‹ Die dritte Barke trug die Emsigkeit als Zeichen, die in Gestalt einer nackten Frau dargestellt wurde, deren Körper ganz mit Flügeln bedeckt war; allein da sie eine Posaune in den Händen hielt, konnte sie eher für die Fama als die Emsigkeit gehalten werden. Der Erfolg des Eigennutzes ließ die Emsigkeit wieder ihr Selbstvertrauen gewinnen, und ihre Ruderer mühten sich solcherart, daß sie die Barke auf die Höhe des Eigennutzes brachten; allein durch eine Ungeschicklichkeit ihres Steuermanns verklemmte sie sich solcherart mit den beiden andern Barken, daß keine von den dreien mehr imstande war, die Ruder zu gebrauchen. Als die Ruderer der letzten Barke, die das Glück zum Zeichen hatte – sie waren schon ganz mutlos gewesen und nahe daran, das Unternehmen aufzugeben –, den Wirrwarr der übrigen Barken sahen, wichen sie etwas aus, um nicht in die gleiche Schwierigkeit zu geraten, nahmen, wie man so sagt, alle Kraft zusammen und überholten. Abermals riefen die Zuschauer und munterten mit ihren Zurufen die Ruderer des Glücks auf. In der Freude, daß sie solcherart aufgeholt hatten, meinten die Ruderer des Glücks nun, sie würden die jetzt zurückgebliebenen Barken auch dann eingeholt haben, wenn diese ihnen noch vorausgewesen wären, und daß sie den Siegespreis ohnehin errungen hätten, was auch geschah, wenn auch mehr dank ihres Glücks als ihrer Schnelligkeit wegen.

Kurz und gut, das Glück hatte damals Glück, mich

874   Die Mühen und Leiden des Persiles und der Sigismunda

aber würde es verlassen, wenn ich in der Erzählung meiner
vielen seltsamen Abenteuer fortführe. Darum bitte ich
euch, meine Freunde, es für jetzt dabei bewenden zu lassen; heute abend will ich die Geschichte meiner Abenteuer
zu Ende führen, wenngleich mein widriges Geschick kaum
je ein Ende finden wird.«

Indes Periandro dies sagte, wurde der kranke Antonio
von einer schrecklichen Ohnmacht befallen. Als sein Vater
dies sah, schien ihm aufzudämmern, wo die Ursache dieser
Krankheit zu finden wäre; er verließ den Raum und suchte
Zenotia auf, mit der ihm zustieß, was im folgenden Kapitel berichtet wird.

Elftes Kapitel

Wie Zenotia den Zauber löste und Antonio der junge wieder
gesundete. Zenotia gibt dem König Policarpo jedoch den Rat,
Arnaldo und seine Begleiter am Verlassen des Reiches zu hindern.

Mich dünkt, daß allen längst die Geduld ausgegangen
wäre, sich die lange Geschichte anzuhören, die Periandro
erzählt hatte, hätte die Geduld nicht eine Stütze gefunden
am Genuß, mit dem Arnaldo und Policarpo Auristela betrachteten und Sinforosa Periandro ansah, indes Mauricio
und Ladislao dachten, die Geschichte habe sich unziemlich
in die Länge gezogen und es sei keineswegs richtig, von
fremden Freuden zu berichten, wenn man seine eigenen
Leiden erzählen soll. Trotzdem hatten sie ihren Gefallen
daran gehabt und hegten nun die Hoffnung, bald die Fortsetzung der Geschichte zu vernehmen, schon wegen des
guten Vortrags und des guten Stils Periandros.

Antonio, der Vater, fand endlich Zenotia, die er sogar
in den Gemächern des Königs gesucht hatte, und stürzte,
als er sie erblickte, erfüllt von spanischer Raserei, ohne
irgend etwas zu bedenken, mit gezücktem Dolch auf sie zu,
packte sie am linken Arm, hob den Dolch und sagte:

Zweites Buch

»Du Hexe, gib mir meinen Sohn sogleich heil und gesund zurück; wenn nicht, dann ist der Tod dir sicher! Dessen kannst du gewiß sein! Sieh zu, ob du sein Leben nicht in einer Hülle verborgen hältst, festgesteckt mit Nähnadeln ohne Öhr und Stecknadeln ohne Kopf! Sieh zu, du hinterlistiges Weib, ob du sein Leben nicht in einer Türangel oder an einem anderen geheimen Ort verborgen hältst!«

Als Zenotia den drohenden blanken Dolch in der Hand eines wütenden Spaniers sah, packte sie das Entsetzen, und zitternd versprach sie, ihm den Sohn heil und gesund zurückzugeben, ja, sie würde sogar versprochen haben, diesem die Gesundheit der ganzen Welt zu geben, wenn solches von ihr verlangt worden wäre. Solcherart hatte die Angst ihre Seele erfaßt, daß sie ausrief:

»Laß mich los, Spanier, und stecke deinen Dolch in die Scheide zurück! Es war ja auch eine Waffe, die deinen Sohn in die Lage versetzt hat, in der du ihn jetzt siehst. Da du weißt, daß wir Frauen von Natur aus rachsüchtig sind, vor allem, wenn verschmähte Liebe unsere Rachsucht wachruft, so wundere dich nicht, wenn die Härte deines Sohnes mein Herz verhärtet hat. Gib ihm den Rat, er soll von nun an mit von der Liebe bezwungenen Frauen menschlicher verfahren und jene nicht verachten, die Gnade von ihm erbitten. Nun geh in Frieden, denn morgen schon wird dein Sohn in der Lage sein, heil und gesund von seinem Lager aufzustehen.«

»Sollte dem aber nicht so sein«, entgegnete Antonio, »dann wird es mir nicht an Eifer fehlen, dich zu suchen, noch an Zorn, dir das Leben zu nehmen.«

Damit verließ er sie. Zenotia hatte solche Angst, daß sie jede Kränkung hintanstellte und das hinter einer Türangel versteckte Zauberzeug hervorholte, mit dem sie das Leben des hartherzigen Jünglings, dessen Art und Anmut sie bezaubert hielten, langsam zum Erlöschen bringen wollte. Kaum hatte Zenotia ihre teuflischen Mittel hinter der Tür hervorgeholt, als auch die verlorene Gesundheit wieder zum jungen Antonio zurückfand, sein Antlitz wieder Farbe bekam, die Augen wieder ihr Feuer, und schließlich wich auch die Ermattung der Jugendfrische, worüber sich alle, die ihn kannten, herzlich freuten. Als Antonio mit seinem Vater allein war, sagte dieser:

»Ich wollte, mein Sohn, du sähest in allem, was ich dir jetzt sagen werde, nur die Absicht, dir begreiflich zu machen, daß du dich gegen Gott in keiner Weise versündigen darfst; diese Absicht wird dir wohl in den letzten fünfzehn oder sechzehn Jahren deutlich geworden sein, in denen ich dich im Glauben meiner Eltern, dem wahren, katholischen Glauben, unterwiesen habe, durch den alle gerettet wurden, die ins Himmelreich eingegangen sind, und alle gerettet werden, die ins Himmelreich eingehen werden. Dieser heilige Glaube lehrt uns, daß wir in keiner Weise verpflichtet sind, jene zu strafen, die uns beleidigen, wohl aber die Pflicht haben, ihnen anzuraten, ihre Fehler abzulegen. Nur dem Richter steht die Strafe zu; die Ermahnung aber, wenn sie unter den richtigen Voraussetzungen geschieht, ist die Pflicht aller. Wenn dich jemand verleiten will, Dinge zu tun, die einer Untreue gegen Gott gleichkommen, dann sollst du nicht den Bogen spannen, noch Pfeile abschießen oder beleidigende Reden führen. Wenn du dich nämlich nicht verleiten läßt und die Gelegenheit fliehst, dann wirst du der Sieger sein und brauchst nie zu befürchten, wiederum in die gleiche Lage zu geraten, in der du dich gesehen; Zenotia hatte dich nämlich verzaubert, und du hättest durch ihre Zaubermittel, die auf Zeit zu wirken bestimmt waren, allmählich, doch in weniger als zehn Tagen dein Leben ausgehaucht, wenn nicht Gott und mein Eifer dies verhindert hätten. Nun komm, damit du alle deine Freunde durch deinen Anblick erfreust und wir uns die Erzählung Periandros anhören können, die er heute abend zu Ende führen will.«

Der Jüngling versprach dem Vater, die Ratschläge, die er ihm gegeben, trotz aller Überredungskünste und Fallen, die man seiner Sittsamkeit stellen würde, mit Gottes Hilfe zu befolgen.

In die Enge getrieben, gekränkt und verletzt durch den herzlosen Hochmut Antonios, des Sohnes, wie durch die Tollkühnheit und Raserei seines Vaters, wollte Zenotia den ihr angetanen Schimpf durch fremde Hand rächen,

Zweites Buch

ohne sich der Gegenwart ihres lieblosen Barbaren zu berauben. In dieser Absicht suchte sie König Policarpo auf und sagte:

»Du weißt, Herr, daß ich, seit ich in Deinem Hause und in Deinen Diensten bin, mich immer eifrig bemüht habe, meine Pflicht zu erfüllen. Du weißt auch, daß Du mich im Vertrauen auf meine Dir bekannte Treue zum sicheren Wahrer Deiner Geheimnisse gemacht hast; als kluger Mann weißt Du aber auch, daß der Mensch sich gerade in eigenen Angelegenheiten, besonders wenn es dabei um Liebe geht, sehr irren kann, mag er auch glauben, das Allerrichtigste getan zu haben. Aus diesem Grund möchte ich Dir sagen, daß Dein Entschluß, Arnaldo und seine Gesellschaft frei von hinnen ziehen zu lassen, gegen jede Vernunft verstößt und seinen Zweck verfehlt. Sag mir doch, wie kannst Du Auristela in der Ferne Deinem Willen gefügig machen, wenn Du sie hier nicht zu überreden vermagst? Weshalb sollte sie Wort halten und zurückkehren, um einen alten Mann – ein alter Mann bist Du ja, und niemand soll sich über das, was er von sich selbst weiß, hinwegtäuschen – zum Gatten nehmen, da sie doch Periandro an der Hand hat, der ebensogut nicht ihr Bruder sein könnte, und Arnaldo, einen jungen Fürsten, der sich ebenfalls um ihre Hand bewirbt? Laß Dir doch jetzt nicht ein X für ein U vormachen, und halte Deine Gäste hier zurück, indem Du vorgibst, Du wolltest die Unverschämtheit und Kühnheit bestrafen, die jenes Ungeheuer von einem Barbaren, der in ihrer Gesellschaft ist, sich herausgenommen, als er in Deinem eigenen Haus jenen Mann namens Clodio mordete. Auf diese Weise wirst Du Dir den Ruf erwerben, Dein Tun und Lassen werde nicht von der Parteilichkeit, sondern von der Gerechtigkeit geleitet.«

Policarpo hatte der hinterhältigen Zenotia sehr aufmerksam zugehört, und jedes Wort, das sie sagte, ward ihm ein Stachel im Herzen. So wollte er hinwegeilen, um ihren Rat sogleich in die Tat umzusetzen. Schon schien ihm Auristela in den Armen Periandros zu liegen, nicht in den Armen des Bruders, sondern des Geliebten; schon sah er die Krone Dänemarks auf ihrem Haupt und hörte, wie

Arnaldo sich über seine, des Königs, Liebesabsichten lustig machte, kurz und gut: die teuflische Eifersucht bemächtigte sich seiner in solchem Maße, daß er nahe daran war, zu schreien und Rache zu fordern an Menschen, die ihn in keiner Weise gekränkt hatten. Als Zenotia sah, wiesehr Policarpo nun mürbe war, wiesehr er bereit war, alles zu tun, was sie ihm anraten würde, sagte sie, er möge sich vorderhand beruhigen und erst Periandro seine Geschichte zu Ende bringen lassen, indes sie Zeit habe zu überlegen, was am besten zu tun wäre.

Policarpo dankte ihr, und die verliebte, grausame Zenotia ging mit sich zu Rate, wie der Wunsch des Königs und der ihre verwirklicht werden könnten. Es wurde Abend; wieder versammelten sich alle; Periandro wiederholte den Schluß seiner Erzählung, um den Faden seiner Geschichte wieder aufzunehmen, die er mit dem Wettkampf der Barken beendet hatte.

ZWÖLFTES KAPITEL

Periandro nimmt den Faden seiner unterhaltsamen Erzählung wieder auf und berichtet, wie Auristela geraubt wurde.

Niemand hörte Periandro mit größerem Vergnügen zu als die schöne Sinforosa: sie hing an seinen Worten, als wären sie die goldenen Ketten, die aus dem Mund des Herkules kamen, denn solcherart war die Anmut und das Feuer, mit dem Periandro seine Abenteuer berichtete. Nun nahm er, wie schon gesagt, den Faden der Erzählung wieder auf und fuhr fort:

»Das Glück ließ Liebe, Eigennutz und Emsigkeit hinter sich zurück, denn ohne Glück nützt Emsigkeit nur wenig, ist Eigennutz von geringem Nutzen, noch kann die Liebe sich entfalten.

Das Fest meiner ebenso armen wie fröhlichen Fischer überbot selbst die Triumphzüge der Römer, sind doch oft die köstlichsten Freuden hinter Einfachheit und Demut

Zweites Buch

verborgen. Allein da das Menschenglück nur an dünnen Fäden hängt, die von jedem Windstoß des Geschicks leicht verwirrt oder zerrissen werden, so rissen auch die Fäden, an denen das Glück meiner Fischer hing; auch ich wurde in ein neues Unglück gestürzt. Wir verbrachten nämlich jene Nacht auf einer kleinen Insel, die in der Mitte des Flusses lag und uns durch das frische Grün und die ruhige Lage angezogen hatte. Die Jungvermählten, die jeden Anschein vermieden, als solche zu erscheinen, machten es sich zur angenehmen Pflicht, jenen mit Anstand und Eifer Freude zu bereiten, die ihnen selber große Freude verschafft hatten, weil sie ihnen zum ersehnten Glück verhalfen. So ordneten die jungen Leute an, daß man das Fest auf jener Flußinsel fortsetze und es auf drei Tage erstrecke. Das sommerliche Wetter, die Annehmlichkeit des Ortes, die Helle des Mondes, das Rauschen der Quellen, die Früchte auf den Bäumen, der Duft der Blumen, jedes für sich allein und alle gemeinsam, ließen den Wunsch, die drei festlichen Tage hier zu verbringen, allgemeine Anerkennung finden.

Kaum aber hatten wir uns auf der Insel häuslich niedergelassen, als plötzlich aus einem Gehölz an die fünfzig Räuber hervorbrachen, die alle nur leicht bewaffnet waren, wie Leute es zu sein pflegen, die gleicherweise auf Raub und auf Flucht bedacht sind. Da nun die Sorglosen, wenn sie überfallen werden, sich schon durch ihre Sorglosigkeit besiegt sehen, vergaßen auch wir, vom Überfall bestürzt, fast darauf, uns zur Wehr zu setzen, und starrten auf die Räuber, statt zurückzuschlagen. Sie aber brachen wie hungrige Wölfe in die Herde der sanften Schäflein ein und schleppten, wenn nicht schon in den Fängen, so doch in den Armen meine Schwester Auristela, Cloelia, ihre Amme, Selviana und Leoncia fort, als wären jene nur in der Absicht gekommen, gerade diese zu rauben, denn sie ließen die anderen Frauen und Mädchen, die von der Natur mit auserlesener Schönheit bedacht worden waren, unbehelligt.

Mich hatte der plötzliche Überfall mehr in Wut versetzt als in lähmendes Erstaunen, und so stürzte ich hinter den Räubern her, folgte ihnen mit den Blicken und schrie ihnen Schmähworte nach – als wären Räuber fähig, Schmä-

hungen zu fühlen –, nur um sie zu reizen, damit sie zurückkehrten und es unternähmen, sich für die Schmähungen an
mir zu rächen. Sie jedoch, darauf bedacht, ihr Unternehmen glücklich zu Ende zu führen, hörten mich nicht oder
hatten kein Verlangen, mich für den ihnen angetanen
Schimpf zu bestrafen, und verschwanden. Dann traten die
jungvermählten Männer, ich und einige der vornehmsten
Fischer, wie man so sagt, zu einem Kriegsrat zusammen,
um zu beraten, was wir zu tun hätten, um unseren Fehler
wieder gutzumachen und unsere Liebsten wieder zurück-
zuerhalten. Einer der Fischer sagte:

›Dies konnte nur geschehen, weil irgendein Seeräuberschiff draußen auf dem Meere liegt, und zwar an einer
Stelle, an der die Leute leicht an Land gehen konnten. Vielleicht wußten sie von unserem Fest und daß wir hier beisammen wären. Wenn dem so ist, wie ich fest glaube, so
wäre es das Beste, einige unserer Barken ruderten hinaus
und böten den Räubern das von ihnen geforderte Lösegeld, ja sogar darüber hinaus, um so mehr als eine Gattin
es verdient, daß der Gatte selbst sein Leben opfert, um sie
auszulösen.‹

›Ich selbst will dies auf mich nehmen‹, sagte ich, ›denn
meine Schwester ist mir mehr wert als alles Leben auf der
Welt.‹

Das gleiche sagten Carino und Solercio, die vor aller
Welt Tränen vergossen, indes ich im Geheimen starb.

Als wir solches beschlossen, begann es bereits zu dunkeln. Desungeachtet stiegen wir – die Jungvermählten, ich
und sechs Ruderer – in eine Barke. Als wir jedoch ins
offene Meer hinauskamen, war es vollends dunkel geworden, und wir waren nicht mehr imstande, irgendein Schiff
zu gewahren. So beschlossen wir zu warten, bis der Tag
anbreche, um zu sehen, ob wir bei Tageslicht nicht irgendein Schiff erblickten. Das Schicksal wollte es, daß wir deren
zwei sahen, von denen das eine sich von der Insel entfernte, indes sich das andere dem Lande näherte. In dem
Schiff, das in See stach, erkannte ich an den Wimpeln wie
an den Segeln, die jedes ein rotes Kreuz zeigten, jenes, mit
dem wir zur Insel gekommen waren, indes das dem Lande

Zweites Buch 881

zusteuernde Schiff grüne Kreuze auf den Segeln zeigte;
beide Schiffe gehörten Korsaren. Da ich nun annahm, das
Schiff, das in See stach, gehöre den Frauen- und Mädchen-
räubern, ließ ich ein weißes Tuch als Unterhändlerfahne
an einer Stange befestigen. Meine Barke legte sich an die
Seite des Schiffes, damit ich wegen des Lösegeldes verhandeln könnte, doch ließ ich alle Vorsicht walten, damit man
mich nicht gefangennehme. Der Kapitän des Schiffes beugte
sich über die Bordwand, allein als ich die Stimme erheben
wollte, um zu reden, schnitt mir ein furchtbarer Knall das
Wort ab, ein Knall, der von einem Kanonenschuß herrührte, mit dem das vom Meer herkommende Schiff das
absegelnde zum Kampf herausforderte. Sogleich wurde
der Schuß mit einem nicht minder gewaltigen beantwortet,
und im Nu begannen beide Schiffe einander zu beschießen,
als wären ihre Mannschaften erklärte, grimmige Feinde.

Wir ruderten unsere Barke aus der Mitte dieses Feuer-
sturms heraus und beobachteten aus einiger Entfernung
die Schlacht. Nachdem der Feuerwechsel fast eine Stunde
gedauert hatte, bekamen die Enterhaken der Gegner die
Schiffe in unerhörter Wut untrennbar zu fassen. Die vom
Meere her Gekommenen, glücklicher oder, besser gesagt,
tapferer, sprangen aufs Schiff, das im Begriffe gewesen ab-
zusegeln, und säuberten das Verdeck in einem einzigen
Augenblick, indem sie ihre Feinde töteten und keinem von
ihnen das Leben schenkten. Nachdem sie sich ihre Gegner
vom Halse geschafft hatten, machten sie sich daran, das
Schiff seiner Schätze zu berauben, die für einen Korsaren
nicht allzuviel bedeuten mochten, für mich aber das Kostbarste waren, das es auf der Welt geben kann, denn sie
schleppten mit Selviana, Leoncia und Cloelia auch Auristela auf ihr Schiff, das sie solcherart bereicherten, wobei
sie hofften, sie würden angesichts solcher Schönheit ein
niegesehenes Lösegeld erzielen. Ich beeilte mich, mit meiner
Barke das Schiff der Sieger zu erreichen, doch da mein
Glück stets davon abhängt, woher und wohin der Wind
weht, blies er nun seewärts und trieb das Schiff rasch von
uns fort. Es war uns unmöglich, es einzuholen, und unmöglich war es uns auch, den Seeräubern alles, was sie nur

verlangen mochten, als Lösegeld anzubieten. Jeder Hoffnung beraubt, das Verlorene zurückzugewinnen, mußten wir umkehren; da überdies die Richtung, die das Schiff einschlug, vom Winde abhing, konnten wir auch den Kurs nicht feststellen, den es nehmen würde. Es fehlte uns auch jeder Hinweis darauf, wer die Sieger waren, damit wir, in Kenntnis ihrer Herkunft, beurteilten, welche Hoffnung auf die Errettung unserer Lieben wir hegen dürften. Wie dem auch sei, das Schiff jagte immer weiter in die See hinaus, indes wir hoffnungslos und traurig zur Flußmündung zurückruderten, wo alle Fischer in ihren Barken uns erwarteten.

Ich weiß nicht, meine Lieben, wie ich euch erklären soll, was zu sagen ich mich gezwungen sehe. Ohne daß ich mich im Grunde meines Wesens verändert hätte, bemächtigte sich meiner ein wunderbarer überirdischer Geist, von dem getrieben ich mich in meiner Barke erhob, die Fischer anwies, sich in ihren Barken um die meine zu versammeln, damit sie mir aufmerksam zuhörten und ich ihnen sagen könnte, was unter anderem folgendes war:

›Nie wird durch Untätigkeit widriges Geschick bezwungen, nie wird Verzagten das Glück hold sein! Wir selbst sind unseres Glückes Schmied, und keinem ist es verwehrt, sich zu Höherem aufzuschwingen. Wenn auch reich geboren, werden Feiglinge immer jämmerlich sein, und die Geizigen werden immer Bettler bleiben! Dies sage ich, o meine Freunde, um euch zu bewegen und aufzurütteln, damit ihr eure Lage verbessern wolltet, damit ihr eure Habseligkeit an Netzen und schmalen Barken verlaßt und auf die Suche nach den Reichtümern auszieht, die euch hochfliegende Unternehmungen einbringen werden; ich nenne hochfliegende Unternehmungen jene, die auf Großes abzielen. Wenn sich der Ackersmann im Schweiße müht, den Boden zu harken und, ruhmlos, kaum das der Scholle abringt, was er braucht, um sein Leben zu fristen, warum sollte er nicht statt nach der Harke nach dem Spieß greifen, mit dem er sich, ohne sich weiterhin vor der Dürre und den Unbilden des Himmels fürchten zu müssen, neben seinem Lebensunterhalt noch Ruhm verschaffen kann, der ihn

Zweites Buch

über die anderen erhebt? Der Krieg, der Stiefvater der
Feiglinge, ist der Vater der Tapferen, und der Preis, den
er verleiht, ist höher als jeder Lohn, den diese Welt vergeben könnte. Darum, Freunde, darum, kühne Jugend,
blickt hin nach jenem Schiff, das das Liebste entführt, das
eure Anverwandten besitzen, und besteigt mit mir das
andere dort, das uns, – fast glaube ich an eine Fügung des
Himmels – so nahe am Strand gegeben wurde! Segeln wir
hinter den Räubern her! Laßt uns selbst Seeräuber sein, nicht
beutegierige, wie die übrigen es sind, sondern Rächer des
Unrechts! Wir alle verstehen uns auf die Kunst, ein Schiff
zu führen; Lebensmittel und Wasser werden wir auf dem
Schiff finden nebst allem, was uns zur Seefahrt nötig sein
wird, denn die Sieger nahmen nichts mit sich außer den
Frauen. Wenn nun der Schimpf, den man uns angetan, und
der Schaden, den man uns zugefügt hat, auch groß sind,
um so günstiger ist die Gelegenheit, die sich uns bietet, dafür Vergeltung zu suchen. Nun folge mir, wer Mut und
Lust dazu besitzt! Das bitte ich euch, wie auch Carino und
Solercio, die mich in diesem Unternehmen gewiß nicht im
Stiche lassen werden, euch darum bitten!‹

Kaum hatte ich dies gesagt, als von allen Barken her
Gemurmel laut wurde, das daher kam, weil sich die einen
mit den andern berieten, was sie nun tun sollten, und
schließlich wurde eine Stimme laut, die rief: ›Aufs Schiff,
edler Gastfreund! Sei unser Kapitän und Anführer, denn
wir alle folgen dir!‹

Dieser plötzliche, einhellige Beschluß aller war mir ein
glückliches Vorzeichen. Da ich jedoch befürchtete, sie könnten, wenn ich zögerte, meinen Plan in die Tat umzusetzen,
von ihrem Entschluß wieder abkommen, ließ ich meine
Barke vorausrudern, und ihr folgten so an die vierzig Barken.

Beim Schiff angekommen, machte ich mich daran, es
zu erkunden: ich sah mir alles genau an, achtete darauf,
womit es versehen war und was ihm fehlte, und fand alles
vorhanden, was ich mir für eine Seefahrt nur wünschen
konnte. Damit aber auch das Weinen der Frauen und der
Kinder die Fischer nicht abhielte, ihren kühnen Entschluß

in die Tat umzusetzen, riet ich ihnen davon ab, noch einmal an Land zu rudern. Sie folgten meinem Ratschlag und nahmen sogleich in Gedanken Abschied von den Eltern, von Weib und Kind – ein seltsames Begebnis, und ich muß, damit ihr mir glaubt, um den Beistand eurer freundlichen Gesinnung bitten! Keiner kehrte an Land zurück, und sie ließen es auch bei der Kleidung bewenden, in der sie aufs Schiff gekommen. Alle ohne Unterschied leisteten gleicherweise ihren Dienst als Steuerleute und Matrosen, nur ich, der ich mit aller Zustimmung zum Kapitän gewählt wurde, machte die Ausnahme. Und, mich Gott anbefehlend, begann ich mein Amt auszuüben und befahl als erstes, das Schiff von den Opfern des Kampfes zu säubern und vom Blut zu reinigen, das überall zu sehen war. Dann befahl ich, alle Waffen, die zu finden wären, ob sie nun dem Angriff oder der Verteidigung dienten, zusammenzusuchen. Diese Waffen verteilte ich unter allen, wobei ich jedem die Waffe gab, die für ihn geeignet war; dann ließ ich die Vorräte an Nahrungsmitteln und Wasser feststellen und überrechnete, für wieviele Tage sie ausreichen würden.

Nachdem dies geschehen war und wir ein Gebet zum Himmel emporgesandt hatten, mit dem wir ihn anflehten, unsere Fahrt zu lenken und unserem gottgefälligen Vorhaben seine Gnade angedeihen zu lassen, befahl ich, die Segel zu setzen, die noch an Rahen und Stangen festgebunden waren, sie in den Wind zu geben, der, wie schon gesagt, vom Lande herblies, und, ebenso heiter wie kühn, ebenso kühn wie zuversichtlich, begannen wir den gleichen Kurs zu nehmen, den unserer Meinung nach das Raubschiff genommen hatte.

So seht ihr mich nun, ihr lieben Freunde und Zuhörer, als Fischer und Heiratsschlichter, reich mit meiner Schwester und arm ohne sie, da sie mir geraubt wurde; ihr seht mich erhoben in den Rang eines Kapitäns und eines Anführers gegen die Seeräuber, ihr seht, daß mein wechselvolles Geschick nicht Rast noch Ruh kennt und auch das Unglück keine Grenzen, die es zu fassen vermöchten.«

»Halt ein, halt ein, Freund Periandro«, sagte hier Arnaldo. »Wenn es auch dich nicht ermüdet, von deinen

Zweites Buch

Schicksalsschlägen zu erzählen, so ermüden doch wir, wenn wir sie in solcher Fülle zu hören bekommen.«

Darauf erwiderte Periandro:

»Ich, Prinz Arnaldo, bin eben ein Mensch, den man einen Unglücksmenschen nennt, ein Mensch, dem alles Unglück widerfährt und den keines verschont; alles Unglück findet in mir Platz und doch möchte ich dies, da ich meine Schwester Auristela wiedergefunden habe, ein Glück nennen. Ein Unglück, das vorbeigeht, ohne daß man dabei sein Leben einbüßt, ist kein Unglück.«

Hier sagte Transila:

»Ich für meine Person, Periandro, muß wohl sagen, daß ich dies nicht verstehe. Allein ich weiß, daß es ein Übel wäre, wenn Ihr unseren Wunsch, die Fortsetzung der Geschichte Eurer Abenteuer zu vernehmen, nicht erfüllen wolltet. Mir will scheinen, da diese Abenteuer bald vielen Mündern Gelegenheit bieten werden, sie weiterzuerzählen, und viele verleumderische Federn, sie niederzuschreiben. Mich erstaunt nur, Euch als Kapitän und Anführer von Seeräubern zu sehen, denn ich glaube, Eure kühnen Fischer verdienen diesen Namen. Mit Spannung aber erwarte ich zu hören, welche Heldentat Ihr als erste vollbracht und welches Abenteuer Euch als erstes zugestoßen ist.«

»Heute nacht, meine Beste«, erwiderte Periandro, »werde ich, wenn möglich, die Erzählung beenden, die jetzt noch in ihren Anfängen steckt.«

Damit brach Periandro das Gespräch ab. Sie kamen überein, sich in jener Nacht noch einmal zu versammeln.

DREIZEHNTES KAPITEL

Periandro berichtet von dem seltsamen Abenteuer, das er auf dem Meere hatte.

Nachdem die Verzauberung aufgehoben war, kehrte auch die Gesundheit Antonios wieder, und mit ihr seine ursprüngliche Frische. Gleichzeitig erwachten von neuem Zenotias Begierden, und damit erwachte in ihrem Herzen auch die Furcht, von ihm getrennt zu werden. Da nun jene, die keine Hoffnung mehr haben, Heilung zu finden, es sich nie eingestehen werden, daß sie nichts mehr zu hoffen haben, solange sie die Ursache ihrer Leiden vor Augen sehen, traf auch Zenotia alle Maßnahmen, die ihr scharfer Verstand zu ersinnen imstande war, um zu verhindern, daß auch nur einer der Gäste des Königs die Stadt verlasse. So gab sie Policarpo von neuem den Rat, die Kühnheit des totschlägerischen Barbaren unter allen Umständen zu bestrafen, oder wenn er ihn schon nicht bestrafen wolle, wie dessen Verbrechen es verdiene, so müßte er ihn doch gefangen setzen und mit Drohungen schrecken. Später könne er dann immer noch Gnade für Recht ergehen lassen, wie dies bei großen Anlässen manchmal zu geschehen pflege.

In dieser Sache wollte Policarpo nicht den Ratschlag Zenotias befolgen und sagte, er würde damit nur das Ansehen des Prinzen Arnaldo verletzen, unter dessen Schutz Antonio stehe, und auch Auristela kränken, die den Jüngling wie einen Bruder schätze. Überdies wäre die Tat selbst dem Zufall zuzuschreiben und mehr auf ein Unglück als auf böse Absicht zurückzuführen. Dann gebe es auch keinen Kläger, der die Bestrafung fordere, und alle, die den Getöteten gekannt, seien einer Meinung darin, daß er nur die verdiente Strafe erlitten habe, sei er doch der größte Meuchelredner der Welt gewesen.

»Was soll das heißen, mein Herr und König?« fragte Zenotia. »Gestern noch waren wir einer Meinung, daß der Jüngling gefangengesetzt werden sollte und Du damit einen Grund hättest, Auristela zurückzuhalten. Jetzt aber willst Du nichts mehr davon wissen? Deine Gäste werden abreisen; Auristela wird nicht mehr zurückkehren, und Du wirst dann Deine Unentschlossenheit und Unüberlegtheit beweinen, zu einer Zeit, da Dir Deine Tränen nichts mehr nützen und Du Dich nicht mehr freisprechen kannst von dem Fehler, den Du jetzt im Wahn der Großherzigkeit zu begehen gedenkst. Was ein Verliebter unternimmt im Bestreben, sein Verlangen zu stillen, ist nicht seine Schuld, gehört er sich doch selbst nicht an: er ist auch darum

Zweites Buch

nicht der Täter, sondern die Liebe, die sein Tun und Lassen bestimmt. Du bist König, und wenn ein König ungerecht ist oder hart, dann nennt man ihn streng. Wenn Du diesen Jüngling gefangensetzen läßt, dann wirst Du dem Rechte gerecht, und wenn Du ihn freiläßt, wirst Du der Barmherzigkeit nachgeben. Wenn Du nun das eine wie das andere tust, wirst Du Deinen Ruf, der Gute zu sein, bestätigen.«

Solcherart beriet Zenotia König Policarpo, der, allein und überall, wo immer er war, darüber grübelte, ohne sich zu einem Schritt zu entschließen, der es ihm möglich gemacht, Auristela zurückzuhalten, ohne Arnaldo zu beleidigen, dessen Tapferkeit und Macht er mit Recht fürchtete. Indes der König seinen Gedanken nachhing und Sinforosa den ihren — sie, nicht so grausam und abgebrüht wie Zenotia, wünschte die Abreise Periandros herbei, damit sie auf dessen Rückkehr hoffen konnte —, kam der Augenblick, da Periandro das Wort nahm und seine Geschichte, wie folgt, fortsetzte:

»Vom Winde getrieben, flog mein Schiff schnell dahin, und keiner von uns wollte dem vom Wind vorgezeichneten Kurs eine andere Richtung geben, stellten wir unsere Fahrt doch der Entscheidung des Schicksals anheim. Mit einem Male sahen wir, daß von der Höhe des Mastkorbes ein Matrose herabstürzte und, ehe er auf das Verdeck aufprallte, von einem Strick festgehalten wurde, den er um den Hals geknüpft hatte. Ich eilte hinzu, schnitt den Strick ab und rettete damit sein Leben. Wie ein Toter lag er da und war noch fast zwei Stunden bewußtlos. Dann kam er zu sich, und als ich ihn nach den Gründen fragte, die ihn zu diesem Schritt getrieben hatten, sagte er:

›Ich habe zwei Kinder, eines von zwei und eines von vier Jahren; die Mutter hat die zweiundzwanzig noch nicht überschritten, dafür aber überschreitet jetzt die Not, in der zu leben sie gezwungen sein wird, alle Grenzen des Möglichen, lebten wir doch ausschließlich vom Ertrag der Arbeit dieser Hände. Als ich nun droben im Mastkorb stand, wandte ich meine Augen nach der Insel zurück, wo ich meine Lieben zurückgelassen, und mir schien es, als sähe ich sie: die Kinder knieten, die Hände zum Himmel emporgereckt, und flehten zu Gott, er möge mich beschützen; sie riefen mich mit den zärtlichsten Namen; ich sah auch ihre Mutter weinen und hörte, wie sie mich den grausamsten aller Männer nannte. Das alles sah ich so lebhaft in meiner Einbildung, daß ich nur sagen kann: ich sah es, und so muß es sein. Als ich dann bedachte, wie schnell dieses Schiff dahinfliegt und mich immer weiter von meinen Lieben fortträgt, ohne daß ich wüßte, wohin wir segeln, und als ich mir dann sagte, daß ich kaum oder gar nicht gezwungen war, mich auf dieses Schiff zu begeben, wurde ich ganz irre und nahm in meiner Verzweiflung diesen Strick zur Hand, knüpfte ihn mir an den Hals, um in einem Augenblick Jahrhunderte der Qual, die mich erwarteten, zu beenden.‹

Alle, die wir dem Manne zuhörten, wurden von seinen Worten gerührt; nachdem wir ihn getröstet und ihm fast als gewiß versichert hatten, daß wir in Bälde glücklich und reich heimkehren würden, gaben wir ihm zwei Mann zu seiner Bewachung, damit sie ihn daran hinderten, sein übles Vorhaben zu verwirklichen, und ließen sie allein. Damit jedoch durch den Vorfall nicht andere zur Nachahmung verleitet würden, sagte ich meinen Leuten, die größte Feigheit, die man begehen könnte, sei der Selbstmord, denn der Selbstmörder beweise nur, daß es ihm an Mut fehle, die Leiden, die er befürchte, zu ertragen. ›Und welches größere Unglück könnte den Menschen treffen als der Tod? Da dem so ist, kann es nicht töricht sein, das Ende hinauszuzögern, denn solange man lebt, kann man seine unglückliche Lage verändern und sich verbessern; allein mit dem Verzweiflungstod wird die unglückliche Lage nicht nur nicht verbessert oder beseitigt; sie wird nur noch schlimmer und dauert nun ewig. Dies sage ich euch, meine Gefährten, damit euch die Tat unseres Verzweifelten nicht das Gemüt verdüstere. Heute haben wir unsere Fahrt begonnen, und mein Gefühl sagt mir, daß uns viele glückliche und nutzbringende Abenteuer erwarten.‹

Alle hießen einen als ihren Wortführer sprechen. Er sagte:

Zweites Buch

›Edler Kapitän, bei Dingen, die man lange hin und her überlegt, sieht man immer viele Schwierigkeiten; allein bei kühnen Taten kommt es nur zu einem kleinen Teil auf die Überlegung, zum größten Teil aber auf das Glück an, und Glück haben wir gehabt, da wir dich zu unserem Anführer wählten. Darauf vertrauen wir, und wir sind uns dessen sicher, daß wir die glücklichen und nutzbringenden Abenteuer, von denen du sprichst, erfolgreich bestehen werden. Mögen unsere Frauen verlassen sein, verlassen unsere Kinder, mögen unsere greisen Eltern weinen, komme die Not über sie alle; der Himmel aber, der für die unscheinbarsten Tierchen des Wassers sorgt, wird auch für die Menschen auf dem Lande Sorge tragen. Laß noch mehr Segel setzen, Herr, beschicke alle Mastkörbe, vielleicht erblicken die Wachen eine Gelegenheit, bei der deine Leute beweisen können, daß sie nicht nur kühn, sondern waghalsig sind.‹

Ich dankte ihnen für die Antwort, ließ alle Segel setzen, und nachdem wir den ganzen Tag dahingesegelt waren, rief die Wache aus dem Korb des Großmastes: ›Schiff in Sicht! Schiff in Sicht!‹ Wir fragten hinauf, welchen Kurs es segle und wie groß es wäre, und der Mann im Korb gab zur Antwort, das gesichtete Schiff sei so groß wie unseres und liege im Winde. ›Nun, meine Freunde‹, sagte ich, ›nehmt die Waffen zur Hand und zeigt, wenn es sich um ein Seeräuberschiff handelt, die Entschlossenheit, die euch veranlaßt hat, eure Netze zu verlassen.‹

Ich ließ sogleich die Segel brassen, und in etwas mehr als zwei Stunden erreichten wir das Schiff, das wir unverzüglich angriffen. Als wir nicht den geringsten Widerstand fanden, enterten vierzig meiner Leute mit mir das Schiff; sie brauchten ihre Klingen aber nicht mit Blut beflecken, denn es waren nur wenige Matrosen da und einige Dienstleute. Indes wir das Schiff durchsuchten, stießen wir in einer Kajüte auf einen Mann von stattlicher Erscheinung und eine Frau, die mehr als mittelmäßig schön war. Sie waren, der eine vom andern zwei Ellen entfernt, in ein Halseisen gespannt. In einer anderen Kajüte stießen wir auf einen ehrwürdigen Greis, der auf einem reichen Lager ausgestreckt lag und von solcher Hoheit war, daß er uns schon durch seine Erscheinung Achtung aufzwang. Der Greis stand nicht von seinem Lager auf – er war dazu nicht imstande –, doch richtete er sich ein wenig auf, hob den Kopf und sagte:

›Steckt eure Klingen wieder in die Scheiden, ihr Herren, denn auf diesem Schiff werdet ihr keinen Gegner finden, gegen den ihr sie gebrauchen könntet. Wenn euch die Not dazu zwingt, euer Glück auf Kosten anderer zu suchen, dann habt ihr einen Fang getan, mit dem ihr zufrieden sein könnt, nicht etwa, weil ihr auf diesem Schiff Gold und Juwelen fändet, an denen ihr euch zu bereichern vermöchtet, sondern weil ich da bin, ich Leopoldio, der König der Danaer.‹

Als ich das Wort ›König‹ vernahm, erwachte in mir das lebhafte Verlangen zu erfahren, was einen König dahingebracht haben könnte, so allein und schutzlos zu reisen. Ich trat an ihn heran und fragte ihn, ob er das im Ernst meine, denn wenngleich seine ehrwürdige Erscheinung solches glaubhaft mache, so mache der geringe Aufwand, mit dem er reise, es wiederum schwierig, daran zu glauben.

›Befiehl deinen Leuten, Herr‹, sagte der Greis, ›sich ruhig zu verhalten, und höre mich nur eine kurze Weile an, denn ich werde dir in wenigen Worten große Dinge enthüllen.‹

Meine Gefährten verstummten und warteten wie ich aufmerksam auf das, was er zu erzählen gedachte. Er sagte:

›Der Himmel machte mich zum König des Reiches Danea, das ich von meinen Eltern, die gleichfalls die Krone des Reiches getragen und schon von ihren Vorfahren erhalten hatten, ererbte. Keiner von ihnen war durch einen Gewaltstreich oder durch Bestechung auf den Thron gekommen. Noch jung, vermählte ich mich mit einer gleichfalls jungen, mir ebenbürtigen Frau. Allein sie starb, ohne mir Nachkommen geschenkt zu haben. Die Zeit verstrich, und ich hielt mich lange Jahre hindurch in den Grenzen eines ehrbaren Witwerstandes. Durch meine Schuld jedoch – niemand soll die Schuld auf einen andern schieben, sondern sie bei sich selbst suchen –, durch meine Schuld also strau-

Zweites Buch

chelte ich und verliebte mich aus Schwachheit in eine der
Hofdamen meiner verstorbenen Gattin. Wäre diese Hofdame gewesen, was sie hätte sein sollen, dann wäre sie
heute Königin und sähe sich nicht in ein Halseisen gespannt, wie ihr gesehen haben werdet. Sie, der es kein Unrecht zu sein schien, die Locken eines meiner Dienstmannen
meinem Grauhaar vorzuziehen, ließ sich mit ihm ein, und
nicht genug, daß sie meine Ehre befleckte, trachtete sie im
Einverständnis mit ihm auch nach meinem Leben. Dies mit
so feinen Ränken, Lügen und Hinterhältigkeiten, daß,
wäre ich nicht rechtzeitig gewarnt worden, mein Kopf
heute nicht mehr auf meinen Schultern säße, sondern, auf
einem Pfahl steckend, jedem Wetter preisgegeben wäre,
indes ihre Häupter die Krone Daneas trügen. Zur rechten
Zeit entdeckte ich ihre Anschläge; allein auch sie erfuhren,
daß ich darum wüßte. Und so gingen sie eines Nachts auf
ein segelfertiges Schiff, um sich durch die Flucht der Strafe
für ihr Verbrechen und meinem gerechten Zorn zu entziehen. Dies wurde mir hinterbracht, und ich flog auf den
Flügeln meiner Wut ans Meer, wo ich erfuhr, daß sie schon
vor zwanzig Stunden abgesegelt waren. Vom Zorn verblendet und wirr in meinem Durst nach Rache, schiffte ich
mich, ohne auch nur einem einzigen ruhigen Gedanken
Raum zu geben, auf diesem Schiff hier ein und verfolgte die
Flüchtlinge, nicht ausgestattet, wie es eines Königs würdig
wäre, sondern als ihr persönlicher Feind. Zehn Tage später
entdeckte ich sie auf einer Insel, die man die Feuerinsel
nennt, nahm die nun Sorglosen gefangen, und, in jenes
Halseisen gespannt, bringe ich sie nach Danea, damit sie
dort, einem strengen, aber gerechten Verfahren unterworfen, die verdiente Strafe fänden. Dies ist die reine Wahrheit, und die Verbrecher müssen sie, ob sie nun wollen oder
nicht, bestätigen. Ich bin der König von Danea und biete
euch hunderttausend Goldstücke, nicht weil ich sie leicht versprechen kann, da ich sie nicht bei mir habe, sondern weil
ich euch mein Wort darauf gebe, sie euch dorthin zu senden, wohin ihr sie geschickt haben wollt. Und sollte euch
mein Wort nicht genügen, so könnt ihr mich als Unterpfand meines Versprechens auf euer Schiff bringen und

mit euch fortführen; doch erlaubt, daß dieses Schiff – einst mein, nun euer – von einigen meiner Leute nach Danea gebracht werde, wo es die versprochene Summe Geldes holen und sie dahin bringen kann, wohin ihr sie gebracht haben wollt. Mehr habe ich nicht zu sagen.‹

Meine Gefährten blickten einer den andern an und gaben mir ein Zeichen, in ihrer aller Namen zu sprechen, wenngleich dies nicht nötig gewesen wäre, da ich dies als ihr Anführer ohnehin tun durfte und mußte. Trotzdem wollte ich erst Carino und Solercio um ihre Meinung befragen, denn sie sollten nicht glauben, ich wollte mir die Gewalt anmaßen, die sie mir aus freien Stücken gegeben. Dem König gab ich die folgende Antwort:

›Herr, uns, die wir hier sind, drückte nicht die Not die Waffen in die Hand, noch zwang uns dazu ein Wunsch, der sich mit Gewinnsucht paart. Wir sind auf der Suche nach Verbrechern, wir wollen Räuber bestrafen und Piraten vernichten. Da Du nun weit davon entfernt bist, zu dieser Menschengattung zu gehören, ist Dein Leben sicher, und in der Bedrängnis würden wir Dir mit unseren Waffen zu Hilfe eilen. Wenn wir Dir auch für das Lösegeld danken, das Du uns versprochen, so entbinden wir Dich von Deinem Versprechen, denn da Du nicht unser Gefangener bist, bist Du auch nicht verpflichtet, es zu halten. Darum ziehe hin in Frieden, und zum Dank dafür, daß Du aus dieser Begegnung besser wegkommst, als Du gedacht, bitten wir Dich, Deinen Beleidigern zu vergeben, erstrahlt doch die Würde des Königs heller im Verzeihen als in der Strafe.‹

König Leopoldio wollte sich mir zu Füßen werfen. Dies zuzulassen gestattete mir die Höflichkeit nicht, und ihm erlaubte es sein Leiden nicht, solches auszuführen. Ich bat ihn, falls er Pulver auf dem Schiffe hätte, mir davon etwas abzugeben, und die Nahrungsmittel, die er mit sich führe, mit uns zu teilen, was er auch sogleich tat. Ich legte ihm auch nahe, seine Beleidiger mir zu überliefern, wenn er ihnen schon nicht verzeihen wolle, denn ich würde sie an einen Ort schaffen, wo sie keine Gelegenheit mehr fänden, ihn weiterhin zu kränken. König Leopoldio willigte ein, pflegt doch die Gegenwart des Beleidigers beim Beleidig-

Zweites Buch 893

ten die Kränkung stets wachzuhalten. Dann ordnete ich an, daß zuerst das Pulver und die Nahrungsmittel, die uns der König abgegeben, auf unser Schiff geschafft würden. Allein als wir dann die beiden Gefangenen holen wollten, die, aus dem schweren Halseisen gelöst, nun schon frei und ledig waren, frischte plötzlich der Wind auf und trieb die beiden Schiffe solcherart voneinander fort, daß wir nicht mehr imstande waren, sie nebeneinander zu legen. Dem König rief ich noch vom Verdeck meines Schiffes ein Lebewohl zu, und er, der sich von seinen Leuten vom Lager hatte heben lassen, verabschiedete sich von uns. Ich aber, meine, lieben Freunde, verabschiede mich von euch, denn das zweite Abenteuer zwingt mich, neue Kraft zu schöpfen, ehe ich damit beginne.«

VIERZEHNTES KAPITEL

Worin berichtet wird, was Sulpicia, der Nichte Cratilos, des Königs von Bituania, zugestoßen war.

Die Art und Weise, in der Periandro die Geschichte seiner seltsamen Irrfahrt erzählte, gefiel seinen Zuhörern ausnehmend gut, Mauricio ausgenommen, der sich zu Transila, seiner Tochter, neigte und ihr ins Ohr flüsterte:

»Mich bedünkt, Transila, daß Periandro die Wechselfälle seines Lebens mit weniger Worten und in gedrängterer Form erzählen sollte. Es lag kein Grund vor, daß er sich solange damit aufgehalten hat, uns das Fest und die Hochzeit der Fischer des langen und breiten zu schildern, dürfen doch die Episoden, die man einer Geschichte als Aufputz einflicht, nicht den gleichen Raum beanspruchen wie die Geschichte selbst. Ich glaube, daß Periandro uns damit nur zeigen wollte, wie reich er an Einfällen ist und wie gewählt er seine Worte zu setzen weiß.«

»So wird es wohl sein«, erwiderte Transila, »doch ob er nun ausführlich oder gedrängt erzählt, mir scheint alles richtig getan, und ich habe viel Vergnügen daran.«

Doch fand niemand – ich glaube es schon gesagt zu haben – größeres Vergnügen an Periandros Erzählung als Sinforosa, denn jedes Wort, das Periandro sprach, entzückte sie dermaßen, daß sie ganz außer sich kam. Allein Policarpo, von seiner Unruhe hin und her gerissen, vermochte nicht sehr aufmerksam auf Periandros Worte zu hören und wünschte, diesem bliebe nicht mehr viel zu erzählen übrig, damit er selber um so mehr handeln könnte, quält einen doch die Hoffnung, das ersehnte Ziel bald zu erreichen, mehr, als wenn die Erfüllung eines sehnlichen Wunsches noch in weiter Ferne liegt. Allein Sinforosas Verlangen, das Ende von Periandros Geschichte zu hören, war so groß, daß sie darauf drang, man möge am folgenden Tag wieder zusammenkommen.

Als sie dann wieder versammelt waren, fuhr Periandro folgendermaßen fort:

»Ihr habt gesehen, meine Freunde, daß meine Matrosen, Gefährten und Soldaten wohl reicher an Ruhm denn an Gold geworden waren. Mir kamen darob einige Bedenken, und ich dachte, meine Großmut könnte ihnen vielleicht nur wenig gefallen, denn war auch die Großherzigkeit Leopoldio gegenüber ebenso von ihnen wie von mir ausgegangen, so mußte ich – die Anlagen und Auffassungen der Menschen sind einander nicht gleich – befürchten, nicht alle möchten mit dem Ausgang des Abenteuers zufrieden sein und mancher könnte meinen, es würde sehr schwer fallen, den Verlust von hunderttausend Goldstücken, die Leopoldio zugesagt hatte, wieder wettzumachen. Diese Überlegung bewog mich, ihnen folgendes zu sagen:

›Meine lieben Freunde, keiner unter euch gräme sich darüber, daß die Gelegenheit ungenützt verstrichen ist, das große Vermögen, das der König uns angeboten, zu unserem Eigentum zu machen, denn ich gebe euch zu bedenken, daß eine Unze guter Ruf mehr wert ist als ein Pfund Perlen. Nur der weiß dies zu schätzen, der beginnt, Gefallen an der Freude zu finden, die einem ein guter Ruf bereitet. Der Arme pflegt berühmt zu werden, wenn Tugend ihn auszeichnet, allein der lasterhafte Reiche kann ehrlos werden und wird es. Die Großmut ist eine der

Zweites Buch

liebenswürdigsten Tugenden, und ihr allein entspringt der gute Ruf: dies ist so wahr, daß kein Freigebiger wirklich arm ist, der Geizige jedoch immer.‹

Ich war daran, noch mehr zu sagen, da mir schien, daß sie mir mit fröhlichen Mienen ein williges Ohr schenkten, allein mir erstickte das Wort in der Kehle, als ich, nicht fern von uns, backbords vor dem Wind ein Schiff dahinsegeln sah. Ich ließ zu den Waffen rufen, jagte ihm mit prallen Segeln nach und war in kurzer Zeit auf Schußweite am Schiff. Wir feuerten einen Warnschuß ab zum Zeichen, daß es die Segel streichen solle, was denn auch geschah.

Als wir näherkamen, bot sich mir das seltsamste Schauspiel der Welt: an den Rahen und im Tauwerk erblickte ich mehr als vierzig Gehenkte. Darüber verwundert, ließ ich mein Schiff mit dem andern Bord an Bord legen; meine Soldaten sprangen hinüber, ohne daß sie jemand daran gehindert hätte. Sie fanden das Deck voll Blut und Schwerverwundeten, die einen mit gespaltenem Schädel, die andern mit abgehauenen Händen; hier spie einer Blut, dort hauchte ein anderer seine Seele aus; dieser stöhnte leise, jener schrie vor Ungeduld. Der Aufruhr und das Gemetzel mußte sich während der Mahlzeit ereignet haben, denn im Blute schwammen Speisen, und die Becher, die darin umherlagen, rochen noch nach Wein. Schließlich drangen meine Leute, auf Tote steigend und über Verwundete hinwegschreitend, weiter vor und stießen auf dem Hinterkastell auf zwölf in einer Reihe aufgestellte überaus schöne Frauen. Vor ihnen stand eine, die ihre Anführerin zu sein schien; sie trug einen leichten blanken Brustharnisch, so glatt poliert und rein, daß er einem als Spiegel hätte dienen können; wohl hatte sie eine Halsberge, trug jedoch weder Beinschienen noch Armschienen und auf dem Haupte hatte sie einen Helm, der wie eine geringelte Schlange gearbeitet und mit zahlreichen unterschiedlichen Edelsteinen verschiedenster Färbung verziert war. In der Hand hielt sie einen Wurfspieß, von oben bis unten mit goldenen Nägeln beschlagen, dessen stählerne Stoßklinge scharf geschliffen war. Solcherart sah sie dermaßen entschlossen und heldisch aus, daß ihr Anblick allein genügte, die Wut meiner Soldaten zu besänftigen, die nun dastanden und sie mit bewunderndem Staunen anblickten. Ich selbst, der ich alles von meinem Schiff aus verfolgte, begab mich zu ihnen, um die Jungfrau aus der Nähe zu betrachten, und kam gerade zurecht, als sie dabei war zu sagen:

›Ich glaube wohl, ihr Soldaten, daß diese kleine Frauenschar, die sich euren Augen darbietet, euch mehr Staunen als Furcht einflößt. Allein nach der Vergeltung, die wir für den Schimpf genommen haben, den man uns antun wollte, kann uns nichts mehr erschrecken. Greift an, wenn ihr nach Blut dürstet, und vergießt das unsere, indem ihr uns das Leben nehmt; dafür, daß ihr uns nicht entehrt, scheint uns der Preis unseres Lebens nicht zu hoch. Ich heiße Sulpicia, bin die Nichte Cratilos, des Königs von Bituania. Mein Onkel vermählte mich mit Lampido, dem Großen, der ebenso edler Abkunft war, wie er gesegnet war mit allen Gaben des Glücks und der Natur. Wir beide waren unterwegs, den König, meinen Onkel, zu besuchen, und verließen uns auf die Sicherheit, die uns das große Gefolge von Hintersassen und Dienstleuten bot, die uns alle durch die ihnen erzeigten Wohltaten verpflichtet waren. Allein die Gier nach Schönheit und Wein, die auch den klarsten Kopf verwirren kann, ließ sie die Verpflichtung vergessen, die sie uns gegenüber hatten, und füllte ihnen den Kopf mit üblen Gelüsten. Gestern tranken sie zur Nacht soviel, daß sie zuerst in tiefen Schlaf verfielen; dann legten einige, schlaftrunken noch, die Hand an meinen Gatten, töteten ihn und machten solcherart den Anfang mit ihrem schändlichen Vorhaben. Da nun jeder, wie dies nur natürlich ist, daran denkt, sein Leben zu verteidigen, setzten auch wir uns zur Wehr, um wenigstens gerächt zu sterben. Wir nützten die trunkene Tölpelhaftigkeit, mit der sie über uns herfielen, entrissen ihnen einige Waffen, und mit Hilfe von vier Dienstleuten, die frei waren von des Bacchus Nebeln, vollbrachten wir, was die Toten bezeugen, die hier auf dem Verdeck liegen. Wir gingen in unserer Rache weiter und sorgten dafür, daß diese Rahen und dieses Tauwerk die Frucht hervorbrächten, die daran

Zweites Buch

hängt. Der Gehenkten sind es vierzig, und wären es vierzigtausend gewesen, sie hätten alle sterben müssen, denn sie setzten sich kaum oder überhaupt nicht zur Wehr, und unser Zorn riß uns zur Grausamkeit hin, so man dies Grausamkeit nennen darf. Schätze führe ich mit mir, die ich unter euch verteilen kann, oder die ihr, besser gesagt, mir nehmen könnt. Ich kann nur hinzufügen, daß ich sie euch gern überlasse; nehmt sie, doch vergeht euch nicht an uns, ihr Herren, denn dadurch würdet ihr euch nicht bereichern, wohl aber euren Namen beschmutzen.‹

Sulpicias Worte schienen mir so wahr und treffend, daß sie mich auch dann erweicht hätten, wenn ich ein Freibeuter gewesen wäre. Einer meiner Fischer sagte: ›Ich lasse mich umbringen, wenn uns hier nicht ein anderer König Leopoldio in die Quere gekommen ist, damit unser tapferer Anführer wieder seine Großmut zeigen kann. Wohlan, edler Periandro, laß Sulpicia frei, denn wir verlangen keinen andern Lohn als den Ruhm, unsere natürlichen Neigungen bezwungen zu haben.‹

›So sei es‹, erwiderte ich, ›da ihr, meine Freunde, es verlangt, und seid überzeugt, daß der Himmel eine solche Tat ebenso zu lohnen weiß, wie er es versteht, böse Taten zu bestrafen. Befreit nun diese Bäume von der schlechten Frucht, die sie tragen, säubert das Verdeck, gebt diesen Frauen die Bewegungsfreiheit wieder und beweist, daß wir ihnen dienen wollen.‹

Mein Befehl wurde ausgeführt, und ebenso überrascht wie erschreckt fiel Sulpicia vor mir auf die Knie. Wie ein Mensch, der nicht begreift, wie ihm geschieht, fand auch sie vorerst keine Worte. Dann befahl sie einer ihrer Frauen, die Kästchen mit dem Schmuck und dem Geld herbeizuschaffen. Die Frau ging, und in einem Augenblick standen, als wären sie vom Himmel gefallen, vier Kästchen voll Schmuck und Geld vor mir. Sulpicia öffnete sie und stellte den ganzen Schatz vor den Augen meiner Fischer zur Schau, so daß dessen Glanz vielleicht oder auch gewiß bei einigen meiner Leute den großmütigen Entschluß zum Wanken brachte, den sie gefaßt hatten, ist es doch ein großer Unterschied, ob man etwas von seinem Besitz abgibt oder ob man sich entschlossen hat aufzugeben, was zu besitzen man erwarten konnte. Sulpicia holte eine kostbare Halskette heraus, an der die darein gefaßten Edelsteine nur so funkelten und sprühten. Sie sagte:

›Nimm dieses Geschmeide, großer Kapitän, und sei es auch nur um der Dankbarkeit willen, mit der ich es dir anbiete: Als das Geschenk einer beklagenswerten Witwe, die sich gestern, von einem schützenden Gatten umsorgt, noch auf dem Gipfel des Glücks sah, heute jedoch den Soldaten, die um dich herumstehen, auf Gnade und Ungnade ausgeliefert ist. Unter sie magst du die Schätze hier aufteilen, heißt es doch, Reichtum habe die Macht, selbst den härtesten Fels zu sprengen.‹

Darauf erwiderte ich: ›Geschenke einer edlen Frau darf man ebensowenig zurückweisen wie eine Gunst, sondern muß sie als hohen Gnadenbeweis schätzen.‹ Dann nahm ich die Kette, wandte mich an meine Soldaten und sagte:

›Dies Geschmeide ist nun mein, ihr meine Soldaten und Freunde, und so kann ich, da es mein Eigentum ist, frei darüber verfügen. Sein Wert ist, wie ich glaube, unschätzbar, weshalb es nicht angebracht ist, daß dieses Kleinod einem einzigen gehöre. So nehme denn die Kette wer will, und bewahre sie auf; wenn wir jemand finden, der sie uns abkauft, dann soll der Erlös unter alle verteilt werden. Was euch nun die große Sulpicia darüber hinaus anbietet, soll nicht angenommen werden, damit sich euer Ruf ins Ungemessene steigere.‹

Darauf entgegnete mir einer meiner Leute: ›Uns, edler Kapitän, wäre es lieber gewesen, du hättest mit deinem Rat nicht vorgegriffen, denn dann hättest du gesehen, daß unsere Gesinnung der deinen entspricht. Gib die Kette zurück; der Ruhm, den du uns vorhersagst, ist auch in unseren Augen so groß, daß keine goldene Kette imstande wäre, ihn einzufassen, noch eine Grenze ihn zu halten vermöchte.‹

»Ich war überaus erfreut über die Antwort meiner Soldaten, und Sulpicia war sehr überrascht über solchen Mangel an Habgier. Schließlich bat sie mich, ich möchte ihr zwölf meiner Leute überlassen, damit sie ihr für die Fahrt nach Bituania als Matrosen und Wache dienten. So geschah

Zweites Buch

es, und die zwölf, die ich auswählte, waren überaus erfreut, weil sie wußten, daß sie ein gutes Werk verrichteten. Sulpicia versorgte uns mit edlen Weinen und vielem Eingemachten, woran es uns gefehlt hatte. Der Wind, der nun auffrischte, verhieß Sulpicia eine ebensogute Fahrt wie uns, die wir kein festes Ziel hatten. Wir nahmen Abschied; ich sagte ihr, wie ich heiße, und nannte auch Carino und Solercio. Sie umarmte uns drei, schenkte den übrigen einen freundlichen Blick zum Abschied, indes ihre Augen Tränen des Schmerzes und Tränen der Freude vergossen, Tränen des Schmerzes, weil sie den Gatten verloren hatte, und Tränen der Freude, weil sie sich frei sah und kein Opfer von Seeräubern geworden war, für die sie uns gehalten hatte. So trennten wir uns.

Ich vergaß zu sagen, daß ich die Halskette Sulpicia zurückgegeben, und sie das Kleinod nur genommen hatte, weil ich sosehr darauf gedrungen. Fast war sie gekränkt, denn sie glaubte, ich schätze sie selber gering ein, da ich ihr Geschenk zurückweise.

Dann beriet ich mich mit meinen Leuten, welchen Kurs wir nehmen sollten, und wieder beschlossen wir, es dem Wind zu überlassen, wohin er uns treiben wolle, müssen doch alle, die die See befahren, sich danach richten oder, wenn der Wind ihnen nicht zusagt, sich treiben lassen, bis er sich zu ihren Gunsten dreht.

Indes brach die Nacht sternhell herein. Ich rief einen Fischer herbei, der uns als Steuermann diente, setzte mich auf dem Vorderkastell hin und begann den Himmel zu betrachten.«

»Ich wette«, sagte hier Mauricio zu seiner Tochter Transila, »daß Periandro jetzt darangehen wird, die ganze Himmelssphäre zu beschreiben, als wäre es für seine Geschichte von Belang, daß er uns die Bewegung des Himmels erläutert. Was mich betrifft, so wünsche ich, daß er mit seiner Geschichte bald zu Ende käme, denn das Verlangen, dieses Land zu verlassen, erlaubt es mir nicht, meine Zeit darauf zu verschwenden, mir anzuhören, welche Sterne Fixsterne sind und welche die Planeten, um so weniger, als ich von deren Bewegungen mehr verstehe als er.«

900   Die Mühen und Leiden des Persiles und der Sigismunda

Während Mauricio solches leise zu Transila sagte, hatte Periandro wieder neuen Atem geschöpft und setzte seine Geschichte, wie folgt, fort:

FÜNFZEHNTES KAPITEL

Periandro fährt in der Erzählung seiner Abenteuer fort und berichtet von einem merkwürdigen Begebnis.

»Tiefer Schlaf erfaßte meine Gefährten; ringsum wurde es still, und ich begann den Matrosen, der mit mir auf Wache war, über mancherlei Dinge der Schiffahrt auszufragen. Plötzlich hob es an zu regnen, nicht etwa in Tropfen, sondern in ganzen Wasserbänken; es schien, als wäre das Meer zu den Wolken hinaufgestiegen und stürzte nun von oben über das Schiff her. Wir erschraken aufs heftigste, sprangen auf, blickten nach allen Seiten, sahen den sternklaren Himmel über uns, ohne irgendein Anzeichen zu finden, das auf Ungewitter deutete, was uns in Erstaunen und Furcht versetzte. Hier sagte der Mann, der mit mir Wache hielt: ›Zweifelsohne kommt dieser Regen von dem Wasser her, das jenes schreckliche Meerungeheuer, welches man Schiffbrecher nennt, aus den Öffnungen bläst, die es unter den Augen hat. Wenn dem so ist, dann sind wir in großer Gefahr, unser Leben einzubüßen. Sogleich müssen alle Kanonen abgefeuert werden, denn nur großer Lärm vermag diese Untiere zu erschrecken und zu verscheuchen.‹

In diesem Augenblick sah ich über dem Schiff einen Kopf auftauchen, der dem eines Lindwurmes glich, und sah, wie das Ungeheuer mit dem Maul nach einem Matrosen griff und ihn ganz, ohne ihn erst zu zerbeißen, verschlang.

›Schiffsbrecher sind's!‹ rief der Steuermann. ›Rasch die Kanonen abgefeuert, mit oder ohne Kugel, das ist gleichviel, denn nur der Lärm und nicht die Kugel kann uns, wie gesagt, von ihnen befreien.‹

Die Angst hatte die Matrosen erfaßt, die sich duckten

Zweites Buch

und nicht wagten, sich aufzurichten, weil sie fürchteten, von jenen Ungeheuern gepackt zu werden; trotzdem beeilten sie sich, die Kanonen abzufeuern, indem einige großes Geschrei erhoben und andere wieder an die Pumpe eilten, um das Wasser dem Wasser zurückzugeben. Wir setzten alle Segel, und so, als wollten wir vor einer starken feindlichen Flotte die Flucht ergreifen, flohen wir vor der drohenden Gefahr, der größten, in die wir bis zur Stunde geraten waren.

Am folgenden Tag, schon dämmerte der Abend, lagen wir an der Küste einer Insel, die keiner von uns kannte. Wir hatten die Absicht, hier Wasser zu nehmen, doch wollten wir, an der Küste liegend, den Morgen abwarten. Wir refften die Segel, warfen die Anker aus und überließen die müden Leiber der Ruhe und dem Schlaf, der mit leisen Schritten herankam und uns alle erfaßte. Dann gingen wir an Land und betraten das liebliche Ufer, dessen Sand – fern sei mir jede Übertreibung! – aus nichts anderem bestand als aus Goldkörnern und kleinen Perlen. Als wir weiter ins Innere der Insel eindrangen, boten sich unseren Blicken Wiesen dar, deren Gräser nicht grün waren, weil Gräser grün sind, sondern weil sie nichts anderes waren als Smaragde. Das frische Grün kam nicht von kristallhellen Bächen, wie man zu sagen pflegt, sondern von Wasserläufen, die aus flüssigen Diamanten bestanden und, durch den Wiesengrund sich schlängelnd, kristallenen Schlangen glichen. Dann erblickten wir einen Wald von unterschiedlichen, überaus schönen Bäumen, deren Schönheit uns in größtes Erstaunen versetzte und alle Sinne erquickte. An einigen Bäumen hingen ganze Girlanden von Rubinen, die wie Weichseln aussahen, oder von Weichseln, die Rubinen glichen. An anderen Bäumen hingen Äpfel, deren eine Seite rosenrot war, indes die andere feinstem Topas glich; auf anderen Bäumen wieder gab es Birnen, die nach Amber dufteten und deren Farbe dem des wolkigen Himmels glich, wenn die Sonne untergeht. Kurz und gut, es reifte alles uns bekannte Obst zu gleicher Zeit, ohne daß der Wechsel der Jahreszeiten darauf Einfluß gehabt: alles war gleicherzeit Frühling, alles Vor- und Hochsommer ohne dessen Beschwerden, und alles war Herbst, angenehmster Herbst, in unglaublicher Fülle. Alles was wir erblickten, schmeichelte unseren Sinnen: die Schönheit und Pracht erfreute die Augen, das sanfte Gemurmel der Quellen und Bäche ergötzte das Gehör, wie auch der Chor der zahllosen Vögel, die mit ihren natürlichen, nicht verkünstelten Stimmen sangen, indes sie von Baum zu Baum und von Zweig zu Zweig flogen, gleichsam in jenem Bereich freiwilliger Gefangenschaft lebten und auf eine Freiheit verzichteten, die ihnen fremd und unnütz war. Der Geruchsinn erfreute sich am Duft, den die Gräser, die Blumen und die Früchte verströmten, den Geschmack ergötzte die Frucht, deren Güte wir versuchten, und der Tastsinn wurde beglückt, als wir sie pflückten und in den Händen hielten, und es uns scheinen wollte, als hielten wir darin die Perlen des Südmeers, die Diamanten Indiens und das Gold des Tibar.«

»Ich bedaure«, sagte hier Ladislao zu seinem Schwiegervater Mauricio, »daß Clodio tot ist, denn, meiner Seel', er hätte über das, was Periandro uns jetzt erzählt, manches zu sagen gewußt.«

»Schweigt, mein Herr und Gebieter«, sagte Transila zu ihrem Gemahl. »Was immer Ihr auch sagt, Ihr müßt gestehen, daß Periandro seine Erzählung gut fortsetzt.«

Dieser pflegte, wie gesagt, jedesmal, wenn die Zuhörer einander etwas zu sagen hatten, eine Pause zu machen, um dann wieder in seiner Erzählung fortzufahren, denn eine lange, nie unterbrochene, wenn auch gute Erzählung ermüdet und ärgert eher, als daß sie ergötzt.

»Was ich bisher gesagt habe«, fuhr Periandro fort, »ist nichts, denn das, was mir noch zu sagen bleibt, übersteigt jede Vorstellung und selbst den besten Willen, mir zu glauben. Schaut wieder hin zur Insel, meine Lieben, und ihr werdet sehen, wie aus dem Innern eines Felsens heraus – wie wir es sahen, ohne daß es eine Augentäuschung war – ich will sagen, daß wir als erstes aus der Felsspalte heraus einen überaus süßen Ton vernahmen, der an unser Ohr drang und uns zwang hinzuhören, ein Ton, der von verschiedenen Musikinstrumenten hervorgebracht wurde; dann

Zweites Buch

kam ein Wagen, der – ich könnte den Werkstoff, aus dem
er gemacht, nicht beschreiben, wohl aber seine Form – aussah wie das Wrack eines Schiffes, das einen schweren Sturm
hinter sich hatte. Den Wagen zogen zwölf mächtige Affen,
unzüchtige Tiere, und auf dem Wagen stand eine ausnehmend schöne Frau in einem buntschillernden langen Pracht-
gewand, auf dem Haupt einen Kranz aus giftgelben Lor-
beerrosen. Sie stützte sich auf einen schwarzen Stab, an
dem ein Täfelchen oder Schild befestigt war, auf dem zu
lesen stand: SINNLICHKEIT. Hinter ihr her gingen viele
schöne Frauen, hielten unterschiedliche Instrumente in den
Händen und machten eine bald heitere, bald traurige
Musik, die aber immer verlockend klang.

Meine Gefährten und ich standen sprachlos da, als
wären wir stumme Marmorstatuen. Die Sinnlichkeit näherte sich mir und sagte halb zürnend, halb sanft:

›Daß du mein Feind bist, edler Jüngling, wird dich zwar
nicht das Leben, wohl aber die Freude daran kosten.‹

Nachdem sie dies gesagt, fuhr sie weiter, und die Mu-
sikantinnen rissen – so kann man es wohl nennen – sieben
oder acht meiner Matrosen an sich, schleppten sie mit und
kehrten, ihrer Gebieterin folgend, durch die Spalte in den
Felsen zurück. Ich wandte mich meinen Leuten zu, um sie
zu fragen, was sie von alledem hielten; allein daran hinderte mich ein anderer Ton oder andere Töne, die an unser
Ohr schlugen. Sie waren von jenen, die wir vorher vernommen hatten, sehr verschieden, waren sie doch lieblicher, einhelliger. Diese Musik wurde von einer Schar
schönster Frauen gemacht, die allem Anschein nach Jungfrauen waren, nein, es sicher waren ihrer Anführerin wegen,
denn ihnen voran schritt Auristela, meine Schwester, deren
überirdische Schönheit zu preisen ich nicht unterlassen
wollte, stünde sie mir nicht so nahe. Was hätte ich damals
nicht alles hingegeben für jenes Wiederfinden? Ich hätte
auch das Leben dafür gegeben, wäre ich damit nicht auch
des kostbaren Schatzes beraubt worden, den ich so unerwartet gefunden hatte. Meiner Schwester zur Seite gingen
zwei Jungfrauen, von denen die eine mir sagte:

›Wir beide sind die Enthaltsamkeit und die Scham,

Freundinnen und Gefährtinnen für immer der Keuschheit, die sich dir heute in Gestalt deiner Schwester Auristela zeigen wollte. Wir werden Auristela nicht verlassen, bis ihre Mühen, Leiden und Irrfahrten in der seligen Stadt Rom ein freudiges Ende finden.‹

Dann, erfüllt von solch beglückender Botschaft, voll des Staunens über die Erscheinung und ob der Einzigartigkeit und der Macht dieses seltsamen, unerhörten Begebnisses meiner selbst ungewiß, erhob ich die Stimme, um die Seligkeit auszusprechen, die mich ganz ergriffen hatte. Ich wollte sagen: ›O ihr einzigen Trösterinnen meiner Seele! O ihr Köstlichstes, zu meinem Heil gefunden, lieblich und beglückend, jetzt und in aller Ewigkeit ...!‹ Allein die Inbrunst, die ich dareinsetzte, dies auszudrücken, war solcherart, daß die liebliche Erscheinung verschwand, ich erwachte und mich mit meinen Leuten, von denen keiner fehlte, auf dem Schiffe wiederfand.«

Hier fragte Constanza:

»Da habt Ihr, Herr Periandro, also geträumt?«

»Ja«, entgegnete dieser, »denn all mein Glück ist nur ein Traum.«

»Ich wollte«, sagte Constanza, »Fräulein Auristela, meine Gebieterin, schon fragen, wo sie die ganze Zeit gewesen, da wir nichts von ihr hörten.«

»Mein Bruder«, sagte Auristela, »hat seinen Traum solcherart erzählt, daß selbst ich daran zweifelte, ob er dies wirklich erlebt oder nur geträumt hatte.«

Mauricio fügte hinzu:

»Das ist die Macht der Einbildungskraft, die uns die Dinge so lebhaft vorspiegelt, daß sie sich unserer Vorstellung ganz bemächtigen und wir für Wirklichkeit halten, was in Wahrheit nur erdichtet ist.«

Arnaldo schwieg indes und bedachte die Glut und die Hingabe, mit der Periandro seine Geschichte erzählte; allein weder aus der Glut noch aus der Hingabe des Erzählers konnte er sich Gewißheit darüber verschaffen, ob Auristela und Periandro wirklich Geschwister seien oder nicht, ein Verdacht, den ihm der nun tote Meuchelredner Clodio eingeflößt hatte.

Zweites Buch

Schließlich wandte er sich an Periandro und sagte:

»Fahr mit deiner Erzählung fort, Periandro, allein erzähle keine Träume mehr, denn ein erregtes Gemüt bringt immer viele verworrene Träume hervor. Überdies erwartet die unvergleichliche Sinforosa, daß du endlich so weit kommst zu berichten, woher du das erste Mal auf diese Insel gekommen und dann als Sieger aus den Wettkämpfen hervorgegangen bist, die hier jedes Jahr zur Erinnerung der Thronbesteigung ihres Vaters veranstaltet werden.«

»Die Freude an dem, was ich geträumt«, erwiderte Periandro, »hat mich vergessen lassen, wie unpassend die Abschweifungen in einer Geschichte sind, die gedrängt sein und nicht in die Länge gezogen werden soll.«

Policarpo schwieg. Seine Augen hatten genug damit zu tun, Auristela anzublicken, und seine Gedanken waren allzusehr mit ihr beschäftigt, weshalb es ihn wenig oder überhaupt nicht bekümmerte, ob nun Periandro erzählte oder schwieg. Periandro jedoch, der nun merkte, daß einige seiner Zuhörer der Länge der Erzählung müde wurden, beschloß, sich von nun an kürzer zu fassen und den Bericht mit dem geringsten Aufwand an Wörtern fortzusetzen, weshalb er also fortfuhr:

SECHZEHNTES KAPITEL

Periandro setzt seine Erzählung fort.

»Ich erwachte, wie gesagt, beriet mich mit meinen Gefährten, welchen Kurs wir einschlagen sollten, und es wurde beschlossen, daß wir dies wiederum dem Wind anheimstellen wollten, denn da wir Seeräuber suchten – diese segeln nie gegen den Wind –, mußten wir solcherart einmal auf sie stoßen. Übrigens war ich vom Traum dermaßen benommen, daß ich Carino und Solercio fragte, ob sie ihre Gattinnen in Begleitung Auristelas gesehen hätten, die mir im Traum erschienen war. Sie lachten über meine Frage, baten, ja zwangen mich, ihnen den Traum zu erzählen.

Zwei Monate lang befuhren wir das Meer, ohne daß uns irgendein Begebnis von Bedeutung begegnet wäre, es sei denn, daß wir es von mehr als sechzig Piratenschiffen säuberten. Ihren Raub – es handelte sich bei allen um echte Seeräuber – brachten wir in unser Schiff und füllten es mit gewaltiger Beute, worüber meine Gefährten sehr erfreut waren und es ihnen nicht leid war, den Beruf eines Fischers mit dem eines Freibeuters vertauscht zu haben, beraubten sie doch nur Räuber und eigneten sich nur gestohlenes Gut an.

Es geschah, daß in einer Nacht der Wind auffrischte und uns keine Zeit mehr ließ, die Segel zu reffen oder zu verringern, sondern sie solcherart spannte und blies, daß wir mehr als einen Monat in der gleichen Richtung fortgetrieben wurden. Mein Steuermann hatte die Polhöhe an der Stelle aufgenommen, wo uns die steife Brise gepackt, und berechnete die Meilenzahl, die wir in der Stunde zurücklegten, wie auch die Tage, die wir zurückgelegt hatten. Dabei fand er heraus, daß wir mehr oder weniger vierhundert Meilen hinter uns gebracht hatten. Wieder nahm der Steuermann die Polhöhe auf; allein als er feststellte, daß wir gerade unter dem Nordstern lagen, und zwar in den norwegischen Gewässern, rief er bekümmert aus:

›Wehe uns, wenn der Wind es uns nicht erlaubt beizudrehen und einen anderen Kurs zu nehmen, denn mit diesem Kurs wird auch unser Leben enden, sind wir doch im Eismeer, im zufrierenden Meer, will ich sagen, und wenn uns hier das Eis überrascht, dann werden wir in diesen Gewässern festgehalten.‹

Kaum hatte er solches gesagt, als wir schon verspürten, wie unser Schiff seitlich und mit dem Kiel an etwas wie bewegliche Felsen stieß, woran wir erkannten, daß das Meer schon zuzufrieren begann und die Eisberge, die sich im Wasser formten, das Schiff daran hinderten, seine Fahrt fortzusetzen. Wir refften sogleich die Segel, damit das Schiff durch den Anprall nicht leck würde; allein den ganzen Tag und die ganze Nacht hindurch fror das Wasser so fest und hart zu, daß das Eis uns umgab und solcherart einfaßte, wie der Edelstein im Ring eingefaßt ist. Fast zur

Zweites Buch

gleichen Zeit begann der Frost unsere Leiber zu erstarren und unsere Herzen zu bekümmern, und die Furcht tat angesichts der unmittelbaren Bedrohung das ihre, so daß wir uns nur soviele Tage an Leben zubilligten, als wir Nahrungsmittel im Schiffe vorrätig hatten. Sogleich wurden die Nahrungsmittel aufs genaueste berechnet und so kärglich gleich an jeden verteilt, daß uns bald der Hunger mit dem Tod bedrohte. Wir hielten Ausschau nach allen Seiten und erblickten außer einer dunklen Erhebung, die so an die sechs bis acht Meilen von uns sich abzeichnete, nichts, was unsere Hoffnung hätte beleben können. Wir nahmen allsogleich an, daß jene dunkle Erhebung ein Schiff sein müßte, das durch das gleiche Unheil, das uns betroffen hatte, im Eise festgehalten wurde. Dieses Unheil übertraf alle Gefahren, die mir bis dahin begegnet waren, denn die ständige Angst und die unüberwindliche Furcht zermürben mehr als der Tod, der einen unmittelbar bedroht. Bei einem raschen Ende erspart man sich alle Ängste und Schrecken, die mit dem Tod einhergehen, Ängste und Schrecken, die genau so schlimm sind wie der Tod selbst. Der Tod nun, der uns bedrohte, ein langsamer Hungertod, ließ uns einen verwegenen, wenn nicht verzweifelten Entschluß fassen; wir bedachten, daß uns die Nahrungsmittel ausgehen würden, und der uns dann drohende Hungertod das schlimmste wäre, das sich der Mensch vorzustellen vermöchte, und so beschlossen wir, unser Schiff zu verlassen und den Weg über das Eis nach jener Erhebung zu nehmen, um zu sehen, ob wir dort freiwillig oder mit Gewalt eine Abhilfe unserer Nöte fänden.

Wir setzen unseren Beschluß sogleich in die Tat um, und in einem Augenblick stand auf dem Wasser trockenen Fußes eine zwar kleine, aber überaus tapfere Schar kampfesmutiger Soldaten, deren Anführer ich war. Ausgleitend, bald fallend, bald wieder uns erhebend, langten wir bei jenem Schiff an, das fast ebenso groß war wie das unsere. Auf dem Verdeck standen Leute, blickten über die Bordwand auf uns nieder, indes einer von ihnen, in Vorahnung dessen, was uns hierhergeführt, ausrief:

›Was wollt ihr von uns, Unglückliche? Was sucht ihr?

Kommt ihr vielleicht, unseren Tod zu beschleunigen und
mit uns zu sterben? Kehrt auf euer Schiff zurück, und sollte
es euch an Nahrung fehlen, dann beißt in die Taue und
füllt eure Mägen mit den geteerten Hölzern, wenn ihr dies
könnt. Wenn ihr meint, wir könnten euch hier aufnehmen,
dann seid ihr im Irrtum; ihr verstoßt auch gegen den
Grundsatz der Barmherzigkeit, die bei einem selber anfangen muß. Zwei Monate, sagt man, pflegt das Eis, das
uns hier festhält, zu dauern; unsere Nahrungsmittel reichen
nur für vierzehn Tage; ob es gerecht wäre, sie noch mit
euch zu teilen, das mögt ihr euch selber fragen.‹
    Darauf entgegnete ich:
    ›Wer in Lebensgefahr ist, schiebt die Vernunft beiseite;
ihm gilt keine Rücksicht, und er hält sich an keine Übereinkunft. Gebt uns freiwillig Zuflucht auf eurem Schiff;
wir legen die uns verbliebenen Nahrungsmittel zu den
euren und essen dann gemeinsam mit euch in aller Freundschaft, was wir haben. Wenn ihr ablehnt, dann zwingt uns die
Not, die Waffen zu gebrauchen und Gewalt anzuwenden.‹
    Diese Antwort gab ich, weil ich annahm, daß sie mir
die Vorräte an Nahrungsmitteln auf ihrem Schiff falsch
angegeben hatten; allein sie, die in der Überzahl waren
und die bessere Stellung einnahmen, fürchteten weder unsere Drohungen noch schenkten sie unseren Bitten Gehör;
sie griffen zu den Waffen und schickten sich zur Verteidigung an. Die Unsern, die vor Verzweiflung aus tapferen
Leuten zu Helden wurden und ihre Kühnheit zu Tollkühnheit werden ließen, griffen das Schiff an, erzwangen
fast ohne Verwundung den Zugang und nahmen es ein.
Meine Gefährten verlangten einhellig, wir sollten alle
töten, damit wir uns der Last und der Mägen entledigten,
durch die uns die zusätzlichen Nahrungsmittel wieder entgingen. Ich war der entgegengesetzten Meinung, die vielleicht auch vom Himmel gutgeheißen wurde, der uns, wie
ich gleich berichten werde, zu Hilfe kam. Vorerst möchte
ich euch jedoch sagen, daß dieses Schiff kein anderes war,
als das der Korsaren, die meine Schwester und die beiden
jungen Fischerfrauen geraubt hatten. Kaum hatte ich die
Leute erkannt, als ich sie anschrie:

Zweites Buch

›Wo habt ihr unser Liebstes, ihr Räuber? Wo habt ihr die andere Hälfte des Lebens, die ihr uns geraubt? Was habt ihr mit meiner Schwester Auristela getan, was habt ihr mit Selviana und Leoncia, denen die Herzen meiner Freunde Carino und Solercio gehören, angefangen?‹

Darauf erwiderte einer: ›Die Fischerfrauen, von denen du sprichst, hat unser Anführer, der tot ist, an Arnaldo, den Prinzen von Dänemark, verkauft.‹«

»So verhält es sich in der Tat«, sagte hier Arnaldo, »denn ich kaufte Auristela, Cloelia, ihre Amme, und zwei überaus schöne Jungfrauen weit unter ihrem Wert von einigen Seeräubern, die sie mir angeboten hatten.«

»Gott steh mir bei!« sagte hier Rutilio. »Auf welchen Umwegen und durch welche Verwicklungen sich doch die Fäden deiner wunderbaren Geschichte verknüpfen, o Periandro!«

»Doch bist du es uns, die wir alle bereit sind, dir gefällig zu sein, schuldig«, fügte Sinforosa hinzu, »daß du deine Erzählung abkürzst, o du wahrer und geschickter Erzähler!«

»Das werde ich tun«, erwiderte Periandro, »sofern es möglich ist, große Dinge in kurzen Worten auszudrücken.«

SIEBZEHNTES KAPITEL

Auf Zenotias Drängen übt Policarpo Verrat an seinen Gästen. Seine Untertanen stoßen ihn vom Thron und töten Zenotia. Die Fremdlinge verlassen die Insel des Policarpo und gelangen zur Insel der Klausen.

Daß Periandro seine Erzählung so lange hinauszog, war keineswegs nach Policarpos Geschmack, denn er konnte sich weder genug sammeln, um Periandro mit einiger Aufmerksamkeit zuzuhören, noch fand er dabei genug Ruhe, um reiflich zu überlegen, was er unternehmen sollte, um sich Auristelas zu versichern, ohne dadurch den Ruf der Großmut und der Redlichkeit, in dem er stand, einzubüßen.

Dabei bedachte er den hohen Rang seiner Gäste, unter denen Arnaldo, Prinz von Dänemark nicht durch Wahl, sondern von Geburt, hervorragte. Aber auch Periandro mußte er seines Betragens, seiner Anmut und seiner Haltung wegen für einen Mann von Rang halten, und Auristela ihrer Schönheit wegen für eine erlauchte Dame. Gern hätte er seine Begierden auf dem geraden Wege ohne Umschweife und Hintergedanken gestillt und alle Einwände und Einsprüche durch den Hinweis auf seinen Wunsch nach einer Ehe zum Schweigen gebracht. Da sein hohes Alter annehmen ließ, es erlaube ihm keinerlei Begierde mehr, konnte er sie verheimlichen, und schließlich ist es zu allen Zeiten besser zu heiraten, als im Feuer seiner Begierden zu verbrennen. Sie wurden noch angestachelt durch die hinterhältige Zenotia, die vom gleichen Begehren getrieben und geplagt wurde. So kamen beide überein, ihren Plan noch vor einer weiteren Fortsetzung von Periandros Erzählung zu verwirklichen, einen Plan, der darin bestand, daß in der zweiten Nacht in der Stadt blinder Waffenalarm gegeben und der Palast an drei oder vier Stellen angezündet werden sollte, wodurch sich jeder der Betroffenen gezwungen sähe, an seine Rettung zu denken; in der Verwirrung und dem Durcheinander, die notwendigerweise daraus entstünden, sollten eigens dazu bestellte Leute Antonio, den jungen Barbaren, und die schöne Auristela entführen. Der König befahl Policarpa, seiner Tochter, sie solle, so als wäre sie von christlicher Barmherzigkeit erfüllt, Arnaldo und Periandro zu gegebener Zeit von der Gefahr, in der sie schwebten, unterrichten, ohne jedoch etwas von der geplanten Entführung zu verlauten; sie sollte ihnen sagen, daß ihre Rettung darin bestünde, sich an den Strand zu begeben, wo sie im Hafen eine Fregatte vorfänden, die sie aufnehmen würde.

Die vorgesehene Nacht kam heran; zur dritten Stunde begann der Waffenlärm, der alle Leute in der Stadt in helle Aufregung versetzte und in größte Verwirrung stürzte. Hell begann der Brand aufzulodern, wobei sich mit der Glut des Feuers auch die Glut im Herzen Policarpos mehrte. In völliger Ruhe begab sich seine Tochter

Zweites Buch   911

zu Arnaldo und Periandro und enthüllte ihnen den Plan
ihres – aus Liebe – zum Verräter gewordenen Vaters, der
nichts weniger anstrebe, als sich Auristelas und des jungen
Barbaren zu bemächtigen, ohne daß irgendeine Spur auf
seinen Verrat hinweise und niemand an seiner Ehre rühre.
Als Arnaldo und Periandro solches vernahmen, holten sie
Auristela, Mauricio, Transila, Ladislao, die beiden Antonio, Vater und Sohn, Ricla, Constanza und Rutilio und
dankten Policarpa für die Warnung. Als geschlossene
Gruppe gingen sie, die Männer voran, – unbehindert, wie
Policarpa ihnen gesagt – zum Hafen, wo sie sogleich von
der Fregatte aufgenommen wurden. Steuermann und Matrosen waren von Policarpo gekauft und angewiesen, im
Augenblick, wo die Leute, die als Flüchtlinge kämen, das
Schiff beträten, in See zu stechen und nicht eher anzulaufen,
bevor sie nicht in England oder in einem anderen Hafen
jenseits jener Insel angekommen wären.

   Inmitten des verworrenen Geschreis und dem unaufhör-
lichen Ruf ›Zu den Waffen!‹, indes noch das Feuer pras-
selte und um sich griff – als wüßte es, daß der Besitzer
jenes Palastes es ihm erlaubt habe, alles in Schutt und Asche
zu legen –, schlich sich Policarpo hinweg, um zu erkunden,
ob der Raub der Auristela gelungen sei, und gleicherweise
forschte die Zauberin Zenotia nach, wie es mit dem Raub
Antonios gegangen sei. Als Policarpo jedoch erfuhr, daß
alle sich eingeschifft und keiner zurückgeblieben sei, was er
schon geahnt hatte und die Wirklichkeit ihm jetzt bestätigte, befahl er, daß sämtliche Basteien und die im Hafen
liegenden Schiffe ihr Geschütz gegen die ausgelaufene
Fregatte abzufeuern hätten. Das Donnern der Geschütze
mehrte den Lärm, und die Angst erfaßte die Herzen aller
Bewohner der Stadt, die nicht wußten, welche Feinde sie
angriffen oder welches sonstige Unheil über sie hereinge-
brochen sei.

   Indes suchte die verliebte Sinforosa, die den Zusammenhang der Ereignisse nicht kannte, ihr Heil in der Flucht
und setzte alle Hoffnung in ihre Unschuld. Mit wanken,
zitternden Schritten stieg sie auf einen hohen Turm des
Palastes, der ihrer Meinung nach Schutz bot vor dem Feuer,

das wütend alle Teile des Palasts verheerte. Policarpa gelang es noch, sich zu ihrer Schwester zurückzuziehen, der sie die Flucht der Gäste so berichtete, als wäre sie selbst dabeigewesen. Ob dieser Nachricht fiel Sinforosa in Ohnmacht, und Policarpa reute es sehr, ihr dies mitgeteilt zu haben.

Der Morgen kam, verheißungsvoll für alle, die hofften, mit dem Tag auch die Ursache oder die Ursachen der nächtlichen Unruhe in Erfahrung zu bringen; im Herzen Policarpos jedoch brach die Nacht des schrecklichsten Jammers an, den man sich vorzustellen vermag. Zenotia biß sich die Hände wund und verwünschte ihre trügerische Kunst samt den Verheißungen ihrer verfluchten Lehrer. Nur Sinforosa lag noch in Ohnmacht; Policarpa beweinte das traurige Geschick der Schwester, indes sie zu tun versuchte, was in ihrer Macht stand, um jene wieder zu Bewußtsein zu bringen. Endlich kam Sinforosa zu sich, blickte ins Meer hinaus, sah dort die Fregatte dahinsegeln, die ihr die andere Hälfte, nein, den größten Teil ihres Herzens entführte, und wie eine betrogene Dido, die über einen flüchtenden Äneas klagt, schickte sie ihre Seufzer hinauf zum Himmel, netzte die Erde mit Tränen und schrie ihren Jammer in die Lüfte, indes sie etwa folgendes sagte:

»O schöner Fremdling, der du zu meinem Unglück an diese Küste gekommen bist! Gewiß, ich kann dich keinen Betrüger nennen, denn ich bin nicht einmal so glücklich gewesen, aus deinem Munde, mir zur Täuschung bestimmt, Liebesworte zu vernehmen! Reffe die Segel oder kürze sie, damit meine Augen das Schiff noch länger erblicken, dessen Anblick mich tröstet, da du in ihm fährst! Bedenke, o mein Geliebter, mein Herr, daß du fliehst vor der, die dir folgt, daß du dich entfernst von der, die dich sucht, und daß du mir zeigst, wie du die verabscheust, die dich liebt! Tochter bin ich eines Königs; zufrieden wäre ich, deine Sklavin zu sein, und bin ich dir nicht schön genug, daß ich dein Auge erfreute, so habe ich doch ein Herz so voll Liebe, daß ich auch den größten Liebesdurst zu stillen vermöchte. Achte nicht darauf, daß die ganze Stadt in Flammen steht, denn kehrst du zurück, dann wäre dieser Brand ein Freu-

Zweites Buch

denfeuer um deiner Rückkehr willen gewesen. Reichtum besitze ich, mein übereilter Flüchtling, verborgen an einer Stelle, wo das Feuer, sosehr es auch danach suche, ihn nicht erreichen kann, bewahrt ihn doch der Himmel für dich allein.«

Hier wandte sie sich ihrer Schwester zu und sagte:

»Scheint dir nicht auch, meine Schwester, daß man die Segel etwas gekürzt hat? Scheint dir nicht auch, daß das Schiff nicht mehr so rasch dahinfliegt? Gott, mein Gott! Sollte es ihn reuen? Gott, mein Gott, vielleicht hält meine Liebe zu ihm das Schiff wie ein Anker!«

»Ach Schwester!« erwiderte Policarpa. »Täusche dich nicht, pflegen doch stets die glühendsten Wünsche und die größte Enttäuschung Hand in Hand zu gehen. Das Schiff fliegt dahin, ohne daß deine Liebe es wie ein Anker zurückhält, wie du sagst, schwellen doch deine Seufzer mehr noch die Segel.«

Überraschend trat der König, ihr Vater, zu ihnen, wollte er doch vom hohen Turm, nicht wie seine Tochter nur die Hälfte des Herzens, sondern das ganze Leben, das vor ihm f.oh, noch einmal erblicken; allein das Leben, das vor ihm f.oh, war nicht mehr zu sehen. Die Leute, die es auf sich genommen, den Palast anzuzünden, mußten nun auch den Brand löschen. Die Bürger erfuhren die Ursache des Tumults, hörten von der üblen Begierde ihres Königs Policarpo, wußten bald um die Betrügereien und die Ratschläge der Zauberin Zenotia, und am selben Tag noch entthronten sie den König und knüpften Zenotia an einer Rahe auf. Sinforosa und Policarpa wurden ihrem Rang entsprechend gehalten, und ihrem Verdienst entsprach auch ihr weiteres Los; freilich kam Sinforosa damit nicht an das Ziel ihrer Wünsche, hielt doch das Schicksal für Periandro eine andere, größere Glückseligkeit bereit.

Die Flüchtlinge jedoch, die sich alle in Freiheit vereint sahen, wurden nicht müde, dem Himmel für ihre Errettung zu danken. Von den Schiffsleuten erhielten sie die verräterischen Pläne Policarpos bestätigt; allein sie schienen ihnen nicht so sträflich, daß sie nicht noch eine Entschuldigung dafür gefunden hätten, war es doch die Liebe, die

Policarpo jene Pläne eingegeben hatte. Diese Entschuldigung gilt selbst noch für schlimmere Vergehen, denn sobald sich die Liebesleidenschaft einer Seele bemächtigt, gibt es keine Überlegung und keinen vernünftigen Einwand, über den sie sich nicht hinwegsetzen würde.

Das Wetter war schön, und blies auch ein steter Wind, so blieb die See doch ruhig. Zum Ziel ihrer Fahrt hatten sie sich England gesetzt, wo sie dann beschließen wollten, was am besten zu tun wäre. So segelten sie in aller Ruhe dahin, und keine Furcht, keine Besorgnis vor einem widrigen Begebnis erschreckte sie. Drei Tage lang war die See friedlich, und drei Tage lang war der Wind ihnen günstig; allein am vierten Tag, als die Sonne sich senkte, begann die Brise stärker aufzufrischen, das Meer unruhig zu werden; die Matrosen befürchteten einen Sturm. Die Unbeständigkeit des Lebens und die Unbeständigkeit des Meeres sind einander ein Gleichnis, denn weder das Leben noch das Meer lassen auf längere Zeit hin irgendwelche Beständigkeit erhoffen. Ihr Glücksstern wollte es aber, daß sie, als schon die Furcht härter nach ihnen griff, eine nahe Insel entdeckten, die den Seeleuten unter dem Namen ›Insel der Klausen‹ bekannt war. Darob waren die Matrosen nicht wenig erfreut, denn sie wußten, daß die Insel zwei sichere Buchten hatte, die groß genug waren, um zwanzig Schiffe aufzunehmen; so konnten auch sie sich einer der Buchten als Nothafen bedienen. Die Matrosen berichteten auch, daß in einer der Klausen ein vornehmer französischer Ritter namens Renato Gott als Klausner diene, indes sich eine edle Französin namens Eusebia in der anderen Klause dem Dienst des Herrn widmete; die Geschichte der beiden Klausner sei die wundersamste, die man je vernommen. Sowohl das Verlangen, die Geschichte zu erfahren, als auch der Wunsch, vor dem befürchteten Sturm eine Zuflucht zu finden, bewogen sie, den Kiel nach der Insel zu wenden. Dies geschah mit solcher Geschicklichkeit, daß sie sogleich in eine der Buchten einliefen, wo sie, ohne daß sie irgend jemand daran gehindert hätte, vor Anker gingen. Da Arnaldo wußte, daß die Insel nur vom Klausner und der Klausnerin bewohnt war, und er Auristela und Transila,

Zweites Buch   915

die von der Seereise ermüdet waren, eine Freude bereiten
wollte, befahl er im Einverständnis mit Mauricio, Ladislao, Rutilio und Periandro, man möge das Beiboot aussetzen, damit sie alle an Land könnten, um dort, vom Seegang verschont, die Nacht in Ruhe zu verbringen. Antonio,
der Vater, jedoch meinte, er, sein Sohn, Ladislao und Rutilio sollten auf dem Schiff als Wache zurückbleiben, denn
die bisher nur wenig erprobte Treue der Schiffsleute dürfte
ihnen kein allzugroßes Vertrauen einflößen.

Schließlich blieben die beiden Antonio, Vater und Sohn,
bei den Matrosen zurück, deren liebstes Land die geteerten
Planken der Schiffe sind; angenehmer dünkt sie der Geruch
des Teers und des Pechs der Schiffe als den übrigen Leuten
der Duft der Blumen, der Rosen und der Amaranthen in
ihren Gärten.

Im Windschatten eines Felsens ließen sich die Landgän-
ger nieder und schützten sich vor der Nachtkälte im Schein
eines Feuers, das sie rasch aus abgebrochenen dürren Ästen
bereitet hatten. Da sie es gewohnt waren, ähnliche Beschwerden auf sich zu nehmen, verbrachten sie sorglos die
Nacht, zumal ihnen Periandro, der sich Transilas Wunsch,
er möge mit seiner Geschichte fortfahren, fügte, die Zeit
verkürzte. Wenn er sich auch anfangs geweigert hatte, so
mußte er seine Geschichte doch auf die Bitten Arnaldos,
Ladislaos und Mauricios hin, die von Auristela, der Zeit
und dem Anlaß begünstigt wurden, fortsetzen.

ACHTZEHNTES KAPITEL

Von der freundlichen Aufnahme, die sie auf der Insel der Klausen fanden.

»Wenn es, wie niemand bestreiten kann, wahr ist, daß es
überaus beglückt, in Zeiten der Ruhe vom Sturm, im Frieden von den Schrecken des beendeten Krieges und in gesunden Tagen von der überstandenen Krankheit zu erzählen, so muß es auch mich beglücken, jetzt in dieser Stille

und Ruhe von meinen Mühen und Leiden zu berichten. Wenn ich auch jetzt noch nicht sagen kann, ich wäre schon von weiteren Mühen und Leiden verschont, so waren doch meiner Drangsale so viele, daß ich jetzt behaupten darf, ich ruhte mich aus. Es gehört zur Art des Menschen zu glauben, ein Glücksfall müsse den andern nach sich ziehen, ohne daß dies je ein Ende nähme, und so verhält es sich auch mit den Schicksalsschlägen. Die Mühen und Leiden, die ich bis jetzt zu ertragen gehabt, haben, wie mir scheint, den höchsten Stand des Jammers erreicht und müssen nun weniger werden, denn wenn einem im äußersten Unglück nicht der Tod, das allerletzte, begegnet, dann muß das Geschick sich wenden, nicht vom Schlechten zum Schlimmen, sondern vom Schlechten zum Guten und vom Guten zum Bessern. Da ich nun aber meine Schwester, die eigentliche und notwendige erste Ursache all meiner Leiden und Freuden, wieder bei mir habe, verspreche ich mir in dieser Lage als gewiß, daß ich den Gipfel jenes Glücks erreichen werde, das ich mir nur zu wünschen vermöchte.

Und so, von solch erfreulichen Gedanken erfüllt, erinnere ich daran, daß ich auf dem Schiff meiner rasch überwundenen Feinde war und dort, wie schon gesagt, erfuhr, daß die Seeräuber meine Schwester, die beiden jungvermählten Fischerinnen und Cloelia an den hier anwesenden Prinzen Arnaldo verkauft hatten.

Indes meine Leute das erbeutete, eingefrorene Schiff nach Nahrungsmitteln durchsuchten, erblickten wir mit einem Male ein Heer von mehr als viertausend Bewaffneten, das von der Landseite her anrückte. Dieser Anblick ließ uns noch mehr erstarren, als das Meer erstarrt war, und wir nahmen die Waffen fester zur Hand, mehr um uns als Männer zu erweisen, statt um uns wirklich zu verteidigen. Die Leute rückten heran, indem sie sich zum Gehen immer nur eines Beines bedienten, wobei sie mit dem rechten Fuß auf die linke Ferse schlugen, sich in Bewegung setzten und eine lange Strecke auf dem zugefrorenen Meer dahinglitten; dann stießen sie wieder ab und glitten wiederum ein weiteres Stück dahin. Auf diese Weise waren sie im Nu bei uns angelangt, schlossen uns ein, und

Zweites Buch

einer der Leute, ihr Anführer, wie ich später erkannte, glitt auf Hörweite an unser Schiff heran, schwang zum Zeichen des Friedens ein weißes Tuch in der erhobenen Rechten und sagte laut und deutlich in polnischer Sprache:

›Cratilo, König von Bituania und Herr dieser Gewässer, pflegt diese Meere von bewaffneten Streifen absuchen zu lassen, um die Schiffe, die im Eise festsitzen, zu befreien oder, sollte dies nicht möglich sein, die Menschen und Güter daraus zu bergen. Für diese Leistung macht er sich dadurch bezahlt, daß er sich die Güter dieser Schiffe aneignet. Wenn ihr bereit seid, euch kampflos auf diesen Brauch einzulassen, dann seid ihr eures Lebens und eurer Freiheit gewiß; ihr werdet nicht gefangengenommen. Überlegt darum, ob ihr darauf eingehen wollt, und wenn nicht, dann rüstet euch zur Verteidigung gegen unsere immer siegreichen Waffen.‹

Die Kürze und die Bündigkeit des Sprechers gefiel mir. Ich sagte ihm jedoch, er möge mir die Zeit geben, mich mit meinen Leuten zu beraten. Meine Fischer waren der Meinung, daß der Tod zwar das Ende aller Übel, aber auch der Übel größtes sei, weshalb man das Leben auf jede Weise, nur auf ehrlose nicht, erhalten solle. Da nun der Vorschlag nichts Entehrendes für uns enthalte und der Tod uns ebenso gewiß sei wie die Verteidigung zweifelhaft, sei es besser, sich zu ergeben und das widrige Geschick auf uns zu nehmen, das uns jetzt entgegenstehe, denn es könnte auch sein, daß es unser Leben für bessere Zeiten bewahre. Dies sagte ich dem Anführer fast mit den gleichen Worten, und sogleich brachen seine Leute, mehr kriegerisch als friedlich, über das Schiff herein, das im Nu ausgeplündert war. Die Beute, einschließlich der Kanonen und des Tauwerkes, luden sie auf einige Rindshäute, die sie auf dem Eise ausgebreitet hatten; dann banden sie die Häute zu einem Bündel zusammen, sicherten sie solcherart, daß nichts verlorengehen konnte, wenn sie die Bündel an Strikken hinter sich herzogen. Sie kaperten ebenso alles, was sie auf unserem eigenen Schiff vorfanden, ließen auch uns auf Rindshäuten Platz nehmen und schleiften uns unter fröhlichem Geschrei ans Festland, das so an die zwanzig Meilen vom Schiff entfernt lag. Mir scheint es eine überaus bemerkenswerte Sache zu sein, so viele Leute trockenen Fußes auf dem Meer dahingehen zu sehen, ohne daß der Himmel solches durch ein Wunder bewirke.

Kurz gesagt, es war schon Nacht, als wir das Festland erreichten, von wo wir nicht vor dem nächsten Morgen weiterziehen sollten. Am Morgen sahen wir den Strand von einer gewaltigen Menge Menschen wimmeln, die gekommen waren, um zu sehen, welche Beute von den im Eise festsitzenden Schiffen eingebracht worden sei. Unter der Menge war auf einem stattlichen Roß auch König Cratilo zu sehen, den wir an den königlichen Insignien erkannten. An seiner Seite ritt eine überaus schöne Frau in blanker Rüstung, die durch ein darüberliegendes schwarzes Schleierkleid hindurchschimmerte. Die schöne Erscheinung der Frau und die kühne Haltung König Cratilos zogen meine Blicke an, und als ich die Frau aufmerksamer betrachtete, erkannte ich in ihr die schöne Sulpicia, der die Großherzigkeit meiner Gefährten vor wenigen Tagen erst die Freiheit geschenkt, derer sie sich nun erfreute. Der König ritt heran, um die von den Schiffen eingebrachten Leute in Augenschein zu nehmen; der Anführer ergriff meine Hand, brachte mich vor den König und sagte:

›In diesem Jüngling, o Cratilo, mächtiger König, stelle ich dir, wie es mir scheint, die schönste Beute in Menschengestalt vor, die je ein menschliches Auge gesehen.‹

›Du gütiger Himmel!‹ rief in diesem Augenblick die schöne Sulpicia aus und sprang vom Pferd. ›Entweder täuscht mich mein Auge oder ich habe Periandro, meinen Befreier, vor mir!‹

Dies sagen und mir die Arme um den Hals schlingen war eins; die unerwarteten Worte wie die liebevolle Geste veranlaßten auch Cratilo, vom Pferd zu springen und mich mit den gleichen Anzeichen der Freude zu begrüßen. Noch vor wenigen Augenblicken war auch die geringste Hoffnung auf einen glücklichen Ausweg in den Herzen meiner Fischer erstorben; allein ihre Hoffnung beflügelte sich von neuem, als sie sahen, mit welcher Herzlichkeit man mich begrüßte; ihre Augen begannen vor Freude zu strahlen,

Zweites Buch

und ihren Mündern entströmten Dankgebete, die sie zu Gott hinaufsandten für die unerwartete Gunst, die sie nun nicht mehr für eine Gunstbezeugung erachteten, sondern für einen einmaligen unleugbaren Beweis seiner Gnade.

Sulpicia sagte zu Cratilo:

›Dieser Jüngling ist ein Mensch, in dem die größte Liebenswürdigkeit wohnt und die Großherzigkeit selbst ihre Heimstatt aufgeschlagen hat. Wenngleich ich dies aus eigener Erfahrung weiß, so möchte ich, daß du dank deiner Klugheit solches schon aus seiner liebenswürdigen Erscheinung‹ – daran erkennt man deutlich, daß sie aus Dankbarkeit sprach und vielleicht auch einer Augentäuschung erlegen war – ›entnimmst und für wahr erachtest. Er war es, der mir nach dem Tod meines Gatten die Freiheit schenkte; er war es, der den Wert meiner Schätze sehr wohl erkannte, sie aber dennoch zurückwies; er war es, der mir mein Geschenk, nachdem er es angenommen, veredelt zurückgab mit dem Verlangen, so er könnte, noch reichere Gaben in meine Hände zurückzulegen; kurz gesagt, er war es, der dem Beschluß seiner Soldaten folgte oder, besser gesagt, der den Beschluß seiner Soldaten solcherart lenkte, daß zwölf von ihnen mich begleiteten und es mir ermöglichten, jetzt vor dir zu stehen.‹

Ich glaube, daß ich bei diesen Lobsprüchen, nein, diesen übertriebenen Lobreden, die ich da über mich anhörte, errötete und nicht wußte, was ich anderes tun sollte, als vor Cratilo hinzuknien und nach seiner Hand zu greifen, die er mir reichte, allein nicht, damit ich sie küsse, sondern um mich aufzuheben. Indes drängten sich die zwölf Fischer, die Sulpicia als Wache begleitet hatten, durch die Menge und suchten nach ihren Gefährten; sie umarmten einander voll Freude und Ergötzen und erzählten von ihrem Glück oder ihrem Unglück; die Leute, die mit mir gekommen, übertrieben die Gefahr im Eise, und die anderen, die vor uns eingetroffen waren, übertrieben ihre Reichtümer. ›Mir‹, sagte einer, ›hat Sulpicia diese goldene Kette geschenkt.‹ ›Und mir‹, sagte ein anderer, ›dieses Juwel, das zwei dieser Ketten wert ist.‹ ›Mir hat sie viel Geld gegeben‹, behauptete ein anderer. Und noch einer erklärte: ›Mir hat sie mit diesem einzigen Diamantring mehr gegeben als euch allen zusammen.‹

Diese Gespräche wurden von einem großen Gemurmel übertönt, das unter den vielen Menschen laut wurde und dessen Ursache ein mächtiges Wildroß war, das von zwei Pferdeknechten am Zaume geführt wurde, wobei die Pferdeknechte nichts über das Roß vermochten, einen Rappen, dessen pechschwarzes Fell mit weißen Tupfen gesprenkelt war, was die Schönheit des Tieres noch erhöhte. Es trug keinen Sattel, da es sich nur vom König selbst satteln ließ; war er aber einmal auf dem Rücken des Pferdes, dann verlor es jede Rücksicht, und selbst tausend Hindernisse, die man dem Pferd in den Weg gestellt hätte, wären nicht imstande gewesen, seine Wildheit zu bändigen. Darüber war der König so betrübt, daß er dem, der dem Roß die Untugenden abgewöhnt hätte, eine Stadt geschenkt haben würde. Dies erzählte mir der König in aller Kürze, und ebenso rasch entschloß ich mich zu tun, was ich euch jetzt berichten werde.«

Bis hieher war Periando in seiner Erzählung gekommen, als Arnaldo von einer Seite des Felsens her, in dessen Schutz sie lagerten, das Geräusch von menschlichen Schritten vernahm, die sich ihnen näherten. Er erhob sich, legte die Hand an den Degen und wartete, zu allem entschlossen, der kommenden Dinge. Periando verstummte sogleich, und alle warteten auf das, was geschehen würde, die Frauen ängstlich und die Männer, besonders aber Periando, mutig und gefaßt. In der kärglichen Helle des Mondes, der hinter Wolken sich verbarg, sahen sie zwei Gestalten herankommen, und sie würden nicht erkannt haben, was es war, hätte nicht eine helle Stimme gesagt:

»Laßt euch, meine Freunde, wer auch immer ihr sein mögt, durch unsere unerwartete Ankunft nicht beunruhigen, sind wir doch nur gekommen, um euch unsere Dienste anzubieten. Diesen einsamen, unfreundlichen Lagerplatz, den ihr euch hier gesucht habt, könnet ihr mit einem freundlicheren Aufenthalt vertauschen, indem ihr unsere Wohnstatt benützt, die droben auf der Anhöhe liegt. Dort findet ihr Licht und Feuer und Speisen, die, wenn auch

Zweites Buch

nicht überfeinert und teuer, doch schmackhaft sind und den Hunger stillen.«

Periando fragte:

»Seid ihr vielleicht Renato und Eusebia, die beiden reinen, wahrhaft Liebenden, von denen die Zungen des Ruhms voll sind, um ihre unvergleichliche Tugend zu preisen?«

»Hättet Ihr von den unglücklichen Liebenden gesprochen«, erwiderte die Gestalt, »dann hättet Ihr das rechte getroffen. Doch sei dem, wie es sei, wir sind die beiden, die Ihr meint, und bieten Euch freudigen Herzens alle Gastfreundschaft an, zu der unsere Dürftigkeit reicht.«

Arnaldo war der Meinung, man sollte das Angebot annehmen, denn die Unbilden des aufziehenden Gewitters zwängen dazu. Sie erhoben sich und folgten Renato und Eusebia, die ihnen als Führer dienten. Auf der Höhe eines Hügels angekommen, erblickten sie zwei Klausen, die mehr dazu bestimmt waren, das Leben in Armut zu verbringen, als das Auge durch reichen Schmuck zu erfreuen. Sie traten in die Klause, die ihnen die größere zu sein schien; darin verbreiteten zwei Lampen ihr Licht, in dessen Schein sie zu unterscheiden vermochten, was die Klause enthielt, nämlich einen Altar mit drei frommen Bildnissen. Das eine stellte den Urheber alles Lebens, tot und gekreuzigt, dar, das zweite die Himmelskönigin und Herrin aller Freuden, traurig zu den Füßen dessen, der über aller Welt steht, und das dritte Bildnis zeigte den geliebten Jünger, der im Schlafe mehr sah, als der Himmel mit allen seinen Sternaugen je gesehen. Sie knieten vor dem Altar nieder, und nachdem sie ihr schuldiges Gebet in frommer Andacht verrichtet hatten, führte sie Renato in ein Gemach, das an die Klause angebaut war und durch eine Tür neben dem Altar zugänglich war.

Da jedoch nebensächliche Dinge weder eine weitschweifige Darstellung verlangen noch dulden, übergehen wir mit Stillschweigen, was an Unwichtigem sich zeigte und geschah: das ärmliche Mahl, die kärgliche Bewirtung, die nur durch die Güte der beiden Klausner reicher erschien. Auffiel die dürftige Kleidung der Klausner; man sah, daß beide schon an der Schwelle des Greisenalters standen, und entdeckte an Eusebia immer noch Spuren einer Schönheit, die einmal einzigartig gewesen sein mußte. Auristela, Transila und Constanza blieben im Gemach, wo ihnen trockene Rohrkolben und andere Kräuter und Gräser, die mehr dem Geruchsinn zusagten denn anderen Sinnen, als Lager dienten. Die Männer richteten sich in der Klause auf verschiedenen Plätzen ein, die ebenso hart wie kalt und ebenso kalt wie hart waren. Die Zeit verging, wie sie zu vergehen pflegt; die Nacht verflog, und ein schöner heiterer Tag brach an. Das Meer zeigte sich so freundlich und gesittet, als lade es ein, sich einzuschiffen, um sich seiner zu erfreuen. Dies wäre auch geschehen, wenn nicht der Steuermann heraufgekommen wäre, um ihnen zu sagen, sie sollten dem Schönwetter nicht trauen, denn wenn es auch jetzt eine ruhige Fahrt verspreche, würde sich bald das Gegenteil zeigen. Man gab ihm recht und hielt sich an das, was er sagte, denn von der Seefahrt und dem Wetter versteht der einfachste Seemann mehr als der größte Gelehrte. Die Frauen erhoben sich von ihren Kräuterlagern und die Männer vom harten Stein; alle traten hinaus, um von der Anhöhe herab die liebliche Insel zu betrachten, die nicht größer war als etwa zwölf Meilen im Umkreis; sie hatte aber zahlreiche Bäume, die Früchte trugen, war von vielen Quellen und Bächen erfrischt, angenehm wegen der grünen Auen und voll der duftenden Blumen, so daß die Insel imstande war, gleicherweise alle fünf Sinne zu erquicken.

Es waren erst wenige Stunden des Tages verflossen, als die beiden ehrwürdigen Klausner ihre Gäste riefen. In der Klause legten sie trockene und frische Rohrkolben auf den Boden und zauberten solcherart einen Teppich her, der vielleicht schöner war als jene, mit denen man Königspaläste ziert. Dann legten sie darauf viel frisches Obst und trockenes Brot, das schon alt genug war, damit man es für Zwieback halten konnte; sie stellten auf diesen Tisch Korkgefäße, die kunstvoll gearbeitet und gefüllt waren mit frischem, kristallklarem Wasser. Die zierliche Anordnung, das Obst, das lautere Wasser, das trotz der bräunlichen Farbe des Korks durchsichtig blieb, und dazu noch der Hunger nötigten oder, besser gesagt, zwangen alle, sich

Zweites Buch 923

um diesen Tisch herum zu setzen. So geschah es, und nach
der ebenso kurzen wie schmackhaften Mahlzeit bat Arnaldo Renato, er möge seine Geschichte erzählen und die
Ursache bekanntgeben, die ihn zu diesem ärmlichen Leben
gezwungen. Renato, ein Edelmann, dem die Höflichkeit
angeboren ist, ließ sich nicht zweimal bitten und begann
die Erzählung seiner wahrhaften Geschichte mit folgenden
Worten:

NEUNZEHNTES KAPITEL

Renato berichtet, was ihn gezwungen, sich auf die Insel der
Klausen zu begeben.

»Wenn man überstandene Mühen und Leiden in einer
glücklichen Gegenwart erzählt, dann ist die Freude, die
man am Erzählen empfindet, größer als der Kummer, den
man empfand, als man die Drangsale zu ertragen hatte.
Solches kann ich jedoch von meinen Mühen und Leiden
nicht sagen, denn ich erzähle sie nicht nach dem Ungewitter, sondern mitten im Sturm. Ich wurde in Frankreich
geboren, meine Eltern waren adelig, reich und tugendhaft,
ich wurde ritterbürtig erzogen, meine Wünsche überstiegen
nicht meinen Stand. Trotzdem aber richtete ich mein Verlangen auf Fräulein Eusebia, eine Hofdame der Königin
von Frankreich, der ich nur mit den Augen zu verstehen
gab, daß ich sie anbete, indes sie, meiner nicht achtend oder
meine Anbetung nicht verstehend, mir weder durch Blick
noch Mund zu verstehen gab, daß sie mich verstehe. Wenn
auch Ungnade und Verschmähung die Liebe bereits in ihren
Anfängen zu ersticken pflegen, da ihr die Stütze der Hoffnung fehlt, an der sie sich emporranken kann, so trat bei
mir das Gegenteil ein, denn Eusebias Schweigen lieh meiner Hoffnung Schwingen, die mich zu jener Höhe erheben
sollten, auf der ich sie zu verdienen und zu erringen hoffte.
    Der Neid jedoch oder die übermäßige Neugier Libsomiros, eines ebenfalls französischen Ritters, der nicht we-

niger reich als adelig war, gelang es, meine Neigung zu entdecken, und ohne diese Neigung so einzuschätzen, wie sie es verdiente, beneidete er mich, wo er mich hätte bemitleiden sollen, denn die Liebe kennt zwei qualvolle Zustände, die durch nichts mehr übertroffen werden: der eine, wenn man liebt und nicht geliebt wird, und der andere, wenn man liebt und verabscheut wird; diesem Übel läßt sich nicht einmal die Qual des Getrenntseins noch die der Eifersucht vergleichen. Kurz und gut, Libsomiro begab sich eines Tages, ohne daß ich ihn irgendwie gekränkt hätte, zum König und sagte ihm, ich unterhielte strafwürdige Beziehungen zu Eusebia, durch die ich die Majestät des Königs beleidige und gegen die Gesetze der Ritterschaft verstieße. Die Wahrheit seiner Behauptungen wollte er im Zweikampf unter Beweis stellen, da er, um Eusebias Ruf nicht zu zerstören – er klagte sie aber ein und viele Male der Unzucht und der Hinterhältigkeit an –, weder die Feder noch Zeugen bemühen wolle.

Der König, bestürzt über die Anschuldigung, ließ mich sogleich zu sich rufen und sagte mir, was er von Libsomiro erfahren habe. Ich beteuerte meine Unschuld, verteidigte Eusebias Ehre und zieh – mit den mildesten Ausdrücken, die mir möglich waren – meinen Feind der Lüge. Die Entscheidung wurde den Waffen anheimgestellt, doch wollte uns der König nirgends in seinem Reiche in die Schranken treten lassen, damit er nicht gegen das katholische Gebot verstoße, das den Zweikampf verbietet. Eine der Freien Reichsstädte in Deutschland gab uns die Möglichkeit zur Begegnung. Der Tag des Zweikampfes kam; wir stellten uns am Walplatz mit Schwert und Schild, den für diesen Kampf vorgesehenen Waffen – andere waren nicht erlaubt – pünktlich ein; die Zeugen und Kampfrichter vollzogen die in solchen Fällen üblichen Bräuche, teilten die Sonne und traten vom Kampfplatz zurück. Vertrauensvoll, mutig trat ich meinem Feind entgegen, wußte ich doch das Recht und die Wahrheit auf meiner Seite. Von meinem Gegner muß ich sagen, daß er wohl sehr mutig, jedoch mit mehr Übermut und Anmaßung als mit gutem Gewissen angriff. O allmächtiger Himmel! O unerforschliche Ratschlüsse

Zweites Buch

Gottes! Ich tat, was ich konnte, setzte meine Hoffnung auf Gott und auf die Reinheit meiner unerfüllten Wünsche; mich hemmte keine Furcht, mein Arm war stark, und jede meiner Bewegungen war richtig und genau, und trotzdem, ohne zu wissen, wie es zugegangen, sah ich mich mit einem Male auf dem Boden liegen, hart vor meinen Augen die Schwertspitze meines Gegners und den unvermeidlichen Tod.

›Stoß zu‹, rief ich, ›du mehr vom Glück begünstigter als tapferer Sieger, nimm mir die Seele, da sie doch diesen Leib so schlecht zu verteidigen gewußt. Erwarte nicht, daß ich mich dir ergebe, denn mein Mund wird nie eine Schuld bekennen, die ich nicht auf mich geladen habe. Gewiß habe ich Sünden, und sie verdienten ärgere Strafen, doch will ich ihnen nicht noch die Sünde des falschen Zeugnisses gegen mich zugesellen und ziehe es vor, ehrenvoll zu sterben, als entehrt zu leben.‹

›So du dich nicht ergibst, Renato‹, erwiderte mein Gegner, ›wird dir die Spitze dieses Schwertes das Gehirn durchbohren und dich mit deinem Blute die Wahrheit meiner Behauptung und deine Schuld besiegeln lassen.‹

Hier traten die Kampfrichter herbei, erklärten mich für tot und gaben meinem Feind die Siegespalme. Seine Freunde trugen ihn auf den Schultern vom Kampfplatz fort, und mich ließ man allein, eine Beute der Verzweiflung und der Verwirrung, wunder in der Seele als am Leibe, und doch nicht solcherart vom Schmerz überwältigt, daß er imstande gewesen wäre, meinem Leben, das vom Schwert meines Feindes verschont worden war, ein Ende zu bereiten.

Meine Diener trugen mich fort. Ich kehrte in mein Vaterland zurück. Weder auf dem Heimwege noch in der Heimat hatte ich den Mut, die Augen zum Himmel zu erheben, und mir war, als läge mir auf den Lidern schwer das Gewicht der Schande und die Bürde der Ehrlosigkeit. Wenn Freunde mit mir sprachen, schien es mir, als wollten sie mich beleidigen; der heitere Himmel war mir in dunkle Schatten gehüllt; wenn die Nachbarn und die Leute meines Orts zufällig beisammen standen, dachte ich sogleich, daß sie meine Schande beredeten. Schließlich sah ich mich durch Trübsinn, meine Grübeleien und die wirren Einbildungen in solcher Bedrängnis, daß ich mich, um all dem zu entgehen, vielleicht auch nur um meine Qual zu lindern oder mein Leben zu beschließen, entschied, die Heimat zu verlassen und in freiwilliger Verbannung zu leben. Ich verzichtete zugunsten meines jüngeren Bruders auf Besitz und Vermögen und fuhr, begleitet von einigen meiner Diener, mit dem Schiff nach Norden, um dort einen Ort zu finden, wo mich der Schimpf meiner Niederlage nicht mehr erreichen könnte und mein Name in Schweigen begraben wäre.

Ich stieß auf diese Insel; die Lage gefiel mir, und mit Hilfe meiner Diener erbaute ich diese Klause, in die ich mich zurückzuziehen gedachte. Ich verabschiedete die Diener und wies sie an, alljährlich einmal nach mir zu sehen, damit sie meine Gebeine bestatten könnten. Die Liebe, die sie mir bezeigten, die Versprechungen, die ich ihnen gemacht, und die Geschenke, die ich ihnen gegeben, verpflichteten sie, meine Bitte – denn Befehl will ich sie nicht nennen – zu erfüllen. Sie reisten ab und überließen mich der Einsamkeit, in der ich gute Gesellschaft fand an diesen Bäumen, diesen Gräsern und Pflanzen, diesen reinen Quellen, diesen springlebendigen frischen Bächen, so daß ich zu bedauern begann, nicht schon früher besiegt worden zu sein, da ich durch diese Niederlage eher zur Seligkeit, dies alles zu genießen, gekommen wäre.

O Einsamkeit, heitere Gefährtin des Betrübten! O Stille, holde Stimme, die du ans Ohr rührst, ohne daß Schmeichelworte und Heuchelworte dich begleiten! Was, meine Lieben, könnte ich nicht alles noch zu Lob und Preis der heilsamen Einsamkeit und der genußvollen Stille sagen! Doch daran hindert mich, daß ich euch erst noch berichten muß, wie meine Diener nach Ablauf eines Jahres wiederkehrten und meine angebetete Eusebia, diese Klausnerin hier, mitbrachten. Meine Diener hatten ihr nämlich mitgeteilt, in welcher Lage ich wäre, und sie, dankbar für meine tiefe Zuneigung und schmerzlich bewegt vom Schimpf, den ich erlitten, beschloß, mir in der Strafe Gefährtin zu sein, die

Zweites Buch 927

sie in der Schuld nicht gewesen; sie schiffte sich mit ihnen
ein, ließ Heimat, Eltern, Annehmlichkeit und Reichtum
hinter sich und gab vor allem ihre Ehre dem Geschwätz
des unvernünftigen, immer der Täuschung unterliegenden
Pöbels preis, bestätigte sie doch durch ihre Flucht meine
Schuld und die ihre. Ich nahm sie auf, wie sie es von mir
erwarten durfte. Die Einsamkeit und die Schönheit, die
unsere Neigung hätte anfeuern müssen, bewirkten dank
dem Himmel und der Ehrbarkeit Eusebias das Gegenteil.
Wir reichten einander als Gatten die Hände, begruben die
Glut im Schnee, und in Frieden und Liebe leben wir hier,
zwei wandelnden Statuen gleich, seit etwa zehn Jahren,
und keines verging, in dem nicht meine Diener gekommen
wären, um nach mir zu sehen und mir jene Dinge zu
bringen, die mir in dieser Abgeschiedenheit nicht erreichbar waren. Bisweilen bringen sie auch einen Priester mit,
damit er uns die Beichte höre. In der Klause haben wir alle
erforderlichen Gewänder und Geräte, um das heilige Meß-
opfer zu feiern. Wir schlafen getrennt, essen gemeinsam,
sprechen vom Himmlischen, verachten das Irdische und
hoffen, auf die Barmherzigkeit Gottes vertrauend, auf das
ewige Leben.«

Damit schloß Renato seine Erzählung und gab damit
seinen Zuhörern Gelegenheit, ihrer Verwunderung über
sein Geschick Ausdruck zu verleihen, nicht weil es ihnen
etwa ungewöhnlich erschienen wäre, daß der Himmel entgegen jede menschliche Erwartung strafe, ist es doch allgemein bekannt, daß die Übel, die den Menschen treffen,
zweierlei Zweck haben: die einen dienen den Bösen zur
Strafe, die anderen sollen die Guten zum Besseren treiben.
Zu den Guten rechneten Renatos Gäste auch ihn, dem sie
einige tröstende Worte sagten; Worte des Trostes sagten
sie auch Eusebia, die ihnen mit klugen Worten und zufrieden mit ihrem Geschick dafür dankte.

»O Leben des Klausners!« rief hier Rutilio aus, der in
tiefem Schweigen versunken die Geschichte Renatos angehört hatte. »O Leben des Klausners!« rief er, »heilig-
mäßiges, freies und sicheres Leben, das der Himmel auserwählten Seelen bereitet! Glücklich der, der dich lieben,

dich auf sich nehmen, erwählen und endlich genießen kann!«

»Du hast recht, Freund Rutilio«, sagte Mauricio. »Doch passen solche Betrachtungen nur auf außergewöhnliche Menschen. Zieht ein Schäfer sich in die Einsamkeit zurück, so brauchen wir nicht zu staunen, noch darf es uns verwundern, wenn der Arme, der in der Stadt verhungert, sich in die Wildnis zurückzieht, wo ihm der Unterhalt nicht fehlt. Es gibt auch Menschen, die sich durch Faulheit und Müßiggang fortzubringen wissen, und es ist keine geringe Trägheit, wenn ich die Sorge für meine Nöte fremden, wenn auch barmherzigen Menschen überlasse. Sähe ich jedoch den Karthager Hannibal als Klausner, wie ich einen Karl V. in ein Kloster zurückgezogen sah, dann würde ich staunen und mich wundern; zieht sich aber ein unbedeutender Mensch oder ein Armer in die Einsamkeit zurück, so läßt mich dies weder erstaunen noch setzt es mich in Verwunderung. Bei Renato ist dies jedoch nicht der Fall, denn nicht die Armut führte ihn in diese Abgeschiedenheit, sondern ein reiflicher Überlegung entsprungener Entschluß. Hier findet er im Mangel Überfluß, in der Einsamkeit Gesellschaft, und da er nichts zu verlieren hat, lebt er hier in Sicherheit.«

Periandro fügte hinzu:

»Zählte ich statt der wenigen Jahre schon viele, dann hielte ich es bei den vielen Gefahren und Schwierigkeiten, die mir mein Geschick bereitet hat, für das größte Glück, wenn die Einsamkeit meine Begleiterin wäre und mein Name in der Gruft des Schweigens begraben würde. Allein die Eile, zu der mich Cratilos Roß antreibt, bei dem meine Geschichte stehengeblieben ist, gestattet es mir nicht, den Wunsch, mein Leben zu ändern, zu verwirklichen.«

Alle freuten sich über diese Worte, da sie daraus ersahen, daß Periandro zu der von ihm schon so oft begonnenen und nie zu Ende geführten Geschichte zurückkehren wollte, was er auch auf folgende Weise tat:

Zwanzigstes Kapitel

Periandro erzählt, was ihm mit dem ebenso trefflichen wie berühmten Roß Cratilos zugestoßen.

»Die Größe, die Wildheit und die Schönheit des Rosses, das ich euch beschrieben habe, hatten Cratilo solcherart bezaubert und ebenso begierig darauf gemacht, es gebändigt zu sehen, wie es mir am Herzen lag, dem König meine Dienstwilligkeit zu beweisen. Mir schien es, als hätte mir der Himmel damit die Gelegenheit geboten, mich in den Augen dessen, den ich für meinen Herrn und Gebieter erachtete, angenehm zu machen und wenigstens in einigem die Lobpreisungen zu bestätigen, die die schöne Sulpicia mir vor dem König gezollt hatte. Und so lief ich mit mehr Eile als Überlegung zu dem Pferd, schwang mich ohne Steigbügel – es hatte ja keinen – auf seinen Rücken, jagte mit ihm fort, ohne daß ich es mit dem Zaum zurückzuhalten vermochte, und kam solcherart auf die Spitze eines Felsens, der zum Meer überhing. Dort drückte ich dem Roß zu meiner Lust und seinem Leidwesen die Schenkel kräftig in die Weichen und ließ es vom Felsen hinunter in die Tiefe der Flut springen. Mitten im Fluge fiel mir ein, daß das Meer zugefroren war und ich beim Aufprall zerschmettern würde, weshalb ich meinen und des Rosses Tod für sicher hielt. Allein es kam anders, denn der Himmel, der mich für andere, nur ihm bekannte Dinge bewahren wollte, bewirkte es, daß die Vorder- und Hinterhände des gewaltigen Rosses den Aufprall abfingen und ich keinen anderen Schaden erlitt, als daß mich das Roß abwarf und ich eine weite Strecke dahinglitt. Am Ufer war keiner, der mich nicht für tot hielt; allein, als sie sahen, daß ich mich erhob, erschien ihnen, wenngleich sie das Begebnis für ein Wunder ansahen, meine Kühnheit als Wahnsinn.«

Schwer wurde es Mauricio, daran zu glauben, daß der furchtbare Sprung des Rosses so ohne Verletzungen abgegangen war; ihm wäre es lieber gewesen, wenn sich das Pferd drei oder vier Beine gebrochen hätte, damit Periandro die Höflichkeit seiner Zuhörer nicht durch die Forderung, sie sollten ihm einen solch unglaubwürdigen Sprung dennoch glauben, zu sehr belastet hätte. Allein das Ansehen, das Periandro bei allen genoß, war so groß, daß keiner seinen Zweifel so weit trieb, ihm nicht zu glauben, denn wenn es die Strafe des Lügners ist, daß man ihm nicht glaubt, wenn er auch die Wahrheit spricht, so ist es das Glück des Wahrhaften, daß er auch dort Glauben findet, wo er lügt. Doch da die Gedanken Mauricios die Erzählung Periandros nicht zu unterbrechen vermochten, fuhr dieser fort:

»Ich kehrte mit dem Roß ans Ufer zurück, schwang mich abermals auf seinen Rücken, und auf dem gleichen Wege wie vorhin spornte ich es an, noch einmal zu springen. Ich erreichte jedoch nichts damit, denn droben auf der Spitze des Felsens angekommen, stemmte sich das Pferd mächtig gegen den Sprung, setzte sich auf den Hinterhänden fest, zerriß die Zügel und blieb wie angenagelt auf der Stelle. Dann wurde es im Nu vom Kopf bis zu den Füßen von solchem Angstschweiß bedeckt, daß es sich aus einem Löwen in ein Lamm, aus einem unzähmbaren Tier in ein williges edles Roß verwandelte; selbst die Knaben wagten es, das Pferd zu streicheln, und die Pferdeknechte des Königs vermochten es zu satteln, es zu besteigen, und konnten es in voller Sicherheit laufen lassen. Dabei zeigte es eine Leichtigkeit und eine Frömmigkeit, die bis dahin an ihm unbekannt gewesen waren. Darüber war der König sehr erfreut und Sulpicia überaus zufrieden, weil sie sah, daß meine Taten ihren Worten entsprachen.

Noch drei Monate lang hielt der Frost in seiner Strenge an, und so lange dauerte es auch, bis ein Schiff fertig wurde, das der König hatte bauen lassen, um zu gegebener Zeit jene Meere zu befahren, damit er sie von Seeräubern säubere, mit deren Raubgut er sich zu bereichern gedachte. In der Zwischenzeit begleitete ich ihn als Helfer auf der Jagd, in der ich mich als umsichtig und erfahren zeigte und fähig, deren Mühen zu ertragen. Nichts entspricht sosehr dem Krieg wie die Jagd, mit der gleichfalls Anstrengung, Durst und Hunger und zuweilen auch der Tod verbunden sind. Die Freigebigkeit der schönen Sul-

Zweites Buch 931

picia mir und meinen Leuten gegenüber war überaus groß,
und das Entgegenkommen Cratilos blieb nicht dahinter
zurück. Die zwölf Fischer, die mit Sulpicia gekommen,
waren schon reich, und jene, die mit mir an den Rand des
Todes gelangt, waren auf ihre Rechnung gekommen.

Das Schiff wurde fertig; der König befahl, es aufzu-
takeln und mit allem, dessen man bedürfe, reichlich auszustatten. Dann ernannte er mich zum Kapitän des Schiffes,
ohne mich zu anderem zu verpflichten, als was mir selber
gefiele. Ich küßte ihm die Hand für die große Gnade, die
er mir erwiesen, und bat ihn, mir Urlaub zu geben, damit
ich auf die Suche nach meiner Schwester Auristela gehen
könnte, die sich, wie ich erfahren, im Besitz des Königs von
Dänemark befinde. Cratilo gab mir Urlaub für alles, was
ich zu tun gedächte, und sagte mir, ihn verpflichte dazu
mein vorzügliches Betragen und Verhalten, wobei er als
König sprach, zu dessen Würde es gehört, Gnaden auszu-
teilen, liebenswürdig zu sein und sich, wenn man so sagen
darf, als gut erzogen zu erweisen. Als überaus gut erzogen
zeigte sich auch Sulpicia, die ihre gute Herkunft mit solcher
Freigebigkeit zu verbinden wußte, daß wir alle, ich und
meine Fischer, uns reich und zufrieden einschifften und
keiner zurückblieb.

Wir nahmen als erstes Kurs auf Dänemark, wo ich
meine Schwester zu finden hoffte, allein statt meine Schwester zu finden, erhielt ich nur Kenntnis davon, daß sie und
andere Jungfrauen durch Seeräuber vom Strande weg geraubt worden waren. Wieder begannen meine Leiden, und
wieder begannen meine Klagen, in die Carino und Solercio
einstimmten, die glaubten, daß das Unglück und die Gefangenschaft meiner Schwester auch das Unglück und die
Gefangenschaft ihrer jungen Frauen bedeuteten.«

»Darin hatten sie auch recht«, fiel hier Arnaldo ein.

Periandro fuhr fort:

»Wir kreuzten auf allen Meeren, durchsuchten alle oder
wenigstens die meisten der Inseln in diesen Bereichen, fragten überall nach meiner Schwester, denn mir schien es –
dies sei mit Verlaub aller Schönen der Welt gesagt –, als
könne das Licht ihres Antlitzes auch vom finstersten Ort,

an dem sie sich befände, nicht verdunkelt werden, und als müßte ihre unvergleichliche Klugheit der Faden sein, der sie aus jedem Labyrinth befreie. Wir fingen Seeräuber, befreiten Gefangene, erstatteten geraubtes Gut den Eigentümern, behielten das unrechte Gut anderer und füllten dadurch unser Schiff mit tausenderlei Reichtümern. Da nun unser Schiff mit solchen Schätzen beladen war, verlangten meine Fischer, wieder zu ihren Netzen, in ihre Häuser und in die Arme ihrer Kinder zurückzukehren, und Carino wie auch Solercio glaubten, ihre Frauen daheim finden zu können, da sie anderswo nicht zu finden gewesen. Doch vorher kamen wir an eine Insel, die, wie ich glaube, Scinta heißt, wo wir von den Festen erfuhren, die König Policarpo veranstalten ließ, wobei uns das Verlangen ankam, an ihnen teilzunehmen. Unser Schiff konnte des widrigen Windes wegen nicht zu Policarpos Insel gelangen, weshalb wir, wie schon bekannt, uns als Ruderer verkleidet in einem Langboot dahinbegaben. Dort gewann ich die Preise, dort wurde ich zum Sieger aller Wettkämpfe gekrönt, und von dort her rührte der Wunsch Sinforosas zu erfahren, wer ich sei, wie dies ihre eifrigen Nachforschungen bewiesen.

Zum Schiff zurückgekehrt, fand ich meine Gefährten entschlossen, mich zu verlassen, und so bat ich sie, mir als Lohn für die Mühen und Leiden, die ich mit ihnen erduldet, das Langboot zu geben. Sie hätten mir, so ich solches gewollt, auch das Schiff überlassen, und sagten, daß sie nur von mir schieden, weil sie glaubten, nur ich allein hätte noch den Wunsch, ein Ziel zu erreichen, das unmöglich zu erreichen sei, wie die Erfahrung es bei allen Anstrengungen, die wir dazu unternommen, gezeigt habe.

Kurz und gut, ich schiffte mich mit sechs Fischern ein, die mich um der Belohnung willen, die ich ihnen gab und darüber hinaus noch versprach, begleiten wollten, und nachdem ich mich von meinen Freunden herzlich verabschiedet hatte, richtete ich den Kiel auf die Insel der Barbaren, von deren Sitten und törichter Prophezeiung, die ihnen die Sinne verwirrt hatte, ich bereits wußte und die ich nicht weiter ausführe, weil ihr ja alle davon wißt. Ich scheiterte an jener Insel, wurde gefangengenommen und

Zweites Buch 933

in die Gruft der lebendig Begrabenen gebracht. Am folgenden Tag holte man mich heraus, um mich zu opfern; ein Sturm brach los; die Hölzer des Floßes, das ihnen als Boot diente, wurden auseinandergerissen; auf einem Teil des Floßes wurde ich ins offene Meer hinausgetrieben, belastet von der Kette, die mir am Halse lag, und den Schellen, die meine Hände fesselten; ich fiel in die barmherzige Hand des hier anwesenden Prinzen Arnaldo, in dessen Auftrag ich als Kundschafter auf die Insel zurückkehrte, um festzustellen, ob Auristela sich dort befände; er wußte aber nicht, daß ich Auristelas Bruder sei. Tags darauf wurde Auristela in Männertracht zur Opferung gebracht. Ich erkannte sie; ihr Schmerz war der meine, ich kam ihrem Tod zuvor, indem ich sagte, daß sie ein Weib sei, was auch Cloelia, ihre Amme, die sie begleitete, schon gesagt hatte. Wie Cloelia mit Auristela auf die Insel gekommen, möge meine Schwester berichten, wenn sie Lust dazu hat. Was uns auf der Insel zustieß, wißt ihr ja alle, und mit dem, was meiner Schwester zu erzählen verbleibt, werdet ihr fast alles erfahren haben, was ihr von unseren Begebnissen zu wissen begehren könntet.«

EINUNDZWANZIGSTES KAPITEL

Sinibaldo, Renatos Bruder, kommt mit guter Botschaft aus Frankreich. Er schickt sich an, mit Renato und Eusebia dahin zurückzukehren. Mit ihm schiffen sich Arnaldo, Mauricio, Transila und Ladislao ein; mit dem andern Schiff fahren Periandro, Auristela, die beiden Antonio, Ricla und Constanza. Rutilio bleibt als Klausner auf der Insel zurück.

Ich weiß nicht, ob ich es als gewiß behaupten darf, daß Mauricio und einige der übrigen Zuhörer froh darüber waren, daß Periandro seine Erzählung beendet hatte, denn meist pflegen auch bedeutende Erzählungen, wenn sie zu lang sind, langweilig zu werden. Dies schien sich Auristela zu denken, denn sie wollte diese Ansicht nicht bestätigen, indem sie sogleich mit der Geschichte ihrer Erlebnisse begänne; war ihr auch wenig zugestoßen von dem Tage an, an dem sie Arnaldo geraubt und von Periandro auf der Barbareninsel gefunden wurde, so wollte sie doch nicht fortfahren, ehe sich nicht eine bessere Gelegenheit böte. Allein selbst wenn sie dies gewollt hätte, wäre ihr die Gelegenheit dazu nicht geboten worden, denn ein Schiff, das mit geschwellten Segeln vom Meer her auf die Insel zusteuerte, hätte sie daran gehindert. Kurz darauf erreichte das Schiff eine der Buchten der Insel; Renato erkannte das Schiff und sagte:

»Dies, meine Lieben, ist das Schiff, mit dem mich meine Diener und Freunde von Zeit zu Zeit zu besuchen pflegen.«

Indes hatte das Schiff seine Kanonen zur Begrüßung abgefeuert und eine Schaluppe ins Wasser gesetzt, die sich sogleich mit Leuten füllte und am Ufer anlegte, wo es von Renato und seinen Gästen erwartet und begrüßt wurde. Der Ankömmlinge dürften so an die zwanzig gewesen sein; unter ihnen stach ein Mann von gefälliger Erscheinung hervor, der sich als der Herr der übrigen erwies und in dem Augenblick, als er Renato erkannte, diesen umarmte und sagte:

»Umarme mich, mein Bruder, zum Lohn für die freudigste Nachricht, die du dir zu denken vermöchtest!«

Renato, der in dem Mann seinen Bruder Sinibaldo erkannte, schloß diesen in die Arme und sagte:

»Keine Neuigkeit könnte mich, mein liebster Bruder, mehr erfreuen als dein Anblick, denn wenngleich in der traurigen Lage, in der ich mich befinde, keine Freude imstande ist, mich aufzuheitern, so geht doch dein Anblick darüber hinaus und macht eine Ausnahme von der allgemeinen Regel meines Kummers.«

Sinibaldo umarmte dann auch Eusebia und sagte:

»Umarmt auch Ihr mich, edle Frau, denn auch Ihr seid mir den Botenlohn schuldig für die Nachricht, die ich bringe, und ich will sie Euch nicht länger vorenthalten, damit euer Kummer nicht noch länger dauere. Wisset, daß euer Feind an einer Krankheit gestorben ist, die ihn sechs

Zweites Buch

Tage lang der Sprache beraubt hatte; der Himmel hatte ihm aber die Sprache sechs Stunden, bevor er die Seele aushauchte, wiedergegeben. In diesen sechs Stunden bekannte er mit allen Zeichen tiefster Reue die Sünde, euch fälschlich angeklagt zu haben; er bekannte seinen Neid, gestand seine Hinterhältigkeit ein; kurz und gut, alles, was er sagte, reichte aus, sein Verbrechen zu erhärten. Daß seine Bosheit über eure Tugend siegte, führte er auf den geheimen Ratschluß Gottes zurück; doch nicht genug, dies mündlich zu erklären, wollte er, daß man eine Urkunde darüber aufsetze. Als dies dem König bekannt wurde, ließ er ebenfalls durch eine öffentliche Urkunde eure Ehre wieder herstellen und erklärte dich, o Bruder, als Sieger, und Eusebia als rein und tugendhaft. Gleichzeitig befahl er, daß man euch suche und euch, sobald ihr gefunden worden wäret, vor ihn bringe, damit er euch das Elend, in dem ihr gelebt haben müßt, durch seine Großmut und Freigebigkeit vergelten könne. Ob diese Nachricht geeignet ist, euch Freude zu bereiten, überlasse ich eurem gesunden Urteil.«

»Sie ist's«, sagte Arnaldo, »denn weder das Versprechen hohen Alters vermöchte eine solche Nachricht zu überbieten, noch die Mitteilung, daß einem unverhoffter Reichtum zugefallen ist; es gibt kein größeres Glück auf Erden, als daß einem die Ehre, die man verloren hatte, in vollem Glanze wiedergegeben wird. Möget Ihr, Herr Renato, diese Ehre noch lange Jahre genießen, genießen gemeinsam mit Eurer unvergleichlichen Eusebia, dem Efeu, der sich an Euch wie an einer Mauer emporrankt, der Ulme, die Euch als Efeu trägt, dem Spiegel Eurer Freude und dem Vorbild der Güte und Dankbarkeit.«

Den gleichen Glückwunsch, wenngleich mit anderen Worten, sprachen den beiden auch die übrigen aus; dann fragten sie danach, was es in Europa und in anderen Erdteilen Neues gebe, da sie ihrer Seefahrt wegen nur wenig darüber wußten. Sinibaldo sagte ihnen, man rede überall von den großen Schwierigkeiten, in die der alte König von Dänemark durch Leopoldio, den König der Danaer, und seine Verbündeten gekommen sei. Ebenso berichtete er, es laufe auch das Gerücht um, daß es die Abwesenheit Arnaldos, des Erbprinzen von Dänemark, sei, die den Vater an den Rand des Abgrundes gebracht habe; dieser Prinz fliege wie ein Schmetterling hinter dem Licht der schönen Augen einer seiner Gefangenen her, deren Herkunft ungewiß sei, da man nicht wisse, wer ihre Eltern gewesen. Er erzählte auch von den Kriegen in Transylvanien, von den Bewegungen der Türken, den allen gemeinsamen Feinden des Menschengeschlechtes; er sprach auch vom ruhmreichen Tod Karls V., Königs von Spanien und römischen Kaisers, des Schreckens der Feinde der Kirche und der Anhänger Mohammeds; dann erzählte er auch von vielen anderen Dingen noch, von denen die einen sie erfreuten, die anderen sie verwunderten, alle aber Vergnügen bereiteten; nur Arnaldo war in Gedanken versunken, der, als er von der Bedrängnis seines Vaters gehört, die Augen niedergeschlagen und eine Hand an die Wange gelegt hatte, und nachdem er eine Zeitlang so dagestanden, die Augen zum Himmel hob und ausrief:

»O Liebe, o Ehre, o Mitleid mit dem Vater, wie ihr meine Seele bedrängt! Verzeih mir, o Liebe, daß ich mich von dir abwende, wenngleich ich dir nicht abtrünnig werde! Erwarte mich, o Ehre, denn, wenngleich ich Liebe fühle, will ich deinem Ruf folgen! Sei getrost, mein Vater, ich kehre zurück! Erwartet mich, ihr Dienstmannen, denn die Liebe hat noch niemand zum Feigling werden lassen, wie auch ich kein Feigling sein werde, euch, meine Untertanen, zu verteidigen, bin ich doch der beste und getreueste Liebhaber der Welt! Für die unvergleichliche Auristela will ich zurückerobern, was mein ist, damit ich als König gewinne, was ich als Liebender nicht zu gewinnen vermochte, denn der Arme, der liebt, wird, wenn das Glück ihm nicht aus allen Kräften beisteht, fast nie ans Ziel seiner Wünsche gelangen. Als König will ich um sie werden, als König will ich ihr dienen und als Liebender sie anbeten, und sollte ich dann trotzdem ihrer nicht würdig erscheinen, dann werde ich die Schuld eher auf mein widriges Geschick als auf ihre fehlende Einsicht schieben.«

Die Anwesenden waren von Arnaldos Worten betrof-

Zweites Buch 937

fen; am meisten überrascht war jedoch Sinibaldo, dem
Mauricio sagte, dies sei der Prinz von Dänemark und jene
– er zeigte auf Auristela – die Gefangene, die ihn unterworfen habe. Sinibaldo blickte Auristela aufmerksamer an,
und es dünkte ihm nun für verständig, was bei Arnaldo
als Torheit bezeichnet worden war, denn die Schönheit
Auristelas war, wie schon öfter gesagt, solcherart, daß sie
die Herzen aller, die sie erblickten, gefangennahm und
alle Torheiten, die ihretwegen begangen wurden, ihre Entschuldigung fanden.

Noch am selben Tage wurde beschlossen, daß Renato
und Eusebia nach Frankreich zurückkehren sollten; mit
ihnen sollte Arnaldo fahren, damit sie ihn in seinem Reiche
an Land setzten. Arnaldo wollte Mauricio, dessen Tochter
Transila und dessen Schwiegersohn Ladislao mitnehmen.
Im Schiff, mit dem sie geflohen waren und das seine Reise
fortsetzen sollte, würden Periandro, die beiden Antonio,
Auristela, Ricla und die schöne Constanza nach Spanien
reisen.

Rutilio, der diese Einteilung sah, wartete darauf, welches Schiff man ihm zuweisen würde; allein ehe dies geschah, warf er sich Renato zu Füßen und bat ihn, es ihm
zu gestatten, sein Erbe auf dieser Insel anzutreten, und
wäre es nur, damit jemand da sei, der das Leuchtfeuer an-
zünde, das verirrten Seefahrern den richtigen Weg weise;
er wolle ein Leben, das bis zur Stunde schlecht war, gut
beenden. Alle unterstützten die fromme Bitte, und der
gute Renato, ebenso barmherzig wie freigebig, bewilligte
ihm alles, worum er ihn bat, und bedauerte nur, daß die
Dinge, die er ihm hinterlasse, von geringem Wert seien,
wenngleich nötig, um den Boden zu bebauen und das Leben zu fristen. Arnaldo fügte hinzu, er verspreche, sobald
der Friede in seinem Lande eingekehrt sei, jedes Jahr ein
Schiff zu schicken, um ihn mit dem Nötigen zu versorgen.
Rutilio wollte allen den Fuß küssen, doch schlossen sie ihn
in die Arme, und die meisten weinten vor Freude über den
heilsamen Entschluß des neuen Klausners, denn wenn wir
auch selber uns nicht bessern, so freut man sich doch über
die Besserung der anderen, es müßte denn die Verderbtheit

des Menschen so groß sein, daß er der Abgrund sein wollte, der andere in den Abgrund zieht.

Zwei Tage brauchten sie, um alles so zuzurüsten und vorzubereiten, daß jedes Schiff seine Reise für sich fortsetzen konnte. Als die Stunde der Abfahrt gekommen war, nahmen alle herzlichen Abschied voneinander, besonders Arnaldo, Periandro und Auristela, und wenngleich Worte der Liebe dabei gesprochen wurden, blieben sie doch alle in den Schranken der Ehrbarkeit und Höflichkeit und beunruhigten deshalb auch Periandro nicht. Transila weinte; Mauricios Augen blieben nicht trocken; auch die Ladislaos nicht; Ricla stöhnte, Constanza zerfloß, und auch der Vater und der Bruder zeigten sich gerührt. Rutilio, der schon die Klausnerkleidung angelegt hatte, ging von einem zum andern, verabschiedete sich von diesem und jenem und vermengte zu gleicher Zeit Schluchzen und Tränen. Schließlich, da das ruhige Wetter sie einlud und der Wind günstig war, schifften sie sich ein, setzten die Segel in den Wind, und Rutilio rief ihnen von der Anhöhe der Klausen herab tausend Segenswünsche nach.

Hier schloß der Verfasser dieser seltsamen Geschichte das zweite Buch.

DRITTES BUCH

Erstes Kapitel

Sie erreichen Portugal, verlassen das Schiff in Belem und begeben
sich auf dem Landweg nach Lissabon. Von dort ziehen sie zehn
Tage später in Pilgerkleidung weiter.

Da unsere Seelen immer in Bewegung sind und nur in
ihrem Mittelpunkt, in Gott, der sie geschaffen, ihre Ruhe
und ihren Frieden finden, ist es nicht zu verwundern, wenn
unser Denken, Fühlen und Wollen wechselt, wenn man
dieses annimmt, jenes läßt, das eine verfolgt und das andere vergißt. Am besten ist gewiß jener Gedanke, der dem
inneren Frieden am nächsten kommt, sofern er nicht durch
einen Irrtum zustandegekommen ist. Dies zur Entschuldigung der Leichtfertigkeit, mit der Arnaldo plötzlich vom
Eifer abließ, mit dem er Auristela so lange Zeit gedient
hatte. Doch kann man nicht sagen, daß er davon abließ,
sondern nur, daß er Verlangen und Eifer hintansetzte,
indes sich das Gefühl der Ehre, das sich über jedes menschliche Fühlen und Tun erhebt, seiner Seele bemächtigte.
Am Abend vor der Abreise von der Insel der Klausen
sprach sich Arnaldo mit Periandro unter vier Augen darüber aus.

Arnaldo flehte Periandro an – einer der um etwas bittet, was er braucht, bittet nicht, sondern fleht –, daß er für
seine Schwester Auristela rechte Sorge trage und sie so
behüte, daß sie Königin von Dänemark werden könne.
Für den Fall jedoch, daß ihm, Arnaldo, das Glück bei der
Wiedereroberung seines Reiches nicht hold wäre und er in
solch gerechtem Streit sein Leben verliere, solle sich Auristela für die Witwe eines Prinzen schätzen und sich als
solche einen Gatten erwählen; natürlich wisse er selbst –
viele Male habe er dies schon gesagt –, daß Auristela um
ihres eigenen Wertes willen und unabhängig von irgendeinem anderen hohen Rang es verdiente, die Herrin des
größten Reiches der Welt und nicht bloß Dänemarks zu

940   Die Mühen und Leiden des Persiles und der Sigismunda

sein. Periandro erwiderte darauf, er danke ihm für die
guten Absichten und werde für Auristela Sorge tragen, da
ihn solches ebensoviel angehe und ihm gleichfalls am Herzen liege.

Periandro sagte Auristela nichts von diesem Gespräch,
muß doch das Lob der geliebten Person vom Liebenden
selbst stammen und nicht als von einem andern gesagt
überbracht werden. Kein Liebender soll versuchen, seine
Dame mit den Reizen und Vorzügen eines andern verliebt
zu machen; die eigenen Reize und Vorzüge müssen es sein,
die er ihr bietet; wenn er nicht gut singt, so bringe er
keinen herbei, der ihr vorsinge; ist er kein allzu hübscher
Mann, so möge er sich nicht von einem Ganymed begleiten
lassen, kurz und gut, ich bin der Meinung, der Liebende
soll die eigenen Fehler nicht hinter den Vorzügen anderer
verbergen. Diese Ratschläge sind nicht auf Periandro ge-
münzt, war dieser doch von der Natur mit den schönsten
Gaben bedacht worden, und auch an Glücksgütern stand er
nur wenigen nach.

Indes segelte jedes der Schiffe mit dem gleichen Wind
einen verschiedenen Kurs; dies ist eines der Geheimnisse
der seemännischen Kunst. Die Schiffe durchpflügten nicht
etwa kristallhelle Flächen, sondern tiefblaue Fluten. Das
Meer war leicht gekräuselt, denn der Wind begegnete ihm
mit Zurückhaltung und wagte nur die Oberfläche zu streicheln; das Schiff zärtelte mit der See und glitt so leicht
dahin, daß es schien, als berührte es kaum das Wasser.
Solcherart, bei stets friedlicher See, segelten sie siebzehn
Tage lang in aller Ruhe, ohne die Segel zu setzen, zu
reffen oder zu brassen, dahin, und dieses Glücksgefühl
wäre vollkommen gewesen, hätten sie nicht mögliche
Stürme befürchtet. Nach Ablauf dieser siebzehn Tage –
vielleicht waren es einige mehr – rief ein Schiffsjunge, der
vom Korb des Hauptmastes aus Land erblickte:

»Botenlohn, ihr Herrschaften, Botenlohn erbitte ich, und
Botenlohn gebührt mir! Land in Sicht! Besser sagte ich:
der Himmel in Sicht, der Himmel! Denn wir sind zweifelsohne auf der Höhe der berühmten Stadt Lissabon angelangt!«

Drittes Buch   941

Diese Botschaft entlockte allen selige Tränen freudiger
Rührung, vor allem weinten Ricla, die beiden Antonio
und Constanza, denn es schien, als hätten sie das von ihnen
so heiß ersehnte Gelobte Land bereits erreicht. Antonio,
der Vater, legte seinem Weib den Arm um den Nacken
und sagte:

»Jetzt, meine Herzensbarbarin, wirst du in ausführliche-
rem Zusammenhang, wenn auch nicht verschieden von
dem, was ich dich gelehrt, erfahren, wie du Gott dienen
sollst. Jetzt wirst du die herrlichen Kirchen sehen, in denen
Gott angebetet wird, wirst auch die katholischen Bräuche
dieses Gottesdienstes erleben und erkennen, daß die christliche Barmherzigkeit in Blüte steht. Hier in dieser Stadt
schon wirst du viele Spitäler sehen, in denen man Krankheiten bekämpft und heilt und dem, der dort das zeitliche
Leben verliert, ausgestattet mit den Sakramenten und
zahllosen Ablässen, zum ewigen Leben verhilft. Hier gehen
Liebe und Ehrbarkeit Hand in Hand; die Gesittung schützt
sie vor Überheblichkeit, und edle Kühnheit verhindert,
daß sich ihnen Feigheit und Kriecherei anschlössen. Die
Bewohner dieser Stadt sind von angenehmem Umgang,
sind entgegenkommend, freigebig und verliebt, weil von
feinem Verstand. Die Stadt gehört zu den größten in Europa und ist Europas größter Handelsplatz: hier werden
die Reichtümer des Orients entladen, und von hier aus
gelangen sie in alle Teile der Welt. Der Hafen bietet Raum
genug für jede mögliche Anzahl von Schiffen, ja sogar für
ganze bewegliche Wälder von Mastbäumen. Die Schönheit
der Frauen dieser Stadt verwundert und entflammt; die
Erscheinung und das Auftreten der Männer läßt einen
– wie sie sagen – verstummen und vor Bewunderung erstarren; schließlich ist diese Stadt der Boden, der dem
Himmel überaus reichen gottgefälligen Tribut leistet und
darbringt.«

»Halt ein, Antonio«, sagte hier Periandro, »halt ein
und laß auch unseren Augen noch etwas übrig; Lobsprüche
sollen nicht alles vorwegnehmen; etwas muß auch den Augen zu tun bleiben, damit wir durch sie von neuem erstaunen können und das Vergnügen, das sich von Geschau-

tem zu Geschautem steigert, schließlich nicht mehr überboten werden kann.«

Überaus glücklich war Auristela, da sie sah, wie die Stunde herannahte, in der sie den Fuß an Land setzen konnte, ohne weiterhin, ausgeliefert der Unbeständigkeit des Meeres und dem Wankelmut der Winde, von Hafen zu Hafen, von Insel zu Insel ziehen zu müssen. Als sie hörte, daß man von hier aus trockenen Fußes nach Rom käme, ohne sich wiederum einschiffen zu müssen, wenn man solches nicht begehrte, kannte ihr Glück keine Grenzen.

Es war Mittag, als sie Sanguian erreichten, wo das Schiff von den Behörden visitiert wurde und der Befehlshaber der Burg wie auch seine Begleiter die Schönheit Auristelas, die männliche Anmut Periandros, die barbarische Kleidung der beiden Antonio, die gute Erscheinung Riclas und die Lieblichkeit Constanzas bestaunten und feststellten, daß die Reisenden Ausländer und auf einer Rompilgerschaft seien.

Periandro entlohnte die Schiffsleute, die sie so sicher hergebracht, aus dem Golde, das Ricla von der Barbareninsel mit sich geführt und das man auf Policarpos Insel in gängige Münze umgewechselt hatte; die Schiffsleute wollten damit in Lissabon vor Anker gehen, um dort Waren zu kaufen. Der Befehlshaber der Burg gab dem Statthalter von Lissabon – damals war es in Abwesenheit des Königs der Erzbischof von Braga – Nachricht von der Ankunft der Fremden, der unvergleichlichen Schönheit Auristelas, lobte auch den Liebreiz Constanzas, der durch die Barbarentracht keineswegs verschattet, sondern eher hervorgehoben wurde; er pries auch die männliche Schönheit Periandros und das artige Betragen aller, die keineswegs Halbwilde zu sein schienen, sondern Leute von höfischer Gesittung.

Das Schiff legte an der Stadt Belem an, wo die Reisenden es verließen, denn Auristela, die vom Ruf jenes frommen Klosters vernommen hatte und davon angetan war, wollte es besuchen, um dort Gott frei und ledig von den verderbten Riten ihrer Heimat anzubeten. Zahllose Neu-

Drittes Buch   943

gierige waren an den Strand gekommen, um die Leute
anzuschauen, die sich dort ausgeschifft hatten, denn immer
lockt das Fremdartige Neugierige an.

Bald verließ die seltsame, so eigenartig schöne Schar
Belem: Ricla, durchschnittlich hübsch, aber außergewöhnlich nach barbarischer Weise gekleidet, Constanza, überaus schön und in Felle gehüllt, Antonio, der Vater, Arme
und Beine nackt, den übrigen Körper mit Wolfsfellen bedeckt, Antonio, der junge, der auf die gleiche Art angezogen war, jedoch den Bogen in der Hand hielt, indes er
den Köcher mit den Pfeilen auf dem Rücken trug, Periandro in einem kurzen Rock aus grünem Samt, in grünen
Samthosen nach der Art der Schiffsleute, eine schmale
spitze Mütze auf dem Kopf, die die goldenen Ringellocken
nicht verdeckte, und Auristela, deren Kleid die ganze
Pracht des Nordens zeigte, indes der Körper den reizendsten Wuchs verriet und das Antlitz die blendendste Schönheit der Welt erkennen ließ. Alle gemeinsam und jeder für
sich rissen wahrhaftig alle, die sie erblickten, zu Staunen
und Bewunderung hin, vor allem aber die unvergleichliche
Auristela und der stattliche Periandro.

Umschwärmt von vielen niederen und vornehmen Leuten, gelangten sie auf dem Landwege nach Lissabon. Man
brachte sie zum Statthalter, der, nachdem er anfangs über
ihren Anblick verwundert gewesen, nun nicht müde wurde
zu fragen, wer sie seien, woher sie kämen und wohin sie
wollten. Darauf gab Periandro Antwort; eine Antwort,
die er schon lange bereithielt, da er sich gedacht, man
würde ihm solche und ähnliche Fragen oft genug stellen:
wenn er Lust dazu hatte oder es ihm passend schien, dann
wollte er seine Geschichte des langen und breiten erzählen,
dabei aber immer seine Eltern verschweigen. Nun, um die
Frager zufriedenzustellen, faßte er, wenn nicht schon die
ganze, so doch einen großen Teil seiner Geschichte in kurzen Worten zusammen.

Der Vizekönig befahl, sie alle in einem der besten Häuser
der Stadt unterzubringen, das zufällig das Haus eines reichen portugiesischen Edelmannes war; dort lief eine solche
Unzahl von Leuten zusammen, die Auristela sehen woll-

ten; denn sie allein war der Grund, weshalb das Gerücht umging, man müsse sich die Fremden ansehen, und so hielt Periandro es für angemessen, daß sie alle die fremdländische Kleidung mit Pilgergewändern vertauschten. Die hier ungewöhnliche Kleidung wäre nämlich, wie er meinte, der Anlaß, daß man ihnen folge, ja, daß sie vom Pöbel geradezu verfolgt wurden; überdies entspreche die Pilgertracht am besten ihrer Romfahrt. So geschah es, und zwei Tage später sahen sie sich als Pilger eingekleidet.

Dann begab es sich, daß Periandro eines Tages aus dem Hause trat und sich ihm ein Portugiese zu Füßen warf, ihn beim Namen nannte, seine Beine umschlang und sagte:

»Wie kommt es, Herr Periandro, daß du dieses Land mit deiner Gegenwart beglückst? Wundere dich nicht, wenn ich dich bei deinem Namen nenne, bin ich doch einer von den zwanzig Leuten, die auf der verbrannten Barbareninsel mit dir die Freiheit erlangten. Ich war auch dabei, als Manuel de Sosa Coutinho, der portugiesische Edelmann, starb. Von dir und den Deinen trennte ich mich in der Herberge, als Transilas Vater, Mauricio, und Ladislao, ihr Gatte, auf der Suche nach der Entschwundenen dort eintrafen. Ein günstiges Geschick hat mich in die Heimat zurückgeführt. Hier erzählte ich den Verwandten Don Manuels von dessen Liebestod; sie glaubten mir, und hätte ich den Tod auch nicht als Augenzeuge bestätigt, sie würden mir dennoch geglaubt haben, ist es den Portugiesen doch fast zur Gewohnheit geworden, aus Liebe zu sterben. Der Bruder Don Manuels, der das Vermögen des Toten erbte, hat die Seelenmessen lesen und in einer von der Familie gestifteten Kapelle auf eine Platte aus weißem Marmor, so als läge jener dort begraben, eine Inschrift setzen lassen, die ihr alle, wie ihr seid, ansehen solltet, denn ich glaube, sie wird euch als sinnig und einfallsreich zusagen.«

Aus den Worten des Mannes ersah Periandro, daß dieser die Wahrheit sprach, wenngleich er sich nicht erinnern konnte, ihn je in seinem Leben gesehen zu haben. Desungeachtet gingen sie alle zur Kirche, die er genannt hatte, besichtigten die Kapelle und sahen die Grabplatte, auf der

Drittes Buch 945

in portugiesischer Sprache geschrieben stand, was Antonio, der Vater, folgendermaßen ins Spanische übersetzte:

»Hier ruht lebendig das Andenken des schon verstorbenen Manuel de Sosa Coutinho, eines portugiesischen Ritters, der noch am Leben sein würde, wäre er nicht Portugiese gewesen. Er starb nicht von der Hand irgendeines Spaniers, sondern an der Übermacht der Liebe, die alles vermag. Wanderer, erkunde sein Leben, und du wirst ihn um seinen Tod beneiden.«

Periandro sah, daß der Portugiese die Grabschrift mit Recht gepriesen hatte, wie denn überhaupt die Portugiesen im Verfassen solcher Grabschriften besonderes Geschick zeigen. Auristela fragte den Mann, welche Gefühle die Nonne, die Angebetete des Edelmannes, bei der Nachricht vom Tode ihres Anbeters bekundet habe. Der Portugiese sagte, die Nonne sei wenige Tage, nachdem sie dies erfahren, in ein besseres Leben abgegangen, sei es wegen der strengen Bußübungen, denen sie sich unterworfen, oder wegen des Schmerzes über den unerwarteten Ausgang des Verlöbnisses.

Von der Kirche gingen sie zu einem berühmten Maler, den Periandro beauftragte, die wichtigsten Begebnisse seiner Geschichte auf einer großen Leinwand darzustellen. Auf eine Seite des Gemäldes malte der Künstler die brennende Barbareninsel, daneben die Kerkerinsel und etwas davon entfernt das Floß oder Balkenwerk, auf dem Arnaldo Periandro entdeckt hatte, bevor er ihn auf sein Schiff nahm. Auf der anderen Seite war die Schneeinsel dargestellt, wo der verliebte Portugiese aus dem Leben schied; dann gewahrte man das Schiff, das Arnaldos Soldaten anbohrten, und gleich dabei sah man, wie die Schaluppe und die Pinasse voneinander abgetrieben wurden; hier sah man den Zweikampf der Liebhaber Taurisas und ihrer aller Tod dargestellt, dort sägte man eine Öffnung in den Kiel des Schiffes, das Auristela und allen anderen Insassen zur Gruft geworden war, weiter entfernt erblickte man die liebliche Insel, auf der Periando im Traum die beiden Scharen der Tugenden und der Laster geschaut hatte; da-

neben lag das Schiff, von dem die »Schiffbrecher« zwei
Matrosen gegriffen und ihnen in ihren Leibern ein Grab
bereitet hatten; auch das Festfrieren im Eismeer wurde
nicht vergessen, und nicht die Auslieferung an Cratilo.
Desgleichen wurde der gewaltige Sprung des mächtigen
Rosses dargestellt, das die Angst aus einem reißenden Lö-
wen in ein sanftes Lamm verwandelt hatte, denn solche
Tiere werden durch Schrecken gezähmt. Auf einem engen
Raum und nur skizzenhaft waren die Feste König Poli-
carpos festgehalten, in denen Periandro sich selbst zum
Sieger krönte.

Kurz und gut: auf dem Gemälde wurde jedes wichtige
Begebnis der Geschichte wiedergegeben einschließlich der
Ankunft in Lissabon und ihrer Ausschiffung in den Kleidern, in denen sie gekommen. Auf dem gleichen Gemälde
sah man die Insel König Policarpos brennen, erblickte man
Clodio, durchbohrt von Antonios Pfeil, und Zenotia, die
an einer Rahe aufgehenkt war; auch die Insel der Klausen
war darauf dargestellt mit Rutilio in der Haltung eines
Heiligen. Dieses Gemälde war eine Zusammenfassung, die
es ihnen ersparte, ihre Geschichte immer wieder und wieder erzählen zu müssen, denn wenn man ihnen zu sehr
zusetzte, dann erklärte Antonio, der junge, das Gemälde
und berichtete die Ereignisse. Sich selbst übertraf der berühmte Maler in der Darstellung Auristelas, und die Leute
sagten, er habe damit bewiesen, daß er imstande sei, eine
Schönheit zu malen, wenn er auch das Vorbild nicht erreiche, war doch die Schönheit Auristelas solcherart, daß
keine Künstlerhand, sofern sie nicht von göttlichem Geist
geführt wurde, imstande war, sie wiederzugeben.

Zehn Tage lang weilten die Pilger in Lissabon und verbrachten diese Zeit damit, die Kirchen zu besuchen und
ihre Seelen auf den rechten Pfad des Heiles zu bringen.
Nach Ablauf der zehn Tage nahmen sie Urlaub vom Vizekönig, und ausgestattet mit gültigen Pässen, in denen zu
lesen war, wer sie seien und wohin sie reisten, verabschiedeten sie sich vom portugiesischen Edelmann, ihrem Wirt,
und von Alberto, dem Bruder des verliebten Manuel, der
ihnen große Freundschaft und Dienstbarkeit bezeigt hatte,

Drittes Buch 947

und machten sich auf den Weg nach Kastilien. Sie mußten
die Reise des Nachts antreten, da sie befürchteten, die Leute
würden ihnen, wenn sie am Tage abreisten, durch ihr Nach-
laufen lästig fallen, wenngleich sie schon weniger begafft
wurden, seit sie die Kleidung gewechselt hatten.

Zweites Kapitel

Die Pilger beginnen ihre Fahrt durch Spanien; wieder stoßen
ihnen seltsame Dinge zu.

Auristelas zarte Jugend und die noch zartere Constanzas,
wie auch die reiferen Jahre Riclas hätten für die große
Fahrt, die sie nun antraten, wohl nach Kutschen, Prunk
und Annehmlichkeiten verlangt, allein die Frömmigkeit
Auristelas – diese hatte das Gelübde abgelegt, von dem
Ort an, wo sie den Fuß aufs Festland setze, zu Fuß nach
Rom zu pilgern – riß auch den frommen Eifer der übrigen
mit. So gelobten alle, Männer wie Frauen, einhellig die
Pilgerfahrt zu Fuß und fügten hinzu, daß sie, im Falle
solches erforderlich wäre, gerne bereit seien, von Tür zu
Tür zu betteln. Damit verschloß Ricla wieder das Tor
zur Freigebigkeit, und Periandro ersparte es sich, das diamantene Kruxifix, das Auristela hatte, zu veräußern und
bewahrte es zusammen mit den unschätzbaren Perlen für
eine bessere Gelegenheit auf. Sie erstanden nur ein Tragt-
er, das jenes Gepäck befördern sollte, das sie selbst nicht
auf dem Rücken tragen konnten. Sie versahen sich mit
Pilgerstäben, die ihnen gleicherweise als Stütze und als
Scheiden für spitze Stoßdegen dienen konnten. So bescheiden und demütig ausgestattet, verließen sie Lissabon,
das nun ohne ihre Schönheit verwaist war und arm ohne
den Reichtum ihres Verstandes, wie dies die zahllosen
Gruppen der Bewohner bezeugten, die zusammentraten
und von nichts anderem redeten als von der überaus großen Klugheit und der ausbündigen Schönheit der fremden
Pilger.

948   Die Mühen und Leiden des Persiles und der Sigismunda

Solcherart, Tag um Tag zwei bis drei Meilen Weges auf
sich nehmend, kamen sie nach Badajoz, dessen Korregidor
bereits von Lissabon aus benachrichtigt war, daß die fremden Pilger dort durchreisen würden. In der Stadt angekommen, stiegen sie zufällig in einem Gasthof ab, in dem
eine Truppe berühmter Schauspieler Wohnung genommen
hatte, die am selben Abend noch im Hause des Korregidor
eine Probevorstellung geben sollten, damit sie die Erlaubnis zum öffentlichen Auftreten erhielten.

Kaum aber hatten sie das Antlitz Auristelas und das
Constanzas erblickt, als sie, wie jedermann, der die beiden
zum erstenmal sah, von grenzenlosem Staunen ergriffen
wurden; allein keiner von ihnen wurde zu solcher Bewunderung hingerissen wie ein Dichter, der die Truppe
begleitete, weil er für sie sowohl alte Bühnenstücke verbesserte und bearbeitete, als auch neue Schauspiele schrieb,
eine Tätigkeit, die mehr Scharfsinn verlangt als Ehren-
haftigkeit und mühevoller ist als einträglich. Die Dichtung
ist jedoch so rein wie klarstes Wasser, das auch das Un-
reine noch zu nützen vermag; sie ist wie die Sonne, die
alles Unsaubere bescheint, ohne sich zu beschmutzen; sie
ist eine Kunst, die so viel gilt, als sie sich selber an Wert
gibt, sie ist ein Blitz, der aus den Wolken bricht, erhellt
und nicht brennt, sie ist ein wohlgestimmtes Instrument,
das sanft die Sinne ergötzt und mit dem Ergötzen Ehrbarkeit und Belehrung schenkt. Kurz und gut, ich sage,
daß dieser Poet, den die Not gezwungen, den Parnaß mit
Gasthöfen, die Castalia und die Aganippe mit den Pfützen
der Landstraßen und den Schwemmen der Schenken einzutauschen, dieser Poet also jenes Mitglied der Truppe war,
das von der Schönheit Auristelas am meisten betroffen
ward, und sogleich schien es ihm eine ausgemachte Sache,
daß sie sich ganz vortrefflich zu einer Schauspielerin eigne,
ohne auch nur im geringsten daran zu denken, ob sie
Kastilisch spräche oder nicht. Ihm gefiel die Gestalt, ihr
Temperament sagte ihm zu, und im Handumdrehen hatte
er sie in seiner Einbildung in Männerkleidung gesteckt;
gleich darauf zog er sie wieder aus und kleidete sie wie
eine Nymphe, und fast im selben Augenblick stattete er

Drittes Buch   949

sie mit der Majestät einer Königin aus, dann erließ er ihr
kein Kostüm, ob es nun spaßig oder ernst war, und in
jedem Gewande stellte er sich Auristela ernst, heiter, klug,
witzig und vor allem ehrbar vor, Eigenschaften, die bei
einer schönen Schauspielerin kaum zugleich sich finden.

Bei Gott, mit welcher Leichtigkeit die Einbildungskraft
eines Dichters dahineilt und selbst das Unmögliche zu erreichen sich anschickt! Auf welch dürftigen Grundlagen
erbaut er doch seine großen Luftschlösser! Alles scheint ihm
schon getan, alles leicht, alles geebnet, und zwar solcherart, daß er um so reicher ist an Hoffnungen, je mehr es ihm
an Glücksgütern mangelt, wie es dieser unser moderner
Poet bewies, als er zufällig die aufgerollte Leinwand sah,
auf der die Mühen und Leiden des Periandro abgebildet
waren. Hier sah sich der Poet in den größten Mühen und
Leiden, in denen er sich jemals in seinem Leben gesehen,
da ihn das unbezähmbare Verlangen ankam, aus alledem
ein Schauspiel zu machen; er wußte jedoch nicht, wie er
es benennen sollte, ob Komödie, Tragödie oder Tragikomödie, denn wenn er auch den Anfang kannte, so waren
ihm doch die Mitte und das Ende unbekannt, da Periandros und Auristelas Leben noch weiterging und erst der
Ausgang dieses Lebens die Bezeichnung des Schauspiels
liefern konnte. Am meisten plagte ihn jedoch der Gedanke,
wie er denn einen ratseligen, lustigen Diener auf dem
Meere und zwischen soviel Inseln, Feuer und Schnee unterbringen könnte, und trotzdem zweifelte er nicht daran,
das Schauspiel zu schreiben und besagten Lakaien wider
jede Regel der Dichtkunst und des Schauspiels darin unterzubringen.

Indes er all dies hin und her erwog, fand er Gelegenheit, mit Auristela zu sprechen, ihr seinen Wunsch zu eröffnen und ihr darzutun, wie gut es für sie wäre, Schauspielerin zu werden. Er versicherte ihr, sie würde, kaum
daß sie zweimal aufgetreten wäre, von ganzen Goldminen
überschüttet werden, denn die Fürsten dieses Zeitalters
wären wie Messing, das beim Gold golden ist und beim
Kupfer kupfern scheine; die meisten jedoch schenkten ihre
Neigung den Theaternymphen, den Ganz- und Halbgöt-

tinnen, den nachgeahmten Königinnen und den scheinbaren Küchenmägden. Wenn in der Zeit, in der sie Schauspielerin wäre, irgendein Fest bei Hof veranstaltet würde – so sagte er ferner –, dann könne sie sicher sein, daß sie eingehüllt werde in goldbestickte Röcke, denn alle oder die meisten der großen Herren kämen dann in Galakleidung zu ihr, um ihr ergeben und unterwürfig die Füße zu küssen; er führte ihr die Freude am Reisen vor Augen und das Vergnügen, immer zwei oder drei verkleidete Edelleute hinterher zu haben, die einer Schauspielerin gleicherweise als Diener wie als Liebhaber nützlich wären. Vor allem aber rühmte er die Auszeichnung und die große Ehre, die man einer Schauspielerin erwiese, indem man ihr die Hauptrolle gebe, eine wahrhaftige Ehre, und schloß damit, daß bei schönen Schauspielerinnen das alte spanische Sprichwort ›Geld und Ehr fällt Eintracht schwer‹ nicht zuträfe, verstünden sie es doch vorzüglich, Ehre und Nutzen miteinander in Einklang zu bringen.

Auristela erwiderte, daß sie kein Wort von den vielen, die er gesagt, verstanden habe; daran ersehe sie, daß sie der spanischen Sprache unkundig sei, und selbst wenn sie ihn verstanden hätte, seien ihre Auffassungen verschieden von den seinen, denn ihr Wunsch gehe nach einer anderen Betätigung, die sich, wenn sie vielleicht auch nicht so angenehm sei, doch besser für sie schicke. Der Poet war über Auristelas Antwort bitter enttäuscht; er sah sich in den Abgrund seiner Dummheit gestürzt und der Stütze seiner Eitelkeit und Torheit beraubt.

An jenem Abend begaben sich die Schauspieler in das Haus des Korregidors, um dort zur Probe zu spielen. Der Korregidor, der erfahren hatte, daß die schöne Pilgerschar bereits in der Stadt sei, ließ sie aufsuchen und einladen, in seinem Hause der Aufführung eines Schauspiels beizuwohnen; überdies stehe er ihnen stets gerne zu Diensten, da man ihm von Lissabon aus das Beste über sie geschrieben habe.

Mit Zustimmung Auristelas und Antonios, des Vaters, dem sie alle als dem Ältesten gehorchten, nahm Periandro die Einladung an. Bei der Frau des Korregidors waren

Drittes Buch 951

schon viele Damen der Stadt versammelt, als Auristela,
Ricla und Constanza, begleitet von Periandro und den
beiden Antonio eintraten. Ob ihrer unvergleichlichen Erscheinung setzten die fremden Pilger alle Anwesenden in
Erstaunen und ließen sie die Augen weit aufreißen; durch
das bescheidene Auftreten und die gute Erscheinung ge-
wannen die Pilger sogleich das allgemeine Wohlwollen,
das ihnen vorzügliche Plätze für die Vorstellung verschaffte. Aufgeführt wurde die Fabel von Cephalus und
Procris, in der sich diese eifersüchtiger zeigte, als sie sein
sollte, und jener sich als übereilter erwies, als er sein durfte,
und den Spieß warf, der ihr das Leben und ihm für immer die Freude raubte. Die Verse waren unübertrefflich,
hatte sie doch, wie es hieß, Juan de Herrera de Gamboa
verfaßt, dem man den Spitznamen ›der Ausgezehrte‹ gegeben hatte, wenngleich sich sein Geist bis in die höchsten
Sphären der Dichtkunst erhob.

Als das Stück zu Ende war, zerpflückten die Damen
Auristelas schöne Erscheinung bis in die kleinsten Einzelheiten; sie fanden eine solche Übereinstimmung der Teile
mit dem Ganzen, daß sie nicht umhin konnten, dieses
Ganze als »makellose Vollkommenheit« zu bezeichnen;
die Herren sagten dasselbe von Periandros Erscheinung,
und so nebenbei wurden auch Constanzas Schönheit und
der stattliche Wuchs ihres Bruders Antonio gelobt.

Drei Tage blieben die Pilger in der Stadt; der Korregidor erwies sich als ein sehr freigebiger Edelmann, die
Korregidorin aber bewies wahrhaft königlichen Rang,
wenn man sie nach den Geschenken beurteilte, die sie Auristela und den übrigen Pilgern gemacht. Diese dankten
recht herzlich dafür und versprachen, wo auch immer sie
wären, Nachricht von ihrem Befinden und ihren Erlebnissen zu geben.

Nachdem sie Badajoz verlassen hatten, nahmen sie die
Straße nach dem Kloster Unserer lieben Frau von Guada-
lupe. Drei Tage später – sie hatten in dieser Zeit fünf
Meilen zurückgelegt – überraschte sie die Nacht in einem
Gehölz, das aus vielen Steineichen und anderen Bäumen
bestand. Der Himmel hielt gerade die Waagschale des Ta-

ges und der Nacht auf gleicher Höhe, und das Zünglein der Waage zeigte die Tag- und Nachtgleiche an, so daß weder die Hitze drückte, noch die Kälte störte und man, je nachdem, die Nacht ebensogut im Freien wie unter Dach verbringen konnte. Aus diesem Grunde, und da überdies kein Dorf in der Nähe war, sprach Auristela den Wunsch aus, bei den Pferchen der Rinderhirten zu lagern, deren Feuer sie in der Ferne erblickten.

Es geschah, wie Auristela wünschte, allein kaum waren sie zweihundert Schritte ins Gehölz eingedrungen, als die Nacht so stockdunkel wurde, daß die Pilger stehenblieben und wieder nach den Lagerfeuern der Rinderhirten Ausschau halten mußten, damit sie, um sich nicht zu verirren, sich nach dem Feuerschein richten könnten. Allein nicht nur die Finsternis zwang sie stehenzubleiben, sondern auch ein Geräusch, das sie vernahmen und das Antonio, den jungen, nach dem Bogen, seinem ständigen Begleiter, greifen ließ. Indes kam ein Mann zu Pferd – sie vermochten das Gesicht des Mannes nicht zu erkennen – heran und sagte:

»Seid ihr aus dieser Gegend, ihr guten Leute?«

»Nein, durchaus nicht!« erwiderte Periandro. »Wir kommen im Gegenteil von fern her. Wir sind ausländische Pilger und wollen auf dem Weg nach Rom auch Guadalupe besuchen.«

»Wenn es in fremden Ländern«, sagte der Berittene, »Barmherzigkeit gibt und Hilfsbereitschaft, finden sich dann unter Fremden nicht auch Herzen voller Mitgefühl?«

»Warum denn nicht?« erwiderte Antonio. »Wenn Ihr, mein Herr, wer auch immer Ihr seid, etwas von uns brauchen solltet, so sagt es, und Ihr werdet eine bejahende Antwort auf Eure Frage erhalten.«

»Dann nehmt, Señores«, sagte hierauf der Berittene, »diese goldene Kette; sie wird so an die zweihundert Taler wert sein. Nehmt auch dieses für mich unschätzbare Kleinod an euch und gebt es in der Stadt Trujillo einem der beiden dort wie in der ganzen Welt wohlbekannten Edelleute: der eine heißt Don Francisco Pizarro und der andere Don Juan de Orellana. Beide sind jung, unvermählt, reich und großmütig.«

Drittes Buch 953

Dies gesagt, legte er ein Kind in die Arme Riclas, die, von Mitleid erfüllt, vorgetreten war, um es an sich zu nehmen. Sogleich begann das Kind zu wimmern; ob es nun in kostbare oder dürftige Tücher gehüllt war, vermochte niemand zu sagen.

»Welchem der beiden Edelleute auch immer ihr das Kind übergebt, sagt ihm, er möge es in seine Obhut nehmen. Er werde bald erfahren, wessen Kind es sei und welcher Art das widrige Geschick, das ihm das Glück zuteil werden ließ, in seine Obhut zu finden. Nun entschuldigt mich, denn meine Verfolger sind hinter mir her. Sollten sie euch begegnen und euch fragen, ob ihr mich gesehen, so antwortet ihnen mit Nein, denn ihr könnt solches leicht sagen, oder wenn ihr lieber wollt, dann sagt, daß drei oder vier Berittene hier vorbeigekommen seien, die gerufen hätten: ›Nach Portugal! Nach Portugal!‹ Nun behüte euch Gott, denn ich kann nicht länger mehr verweilen. Wenn einen schon die Furcht anspornt, um wieviel mehr noch die Ehre und das Ansehen.«

Und seinem Pferd die Sporen gebend, entfernte sich der Reiter mit Blitzesschnelle; doch im Augenblick noch kehrte er zurück und sagte:

»Es ist nicht getauft.«

Dann sprengte er fort.

Hier seht ihr nun unsere Pilger: Ricla mit dem Kind im Arm, Periandro mit der Kette um den Hals, Antonio, den jungen, mit dem Pfeil an der gespannten Sehne seines Bogens, Antonio, den Vater, im Begriff, den Stoßdegen aus dem Pilgerstab zu ziehen, der dem Degen als Scheide diente, Auristela, verwirrt und sprachlos wegen des seltsamen Begebnisses, alle zusammen darob überaus verwundert. Aus dieser Erstarrung befreite sie Auristela, die nun meinte, sie sollten trachten, auf irgendeine Weise zu den Pferchen der Rinderhirten zu gelangen, wo sie vielleicht die Gelegenheit fänden, das Neugeborene zu füttern, das seiner Kleinheit und seines schwächlichen Wimmerns wegen erst einige Stunden alt sein konnte.

So geschah es; allein kaum waren die Pilger nach häufigem Stolpern beim Pferch der Hirten angekommen, da tauchte, ehe sie noch hatten fragen können, ob die Hirten geneigt wären, ihnen für diese Nacht Unterkunft zu gewähren, eine Frau auf, die leise – sie bemühte sich, ihr Weinen zurückzuhalten – vor sich hinschluchzte. Sie war halb bekleidet, doch die Kleider, die ihre Blöße bedeckten, waren kostbar und verrieten eine Frau von Rang und Namen. Wenngleich sie sich bemühte, das Antlitz zu verbergen, so ließ der Feuerschein erkennen, daß es ebenso kindlich wie schön und ebenso schön wie kindlich war; und Ricla, die vom Alter einiges verstand, schätzte das Mädchen auf höchstens sechzehn oder siebzehn Jahre. Die Hirten fragten, ob es verfolgt werde oder sonst in Nöten sei, die nach schneller Abhilfe verlangten, worauf das bekümmerte Mädchen antwortete:

»Als erstes bitte ich euch, meine Herren, mich tief unter der Erde zu begraben, das heißt, mich solcherart zu verbergen, daß niemand, der nach mir sucht, mich finde. Dann, als zweites, bitte ich euch, mir etwas zu essen zu geben, sonst wird die Schwäche meinem Leben ein Ende bereiten.«

»Unser Eifer«, sagte ein alter Hirt, »wird das Ausmaß unserer Barmherzigkeit erweisen.«

Dann eilte er rasch auf eine gewaltige Eiche zu, die hohl war, breitete einige Schaf- und Ziegenfelle darein – Schafe und Ziegen werden gewöhnlich mit Rindern aufgezüchtet – und bereitete ein Lager, das fürs erste der dringendsten Not abhelfen mochte. Dann hob er das Mädchen auf, legte es in die Höhlung des Baumes, gab ihr eine Milchsuppe – mehr hatte er nicht – und Wein für den Fall, daß sie durstig sei. Dann verhängte er die Höhlung mit anderen Fellen, daß es aussah, als wären sie dort zum Trocknen aufgehängt worden.

Als Ricla – sie vermutete, das Mädchen wäre die Mutter des Kindes, das man ihr übergeben hatte – sah, daß der barmherzige Hirt mit allem fertig war, trat sie zu ihm hin und sagte:

»Laßt Eure Barmherzigkeit nicht dabei bewenden, guter Herr, sondern übt sie auch an diesem Neugeborenen hier in meinem Arm, ehe es Hungers stirbt.«

In kurzen Worten erzählte sie dem Alten, wie sie zu

Drittes Buch

dem Kind gekommen sei. Der Hirt erwiderte kein Wort, doch entsprach er Riclas Bitte, indem er einen andern Hirten herbeirief und ihn beauftragte, das Kind in den Ziegenpferch zu bringen, damit es dort ans Euter gelegt werde. Kaum war dies getan und kaum waren die letzten klagenden Laute des Kindes verstummt, als eine Schar Berittener auftauchte. Die Leute fragten nach einer entkräfteten Frau und nach einem Reiter mit einem Kind. Da sie keine befriedigende Antwort auf ihre Frage erhielten, sprengten sie eilig hinweg, worüber die freundlichen Helfer in der Not nicht wenig froh waren. Die Pilger verbrachten jene Nacht angenehmer, als sie erwartet, und die Hirten vergnügter, weil sie Gesellschaft hatten.

DRITTTES KAPITEL

Das Fräulein, das in einem hohlen Baum haust, berichtet, wer sie sei.

Schwanger ging die Eiche – so könnte man wohl sagen –, regenschwanger waren die Wolken, deren Schwärze Blindheit über die Augen der Leute gebreitet hatte, die nach der Gefangenen im Baum gefragt. Allein den barmherzigen Hirten – er war der Oberhirt – vermochte dies nicht davon abzuhalten, seine Gäste mit allem zu versorgen, was ihm zu ihrem Wohlbefinden nötig schien: das Neugeborene trank am Euter der Ziege, die Gefangene im Baum aß die ländliche Speise, und die Pilger erfreuten sich der ungewöhnlichen, angenehmen Gastfreundschaft.

Alle wollten sogleich erfahren, welche Ursache die Unglückliche, die allem Anschein nach auf der Flucht war, und das schutzlose Kind hiehergeführt hatte, allein Auristela meinte, man solle die Arme bis zum nächsten Morgen nichts fragen, denn die Aufregung pflege die Zunge schon zu hemmen, wenn es gelte, freudige Begebnisse zu berichten, um wieviel mehr noch sei sie behindert, wenn es darum ginge, traurige Ereignisse zu erzählen. Und so fragte

der greise Hirt, der öfter zum hohlen Baum ging, die darin
Verborgene nur, wie sie sich fühle, worauf ihm die Antwort wurde, sie hätte allen Grund, sich sehr schlecht zu
fühlen, würde sich aber überaus glücklich schätzen, wenn
sie sich in Sicherheit sähe vor ihren Verfolgern, die niemand anderer seien als ihr Vater und ihre Brüder.

Der Hirt verdeckte, das Mädchen von neuem verber-
gend, die Höhlung und kehrte zu den Pilgern zurück, die
die Nacht beim Feuer und Licht der Hirten heller verbrachten, als der dunkle Himmel es ihnen gestattet hätte.
Bevor sich aber der Schlaf ihrer Glieder und Sinne bemächtigte, wurde beschlossen, daß der Hirt, der das Neugeborene den Ziegen zum Säugen gebracht, es sogleich zu
einer Schwester des Oberhirten bringen sollte, die in einem
fast zwei Meilen entfernten Dorfe lebte. Man gab ihm auch
die Kette mit dem Auftrag, dem Kind – das, wie er sagen
sollte, aus einem entlegenen Dorf stamme – einen Pflege-
platz zu verschaffen. So geschah es, und solcherart gewan-
nen sie die Sicherheit, die Verfolger – falls sie zurück-
kämen – ohne die Gefahr einer Entdeckung irrezuführen
oder andere Leute, die auf der Suche nach den Verlorenen
oder, besser, den Verlorengeglaubten hier einträfen, ab-
zuweisen. Damit, mit dem Essen und der kurzen Spanne,
in der sich der Schlaf auf ihre Augen und das Schweigen
auf ihre Lippen legte, verging die Nacht, und rasch brach
der Tag an, der für alle licht und schön war, ausgenommen
für die bangende Frau, die, im Baum eingeschlossen, es
nicht wagte, die schöne Helle der Sonne anzuschauen.
Trotzdem holte man sie, nachdem man bei der Herde und
in größerer Entfernung davon in bestimmten Abständen
Wachen aufgestellt hatte – sie sollten ein Zeichen geben,
sobald jemand sich nähere –, aus dem Baum, damit sie
frische Luft schöpfe und man von ihr erfahre, was zu erfahren man begehrte. Bei Tag nun sahen sie ein Antlitz
von solcher Schönheit, daß sie im Zweifel waren, ob sie
der Unbekannten oder Constanza den zweiten Platz nach
Auristela einräumen sollten; überall nahm Auristela den
Platz der Schönsten ein, hatte doch die Natur keine ihr
vergleichbare Schönheit schaffen wollen. Man stellte der

Drittes Buch   957

Unbekannten viele Fragen, und viele Bitten wurden auf-
gewendet, die darauf abzielten, daß sie ihnen ihre Geschichte erzähle, und sie, höflich und dankbar, entschuldigte sich ihrer Schwäche wegen und begann mit leiser
Stimme folgendes zu erzählen:

»Wenngleich ich, meine Freunde, mit meinem Bericht
Verfehlungen eingestehen muß, die mich den Ruf der Ehrbarkeit kosten werden, will ich lieber aus Höflichkeit gehorchen denn als undankbar erscheinen, weil ich euch
meine Geschichte verschweige. Ich heiße Feliciana de la
Voz, mein Heimatort ist eine kleine Stadt hier in der
Nähe, meine Eltern sind, wenn auch nicht sehr reich, so doch
adelig, und meine Schönheit wurde, als sie noch nicht verwelkt war wie jetzt, von einigen geschätzt und gepriesen.
In der Nähe der Kleinstadt, in der ich, da der Himmel es
so wollte, geboren wurde, lebt ein überaus reicher Hidalgo,
dessen Betragen und Tugenden ihn in den Augen der Leute
in den Rang eines Adeligen erheben. Dieser Hidalgo hat
einen Sohn, der sich ebenso als Erbe der vielen Tugenden
des Vaters erweist, wie er einst dessen gewaltigen Reichtum und Besitz erben wird. Am gleichen Ort lebt ein Ade-
liger, der ebenfalls seinen Sohn sein eigen nennt; auch die
beiden sind reicher an adeligem Blut als an Vermögen und
leben in ehrenhafter Mittelmäßigkeit, die weder demütigt
noch übermütig macht. Mein Vater und meine beiden Brüder beschlossen, mich mit diesem Jüngling zu verheiraten
und schlugen die Bitten des reichen Hidalgo, der mich für
seinen Sohn als Gattin begehrte, in den Wind. Ich jedoch,
die der Himmel für das Unglück aufbewahrte, in dem ich
mich jetzt sehe, und für andere Schicksalsschläge, die mich
noch treffen werden, ergab mich dem Reichen als Gattin
und verband mich mit ihm hinter dem Rücken meines
Vaters und meiner Brüder, denn zu meinem größten Unglück habe ich keine Mutter mehr. Oft sahen wir uns
unter vier Augen, ergibt sich doch in solchen Fällen die
Gelegenheit immer wieder und reicht einem trotz aller
Schwierigkeiten eine hilfreiche Hand. Diese Zusammenkünfte und der damit verbundene heimliche Genuß der
Liebesfreuden brachte es mit sich, daß mein Kleid sich

mehr und mehr engte, meine Schande aber anwuchs, so man die Folgen des Verkehrs versprochener Liebesleute eine Schande nennen darf.

Indes vereinbarten mein Vater und meine Brüder, ohne mich auch nur ein Wort davon wissen zu lassen, meine Vermählung mit dem jungen Adeligen und beeilten sich damit solcherart, daß sie ihn gestern Abend in Begleitung zweier seiner nächsten Verwandten in unser Haus brachten, damit wir dort unverzüglich einander angetraut würden. Als ich Luis Antonio - so heißt der junge Adelige - das Haus betreten sah, erschrak ich, und meine Bestürzung wuchs, als mein Vater mir sagte, ich solle mich in mein Zimmer begeben und mich schöner kleiden als gewöhnlich, denn ich hätte Luis Antonio unverzüglich die Hand zu reichen. Zwei Tage zuvor war für mich die Zeit gekommen, die die Natur zur Niederkunft bestimmt, und durch den Schrecken wie durch die unerwartete Mitteilung fühlte ich mich dem Tode nahe. Ich sagte, daß ich mich umkleiden würde, ging auf mein Zimmer, warf mich hier meiner Jungfer, der Mitwisserin meiner Geheimnisse, in die Arme und sagte, indes meinen Augen Tränen entströmten:

›Ach, meine Leonora, ich glaube, das Ende meiner Tage ist gekommen! Draußen im Saal wartet Luis Antonio auf mein Kommen, damit ich ihm die Hand zum Lebensbunde reiche. Sag mir, ob dieser Augenblick und diese Lage nicht das Furchtbarste sind, das einem bejammernswerten Weib zustoßen kann? Durchbohre mir die Brust, Schwester, wenn du ein Werkzeug dazu hast, denn eher soll die Seele diesen Leib verlassen, als daß seine Schande offenbar werde. Ach, meine Freundin, ich sterbe; mein Leben erlischt!‹

Mit diesen Worten stieß ich einen tiefen Seufzer aus; meinem Leibe entsprang ein Kind und fiel auf den Boden. Dieses unerhörte Begebnis ließ meiner Jungfer das Blut in den Adern erstarren und mir den Verstand stillstehen, und so wartete ich, ohne zu wissen, was ich anfangen sollte, nur noch darauf, daß mein Vater oder meine Brüder hereinkämen, um mich aus diesem Zimmer statt zur Vermählung in die Gruft zu führen.«

Bis hieher war Feliciana mit ihrer Erzählung gekom-

Drittes Buch   959

men, als die Wachen, die man zur Sicherheit aufgestellt
hatte, das Zeichen gaben, daß Leute sich näherten; mit
ungesehener Geschwindigkeit schickte sich der greise Hirt
an, Feliciana in den Baum, der sicheren Zufluchtstätte ihres
Elends, zu bringen; allein die Wachen riefen, man möge
sich nicht beunruhigen, denn die Leute, die sie gesehen,
hätten einen anderen Weg eingeschlagen. So beruhigten
sich alle, und Feliciana de la Voz begann von neuem:
    »Bedenkt nun, meine Freunde, in welch drohender Ge-
fahr ich mich gestern abend sah: im Saal, auf mich wartend, einer, der sozusagen mein Gatte war, und in einem
Garten unseres Hauses einer, der sozusagen der Ehebrecher
war und dort auf mich wartete, um mit mir zu sprechen,
der aber weder von meiner Not noch von der Anwesenheit
Luis Antonios etwas wußte; ich, von Sinnen wegen der
unerwarteten Niederkunft, meine Jungfer verwirrt, mit
dem Kind im Arm, der Vater und die Brüder, die mich
drängten, mich zu sputen, um zur unseligen Vermählung
zu kommen. Solcherart war meine Bedrängnis, daß selbst
ein besserer Verstand als der meine daran verzweifelt
wäre und sich jeder vernünftigen Überlegung widersetzt
hätte. Ich kann euch nur noch sagen, daß ich in meiner
Dumpfheit wahrnahm, wie mein Vater eintrat und sagte:
    ›Mach dich fertig, Mädchen; komm wie du bist, denn
deine Schönheit wird vergessen machen, daß du nicht fertig
angekleidet bist; sie wird dir als schönstes Prunkkleid
dienen.‹
    In diesem Augenblick schlug ihm wohl das Geschrei
des Kindes ans Ohr, das meine Jungfer, wie ich glaube,
verstecken oder Rosanio – so heißt der Mann, den ich mir
zum Gatten erwählt habe – übergeben wollte. Mein Vater
zuckte zusammen, leuchtete mir mit der Kerze, die er in
der Hand trug, ins Gesicht und sah darin meinen Schreck
und meine Mattigkeit. Wieder traf das Kindergeschrei sein
Ohr; er zog den Degen und eilte der Stimme nach. Der
Blitz der Klinge traf meine verschleierten Augen, und die
Angst traf mich mitten ins Herz. Allein da der Wunsch,
das Leben zu retten, nur natürlich ist, weckte die Angst,
es zu verlieren, das Verlangen nach Rettung, und kaum

hatte der Vater mir den Rücken gekehrt, als ich, so wie ich war, über eine Wendeltreppe in die unteren Gemächer des Hauses hinabeilte, von dort unbehindert auf die Straße floh, von der Straße ins Freiland und von dort auf einen mir unbekannten Weg; schließlich lief ich, von der Furcht getrieben und von der Angst gehetzt, als hätte ich an den Füßen Flügel, eine viel längere Strecke Weges, als meine Schwäche dies hätte erwarten lassen.

Tausendmal war ich nahe daran, mich auf dem Wege von einer Anhöhe hinabzustürzen, um mit meinem Leben auch meinen Jammer zu enden, ebensooft wollte ich mich schon hinsetzen oder auf der Erde ausstrecken und mich meinen Verfolgern übergeben. Allein der Schein eurer Lagerfeuer befeuerte mich wieder, und ich setzte alle meine Kräfte darein, hieherzukommen, um mich von meiner Müdigkeit zu erholen und für mein Elend, wenn nicht schon Abhilfe, so doch wenigstens eine Erleichterung zu finden. So kam ich, wie ihr mich gesehen, und bin, wie ich sehe, dank eurer Barmherzigkeit und Hilfsbereitschaft in Sicherheit. Das, meine Freunde, ist alles, was ich euch von meiner Geschichte erzählen kann, deren Schluß ich dem Himmel anheimstelle, indes ich mich hier auf Erden eurem Ratschluß unterwerfe.«

Hiemit schloß die unglückliche Feliciana de la Voz ihre Erzählung und erregte bei ihren Zuhörern gleicherweise Staunen und Mitleid. Periandro berichtete darauf, wie man ihnen ein Kind und eine Kette übergeben habe und was ihnen mit dem Edelmann begegnet sei, der ihnen das Kind überantwortet hatte.

»Ach, vielleicht ist es mein Kind!« rief Feliciana aus. »Vielleicht ist es Rosanio, der es euch gegeben hat? Wenn ich es sehen könnte, dann würde ich – nicht durch dessen Züge, die ich nie gesehen – vielleicht aber durch die Tücher, in die es gewickelt ist, aus dem Dunkel der Verwirrung ins Licht der Gewißheit geführt. Meine Jungfer, unvorbereitet wie sie war, konnte das Kind nur in Tücher wickeln, die in meinem Zimmer waren und mir darum bekannt sein müssen. Und sollte ich die Tücher nicht erkennen, dann wird vielleicht die Stimme des Blutes sprechen

Drittes Buch

und mich durch ein dunkles Gefühl erkennen lassen, was mein ist.«

Darauf antwortete der Hirt:

»Das Kind ist in meinem Dorf untergebracht und in Gewahrsam meiner Schwester und einer meiner Nichten. Ich werde veranlassen, daß die beiden heute noch das Kind hieherbringen und du, schöne Feliciana, die Probe machen kannst, die du zu machen begehrst. Unterdessen, Herrin, beruhige dich, denn meine Hirten und dieser Baum werden dir ein schützender Vorhang sein, die dich vor den Augen deiner Verfolger verbergen.«

VIERTES KAPITEL

Feliciana bittet die Pilger, sie auf ihrer Wallfahrt begleiten zu dürfen. Nachdem sie auf dem Wege in großer Gefahr waren, erreichen sie Guadalupe.

»Mir scheint, lieber Bruder«, sagte Auristela zu Periandro, »daß Mühen, Leiden und Gefahren nicht nur auf dem Meere herrschen, sondern überall in der Welt, daß Unglück und Mißgeschick gleicherweise bei denen zu finden sind, die auf Bergesgipfeln leben, wie bei jenen, die sich in Klüften verstecken. Jene, die man Fortuna nennt – von ihr habe ich oft reden hören – und von der man sagt, sie nehme und gebe die Glücksgüter, wie und wem sie will, ist zweifelsohne blind und launenhaft, erhöht sie doch jene, die unserer Meinung nach auf dem Boden liegen müßten, indes sie andere, die hoch oben stehen, in die Tiefe stürzt. Ich weiß nicht, Bruder, was ich von alledem halten soll, doch weiß ich, daß man sich nicht wundern darf, wenn uns das Fräulein, das sich Feliciana de la Voz nennt, in Erstaunen setzt; überdies besitzt sie kaum genug Stimme, uns ihr Unglück laut zu berichten, wenngleich sie ›Voz‹, also ›Stimme‹, heißt. Ich sehe sie vor mir – es sind erst wenige Stunden seither verflossen –, daheim, umgeben von ihrem Vater, den Brüdern und der Dienerschaft, voll der

Hoffnung, durch ihre Umsicht einen Ausweg aus der Lage zu finden, in die sie ihr vorschnelles Verlangen gestürzt hat; nun aber sehe ich sie, in einem hohlen Baum versteckt, und in Angst selbst vor Fliegen und Würmern. Zwar ist ihr Fall nicht der Fall einer Fürstin, doch kann er züchtigen Mädchen als Warnung dienen, damit sie sich in ihrer Lebensführung der Tugend befleißigten. Dies veranlaßt mich nun zu der Bitte, Bruder, daß du meiner Ehre wohl achten mögest, die ich in deine Hände gelegt, als ich aus der Obhut meines Vaters und jener deiner Mutter getreten bin. Wenn mich auch die Erfahrung lehrt, wie zuverlässig du in deiner Rechtschaffenheit bist – dies sowohl in der Einöde wie auch in belebten Städten –, so befürchte ich immer noch, daß sich die schon ihrer Natur nach leicht wandelbaren Gefühle wirklich wandelten. Es geht dabei um deine Ehre, ist doch die meine auch die deine; uns beide beseelt der gleiche Wunsch, und die gleiche Hoffnung gibt uns beiden Halt; der Weg, den wir beschritten haben, ist lang, doch gibt es keinen, den man nicht zu Ende gehen könnte, solange einen nicht die Trägheit und der Müßiggang daran hindern. Schon hat uns der Himmel, dem ich tausendmal dafür danke, nach Spanien geführt; er hat uns von der gefährlichen Gesellschaft Arnaldos befreit, und schon können wir, ungefährdet von Schiffbruch, Seesturm und Straßenräubern unseres Weges ziehen, denn im Vertrauen auf den Ruf, den sich Spanien in der ganzen Welt als friedliches, gottesfürchtiges Land erworben hat, können wir uns sichere Wallfahrt versprechen.«

»O Schwester«, erwiderte Periandro, »wie spricht doch die Klugheit aus jedem deiner Worte! Ich sehe, daß du als Weib fürchtest und als Kluge wieder Mut faßt. Ich wollte, mir böte sich die Gelegenheit, deine aus wohlbegründeten Überlegungen entstandenen Zweifel zu beschwichtigen und dein Zutrauen ganz zurückzugewinnen. Wenn auch deine bisherigen Erfahrungen die Befürchtung in Hoffnung, die Hoffnung in begründete Sicherheit und dann in freudige Gewißheit zu verwandeln imstande sind, so möchte ich doch dein Vertrauen in mich durch neue Beweise rechtfertigen. Hier bei diesen Hirten haben wir nichts mehr

Drittes Buch

zu schaffen, noch können wir für Feliciana mehr tun, als sie bemitleiden. Bringen wir also das Kind nach Trujillo, wie uns der Herr aufgetragen, der uns die Kette, anscheinend als Lohn dafür, übergeben hat.«

So weit waren Auristela und Periandro, als der greise Hirt mit seiner Schwester und dem Kind zu ihnen trat, nach dem er auf Felicianas Bitte geschickt hatte, damit sie sich überzeuge, ob es ihr Kind sei. Man brachte es ihr, sie betrachtete es immer wieder, wickelte es aus den Tüchern, doch konnte sie nirgends auch nur den geringsten Hinweis finden, durch den sie das Kind als ihr eigenes erkannt hätte, ja selbst – und dies war das Entscheidende – das natürliche Gefühl der Zuneigung drängte sie nicht zu dem Kinde, einem neugeborenen Knaben.

»Nein«, sagte Feliciana, »diese Tücher sind jene nicht, die meine Jungfer verfertigt hatte, um das Kind, das ich gebären sollte, dareinzuwickeln, noch sah ich diese Kette« – man hatte sie ihr gezeigt – »je bei Rosanio. Einer anderen wird dieses Kind gehören, nicht mir, denn wie könnte ich auch so glücklich sein, mein Kind, wenn ich es einmal verloren habe, wiederzufinden. Wenngleich ich von Rosanio oft gehört habe, er besäße Freunde in Trujillo, so weiß ich doch von keinem den Namen.«

»Trotzdem«, sagte der Hirt, »schließe ich aus dem Auftrag, dieses Kind nach Trujillo zu bringen, daß der Mann, der es diesen Pilgern übergeben hat, kein anderer sein kann als Rosanio. Ich bin darum der Meinung, daß meine Schwester – falls ich euch dabei einen Dienst erweise – sich in Begleitung zweier Hirten nach Trujillo begebe, um zu sehen, ob einer der genannten beiden Edelleute, an die man das Kind verwiesen hat, es in seine Obhut nehme.«

Darauf antwortete Feliciana mit Schluchzen, warf sich ihm zu Füßen und umschlang ihm zum Zeichen, daß sie seinen Entschluß dankbar billige, die Knie. Ebenso erklärten sich die Pilger mit dem Vorschlag einverstanden und erleichterten sein Vorhaben, indem sie dem Hirten die Kette einhändigten. Die Schwester des Oberhirten, die, wie gesagt, ebenfalls erst niedergekommen war, bestieg eines der Tragtiere, die zur Herde gehörten, und wurde angewiesen, nach dem Dorf zu reiten, ihr eigenes Kind in sichere Obhut zu bringen und sich mit dem anderen Kind nach Trujillo zu begeben, wohin ihr die Pilger auf dem Weg nach Guadalupe langsam nachfolgen wollten. Der Beschluß wurde sogleich in die Tat umgesetzt, da der Fall dringlich war und keinen Aufschub duldete. Feliciana schwieg und dankte durch ihr Verstummen allen jenen, die sich ihrer solcherart annahmen. Sie war von der Schönheit und Klugheit Auristelas, von der Freundlichkeit Periandros, von den liebevollen Gesprächen mit Constanza und Ricla, deren Mutter, wie vom angenehmen Betragen der beiden Antonio, Vater und Sohn, überaus angetan, denn dies alles hatte sie in der kurzen Zeit ihres Beisammenseins gesehen, beobachtet und überdacht. Deshalb, und vor allem, weil sie dem Lande, in dem sie ihre Ehre zu Grabe getragen, den Rücken kehren wollte, bat sie – sie hatte vernommen, die Pilger seien auf dem Wege nach Rom –, man möge sie als eine Rompilgerin mehr mitnehmen, denn wenn sie schon auf der Straße der Sünde ihre Wallfahrt gemacht habe, so wolle sie alles daransetzen, jetzt auf den Pfaden der Gnade zu pilgern, sofern der Himmel es ihr gönne, daß man sie mitnehme.

Kaum hatte sie diesen Wunsch ausgesprochen, als Auristela mitleidsvoll schon versprach, ihre Bitte zu erfüllen, denn sie gedachte, Feliciana solcherart aus Angst und Schrecken zu befreien. Die einzige Schwierigkeit, die sich dem entgegenstellte, war die Frage, wie man ihr, die eben erst geboren hatte, den Fußmarsch zumuten könne, und man sagte ihr dies auch. Der greise Hirt jedoch meinte, daß zwischen der Niederkunft einer Frau und dem Werfen eines Tieres aus seiner Herde kein Unterschied bestünde, und so, wie das Muttertier, nachdem es geworfen, allen Unbilden des Himmels ausgesetzt bleibe, könne auch die Frau nach ihrer Niederkunft ohne jede Pflege und Schonung ihrer gewohnten Tätigkeit nachgehen, sei es doch nur eine Sache des Brauches, der all die Verweichlichung und Vorsichtsmaßnahmen verlange, mit denen man die Wöchnerinnen zu umgeben pflege.

»Ich bin mir dessen gewiß«, fuhr er fort, »daß sich Eva,

Drittes Buch   965

als sie ihr erstes Kind geboren, nicht ins Bett gelegt, noch
sich von der frischen Luft abgesperrt hat oder die Zimper-
lichkeit zeigte, die heute bei der Niederkunft üblich ist.
Nehmt Euch zusammen, Señora Feliciana, führt Euren
Entschluß aus, den ich als fromm, heilsam und christlich
erachte.«

Und Auristela fügte hinzu:

»Der Entschluß soll auch dadurch nicht umgestoßen
werden, daß es an einem Pilgerkleide fehle, denn vorsorg-
lich ließ ich mir mit diesem da ein zweites anfertigen. Ich
will dieses dem Fräulein Feliciana de la Voz gerne ab-
treten, sofern sie mir sagt, weshalb sie sich ›de la Voz‹, also
›mit oder von der Stimme‹, nennt, falls dies nicht ihr Fami-
lienname ist.«

»Diesen Namen habe ich nicht von meiner Familie«, erwiderte Feliciana, »denn man gab ihn mir, weil alle, die
mich singen hörten, der Meinung sind, ich hätte die schönste
Stimme der Welt; und so nennt man mich allgemein Feliciana de la Voz, also Feliciana mit der Stimme. Wäre mir
jetzt nicht mehr zum Stöhnen als zum Singen zumute,
dann könnte ich Euch leicht die Wahrheit dieser Behauptung beweisen. Allein wenn bessere Zeiten kommen und
meine Tränen durch sie getrocknet werden, will ich singen,
wenn nicht schon lustige Canzonen, so doch wenigstens
wehmutsvolle Endechas, Klagelieder, die, wenn gesungen,
bezaubern, und wenn geweint, das Herz erleichtern.«

Diese Worte Felicianas ließen in allen den Wunsch wach-
werden, sie sogleich singen zu hören; allein keiner wagte
es, sie darum zu bitten, denn, wie gesagt, erlaubte ihr die
Lage, in der sie sich befand, das Singen nicht.

Am folgenden Tag entledigte sich Feliciana aller un-
nötigen Kleidung und hüllte ihre Glieder in das Pilgerkleid, das Auristela ihr gab; Feliciana entledigte sich
auch einer Perlenkette und zweier Ringe, denn wenn der
Schmuck auch den Rang der Person bestätigt, die ihn trägt,
so konnten die genannten Schmuckstücke sie doch als reich
und vornehm verraten. Ricla, die Schatzmeisterin der
Pilgerschar, nahm die Kostbarkeiten in Verwahrung, und
Feliciana wurde nach Auristela die zweite Pilgerin, Con-

stanza die dritte, wenngleich die Meinungen darüber geteilt waren, da einige Constanza den zweiten Platz einräumten; der erste Platz jedoch fiel unbestritten Auristela zu, da es zu jener Zeit keine Schöne gab, die ihn ihr hätte streitig machen können.

Kaum hatte sich Feliciana die Pilgertracht angelegt, als sie wieder Mut faßte und in ihr der Wunsch wachwurde, sogleich aufzubrechen. Auristela bemerkte dies, und unter Zustimmung aller verabschiedeten sie sich vom barmherzigen Hirten und seinen Helfern, machten sich auf den Weg nach Cáceres, wobei sie in ihrer gewohnten Weise reisten, um die Glieder nicht zu ermüden. Wurde einmal eine der Frauen von Müdigkeit erfaßt, dann half ihr das Tragtier aus, welches das Gepäck führte, oder sie ruhten an einem Bach oder einem Quell, oder sie genossen das frische Grün einer Wiese, das sie zur Ruhe einlud. So waren sie stets von der Frische und der Müdigkeit, von der Gemächlichkeit und dem Eifer begleitet; von der Gemächlichkeit, weil sie nur kurze Strecken zurücklegten, vom Eifer, weil sie nicht aufhörten, weiterzupilgern. Allein da auch die besten Absichten nur selten ans erwünschte Ziel führen, ohne daß ein Hindernis ihrer Ausführung in den Weg trete, wollte es der Himmel, daß der Absicht dieser schönen Pilgerschar, die jeden einzelnen und alle zusammen beseelte, ein Hindernis bereitet wurde, von dem ihr jetzt hören sollt.

Der grüne Rasen einer lieblichen kleinen Wiese war ihr Rastplatz, das kristallhelle Wasser eines Bächleins, das sich durch die Wiese schlängelte, erfrischte ihnen die heißen Wangen; die Brombeersträucher und die Dornenhecken, die sie fast von allen Seiten umgaben, dienten ihnen als Schutz und Schirm und boten ihnen einen ebenso angenehmen wie sicheren Rastplatz, als unversehens ein junger Mann im Reisekleid, die Brust von einem Degen durchbohrt, der ihm zwischen den Schultern eingedrungen war, durch die verwachsenen Hecken in den grünen Rastplatz der Pilger einbrach. Er fiel vornüber und rief im Fallen noch:

»Gott steh' mir bei!«

Drittes Buch   967

Und mit dem letzten Wort gab er die Seele auf. Wenn
auch alle, bestürzt über das schreckliche Begebnis, auf-
sprangen, war doch Periandro der erste bei dem Manne,
um ihm Beistand zu leisten. Doch erst als er sah, daß der
Jüngling tot war, wagte er es, ihm den Degen aus dem
Leib zu ziehen. Die beiden Antonio sprangen über die
Brombeerhecken, um zu sehen, ob sie den hinterhältigen
Mörder noch entdecken könnten, denn da dem Toten der
Degen in den Rücken gestoßen war, mußte er aus dem
Hinterhalt ermordet worden sein. Allein sie entdeckten
niemand und kehrten zu den übrigen zurück. Die Jugend
und die stattliche Erscheinung des Toten steigerte das Mitleid, das alle empfanden. Sie durchsuchten den Toten und
fanden unter dem kurzen braunsamtenen Rock eine vier-
fache feingliedrige Goldkette, an der ein gleichfalls goldenes Kruzifix hing. Zwischen Wams und Hemd entdeckten
sie in einer reichgearbeiteten Ebenholzkapsel das Abbild
eines wunderschönen Frauenkopfes auf glattem Holz, um
den herum in zierlicher, deutlich lesbarer Schrift die folgenden Verse zu lesen waren:

Sprechend schaut Ihr, streng und milde.
Daß die Schönheit solches füge
Und der Ausdruck Eurer Züge
Diese Macht noch hat im Bilde!

Aus diesen Versen schloß Periandro, der sie als erster las,
daß der Tod des jungen Mannes durch ein Liebesverhältnis
bedingt wäre. Sie durchsuchten dann die Taschen des Toten, besahen alles genau, allein sie fanden nichts, was ihnen
Aufschluß darüber gegeben hätte, wer er wäre; doch als
sie gerade noch mit der Suche beschäftigt waren, standen
plötzlich, wie vom Himmel gefallen, vier mit Armbrüsten
bewaffnete Männer vor ihnen. An den Zeichen, die sie
trugen, erkannte Antonio, der Vater, sogleich, daß es sich
um Häscher der Heiligen Hermandad handle. Einer der
Männer brüllte:
»Halt, ihr Diebe, Mörder und Straßenräuber! Es wird
euch nicht gelingen, den Toten auszuplündern, denn jetzt
hat eure Stunde geschlagen, und wir werden euch jetzt

dorthin bringen, wo ihr für euer Verbrechen büßen werdet.«

»Nichts da, ihr Schurken!« erwiderte Antonio, der junge. »Hier ist kein Dieb zu finden, sind wir doch alle Feinde solchen Gesindels.«

»So seht ihr aus«, entgegnete einer der Häscher. »Der Mann da tot, seine Habe in euren Händen und sein Blut daran, das alles ist Beweis genug für euer Verbrechen. Diebe seid ihr, Straßenräuber und Mörder, und als Diebe, Straßenräuber und Mörder werdet ihr eure Schuld büßen. Nichts wird euch das christliche Mäntelchen helfen, unter dem ihr, als Pilger verkleidet, euer verbrecherisches Tun verbergt.«

Darauf antwortete Antonio, der junge, mit einem Pfeil, den er an die Sehne seines Bogens legte und einem der Häscher – er hätte ihm lieber die Brust durchbohrt – einen Arm durchschoß. Die übrigen Häscher – sie waren entweder durch den Schuß gewarnt oder wollten die Festnahme ohne weitere Gefährdung erreichen – kehrten den Pilgern den Rücken und riefen zwischen Davonlaufen und Stehenbleiben:

»Hierher, für die Heilige Hermandad! Zu Hilfe der Heiligen Hermandad!«

Und die Heilige Hermandad erwies sich als Wunderheilige, denn im Handumdrehen erschienen mehr als zwanzig Häscher auf dem Plan und vereinigten sich mit den übrigen. Sie legten die gespannten Armbrüste auf die Pilger an – diese setzten sich nicht zur Wehr –, nahmen sie fest, legten sie, ohne auf die schöne Auristela und die übrigen Pilgerinnen Rücksicht zu nehmen, in Fesseln und brachten sie gemeinsam mit dem Leichnam nach Cáceres. Nachdem der Korregidor, ein Ritter des Santiago-Ordens, den Leichnam und den verwundeten Häscher gesehen und den Bericht der übrigen Häscher angehört hatte, hielt er den blutbefleckten Periandro für einen hinreichenden Verdachtsgrund und wollte die Pilger mit Zustimmung seines Stellvertreters sogleich der Folter unterwerfen; allein Periandro verteidigte sich der Wahrheit gemäß, zeigte die Pässe vor, die er sich in Lissabon hatte ausstellen lassen,

Drittes Buch 969

damit sie sicher zu reisen vermöchten; er zeigte auch das Gemälde mit der Darstellung seiner Abenteuer, die Antonio, der junge, vortrefflich zu erklären wußte, und solcherart gelang es den Pilgern, sich fürs erste vom Verdacht einer Schuld zu reinigen.

Ricla, die Schatzmeisterin, die nur sehr wenig oder gar nichts von der Anlage der Gerichtsschreiber und Prokuratoren wußte, bot einem dieser Leute, der dort umherstrich und sich den Anschein gab, ihnen helfen zu wollen, heimlich eine ich weiß nicht wie hohe Summe, damit er die Sache der Pilger vertrete. Damit verdarb sie jedoch alles, denn die Kielschneider, die Wind davon bekamen, daß die Pilger Wolle hätten, gedachten sie bis auf die Haut zu scheren, wie es bei ihnen Brauch und Sitte ist. Zweifelsohne wäre es auch solcherart geschehen, hätte der Himmel nicht der Unschuld gegen die Bosheit beigestanden.

Es geschah nämlich, daß ein Gast- oder Herbergswirt der Stadt, der den Leichnam gesehen und den Toten erkannt hatte, zum Korregidor eilte und sagte:

»Señor, der Mann, den die Häscher nun als Leiche gebracht haben, ist gestern aus meinem Hause fortgeritten, und zwar in Begleitung eines andern, der allem Anschein nach ein Edelmann war. Bevor jener aber mein Haus verließ, schloß er sich mit mir in meinem Zimmer ein und sagte mir leise: ›Herr Wirt, ich bitte Euch um Eurer Christenpflicht wegen, daß Ihr diesen Brief, falls ich innerhalb von sechs Tagen nicht zurückgekehrt bin, dem Gericht vorlegt.‹ Nachdem er dies gesagt, übergab er mir dieses Schreiben, das ich nun Euer Gnaden aushändige. Ich glaube, daß darin einiges stehen dürfte, was mit diesem seltsamen Geschehen zusammenhängt.«

Der Korregidor nahm das Schreiben, öffnete es und las folgendes:

»Ich, Don Diego de Parraces, verließ den Hof Seiner Majestät an dem und dem Tage« – hier war das Datum eingesetzt – »in Begleitung des Don Sebastián de Soranzo, eines meiner Verwandten, der mich bat, ihn auf einer Reise zu begleiten, bei der es ihm um Ehr und Leben gehe. Da ich einen unbegründeten Verdacht, den er gegen mich hegte, nicht bestätigen wollte und meiner Unschuld vertraute, gab ich seiner bösen Absicht nach und begleitete ihn. Ich glaube, daß er mich mitnahm, um mich zu töten. Sollte dies geschehen und mein Leichnam gefunden werden, dann möge man wissen, daß ich hinterhältig ermordet worden und schuldlos gestorben bin.«

Die Unterschrift lautete: »Don Diego de Parraces.«

Der Korregidor schickte den Brief mit der Eilpost nach Madrid, wo die Justiz alles daransetzte, des Mörders habhaft zu werden. Dieser kehrte in der gleichen Nacht, in der man ihn suchte, zurück, hörte von der Sache, wendete, ohne vom Pferd zu steigen, die Zügel und verschwand auf Nimmerwiedersehen. So blieb das Verbrechen ungestraft, der Tote war eben tot, die Gefangenen wurden freigelassen, und die Kette, die Ricla hatte, ging Glied um Glied für die Gerichtskosten drauf, das Bild behielt der Korregidor, um seine Augen daran zu weiden; der verwundete Häscher wurde entschädigt; Antonio, der junge, erklärte noch einmal das Gemälde und versetzte damit die Einwohner in Erstaunen. Feliciana de la Voz jedoch hatte sich die ganze Zeit krank gestellt und das Bett gehütet, damit niemand sie erkenne. Schließlich brachen sie alle nach Guadalupe auf, besprachen auf dem Weg immer wieder das seltsame Begebnis und hofften, daß eine Gelegenheit ihren Wunsch, Feliciana singen zu hören, erfüllen würde. Diese hätte wohl auch gerne gesungen, denn es gibt keinen Schmerz, der nicht mit der Zeit nachließe oder mit dem Leben auch sich selbst auslösche; doch wollte sie den Anstand, den sie ihrem Unglück schuldig zu sein glaubte, nicht verletzen, weshalb ihre Lieder Tränen und ihre Stimme Stöhnen blieben. Tränen und Stöhnen ließen jedoch etwas nach, als sie auf dem Wege die Schwester des barmherzigen Hirten trafen, die schon auf dem Heimweg von Trujillo war. Sie hatte das Kind dort in der Obhut des Don Francisco Pizarro und des Don Juan de Orellana zurückgelassen, die beide gemeint, jenes Kind könne von niemand anderem kommen als von ihrem Freund Rosanio, hätten sie doch in jener Gegend sonst niemand, der ihnen solches Vertrauen schenken würde.

Drittes Buch 971

»›Doch sei der Mann, wer auch immer er sein möge‹, sagten sie«, so fuhr die Bäuerin fort, »›die Hoffnung, die er in uns gesetzt hat, soll nicht enttäuscht werden.‹ So, ihr Herrschaften, blieb das Kind in der Obhut der genannten Edelleute. Wenn ich euch weiter zu Diensten sein kann, ich stehe gern zu eurer Verfügung. Hier ist auch die Kette; ich habe sie nicht veräußert, denn die Kette, mit der mich meine Christenpflicht umschlingt, zwingt mich zu mehr, als eine goldene Kette es vermöchte.«

Darauf erwiderte Feliciana, sie möge sich der goldenen Kette noch viele Jahre erfreuen, ohne daß sie sich gezwungen sähe, sich ihrer zu entledigen, bleibt doch reicher Schmuck nicht lange im Hause der Armen, weil sie ihn verpfänden, um ihn nicht ganz zu verlieren, oder ihn verkaufen, ohne je einen anderen Schmuck neu zu erstehen. Die Bäuerin verabschiedete sich von den Pilgern; diese trugen ihr viele herzliche Empfehlungen an den Bruder und die übrigen Hirten auf und erreichten nach und nach den überaus heiligen Boden Guadalupes.

FÜNFTES KAPITEL

In Guadalupe nimmt Felicianas Unglück ein Ende. Mit dem Gatten, dem Vater und dem Bruder kehrt sie zufrieden in ihr Heim zurück.

Kaum hatten die frommen Pilger einen der beiden Zugänge betreten, die in das von den hohen Bergen von Guadalupe abgeschlossene Tal führen, fanden sie bei jedem Schritt neuen Anlaß zu freudigem Erstaunen. Am größten wurde aber ihr Erstaunen, als sie das riesige Kloster erblickten, dessen Mauern das hochheilige Gnadenbild der Himmelsherrscherin einschließen, das hochheilige Gnadenbild, das den Christensklaven Befreiung bringt, das der Schlüssel ist, der ihre Ketten löst und ihre Leiden lindert, das Heilung bedeutet den Kranken, Trost den Bekümmerten, Mutter ist der Waisen und Zuflucht im Unglück.

Die Pilger betraten den Tempel, und wenn sie geglaubt, die Wände des Gotteshauses mit tyrischen Purpurstoffen, syrischem Damast und mailändischem Brokat geschmückt zu finden, so sahen sie statt dessen Krücken, die Lahme dort gelassen, Augen, die, aus Wachs nachgebildet, von Blinden stammten, Arme, die Einarmige dort aufgehängt, und Leichentücher, die jene abgelegt hatten, die vom Tode erstanden waren. Sie alle, die schon in der tiefsten Tiefe ihres Elends gewesen, waren nun entweder wieder lebendig, gesund, frei oder glücklich geworden dank des grenzenlosen Erbarmens der Mutter der Barmherzigkeit, die den göttlichen Sohn bewogen hatte, Seine unendliche Gnade an jenem kleinen Ort zu verströmen.

Diese Beweise wunderbarer Gnade, die die Wände zierten, beeindruckten die frommen Pilger solcherart, daß sie sich im Gotteshaus nach allen Seiten umblickten, und ihnen schien es, als kämen die befreiten Christensklaven mit ihren Ketten durch die Luft geflogen, um sie an die heiligen Wände zu hängen, als kämen die Krüppel daher mit ihren Krücken und die Auferstandenen mit ihren Leichentüchern und suchten nach einem Platz, wo sie Krücken und Leichentücher als Votivgabe hinhängen könnten, denn das Gotteshaus, dessen Wände voll der Votivgaben waren, vermochte keine neuen mehr aufzunehmen.

Solches hatten weder Periandro noch Auristela, weniger noch Ricla, Constanza und Antonio, der junge, je gesehen; sie waren alle stumm vor Staunen und wurden nicht müde, alles, was sich dem Auge darbot, zu betrachten und mehr noch zu bestaunen, was sie in ihrer Phantasie sahen. Sie knieten hin und begannen christlich fromm den im allerheiligsten Sakrament gegenwärtigen Gott anzubeten und Seine heilige Mutter anzuflehen, sie möge zu Ruhm und Ehre ihres Gnadenbildes gütig über sie wachen. Was nun geschah, ist bemerkenswert. Die schöne Feliciana de la Voz kniete, die Hände über der Brust gefaltet, da, indes ihr die Tränen der Rührung über die Wangen liefen. Das Gesicht in völliger Ruhe und ohne auch nur die Lippen zu bewegen oder sonst ein Lebenszeichen zu geben, ließ sie ihre Stimme ertönen, indes sich ihre Seele zum Himmel empor-

Drittes Buch

schwang, und sang einige Stanzen, die sie auswendig wußte
und später niederschrieb. Alle, die sie singen hörten, waren
hingerissen; solcherart stellte die Sängerin das Lob, das
sie sich selbst gezollt, unter Beweis und befriedigte den
Wunsch ihrer Pilgerfreunde, sie zu hören, aufs vollkommenste.

Sie mochte an die vier Stanzen gesungen haben, als
mehrere Fremde die Kirche betraten, aus gewohnter Frömmigkeit niederknieten und von Felicianas Stimme gleich
allen anderen hingerissen wurden. Einer der Fremden, dem
Anschein nach vorgerückten Alters, wandte sich an den
Mann, der neben ihm kniete, und sagte:

»Entweder ist dies die Stimme eines in der Gnade bestätigten Engels oder die meiner Tochter Feliciana de la
Voz.«

»Wer könnte daran zweifeln?« entgegnete der andere.
»Sie ist es, wird es aber gewesen sein, wenn mein Arm sein
Ziel trifft.«

Indes er solches sagte, zückte er einen Dolch und ging
wanken Schrittes, bleich im Gesicht und außer sich, zu
Feliciana hin. Der ehrwürdige Alte eilte hinter ihm her,
umfaßte ihn von hinten und sagte:

»Halt ein, mein Sohn! Dies ist kein Schauplatz für das
Gräßliche und kein Ort der Strafe. Laß dir Zeit; du
brauchst dich nicht zu beeilen, kann doch die Schurkin
nicht entfliehen. Lade nicht, indem du hier fremden Frevel
bestrafen willst, die Strafe für eigenen Frevel auf dich.«

Diese Worte und die Verwirrung schlossen Felicianas
Lippen und brachten die Pilger wie alle anderen, die in
der Kirche waren, in Aufruhr; allein sie waren nicht imstande, den Vater und den Bruder daran zu hindern, die
Unglückliche aus dem Gotteshaus auf die Straße zu zerren,
wo die Leute des Dorfes und die Gerichtsdiener im Nu
zusammenliefen und Feliciana jenen entrissen, die eher
ihre Henker als ihr Vater und ihr Bruder zu sein schienen.
Während dieses Durcheinanders – der Vater schrie nach
der Tochter, der Bruder nach der Schwester und die Gerichtsdiener schützten sie, bis der Fall untersucht wäre –
kamen so an die sechs Männer auf den Platz geritten. Zwei

von ihnen wurden sogleich von den Leuten erkannt, war
doch der eine Don Francisco Pizarro und der andere Don
Juan de Orellana. Beide ritten, begleitet von einem andern, dessen Gesicht hinter einem schwarzen Taftschleier
verborgen war, an den Haufen der aufgeregten Leute heran und fragten nach der Ursache des Lärmens. Sie erhielten
zur Antwort, man wisse nur, daß die Gerichtsdiener jene
Pilgerin schützen wollten, die zwei Männer – sie gäben
sich als ihr Vater und Bruder aus – mit dem Tod bedrohten. Indes Don Francisco Pizarro und Don Juan de Orellana den Leuten zuhörten, sprang der Vermummte vom
Pferd, zog den Degen, enthüllte das Gesicht, trat an Felicianas Seite und rief:

»An mir, Señores, an mir allein, müßt ihr Vergeltung
für den Fehltritt Felicianas, eurer Tochter und Schwester,
üben, wenn das Vergehen eines Fräuleins, sich gegen den
Willen des Vaters zu vermählen, wirklich so groß ist, daß
man es mit dem Tode bestrafen müßte. Feliciana ist meine
Gattin, und ich bin, wie ihr seht, Rosanio, doch nicht von
so geringem Stand, daß ihr mir nicht aus freien Stücken
belassen könntet, was ich mir durch eigene Mühe erworben
habe. Ich bin Edelmann; dafür kann ich Zeugen beibringen, bin reich genug, um meinem Stand entsprechend zu
leben, und es wäre gewiß verwerflich, wenn ihr es Luis
Antonio gestatten wolltet, mir zu nehmen, was mir das
Glück beschert hat. Solltet ihr jedoch meinen, daß ich euch
Schimpf angetan habe, weil ich euch ohne euer Vorwissen
zu meinen Gebietern gemacht, dann verzeiht mir, denn
die Macht der Liebe pflegt auch die klarsten Köpfe zu
verwirren, und da ich euch so sehr Luis Antonio zugeneigt
sah, setzte ich die Achtung, die ich euch schuldig bin, hint-
an; allein ich bitte euch nochmals, mir dies zu verzeihen.«

Indes Rosanio solches sagte, hatte sich Feliciana eng an
ihn geschmiegt und hielt ihn, gleicherweise zitternd, verängstigt, traurig und wunderschön, am Gürtel fest. Ehe
jedoch der Vater oder Bruder ein Wort zu sagen vermochten, fielen Don Francisco Pizarro dem Vater und Don
Juan de Orellana dem Bruder – sie waren eng befreundet –
um den Hals. Don Francisco sagte zum Vater:

Drittes Buch

»Wo bleibt Eure Einsicht, Señor Don Pedro Tenorio? Ist es möglich, daß Ihr Euch selbst Schimpf antun wollt? Seht Ihr denn nicht, daß solche Kränkungen eher verzeihlich als strafbar sind? Was ist an Rosanio denn, das ihn Feliciana unwürdig machte? Oder was bliebe denn Feliciana von dem Augenblick an, in dem sie Rosanio verlöre?«

Fast das gleiche oder zumindest ähnliches sagte Don Juan de Orellana zu Felicianas Bruder und fügte noch folgendes hinzu:

»Señor Don Sancho, bedenkt doch, daß der Zorn nie zu etwas Gutem führte; der Zorn ist eine Seelenregung, und eine vom Zorn verblendete Seele trifft meist nicht das erstrebte Ziel. Eure Schwester hat es verstanden, den richtigen Gatten zu erwählen. Allein dafür Rache zu nehmen, daß die erforderlichen Bräuche und Sitten nicht beachtet wurden, wäre gewiß nicht wohlgetan, würdet Ihr doch Gefahr laufen, Eure Seelenruhe für immer zu vernichten. Bedenkt, Señor Don Sancho, daß ich ein Euch gehöriges Kleinod in meinem Hause aufbewahre: einen Neffen nämlich, den Ihr nicht verleugnen könnt, wenn Ihr Euch nicht selbst verleugnen wollt, so sehr gleicht er Euch.«

Als Antwort auf Don Franciscos Ermahnung ging der Vater zu Don Sancho, seinem Sohn, nahm ihm den Dolch aus der Hand und ging dann zu Rosanio, den er umarmte. Dieser warf sich vor dem Manne, der sich ihm als Schwiegervater erzeigte, zu Füßen und küßte sie immer wieder. Auch Feliciana kniete vor ihrem Vater nieder, vergoß Tränen, stieß Seufzer aus, und es fehlte auch nicht an Ohnmacht. Freude erfüllte alle Umstehenden; der Vater kam in den Ruf eines klugen Mannes; in den Ruf eines klugen Mannes kam auch der Sohn, und die Freunde nannte man verständig und wortgewandt. Der Korregidor lud sie in sein Haus ein, der Prior des heiligen Klosters bewirtete sie aufs köstlichste; die Pilger sahen sich die Reliquien an, deren es viele, überaus heilige und kostbare gab; sie beichteten und empfingen die heilige Kommunion. In diesen drei Tagen kam auch das ihm von der Bäuerin überbrachte Kind an, nach dem Don Francisco geschickt hatte – das

Kind war dasselbe, das Rosanio Periandro in jener Nacht
mitsamt der Kette übergeben hatte –, und es war so reizend, daß der Großvater jeder Kränkung vergaß, als er
es erblickte, und sagte:
»Tausendfach gesegnet sei die Mutter, die dich gebar,
und tausendfach gesegnet der Vater, der dich zeugte!«
Er nahm das Kind in den Arm, badete dessen Gesicht
mit Tränen, bedeckte es mit Küssen und trocknete es mit
dem Grauhaar. Auristela bat Feliciana, ihr die Verse auf-
zuschreiben, die sie vor dem Gnadenbild gesungen. Feliciana erwiderte, sie habe nur vier von den zwölf Stanzen
gesungen; allein sie seien es wert, daß man sie im Gedächtnis behalte, und so schrieb sie ihr alle auf:

Noch eh' aus ew'gem Geist hervorgegangen
die Engel, flügelfroh in lichten Heeren,
noch eh' im Gleichmaß der Bewegung klangen,
bald rasch, bald langsam schwingend, alle Sphären,
noch eh' der Urnacht Finsternis vergangen
und Licht es ward im weiten Raum, dem leeren,
hat Gott den reinsten, hehrsten Stoff verdichtet
und sich daraus ein heilig Haus errichtet.

Von Demut wird das Fundament getragen,
das feste, hohe, frei von eitlem Streben;
voll Demut konnt' dem Prunk der Bau entsagen
und königlicher hoch hinauf sich heben.
Die Erde ließ er bald; die Wässer lagen
tief drunten dann, und auch der Winde Weben;
das Feuer blieb zurück; ein letztes Steigen:
und drunten tief sah man den Mond sich neigen.

Auf Glauben stützt und Hoffnung sich die Gleiche
des mächt'gen Bauwerks, dessen Mauern Liebe
zusammenhält, damit es Gott erreiche
an Dauer, und gleich ihm für ewig bliebe;
sein Gleichmaß führt in seligste Bereiche,
und Weisheit ebnet stufenweis dem Triebe
den Weg zum Guten dank der großen Werke,
die Gott getan in seiner Macht und Stärke.

Drittes Buch

Den herrlichen Palast viel Brunnen schmücken,
viel Quellen, die dort unversiegbar fließen,
viel Gärten, deren Früchte süß erquicken
die Menschen, die zum Heile sie genießen;
zur Rechten wie zur Linken uns entzücken
Zypressen, Palmen, die zur Höhe schießen,
und mächt'ge Zedern, die gleich hellen Kerzen
das Licht der Gnade strahlen in die Herzen.

Der Zimmet duftet, und Platanen breiten
die Krone weit; aus Jericho die Rose
erglüht, als würden Cherubine schreiten,
entflammt das Flügelkleid, das makellose.
Der Sünde Nacht erreicht nicht jene Weiten
und fällt zurück ins ewig Seelenlose.
Voll Licht und Herrlichkeit, frei von Beschwerde,
zeigt jener Bau sich heut der ganzen Erde.

Dem Tempel Salomons, den nun wir schauen,
hat herrlichste Vollendung Gott gegeben,
wenngleich hier keiner hat den Stein gehauen,
daß hoch der Bau zum Himmel konnte streben;
und lichtlos hängt an diesem Tag im Blauen
die Sonne so, als wär's ihr aufgegeben,
da nun der Stern, den wir Maria nennen,
den Tag in hell'rem Glanze läßt erkennen.

Ein Stern und nicht die Sonne strahlt uns heute,
ein furchtbares und doch so heilsam Zeichen,
denn, ohne daß ein Seher es uns deute,
schenkt er uns Seligkeiten ohnegleichen.
Ein Mensch ward tiefster Demut höchste Beute;
der alten Sünde Trug muß heute weichen,
da uns ein holder Stern ist aufgegangen
und in die Welt getreten ist mit Prangen.

Du Magd des Herrn, zu unsrem Heil geboren,
so zart und doch so stark, daß du zertreten
das grimme Haupt des Drachen, der erkoren
zum Herrn von jenen, die vor Stolz sich blähten.
Kleinod des Herrn, wenn wir das Heil verloren,
bist du der Trost, denn du, vor Gott getreten,

978   Die Mühen und Leiden des Persiles und der Sigismunda

hast Todfeindschaft, die uns von ihm geschieden,
verwandelt nun zu neuem Bund und Frieden.

In dir, o reinste Jungfrau, sind verbunden
Gerechtigkeit und Gnade, und sie haben
in holdem Kusse sich in dir gefunden
zum Zeichen naher Ernte, reichster Gaben.
Du bist des Anbruchs heil'ger Sonnenstunden
die erste Röte, wirst Betrübte laben,
die Sünder trösten und Gerechte loben,
bist Friede nach der wilden Stürme Toben.

Die Taube bist du, die seit Ewigkeiten
vom Himmel war bestimmt, dem Wort, Beglückte,
in dir die reinste Stätte zu bereiten,
dem Wort, das Adams Schuld der Schuld entrückte.
Bist Gottes Arm, der, wie in alten Zeiten,
zurück das Messer weist, das Abraham zückte,
und für das Opfer, das in sich vollendet,
hast du das Lamm der Unschuld uns gespendet.

Nun wachse, holder Baum, empor und trage
die reiche Frucht, dank der die Seelen hoffen,
in Freude zu verwandeln jene Klage,
die sie erfüllt, seit Sünde sie getroffen.
Die Zahlung, die der Mensch am Letzten Tage
zu leisten hat, sie steht durch dich ihm offen,
auf daß der Sündenschuld er ledig werde,
o Mittlerin, vom Himmel her zur Erde.

Im höchsten Himmel breitet schon die Schwingen
im goldnen Glanze aus und will sie regen
der Engel Gottes, um der Braut zu bringen
die Botschaft, die uns schenkte Heil und Segen,
vermochte doch dein Ruf zum Himmel dringen,
o sel'ge Jungfrau, und den Herrn bewegen,
in deinem reinen Schoß sich zu entfalten,
damit dies Zeugnis sei von Seinem Walten.

Dies waren die Verse, die Feliciana zu singen begonnen
hatte und dann für Auristela niederschrieb. Auristela gefielen sie sehr, wenngleich sie ihren Sinn nicht ganz ver-

Drittes Buch

stand. Kurz und gut: der Friede unter den Verfeindeten
wurde wieder hergestellt. Feliciana, ihr Gatte, ihr Vater
und ihr Bruder schickten sich an heimzukehren, und sowohl der Vater wie der Bruder baten Francisco Pizarro
und Don Juan de Orellana, ihnen das Kind nachzuschicken;
Feliciana jedoch, die sich die Unruhe des Wartens ersparen wollte, nahm das Kind sogleich mit sich. Alle aber
waren hoch erfreut über den glücklichen Ausgang des Begebnisses.

SECHSTES KAPITEL

Sie setzen ihre Wallfahrt fort, begegnen einer alten Pilgerin und
einem Polen, der ihnen seine Geschichte erzählt.

Vier Tage blieben die Pilger in Guadalupe und besichtigten in dieser Zeit einige der Herrlichkeiten und Schätze
jenes gnadenreichen Klosters; ich sage einige der Herrlichkeiten und Schätze, denn es ist unmöglich, alle zu besichtigen. Von Guadalupe aus begaben sie sich nach Trujillo,
wo sie von Don Francisco Pizarro und Don Juan de Orellana, den beiden edlen Männern, gastlich aufgenommen
wurden. Dort sprachen sie wieder von Felicianas Schicksalen, priesen gleicherweise ihre Stimme und Verständigkeit wie das kluge Verhalten des Vaters und des Bruders,
wobei Auristela die freundlichen Anerbietungen, die Feliciana ihr beim Abschied gemacht, besonders hervorhob.
    Zwei Tage später brachen die Pilger von Trujillo auf
und kamen nach Talavera, wo man gerade das große Fest
der Monda vorbereitete, ein Fest, das, viele Jahre vor der
Geburt Christi entstanden, von den Christen solcherart
verwandelt und eingerichtet wurde, daß es, einst von den
Heiden zu Ehren der Göttin Venus gefeiert, heute zu Lob
und Preis der Jungfrau der Jungfrauen begangen wird. Erst
wollten die Pilger bleiben, um dem Feste beizuwohnen; um
aber keine Zeit zu verlieren, zogen sie weiter und mußten
darauf verzichten, ihren Wunsch in die Tat umzusetzen.

Sie waren von Talavera so an die sechs Meilen entfernt, als sie vor sich eine überaus seltsame Pilgerin dahinschreiten sahen, die ganz allein ihres Weges zog. Da sich die Pilgerin bald, sei es durch die Annehmlichkeit des Ortes verlockt oder durch die Müdigkeit gezwungen, auf dem grünen Rasen einer kleinen Wiese niederließ, wurden unsere Pilger der Mühe enthoben, die Fremde durch Zuruf anzuhalten. Sie kamen an die Pilgerin heran und sahen eine so wunderliche Erscheinung vor sich, daß wir nicht umhin können, sie näher zu beschreiben: im Alter war sie allem Anschein nach über die Zeit der Blüte hinaus und näherte sich dem Herbst; das Gesicht war in sein Gegenteil verkehrt, denn selbst ein Luchsauge hätte darin keine Nase entdeckt, es sei denn, daß man das platte kleine Etwas für eine solche gehalten hätte, wenngleich man selbst mit einer Pinzette nicht das kleinste Stückchen Nase daraus hätte hervorholen können; die Augen warfen Schatten über das, was eine Nase zu sein schien, so weit traten sie aus ihren Höhlen hervor; als Kleid diente ihr eine zerfetzte härene Kutte, die ihr bis an die Fersen herabfiel; darüber lag ihr ein kurzer Schulterkragen, der bis zur Mitte mit Leder besetzt war; doch konnte man nicht unterscheiden, ob es feines Korduan oder gewöhnliches Schafsleder gewesen; um die Mitte gegürtet trug sie einen so dicken, derben Strick aus Spartgras, daß er eher einem Schiffstau glich als einem Pilgerstrick; die Haube war zwar aus grobem Leinen, jedoch weiß und sauber; darüber trug sie einen alten Hut, der weder Band noch Schnur besaß, und an den Füßen Schuhe mit durchlöcherten Hanfsohlen; in der Hand hielt sie einen Pilgerstab, der wie ein Schäferstock mit einer eisernen Spitze am Ende versehen war; von der linken Hüfte herab hing ihr eine Kürbisflasche von überdurchschnittlicher Größe, und am Hals baumelte ihr ein Rosenkranz, dessen Paternosterperlen größer waren als die Kugeln, die die Buben beim Argolla-Spiel verwenden. Kurz gesagt, sie sah ganz heruntergekommen, ganz nach Büßerin aus und war, wie man später erkennen konnte, von überaus reizbarem Charakter.

Als die Pilger an sie herankamen, grüßten sie, und das

Drittes Buch   981

Weib dankte ihnen mit einer Stimme, wie man sie anders von solch gequetschter Nase nicht hätte erwarten können, also mit einer Stimme, die mehr gequetscht als lieblich anzuhören war. Man fragte das Weib, woher es käme und wohin seine Wallfahrt es führe, und nach einigem Hinundherreden und Diesundjenestun, setzten sich die Pilger, gleichfalls von der Annehmlichkeit des Ortes angezogen, um sie herum ins Gras. Sie ließen das Tragtier weiden, das ihnen als Kleiderschrank, als Speisekammer und Flaschenkeller diente, und während sie ihren Hunger stillten, luden sie die fremde Pilgerin gerne ein, ihr Mahl zu teilen, indes diese, die Frage beantwortend, die man ihr gestellt, sagte:

»Meine Wallfahrt ist von der Art, wie einige Pilger zu wallfahren pflegen, das heißt, die Wallfahrt ist die ihnen am nächsten liegende Rechtfertigung für den Müßiggang, und so kann ich euch denn wohl sagen, daß ich für jetzt nach der großen Stadt Toledo zum Gnadenbild des Sagrario pilgere und von dort zum Jesuskind von La Guardia, und dann, in Windeseile wie ein norwegischer Falke, werde ich nach Jaen fliegen, um mir dort mit der heiligen Veronika die Zeit zu vertreiben, bis der letzte Sonntag im April kommt, da man tief in der Sierra Morena das Fest der Virgen de la Cabeza abhält, das in der ganzen bekannten Welt gefeiert wird. Dieses Fest ist solcherart, daß, wie ich mir habe sagen lassen, es selbst die alten heidnischen Feste – von ihnen kommt ja auch das Monda-Fest her – nicht übertreffen, noch sich mit ihm vergleichen können. Ich wollte, ich könnte euch dieses Fest, wie ich es in Erinnerung habe, mit Worten so schildern, daß es euch vor Augen stünde; ihr würdet dabei erkennen, wie recht ich daran tue, es zu preisen; doch kommt solches einem Verstand zu, der größer ist als meiner. In einer Galerie des herrlichen Palastes, den der König in Madrid bewohnt, ist dieses Fest abgebildet. Dort sieht man den Berg oder, besser gesagt, den Felsen, auf dem das Kloster steht, dessen Kirche das Gnadenbild, ›de la Cabeza‹ genannt, beherbergt. Den Namen hat das Gnadenbild vom Felsen, der früher einmal ›el Cabezo‹ geheißen hat, das ist ein Felsstock, der einschichtig, fern von den übrigen Bergen und Felsgipfeln,

inmitten einer großen Ebene steht. Er ist eine Viertelmeile
hoch und hat einen Umfang von etwa einer halben Meile.
Die weite Ebene ist gar lieblich anzusehen, und der Felsstock steht friedlich darin in immerfrischem Grün, da er
von den Wassern des Jándula gespeist wird, der im Vor-
beifließen seinen Fuß bespült. Die Landschaft, der Felsstock, das Gnadenbild, die Wunder, die dort geschehen,
und die zahllosen Menschen, die aus nah und fern zum
Fest herbeiströmen, von dem ich gesprochen habe, machen
den Ort in der ganzen Welt bekannt und berühmt in
Spanien vor allen Gnadenorten, derer man sich seit je
erinnert.«

Die Pilger waren vom Bericht dieser neuen, wenn auch
alten Pilgerin sehr beeindruckt, und beinahe hätten sie dem
Wunsch nachgegeben, all das Wunderbare zu schauen;
allein das Verlangen, das sie erfüllte, ihre Pilgerschaft zu
Ende zu bringen, gestattete ihnen nicht, diese durch neue
Wünsche zu durchkreuzen.

»Wohin ich«, fuhr die Pilgerin fort, »von dort weg pilgern werde, weiß ich noch nicht; es wird mir aber gewiß
nicht an Gelegenheit fehlen, meinem Müßiggang ein Ziel
zu geben und mir die Zeit angenehm zu vertreiben, wie
dies einige Pilger – das habe ich ja schon gesagt – zu halten
pflegen.«

Darauf sagte Antonio, der Vater:

»Mir scheint, Frau Pilgerin, daß Euch das Wallfahrten
nicht so recht anschlagen will.«

»Das gewiß nicht«, entgegnete sie, »denn ich weiß wohl,
daß das Wallfahrten ein gerechter, heilsamer und löblicher
Brauch ist; immer ist man in der Welt auf Pilgerschaft
gewesen und wird es immer sein. Schlecht zu sprechen bin
ich aber auf Pilger, die sich aus der Frömmigkeit einen
Erwerb machen und aus einer löblichen Tugend schändlichen Gewinn ziehen; schlecht zu sprechen bin ich auch
auf Pilger, die den wirklich Armen die Almosen wegneh-
men. Mehr sage ich nicht, wenngleich ich noch vieles darüber zu sagen hätte.«

Indes sahen sie, wie auf der Landstraße, an der sie lagerten, ein Mann zu Pferd herankam. Als der Reiter sie ein-

Drittes Buch 983

geholt hatte und gerade den Hut zog, um sie höflich zu
grüßen, trat sein Tier, allem Anschein nach, mit der Vorderhand in ein Loch, stolperte und stürzte mit seinem
Herrn in schwerem Fall zu Boden. Die Pilger eilten hinzu,
dem Unglücklichen beizustehen, den sie für schwer verletzt
hielten. Antonio, der junge, zog das Tier, einen schweren
Hengst, am Zügel in die Höhe; die übrigen halfen dem
Mann, so gut sie es vermochten, und gaben ihm das in
solchen Fällen gebräuchliche Mittel, nämlich einen tüchtigen Schluck Wasser, zu trinken. Als sie sahen, daß der
Reiter keineswegs so übel zugerichtet war, wie sie gedacht,
erklärten sie ihm, er könne ohne Gefahr wieder aufs Pferd
steigen und seine Reise fortsetzen. Der Mann aber sagte:
»Vielleicht hat es, ihr Pilger, das Schicksal gewollt, daß
ich hier auf dieser Straße stürzen sollte, damit ich mich aus
dem Abgrund erhebe, in dem der Wahn mir die Seele gefangen hält. Wenngleich ihr, Señores, mich nicht darum
gefragt habt, möchte ich euch doch bekanntgeben, daß ich
Ausländer bin, ein Pole. Als Kind verließ ich die Heimat
und kam nach Spanien, dem Treffpunkt der Ausländer
und der gemeinsamen Mutter aller Völker. Spaniern diente
ich, lernte das Kastilische so, wie ich es jetzt spreche, und
getrieben von dem sehr vielen gemeinsamen Wunsch, die
Welt zu sehen, reiste ich nach Portugal, um die große Stadt
Lissabon kennenzulernen. Und noch in der gleichen Nacht,
in der ich dort angekommen, stieß mir etwas zu, das zu
glauben, falls ihr mir glaubten wollt, euch nicht leicht fallen dürfte, und solltet ihr mir keinen Glauben schenken,
so liegt mir auch nichts daran, denn was wahr ist, bleibt
wahr, wenn es auch nicht geglaubt wird.«
Periandro, Auristela und ihre Gefährten wunderten sich
über den aus plötzlicher Eingebung hervorsprudelnden
und doch so gut vorgebrachten Bericht des Mannes, und
Periandro, begierig, mehr zu erfahren, sagte dem Polen, er
möge mit dem, was zu erzählen er begehre, fortfahren,
denn alle würden ihm als gefällige und in den Dingen der
Welt erfahrene Menschen gewiß glauben. Durch diese Zusicherung ermuntert, fuhr der Pole fort:
»Als ich, wie ich schon sagte, in Lissabon angekommen,

in der ersten Nacht durch eine der Hauptstraßen ging –
dort nennt man die Straßen ›ruas‹ –, um mir eine bessere
Herberge zu suchen, denn die, in der ich abgestiegen, hatte
mir nicht gefallen, mußte ich durch eine enge und nicht
sehr saubere Stelle der Straße. Dort stieß mich ein ver-
mummter Portugiese, dem ich begegnete, mit solcher Macht
zur Seite, daß ich zu Boden fiel. Diese Beleidigung weckte
mir den Zorn, ich überließ die Vergeltung meinem Degen,
zog und griff den Portugiesen an, der gleichfalls vom Leder
gezogen hatte und sich kühn und gewandt verteidigte. Die
Nacht war finster, lichtlos, blind, und das Geschick, das
seine Blindheit im Lichte meines Glücks noch deutlicher
erwies, lenkte die Spitze meines Degens just ins Auge meines Gegners, der rücklings zu Boden stürzte und die Seele,
weiß Gott wohin, entließ.

Sogleich wurde ich mir der Gefahr bewußt, in der ich
nun schwebte; ich erschrak zutiefst, suchte mein Heil in
der Flucht, wollte flüchten, wußte jedoch nicht wohin;
allein die Schritte der Leute, die, wie ich glaubte, herbeieilten, beflügelten mir den Fuß; ich lief mit unsicheren Beinen die Straße zurück und hielt Ausschau nach einem Ort,
an dem ich ungesehen meine Klinge vom Blut reinigen
könnte, damit die Häscher, falls sie mich griffen, nicht
solch offensichtlichen Beweis meiner Schuld fänden.

Indes ich also, vor Furcht außer mir, dahineilte, sah
ich Licht in einem vornehmen Haus und lief ins Haus,
ohne recht zu wissen, was ich dort wollte. Ich kam in einen
reich ausgestatteten Saal zu ebener Erde, dessen Tür offen
gewesen, ging weiter und trat in ein anderes, gleichfalls
reich eingerichtetes Zimmer, und vom Licht angelockt, das
in einem weiteren Raum brannte, trat ich dort ein und sah,
ausgestreckt auf einem schönen köstlichen Bette, eine vornehme Dame liegen, die sich erschrocken aufrichtete und
mich fragte, wer ich sei, was ich hier suche, wohin ich wolle
und wer mir die Erlaubnis gegeben, so unverschämt bis
hierher vorzudringen. Ich erwiderte: ›Señora, auf alle
diese Fragen vermag ich nur zu sagen, daß ich Ausländer
bin und in dieser Straße, wie ich annehme, einen Mann
getötet habe, wohl mehr seiner Überheblichkeit wegen und

Drittes Buch

weil das Geschick ihm widrig war als durch meine Schuld. Um Gottes und um Eurer Güte willen flehe ich Euch an, mich vor dem Eifer der Häscher zu retten, die mich, wie ich glaube, verfolgen.‹ ›Seid Ihr Kastilier?‹ fragte sie mich in portugiesischer Sprache. ›Nein, Señora‹, erwiderte ich. ›Ich bin Ausländer und stamme aus einem weit von hier entfernten Lande.‹ ›Und wäret Ihr auch tausendmal ein Kastilier‹, erwiderte sie, ›ich würde Euch retten, wenn ich könnte, und werde Euch retten, so ich kann. Steigt auf dieses Bett, hebt den Wandteppich hoch und tretet in die Vertiefung, die Ihr dahinter finden werdet. Verhaltet Euch ruhig; denn sollten die Häscher kommen, so werden sie mir mit Achtung begegnen und mir glauben, was ich ihnen sagen werde.‹

Ich tat, wie sie mich geheißen: hob den Wandteppich, fand die Vertiefung, drückte mich hinein, hielt den Atem an und begann, mich Gott so inniglich anzuempfehlen, wie mir dies möglich war. Indes ich in dieser kummervollen Wirrnis steckte, stürzte ein Diener des Hauses herein und rief: ›Señora, man hat meinen Herrn Don Duarte ermordet! Jetzt bringen sie den Toten, dem ein Degen durchs rechte Auge den Kopf durchbohrt hat; keiner kennt den Mörder, keiner kennt den Anlaß zum Zweikampf, und kaum hat man das Geklirr der Degen vernommen; nur ein Knabe sagt, er habe einen Mann hier ins Haus flüchten sehen.‹ ›Das wird gewiß der Mörder sein‹, erwiderte die Dame, ›er kann uns nicht entkommen. Wie oft habe ich Unglückselige gefürchtet, man werde mir den Sohn als Leiche heimbringen, konnte ich von seinem anmaßenden Gehaben doch nichts als Unheil erwarten!‹

Indes trugen vier Leute den Toten auf den Schultern herein und legten ihn vor der schwer betroffenen Mutter zu Boden. Diese rief mit jammervoller Stimme aus: ›Ach Rache, wie pochst du doch so hart an die Pforten meiner Seele! Meine Seele jedoch läßt es nicht zu, daß mein Wunsch, ein gegebenes Wort zu halten, dem Wunsche nach Vergeltung unterliege. Ach Schmerz, wie sehr bedrängst du mich bei alledem!‹

Bedenkt nun, meine Freunde, wie mir im Innersten

zumute war, als ich die schmerzerfüllten Worte der Mutter vernahm, der der Anblick des Leichnams ihres Sohnes tausend Todesarten hätte eingeben können, mit denen sie an mir Vergeltung geübt hätte, denn unbestreitbar deutlich war es, daß sie in mir den Mörder ihres Sohnes erkannt haben mußte. Was blieb mir aber anderes zu tun, als zu schweigen, als mich ruhig zu verhalten, als in tiefster Verzweiflung zuzuwarten und zu hoffen? Dies um so mehr, als die Häscher nun den Raum betraten und einer von ihnen ehrerbietig zur Mutter des Toten sagte: ›Von einem Knaben herbeigerufen, der behauptet, der Mörder dieses Edelmannes sei in dieses Haus geflüchtet, haben wir uns erkühnt, hier einzutreten.‹ Ich horchte nun gespannt und aufmerksam auf die Antwort, die die bekümmerte Mutter den Häschern geben würde. Voll des Edelmuts und voll christlicher Barmherzigkeit sagte sie: ›Sollte dieser Mensch in dieses Haus eingedrungen sein, dann gewiß nicht in diesen Raum; in den anderen Räumen mögt ihr nach ihm suchen, doch wolle Gott, daß ihr ihn nicht fändet, denn der Tod eines Menschen läßt sich nicht ungeschehen machen, indem man einen anderen tötet, vor allem nicht, wenn die Tat nicht böswillig begangen wurde.‹

Die Häscher entfernten sich, um das Haus zu durchsuchen, und bei mir stellten sich von neuem die Lebensgeister ein, die mich schon verlassen hatten. Die Dame befahl, den Leichnam des Sohnes fortzuschaffen, ihn in Leichentücher zu hüllen und sogleich alle Anstalten zur Bestattung zu treffen; sie befahl gleichfalls, man möge sie alleinlassen, denn sie wäre nicht in der Lage, die zahllosen Beileidskundgebungen und den Zuspruch der vielen entgegenzunehmen, die – Anverwandte, Freunde und Bekannte – sich dazu bald einfinden würden. Nachdem dies getan war, rief sie eine ihrer Jungfern herbei, zu der sie allem Anschein nach das größte Zutrauen hatte, flüsterte ihr etwas ins Ohr, schickte sie wieder weg, nachdem sie befohlen, die Tür hinter sich zu schließen. Die Jungfer tat, wie ihr aufgetragen, und die Dame richtete sich im Bette auf, hob den Wandteppich, legte mir, wie ich glaube, die Hand aufs Herz, das wie rasend pochte und anzeigte, wie

Drittes Buch

sehr die Angst mich peinigte. Als sie dies bemerkte, sagte sie leise und mit schmerzerfüllter Stimme: ›Wer du auch immer sein magst, so weißt du jetzt, daß du mir die Lebensluft, das Augenlicht, kurz das ganze Leben genommen hast, das meinem Leben Halt gegeben. Allein da ich erkenne, daß du keine Schuld hast an dem, was geschehen, will ich mein gegebenes Wort über den Wunsch nach Vergeltung stellen. Damit ich aber mein Versprechen, dich zu retten, das ich dir gegeben, als du hier eingetreten bist, erfüllen kann, mußt du tun, was ich dir jetzt sage: leg dir die Hände vors Gesicht, damit du mich nicht zwingst, mir deine Züge einzuprägen, falls ich zufällig die Augen öffnen sollte; komm heraus aus diesem Versteck und folge einer meiner Jungfern, die sogleich hier eintreten wird. Sie wird dich auf die Straße bringen und dir dort hundert Goldtaler einhändigen, mit denen du deine Flucht bewerkstelligen kannst; keiner kennt dich, da niemand ein Zeichen von dir weiß, und nun beruhige dich, denn übermäßige Aufregung verrät den Täter.‹

Indes kehrte die Jungfer zurück; ich trat, die Hand vors Gesicht gelegt, hinter dem Wandteppich hervor, kniete zum Zeichen des Dankes am Bett nieder, dessen Fuß ich oftmals küßte, und dann folgte ich der Jungfer, die mich schweigend am Arm faßte, mich ohne ein Licht an die Hintertür eines Gartens brachte und auf die Straße entließ. Als ich mich auf der Straße sah, reinigte ich als erstes die Klinge meines Degens, und gemächlichen Schrittes bog ich in eine Hauptstraße ein, in der ich meine Herberge erkannte. Dort trat ich ein, als wäre mir weder Gutes noch Böses zugestoßen. Der Wirt erzählte mir vom Unglück des eben erst ermordeten Edelmannes, hob den hohen Adel seiner Familie hervor, betonte auch dessen Überheblichkeit, die ihm, wie man glaubte, einen heimlichen Feind eingetragen, der ihn in solches Unheil gestürzt habe.

Jene Nacht verbrachte ich, indem ich Gott für die mir erwiesene Gnade dankte und Betrachtungen anstellte über den beispiellosen und heldenhaften christlichen Entschluß und das bewundernswerte Verhalten der Doña Guiomar de Sosa; so hieß, wie ich erfahren hatte, meine Wohltäterin.

Am nächsten Morgen begab ich mich an den Tajo, wo ein Schleppboot voller Leute lag, die sich nach Sanguian begeben wollten, um sich dort auf einem großen Schiff, das nach Ostindien bestimmt war, einzuschiffen. Ich kehrte in die Herberge zurück, verkaufte dem Wirt mein Reittier, ließ von meinen Grübeleien und von langen Überlegungen ab, kehrte zum Fluß und zum Schleppboot zurück, und anderntags war ich schon außerhalb des Hafens und segelte bei vollem Wind dem gesetzten Ziele zu.

Fünfzehn Jahre habe ich in Indien verbracht. In dieser Zeit diente ich unter überaus tapferen Portugiesen als Soldat und erlebte Dinge, die vielleicht Stoff zu einer unterhaltsamen und wahrhaften Geschichte gäben, vor allem die Heldentaten der in jenen Ländern unbesieglichen Portugiesen, die jetzt und fürderhin höchste Lobpreisung verdienen.

Dort erwarb ich mir etwas Gold, einige Perlen und andere Dinge, die alle wertvoller waren, als sie Platz einnahmen. Als mein General nach Lissabon zurückkehrte, nahm ich die Gelegenheit wahr, kehrte mit ihm und meinen Schätzen ebenfalls zurück; ich machte mich aber sogleich auf den Weg in meine Heimat, wobei ich vorerst noch die schönsten und wichtigsten Städte Spaniens kennenlernen wollte. Ich setzte meine Schätze in Geld um und in Wechselbriefe jenen Betrag, der mir für die Reise notwendig war. Als erstes wollte ich Madrid besuchen, wo der große Philipp III. kürzlich den Hof errichtet hatte, doch war mein Geschick es müde, mein Lebensschiff weiterhin bei gutem Wind auf dem Meer des menschlichen Lebens dahinzutreiben und ließ es auf eine Sandbank auflaufen, an der es zerschellte, denn als ich eines Abend in Talavera, einem Ort nicht weit von hier, eintraf, stieg ich in einem Gasthof ab, der mir nicht zum Gasthof, wohl aber zum Grabe wurde, denn dort ließ ich meine Ehre.

O ihr gewaltigen Mächte der Liebe, der unüberlegten, überstürzten, lüsternen und hinterhältigen Liebe, sage ich, wie rasch und leicht unterdrückt ihr doch gute Vorsätze, keusche Gesinnung und vernünftige Absicht! Als ich mich nämlich in jenem Gasthof befand, kam zufällig ein Mäd-

Drittes Buch

chen von höchstens sechzehn Jahren, wie mir schien – ich
erfuhr erst später, daß sie schon zweiundzwanzig war –
ins Haus; sie war leicht bekleidet, das Haar lag in Flechten;
der Rock war aus grobem, aber überaus sauberem Tuch,
und als sie an mir vorbeiging, schien es mir, als röche ich
plötzlich alle Blumen einer blühenden Wiese im Mai, einen
Duft, der mir köstlicher dünkte als alle Wohlgerüche Arabiens. Das Mädchen ging zum Hausburschen hin, flüsterte
ihm etwas ins Ohr, lachte hell auf, machte kehrt, verließ
den Gasthof und trat in ein gegenüberliegendes Haus. Der
Hausbursche lief hinter ihr her, konnte sie zwar mit den
Händen nicht mehr fassen, traf aber ihr Hinterteil mit
einem derben Tritt, der sie vornüber ins Haus purzeln
ließ. Dies sah eine Magd des gleichen Gasthofes und sagte
ärgerlich: ›Bei Gott, Alonso, das sind wahrhaft üble Streiche. Luisa verdient es nicht, daß du sie mit Fußtritten
traktierst!‹ ›Davon kann sie, meiner Seel', noch viele kriegen‹, erwiderte Alonso. ›Halt den Mund, liebe Martina,
denn diesen zudringlichen Dirnen muß man nicht nur die
Hand auflegen, sie müssen auch noch Stiefel und anderes
spüren.‹

Damit ließ er mich und Martina allein, die ich fragte,
was für eine Luisa das Mädchen sei, und ob sie ledig oder
verheiratet.

›Sie ist nicht verheiratet‹, erwiderte Martina, ›wird aber
bald das Weib des Alonso sein, des Hausburschen, den Ihr
da gesehen habt; im Vertrauen auf die Heirat, die beider
Eltern am Aushandeln sind, behandelt Alonso sie so, als
wäre sie schon die Seine, und so erlaubt er sich, sie grün
und blau zu dreschen, so oft ihn die Lust dazu ankommt.
Leider verdient sie die Prügel meist wirklich, denn um die
Wahrheit zu sagen, Herr Gast, die besagte Luisa ist ein
wenig frech, auch etwas leichtfertig und draufgängerisch.
Oft genug hab ich ihr's schon gesagt; es hilft aber nichts,
sie hört trotzdem nicht auf, alles nach ihrem Schädel zu
tun, und würde man ihr deshalb auch die Augen aus-
kratzen. Denn, meiner Seel', wirklich und wahrhaftig ist
das beste Heiratsgut, das ein Mädchen einbringen kann, die
Sittsamkeit, und Gott hab' die Mutter selig, die mich ge-

boren, denn die war so eine, die mich nicht einen Blick auf die Straße hat werfen lassen, nicht einmal durch ein Loch, geschweige denn, daß sie mich über die Schwelle gelassen hätte. Die wußte sehr gut, daß eine Katze und ein Mädel und so weiter ... Ihr kennt ja das Sprichwort!‹

›Doch sagt mir, Jungfer Martina‹, entgegnete ich, ›warum habt Ihr nach einem so strengen Noviziat in der Großzügigkeit eines Gasthofs Profeß getan?‹

›Darüber ließe sich viel sagen‹, erklärte Martina, ›und ich könnte Euch manches ausführlicher erzählen, wenn ich jetzt Zeit hätte und mein Herzleid es zuließe.‹«

SIEBENTES KAPITEL

Worin der Pole mit seiner Lebensgeschichte zu Ende kommt.

Aufmerksam lauschten die Pilger der seltsamen Erzählung und hätten von dem Polen gern gewußt, welchen Schmerz er im Herzen verbarg; denn daß ihn der Körper schmerze, das wußten sie ja. So sagte Periandro:

»Erzählt, Señor, was immer Ihr erzählen wollt, und auch mit allen Einzelheiten, die Euch einfallen mögen, denn oft sind gerade sie es, die einer Erzählung Gewicht geben; es macht sich gewiß nicht übel, wenn auf einer festlichen Tafel neben einem lecker zubereiteten Fasan schmackhaft eine Schüssel frischen grünen Salats steht. Die Würze einer Erzählung liegt in der Sprache, die allem angepaßt sein muß, was man sagen will. Und so, Señor, setzt Eure Geschichte fort, erzählt von Alonso und von Martina, laßt ihn Luisa mit Fußtritten traktieren, ganz wie Euch beliebt, verheiratet sie oder laßt sie ledig, laßt sie frei und ungebunden sein wie einen Turmfalken, denn wie meine Astrologie mir sagt, kommt es hier nicht auf die Ungebundenheit an, sondern auf das, was mit ihr geschehen ist.«

»Und deshalb, meine Freunde«, entgegnete der Pole, »wird Eure Erlaubnis mir der Anlaß sein, mit nichts hinterm Berg zu halten und alles auf dem Altar Eures Ver-

Drittes Buch

standes auszubreiten. Mit dem, was ich damals an Verstand hatte und was wohl nicht sonderlich viel war, überdachte ich in jener Nacht nicht nur einmal, sondern viele Male die Anmut, den Liebreiz und die Munterkeit der, wie ich meinte, unvergleichlichen – ich weiß nicht, wie ich sie nennen soll – Nachbarin oder Bekannten meiner Wirtin; ich entwarf tausend Pläne, baute tausend Luftschlösser, verheiratete mich, hatte Kinder, scherte mich den Teufel darum, was andere sagen mochten, und entschloß mich schließlich, mein ursprüngliches Reiseziel aufzugeben und in Talavera zu bleiben, verheiratet mit Frau Venus in Person, denn nicht weniger schön dünkte mich das Mädchen, hatte sie auch hundertmal Fußtritte von einem Hausburschen eingeheimst.

Die Nacht verging, und als ich meiner Verliebtheit den Puls fühlte, fand ich ihn solcherart, daß ich überzeugt war, ich würde, sofern sich mein Verlangen nicht erfülle, das Leben darüber verlieren, das ich an die Augen des Landmädchens gesetzt hatte. Und alle möglichen Einwände beiseiteschiebend, entschloß ich mich, mit ihrem Vater zu reden und ihn um ihre Hand zu bitten. Ich zeigte ihm meine Perlen, gab ihm mein Vermögen bekannt, strich dabei meinen Scharfsinn und meinen Fleiß heraus, mit denen ich mein Vermögen nicht nur erhalten, sondern noch zu vermehren gedachte. Mit derlei Worten und der Schaustellung meines Vermögens machte ich ihn gefügig genug, auf meinen Wunsch einzugehen, um so mehr als er sah, daß ich mich um keine Mitgift scherte und mich mit der Schönheit seiner Tochter zufrieden gab.

Alonso wurde verabschiedet, und Luisa wurde mein Weib, wenn auch sehr zu ihrem Mißvergnügen, wie die Begebnisse zeigten, die sich vierzehn Tage später zu meinem Leidwesen und zu ihrer Schande ereigneten. Meine Gattin setzte sich nämlich mit einem Teil meines Schatzes und meines Geldes in nähere Beziehung, und mit Alonsos Hilfe, der ihren Entschluß und ihren Fuß beflügelte, verschwand sie aus Talavera, ließ mich betrogen und voll der Reue zurück, indes die Leute an allen Ecken ihre Flatterhaftigkeit und Schurkerei beredeten.

Die Kränkung ließ mich an Vergeltung denken; allein es war außer mir niemand da, an dem ich mich hätte rächen können; tausendmal schon hatte ich den Strick in der Hand, um mich aufzuknüpfen; allein das Schicksal, das mein Leben aufgespart hatte, um mir Genugtuung für das Unrecht zu verschaffen, das es mir angetan, fügte es, daß meine Feinde als Gefangene im Kerker von Madrid landeten, von wo man mich benachrichtigt hat, damit ich dort Anklage gegen sie erhebe und mir mein Recht nehme. Darum reite ich nun nach Madrid, entschlossen, meine Ehre mit ihrem Blut reinzuwaschen und, indem ich ihnen das Leben nehme, mir mit beider Leben zugleich die schwere Last von den Schultern zu werfen, die mich zu Boden drückt und vernichtet. Bei Gott, sie werden sterben! Bei Gott, wie ich mich rächen werde! Bei Gott, wie soll die Welt erfahren, daß ich keinen Schimpf einstecke, vor allem keine Kränkung, die einen bis ins Mark verletzt! Darum: auf nach Madrid; ich habe mich vom Sturz schon etwas erholt, und man braucht mir nur aufs Pferd zu helfen. Selbst die Mücken in der Luft sollen sich vor mir in acht nehmen! Man möge mir nur nicht in den Ohren liegen: nur kein Zureden von Mönchen, kein Gejammer von Bet-brüdern und Betschwestern, keine Versprechungen gut-mütiger Seelen, keine Geschenke der Reichen, und kein Befehl und Auftrag eines Mächtigen; auf nichts will ich hören und nicht des Gesindels achten, das sich solcherart einmischt, denn meine Ehre soll über ihr Vergehen so obenauf kommen wie das Öl auf dem Wasser.«

Dies gesagt, sprang er leichtfüßig auf und wollte das Pferd besteigen, um seine Reise fortzusetzen. Als Perian-dro solches sah, hielt er ihn am Arm fest und sagte:

»Ihr, Señor, seid von der Wut verblendet und bemerkt nicht, daß Ihr auf dem Wege seid, Eure Schande allgemein bekanntzumachen und zu verbreiten. Bis jetzt seid Ihr nur vor jenen Leuten entehrt, die Euch in Talavera kannten – wahrscheinlich wenig genug –, bald aber werdet Ihr auch bei allen jenen entehrt sein, deren Bekanntschaft Ihr in Madrid machen werdet. Ihr kommt mir vor wie jener Bauer, der den ganzen Winter hindurch eine Schlange an

Drittes Buch 993

seinem Busen nährte. Als die Schlange dank einer Fügung
des Himmels im Frühjahr, als sie ihr Gift hätte nützen
können, nicht mehr da war, da wollte er, statt dem Himmel zu danken, auf die Suche nach ihr gehen, um ihr wieder ein Nest in seinem Hause und an seinem Busen zu bereiten. Er bedachte nicht, daß die größte Klugheit des
Menschen darin besteht, nicht gerade das zu suchen, was
zu finden ihm nicht gut täte, soll man doch, wie es gemeiniglich heißt, dem fliehenden Feinde goldene Brücken
bauen, und der größte Feind des Mannes ist ja, wie man
sagt, das eigene Weib. Dies kann aber nur für andere Reli-
gionen außer der christlichen gelten, in denen die Ehen
eine Art Vertrag oder Übereinkunft sind gleich denen, die
man abschließt, wenn man ein Haus mietet oder sonst ein
Besitztum; für Katholiken aber ist die Ehe ein Sakrament,
das nur der Tod zu lösen vermag oder Umstände unwirk-
sam machen können, die oft härter sind als der Tod; solche
Umstände jedoch können die Eheleute nur eines Zusammenlebens entheben, das Band aber, das sie verbindet,
nicht lösen. Was glaubt Ihr wohl zu erreichen, wenn Euch
die Gerichtsbarkeit Eure Feinde gebunden und wehrlos
auf einem öffentlichen Schaugerüst angesichts unzähliger
Zuschauer überantwortet und Ihr das Beil über dem
Henkersblock schwingt, um ihnen den Kopf abzuschlagen,
als könnte deren Blut, wie Ihr sagt, Eure Ehre reinwaschen? Was könnt Ihr damit, wie gesagt, anderes erreichen, als daß Eure Schande öffentlicher werde? Durch
Vergeltung kann man wohl strafen, doch die Schuld bleibt
ungetilgt. Kränkungen, die nicht aus freien Stücken gutgemacht werden, bleiben trotz Strafe und Rache ungetilgt
und leben weiter in der Erinnerung der Leute, wenigstens
so lange, wie jener, dem man die Kränkung zugefügt hat.
Darum, Señor, geht in Euch, gebt der Barmherzigkeit
Raum und rennt nicht dem Rechte nach. Ich rate Euch
solches nicht, damit Ihr Eurem Weib verzeihen und es
wieder heimholen sollt; dazu kann Euch kein Gesetz der
Welt verpflichten; ich rate Euch nur, sie laufen zu lassen,
was die schwerste Strafe ist, die Ihr über sie verhängen
könnt. Lebt getrennt von ihr, und Ihr werdet leben; mit

ihr zusammen könnt Ihr nicht leben, denn solches wäre für Euch ein immerwährendes Sterben. Die Verstoßung war ja auch schon bei den Römern gebräuchlich. Gewiß wäre es große Barmherzigkeit, wolltet Ihr Eurem Weibe verzeihen, es heimholen, es ertragen, ihm raten; doch da müßtet Ihr erst Eurer Geduld den Puls fühlen und einen so hohen Grad an Selbstbeherrschung aufbringen, zu dem nur wenige in diesem Leben fähig sind, besonders wenn so viele Beschwernisse der Geduld und der Selbstbeherrschung entgegenwirken. Schließlich bitte ich Euch noch zu bedenken, daß Ihr eine Todsünde begeht, wenn Ihr ihnen das Leben nehmt, eine Todsünde, die wir um allen Vorteil, den die Achtung der Welt uns bietet, nicht begehen dürfen.«

Der jähzornige Pole hörte Periandro aufmerksam zu, betrachtete ihn von Zeit zu Zeit und sagte:

»Du, Herr, hast klüger gesprochen, als deine Jugend es erwarten ließe; dein Verstand ist deinen Jahren voraus, und deine Reife übersteigt deine geringe Erfahrung. Ein Engel hat dir die Worte in den Mund gelegt, mit denen du mich von meinem harten Beschluß abgebracht hast, und nun wünsche ich nur, in meine Heimat zurückzukehren, um dort dem Himmel zu danken für die Gnade, die er mir erwiesen hat. Helft mir aufs Pferd, denn wenn mir auch der Jähzorn die Kräfte wiedergab, so soll die geduldige Milde sie mir nicht nehmen.«

»Das werden wir gerne tun«, sagte Antonio, der Vater. So halfen sie ihm, den Hengst zu besteigen, und nachdem er alle umarmt hatte, sagte der Pole, er wolle zuerst nach Talavera reiten, um alles, was sein Vermögen beträfe, in Ordnung zu bringen, dann wolle er von Lissabon aus zur See in die Heimat reisen. Er sagte, daß er Ortel Banedre heiße, auf Kastilisch also Martin Banedre. Dann wandte er sein Pferd Talavera zu und ließ alle, von seinen Erlebnissen und der Art, wie er sie erzählt, beeindruckt, zurück. Die Nacht verbrachten die Pilger an Ort und Stelle, und zwei Tage später gelangten sie, von der alten Pilgerin begleitet, an die Sagra von Toledo und erblickten die gefeierte Stadt, berühmt wegen ihres goldenen Sandes und ihres flüssigen Kristalls.

ACHTES KAPITEL

Wie die Pilger nach dem Ort Ocaña kamen und von dem ergötzlichen Geschehnis, das ihnen auf dem Wege begegnete.

Der Ruhm des Tajo ist so grenzenlos, daß selbst die entferntesten Völker Kenntnis von ihm haben; überall verbreitet sich sein Ruf, und bei allen weckt er das Verlangen, den Strom mit eigenen Augen zu schauen. Da bei den Nordländern alle Vornehmen lateinisch können und mit den Dichtern der Vergangenheit vertraut sind, machte auch Periandro, einer der Vornehmsten jener Länder, keine Ausnahme von der Regel. Deshalb, und weil um jene Zeit die berühmten Werke des nie genug zu preisenden Dichters Garcilaso de la Vega erschienen waren – Periandro hatte sie gelesen, überdacht und bewundert –, sagte er angesichts des klaren Stromes:

»Wir wollen hier nicht sagen: ›Hier schließlich ließ Salicio ab vom Singen‹, sondern ›Hier endlich fing Salicio an zu singen‹, denn hier übertraf er sich selbst in seinen Eklogen, hier ertönte seine Schalmei, bei deren Klängen die Wasser des Stromes ihren Lauf unterbrachen, die Blätter an den Bäumen sich nicht mehr regten und die Winde aufhörten zu wehen, was Anlaß gab, daß der Ruhm der Verse von Mund zu Mund ging und sich von Volk zu Volk über die ganze Erde verbreitete. O sel'ge, da kristall'ne Fluten, o goldner Sand, was sage ich o goldner! nein, o Sand aus purem Gold! Nehmt diesen armen Pilger freundlich auf, der dann, wie jetzt von fern, euch aus der Nähe will verehren.«

Und indes er die Augen der großen Stadt Toledo zuwandte, rief er aus:

»O felsgewordener Ruhm! O Glorie Spaniens und Leuchte unter Spaniens Städten! In diesem Schoß verborgen lagen Werk und Heiligtum der tapfren Goten, um wieder zu erstehen als klarer Spiegel der heiligen, katholischen Gebräuche. Gegrüßet seist du, heil'ge Stadt, nimm gnädig auf in deinen Mauern uns, die wir gekommen, dich zu schauen!«

Damit sagte Periandro, was eigentlich Antonio, der Vater, hätte sagen sollen, sofern er darüber gleichviel gewußt wie Periandro. Bücher nämlich geben dem Leser oft eine deutlichere Vorstellung von den Dingen, als einer sie gewinnen könnte, der sie bloß gesehen; denn wer aufmerksam liest, hält sich beim Gelesenen oftmals lange auf; wer aber Dinge, unaufmerksam, nur sieht, nimmt nichts wahr, und darum übertrifft das aufmerksame Lesen das bloße Sehen.

Fast zu gleicher Zeit vernahmen die Pilger den frohen Klang vieler Instrumente, der durch die Täler hallte, die die Stadt umgeben, und sie sahen nicht etwa Haufen bewaffneten Fußvolks, sondern Scharen überaus schöner Mädchen, die, ländlich gekleidet, viele Schnüre mit Holz- und Glaskugeln und Schaumünzen an der Brust trugen, an der auch noch Korallen und Silberschmuck Platz gefunden und dort schöner waren, als Perlen und Gold es gewesen wären. Das Gold trugen die Mädchen nicht an der Brust, sondern auf den Köpfen, von wo es als langes Blondhaar auf die Schultern herabfiel, indes es an der Stirn von frischen Kränzen bunter Blumen zusammengefaßt war. Prächtig war jener Tag, und prächtiger war an den Mädchen das Blautuch aus Cuenca, als es mailändischer Damast und florentinischer Atlas je gewesen wären. Kurz und gut: die ländliche Pracht übertraf die reichste Galakleidung der Hauptstadt; denn zeigte sich im ländlichen Festgewand auch nur ehrbarer Durchschnitt, so prangte es doch in höchster Sauberkeit. Alle Mädchen waren Blumen, waren Rosen, waren Anmut, und alle zusammen bewegten sich im reizendsten züchtigen Rhythmus, der sich aus den unterschiedlichen Tanzschritten ergab, zu denen die erwähnten Instrumente aufspielten. Um jede Mädchenschar herum bewegten sich viele Burschen – Anverwandte, Bekannte oder Nachbarn vom Dorf – alle in schneeweißes Linnen gekleidet und den Kopf mit buntfarbenen Tüchern umwunden. Der eine schlug die kleine Trommel und blies dazu die Flöte, der andere schlug den Psalter, dieser die Kastagnetten, jener die Schellen, und alle Töne klangen in einem Akkord zusammen und er-

Drittes Buch   997

freuten durch ihre Harmonie, nach der ja die Musik
strebt.

Als eine dieser Mädchenscharen oder dieser Scharen von
Tänzerinnen an den Pilgern vorbeikam, faßte ein Mann,
der, wie sich dann herausstellte, der Alkalde des Dorfes
war, eine jener Tänzerinnen am Arm, betrachtete sie genau
von oben bis unten und rief dann zornig aus:

»Ha, Tozuelo, Tozuelo, du Schamloser! Sind das Tänze,
die man entweihen darf? Ist das nicht ein Fest, das man
über alles hochhalten soll? Ich versteh' nicht, wie der
Himmel solches zuläßt! Wenn Clementina Cobeña, meine
Tochter, auch nur ein Sterbenswörtchen davon gewußt
hat, dann werd' ich ihr, bei Gott, ein Liedlein singen, daß
selbst Taube es hören können!«

Kaum hatte der Alkalde dies gesagt, als ein anderer
Alkalde hinzutrat und sagte:

»Wenn Euch Taube hören werden, dann müßt Ihr Wunder wirken. Gebt Euch darum zufrieden, daß wir Euch
hören und erfahren, worin Euch Tozuelo, mein Sohn, beleidigt hat. Hat er gegen Euch delinquiert, dann bin ich
selbst Justizperson genug, ihn zu bestrafen.«

Darauf erwiderte Cobeño:

»Die Delinquierung sieht man ja; denn er als Mannsbild
ist als Weibsbild angezogen, und nicht etwa wie irgendein
Weibsbild, sondern als Jungfer Ihrer himmlischen Majestät an deren Festtag. Ist das vielleicht nur ein kleines
Vergehen, Alkalde Tozuelo? Ich fürchte auch, daß da
meine Tochter Cobeña dahintersteckt, denn die Kleider,
die Euer Sohn anhat, die scheinen mir die Kleider meiner
Tochter zu sein, und ich möchte nicht, daß da der Teufel
einen seiner Streiche verübe und die beiden ohne unser
Wissen und den kirchlichen Segen zusammenspanne. Ihr
wißt ja selbst, daß die meisten dieser heimlichen Ehen
übel ausgehen und nur die Herrschaften vom geistlichen
Gericht füttern, und die haben einen guten Appetit.«

Darauf antwortete an Tozuelos Stelle ein Bauernmädchen, das mit den andern stehengeblieben war, um sich den
Wortwechsel anzuhören:

»Um die Wahrheit zu sagen, ihr Herren Alkalden, so

ist Mari Cobeña nicht weniger die Frau des Tozuelo und der Tozuelo nicht weniger ihr Mann, wie meine Mutter die Frau meines Vaters, und mein Vater der Mann meiner Mutter ist. Sie ist schwanger, und da hat sie keine Lust umherzuhüpfen und zu tanzen. Verheiratet die zwei, laßt den Teufel Teufel sein, und dort, wo's Gott läßt regnen, soll's auch Sankt Petrus segnen.«

»Meiner Seel', Mädchen«, erwiderte Tozuelo, »du hast ganz recht. Die beiden sind einander gleich; sie und er sind Altchristen, und was wir, die Väter, haben, läßt sich mit dem gleichen Scheffel messen.«

»Also schön«, entgegnete Cobeño, »holt meine Tochter; die wird schon alles ins reine bringen, denn die ist nicht aufs Maul gefallen.«

Die Cobeña, die nicht weit weg war, kam herbei und sagte sogleich:

»Ich bin nicht die erste gewesen und werde auch nicht die letzte sein, die zu Fall kommt. Tozuelo ist mein Mann, und ich bin seine Frau, und möge uns Gott verzeihen, wenn unsere Väter es nicht tun.«

»Das mag dir passen, Tochter!« sagte der Vater. »Rotwerden mag der Himmel am Abend dort bei den Bergen von Ubeda, aber Schamröte im Gesichtchen, beileibe nicht! Aber wenn's schon geschehen ist, dann möge der Alkalde Tozuelo zusehen, daß wir mit der Geschichte vorwärts kommen, denn ihr beide habt damit ja nicht zuwarten wollen.«

»Wahrhaftigen Gott's«, sagte hier das Mädchen, das vorhin gesprochen hatte, »der Alkalde Cobeño hat wie ein Weiser geredet. Laßt die Kindlein da einander die Hand reichen, wenn sie's bis jetzt noch nicht getan haben sollten, und sie sollen eins sein, wie es die Kirche, unsere hochheilige Mutter, anordnet, und dann weiter mit unserem Tanz bis zur Ulme dort, denn wegen Kindereien soll uns das Fest nicht verdorben werden.«

Tozuelo war einer Meinung mit dem Mädchen; die jungen Leute faßten einander an der Hand; der Streit war geschlichtet, und der Tanz ging weiter. Würden alle Händel so rasch bereinigt, dann müßten die beflissenen Federn der Schreiber eintrocknen und schäbig werden.

Drittes Buch

Periandro, Auristela und die übrigen Pilger hatten mit Vergnügen dem Liebeshandel zugehört und waren von der Schönheit der Bauernmädchen überaus beeindruckt, die alle zusammen der Anfang, die Mitte und der Gipfel menschlicher Schönheit waren. Periandro wollte nicht nach Toledo hinein, da Antonio, der Vater, ihn gebeten hatte, davon abzusehen; diesen trieb das Verlangen, endlich wieder daheim zu sein und die Eltern wiederzusehen, die nicht weit von Toledo lebten, und so sagte er, daß sie mehr Zeit bräuchten, um die Herrlichkeiten dieser Stadt zu besichtigen, als ihre Eile es ihnen erlaube. Aus den gleichen Gründen wollten sie auch nicht über Madrid reisen, wo sich gerade der Hof niedergelassen, denn sie befürchteten, dies wäre ein weiteres Hindernis, das sie in ihrer Pilgerfahrt aufhalten würde. Die alte Pilgerin bestärkte sie in diesem Vorsatz, indem sie sagte, in der Hauptstadt gebe es gewisse Leutchen, die im Rufe stünden, die Söhne großer Leute zu sein und, kaum erst flügge geworden – wie Raubvögel vom Lockvogel –, vom Reiz jedweder schönen Frau, gleichgültig welchen Standes, angelockt werden, beutegierig auf die Frau Jagd machten, denn lüsterne Liebe sucht nicht die Seele, sondern die leibliche Schönheit.

Antonio, der Vater, fügte hinzu:

»Wir würden uns also gezwungen sehen, uns der List zu bedienen, die die Kraniche gebrauchen, wenn sie auf ihrer Wanderung über den Berg Limabo fliegen. Dort lauern große Raubvögel, um die Kraniche zu fressen. Diese jedoch, die Gefahr voraussehend, fliegen zur Nachtzeit über den Berg und tragen jeder einen Stein im Schnabel, der ihn daran hindert, einen Laut von sich zu geben und gehört zu werden. Das beste, was wir tun können, ist, dem Lauf dieses berühmten Stromes zu folgen, die Stadt rechter Hand liegen zu lassen – man kann sie ja später einmal besichtigen –, nach Ocaña zu ziehen und von dort nach Quintanar de la Orden, meinem Geburtsort.«

Als die Pilgerin vernahm, welchen Weg Antonio vorgeschlagen hatte, sagte sie, sie wolle lieber ihre eigenen Wege gehen. Die schöne Ricla gab ihr zwei Goldstücke als Almosen, und die Pilgerin verabschiedete sich dankbar und freundlich von allen.

Unsere Pilger zogen durch Aranjuez, dessen Anblick – es war Frühling – sie gleicherweise zu Bewunderung wie zu Entzücken hinriß. Sie sahen die langen geraden Straßen, die zu beiden Seiten von zahllosen frischgrünen Bäumen bestanden waren, deren Blätter feinsten Smaragden glichen. Sie sahen, wie sich die beiden berühmten Flüsse Henares und Tajo in tausend Küssen und Umarmungen vereinten, beschauten die Springbrunnen, bewunderten die schöne Harmonie der Gärten und der vielen unterschiedlichen Blumen, sahen die Teiche, in denen es mehr Fische gab als Sand, und die erlesenen Fruchtbäume, die ihre Zweige, um sie vom Gewicht des Obstes zu entlasten, auf die Erde stützten. Periandro sah nun, wie berechtigt der Ruf ist, den dieser Ort in der ganzen Welt genießt. Von Aranjuez zogen sie nach dem Marktflecken Ocaña, wo Antonio erfuhr, daß seine Eltern noch lebten, und auch anderes vernahm, was ihn erfreute, wovon sogleich die Rede sein wird.

Neuntes Kapitel

Sie kamen nach Quintanar de la Orden, wo sich ein merkwürdiger Vorfall ereignet. Antonio, der Barbar, findet seine Eltern wieder. Er und Ricla, sein Weib, bleiben bei ihnen, doch Antonio, der junge, und Constanza setzen gemeinsam mit Periandro und Auristela die Wallfahrt fort.

Die heimatliche Luft beflügelte die Lebensgeister Antonios, indes alle durch ein Gebet vor Unserer lieben Frau von der Verheißung ihre Seelen erquickten. Ricla war ganz aufgeregt vor Freude, wenn sie daran dachte, daß sie bald die Schwiegereltern sehen würde, und ihre beiden Kinder waren außer sich, wenn sie bedachten, daß sie in Kürze vor den Großeltern stehen würden. Antonio hatte Erkundigungen eingezogen und erfahren, daß die Eltern lebten

Drittes Buch   1001

trotz des Kummers, den ihnen die Abwesenheit des Sohnes
bereitete. Er hatte auch erfahren, daß sein alter Gegner
das väterliche Erbe angetreten habe und später, in Freundschaft mit Antonios Vater, gestorben sei; nach langwieriger
Untersuchung des fast unentwirrbaren Gestrüpps der Bedingungen des Zweikampfes habe man herausgefunden,
daß Antonio ihm keinen Schimpf angetan hatte, denn die
Worte in jenem Streit seien bei gezücktem Degen gefallen
und die blanke Klinge nehme den Worten den Stachel;
deshalb stelle auch ein Wort, das bei gezücktem Degen
gesprochen wird, keinen Schimpf dar. Darum wird jener,
der deswegen Genugtuung sucht, sich nicht erst von einem
Schimpf reinwaschen müssen, sondern nur eine Beleidigung
bestrafen, wie das folgende Beispiel dartun soll.

Nehmen wir an, ich behaupte etwas, das offensichtlich
wahr ist; ein vernagelter Mensch jedoch erwidert, ich lüge
und werde jedesmal lügen, so ich solches wiederum sage;
gleichzeitig aber legt er die Hand an den Degen, um seine
Behauptung, ich wäre ein Lügner, zu unterstützen. Ich,
den man der Lüge bezichtigt hat, brauche nun nicht erst
zu beweisen, daß ich nicht gelogen habe, bedarf doch meine
Behauptung keines weiteren Beweises; allein ich sehe mich
gezwungen, die Geringschätzung zu bestrafen, die man mir
bezeigt. Darum kann auch jeder, den man solcherart als
Lügner bezeichnet, jedem Gegner mit der Waffe Genüge
tun, und man kann gegen ihn nicht einwenden, er wäre
beleidigt und könne erst Genugtuung geben, wenn er seine
Ehre wieder reingewaschen habe, besteht doch ein großer
Unterschied zwischen einer Beleidigung und einem Schimpf.

Kurz und gut, Antonio erfuhr von der Freundschaft seines Vaters mit seinem ehemaligen Gegner, und so konnte
er, da beide Freunde geworden, wohl annehmen, daß seine
Sache ins rechte Lot gekommen sei. Dank dieser guten
Nachricht machte er sich am folgenden Tag ruhiger und
zufriedener samt seinen Gefährten auf den Weg, wobei er
ihnen berichtete, was er über seine Angelegenheit erfahren
hatte; er fügte hinzu, daß jener, der sich für seinen Feind
gehalten, vom Bruder beerbt worden sei und daß dieser in gleicher Freundschaft mit seinem, Antonios, Vater

lebe, wie der Tote gelebt habe. Antonio meinte, es wäre gut, wenn sich nun jeder an die Weisungen hielte, die er gebe; er gedächte sich seinem Vater nicht plötzlich, sondern nach und nach, auf Umwegen, zu erkennen zu geben, denn solches steigere die Freude des Wiedersehens, und überdies müsse man bedenken, daß unerwartete Freude ebenso tödlich sein könne wie unerwarteter Schmerz.

Drei Tage später langten sie in der Abenddämmerung im Geburtsort Antonios und vor dem Hause seines Vaters an, der mit der Mutter an der Haustür saß, um, wie die Leute sagen, ›die Frische zu genießen‹, war doch der Tag einer der schon heißen Frühsommertage gewesen. Die Pilger traten allesamt ans Haus heran, und Antonio sagte als erster:

»Gibt es, Señor, in diesem Ort vielleicht eine Herberge für Pilger?«

»Da die Leute, die diesen Ort bewohnen, alle Christen sind«, erwiderte der Vater, »ist hier jedes Haus eine Herberge für Pilger, und gäbe es hier kein geeignetes Haus, so wäre dieses da immerhin geräumig genug, um alle aufzunehmen. Auch ich habe einen lieben Menschen draußen in der weiten Welt, der vielleicht gerade jetzt um Herberge bittet.«

»Dieser Ort heißt doch Quintar de la Orden, Señor, und hier wohnen doch Hidalgos mit dem Namen Villaseñor? Ich frage dies, weil ich sehr weit von diesem Lande einen gewissen Villaseñor kennengelernt habe, der, so er in diesem Ort lebte, uns allen gewiß Herberge geben würde.«

»Und wie hieß dieser Villaseñor, von dem Ihr sprecht, mein Sohn?« fragte die Mutter.

»Er nannte sich Antonio«, erwiderte Antonio, »und sein Vater hieß, sofern ich mich richtig erinnere – er sagte mir so –, Diego de Villaseñor.«

»Ach, Señor«, sagte die Mutter, die sich erhob, »dieser Antonio ist kein anderer als mein Sohn, der wegen eines gewissen Zwischenfalls jetzt beinahe sechzehn Jahre von hier weg ist! Mit Tränen habe ich mir seine Heimkehr erkauft, sie aufgewogen mit Seufzern und ersteigert mit Gebeten. Gebe Gott, daß meine Augen ihn noch sähen,

Drittes Buch

ehe die ewige Nacht sie bedeckt! Sagt mir«, fuhr sie fort, »ist es lange her, daß Ihr ihn gesehen? Ist es lange schon, daß Ihr ihn verlassen habt? Ist er gesund? Denkt er daran, heimzukommen? Denkt er noch an seine Eltern, die er jetzt doch besuchen könnte, da kein Feind ihn mehr hindert, um so mehr als jene, die ihn zwangen, dieses Land zu verlassen, nunmehr seine Freunde sind?«

Schweigend hörte der greise Vater Antonios die Worte seines Weibes an, rief laut nach der Dienerschaft und befahl, die Lichter anzuzünden und die ehrenwerten Pilger im Hause unterzubringen. Dann trat er zu dem ihm noch unbekannten Sohn, umarmte ihn herzlich und sagte:

»Um Euer selbst als Pilger, Señor, ohne daß Euch andere Botschaft eine Herberge bereitet, hätte ich Euch in meinem Hause untergebracht, denn ich bin es gewohnt, alle Pilger, die hier vorbeikommen, in diesem Hause zu bewirten; allein jetzt verstärkt die frohe Botschaft, die Ihr mir gebracht, meine Bereitwilligkeit, und ich würde, um Euch gefällig zu sein, mehr noch tun als in meiner Macht steht.«

Indes hatten die Diener die Lichter angezündet; nun geleiteten sie die Pilger ins Haus, und als sie in der Mitte des großen Innenhofes angekommen waren, traten zwei schöne züchtige Mädchen heraus, die beiden Schwestern Antonios, die während seiner Abwesenheit geboren worden waren. Als diese Auristela in ihrer Schönheit und Constanza, ihre Nichte, in solch stattlicher Anmut erblickten, konnten sie sich, nachdem Ricla, ihre Schwägerin, es ihnen erlaubt hatte, nicht genug daran tun, sie zu herzen und zu küssen. Indes sie nun erwarteten, die Eltern würden mit dem fremden Gast allein ins Haus treten, sahen sie, wie mit ihnen ein wirrer Haufen Leute eindrang, die auf den Schultern einen Stuhl trugen, in dem ein todwunder Mann saß, den die Mädchen sogleich als den Grafen erkannten, der den ehemaligen Feind ihres Bruders beerbt hatte.

Die Aufregung der Leute, die Bestürzung der Eltern, die Sorge um die Gäste machte die Mädchen so wirr, daß sie nicht wußten, an wen sie sich wenden, noch wen sie um die Ursache des Tumults fragen sollten. Antonios Eltern eilten zum Grafen, der durch eine Kugel von hinten verwundet worden war. Die Verwundung hatte er erlitten, als zwei Kompagnien Soldaten, die im Ort einquartiert waren, mit den Einwohnern einen Streithandel vom Zaun brachen; die Kugel war ihm vom Rücken her durch die Brust gedrungen. Als der Graf sich solcherart verwundet gesehen, hatte er seinen Dienern befohlen, ihn zu Diego de Villaseñor, seinem Freund, zu bringen, und er kam gerade in dem Augenblick beim Hause an, als Don Diego dabei war, den Sohn, die Schwiegertochter, die beiden Enkel, Periandro und Auristela unterzubringen. Auristela nahm Antonios Schwestern bei den Händen und bat, man möge sie aus dem Tumult heraus in einen Raum führen, wo niemand sie erblicken könne. Dies geschah, und von neuem bewunderten die Mädchen Auristelas Schönheit. Constanza, die sich durch die Bande des Blutes sehr zu den beiden Mädchen hingezogen fühlte, wollte die Tanten – sie waren mit ihr gleichaltrig und fast so schön wie sie – nicht allein lassen und hätte es auch nicht vermocht. So geschah es auch Antonio, dem jungen, der die Gebote guter Sitte und die Verpflichtung vergaß, die die Gastfreundschaft auferlegt, und es sich erlaubte – ohne Hintergedanken und sehr vergnügt –, eine seiner Tanten zu umarmen. Ein Diener des Hauses, der dies sah, sagte:

»Bei Eurem Leben, Herr Pilger, haltet Eure Hände fein still, denn der Herr dieses Hauses läßt nicht mit sich spaßen und wird, bei meiner Seel', Euren Händen trotz Eurer unverschämten Dreistigkeit schon Ruhe zu verschaffen wissen!«

»Bei Gott, mein Lieber«, erwiderte Antonio, »was ich getan, ist nichts gegen das, was ich noch zu tun gedenke, sofern mir der Himmel meinen Wunsch erfüllt, der nur darin besteht, diesen Jungfern und allen im Hause gefällig zu sein.«

Indes hatte man den verwundeten Grafen auf ein reiches Lager gebettet und zwei Wundärzte geholt, damit sie ihm das Blut stillten und nach der Verwundung sähen. Die Wundärzte erklärten die Wunde für tödlich und sagten,

Drittes Buch 1005

es könne hier keine menschliche Hilfe irgend Rettung bringen.

Der ganze Ort stand in Waffen gegen die Soldaten, die in fester Marschordnung aufs freie Land hinausgezogen waren und dort darauf warteten, den Leuten aus dem Ort, falls sie angriffen, eine Schlacht zu liefern. Das besonnene Zureden der Hauptleute half wenig, um die Soldaten zur Vernunft zu bringen, noch fruchteten die christlichen Ermahnungen der Priester und der Mönche des Ortes beim Volk, das sich meist aus den geringfügigsten Anlässen zusammenrottet, indes der Aufruhr anschwillt, wie die von sanfter Brise leicht bewegten Wellen anschwellen, wenn der Nordwind den sanften Hauch des Zephyrs überkommt, ihn durch sein Toben verdrängt und die Wogen zum Himmel auftürmt. Deshalb ließen die Hauptleute ihre Soldaten bei Tagesanbruch eilig an einen anderen Ort marschieren, und die Einwohner blieben trotz ihrer Wut und Erbitterung im Ort.

Endlich kam Antonio auf langen Umwegen, über lange Pausen und plötzliche Überraschungen nach und nach dazu, sich seinen Eltern zu erkennen zu geben, ihnen eine Schwiegertochter und Enkel zu bescheren, deren Anblick den Augen der Alten Tränen der Freude entlockte. Auristelas Schönheit und Periandros herrliche Erscheinung ließen sie vor staunender Bewunderung erstarren und verstummen.

Die ebenso große wie unerwartete Freude, die unvermutete Ankunft der Kinder wurde ihnen durch das Unglück des Grafen, dem es von Augenblick zu Augenblick immer schlechter ging, verbittert, ja geradezu aufgehoben. Trotz allem stellte Don Diego dem Grafen den Sohn, die Schwiegertochter und die Enkelkinder vor und stellte ihm von neuem sein Haus und alles, was er zu seiner Heilung nötig hätte, zur Verfügung; denn wenngleich der Graf es gewollt, so wäre es doch unmöglich gewesen, ihn nach seinem Besitztum zu schaffen, so gering waren die Hoffnungen, die man für sein Leben hegte. Auristela und Constanza, von ihrer natürlichen Herzensgüte getrieben, wichen nicht vom Lager des Grafen und dienten ihm aus christlicher Barmherzigkeit eifrig als Krankenschwestern, wenngleich sie damit der Anweisung der Wundärzte zuwiderhandelten, die angeordnet hatten, man möge den Grafen allein lassen oder ihm wenigstens keine weibliche Gesellschaft geben. Die Vorsehung jedoch, die, uns unerforschlich, die Dinge dieser Welt ordnend lenkt, fügte es, daß die letzte Stunde des Grafen herannahte, und als dieser einen Tag vor seinem Hinscheiden die Gewißheit hatte, daß er nicht länger leben würde, ließ er Don Diego de Villaseñor zu sich bitten und sagte ihm unter vier Augen:

»Ich verließ mein Haus in der Absicht, in diesem Jahre nach Rom zu reisen, da der Heilige Vater den Schrein des reichen Schatzes geöffnet hat, den die Kirche vergibt, und uns die unendlichen Gnaden spendet, die in diesem Jubeljahr zu gewinnen sind. Ich reiste mit leichtem Gepäck, mehr wie ein armer Pilger denn als reicher Edelmann; ich kam in diesen Ort, wo es, wie Ihr, Señor, wißt, Händel gab zwischen den hier einquartierten Soldaten und den Einwohnern; ich mischte mich ein, und um fremdes Leben zu retten, gab ich das meine daran, denn diese Wunde, die mir aus dem Hinterhalt, wenn man so sagen darf, zugefügt wurde, läßt mein Lebenslicht von Minute zu Minute schwächer flackern. Wer mich verwundet hat, weiß ich nicht, ist doch der Aufruhr des Pöbels die Verwirrung selbst. Mein Tod bekümmert mich weniger als der Gedanke, daß andere dafür, sei es um der Gerechtigkeit oder der Vergeltung willen, ihr Leben hergeben müssen. Um nun alles zu tun, was ich als Christ und Edelmann zu tun vermag, sage ich, daß ich meinem Mörder und allen jenen verzeihe, die wie er an meinem Tod die Schuld tragen. Ebenso will ich Euch meine Dankbarkeit für alles bezeigen, was Ihr hier für mich getan. Der Beweis meiner Dankbarkeit soll nicht so sein, wie er gewöhnlich ausfällt, sondern so groß, wie man ihn sich nach meinen Möglichkeiten erwarten kann.

»In jenen beiden Koffern dort, die meine Kleider enthalten, sind, wie ich glaube, auch an die zwanzigtausend Dukaten in Gold und Juwelen, die nicht viel Platz einnehmen, zu finden. Wären in diesen Koffern auch alle

Drittes Buch   1007

Schätze enthalten, die der Berg von Potosí in seinem Schoß
trägt, und nicht die geringe Summe, die wirklich in den
Koffern ist, ich täte damit genau dasselbe, was ich jetzt zu
tun gedenke. Nehmt sie, Señor, und genießt sie zu Euren
Lebzeiten oder veranlaßt Fräulein Constanza, Eure Enkelin, dieses Geschenk als Morgengabe und Mitgift anzunehmen, denn ich will ihr überdies einen Gatten meiner
Wahl geben, einen Gatten, durch den sie unter ehrenvollen
Umständen bald Witwe und doch unberührt ist. Ruft sie
herbei und bringt auch einen Priester mit, der mich mit
ihr traue; sie verdiente ob ihrer guten Eigenschaften, ob
ihrer christlichen Gesinnung und ihrer Schönheit wegen,
die Gebieterin des Weltalls zu werden. Wundert Euch nicht
über meine Worte, Señor, sondern glaubt ihnen, ist es doch
nichts Unerhörtes, wenn ein Mann von hohem Adel sich
mit der Tochter eines Hidalgo, eines Kleinedelmannes,
vermählt, um so mehr, da diese über alle Eigenschaften
verfügt, die eine Dame von Rang und Namen ausmachen.
Dies will der Himmel, dazu bestimmt mich meine Neigung; bedenkt nun, Señor, was Ihr Euch selber als Mann
von Verstand schuldig seid und setzt nicht Euren Willen
gegen den meinen. Geht nun ohne Gegenrede, bringt einen
Priester mit, der mich mit Eurer Enkelin traue, und einen
Schreiber, der gültige Urkunden über die Schenkung der
Juwelen und des Geldes wie über die eheliche Verbindung
ausfertige, damit auch die Meuchelrede keine Gewalt dagegen habe.«

Über diese Worte war Villaseñor ganz erschrocken und
glaubte, der Graf habe den Verstand verloren und stünde
unmittelbar vor dem Hinscheiden, denn in einer solchen
Lage spricht man entweder große Wahrheiten aus oder
macht die größten Dummheiten. So sagte er:

»Señor, ich hoffe bei Gott, daß Ihr wieder gesund werdet, denn dann werdet Ihr mit klareren Augen sehen und,
ohne daß Euch der Schmerz den Sinn verwirrte, in der
Lage sein zu bedenken, welche Reichtümer Ihr verschenken
und welche Frau Ihr Euch erwählen wollt. Meine Enkelin
steht nicht auf der gleichen Stufe wie Ihr und ist, um es
anders zu sagen, Eurem Range nicht nahe genug, ja sogar

sehr weit davon entfernt, es zu verdienen, Eure Gattin zu werden. Ich selbst bin nicht so habgierig, daß ich mir die Ehre, die Ihr mir erweisen wollt, mit der Meuchelrede gemeiner Leute erkaufen möchte, denn diese Leute, die immer böswillig sind – ich höre sie schon reden –, werden sagen, daß ich Euch hier im Hause hatte, Euch den Kopf verdrehte und Euch mit berechnender Pflege und Sorge dazu brachte, das zu tun, was Ihr zu tun gedenkt.«

»Laßt den Pöbel reden, was er will«, sagte der Graf. »Das gemeine Volk betrügt sich immer und wird sich auch in allem irren, was es dann von Euch halten mag.«

»Nun denn«, sagte Villaseñor, »ich will dann nicht der Tor sein, der dem Glück, das an seine Tür klopft, nicht öffnet.«

Damit eilte er aus dem Zimmer und beriet sich über des Grafen Vorschlag mit seiner Frau, den Kindern und Enkeln und mit Periandro und Auristela, die der Meinung waren, man müsse die Gelegenheit beim Schopfe nehmen und, ohne länger zuzuwarten, die erforderlichen Leute herbeischaffen, damit die Angelegenheit ins rechte Lot gebracht werde.

Dies geschah, und in weniger als zwei Stunden war Constanza mit dem Grafen vermählt; Geld und Juwelen waren ihr Eigentum, und alle nur möglichen Urkunden über die Schenkung und die eheliche Verbindung waren verfaßt und unterschrieben worden. Während der Trauung gab es keine Musik, nur Weinen und Klagen wurden hörbar, erlosch doch das Leben des Grafen mehr und mehr. Anderntags starb er, versehen mit den Sterbesakramenten, in den Armen seiner Gattin, der Gräfin Constanza, die kniend das Haupt mit einem schwarzen Schleier verhüllte, die Augen zum Himmel hob und sagte:

»Ich tue das Gelübde...«

Kaum hatte sie solches ausgesprochen, als Auristela ihr ins Wort fiel und sagte:

»Was für ein Gelübde wollt Ihr ablegen, Señora?«

»Nonne zu werden«, erwiderte die Gräfin.

»Seid es, aber gelobt es nicht«, entgegnete Auristela, »denn der Vorsatz, Gott zu dienen, darf nicht übereilt

Drittes Buch   1009

gefaßt werden, noch soll es den Anschein haben, als sei er
einem Unglück entsprungen. Vielleicht fühlt Ihr Euch
durch den Tod Eures Gatten veranlaßt, etwas zu geloben,
was Ihr später nicht halten könnt oder wollt. Überlaßt die
Entscheidung Gott und Eurer reiflichen Überlegung, denn
Eure Klugheit und die Eurer Eltern und Geschwister wird
Euch gewiß den Weg anraten, der zu Eurem Besten führt.
Und jetzt treffe man alle Anstalten für das Begräbnis
Eures Gatten; Ihr aber vertraut auf Gott, der Euch so
unerwartet in den Rang einer Gräfin erhoben hat, denn er
wird Euch, wenn er so will, in jenen Rang versetzen, der
Euch auf längere Dauer als Euer gegenwärtiger Stand Ehre
und Erhöhung bringen wird.«

Die Gräfin fügte sich dieser Ansicht. Als man gerade
dabei war, die Beerdigung des Grafen vorzubereiten, traf
dessen jüngerer Bruder ein, dem man nach Salamanca, wo
er studierte, Nachricht gegeben hatte. Er beweinte den
Bruder, doch bald trocknete die Freude, dessen Herrschaft
und Titel zu erben, die Tränen. Er erfuhr, was inzwischen
geschehen, umarmte die Schwägerin, erhob keinen Einwand gegen die Verfügungen und ließ den Leichnam des
Bruders einstweilen in die Erde legen, um ihn dann später
auf dem Herrschaftssitz beizusetzen. Dann reiste er nach
Madrid, um dort die Bestrafung der Mörder zu fordern;
der Prozeß wurde gemacht, die Hauptleute wurden gehenkt und viele Einwohner aus dem Ort bestraft; Constanza behielt die Morgengabe, die Mitgift und den Titel
einer Gräfin. Periandro traf Anstalten zur Weiterreise,
allein weder Antonio, der Vater, noch Ricla, sein Weib,
beide der vielen Irrfahrten müde, wollten ihn weiter begleiten, indes Antonio, der Sohn, wie auch die neue Gräfin
die Wallfahrt fortsetzen wollten, war es ihnen doch unmöglich, sich von Auristela und Periandro zu trennen.

Bei alledem hatte Antonio dem Großvater nie das Gemälde gezeigt, auf dem ihre Geschichte dargestellt war.
Dies holte er nun eines Tages nach und sagte, es fehlten
darin nur die Begebenheiten, die Auristela auf die Barbareninsel geführt hatten, wo sie und Periandro einander
in vertauschter Tracht begegnet waren, sie als Mann und

er als Weib, eine gewiß seltsame Metamorphose. Darauf
sagte Auristela, sie wolle alles in kurzen Worten erzählen.
Sie berichtete, daß sie mit den Piraten, die sie, Cloelia und
die beiden Fischerinnen an der Küste Dänemarks geraubt
hatten, auf eine unbewohnte Insel gekommen seien, wo
die Seeräuber die Beute untereinander aufteilen wollten.
»Und da es ihnen nicht gelang, alle zu gleichen Teilen
zufriedenzustellen, erklärte sich einer der angeseheneren
Piraten damit einverstanden, mich allein zu nehmen, ja,
er fügte noch Geschenke an die anderen hinzu, um das
Zuviel, das ihm zuteilgeworden, auszugleichen. So kam
ich allein in seinen Besitz, ohne daß ich einen Gefährten
in meinem Unglück gehabt hätte, durch dessen Gegenwart
mein Leid gemildert worden wäre. Der Seeräuber kleidete
mich in Mannestracht, fürchtete er doch, daß, trüge ich
Frauenkleider, mich selbst der Wind noch begehren könnte.
Durch viele Tage hindurch war ich mit ihm auf einer Irrfahrt, die uns in die verschiedenen Gegenden führte, wobei
ich ihm alle Dienste leistete, die meiner Ehrbarkeit nicht
zuwiderliefen. Schließlich gelangten wir eines Tages auf
die Barbareninsel, wo wir gefangengenommen wurden.
Er büßte bei meiner Gefangennahme das Leben ein, und
ich wurde in den Höhlenkerker geworfen, wo ich meine
geliebte Cloelia traf, die in der Folge anderer nicht weniger unglücklicher Ereignisse dorthin gebracht worden war.
Sie erzählte mir von der Wildheit der Barbaren, vom
dummen Aberglauben, dem sie anhingen, und von der
aberwitzigen Prophezeiung. Sie sagte auch, sie habe aus
gewissen Anzeichen erkennen können, daß mein Bruder
Periandro auch im gleichen Kerker gewesen, doch habe sie
kein Wort mit ihm zu wechseln vermocht, da die Wilden
sich allzusehr beeilt hatten, ihn herauszuholen und zur
Opferung zu führen.« Auristela fügte hinzu, sie habe
ihrem Bruder nachfolgen wollen, um sich von der Wahrheit dessen, was Cloelia gesagt, überzeugen zu können,
was ihr leicht genug gefallen sei, da auch sie in Männerkleidung war, und schließlich hätte sie sich über alle Einwände Cloelias hinweggesetzt, die darauf abgezielt, sie
von ihrem Plan abzubringen, und es sei ihr gelungen, sich

Drittes Buch

den Barbaren freiwillig zur Opferung anzubieten, denn sie sei davon überzeugt gewesen, es sei besser, das Leben mit einem Male zu verlieren und nicht erst tausendfachen Tod erleiden zu müssen, weil man jeden Augenblick in Gefahr stünde, das Leben zu verlieren. Mehr hatte Auristela nicht zu sagen, denn von diesem Augenblick an war die Geschichte ja allen bekannt.

Der greise Villaseñor wollte, daß man auch dies noch auf dem Gemälde unterbringe, allein alle waren der Meinung, es solle nicht nur wegbleiben, sondern man solle auch das schon Dargestellte wieder löschen, wären doch so große, unerhörte Dinge nicht dazu da, auf verderblicher Leinwand festgehalten zu werden; sie müßten in eherne Tafeln und in das Gedächtnis der Menschen gegraben werden. Gleichwohl begehrte Villaseñor das Gemälde zu behalten, und wäre es nur, um sich an den gut gelungenen Abbildern seiner Lieben, der unvergleichlichen Schönheit Auristelas und der männlichen Anmut Periandros zu erfreuen.

Nur einige Tage noch verwendeten die Pilger darauf, ihre Abreise nach Rom vorzubereiten, um so mehr als sie den Wunsch hegten, ihr Gelübde endlich erfüllt zu sehen. Antonio, der Vater, blieb, nicht aber Antonio, der Sohn, und ebensowenig die neue Gräfin, die, wie schon gesagt, aus Anhänglichkeit an Auristela mit ihr nicht nur nach Rom, sondern auch in die andere Welt gegangen wäre, wenn man die Reise dorthin in Begleitung machen könnte.

Der Tag der Abreise kam; es fehlte nicht an zärtlichen Tränen, engen Umarmungen und schmerzlichen Seufzern, besonders von seiten Riclas, der das Herz brechen wollte, als sie ihre Kinder scheiden sah. Der Großvater segnete sie alle, hat doch der Segen greiser Menschen großen Einfluß auf den guten Verlauf der Dinge. Sie führten einen der Diener des Hauses mit sich, damit er sie auf dem Wege bediene, auf den sich nun alle begaben, indes sie Haus und Eltern einsam zurückließen und gemeinsam halb froh, halb traurig ihre Wallfahrt fortsetzten.

ZEHNTES KAPITEL

Was ihnen auf dem Wege mit einigen angeblichen Christensklaven begegnete.

Lange Wallfahrten und Reisen bringen immer verschiedene Begebnisse mit sich. Da nun die Abwechslung aus unterschiedlichen Dingen besteht, müssen auch die einzelnen Ereignisse voneinander verschieden sein. Dies zeigt diese Erzählung mit aller Deutlichkeit, da ihre Begebnisse uns oft den Faden abreißen und uns in Zweifel darüber stürzen, wo wir ihn am besten wieder aufnähmen, denn nicht alles, was geschieht, ist geeignet, erzählt zu werden, und leicht kann man manches übergehen, ohne daß die Erzählung darunter leide. Begegnisse gibt es, die zu erhaben sind, um erzählt zu werden, und andere wieder muß man verschweigen, weil sie zu niedrig sind. Der Vorteil, den der Geschichtsschreiber hat, liegt darin, daß alles, was er schreibt, den Stempel der Wahrheit tragen mag, ein Vorteil, den der Geschichtenschreiber nicht besitzt, muß er doch seine Begebnisse mit solcher Genauigkeit, solchem Geschmack und solcher Wahrhaftigkeit anlegen, daß er trotz der Erfindung, die der Vernunft widerspricht, ein wirklich harmonisches Ganzes erzielt.

Indem ich mir diese Erkenntnis zunutze mache, sage ich nun, daß die schöne Pilgerschar ihre Wallfahrt fortsetzte und an einen Ort kam, der weder groß war noch klein und dessen Namen ich vergessen habe. Auf dem Hauptplatz, über den sie notwendigerweise ihr Weg führte, sahen sie in dessen Mitte einen großen Haufen Leute versammelt, die alle mit großer Aufmerksamkeit zwei jungen Burschen zuhörten und zusahen, indes diese in der Tracht eben befreiter Christensklaven die Bilder einer auf dem Boden ausgebreiteten Leinwand erklärten. Es schien, als hätten diese eben erst die beiden schweren Ketten abgelegt, die, Zeichen und Bekräftigung ihres überstandenen Unglücks, neben ihnen lagen. Der eine der beiden Burschen, der so an die vierundzwanzig Jahre alt sein mochte, ein Mensch mit voller Stimme und außergewöhn-

Drittes Buch
1013

licher Zungenfertigkeit, schwang von Zeit zu Zeit eine
Peitsche oder, besser gesagt, eine Geißel mit solchem Klat-
schen, daß es den Zuhörern fast das Trommelfell zerriß
und es weithin in die Lüfte hallte, so wie der Kutscher es
macht, wenn er, um seine Pferde zu bestrafen oder zu
bedrohen, die Peitsche durch die Lüfte knallen läßt.

Unter den Leuten, die der langen Rede zuhörten, waren
auch zwei Alkalden des Ortes, beide schon betagt, wenngleich der eine jünger war als der andere. Der befreite
Christensklave begann seine Rede auf folgende Weise:

»Die Stadt, die ihr, Señores, hier abgemalt seht, ist die
Stadt Algier, die Gomia, der gefräßige Wurm, und die
Tarasca, der gierige Drache, der alle Küsten des Mittelmeeres anfällt, der Zufluchtshafen aller Seeräuber, Freistatt und Hort der Räuber, und aus dem kleinen Hafen,
der da aufgemalt, seht ihr seine Schiffe ausfahren, um
die ganze Welt in Unruhe zu stürzen, wagen sie es doch
sogar, das Plus Ultra der Säulen des Herkules zu durch-
brechen, um weit entfernte Inseln zu überfallen und zu
berauben, die, weil vom unendlichen Ozeanischen Meer
umspült, sich in Sicherheit glauben, wenigstens vor den
türkischen Schiffen. Dieses Schiff, das ihr da ganz klein
abgebildet seht, ist eine Galeote mit zwanzig Ruderbänken, dessen Herr und Kapitän der Türke ist, den ihr da
im Zwischengang stehen seht mit einem Arm in der Hand,
dem er jenem Christen, den ihr dort seht, abgeschnitten
hat, um diesen Körperteil als Peitsche und Geißel für die
übrigen Christen zu benützen, die an ihre Ruderbänke
gefesselt sind, denn er fürchtet, daß ihn die vier Galeeren,
die ihr dort seht, aufspüren und Jagd auf ihn machen
werden. Jener erste Sklave dort auf der ersten Bank, dessen Antlitz entstellt ist vom Blut des Armes, mit dem er
geschlagen worden, bin ich, der ich als erster Ruderknecht
dieser Galeote dienen mußte, und der andere neben mir
ist dieser mein Kamerad da, der nicht so blutig ist, weil
er weniger Hiebe bekommen hat. Hört nun, Señores, und
merkt auf: vielleicht könnt ihr unter dem Eindruck dieser
traurigen Geschichte die drohenden Scheltworte hören, die
Dragut – dieser Hund – ausstieß, denn Dragut heißt der

Herr der Galeote und ist ein ebenso berühmter wie grausamer Seeräuber, ebenso grausam wie Phalaris und Busiris, die Tyrannen von Syrakus. Immer noch gellen mir das Rospeni, das Mamahora und das Denimaniyoc, Wörter, die er in höchster Wut hinausschrie, in den Ohren, türkische Wörter und Redensarten, die alle dazu dienen, die Christensklaven zu beschimpfen und herabzusetzen; sie nennen uns Juden, Feiglinge, Ungläubige und Lumpen, und zu größerem Grauen und Schrecken prügeln sie die lebendigen Leiber mit toten Armen.«

Wie es schien, war einer der beiden Alkalden lange Zeit in Algier Christenksave gewesen und sagte leise zu seinem Begleiter:

»Bis jetzt scheint dieser Christensave die Wahrheit zu sagen, und mich dünkt, daß er im allgemeinen keiner von den falschen Christensklaven ist. Ich werde ihn aber schon aufs Besondere hin examinieren, und wir werden ja sehen, was er dann hergibt. Ihr müßt wissen, daß ich selber auf der Galeote war, und ich kann mich nicht erinnern, den Burschen dort als ersten Ruderknecht gesehen zu haben. Erster Ruderknecht war ein gewisser Alonso Moclín, der in Vélez-Malaga daheim ist.«

Er wandte sich dann an den Christensklaven und fragte:

»Sagt mir, mein Lieber, wem gehörten denn die Galeeren, die auf euch Jagd gemacht haben, und habt ihr beide durch sie nicht die ersehnte Freiheit erlangt?«

»Die Galeeren«, erwiderte der Christensklave, »gehörten Don Sancho de Leyva, aber die Freiheit haben wir nicht erlangt, denn sie holten uns nicht ein; wir wurden erst später frei, als wir uns einer Galeote bemächtigten, auf der wir mit Getreide an Bord von Sargel nach Algier ruderten; wir brachten die Galeote nach Oran, und von dort gingen wir nach Málaga, von wo mein Kamerad und ich uns nach Italien aufmachten, um dort Seiner Majestät, dem Kaiser, den Gott erhalte, Kriegsdienste zu leisten.«

»Sagt mir doch, meine Lieben«, entgegnete der Alkalde, »seid ihr beide zusammen gefangengenommen worden? Haben sie euch gleich nach Algier gebracht oder seid ihr

Drittes Buch 1015

vorher an einen anderen Ort der Berberei geschafft worden?«

»Wir sind nicht zusammen gefangengenommen worden«, erwiderte der andere Christensklave, »denn mich erwischten sie in der Nähe von Alicante auf einem Wollschiff, das nach Genua fuhr; meinen Kameraden aber fingen sie in den Percheles von Málaga, wo er Fischer gewesen. Wir lernten uns in Tetuan, in einem Lochkerker, kennen, wurden Freunde und ertrugen dann lange Zeit das gleiche Schicksal. Für die zehn oder zwölf Viertelrealen aber, die man uns mit Müh und Not als Almosen auf die Leinwand gelegt hat, fragt uns der Herr Alkalde ziemlich viel.«

»Nicht viel, mein Herrchen«, erwiderte der Alkalde. »Das Daumenstricklein läßt sich noch fester zudrehen. Hört zu und sagt mir: wieviele Tore hat Algier, wieviele Brunnen und wieviele Süßwasserzisternen?«

»Das ist aber eine dumme Frage!« entgegnete der erste Christensklave. »Algier hat so viele Tore wie Häuser, soviele Brunnen, daß ich die Zahl vergessen habe, und soviele Süßwasserzisternen, daß ich gar nicht alle gesehen habe. Die Leiden, die ich dort zu ertragen gehabt, haben mir sogar die Erinnerung an mich selber genommen. Und wenn der Herr Alkalde so gegen jede christliche Barmherzigkeit angehen will, dann werden wir eben die paar Viertelrealen zusammenklauben und anderswo unsere Zelte aufschlagen. Und damit Gott befohlen, denn in Frankreich bäckt man ebensogut Brot wie hier.«

Da rief der Alkalde einen Mann herbei, der unter den Zuschauern stand und allem Anschein nach der Ausrufer des Orts war, vielleicht auch als Henkersknecht diente, wenn man ihn brauchte, und sagte:

»Gil Berrueco, geh schnell auf den Markt und bring die ersten beiden Esel her, die dir unterkommen, denn beim Leben des Königs, unseres Herrn, diese beiden Herren Christensklaven sollen mir darauf durch die Straßen reiten, weil sie, indem sie uns Lügen und Märchen auftischen, sich so weitherzig die Almosen aneignen, die den echten Armen zustehen. Dabei sind sie kerngesund und stark und täten besser eine Harke zur Hand nehmen, als mit einer Peitsche Löcher in die Luft zu schlagen. Ich war fünf Jahre lang Christensklave in Algier und ersehe aus allem, was ihr da erzählt habt, daß ihr gar nicht dort gewesen seid.«

»Potz Blitz!« rief der Christensklave. »Wie kann der Herr Alkalde von uns ein gutes Gedächtnis verlangen, wenn wir so schlecht bei Kasse sind? Will der Herr Alkalde wegen einer Kinderei, die keine drei Kröten einträgt, zwei ausgezeichneten Studenten wie uns die Ehre rauben? Will er denn Seine Majestät um zwei tapfere Soldaten ärmer machen? Wir sind auf dem Wege nach Italien und nach Flandern, um dort die Feinde des heiligen katholischen Glaubens zu zerbrechen, zu vernichten, zu verwunden und zu töten. Und wenn ich die Wahrheit sagen soll – ist sie doch Gottes Kind –, dann soll der Herr Alkalde wissen, daß wir keine Christensklaven, wohl aber Studenten aus Salamanca sind und daß uns mitten in unseren eifrigsten Studien die Lust ankam, die Welt zu sehen und auszuprobieren, wie uns das Soldatenleben schmecken möchte, nachdem wir das friedfertige Leben schon kennen. Als zufällig einige Christensklaven nach Salamanca kamen – sie sind wahrscheinlich ebensowenig Christensklaven gewesen wie wir –, glaubten wir unseren Wunsch leichter in die Tat umsetzen zu können. Wir kauften ihnen die Leinwand ab und fragten sie nach einigen Dingen über Algier, die uns notwendig und ausreichend zu sein schienen, um unseren Schwindel glaubhaft zu machen. Wir verkauften unsere Bücher und unsere Habseligkeiten um ein Spottgeld und sind dann, mit diesem Kram beladen, bis hieher gekommen. Von hier gedenken wir weiterzuziehen, falls der Herr Alkalde nicht anderes befiehlt.«

»Ich habe im Sinn«, sagte der Alkalde, »jedem von euch beiden hundert Peitschenhiebe aufmessen zu lassen, und statt des Spießes, den ihr in Flandern zu tragen gedachtet, will ich euch ein Ruder in die Hand drücken lassen, mit dem ihr von einer Galeere herab das Wasser peitschen könnt und Seiner Majestät so gewiß bessere Dienste leistet als mit dem Spieße.«

Drittes Buch

»Der Herr Alkalde möchte wohl ein athenischer Gesetz-
geber sein«, entgegnete der Bursche, der das Bild auf der
Leinwand erklärt hatte, »und hofft, daß seine Strenge den
Herren vom Hohen Rat zu Ohren käme, damit er den
Ruf eines strengen rechtlichen Mannes erlange und ihm
wichtige Geschäfte anvertraut werden, in denen er seine
Strenge und Redlichkeit unter Beweis stellen kann. Der
Herr Alkalde aber wisse: summum jus, summa injuria.«

»Bedenkt, was Ihr sagt, mein Lieber«, erwiderte der
andere Alkalde, »hier wird die Gerechtigkeit nicht geübt,
um sich damit zu brüsten. Alle Alkalden dieses Ortes hatten saubere Hände, haben sie und werden sie haben, und
je weniger Ihr redet, um so besser für Euch.«

Der Ausrufer kam zurück und sagte:

»Herr Alkalde, ich hab' auf dem Marktplatz keinen
Esel getroffen außer den beiden Regidoren Berrueco und
Crespo, die dort spazierengegangen sind.«

»Um Esel habe ich dich geschickt, du Schafskopf, und
nicht um Regidoren. Geh aber zurück und bring sie mir
her, ob sie nun wollen oder nicht, damit sie dem Urteilsspruch beiwohnen, den ich fällen werde; er muß gefällt
werden, und es soll aus Mangel an Eseln nicht darauf verzichtet werden, denn, Gott sei Dank, Esel haben wir in
diesem Ort genug.«

»Der Himmel wird es Euch nicht lohnen, Herr Alkalde«,
sagte der Bursche, »wenn Ihr auf Eurer Strenge beharrt.
Bedenkt doch, um Gottes willen, daß wir uns nicht soviel
angeeignet haben, um das Geld auf Zinsen legen oder ein
Rittergut dafür kaufen zu können. Wir haben mit unserem Fleiß kaum das Nötigste für den dürftigen Unterhalt
herausgeholt, mit einem Fleiß, der nicht geringer ist als
jener, den ein Handwerker oder ein Taglöhner daransetzen muß. Unsere Eltern haben uns kein Handwerk lernen lassen, und so müssen wir unserem Scharfsinn anheimstellen, was wir der Geschicklichkeit unserer Hände hätten überlassen können, wenn wir einen Beruf hätten. Man
bestrafe die Erpresser, die Einbrecher, die Straßenräuber,
Leute, die für Geld falsches Zeugnis ablegen, die bloßen
Nutznießer des Gemeinwesens, die Faulenzer und die

Müßiggänger, die es darin gibt und die nur die Zahl der Gauner vergrößern, doch laßt die Armen laufen, die gerade auf dem Wege sind, Seiner Majestät mit der Stärke ihres Armes und der Kraft ihres Geistes zu dienen, gibt es doch keine besseren Soldaten als jene Leute, die aus dem Boden der Wissenschaft auf die Schlachtfelder verpflanzt werden. Nie wurde ein Studierender Soldat, ohne daß er sich dann vor allen ausgezeichnet hätte; denn wo die Stärke sich dem Geist verbündet und der Geist sich mit der Stärke vermählt, dort bilden sie ein Ganzes, dessen Mars sich erfreut, das den Frieden sichert und das Gemeinwesen stärkt.«

Periandro und die übrigen Zuhörer staunten gleicherweise über die Gründe, die der Bursche vorbrachte, wie auch über die Geschwindigkeit, mit der er redete. Der Bursche fuhr dann fort:

»Der Herr Alkalde mag uns durchsuchen lassen, durch und durch, und selbst die Nähte unserer Kleider in Augenschein nehmen lassen; wenn er dabei mehr als sechs Realen bei uns findet, dann mag er uns nicht nur hundert, sondern sechshundert Streiche geben lassen. Bedenken wir doch, ob denn der Erwerb eines so geringfügigen Betrages es verdient, durch Beschimpfung vergolten und mit der Galeere bestraft zu werden! Darum sage ich noch einmal, der Herr Alkalde möge alles gut überlegen und sich nicht übereilt zu etwas hinreißen lassen, was ihn später vielleicht reuen könnte. Ein kluger Richter bestraft, er nimmt aber keine Rache für Vergehen; der kluge und barmherzige Mensch weiß Gerechtigkeit und Billigkeit zu vereinen, und zwischen Strenge und Milde zeigt er seine Einsicht.«

»Bei Gott«, sagte hier der zweite Alkalde, »der Bursche hat gut gesprochen, wenn er auch viele Worte gemacht hat, und ich werde mich nicht nur der Auspeitschung widersetzen, sondern die beiden mit mir nach Hause nehmen und ihnen für die Weiterreise behilflich sein, sofern sie sich unverweilt auf den Weg machen und nicht erst das Land von einem Ende zum andern durchstreifen; denn täten sie das, dann wären die beiden wohl eher Lumpen als Leute, denen man helfen soll.«

Drittes Buch   1019

Doch der erste Alkalde, nun sanft, barmherzig, weich und mitfühlend, sagte:

»Ich leide es nicht, daß sie zu Euch gehen; sie sollen mit mir kommen, und ich will sie über die Dinge in Algerien so belehren, daß sie fürderhin keiner mehr auf dem falschen Roß erwischen soll.«

Die falschen Christensklaven dankten ihm. Die Umstehenden lobten seinen ehrenwerten Entschluß, und die Pilger waren über den glücklichen Ausgang der Angelegenheit erfreut. Der erste Alkalde wandte sich an Periandro und sagte:

»Und ihr, meine lieben Pilger, habt ihr eine andere bemalte Leinwand vorzuzeigen, habt auch ihr eine Geschichte als wahrhaftig zu erzählen, wenn sie auch aus lauter Lügen zusammengeflickt ist?«

Periandro erwiderte kein Wort, denn er sah, daß Antonio aus dem Busen die Geleitbriefe, die Erlaubnisscheine und die Pässe zog, die sie für die weitere Reise mit sich führten. Antonio gab sie dem Alkalden und sagte:

»Aus diesen Papieren werden Euer Gnaden ersehen, wer wir sind, wohin wir reisen. Wir hätten es nicht nötig gehabt, Euch diese Papiere zu zeigen, denn wir betteln um keine Almosen, haben es auch nicht nötig. Und so könnt Ihr uns als freien Reisenden freien Weg geben.«

Der Alkalde nahm die Papiere; allein da er nicht lesen konnte, gab er sie dem zweiten Alkalden, der aber auch nicht lesen gelernt hatte, und so kamen die Papiere schließlich in die Hand des Schreibers, der sie rasch überflog und Antonio zurückreichte, indes er sagte:

»Die Trefflichkeit dieser Pilger, meine Herren Alkalden, ist ebenso verbrieft, wie ihre Schönheit groß ist. Wenn sie hier übernachten wollen, dann mag ihnen mein Haus als Herberge dienen, und meine Bereitwilligkeit, ihnen dienstbar zu sein, möge die Burg sein, in der sie Zuflucht finden.«

Periandro dankte dem Mann für die Bereitschaft. Da es schon etwas spät geworden war, verbrachten sie die Nacht im Ort und wurden vom Schreiber liebenswürdig, reich und reinlich bewirtet.

ELFTES KAPITEL

Worin berichtet wird, was die Pilger in einem von Morisken bewohnten Dorf erlebten.

Der Tag brach an; die Pilger dankten für die erwiesene Gastfreundschaft, machten sich auf den Weg und stießen am Ortsausgang auf die falschen Christensklaven, die ihnen berichteten, sie wären vom Alkalden in allem, was Algier angehe, so gut unterrichtet worden, daß keiner sie fortan auf einer Lüge mehr ertappen könne, denn »vielleicht«, sagte der eine – der nämlich, der mehr redete als der andere –, »vielleicht stiehlt man auch mit Duldung und mit Genehmigung der Justitia. Ich will damit sagen, daß die schlechten Diener der Gerechtigkeit manchmal mit den Übeltätern unter einer Decke stecken, damit jeder so zu seinem Brot kommt.«

Gemeinsam kamen sie an eine Gabelung der Straße. Die falschen Christensklaven schlugen die Straße nach Cartagena ein, die Pilger nahmen den Weg nach Valencia. Als Aurora am folgenden Tag auf den Altan des Orient trat, den Himmel von Sternen freifegte und den Weg bereitete, auf dem die Sonne ihre gewohnte Bahn zu ziehen hatte, bestaunte Bartolomé – so hieß, glaube ich, der Maultiertreiber – die Sonne, wie sie so heiter und erfrischend hervortrat, die Wolken am Himmel mit unterschiedlichen Farben säumte, so daß sich dem Auge kein schönerer und heiterer Anblick darbieten könnte, und sagte in bäuerlicher Einfalt:

»Der Prediger, der vor ein paar Tagen in unserem Ort eine Predigt gehalten hat, muß wohl die Wahrheit gesagt haben, als er behauptete, daß Himmel und Erde die Größe Gottes verkünden und bezeugen. Meiner Seel', wenn ich Gott nicht schon durch das erkennen würde, was mich meine Eltern, die Pfarrer und die alten Leute im Ort gelehrt haben, ich würde ihm jetzt auf die Spur kommen und ihn erkennen, wo ich jetzt die Weite dieser Himmel sehe, deren es, wie man mir gesagt hat, viele gibt, oder wenigstens an die elf sollen es sein, und wo ich jetzt die Größe

Drittes Buch

dieser Sonne sehe, die uns leuchtet, wenn sie auch nicht
größer aussieht wie eine Tartsche, doch viel viel größer ist
als die Erde selbst und überdies, wenn sie auch noch so
groß ist, so leichtfüßig sein soll, daß sie in vierundzwanzig
Stunden mehr als dreihunderttausend Meilen zurücklegt.
Um die Wahrheit zu sagen: ich glaube nichts von all dem,
aber es sagen das so viele gescheite Leute, daß ich's, wenn's
mir auch schwerfällt, doch wieder glauben muß. Am meisten aber wundert mich, daß es da unterhalb von uns auch
Leute, die sie Antipoden nennen, geben soll, auf deren
Köpfen wir, die wir hier heroben sind, die Füße setzen,
was mir unmöglich zu sein scheint, denn um eine große
Last wie die unsere zu tragen, müßten die da unten eherne
Schädel haben.«
   Periandro lachte über die bäuerliche Astronomie des
Burschen und sagte:
   »Ich wollte, ich fände die richtigen Worte, o Bartolomé,
um dir den Irrtum, in dem du dich befindest, und die
wirkliche Stellung der Erde begreiflich zu machen. Dazu
müßte ich aber viel zu weit zurückgreifen. Doch will ich
mich deinem Verständnis anpassen und meine Worte danach einrichten. Eines muß ich dir sagen, und du selbst
mußt dies als unumstößlich erkennen, nämlich daß die
Erde der Mittelpunkt des Himmels ist. Mittelpunkt nenne
ich einen nicht weiter teilbaren Punkt, in dem alle Linien
des Umkreises zusammenlaufen. Allein mir scheint, daß
du auch dies nicht verstehst, und darum lasse ich solche
Ausdrücke und möchte, daß du dich damit zufrieden ge-
best, zu wissen, es habe die ganze Erde den Himmel über
sich, und jeder Teil der Erde, wo Menschen leben, werde
vom Himmel bedeckt. Und so wie du den Himmel, der
uns bedeckt, über dir siehst, so bedeckt er auch jene, die
man Antipoden nennt, ohne die geringste Schwierigkeit,
so wie es die Natur, die Haushofmeisterin des wahren
Gottes, Schöpfers des Himmels und der Erde, auf natürliche Weise fügte.«
   Dem Burschen mißfielen Periandros Erklärungen keineswegs; sie gefielen auch Auristela, der Gräfin und deren
Bruder.

1022   Die Mühen und Leiden des Persiles und der Sigismunda

Mit diesen und anderen Dingen vertrieb Periandro ihnen belehrend die Wegzeit, als hinter ihnen ein Wagen herankam. Er war von sechs Armbrustschützen zu Fuß und einem Berittenen begleitet, der eine Muskete am vorderen Sattelknopf hängen hatte. Der Reiter kam an Periandro heran und sagte:

»Wenn ihr, meine verehrten Pilger, im Gepäck vielleicht eine Büchse mit eingemachtem Obst habt, wie ich annehme, da eure gefällige Erscheinung euch eher als reiche Edelleute denn als arme Pilger zu erkennen gibt, wenn ihr also eingemachtes Obst mit euch führt, dann gebt mir etwas davon ab, damit ich einem ohnmächtigen Jüngling beistehen kann, der in diesem Wagen liegt und mit zwölf anderen Soldaten zu zwei Jahren Galeerendienst verurteilt worden ist. Sie waren alle an dem vor einigen Tagen erfolgten Tod eines Grafen schuldig und sind nun zum Ruderdienst verurteilt; ihre Hauptleute wurden als schuldiger noch befunden und, wie ich glaube, verurteilt, in Madrid gehenkt zu werden.«

Dadurch wurde die schöne Constanza wieder an den Tod jenes Mannes erinnert, der nur kurze Zeit ihr Gatte gewesen, und sie vermochte die Tränen nicht zurückzuhalten. Allein stärker war die christliche Barmherzigkeit als das Verlangen nach Rache, weshalb sie zum Tragtier eilte, eine Büchse mit eingemachtem Obst nahm, zum Wagen ging und fragte:

»Wo ist der Ohnmächtige?«

Darauf antwortete einer der Soldaten:

»Dort in jener Ecke liegt er, das Gesicht ganz mit Wagenschmiere bestrichen, denn er will nicht, daß er im Tode schön erscheine, und der Tod wird ihn bald ereilen, wenn der Bursche sich weiterhin so hartnäckig weigert, auch nur einen Bissen zu sich zu nehmen.«

Bei diesen Worten hob der Bursche das verschmierte Gesicht, nahm den zerrissenen Hut ab, den er tief in die Stirn gedrückt getragen, und bot Constanza einen häßlichen, schmierigen Anblick. Er streckte die Hand aus, um die Büchse entgegenzunehmen, nahm sie und sagte:

»Möge Gott es Euch lohnen, Señora!«

Drittes Buch 1023

Dann drückte er den Hut wieder in die Stirn, verfiel wieder in Trübsinn und verkroch sich von neuem in seine Ecke, wo er den Tod erwarten wollte. Die Pilger wechselten noch einige Worte mit den Wachsoldaten, doch das Gespräch nahm ein Ende, da sie verschiedene Wege einschlugen.

Einige Tage später kam unsere schöne Pilgerschar im Königreich Valencia in einen von Morisken bewohnten Ort, der ungefähr eine Meile von der Küste entfernt lag. Sie fanden dort zwar keine Herberge, in der sie hätten absteigen können, doch bot sich jedes Haus an, ihnen gastlich Unterkunft zu gewähren. Als Antonio solches sah, sagte er:

»Ich verstehe nicht, weshalb so viele diesen Leuten Übles nachsagen, scheinen sie doch wahrlich fromme Leute zu sein!«

»Mit Palmzweigen«, sagte Periandro, »wurde auch der Herr in Jerusalem empfangen, und doch schlug man ihn wenige Tage später ans Kreuz. Nun: wie Gott und das Geschick es fügen, wie man zu sagen pflegt, folgen wir der Einladung dieses guten Alten, der uns in sein Haus holen will.«

Und so war es in der Tat, denn ein greiser Moriske hatte sie an den Pilgerhemden gefaßt und zog sie beinahe mit Gewalt in sein Haus, wo er alle Anstalten traf, sie christlich und nicht moriskisch zu bewirten. Dienstbeflissen trat seine Tochter ein, die in moriskischer Tracht so reizend aussah, daß auch die reizendsten Christinnen es für ein Glück erachtet hätten, ihr zu gleichen, pflegt doch die Natur mit den Reizen, die sie zu vergeben hat, gleicherweise die barbarischen Frauen im Lande der Skythen wie die Einwohnerinnen Toledos zu bedenken. Das schöne, dunkelhäutige Mädchen wandte sich in Maurenspanisch an Constanza und Auristela, nahm sie bei den Händen und führte sie in einen Raum des Erdgeschosses, wo sie sich mit ihnen einschloß. Als sie allein waren, sah das Mädchen sich, ohne die Hände der beiden freizugeben, nach allen Seiten um, ob es nicht belauscht werden könne, und sagte, nachdem es sich ein weniges beruhigt hatte:

»Ach, Señoras, gleich sanften, arglosen Lämmchen seid ihr in den Schlachthof gekommen! Ihr saht jenen Greis, den ich voll Scham meinen Vater nenne; ihr saht, wie gastlich er euch aufgenommen. Doch wisset, daß er nichts anderes im Sinn hat, als euer Henker zu werden. Heute nacht sollen sechzehn berberische Korsarenschiffe die Einwohner dieses Ortes samt Hab und Gut zum Verschwinden bringen, wenn man so sagen darf, und nichts zurücklassen, was die Leute veranlassen könnte, hieher zurückzukehren. Die Unglücklichen glauben, in der Berberei alle Lust des Leibes und das Heil der Seele zu finden, ohne zu bedenken, daß nichts als Reueworte und Klagen über den Verlust, den sie erlitten, von den Leuten – viele Ortschaften entvölkerten sich zur Gänze – bekanntgeworden sind. Die Mauren in der Berberei schreien wie auf dem Markte Wunder und Wunder über ihr Land aus; die spanischen Morisken aber rennen diesen Wundern nach und gehen in die Schlinge ihres Unheils. Wenn ihr nun eurem Unheil entgehen und euch die Freiheit wahren wollt, in der eure Eltern euch gezeugt, dann verlaßt sogleich dieses Haus und sucht Zuflucht in der Kirche. Dort werdet ihr einen Menschen finden, der euch Schutz gewährt: den Pfarrer. Er und der Ortsschreiber sind die einzigen Altchristen hier im Ort. Dort werdet ihr auch Xarife, den Xadraque, so heißt bei uns der Mesner, antreffen, meinen Oheim, der nur dem Namen nach ein Maure, den Werken nach aber ein Christ ist. Sagt ihnen, was beabsichtigt ist, und sagt ihnen auch, daß ihr solches von Rafaela erfahren habt; so wird man euch glauben und euch schützen. Nehmt meine Warnung nicht auf die leichte Schulter, wenn ihr nicht wollt, daß erst die Wahrheit euch auf eure Kosten die Augen öffne, denn keiner wird bitterer getäuscht als einer, der zu spät enttäuscht wird.«

Die Angst, die aus den Gebärden und der Miene sprach, mit denen Rafaela ihnen dies gesagt, übertrug sich auch auf Auristela und Constanza, so daß sie Rafaela Glauben schenkten und ihr nur mit Dankesbezeigungen erwiderten. Sogleich riefen sie Periandro und Antonio herbei, teilten ihnen mit, was sie erfahren hatten, und verließen, ohne

Drittes Buch 1025

auch nur eine günstige Gelegenheit zu ihrer Entschuldigung abzuwarten, mit allem, was ihnen gehörte, das Haus. Bartolomé, der sich lieber ausgeruht als die Herberge gewechselt hätte, war über den Umzug sehr verdrießlich, gehorchte aber. Die Pilger kamen zur Kirche, wo sie vom Pfarrer und dem Xadraque freundlich aufgenommen wurden, denen sie berichteten, was sie von Rafaela erfahren hatten. Der Pfarrer sagte:

»Schon seit langem, Señores, ängstigt uns das Gerücht von der Ankunft dieser Schiffe aus der Berberei. Wenngleich es bei ihnen üblich ist, solche Einbrüche zu machen, so hat mich doch die lange Verzögerung dieses Überfalles etwas sorglos gemacht. Kommt herein, meine Kinder: wir haben einen festen Turm, und die Kirche ist mit dicken eisenbeschlagenen Türen versehen, die man ohne lange Vorkehrungen weder einschlagen noch verbrennen kann.«

»Ach«, sagte hier der Xadraque, »könnten doch meine Augen, ehe sie sich für immer schließen, dieses Land frei von den Dornen und dem Gestrüpp sehen, die es überwuchern! Ach, wann kommt der Tag, den einer meiner Großväter, ein berühmter Astrologe, vorausgesagt hat, der Tag, an dem ganz Spanien in christlicher Religion zur festen Einheit verschmolzen sein wird! Spanien ist ja das einzige Land, wo die wahre Lehre Christi rein und unverfälscht ihre Zuflucht gefunden und geübt wird! Moriske bin ich, Señores, doch ich wollte, ich könnte es leugnen. Allein deshalb bin ich nicht minder Christ, schenkt doch Gott die Gnade, wem er will, läßt, wie ihr besser wissen werdet als ich, seine Sonne über Gute und Böse aufgehen und läßt regnen über Gerechte und Ungerechte. Mein Großvater also hatte gesagt, daß in diesen Zeiten in Spanien ein König aus dem Hause Österreich herrschen werde, der den schweren Entschluß fassen wird, die Morisken aus dem Lande zu vertreiben, gleich einem, der die Schlange von seinem Busen reißt, da sie an seinem Herzen frißt, oder gleich einem, der die Spreu vom Weizen sondert oder das Unkraut ausreißt, das in seinem Acker wuchert. Erscheine doch, o glückverheißender Jüngling, o weiser König! Setze

1026 Die Mühen und Leiden des Persiles und der Sigismunda

den kühnen Entschluß der Vertreibung in die Tat um! Fürchte nicht, dieses Land könnte wüst und menschenleer werden, und laß dich nicht vom Gedanken abschrecken, daß es unrecht wäre, Leute aus dem Land zu treiben, die darin getauft wurden. Wenn auch solche Bedenken gewichtig erscheinen, so wird der Erfolg dieser großen Tat doch zeigen, daß alle Bedenken eitel waren, denn es wird sich erweisen, daß dieses Land bald von Altchristen besiedelt werden wird, daß es die alte Fruchtbarkeit erreicht und zu noch größerem Wohlstand gelangt. Die Herren des Landes hier werden vielleicht nicht mehr so zahlreiche und unterwürfige Untertanen haben wie bisher, dafür aber werden die neuen Untertanen wahre Katholiken sein, unter deren Schutz die Wege sicher sein werden und der Friede jenen Reichtum bringen kann, den sonst die Räuber mit sich führten.«

Dies gesagt, versperrten sie die Türen und verstärkten sie mit den Kirchenbänken; dann stiegen sie den Turm hinauf und zogen die Leiter hinter sich hoch. Der Pfarrer hatte das Allerheiligste in der Monstranz nach oben geschafft. Sie versorgten sich mit Steinen und luden zwei Büchsen. Bartolomé hatte das Tragtier frei und ledig vor der Kirchentür gelassen und sich mit seinen Herrschaften eingeschlossen. So erwarteten nun alle wachsamen Auges, mit bereiten Händen und entschlossenen Herzens den Überfall, vor dem sie von der Tochter des Morisken gewarnt worden waren.

Die Mitternacht, die der Pfarrer an den Sternen ablas, ging vorbei. Der Pfarrer spähte scharf ins Meer hinaus, das man vom Turm aus sehen konnte, und es tauchte am Horizont kein Wölkchen auf, das er im Mondschein nicht für türkische Schiffe gehalten hätte. Jedesmal wurden die Glocken so schnell und laut geläutet, daß sie in jenen Tälern und am Meeresufer widerhallten und die Strandreiter sich versammelten und alles abritten. Allein ihr Eifer konnte nicht verhindern, daß die Schiffe an der Küste landeten und ihre Mannschaften ans Land setzten. Beladen mit ihrer besten Habe gingen die Leute des Ortes, die schon bereit waren, den Türken entgegen und wurden

Drittes Buch

von ihnen mit höllischem Freudengeheul empfangen, indes Schalmeien und andere Instrumente erklangen, die, wenngleich kriegerisch gestimmt, hier nur zur Lust ertönten. Die Morisken legten Feuer an ihren Ort und an die Kirchentüren, weniger, um in die Kirche einzudringen, als um möglichst großen Schaden anzurichten. Bartolomé machten sie zum Fußgänger, indem sie dem Tragtier die Sehnen durchschnitten; ein Steinkreuz, das am Ortsausgang errichtet war, stürzten sie um; dabei riefen sie unter großem Geschrei den Namen Mohammeds, und dann überlieferten sie sich den Türken, diesen Räubern mitten im Frieden und allgemein bekannten Schurken. Kaum aber waren sie ins Schwimmen gekommen, wie man so sagt, als sie schon das Elend zu fühlen begannen, mit dem ihr Wankelmut bestraft wurde, und sie die Schmach zu begreifen vermochten, der sie ihre Weiber und Kinder aussetzten.

Oft und vielleicht einige Male nicht vergeblich schossen Antonio und Periandro die Büchsen ab; viele Steine schleuderte Bartolomé und allesamt in die Richtung, wo er sein Tragtier gelassen; viele Pfeile verschickte der Xadraque, viel mehr noch an Tränen vergossen Auristela und Constanza, die den im Allerheiligsten gegenwärtigen Gott anflehten, sie aus so offensichtlicher Gefahr zu erlösen und Sich nicht zu erzürnen, weil man Feuer an Seinen Tempel gelegt, der aber nicht zu brennen anfing, nicht etwa weil ein Wunder geschehen, sondern weil die Türen mit Eisen beschlagen waren und das Feuer nach und nach erlosch. Es fehlte nicht viel zum Tag, als die mit der Beute beladenen Schiffe in See stachen, wobei freudige Allahrufe ertönten, Pauken geschlagen und Schalmeien geblasen wurden. In diesem Augenblick sahen sie zwei Leute zur Kirche her laufen; die eine Gestalt kam vom Strand und die andere vom Lande her, und als die beiden schon in der Nähe waren, erkannte der Xadraque in der einen Gestalt seine Nichte Rafaela, die mit einem Kruzifix, das sie sich aus Schilfrohr gemacht, herankam und laut ausrief:

»Christin! Christin und frei, frei dank der Gnade und Barmherzigkeit Gottes!«

In der anderen Gestalt erkannten sie den Ortsschreiber,

der die Nacht außerhalb des Ortes verbracht hatte und auf das Sturmläuten hin herbeigeeilt war, um zu sehen, was vorgefallen wäre. Er weinte, nicht etwa weil er Weib und Kind verloren, war er doch unverheiratet, sondern wegen seines Hauses, das er geplündert und niedergebrannt vorgefunden.

Sie warteten ab, bis es völlig Tag geworden, die Schiffe außer Sicht waren, und die Strandreiter Gelegenheit gehabt hatten, die Küste abzusichern. Dann stiegen sie vom Turm und öffneten die Kirchentür, durch die Rafaela, das Gesicht naß vor Freudentränen und durch die ausgestandene Angst an Schönheit strahlender, eintrat, betend hinkniete vor die Heiligen und ihren Oheim umarmte, nachdem sie dem Pfarrer die Hand geküßt. Der Schreiber betete nicht, noch küßte er irgend jemand die Hand, war er doch voll des Jammers über den Verlust seines Besitztums. Der Schrecken verflog, alle beruhigten sich, und der Xadraque, der von neuem Atem schöpfte, kam wieder auf die Prophezeiung seines Großvaters zurück und rief, als wäre er von Sehergeist erfüllt:

»Wohlan denn, edler Jüngling! Wohlan denn, unbezwinglicher König, überwinde, zerstöre und zerstreue jeden Widerstand und mach uns Spanien frei, stark und unbelastet von diesem meinem verderbten Volk, das Spaniens Bild so sehr verdüstert und geschändet hat! Wohlan denn, du ebenso berühmter wie erhabener Ratgeber, du Atlas, der du das Gewicht dieser Monarchie auf deinen Schultern trägst, unterstütze und erleichtere durch deinen Ratschlag diese notwendige Vertreibung! Mögen diese Gewässer voll von deinen Galeeren sein, beladen mit der unnützen Last dieses Geschlechts der Hagar! Wirf die Dornbüsche, das taube Gestrüpp und das übrige Unkraut an das jenseitige Ufer, so daß sie hier nicht mehr die Fruchtbarkeit und Fülle des Christentums ersticken können! Vermehrten sich die wenigen Hebräer, die nach Ägypten kamen, schon in solchem Maße, daß sie bei ihrem Auszug sechshunderttausend Familien zählten, was muß man erst von diesen Leuten befürchten, die zahlreicher sind und besser leben? Ihre Zahl wird nicht vermindert,

Drittes Buch 1029

indem die Klöster ihre Ernte unter ihnen halten, die Indias sie verbrauchen oder der Kriegsdienst seinen Zoll von ihnen fordert. Alle heiraten; alle oder wenigstens die meisten haben Kinder, woraus sich ergibt, daß sie sich ins Unendliche vermehren werden. Wohlan denn, sag' ich noch einmal, Herr und König, fort mit ihnen, fort mit ihnen, auf daß die Weite deines Reiches wie die Sonne strahle und schön werde wie der Himmel!«

Zwei Tage noch blieben die Pilger an diesem Ort, indes sie sich mit allem versahen, was ihnen fehlte. Bartolomé besorgte sich ein neues Tragtier, die Pilger dankten dem Pfarrer für die Gastfreundschaft, lobten die ehrenwerte Gesinnung des Xadraque, umarmten Rafaela, verabschiedeten sich von allen und setzten ihren Weg fort.

ZWÖLFTES KAPITEL

Worin ein überaus seltsames Geschehnis zur Sprache kommt.

Unterwegs sprachen sie von der überstandenen Gefahr, der guten Gesinnung des Xadraque, dem Mut des Pfarrers und dem Eifer Rafaelas, von der sie nicht erfahren hatten, wie sie den Türken, die ins Land gedrungen waren, entkommen konnte; sie glaubten aber, daß sie sich in der Verwirrung irgendwo hatte verstecken können, um dann das Versteck zu verlassen, zurückzukehren und so ihren Wunsch zu verwirklichen, der darin bestand, als Christin zu leben und zu sterben.

Sie kamen in die Nähe der Stadt Valencia, doch wollten sie die Stadt meiden, um jedem Anlaß, sich dort aufzuhalten, aus dem Wege zu gehen. Indes fehlte es nicht an Leuten, die ihnen von der herrlichen Lage der Stadt, von der Trefflichkeit' ihrer Bewohner, der anmutigen Umgebung und von all dem zu berichten wußten, was diese Stadt vor allen anderen Städten nicht nur Spaniens, sondern ganz Europas an Schönheit und Reichtum hervorhebt. Besonders gelobt wurden die Schönheit der Frauen, ihre außergewöhnliche Reinlichkeit und reizende Sprache, mit deren Süße und Klang nur die portugiesische wetteifern kann.

Die Pilger beschlossen, die Wegstrecke zu verlängern, die sie an einem Tage zurücklegen wollten, und müßten sie auch mit größerer Ermüdung dafür bezahlen, denn sie wollten bald nach Barcelona gelangen, wo, wie sie erfahren hatten, einige Galeeren lagen, mit denen sie, ohne Frankreich zu berühren, nach Genua zu reisen gedachten.

Als sie Villareal, einen schönen, lieblichen Marktflecken verlassen hatten, trat ihnen aus einem dichten Gehölz eine valencianische Schäferin oder Hirtin entgegen, die, ländlich gekleidet, so hell strahlte wie die Sonne und schön war wie diese und der Mond; in ihrer reizenden Sprache sagte sie ohne Einleitung und ohne Höflichkeitsbezeigung:

»Soll ich nehmen oder geben, Señores?«

Darauf erwiderte Periandro:

»Wenn du die Eifersucht meinst, schöne Schäferin, dann sollst du weder Anlaß dazu nehmen noch geben, denn wenn du Anlaß nimmst zur Eifersucht, dann wirst du die Selbstachtung verlieren, und wenn du Anlaß gibst, wirst du die Achtung der anderen verlieren. Wenn ein Anbeter Verstand hat, so wird er dich um deines Wertes willen schätzen und lieben, und wenn es ihm an Verstand fehlt, weshalb willst du, daß er dich liebe?«

»Wohl gesprochen«, sagte das Landmädchen.

Sie sagte ihnen Lebewohl, drehte ihnen den Rücken, verschwand im dichten Gehölz und ließ alle über die Frage, die Eile und die schöne Erscheinung verwundert zurück.

Auch anderes stieß ihnen noch auf dem Wege nach Barcelona zu, doch war dies nicht wichtig genug, um aufgezeichnet zu werden, es sei denn, daß sie aus der Ferne den Montserrat, den heiligen Berg, erblickten, den sie mit christlicher Andacht begrüßten, ihn aber nicht besteigen wollten, um nicht aufgehalten zu sein. Sie erreichten Barcelona gerade zur Stunde, da vier spanische Galeeren einliefen, die, nachdem sie die Stadt mit Salutschüssen aus schwerem Geschütz begrüßt hatten, vier Pinassen ins Wasser ließen. In einer der Pinassen, die mit feinen Teppichen

Drittes Buch

aus der Levante und karmesinroten Kissen ausgelegt war, fuhr, wie sich sogleich zeigte, ein schönes junges und reichgekleidetes Frauenzimmer, begleitet von einer Frau in betagten Jahren und zwei hübschen und ehrbar gekleideten Mädchen an Land. Aus der Stadt strömte wie gewöhnlich eine riesige Menschenmasse an den Strand, um sowohl die Galeeren wie auch die Leute, die sich ausschifften, anzuschauen. Die Neugierde brachte auch unsere Pilger so nahe an die Pinassen heran, daß sie dem jungen Frauenzimmer, das gerade ans Land stieg, die Hand hätte reichen können. Die junge Frau sah die Pilger an, heftete ihre Augen aber insbesonders auf Constanza und sagte, nachdem sie den Fuß an Land gesetzt:

»Kommt herbei, schöne Pilgerin, denn ich möchte Euch mit in die Stadt nehmen, um eine Schuld zu begleichen, in der ich bei Euch stehe, wenngleich Ihr darum kaum wissen dürftet. Mitkommen mögen auch Eure Gefährten, denn nichts soll Euch verpflichten, so gute Gesellschaft zu verlassen.«

»Eure Gesellschaft«, erwiderte Constanza, »ist, wie man sieht, so begehrenswert, daß einer, der sie ausschlüge, wohl nur geringen Verstand hätte. Gehen wir also, wohin Ihr wollt, denn meine Gefährten werden mir folgen, sind sie es doch nicht gewohnt, sich von mir zu trennen.«

Die Dame ergriff Constanzas Hand, und sie gingen, begleitet von vielen Edelleuten, die aus der Stadt gekommen waren, sie zu empfangen, und anderen vornehmen Leuten von den Galeeren in die Stadt. Auf dem Wege wandte Constanza die Augen nicht von ihr ab, konnte sich aber nicht erinnern, sie je gesehen zu haben. Die junge Dame wurde mit ihren Begleiterinnen in einem vornehmen Hause untergebracht, und als die Pilger anderswo Herberge suchen wollten, ließ sie dies nicht zu. Mit ihnen allein geblieben, sagte sie:

»Ich will euch, meine Freunde, aus dem Staunen befreien, in das euch die besondere Sorgfalt, mit der ich mich um euch bemühe, gestürzt haben muß. Ich sage euch darum, daß ich Ambrosia Agustina heiße und aus einer Stadt in Aragon gebürtig bin. Mein Bruder ist Don Bernardo

Agustín, der Befehlshaber der vier Galeeren, die im Hafen liegen. Contarino de Arbolánchez, Ritter des Alcántara-Ordens, verliebte sich in Abwesenheit meines Bruders und trotz der Umsicht meiner Anverwandten in mich, und ich, von meinem Stern getrieben oder, besser gesagt, von meiner Leichtfertigkeit verführt, machte ihn, da ich sah, ich würde mir als seine Gattin im Range nichts vergeben, zum Herrn meiner Person und meines ganzen Denkens. Am gleichen Tag, als ich mich ihm verlobte, erhielt er von Seiner Majestät ein Schreiben, in dem ihm befohlen wurde, sogleich ein Regiment spanischer Infantrie, das aus der Lombardei nach Genua auf dem Wege war, nach der Insel Malta zu bringen, da man einen Überfall des Türken auf diese Insel befürchtete. Contarino gehorchte dem Befehl mit solcher Pünktlichkeit, daß er die Frucht unserer Vermählung nicht mehr genießen wollte, und, ohne daß er meiner Tränen achtete, waren der Empfang des Schreibens und die Abreise eins. Mir war, als sei der Himmel über mir zusammengebrochen und mein Herz und meine Seele lägen zerdrückt zwischen ihm und der Erde. Einige Tage verstrichen, in denen ich Gedanken um Gedanken brütete und Plan um Plan schmiedete, bis ich schließlich einen unter ihnen in die Tat umsetzte, der mich ebenso, wie er mich damals entehrte, das Leben hätte kosten können.

Ohne daß irgend jemand davon gewußt hätte, verließ ich mein Haus in Männerkleidern, die ich mir von einem kleinen Pagen besorgt hatte, und wurde der Junge des Trommlers einer Kompagnie, die in einem Ort, so an die acht Meilen, wie ich annehme, von dem meinen entfernt, im Quartier lag. Wenige Tage später schlug ich die Trommel ebensogut wie mein Herr und lernte, ein gleich großer Aufschneider zu sein, wie alle Trommler es sind. Zu unserer Kompagnie stieß eine andere, und beide machten sich auf den Weg nach Cartagena, um sich dort in diesen vier Galeeren meines Bruders einzuschiffen, mit denen ich nach Italien zu gelangen hoffte, um meinen Gatten aufzusuchen. Von dessen edlem Gemüt erhoffte ich, daß er meine Verwegenheit nicht falsch deuten, noch mein Verlangen nach ihm tadeln würde, das mich in sol-

Drittes Buch

cher Blindheit hielt, daß ich gar nicht an die Gefahr dachte,
man könnte mich, sobald ich mich auf den Galeeren meines Bruders einschiffe, erkennen. Für Verliebte gibt es eben
kein Hindernis, das sie nicht überrennen, noch Schwierigkeiten, über die sie sich nicht hinwegsetzen würden, noch
Ängste, die sie abzuschrecken vermöchten, und so glättete
ich jede Unebenheit, überwand die Furcht und hoffte
selbst noch in der Verzweiflung. Da jedoch der Verlauf
der Dinge dem ursprünglichen Plan meist widerspricht,
brachte mich mein mehr schlecht durchdachter als gut über-
legter Plan in eine Lage, von der ich euch sogleich berichten werde.

Die Soldaten der beiden Kompagnien, von denen ich
gesprochen habe, brachen wegen der Quartiere mit den
Einwohnern eines Ortes in der Mancha einen blutigen
Streit vom Zaun, in dessen Verlauf ein Edelmann, der,
wie es hieß, der Graf von..., ich weiß nicht wo, gewesen
sein soll, getötet wurde. Ein Untersuchungskommissär
kam aus Madrid, die Hauptleute wurden festgenommen,
die Soldaten liefen auseinander; man machte einige von
ihnen dingfest, unter ihnen mich, die ich ganz schuldlos
war. Die Soldaten wurden dazu verurteilt, zwei Jahre
lang als Galeerenruderer zu büßen, und mich traf so
nebenbei das gleiche Los. Vergeblich klagte ich über mein
widriges Geschick, als ich sah, wie eitel die Pläne waren,
die ich geschmiedet hatte. Ich wollte mir den Tod geben;
allein die Angst in ein schlimmeres Leben im Jenseits zu
gelangen, ließ mir das Messer in der Hand stumpf werden
und nahm mir den Strick vom Hals. Alles, was ich zu tun
vermochte, war, daß ich mir das Gesicht verschmierte, um
es so häßlich wie möglich zu machen, und so zog ich mich
in dem Wagen, in den man uns steckte, in einen Winkel
zurück in der Absicht, so viel zu weinen und so wenig zu
essen, daß Tränen und Hunger täten, was Strick und
Messer nicht vermocht hatten. Wir kamen nach Cartagena,
wo die Galeeren noch nicht eingetroffen waren. Man
sperrte uns ins Gefängnis, wo man uns gut bewachte, und
dort warteten wir ohne Hoffnung, wohl aber mit Angst
und Schrecken auf unser Unheil. Ich weiß nicht, ob ihr,

meine Freunde, euch an einen Wagen erinnert, dem ihr bei einer Schenke begegnet seid, und daß diese schöne Pilgerin« – sie zeigte auf Constanza – »mit einer Büchse eingemachten Obstes einem ohnmächtigen Strafgefangenen beistand.«

»Ich erinnere mich«, sagte Constanza.

»Dann wisset, daß ich es war«, sagte Señora Ambrosia, »der Ihr geholfen habt. Durch das Flechtdach des Wagens sah ich euch alle und bewunderte Euch, denn Eure reizende Erscheinung wird jeden beeindrucken, der Euch sieht.

Endlich kamen die Galeeren und brachten als Beute eine Brigantine ein, die sie auf der Fahrt den Mauren abgenommen hatten; am selben Tag noch wurden die Soldaten an die Ruderbänke geschmiedet, nachdem man ihnen die Kleider weggenommen, um sie als Ruderknechte einzukleiden, eine traurige und schmerzliche Veränderung, aber immer hin noch erträglich, denn eine Strafe, bei der man nicht sein Leben läßt, wird durch die Gewohnheit, sie zu erleiden, leicht. Man schickte sich an, auch mich zu entkleiden; der Rudervogt ließ mir das Gesicht waschen, hatte ich doch nicht einmal mehr die Kraft, die Arme zu heben; der Barbier, der die Mannschaft rasiert, sah mich an und sagte:

›An dem Bart da werde ich wohl wenig Messer stumpf machen. Ich begreife nicht, warum man uns diese Zuckerpuppe herschickt, als wären unsere Galeeren Honigkuchen und unsere Ruderknechte Zuckerteig. Was hast du, Schlingel, denn angestellt, daß du dir eine solche Strafe eingebrockt hast? Wahrscheinlich hat dich das reißende Wasser fremder Vergehen hier angeschwemmt.‹

Und sich an den Rudervogt wendend, fuhr er fort:

›Meiner Treu, Patron, mir scheint, es wäre gut, wenn man den Jungen da, mit einer Fußfessel am Bein, im Hinterkastell unserem General aufwarten ließe, denn zum Rudern ist der nicht einen Pfifferling zu gebrauchen.‹

Diese Worte, mit denen er mein trauriges Geschick beurteilte, drangen mir tief ins Innerste und preßten mir das Herz solcherart zusammen, daß ich ohnmächtig wurde und wie tot war. Man sagte mir dann, daß ich erst vier

Drittes Buch

Stunden später wieder zu mir kam und man in dieser
Zeit viele Mittel anwendete, damit ich wieder zu Bewußtsein käme. Am schnellsten hätte mich, so ich nur irgendein Gefühl gehabt, der Gedanke wieder zum Bewußtsein
gebracht, daß man entdecken könnte, ich wäre kein Mann,
sondern ein Weib.

Endlich erwachte ich aus meiner tiefen Betäubung, und
das erste, worauf mein Blick fiel, war das Gesicht meines
Bruders und das Antlitz meines Gatten, die beide sich
in den Armen hielten. Ich verstehe nicht, weshalb sich in
jenem Augenblick nicht die Todesnacht auf meine Augen
senkte; ich verstehe nicht, weshalb mir nicht die Zunge
am Gaumen kleben blieb, ich weiß nur, daß ich nicht
einmal verstand, was mein Bruder mir sagte, wenngleich
ich ihn sagen hörte: ›Was ist das für eine Tracht, Schwester?‹ Und mein Gatte sagte: ›Was ist das für eine Verkleidung, du Hälfte meines Herzens? Bürgte nicht deine
Tugend für deine Ehrbarkeit, dann würde ich dir für
diese Tracht zum Leichentuch verhelfen.‹ ›Diese da ist
Eure Gattin?‹ fragte mein Bruder meinen Gemahl. ›Das
ist mir so neu, wie sie mir in dieser Verkleidung neu ist.
Wäre dies wirklich wahr, dann wäre mir dies reiche Genugtuung für den Schmerz, meine Schwester in solcher Lage
zu sehen.‹

Ich erinnerte mich, daß meine Lebensgeister einigermaßen erwachten und ich nun sagte:

›Bruder, ich bin Ambrosia Agustina, deine Schwester,
bin aber auch die Gattin des Señor Contarino de Arbolánchez. Die Liebe und deine Abwesenheit, o mein Bruder,
machten ihn mir zum Gatten, und ohne daß er in den
Genuß meiner Liebe kam, verließ er mich. Ich aber, verwegen, übereilt und unbedacht, machte mich in dieser
Tracht auf, ihn zu suchen.‹

Und damit berichtete ich ihnen die ganze Geschichte,
die ihr nun schon kennt; und mein Geschick, das sich von
Minute zu Minute vom Guten zum Bessern wandte, fügte
es, daß beide mir glaubten und mir Mitleid schenkten. Sie
berichteten mir, daß die Mauren meinen Gatten mit einem
der beiden Schiffe, mit denen er auf dem Wege nach Genua

war, gefangengenommen hatten und er nicht vor Einbruch der Nacht vorher befreit worden war, weshalb er auch keine Gelegenheit gehabt hatte, meinen Bruder eher zu sehen, als in dem Augenblick, in dem ich ohnmächtig zusammengebrochen war, ein Zufall, der unglaubwürdig erscheinen könnte, allein alles ist so, wie ich sagte. Mit den Galeeren wollte auch die Dame, die mich begleitet, mit ihren beiden Enkelinnen nach Italien reisen, und zwar nach Sizilien, wo ihr Sohn die Krongüter verwaltet. Sie gaben mir die Kleider, die ich jetzt trage; mein Bruder und mein Gatte, froh und glücklich beide, haben uns an Land gebracht, damit wir uns etwas Bewegung machen und sie sich mit den vielen Freunden, die sie in dieser Stadt besitzen, einen guten Tag bereiten. Wenn ihr, meine Freunde, nach Rom wollt, dann werde ich meinen Bruder veranlassen, daß er euch in einem Hafen an Land setzt, der der Stadt am nächsten liegt. Die Büchse mit dem eingemachten Obst will ich euch damit vergelten, daß ich euch bitte, meine Gäste zu sein, solange es euch gefallen mag, und sollte ich nicht nach Italien reisen, so wird mein Bruder auf meine Bitten euch dorthin bringen. Dies, meine Freunde, ist meine Geschichte, und wenn es euch schwerfallen sollte, sie zu glauben, so würde mich dies nicht wundern, wenngleich auch die unglaublichste Geschichte immer noch ein Körnchen Wahrheit enthält. Denn da man sagt, daß Glauben eine Pflicht der Zuvorkommenheit sei, so vertraue ich meine Glaubwürdigkeit eurer Zuvorkommenheit an, die groß sein muß.«

Damit schloß die schöne Agustina ihre Erzählung, und hier begann das Erstaunen der Zuhörer den höchsten Grad zu erklimmen; hier begann man auch die verschiedenen Umstände des Falles im einzelnen zu besprechen; hier begannen aber auch Constanza und Auristela die schöne Ambrosia zum Abschied zu umarmen, mußte sie doch nach dem Willen des Gatten heimkehren in ihren Heimatort, denn wie schön auch immer eine Frau sein mag, so ist in Kriegsläuften ihre Anwesenheit hinderlich. In jener Nacht wurde das Meer so unruhig, daß man die Galeeren vom Ufer auf die Reede bringen mußte. Die gastfreundlichen

Drittes Buch   1037

Katalanen, jähzornige und schreckliche, aber auch friedfertige und sanfte Leute, die, ohne sich zu bedenken, ihr
Leben für die Ehre hingeben und, um beides zu verteidigen, sich selbst übertreffen, was soviel heißt, wie alle
Völker der Welt übertreffen, die gastfreundlichen Katalanen also machten der Señora Ambrosia Agustina ihre
Aufwartung und bewirteten sie auf jede erdenkliche Weise,
wofür ihnen der Bruder wie der Gatte Ambrosias herzlich
dankten, als sie von den Galeeren zurückkehrten. Auristela, abgeschreckt durch die Erfahrungen, die sie mit See-
stürmen gemacht, wollte sich nicht auf den Galeeren einschiffen, sondern durch Frankreich ziehen, wo gerade
Friede herrschte. Ambrosia kehrte nach Aragon zurück;
die Galeeren setzten ihre Fahrt fort, und ihre Fahrt setzten fort die Pilger, die nach Perpignan französischen
Boden betraten.

DREIZEHNTES KAPITEL

Die Pilger kommen nach Frankreich, und es wird berichtet, was
ihnen mit einem Diener des Herzogs von Nemours begegnete.

Über Perpignan wollte unsere Pilgerschar nach Frankreich
reisen; das Abenteuer Ambrosias gab ihnen viele Tage
hindurch Stoff zu Gesprächen, wobei sie in den wenigen
Jahren Agustinas eine Entschuldigung für deren viele
Verstöße gegen die Ehrbarkeit sahen und Verzeihung für
ihre Verwegenheit in der Liebe fanden, die sie für den
Gatten hegte. Kurz und gut, sie kehrte, wie gesagt, in ihre
Heimat zurück; die Galeeren setzten ihre Fahrt fort, und
ihre Fahrt setzten fort unsere Pilger, die, als sie nach Perpignan kamen, in einem Gasthof abstiegen, an dessen
großem Tor ein Tisch aufgestellt war, um den herum viele
Leute standen, die zwei Männern beim Würfelspiel zusahen, indes kein anderer am Spiel teilnahm. Den Pilgern
schien es neu, daß so viele zusahen und so wenige spielten.
Periandro fragte nach dem Grund, und ihm wurde ge-

antwortet, daß der Spieler, der verliere, damit auch seine
Freiheit hingebe und dem König sechs Monate lang als
Ruderknecht dienen müsse, indes der Gewinner die zwanzig Dukaten bekäme, die die königlichen Beamten als Preis
für den ausgesetzt hatten, der sein Glück im Spiel versuchen wollte und gewänne.

Einer der beiden Spieler hatte sein Glück versucht, was
ihm nicht gut bekam, denn es verließ ihn, er verlor, und
sogleich legte man ihm eine Kette an. Dem Gewinner aber
wurde die Kette abgenommen, die man ihm angelegt,
damit er nicht hätte fliehen können, falls er der Verlierer
gewesen. Elendes Spiel und elendes Schicksal, wo Verlust
und Gewinn einander nicht entsprechen!

Als man so weit war, sah man einen großen Haufen
Leute auf den Gasthof zukommen. In ihrer Mitte ging ein
armselig gekleideter Mann von guter Gestalt, den vier
oder fünf Kinder im Alter von vier bis sieben Jahren
umgaben; neben ihm ging eine Frau, die bitterlich weinte,
einen leinenen Geldbeutel in der Hand trug und mit kläglicher Stimme ausrief:

»Nehmt, Señores, euer Geld zurück und gebt mir meinen Mann wieder, hat er doch dieses Geld nur aus Not,
und nicht um einem Laster zu frönen, von euch genommen.
Er hat nicht gespielt, sondern sich verkauft, will er mit
seinem Leiden doch mich und die Kinder erhalten. Ein
bitterer Unterhalt und ein bitteres Brot für mich und für
sie!«

»Schweig, Frau!« sagte der Mann. »Verbrauche das
Geld, denn ich werde es dank der Kraft meiner Arme
abarbeiten, die sich leichter an das Ruder gewöhnen als
an die Harke. Ich wollte mich nicht der Gefahr aussetzen,
das Geld im Spiel zu verlieren, wobei ich nicht nur meine
Freiheit, sondern auch die Möglichkeit, euch zu erhalten,
verloren hätte.«

Das schmerzliche Gespräch zwischen Mann und Frau
war infolge des Wehklagens der Kinder kaum zu verstehen. Die Beamten, die den Mann herbeigebracht hatten,
sagten, sie sollten die Tränen trocknen, denn wenn sie
auch soviele vergössen, daß sie damit das Meer zu füllen

Drittes Buch   1039

vermöchten, so wären es derer doch nicht genug, um dem
Mann die Freiheit zurückzugeben, die er verloren hat, als
er das Geld annahm. Die Kinder ließen jedoch vom Weh-
klagen nicht ab und sagten dem Vater:

»Herr Vater, bleibt, denn wenn Ihr uns verlaßt, werden
wir alle sterben.«

Das neue, seltsame Begebnis rührte das Herz unserer
Pilger zutiefst, besonders das Herz Constanzas, der
Schatzmeisterin; sie alle wandten sich an die mit jenem
Geschäft beauftragten Beamten und baten sie, sich doch
mit der Rückgabe des Geldes zufriedenzugeben, denn sie
könnten doch so tun, als gäbe es diesen Mann überhaupt
nicht, und sollten davon Abstand nehmen, eine Frau zur
Witwe und so viele Kinder zu Waisen zu machen. Kurz
und gut, die Pilger wußten so viel zu sagen und so sehr
zu bitten, daß das Geld zu seinem ursprünglichen Besitzer
zurückkehrte, die Frau ihren Mann wieder bekam und
die Kinder ihren Vater. Die schöne Constanza, reich seit
sie Gräfin und christlicher als barbarisch, gab den armen
Leuten mit Zustimmung ihres Bruders, damit diese keinen
Verlust erlitten, fünfzig Goldtaler, und so kehrten die
Leute ebenso glücklich wie frei, dem Himmel und den
Pilgern für das große, unerhörte und unerwartete Almosen
dankend, nach Hause zurück.

Am folgenden Tag betraten die Pilger französischen
Boden, zogen durch die Languedoc und kamen in die
Provence, wo sie in einem anderen Gasthof drei französischen Damen von solcher Schönheit begegneten, die,
hätte es Auristela nicht gegeben, wohl den Lorbeer der
Schönheit verdient hätten. Sie schienen dem Prunk nach,
dessen sie sich bedienten, Damen von hohem Rang zu
sein. Als sie die Pilger erblickten, waren sie sowohl von
der stattlichen Erscheinung Periandros und Antonios als
auch von der unvergleichlichen Schönheit Auristelas und
Constanzas sehr beeindruckt. Sie riefen die Pilger zu sich
heran, sprachen mit ihnen freundlich und liebenswürdig;
in kastilischer Sprache – in Frankreich verabsäumt es
weder Mann noch Frau, das Kastilische zu lernen – fragten sie, wer sie wären, denn sie glaubten die Pilgerinnen

als Spanierinnen zu erkennen. Indes die Damen auf Auristelas Antwort warteten, an die sie die Frage gerichtet hatten, trat Periandro zur Seite, um mit einem Mann zu sprechen, der ihm ein Diener der vornehmen Französinnen zu sein schien. Er fragte ihn, wer die Damen wären und wohin sie gingen, worauf der Diener antwortete:

»Der Herzog von Nemours, einer von den Leuten, die man hierzulande Prinzen von Geblüt nennt, ist ein ebenso kühner wie überaus kluger Herr, doch lebt er gerne nach seinem eigenen Geschmack. Er hat erst vor kurzem sein Erbe angetreten und hat sich vorgenommen, sich nicht nach fremden Wünschen, sondern nur nach dem eigenen Verlangen zu verheiraten, wenngleich sich ihm im anderen Fall eine Erhöhung seines Ranges und eine Vergrößerung seines Vermögens darböte; er würde sogar dem Befehl des Königs zuwiderhandeln, sagt er doch, daß Könige wohl in der Lage wären, ihren Untertanen ihnen beliebige Frauen vorzuschreiben, doch wären sie nicht imstande, diesen Untertanen auch die Lust zu diesen Frauen zu geben. Von dieser Laune, Narrheit, Klugheit oder, wie sonst man es nennen könnte, getrieben, hat er einige seiner Diener in verschiedene Gegenden Frankreichs geschickt, damit sie ihm dort eine Frau fänden, die nicht allein von Stand, sondern auch schön wäre; doch bräuchten sie sich nicht um das Vermögen der Frau zu kümmern, denn er begnüge sich mit ihrem Rang und ihrer Schönheit. Er hat von diesen drei Damen gehört und mich, einen seiner Diener, abgesandt, damit ich sie mir ansähe und mir von ihnen durch einen berühmten Maler, den er mir mitgegeben, ein Bildnis machen ließe. Jede der drei Damen ist unverheiratet, und alle sind sehr jung. Die ältere, die Deleasir heißt, ist äußerst klug, aber arm; die mittlere, die Belarminia heißt, ist von stattlicher Erscheinung und von großer Anmut; sie ist mittelmäßig vermögend; die jüngste, deren Name Feliz Flora ist, hat den beiden anderen gegenüber den Vorteil, daß sie auch reich ist. Die drei Damen haben gleichfalls vom Wunsch des Herzogs erfahren und möchten, wie mir scheint, jede die Glückliche sein, die ihn zum Gatten bekommt. Um die Gnaden und Ablässe zu ge-

Drittes Buch   1041

winnen, die dieses Jubeljahr bietet, das gleich ist jenem,
das ursprünglich alle vollen Jahrhunderte einmal gefeiert
werden sollte, sind sie aus ihrer Heimat nach Rom aufgebrochen und wollen nun über Paris reisen, um dort mit
dem Herzog zusammenzutreffen, wobei sie auf jenes Vielleicht vertrauen, das jede Hoffnung begleitet.

»Doch seit ihr, meine verehrten Pilger, hier eingetroffen
seid, habe ich beschlossen, meinem Herrn ein Geschenk
mitzubringen, das aus seinem Kopfe jegliche Geneigtheit
löschen wird, die Hoffnungen zu erfüllen, die diese Damen
sich im stillen gemacht haben mochten, denn ich will ihm
das Bildnis dieser eurer Pilgerin, der einzigen und allgemeinen Königin menschlicher Schönheit, mitbringen. Ist
sie von ebenso hoher Geburt, wie sie schön ist, dann wird
den Dienern meines Herrn nichts mehr zu tun und dem
Herzog nichts mehr zu wünschen übrigbleiben. Sagt mir,
Herr, bei Eurem Leben, ob diese Pilgerin verheiratet ist,
wie sie heißt und wer ihre Eltern sind.«

Bebend antwortete Periandro darauf:

»Sie heißt Auristela. Sie reist nach Rom, und wer ihre
Eltern sind, hat sie noch nie gesagt. Daß sie frei ist, dessen
kann ich Euch versichern, denn das weiß ich genau. Doch
hat die Sache einen Haken: sie ist nämlich so frei und so
sehr Herrin ihrer Entschlüsse, daß sie sich keinem Fürsten
dieser Welt unterwerfen würde, denn sie sagt, sie habe
sich ganz dem Fürsten übermacht, der im Himmel herrscht.
Und damit Ihr Euch dessen gewiß seid, daß alles, was
ich Euch gesagt, zutrifft, so wisset: ich bin ihr Bruder und
kenne ihre geheimsten Gedanken. Es wird Euch darum
nichts nützen, wenn Ihr sie abbilden laßt, denn Ihr werdet
damit nur den Seelenfrieden Eures Herrn stören, wenn
er sich auch bereit fände, das Hindernis zu überwinden,
das der niedrige Stand unserer Eltern ihm bereitet.«

»Trotzdem werde ich«, erwiderte der andere, »ihr Bildnis mitnehmen, und sei es auch nur, um die Neugierde
zu befriedigen und dieses neue Schönheitswunder in ganz
Frankreich bekanntzumachen.«

Damit schieden sie voneinander, und Periandro wollte
so rasch als möglich diesen Ort verlassen, damit der Maler

1042 Die Mühen und Leiden des Persiles und der Sigismunda

keine Gelegenheit fände, Auristela abzubilden. Bartolomé
zäumte wieder das Tragtier und war auf Periandro wegen
der Eile, die dieser hatte, nicht gut zu sprechen. Als der
Diener des Herzogs sah, daß Periandro sogleich aufzubrechen gedachte, suchte er ihn auf und sagte:

»Ich wollte Euch zwar bitten, Herr, an diesem Ort noch
ein weniges zu verweilen, vielleicht bis zum Abend, damit
mein Maler mit einiger Gemächlichkeit und in Ruhe das
Antlitz Eurer Schwester malen könnte. Desungeachtet
könnt Ihr aber auch jetzt mit Gott abreisen, denn der
Maler hat mir gesagt, daß er sich mit dem einen Male, da
er sie gesehen, ihre Züge ganz fest ins Gedächtnis eingeprägt habe und sie darum aus seiner Erinnerung genauso
malen könne, als wenn er sie immer vor den Augen hätte.«

Bei sich verwünschte Periandro die so seltene Fähigkeit
des Malers, ließ sich aber deswegen nicht davon abhalten,
abzureisen, weshalb er sich von den drei französischen
Schönen verabschiedete. Die drei Französinnen umarmten
Auristela und Constanza herzlich und boten ihnen an, sie,
so ihnen solches genehm wäre, nach Rom mitzunehmen.
Auristela dankte ihnen für dieses Angebot mit den höf-
lichsten Worten, die sie wußte, und sagte ihnen, daß ihr
Wille nur von dem ihres Bruders Periandro abhinge, und
so könnten weder sie noch Constanza bleiben, da Antonio,
Constanzas Bruder, und ihr eigener abreisen wollten.
Damit verließen die Pilger den Ort und gelangten sechs
Tage später an einen anderen in der Provence, wo sich
ereignete, was im folgenden Kapitel berichtet wird.

VIERZEHNTES KAPITEL

Von neuen unerhörten Gefahren, in die sie gerieten.

Die Geschichte, die Dichtung und die Malerei stehen miteinander in enger Verbindung und haben solche Ähnlich-
keit miteinander, daß du, der du Geschichte schreibst,
malst, und wenn du malst, dichtest. Nicht immer hält sich

Drittes Buch

die Geschichtsschreibung auf gleicher Höhe, nicht immer stellt die Malerei große, prachtvolle Gegenstände dar, noch schwingt sich die Poesie stets empor zum Himmel. Niederträchtigkeiten läßt die Geschichtsschreibung zu; die Malerei nimmt Gras und Unkraut in ihre Bilder auf, und die Poesie erhebt sich auch, indes sie bescheidene Dinge besingt. Dies zeigte sich deutlich an Bartolomé, dem Eseltreiber der Pilgerschar, denn dieser spricht in unserer Geschichte und wird auch manchmal angehört. Diesem war nun die Sache mit dem Manne, der seine Freiheit verkauft hatte, um seine Kinder zu ernähren, durch den Kopf gegangen, und so sagte er einmal, als er mit Periandro sprach:

»Groß muß, Señor, die Macht sein, die die Eltern zwingt, ihre Kinder zu ernähren. Wer das nicht glauben will, der soll jenen Mann fragen, der sich selbst nicht als Einsatz stellte, um nicht zu verlieren, sondern sich als Pfand hingegeben hat, um seine hungernde Familie zu ernähren. Die Freiheit soll man, wie ich gehört habe, um keinen Preis verkaufen, und dieser Mann da hat sie für das bißchen Geld verkauft, das die Frau in einer Hand hat tragen können. Ich erinnere mich, daß meine Altvordern erzählt haben, wie sie einen alten Mann zum Henken geführt haben und die Geistlichen ihm beigestanden sind, damit er einen guten Tod hätte, und der Mann zu ihnen gesagt hat: ›Eure Gnaden sollen sich beruhigen und mich in Ruhe sterben lassen, denn wie schlimm auch dieser Augenblick sein mag, so habe ich mich oft in einer viel schrecklicheren Lage gesehen.‹ Sie fragten ihn, was das gewesen sei. Er antwortete, daß dies jeder Morgen, den Gott ihm gegeben, gewesen sei, wenn die sechs kleinen Kinder um ihn herum standen und von ihm Brot verlangten, und er ihnen keines geben konnte und ›diese Not drückte mir den Nachschlüssel in die Hand und band mir Filz an die Fußsohlen, auf welche Weise ich Diebstähle verübte, nicht weil ich mir ein leichtes Leben machen wollte, sondern weil mich die Not so weit gebracht hatte.‹ Dies kam dem Herrn zu Ohren, der den Mann zum Tod verurteilt hatte, und das genügte, die Strenge in Barm-

1044 Die Mühen und Leiden des Persiles und der Sigismunda

herzigkeit und die Strafe in Begnadigung zu verwandeln.«

Hierauf antwortete Periandro:

»Was ein Vater für sein Kind tut, tut er für sich selbst, ist doch sein Kind sein anderes Ich, in dem das Sein des Vaters sich verströmt und fortsetzt. Und da es nur natürlich ist, daß jeder für sich selber sorgt, ist auch die Sorge um die Kinder nur natürlich und notwendig. Nicht so natürlich und aus einem inneren Zwang herkommend, ist die Sorge der Kinder für die Eltern, denn die Liebe, die ein Vater für sein Kind hegt, nimmt ihren Weg von oben nach unten, und das Hinabsteigen ist mühelos. Die Liebe eines Kindes zu seinem Vater geht von unten nach oben, das heißt bergauf, und deshalb ist es auch zu jenem Sprichwort gekommen, das da heißt: ›Ein Vater kann eher hundert Kinder erhalten als hundert Kinder einen Vater.‹«

Mit solchen und anderen Gesprächen unterhielten sie sich auf dem Wege durch Frankreich, das so bevölkert, so eben und friedlich ist, daß sie jeden Augenblick auf ein Landhaus stießen, wo sich die Gutsbesitzer das ganze Jahr hindurch aufhalten, ohne daß diese das Verlangen ankäme, in kleineren oder größeren Städten zu leben. An eines dieser Landhäuser, das etwas abseits von der Landstraße lag, kamen unsere Wanderer. Es war Mittag; die Sonnenstrahlen trafen pfeilgerade die Erde; es wurde heiß, und der Schatten, den ein großer Turm des Landhauses warf, lud sie ein, dort die Zeit der Siesta zu verbringen, die sehr heiß zu werden drohte. Der eifrige Bartolomé befreite das Tragtier von seiner Last, breitete eine bunte Decke auf den Boden, und alle setzten sich in der Runde darum. Mit den Speisen, die vorrätig zu haben Bartolomé Sorge trug, stillten sie den Hunger, der ihnen bereits zuzusetzen begann. Doch kaum hatten sie die Hände gehoben, um den ersten Bissen zum Mund zu führen, blickte Bartolomé nach oben und schrie:

»Zur Seite, ihr Herrschaften! Da fliegt irgendeiner vom Himmel herunter, und es wäre nicht gut, wenn er auf euch fiele!«

Alle hoben die Augen und sahen durch die Luft eine

Drittes Buch

Gestalt herabfliegen, und ehe sie noch in der Lage waren, zu unterscheiden, was diese Gestalt darstellte, war sie schon auf dem Boden, fast vor Periandros Füßen, angekommen. Die Gestalt erwies sich als eine wunderschöne Frau, die vom Turm herabgestürzt worden war, wobei ihr die Gewänder als Glocke oder Flügel dienten und sie solcherart, ohne daß sie den geringsten Schaden erlitten hätte, mit den Füßen auf den Boden ankommen ließen, was möglich war, ohne ein Wunder zu sein. Der Schreck hatte die Frau betäubt und ihr die Sprache geraubt, wie es auch denen erging, die sie herabfliegen gesehen hatten. Auf dem Turm wurden Schreie laut, die eine andere Frau ausstieß, indes sie sich an einen Mann klammerte, und es schien, als würde der eine mit dem anderen ringen, um ihn in die Tiefe zu stoßen.

»Hilfe! Hilfe!« rief die Frau. »Hilfe, ihr Herren, denn dieser Wahnsinnige will mich von hier hinabstürzen!«

Die fliegende Frau, die etwas zur Besinnung gekommen war, sagte:

»Wenn irgend jemand den Mut hat, durch jene Tür nach oben zu eilen« – sie zeigte auf eine Tür, die in den Turm führte – »dann wird er meine Kinder und andere wehrlose Menschen, die im Turm sind, aus Todesgefahr befreien.«

Von seinem Edelmut getrieben, trat Periandro durch die Tür, und kurz darauf sah man ihn droben auf dem Turm erscheinen, wo er den Mann, der, wie sich herausstellte, wahnsinnig war, umfaßt hielt. Er verteidigte sich gegen den Tollwütigen und entwand dessen Händen ein Messer, allein das Schicksal, das die Tragödie des Mannes beenden wollte, fügte es, daß beide vom Turm stürzten und an dessen Fuß auf dem Boden aufprallten: dem Wahnsinnigen war das Messer, das Periandro in der Hand gehalten, in die Brust gedrungen, und Periandro brach das Blut aus Augen, Mund und Nase. Da seine Kleider nicht weit genug gewesen, um den Fall abzuschwächen, tat die Wucht des Sturzes ihre Wirkung und streckte ihn fast tot zu Boden. Auristela, die Periandro in solchem Zustand erblickte und ihn zweifelsohne für tot hielt, warf sich auf ihn und preßte ihm, jede Rücksicht vergessend, die Lippen auf den Mund, als wollte sie den letzten Rest der Seele, der Periandro vielleicht noch verblieben, in sich aufnehmen; allein selbst wenn Periandros Seele noch nicht ganz entflohen wäre, hätte Auristela sie nicht aufnehmen können, verwehrten doch die fest zusammengepreßten Zähne Periandros seiner Seele den Weg in ihren Leib.

Constanza, vom Schreck überwältigt, vermochte keinen Schritt zu tun, um Auristela beizustehen, und blieb an der gleichen Stelle, wo sie gestanden, als der Sturz geschehen, so als hätten die Füße Wurzeln geschlagen oder als wäre sie zur marmornen Bildsäule erstarrt. Antonio, ihr Bruder, eilte hinzu, um die Halbtoten von denen zu trennen, die er für tot hielt. Nur Bartolomés Augen gaben Zeugnis von dem Kummer, den er in tiefstem Herzen empfand, denn er weinte bitterlich.

Indes alle noch im Banne des bitteren Leides standen, von dem ich gesprochen, ohne daß einer ihrer Münder den Kummer verkündet hätte, der sie erfüllte, sahen sie einen Trupp Leute auf sie zukommen, die den Sturz vom Turm von der Landstraße her beobachtet hatten und sehen wollten, was vorgefallen wäre. Die Ankömmlinge waren niemand anders als Deleasir, Belarminia und Feliz Flora, die drei schönen französischen Damen. Als diese näherkamen, erkannten sie sogleich Auristela und Periandro, wie man eben Leute sofort erkennt, die sich dank ihrer ungewöhnlichen Schönheit jedem ins Gedächtnis einprägen, der sie auch nur ein einziges Mal gesehen.

Kaum aber waren sie, vom Mitleid bewegt, abgestiegen, um, soweit es ihnen möglich wäre, Hilfe zu leisten, als sie von sechs bis acht bewaffneten Leuten vom Rücken her angefallen wurden. Der Überfall ließ Antonio zu Pfeil und Bogen greifen, die er immer, sei es zum Angriff oder zur Verteidigung, bereithielt. Einer der Bewaffneten packte Feliz Flora roh und ungestüm am Arm, hob sie vor sich aufs Roß und rief seinen Kameraden zu:

»Das wäre getan! Ich habe an dieser genug! Laßt uns umkehren!«

Antonio, der eine Unverschämtheit nie ungestraft hin-

Drittes Buch   1047

gehen ließ, setzte sich über alle Bedenken hinweg, legte
einen Pfeil an die Sehne, streckte den Bogen mit der Linken weit vor, zog die Sehne mit der Rechten so stark an
sich, daß sie an seinem rechten Ohr lag und die beiden
Enden des Bogens einander fast berührten, zielte auf Feliz
Floras Entführer und schoß den Pfeil so treffsicher ab, daß
dieser von Feliz Flora nur den Schleier berührte, den sie
auf dem Kopfe trug, dem Entführer jedoch die Brust
durchbohrte. Um diesen zu rächen, eilte einer seiner Kameraden herbei und verwundete Antonio solcherart am
Kopfe, daß dieser mehr tot als lebendig zu Boden stürzte,
ehe er noch Gelegenheit gehabt, einen weiteren Pfeil an die
Sehne zu legen. Als die statuengleiche Constanza dies sah,
kam Leben in sie, und sie eilte hinzu, dem Bruder zu
helfen, denn die Verwandtschaft pflegt das Blut zu er-
hitzen, während dort, wo es sich um Freundschaft handelt
– und sei sie noch so groß –, das Blut zu stocken beginnt;
jedoch ist das eine wie das andere Zeichen und Beweis
innigster Zuneigung.

Mittlerweile waren bewaffnete Leute aus dem Landhaus herbeigekommen, und die Diener der drei Damen
hatten zu Steinen gegriffen – ich meine jene, die nicht bewaffnet waren – und schickten sich zur Verteidigung ihrer
Gebieterinnen an. Die Räuber aber, die nun ihren Anführer tot sahen und, nachdem die Verteidiger herbeieilten, erkannten, daß sie in diesem Unternehmen nur
wenig gewinnen konnten, um so mehr als sie es für eine
Torheit erachten mußten, das Leben für jemand ein-
zusetzen, der ihnen diesen Einsatz nicht mehr lohnen
konnte, die Räuber also kehrten ihnen den Rücken und
verließen die Walstatt.

Bis jetzt haben wir in dieser Schlacht nur wenig Schwert-
geklirr vernommen und nur wenige Kriegsdrommeten
gehört. Die Klagen über den Schmerz, den die Lebenden
der Toten wegen empfinden, haben bislang noch nicht die
Lüfte zerrissen; in bitterem Schweigen haben alle ihren
Jammer begraben und nur dann und wann entringt sich
ein Ach und Weh, in dumpfes Stöhnen gehüllt, der Brust,
der schmerzerfüllten, Auristelas und Constanzas, die jede

ihren Bruder in den Armen hielt, ohne das bedrückte Herz durch Klagen erleichtern zu können. Schließlich aber löste der Himmel, der beschlossen hatte, die beiden nicht so rasch und stumm sterben zu lassen, die Zunge, die ihnen am Gaumen klebte, und Auristela brach in folgende Klage aus:

»Ich Unglückselige suche, und weiß nicht warum, ein Lebenszeichen bei einem Toten, und doch wüßte ich nicht, auch wenn es noch ein Lebenszeichen geben sollte, wie ich es fühlen könnte, bin ich doch selbst außer mir und weiß nicht, ob ich spreche, ob ich atme. Ach, mein Bruder, was war das für ein Fall, und wie riß er alle meine Hoffnung mit sich! Ach, weshalb hat sich die Größe Eurer Herkunft nicht diesem Unglück widersetzt? Doch wie könnte Eure Herkunft groß sein, wenn nicht Ihr selbst Größe gehabt hättet? Auf höchste Gipfel fallen zuerst die Blitze, und schaden dort am meisten, wo sie größten Widerstand finden. Ein starker Gipfel seid Ihr gewesen, ein hoher, doch glichet Ihr einem unscheinbaren Berg, denn Ihr verbargt Euch dank Eurer Mühen und Eures Scharfsinns vor den Augen der Leute. Ihr seid ausgezogen, Euer Glück in meinem Glück zu suchen; allein der Tod hat Eurem Fuß Einhalt geboten und den meinen dem Grabe zugewendet. Auch der Königin, Eurer Mutter, werden sich die Grabespforten auftun, wenn sie von Eurem unerwarteten Tod erfährt! Weh mir, wiederum bin ich allein in fremden Landen, bin gleich dem jungen Efeu, dem die Stütze ward genommen!«

Die Wörter ›Königin‹, ›Gipfel‹ und ›Größe‹ ließen die Anwesenden aufhorchen, und ihr Staunen wuchs, als sie hörten, was Constanza sagte, die das Haupt des schwer verwundeten Bruders in ihren Schoß gebettet hatte, indes die mitleidsvolle Feliz Flora ihm ein Tüchlein auf die Wunde preßte, das Blut stillte, indem sie es behutsam ausdrückte, voll der Dankbarkeit, daß der Verwundete sie davor gerettet hatte, entehrt zu werden.

»Ach«, klagte Constanza, »du mein Beschützer! Was nützt es mir, wenn mich das Glück zu Rang und Namen erhoben hat, da es mich doch in namenloses Unglück stür-

Drittes Buch 1049

zen wollte? Kommt wieder zu Euch, Bruder, wenn ich
wieder zu mir kommen soll, und sollte dies nicht möglich
sein, dann gib, barmherziger Himmel, es, daß uns der
Tod gemeinsam die Augen schließe und unsere Leiber das
gleiche Grab umfange, kann doch das Glück, das mir so
unerwartet zufiel, nur aufgewogen werden durch das
rasche Ende.«

Damit fiel sie in Ohnmacht, und Auristela erging es
nicht anders, so daß die beiden ebenso tot erschienen, ja
toter noch als die Verwundeten. Die Dame, die vom Turm
gefallen und die entscheidende Ursache zu Periandros Sturz
gewesen war, befahl ihren Dienern, deren viele aus dem
Hause gekommen, Periandro auf das Lager des Grafen
Domicio, ihres Gemahls, zu betten und alle Anstalten zu
treffen, diesen zu beerdigen. Bartolomé nahm Antonio,
seinen Herrn, in die Arme, Feliz Flora reichte den ihren
Constanza, Belarminia und Deleasir nahmen Auristela in
ihre Mitte, und so ging die leidvolle Schar mit kummer-
schweren Schritten auf das Landhaus zu, das eher einem
königlichen Palast glich.

FÜNFZEHNTES KAPITEL

Periandro und Antonio genesen von ihren Wunden. Die Pilger
setzen ihre Reise in Gesellschaft der drei französischen Damen
fort. Antonio befreit Feliz Flora aus großer Gefahr.

Wenig fruchteten die vernünftigen Worte, die die drei
französischen Damen an die trauernde Constanza und die
nicht weniger bekümmerte Auristela richteten; denn solange die Wunden, die das Unglück geschlagen hat, noch
offen sind, findet tröstlicher Zuspruch kein Gehör. Plötzlicher Schmerz und unerwartetes Unheil lassen nicht sogleich den Trost gelten, mag er noch so vernünftig sein;
das Geschwür schmerzt, solange es sich nicht erweicht; das
Weichwerden eines Geschwürs braucht aber seine Zeit, und
es dauert, bis es aufbricht. Solange also jemand weint,

solange er stöhnt, solange er die Ursache seiner Klagen und Seufzer vor Augen hat, ist es nicht sehr klug, dem Übel mit starken Mitteln beikommen zu wollen. So mag also Auristela noch etwas weinen, mag Constanza noch einige Zeit stöhnen, so mögen beide jedem Trost noch das Ohr verschließen, denn indes wird die schöne Claricia uns die Ursache des Wahnsinns berichten, dem Domicio, ihr Gatte, verfallen war. Die Geistesverwirrung hatte, wie sie den französischen Damen erzählte, ihren Grund in der Liebe, die Domicio, ehe er sie heiratete, für eine Verwandte gehegt, die es für über jedem Zweifel erhaben gehalten, daß sie seine Gemahlin werde.

»Allein hierin grollte ihr das Geschick«, sagte Claricia, »und sie fing an, allem zu grollen. Lorena jedoch – so hieß die Verwandte Domicios – verbarg ihren Groll, den sie über dessen Heirat mit einer anderen empfand, und begann ihm vielerlei Geschenke zu machen, die jedoch mehr seltsam und gut anzuschauen waren als wertvoll. Unter anderem schickte sie ihm – wie die eifersüchtige Deianira dem Herkules ein Hemd – einige Hemden, die aus vorzüglichem Leinen aufs schönste gearbeitet waren. Kaum hatte mein Gatte eines dieser Hemden angezogen, als er schon das Bewußtsein verlor und zwei Tage lang wie tot liegenblieb, wenngleich man ihm auch das Hemd sogleich ausgezogen hatte, weil man annahm, eine Sklavin Lorenas, die im Ruf einer Zauberin steht, habe es verwünscht. Mein Gatte kam wieder zu sich; allein seine Sinne waren verwirrt und so gestört, daß alles, was er tat, das Tun eines grausamen, rasenden Wahnsinnigen und nicht das eines bloß Verrückten war. Sein Wahnsinn war solcherart, daß man ihn schließlich in Ketten legen mußte.«

Claricia sagte dann, der Wahnsinnige habe sich an diesem Tag, da sie sich im Turm aufhielt, von den Ketten befreit, sei ihr nachgekommen und habe sie durch ein Fenster hinabgeworfen; allein der Himmel habe sie dank der weiten Kleider gerettet oder, besser gesagt, dank der Barmherzigkeit, mit der er sich gewöhnlich der Unschuldigen annimmt. Claricia berichtete auch, wie jener Pilger auf den Turm geeilt sei, um eine ihrer Jungfern zu be-

Drittes Buch   1051

freien, die der Wahnsinnige gleichfalls hinabstoßen wollte,
und hinter ihr her hätte er gewiß die beiden kleinen Kinder geworfen, die auch im Turme waren. Die Dinge kamen
jedoch anders, denn der Graf und der Pilger fielen mit
unheimlicher Wucht auf den Boden herab; der Graf war
zu Tode verletzt, und der Pilger lag da, mit einem Messer
in der Hand, das er zweifelsohne Domicio entwunden
hatte, der auch ohne diese Wunde schon durch den schweren Fall allein sein Leben eingebüßt hätte.

Indes lag Periandro ohne Bewußtsein auf dem Lager,
an das die Wundärzte eilten, um ihn zu versorgen und
ihm die ausgerenkten Glieder wieder einzurichten. Man
gab ihm die für solche Fälle geeigneten Medizinen zu
trinken, fand, daß sein Puls wieder zu schlagen anfing
und er die Leute wieder erkannte, die um ihn herum waren,
vor allem Auristela, der er mit so schwacher Stimme, daß
sie kaum noch vernehmbar war, sagte:

»Schwester, ich sterbe standhaft im katholischen Glauben und in der Liebe zu dir.«

Dann sprach er kein Wort mehr und hätte auch keines
mehr zu sprechen vermocht.

Antonio wurde das Blut gestillt, und als die Ärzte die
Wunde genauer untersuchten, fanden sie, daß sie zwar
tief, aber nicht tödlich war. Sie brachten seiner Schwester
die eines Botenlohnes wohl werte Nachricht und fügten
hinzu, daß er mit Gottes Hilfe bald wieder gesunden
würde. Feliz Flora gab den Wundärzten reichen Lohn für
die Botschaft, wobei sie Constanza zuvorkam, die gerade
dabei war, den Ärzten die Nachricht zu lohnen, und es
auch tat; die Wundärzte, die in solchen Dingen keineswegs empfindlich sind, nahmen die Gaben der beiden entgegen.

Einen Monat oder etwas mehr nahm die Heilung der
Kranken in Anspruch. Die französischen Damen wollten
die Pilger nicht allein lassen, denn so groß war die Freundschaft, die sie mit ihnen geschlossen hatten, und so lebhaft
das Vergnügen, das sie an den klugen Worten Auristelas,
Constanzas und deren Brüder empfanden. Besonders war
Feliz Flora angetan, die kaum vom Krankenlager Anto-

nios wich, den sie mit solch reiner Empfindung liebte, daß
sich die Liebe auf nicht mehr erstreckte als auf das Wohlwollen und die Dankbarkeit, die sie fühlte, weil Antonio
sie durch den Pfeil aus den Händen Rubertinos befreit
hatte. Dieser Rubertino war, wie Feliz Flora sagte, ein
Adliger, Herr einer Burg, die in der Nähe der ihren lag.
Schon seit langem hatte er sie mit seiner keineswegs reinen,
sondern lasterhaften Liebe verfolgt und sie um ihrer Hand
willen mit vielen Bitten bedrängt; allein sie, durch tausenderlei Beobachtungen und durch den schlechten Ruf,
der selten täuscht, aufmerksam gemacht, habe das unbezähmbare, grausame und launische Wesen Rubertinos
erkannt und nie auf seine Werbung eingehen wollen. Nun
glaubte sie, daß er, von ihren wiederholten Abweisungen
im Innersten getroffen, ausgezogen war, um sie zu rauben
und von ihr durch Gewalt zu erzwingen, was er aus Neigung nie erhalten hätte; doch habe Antonios Pfeil seine
grausamen, lüsternen Absichten ein für allemal zunichte
gemacht, weshalb sie für den Spanier Dankbarkeit empfinden müsse und wolle. Was Feliz Flora berichtet hatte,
war genau so vor sich gegangen, wie sie es erzählt hatte.

Als dann der Augenblick kam, da die Kranken wieder
gesund waren, und ihre Kräfte dies anzuzeigen begannen,
regten sich von neuem die alten Wünsche, zumindest wurde
der Wunsch wach, die Pilgerfahrt fortzusetzen, was sie
denn auch taten, nachdem sie sich mit allem Nötigen versehen hatten. Die französischen Damen wollten sich, wie
schon gesagt, nicht mehr von den Pilgern trennen, die sie
bewunderten und mit Achtung behandelten, hatten sie
doch an den Wörtern, die Auristela in ihrer Wehklage
entschlüpft waren, erkannt, daß die Pilger Leute von
hohem Rang sein mußten, verbirgt sich doch die Majestät
zuweilen hinter grobem Tuch, und manchmal hüllt sich
die Größe in Demut. Kurz und gut, die französischen
Damen betrachteten die Pilger mit einiger Unsicherheit,
denn nach deren bescheidener Aufmachung und Begleitung
mußte man sie für kleine Leute halten; die Anmut ihrer
Erscheinung und die Schönheit ihrer Gesichtszüge jedoch
hob sie hoch in den Himmel hinauf, und so schwankten die

Drittes Buch

drei Damen zwischen einem Ja und einem Nein und zweifelten gleicherweise an dem einen wie an dem andern.

Die Französinnen veranlaßten, daß alle die Pilgerfahrt zu Pferd fortsetzten, denn der Sturz, den Periandro getan, erlaubte ihm nicht, sich allzusehr auf seine Beine zu verlassen. Feliz Flora, die sich Antonio für dessen Tat verpflichtet fühlte, wollte ihn nicht von ihrer Seite lassen. Auf dem Wege unterhielten sie sich über die Unverschämtheit Rubertinos, den sie nun tot und begraben hinter sich gelassen; sie sprachen über die seltsame Geschichte des Grafen Domicio, den die Geschenke seiner Base nicht nur den Verstand, sondern auch das Leben gekostet hatten; sie gedachten auch des wundersamen Fluges seiner Gattin, der erstaunlicher war als glaubhaft, und kamen solcherart an einen Fluß, der etwas schwierig zu überqueren war. Periandro meinte, man möge eine Brücke suchen; doch die übrigen schlossen sich seiner Meinung nicht an, und so wie bei einer Herde unerfahrener Lämmer, die in einen Engpaß geraten, eines den Anfang macht und die übrigen ihm alsogleich folgen, so trieb auch Belarminia ihr Tier entschlossen ins Wasser. Die übrigen folgten ihr, wobei Periandro nicht von Auristelas Seite wich und Antonio stets an der Seite Feliz Floras blieb, indes er seine Schwester Constanza neben sich herführte. Das Geschick erwies sich Feliz Flora als widrig, denn die Strömung des Wassers machte ihr schwindelig, so daß sie sich inmitten des Flusses nicht mehr auf dem Pferd zu halten vermochte und in die Strömung fiel. Hinter ihr her sprang in Blitzesschnelle der gefällige Antonio, und wie eine andere Europa trug er sie auf seinen Schultern zum trockenen Sand des jenseitigen Ufers. Nach solch rascher Errettung sagte Feliz Flora:

»Du bist gefällig, Spanier.«

Darauf antwortete Antonio:

»Beruhte meine Gefälligkeit nicht auf deinen Gefahren, dann würde ich sie als meiner würdig erachten; daß ich meine Gefälligkeit nur bei Gefahren erweisen kann, betrübt mich mehr, als es mich erfreut.«

Schließlich kam die schöne Schar, wie ich sie schon des

öfteren genannt habe, über den Fluß und gelangte bei Einbruch der Dunkelheit an einen Meierhof, der gleichzeitig als Herberge diente, und sie fanden darin annehmliche Unterkunft. Was ihnen hier zustieß, verlangt einen anderen Stil und ein neues Kapitel.

SECHZEHNTES KAPITEL

Wie sie auf Luisa, das Weib des Polen, stießen, und was ihnen ein Stallmeister der Gräfin Ruperta erzählte.

Dinge geschehen in der Welt, und Fälle treten ein, die sich die Phantasie, so sie in der Lage wäre, sie geschehen zu lassen, nicht einmal auszumalen vermöchte. Aus diesem Grunde werden auch Begebnisse, die nur selten eintreten, für Erfindung gehalten, und man sieht sie nicht für so wahr an, wie sie in Wirklichkeit sind. Darum müssen in solchen Fällen Eidschwüre herhalten, die Wahrheit zu bekräftigen, oder es muß ihnen das Ansehen des Erzählers beistehen, wenngleich ich der Meinung bin, es wäre besser, sie gar nicht erst zu erzählen, wie auch jene alten kastilischen Verse sagen:

Dinge, die gar wunderbar,
nicht erzähle, noch verbreite,
wissen doch nicht alle Leute,
daß sie wahr.

Das erste menschliche Wesen, auf das Constanza im Meierhofe stieß, war eine junge hübsche Dirne von ungefähr zweiundzwanzig Jahren, die sauber und nett nach spanischer Art gekleidet war. Sie trat auf Constanza zu und sagte in kastilischer Sprache:

»Gott sei gelobt, daß ich wieder Leute sehe, die, wenn schon nicht aus meiner engeren Heimat, so doch aus Spanien sind! Gott sei gelobt, sage ich noch einmal, daß ich wiederum ›Euer Gnaden‹ sagen höre und nicht ›Erlaucht‹, womit man hier sogar die Küchenjungen anredet!«

Drittes Buch 1055

»So seid Ihr, Señora«, fragte Constanza, »also Spanierin?«

»Und wie ich Spanierin bin!« erwiderte die junge Dirne. »Und noch dazu aus der besten Gegend Kastiliens.«

»Und aus welcher?« fragte Constanza wieder.

»Aus Talavera de la Reina«, erwiderte jene.

Kaum hatte sie solches gesagt, als in Constanza der Gedanke sich regte, die Dirne vor ihr könnte das Weib Ortel Banedres, des Polen, sein, die als Ehebrecherin in Madrid im Gefängnis gewesen, indes ihr Mann, von Periandro überredet, sie im Gefängnis hatte weitersitzen lassen und in seine Heimat zurückgekehrt war. Im Nu entwarf Constanza bei sich selbst einen Berg von Plänen, die, in die Tat umgesetzt, das Ergebnis zeitigten, das sie erwartet hatte. Sie nahm die junge Dirne an der Hand, führte sie vor Auristela und Periandro, nahm sie allesamt zur Seite und sagte:

»Meine Freunde, ihr seid immer im Zweifel, ob meine Wahrsagekunst falsch oder wahr sei, eine Kunst, die sich nicht damit beweist, daß sie Kommendes voraussagt, kennt doch nur Gott die Zukunft, und wenn irgendein Mensch Zukünftiges voraussagt, dann geschieht dies nur aus Zufall oder auf Grund von Begebenheiten, die sich durch die Erfahrung, die man mit ähnlichen Voraussetzungen gemacht, als zuverlässig erweisen. Wenn ich euch aber über vergangene Dinge, von denen ich keine Kunde habe und die nicht zu meiner Kenntnis gekommen sein konnten, wahrsage, was würdet ihr davon halten? Wollt ihr solches sehen? Dieses Kindlein hier stammt aus Talavera de la Reina und hat sich dort mit einem Ausländer, einem Polen, verheiratet, der, wenn ich mich recht besinne, Ortel Banedre heißt. Diesem tat sie einigen Schimpf an mit dem Hausburschen des Gasthofes, der ihrem Haus gegenüberliegt. Von ihrer Jugend verlockt und von ihren leichtfertigen Gedanken verführt, verließ sie das Elternhaus in Begleitung des genannten Burschen und wurde mit dem Ehebrecher in Madrid gefänglich eingezogen. Sowohl im Gefängnis als auch auf dem Wege hieher muß sie viele Mühen und Leiden erduldet haben, die sie aber selbst berichten soll, denn wenngleich ich auch dies wahrzusagen vermöchte, so wird sie uns solches mit genaueren Einzelheiten und unterhaltsamer zu erzählen wissen.«

»O heiliger Himmel!« rief die Dirne aus. »Wer ist die Dame, die solcherart meine geheimsten Gedanken gelesen hat? Wer ist diese Wahrsagerin, die die schändliche Geschichte meines Lebens durchschaut? Ich, Señora, bin diese Ehebrecherin, ich bin der Kerkervogel, ich bin die nur zu zehn Jahren Verbannung Verurteilte, weil mein Mann nicht weiter gegen mich aufgetreten ist. Ich bin die Unglückliche, die sich jetzt in der Gewalt eines spanischen Soldaten, der auf dem Wege nach Italien ist, befindet; ich esse nun mein Brot mit Tränen und führe ein Leben, das mich oft und oft den Tod herbeisehnen läßt. Mein Freund – der erste – ist im Gefängnis gestorben; dieser da – ich weiß nicht, der wievielte es ist – hat mich im Gefängnis unterstützt, mich von dort herausgeholt, und nun schleppt er mich, wie ich schon gesagt, in der Welt herum zu seinem Vergnügen und zu meinem Leidwesen; allein ich bin nicht so dumm, daß ich nicht wüßte, welche Gefahr meine Seele bei diesem Umherstrolchen läuft. Darum, um Gottes Barmherzigkeit willen, ihr Damen und Herren, da ihr Spanier seid, Christenmenschen seid, vornehme Leute seid, wie eure Erscheinung mir zu verstehen gibt, holt mich aus der Gewalt dieses Spaniers, was soviel wäre, als holtet ihr mich aus den Klauen eines Löwen!«

Periandro und Auristela staunten über die umsichtige Klugheit Constanzas, und deren Einfall folgend, bekräftigten sie die Wahrsagekunst ihrer Freundin mit vielem Lob. Sie versprachen, dem verlorenen Mädchen nach besten Kräften zu helfen. Die Dirne sagte, der spanische Soldat sei nicht immer bei ihr, sondern er wäre entweder eine Tagereise voraus oder eine Tagereise hinterher, um die Justiz irrezuführen.

»Dies trifft sich bestens«, sagte Periandro, »und darauf werden wir den Plan zu Eurer Rettung aufbauen. Die Dame, die imstande war, Euer vergangenes Leben zu erraten, wird Euch auch in Eurem weiteren Leben zu helfen wissen. Bessert Euch aber, denn ohne das feste Funda-

Drittes Buch   1057

ment der Tugend läßt sich nichts erreichen, was einem
guten Leben ähnlich wäre. Bleibt einstweilen bei uns, denn
Eure Jugend und Euer hübsches Gesicht sind die größten
Feinde, die Ihr in der Fremde haben könnt.«

Die junge Dirne weinte, Constanza wurde gerührt, und
Auristela zeigte die gleiche Empfindung, wodurch sich
Periandro verpflichtet sah, dem Mädchen beizustehen.
Indes kam Bartolomé herbei und sagte:

»Kommt und seht das Seltsamste, das ihr je in eurem
Leben gesehen haben werdet!«

Dies sagte er mit allen Anzeichen des Schreckens und des
Entsetzens, so daß alle ihm gleich folgten, weil sie meinten, sie würden etwas ganz Außergewöhnliches erblicken;
sie betraten einen Raum, der von jenen Räumen, wo die
Pilger und die französischen Damen untergebracht waren,
etwas entfernt lag. Dort sahen sie durch die Ritzen einiger
Fenstermatten hindurch in einen anderen Raum, der wie
ein Sterbezimmer ganz schwarz ausgeschlagen war; allein
das lastende Dunkel des Raumes erlaubte ihnen nicht zu
erkennen, was darin war. Als sie so hineinblickten, trat
ein betagter Mann, gleichfalls zur Gänze in Trauer gekleidet, ein und sagte:

»Wenn ihr, meine Verehrten, in zwei Stunden, wenn es
völlig Nacht geworden, Frau Ruperta sehen wollt, ohne
daß sie euer gewahr wird, so will ich dafür sorgen, daß ihr
sie zu sehen bekommt, denn dieser Anblick wird euch
Anlaß genug sein, über ihr seltsames Gehaben und ihre
Schönheit zu staunen.«

»Herr«, erwiderte Periandro, »dieser unser Diener hier
hat uns aufgefordert, hieherzukommen, damit wir etwas
Außergewöhnliches zu sehen bekämen; allein bis jetzt
haben wir nichts gesehen als diesen wie ein Sterbezimmer
ausgeschlagenen Raum, was keineswegs außergewöhnlich
ist.«

»Wenn ihr zur genannten Stunde hieher zurückkehrt«,
sagte der Mann in Trauerschwarz, »dann werdet ihr genug zum Staunen haben. Ihr müßt wissen, daß jener Raum
von Frau Ruperta bewohnt wird, die – es ist noch kein
Jahr her – die Gattin des Grafen Lamberto von Schottland

war. Ihn kostete die Ehe mit ihr das Leben, und sie ist dabei, das ihre jeden Augenblick zu verlieren. Claudino Rubicon nämlich, einer der vornehmsten Edelleute Schottlands – ein wegen seines Reichtums und seines Ranges überaus hochmütiger Mensch und dabei von sehr verliebter Anlage – verliebte sich in meine jetzige Herrin, als diese noch unverheiratet war. Er wurde von ihr zwar nicht mit Schimpf behandelt, wohl aber abgewiesen, und sie vermählte sich mit dem Grafen, meinem Herrn. Dieser rasche Entschluß meiner Herrin dünkte Rubicon eine Beschimpfung und Herabsetzung seiner Person, als hätte die schöne Ruperta nicht, wie andere auch, Eltern gehabt, die ihr die Ehe gerichtet, und klare Verpflichtungen, die sie dazu zwangen; dazu kam noch das zueinander passende Alter, denn bei jenen, die sich einander verbinden, soll der Mann der Frau zehn oder mehr Jahre voraushaben, damit das Alter beide zugleich treffe.

Allein Rubicon war schon Witwer und hatte einen Sohn im Alter von fast einundzwanzig Jahren; dieser jedoch ist ein gar artiger Mensch und von besserer Gemütsart als sein Vater. Hätte sich dieser Jüngling um meine Herrin beworben, dann wäre mein Herr, der Graf, noch am Leben, und meine Herrin wäre glücklich.

Nun geschah es, daß sich Ruperta, meine Herrin, mit ihrem Gemahl nach einem der Märkte seiner Herrschaft begab, um sich dort zu erholen. Unvermutet stießen wir im Ödland auf Rubicon, der von vielen Dienern begleitet war. Er sah meine Herrin, und ihr Anblick brachte ihm den Schimpf in Erinnerung, den sie ihm, seiner Meinung nach, angetan. Die Liebe verwandelte sich in Wut, und die Wut in das Verlangen, meiner Herrin ein Leid anzutun. Da nun die Rache Verliebter jede Kränkung weit übertrifft, zog Rubicon wütend, rasend und tollkühn die Klinge, lief auf den Grafen, meinen Herrn, zu, der von alledem nichts wußte und sich vor der Gefahr, die er nicht voraussehen konnte, nicht zu schützen vermochte, und stieß ihm die Klinge in die Brust, indes er ausrief: ›Du sollst mir bezahlen, was du mir nicht schuldest; und wenn dies auch grausam erscheint, grausamer noch war dein Weib gegen

Drittes Buch   1059

mich, nahm mir doch ihr Verschmähen nicht nur einmal,
sondern hunderttausendmal das Leben.‹

Bei alledem war ich zugegen; ich vernahm die Worte,
die Rubicon sprach, sah und befühlte mit eigenen Händen
die Wunde des Grafen; ich hörte meiner Herrin Klagen,
die hoch zum Himmel aufstiegen. Wir kehrten heim, um
den Grafen zu bestatten. Doch ehe er zu Grabe gelegt
ward, trennten wir dem Toten auf Befehl meiner Herrin
den Kopf vom Leibe. In einigen Tagen war der Schädel,
dank verschiedener Mittel völlig von Haar, Haut und
Fleisch befreit, nichts als ein Totenschädel. Die Herrin
befahl, den Totenkopf in ein silbernes Kästchen zu legen
und tat, die Hände auf das Kästchen gelegt, folgenden
Eidschwur. Ich vergaß zu sagen, daß der grausame Rubicon, sei es aus Geringschätzung, sei es, um sich als noch
grausamer zu erweisen oder vielleicht auch nur aus Verwirrung, seine Klinge in der Brust meines Herrn hatte
stecken lassen; das Blut klebt auch heute noch so frisch an
der Klinge wie damals. Meine Herrin sprach also folgende
Worte:

›Ich, die unglückliche Ruperta, der der Himmel umsonst den Namen einer Schönen gegeben hat, schwöre, die
Hände auf diese jämmerlichen Reste gelegt, bei Gott, den
Tod meines Gatten mit allem Eifer und Scharfsinn zu
rächen, wenn ich auch dies armselige Leben ein- und tausendmal daranwagen müßte. Ich werde mich davon nicht
abhalten lassen durch Mühen und Leiden und werde durch
meine flehentlichen Bitten alle, die mir beistehen könnten,
zu bewegen versuchen, mir zu helfen. Und so lange dies
mein gerechtes, wenn auch unchristliches Begehren nicht
erfüllt ist, schwöre ich, mich nur in Schwarz zu kleiden,
in schwarz ausgeschlagenen Räumen zu hausen; die Tücher
meiner Tafel sollen Trauer sein und meine Begleiterin die
Einsamkeit. Auf meiner Tafel soll diese Reliquie stehen,
die mir die Seele zermartert; dieser zungenlose Schädel
soll mich ermahnen, die Untat zu rächen, und diese Klinge,
an der ich sein Blut noch ungetrocknet zu sehen glaube,
soll mein Blut in Wallung bringen, soll mich nicht zur
Ruhe kommen lassen, ehe ich mich nicht gerächt habe.‹

1060 Die Mühen und Leiden des Persiles und der Sigismunda

Nachdem sie solches gesagt, schienen die Tränen spärlicher zu fließen und die schmerzlichen Seufzer sich zu mäßigen. Nun ist sie auf dem Wege nach Rom, um von den Fürsten Italiens Gnade und Beistand gegen den Mörder ihres Gatten zu erflehen. Dieser jedoch bedroht sie immer noch, vielleicht aus Angst; denn oft pflegt eine Stechmücke mehr zu schaden, als einem ein Adler zu helfen vermag. Dies, meine Verehrten, werdet ihr, wie gesagt, hier in zwei Stunden zu sehen bekommen, und solltet ihr davon nicht beeindruckt sein, dann habe ich schlecht erzählt, oder ihr müßt ein Herz von Stein besitzen.«

Hier endete der Stallmeister in Trauerschwarz seinen Bericht, und die Pilger begannen sich sogleich, ehe sie noch Ruperta gesehen, über den sonderbaren Fall zu wundern.

Siebzehntes Kapitel

Vom glücklichen Ende, das die Rachsucht der Gräfin Ruperta fand.

Der Zorn ist, wie man sagt, eine Aufwallung des Blutes, das, dem Herzen am nächsten, sich beim Anblick des verhaßten Gegenstandes und oft auch schon in der Erinnerung daran empört. Der Zorn setzt sich einzig die Rache als letztes Ziel und beruhigt sich erst, wenn der Beleidigte, recht oder unrecht, den Durst nach Rache gestillt hat. Dies wird uns die schöne, beleidigte und rachlüsterne Ruperta zu erkennen geben, die so erfüllt war von ihren Rachegelüsten, daß sie diese, nachdem sie vom Tod ihres Feindes erfahren hatte, auch auf alle seine Nachkommen übertrug und, falls ihr solches gegeben wäre, keinen von ihnen am Leben lassen wollte, ist doch die Wut des Weibes grenzenlos.

Es kam die Stunde, da die Pilger die Gräfin sehen sollten, ohne von ihr gesehen zu werden. Sie dünkte ihnen über alle Maßen schön, wie sie, einen schneeweißen Schleier auf dem Kopfe, der ihr fast bis an die Füße herabfiel, da

Drittes Buch   1061

an einem Tisch saß, vor sich im silbernen Kästchen den
Schädel des toten Gatten, die Klinge, mit der man ihm das
Leben genommen, vor sich, und ein Hemd, an dem, wie
sie sich vorstellte, das Blut des Gatten noch nicht einge-
trocknet war. Diese schmerzlichen Andenken weckten in
ihr den Zorn, wenngleich solches unnötig war, da er nicht
erst geweckt zu werden brauchte, schlief er doch nie. Sie
erhob sich, legte die Rechte auf den Schädel und begann,
den Eidschwur, von dem der in Schwarz gekleidete Stallmeister berichtet hatte, zu wiederholen und zu bekräftigen.
Es entströmten der Zähren genug ihren Augen, um alle
die Werkzeuge ihres Schmerzes damit zu netzen; der Brust
entriß sie Seufzer, die die Luft um sie und entfernter von
ihr verdichteten; dem ursprünglichen Eidschwur fügte sie
Wörter und Wendungen hinzu, die ihn noch furchtbarer
machten, und es schien manchmal, als brächen aus ihren
Augen nicht Tränen, sondern Feuerbäche, und als entströmten ihrem Munde nicht Seufzer, sondern Rauch-
schwaden, so sehr ließ sie sich von der Macht der Leidenschaft und dem Verlangen nach Rache hinreißen.

Seht ihr sie weinen? Hört ihr sie seufzen? Seht ihr, wie
sie außer sich geraten ist? Seht ihr sie die Mörderklinge
schwingen? Seht ihr sie das blutige Hemd küssen, und hört
ihr, wie das Schluchzen ihr die Worte fast erstickt? Wartet
jedoch bis zum Morgen, dann werdet ihr Dinge erleben,
die euch Stoff genug geben, um noch tausend Jahrhunderte
davon zu reden.

Ruperta war gerade auf dem Gipfel ihres Schmerzes
und an der Grenze ihrer leidvollen Lust angelangt – selbst
der Wütende wird, seiner Wut erleichtert, müde –, als
einer ihrer Diener, gleichfalls in Trauer gehüllt, an sie
herantrat, als wäre er ein Schatten, und leise, in kaum
gesprochenen Worten sagte:

»Herrin, der schöne Croriano, der Sohn deines Feindes,
ist soeben mit einigen Dienern hier abgestiegen. Überlege,
ob du dich vor ihm verbergen willst, ob du dich ihm zu
erkennen gibst, oder was du sonst tun willst, denn es ist
an der Zeit, darüber nachzudenken.«

»Ich will von ihm nicht erkannt werden«, sagte Ruperta, »und warnt alle meiner Diener davor, meinen Namen unbedacht auszusprechen oder mich bedacht zu verraten.«

Indes sie solches sagte, nahm sie ihre schmerzlichen Kostbarkeiten an sich, befahl, den Raum zu verschließen und niemand eintreten zu lassen. Die Pilger kehrten in ihre Räume zurück; Ruperta blieb nachdenklich stehen, und ich vermöchte nicht zu sagen, ob sie wirklich, wie es heißt, zu sich allein folgende oder ähnliche Worte gesprochen hat:

»Bedenke, o Ruperta, daß der Himmel in seiner Güte die Seele deines Feindes gleich einem Opferlamm in deine Hand gegeben hat, ist doch ein Kind, vor allem das einzige Kind, ein Stück aus Elternherzen. Wohlan, Ruperta! Vergiß nun, daß du ein Weib bist, und solltest du dies nicht vergessen können, dann bedenke, daß du ein beleidigtes Weib bist. Deines Gatten Blut schreit zu dir, und jener zungenlose Schädel sagt: ›Räche mich, mein süßes Weib, man hat mich Schuldlosen gemordet!‹ Ließ sich doch die scheue Judith nicht schrecken durch die Wut des Holofernes, wenngleich ihre Sache verschieden von der meinen ist. Sie züchtigte einen Feind Gottes, und ich will einen Mann bestrafen, der vielleicht mein Feind nicht ist. Ihr drückte die Liebe zu ihrem Volke den Stahl in die Hand und mir die Liebe zu meinem Gatten. Weshalb aber stelle ich solch unsinnige Vergleiche an? Was habe ich denn anderes zu tun, als die Augen zu schließen und den Stahl in die Brust dieses Jünglings zu stoßen? Meine Rache wird um so größer sein, je geringer seine Schuld ist. Ich werde mir den Ruf einer Rächerin erwerben, komme, was da kommen mag! Wünsche, die nach Erfüllung streben, kümmern sich um kein Hindernis, und brächte es auch den Tod mit sich. Mein Wunsch gehe in Erfüllung, und müßte ich solches mit meinem Tod erkaufen.«

Dies gesagt, traf sie alle Anstalten, damit sie in der Nacht in Crorianos Zimmer eingeschlossen werde, zu dem ihr einer seiner Diener, den sie mit Geld bestochen hatte, Zugang verschaffte, glaubte er doch seinem Herrn einen Gefallen zu tun, wenn er ihm ein Weib von Rupertas

Drittes Buch   1063

Schönheit ins Bett brächte. Ruperta, die sich an einer Stelle
des Zimmers versteckte, wo sie weder gesehen noch gehört
werden konnte, legte ihr Schicksal in die Hand Gottes und
wartete, in tiefstem wundersamem Schweigen begraben,
auf die Stunde ihrer Genugtuung, die sie von Crorianos
Tod erhoffte. Als Opferwerkzeug führte sie ein sehr scharfes kleines Messer bei sich, das ihr die handlichste Waffe
zu sein schien; sie hatte auch eine gut schließende Laterne,
in der eine Kerze brannte, mit; dann hielt sie den Atem
solcherart an, daß sie kaum auszuatmen wagte.

Was tut ein gekränktes Weib nicht alles? Welche Berge
von Schwierigkeiten würde es um seiner Vorsätze willen
nicht überwinden? Gibt es denn irgendeine Unmenschlich-
keit, die, und wäre sie noch so furchtbar, dem erbitterten
Weibe nicht wie friedfertige Milde erschiene? Doch genug
davon, denn es ließe sich in diesem Falle noch viel mehr
darüber sagen, und es ist besser, damit aufzuhören, da
sich schwerlich Worte fänden, diesen Fall zu erschöpfen.

Endlich kam die ersehnte Stunde. Croriano legte sich,
ermüdet von der Reise, zu Bett und überließ sich, ohne
auch nur im geringsten an seinen Tod zu denken, der Ruhe.
Aufmerksam lauschte Ruperta, ob Croriano nicht endlich
durch ein Zeichen verriete, daß er eingeschlafen sei. Schließlich überzeugte sie davon die Zeit, die von dem Augenblick an verflossen war, da er sich zu Bett gelegt hatte,
und einige tiefe Atemzüge, die Menschen nur im Schlafe
tun, verschafften ihr Gewißheit. Als Ruperta solches erkannte, öffnete sie, ohne sich vorher zu bekreuzigen oder
irgendeine Gottheit um Beistand anzuflehen, die Laterne;
das Zimmer wurde hell, und sie blickte auf den Boden vor
sich, um zu sehen, wohin sie ihren Fuß zu setzen habe,
damit er sie, ohne zu straucheln, ans Lager des Jünglings
brächte.

Wohlan denn, schöne Mörderin, süße Zornwütige, liebliche Henkerin! Laß nun deinem Zorne Lauf, tue deinem
Groll Genüge, lösche deinen Schimpf und schaffe ihn aus
der Welt, denn vor dir liegt der, an dem du den Durst der
Rache löschen kannst! Doch hüte dich, o schöne Ruperta,
diesen herrlichen Cupido anzuschauen, den du bald im

Lichtschein deiner Laterne vor dir sehen wirst, damit nicht in einem einzigen Augenblick das ganze Gebäude deiner Rachepläne zusammenbricht!

Endlich war sie am Lager und ließ das Licht mit bebender Hand aus der Laterne auf das Antlitz Crorianos, der im tiefen Schlafe lag, fallen, entdeckte darin die Eigenschaft des Medusenschildes, den Perseus besessen, und stand da, als wäre sie zu Stein erstarrt. Sie schaute solche Schönheit, daß das Messer ihrer Hand entfiel, eine Schönheit, die sie zwang über die ungeheuerliche Tat nachzudenken, die zu begehen sie im Begriffe gewesen; sie erkannte, wie Crorianos Schönheit die Schatten des Todes, den sie ihm hatte geben wollen, verscheuchte, so wie die Sonne die Nebel vertreibt, und im selben Augenblick hörte Croriano auf, das Schlachtopfer zu sein auf dem Brandherd ihrer Rache, um zur heiligen Opferflamme auf dem Altar ihrer Liebe zu werden.

»Ach«, sagte Ruperta bei sich, »hochherziger, herrlicher Jüngling, um wieviel mehr würdest du mir als Gatte taugen denn als Ziel meiner Rache! Welche Schuld hast du an der Untat, die dein Vater begangen hat, und welche Strafe sollte man dem Schuldlosen geben? Lebe weiter, genieße weiter dein Leben, o herrlicher Jüngling, und möge in meinem Busen der grausame Durst nach Rache erlöschen, denn besser ist es, man gibt mir, sollte dies ruchbar werden, den Namen einer Barmherzigen als den einer Rächerin.«

Indes sie, verwirrt und reuevoll, solches bei sich sagte, fiel ihr die Laterne aus der Hand auf Crorianos Brust, der dadurch geweckt wurde. Die Kerze war erloschen, und er sah sich im Dunkel; Ruperta wollte das Zimmer verlassen, doch fand sie den Ausgang nicht; Croriano schlug Lärm, griff nach dem Degen, sprang vom Lager und schritt das Zimmer ab, wobei er auf Ruperta stieß, die mit zitternder Stimme sagte:

»Töte mich nicht, o Croriano, denn ich bin ein Weib. Noch ist es keine Stunde her, daß ich dich habe töten wollen und es auch gekonnt hätte, indes ich mich nun gezwungen sehe, dich um mein Leben anzuflehen.«

Indes kamen die Diener, durch den Lärm angezogen,

Drittes Buch

mit Lichtern in das Zimmer. Croriano erblickte und erkannte die überaus schöne Witwe, die ihm wie der strahlende Mond, von weißen Wölkchen umgeben, erschien.

»Was soll das heißen, Frau Ruperta?« fragte er. »Hat Euch das Verlangen nach Rache hiehergeführt oder seid Ihr gekommen, von mir zu verlangen, daß ich das Unrecht vergelte, das Euch mein Vater angetan? Ist dieses Messer nicht Beweis genug dafür, daß ihr gekommen seid, mir das Leben zu nehmen? Mein Vater ist bereits tot, und Tote können keine Genugtuung geben für die Kränkung und das Unrecht, das sie anderen angetan. Die Lebenden freilich können das Geschehene wieder gutmachen, und so will ich, der ich hier die Stelle meines Vaters vertrete, das Leid, das er Euch bereitet hat, nach meinem besten Wissen und Können gutmachen. Doch laßt mich Euch vorerst in allen Ehren berühren, damit ich sehe, ob Ihr nicht vielleicht eine Spukgestalt seid, die gekommen ist, mir das Leben zu nehmen, oder ein Trugbild, das erschienen ist, mich zu betrügen, oder ein Traum, mir Glück zu verheißen.«

»Möge mir immerdar Unglück beschieden sein«, erwiderte Ruperta, »sofern mich der Himmel nicht schon längst zum Unglück bestimmt hat, wenn ich gestern, hier im Gasthof angekommen, im geringsten nur in Rachedurst deiner gedacht. Doch da kamst du; ich habe dich nicht gesehen, als du hier abgestiegen; ich hörte nur deinen Namen nennen, den Namen, der den Zorn in mir wachrief und mich bewog, mich durch dich zu rächen. Mit einem deiner Diener kam ich überein, daß er mich zur Nacht in deinem Zimmer einschlösse; sein Schweigen verschaffte ich mir, indem ich ihm den Mund mit einigen Geschenken verschloß; dann kam ich hieher, mit diesem Messer bewaffnet, und mein Verlangen, dich zu töten, wurde immer größer; ich wurde gewahr, daß du eingeschlafen warst, trat aus meinem Versteck hervor und ließ den Schein der Laterne, die ich mit mir führte, auf dich fallen; ich sah dein Antlitz, das mir Achtung und Ehrerbietung abzwang, und zwar solcherart, daß die doppelte Schneide meines Messers stumpf wurde und mein Durst nach Rache verflog; dann entfiel meiner Hand die Laterne, die dich weckte, du schlugst Lärm, ich wurde verwirrt, woraus sich ergab, was du ja selbst weißt. Nun will ich nichts mehr von Rache wissen, nichts mehr von Kränkung, Schimpf, Leid und Unrecht. Lebe du in Frieden weiter, denn ich will die erste sein, die eine Beleidigung mit Gnade vergilt, wenn es eine Gnade genannt werden kann, dir eine Schuld zu vergeben, die du nicht auf dich geladen hast.«

»Herrin«, erwiderte Croriano. »Mein Vater wollte dich heiraten, du wiesest ihn ab; er, der Verschmähte, tötete deinen Gatten. Nun ist mein Vater gestorben und hat diese Schuld in die andere Welt mit hinübergenommen; ich aber bin hier zurückgeblieben, Fleisch von seinem Fleische, um für sein Seelenheil Gutes zu tun. Wenn du nun willst, daß ich dir diesen Leib und diese Seele überantworte, dann nimm mich an als Gatten, sofern du nicht, wie schon gesagt, ein Trugbild bist, das mich täuscht, denn zu plötzliches Glück gibt immer argwöhnischen Gedanken Raum.«

»Schließe mich in deine Arme, mein Gebieter«, erwiderte Ruperta, »und du wirst erkennen, daß dieser mein Leib kein Trugbild ist, und daß die Seele, die ich dir mit ihm überliefere, einfach ist, lauter und wahrhaftig.«

Die Diener Crorianos, die mit Lichtern herbeigeeilt waren, wurden Zeugen dieser Umarmungen und dieses Händereichens, mit dem Ruperta und Croriano ihr Verlöbnis besiegelten. So siegte in jener Nacht der milde Friede über den rauhen Krieg; die Walstatt wurde zum Brautgemach; Friede entsprang dem Zorn, dem Tod das Leben, und der Kummer wurde zur Freude. Der Tag brach an und fand die Neuvermählten eng umschlungen, den einen in den Armen des andern. Die Pilger erhoben sich von ihren Lagern, um zu erfahren, was die schmerzerfüllte Ruperta getan haben mochte, nachdem der Sohn ihres Feindes im Gasthof eingetroffen war. Die Geschichte des Vaters war den Pilgern ja vertraut. Die Nachricht von der unerwarteten Vermählung wurde im Gasthof rasch bekannt, und als gesittete Leute begaben sich die Pilger und ihre Freunde ans Brautgemach, um das junge Paar zu beglückwünschen. Allein ehe sie dort eintraten, sahen

Drittes Buch   1067

sie aus Rupertas Zimmer den betagten Stallmeister herauskommen, der ihnen die Geschichte erzählt hatte. Er
trug das Kästchen, in dem der Schädel von Rupertas
erstem Gatten lag, trug auch das Hemd und die Klinge,
die Ruperta oft bittere Tränen entlockt hatten, und sagte,
er bringe all diese Dinge an einen Platz, wo sie die gegenwärtige Glückseligkeit nicht durch die Erinnerung an vergangenes Unglück zu trüben imstande wären. Er schimpfte
über den Wankelmut Rupertas und im allgemeinen über
den aller Weiber; und das sanfteste Wort, das er gegen
sie gebrauchte, war, daß er sie alle launenhaft nannte. Ehe
die Pilger ins Zimmer traten, hatten sich die Neuvermählten vom Lager erhoben; die Dienerschaft sowohl Rupertas
als auch die Crorianos freute sich; die Herberge verwandelte sich in einen königlichen Palast, würdig der Vermählung solch hochgestellter Leute. Periandro, Auristela,
Constanza und Antonio waren in ein langes Gespräch mit
den Neuvermählten vertieft, und alle berichteten einander
aus ihrem Leben das, was ihnen geeignet schien, mitgeteilt
zu werden.

ACHTZEHNTES KAPITEL

Brand im Gasthof. Ein Astrolog namens Soldino rettet alle und
führt sie in seine Höhle, wo er den Pilgern und ihren Freunden
Glück im weiteren Leben voraussagt.

Indes sie alle ins Gespräch vertieft waren, trat durch die
Tür des Gasthofes ein Mann, dem ein langer weißer Bart
das Aussehen eines Mannes gab, der die Achtzig bereits
überschritten hatte. Er war weder wie ein Pilger noch wie
ein Mönch gekleidet, wenngleich er etwas von dem einen
wie von dem andern an sich hatte. Sein Kopf war unbe-
deckt, glatt und kahl war der Schädel in der Mitte, indes
ihm an den Seiten langes, überaus weißes Haar herab-
wallte; den gekrümmten Körper stützte er auf einen knor-
rigen Hirtenstab, der ihm als Stock diente. Kurz und gut,

alles in allem erschien der Mann als verehrungswürdiger Greis, vor dem, kaum daß sie ihn erblickt hatte, die Wirtin niederkniete und sagte:

»Ich, Vater Soldino, werde diesen Tag unter meine Glückstage rechnen, da ich es verdient habe, dich in meinem Hause zu sehen; kommst du doch nie, es sei denn zu meinem Besten.«

Und sich an die Umstehenden wendend, fuhr sie fort:

»Dieser ehrwürdige Mensch, dessen Haar weiß ist wie Schnee, dieses lebende Bildnis aus weißem Marmor, ihr Herrschaften, ist der berühmte und rühmenswerte Soldino, dessen Ruf nicht nur über Frankreich sich verbreitet, sondern über die ganze Welt.«

»Laßt die Lobpreisungen, gute Frau«, erwiderte der Greis, »denn oftmals entspringt ein guter Ruf der bösen Lüge. Nicht der Anfang, sondern das Ende zeigt, ob ein Mensch glücklich ist, und Tugend, die als Laster endet, ist nie Tugend gewesen, sondern Laster. Allein, wie dem auch sei, ich will den Ruf, in dem ich bei Euch stehe, rechtfertigen. Achtet heute auf Euer Haus, denn aus Anlaß der Hochzeit und der Festlichkeiten, die hier vorbereitet werden, wird es zu einem Brand kommen, der es fast zur Gänze vernichten wird.«

Darauf sagte Croriano, der gerade mit Ruperta, seiner Gemahlin, sprach:

»Dieser Mann wird wohl ein Magier oder ein Wahrsager sein, da er das Kommende voraussagt.«

Der Greis, der dies vernommen hatte, erwiderte:

»Ich bin weder Magier noch Wahrsager, wohl aber Judizial-Astrolog und pflege eine Wissenschaft, die, so man sie beherrscht, beinahe wahrzusagen lehrt. Glaubt mir, meine Freunde, wenigstens dieses Mal, verlaßt das Haus und kommt mit mir zu meiner Wohnstatt, die in einem nahen Walde liegt und euch eine Unterkunft bieten wird, die, wenn sie auch nicht so geräumig ist, wie diese hier, doch größere Sicherheit gibt.«

Kaum hatte er dies gesagt, als Bartolomé, Antonios Diener, eintrat und rief:

»Die Küche brennt, denn das viele Holz, das ganz nahe

Drittes Buch 1069

beim Herd lag, hat Feuer gefangen und brennt nun so lichterloh, daß alles Wasser des Meeres nicht imstande wäre, das Feuer zu löschen.«

Kaum hatte Bartolomé dies gesagt, als man auch schon die Rufe der Diener vernahm und das Krachen des Feuers ihr Geschrei bestätigte. Der Augenschein bestätigte auch die warnenden Worte Soldinos; Periandro nahm Auristela beim Arm, und ohne erst zu erkunden, ob das Feuer gelöscht werden könnte oder nicht, sagte er zu Soldino:

»Führe uns, Herr, in deine Wohnstatt, denn daß diese hier in Gefahr ist, steht außer Zweifel.«

Was Periandro getan, tat nun auch Antonio mit seiner Schwester Constanza und mit Feliz Flora, denen Deleasir und Belarminia folgten, indes die reuige Dirne aus Talavera de la Reina Bartolomé am Gürtel faßte, er nach dem Halfter des Tragtieres griff, und schließlich alle, einschließlich der Neuvermählten und der Wirtin, die wußte, daß die Voraussagen Soldinos sich immer bewahrheiteten, dem Greis folgten, der sie, wenn auch mit langsamerem Schritt, anführte. Die übrigen Leute im Gasthof, die Soldinos Worte nicht gehört hatten, da sie nicht anwesend waren, bemühten sich weiterhin, das Feuer zu löschen, doch ließ sie dessen Wüten bald erkennen, daß jede Mühe vergeblich war. Das Haus brannte während des ganzen Tages. Hätte das Feuer sie alle nachts überrascht, dann würde es wohl ein Wunder gewesen sein, wenn auch nur einer entkommen wäre, um von der Wut des Brandes zu berichten.

Schließlich gelangten die Flüchtlinge in den Wald, wo sie eine nicht sehr geräumige Klause vorfanden, hinter der sie eine Tür sahen, die der Zugang zu einer dunklen Höhle zu sein schien. Ehe sie die Klause betraten, sagte Soldino zu den vielen Leuten, die ihm gefolgt waren:

»Diese Bäume werden euch mit ihren angenehmen Schatten als vergoldete Zimmerdecken dienen, und das Gras dieser überaus lieblichen Wiese wird euch, wenn schon nicht ein weißes, so doch ein weiches Lager sein. Diese Herrschaften hier werde ich in meine Höhle führen, nicht damit sie dort eine bessere Unterkunft fänden, sondern weil es ihrem Rang entspricht.«

Dann nahm er Periandro, Auristela, Constanza, die drei französischen Damen, Ruperta, Antonio und Croriano mit sich, ließ viele Leute draußen und zog sich mit seinen vertrauteren Gästen zurück, nachdem er die Tür der Klause und die der Höhle hinter sich verschlossen hatte.

Als Bartolomé und das Mädchen aus Talavera sahen, daß sie weder zu den Berufenen noch zu den Auserwählten Soldinos gehörten, kamen sie – sei es aus Verdruß darüber oder weil beide leichtfertig waren und entdeckten, wie gut sie zueinander paßten – überein, alles im Stich zu lassen: er seine Herrschaft und sie ihre Bußfertigkeit. Sie erleichterten das Gepäck um zwei Pilgerhemden und machten sich, das Mädchen beritten und der Liebhaber zu Fuß, aus dem Staub. So spielte sie ihren mitfühlenden Damen und er seinen ehrenwerten Herrschaften in der Absicht, wie alle andern, jedoch auf eigene Faust nach Rom zu ziehen, einen bösen Streich.

Es wurde schon einmal gesagt, daß man nicht alle unwahrscheinlichen und nicht nachweisbaren Begebnisse in eine Geschichte aufnehmen soll, denn sie verlieren ja an Wert, sobald man ihnen keinen Glauben schenkt. Dem Geschichtsschreiber kommt es jedoch nur darauf an, die Wahrheit zu berichten, mag sie nun als Wahrheit erscheinen oder nicht. Von diesem Grundsatz ausgehend, sagt uns der Verfasser dieser Geschichte, daß Soldino mit der gesamten Frauen- und Männerschar die Stufen der dunklen Höhle hinabstieg und daß sich dann vor ihnen, nachdem sie fast achtzig Stufen hinter sich hatten, der reine, strahlende Himmel öffnete und sie liebliche weite Wiesen vor sich sahen, die ihnen Augen und Herz erquickten. Soldino hieß seine Begleiter, sich in einem Kreis um ihn aufzustellen, und sagte:

»Dies, meine Freunde, ist kein Blendwerk, und die Höhle, durch die wir gekommen, ist nur eine Abkürzung, durch die man in dieses von der Außenwelt abgeschiedene Tal kommt, das sich hier vor euch breitet. Eine Meile von hier hat es einen anderen, leichteren, weil flacheren Zugang. Ich habe dank meiner Hände und Arme diese Höhle gegraben und dieses Tal, dessen Wasser und Früchte mich

Drittes Buch   1071

reichlich ernähren, zu meinem Besitztum gemacht. Hier
fand ich, vor dem Krieg fliehend, den Frieden; statt des
Hungers, den ich in der Welt dort droben, wenn ich so
sagen darf, litt, fand ich hier reichliche Nahrung; hier habe
ich statt der Fürsten und Monarchen, die der Welt befehlen, diese stummen Bäume gefunden, die, wenngleich
auch sie hoch und prächtig stehen, voll der Demut sind;
hier dringt kein Scheltwort eines Kaisers, noch der Ärger
seiner Diener an mein Gehör; hier gibt es keine Dame,
die mich verschmähen könnte, noch einen Diener, der mich
schlecht bedient und betrügt. Hier bin ich mein eigener
Herr, hier kann ich mein Herz und meine Seele offen in
der Fläche meiner Hand tragen, und hier richte ich mein
Denken und mein Begehren geradewegs dem Himmel zu;
hier habe ich das Studium der Mathematik abgeschlossen,
habe den Lauf der Sterne und die Bewegungen der Sonne
und des Mondes beobachtet, hier habe ich manchen Grund
zur Freude und auch manchen zur Trauer gefunden wegen
der Begebnisse, die, noch im Schoß der Zukunft liegend,
trotzdem so sicher eintreffen werden, daß sie, wie ich annehme, geschaut, doch gleichbedeutend sind mit der Wirklichkeit. Jetzt, jetzt, sehe ich, als wäre ich dabei, wie ein
kühner Jüngling aus dem Hause Österreich einem tapferen Piraten das Haupt vom Rumpfe schlägt. Oh, wenn ihr
ihn wie ich sehen könntet, wie er die Fahne der Feinde
durchs Wasser schleift, wie er ihre Halbmonde mit Schmach
überschüttet, wie er ihre langen Roßschweife des prächtigen Haars beraubt, wie er ihre Schiffe verbrennt, ihre Leiber in Stücke haut und tötet! Doch wehe mir; ein anderer
Jüngling gekrönten Hauptes erfüllt mich mit Trauer; hingestreckt liegt er, von tausend Maurenlanzen durchbohrt,
auf heißem Sand. Der eine ist ein Enkel und der andere
ein Sohn des nie genug gerühmten Karls V., des Kriegsherrn, der stets wie ein furchtbarer Blitz über die Feinde
herfiel. Ihm diente ich viele Jahre und würde ihm noch
viele gedient haben, hätte mich daran nicht mein Wunsch
gehindert, den Dienst des irdischen Herrn gegen den des
himmlischen zu vertauschen. Hier bin ich nun und sage,
ohne erst Bücher zu befragen, allein aus der Erfahrung,

die ich mir in der langen Zeit meiner Einsamkeit erworben habe, nun sage ich dir, o Croriano – schon daß ich deinen Namen weiß, ohne dich je zuvor gesehen zu haben, müßte mir Geltung verschaffen –, daß du dich deiner Ruperta noch lange Jahre erfreuen wirst, und dir, Periandro, kann ich versichern, daß deine Irrfahrt und Wallfahrt glücklich ausgehen wird; deine Schwester Auristela wird in Bälde nicht mehr deine Schwester sein, nicht etwa, weil sie in Kürze das Leben verlöre. Du, o Constanza, wirst dich aus dem Rang einer Gräfin in den einer Herzogin erheben, und dein Bruder Antonio wird jenen Rang erreichen, den er seinem Werte nach verdient; diese französischen Damen werden zwar nicht den Wunsch erfüllt sehen, den sie jetzt hegen, doch werden sie ein anderes Glück finden, das ihnen Ehre und Freuden gewährt. Daß ich den Brand vorausgesagt habe, eure Namen kenne, ohne euch je zuvor gesehen zu haben, daß ich den Tod der beiden Jünglinge und den Tod der vielen voraussehe, ehe dies noch eingetreten ist, mag euch vielleicht doch veranlassen, mir Glauben zu schenken, um so mehr, als ihr bald als wahr erkennen werdet, was ich euch jetzt verkünde, nämlich, daß euer Bursche Bartolomé mit Gepäck und Tragtier und mit der jungen kastilischen Dirne auf und davon gegangen ist und euch im Stich gelassen hat. Verfolgt sie nicht; ihr würdet sie nicht einholen, und die Dirne zieht es mehr zum Boden als zum Himmel, denn sie will, trotz eurer Ratschläge, lieber ihrer Neigung folgen.

Spanier bin ich, was mich verpflichtet, zuvorkommend und aufrichtig zu sein. Als zuvorkommender Mensch biete ich euch alles, was diese Gefilde mir selbst schenken, als wahrhafter Mensch bot ich euch aus meiner Erfahrung alles, was ich euch gesagt. Sollte es euch wundern, einen Spanier in einem fremden Land verwurzelt zu sehen, dann bedenkt, daß es in der Welt Gegenden und Örtlichkeiten gibt, die gesünder sind als andere, und dieser Ort hier ist für mich der gesündeste. Die Meierhöfe, die Landhäuser und die Ortschaften hier herum sind von frommen Katholiken bewohnt. Wenn es mir nötig scheint, empfange ich die Sakramente, und was diese Fluren mir zum Leben

Drittes Buch   1073

nicht gewähren, suche ich mir anderswo. Dies ist mein
Leben hier, aus dem ich nach dem ewigen Leben hin verscheiden will. Doch damit genug für jetzt, laßt uns wieder
hinaufgehen. Geben wir dort unseren Leibern Nahrung,
nachdem wir hier unten unseren Seelen Nahrung gegeben
haben.«

NEUNZEHNTES KAPITEL

Die Pilger verlassen die Höhle Soldinos, setzen ihre Fahrt fort
und gelangen über Mailand nach Lucca.

Das eher ärmlich als reich kredenzte Mahl war bald bereitet und war, wenn auch überaus reinlich dargeboten,
unseren vier Pilgern keineswegs sehr neu, denn es erinnerte
sie an die Barbareninsel und an die Insel der Klausen, auf
der Rutilio zurückgeblieben war und wo sie reifes wie
unreifes Obst gegessen hatten. Es kam ihnen auch die
lügenhafte Prophezeiung in den Sinn, der die Einwohner
der Barbareninsel angehangen; in den Sinn kamen ihnen
die vielen Prophezeiungen Mauricios, die moriskischen
Voraussagungen des Xadraque, und nun gedachten sie
auch der Prophezeiung, die sie vom Spanier Soldino vernommen hatten. Ihnen schien es, als wären sie auf ihrem
Wege von Prophezeiungen umgeben, als steckten sie bis
zum Hals in der Judizial-Astrologie, die bei ihnen nur
schwerlich Glauben gefunden hätte, wäre sie nicht durch
die Erfahrung bestätigt worden.
    Die Mahlzeit war bald zu Ende. Soldino brachte seine
Schützlinge zur Straße, um sich dort von ihnen zu verabschieden. Auf dem Wege dahin bemerkten sie das Fehlen
der jungen kastilischen Dirne und Bartolomés, des Esel-
treibers. Der Verlust bereitete den vier Pilgern nicht geringe Sorge, fehlte es ihnen doch an Geld, Speise und sonstigem Vorrat. Antonio war überaus ergrimmt und wollte
den Ausreißern nachsetzen, da er sich leicht denken konnte,
daß das Mädchen den Burschen oder der Bursche das Mäd-

chen oder, besser gesagt, eins das andere verleitet und entführt hatte. Soldino jedoch sagte ihm, er möge sich keine
Sorge machen, noch sie verfolgen, denn morgen schon
werde sein Diener aus Reue über den Diebstahl zurückkehren und ihnen alles bringen, was er mitgenommen.
Man glaubte Soldino, und Antonio kam ab von dem Gedanken, ihnen nachzusetzen; überdies erbot sich Feliz
Flora, ihm alles vorzustrecken, was er für sich und seine
Gefährten von hier bis Rom bräuchte, für welches großzügige Angebot Antonio sich überaus dankbar erzeigte und
ihr darüber hinaus ein Faustpfand geben wollte, dessen
Wert mehr als fünfzigtausend Dukaten betrage; Antonio
dachte nämlich daran, ihr eine der beiden Perlen Auristelas zu geben, die er neben dem diamantenen Kruzifix
immer bei sich trug. Feliz Flora wagte nicht, an die hohe
Summe zu glauben, die das Pfand wert sein sollte, wiederholte aber trotzdem ihr früheres Anerbieten.

Indes sie gerade darüber redeten, sahen sie an die acht
Personen zu Pferd hinter sich herkommen. Unter ihnen
war eine Frau, die in einem reich gearbeiteten Frauensattel
auf einem Maultier ritt; sie war grün gekleidet, und selbst
der Hut, dessen bunte, vielfältige Federn die Luft peitsch-
ten, war grün, und grün war auch der Schleier, hinter dem
das Gesicht verborgen lag. Die Reiter ritten an den Pilgern
vorüber, grüßten sie, ohne ein Wort zu sprechen, mit einer
Verneigung des Kopfes und entfernten sich. Auch die Pilger und ihre Begleiter, die noch zu Fuß waren, sprachen
kein Wort und grüßten auf die gleiche Weise. Indes war
ein Mann aus der Reisegesellschaft ein wenig hinter den
anderen zurückgeblieben und bat die Pilger, als er an sie
herangekommen, ihm aus Gefälligkeit etwas Wasser zu
reichen; sie gaben dem Manne zu trinken und fragten ihn,
wer die Leute da vorne und die Dame in Grün wären,
worauf der Fremde antwortete:

»Der Herr da vorne ist Alexandro Castruccio, ein Edel-
mann aus Capua und einer der reichsten Männer nicht nur
Capuas, sondern des ganzen Königreiches Neapel; die
Dame ist Fräulein Isabela Castruccio, seine Nichte, die in
Spanien zur Welt kam, wo sie auch ihren Vater begrub,

Drittes Buch   1075

und nun bringt sie der Oheim nach Capua, um sie dort zu
verheiraten, worüber sie aber, wie mir scheinen will, nicht
sehr glücklich ist.«

»Das wird wohl weniger auf die Heirat zurückzuführen
sein«, sagte der trauerschwarze Stallmeister Rupertas, »als
auf die lange Reise, denn meiner Meinung nach gibt es
kein Weib, das nicht die ihr fehlende Hälfte, den Ehemann, haben möchte.«

»Solchen Tiefsinn verstehe ich nicht«, erwiderte der
Fremde. »Ich weiß nur, daß sie niedergeschlagen ist; die
Ursache dürfte wohl ihr selber am besten bekannt sein.
Damit Gott befohlen, denn meine Herrschaft ist schon
weit voraus.«

Er gab seinem Tier die Sporen, kam ihnen aus dem Gesicht, indes sie Soldino umarmten, sich von ihm verabschiedeten und ihres Weges zogen. Es wurde vergessen zu
berichten, daß Soldino den französischen Damen geraten
hatte, geradewegs nach Rom zu ziehen und nicht erst den
Weg über Paris zu nehmen, denn so wäre es günstiger für
sie. Die Damen befolgten den Rat, als wäre er ein Orakelspruch, und beschlossen im Einvernehmen mit unseren Pilgern, Frankreich über die Dauphiné zu verlassen, Piemont
zu durchqueren und ebenso den mailändischen Staat; dann
wollten sie Florenz besuchen und von dort unverweilt
nach Rom aufbrechen. Nachdem sie sich über den Weg ge-
einigt hatten, beschlossen sie, von nun an größere Tages-
strecken zurückzulegen als bisher. Als am andern Tag der
Morgen graute, sahen sie den von ihnen für einen Dieb
angesehenen Bartolomé, den Eseltreiber, in Pilgertracht
hinter seinem Tier auf sie zukommen. Alle schrien vor
Überraschung auf, als sie ihn erkannten, und fragten ihn
alsogleich, ob der Gedanke zur Flucht denn auf seinem
Grund gewachsen wäre, was die Kleidung bedeute und
weshalb er zurückgekommen sei. Auf den Knien vor Constanza, brach er fast in Tränen aus, antwortete auf alle
Fragen in einem, indem er sagte:

»Warum ich davongelaufen bin, weiß ich nicht; mein
Kleid ist, wie ihr seht, ein Pilgerhemd; zurückgekommen
bin ich, um euch wiederzubringen, was mich in euren Au-

gen vielleicht und gewiß ohne jedes Vielleicht als Dieb hat
erscheinen lassen. Hier, Señora Constanza, hier ist das
Tragtier mit allem, was es aufgepackt gehabt hat, mit Ausnahme von zwei Pilgerhemden, von denen eines ich trage
und das andere die Talaveranerin, damit sie, das will-
fährige Mädchen, zur Wallfahrerin werde; der Teufel aber
hole die Liebe und den Esel, der sie mir beigebracht hat.
Die Liebe ist das ärgste, das ich kenne, und doch bin ich
entschlossen, unter ihrer Fahne zu dienen, weil ich mich
nicht stark genug fühle, der Macht zu widerstehen, die
die Lust über einfältige Menschen, wie ich einer bin, ausübt. Gebt, Euer Gnaden, mir Euren Segen und laßt mich
wieder von hinnen ziehen, denn Luisa erwartet mich. Vergeßt aber nicht, daß ich von Euch, ohne einen roten Heller
mitgenommen zu haben, scheide, denn ich verlasse mich
eher auf die Reize und Schliche meiner Liebsten als auf
meine Finger, die nie gestohlen haben, noch stehlen werden, solang mir Gott das bißchen Verstand erhält, und
sollte ich noch tausend Jahrhunderte leben.«

Periandro redete ihm mit viel guten Worten ins Gewissen, um ihn von seinem Vorhaben abzubringen, auch
Auristela redete auf ihn ein, und mehr noch sagten ihm
Constanza und Antonio; allein es war, als hätten sie in
den Wind geredet oder in der Wüste gepredigt. Bartolomé
trocknete die Tränen, ließ das Tragtier stehen, kehrte
ihnen den Rücken und war im Nu davon, alle verwundert über seine Verliebtheit und seine Einfalt zurücklassend. Als Antonio ihn solcherart davonrennen sah, legte
er einen seiner unfehlbaren Pfeile an die Sehne seines
Bogens, um dem Burschen die Brust zu durchbohren, damit ihn durch die Wunde die Verliebtheit und die Narrheit zugleich verließen, doch Feliz Flora, die nur selten
von seiner Seite wich, nahm den Pfeil fort und sagte:

»Laßt ihn, Antonio, ist es doch für ihn schon Strafe genug, daß ihn sein Unstern in die Botmäßigkeit und unter
das Joch eines närrischen, liederlichen Weibes geführt hat.«

»Wie wahr du sprichst, Herrin«, erwiderte Antonio.
»Und da du ihm das Leben schenkst, wer hätte die Macht,
es ihm zu nehmen?«

Drittes Buch

Schließlich pilgerten sie viele Tage weiter, ohne daß ihnen etwas zustieß, das erzählenswert gewesen wäre. Sie trafen in Mailand ein, bestaunten die Größe der Stadt, ihren unendlichen Reichtum, ihre vielen Arten von Gold in jeder Menge, denn dort gibt es nicht einfach nur Gold, sondern eine Vielfalt Goldes in großer Fülle; sie bewunderten die Waffenschmieden, und es dünkte sie, als hätte Vulkan seine Schmiede hieher verlegt; sie erfreuten sich am Überfluß an Frucht und Früchten, an der Größe der Kirchen und schließlich am Scharfsinn der Bewohner. Von ihrem Wirt hörten sie, das Sehenswürdigste dieser Stadt sei wohl die Akademie des Großen Wortes, die sich der hervorragendsten Mitglieder rühmen dürfe, deren Scharfsinn dem Ruhm unablässig und überall in der Welt zu tun gebe. Der Wirt sagte ihnen, daß noch am gleichen Tag eine Sitzung der Akademie abgehalten würde, in der man über die Frage, ob es Liebe ohne Eifersucht geben könne, disputieren wolle.

»Freilich gibt es solche Liebe«, sagte Periandro, und man braucht wirklich nicht viel Zeit zu vergeuden, um dies zu beweisen.«

»Ich«, bemerkte Auristela, »weiß nicht, was Liebe ist, wohl aber weiß ich, was es heißt, jemand innig zugetan zu sein.«

Darauf erwiderte Belarminia:

»Eine solche Sprache begreife ich nicht, noch sehe ich einen Unterschied zwischen Liebe und Zugetansein.«

»Der Unterschied ist der«, entgegnete Auristela, »daß man auch ohne heftige Gemütsbewegung zugetan sein kann, ohne deshalb unwiderstehlich zu einer Neigung gezwungen zu werden. Man kann einer Magd zugetan sein, die einem dient, auch einer Statue oder einem Gemälde, die einem gelungen oder schön erscheinen. Aus alledem kann keine Eifersucht entstehen. Doch jene, die man Liebe nennt, die heftige Gemütsbewegung ist, ja eine Leidenschaft, wie man sagt, wird, wenn nicht schon Eifersucht, so doch Befürchtungen wecken, die so stark sein können, daß sie einem das Leben nehmen. Von solchen Ängsten wird, wie mich bedünkt, die Liebe niemals frei sein.«

»Sehr wahr hast du gesprochen, Herrin«, sagte Periandro, »gibt es doch keinen Liebenden, der, wenn er auch den Gegenstand seiner Liebe sein eigen nennt, nicht fürchtete, ihn zu verlieren. Kein Glück ist so fest begründet, daß es nicht manchmal doch erschüttert würde, und kein Bremsklotz ist stark genug, Fortunas Rad zum Stehen zu bringen. Würde uns nicht das Verlangen, unsere Fahrt bald zu beenden, daran hindern, dann könnte ich noch heute der Akademie beweisen, daß es auch Liebe ohne Eifersucht, wenngleich nicht ohne Befürchtungen und Ängste gibt.«

Damit nahm das Gespräch ein Ende. Sie blieben vier Tage in Mailand, während derer sie begannen, die Sehenswürdigkeiten dieser Stadt zu besichtigen, denn um wirklich alles zu sehen, hätten auch vier Jahre nicht ausgereicht. Sie reisten ab und kamen nach Lucca, einer kleinen, aber schönen und freien Stadt, die unter den Fittichen des Reiches und Spaniens das Haupt erhebt und, frei von jedem Zwang, auf die Städte der Fürsten herabblickt, die sie begehren. Dort sind die Spanier höher angesehen und werden williger aufgenommen als anderswo in der Welt, denn hier befehlen sie nicht, sondern bitten, und da sie in dieser Stadt gewöhnlich nicht länger als einen Tag verweilen, haben sie auch keine Gelegenheit, ihren Charakter, den man als anmaßend bezeichnet, zu zeigen. Hier begegnete unseren Reisenden eines der sonderbarsten unter allen Abenteuern, die in diesem Buche berichtet worden sind.

ZWANZIGSTES KAPITEL

Isabela Castruccio erzählt, daß sie nur aus Liebe zu Andrea Marulo vorgetäuscht habe, besessen zu sein.

Die Gasthöfe Luccas sind geräumig genug, um eine Kompagnie Soldaten zu beherbergen, und in einem dieser Gasthöfe stieg unsere Schar ab, nachdem sie von der Torwache

Drittes Buch   1079

hingebracht worden war, die sie an den Wirt übergeben
und ihn, wie dies bei allen Reisenden zu geschehen pflegt,
beauftragt hatte, am nächsten Morgen oder wann sonst
sie abreisen sollten, Bericht darüber zu geben. Als sie den
Gasthof betraten, sah Frau Ruperta einen Mann herauskommen, der seiner Tracht nach Arzt sein mußte. Dieser
sagte zu einer Frau, die allem Anschein nach die Wirtin
war:

»Ich, Frau Wirtin, vermag nicht klug daraus zu werden,
ob dieses Fräulein nun verrückt ist oder vom Teufel besessen, und um keinen Irrtum zu begehen, sage ich einfach,
sie ist vom Teufel besessen und verrückt, und trotzdem
glaube ich, daß man sie heilen könnte, wenn sich ihr Oheim
nicht so sehr mit der Abreise beeilte.«

»Um des Himmels willen!« rief Ruperta aus. »In einem
Tollhaus oder einem Haus der Besessenen sollen wir absteigen? Wirklich und wahrhaftig, wenn es nach mir ginge,
wir würden keinen Fuß in dieses Haus setzen.«

Darauf sagte die Wirtin:

»Euer Erlaucht« – so sagt man in Italien statt ›Euer
Gnaden‹ – »können ohne Bedenken hier absteigen, denn
man würde aus hundert Meilen in der Runde herbeieilen,
um sich das anzusehen, was es in diesem Gasthof gibt.«

Sie stiegen ab; Auristela und Constanza, die die Worte
der Wirtin mitangehört hatten, fragten, was es in diesem
Gasthof denn so Seltsames gebe, daß sie, die Wirtin, es
solcherart als sehenswert empfehle.

»Kommt mit mir«, sagte die Wirtin, »und ihr werdet
sehen, was ich gesehen, und sagen, was ich sage.«

Sie ging voran; die Pilgerinnen und ihre Begleiterinnen
folgten ihr in ein Zimmer und sahen auf einem vergoldeten Bett ein überaus schönes Mädchen liegen, das so an die
sechzehn oder siebzehn Jahre alt sein mochte. Ihre Arme
waren nach oben gestreckt und mit Binden an den oberen
Bettsäulen befestigt, als sollte das Mädchen daran gehindert werden, die Arme zu bewegen. Zwei Frauen, wahrscheinlich die Krankenpflegerinnen, griffen nach den Beinen, um sie gleichfalls anzubinden, doch die Kranke bemerkte hiezu:

»Es genügt, wenn ihr mir die Arme festbindet, denn alles übrige wird durch die Fesseln der Scham niedergehalten.«

Sich an die Pilgerinnen wendend, sagte sie lauter als vorhin:

»O ihr himmlischen Gestalten, ihr fleischgewordenen Engel! Zweifelsohne seid ihr herabgestiegen, um mich zu heilen, kann man doch von solch schöner und solch christlicher Erscheinung nichts anderes erwarten. Bei allem, was ihr euch selber schuldig seid, und viel müßt ihr euch nach eurer Erscheinung schuldig sein, beschwöre ich euch anzuordnen, daß man mich losbinde. Ich werde mit vier oder fünf Bissen aus meinem Arm wohl satt sein und mir dann nicht mehr weh tun, bin ich doch nicht verrückt, wie ich scheine, und auch mein Peiniger ist nicht so grausam zuzulassen, daß ich mich weiterhin zerbeiße.«

»Du, meine arme Nichte«, sagte ein Mann von Jahren, der das Zimmer betreten hatte, »wie sehr hat dich doch jener in seiner Gewalt, von dem du sagst, er würde nicht zulassen, daß du dich zerbeißest. Empfehle dich Gott an, Isabela, und versuche zu essen, nicht etwa dein eigenes reizendes Fleisch, sondern das, was dir dein Oheim geben wird, der dich sehr liebt. Alles, was die Luft trägt, was im Meere schwimmt und die Erde besitzt, will ich dir herbeischaffen, denn dein großes Vermögen und mein guter Wille werden dir all das besorgen.«

Das kranke Fräulein erwiderte:

»Laßt mich mit diesen Engeln allein. Vielleicht fährt mein Feind, der Teufel, aus mir, damit er nicht mit ihnen beisammen sein muß.«

Mit dem Kopf gab sie zu verstehen, daß Auristela, Constanza, Ruperta und Feliz Flora bei ihr bleiben, die übrigen sich jedoch entfernen sollten, was dann auch mit Einwilligung, ja sogar auf die Bitten des betagten und bekümmerten Oheims hin geschah, von dem die Pilgerinnen und Ruperta erfuhren, daß die Kranke niemand anderer sei als die reizende junge Dame in Grün, die sie auf der Straße an sich vorbeireiten gesehen hatten, nachdem sie aus der Höhle des spanischen Weisen gekommen waren.

Drittes Buch

Der Diener, der damals hinter seiner Herrschaft zurückgeblieben war, hatte ihnen gesagt, sie heiße Isabela Castruccio und sei auf dem Wege nach dem Königreich Neapel, um sich dort zu verheiraten.

Kaum sah sich die Kranke allein, als sie nach allen Seiten blickte und dann sagte, auch sie möchten sich im Raum umsehen, ob niemand außer denen, die sie bezeichnet, zurückgeblieben wäre. Ruperta schaute sich um, sah überall nach und versicherte ihr, niemand außer ihnen wäre im Zimmer. Dessen vergewissert, setzte sich Isabela, so gut sie es vermochte, im Bette auf, machte alle Anstalten, um zu sprechen, doch wurde ihr die Stimme von einem so tiefen Seufzer erstickt, daß es schien, als wollte sich mit ihm auch ihre Seele aus der Brust losreißen. Indes der Seufzer verhauchte, sank die Kranke auf das Lager zurück und fiel in Ohnmacht. Da sie keinerlei Lebenszeichen von sich gab, sahen sich die Pilgerinnen und Ruperta gezwungen, nach etwas Wasser zu rufen, damit man Isabela, die schon auf dem Wege ins Jenseits zu sein schien, das Gesicht besprenge. Der unglückliche Oheim trat ein mit einem Kruzifix in der einen und einem in Weihwasser getauchten Wedel in der anderen Hand; mit ihm kamen zwei Priester, die sich, in der Meinung, es wäre wirklich der Teufel in Isabela gefahren und quäle sie nun, kaum von ihrer Seite wichen; auch die Wirtin kam mit dem Wasser herbei; man besprengte der Ohnmächtigen das Gesicht; sie kam zu sich und rief:

»All das soll euch nichts helfen. Ich werde bald ausfahren, aber nicht, wann *ihr* wollt, sondern wann es mir selber beliebt, und das wird sein, wenn Andrea Marulo, der Sohn des Juan Bautista Marulo, eines Edelmannes dieser Stadt, hier eintrifft. Der besagte Andrea studiert, von diesen Geschehnissen unberührt, in Salamanca.«

Diese Worte bestärkten alle in der Ansicht, Isabela wäre vom Teufel besessen, denn wie hätte sie sonst wissen können, wer Juan Bautista Marulo und dessen Sohn Andrea seien. Bald fand sich einer, der dem genannten Juan Bautista Marulo hinterbrachte, was die schöne Besessene von ihm und seinem Sohn gesagt hatte. Diese bat von neuem, man möge sie mit den schon genannten Pilgerinnen allein lassen. Die Priester lasen das Evangelium über sie; alle taten ihr dann den Willen und warteten begierig auf das Zeichen, das eintreten sollte, damit der Teufel aus ihr fahre, hielten sie doch Isabela nun wahrlich für besessen. Feliz Flora durchsuchte noch einmal das Zimmer, schloß die Tür und sagte zur Kranken:

»Nun sind wir allein, Fräulein. Was willst du also?«

»Ich will«, erwiderte Isabela, »daß man mir diese Fesseln abnehme, die, wenn sie auch nicht drücken und schmerzen, mir doch lästig sind, weil sie mich an der Bewegung hindern.«

Die Pilgerinnen kamen rasch dem Wunsche nach; Isabela setzte sich im Bett auf, ergriff mit der einen Hand Auristela, mit der anderen Ruperta und bat Constanza und Feliz Flora, neben ihr auf dem Bett Platz zu nehmen. Als sie dann alle, so viel Schönheit, dicht beieinander waren, sagte das Fräulein leise und mit Tränen in den Augen:

»Ich, meine Besten, bin die unglückliche Isabela Castruccio, der die Eltern Adel gaben, das Glück Vermögen und Besitz schenkte, der Himmel aber einige Schönheit verlieh. Meine Eltern wurden in Capua geboren, ich aber wurde in Spanien gezeugt und auch dort geboren. Aufgezogen wurde ich im Hause dieses Oheims hier, der am Hofe des Kaisers lebte. Steh Gott mir bei! Weshalb nur nehme ich den Faden der Geschichte meines Unglücks so am Anfange meines Lebens auf! Als ich nun, schon Vollwaise, im Hause meines Oheims lebte, dem meine Eltern mich ans Herz gelegt und den sie mir als Vormund bestimmt hatten, kam ein Jüngling nach Madrid, den ich in einer Kirche erblickte und so angelegen betrachtete – das möge euch, meine Besten, nicht als leichtfertig erscheinen; denn wenn ihr bedenkt, daß ich ein Weib bin, werdet ihr es verstehen –, ich betrachtete also den Jüngling, den ich in der Kirche sah, so eingehend, daß ich ihn auch noch vor Augen hatte, als ich wieder daheim war, denn seine Erscheinung hatte sich meiner Seele solcherart eingeprägt, daß ich sie nicht mehr aus meiner Erinnerung zu löschen

Drittes Buch   1083

vermochte. Kurz und gut, mir fehlte es nicht an Mitteln
und Wegen, um zu erfahren, wes Namen und Rang der
Jüngling wäre, was er hier treibe und wohin er gehe. Ich
erfuhr, daß er Andrea Marulo heiße, der Sohn des Juan
Bautista Marulo, eines Edelmannes dieser Stadt hier, sei,
der höher an Adel als groß an Vermögen ist, und daß der
Jüngling sich nach Salamanca begebe, um dort zu studieren.

In den sechs Tagen, die er sich in der Hauptstadt aufhielt, fand ich die Gelegenheit, ihm zu schreiben, wer ich
sei, daß ich über ein großes Vermögen verfüge, und er sich
von meiner Schönheit überzeugen könne, wenn er in die
Kirche käme, in der ich ihn gesehen. Ich schrieb ihm, daß
ich befürchtete, mein Oheim trage sich mit der Absicht,
mich mit einem meiner Vettern zu vermählen, damit das
Vermögen in der Familie bleibe; allein dieser Vetter sei
weder nach meinem Geschmack, noch entspreche sein Charakter dem meinen; dann fügte ich noch hinzu, er möge
die Gelegenheit, die sich ihm durch mich biete, beim Schopf
packen und sich nicht durch seine Saumseligkeit der Gefahr aussetzen, sein Zögern später bereuen zu müssen;
meine rasche Zuvorkommenheit solle ihm aber kein Anlaß sein, mich geringzuschätzen.

Er antwortete mir, er habe mich – ich weiß nicht, wie
oft schon – in der Kirche gesehen und würde mich allein
um meiner Person willen, auch ohne den Schmuck des
Adels und des Reichtums, so er solches könnte, auf den
Weltenthron erheben. Er flehte mich an, ich möchte eine
Zeitlang wenigstens in meiner Neigung zu ihm fest bleiben, so lange zumindest, bis er einen Freund, mit dem er
von Lucca aus nach Salamanca reise, damit sie dort ihr
Studium fortsetzten, in jene Stadt gebracht habe.

Ich schrieb ihm darauf, ich würde gern seinem Wunsch
entsprechen, sei doch meine Liebe zu ihm nicht eine plötzliche unüberlegte Verliebtheit, die, kaum geboren, wieder
stirbt. Er verließ mich dann, um seiner Pflicht als Mann
von Ehre zu genügen, wollte er doch das Wort, das er
seinem Freunde gegeben, nicht brechen, und mit Tränen,
die er aus Liebesschmerz vergoß, in den Augen – ich sah
ihn weinen, als er am Tag seiner Abreise durch meine

Straße ging – reiste er also ab, ohne mich zu verlassen, und ich begleitete ihn, ohne abzureisen. Am folgenden Tag – es ist kaum zu glauben, welcher Umwege sich das Unglück bedient, um die von ihm Erkorenen desto sicherer zu treffen! – am folgenden Tag also entschied mein Oheim, mit mir nach Italien zurückzukehren. Mir halfen keine Ausflüchte, noch nützte mir der Versuch, mich krankzustellen, denn da sowohl mein Puls als auch meine Gesichtsfarbe mich als gesund auswiesen, wollte mir mein Oheim nicht glauben, daß ich krank wäre; er war vielmehr davon überzeugt, daß ich, unzufrieden mit den Heiratsplänen, die er für mich hegte, nur nach einem Vorwand suchte, nicht abreisen zu müssen.

Ich fand eine Gelegenheit, Andrea mitzuteilen, was mir zugestoßen und daß ich mich gezwungen sähe, meinem Oheim zu folgen, doch würde ich es so einzurichten wissen, daß wir durch Lucca kämen, wo ich mich als Besessene ausgeben wollte, um ihm die Möglichkeit zu geben, Salamanca zu verlassen und nach Lucca zu eilen, wo ich mich, meinem Oheim und der ganzen Welt zum Trutz, mit ihm vermählen würde. Von seiner Pünktlichkeit hinge mein Glück ab und auch das seine, sofern er ihm nicht undankbar sein wollte. Wenn der Brief in seine Hand gelangt ist, was ich als gewiß annehme, sind doch die Briefposten zuverlässig, dann muß er noch vor Ablauf von drei Tagen hier eintreffen. Ich für meinen Teil habe getan, was ich konnte: im Leibe habe ich eine Legion Teufel, denn ein Quentchen Liebe im Herzen ist genau so schlimm, besonders wenn das Glück, das man erhofft, einem von fernher hämische Gesichter schneidet.

Dies, meine Besten, ist meine Geschichte, dies ist der Grund meines Wahnsinns, meiner Krankheit; verliebte Gedanken sind die Teufel, die mich quälen; ich hungere, weil ich satt zu werden hoffe, und trotzdem quält mich das Mißtrauen, denn dem Menschen, der in Not, verdirbt selbst in der Hand das Brot, wie man in Kastilien sagt. Euch, meine Besten, bitte ich so zu tun, als hieltet ihr meine Besessenheit für wahr; gebt meinen Reden Nachdruck und beredet meinen Oheim, daß er mich, da ich noch krank

Drittes Buch

sei, einige Tage lang nicht zur Weiterreise nötige; vielleicht
fügt es der Himmel, daß unter diesen Tagen auch der
Glückstag wäre, an dem Andrea hier eintrifft.«

Man braucht wohl nicht zu fragen, ob die Zuhörer über
die Geschichte Isabelas verwundert und von ihr beeindruckt waren, war doch die Geschichte an sich schon stau-
nenswert genug, um die Herzen aller, die sie vernehmen,
zur Bewunderung hinzureißen. Ruperta, Auristela, Constanza und Feliz Flora versprachen, alles zu tun, um Isabelas Plan zu unterstützen, und Lucca nicht eher zu verlassen, bevor sie nicht gesehen, wie alles ausgehe, denn
man konnte mit gutem Grund annehmen, daß die Lösung
nicht lange auf sich warten lassen werde.

EINUNDZWANZIGSTES KAPITEL

Andrea Marulo trifft ein. Die Täuschung Isabela Castruccios
wird entdeckt und die beiden werden vermählt.

Die schöne Isabela Castruccio beeilte sich, ihren Teufel
wieder wirken zu lassen, und nicht minder beeilten sich
die vier Pilgerinnen, nun Isabelas Freundinnen, deren angebliche Besessenheit zu bestätigen und mit allen möglichen
Gründen zu versichern, es wäre wahrhaftig der Teufel,
der aus ihr spreche. Daran sieht man aber auch, was
Liebe ist, läßt sie doch die Verliebten wie Besessene erscheinen.

So lagen also die Dinge, als — es dürfte so gegen Sonnenuntergang gewesen sein — der Arzt zurückkam, um der
Kranken einen zweiten Besuch zu machen; er brachte so
von ungefähr Juan Bautista Marulo, den Vater des verliebten Andrea, mit. Als der Arzt das Krankenzimmer
betrat, sagte er:

»Seht, Euer Gnaden Herr Juan Bautista Marulo, hier
den Jammer dieses Fräuleins und sagt mir, ob sie es verdiene, daß sich in diesem engelgleichen Leib der Teufel
breitmache. Einen Trost haben wir, hat er uns doch gesagt,

daß er bald aus ihr fahren werde, und als Zeichen dafür hat er uns das Eintreffen des Herrn Andrea, Eures Sohnes, angegeben, den er jeden Augenblick hier erwartet.«

»Das gleiche hat man auch mir gesagt«, erwiderte Herr Juan Bautista, »und es würde mich freuen, wenn es einer der Meinen ist, der als Bringer solch guter Botschaft sich erweist.«

»Dank Gott und meiner Bemühung«, sagte Isabela. »Denn wäre es nicht meinetwegen, dann säße er jetzt ruhig in Salamanca und triebe dort, weiß Gott was. Glaube der hier anwesende Herr Juan Bautista nur, daß er einen Sohn hat, der hübscher ist als fromm und sich weniger des Studiums befleißigt als des Weiberdienstes. Verflucht seien der Prunk und der Putz der jungen Männer, mit denen sie im Gemeinwesen so argen Schaden stiften, und verflucht seien darüber hinaus noch die radlosen und stumpfen Sporen und die gemieteten Maultiere, die auch nicht schneller sind als Postpferde.«

Auf diesen Faden fädelte Isabela noch andere zweideutige Aussprüche, das heißt, Ausdrücke, die einen doppelten Sinn haben, den ihre Vertrauten auf die eine und die übrigen im Zimmer Anwesenden auf die andere Weise verstanden; die Eingeweihten legten Isabelas Worte ihrer wahren Bedeutung nach aus, die anderen aber sahen darin nur verworrenen Unsinn.

»Wo seid Ihr, mein Fräulein«, fragte Marulo, »meinem Sohn Andrea begegnet? In Madrid oder in Salamanca?«

»In Illescas war's«, erwiderte Isabela, »als wir am frühen Morgen des Sankt Johannistages Weichseln pflückten. Wenn ich aber die Wahrheit sagen soll – es wäre ein Wunder, wenn ich's täte –, so sehe ich ihn immer vor mir und habe ihn ins Herz geschlossen.«

»Gott sei's gedankt, daß dieser mein Sohn wenigstens Weichseln pflückt«, entgegnete Marulo, »und sich nicht entflöht, wie man's von einem Studenten am ehesten erwarten würde.«

»Studenten, die Edelleute sind«, gab ihm Isabela aus reiner Laune zurück, »entflöhen sich nur selten, kratzen sich aber oft, denn diese Tierchen, deren es so viele in der

Drittes Buch

Welt gibt, sind so unverschämt, daß sie gleicherweise in den Strumpfhosen der Fürsten als auch in den Spitteldecken zu finden sind.«

»All das weißt du, Vermaledeiter«, sagte der Arzt. »Man sieht dir deine Erfahrung an.« Dies sagte er zum Teufel, der, seiner Meinung nach, in Isabela steckte.

Hier trat, als hätte Satanas selbst es so gefügt, Isabelas Oheim mit allen Zeichen der Freude ins Zimmer und sagte:

»Botenlohn, liebste Nichte! Botenlohn, Herzenskind! Schon ist der Herr Andrea Marulo eingelangt! Und nun, meine süße Hoffnung, erfülle, was du versprochen hast, und laß den Teufel aus dir fahren, wenn du den Herrn erblickst! Nun, Vermaledeiter, vade retro, exi foras, weiche, fahre aus, und laß es dir nicht einfallen, wieder in dieses Zimmer zurückzukehren, wie sauber gekehrt es auch sein möge.«

»Laßt ihn eintreten, laßt ihn herein«, rief Isabela, »diesen ersehnten Ganymed, dieses Abbild des Adonis, und er reiche mir, frei und gesund und ohne Hintergedanken die Gattenhand, denn ich habe ihn hier fester noch als ein Fels in der Brandung, die das Gestein mit Wogen überschüttet und doch nicht zu brechen vermag, erwartet.«

Noch in Reisekleidern trat nun Andrea Marulo ein, dem man in seines Vaters Haus von der Krankheit Isabelas, eines fremden Fräuleins, und auch davon berichtet hatte, daß man auf sein Eintreffen hier als Zeichen dafür gewartet habe, daß der Teufel aus ihr fahren werde. Der junge Mann, ein kluger Kopf und durch Isabelas Briefe, die sie ihm nach Salamanca geschickt hatte, davon unterrichtet, was er zu tun habe, wenn er sie in Lucca antreffe, legte nicht einmal die Sporen ab, eilte in den Gasthof, stürzte wie ein außer Rand und Band geratener Verrückter in Isabelas Zimmer und schrie:

»Hinaus, hinaus, hinaus mit dir! Weiche, weiche, weiche! Der tapfere Andrea ist da, der Oberstheerführer der ganzen Hölle, wenn dir ein Truppführer nicht ausreicht!«

Mit diesem Krach und diesem Geschrei hätte er beinahe auch die Eingeweihten irregemacht; so arg war es, daß auch der Arzt und Andreas Vater sagten:

»Wie in Isabela steckt auch in ihm ein Teufel.«

Und Isabelas Oheim sagte:

»Wir haben auf diesen jungen Mann gewartet, damit er uns Heil bringe, mir aber will scheinen, er sei zu unserem Unheil hier aufgetaucht.«

»Beruhige dich, mein Sohn, beruhige dich«, sagte der Vater Andreas. »Es scheint, als wärest du verrückt geworden.«

»Soll er denn nicht verrückt werden, wenn er mich sieht?« fragte Isabela. »Bin ich nicht vielleicht der Punkt, nach dem alle seine Gedanken streben? Bin ich vielleicht nicht das Ziel aller seiner Wünsche?«

»Gewiß«, sagte Andrea. »Freilich seid Ihr die Herrin meines Wollens, das Ziel und der Ruhepunkt all meiner Mühen und Leiden und das Leben in meinem Sterben. Reicht mir die Hand als Gattin, o meine Gebieterin; befreit mich aus dem Sklavenlos, in dem ich lebe, und führt mich zur Freiheit, unter Eurem Joch zu sein. Reicht mir die Hand, sage ich noch einmal, o Geliebte, und erhebt mich aus der demütigen Stellung eines Andrea Marulo hinauf in den hoheitlichen Rang eines Gatten der Isabela Castruccio. Hinaus mit den Teufeln, die eine solch süße Verbindung verhindern möchten, und kein Mensch versuche zu trennen, was Gott verbindet.«

»Wohl gesprochen, Herr Andrea«, sagte Isabela. »Reich mir, nun ohne Schelmenstücke, ohne Listen und Hinterwege, deine Hand als mein Gemahl und nimm mich als deine Gemahlin an.«

Andrea streckte ihr die Hand hin. In diesem Augenblick ergriff Auristela das Wort und sagte:

»Wohl kann er die Hand ihr reichen, sind sie doch einander bestimmt.«

Erschrocken und seiner kaum mächtig, streckte auch Isabelas Oheim die Hand aus, riß die Andreas beiseite und rief:

»Was soll das heißen, ihr Leute? Pflegt man hierzulande einen Teufel mit dem andern zu verheiraten?«

»Das nicht«, sagte der Arzt. »Das muß wohl zum Schein so sein, damit der Teufel ausfahren kann, denn unmöglich

Drittes Buch   1089

konnte dies alles, was hier geschehen ist, von menschlichen
Gehirnen vorbedacht sein.«

»Trotzdem«, sagte Isabelas Oheim, »möchte ich jetzt aus
beider Mund hören, ob wir dieses Verlöbnis als Scherz
oder als Ernst aufzufassen haben.«

»Als Ernst«, erwiderte Isabela, »denn weder Andrea
Marulo ist verrückt, noch ich bin besessen. Ihn liebe ich
und nehme ihn zum Gatten, sofern er mich liebt und mich
zur Gattin begehrt.«

»Weder verrückt noch besessen, sondern bei vollem Verstand, wie Gott ihn mir gegeben, will ich dich nehmen.«

Indes Andrea Marulo dies sagte, ergriff er die Hand
Isabelas; sie reichte ihm die ihre, und mit zwei Jaworten
waren sie unauflöslich verbunden.

»Was soll das heißen?« schrie Castruccio. »Noch einmal?
Bei Gott! Wie ist's möglich, daß meinem Grauhaar solcher
Schimpf angetan werde?«

»Keiner der Meinen wird Euer Grauhaar entehren«,
sagte Andreas Vater. »Ich bin von Adel, und wenn ich
auch nicht sehr reich zu nennen bin, so bin ich doch wieder
nicht so arm, als daß ich jemandes Hilfe bräuchte. Ich hatte
mit dieser Sache nicht das geringste zu tun; diese Kinder
haben einander ohne mein Vorwissen geheiratet, denn der
Verstand Liebender eilt ihrem Alter voraus, und wenn
junge Burschen meist nur dumme Streiche machen, so treffen sie oft das Richtige; und wenn sie das Richtige treffen,
sei es auch zufällig, dann erreichen sie viel viel mehr, als
selbst sehr überlegte Menschen zu erreichen vermögen.
Indes soll man trotzdem in Erfahrung bringen, ob das, was
hier geschehen, so bleiben muß; denn wenn es ungeschehen
gemacht werden kann, so soll Isabelas Reichtum mich
keineswegs dazu bewegen, auf solche Weise das Glück meines Sohnes zu machen.«

Die beiden Priester, die gleichfalls anwesend waren,
sagten, die Ehe sei gültig, denn wenn die beiden die Verbindung zuerst auch dem Anschein nach als Verrückte eingegangen seien, so hätten sie ihr Wort nachher als offensichtlich vernünftige Menschen bekräftigt.

»Und nochmals bekräftigen wir es«, sagte Andrea.

Das gleiche sagte Isabela. Als ihr Oheim dies vernahm, stockte ihm der Herzschlag, der Kopf sank ihm vornüber auf die Brust, und nachdem er tief geseufzt hatte, verdrehte er die Augen ins Weiße; es schien, als hätte ihn ein Schlag tödlich getroffen. Seine Diener betteten ihn auf sein Lager; Isabela verließ das ihre, und Andrea führte sie als seine Gattin in das Haus seines Vaters. Zwei Tage später kam durch eine Kirchentür ein Kind – ein Bruder des Andrea –, das man zur Taufe brachte; Isabela und Andrea traten durch die Tür, damit man ihre Ehe weihe; und damit er eingesegnet werde, brachte man durch die gleiche Tür den Leichnam Castruccios, des Oheims Isabelas. Daran sieht man, wie seltsam es im Leben zugeht: zur gleichen Zeit wird einer getauft, andere werden getraut, und wieder ein anderer wird eingesegnet. Trotz ihres Glücks legte Isabela Trauer an, mengt doch jener, den man den Tod nennt, das Brautlager mit der Gruft, das frohe Prunkgewand mit Trauerkleidern.

Vier Tage lang blieben unsere Pilger und die Schar der Reisenden in Lucca, wo sie von den jungen Eheleuten und dem edlen Juan Bautista Marulo gastlich bewirtet wurden. Damit schließt unser Autor das dritte Buch dieser **Geschichte.**

VIERTES BUCH

Erstes Kapitel

Worin von einem Gespräch zwischen Periandro und Auristela
die Rede ist.

Mehr als einmal setzte sich unsere ungewöhnliche Pilgerschar darüber auseinander, ob Isabela Castruccios Ehe, die
durch so viele Kniffe und Winkelzüge zustande gekommen
war, überhaupt gültig wäre, was Periandro immer wieder
bejahte; überdies stünde es ihnen nicht zu, den Fall zu
untersuchen. Am meisten jedoch hatte es ihm mißfallen,
daß man an ein und demselben Tag Taufe, Heirat und
Begräbnis vorgenommen habe, und ebenso geringschätzig
dachte er über die Unwissenheit des Arztes, der weder
hinter Isabelas Schliche gekommen war, noch die Lebensgefahr, in der ihr Oheim sich befunden, erkannt hatte.

Einmal sprachen sie darüber, und ein andermal sprachen
sie von den Gefahren und Nöten, die sie überstanden hatten. Croriano und Ruperta, seine Gattin, ließen sich kein
Wort davon entgehen, hätten sie doch allzugern gewußt,
wer Periandro, Auristela, Antonio und Constanza nun
eigentlich wären; wer die drei französischen Damen waren,
wußten sie schon, denn sie hatten mit ihnen schon beim
ersten Zusammentreffen nähere Bekanntschaft geschlossen.

Solcherart gelangten sie, täglich größere Strecken als bisher zurücklegend, nach Aquapendente, einen in der Nähe
Roms gelegenen Ort. Als sie in den Marktflecken einzogen,
ritten Periandro und Auristela den anderen etwas voraus,
und als sie sicher waren, daß niemand sie hören oder belauschen konnte, sprach Periandro folgendes zu ihr:

»Wohl weißt du, o Gebieterin, daß die Gründe, die uns
bewogen haben, unsere Heimat zu verlassen und auf unsere Annehmlichkeiten zu verzichten, ebenso gerecht wie
zwingend waren. Schon umfächelt uns römische Luft die
Wangen, schon läßt uns der Gedanke, wir würden bald
die Hoffnungen erfüllt sehen, die uns aufrecht erhalten

haben, die Herzen höher schlagen, und schon, schon weiß ich, daß ich mich bald im Besitz des heißersehnten Glücks sehen werde. Nun, Gebieterin, wäre es angebracht, wenn du dir deine Wünsche noch einmal durch den Kopf gehen ließest und deine Neigung erforschtest, ob sie noch so groß und stark ist, wie sie gewesen, und ob dein Herz, so du dein Gelübde erfüllt hast, immer noch die gleiche Neigung hegt, woran ich nicht zweifle, beruht doch dein königliches Blut nicht auf Lug und nicht auf Trug. Von mir, o schöne Sigismunda, kann ich dir nur sagen, daß dieser Periandro hier immer noch der Persiles ist, den du in meines Vaters, des Königs, Haus zum erstenmal gesehen, jener Persiles also, der dir im Palast seines Vaters gelobt hat, dein Gatte zu werden, und dir damit ein Gelöbnis gegeben hat, das er auch noch in Libyens Wüsten erfüllen würde, so uns ein widriges Geschick dahin verschlüge.«

Auristela blickte ihn lange prüfend an, verwundert darüber, daß Periandro an ihrer Treue zweifle, und sagte schließlich:

»In meinem ganzen Leben, o Persiles, habe ich nur eine einzige Neigung gekannt, und diese Neigung schenkte ich dir – es wird so an die zwei Jahre her sein –, ohne daß mich jemand dazu gezwungen hätte, ganz aus freien Stükken. Diese Neigung ist heute ebenso groß und stark wie an jenem Tag, an dem ich dich zum Gebieter meines Herzens machte, und diese Neigung – sofern sie überhaupt tiefer werden konnte – vertiefte sich, wurde stärker in den vielen Mühen und Leiden, durch die wir gegangen sind. Dafür, daß du so fest in deiner Neigung zu mir verharrst, werde ich mich dankbar erweisen, indem ich dir Hoffnung und Erwartung, sobald ich mein Gelübde erfüllt habe, in Besitztum und Genuß umwandle. Allein, sag mir, was werden wir tun, wenn wir, durch das Band vereint, das gleiche Joch im Nacken tragen? Fern sind wir der Heimat, von keinem gekannt in der Fremde, ohne eine Stütze, die den Efeu unserer Mühseligkeiten trüge. Ich sage dies nicht, weil es mir an Mut fehlte, alle Mühseligkeiten der Welt zu ertragen – wenn ich nur bei dir bin –, sondern weil jeder Mangel, den du empfinden könntest, mich das Leben

Viertes Buch 1093

kosten würde. Bis hieher oder wenigstens bis vor kurzem habe ich für mich allein gelitten; von nun an jedoch werde ich um meinet- und um deinetwillen leiden, wenngleich ich Unrecht daran tue, unsere Seele in zwei Seelen zu teilen, sind sie doch nur eine einzige.«

»Bedenke, Gebieterin«, erwiderte Periandro, »daß es unmöglich ist, sein Geschick im voraus zu bestimmen, wenn es auch heißt, jeder sei von Anfang bis zum Ende seines Glückes Schmied. Deshalb kann ich noch nicht sagen, was wir tun werden, nachdem uns ein freundliches Geschick verbunden hat. Für den Augenblick wird es uns genügen müssen, daß wir vereint sind, nachher werden wir Boden genug auf Erden finden, der uns ernährt, Hütten genug, die uns Obdach bieten, und Höhlen, die uns verbergen, kann sich doch dem Genuß, den zwei Seelen aneinander empfinden, die, wie du sagst, doch nur eine Seele sind, keine Freude vergleichen, noch könnten uns Räume mit vergoldetem Deckenwerk besser behausen. Es wird uns auch nicht an Mitteln und Wegen fehlen, damit wir meine Mutter, die Königin, wissen lassen, wo wir sind, noch wird es ihr an Scharfsinn und Eifer mangeln, uns zu unterstützen, und in der Zeit, die bis dahin vergehen wird, werden uns dein diamantenes Kruzifix und diese beiden in ihrem Werte unschätzbaren Perlen helfen, nur fürchte ich, daß, sobald wir sie veräußern, auch die Wahrheit über uns bekanntwerden wird, denn wie sollte jemand armen Pilgern den Besitz solcher Schätze glauben?«

Da die übrige Gesellschaft sie einholte, verstummten Periandro und Auristela in ihrem Gespräch, dem ersten, in dem sie über ihre Herzensangelegenheiten gesprochen, hatte doch Auristelas große Sittsamkeit und Zurückhaltung Periandro nie Gelegenheit gegeben, im geheimen mit ihr zu reden. Durch dieses vorsichtige Verhalten war es ihnen auch gelungen, sich bei allen, die sie bislang gekannt und kannten, als Bruder und Schwester auszugeben, nur der verderbte, nun tote Clodio hatte seine Bosheit und sein Mißtrauen so weit getrieben, daß er die Wahrheit zu argwöhnen begonnen.

An jenem Abend waren sie bis auf eine Tagereise an

Rom herangekommen, und in einem Gasthof stieß ihnen – wie dies immer zu sein pflegt – etwas Merkwürdiges zu, sofern man dies merkwürdig nennen kann. Als alle um einen Tisch herum saßen, den der Eifer des Wirts und die Beflissenheit seiner Leute reich versehen hatten, trat aus einem Zimmer des Gasthofes ein stattlicher Pilger, der ein Schreibzeug am linken Arm befestigt hatte und in der Hand ein Heft trug. Nachdem er allen die schuldige Höflichkeit erwiesen, sagte er in kastilischer Sprache:

»Das Pilgerkleid, das mich umhüllt, verpflichtet mich, euch um ein Almosen zu bitten, und zwar bitte ich um ein Almosen ganz neuer und seltener Art, durch das ihr mich, ohne mir Juwelen oder sonstige Kostbarkeiten zu geben, reich machen werdet. Ich, meine Verehrten, bin ein sonderbarer Mensch, halb wird meine Seele von Mars und halb von Merkur und Apollo beherrscht; einige Jahre habe ich Kriegsdienste geleistet und einige Jahre – die meiner Reife – habe ich der Literatur gewidmet. In meinen Soldatenjahren habe ich mir einen guten Namen gemacht, und in den Jahren, in denen ich geschrieben, wurde ich einigermaßen geschätzt. Ich habe einige Bücher drucken lassen, die von den Nichtkennern keineswegs als schlecht verdammt, von den Kennern aber für gut erachtet wurden. Da nun die Not, wie es heißt, erfinderisch macht, so ist mein Geist, der einen gewissen Hang zum Ungewöhnlichen und Neuartigen hat, auf einen etwas seltsamen Einfall gekommen: ich will nämlich mit fremder Mühe ein Buch schreiben und herausbringen, wobei die Arbeit den andern, der Gewinn aber mir zufallen soll. Das Buch soll ›Blütenlese fremder Aphorismen‹ heißen, das heißt, es soll eine Sammlung fremder Sentenzen sein, die unmittelbar dem Leben entnommen werden, und zwar auf folgende Weise: wenn ich auf der Straße oder sonst wo auf jemand stoße, aus dessen Erscheinung ich auf einen klugen Kopf, auf Bildung oder auf einen sonstigen Wert schließen kann, dann bitte ich ihn, mir in dieses Heft ein kluges Wort, wenn er eines weiß, oder eine erinnerungswerte Maxime einzuschreiben, und auf diese Weise habe ich schon mehr als dreihundert Aphorismen gesammelt, die es allesamt wert

Viertes Buch 1095

sind, daß man sie kenne und daß sie gedruckt würden, nicht unter meinem Namen, sondern unter dem ihrer Urheber, die den Ausspruch mit ihrem Namen unterschreiben. Solcherart ist das Almosen, um das ich bitte und das ich höher schätze als alles Gold der Welt.«

»Gebt uns, Herr Spanier«, sagte Periandro, »einige Proben dessen, was Ihr verlangt, damit wir uns daran halten können. Hernach sollt Ihr nach unserem Verstand und unserem Geist zufriedengestellt werden.«

»Heute morgen«, erwiderte der Spanier, »ist hier ein Pilgerpaar durchgekommen, bei dem ich, da es Spanier waren, meinen Wunsch vorgebracht habe. Die Pilgerin sagte, ich möge, da sie selbst nicht schreiben könne, folgendes in mein Heft eintragen:

›Lieber bin ich schlecht in der Hoffnung, gut zu werden, als gut mit dem Vorsatz, schlecht zu sein.‹

Sie sagte mir, ich möge mit ›Die Pilgerin aus Talavera‹ unterschreiben. Auch der Pilger war des Schreibens unkundig und bat mich, den folgenden Ausspruch einzutragen:

›Es gibt keine schwerere Last als ein leichtsinniges Weib.‹

Für ihn unterschrieb ich ›Bartolomé, der Mancheger‹. Solcherart sind die Aphorismen, um die ich euch bitte, und die Aussprüche, die ich von euch erwarte, werden solcherart sein, daß sie die übrigen erhöhen und ihnen als Schmuck und Zierde dienen.«

»Ich verstehe jetzt, worum es geht«, entgegnete Croriano. Indes er das Heft und die Feder des Pilgers zur Hand nahm, fuhr er fort:

»Ich will mich als erster meiner Pflicht entledigen und schreibe:

›Schöner erscheint der in der Schlacht gefallene Krieger als einer, der heil und gesund auf der Flucht ist.‹

Er unterzeichnete: ›Croriano‹. Dann griff Periandro zur Feder und schrieb:

›Glücklich ist der Krieger, der weiß, daß sein Fürst ihn kämpfen sieht.‹

Er unterzeichnete. Ihm folgte Antonio, der Barbar. Er schrieb:

›Die Ehre, die man im Kampf erwirbt, ist dauerhafter als andere Ehren, wird sie doch mit stählernen Griffeln in eherne Tafeln geritzt.‹

Er unterschrieb: ›Antonio, der Barbar‹. Und da es in der Gesellschaft keine weiteren Männer mehr gab, bat der spanische Pilger die Damen, auch sie möchten ihre Aussprüche niederschreiben. Ruperta war die erste. Sie schrieb:

›Wenn Schönheit von der Tugend wird begleitet, dann ist es Schönheit; wenn nicht, dann ist es nur ein hübscher Schein.‹

Sie unterzeichnete. Ihr folgte Auristela, die die Feder nahm und schrieb:

›Die beste Mitgift, die eine Frau von Rang einbringen kann, ist ihre Sittsamkeit, denn Schönheit und Reichtum schwinden entweder mit der Zeit oder sie werden vom Schicksal zerstört.‹

Sie unterzeichnete. Dann kam Constanza an die Reihe und schrieb:

›Nicht nach dem, was sie vom Manne hält, sondern was andere von ihm halten, soll die Frau sich den Gatten wählen.‹

Sie unterzeichnete. Feliz Flora griff zur Feder und schrieb:

›Zu vielem zwingen die Gesetze des Gehorsams, zu mehr noch die Macht des Verlangens.‹

Sie unterzeichnete. Nach ihr kam Belarminia, die folgendes schrieb:

›Das Weib soll wie das Hermelin sein, das sich eher gefangennehmen läßt, als daß es sich beschmutzte.‹

Viertes Buch

Sie unterzeichnete. Die letzte, die einen Ausspruch ins Heft schrieb, war die schöne Deleasir:

›Alles im Leben ist dem Glück und dem Unglück unterworfen, doch nichts so sehr wie die Ehe.‹

Dies schrieben unsere Damen und unsere Pilger; der Spanier war darüber sehr erfreut und dankte ihnen dafür. Periandro fragte, ob er den einen oder den anderen Aphorismus, den er in seinem Hefte habe, auswendig wisse, und bat ihn, er möge ihnen diesen mitteilen. Der Spanier erwiderte, er würde ihnen nur einen nennen, der ihm wegen der Unterschrift viel Vergnügen bereite. Der Aphorismus lautete:

›Sei wunschlos, und du wirst der reichste Mann der Welt sein.‹

Die Unterschrift besagte: ›Diego de Ratos, Buckliger, Flickschuster aus Tordesillas, einem Ort in Altkastilien bei Valladolid.‹

»Bei Gott«, sagte Antonio, »wie langgezogen ist doch die Unterschrift und wie kurz und inhaltsreich dagegen der Ausspruch! Er ist der gedrängteste, den man sich nur wünschen kann! Es leuchtet gewiß jedermann sogleich ein, daß man sich wünscht, was einem fehlt und daß einem, der nichts wünscht, nichts fehlt, und er auf solche Weise der reichste Mann der Welt sein wird.«

Der Spanier nannte den Pilgern noch einige andere Aphorismen, mit denen er das Gespräch und das Nachtmahl würzte. Der Pilger setzte sich zu ihnen und sagte im Verlauf des Abendessens:

»Ich werde das Privileg, mein Buch zu drucken, keinem Buchhändler in Madrid geben, und wenn er mir auch zweitausend Dukaten dafür biete; denn dort gibt es keinen Buchhändler, der die Druckerlaubnis nicht umsonst haben möchte oder für so wenig Geld, daß für den Verfasser dabei nichts herausschaut. Freilich kaufen die Buchhändler zuweilen eine Druckerlaubnis und ein Buch, mit dem sie sich zu bereichern hoffen, indes sie dabei nur Geld

1098 Die Mühen und Leiden des Persiles und der Sigismunda

und Mühe dareingeben. Allein dieses Buch der Aphorismen
trägt den Stempel seiner Güte und des zu erwartenden
Gewinns schon jetzt an sich.«

ZWEITES KAPITEL

Die Pilger gelangen in die Nähe Roms und treffen in einem
Wald Arnaldo und den Herzog von Nemours, die einander im
Zweikampf verwundet haben.

Das Buch des spanischen Pilgers könnte ebensogut den
Titel »Seltsame Geschichte, von verschiedenen Autoren
verfaßt« tragen, und er würde gut passen, da es verschiedene Autoren sind, die dieses Buch verfassen. Die Unterschrift des Diego de Ratos, des Flickschusters, gab ihnen
Stoff genug zum Lachen; zu denken gab ihnen aber der
Ausspruch Bartolomés, des Manchegers, der gesagt hatte,
es gebe keine schwerere Last als ein leichtsinniges Weib,
was ein Zeichen dafür war, wie schwer ihm die Last fallen
mußte, die er sich mit der Dirne aus Talavera aufgebürdet
hatte.

Davon sprachen sie am folgenden Tag, als sie den Spanier, den modernen und überraschenden Verfasser über-
raschender und exquisiter Bücher, verließen, und noch am
gleichen Tag sahen sie Rom, ein Anblick, der ihnen die
Seele erfreute, indes die innere Freude ihren Gliedern neue
Kraft verlieh. Die Herzen Periandros und Auristelas schlugen hoch vor Glück, da sich beide der Erfüllung ihrer
Wünsche so nahe sahen; auch die Herzen Crorianos und
Rupertas und die der drei französischen Damen waren
beglückt über den glücklichen Ausgang, den die Reise
ihnen versprach, eine Empfindung, die auch Constanza
und Antonio teilten.

Die Sonne stand in der Mittagshöhe, weshalb auch ihre
Strahlen, da die Sonne nun weiter von der Erde entfernt
war als zu irgendeiner anderen Tageszeit, stärker und
sengender herabfielen. Da nun die Pilger und ihre Freunde

Viertes Buch   1099

zu ihrer Rechten einen nahen Wald erblickten, entschlossen
sie sich, der Hitze der Siestazeit, die ihnen zuzusetzen
drohte, zu entgehen und vielleicht auch noch die Nacht
dort zu verbringen, hatten sie doch Zeit genug, um Rom
anderntags zu erreichen.

Sie setzten ihren Entschluß in die Tat um, und indes sie
tiefer in den Wald eindrangen, wurden sie durch die Annehmlichkeit des Ortes, die Quellen, die zwischen den Gräsern hervorsprudelten, und die Bäche, die sich dazwischen
dahinschlängelten, in ihrem Vorhaben mehr und mehr
bestärkt. Sie waren so tief in den Wald eingedrungen, daß
sie, als sie sich umwendeten, sahen, wie sehr sie vor jenen
verborgen waren, die auf der Landstraße vorüberzogen.
Indes sie noch schwankten, welchen Platz sie unter den
verschiedenen gleicherweise annehmlichen und verlocken-
den Plätzen wählen sollten, hob Auristela zufällig den
Kopf und sah an einem der Zweige einer grünen Weide
ein Bild von der Größe eines Quartblattes hängen, auf
dem, ohne Hintergrund, das Antlitz einer ausbündig schönen Frau zu sehen war. Als Auristela genauer hinblickte,
erkannte sie im Antlitz, das auf dem Bildnis dargestellt
war, das eigene; erstaunt und sprachlos zeigte sie Periandro den Fund. In diesem Augenblick sagte Croriano, daß
das Gras allenthalben Blut ausschwitze, und zeigte seine
Schuhe vor, die von Blut, das noch heiß war, getränkt zu
sein schienen. Das Bildnis, das Periandro sogleich vom
Zweig genommen, und das Blut, das Croriano ihnen gezeigt, stürzten sie in Verwirrung und weckten in ihnen
das Verlangen, den Eigentümer des Bildes sowie jenen,
von dem das Blut stammte, zu finden. Auristela vermochte
sich nicht zu denken, wo und wann jemand ihr Antlitz
gemalt haben konnte, noch dachte Periandro daran, daß
der Diener des Herzogs von Nemours ihm gesagt, der
Maler, der die drei französischen Damen gemalt, würde
auch Auristelas Antlitz treffen, selbst wenn er sie nur ein
einziges Mal gesehen hätte. Hätte Periandro daran gedacht, dann wäre es ihm nicht schwer gefallen zu erraten,
was sich ihm jetzt verschloß.

Die Blutspur, der Croriano und Antonio folgten, führte

sie zwischen einige starke Bäume, die in der Nähe standen, und dort sahen sie am Fuße eines der Bäume einen stattlichen Pilger sitzen, der die blutigen Hände oberhalb des Herzens an die Brust preßte. Dieser Anblick verwirrte Croriano und Antonio sehr, und noch verwirrter wurde Croriano, als er an den Verwundeten herantrat, ihm das Haupt, das diesem blutüberströmt auf die Brust herabgesunken war, hob, mit einem Tuch vom Blute reinigte und im Verwundeten, über jeden Zweifel erhaben, den Herzog von Nemours erkannte; die veränderte Tracht des Herzogs hinderte Croriano keineswegs, ihn wiederzuerkennen, waren doch beide eng befreundet. Der verwundete Herzog oder zumindest der Mann, der der Herzog zu sein schien, sagte, ohne die blutverklebten Augen zu öffnen, mit undeutlichen Worten:

»Hättest du, wer du auch immer seist, du Todfeind meiner Seelenruhe, die Hand ein wenig höher gehoben und mich ins Herz getroffen, dann hättest du wohl daran getan! In meinem Herzen hättest du dann jenes Antlitz lebendiger und wahrer abgebildet gefunden als auf dem Bildnis, das du mich von der Brust nehmen und am Baum befestigen ließest, damit es mir nicht als Schutz und Talisman in unserem Kampf diene.«

Constanza war ihrem Bruder gefolgt und eilte, da sie teilnahmsvoll und mitleidig war, zum Verwundeten hin, sah nach seiner Wunde und stillte ihm das Blut, weshalb sie auch seiner kummervollen Worte nicht achtete.

Fast gleich erging es Periandro und Auristela, denn auch sie verfolgten die Blutspuren bis zu ihrem Ursprung und fanden, zwischen hohen grünen Binsen hingestreckt, einen anderen Pilger, der blutüberströmt dalag; nur sein Gesicht war nicht vom Blut befleckt. Sie brauchten darum nicht erst das Antlitz des Verwundeten zu reinigen, noch sich lange zu bemühen, um das Gesicht zu erkennen, denn sie sahen vor sich den Prinzen Arnaldo, der zwar nicht tot, wohl aber ohnmächtig vor ihnen lag. Mit dem ersten Lebenszeichen, das er von sich gab, versuchte er sich aufzurichten, indes er sagte:

»Du wirst das Bildnis nicht mit dir nehmen, Verräter!

Viertes Buch   1101

Das Bildnis ist mein, ist es doch das Abbild jener, die
meine Seele ist. Du hast es geraubt, und ohne daß ich dich
beschimpft hätte, willst du mir das Leben rauben.«

Auristela zitterte ob des unerwarteten Auftauchens des
Prinzen am ganzen Leibe, und wenn sie auch die Verpflichtungen, die sie Arnaldo gegenüber hatte, antrieben,
zu ihm hinzueilen, so wagte sie, da Periandro anwesend
war, solches nicht zu tun. Periandro, ebenso verpflichtet
wie gefällig, ergriff die Hände des Prinzen und sagte, da
er nicht offenkundig machen wollte, was der Prinz vielleicht zu verbergen begehrte, mit leiser Stimme:

»Kommt zu Euch, Herr Arnaldo, und Ihr werdet sehen,
daß Ihr in der Obhut Eurer besten Freunde und vom
Himmel nicht so verlassen seid, daß Ihr nicht auf Rettung
hoffen dürft. Öffnet die Augen, sage ich, und Ihr werdet
Euren Freund Periandro und die Euch verpflichtete Auristela erblicken, die beide wie immer Euch zu dienen begehren. Berichtet uns von Eurem Unglück und von allen
Euren Abenteuern und erwartet von uns alles, was unser
Eifer und unsere Kräfte vermögen. Sagt, ob Ihr verwundet seid, wer Euch verwundet hat und wo Ihr getroffen
seid, damit man Euch sogleich Hilfe bringen kann.«

Hier schlug Arnaldo die Augen auf, erkannte die beiden, sammelte, so gut er es vermochte, seine Kräfte und
warf sich unter großer Anstrengung Auristela zu Füßen,
umschlang auch Periandros Knie, bewahrte solcherart auch
in dieser Lage den Anstand, den er Auristela schuldete,
blickte sie an und sagte:

»Es ist unmöglich, daß du, Gebieterin, nicht die wahre
Auristela seist, sondern nur ein Trugbild ihrer selbst, denn
kein böser Geist hätte die Erlaubnis und den Mut, unter
solch schöner Erscheinung sich zu verbergen. Auristela bist
du zweifelsohne, und auch ich bin gewiß Arnaldo, der immer nur begehrte, dir zu dienen. Dich zu suchen kam ich,
denn nur in dir, meinem Mittelpunkt, finde ich meinen
Frieden.«

Indes dies geschah, hatten Croriano und die übrigen
bereits erfahren, daß auch ein anderer Pilger, der ebenfalls
schwer verwundet zu sein schien, gefunden worden war.

Als Constanza dies vernahm, eilte sie, da sie dem Herzog bereits das Blut gestillt hatte, herbei, um zu sehen, wessen der andere Verwundete bedürfe. Als sie Arnaldo erkannte, war sie bestürzt und sprachlos, doch überwand sie, verständig, die Überraschung und sagte, ohne ein anderes Wort zu verlieren, Arnaldo möge seine Wunden freilegen, worauf dieser mit der rechten Hand auf seinen linken Arm deutete zum Zeichen, daß seine Verwundung dort zu suchen sei. Constanza entblößte ihm den Arm und fand, daß der Oberarm durchbohrt war; sie stillte das Blut, das immer noch aus der Wunde floß, und sagte zu Periandro, der andere Verwundete sei der Herzog von Nemours, und es wäre am Platze, beide nach dem nahegelegenen Dorf zu bringen, denn für beide bedeute der große Blutverlust die größte Gefahr. Als Arnaldo den Namen des Herzogs vernahm, schüttelte es ihn; die kalte Eifersucht drang ihm durch die nun fast blutleeren Venen bis ans Herz, und ohne zu überlegen sagte er:

»Zwischen einem Herzog und einem König besteht immerhin ein Unterschied, doch weder der Rang des einen, noch der des andern, noch der Rang aller Monarchen der Welt zusammen reichen aus, Auristela zu verdienen.«

Er fügte hinzu:

»Bringt mich nicht an den gleichen Ort wie den Herzog, denn die Gegenwart des Beleidigers ist dem kranken Beleidigten nicht heilsam.«

Zwei Diener hatte Arnaldo bei sich und zwei der Herzog. Sie hatten ihre Herren, wie ihnen befohlen worden war, im Walde alleingelassen und sich an einen nahegelegenen Ort begeben, wo sie für jeden der beiden getrennt Unterkunft suchten; keiner der beiden hatte den andern zuvor gekannt.

»Seht auch nach«, sagte Arnaldo, »ob an einem der Bäume hier herum ein Bildnis hängt, das Auristelas Antlitz zeigt. Um dieses Bildnis ist der Kampf zwischen mir und dem Herzog entbrannt. Nehmt das Bild vom Baum, gebt es mir, denn es hat mich viel Blut gekostet und gehört auch rechtens mir.«

Beinahe das gleiche sagte der Herzog zu Ruperta und

Viertes Buch   1103

Croriano und den übrigen, die mit ihnen waren; allein
Periandro stellte beide zufrieden, indem er sagte, er wolle
das Bildnis zu treuen Händen aufbewahren und es zu
einem günstigen Zeitpunkt jenem einhändigen, dem es
gehöre.

»Ist es möglich«, sagte Arnaldo, »daran zu zweifeln,
daß dieses Bildnis nur mir gehört und keinem anderen?
Weiß denn der Himmel nicht, daß ich seit der Zeit, da ich
sein Urbild gesehen, dieses Bild in meine Seele aufgenommen habe? Mag es mein Bruder Periandro behalten, denn
solange das Bildnis in seinem Besitz ist, können nicht die
Eifersucht, der Zorn und der Hochmut eines Mannes, der
darauf Anspruch erhebt, an dieses Bild heran. Und nun
schafft mich fort; mir schwinden die Sinne.«

Es wurden Gerätschaften gerichtet, mit denen man die
Verwundeten fortschaffen konnte; diesen drohte mehr der
große Blutverlust als die Tiefe der Wunden das Lebenslicht langsam auszulöschen. So brachte man sie denn in den
Ort, wo die Diener ihnen die besten Unterkünfte bereit-
hielten, die sie hatten beschaffen können. Bis dahin hatte
der Herzog nicht gewußt, daß Prinz Arnaldo sein Gegner
gewesen.

DRITTTES KAPITEL

Sie kommen nach Rom und steigen bei einem Juden namens
Manesse ab.

Neid und Ärger erfüllte die drei französischen Damen,
als sie sahen, daß der Herzog das Bildnis Auristelas viel
höher schätzte als irgendeines der Bilder, auf denen sie
selber dargestellt waren. Der Diener, den der Herzog damals ausgesandt hatte, damit er die Damen malen lasse,
sagte ihnen, daß der Herzog wohl ihre Bilder mit sich
führe und unter seinen Kostbarkeiten aufbewahre, mit
Auristelas Abbild jedoch geradezu Götzendienst treibe.
Die Enttäuschung, die diese Worte in den Herzen der drei

Damen hervorriefen, war überaus schmerzlich, empfinden doch schöne Frauen niemals ein Vergnügen, sondern immer tödlichen Schmerz, wenn ihnen eine andere Schönheit gleichgestellt wird, sind sie doch schon schmerzlich berührt, wenn jemand auch nur Vergleiche anstellt. Und wenn es schon allgemein heißt, daß jeder Vergleich hassenswert sei, um wieviel hassenswerter erscheint er, wenn Schönheit mit Schönheit verglichen wird. Weder Freundschaft, Verwandtschaft, noch Tugend oder Rang vermögen den verfluchten Neid aufzuheben, denn Neid muß man wohl das Gefühl nennen, das die drei Schönen bewegte.

Der Diener sagte auch, sein Herr, der Herzog, sei eigens von Paris gekommen, um, da in das Bildnis schon verliebt, die Pilgerin Auristela zu suchen. An diesem Morgen habe er sich unter einen Baum gesetzt, das Bildnis zur Hand genommen und mit ihm, dem leblosen Abbild, so gesprochen, als rede er mit dem lebenden Urbild. Als er gerade dabeigewesen, sei ein anderer Pilger mit leisen Schritten hinter den Herzog getreten und habe alles gehört, was dieser gesagt habe,

»...ohne daß ich und der andere Diener, die wir etwas beiseite getreten waren, ihn daran hätten hindern können. Wir eilten zu unserem Herrn, um ihn darauf aufmerksam zu machen, daß er belauscht werde. Der Herzog wendete den Kopf, erblickte den Pilger; allein dieser stürzte, ohne ein Wort zu sagen, auf meinen Herrn los und entriß ihm das Bild. Der Herzog, vom plötzlichen Überfall überrascht, vermochte das Bildnis nicht so zu verteidigen, wie er gewollt, doch sagte er, soweit ich die Worte verstehen konnte, folgendes:

›Du Räuber himmlischen Kleinods, entweihe nicht mit deinen schmutzigen, gotteslästerlichen Händen das göttliche Juwel, das du mir entrissen. Laß deine Hände von diesem Bild, auf dem die Himmelsschönheit selbst dargestellt ist, denn diese Schönheit verdienst du nicht, und überdies ist sie mein!‹

›Dies gewiß nicht‹, erwiderte der fremde Pilger, ›und da ich dir für meine Behauptung keine Zeugen stellen kann, so soll die Schärfe des Stoßdegens, den ich hier in

Viertes Buch   1105

meinem Pilgerstab verborgen trage, Zeugnis für mich ablegen. Ich allein bin der Herr dieser unvergleichlichen Schönheit, habe ich sie doch in einem Lande fern von hier mit meinen Schätzen gekauft, habe ich sie doch aus ganzer Seele verehrt und ihr mit meiner Ergebenheit, meinen Mühen und Leiden gedient.‹

Der Herzog wandte sich dann uns zu und befahl uns mit herrischen Worten, sie, ohne uns auch nur ein einziges Mal umzublicken, allein zu lassen, uns in diesen Ort zu begeben und ihn hier zu erwarten. Das gleiche befahl der fremde Pilger den beiden, die mit ihm gekommen und allem Anschein nach seine Diener waren.

Ich indes gehorchte seinem Gebot nicht ganz, denn die Neugier bewog mich, hinter mich zu blicken, und so sah ich, wie der fremde Pilger das Bildnis an einem Baum befestigte, was ich sah, nicht etwa, weil ich dies genau gesehen hätte, sondern weil ich es vermuten konnte. Ich sah auch, wie er einen Stoßdegen oder zumindest eine Waffe, die einem Stoßdegen ähnelte, aus dem Pilgerstab zog und meinen Herrn angriff, der ihn auch mit einem Stoßdegen empfing, den er – dies weiß ich genau – im Pilgerstab verborgen gehabt. Zuerst wollten wir, die Diener des Herzogs und die des Fremden, umkehren, um die Kämpfenden zu trennen, doch wurde ich anderer Meinung und sagte, die beiden Gegner seien einander gleichwertig und stünden einander allein gegenüber, so daß wir, ohne befürchten zu müssen, daß der eine oder der andere Beistand bekäme, die Kämpfenden alleinlassen und unseren Weg fortsetzen könnten. Damit würden wir gewiß keinen Fehler begehen, da wir doch dem Befehl gehorchten; kehrten wir aber zurück, so machten wir vielleicht doch einen Fehler. Sei dem aber, wie es sei; ich weiß nicht, ob es die Vernunft war oder die Feigheit, die unsere Beine träge machte und uns die Hände band, oder ob das Aufblitzen der damals von Blut noch unbefleckten Degen uns blendete, jedenfalls fanden wir den Weg von dort zur Walstatt zurück nicht mehr, wohl aber den Weg von dort hieher. Wir kamen in diesen Ort, besorgten rasch die Unterkünfte und kehrten dann nach reiferer Überlegung mit kühnerem Mute zur Walstatt zurück, um zu sehen, was das Geschick mit unseren Herren vorgehabt; wir fanden sie, wie ihr sie gefunden habt, und ohne daß ihr ihnen durch eure Ankunft beigestanden wäret, würden wir, weil zu spät, wohl vergeblich hingekommen sein.«

Dies berichtete der Diener; dies vernahmen die Damen, und sie waren davon solcherart betroffen, als wäre eine jede von ihnen wirklich die Auserwählte des Herzogs gewesen; gleichzeitig aber zerstob einer jeden das Hirngespinst, das sie vielleicht für sich gesponnen hatte in der Hoffnung, des Herzogs Gattin zu werden; das Hirngespinst zerstob, denn nichts läßt aufkeimende Liebe schneller ersticken als die Gleichgültigkeit; die Gleichgültigkeit hat, wenn irgendwo Liebe zu keimen beginnt, die gleiche Gewalt über sie, wie der Hunger sie über den Menschen ausübt, denn dem Hunger und dem Schlaf erliegen auch die Tapfersten, und der Gleichgültigkeit erliegt auch das zärtlichste Verlangen. Solches pflegt freilich nur für den Anfang zuzutreffen, denn hat die Liebe erst ganz und gar die Seele erfaßt, dann sind Gleichgültigkeit und Enttäuschung nur ein Ansporn, um rascher zum Ziele zu gelangen.

Die Verwundeten wurden versorgt, und acht Tage hernach waren sie soweit, daß sie sich auf den Weg nach Rom machen konnten, von wo auch die Wundärzte gekommen waren, die sie behandelten. Indes hatte der Herzog erfahren, daß sein Gegner der Erbprinz von Dänemark war, der sich mit der Absicht trage, Auristela zu ehelichen. Durch diese Nachricht wurde der Herzog in seinen Plänen nur bestärkt; sie liefen auf das gleiche Ziel hinaus wie Arnaldos Bemühungen, und dem Herzog schien es, daß jene, die man hoch genug schätzte, um sie zur Königin zu machen, auch zu einer Herzogin sich eignen müßte. In diese Überlegungen, Hoffnungen und Luftschlösser drängte sich ihm jedoch die Eifersucht, die ihm all die Freude verdarb und den Seelenfrieden erschütterte.

Schließlich kam der Tag der Abreise; der Herzog und Arnaldo zogen – jeder auf seinem Weg – in Rom ein, ohne sich irgend jemand zu erkennen zu geben, indes die übrigen

Viertes Buch 1107

Pilger – unsere Schar und ihre Freunde –, als sie die Stadt von der Höhe eines ihrer Hügel erblickten, auf die Knie fielen und sie als heilig verehrten. In diesem Augenblick ließ sich aus der großen Zahl der Andächtigen die Stimme eines unbekannten Pilgers vernehmen, der mit Tränen in den Augen solcherart zu sprechen begann:

> O großes Rom, voll Macht und Seligkeiten,
> du Stadt der Städte! Laß vor dir mich neigen,
> und Ehrfurcht laß den Pilger dir bezeigen,
> der, voll der Demut, will zu dir nun schreiten.
>
> Dein Anblick übertrifft den Ruhm, den weiten;
> es staunt der Geist, mag er auch kühn sich zeigen,
> des Menschen, der mit nacktem Fuß ersteigen
> den Hügel muß und seine Arme breiten.
>
> Der heil'ge Boden da vor meinen Blicken,
> er ist durchtränkt vom Blut der Zeugen,
> und ist Reliquienschrein der ganzen Erde.
>
> Und jedes Stück an dir wird mich erquicken,
> so ich mich Gottes Willen immer beugen
> und hin zu seinem Reiche streben werde.

Nachdem der Pilger dieses Sonett gesprochen hatte, wandte er sich an die Umstehenden und sagte:

»Es ist erst einige Jahre her, daß ein spanischer Dichter in die heilige Stadt kam und, ein Todfeind seiner selbst und eine Schande seines Volkes, ein Sonett verfaßte zur Schmähung dieser berühmten Stadt und seiner erlauchten Bewohner. Sollte man seiner einmal habhaft werden, dann muß ihm gewiß der Hals büßen, was seine Zunge verbrochen. Ich habe nun als Christ, nicht als Dichter, gleichsam als Abschlag für seine Schuld, das Gedicht, das ihr gehört habt, verfaßt.«

Periandro bat ihn, das Sonett noch einmal zu wiederholen, was der Pilger tat, und er erntete dafür großen Beifall. Dann stiegen unsere Pilger und ihre Begleitung den Hang hinunter, gingen durch die Gärten der Villa Madama und zogen durch die Porta del Popolo in Rom ein, nachdem sie die Schwelle und die Wände dieses Zugangs zur heiligen Stadt vielmals geküßt hatten.

Doch ehe sie in die Stadt gekommen, hatten sich zwei Juden einem der Diener Crorianos genähert und ihn gefragt, ob diese Pilgerschar bereits eine eingerichtete Wohnung in Rom besäße; wenn nicht, dann würden sie ihnen eine Wohnstatt besorgen, in der selbst Fürsten absteigen könnten.

»Ihr, mein Herr, müßt wissen«, sagten sie, »daß wir beide Juden sind. Ich heiße Zabulon, und mein Begleiter heißt Abiud. Unser Gewerbe ist es, Wohnungen zu beschaffen und auszustatten mit allem Nötigen und Schönen, wie es der Rang des Mieters verlangt; die Pracht der Wohnung und der Einrichtung hängt natürlich von dem Preis ab, den man dafür auszulegen bereit ist.«

Darauf erwiderte Crorianos Diener:

»Einer meiner Kameraden ist bereits gestern nach Rom gereist, um eine Wohnung zu suchen, die dem Rang meines Herrn und seiner Begleiter entspricht.«

»Jetzt schlägt's dreizehn!« rief Abiud. »Das ist ja der Franzose, der gestern das Haus unseres Geschäftsfreundes Manesse gemietet hat, das wahrlich ein königlicher Palast ist.«

»Dann laßt uns weitergehen«, sagte der Diener Crorianos, »denn mein Kamerad wird uns wohl hier irgendwo erwarten, um uns in das Haus zu führen. Sollte uns aber das Haus, das er mieten will, nicht entsprechen, dann werden wir uns an Herrn Zabulon halten, damit er uns eines beschaffe.«

Damit gingen sie weiter, und kaum waren sie in der Stadt, als die Juden schon ihren Geschäftsfreund Manesse in Begleitung von Crorianos Diener erblickten. Nun erfuhren sie, daß das Haus, das der Diener gefunden hatte, wirklich das prächtige Haus Manesses war, von dem die Juden gesprochen, und vergnügt brachten sie unsere Pilger in ihre neue Unterkunft, die beim Arco di Portogallo lag.

Kaum waren die französischen Damen in der Stadt, als sie auch schon die Augen fast aller Leute auf sich zogen, denn da an diesem Tag gerade Stationsmesse war, wim-

Viertes Buch 1109

melte es in der Straße Santa Maria del Popolo von Menschen. Das Staunen, das die Leute beim Anblick der französischen Damen nach und nach erfaßte, packte sie sogleich mit aller Macht, als sie die unvergleichliche Auristela sahen und die liebliche Constanza, die neben ihr einherging, und es schien, als zögen zwei leuchtende Gestirne am Himmel dahin. Die beiden wandelten in solcher Schönheit einher, daß ein Römer, allem Anschein nach ein Dichter, bei ihrem Anblick ausrief:

»Ich wette, daß nun Göttin Venus wie in alten Zeiten in diese Stadt kommt, um das Grab ihres geliebten Äneas aufzusuchen. Bei Gott, wie unvorsichtig doch der Herr Gubernator ist, der diesem wandelnden Götterbild nicht anbefohlen hat, das Antlitz zu verschleiern! Will er vielleicht, daß die Klugen ihren Verstand verlieren, die Zärtlichen zerfließen und die Dummköpfe Götzendienst treiben?«

Unter diesen ebenso übertriebenen wie unangebrachten Lobpreisungen zog die schöne Schar weiter; sie kam zum Haus Manesses, das genügt hätte, einem mächtigen Fürsten und einem mittleren Kriegsheer Unterkunft zu geben.

VIERTES KAPITEL

Was zwischen Arnaldo und Periandro und zwischen dem Herzog von Nemours und Croriano besprochen wurde.

Die Nachricht vom Eintreffen der französischen Damen und der schönen Pilgerschar verbreitete sich noch am selben Tag in der ganzen Stadt; vor allem wurde von der beispiellosen Schönheit Auristelas geredet, die, wenn sie auch nicht so gepriesen werden konnte, wie sie es verdient hätte, doch so gelobt wurde, wie die Zungen der feinsten Geister der Stadt es vermochten. Sogleich war das Haus unserer Freunde von vielen Leuten belagert, die von der Neugier und dem Verlangen getrieben worden waren, so viel Schönheit, von der man so viel gesprochen, vereint zu sehen.

Dies ging so weit, daß die Leute von der Straße her mit lauten Rufen verlangten, die Damen und die Pilgerinnen sollten sich doch an den Fenstern zeigen. Diese jedoch ruhten sich aus und wollten sich nicht sehen lassen. Vor allem riefen die Leute nach Auristela; niemand aber wollte sich den Gaffern aussetzen.

Mit den Leuten, die sich an der Haustür drängten, waren, im Pilgerhemd, auch Arnaldo und der Herzog herbeigekommen. Kaum aber hatten sie einander erblickt, als ihnen die Knie zu zittern anfingen und ihnen das Herz zu pochen begann. Periandro hatte sie von einem Fenster aus erkannt, sagte es Croriano, und beide eilten auf die Straße, um, so gut wie sie es vermöchten, ein Unglück zu verhindern, das von zwei derart eifersüchtigen Liebhabern zu befürchten war. Periandro nahm Arnaldo beiseite, Croriano den Herzog, und Arnaldo sagte zu Periandro:

»Eine der schwersten Bürden, die Auristela mir auferlegt, ist wohl mein Kummer über ihre Einwilligung, daß dieser französische Edelmann, welchen die Leute den Herzog von Nemours nennen, im Besitz ihres Bildes ist; denn wenngleich du das Bildnis verwahrst, so scheint doch sie es zu wollen, daß nicht ich es bekäme. Ja, Freund Periandro, die Krankheit, die von den Liebenden Eifersucht genannt wird, sollte man besser verzweifelte Tollwut nennen, denn mit ihr gehen Hand in Hand der Neid und die Geringschätzung, und hat die Eifersucht einmal von einem liebenden Herzen Besitz ergriffen, dann vermag auch ruhige Überlegung es nicht mehr zu beschwichtigen und keine Arznei es zu heilen. Wenngleich Eifersucht auch aus den nichtigsten Anlässen sich ergibt, so wirkt sie sich doch so furchtbar aus, daß sie zumindest den Verstand raubt und manchmal wenigstens auch das Leben kostet, denn für einen eifersüchtigen Liebhaber ist es besser, aus Verzweiflung zu sterben, als in Eifersucht zu leben. Ein wahrhaft Liebender sollte dem geliebten Wesen nie Anlaß zur Eifersucht geben; doch wird er, selbst wenn er sich zu solcher Vollkommenheit erhebt, daß er nie einen Anlaß zu Eifersucht gibt, es nie vermeiden können, Eifersucht zu empfinden, ja selbst seinem Glück zu mißtrauen. Auch seines

Viertes Buch   1111

Glücks wird er nie sicher sein, läßt ihn doch das teure,
wertvolle Besitztum stets in Furcht leben, es zu verlieren,
und solche Ängste gehören unlösbar zu einer liebenden
Seele. Ich rate dir, o Periandro, mein Freund – sofern
einer, der sich selbst nicht zu raten weiß, einem andern
einen Rat geben darf –, ich rate dir also zu bedenken, mein
Freund, daß ich ein König bin, daß ich von ganzem Herzen liebe und tausendfache Erfahrung dir zur Genüge
beweist, daß ich durch die Tat wahrmachen will, was ich
mit Worten versprochen, nämlich: die unvergleichliche
Auristela, deine Schwester, ohne eine andere Mitgift als
den Schatz ihrer Tugend und Schönheit zu meiner Gattin
zu machen. Ich will nicht erforschen, ob ihre Herkunft rein
ist, denn mir ist klar, daß die Natur die Glücksgüter der
nicht versagen konnte, der sie so viel der eigenen schönsten
Gaben hat zukommen lassen. Nie oder selten nur suchen
große Tugenden ihre Wohnstatt in Niedriggeborenen, und
oft ist die körperliche Schönheit der Ausdruck einer schönen Seele. Um nun alles in einem Wort zusammenzufassen,
wiederhole ich, was ich schon oft gesagt, nämlich, daß ich
Auristela anbete, stamme sie nun von den Himmlischen
ab oder vom Niedrigsten aller Irdischen. Und da sie nun
in Rom ist, wohin sie meine Hoffnung vertröstet hat, so
verhalte du sie, o mein Bruder, daß sie nun ihr Versprechen einlöse, und ich will von diesem Augenblick an Krone
und Reich mit dir teilen. Laß es nicht zu, daß ich, von
diesem Herzog verhöhnt und geringgeschätzt von der, die
ich anbete, aus diesem Leben scheide!«

Auf all diese Reden, Anerbieten und Versprechungen
erwiderte Periandro:

»Träfe meine Schwester auch nur die geringste Schuld
an dem Verdruß, den der Herzog dir bereitet, so würde
ich sie zwar nicht bestrafen, wohl aber schelten, was für
sie schon Strafe genug wäre. Da ich aber weiß, daß Auristela keinerlei Schuld daran zukommt, kann ich dir auf
alle deine Vorhaltungen keine Antwort geben. Auch darauf, daß sie deine Erwartungen auf diese Stadt vertröstet
hat, vermag ich dir nichts zu sagen, weiß ich doch nicht,
welche Hoffnungen sie dir gemacht hat. Für alle Anerbie-

tungen, die du mir machst und gemacht hast, bin ich dir soweit erkenntlich, wie ich durch dich, der sie mir macht, und durch mich, dem sie gemacht werden, verpflichtet bin; doch möchte ich dir, o edelmütiger tapferer Arnaldo, in aller Demut sagen, daß dieses ärmliche Pilgerkleid, wie bescheiden es auch sei, vielleicht nur ein Wölkchen ist, hinter dem sich die strahlende Sonne verbirgt. Für den Augenblick jedoch beruhige dich, sind wir doch erst gestern nach Rom gekommen, und es ist uns unmöglich, in solch kurzer Zeit jene Überlegungen anzustellen, jene Pläne zu erwägen und jene Anstalten zu treffen, die bestimmt sind, unsere Unternehmungen dem glücklichen Ende zuzuführen, nach dem sie abzielen. Vermeide es, soweit du nur kannst, mit dem Herzog zusammenzutreffen, denn ein verschmähter Liebhaber, dessen Hoffnungen sehr gering sind, findet selbst noch in seinem Verdruß Grund genug, sich neuer Hoffnung hinzugeben, und sei es auch zum Nachteil des von ihm geliebten Wesens.«

Arnaldo versprach, sich an diesen Ratschlag zu halten, und bot Periandro Juwelen, Schmuck und Geld an, damit er ihren und der französischen Damen standesgemäßen Aufwand bestreiten könnte.

Anders verlief das Gespräch, das Croriano mit dem Herzog führte, dem es vor allem darum ging, Auristelas Bildnis wieder in seine Hand zu bekommen oder zumindest Arnaldos Erklärung zu erreichen, daß er kein Recht darauf habe. Zugleich bat er Croriano, sich bei Auristela für ihn zu verwenden, damit sie ihm ihr Jawort gebe, seien doch seine Staaten nicht kleiner als jene Arnaldos, und keines der erlauchtesten Häuser Europas übertreffe an Adel das seine. Kurz und gut, der Herzog zeigte sich ein wenig anmaßend und ein wenig eifersüchtig, wie dies bei einem Verliebten eben nicht anders zu erwarten ist. Croriano versprach, ihm jeden Dienst zu leisten und auch der Überbringer der Antwort Auristelas zu sein, der Antwort, die sie ihm geben würde, wenn er sie mit dem Glück bekanntgemacht, das ihr durch das Eheanerbieten des Herzogs winke.

Fünftes Kapitel

Wie Bartolomé und die Talaveranerin, die zum Tod verurteilt worden sind, dank Croriano die Freiheit wiedererlangten.

Damit verabschiedeten sich die beiden eifersüchtigen Gegner und Liebhaber, deren Hoffnungen auf Sand gebaut waren; der eine verabschiedete sich von Periandro und der andere von Croriano, beide entschlossen, jede Aufwallung zu unterdrücken und den Verdruß zu verhehlen, solange zumindest, bis Auristela sich erklärt haben würde. Jeder hoffte, sie werde sich für ihn entscheiden, denn man konnte wohl annehmen, daß das Anerbieten eines Königreiches und einer so reichen Herrschaft wie die des Herzogs, selbst einen Felsen zum Wanken bringen und jeden noch so festen, auf ein anderes Leben hin ausgerichteten Entschluß umstoßen würde, sieht sich doch jedermann gern – und dies ist nur natürlich – zu hohem Rang erhoben und trachtet, seine Lage zu verbessern, vor allem die Frauen.

Auristela jedoch kümmerte sich nicht im geringsten darum, war doch all ihr Sinnen und Trachten nun darauf gerichtet, sich zu ihrem Seelenheil von allen Glaubenswahrheiten, die ihr notwendig waren, zu unterrichten, denn da sie in einem weit entlegenen Teil der Erde und in einer Gegend geboren war, wo der wahre katholische Glaube keineswegs so rein gehalten wird, wie es sein sollte, mußte ihr Glaube erst in der Esse des wahren Glaubens selbst geläutert werden.

Als Periandro sich von Arnaldo trennte, näherte sich ihm ein Spanier und sagte:

»Wenn mich die Zeichen, die man mir angegeben, nicht trügen und Euer Gnaden Spanier ist, dann gehört dieser Brief Euer Gnaden.«

Damit übergab er Periandro einen versiegelten Brief, auf dessen Außenseite zu lesen war: ›An den wohlgeborenen Señor Antonio de Villaseñor, der den Beinamen der Barbar führt.‹

Periandro fragte den Mann, wer ihm den Brief gegeben. Der Überbringer antwortete, er habe ihn von einem Spanier bekommen, der in einem Gefängnis, das Tor di Nona heiße, festgehalten werde, weil er gemeinsam mit seiner Geliebten, einem hübschen Weib, das man die Talaveranerin nenne, wegen Mordes zum Tod durch den Strang verurteilt sei. Periandro wußte sogleich, um wen es sich handle, dachte sich auch, wodurch sie solche Schuld auf sich geladen, und sagte:

»Dieser Brief gehört nicht mir, sondern jenem Pilger, der dort kommt.«

In diesem Augenblick kam auch schon Antonio herbei, dem Periandro das Schreiben einhändigte. Antonio trat mit Periandro beiseite, öffnete den Brief und las:

›Auf schlechten Pfaden gibt's am Ende nur den Schaden;
›hinkt von zwei'n auch nur ein Bein, kann's Ganze nur ein
›Hinken sein; Schlechter Umgang verdirbt gute Sitten, und
›der Umgang, den ich mit der Talaveranerin hatte, und
›nicht hätte haben sollen, hat mir und ihr unwiderruflich
›den Strick eingetragen. Der Mann, der sie aus Spanien
›fortgeschafft, hat sie hier in meiner Gesellschaft betroffen,
›und ist darüber ergrimmt, und hat sie in meiner Gegen-
›wart hart gezüchtigt; ich aber bin nun einmal kein Freund
›von solchen Späßen, auch lasse ich mich nicht gern be-
›schimpfen, ohne den Schimpf zu rächen, weshalb ich der
›Dirne beigesprungen bin und den Beleidiger totprügelte.
›Als ich am besten Dreinschlagen war, ist ein anderer Pilger
›gekommen und hat angefangen, mir den Rücken mit der
›gleichen Elle auszumessen. Die Talaveranerin sagte mir,
›sie erkenne in dem Mann, der mich da durchwalke, ihren
›Ehemann, einen Polen, den sie in Talavera geheiratet hat,
›und sie sagte auch, daß sie fürchte, er werde, wenn er mit
›mir fertig sei, bei ihr wieder anheben, weil sie ihm Schimpf
›angetan habe. So griff sie hurtig nach einem der beiden
›Messer, die sie immer bei sich trägt, ist unaufffällig hinter
›den Mann getreten und hat ihm das Messer in die Nieren
›gestoßen und ihn solcherart verletzt, daß er keinen Bader
›mehr brauchte. Kurz und gut, im gleichen Augenblick hat
›der eine wie der andere den Lauf seines sterblichen Lebens
›beendet: ihr Liebhaber wegen der Prügel, die ich ihm ver-
›abreicht, und ihr Mann wegen der Messerstiche, die sie

Viertes Buch   1115

›ihm versetzt hatte. Im gleichen Augenblick wurden wir
›festgenommen und in dieses Gefängnis gebracht, wo wir,
›wenn auch sehr gegen unseren Willen, festgehalten wer-
›den. Wir wurden verhört und gestanden unser Verbrechen;
›damit haben wir uns die Folter erspart, die sie hierzu-
›lande ›Tortur‹ nennen. Schneller, als uns lieb gewesen,
›machte man uns den Prozeß; er ist zu Ende, und wir beide
›sind zur Verbannung verurteilt, und zwar zur Verban-
›nung aus diesem Leben. Ich will damit sagen, Señor, daß
›wir beide zum Tod durch den Strang verurteilt sind, wor-
›über die Talaveranerin so betrübt ist, daß sie es nicht mit
›Geduld tragen kann. Dieselbige küßt Euer Gnaden die
›Hand und auch meiner Señora Constanza, dem Señor
›Periandro und meiner Señora Auristela, und läßt sagen,
›daß sie gern frei wäre, um Euren Gnaden die Hände in
›Dero Haus küssen zu können; sie sagt auch, die unver-
›gleichliche Auristela möge die Röcke schürzen und sich
›sputen und unsere Freilassung in die Hand nehmen, weil
›ihr das nicht schwerfallen wird. Was könnte sie bei ihrer
›großen Schönheit nicht alles erbitten, sogar von einem
›Stein? Und sie sagt auch, daß wenn Euer Gnaden die
›Begnadigung nicht erwirken könnten, es wenigstens
›durchsetzten, daß wir nicht hier in Rom, sondern in Spa-
›nien gehenkt würden. Die Talaveranerin hat nämlich er-
›fahren, daß man hier nicht mit dem nötigen Anstand zum
›Galgen gebracht wird, denn hier muß man zu Fuß gehen,
›und kaum einer schaut zu, so daß es auch selten jemand
›gibt, der für die armen Sünder, besonders wenn es Spanier
›sind, ein Avemaria betet. Und so möchte sie, wenn's mög-
›lich wäre, daheim und unter ihren Leuten sterben, denn
›dort würde es ihr nicht an dem einen oder dem anderen
›Verwandten fehlen, der ihr aus Mitleid die Augen zu-
›drückte. Ich für mein Teil sage das nämliche, denn ich
›beuge mich gern der Vernunft und bin schon ganz gries-
›grämig geworden in diesem Gefängnis da, wäre ich doch,
›um die Plage loszuwerden, die mir die Wanzen machen,
›schon froh, wenn man mich schon morgen hier heraus-
›holte, um mich zu henken. Und ich gebe Euer Gnaden,
›gnädiger Herr, bekannt, daß die Richter in diesem Lande

›sich in gar nichts von den Richtern in Spanien unter-
›scheiden: sie sind alle zuvorkommend und, wenn's ehrlich
›zugeht, große Freunde vom Geben und vom Nehmen,
›und wenn keiner da ist, der den Ankläger macht, so ver-
›absäumen sie es nicht, auch auf die Barmherzigkeit zu-
›rückzugreifen, auf eine Barmherzigkeit, die, wenn sie in
›allen edelmütigen Herzen Eurer Gnaden herrscht, wie sie
›dort herrschen soll, an uns die Gelegenheit findet, sich zu
›zeigen, denn wir sind in der Fremde in einem Gefängnis
›festgesetzt, wo uns Wanzen und andere dreckige Tierchen
›auffressen, deren es so viele gibt, weil sie so klein sind,
›die uns aber soviel zu schaffen machen, als wären sie groß.
›Und, vor allem: sie haben uns schon bis auf die Haut aus-
›gezogen und in die allerletzte Not gebracht die Herren
›Rechtsverwahrer, Prokuratoren und Gerichtsschreiber,
›von denen uns Gott in seiner unendlichen Güte befreien
›möge. Amen.

›In Erwartung einer, wie wir mit Sehnsucht erwarten,
›günstigen Antwort, bleiben wir wie die Storchbrut auf
›den Türmen in Erwartung der Atzung durch ihre Eltern.‹

Die Unterschrift lautete:
›Der unglückliche Bartolomé, der Mancheger.‹

Der Brief belustigte Periandro und Antonio sehr, und
ebensosehr bekümmerte sie der Jammer, der daraus sprach.
Sie trugen dem Überbringer auf, dem Gefangenen zu
sagen, er möge sich beruhigen und auf Rettung hoffen,
denn Auristela und sie würden alles aufbieten, was Geschenke und Versprechungen vermöchten, und sogleich berieten sie darüber, was zu unternehmen wäre. Als erstes
sollte Croriano mit dem französischen Botschafter, mit
dem er verwandt und befreundet war, sprechen, damit
dieser erreiche, daß das Urteil nicht sogleich vollstreckt
werde und sie Zeit gewännen für Bitten und Fürsprachen;
dann wollte Antonio dem Bartolomé als Antwort einen
Brief schreiben, von dem sie sich den gleichen Spaß erhofften, den sie mit Bartolomés Brief gehabt hatten. Als
er darüber mit Auristela und seiner Schwester Constanza
sprach, rieten diese ihm davon ab, denn man dürfe schon

Viertes Buch   1117

Bekümmerte nicht noch bekümmerter machen, und es
könnte überdies sein, daß sie den Scherz für Ernst nähmen
und darunter litten. Schließlich überließen sie die erforderlichen Schritte der Sorge Crorianos und Rupertas, seiner Gattin, die ihn inniglich darum bat, und sechs Tage
später waren Bartolomé und die Talaveranerin frei; denn
wo Gunst und Geschenke vermitteln, werden leicht alle
Klippen überwunden und alle Schwierigkeiten beseitigt.

Indes fand Auristela Zeit genug, um sich von allem zu
unterrichten, was ihr an Vollkommenheit im katholischen
Glauben zu fehlen schien, zumindest wollte sie all das klar
erfahren, was man sie in ihrer Heimat nur dunkel und
verworren gelehrt hatte. Sie fand bei den Pönitentiariern
jemanden, mit dem sie über ihren Wunsch sprechen konnte;
bei ihnen legte sie auch die lautere, reine Generalbeichte
ab, nachdem sie vorher zu ihrer Zufriedenheit in allen
Glaubensfragen unterrichtet worden war. Die Pönitentiarier unterwiesen sie, so gut sie es vermochten, und erklärten ihr die wichtigsten Geheimnisse unseres Glaubens.

Sie begannen mit dem Neid und dem Stolz des Luzifer
und seinem Sturz in den Abgrund, bei dem er den dritten
Teil der Sterne mit sich riß, wodurch die Thronsessel frei
wurden, die die bösen Engel durch ihr törichtes Vergehen
einbüßten. Die Pönitentiarier erklärten Auristela, wie Gott
einen Ausweg gefunden habe, um die leeren Thronsessel
von neuem zu besetzen, indem er den Menschen schuf,
dessen Seele zur Herrlichkeit befähigt ist, die die bösen
Engel sich verscherzt hatten. Dann sprachen die Pönitentiarier über die Tatsache, daß Gott den Menschen, den
Himmel und die Erde geschaffen habe, sprachen über das
heilige Mysterium der Liebe, das in der göttlichen Mensch-
werdung begründet ist, und mit Worten, die weiterreich-
ten, als der Verstand es vermöchte, machten sie ihr das
Geheimnis der allerheiligsten Dreifaltigkeit begreiflich.
Sie erklärten ihr auch, wie es kam, daß die zweite der
drei göttlichen Personen, der Sohn, Mensch wurde, und
Gott als Mensch für den Menschen sowie Gott als Gott
sich selbst die große Schuld zu sühnen vermochte, denn nur
die hypostatische Union – Gott und Mensch, ungeteilt und

ungetrennt, aber auch unvermischt und unverwandelt –
war imstande, Gott die unendliche Schuld zu begleichen,
die, da Gott unendlich ist, unendlich beglichen werden
mußte. Sie konnte nicht beglichen werden durch den von
Natur aus endlichen Menschen allein und nicht von Gott
allein, der an sich nicht zu leiden vermag; gemeinsam er-
rangen sie, Gott und Mensch, den unendlichen Schatz der
Buße und konnten solcherart erst die Schuld aufheben.
Die Pönitentiarier führten ihr das Sterben Christi, die
Mühen und Leiden seines Lebens – von seiner Geburt in
der Krippe bis man ihn ans Kreuz geschlagen – vor Augen.
Sie betonten die Macht und die Wirkung der Sakramente
und zeigten ihr als zweite Möglichkeit der Errettung aus
dem Schiffbruch des Menschen die Buße, ohne die es unmöglich ist, den Weg zum Himmel zu öffnen, den uns die
Sünde versperrt. Sie zeigten ihr weiters Jesus Christus,
den lebendigen Gott, wie er sitzet zur Rechten des Vaters,
und wie er ebenso lebendig und ganz wie im Himmel auch
auf Erden ist im Allerheiligsten, dessen sakramentale
Gegenwärtigkeit nicht geteilt noch getrennt werden kann,
denn eine der höchsten Eigenschaften Gottes – eine der
höchsten für uns, da für Gott alle Eigenschaften einander
gleich sind – ist wohl seine Allgegenwart als Möglichkeit,
als Wesenheit und als Anwesenheit. Die frommen Väter
versicherten sie der unausbleiblichen Wiederkunft des
Herrn, der, auf den Wolken des Himmels sitzend, die
Welt richten wird, und gaben ihr die Gewißheit auch der
Dauer und Unzerstörbarkeit Seiner Kirche, gegen die die
Pforten der Hölle oder, besser gesagt, die Mächte des Bösen
nichts vermögen. Sie sprachen ihr auch von der Gewalt des
Heiligen Vaters, des Stellvertreters Gottes auf Erden und
Bewahrers der Schlüssel des Himmelreiches.

Schließlich blieb ihnen nichts mehr zu sagen, was sie für
mitteilbar erachtet hätten und Auristela wie Periandro zu
verstehen in der Lage gewesen wären. Diese Belehrungen
erfreuten die Seelen der beiden solcherart, daß sie über
sich selbst hinauswuchsen und sich am Himmel ergingen,
denn nur auf ihn richteten sie ihre Gedanken.

SECHSTES KAPITEL

Wie Arnaldo und der Herzog von Nemours einander im Preis überbieten, um ein Bild zu erwerben, das Auristela darstellt.

Mit anderen Augen sahen nun Periandro und Auristela einander an, wenigstens betrachtete Periandro Auristela mit anderen Augen, schien es ihm doch, sie hätte nun das Gelübde erfüllt, das sie nach Rom geführt, und nun könnte sie ihn frei und unbeschwert zum Gemahl nehmen. Allein wenn Auristela schon als halbe Heidin die Sittsamkeit hochgehalten hatte, so betete sie die Sittsamkeit jetzt, nachdem sie im Glauben unterwiesen war, geradezu an, nicht etwa, weil sie fürchtete, durch die Heirat dagegen zu verstoßen, sondern weil sie mit keinem Zeichen zärtliche Gefühle verraten wollte, ehe sie nicht durch Bitten oder Zwang dazu veranlaßt worden wäre. Auristela hielt nun auch Ausschau danach, ob ihr der Himmel nicht eine Erleuchtung darüber geben würde, was sie nach ihrer Heirat mit Periandro zu tun hätte, denn der Gedanke, in die Heimat zurückzukehren, schien ihr tollkühn oder unsinnig, weil Periandros Bruder, der sie zu seiner Gattin erkoren hatte, sich vielleicht in seinen Hoffnungen betrogen fühlen und den Schimpf an ihr und seinem Bruder rächen würde. Diese Grübeleien und Befürchtungen ließen sie etwas kopfhängerisch werden und abmagern.

Die französischen Damen besuchten viele Kirchen und zogen mit allem Prunk und Ansehen von Stationskirche zu Stationskirche, denn Croriano war, wie gesagt, mit dem französischen Botschafter verwandt, weshalb es ihnen an nichts fehlte, um sich im geziemenden, ihrem Stande entsprechenden Glanz zu zeigen. Jedesmal nahmen sie Auristela und Constanza mit, und nie traten sie aus dem Hause, ohne daß sich ihnen nicht halb Rom an die Fersen geheftet hätte.

Und eines Tages, als sie durch eine Straße fuhren, die Via dei Banchi heißt, sahen sie an einer Mauer ein Gemälde hängen, auf dem eine Frau dargestellt war, die eine in der Mitte durchbrochene Krone auf dem Haupte trug und zu ihren Füßen eine Weltkugel hatte, auf der sie stand. Kaum hatten die Pilger das Gemälde erblickt, als sie erkannten, daß jenes Antlitz die Züge Auristelas trug, die so unverkennbar wiedergegeben waren, daß jedermann sie daran erkennen mußte. Auristela war überaus verwundert, fragte, wen das Bildnis darstelle und ob es vielleicht käuflich wäre. Der Besitzer des Gemäldes – er war, wie man später erfuhr, ein berühmter Maler – erwiderte, daß er das Bild verkaufe, allein nicht wisse, wen es darstelle; er wisse nur, daß ein anderer ihm befreundeter Maler das Bild in Frankreich habe kopieren lassen, wo man ihm gesagt hatte, die Dargestellte sei ein ausländisches Fräulein, das sich als Pilgerin auf dem Wege nach Rom befinde.

»Was bedeutet es aber«, fragte Auristela, »daß man sie mit einer Krone auf dem Haupt und mit den Füßen auf jener Kugel abgebildet hat? Überdies ist die Krone noch durchbrochen.«

»Das, mein Fräulein«, sagte der Besitzer des Gemäldes, »sind Launen der Maler oder ›Grillen‹, wie sie sagen. Vielleicht soll dies bedeuten, daß dieses Fräulein es verdiente, der Schönheit Krone zu tragen, und daß sie die Welt mit Füßen tritt. Mir sagt dieses Bild, daß Ihr, mein Fräulein, das Original seid und eine volle Krone verdientet, aber nicht eine gemalte, sondern eine wirkliche, und die wahrhaftige Welt Euch zu Füßen liegen müßte.«

»Was verlangt Ihr für das Bild?« fragte Constanza.

Darauf erwiderte der Besitzer:

»Hier in der Stadt sind zwei Pilger, von denen der eine mir tausend Goldtaler geboten hat, indes der andere sagt, er wolle es sich um keinen Preis der Welt entgehen lassen. Ich habe den Handel noch nicht abgeschlossen, weil mir scheint, daß sich die beiden Pilger nur über mich lustig machen. Das übertriebene Angebot läßt mich daran zweifeln, daß es ihnen ernst ist.«

»Zweifelt nicht daran«, entgegnete Constanza, »denn die beiden Pilger können, sofern es sich um jene handelt, an die ich denke, leicht den Preis verdoppeln und ihn Euch zu Eurer Zufriedenheit erlegen.«

Die französischen Damen, Ruperta, Croriano und Pe-

Viertes Buch   1121

riandro waren sprachlos, als sie Auristelas Züge so echt und
wahrhaftig auf dem Bilde wiedererkannten. Auch die
Leute, die das Gemälde betrachteten, kamen dahinter, daß
es Auristela glich, und bald wurde eine Stimme laut, in
die nach und nach die anderen einfielen, indes jede einzelne
Stimme und allesamt erklärten:

»Das Bild, das hier zum Verkauf steht, stellt keine andere dar als jene Pilgerin dort in der Kutsche. Weshalb
sollen wir uns die Kopie anschauen, wenn wir das Original
vor uns haben?«

Und solcherart umdrängten sie die Kutsche, daß die
Pferde weder vorwärts noch rückwärts konnten, weshalb
Periandro sagte:

»Auristela, Schwester, verhülle dein Gesicht mit einem
Schleier, denn so viel Licht blendet und läßt uns den Weg
nicht erkennen, den wir nehmen.«

Auristela tat so, und sie fuhren weiter, was aber die
Leute nicht davon abhielt, ihnen weiterhin zu folgen, hofften sie doch, Auristela würde den Schleier wieder vom
Gesicht nehmen und sie könnten sie dann nach Belieben
betrachten. Kaum war die Kutsche fortgefahren, als Arnaldo in Pilgerkleidung zum Besitzer des Gemäldes trat
und sagte:

»Ich bin jener, der Euch die tausend Goldtaler für dieses Gemälde geboten hat. Wenn Ihr es verkaufen wollt,
dann nehmt es und kommt mit mir, denn ich werde Euch
die Summe in barer Münze auszahlen.«

Darauf sagte ein zweiter Pilger, der kein anderer war
als der Herzog von Nemours:

»Nennt mir keinen Preis, mein Lieber, sondern kommt
mit mir und denkt Euch einen Preis für das Gemälde aus;
er mag so hoch sein, wie Ihr wollt, ich werde ihn Euch bar
auf die Hand legen.«

»Werdet Euch, meine Herren, erst darüber einig, wer
von Euch beiden das Gemälde haben soll«, sagte der Maler.
»Ich werde mit dem Preis gewiß nicht knickern, denn ich
glaube, Ihr werdet mir das Bild mehr mit guten Worten
als mit klingender Münze bezahlen.«

Viele Leute standen um sie herum und warteten gespannt, worauf der Handel hinauslaufen werde, schien es ihnen doch ein Scherz zu sein, wie jeder der beiden armen Pilger mit Tausenden von Talern in Worten nur so herumwarf. Hier sagte der Besitzer des Bildes:

»Wer von euch beiden das Bild haben will, der gebe mir eine Anzahlung; ich werde dann das Bild von der Mauer nehmen und ihm folgen, wenn er mir den Weg weist, wohin ich es bringen soll.«

Als Arnaldo solches vernahm, langte er mit der Hand an die Brust, holte aus dem Ausschnitt des Pilgerhemdes eine goldene Kette mit einem diamantenen Kruzifix hervor und sagte:

»Nehmt die Kette, die mit dem Juwel daran mehr als zweitausend Goldtaler wert ist, und folgt mir mit dem Gemälde.«

»Diese Kette hier ist aber zehntausend Taler wert«, sagte der Herzog und reichte dem Besitzer des Bildes eine diamantene Kette. »Schafft mir das Bild in mein Haus!«

»Großer Gott!« rief hier einer der Zuschauer aus. »Was ist das nur für ein Gemälde, was sind das für Leute, und was sind das für Schätze? Das geht gewiß nicht mit rechten Dingen zu. Ich rate Euch darum, Freund Maler, die Kette erst probieren und das Wasser der Steine prüfen zu lassen, ehe Ihr Euer Eigentum fortgebt. Leicht könnten die Kette und die Diamanten falsch sein, denn zu sehr haben die Pilger deren Wert betont, als daß man daran nicht zweifeln müßte.«

Die hohen Herren waren darüber verdrossen. Allein um ihre Gedanken und Gefühle nicht vor der ganzen Straße auszubreiten, stimmten sie zu, daß der Besitzer des Gemäldes sich vom Wert der kostbaren Stücke überzeuge.

Die Leute in der Via dei Banchi waren in hellem Aufruhr. Die einen bestaunten das Gemälde, die anderen fragten, wer die Pilger denn seien, andere wieder begafften die kostbaren Ketten, und alle zusammen warteten begierig darauf, welcher von den beiden das Gemälde in seinen Besitz bringen werde, schien es ihnen doch, als wollte keiner der Pilger es dem anderen gönnen, welchen Preis er auch immer dafür bezahlen müßte. Der Besitzer des Ge-

Viertes Buch   1123

mäldes würde es viel billiger hergegeben haben, wenn man
ihm dies nur erlaubt hätte.

Indes kam der Gubernator von Rom zufällig durch die
Via dei Banchi; er vernahm das Geraune der Leute, fragte
nach dem Grund, sah das Gemälde und sah auch die kostbaren Ketten. Da ihm nun schien, solches Geschmeide gehöre zu anderen Leuten als zu armen Pilgern, vermutete
er irgendeine unsaubere Sache dahinter, ließ die Ketten
beschlagnahmen, das Gemälde in sein Haus bringen und
die Pilger festnehmen.

Der Maler war außer sich, als er sich nun um seine Hoffnung betrogen und sein Eigentum in den Händen der Justiz sah, fällt doch in solche Hände selten etwas, das, wenn
überhaupt, ebenso herauskommt, wie es hineingekommen.

Der Maler lief zu Periandro, erzählte ihm die ganze
Geschichte mit dem Gemäldehandel und sprach ihm auch
von der Befürchtung, daß der Gubernator das Bild vielleicht nicht mehr herausrücken würde. Er habe es selbst in
Frankreich von einem Maler gekauft, der es in Portugal
nach dem Original kopiert habe, was Periandro wohl möglich schien, war Auristela doch in der Zeit, in der sie sich
in Lissabon aufgehalten, oft gemalt worden. Periandro bot
dem Maler hundert Goldtaler für das Bild und nahm es
auf sich, es wieder zu beschaffen. Der Maler war es zufrieden, denn wenngleich der Unterschied von tausend
Goldtalern auf hundert sehr groß war, so hielt er doch das
Bild für gut verkauft und noch besser bezahlt.

An jenem Nachmittag besuchte Periandro mit anderen
spanischen Pilgern die sieben Haupt- und Patriarchalkir-
chen. Unter den Pilgern traf er zufällig auch den Dichter
wieder, der beim Anblick Roms das Sonett gesprochen
hatte. Sie erkannten und umarmten einander und fragten
nach Leben und Erlebnissen. Der pilgernde Dichter berichtete Periandro, ihm sei tags zuvor etwas begegnet, was
des Seltsamen wegen wohl erzählenswert wäre. Er hatte
nämlich erfahren, daß ein gewisser Monsignore der päpstlichen Kammer, ein reicher und den Wissenschaften zuge-
taner Herr, das seltsamste Museum der Welt besitze, enthalte es doch keine Bildnisse von Leuten, die wirklich ge-

lebt hatten oder noch lebten, sondern es bestehe nur aus
mit Malgrund versehenen Tafeln, auf denen die hervor-
ragendsten Persönlichkeiten der Zukunft abgebildet wer-
den sollten, besonders aber jene, die in den kommenden
Jahrhunderten berühmte Dichter sein würden. Von diesen
Tafeln habe er zwei näher angeschaut. Auf der einen Tafel
sei oben zu lesen gewesen ›Torquato Tasso‹ und darunter
›Befreites Jerusalem‹; auf der zweiten Tafel habe er oben
›Zárate‹ und darunter ›Kreuz und Konstantin‹ gelesen.
»Ich fragte meinen Führer, was jene Namen bedeuteten.
Er entgegnete mir, man hoffe, es werde in der Welt bald
der Stern eines Dichters aufleuchten, der Torquato Tasso
heißen und das wiedereroberte Jerusalem im heroischesten
und angenehmsten Vers, den bisher ein Dichter angestimmt,
besingen werde. Ihm werde bald darauf ein Spanier namens Francisco López Zárate folgen, dessen Stimme über
den Erdkreis hin erschallen und die Herzen der Menschen
mitreißen werde, da er die Auffindung des Kreuzes Christi
besinge und die Kriege des Kaisers Konstantin in einem
wahrhaft heroisch-religiösen Gedicht, das den Namen eines
Epos zu recht verdienen wird.«
    Darauf erwiderte Periandro:
    »Schwer fällt es mir zu glauben, daß man sich schon so
lange vorher die Mühe macht, die Tafeln mit Malgrund,
mit Namen und Titeln zu versehen, damit man dann jene
darauf abbilden könne, die noch gar nicht geboren sind;
allein in dieser Stadt, der Hauptstadt der Welt, gibt es
noch wunderbarere Dinge als dies.« »Sind noch andere
Tafeln für die Dichter der Zukunft vorbereitet?« fragte
Periandro.
    »Gewiß«, erwiderte der Pilger. »Allein ich wollte mich
nicht damit aufhalten, die Namen und Titel zu lesen, und
gab mich mit den ersten beiden Tafeln zufrieden. Aber so
im Vorbeigehen sah ich viele andere und entnehme daraus,
daß es zur Zeit, in der diese Dichter auftreten werden – sie
wird, wie mein Führer mir gesagt, nicht mehr lange auf
sich warten lassen –, eine große Ernte an Dichtungen jeder
Art geben wird. Das mag Gott nun lenken, wie es ihm
gefällt.«

Viertes Buch   1125

»Ein Jahr, das reich an Dichtern ist«, sagte Periandro,
»pflegt zumindest ein Hungerjahr zu sein. Denn: zeig mir
einen Dichter, ich zeig dir einen Bettler, wenn nicht die
Natur ein Wunder tut. Daraus ergibt sich der Schluß: so
es viele Dichter gibt, gibt es viele Arme; so es viele Arme
gibt, ist auch der Hunger groß.«

Darüber sprachen der Pilger und Periandro, als Zabulon, der Jude, sich ihnen näherte und zu Periandro sagte,
er würde ihn noch an diesem Nachmittag zu Hippolita,
der Ferrareserin, einer der schönsten Frauen Roms, ja sogar ganz Italiens, führen. Periandro erwiderte, er folge
seiner Einladung mit Vergnügen, was der Jüngling gewiß
nicht gesagt haben würde, wenn Zabulon ebenso, wie er
von ihrer Schönheit gesprochen, vom Stand der Dame geredet hätte. Periandros große Sittsamkeit hätte sich nie zu
Niedrigem herabgelassen, und wäre es ihm auch noch so
schön dargeboten worden. Darin hatte die Natur ihn und
Auristela einander gleich gemacht und gleichsam in einer
Form geprägt. Periandro verabschiedete sich von Auristela,
um Hippolita zu besuchen, zu der ihn der Jude mehr dank
seiner List, als durch Periandros Begehr verpflichtet, hin-
brachte; allein die Neugier läßt auch Menschen größter
Sittsamkeit und Zurückhaltung straucheln und auf die
Nase fallen.

SIEBENTES KAPITEL

Von einem merkwürdigen Begebnis und der großen Gefahr, in
die Periandro durch die Hinterhältigkeit einer angesehenen
Kurtisane gebracht wurde.

Durch feines Betragen, Schönheit, prächtige Kleidung und
eine prunkvolle Einrichtung des Hauses werden viele
Mängel verdeckt, denn keineswegs erregt feines Betragen
irgendwo Anstoß, verdrießt die prächtige Kleidung, noch
ruft eine prunkvolle Einrichtung Unbehagen hervor.

All dies besaß Hippolita, eine vornehme Kurtisane, die

es an Reichtum mit Flora, der Römerin der Antike, und an Zuvorkommenheit mit der Gefälligkeit selbst aufnehmen konnte. Es war undenkbar, daß jemand, der sie kannte, sie geringzuschätzen vermochte, denn sie bezauberte durch ihre Schönheit, verschaffte sich Geltung durch ihren Reichtum, und durch ihre Zuvorkommenheit brachte sie es zuwege, daß sie, wenn man sich so ausdrücken darf, angebetet wurde. Wenn die Liebe sich dieser drei Waffen bedient, dann erweicht sie Herzen aus Stein, bricht eiserne Kassen und bezwingt ehernen Willen. Und mehr noch, wenn sich dazu der Trug und die Schmeichelei gesellen, vorteilhafte Eigenschaften aller jener, die ihre Reize vor aller Welt in vollem Glanze zu zeigen begehren.

Gibt es vielleicht irgendwo in der Welt einen Menschen von solcher Klugheit, daß er, wenn er eine der Schönen, von denen ich spreche, vor Augen hat, von deren Reizen absieht und Betrachtungen anstellt über ihr armseliges Gewerbe? Eine Schönheit gibt es, die blendet, und eine andere, die erhellt; hinter der blendenden Schönheit rennt die Begierde einher, hinter der erhellenden schreitet der Wunsch, ein besserer Mensch zu werden.

Weder an das eine noch an das andere dachte Periandro, als er Hippolitas Haus betrat; allein da Amor seine Schlingen oft auf unbewachtem Grund auslegt, so ging nicht Periandro in dieses Garn, wohl aber Hippolita; denn bei den Damen der Sünde, wie sie genannt werden, ist es nicht selten, daß sie in eine solche Schlinge gehen, in der sie dann bereuen, ohne sich ihrer Reue zu schämen.

Hippolita hatte Periandro schon früher auf der Straße bemerkt, und seine stattliche, edle Erscheinung hatte ihr Blut in Wallung gebracht, wobei sie vor allem daran dachte, daß er Spanier sei, von dem sie sich die unglaublichsten Geschenke und das für beide angenehmste Ergötzen versprach. Dies hatte sie mit Zabulon beredet und ihn gebeten, ihr den Jüngling ins Haus zu führen, das, so reich ausgestattet, vor Sauberkeit glänzend und in solch geschmackvoller Ordnung gehalten, eher darauf berechnet war, ein Hochzeitshaus zu werden als eine Stätte zu sein, an der man Pilger empfängt.

Viertes Buch   1127

Dame Hippolita – so wurde sie in Rom genannt, wenngleich sie keine Dame war – besaß einen Freund namens
Pirro, einen Kalabreser, der ein arger Raufbold, Zänker
und Händelsucher war, dessen Vermögen in der Schärfe
seines Degens, in seinen flinken Händen und in Hippolitas
Schlichen bestand, die mit seiner Hilfe oftmals das erlangte,
was sie begehrte, ohne sich selbst dafür hinzugeben. Seines
Lebens Sicherheit verdankte er mehr seiner Fußfertigkeit
als seinen Handfertigkeiten, und das meiste tat er sich
darauf zugute, daß er Hippolita immer in Angst hielt, ob
er sich ihr nun als zärtlich erwies oder grob gegen sie war;
denn nie fehlt es diesen Haustauben an Geiern, die sie
jagen, noch an anderen Raubvögeln, die sie zerfleischen.
Elendes Geschick dieser einfältigen Damen von Welt!

Dieser Herr also, mehr dem Namen nach ein Herr als
wirklich, war gerade bei Hippolita, als der Jude und Periandro eintraten. Hippolita nahm Pirro beiseite und sagte:

»Geh mit Gott, mein Freund, und nimm diese goldene
Kette mit auf den Weg. Dieser Pilger hat sie mir heute
morgen durch Zabulon geschickt.«

»Bedenke gut, was du tust, Hippolita«, erwiderte Pirro,
»denn dieser Pilger ist allem Anschein nach Spanier, und
daß ein Spanier diese Kette, die ihre hundert Taler wert
sein wird, aus der Hand gegeben hat, ohne die deine auch
nur anzurühren, scheint mir ein Wunder und läßt mich
tausend Befürchtungen hegen.«

»Nimm die Kette nur, mein Pirro, und überlasse es mir,
sie, ohne mich dafür in Unkosten zu stürzen, für uns zu
behalten, und dies trotz aller seiner Spanierkniffe.«

Pirro nahm die Kette, die Hippolita ihm reichte. Sie
hatte die Kette eigens zu diesem Zweck am Morgen kaufen lassen und schaffte sich damit, ihm mit diesem Pflaster
den Mund schließend, den Burschen aus dem Hause. Nun
frei von ihrem Halseisen und ihrer Beinschelle, trat Hippolita zu Periandro, legte ihm in reizender Unverfrorenheit
die Arme um den Hals und sagte:

»Nun, meiner Seel', will ich doch sehen, ob die Spanier
wirklich so kühn und tapfer sind, wie man behauptet.«

Als Periandro solche Dreistigkeit sah, glaubte er, das

ganze Haus wäre über ihm zusammengestürzt, legte die Hand vor Hippolitas Brust, wehrte die Kurtisane ab, drängte sie von sich und sagte:

»Dieses Kleid hier, Dame Hippolita, gestattet nicht, daß man es entweihe oder, besser gesagt, ich werde auf keine Weise zulassen, daß man es entweihe. Ein Pilger, mag er auch Spanier sein, ist nicht verpflichtet, kühn und tapfer zu sein, wenn ihm solches nicht zusteht. Solltet Ihr, Señora, mir sagen, wie ich Euch meine Tapferkeit beweisen könnte, ohne daß dies zu meinem oder Eurem Nachteil wäre, dann werdet Ihr ohne Widerrede Gehorsam finden.«

»Mir scheint, Herr Pilger«, erwiderte Hippolita, »daß Ihr nicht nur Eurem Kleide nach, sondern auch in der Gesinnung Pilger seid. Allein da Ihr gesagt habt, Ihr wäret bereit zu tun, was ich von Euch verlangte, ohne daß dies zu unser beider Nachteil ausfiele, dann kommt mit mir in jene Gemächer dort, die ich Euch zeigen möchte.«

Darauf erwiderte Periandro:

»Wenngleich ich Spanier bin, so bin ich doch etwas furchtsam und fürchte Euch allein mehr als ein ganzes Heer von Feinden. Darum laßt jemand anderen den Führer machen, und ich werde Euch folgen, wohin Ihr wollt.«

Hippolita rief zwei ihrer Jungfern herbei und auch Zabulon, den Juden, der dem Gespräch beigewohnt, und wies sie an, sie in die Vorhalle zu führen. Sie öffnete die Türen der Halle, die – wie Periandro später erzählte – prächtiger eingerichtet und geschmückt war, als je ein reicher, kunstsinniger Fürst auf der Welt sich dies hätte gestatten können. Hier erschienen, durch Hippolitas Reichtum erworben und vereint, die Pinsel des Parrhasios, des Polygnot, des Apelles, des Zeuxis und des Timanthes ihr Bestes gegeben zu haben. Mit ihnen wetteiferten die Gemälde des frommen Rafael aus Urbino und die des göttlichen Michelangelo, Schätze, an denen sich der Reichtum eines großen Fürsten erweisen soll und muß. Königliche Paläste, kühne Burgen, prächtige Tempel und großartige Gemälde sind in der Tat die einzigen Beweise für die Großzügigkeit und den Reichtum eines Fürsten, sind Kostbarkeiten und Unterpfänder, die die Zeit in ihrem raschen Flug zu vernichten

Viertes Buch   1129

droht, weil sie, ihre Nebenbuhlerinnen, ihr zum Trotz den
Glanz vergangener Jahrhunderte zeigen und bewahren.

O Hippolita, nur dazu bist du gut! Fände sich unter
den vielen Gemälden, die du dein eigen nennst, ein einziges, das du tugendhaftem Umgang verdanktest, und
ließest du doch Periandro in seinem Kreise und seiner Tugend, denn er fragte sich jetzt, betäubt, sprachlos und verwirrt, wo dieser Überfluß schließlich enden würde. In der
prunkvollen Vorhalle erblickte er einen spiegelnden Tisch,
ganz und gar von einem Gesang umhüllt, der von den
verschiedenen Vogelarten herrührte, die dort auf dem
Tische, in kostbaren Käfigen umherflatternd, einen verworrenen, aber angenehmen Gleichklang erzeugten.

Periandro schien es, als reichte alles, was er bisher von
den Gärten der Hesperiden, von denen der Magierin
Falerina, von berühmten hängenden und von anderen,
durch ihren Ruf in der ganzen Welt bekanntgewordenen
Gärten gehört hatte, nicht an die Herrlichkeit jenes Saales
und jener Vorhalle heran. Da er jedoch, seiner Sittsamkeit
wegen, mit bedrücktem Herzen umherging – ihm schien,
als läge sein Herz zwischen zwei steinerne Tafeln ge-
zwängt –, zeigten sich ihm die vielen Kostbarkeiten nicht
mehr in ihrer Schönheit; er wurde es müde, so viele ge-
nußvolle Dinge anzuschauen, und verdrießlich, daß sich
alles gegen sein eigenes Verlangen verschworen hatte,
setzte die Gebote der Höflichkeit beiseite und versuchte,
die Vorhalle zu verlassen. Allein Hippolita trat ihm in
den Weg und hinderte ihn solcherart daran, daß er sich
genötigt sah, mit rauherem Griff seinen etwas unhöflichen
Worten Nachdruck zu geben.

Hippolita faßte ihn am Pilgerhemd, wodurch sich das
Wams öffnete und das diamantene Kruzifix sichtbar wurde,
das bis jetzt allen Gefahren entgangen war. Dieser Anblick blendete Hippolitas Augen und Verstand in solchem
Maße, daß sie, als sie begriff, Periandro werde ihr trotz
der sanften Gewalt, die sie anwendete, entgehen, auf einen
Einfall geriet, der, hätte sie ihn nur entschlossener ausgeführt und geschickter genutzt, Periandro sehr teuer zu
stehen gekommen wäre. So ließ Periandro sein Pilger-

hemd in den Händen dieser Ägypterin, dieser Potiphar, zurück und eilte ohne Hut, ohne Pilgerstab, ohne Pilgerhemd und ohne Pilgerstrick auf die Straße, ist doch der Sieg in solcher Schlacht mehr durch die Flucht als durch das Ausharren zu erringen. Hippolita stürzte an ein Fenster und begann den Leuten auf der Straße zuzurufen:

»Haltet den Dieb, der sich demütig in mein Haus geschlichen, um mir ein herrliches Kleinod zu stehlen, das mehr wert ist als eine Stadt!«

Zufällig befanden sich zwei Söldner der päpstlichen Leibwache in der Straße, die behaupten, das Recht zu haben, jeden auf frischer Tat Ertappten festzunehmen. Da sie nun ›Haltet den Dieb!‹ rufen hörten, hielten sie sich an ihr vermeintliches Recht und nahmen Periandro fest. Sie rissen ihm das Kruzifix von der Brust, schlugen tüchtig und ohne jeden Respekt auf ihn ein, eine Abschlagszahlung, die die Diener der Gerechtigkeit jedem neuen Delinquenten geben, wenngleich sein Verbrechen noch nicht erwiesen ist.

Als sich Periandro nun so ohne Kruzifix ans Kreuz geschlagen sah, sagte er den deutschen Söldnern in ihrer eigenen Sprache, daß er kein Dieb, wohl aber ein Mann von Rang und Namen, das Kruzifix sein Eigentum und von solchem Wert sei, daß es selbst einer Hippolita nicht gehören konnte. Er bat sie, ihn unverzüglich zum Gubernator zu führen, wo er in kürzester Zeit den wahren Sachverhalt klarzustellen hoffe. Periandro bot ihnen Geld an; dies, und weil er in ihrer Sprache zu ihnen geredet hatte – dadurch werden die Menschen, wenn sie einander auch ganz unbekannt sind, vertrauter –, brachte die deutschen Söldner so weit, daß sie sich nicht mehr um Hippolita kümmerten und ihn dem Gubernator vorführten. Als Hippolita dies sah, eilte sie vom Fenster weg und sagte, indes sie sich fast das Haar raufte, zu ihren Mägden:

»Ach, ihr meine Lieben, wie töricht bin ich doch gewesen! Ich habe dem, dem ich Freude schenken wollte, geschadet; den, dem ich dienstbar sein wollte, habe ich gekränkt; als einen Dieb führt man den fort, der mir das Herz gestohlen! Sind das Zärtlichkeiten, sind das Liebes-

Viertes Buch   1131

worte: den Freien festnehmen zu lassen und den Ehrenhaften zu entehren?«

Dann erzählte sie ihnen, daß zwei Söldner der päpstlichen Leibwache den Pilger als Gefangenen fortführten.
Sie befahl, man solle alsogleich die Kutsche vorfahren
lassen, denn sie wolle ihnen folgen, die Unschuld des Pilgers bekräftigen, könne sie es doch nicht ertragen, wenn
ihrem Augapfel ein Leid zustieße, und lieber wolle sie als
Lügnerin denn als grausam gelten; für die Grausamkeit
gebe es keine Entschuldigung, wohl aber für das falsche
Zeugnis, denn die Schuld daran könne sie der Liebe auf-
bürden, die ein Begehren oft durch tausendfache Dummheiten kundtue und beweise und oft auch dem Böses tue,
der geliebt werde.

Als sie vor den Gubernator trat, hatte dieser gerade das
Kruzifix in Händen und verhörte Periandro. Als Periandro Hippolita erblickte, sagte er:

»Die Dame, die eben jetzt eintritt, hat behauptet, ich
hätte ihr das Kruzifix, das Euer Gnaden in der Hand hält,
gestohlen. Ich werde den Diebstahl zugeben, wenn die
Dame imstande ist zu sagen, woraus das Kruzifix gemacht
ist, welchen Wert es hat und aus wieviel Diamanten es zusammengesetzt ist, denn wenn nicht ein Engel oder sonst
ein Geist ihr solches ins Ohr flüstert, kann sie es unmöglich
wissen, hat sie doch das Kruzifix nur einmal einen kurzen
Augenblick lang an meiner Brust gesehen.«

»Und was sagt Dame Hippolita dazu?« fragte der
Gubernator.

Dabei verdeckte er das Kruzifix, damit sie keinerlei
Einzelheiten daran wahrnehme. Hippolita aber erwiderte:

»Ich sage, daß ich verliebt, blind und verrückt gewesen
bin. Dieser Pilger ist schuldlos, und ich erwarte nur die
Strafe, die mir der Herr Gubernator für die Tat, die ich
aus Liebe begangen habe, zuerkennt.«

Und sie berichtete Punkt für Punkt, was ihr mit Periandro geschehen war, worüber sich der Gubernator sehr wunderte, freilich mehr über die Dreistigkeit als die Liebe, die
Hippolita dazu bewogen hatte, verfallen doch Damen
ihrer Art gern auf die unsinnigsten Dinge. Er hielt ihr das

Unrecht vor, das sie begangen, bat Periandro, ihr zu verzeihen, sprach ihn jeder Schuld ledig und gab ihm das Kruzifix zurück, ohne daß ein Schriftsatz ausgefertigt wurde, was kein geringer Glücksfall war.

Der Gubernator fragte Periandro, wer die Pilger wären, die ihre kostbaren Ketten als Anzahlung für Auristelas Bildnis geben wollten, und begehrte auch zu erfahren, wer er, Periandro, und Auristela seien. Darauf erwiderte Periandro:

»Das Gemälde stellt Auristela, meine Schwester, dar; die Pilger verfügen über Reichtümer, die viel größer noch sind; dieses Kruzifix gehört mir, und wenn es mir die Zeit erlaubt und ich mich dazu gezwungen sehe, werde ich sagen, wer ich bin. Dies jetzt schon bekanntzumachen, hängt nicht von mir, sondern von meiner Schwester ab. Das Gemälde, das in Euer Gnaden Besitz ist, habe ich dem Maler um einen angemessenen Preis abgekauft und nicht um den unsinnigen Betrag, der durch den Groll und die Laune der beiden Pilger ins Ungemessene gestiegen war.«

Der Gubernator sagte, daß er das Gemälde gern um den ausgelegten Preis zu kaufen bereit sei, um damit Rom ein Kunstwerk zu verschaffen, das selbst die Werke der bedeutendsten Meister, die die Stadt berühmt machten, übertreffe.

»Ich schenke es Euer Gnaden«, erwiderte Periandro, »da ich glaube, dem Gemälde die größte Ehre anzutun, wenn ich es einem solchen Besitzer übermache.«

Der Gubernator dankte ihm dafür und ließ am selben Tag noch Arnaldo und den Herzog frei, gab ihnen die Ketten zurück und behielt das Gemälde, war es doch nur recht und billig, daß auch er etwas bekam.

ACHTES KAPITEL

Arnaldo berichtet, was ihm zugestoßen, seit er sich auf der Insel der Klausen von Periandro und Auristela getrennt hatte.

Beschämter denn reumütig kehrte Hippolita heim; dazu war sie noch nachdenklich und verliebt, denn wenngleich die Mißachtung die aufkeimende Liebe gewöhnlich zu ersticken pflegt, so entzündete in ihrem Fall die Kälte Periandros das Verlangen nur um so mehr. Ihr wollte zwar bedünken, ein Pilger könne nicht von solch ehernen Grundsätzen sein, daß es nicht möglich wäre, ihn durch die Gefälligkeiten, die sie ihm zu erweisen gedachte, zu erweichen, doch sagte sie bei sich selber:

»Wäre dieser Pilger arm, dann trüge er gewiß kein so kostbares Kruzifix mit sich herum; die vielen Diamanten reinsten Wassers lassen den Reichtum des Pilgers erkennen. Diese Felsenburg kann also nicht ausgehungert werden, es braucht anderer Schliche und Listen, um sie einzunehmen. Hat dieser Jüngling sein Herz vielleicht an eine andere verloren? Könnte es nicht auch so sein, daß diese Auristela gar nicht seine Schwester ist? Könnte die höfliche Kälte, die er mir bezeigt, nicht auf Auristela zurückzuführen sein und in ihr den Ursprung haben? Bei Gott, hier glaube ich die Arznei für mein Leiden gefunden zu haben! Wohlan denn: Auristela sterbe, und der Zauberbann sei gebrochen! Ich will sehen, welche Empfindungen dieses steinerne Herz dann zeigt. Auristela werde krank; die Sonne gehe vor Periandros Augen unter, und ich möchte sehen, ob dann, wenn die Schönheit, der erste Beweggrund der Liebe, verschwindet, nicht auch die Liebe erlöscht. Vielleicht werde ich ihn dann freundlich stimmen können, wenn ich ihm biete, was ich ihm mit Auristela nehme. Ich will es wenigstens versuchen und auf das Sprichwort bauen, daß Probieren über Studieren geht.«

Von solchen Gedanken ein weniges getröstet, kam Hippolita daheim an, wo sie Zabulon antraf, mit dem sie ihren Plan beriet. Sie baute darauf, daß Zabulons Frau im Rufe stand, die größte Zauberin Roms zu sein. Nachdem sie

ihn reich beschenkt und ihm mehr noch versprochen hatte,
bat sie ihn, er möge seine Frau dazu bewegen – nicht, daß
sie der Neigung Periandros eine andere Richtung gebe;
Hippolita wußte, daß dies unmöglich war –, Auristela
krank zu machen und sie, wenn es nötig, in absehbarer
Zeit sterben zu lassen. Zabulon erwiderte, solches wäre
seinem Weibe dank ihres Könnens und Wissens ein Leichtes. Als Anzahlung erhielt er ich weiß nicht welchen Betrag, und er versprach, daß Auristela noch am folgenden
Tag erkranken werde. Hippolita ließ es nicht bei der Zahlung und den Versprechungen bewenden, sondern versetzte ihn auch in Angst, denn die Geschenke und die Angst
bringen einen Juden dazu, auch das Unmögliche zu versprechen und zu tun.

Periandro erzählte Croriano, Ruperta, Auristela, den
drei französischen Damen, Antonio und Constanza von
seiner Verhaftung, vom Liebeswerben Hippolitas, und
berichtete auch, daß er das Gemälde, worauf Auristela
abgebildet war, dem Gubernator geschenkt habe.

Auristela zeigte sich wenig erfreut über das Liebeswerben der Kurtisane um Periandro, hatte sie doch gehört,
diese sei eine der schönsten, freiesten, reichsten und klügsten Frauen Roms; der geringste Schatten der Eifersucht
– und wäre es auch nur ein einziger, und wäre er so winzig
wie der Schatten einer Stechmücke – wird dank der Befürchtungen in der Vorstellung eines liebenden Menschen
größer als der Schatten, den der Olymp wirft. Wenn einem
dann noch die Ehrbarkeit die Zunge bindet und man nicht
darüber klagen kann, dann quält das erzwungene Schweigen die Seele in solchem Maße, daß sie auf Schritt und
Tritt nach einem Ausweg aus dem Körper sucht und ihm
das Leben fortzunehmen droht. Wie schon gesagt, gibt es
kein anderes Mittel gegen die Eifersucht als die Entschuldigung des Geliebten, und wenn diese nicht möglich ist oder
nicht angenommen wird, dann scheint einem das Leben nur
noch von geringem Wert; allein Auristela hätte es lieber
tausendmal verloren, als auch nur einmal die geringste
Klage über die eingebildete Treulosigkeit Periandros laut
werden zu lassen.

Viertes Buch   1135

An jenem Abend kamen Bartolomé und die Talaveranerin zum erstenmal, ihre Herrschaft zu besuchen; die
beiden waren nun keineswegs frei, wenngleich sie aus dem
Gefängnis entlassen worden waren, denn sie waren mit
den stärksten Fußschellen aneinander gefesselt, die es gibt,
hatten sie einander doch geheiratet, nachdem der Tod
des Polen Luisa die Freiheit wiedergegeben. Ihn hatte das
Geschick als Pilger nach Rom geführt, und noch ehe er
seine Heimat erreicht hatte, hatte er in Rom jene getroffen,
die zu suchen er nicht gekommen war, da er des Rates gedachte, den Periandro ihm noch in Spanien gegeben; gegen
das Schicksal jedoch, das er nicht einmal willentlich heraus-
gefordert hatte, vermochte er nichts auszurichten.

Auch Arnaldo besuchte an jenem Abend seine Freunde
und alle die Damen der Gesellschaft und berichtete über
einige Begebnisse und Dinge, die ihm begegnet waren,
nachdem er den Krieg um seine Heimat beendet hatte und
wieder aufgebrochen war, Periandro und Auristela zu
suchen. Er erzählte, daß er, auf die Insel der Klausen gekommen, Rutilio dort nicht mehr angetroffen habe, sondern einen anderen Klausner, von dem er gehört, daß
Rutilio in Rom wäre. Arnaldo berichtete weiter, er habe
auch die Insel der Fischer berührt, wo er die jungen Fischerfrauen frei, gesund und glücklich angetroffen habe und mit
ihnen alle Fischer, die behaupteten, mit Periandro auf
Seefahrt gewesen zu sein. Vom Hörensagen wußte Arnaldo,
daß Policarpa tot war und Sinforosa sich noch nicht hatte
verehelichen wollen; er berichtete auch, daß die Barbareninsel sich wieder bevölkere und die Bewohner nach wie
vor an die lügenhafte Prophezeiung glaubten; Mauricio,
Ladislao, sein Eidam, und Transila, seine Tochter, hätten
ihre Heimat verlassen und seien nach England gezogen,
um dort in Frieden zu leben. Der Prinz berichtete auch,
daß er nach beendetem Krieg mit Leopoldio, dem König
der Danaer, zusammengekommen sei. Dieser habe sich
verheiratet, um seinem Königreich einen Nachfolger zu
schenken; den beiden Verrätern, die er als Gefangene bei
sich gehabt, als Periando und seine Fischer ihm begegnet
waren, habe er verziehen, Periandro und der Fischerschar

gedenke er mit Dankbarkeit, da sie ihm solche Großmut und Güte bezeigt hatten. Unter den Namen, die Arnaldo in seinem Bericht zu nennen hatte, kamen auch manchmal die Namen der Eltern Periandros und die der Auristela vor, Namen, die beiden das Herz höher schlagen ließen und ihnen gleicherweise Größe wie Unglück in Erinnerung riefen.

In Portugal, so fuhr Arnaldo fort, besonders in Lissabon, halte man die Bilder, die man von ihnen gemalt, in hohem Ansehen; er sagte auch, daß man auf dem ganzen Wege, den sie durch Frankreich zurückgelegt hatten, die Schönheit Constanzas und die der französischen Damen rühme; Croriano habe sich den Ruf eines edelmütigen, klugen Mannes erworben, da er die unvergleichliche Ruperta zur Gemahlin erwählt habe; in Lucca spreche man viel von der Umsicht der Isabela Castruccio und davon, wie rasch Andrea Marulo seine Liebeswünsche erfüllt gesehen, wobei der Himmel ihm durch einen angeblichen Teufel ein Leben verschaffte, das Engel schöner nicht haben könnten. Arnaldo erzählte auch, daß man Periandros, nein, Claricias Sturz für ein Wunder halte. Auf dem Wege habe er einen jungen Pilger, einen Dichter zurückgelassen, der nicht so rasch wie er selbst reisen wollte, damit er Zeit fände, ein Schauspiel über die Abenteuer Periandros und Auristelas zu schreiben, die er auswendig wußte, da er sie in Portugal, auf einer Leinwand dargestellt, kennengelernt habe; der junge Mann trage sich mit der festen Absicht, Auristela zu ehelichen, sofern sie einverstanden wäre.

Auristela dankte ihm schon im voraus für die wohlmeinende Absicht und versprach, ihm ein neues Kleid zu schenken, falls er abgerissen hier ankäme, denn die gute Meinung eines guten Dichters verdiene guten Lohn.

Arnaldo sagte auch, daß er in Constanzas und Antonios Heimatort gewesen und die Eltern wie die Großeltern gesund angetroffen habe, wenn auch vom Kummer niedergedrückt, den sie empfänden, weil sie ohne Nachricht von ihren Kindern waren. Sie wünschten, Constanza würde zurückkehren und den Grafen, ihren Schwäher, heiraten, der dem verständigen Beispiel seines Bruders folgen wollte,

Viertes Buch   1137

sei es, damit ihm die zwanzigtausend Dukaten nicht ver-
lorengingen, oder um der Tugend und Schönheit Constanzas willen, was das Wahrscheinlichere war, worüber sich
alle, besonders Periandro und Auristela, freuten, die die
Geschwister so liebten, als wären es ihre leiblichen.

Der Bericht, den Arnaldo gab, ließ in den Zuhörern von
neuem die Vermutung aufkommen, daß Periandro und
Auristela Leute von hohem Rang sein müßten, denn da
sie von der gräflichen Heirat und von Tausenden von
Dukaten so leichthin redeten, konnte man sie nur für
hochgeboren halten.

Arnaldo sagte überdies, er habe in Frankreich Renato,
den französischen Edelmann, getroffen, der in einem Ordal
gegen jede Gerechtigkeit besiegt worden war und nun,
dank der Gewissensbisse seines Feindes, frei von jedem
Verdacht war und als Sieger anerkannt wurde. Kurz und
gut, es blieben von den vielen im raschen Lauf dieser Geschichte erzählten Begebenheiten, die er miterlebt hatte,
nur wenige unerwähnt, und wenn er auch einige Begebenheiten übersehen hatte, so vergaß Arnaldo doch keineswegs daran zu erinnern, daß er Auristelas Bildnis, das
Periandro gegen seinen und des Herzogs Willen zurück-
halte, als sein Eigentum anspreche, doch wolle er, um
Periandro nicht zu kränken, lieber seinen Verdruß verbergen.

»Ich hätte Euren Verdruß, Herr Arnaldo, schon längst
beseitigt«, entgegnete Periandro, »und Euch das Bildnis
gegeben, wenn ich nur wüßte, daß es wirklich Euch gehört.
Zufall und Bemühen gaben es dem Herzog. Ihr habt es
ihm mit Gewalt abgenommen, weshalb Ihr auch keinen
Grund habt, Euch zu beklagen. Liebende dürfen ihre Ansprüche nicht mit ihrem Verlangen begründen, denn sie
müssen oft darauf verzichten, ihre Wünsche durchzusetzen,
weil auch sie sich der Vernunft zu beugen haben, die anderes befiehlt. Ich werde es aber solcherart einrichten, daß
sowohl Ihr, Herr Arnaldo, als auch der Herzog, wenn
auch nicht wie ihr beide begehrt, zufriedengestellt werdet,
indem nämlich meine Schwester Auristela das Bildnis behalten soll, gehört es ihr doch mehr als sonst jemand.«

Der Vorschlag Periandros gefiel Arnaldo, und er gefiel Auristela nicht weniger. Damit nahm das Gespräch ein Ende, und am nächsten Morgen schon begannen die Verzauberung, das Gift, die Hexerei und die Heimtücke Julias, Zabulons Weib, zu wirken.

Neuntes Kapitel

Worin erzählt wird, wie Auristela, durch die Frau des Zabulon, eine Jüdin, verzaubert, in eine schwere Krankheit verfiel.

Die Krankheit wagte es nicht, die Schönheit Auristelas offen anzufallen, damit so viele Schönheit nicht ihre Häßlichkeit vertreibe; deshalb fiel sie Auristela auch vom Rücken her an, über den sie ihr beim Morgengrauen Schüttelfröste jagte, die es der Leidenden unmöglich machten, das Bett zu verlassen. Sogleich verlor Auristela das Verlangen nach Speise; das Feuer ihrer Augen fing an zu erlöschen, und die Mutlosigkeit, die sich der Kranken gewöhnlich erst nach längerer Zeit bemächtigt, überkam Auristela sogleich und ergriff auch Periandro; Auristela und Periandro gerieten sogleich in größte Unruhe und befürchteten jedes erdenkliche Unheil, wie es vom Glück wenig begünstigte Menschen gerne tun.

Es waren noch keine zwei Stunden vergangen, seit die Krankheit Auristela befallen hatte, und schon färbten sich die sonst rosigen Wangen violett, schon wurde das Rot ihrer Lippen grünlich, und gelb das Weiß ihrer Zähne; es schien, als hätte selbst ihr Haar eine andere Farbe angenommen; die Hände magerten ab, und das Antlitz war enstellt und verzerrt. Des ungeachtet erschien Auristela dem Periandro nicht weniger schön, sah er sie doch nicht, hingestreckt auf dem Lager, vor sich, sondern drinnen in seiner Seele, in der er ihr Bild trug. An sein Gehör drangen – das heißt, drangen zwei Tage später – Wörter, die nur noch gehaucht und von schwerer Zunge gestammelt wurden.

Die französischen Damen erschraken, und sie bezeigten

Viertes Buch   1139

eine solche Hingabe bei der Pflege Auristelas, daß sie bald
selbst um ihre Gesundheit bangen mußten. Ärzte wurden
herbeigeholt, die besten unter den Ärzten bestellt, das
heißt, wenigstens jene, die den besten Ruf hatten, denn
der gute Ruf bestätigt den Erfolg und das Glück in der
Heilung, und es gibt Glückskinder unter den Ärzten, wie
es Kinder des Glücks unter den Soldaten gibt. Glück und
Segen, die doch eines sind, können, sowohl in grobem Tuch
als auch in Seide gehüllt, an die Tür des Unglücklichen
kommen; allein weder in Seide noch in grobem Tuch kamen
sie an Auristelas Pforten, worüber Antonio und Constanza im stillen verzweifelten.
   Das Gegenteil davon geschah dem Herzog. Da dessen
Liebe zu Auristela nur durch deren Schönheit wachgerufen
worden war, verringerte sich seine Liebe in dem Maße,
in dem ihre Schönheit verfiel, denn die wahre Liebe
muß feste Wurzeln in Herz und Seele geschlagen haben,
damit sie die Kraft hat, bis an den Rand des Grabes zu
dauern, in welches das geliebte Wesen gebettet wird. Überaus häßlich ist der Tod, und ihm am nächsten kommt die
Krankheit; Häßliches lieben zu können, scheint übernatürlich und darf auch wahrlich für ein Wunder gehalten werden.
   Kurz und gut, Auristela wurde von Minute zu Minute
schwächer, und alle, die sie kannten, gaben jede Hoffnung
auf, sie wieder gesund zu sehen; nur Periandro war der
einzige, einzig er war fest, einzig voll Liebe, einzig und
allein er widerstand tapfer dem widrigen Geschick und
auch dem Tod noch, der ihm mit Auristelas Sterben drohte.
   Vierzehn Tage lang wartete der Herzog von Nemours
zu, um zu sehen, ob Auristela wieder gesund werde, und
kein einziger dieser Tage verging, an dem er nicht die
Ärzte über ihren Zustand befragt hätte. Keiner von ihnen
versicherte ihm, daß sie wieder gesund werde, kannten sie
doch selbst nicht die wahre Ursache ihres Leidens. Als der
Herzog dies sah und bemerkte, daß sich auch die französischen Damen nicht im geringsten um ihn kümmerten,
als der Herzog also sah, daß der lichte Engel Auristelas
zum Engel der Schatten geworden, erdachte er sich einen

Vorwand, der ihn wenigstens zum Teil entschuldigte, trat eines Tages an Auristelas Krankenlager und sagte vor Periandro zu ihr:

»Da mir das Geschick widrig gewesen, schöne Dame, und mir die Erfüllung meines Wunsches, Euch zu meiner rechtmäßigen Gattin zu machen, verweigert hat, gedenke ich, ehe mich die Verzweiflung an den Rand des Grabes bringt, mein Glück anderswo zu versuchen, wenngleich ich weiß, daß es mir, so sehr ich mich auch bemühe, doch nicht lächeln wird. Da mir nun das Unglück, das ich nicht erstrebe, auf den Fersen ist, werde ich zugrunde gehen und ein unglückliches, wenn auch nicht ein selbstmörderisches Ende finden. Meine Mutter ruft mich heim; sie hat mir eine Gattin ausgewählt; ich will ihr gehorchen, doch denke ich, mir auf dem Wege so viel Zeit zu lassen, daß der Tod mich einzuholen vermag, damit er in meinem Herzen die Erinnerung an deine Schönheit und dein Leiden, gebe Gott, daß ich nichts von der Erinnerung an dein Sterben sagen muß, finden wird.«

In seinen Augen zeigten sich einige Tränen. Auristela vermochte nicht zu antworten; sie wollte auch vor Periandro nicht antworten, um nichts Falsches zu sagen; sie griff nur mit der Hand unter die Kissen, zog das Bildnis hervor und reichte es dem Herzog, der ihr zum Dank für den Gnadenbeweis die Hand küßte. Allein auch Periandro streckte seine Hand aus, griff nach dem Bildnis und sagte:

»So es dir nicht mißfällt, hochedler Herr, so flehe ich dich bei allem, was dir lieb ist, an, mir dieses Bildnis zu überlassen, damit ich ein gegebenes Wort zu halten vermag, das, wenn du auch keinen Schaden dadurch hast, mir aber sehr schaden könnte, wenn ich es nicht hielte.«

Der Herzog gab ihm das Bildnis und erbot sich ihm zu Diensten mit seinem Vermögen, seinem Leben, seiner Ehre und mehr noch, wenn ihm mehr gegeben gewesen. Damit schied er von den beiden mit dem festen Vorsatz, sie in Rom nie wieder zu treffen. Ein kluger Liebhaber, und der erste vielleicht, der es verstanden hat, die Gelegenheit, die sich ihm bot, beim Schopf zu packen.

Alle diese Begebnisse mußten auch Arnaldo aus seinem

Viertes Buch   1141

Traum wecken, und auch er bedachte, wie sehr seine Hoffnungen zusammenschmolzen und wie nahe am Einsturz
das ganze Gebäude seiner Hoffnung war, das er sich auf
seinen Irrfahrten errichtet hatte, denn schon hatte, wie
gesagt, der Tod nach Auristelas Hand gegriffen, und Arnaldo war entschlossen, dem Herzog zu folgen, wenn nicht
schon auf den gemeinsamen Weg, so doch in der Absicht,
indem er nach Dänemark zurückkehren wollte; allein die
Liebe und sein Edelmut ließen es nicht zu, daß er Periandro ohne Tröster und Auristela an der Grenze ihres Lebens verlassen hätte. Er besuchte sie, machte sich von
neuem erbötig, ihnen zu helfen, und hoffte trotz der Zweifel, die ihn immer wieder befielen, daß die Zeit auch seine
Aussichten bessern würde, wenn ein glücklicher Ausgang
einträte.

ZEHNTES KAPITEL

Die Jüdin löst den Zauber. Auristela wird wieder gesund und
eröffnet Periandro ihre Absicht, unverheiratet zu bleiben.

Überaus erfreut war Hippolita, als sie vernahm, wie ver-
derblich sich die Künste der grausamen Julia auf Auristelas Gesundheit auswirkten, denn acht Tage später war diese
diese solcherart verändert, daß man sie nur noch an der
Stimme erkannte. Dies vermochten sich die Ärzte nicht zu
erklären, und auch Auristelas Freunde waren darüber erstaunt. Die französischen Damen pflegten Auristela mit
solcher Aufopferung, daß es schien, als wären sie die leiblichen Schwestern der Kranken, vor allem Feliz Flora, die
sie besonders ins Herz geschlossen hatte. Auristelas Leiden
erreichten einen solchen Grad, daß das Leiden nicht mehr
auf Auristela allein sich beschränkte, sondern auch auf die
Umgebung der Kranken übergriff. Da ihr nun niemand so
nahe stand wie Periandro, wurde dieser als erster von dem
gleichen Leiden befallen, nicht etwa weil das Gift und die
Zauberei der verderbten Jüdin unmittelbar und auf ihn

berechnet wirkten wie bei Auristela, für die doch alles bestimmt war, sondern weil der Schmerz, den Periandro über Auristelas Krankheit empfand, so stark war, daß sich bei ihm die gleichen Erscheinungen zeigten wie bei Auristela und er von solcher Schwäche befallen wurde, daß nun alle um sein Leben ebenso bangten wie um das Auristelas.

Als Hippolita davon erfuhr und erkannte, daß die scharfe Waffe sich nun gegen sie selbst zu richten begann – sie erriet, wo die Ursache zu Periandros Leiden zu finden wäre –, suchte sie seine Krankheit zu heilen, indem sie Auristela Hilfe werden ließ. Diese, nun schon ganz schwach und verfallen, bleich, schien bereits an der Pforte des Todes zu stehen, um dort Einlaß zu begehren. Da sie nun annahm, die Pforte würde ihr auf das erste Pochen hin geöffnet, wollte sie ihrer Seele den Weg des Heils bereiten und die Sakramente empfangen, da sie in den Wahrheiten des Glaubens bereits aufs beste unterwiesen war. In dieser Absicht bereitete sie sich mit der größten Ergebenheit und Andacht, deren sie fähig war, auf das Jenseits vor, legte Zeugnis ab von ihrer frommen Gesinnung, stellte die Reinheit ihrer Sitten unter Beweis, zeigte, wie gut sie alles begriffen, was man sie in Rom gelehrt, und nachdem sie sich der Gnade Gottes anempfohlen, zog der Friede ein in ihre Seele und ließ sie Königreiche, Pracht und Hoheit vergessen.

Nachdem Hippolita also erkannt hatte, daß, wie gesagt, Auristelas Tod auch Periandro das Leben kosten würde, eilte sie zur Jüdin und bat sie, die Wut des Zaubers, der Auristela zu vernichten drohte, zu mäßigen oder ihn ganz aufzuheben, wollte sie doch nicht mit einem Schlage das Leben dreier Menschen vernichten, denn wenn Auristela starb, wäre auch Periandro gestorben, und sie selbst hätte, wenn Periandro sterben sollte, diesen nicht überlebt. Die Jüdin tat, wie ihr geheißen, als lägen die Gesundheit und die Krankheit anderer Menschen einfach in ihrer Hand und als hätten all die Übel, die uns zur Strafe gesandt werden, nicht bei Gott gestanden; die verschuldeten Übel freilich liegen beim Menschen selbst, und Gott läßt es zu

Viertes Buch   1143

– ihn zwingen, wenn man so sagen darf, unsere Sünden
dazu, dies zuzulassen –, daß die Zauberei, zur Strafe eben
dieser Sünden, die Gesundheit anderer Menschen zu vernichten imstande ist. Gewiß hat er es erlaubt, daß das
Gebräu und die Gifte der Zauberinnen verzauberten Personen innerhalb einer gesetzten Frist das Leben nehmen,
ohne daß es irgendein Mittel dagegen gäbe, da man die
Gefahr nicht erkannt und nicht weiß, welche Ursache die
tödliche Krankheit wirklich hat; darum kann uns vor
solchen Übeln wieder nur die Barmherzigkeit Gottes retten, die einzige Helferin, die die richtige Arznei kennt.
    Darum hörte also Auristelas Zustand auf, sich zu ver-
schlimmern, ein erstes Zeichen der Besserung; Auristelas
Schönheit tat durch einige Anzeichen und einen leichten
Schimmer kund, daß sie bald wieder wie die Sonne am
Himmel ihres Antlitzes aufgehen werde; wieder begannen
die Rosen auf ihren Wangen zu erblühen, und die Heiterkeit begann in ihren Augen aufzuleuchten; die Schatten
des Trübsinns wichen, wieder wurde ihre Stimme süß und
voll, die Lippen wurden wieder rot, die Zähne wieder
Elfenbein und perlenschön, wie sie früher gewesen; kurz
und gut, nach wenigen Tagen war Auristela wiederum
schön, voll der Anmut, des Liebreizes und der Fröhlichkeit, und die gleiche Wirkung zeigte sich bei Periandro,
bei den französischen Damen, bei Croriano und Ruperta,
bei Antonio und Constanza, seiner Schwester, deren
Freude und Trauer stets mit der Freude und der Trauer
Auristelas einhergingen. Auristela dankte dem Himmel
für die erwiesene Gnade und den Trost, den er ihr in
Krankheit und Gesundheit erwiesen, bat Periandro eines
Tages zu sich und sagte, als sie dank ihrer Umsicht allein
geblieben waren:
    »Da der Himmel es gewollt, daß ich dich, mein Bruder,
zwei Jahre lang mit diesem ebenso süßen wie keuschen
Namen anreden durfte, ohne es meinem Wunsch und meiner Unachtsamkeit zu gestatten, dich mit einem anderen
Namen zu nennen, der nicht ebenso keusch und angenehm
geklungen hätte, möchte ich nun, daß dieses Glück mir
weiterhin beschieden sei und nur des Lebens Grenze ihm

Grenzen setze, ist doch jedes Glück nur dann Glückseligkeit, wenn es von Dauer ist, und von Dauer kann es nur sein, wenn es keusch ist. Wie du ja selbst weißt, und wie man mich hier gelehrt hat, sind unsere Seelen immer in Bewegung und kommen nur in ihrem Mittelpunkt, in Gott, zur Ruhe. Zahllos sind in diesem Leben die Wünsche, ein Wunsch reiht sich an den andern, Glied um Glied, und alle Wünsche zusammen bilden eine Kette, die vielleicht zum Himmel führt, vielleicht zur Hölle hinabzieht. Sollte dir scheinen, daß diese Sprache nicht die meine ist und außerhalb dessen liegt, was mich meine jungen Jahre und die noch weiter zurückliegende Erziehung lehren konnten, so bedenke, daß die Erfahrung viele bedeutsame Dinge auf der unbeschriebenen Tafel meiner Seele eingetragen hat, vor allem, daß die Erkenntnis und Anschauung Gottes das höchste Glück darstellen, und alles, was auf dieses Ziel hinstrebt, gut, heilsam und gottgefällig ist, wie es die Barmherzigkeit, die Keuschheit und die Jungfräulichkeit sind. So verstehe ich es zumindest; daneben weiß ich aber auch, daß die Liebe, die du für mich hegst, so groß ist, daß du nur das begehren wirst, was ich begehren wollte. Erbin bin ich eines Königreiches; du weißt, daß meine geliebte Mutter mich zu deinen königlichen Eltern geschickt hat, um mich vor dem furchtbaren Krieg zu verschonen, den man befürchtet hat. Die Folge dieser meiner Ankunft war, daß ich, ganz deinem Willen unterworfen und ihm jederzeit getreu, mit dir hieherkam; du warst mir Vater, Bruder, Schutz und Schirm, du warst mein guter Engel, du mein Lehrer, mein Meister, denn du warst es, der mich hieher in diese Stadt gebracht, wo ich erst wahrhaft Christin wurde. Jetzt möchte ich, sofern dies möglich ist, ohne Angst und Sorgen den geraden und kürzesten Weg zum Himmelreich nehmen, und dies kann nicht eher geschehen, bevor du mir nicht zurückgibst, was ich dir gegeben: mein Wort und meine Neigung, deine Gattin zu werden. Erlasse mir, mein Gebieter, das Wort, das ich dir gegeben, denn ich werde versuchen, von meiner Neigung zu lassen, und sei es mit Gewalt, denn um ein solches Glück wie das Himmelreich zu erringen, muß man alles auf Erden ver-

Viertes Buch   1145

lassen: Vater, Mutter, Weib und Mann. Ich will dich nicht
um eines Mannes willen verlassen; ich verlasse dich nur
Gottes wegen, der sich dir selbst geben wird und dessen
Lohn dich unendlich für den Verlust entschädigen wird,
den du erleidest, indem du mich um seinetwillen freigibst.

»Ich habe eine jüngere Schwester, ebenso schön wie ich,
wenn man irdische Schönheit wahrhaft schön nennen darf.
Mit ihr magst du dich vermählen und durch sie das Reich
erwerben, das mir zukäme, und damit würdest du, indes
du meinen Wunsch erfüllst, nicht gänzlich auf die Erfüllung deiner Wünsche verzichten müssen. Du senkst das
Haupt, mein Bruder? Warum heftest du die Augen auf
den Boden? Mißfallen dir meine Worte? Scheint dir mein
Verlangen irregeleitet? Sag es mir, gib Antwort mir, laß
mich wenigstens deinen Entschluß wissen, vielleicht kann
ich meine Wünsche mäßigen und einen Ausweg finden, der
deinem Wunsche näherkommt und sich mit meinem Wunsch
ein wenig nur vereinbaren läßt.«

In tiefstem Schweigen hatte Periandro Auristela angehört, und in einem kurzen Augenblick bestürmten ihn
tausend Gedanken, die alle auf das hinausliefen, was für
ihn das schlimmste war, nämlich auf die Vorstellung, daß
Auristela ihn verabscheue, denn die plötzliche Änderung
ihres Lebensweges konnte nur erreicht werden durch seinen
Tod. Auristela mußte doch wahrlich wissen, daß, wenn sie
nicht seine Gattin wurde, das Leben für ihn jeden Sinn
verloren hatte. Dieser Gedanke übermannte ihn solcherart, daß er sich, ohne Auristela auch nur ein Wort zu erwidern, von seinem Platz erhob, als wollte er Feliz Flora
und Constanza, die eben eintraten, entgegengehen, und
aus dem Zimmer eilte, indes er Auristela, ich weiß nicht,
ob ihre Worte bereuend, so doch verwirrt und nachdenklich zurückließ.

ELFTES KAPITEL

Verzweifelt über Auristelas Vorschlag, verläßt Periandro Rom.

Wasser, das in einem Gefäß mit engem Hals ist, wird, je
rascher man es verschütten will, um so langsamer aus-
rinnen, denn jener Teil des Wassers, der, nach vorn getrieben, im engen Hals des Gefäßes sich staut, hält das
übrige Wasser zurück, und so vermag es solange nicht aus-
zufließen, ehe nicht die Luft genügend Raum geschaffen
hat; erst dann vermag das Wasser aus der Flasche zu
fließen. Das gleiche geschieht mit den Worten, die einem
bekümmerten Liebhaber alle auf einmal auf die Zunge
kommen, wenn das eine Wort dem andern den Ausweg
versperrt, indes die Vernunft nicht imstande ist, das rechte
Wort zu finden, um zu sagen, was zu sagen wäre; und
darum sagt man auch schweigend mehr, als man sagen
wollte.

Dies zeigte sich auch in der geringen Höflichkeit, die
Periandro jenen erwies, die gekommen waren, Auristela
zu besuchen. Periandro, voll der Überlegungen, schwanger
von Gedanken, erdrückt von Einbildungen, verschmäht
und schmerzlich enttäuscht, verließ Auristelas Zimmer,
ohne daß er auf die vielen Worte, die sie ihm gesagt, auch
nur ein einziges zu erwidern gewußt hätte.

Antonio und seine Schwester traten zu Auristela, die
ihnen wie ein Mensch vorkam, der gerade aus einem Alp-
traum erwacht, indem sie bei sich selber klar und vernehm-
lich sagte:

»Schlecht getan; doch was tut's? Ist es nicht besser, wenn
mein Bruder meinen Entschluß kennt? Ist es nicht besser,
wenn ich zur rechten Zeit auf die gewundenen Straßen
und die unsicheren Wege verzichte und meinen Schritt auf
die gerade Straße lenke, die uns klar das glückverheißende
Ziel unserer Lebensreise zeigt? Ich bekenne, daß Periandros Begleitung mich nicht in meinem Streben nach dem
Himmelreich hindern würde, doch weiß ich, daß ich, unbegleitet von ihm, schneller hinkommen werde. Ich bin
mir selber näher als einem andern, und vor dem Verlangen

Viertes Buch   1147

nach dem Himmelreich und seiner Herrlichkeit müssen
selbst die Forderungen, die die Verwandtschaft an uns
stellt, zurückstehen, und an Periandro knüpft mich kein
solches Band.«

»Besinne dich, Auristela, Schwester«, sagte hier Constanza. »Du entdeckst uns hier Dinge, die zwar unsere
Zweifel zerstreuen, dich aber in wirrem Licht erscheinen
lassen. Wenn Periandro nicht dein Bruder ist, dann bist
du in großer Vertraulichkeit mit ihm; ist er dein Bruder,
dann liegt doch kein Grund vor, daß du an seiner Gesellschaft Anstoß nimmst.«

Hier kam Auristela wieder zu Sinnen, und da sie vernommen, was Constanza gesagt, wollte sie ihren Fehler
wieder gutmachen; dies gelang ihr aber nicht, denn um
eine Lüge zu verhehlen, verwickelt man sich gern in viele
Widersprüche, und immer wird dabei die Wahrheit verdächtig bleiben und der Argwohn wach.

»Ich weiß nicht, Schwester«, sagte Auristela, »was ich
gesagt habe, und ebensowenig, ob Periandro mein Bruder
ist oder nicht. Ich kann dir aber wenigstens als sicher sagen,
daß er meine Seele ist. Durch ihn lebe ich, durch ihn atme
ich; er ist es, der mich bewegt, und er ist es, der mich hält,
und bei alledem halte ich mich in den Schranken der Vernunft und gebe zu keinem unkeuschen Gedanken Anlaß,
noch überschreite ich irgend den ehrbaren Anstand und
wahre ihn überall, wie eben eine Frau von Rang ihn einem
Bruder von solchem Rang zu wahren verpflichtet ist.«

»Ich verstehe dich nicht, Señora Auristela«, sagte hier
Antonio, »denn deinen Worten entnehme ich gleicherweise,
daß Periandro dein Bruder ist und doch nicht ist. Sag uns
doch schon, wer Periandro ist, wer du bist, wenn du es
sagen darfst; denn ob er nun dein Bruder ist oder auch
nicht, ihr könnt eines nicht bestreiten, nämlich, daß ihr von
hoher Geburt seid. Wir, das heißt, meine Schwester Constanza und ich, haben doch schon einige Erfahrung in den
Dingen dieser Welt, und so wird uns, was immer du auch
uns sagen magst, nichts wirklich erstaunen. Und wenn wir
auch noch nicht allzulange von der Barbareninsel fort sind,
so sind doch die Mühen und Leiden, die wir, wie du weißt,

erduldet haben, unsere Lehrmeister gewesen, und wir verstehen es sehr wohl, mit dem kleinsten Fadenendchen zu entwirren, besonders in Liebesdingen, finden doch Liebesdinge immer ihre Erklärung in sich selber. Was macht es schon aus, wenn Periandro nicht dein Bruder ist? Was schon, wenn du seine rechtmäßige Gattin wärest, was schon, sag' ich noch einmal? Ihr habt euch doch bis jetzt durch euer sittsames, keusches Betragen vor dem Himmel als überaus rein gezeigt und vor allen, die euch kennen, als überaus tugendhaft erwiesen. Nicht jede Liebe ist übereilt noch unverschämt; nicht alle Liebenden streben danach, den Leib der Geliebten zu genießen, sondern suchen sie mit ihrer ganzen Seele; und wenn dem so sein sollte, Señora, so flehe ich dich noch einmal an, uns zu sagen, wer du bist und wer Periandro ist, der, als ich ihn diesen Raum verlassen sah, einen Vulkan in den Augen hatte und einen Knebel im Munde.«

»Ach, ich Unselige!« erwiderte Auristela. »Um wieviel besser wäre es mir, ich hätte mich dem ewigen Schweigen überliefert, denn hätte ich geschwiegen, dann trüge er nicht, wie du sagst, einen Knebel im Mund! Unvernünftig sind die Frauen, wenig ertragen wir, und noch weniger verstehen wir zu schweigen. Solange ich schwieg, hatte meine Seele ihren Frieden; ich sprach und verlor ihn, und damit ich ihn für immer verliere und ich damit auch die Tragödie meines Lebens beende, will ich euch, die der Himmel zu meinen wahren Geschwistern gemacht, sagen, daß Periandro nicht mein Bruder ist, auch nicht mein Gatte, noch mein Geliebter, wenigstens nicht einer von jenen, die ihren Gelüsten nachrennen und die Keuschheit der Geliebten zu zerstören trachten. Er ist ein Königssohn; Tochter eines Königs bin ich und Erbin eines Reiches; dem Blut nach sind wir beide einander gleich; ich habe ihm ein wenig voraus in der Erbfolge, in der edlen Gesinnung jedoch nichts. Bei alledem begegnen einander noch unsere Ziele, und unsere Neigungen treffen einander zu edelstem Wollen; nur das Geschick zerstört und verwirrt unsere Pläne und zwingt uns, ihre Verwirklichung immer hinauszuschieben. Da nun die Beklemmung, die Periandro die

Viertes Buch 1149

Sprache raubte, auch mir den Atem benimmt, will ich euch, meine Freunde, für den Augenblick nichts weiter sagen und euch nur anflehen, daß ihr mir helft, ihn zu finden, denn da er von mir schied, ohne Urlaub zu nehmen, wird er nicht zurückkehren wollen, ohne daß man ihn sucht.«

»Auf denn«, sagte Constanza, »und suchen wir ihn, denn das Band, das Liebende aneinanderknüpft, läßt es nicht zu, daß sie sich weit von jenen entfernen, denen sie zugetan sind. Komm, wir werden ihn bald finden; bald wirst du ihn wiedersehen, und bald wirst du dein Glück erlangen. Wenn du die Bedenken, die dich beunruhigen, verscheuchen willst, dann brauchst du nur die Hand zu heben und sie Periandro als Gattin zu reichen, denn vereint werdet ihr alles Gerede zum Schweigen bringen.«

Auristela erhob sich, und gemeinsam mit Feliz Flora, Constanza und Antonio begab sie sich auf die Suche nach Periandro; und da sie in den Augen der drei bereits Königin war, betrachteten sie die Freundin auch mit anderen Augen und dienten ihr ergebener noch.

Periandro, der indes gesucht wurde, bemühte sich, von denen, die ihn suchten, fortzukommen; er verließ Rom zu Fuß und allein, sofern man die bittere Verlassenheit, die schmerzlichen Seufzer und das unaufhörliche Schluchzen nicht als Weggefährten gelten lassen will, denn sie und die erregten Gedanken verließen ihn nicht einen Augenblick lang.

»Ach«, sagte er zu sich, »schönste Sigismunda, Königin von Geburt auf, Schönheit ohnegleichen durch Vorrecht und Gnade der Natur, du Fülle des Geistes und Übermaß an Anmut, wie leicht ist es dir gefallen, o Gebieterin, mich zum Bruder zu haben, denn mein Betragen und meine Gesinnung haben diesem Namen nie Unehre bereitet, so sehr auch die Bosheit versuchen wollte, das Gegenteil zu finden, so sehr sie auch Tag und Nacht darauf gelauert hätte! Wenn du nun wünschest, allein und als Herrin deiner selbst ins Himmelreich einzugehen, ohne in deinem Tun und Lassen von einem andern als von Gott und von dir selber abhängig zu sein, dann wohlan! Doch solltest du bedenken, daß du den Weg, den du gehen willst, nicht beschreiten kannst ohne Sünde, ohne meine Mörderin zu sein. Du ließest, Herrin, diese Gedanken in Schweigen verborgen und in der Täuschung und hast sie mir nicht offenbar gemacht, als du noch Zeit gehabt, mir die Liebe mit den Wurzeln aus dem Herzen zu reißen und mit ihr meine Seele, die ich, da sie ganz dein ist, deinem Willen unterwerfe und mich von ihr trenne. Lebe in Frieden, Geliebte, und bedenke, daß ich dir den größten Dienst erweise, den ich dir je erweisen könnte, wenn ich dich verlasse.«

Indes brach die Nacht herein, und als er sich ein wenig von der Straße entfernte, die nach Neapel führt, vernahm er das Geplätscher eines Baches, der zwischen einigen Bäumen dahinfloß. Periandro warf sich an der Böschung des Baches auf den Boden, verstummte, indes seine Seufzer sich weiterhin seiner Brust entrangen.

ZWÖLFTES KAPITEL

Worin berichtet wird, wer Periandro und Auristela wirklich sind.

Es scheint, daß Glück und Unglück einander oft sehr naheliegen und zwei zusammenlaufenden Linien gleichen, die, wenngleich von zwei voneinander abliegenden Punkten ausgehend, sich schließlich doch in einem Punkt treffen.

Schluchzend lag Periandro am friedlichen Bach im hellen Mondenschein; die Bäume standen um ihn herum, und ein lindes Lüftchen trocknete ihm die Tränen. Schon sah er im Geiste Auristelas Bild entschwinden, schon trug der Wind ihm jede Hoffnung fort, daß er von seinem Leid genesen könne, als plötzlich fremde Laute an sein Ohr schlugen. Er horchte hin und hörte Laute seiner Muttersprache; ob gebetet oder gesungen, vermochte er nicht zu unterscheiden. Die Neugierde führte Periandro der Stimme näher, und als er schon ganz nahe war, vernahm er zwei Leute, die weder beteten noch sangen, sondern sich in

Viertes Buch   1151

geläufiger Sprache unterhielten. Periandro war vor allem
davon überrascht, daß die beiden, von Norwegen so weit
entfernt, die Sprache dieses Landes gebrauchten. Er versteckte sich solcherart hinter einem Baum, daß er ganz in
dessen Schatten stand, hielt den Atem an und vernahm
folgendes:

»Du brauchst mich nicht erst davon zu überzeugen, Herr,
daß der einzige Tag im Jahre in Norwegen in zwei Hälften zerfällt, denn ich verbrachte, durch mein widriges Geschick dahin verschlagen, einige Zeit in jenem Lande und
weiß, daß es dort ein halbes Jahr lang Nacht und ein halbes Jahr lang Tag ist. Daß dem so ist, kann ich als gewiß
gelten lassen; warum es so ist, wüßte ich nicht zu sagen.«

Darauf erwiderte der andere:

»Wenn wir nach Rom kommen, werde ich dir die Ursache dieser wunderbaren Erscheinung an einer Armillarsphäre handgreiflich machen, eine Erscheinung, die in
jenen Breiten ebenso natürlich ist, wie hier Tag und Nacht
vierundzwanzig Stunden ausmachen. Ich habe dir auch
gesagt, daß im äußersten Norden Norwegens in der Nähe
des Nordpols die Insel liegt, die für die letzte und ent-
legenste Insel gilt, zumindest auf dieser Seite der Erde.
Sie heißt Tile, die Virgil in jenen Versen des Ersten Buches
der Georgica Thule nennt:

                          ac tua nautae
numina sola colant: tibi serviat ultima Thule.

Thule ist griechisch und heißt auf lateinisch Tile. Die Insel
ist ebensogroß wie England oder nur etwas kleiner und
ist reich an allen Dingen, die für das Leben des Menschen
erforderlich sind. Noch weiter im Norden, gerade am
Nordpol, so an die dreihundert Meilen von Tile entfernt,
liegt die Insel, die Frislanda genannt wird und erst vor
ungefähr vierhundert Jahren entdeckt worden ist; sie ist
so groß, daß sie als Königreich und nicht etwa nur als
ein kleines angesehen wird. Herr und König in Thule
ist Maximino, der Sohn der Königin Eustochia; sein Vater
ist vor wenigen Monaten in ein besseres Leben abberufen
worden und hat zwei Söhne hinterlassen: den eben ge-

nannten Maximino, der das Reich geerbt hat, und einen zweiten namens Persiles, den die Natur mit allen Vorzügen ausgestattet hat und der von seiner Mutter aufs zärtlichste geliebt wird. Ich wüßte nicht, wie ich dir die Tugenden dieses Persiles loben könnte, und so soll es beim Gesagten bleiben, denn ich möchte nicht, daß mein geringer Verstand diese Tugenden durch ungeschickte Worte schmälert, und verführte mich auch die Liebe, die ich für ihn hege – ich war sein Erzieher und kenne ihn von Kindesbeinen an –, dazu, viel zu sagen, so will ich lieber schweigen, als unzulänglich zu sein.«

Solches vernahm Periandro und dachte sich sogleich, daß sein Lobsprecher niemand anderer sein könnte als Serafido, einer seiner Erzieher, und der andere der Stimme und den Einwürfen nach, die er von Zeit zu Zeit machte, Rutilio sein mußte. Ob Periandro darob erstaunt war oder nicht, überlasse ich wohlmeinender Überlegung zu entscheiden, ebenso, ob sein Erstaunen wuchs, als er Serafido – wie Periandro angenommen hatte, war er es wirklich – sagen hörte:

»Eusebia, die Königin von Frislanda, besitzt zwei Töchter von ausbündiger Schönheit, von denen die ältere Sigismunda und die jüngere wie ihre Mutter Eusebia heißt. Vor allem schön ist Sigismunda, in der alle Schönheit vereint ist, die sich sonst nur über die Erde verteilt findet. Sigismunda wurde von ihrer Mutter, ich weiß nicht in welcher Absicht, in jedem Fall aber aus dem Anlaß, daß einige Feinde Eusebias, der Königin, das Land mit Krieg überziehen wollten, nach Tile in die Obhut Eustochias geschickt. Dort sollte sie in der Königin Haus in Ruhe und fern von den Schrecken des Krieges erzogen werden. Bei mir selbst glaube ich jedoch, daß nicht die Kriegsgefahr der eigentliche Grund war, Sigismunda nach Tile zu schicken, sondern der Wunsch, Prinz Maximino möge sich in sie verlieben und sie zur Gattin nehmen, konnte man doch mit Recht vermuten, daß solch ausbündige Schönheit selbst Herzen aus Stein wachsweich werden läßt und selbst das Widerstrebendste zu vereinen vermag. Wenigstens kann man mir, sollte auch der Verdacht, den ich hege, falsch

Viertes Buch   1153

sein, nicht das Gegenteil davon beweisen, weiß ich doch,
daß Prinz Maximino sich in Liebe nach ihr verzehrt. Als
Sigismunda nach Tile kam, war Prinz Maximino nicht auf
der Insel; aber die Königin, seine Mutter, sandte ihm ein
Bildnis der Jungfrau samt der Botschaft Eusebias, der Mutter Sigismundas. Maximino bat, man möge die Jungfrau
aufs beste halten und sie ihm zur Gemahlin erziehen, eine
Antwort, die wie ein Giftpfeil in das Herz Persiles, meines
Herzenskindes – so darf ich ihn als sein Erzieher wohl
nennen – eindrang.

Von dem Augenblick an, da er die Antwort seines
Bruders kannte, vermochte ihn nichts mehr zu erfreuen;
das Feuer der Jugend erlosch in ihm, und schließlich begrub er alle die Anlagen und all sein Gehaben, die ihn
sonst auszeichneten und bei allen beliebt machten, in tiefstem Schweigen, vor allem aber wurde er krank und warf
sich in die Arme einer stillen Verzweiflung. Die Ärzte
kamen, vermochten ihn aber nicht zu heilen, da ihnen die
Ursache seiner Krankheit verborgen blieb; denn da der
Puls die Leiden der Seele nicht anzeigt, ist es schwierig,
ja fast unmöglich, die Krankheit zu erkennen, die auf
ihnen beruht.

Als die Mutter den Sohn so hinsterben sah, ohne die
Ursache seines Leidens zu erraten, bat sie ihn nicht nur
einmal, sondern oftmals, er möge ihr doch den Grund seines Leidens offenbaren; denn da er die Folgen trage, müsse
er doch auch die Ursache kennen. Schließlich vermochten
das Zureden und die Bitten der schmerzerfüllten Mutter
so viel, daß Persiles, nachdem dessen Starrköpfigkeit oder
Standhaftigkeit bezwungen war, seiner Mutter gestand,
er sterbe aus Liebe zu Sigismunda und begehre eher den
Tod, als daß er die Achtung verletze, die er seinem Bruder
schulde. Diese Eröffnung gab der Königin wieder Mut,
und sie machte Persiles die Hoffnung, seinem Leiden Abhilfe zu schaffen, und müßte sie auch gegen das Verlangen
Maximinos handeln, denn um ein Leben zu retten, müsse
man mehr in Kauf nehmen als den Verdruß eines Bruders.

Kurz und gut, Eustochia sprach mit Sigismunda, führte
ihr vor Augen, was verloren ginge, wenn Persiles das

Leben verliere, da er doch alle Anmut der Welt in sich vereine, indes Maximino, ganz im Gegenteil, durch seinen rauhen Sinn irgendwie abscheulich wäre. Die Mutter lobte Persiles hiebei mehr, als sie durfte, und übertrieb, soweit sie dies vermochte, die Vorzüge ihres zweiten Sohnes.

Sigismunda, jung, unerfahren und leicht zu überreden, erwiderte, daß sie hierin keine eigene Neigung habe und keine andere Ratgeberin als die eigene Keuschheit. Solange man diese nicht gefährde, könne man über sie verfügen, wie man wolle. Die Königin umarmte sie, überbrachte Persiles die Antwort, und es wurde vereinbart, daß er mit Sigismunda die Insel verlassen solle, ehe der Bruder heimgekehrt wäre. Diesem wollte die Königin die Abwesenheit der beiden damit entschuldigen, daß sie ein Gelübde getan, nach Rom zu pilgern, um sich dort im wahren katholischen Glauben unterweisen zu lassen, der in jenen mittnächtigen Breiten vielfach verfälscht ist. Zuvor aber leistete Persiles den Eidschwur, weder in Worten noch in Werken gegen Sigismundas Keuschheit zu verstoßen. Und so, sie mit vielen Kostbarkeiten und guten Ratschlägen ausstattend, entließ die Königin die beiden und erzählte mir später, was ich dir berichtet habe. Etwas mehr als zwei Jahre vergingen, ehe Prinz Maximino heimkehrte, denn immer lag er im Krieg mit seinen Feinden; er fragte nach Sigismunda, und als er sie nicht vorfand, war es aus mit seinem Seelenfrieden. Er erfuhr, wohin beide gegangen, und beschloß, ihnen sogleich zu folgen, nicht weil er der Redlichkeit seines Bruders mißtraut hätte, sondern weil er von den Befürchtungen befallen wurde, von denen Liebende nur durch ein Wunder verschont bleiben. Als die Königin von Maximinos Absicht erfuhr, rief sie mich zu sich, legte mir Gesundheit, Leben und Ehre ihres Sohnes Persiles ans Herz und befahl mir, Maximino vorauszueilen und Persiles zu benachrichtigen, daß sein Bruder auf der Suche nach ihm sei.

Prinz Maximino stach mit zwei schweren, sicheren Schiffen in See, fuhr zwischen den Säulen des Herkules durch und, oft durch widrige Winde und Stürme behindert, erreichte er schließlich die Insel Trinacria, euer Sizi-

Viertes Buch   1155

lien. Von dort fuhr er nach Partenope, der Stadt, die ihr
Neapel nennt, und jetzt befindet er sich nicht weit von
hier an einem Ort namens Terracina, der an der Grenze
zwischen dem Königreich Neapel und Rom liegt. Maximino wurde von einer Krankheit befallen, die sie Wechselfieber nennen, und ist dem Tode nahe.

Ich folgte von Lissabon aus, wo ich an Land ging, der
Spur, die Persiles und Sigismunda hinter sich gelassen,
denn die Pilgerin und der Pilger, von deren Schönheit all-
überall der Ruf umgeht, müssen, sofern es sich nicht um
Persiles und Sigismunda handelt, Engel in Menschengestalt
sein.«

»Würdest du«, sagte hier der Mann, der Serafidos Bericht gelauscht hatte, »die beiden statt Persiles und Sigismunda Periandro und Auristela nennen, dann könnte ich
dir sichere Nachricht über sie geben, denn ich kenne sie
seit langem und habe mit ihnen gemeinsam viele Mühen
und Leiden erduldet.«

Dann berichtete er von den Begebnissen auf der Barbareninsel und auch von anderen noch. Indes kam der
Morgen herauf, und Periandro, der von ihnen nicht entdeckt werden wollte, verließ sie, um Auristela von der
Ankunft seines Bruders zu unterrichten und sich mit ihr zu
beraten, was sie zu unternehmen hätten, damit sie dessen
Zorn entgingen; es schien ihm wahrlich wie ein Wunder,
an einem solch entlegenen Ort davon erfahren zu haben.
Und so kehrte Periandro, von anderen Gedanken erfüllt,
zur reumütigen Auristela zurück, wenngleich er jede Hoffnung, den eigenen Wunsch erfüllt zu sehen, schon fast aufgegeben hatte.

DREIZEHNTES KAPITEL

Periandro kehrt, von der bevorstehenden Ankunft seines Bruders Maximino unterrichtet, nach Rom zurück. Dort trifft auch Serafido, sein ehemaliger Erzieher, von Rutilio begleitet, ein.

Der Schmerz und das Gefühl für frischgeschlagene Wunden sind im Zorn und bei wallendem Blut erträglicher; kühlt sich aber das Blut ab, dann wird der Schmerz so lebhaft empfunden, daß er die Geduld des Verwundeten erschöpft. Das gleiche geschieht auch bei den Wunden, die der Seele geschlagen werden, denn wenn wir Zeit und Abstand gefunden haben, über sie nachzudenken, dann setzen die Schmerzen einem solcherart zu, daß man darüber sein Leben einbüßen könnte.

Auristela hatte Periandro ihren Plan mitgeteilt, war damit ihrem Wunsch gefolgt, und glücklich darüber, daß sie sich ihm eröffnet hatte, hatte sie, auf Periandros Ergebenheit vertrauend, erwartet, daß dieser nun sogleich ihrem Wunsch nachkäme. Periandro jedoch hatte ihr, wie schon gesagt, mit Schweigen geantwortet und Rom verlassen, wo ihm begegnet war, was schon berichtet wurde. Er hatte Rutilio erkannt, der seinem, Periandros, Erzieher alle Begebnisse auf der Barbareninsel berichtet und ihm auch gesagt hatte, daß Auristela und Periandro keine anderen seien als Persiles und Sigismunda. Er hatte ihm auch gesagt, die beiden würden zweifelsohne in Rom zu finden sein, sei es doch immer, seit er sie kennengelernt hatte, ihr Bestreben gewesen, nach Rom zu gelangen, wobei sie sich stets als Geschwister ausgegeben hätten.

Rutilio befragte Serafido immer wieder nach dem Wesen und der Lebensart der Leute, die jene weitabliegenden Inseln bewohnten, wo Maximino König war und die unvergleichliche Auristela Königin. Serafido wiederholte, daß die Insel Tile oder Thule, die man heute gemeiniglich Island nenne, die letzte jener mittnächtigen Meere wäre.

»Weiter im Norden liegt dann noch eine andere Insel, die Frislanda genannt wird und von Niccoló Zeno, einem Venezianer, im Jahre eintausenddreihundertundachtzig

Viertes Buch   1157

entdeckt wurde. So groß wie Sizilien, war sie bis dahin
den Alten unbekannt; heute wird sie von Königin Eusebia
beherrscht, der Mutter der Sigismunda, auf deren Suche
ich bin. Noch eine andere mächtige Insel liegt dort, eine
Insel, die fast immer mit Schnee bedeckt ist und Grönland
heißt; an einer Spitze der Insel steht ein Kloster, das unter
dem Namen des heiligen Thomas bekannt ist und von
Mönchen aus vier Nationen unterhalten wird, und zwar
von Spaniern, Franzosen, Toskanern und Lateinern. Die
Mönche unterrichten die vornehmen Leute der Insel in
ihren Sprachen, damit sich jene, wenn sie die Insel verließen, überall, wohin sie auch kämen, verständigen könnten. Die Insel liegt, wie gesagt, immer unter Schnee begraben, und auf dem Gipfel eines Hügels findet sich – was
wunderbar und merkwürdig ist – eine Quelle, die eine
solche Fülle heißen Wassers verströmt und zum Meer
schickt, daß es dieses nicht nur eine weite Strecke eisfrei
macht, sondern überdies noch das Wasser solcherart erwärmt, daß in jener Gegend eine unglaubliche Menge verschiedener Fische gefangen wird, von denen das Kloster
lebt und auch die Insel daraus ihren Unterhalt und Vorteil
zieht. Diese Quelle bringt auch harziges Gestein hervor,
aus dem man eine zähflüssige Masse gewinnt, mit der die
Leute dort so feste Häuser errichten, als hätten sie Marmor
verwendet. Noch anderes könnte ich dir«, sagte Serafido,
»von diesen Inseln berichten, was zwar schwer zu glauben
sein mag, aber dennoch wahr ist.«
   All dies hatte Periandro nicht mehr gehört; Rutilio erzählte es erst später, und mit Hilfe der Kenntnisse, die
Periandro in dieser Sache hatte, konnte dies alles, nun
richtiggestellt, von seinen Zuhörern auf gebührende Weise
gewürdigt werden.
   Als der Tag vollends angebrochen war, befand sich
Periandro vor der schönsten Basilika Roms, vielleicht der
größten Europas, vor der St. Paulskirche, und sah, wie
ein Haufe Menschen, teils zu Pferd und teils zu Fuß, da-
herkamen. Als der Haufe schon heran war, erkannte er
Auristela, Feliz Flora, Constanza und Antonio, ihren Bruder, und auch Hippolita, die von seinem Verschwinden

erfahren hatte und niemand anderem die Freude gönnen
wollte, ihn wiedergefunden zu haben. Sie war deshalb
Auristela gefolgt, die von dem Hinweis sich hatte leiten
lassen, den ihr die Frau des Zabulon, des Juden, gegeben,
die sich, da sie mit niemand Freundschaft hatte, mit jedermann gutstellen wollte.

Schließlich trat Periandro zur schönen Schar, begrüßte
Auristela, blickte ihr prüfend ins Antlitz, das ihm sanfter
schien, indes auch die Augen milder blickten. Dann berichtete er vor allen Leuten, was ihm in der Nacht mit
Serafido, seinem ehemaligen Erzieher, und Rutilio begegnet war, sagte auch, daß Prinz Maximino, sein Bruder, an
Wechselfieber erkrankt, sich in Terracina aufhalte und
nach Rom kommen wolle, um hier Heilung zu finden und
sie, die hier unter falschen Namen und unter falschem
Rang lebten, zu suchen. Er fragte Auristela und die übrigen um Rat, was er tun solle, da er von der Wesensart
seines Bruders, des Prinzen, keine sehr freundliche Begegnung erwarte.

Auristela erschrak über die unverhoffte Nachricht; in
einem einzigen Augenblick sah sie die Hoffnung schwinden, die sie gehegt, als sie daran dachte, in den geistlichen
Stand zu treten und ihre Jungfräulichkeit zu wahren; ihr
entschwand nun aber auch die Hoffnung, auf leichtem
Wege in den Besitz ihres geliebten Periandro zu gelangen.

Die übrigen überlegten, welchen Rat sie Periandro
geben sollten, und die erste, die, wenn auch ungebeten,
einen Vorschlag machte, war die reiche, verliebte Hippolita, die sich erbot, Periandro und seine Schwester Auristela nach Neapel zu bringen und dort mit ihnen die hunderttausend oder mehr Dukaten zu verzehren, auf die sich
ihr Vermögen belief. Dieses Angebot hörte auch Pirro, der
Kalabrese, der gleichfalls anwesend war, und es wollte ihn
bedünken, er habe sein Todesurteil vernommen, denn bei
Zuhältern entspringt die Eifersucht nicht verschmähter
Liebe, sondern der Geldgier. Da ihm das Geld durch die
Großzügigkeit Hippolitas verlorenzugehen drohte, bemächtigte sich seiner Brust verzweifelte Wut, und Pirros
Herz schwoll an vor tödlichem Haß gegen Periandro,

Viertes Buch   1159

dessen Schönheit und stattliches Gehaben, wenngleich an
sich schon bedeutend, ihm noch bedeutender erschienen, ist
es doch dem Eifersüchtigen eigentümlich, daß ihm alles an
seinem Nebenbuhler glänzender und herrlicher dünkt.

Periandro dankte Hippolita für das großzügige Anerbieten, doch lehnte er ab. Die übrigen fanden keine
Gelegenheit mehr, Periandro zu raten, kamen doch in diesem Augenblick Rutilio und Serafido heran, die, sobald
sie Periandro erblickt hatten, herbeiliefen, um sich ihm zu
Füßen zu werfen; sie hatten ihn trotz der veränderten
Kleidung sogleich erkannt, hatte sie doch seine Hoheit
nicht zu schmälern vermocht. Rutilio hielt Periandro um
die Mitte gefaßt, indes ihm Serafido die Arme um den
Hals gelegt hatte; Rutilio weinte vor Freude, Serafido vor
Glück.

Alle Umstehenden wunderten sich über die überraschende
freudige Begrüßung. Nur im Herzen Pirros wütete die
Finsternis und folterte es mit glühenden Zangen, und die
Qual, die er empfand, als er Periandro solcherart erhoben
und geehrt sah, trieb ihn schließlich so weit, daß er, ohne
zu bedenken, was er tat, oder es vielleicht sogar sehr wohl
bedenkend, den Degen zog und ihn zwischen Serafidos
Armen hindurch Periandro in die rechte Schulter stieß,
und zwar mit solcher Wut und Kraft, daß die Degenspitze
Periandro zur linken Schulter wieder herausfuhr und die
Waffe ihm ein wenig schräg den Körper durchbohrte.
Hippolita sah als erste, was geschehen, und rief als erste
aus:

»Ha, Verräter, Todfeind! Dem nimmst du das Leben,
der für immer sich des Lebens erfreuen sollte!«

Serafido öffnete die Arme; Rutilio ließ Periandro los;
beide waren überströmt vom heißen Blut, das aus der
Wunde hervorbrach, und Periandro sank in Auristelas
Arme. Ihr blieb die Stimme in der Kehle stecken, ihr fehlte
der Atem, um zu stöhnen, ihr fehlten die Tränen, um zu
weinen, ihr sank das Haupt auf die Brust, und die Arme
fielen ihr schlaff an den Seiten herab.

Die Untat, tödlicher dem Anschein nach als in Wirklichkeit, ließ allen, die anwesend waren, den Atem stocken, sie

erblassen, sie fahl werden wie der Tod, der wegen des
großen Blutverlustes schon die Hand nach Periandro aus-
streckte, dessen Hinscheiden auch sie ans Ende ihrer Tage
gebracht hätte; dies galt vor allem für Auristela, der die
Seele schon auf den Lippen lag und sie jeden Augenblick
zu verlassen drohte.

Serafido und Antonio stürzten sich auf Pirro und hielten
ihn fest, so sehr er sich auch wehrte und tobte, und schickten ihn mit der Wache, die herbeigeeilt war, ins Gefängnis.
Vier Tage später ließ ihn der Gubernator als unverbesserlichen Raufbold und Mörder zum Galgen führen, und
Pirros Tod schenkte Hippolita wieder das Leben, dessen
sie sich von nun an erst erfreuen konnte.

VIERZEHNTES KAPITEL

Der an Wechselfieber erkrankte Maximino kommt nach Rom.
Er stirbt und läßt Periandro und Auristela, nunmehr als Persiles und Sigismunda bekannt, als Gatten zurück.

Die Gewißheit, die menschlichen Freuden in Sicherheit zu
genießen, ist so gering, daß niemand sich auch nur einen
einzigen Augenblick geruhsamen Genusses versprechen
darf.

Auristela, die es bereut hatte, daß sie Periandro ihren
Vorsatz mitgeteilt, war voll froher Hoffnung aufgebrochen, ihn zu suchen, glaubte sie doch, daß es in ihrer Hand
und bei ihrer Reue läge, Periandros Neigung wiederzu-
gewinnen, denn sie dachte, der Achsnagel am Rad seines
Glücks und die Triebfeder seiner Wünsche zu sein. Darin
täuschte sie sich auch nicht, denn Periandro war entschlossen, sich Auristelas Wünsche wie immer zur Richtschnur
zu machen. Doch seht, wie trügerisch das launische Geschick sich zeigt! In der kurzen Spanne Zeit ist, wie man
gesehen, Auristela eine andere geworden, als sie zuvor
war; sie hatte gehofft, sich zu erfreuen, und nun vergießt
sie Tränen; sie hatte gedacht zu leben, und schon stirbt sie;

Viertes Buch 1161

sie hatte erwartet, über den Anblick Periandros glücklich zu sein, und nun sieht sie vor sich den Prinzen Maximino, seinen Bruder, der mit vielen Kutschen und großem Gefolge auf der Straße von Terracina in Rom einzog. Als Prinz Maximino die Schar der Leute erblickte, die dort um den verwundeten Periandro herumstanden, ließ er seine Kutsche heranfahren, um zu sehen, was es gebe. Ihm trat Serafido entgegen, um ihn zu begrüßen, und sagte:

»O Prinz Maximino, welch üblen Lohn werde ich wohl für die Botschaft erhalten, die ich dir zu geben habe! Jener Todwunde dort in den Armen der lieblichen Jungfrau ist dein Bruder Persiles, und sie ist keine andere als die unvergleichliche Sigismunda, die du zu solcher Unzeit gefunden hast, zu solch trauriger Stunde, daß dir keine Gelegenheit mehr gegeben sein wird, den beiden Freude zu schenken, denn du wirst nur noch die Möglichkeit haben, sie ins Grab zu betten.«

»Den Weg ins Grab werden sie nicht allein gehen«, entgegnete Maximino, »denn mein Zustand ist solcherart, daß ich ihnen dabei Gesellschaft leisten werde.«

Als er den Kopf zur Kutsche hinausbeugte, erkannte er seinen Bruder, wenn dieser auch vom Blut, das seiner Wunde entströmt war, über und über bedeckt war; er erkannte auch Sigismunde trotz der Blässe ihres Gesichts, denn der Schreck, der sie hatte fahl werden lassen, war nicht imstande gewesen, ihre Züge zu entstellen; schön war Sigismunda schon vor dem Unglück gewesen, überaus schön erschien sie nun, da das Unglück sie getroffen, denn manchmal pflegt der Schmerz die Schönheit noch zu steigern.

Maximino hatte sich aus der Kutsche in Sigismundas Arme sinken lassen. Nun war sie nicht mehr Auristela, sondern die Königin von Frislanda und in Maximinos Vorstellung auch die Königin von Thule, fallen doch solche Verwandlungen unter die Botmäßigkeit jener, die man gemeiniglich Fortuna, das Geschick, nennt, die aber in Wahrheit nichts anderes ist als eine klare Fügung des Himmels.

Maximino war nach Rom gekommen, weil er gehofft

hatte, hier bessere Ärzte zu finden als in Terracina. Die Ärzte dort hatten ihm aber gesagt, es würde ihn der Tod ereilen, ehe er noch hinter die Mauern Roms gelangt sei. Darin erwiesen sie sich als zuverlässiger und erfahrener denn in der Heilkunst, denn nur wenige verstehen es, das Wechselfieber zu heilen.

Und so, vor der St. Paulskirche, trat der häßliche Tod auf freiem Felde Periandro an und warf ihn zu Boden; hier fällte er auch Maximino. Als dieser erkannte, daß er dem Tode nahe sei, griff er mit der Rechten nach der Linken seines Bruders und führte sie an seine Augen; mit der Linken nahm er dessen Rechte, legte sie in die Sigismundas und sagte mit schwerer, todnaher Stimme:

»Eure Reinheit und Ehrbarkeit, ihr meine wahren Kinder und Geschwister, wird euch meinen Plan begreifen lassen. Drücke, o mein Bruder, auf diese Lider und schließ mir die Augen zum ewigen Schlaf, mit der anderen Hand umschließe fest die Hand Sigismundas und besiegle mit deinem Jawort den Bund der Ehe, wie ich es begehre, und Zeugen dafür seien das Blut, das deiner Wunde entströmt, und die Freunde, die dich umgeben. Das Reich deiner Eltern sei dein, das Reich Sigismundas wirst du einst erben; trachte wieder gesund zu werden und genieße dein Glück noch viele Jahre.«

Diese zärtlichen, frohen und doch so traurigen Worte gaben Persiles neue Kraft. Dem Gebot des Bruders gehorchend, den nun der Tod überkam, drückte er ihm die Augen zu und sprach traurig und glücklich zugleich das Jawort aus, mit dem er Sigismundas Gatte wurde.

Der plötzliche, schmerzliche Tod wurde den Anwesenden mit einem Male bewußt und fand nun auch in ihren Gefühlen Ausdruck; Seufzer wurden laut, stiegen empor, und Tränen fielen zu Boden. Die Freunde nahmen den Leichnam Maximinos und brachten ihn nach St. Paul, indes sie den halbtoten Persiles in der Kutsche des Toten nach Rom überführten, damit man ihm dort die Wunden versorge. Sie trafen weder Belarminia noch Deleasir an, die indes mit dem Herzog nach Frankreich abgereist waren.

Viertes Buch   1163

Schmerzlich tief ging Arnaldo die unerwartete, seltsame
Vermählung Sigismundas; sehr bedrückte ihn, daß so viele
Jahre der Dienstbarkeit unnütz gewesen, Jahre vollbrach-
ter guter Werke, die er alle getan, um sich in Frieden ihrer
unvergleichlichen Schönheit zu erfreuen; am meisten jedoch
kränkte es ihn, daß er den Worten Clodios, des Meuchel-
redners, nicht geglaubt und sie nun zu seinem Leidwesen
als Wahrheit bestätigt fand. Verwirrt, sprachlos und niedergeschlagen, war er schon daran, seiner Wege zu gehen,
ohne auch nur ein einziges Wort mehr an Periandro und
Sigismunda zu richten; allein da er daran dachte, daß sie
königlichen Ranges seien, daß vieles zu ihrer Entschuldigung zu sagen wäre und daß ihm sein Geschick eben bestimmt gewesen, entschloß er sich, sie aufzusuchen, was er
auch tat. Er wurde freundlich aufgenommen, und damit
er nicht allzusehr mit seinem Geschick hadere, boten sie
ihm die Hand der Prinzessin Eusebia, der Schwester Sigismundas, an, ein Angebot, in das er gerne einwilligte, und
er wäre auch gleich mit ihnen gezogen, hätte er nicht zuvor die Einwilligung seines Vaters erwirken müssen, denn
bei wichtigen ehelichen Verbindungen und auch bei anderen sollte die Neigung der Kinder mit den Wünschen der
Eltern übereinstimmen. Arnaldo wartete, bis die Wunde
seines zukünftigen Schwagers verheilt war, und als dieser
gesund war, reiste er zu seinem Vater und zur Vorbereitung der Festlichkeiten für den Empfang seiner jungen
Gattin in die Heimat.

Feliz Flora entschloß sich, Antonio, den Barbaren, zu
heiraten, denn sie wagte es nicht, im Lande der Verwandten dessen zu leben, den Antonio getötet hatte. Croriano
und Ruperta, die ihre Pilgerfahrt zu Ende gebracht hatten,
kehrten nach Frankreich zurück, wohin sie Stoff genug
mitnahmen, um von der angeblichen Auristela zu erzählen.

Bartolomé, der Mancheger, und Luisa, die Kastilierin,
gingen nach Neapel, wo sie, wie es heißt, ein schlechtes
Ende genommen haben sollen, hatten sie doch auch nicht
gut angefangen.

Persiles ließ den Leichnam seines Bruders in der St.
Paulskirche beisetzen, nahm dessen ganze Dienerschaft zu

sich, besuchte noch einmal die Stationskirchen Roms und erwies Constanza zärtliche Freundschaft. Sigismunda schenkte ihr das diamantene Kruzifix, blieb bei ihr, bis diese mit dem Grafen, ihrem Schwager, verheiratet war. Nachdem sie dem Heiligen Vater den Fuß geküßt, beruhigte Sigismunda endlich ihr Gewissen, erfüllte solcherart ihr Gelübde und ihr Wort und lebte an der Seite ihres Gatten Persiles noch, als sie schon Urenkel hatten, denn diese erlebte sie in ihrer zahlreichen und glücklichen Nachkommenschaft.

Anmerkungen und Erläuterungen

EXEMPLARISCHE NOVELLEN

VORREDE UND ZUEIGNUNG

Seite 90: *die »Wochen im Garten«.* Eines jener Werke, die Cervantes versprochen, aber nie geschrieben hat.

Seite 91: *Don Pedro Fernández de Castro.* Bisher hatte Cervantes mit allen Persönlichkeiten, denen er seine Werke widmete, schlechte Erfahrungen gemacht. Nun fand er im Grafen von Lemos einen literarisch gebildeten Gönner, der den Dichter bis zu dessen Lebensende unterstützte. Von den »Exemplarischen Novellen« an sind alle Werke dem Grafen von Lemos zugeeignet.

Phidias und Lysippos. Phidias, Bildhauer der Perikleischen Zeit. Lysippos, ein Erzbildhauer aus der Zeit Alexanders des Großen.

Leute vom Schlage des Zoilos, des Aretino, des Berni und der Kyniker. Gemeint sind die Lästerzungen. Zoilos, ein griechischer Rhetor des 3. Jahrhunderts v. Chr. war ein kleinlicher Tadler Homers. Pietro Aretino (1492–1557) war seiner scharfen Feder wegen von den Großen seiner Zeit sehr gefürchtet. Francesco Berni, ein italienischer Dichter und Zeitgenosse Aretinos, galt ebenfalls als Lästerer, auch die Kyniker standen im gleichen Ruf.

Astolfos Hippogryph. Das Flügelroß des Astolfo, eines Helden aus dem karolingischen Sagenkreis. S. a. Ariost »Orlando furioso«, XXII. Gesang, 23. Vers ff.

DAS ZIGEUNERMÄDCHEN

Diese Novelle wurde erst nach 1605 geschrieben, da der darin genannte Philipp IV. 1605 geboren wurde. Die Gestalt des Zigeunermädchens ist von der späteren Literatur immer wieder verwendet worden: als Mignon im »Wilhelm Meister«, als Esmeralda in Victor Hugos »Glöckner von Nôtre-Dame«; wir finden sie in Middletons »Spanish Gipsy«, in Balfes »Bohemnian Girl« usw.

Seite 93: *Villancicos ... Seguidillen, Sarabanden.* Villancicos sind volkstümliche Weihnachtslieder, Seguidillen kurze Ge-

1168   Anmerkungen und Erläuterungen

sangsstrophen zum gleichnamigen Tanz, ebenso die Sarabanden.

Seite 97: *Vierer oder Viererreal.* Der Vierer oder Viererreal ist
eine kleine Silbermünze im Wert von vier Realen. Der Achterreal hatte ungefähr den Wert eines halben Goldtalers. Die
kleinste Münze, der Maravedi, war der 72. Teil eines Silber-
reals.

Frau Margarete, unsere Königin. Margarete von Österreich,
die Gattin König Philipps III. und Mutter Philipps IV. Die
Romanze ist ganz im Stil der sogenannten »Berichtsroman-
zen« gehalten, die damals aus Anlaß großer Begebenheiten
verfaßt und vorgetragen wurden.

Seite 101: *einer der Alkalden.* Durch den Absolutismus in Spanien wurde die ursprüngliche Stellung des Alkalden – Bürgermeister und Richter in einer Person – entwertet. In der Zeit
Philipps II. und später sind die Alkalden zum Teil von den
Korregidoren ernannte Funktionäre, zum Teil – in den Dörfern – noch gewählte Bürgermeister und Richter. Cervantes
gebraucht den Ausdruck bald in diesem, bald in jenem Sinne.

Seite 102: *Freigeld.* Ein kleiner Betrag, den der Spieler freiwillig an die Zuschauer zahlte. Wahrscheinlich aus Aberglauben, um nicht Unglück im Spiel zu haben.

Seite 109: *der Herr der Alpujarren.* Bezieht sich auf Aben Hu-
meya, den Führer der Morisken in den Alpujarras (Sierra
Nevada), die sich 1568 gegen die Christen erhoben hatten.
Soll also heißen, daß der ›Herr der Alpujarren‹ keineswegs
ergeben war.

Tiger von Arkanien. Fälschlich für ›Tiger von Hyrkanien‹,
Gebiet des alten Iran im Süden des Kaspi, das in der Über-
lieferung wegen besonders blutdürstiger Tiger bekannt war.

Seite 118: *ein salamantinischer Stipendiat.* Die alte Zigeunerin
meint einen Studenten in Salamanca.

Seite 119: *eine Rente aus den Weideplätzen der Estremadura.*
Spanien war das Land der Schafzucht, und die Herden, die
im Sommer im Innern des Landes weideten, zogen im Herbst
in die Estremadura. Dort trug ein an die Herdenbesitzer ver-
pachteter Weideplatz eine ansehnliche Rente.

Seite 120: *die Wämser der belmontinischen Strauchdiebe.* Vielleicht, weil es in der Gegend von Belmonte (Cuenca) damals
viele Strauchdiebe gab.

Exemplarische Novellen 1169

Seite 132: *wie einen entlaufenen Negersklaven.* Die Portugiesen, die damals das Monopol des Sklavenhandels an der Westküste Afrikas besaßen, verkauften die Neger in Sevilla, von wo sie nach Spanischamerika und Brasilien gebracht wurden. Ein kleiner Teil der Neger wurde auch in Spanien selbst gekauft. Hier war aber infolge der strengen Gesetze die Lage der Neger viel besser als in Amerika, denn sie waren mehr ein Luxusartikel denn Arbeitstiere. S. a. »Der eifersüchtige Estremadurer«.

Seite 133: *Nachdem die besagte Zeremonie zu Ende war.* Sowohl die Zeremonie als auch alles, was Cervantes über die Zigeuner sagt, ist Fiktion. Das Zigeunerthema taucht wiederum im »Zwiegespräch der Hunde« auf.

Seite 147: *Kloster der Muttergottes de la Peña de Francia.* Ein früher vielbesuchter Wallfahrtsort zwischen Salamanca und Ciudad Rodrigo.

Seite 150: *Tartsche.* Ein kleiner Rundschild, der von den Edelleuten neben dem Degen getragen wurde und im Falle eines Angriffs als Verteidigungswaffe diente.

Seite 153: *Triguillos.* Nachdem, wie aus zeitgenössischen Dokumenten hervorgeht, damals ein Mützenmacher Triguillos wirklich in Sevilla gelebt hat, scheint der Streich tatsächlich geschehen zu sein.

Seite 164: *Korregidor.* Das Amt eines Korregidors, der vom Königlichen Rat ernannt und unter Eid genommen wurde, war ziemlich vielseitig. Gewöhnlich stand der Korregidor einem größeren Bezirk vor, hatte aber auch die Verwaltung der Hauptstadt seines Amtsbezirkes zu leiten. Weiters hatte er sowohl strafrechtlich als auch zivilrechtlich die Funktion eines Oberrichters, leitete das öffentliche Bauwesen, hatte für die Aufrechterhaltung der Ordnung und der Sicherheit zu sorgen, sich um die Einhaltung der Mautgrenzen zu kümmern und seinen Bezirk regelmäßig zu inspizieren. Die Beamten, die ihm dabei zur Seite standen, ernannte er selbst.

Seite 176: *der bekannte Lizentiat Pozo.* Ob Cervantes hier auf den Lizentiaten Francisco del Pozo anspielt, der im Jahre 1602 eine Komödie Lope de Vegas für das Königreich Murcia approbierte, ist ungewiß. Sollte dies der Fall sein, dann könnte die Bemerkung als eine Spitze gegen Lope de Vega gemeint sein.

DER EDELMÜTIGE LIEBHABER

Diese Novelle gilt als die schwächste der ganzen Sammlung. Sie dürfte bereits vor 1604 geschrieben worden sein, erfuhr dann aber zwischen 1610 und 1612 eine Umarbeitung. Neben vielen rhetorischen Stellen enthält die Novelle aber auch viel echten Humor, besonders in der Szene, in der die drei Türken sich in die Christensklavin verlieben und der eine den anderen unter dem Vorwand, die Sklavin für den Großtürken zu kaufen, hintergehen will.

Seite 177: *O ihr bejammernswerten Ruinen des unglücklichen Nicosia.* Zypern und Nicosia fielen im Jahre 1571 den Türken in die Hände.

Seite 179: *der Kadi dieser Stadt.* Der Kadi ist, wie sich später zeigt, auch Richter.

Seite 181: *Trapana.* Trápani an der Ostküste Siziliens, das damals zum spanischen Königreich Neapel gehörte.

Seite 184: *dieses deines Ganymeds.* Soviel wie ›deines Lieblings‹. Ganymed wurde bekanntlich von Jupiter in Gestalt eines Adlers geraubt und in den Olymp gebracht, wo er dem Götterfürsten als Mundschenk diente. Diese Wendung kehrt bei Cervantes immer wieder, wie auch der Vergleich mit dem Efeu, der sich um eine Stütze rankt.

Seite 186: *der Arráez.* Da das deutsche Wort ›Reis‹ auch die Getreideart bedeutet, wurde der arabisch-spanische Ausdruck beibehalten.

Seite 187: *Galeoten.* Kleinere Galeeren des 12.–16. Jahrhunderts mit sechzehn bis zwanzig Ruderbänken zu je zwei oder drei Ruderern. Sie wurden hauptsächlich von türkischen und berberischen Seeräubern verwendet.

Seite 188: *Fabiana.* Favignana.

Pantanalea. Pantelleria.

Seite 189: *Tripol.* Tripolis.

Seite 192: *an der Zeltstrebe hatte festbinden lassen.* Die Galeoten hatten zum Schutz vor der Sonne ein Sonnensegel, das über Zeltstreben gespannt war.

Seite 193: *und dem König... sein Fünftteil gegeben.* Der Vizekönig oder der dem Sultan tributpflichtige König eines Seeräuberstaates.

Exemplarische Novellen   1171

Seite 196: *Lang lebe Sultan Soliman.* Gemeint ist nicht Soliman II. der Große, sondern dessen Nachfolger Selim II.
(1566–1574). Seite 205 heißt es dann richtig Selim.

Seite 198: *Dublonen.* Goldmünzen aus der Zeit Karls V. Es gab
die Dublone zu zwei und die Dublone zu acht Goldtalern.
Cervantes, der hier die Dublone mit einem halben Goldtaler
ansetzt, hat sich geirrt. Es müßte im Text heißen: »zweitausend Dublonen, das sind viertausend Goldtaler«.

Seite 220: *eine Brigantine.* Hier ein maurisches Seeräuberschiff,
etwas kleiner als eine Galeote, nicht aber ein zweimastiges,
mit Rahen getakeltes Segelschiff.

Seite 227: *zwischen den berüchtigten keraunischen Klippen hindurch.* Die Klippen, die das keraunische Vorgebirge des Epi-
ros im Meere bildet.

Paquino. Pachino.

Tinakrien. Sizilien. Von Cervantes hier und an anderen Stellen fälschlich für Trinakrien.

RINCONETE UND CORTADILLO

Nach F. Rodríguez Marin 1601/02 in Sevilla geschrieben. Die
Novelle wird oft fälschlich zu den Gaunerromanen gerechnet,
obwohl sie im Grunde genommen nur ein, wenn auch hervor-
ragendes, Sittenbild aus der Unterwelt Sevillas bildet. Die meisten deutschen Übersetzungen haben auch die Eigennamen ins
Deutsche herübergenommen, wodurch die Novelle mehr an Reiz
verliert, als sie durch die Verdeutschung gewinnt. Für die Übersetzung der Gaunersprache leistete Siegmund A. Wolfs »Wör-
terbuch des Rotwelschen« gute Dienste.

Seite 235: *der berühmten Gefilde von Alcudia.* Die Gegend
zwischen Toledo und der Sierra Morena.

Seite 237: *Fuenfrida.* Ein Weiler auf der Paßhöhe zwischen
Segovia und Toledo. Hier mußten die Mitglieder des königlichen Hauses durch, wenn sie nach Valsaín oder San Ilde-
fonso wollten.

Beamter der Heiligen Kreuzzugsbulle. Verkäufer der päpstlichen Bulle, die den Teilnehmern an Kreuzzügen gegen die
Ungläubigen – auch in der Reconquista – wie jenen, die diese
Unternehmungen durch den Kauf der Bulle unterstützten,
gewisse Nachlässe und Dispensen gewährte. Sie wird in Spa-

1172   Anmerkungen und Erläuterungen

nien auch heute noch gekauft, erwirkt nach wie vor gewisse
Dispensen, und der Erlös dient der Erfüllung von kirchlichen
Aufgaben in Spanien.

Seite 238: *Wissenschaft des Herrn Vilhan.* Ein gewisser Vilhan
oder Bilhan soll im 16. Jahrhundert die spanischen Spielkarten erfunden haben.

Seite 239: *kein Schmuck hängt so hoch und sicher an der Haube.*
Wie die Herren kostbare Hutschnüre hatten, befestigte die
vermögende Dame Schmuck an der Haube.

Seite 245: *irgendeinen großen Inzest oder ein Sakrileg begangen.* Cortado verspottet den Mesner und scheint sehr gut zu
wissen, daß Inzest hier nicht hereinpaßt. Übrigens zeigen sich
die beiden Spitzbuben bei Monipodio gebildeter als man ihrer
Herkunft nach erwarten würde.

Trag's die Hure ein, die mich geboren. Weder ein Druck- noch
ein Übersetzungsfehler. Der Mesner hat sich in seinem Ärger
nur versprochen und ›mich‹ statt ›dich‹ gesagt.

Seite 247: *Ganoven,* Gaunersprache. Gauner.

verkneißt, Gaunersprache. versteht.

weder aus Bercanisa noch aus Cañefe. In der Art des Originals nachgebildetes Wortspiel zu ›Ganove‹ und ›verkneißen‹.

Seite 248: *Thologie.* Verfälscht aus Theologie.

Seite 252: *Perrillo, der Toledaner Schwertfeger.* Ein berühmter
Schwertfeger, angeblich ein Moriske, der seinen Namen von
einem kleinen Hund hatte, den er als Herstellerzeichen
führte.

Seite 253: *Stupendum.* Verfälscht aus Stipendium, das hier die
Sporteln für das Lesen der Seelenmesse bedeutet.

Naufragium. Schiffbruch. Verfälscht aus Suffragium, hier Für-
bitte für die Seelen im Fegefeuer.

Seite 254: *Adversarium.* Verfälscht aus Anniversarium, Seelenmesse am Jahrestag des Todes.

Tormentum. Die Folter, sagt Rinconete, der sich über Monipodio lustig macht.

Kelofim packen, Gaunersprache. Die Spielkarten zu seinem
Vorteil legen oder mischen.

habe ein gutes Auge auf den Judas, Gaunersprache. Auf die
Zeichen achten, die der Gehilfe dem Falschspieler gibt.

Exemplarische Novellen   1173

zinkenen Kelofim, Gaunersprache. Die gezinkten Spielkarten.

die Molle, Gaunersprache. Das Schneiden der Karten, damit der Falschspieler richtig abhebt.

die Treppe, Gaunersprache. Das treppenförmige Verschieben der Spielkarten zum besseren Abheben für den Falschspieler.

das Porten, Gaunersprache. Einschmuggeln von Karten ins Spiel.

abkiesen, Gaunersprache. Alles Geld abnehmen.

Seite 255: *Weißling*, Gaunersprache. Anfänger.

Seite 256: *koscheren Jole schöchern*, Gaunersprache. Reinen, unverdünnten Wein trinken.

Seite 256: *Iltische*, Gaunersprache. Büttel.

Seite 257: *Bei mir kann man keine Falle reißen*, Gaunersprache. Mir kann man kein X für ein U vormachen.

die Monetenklumse, Gaunersprache. Der Geldbeutel.

Seite 258: *Don Alonso Pérez de Guzmán.* Hier irrt Cervantes mit dem »einzigen Sohn«. Der heldenmütige Verteidiger Tarifas, der 1293 den Mauren einen Sohn opferte, den sie gefangen genommen, und die Festung nicht übergab, hatte damit den Erstgeborenen verloren.

Seite 259: *Scheches*, Gaunersprache. Diener, Gehilfe, Knabe.

Seite 260: *Wenn Killes kommt*, Gaunersprache. Bei Einbruch der Dunkelheit.

lederne Weingurde. Ein Weinschlauch.

Seite 263: *Respekter.* Wegen des folgenden Wortspieles aus der spanischen Gaunersprache abgeleitet.

untergrapst, Gaunersprache. Unterschlagen.

Seite 265: *Gaudeamus.* Freude, Gastmahl, Vergnügen.

tranken sine fine ... ad omnia ... das dreifache Kyrie. Tranken unaufhörlich ... im Übermaß ... neunmal zu.

Seite 266: *Casa de Contratación.* Ursprünglich 1593 zu rein kommerziellen Zwecken für den Amerikahandel gegründetes Institut, das nach und nach mit weiteren Aufgaben betraut wurde wie Kartographie, Ausrüstung von Expeditionen usw.

Seemann aus Tarpeya. Der Seemann ist aus einer Romanze entstanden, in der die Wendung »Mira Nero de Tarpeia« (Nero blickte vom tarpeischen Felsen) nicht mehr verstanden und in »Marinero de Tarpeya« (Seemann aus Tarpeya) verwandelt wurde.

Seite 267: *Frau Fockmast.* Hochmut in Person.

Seite 269: *Judas Makabähmer.* Judas, der Makkabäer, führte die Juden im Kampf gegen die Syrer (166 v. Chr.) und besiegte sie. Gattungsname für einen tapferen Menschen.

Korksohlenschuhe. Schuhwerk mit dicken, oft bis vier Finger starken Korksohlen, die mit einem breiten Lederstreifen über dem Rist festgehalten wurden.

Seite 270: *Ohrfest, der die heurige Kricke.* Verfälscht aus Orpheus und Eurydike.

Harlikon ... noch der andere große Musiker. Harlikon wurde verfälscht aus Arion, dem Namen eines griechischen Sängers; ›der andere große Musiker‹ bezieht sich auf Amphion, den sagenhaften Erbauer Thebens.

Seite 271: *Protzenkluft.* Die protzig-auffallende Kleidung, die die jugendlichen und reiferen »Halbstarken« Sevillas trugen. Näheres siehe Anmerkung Seite 397 »Gente de barrio«.

Seite 275: *Schmählschriften.* Auch im Original ›nibelos‹ statt ›libelos‹ und hier statt ›Schmähschrift‹.

tu autem. Der Betreffende.

Seite 277: *Haderreißer,* Gaunersprache. Falschspieler.

Macher, Gaunersprache. Dieb.

Baldower, Gaunersprache. Kundschafter.

Seite 278: *ein großer Gierfalke.* Ein großer Gauner.

DIE ENGLISCHE SPANIERIN

Diese wahrscheinlich 1610 entstandene Novelle hat viele Motive und Themen mit dem Roman »Die Mühen und Leiden des Persiles und der Sigismunda« gemeinsam. Merkenswert ist auch die tolerante Beurteilung der Königin Elisabeth I. von England. Vieles daran entspricht der modernen Auffassung, der wir in Lytton Stracheys »Elizabeth und Essex« begegnen.

Seite 281: *Grafen von Leste.* Cervantes verwechselt den Grafen von Leicester mit dem Grafen von Essex, dem Stiefsohn des Genannten. Bei dem Überfall der Engländer auf Cádiz (1596) befehligte Sir Walter Raleigh die Flotte und der Graf von

Exemplarische Novellen   1175

Essex die Truppen. Der Graf von Leicester hat nichts damit
zu tun.

Seite 288: *in der Feuerregion*. Das Empyreum des ptolemäischen
Weltbildes.

Seite 292: *die Terzerischen Inseln*. Die Azoren.

nie an portugiesischen Schiffen fehlt. Portugal und die portugiesischen Besitzungen waren von 1578 bis 1640 in Personalunion mit Spanien vereinigt.

Seite 295: *dem Korsaren Arnaute Mamí*. Der Albanese Mamí,
ein Renegat und als türkischer Pirat berüchtigt.

Seite 297: *die hohen Berge von Abila und Calpe*. Abila und
Calpe, die beiden ehemaligen ›Säulen des Herkules‹. Abila
liegt bei Ceuta in Afrika, gegenüber dem alten Calpe, dem
heutigen Felsen von Gibraltar.

Seite 328: *zwei Feluken*. Die Feluke war ein kleines Handels-
fahrzeug mit lateinischen Segeln.

DER LIZENTIAT VIDRIERA

»Der Lizentiat Vidriera«, der möglicherweise schon 1597 geschrieben wurde, ist keine Novelle, sondern eine – wahrscheinlich nach lukianischem Vorbild – ausgearbeitete Satire. Es handelt sich dabei aber nicht, wie oft behauptet wird, um eine
Skizze zum »Don Quijote«.

Mit der Schreibung der Eigennamen nahm es Cervantes nicht
sehr genau; auch die italienische Orthographie ist mangelhaft.
Diese Mängel wurden in der Übersetzung, wenn dies zum Verständnis erforderlich war, richtiggestellt. Die Wortspiele konnten meist nur übertragen werden.

Seite 334: *aconcha, patrón, hieher manigoldo, her mit der macatela, li polastri e li macarroni*. »Aufgetischt, Herr Wirt! Her
mit dir, du Spitzbube! Her mit den Fleischklößen, den Hüh-
nern und den Makkaroni!«

Seite 335: *einen Garcilaso ohne Erläuterungen*. Eine Ausgabe der
Gedichte des Lyrikers Garcilaso de la Vega, ohne den Kom-
mentar Fernando de Herreras.

Seite 339: *Kalypso*. Cervantes bezieht sich hier auf die Freuden,
die Kalypso dem Odysseus auf der Insel Ogygia bereitet
hatte.

Werkstätte des Vulkan. Wegen der vielen Plattner und
Schwertfeger. Die mailändischen Werkstätten waren berühmt.

1176 Anmerkungen und Erläuterungen

Seite 340: *Moriskin.* Morisken heißen die nach der Eroberung Granadas (1492) in Spanien verbliebenen und meist zwangsweise getauften Mauren und ihre Nachkommen. Die Morisken galten meist als Zauberer. Siehe auch Anmerkung S. 672.

Seite 343: *Filiae Hierusalem, plorate super vos et super filios vestros.* Ihr Töchter Jerusalems, weinet über euch und eure Kinder, nach Lukas 23, 28: Filiae Hierusalem, nolite flere super me, sed super vos ipsas flete et super filios vestros. Ob der Lizentiat auf die eventuellen unehelichen Kinder der Trödlerin anspielte, wie einige meinen, oder auf die Trödelware, ist nicht auszumachen.

Seite 344: *Herr Dominikus.* Wartet, Christ, bis der Jude vorausgegangen ist, denn vor dem Sonntag (Dominica) kommt der Sabbat. Die mosaische Religion geht dem Christentum voraus.'

Seite 347: *Cura ducum fuerunt olim regumque poetae...* Ovid, Ars amatoria, III, 405 ff. »Sorge der Fürsten vordem und der Könige waren die Dichter / Hohe Belohnung zu Teil wurde dem alten Gesang / Heilige Würde besaß und verehrungswürdigen Namen / sonst der Sänger, und reich flossen die Schätze ihm zu.« Ovids Werke, übers. v. H. Lindemann, Ovids Liebeskunst, 1861.

Est deus in nobis, agitante calescimos illo. Ovid, Fastorum liber VI, 5. »In uns wohnet der Gott; wir erglühn, wenn er uns beseelet.« Übers. v. E. Klußmann.

At sacri vates, et Divum cura vocamur. Ovid, Amorum liber III, IX. Elegia. »Aber geweiht doch nennt man uns Dichter, und Sorge der Götter.« H. Lindemann, op. cit. 205, 17.

Seite 349: *einen Kutscher auspeitschen.* Kutscher leisteten Kuppeldienste, und die Kutschen waren beliebte Treffplätze der Liebespaare wie auch der Dirnen und ihrer Kundschaften.

Seite 350: *Wasserflasch.* Der Maultiertreiber versteht unter Vidriera den Namen Wasserflasche und gibt ihn dem Lizentiaten.

Seite 351: *Honora medicum propter necessitatem...* Sirach 38, 1–4. »Gib Ehre einem Arzt nach seiner Wichtigkeit! Auch diesen hat der Herr erschaffen. Vom Höchsten nämlich kommt die Heilung; vom König auch empfängt er Gaben. Des Arztes Kunst erhöht sein Haupt; er wird bewundert vor den Fürsten. Der Herr schuf Heilmittel aus der Erde; ein kluger

Exemplarische Novellen 1177

Mann verschmäht sie nicht.« Das Buch Sirach wird auch als Ekklesiastikus bezeichnet.

Seite 352: *Sumat diluculo*. Am Morgen einzunehmen.

Seite 354: *Bänklein*. Im Original »banco«, was Bank und Geldwechsler heißt. Das Wortspiel konnte nur auf diese Weise wiedergegeben werden.

Seite 355: *in Genua auf einem Konto anlegen*. Eine Spitze gegen die Genuesen, die als überaus geschäftstüchtig und wucherisch galten.

Seite 356: *Nemo, denn Nemo novit patrem*... Cervantes macht hier nach der List des Odysseus dem Kyklopen Polyphem gegenüber aus dem »nemo« einen Namen: Niemand; denn Niemand kennt den Vater, Niemand lebt ohne Schuld, Niemand ist mit seinem Los zufrieden, Niemand fährt auf in den Himmel.

auf unfehlbare mathematische Schlüsse. Diese Stelle beruht auf den Theorien des Jerónimo de Carranza und des Luis Pacheco de Narváez. Cervantes scheint hier diese Fechtlehre abzulehnen; im zweiten Teil des »Don Quijote« (19. Kapitel) jedoch stellt er die Theoretiker über die Praktiker.

Seite 357: *an den Jordanfluß*. Als man Jesus nach Golgatha führte, soll nach einer spanischen Legende ein Schuhmacher vor seinen Laden getreten sein, um Christus zu verhöhnen, wobei er ihn mit dem Schusterleisten schlug. Dafür wurde der Schuhmacher verdammt, für ewig auf Erden zu wandeln. Damit er aber im Alter bleibe, das er damals gehabt, geht er alljährlich an den Jordan, um dort zu baden. Diese Legende des Juan de Espera en Dios ist eine Variante der Legende vom »Ewigen Juden«.

den Dueñas. Für die Dueñas, die Gesellschafterinnen, hat Cervantes nur unbarmherzigen Spott übrig. Überall, besonders aber im zweiten Teil des »Don Quijote«, sind sie die Zielscheibe seines Spottes.

Seite 358: *permafoy*. Verfälscht aus dem französischen par ma foi – meiner Treu. Ein Wort, das die Dueñas gern gebrauchen, um sich den Anschein höherer Bildung zu geben.

In manu Dei potestas hominis est... Sirach 10, 5. »Des Menschen Glück ruht in der Hand des Herrn, und auf den Schreiber legt er seine Ehre.«

1178 Anmerkungen und Erläuterungen

Seite 359: *In Madrid Himmel und Erde...* Anspielung auf das
Sprichwort »De Madrid al cielo« – Von Madrid in den Himmel –. Cielo nannte man aber auch das Dachgeschoß.

Seite 360: *Nolite tangere christos meos.* Psalm 105, 15. »Tastet
meine Gesalbten nicht an.«

Seite 360/61: *die Adlerfedern.* Ein zu des Cervantes Zeiten weit
verbreiteter Aberglaube.

Seite 361: *Polla.* Heute »tresillo« genannt, ist unter dem frz.
Namen L'hombre bekannt.

Cientos. Ähnlich dem frz. Piquet.

Seite 362/63: *wegen meiner Leistung und nicht aus Gnade.* Der
erste Platz in der Rangliste fiel gewöhnlich einem Protek-
tionskind zu; der zweite war verdient.

DIE STIMME DES BLUTES

Die Novelle dürfte zwischen 1599 und 1604 entstanden sein.

Seite 366: *Limbus.* Vorhölle.

Seite 373: *Eco li buoni polastri, picioni, presuto et salcicie.*
Schlechtes Soldatenitalienisch und soll heißen: »Da sind die
leckeren Hühnchen, Täubchen, Schinken und Würste.«

Seite 386: *Ehe geschlossen.* Bei Cervantes stößt der Leser auf
zwei verschiedene Formen gültiger Eheschließung. Die eine
ist die vortridentinische, in der Mann und Frau einander ohne
sonderliche Förmlichkeiten die Ehe versprechen und damit
als getraut gelten, ob sie nachher an den Altar treten oder
nicht. Die zweite Form ist die tridentinische, die bestimmt,
daß die Nupturienten bei sonstiger Nichtigkeit der Ehe ihren
Willen, eine Ehe einzugehen, vor dem zuständigen Pfarrer
und mindestens zwei Zeugen erklären. Außerdem wurde noch
ein Aufgebot gefordert. Diese Vorschrift hatte aber zu des
Cervantes Zeiten nur in jenen Pfarreien Gültigkeit, in denen
das Konzilsdekret ausdrücklich verkündet worden war. Dies
scheint, wie das Nebeneinander beider Formen bei Cervantes
zeigt, nicht überall der Fall gewesen zu sein.

DER EIFERSÜCHTIGE ESTREMADURER

Diese Novelle ist uns in zwei Fassungen bekannt. Die erste
mußte bereits vor 1606 geschrieben worden sein, da sie zu diesem Zeitpunkt im Besitz des Porrás de la Cámara, eines Pfründ-

Exemplarische Novellen 1179

ners der Kathedrale von Sevilla, gewesen war. Da die zweite
Fassung (1613) an einigen Stellen erheblich von der ersten abweicht, werden hier die entsprechenden Varianten – zum erstenmal im deutschen Sprachraum – an den geeigneten Stellen angeführt werden.

Eigenartig an dieser Novelle ist auch der versöhnliche Ausgang trotz der Beleidigung, die zu rächen der Gatte verpflichtet
gewesen wäre, wie dies im spanischen Theater des Siglo de Oro
mit Ausnahme einiger weniger Werke (Ruiz de Alarcón usw.)
üblich war.

Seite 388: *Der eifersüchtige Estremadurer.* Wie die Namen »Don
Quijote«, »Dulcinea«, »Sancho Panza« und »Rocinante« ist
auch dieser Titel in Spanien zum Gattungsnamen für einen
extrem eifersüchtigen Menschen geworden.

Indias. Die ursprüngliche und in Spanien noch lange gültige
Bezeichnung für Amerika. Kolumbus war der Meinung gewesen, er habe tatsächlich den Seeweg nach Indien entdeckt.

Aug' und Zusteck. Helfer des Falschspielers.

Tierrafirme. Tierra firme, das Festland, der Namen, den die
ersten Entdecker der atlantischen Küste (Venezuela und Ko-
lumbien) gaben.

Admiral der Flotte. Damals fuhren die Amerikaschiffe wegen
der Gefährdung durch englische Piraten mit Geleitschutz.
Cervantes irrt jedoch in der »Abmachung mit dem Admiral«,
weil solche Absprachen nur mit dem Kapitän des jeweiligen
Schiffes getroffen wurden.

Seite 392: *frisches, weil fließendes, Wasser.* Natürlich kein Fließ-
wasser in unserem Sinne, sondern Quellwasser.

Seite 393: *Sklavinnen, denen er sein Mal ins Gesicht brennen
ließ.* Siehe Anmerkung S. 132.

Seite 396: *noch goldene Äpfel.* Gemeint sind die Äpfel der
Hesperiden, die im äußersten Westen der Welt des europäischen Altertums der Sage nach von den Töchtern der Nacht
und einem schlaflosen Drachen bewacht wurden.

Seite 397: *Gente de barrio, Gaivögel.* Im Mskr. des Jahres 1606
steht an dieser Stelle: »Es gibt in Sevilla eine Art von Leuten, die man gemeinhin ›Gente de barrio‹, Gaivögel, nennt.
Es sind dies junge Leute aus jedem Viertel der Stadt und
immer die reichsten; nichtsnutzige, verleumderische Tagediebe,
die in ›Protzenkluft‹, wie man sagt, umherstreunen, die

Grenzen des Gebietes, in dem sie ihre Herrschaft ausüben, weit über ihr Wohnviertel hinaus auf drei oder vier umliegende Pfarrsprengel ausdehnen und so fast in der ganzen Stadt ihr Unwesen treiben. Da flanieren sie umher mit ihren farbigen Seidenstrümpfen, den engen, je nach der Jahreszeit weißen oder schwarzen Schuhen, in kurzem Wams und enganliegenden Beinkleidern aus Wollzeug oder buntem Tuch; Kragen und Ärmel sind aus dünner Leinwebe; sie kommen daher sei es ohne und manchmal auch mit einem vergoldeten oder versilberten Degen. Der Kragen ist auf jeden Fall groß und gestärkt; die Ärmel des Wamses sind wie Röhren, die Schuhe so eng, daß sie an den Nähten platzen, und der Hut ist so, daß er kaum auf dem Kopf getragen werden kann, der Hemdkragen ist gekraust und darunter lugen Spitzen hervor. Die Handschuhe tragen sie parfümiert; ihre Zahnstocher sind aus duftendem Mastix; dann fällt auf der gelockte Schopf, den sie mit Moschus tränken. Sie treffen einander bei sommerlichen Festen, wenn die Nacht anbricht, sei es in einem Freudenhaus, deren es immer drei oder vier in jedem Viertel gibt, oder vor den Kirchentüren, und von dort aus beherrschen sie ihre Umgebung, sagen den Witwen ihre Meinung, stellen den Ledigen nach und lassen selbst Nonnen nicht ungeschoren; sie bemängeln Adelsbriefe, graben die Herkunft der Geschlechter aus, lassen den Haß auferstehen, begraben die gute Meinung und fressen die Garküchen leer, wo ihre Unternehmungen dann enden. Im Haufen jagen sie Schrecken ein, einzeln sind sie keineswegs sehr mutig, sie versprechen viel und halten wenig, könnten tapfer sein, doch zeigen sie dies nicht, und darin lobe ich sie, liegt doch die Tapferkeit nicht im Anschein, sondern in den Taten. Jedes Viertel oder jede Bande hat, wie die italienischen Akademien, einen anderen Namen. Eine dieser Banden, die aus Erwachsenen und Betagten besteht, klebt an den Stühlen der Gasthäuser fest und gibt sie vom Essen an bis zum Einbruch der Nacht nicht frei; diese Leute heißen die ›Mantones‹. Die Jungvermählten, die die Redeweise und die Gewohnheiten der Ledigen noch nicht abgelegt haben, heißen ›Socarrones‹, denn sie haben Anteil an der Umsicht der schon alten Ehemänner und am freien Leben der Junggesellen; die Ledigen heißen ›Virotes‹, denn wie Pfeile fliegen sie da- und dorthin. Die ›Virotes‹ haben keinen angestammten Bereich und streunen, wie gesagt, von Viertel zu Viertel. Eine andere Bande heißt ›Die Vollkommenen‹, eine weitere ›Die vom Pförtchen‹, alle aber sind

Exemplarische Novellen   1181

einander gleich in Umgang, Sitte und in der Art der Gespräche, die sie führen.«

die jungverheirateten heißen... Mantones. Was offensichtlich der eben erst aufgestellten Behauptung widerspricht. Eines der üblichen Versehen des Dichters.

Seite 399: *Regidoren.* Einem Korregidor oder einem Alkalden beigeordnete Ratsmitglieder.

die vom Venusstern. Bezieht sich auf eine Morisken-Romanze Lope de Vegas. Sie ist im »Romancero general« zu finden.

Seite 400: *Sofi Tomumbeyo.* Ein angeblicher Schah von Persien.

Weihnachts-Sarabande. Wahrscheinlich ist hier die »Negrina« des Komponisten Mateo Flecha (1520–1604) gemeint, in der auch ein Neger singt. Was Loaysa sonst sagt, ist nur darauf berechnet, dem Neger den Kopf wirr zu machen.

der Priester Johannes von Indien. Sagenhafter christlicher Fürst, über den Otto v. Freising und Marco Polo berichten. Die erste Nachricht über diesen angeblichen christlichen Fürsten Asiens dürfte durch die Kreuzfahrer in Europa verbreitet worden sein. Dieser sagenhafte Prister galt als großer Dichter und Musiker.

Seite 409: *Absalom und Orpheus.* Burleske Übertreibungen.

Seite 410: *der gefügigste Hund, der für den König von Frankreich springt.* Der ursprüngliche Sinn dieser Redensart ist nicht mehr klar, doch wird sie aus einer Anekdote verständlich, die Dr. Carlos García in seiner Schrift »Antipatía de Españoles y Franceses«, 1617, mitteilt. In Paris habe ein Blinder einen abgerichteten Hund gezeigt, den er fragte: »Was wirst du für den König von Frankreich tun?« Der Hund habe darauf begonnen, aufs Zierlichste zu tanzen und zu springen. Auf die Frage, was er für den König von Spanien täte, habe sich der Hund niedergelegt, habe das Fell gesträubt, die Zähne gezeigt, die Augen verdreht und zu bellen und zu jaulen begonnen.

Seite 412: *Katzenloch.* Öffnungen in Türen und Wänden, damit die Katzen, ohne lange zu stören, von einem Raum in den andern konnten.

Seite 416: *bei der unbefleckten Wirksamkeit...* Wie das, was die Dueña vorher gesagt, übertriebenes Geschwätz, um den andern zu beeindrucken.

1182 Anmerkungen und Erläuterungen

Seite 417: *die Cabra-Höhle.* Sie liegt ungefähr fünf Kilometer von der gleichnamigen Stadt entfernt am Ostabhang der Sierra de Cabra. Die Höhle ist sehr tief, und es galt zu des Cervantes Zeiten als unmöglich, die Höhle zu erschließen.

Seite 424: *Allein trotz alledem... schliefen beide ein.* Im Mskr. von 1606, in dem Leonora noch Isabela heißt, steht an dieser Stelle: »Isabela lag nicht mehr so tränenschwer, wie man meinen möchte, in den Armen Loaysas, noch wirkte die einschläfernde Salbe beim bestrichenen Gatten solcherart, daß er so lange geschlafen hätte, wie sie dies erhofften.«

Seite 429: *zu den fast achtzig meines Lebens.* Carrizales war erst siebzig.

Seite 430: *Lebt noch viele Jahre, mein Gebieter...* Im Mskr. von 1606 gesteht Isabela: »Lebt noch viele Jahre, mein Gebieter und all mein Glück. Ihr seid wegen der schlechten Tat, die Ihr mich habt vollbringen sehen, nicht verpflichtet, mir auch nur das geringste von dem zu glauben, was immer ich Euch sagen wollte; allein bei allem, wobei ich schwören kann, verspreche und schwöre ich, daß ich von Stund an, und sollte mir der Himmel Euer Alter schenken, den Rest meiner Tage in ewiger Zurückgezogenheit und strengster Klausur verbringen will. Für den Fall, daß Ihr doch von hinnen gehen solltet, verspreche ich Euch an dieser Stelle, daß ich sogleich Profeß im strengsten Nonnenorden, den es gibt, ablegen werde.«

DIE ERLAUCHTE SCHEUERMAGD

Die Novelle dürfte nach 1599 entstanden sein.

Seite 433: *Spitzbuben von Alfarache.* Guzmán de Alfarache, der Held des 1599 erschienenen Gaunerromans von Mateo Alemán, den Ägydius Albertinus bereits 1616 ins Deutsche übersetzte.

Das Sprungbeinspiel. Es bestand darin, daß das Sprungbein eines Tieres, besonders das von Schafen, in die Luft geworfen wurde. Sieger war, bei dem das Sprungbein mit der eingebogenen Seite nach oben auf dem Boden zu liegen kam.

Seite 434: *die Thunfischereien von Zahara.* Die spanischen Gauner und Schelme hatten die Gewohnheit, sich alljährlich einmal in Zahara und ähnlichen Orten der Provinz Cádiz zur sogenannten »Eroberung von Tunis«, wie sie scherzhalber den Thunfischfang nannten, einzufinden.

Exemplarische Novellen   1183

Zocodover. Berühmter Platz in Toledo. Treffpunkt der
Spitzbuben.

Plaza de Madrid. Dürfte sich noch um den alten Hauptplatz
Madrids handeln, da die Plaza Mayor erst 1619 gebaut
wurde.

Seite 438: *Caño Dorado ... Priorin ... Leganitos ... Castellana
... Corpa ... Pizarra de la Mancha.* Caño Dorado, die Priorin, Leganitos und Castellana waren die vier großen Quell-
wässer, von denen Madrid zu des Cervantes Zeiten mit Wasser versorgt wurde. Corpa lieferte das Wasser für Alcalá de
Henares, den Geburtsort des Dichters. Die Pizarra de la
Mancha war nicht festzustellen.

Seite 440: *Alonso Genís und den Ribera.* Zwei Deserteure –
Leute aus den untersten Schichten Sevillas –, die der Graf
von Puñonrostro aus Anlaß aufrührerischer Bewegungen zur
Zeit der Plünderung der Stadt Cádiz durch die Engländer
– 17. April 1596 – durch den Strang hatte hinrichten lassen.

Seite 445: *das Sagrario, das Wasserwerk des Juanelo, die Vistillas de San Agustín, die Huerta del Rey und die Vega.* Das
Sagrario ist eine Kapelle der Kathedrale von Toledo, in der
eine Muttergottes – la Virgen del Sagrario – aus dem 13. Jahrhundert verehrt wird. Die Kapelle selbst wurde vom 15. bis
zum 17. Jahrhundert erbaut. Juanelo Turriano, ein italienischer Architekt und Konstrukteur (1501–1575), baute neben
anderem ein Wasserwerk für Toledo. Die Vistillas de San
Agustín waren eine Promenade, die zur San-Martín-Brücke
am Tajo hinabführte. Die Huerta del Rey und die Vega
waren früher Naturflächen mit Wiesen und Bäumen an den
Ufern des Tajo und damals vielgerühmte Ausflugs- und Er-
holungsorte. Heute sind dort Felder.

Seite 452: *des großnasigen Dichters.* Anspielung auf Ovid und
dessen »Metamorphosen«.

Seite 459: *diese Porcia, diese Minerva, diese zweite Penelope.*
Porcia, die Gattin des Brutus, des Cäsarmörders, war berühmt wegen ihrer Standhaftigkeit; Minerva, die Göttin, ist
das Sinnbild der Keuschheit, und Penelope war bewundernswert ihrer ehelichen Treue wegen.

Seite 465: *Wo verbirgst du dich, daß keiner...* Die Romanze
wandelt die zehn Himmel des Ptolemäischen Weltsystems ab,
und zwar in der Reihenfolge: 10. Himmel: Empyreum –

1184 Anmerkungen und Erläuterungen

9. Himmel: Kristallhimmel – 8. Himmel: Fixsternhimmel –
7. Himmel: Saturnhimmel – 6. Himmel: Jupiterhimmel –
5. Himmel: Marshimmel – 4. Himmel: Sonnenhimmel – 3.
Himmel: Venushimmel – 2. Himmel: Merkurhimmel – 1. Himmel: Mondhimmel. Cervantes verwechselt oder läßt den Sänger den Venus- und den Merkurhimmel (2. und 3. Himmel) verwechseln.

Seite 469: *zwei Fräulein aus Dänemark.* Anspielung auf Brisena, das »Fräulein aus Dänemark« aus dem Ritterroman »Amadís de Gaula«.

Seite 477: *soviel wie ein anderes Viertel.* Cervantes erinnert sich hier an das, was er in der algerischen Gefangenschaft erfahren hat. Lope Asturiano könnte dies von einem ehemaligen Christensklaven erfahren haben.

Seite 478: *Quinola.* Spanisches Kartenspiel, bei dem um geringe Werte gespielt wurde.

Seite 479: *der Schlange die Köpfe abschlagen.* Gemeint ist hier die lernäische Schlange des Herkules.

Die beiden Jungfern

Diese Novelle dürfte erst nach 1604 entstanden sein. Das als Mann verkleidete Mädchen, das dem Geliebten folgt, ist ein beliebtes Motiv der italienischen Novellieri. Es wurde nicht nur bei Cervantes oft verwendet, sondern ist ein fast unentbehrliches Requisit verschiedener Bühnenautoren des spanischen Siglo de Oro gewesen. Das gleiche Motiv finden wir auch noch in der neueren Literatur wie z. B. in C. F. Meyers »Gustav Adolfs Page«. Bemerkenswert ist ein gewisser Parallelismus zur Geschichte der Agustina Ambrosia – im »Persiles«, III. Buch –, die ebenfalls ihrem Geliebten in Mannstracht folgt und schließlich, wenn auch auf anderem Wege, nach Barcelona gelangt.

Seite 503: *die Ereignisse in Siebenbürgen.* Es dürfte sich hier um die Ereignisse unter Stephan Bocscay handeln, der sich als Protestant gegen Rudolf II. gestellt und dem Sultan unterworfen hatte, wofür er von diesem als Fürst von Siebenbürgen bestätigt wurde (1604).

Seite 509: *Vireno.* Bireno, Gestalt aus Ariosts »Orlando furioso«, IX. Gesang, Vers 23 f.

Seite 516: *Schachtel mit wächsernen Agnus.* Lamm-Gottes-Darstellungen in Wachs, die viele Pilger aus Rom mitbrachten.

Exemplarische Novellen   1185

Seite 542: *in jenem Königreich*. Barcelona war kein Königreich, wohl aber eine Grafschaft.

Santiago in Galicien. Santiago de Compostela.

Seite 545: *Don Enrique*. Leocadia war die Tochter Don Sanchos; Cervantes hatte dies inzwischen vergessen.

FRÄULEIN CORNELIA

Wie im »Edelmütigen Liebhaber« ist auch hier Italien der Schauplatz der Handlung mit dem Unterschied, daß die wirklichen Helden der Geschichte zwei junge spanische Edelleute sind. Nicht vor 1609 geschrieben, baut die Novelle auf dem gleichen Thema auf wie die Episode der Feliciana de la Voz im »Persiles« (III. Buch). Hier wie dort wurde der Vater des in falsche Hände geratenen Neugeborenen nur flüchtig gezeichnet. Die Kindesmutter ist schon deutlicher zu erkennen, und in beiden Fällen finden wir einen Bruder als verhinderten Rächer einer Schmach.

Seite 548: *Nun trafen sie in Flandern aber erst ein, als . . .* Es handelt sich hier um den im Jahre 1609 abgeschlossenen Waffenstillstand, der dann zum Frieden führte.

Seite 549: *Cornelia Bentibolli*. Cervantes schreibt Namen und Ausdrücke fremder Sprachen meist phonetisch angenähert. Die Bentivoglio waren eines der Dynastengeschlechter, die Bologna nach der Beseitigung der Republik beherrscht hatten.

Seite 558: *Alfonso de Este, Herzog von Ferrara*. Alfonso II. d'Este, der letzte seines Geschlechts, starb 1597 kinderlos. Damit war auch das Geschlecht erloschen. Cervantes machte diesen prachtliebenden Herrscher zu einer fiktiven Gestalt.

DIE BETRÜGERISCHE HEIRAT

Vielfach wurde die »Betrügerische Heirat« als eine Art Einleitung zum »Zwiegespräch der Hunde« angesehen, obwohl die Gemeinsamkeit nur darin zu finden ist, daß der Fähnrich Campuzano, der Held und Erzähler der »Betrügerischen Heirat«, auch der Verfasser des »Zwiegesprächs« ist. Die »Betrügerische Heirat« ist formal insoferne die Einleitung zum »Zwiegespräch«, als der Fähnrich Campuzano auf dieses hinführt. Sonst sind beide Werke voneinander unabhängig. »Die Betrügerische Heirat« dürfte zwischen 1603 und 1605 abgefaßt worden sein.

1186   Anmerkungen und Erläuterungen

Seite 595: *jenen Saft wieder ausgeschwitzt.* Die gallenische Vorstellung vom Verhältnis der guten und schlechten Säfte im menschlichen Körper, von deren Verhältnis Gesundheit und Krankheit abhängt.

Seite 596: *Olla.* Die typische spanische Fleischbrühe, aus verschiedenen Fleischarten mit Gemüsen und starker Würze.

Schinken aus Rute. Aus der Gegend von Córdoba und galt als besonderer Leckerbissen.

Seite 606: *Che chi prende diletto di far frode...* Petrarca, Trionfo d'amore I.

DAS ZWIEGESPRÄCH DER HUNDE

Immer wieder hat man versucht, bestimmte Quellen für das »Zwiegespräch« nachzuweisen. Man hat an den »Goldenen Esel« des Apulejus gedacht, an die äsopschen Fabeln, an die »Dialoge« des Alfonso de Valdés, an Lukian, doch die heutige Forschung muß, wenn sich auch Beziehungen herstellen lassen, die Originalität dieses Werkes anerkennen. Durch die Bezeichnung »Novelle« darf sich der Leser nicht irreführen lassen, denn das Zwiegespräch ist ein Sittenbild in Dialogform, genial, aber keine Novelle.

Seite 615: *Puerta de la Carne.* Fleischtor, so genannt, weil alles Fleisch aus dem Schlachthaus durch dieses Tor in die Stadt gebracht wurde.

Seite 616: *die Calle de la Caza, die Costanilla und das Schlachthaus.* Diese Örtlichkeiten waren zu des Cervantes Zeiten Hochburgen der Sevillaner Unterwelt.

Seite 619: *Strandreiter.* Strandreiter oder atajadores de la costa waren leichte Reiter, die, in Kompagnien zusammengefaßt, die Aufgabe hatten, die Landung von maurischen oder türkischen Seeräubern zu verhindern oder die schon gelandeten zurückzuschlagen. Sie werden bei Cervantes immer wieder genannt.

großer Dichter des Altertums... keine Satiren zu schreiben. Juvenal, Satyra I, 30: »Difficile est satyram non scribere.«

Lichter aufsteckst... bis aufs Blut geißelst. Hier bezieht sich Cervantes auf die Laienbruderschaften, die bei den großen religiösen Prozessionen in Spanien auftraten und heute noch auftreten. Die Brüder sind mit Mantel und Gugel bekleidet.

Exemplarische Novellen 1187

Die einen tragen Kerzen – Brüder des Lichts –, indes die anderen – Brüder des Blutes – als Geißler auftreten.

Seite 620: *Schäfer Anfriso*. Schäferroman »La Arcadia« des Lope de Vega, erschienen 1599.

Schäfer Elicio. Cervantes bezieht sich hier auf seinen eigenen Schäferroman »La primera parte de la Galatea«, 1585, in dessen Hauptfigur er sich selbst dargestellt haben soll.

der Schäfer Fílidas. »El pastor de Fílida« von Luís Gálvez de Montalvo, 1582.

Seite 621: *Ohnmachtsanfälle Sirenos*. Sireno, ein Schäfer im berühmtesten aller Schäferromane »Los siete libros de la Diana« von Jorge de Montemayor, 1559.

Seite 628: *die Humaniora*. Latein und die dazu gehörigen klassischen Fächer.

Vademecum. Eine Mappe mit Schreibpapier für die Aufzeichnungen der Schüler und der Studenten.

Seite 629: *von Adam und Eva her*. Cervantes vergißt manchmal, daß er Hunde sprechen läßt.

Seite 631: *mancher Antonio*. Gemeint ist hier die berühmte »Arte de Gramática« des Antonio de Nebrija, ein Lehrbuch, oder dessen »Introductiones latinae«.

Seite 637: *ein gewisser Corondas, ein Tyrer*. Cervantes erinnert sich hier nicht mehr gut der Anekdote aus den »Facta et dicta memorabilia« des Valerius Maximus, 30 n. Chr. Dort ist Carondas ein Thurier.

Seite 641: *einer der von Dreck und Speck strotzenden Burschen*. Diese Fremden, die mit den Schiffen kamen, sei es als Matrosen oder Händler, waren als schmutzig bekannt, da sie bei der Ausfahrt an Kleidern und Wäsche nur mitnahmen, was sie gerade am Leibe hatten. Sie kehrten dann erst vier bis sechs Monate später in ihre Heimat zurück, wo sie die Wäsche und die Kleider zum erstenmal wieder wechselten.

Seite 642: *fünfzig scuti d'oro in oro*. Fünfzig Goldtaler in Münze.

Seite 643: *Adelspatent a perpenam rei de memoria*. Verfälschung aus »ad perpetuam rei memoria« – zum ewigen Gedächtnis –, der feierlichen Eingangsformel der Adelsbriefe.

kein Fuchs. Die Wirtin meint natürlich »kein Luchs«.

1188   Anmerkungen und Erläuterungen

Seite 646: *ein neuer Rodamonte*. Rodomonte, der prahlerische
    Held in Bojardos »Orlando innamorato«.

    Colegio de Mase Rodrigo. Die alte Universität Sevillas, die
    1505 unter dem Namen »Colegio de Santa María y Universi-
    dad de Sevilla« von Maese – volkstümlich Mase – Rodrigo
    Fernández de Santaella gegründet wurde.

    die Vernichtung der Sauceda. Die Sauceda ist ein Landstrich
    in der Serranía de Ronda, der im 16. Jahrhundert einer Bande
    von Straßenräubern den Namen gab. Erst 1590, nach zwanzig
    Jahren des Räuberunwesens in jener Gegend, konnte die Bande
    durch das Angebot einer Amnestie bewogen werden, sich auf-
    zulösen. Darum ist auch »die Vernichtung« nur ironisch ge-
    meint.

Seite 648: *der Sejanus*. Name eines Pferdes, das allen seinen Be-
    sitzern den Tod brachte. Die Geschichte findet sich in den
    »Noctes Atticae« des Aulus Gellius, 150 n. Chr., und wurde
    dann in der abendländischen Literatur häufig wiederholt.

Seite 653: *dem Flecken des berühmten und frommen Marqués
    de Priego*. Gemeint ist Gonzala Fernández de Córdoba, ge-
    nannt El Gran Capitán, geboren 1453 zu Montilla, Feldherr
    Isabels und Fernandos, des katholischen Königspaares, auch
    einer der bedeutendsten seiner Zeit, der Neapel für Spanien
    zurückeroberte und die spanische Herrschaft in Italien be-
    gründete.

    Plaphagonien. Gemeint ist »Paphlagonien« in Kleinasien.
    Der Hauptort war die milesische Kolonie Sinope. Die Be-
    wohner dieser Gegend galten als ausgemachte Dummköpfe.
    Siehe auch Lukian, Alexander oder Der Lügenprophet.

    hoher Senat. Diese Anrede war nicht nur eine Gewohnheit
    der Puppenspieler, fast jedes Bühnenwerk, ob heiter oder
    ernst, endete mit einer solchen Anrede ans Publikum, das
    hier irgendwie noch mit dem »römischen Senat« gleichgestellt
    wird.

Seite 656: *die Camacha von Montilla*. Nach zeitgenössischen
    Dokumenten lebte die Camacha tatsächlich um die Mitte des
    16. Jahrhunderts und wurde von der Inquisition von Cór-
    doba als Hexe in Bann getan.

    die Sibyllen. Im Original heißt es »los Eritos«. Gemeint sind
    Sibyllen von der Art der erythäischen.

Seite 657: *Trapelie*. Eutrapelie, unschuldiges Vergnügen, hier
    aber Blendwerk.

Exemplarische Novellen 1189

Seite 659: *wie Apulejus es im ›Goldenen Esel‹ berichtet.* Ebenso
erstaunlich wie die Kenntnis von den großen Magierinnen des
Altertums ist bei einer Hexe vom Schlage der Cañizares die
Kenntnis, die sie vom ›Goldenen Esel‹ des Apulejus hat. Diese
angeblichen und eingebildeten Hexen des 15. und 16. Jahrhunderts waren ungebildete Frauen niederster Schichten, die
weder lesen noch schreiben konnten. Sie waren durch die
Bank Hysterikerinnen.

Seite 660: *daß wir wahr- und leibhaftig dorthin fahren.* Schon
zu des Cervantes Zeiten wußte man, daß die angeblichen
Hexen sich dies einbildeten. Die Szene zeigt, daß sich Cervantes darüber sehr wohl im klaren ist.

Seite 665: *Sie war über sieben kastilische Fuß lang.* Der kastilische Fuß hatte 28 cm. Die Cañizares war also 1,96 m groß.

Seite 670: *Dieser Graf und seine Nachkommen heißen Maldonado.* Cervantes kannte das Leben der Zigeuner und ihre
Stammesverfassung nur vom Hörensagen, weshalb er auch
den »Zigeunerherrn« auf etwas phantastische Weise ableitet.
Trotz allem scheint er auf einem Tatsachenbericht zu fußen,
der ihn auch zur Abfassung seiner Novelle »Das Zigeunermädchen« veranlaßte.

Seite 672. *Morisken.* So werden die Mauren genannt, die nach
der Eroberung Granadas (1492) meist gewaltsam christianisiert
wurden. Da sie das Christentum jedoch nur äußerlich annahmen, wurden sie von den sogenannten »Altchristen« scheel
angesehen. Da die Morisken einesteils zäh an ihrem Volkstum
und ihrem Glauben festhielten, anderseits aber den türkischen und berberischen Piraten Hilfsdienste leisteten, wurden
sie schließlich unter Philipp III. von 1609 bis 1614 aus dem
Lande vertrieben. Dies trotz des Widerstandes der adeligen
Gutsbesitzer des Königreiches Valencia. Im »Persiles« (III.
Buch) kommt Cervantes wieder auf die Morisken zurück und
argumentiert dort auf die gleiche Weise wie hier im Zwiegespräch.

Seite 676: *samt dem Stengel.* Der Dichter aß die Rosinen mit
dem Stengel nicht nur weil er eben Hunger hatte, sondern
weil er wie alle anderen glaubte, daß die Stengel das Gedächtnis stärkten.

Seite 680: *dem guten Christen Mahudes.* Ein Barmherziger Bruder. Eigenartig ist der jüdische Name.

1190 Anmerkungen und Erläuterungen

Seite 683: *Aller Aufwand jedoch, der sonst an diesem Tag ...*
Auffällig ist die Parallele zum Eintopfgericht des Dritten
Reiches. Ob der Projektemacher und damit Cervantes wirk-
lich zum Anreger des Eintopfgerichtes wurde, läßt sich nicht
feststellen, aber immerhin hat die Parallele ihren eigenen
Reiz.

Seite 686: *Espolón.* Grünfläche am Pisuerga, der durch Valladolid fließt.

DIE MÜHEN UND LEIDEN DES PERSILES UND DER SIGISMUNDA

Zueignung

Seite 689/90: *die »Wochen im Garten« und den »Ruhmeswerten Bernardo«*. Diese Werke wurden ebensowenig geschrieben wie der zweite Teil der »Galatea«.

Erstes Buch

Seite 717: *weder mit Ceres noch mit Bacchus vertrauteren Umgang, und so ließ mich auch die Venus kalt.* Da ich weder übermäßig aß noch trank, hatte ich kein Verlangen nach einer Frau.

Seite 746: *Manuel de Sosa Coutinho.* Es dürfte sich um Manuel da Sousa (1555–1632) handeln, der unter dem Namen Frei Luiz de Sousa ein bekannter Schriftsteller wurde. In seiner Jugend war Manuel als Christensklave in Algier, wo er mit Cervantes bekanntgeworden war. Die Lebensgeschichte des Manuel de Sousa ist erschütternd. Er hatte die Witwe des nach der Schlacht bei Alcazarquivir totgesagten Prinzen Joan geheiratet. Nach einiger Zeit kehrte der angeblich Gefallene zurück. Die Gatten gingen daraufhin ins Kloster. Die Lebensgeschichte des portugiesischen Dichters wird übrigens von Almeida Garret in seinem Drama »Frei Luiz de Sousa« behandelt.

Seite 751: *Maria optimam partem elegit.* Maria hat den besten Teil gewählt. Lukas 10, 42.

Seite 757: *Hiberniens und Irlands.* Hibernien ist zwar nur ein anderer Name für Irland, doch Cervantes macht in seiner »poetischen Geographie des Nordens« zwei Inseln daraus.

Barnaklas. Nach dem irischen Barnacle, Fußzehe, ein eßbares Schalentier, das sowohl an der kantabrischen wie an der irischen Küste gefischt wird. Galt als eine Meerente, die auf die im Text angegebene phantastische Weise entsteht.

Seite 762: *Judizial-Astrologie.* Zu Zeiten des Cervantes wurde die Astronomie noch Astrologie schlechthin genannt. Um unsere heutige Astrologie aus jener weitergespannten ›Astrologie‹ herauszuheben, sprach man von Judizial-Astrologie.

1192 Anmerkungen und Erläuterungen

Seite 764: *O Rosamunda oder, besser gesagt, Rose der Gosse!*
Das Wortspiel des Originals, das Cervantes der »Anglica
Historia« des Polydorus Vergilius entnommen hat, ließ sich
nur dem Sinn nach übersetzen. Es handelt sich dabei um
Rosamunde Clifford, die ab 1174 die Geliebte König Hein-
richs II. gewesen; Cervantes stellt sie nun in die Mitte des
16. Jahrhunderts. Ihr Gegenspieler Clodio hat große Ähnlich-
keit mit Pietro Aretino (1492–1557), dem berüchtigten und
gefürchteten Satiriker und Lästerer der Renaissance.

Seite 767: *es wachse dort das Schilf des Midas.* Nach Ovid,
Metamorphosen XI, setzte König Midas das Saitenspiel Apol-
los herab und wurde daraufhin vom Gotte mit Eselsohren
bedacht. Keiner durfte das Geheimnis des Königs je über die
Lippen lassen. Sein Barbier jedoch konnte das Geheimnis nicht
mehr zurückhalten, grub ein Loch in die Erde, in das er sein
Geheimnis hineinflüsterte. Aus der Grube aber wuchs dann
Schilfrohr, welches das Geheimnis, wenn es vom Wind bewegt wurde, flüsternd kundbar machte.

Seite 769: *der Tochter des Peneus geschah:* Ovid, Metamorphosen I. Die Tochter des Peneus ist Daphne, die, von Apollo
verfolgt, auf ihre Bitten hin von ihrem Vater, dem Stromgott,
in einen Lorbeerstrauch verwandelt wurde.

Seite 771: *zur ersten Wache.* Von Mitternacht bis vier Uhr früh.

Seite 783: *die Verwandlung des König Artus von England …*
In den Anmerkungen zur englischen Übersetzung des ›Don
Quijote‹ von A. J. Duffield (London 1881) verweist John
Bowle (S. 46) auf eine wallisische Gesetzessammlung aus dem
zehnten Jahrhundert, die verbietet, Habichte, Falken und
Raben zu töten. Daran dürfte wahrscheinlich die Sage an-
knüpfen.

Seite 785: *daß der Herr im Levitikus sagt: Seid keine Wahrsager …* Die genannte Stelle ist im Levitikus nicht zu finden.
Mauricio ist nicht sehr bibelfest und erinnert sich nur daran,
daß dort ganz allgemein vom Wahrsagen und vom Traum-
deuten gesprochen wird.

Seite 786: *in die Arme der Thetis.* In der griechischen Mytholo-
gie die Tochter des Nereus und der Doris. Sie gebar den
Achilles und kehrte wieder ins Meer zurück. Die Wendung
selbst ist ein vielgebrauchter Topos und bedeutet einfach, daß
die Sonne im Westen ›im Meer‹ versinkt.

Die Mühen und Leiden des Persiles und der Sigismunda   1193

Seite 791: *als König Midas hatte.* König Midas, der dem Bacchus Gastfreundschaft gewährte, erhielt von diesem die Gabe, alles in Gold zu verwandeln, was er berühre. Er starb dann kläglich, da sich auch jede Speise in Gold verwandelte. Ovid, Metamorphosen XI.

Crassus. Marcus Licinius Crassus Dives, Triumvir mit Cäsar und Pompejus, war der reichste Mann Roms und der Typus des damals aufkommenden Geldaristokraten.

Harpyie. Plagegöttin, Zwischending zwischen Weib und Raubvogel.

Phineus. Sohn des phönikischen Königs Agenor, hatte die Kinder aus seiner ersten Ehe blenden lassen, und die Götter schickten ihm zur Strafe die Harpyien, die ihm entweder die Speisen wegfraßen oder den Tisch besudelten. Der alte König wäre fast den Hungertod gestorben.

schnöde Ägypterin. Potiphar, die die Keuschheit des Josef bedrängte.

Seite 797: *ihr Paphos, ihr Gnidos, ihr Zypern... verläßt.* In den Städten Paphos und Gnidos wie auf Zypern wurde die Venus besonders verehrt.

Seite 798: *der Hirt am Amphryssos.* Gemeint ist Apollo, der am thessalischen Fluß gleichen Namens die Herden des Königs Admetos von Phäre hütete.

Seite 801: *die Spiele zu erneuern, die bei den Griechen die olympischen genannt wurden.* Es ist gewiß nicht ohne Reiz feststellen zu können, daß Cervantes schon um 1610 an eine Erneuerung der Olympischen Spiele gedacht hatte, die dann 1896 zum erstenmal wieder stattfanden.

ZWEITES BUCH

Seite 815: *Antonio, der Vater, und Antonio, der Sohn.* Cervantes hat hier offensichtlich vergessen, daß Antonio, der Vater, nicht in der Schaluppe war.

Seite 822: *unter der Verwirrung leidest, einen Stier zu lieben.* Es wird hier auf Pasiphae, die Gemahlin des Königs Minos von Kreta, angespielt, die einen von Neptun gesandten weißen Stier liebte und den Minotaurus gebar.

Seite 835: *Auristela, einer zweiten Jo.* Wörtlich übersetzt müßte es heißen: einer kälbischen oder kühischen Auristela. Die

1194   Anmerkungen und Erläuterungen

boshafte und herabsetzende Anspielung auf die Jo – die Geliebte des Zeus, die in eine Kuh oder ein Kalb verwandelt wurde – konnte nicht wiedergegeben werden.

Seite 866: *Brautgerüst*. Eine Bühne, auf der die Brautleute nach alter, schon in der Antike geübter Sitte, einander angetraut wurden. Dort nahmen sie auch die Glückwünsche ihrer Verwandten und Freunde entgegen. Auf dem gleichen Brautgerüst steht auch Leonora in der Geschichte des verliebten Portugiesen.

Seite 878: *die goldenen Ketten, die aus dem Munde des Herkules kamen.* Anspielung auf den Herkules »Ogmios« der Kelten, den Lukian in seiner Schrift »Herkules« schildert. Danach ist Herkules bei den Kelten als schon bejahrt und kahl dargestellt, kahl bis zur Schädelmitte und runzelig im Gesicht. Mit dem Löwenfell bekleidet trägt er in der Rechten die Keule, in der Linken einen Bogen, und auf dem Rücken hat er den Köcher mit den Pfeilen. An feingearbeiteten Gold- und Bernsteinketten, deren Enden dem Herkules an der Zunge, den Leuten aber an den Ohren befestigt sind, zieht er eine Unzahl von Menschen hinter sich her, die ihm alle verzückt folgen, während Herkules ihnen freundlich zulächelt. Die von Lukian beschriebene Figur findet sich auch in Vincenzo Cartaris »Le Imagini degli Dei antichi«, Venedig 1556. Eine Allegorie der Beredsamkeit also.

Seite 890: *König der Danaer*. Dieses Reich gehört, Dänemark benachbart, ebenfalls zur »poetischen Geographie des Nordens«, die sich Cervantes geschaffen hat. Bezeichnend scheint mir wie bei Hibernien = Irland auch Danea = Dänemark und die darauffolgende Trennung in selbständige pseudogeographische Gebilde.

Seite 900: *Schiffbrecher*. Dieses Meeresungeheuer hat Cervantes bei Olaus Magnus gefunden. In einer deutschen, in Straßburg (o. J.) erschienenen Übersetzung der »Beschreibung der ... Mitnächtigen Völcker...« heißt es: Von dem Physeter, Sprützwall gennet vnnd seiner grewligkeyt gegen den Schiffleuthen.

Seite 902: *Gold des Tibar*. Es müßte hier heißen »das allerfeinste Gold«. Cervantes dürfte hier das arabische »tibr«, reines Gold, mit einem Landstrich verwechselt haben.

Seite 909: *zwei überaus schöne Jungfrauen*. Cervantes hat hier

Die Mühen und Leiden des Persiles und der Sigismunda   1195

ganz darauf vergessen, daß er die Fischerszene im 11. Kapitel des zweiten Buches darauf aufbaute, daß eine der Fischerinnen häßlich und die andere schön war.

DRITTES BUCH

Seite 942: *Sanguian.* Unter diesem Namen dürfte sich das Fort San Julián verstecken, das zur Zeit Philipps II. an der Tajomündung vor Belem errichtet wurde.

Seite 945: *Die Grabschrift für Manuel de Sosa Coutinho.* Nur eine der vielen burlesken Grabschriften, die die Kastilier des 16. und des 17. Jahrhunderts zur Verspottung ihrer Nachbarn verfaßten. In den folgenden Zeilen behauptet Cervantes das gleiche von den Portugiesen. Ebenso ironisch dürfte das Lob der portugiesischen Menschenliebe gemeint sein. Die Feindschaft zwischen Spaniern und Portugiesen dürfte damals ziemlich allgemein gewesen sein.

Seite 946: *zwei Matrosen gegriffen.* Auch hier hat Cervantes vergessen, daß er den »Schiffbrecher« nur einen Matrosen verschlingen hat lassen.
Zenotia, die an einer Rahe aufgehenkt war. Dies konnten weder Periandro noch seine Begleiter wissen, da sie die Insel vorher verlassen hatten.
erklärte Antonio, der junge, das Gemälde. Clodio hatte behauptet, dies werde Antonio, der Vater, tun.

Seite 948: *zwei bis drei Meilen.* Gemeint ist die span. Meile mit 5,572 km.
die Castalia und die Aganippe. Die Castalia ist eine den Musen geweihte Quelle des Parnaß und die Aganippe eine Quelle auf dem Helikon, deren Wasser zu dichterischer Begeisterung hinreißt.

Seite 951: *die Fabel von Cephalus und Procris.* Ovid, Metamorphosen VII. Cephalus, der Gemahl der Procris, wurde von der Aurora geraubt. Über seine Bitten gestattete ihm die Göttin zur Gattin zurückzukehren, doch nur in veränderter Gestalt. Procris besteht die Treueprobe nicht und flieht, als Cephalus sich ihr zu erkennen gibt, nach Kreta. Aber auch Cephalus scheitert an der Treueprobe, und die Gatten söhnen sich aus. Die eifersüchtige Procris folgt dem Cephalus, der auf die Jagd gegangen ist, heimlich und wird von ihm, ungewollt, mit dem Wurfspieß getötet. Ovid benützte einen attischen Mythos.

1196 Anmerkungen und Erläuterungen

Juan de Herrera de Gamboa. Wahrscheinlich ein von Cervantes erfundener Dichtername.

Seite 952: *wie in der ganzen Welt wohlbekannten Edelleute.* Cervantes bezieht sich hier auf die tatsächlich in Trujillo geborenen Konquistadoren Francisco Pizarro, den Entdecker und Eroberer Perus, und Francisco de Orellana, der das erste Mal den Amazonas bis zu seiner Mündung in den Atlantik befuhr. Doch hatten beide Spanien bereits vor 1525 verlassen und konnten zur Romanzeit – 1550 – nicht mehr in Trujillo sein. Cervantes wollte damit wahrscheinlich die im zweiten Kapitel des dritten Buches – Seite 952 – mit dem 21. März 1550 genau fixierte Zeit wieder aufheben.

Seite 969: *Prokuratoren.* Sachwalter. Noch heute unterscheidet das spanische Recht zwischen »Advokaten« und »Prokuratoren«. Während der »Advokat« den Prozeß führt, ist der »Prokurator« der Sachwalter des Angeklagten.

Seite 973: *Stanzen.* Italienische Strophenform, die bei Cervantes »Estancia« genannt wird, in Spanien aber bekannter ist unter dem Namen einer »Oktava real«. Sie besteht aus acht elfsilbigen Versen, die sich nach dem Schema ABABABCC mit weiblichem Ausgang reimen. Im Deutschen hat sich die Stanze in der Form durchgesetzt, die Heinse und Goethe ihr gegeben, nämlich mit wechselndem weiblichem und männlichem Endreim.

Seite 976: *Noch eh' aus ew'gem Geist hervorgegangen.* Die zwölf Stanzen mußten infolge der Reimschwierigkeiten im Deutschen etwas freier wiedergegeben werden. Die Übersetzung entspricht aber ganz dem Gedankengang des Cervantes, der damit die Religion als Schöpfung Gottes für die Menschen preist, das Christentum als eine vergeistigte Fortsetzung des Mosaismus zeigt und das Gedicht in einem Marienlob ausklingen läßt.

Seite 977: *da uns ein holder Stern ist aufgegangen.* Cervantes spricht hier von einer Esther, und so wurde die Stelle auch von anderen Übersetzern wiedergegeben. Der Bezug auf die biblische Esther ist aber sinnlos. Da nun Esther auch Stern bedeutet, konnte der Vers nur auf solche Weise übersetzt werden.

Seite 979: *das große Fest der Monda.* An jedem Mittwoch der Karwoche bringen die Bewohner der Dörfer aus der Um-

Die Mühen und Leiden des Persiles und der Sigismunda 1197

gebung von Talavera der Muttergottes »del Prado« den
Wachstribut. Dazu ist es gekommen, weil man den Ausdruck
»mundus Cereris« – ein der Göttin Ceres zu opfernder Korb
mit Broten – nicht mehr verstand. Aus »mundus« wurde dann
Monda und aus »Cereris« das spanische »cera«, Wachs.

Seite 980: *Argolla-Spiel.* Dieses Spiel besteht aus einem eisernen,
an einer Spitze beweglichen Ring, der im Boden befestigt
wird, und aus großen hölzernen Kugeln. Die Spieler müssen
die Kugeln mit Hilfe von Schlägern durch den Ring treiben.

Seite 981: *Gnadenbild des Sagrario.* Eine silberne Muttergottes-
Statue, deren Mantel mit kostbaren Perlen besetzt ist. Diese
Statue soll angeblich schon zu Zeiten der Westgoten verehrt
worden sein. Während der maurischen Herrschaft vergraben,
soll sie nach der Wiedereroberung der Stadt durch König Al-
fons VI. 1085 aufgefunden worden sein.

Virgen de la Cabeza. Eine weitere Muttergottes-Statue, die
daran erinnert, daß in einer Augustnacht des Jahres 1227 die
Jungfrau Maria einem Schäfer erschienen ist. Kurz darauf
wurde auf dem Felsen ein Heiligtum errichtet und später zu
einem Kloster ausgebaut. Die Wallfahrt zur Virgen de la
Cabeza ist eine der beliebtesten in Andalusien. Cervantes
übertreibt jedoch, wenn er behauptet, dieses Fest werde in
der ganzen bekannten Welt gefeiert.

Seite 985: *Und wäret Ihr auch tausendmal ein Kastilier.* Wie
schon in der Grabschrift des Manuel de Sosa Coutinho spielt
der Dichter auch hier wieder auf die Feindschaft zwischen
Portugiesen und Spaniern an. Wahrscheinlich hatte er während seines kurzen Aufenthaltes in Portugal davon erfahren.

Seite 987: *kniete zum Zeichen des Dankes am Bett nieder, dessen
Fuß ich oftmals küßte...* So heißt es in der von Schevill-
Bonilla besorgten Gesamtausgabe (Madrid 1914, Bd. II, S. 68),
während die Stelle nach der Ausgabe von Valbuena Prat
Madrid 1960, S. 1646) heißen müßte »kniete zum Zeichen des
Dankes nieder, küßte der Dame oftmals den Fuß ...«.

Seite 988: *dem gesetzten Ziele zu.* Bis hieher ist die Geschichte
eine sehr freie Nachbildung einer Novelle der »Hecatomithi«
des Giovanni Battista Giraldi. Es ist die 6. Novelle der 6. De-
kade. Obwohl Cervantes seinem Vorbild fast in allen Einzelheiten folgt, fällt das Gruselige des Originals weg, der Ton
ist edler, die Erzählung läuft rascher ab und wirkt dadurch

1198 Anmerkungen und Erläuterungen

dramatischer. Cervantes mußte das Original gelesen haben, denn ins Spanische waren damals nur die zehn Novellen der Einführung und die der ersten beiden Dekaden übersetzt.

wo der große Philipp III. kürzlich den Hof errichtet hatte. Hier durchbricht Cervantes wiederum die Chronologie des Romans, denn König Philipp III. kam erst 1606 mit dem Hof nach Madrid zurück. Das »kürzlich« scheint mir darauf zu verweisen, daß Cervantes bereits im Jahre 1607 am dritten Buch gearbeitet haben dürfte. Zwar war auch schon Philipp II. 1560 mit dem Hof in Madrid, doch hat Cervantes wahrscheinlich nicht daran gedacht, als er Philipp III. schrieb.

Seite 990: *wie meine Astrologie mir sagt.* Diese Stelle ist einesteils ironisch gemeint, dient aber auch der Vorbereitung des Konflikts.

Seite 993: *die Eheleute nur eines Zusammenlebens entheben.* Hier scheint der Dichter auf die Unvereinbarkeit der Charaktere in der eigenen Ehe mit Catalina de Salazar y Palacios anzuspielen.

Ihr das Beil über dem Henkersblock schwingt. Diese Stelle mag den Leser überraschen, denn sie sagt ausdrücklich, daß der betrogene Gatte als Henker amtiert. Hier handelt es sich aber weder um einen Übersetzungsfehler noch um einen Irrtum des Dichters, denn nach den Bestimmungen über die Strafe für Ehebruch hatte damals der betrogene Ehemann das Recht, die Ehebrecher selbst auf dem Schafott zu töten. Über einen solchen Fall berichtet Adolfo de Castro in seiner Crónica de los Cervantistas, Jahrgang 1876.

S. 994: *die Sagra von Toledo.* Ein sehr fruchtbarer Landstrich vor Toledo.

S. 995: *Garcilaso de la Vega.* (1503–1536) Soldat und der bedeutendste spanische Lyriker seiner Zeit. Er führte gegen den Widerstand der kastilischen Traditionalisten (Cristóbal de Castillejo) die italienischen Vers- und Strophenformen in Spanien ein und vervollkommnete sie dort, wo sie bereits angewendet wurden. Auf die moderne spanische Lyrik übte er einen vielleicht sogar größeren Einfluß aus als Góngora. Das Werk des Dichters wurde 1543 postum herausgegeben. Der zitierte Vers stammt aus der ersten Ekloge, Vers 225.

In diesem Schoß verborgen. Toledo war die Hauptstadt des Westgotenreiches gewesen, das infolge der inneren Zwistigkeiten im Jahre 711 den Arabern wie eine reife Frucht in die

Die Mühen und Leiden des Persiles und der Sigismunda   1199

Hände fiel. Die Tradition der Reconquista knüpfte bei den Westgoten an, und die Spanier fühlten sich als deren Abkömmlinge und Erben. Hier bezieht sich Cervantes auf die Virgen del Sagrario – siehe Seite 981 –. Darum verwendet er vielleicht auch das bei ihm sehr selten gebrauchte »Salve« – »Gegrüßet seist du...«

Seite 996: *den Psalter.* Altes Saiteninstrument.

Seite 999: *uns der List zu bedienen, die die Kraniche gebrauchen.* Plutarch berichtet dies in seinen »Morales« von den Enten. Cervantes benützte wahrscheinlich die Übersetzung des Diego Gracián (Salamanca 1571). Die Verwechslung der Enten, die das Taurusgebirge in Cilicien überfliegen, mit Kranichen mag wohl daher kommen, daß bei Plutarch auf diesen Bericht ein anderer über Kraniche folgt.

Seite 1000: *Henares.* Nicht der Henares mündet in den Tajo, sondern der Jarama, der den Henares vorher aufnimmt. Das Lob des Henares dürfte hier wohl in Erinnerung an den Geburtsort des Dichters – Alcalá de Henares – hier hereingekommen sein.

Seite 1002: *»die Frische zu genießen«.* Eigentlich: »die Frische einnehmen« – tomar el fresco –. Den heute sehr geläufigen Ausdruck scheint Cervantes damals als volkstümliche Neubildung oder als vulgär betrachtet zu haben.

Seite 1004: *Die Verwundung hatte er erlitten, als...* Die dauernden Streitigkeiten zwischen Soldaten und Zivilbevölkerung sind so häufig gewesen, daß sie auch zu Bühnenwerken, darunter »Der Richter von Zalamea«, Anlaß gaben.

Seite 1007: *der Berg von Potosí.* Potosí ist eine Stadt in Bolivien, die, am Fuß des Cerro Rico mit seinen gewaltigen Silber- und Zinnvorkommen gelegen, bald nach der Eroberung ihren Namen hergab, um ungeheuren Reichtum auszudrücken.

Seite 1009: *die Hauptleute wurden gehenkt.* Obwohl die Hauptleute alles getan hatten, die Soldaten zu beschwichtigen, und schließlich mit ihren Truppen abgezogen waren. »Capitanes« könnte auch mit »Anführer« übersetzt werden, doch scheint es sich tatsächlich um die »Hauptleute« zu handeln, da Cervantes den Grafen – Seite 1006 – sagen läßt: »Mein Tod bekümmert mich weniger als der Gedanke, daß andere dafür, sei es um der Gerechtigkeit oder *der Vergeltung willen,* ihr Leben hergeben müssen.«

1200   Anmerkungen und Erläuterungen

Seite 1013: *Gomia ... und ... Tarasca.* Beide sind erschreckende
Fabeltiere, deren Namen oft synonym gebraucht werden. Seit
alters her – Mitte des 15. Jahrhunderts – führt man bei der
Fronleichnamsprozession einen aus Holz und Stoff verfertig-
ten Drachen – Gomia oder Tarasca genannt – mit, der wahrscheinlich den Höllendrachen darstellen soll.

das Plus Ultra der Säulen des Herkules. Hier dürfte Cervantes vergessen haben, daß die Säulen des Herkules das Non
Plus Ultra der Antike waren, oder er ließ hier den Studenten
im Geschwätz dieses mit dem Plus Ultra aus dem Wappen
Kaiser Karls V. verwechseln.

Seite 1014: *Phalaris.* Tyrann von Agrigent (565–549 v. Chr.).

Busiris. Kein Tyrann, sondern ein mythischer König von
Ägypten, der alle Fremden hinschlachten ließ, schließlich aber
von Herkules erschlagen wurde. Hier wird er spaßhalber
unter die Tyrannen eingereiht.

das Rospeni, das Mamahora und das Denimaniyoc. Sollen wie
türkische Wörter wirken.

Seite 1015: *Percheles von Málage.* Eine Fischervorstadt des damaligen Málaga, heute das Hafenviertel der Stadt (Perchel).

Seite 1017: *ein athenischer Gesetzgeber.* Anspielung auf Drakon,
der das geltende Recht Athens mit »drakonischen« Strafen
durchsetzen wollte.

summum jus, summa injuria. Das strengste Recht ist (oft) das
größte Unrecht.

Seite 1021: *die Natur, die Haushofmeisterin des wahren Gottes.*
In der antiken Welt war die Physis oder Natura eine Göttin.
In der Polemik der Christen gegen das Heidentum ging es
vor allem um die Entgottung der Natur. Darum erscheint
auch im 5. nachchristlichen Jahrhundert bei Prudentius – im
Gedicht »Gegen Symmachus« – die Natur als eine entthronte
heidnische Göttin; sie ist nicht mehr die Schöpferin des Menschen, sondern nur noch seine Ernäherin. Von hier aus und
über die »Platonismen« des Mittelalters und der Renaissance
zur »Natur als Haushofmeisterin Gottes« ist kein sehr weiter
Weg. Deshalb kann man Cervantes nicht, wie Américo Castro
in seinem sehr verdienstvollen Werk »El pensamiento de Cervantes« (Madrid 1925) es getan, häretische Gedankengänge
zuschreiben. Die Natur ist hier – dichterisch gesehen – ein
ausführendes Organ, sonst nichts, ist doch auch die Natur von
Gott geschaffen.

Die Mühen und Leiden des Persiles und der Sigismunda   1201

Seite 1025: *die Morisken aus dem Lande zu vertreiben*. Diese
Stelle und die Ausfälle auf die Morisken, die der Hund Berganza im »Zwiegespräch der Hunde« unternimmt, haben
L. Tieck veranlaßt zu sagen, man könne sich eines tiefen Bedauerns nicht erwehren, daß auch so große und klare Geister
wie Cervantes sich so weit verirren konnten, die Moriskenvertreibung zu billigen. (Einleitung zur Übersetzung des Romans durch seine Tochter Dorothea, S. XVII.) Die Prophezeiung des Xadraque – man sollte auch daran denken, daß
Cervantes dies alles einen Morisken und nicht einen Christen
sagen läßt – und die Ausfälle des Hundes Berganza sind nicht
die einzigen Stellen im Cervantinischen Werk, die sich mit
den Morisken beschäftigen. Im zweiten Teil des »Don Quijote« (Kap. 54) läßt Cervantes den Morisken Ricote heimlich
nach Spanien zurückkehren, weil er Heimweh hatte. Hier
zeigt Cervantes eine tiefe menschliche Sympathie für den
Morisken, und es zeugt von feiner Ironie, wenn der Dichter
den Ricote und den Sancho Panza, seinen ehemaligen Nachbarn im Dorf, gerade in dem Augenblick zusammenführt, in
dem Sancho die Statthalterschaft der Insel Barataria aufgegeben hat. Sancho zeigt nicht die geringste Spur des Hasses
gegen die Morisken. Im Gegenteil, er ist voll der nachbar-
lichen Besorgtheit. Weiters zeichnet Cervantes in seinen Werken mehrmals Maurinnen und Moriskinnen vom Typus der
Rafaela. Ich nehme an, daß Cervantes wohl zum Teil die
Lösung des Problems billigt, weil die Morisken oft genug im
geheimen Einverständnis mit den berberischen und türkischen
Seeräubern aus Nordafrika waren; menschlich aber ist er voll
des Mitgefühls für die Morisken. Die gesamte Prophezeiung
des Xadraque darf nicht als die Meinung des Dichters aufgefaßt werden, denn dazu ist sie zu sehr zwischen Ernst und
Ironie angelegt und enthält zuviel der Gemeinplätze, die alle
aus zeitgenössischen Schriften stammen. Im allgemeinen dürfte
Cervantes der Meinung des von ihm in der »Reise zum Parnaß« gelobten valencianischen Dichters Gaspar de Aguilar gewesen sein, der im Epos »Die Vertreibung der Morisken aus
Spanien« erschüttert die Szenen schildert, die er selbst erlebt
hat, als die Morisken von Valencia eingeschifft wurden.

Seite 1028: *du ebenso berühmter wie erhabener Ratgeber*. Gemeint ist der Herzog von Lerma, den der Staatsrat beauftragt
hatte (4. 4. 1609), Philipp III. die vom Rat beschlossene Moriskenvertreibung vorzuschlagen. Der König übertrug die Vertreibung dem Herzog.

Seite 1030: *reizende Sprache*. Im ehemaligen Königreich Valencia wurde zu des Dichters Zeiten im Umgang fast ausschließlich Katalanisch gesprochen. Heute wird es in diesem Gebiet mehr und mehr durch das Kastilische verdrängt.

»Soll ich nehmen oder geben, Señores?« Diese und die folgende Stelle der Schäferinnen-Szene ist fast unübersetzbar, da sich im Deutschen keine Entsprechung für das spanische »pedir« – fordern, verlangen, erbitten – und »dar celos« – Eifersucht geben – findet. Die Szene selbst ist bis heute unverständlich geblieben. Vielleicht hatte Cervantes einen Einfall noch während des Schreibens aufgegeben.

Seite 1037: *nach Perpignan französischen Boden betraten*. Perpignan, die Hauptstadt des katalanischen Rousillon, war bis 1569 spanisch.

Seite 1038: *daß der Spieler, der verliere...* Diese Stelle ist sehr verworren niedergeschrieben, weshalb sich ein ungewollter Nonsens ergibt. Sie wurde darum auch freier, aber dem Sinn entsprechender übersetzt.

und sogleich legte man ihm eine Kette an. Auch hier hatte Cervantes die Stelle nicht genau überlegt, hätten doch beide Spieler jeder eine Kette tragen müssen.

Seite 1071: *ein kühner Jüngling aus dem Hause Österreich*. Gemeint ist Don Juan de Austria, der Sieger von Lepanto. Die Prophezeiung bezieht sich auf die Seeschlacht.

ein anderer Jüngling gekrönten Hauptes. Es handelt sich hier um Don Sebastián, den jungen König von Portugal, der die Schlacht von Alcazarquivir, 1578, gegen die Marokkaner verlor und dabei das Leben einbüßte. In der Folge wurde Portugal 1580 von Philipp II., der die stärksten Rechtsansprüche auf den portugiesischen Thron hatte, besetzt und war bis 1640 in Personalunion mit Spanien.

Seite 1074: *immer bei sich trug*. Hier irrt Cervantes, da er bisher immer Periandro als den Besitzer der Kostbarkeiten bezeichnet hat.

VIERTES BUCH

Vom siebenten Kapitel dieses Buches an merkt man als Übersetzer ganz deutlich, wie schwer der Dichter infolge seines Leidens schreibt. Es ist erschütternd, wenn man erkennt, wie Cervantes sich immer und immer wieder aufrafft, um dieses Werk

Die Mühen und Leiden des Persiles und der Sigismunda   1203

zu vollenden, wie er immer wieder aus der Fülle seiner Heiterkeit schöpft, wie er sich beeilt, um dieses Wettrennen mit dem Tod zu gewinnen, den der Dichter schließlich doch um drei Tage schlägt.

Seite 1094: *Ich, meine Verehrten, bin ein sonderbarer Mensch...* Diese Stelle verleitet geradezu zur Ansicht, daß der Dichter sich damit selbst meint.

Seite 1097: *Diego de Ratos, Buckliger...* Es ist möglich, daß Cervantes auf Avellaneda, den Verfasser des falschen zweiten Teiles des »Don Quijote«, hinweist. Avellaneda wie Diego de Ratos stammen angeblich aus Tordesillas.

Seite 1098: *Flickschuster.* Dies dürfte sich darauf beziehen, daß Cervantes den falschen zweiten Teil für ein »zusammengeflicktes« Werk hält.

Seite 1107: *ein Sonett verfaßte zur Schmähung...* Sowohl ein derartiges Sonett wie der Name eines spanischen Dichters, der in dieser Zeit ein solches verfaßt haben soll, sind unbekannt.

die Gärten der Villa Madama. Die Villa Madama, so genannt, weil sie »Madame« Margarete von Österreich, der Statthalterin der Niederlande, gehört hatte, ist, von Rafael entworfen, einer der schönsten Profanbauten italienischer Renaissance in Rom.

Porta del Popolo. Die alte Porta Flaminia an der heutigen Piazza del Popolo. Links vom Tor, schon in der Stadt, steht die später erwähnte Kirche Santa Maria del Popolo.

Seite 1108: *Arco di Portogallo.* Volkstümliche Bezeichnung für den Mark-Aurel-Bogen, der 1662 niedergerissen wurde, als Papst Alexander VII. den Corso erweitern ließ.

Seite 1109: *Straße Santa Maria del Popolo.* Volkstümliche Bezeichnung dieses Teiles der Via Flaminia.

Gubernator. Statt das spanische »gobernador« mit dem üblichen »Gouverneur« zu übersetzen oder das spanische Wort zu belassen, schien mir das lateinische »Gubernator« besser am Platz.

Seite 1114: *Tor di Nona.* Das alte römische Gefängnis, das an der Sant-Angelo-Brücke lag, wurde bereits 1690 niedergerissen; nur die Via di Tor die Nona erinnert noch daran.

Seite 1116: *und wenn keiner da ist, der den Ankläger macht.* Wie schon im Fall Ortel Banedres, des Polen, scheint der private Ankläger wichtiger gewesen zu sein als der öffentliche.

1204 Anmerkungen und Erläuterungen

Seite 1117: *den dritten Teil der Sterne mit sich riß*. Diese Stelle aus der Offenbarung Johannis, 12, 4, kehrt des öfteren in der spanischen Literatur, vor allem aber in den Autos der Fronleichnamsprozession wieder.

Seite 1119: *Via dei Banchi*. Die Hauptstraße des ehemaligen Geschäftsviertels der Stadt, das zu des Cervantes Zeiten auf der linken Tiberseite gegenüber dem Castello di S. Angelo lag.

Seite 1124: *Torquato Tasso*. Italienischer Dichter (1544–1595). Sein Stanzenepos »Das befreite Jerusalem« war bereits 1581 erschienen, in einer Zeit, die nach der Romanzeit liegt. Wir haben es hier mit einer fiktiven Prophezeiung wie im Falle Soldinos zu tun.

Francisco López Zárate. Spanischer Dichter (1580–1658). Sein »Poema heroico de la Invención de la Cruz por el emperador Constantino Magno« ist erst 1648 im Druck erschienen, dürfte aber Cervantes und anderen bereits lange vor der Drucklegung bekanntgeworden sein. Das Druckprivileg – mit 1629 angegeben – müßte richtig 1619 heißen.

Seite 1126: *Flora, der Römerin der Antike*. Flora galt als eine überaus geschäftstüchtige Kurtisane des klassischen Rom. Sie wurde zur Göttin erhoben, nachdem sie dem römischen Volk das große horizontal erworbene Vermögen vermacht hatte.

Seite 1128: *die Pinsel des Parrhasius, des Polygnot, des Apelles, des Zeuxis und des Timanthes*. Maler des griechischen Altertums.

Seite 1129: *Gärten der Hesperiden, von denen der Magierin Falerina, von den berühmten hängenden...* Die Gärten der Hesperiden lagen der Sage nach im äußersten Westen Europas, wo die Hesperiden – die Töchter der Nacht – gemeinsam mit einem schlaflosen Drachen einen Baum mit goldenen Äpfeln bewachten. Die Magierin Falerina gehört in den Merlin-Kreis (s. a. »El jardín de Falerina« von Calderón de la Barca). Die hängenden Gärten sind die der Semiramis.

Seite 1151: *ein halbes Jahr lang Nacht und ein halbes Jahr lang Tag*. Dies entspricht den Vorstellungen des ptolemäischen Weltbildes.

Armillarsphäre. Eine Ringkugel, die von den Astronomen benützt wurde und die wichtigsten Kreise der Himmelskugel aufweist.

Die Mühen und Leiden des Persiles und der Sigismunda   1205

ac tua nautae ... Virgil, Georgica I, 29 u. 30. Als Gott des
unendlichen Meers, allheilig den Schiffern, fern in der äußersten Thule geehrt, mit sämtlichen Wellen nahet dir Thetis und
eifert, als Eidam dich zu gewinnen. (Übers. R. A. Schröder.)

Seite 1156: *Frislanda ... und von Niccolò Zeno ... entdeckt
wurde.* Die Insel Frislanda wurde angeblich von den Brüdern
Zeno (1380) entdeckt. Diese Behauptung stellte Niccolò Zeno
in der Beschreibung der angeblichen Reise auf, die 1558 in
Venedig erschien. Die fiktive Insel gleichen Namens ist aber
schon in älteren Kartenwerken zu finden. In der Reisebeschrei-
bung Zenos wird auch das Kloster des heiligen Thomas genannt, ebenfalls eine Fiktion. Die heißen Quellen und der
»Pechstein« finden sich bei Olaus Magnus.

INHALT

ANTON M. ROTHBAUER

Der Dichter und sein Werk 7

Zur Einführung in die Exemplarischen Novellen 46

Zur Einführung in die Mühen und Leiden des Persiles
und der Sigismunda 58

EXEMPLARISCHE NOVELLEN

AN DEN LESER 87

ZUEIGNUNG AN DON PEDRO FERNÁNDEZ DE CASTRO,
GRAFEN VON LEMOS 91

DAS ZIGEUNERMÄDCHEN 93

DER EDELMÜTIGE LIEBHABER 177

RINCONETE UND CORTADILLO 235

DIE ENGLISCHE SPANIERIN 281

DER LIZENTIAT VIDRIERA 332

DIE STIMME DES BLUTES 364

DER EIFERSÜCHTIGE ESTREMADURER 388

DIE ERLAUCHTE SCHEUERMAGD 433

DIE BEIDEN JUNGFERN 501

FRÄULEIN CORNELIA 548

DIE BETRÜGERISCHE HEIRAT 595

NOVELLE UND ZWIEGESPRÄCH, das sich begab zwischen Cipión
und Berganza, Hunden des Hospitals de la Resurrección, das
in der Stadt Valladolid vor der Puerta del Campo liegt, ein
Zwiegespräch jener Hunde, die man gemeiniglich die Hunde des
Mahudes nennt 612

DIE MÜHEN UND LEIDEN DES PERSILES
UND DER SIGISMUNDA

Eine septentrionale Geschichte

Zueignung an Don Pedro Fernández de Castro, Grafen von
Lemos 689

Vorrede 691

ERSTES BUCH

Erstes Kapitel: Periandro wird aus dem Kerkerloch geholt; er
soll auf einem Floß übers Meer gebracht werden. Ein Sturm
bricht los, und Periandro wird von einem Schiff gerettet 694

Zweites Kapitel: Es wird berichtet, wer der Schiffsherr ist. Von
Taurisa erfährt Periandro, daß Auristela geraubt worden ist.
Um sie ausfindig zu machen, will er sich an die Barbaren ver-
kaufen lassen 698

Drittes Kapitel: Arnaldo verkauft den als Mädchen verkleideten
Periandro auf der Barbareninsel 706

Viertes Kapitel: Zur Opferung bestimmt, wird Auristela in
Männerkleidung aus dem Kerkerloch geholt. Zwischen den Barbaren kommt es zu blutigem Streit, und ein Waldbrand verwüstet die Insel. Ein spanischer Barbar bringt Periandro, Auristela, Cloelia und die Dolmetscherin in seine Höhle 709

Fünftes Kapitel: Von der Lebensgeschichte, die der spanische
Barbar seinen Gästen erzählte 716

Sechstes Kapitel: Worin der spanische Barbar seine Lebensgeschichte fortsetzt 724

Siebentes Kapitel: Sie verlassen die Barbareninsel in Ruderbooten und entdecken eine Insel, wo sie an Land gehen 733

Achtes Kapitel: Worin Rutilio seine Lebensgeschichte beginnt
736

Neuntes Kapitel: Worin Rutilio die Geschichte seines Lebens
fortsetzt 741

Zehntes Kapitel: Was der liebeskranke Portugiese berichtete
746

Elftes Kapitel: Sie erreichen eine andere Insel und werden dort
gut aufgenommen 751

Inhalt 1209

Zwölftes Kapitel: Worin berichtet wird, wer die Leute auf dem Schiffe waren und woher sie kamen 755

Dreizehntes Kapitel: Worin Transila die Geschichte fortsetzt, die ihr Vater begonnen hat 760

Vierzehntes Kapitel: Worin berichtet wird, wer die mit schweren Eisen aneinander Geketteten waren 764

Fünfzehntes Kapitel: Arnaldo erreicht die Insel, auf der sich Periandro und Auristela befinden 768

Sechzehntes Kapitel: Einhellig beschließen alle, die Insel zu verlassen und weiterzureisen 771

Siebzehntes Kapitel: Arnaldo berichtet, was inzwischen mit Taurisa geschehen ist 775

Achtzehntes Kapitel: Worin Mauricio die Sterne befragt und von einem Unglück erfährt, das ihnen dann auch zustößt 777

Neunzehntes Kapitel: Worin berichtet wird, was zwei Soldaten unternahmen und wie Periandro und Auristela getrennt wurden 787

Zwanzigstes Kapitel: Von dem seltsamen Begebnis, das sich auf der Schneeinsel zutrug 792

Einundzwanzigstes Kapitel: Sie verlassen die Insel mit dem Korsarenschiff 797

Zweiundzwanzigstes Kapitel: Worin der Kapitän die großen Feste beschreibt, die König Policarpo in seinem Reiche zu veranstalten pflegte 799

Dreiundzwanzigstes Kapitel: Von dem, was der eifersüchtigen Auristela geschah, als sie erfuhr, daß ihr Bruder Periandro es gewesen, der die Preise des Wetkampfes gewonnen hatte 805

ZWEITES BUCH

Erstes Kapitel: Worin erzählt wird, wie das Schiff mit allen seinen Insassen kenterte 810

Zweites Kapitel: Worin von einem seltsamen Begebnis berichtet wird 813

Drittes Kapitel: Sinforosa vertraut Auristela das Geheimnis ihrer Liebe an 820

Viertes Kapitel: Worin Sinforosas Geständnis zu Ende geführt wird 826

Fünftes Kapitel: Was zwischen König Policarpo und seiner Tochter Sinforosa besprochen wurde 830

Sechstes Kapitel: Sinforosa entdeckt der Auristela die Liebe ihres Vaters 838

Siebentes Kapitel, I. Teil: Worin der in Liebe zu Policarpa entbrannte Rutilio der Jungfrau einen Brief schreibt, in dem er ihr seine Liebe erklärt. Einen Brief schreibt auch Clodio, der in Auristela verliebt ist. Rutilio sieht seine Vermessenheit ein und zerreißt seinen Brief; Clodio jedoch beschließt, den seinen der Auristela auszuhändigen 843

Siebentes Kapitel, II. Teil: Was zwischen Sinforosa und Auristela besprochen wurde. Die Fremdlinge beschließen, die Insel so rasch wie möglich zu verlassen 849

Achtes Kapitel: Clodio händigt Auristela seinen Liebesbrief ein. Antonio, der Barbar, tötet ihn versehentlich 855

Neuntes Kapitel: Von der Krankheit, die Antonio, den jungen, heimsuchte 860

Zehntes Kapitel: Periandro berichtet von den Begebnissen, die ihm auf seiner Fahrt zustießen 864

Elftes Kapitel: Wie Zenotia den Zauber löste und Antonio, der junge, wieder gesundete. Zenotia gibt dem König Policarpo jedoch den Rat, Arnaldo und seine Begleiter am Verlassen des Reiches zu hindern 874

Zwölftes Kapitel: Periandro nimmt den Faden seiner unterhaltsamen Erzählung wieder auf und berichtet, wie Auristela geraubt wurde 878

Dreizehntes Kapitel: Periandro berichtet von dem seltsamen Abenteuer, das er auf dem Meere hatte 885

Vierzehntes Kapitel: Worin berichtet wird, was Sulpicia, der Nichte Cratilos, des Königs von Bituania, zugestoßen war 893

Fünfzehntes Kapitel: Periandro fährt in der Erzählung seiner Abenteuer fort und berichtet von einem merkwürdigen Begebnis 900

Sechzehntes Kapitel: Periandro setzt seine Erzählung fort 905

Siebzehntes Kapitel: Auf Zenotias Drängen übt Policarpo Verrat an seinen Gästen. Seine Untertanen stoßen ihn vom Thron und töten Zenotia. Die Fremdlinge verlassen die Insel des Policarpo und gelangen zur Insel der Klausen 909

Inhalt   1211

Achtzehntes Kapitel: Von der freundlichen Aufnahme, die sie auf der Insel der Klausen fanden 915

Neunzehntes Kapitel: Renato berichtet, was ihn gezwungen, sich auf die Insel der Klausen zu begeben 923

Zwanzigstes Kapitel: Periandro erzählt, was ihm mit dem ebenso trefflichen wie berühmten Roß Cratilos zugestoßen 929

Einundzwanzigstes Kapitel: Sinibaldo, Renatos Bruder, kommt mit guter Botschaft aus Frankreich. Er schickt sich an, mit Renato und Eusebia dahin zurückzukehren. Mit ihm schiffen sich Arnaldo, Mauricio, Transila und Ladislao ein; mit dem andern Schiff fahren Periandro, Auristela, die beiden Antonio, Ricla und Constanza. Rutilio bleibt als Klausner auf der Insel zurück 933

DRITTES BUCH

Erstes Kapitel: Sie erreichen Portugal, verlassen das Schiff in Belem und begeben sich auf dem Landweg nach Lissabon. Von dort ziehen sie zehn Tage später in Pilgerkleidung weiter 939

Zweites Kapitel: Die Pilger beginnen ihre Fahrt durch Spanien; wieder stoßen ihnen seltsame Dinge zu 947

Drittes Kapitel: Das Fräulein, das in einem hohlen Baum haust, berichtet, wer sie sei 955

Viertes Kapitel: Feliciana bittet die Pilger, sie auf ihrer Wallfahrt begleiten zu dürfen. Nachdem sie auf dem Wege in großer Gefahr waren, erreichen sie Guadalupe 961

Fünftes Kapitel: In Guadalupe nimmt Felicianas Unglück ein Ende. Mit dem Gatten, dem Vater und dem Bruder kehrt sie zufrieden in ihr Heim zurück 971

Sechstes Kapitel: Sie setzen ihre Wallfahrt fort, begegnen einer alten Pilgerin und einem Polen, der ihnen seine Geschichte erzählt 979

Siebentes Kapitel: Worin der Pole mit seiner Lebensgeschichte zu Ende kommt 990

Achtes Kapitel: Wie die Pilger nach dem Ort Ocaña kamen und von dem ergötzlichen Geschehnis, das ihnen auf dem Wege begegnete 995

Neuntes Kapitel: Sie kamen nach Quintanar de la Orden, wo sich ein merkwürdiger Vorfall ereignet. Antonio, der Barbar, findet seine Eltern wieder. Er und Ricla, sein Weib, bleiben bei ihnen, doch Antonio, der junge, und Constanza setzen gemeinsam mit Periandro und Auristela die Wallfahrt fort 1000

Zehntes Kapitel: Was ihnen auf dem Wege mit einigen angeblichen Christensklaven begegnete 1012

Elftes Kapitel: Worin berichtet wird, was die Pilger in einem von Morisken bewohnten Dorf erlebten 1020

Zwölftes Kapitel: Worin ein überaus seltsames Geschehnis zur Sprache kommt 1029

Dreizehntes Kapitel: Die Pilger kommen nach Frankreich, und es wird berichtet, was ihnen mit einem Diener des Herzogs von Nemours begegnete 1037

Vierzehntes Kapitel: Von neuen unerhörten Gefahren, in die sie gerieten 1042

Fünfzehntes Kapitel: Periandro und Antonio genesen von ihren Wunden. Die Pilger setzen ihre Reise in Gesellschaft der drei französischen Damen fort. Antonio befreit Feliz Flora aus großer Gefahr 1049

Sechzehntes Kapitel: Wie sie auf Luisa, das Weib des Polen, stießen, und was ihnen ein Stallmeister der Gräfin Ruperta erzählte 1054

Siebzehntes Kapitel: Vom glücklichen Ende, das die Rachsucht der Gräfin Ruperta fand 1060

Achtzehntes Kapitel: Brand im Gasthof. Ein Astrolog namens Soldino rettet alle und führt sie in seine Höhle, wo er den Pilgern und ihren Freunden Glück im weiteren Leben voraussagt 1067

Neunzehntes Kapitel: Die Pilger verlassen die Höhle Soldinos, setzen ihre Fahrt fort und gelangen über Mailand nach Lucca 1073

Zwanzigstes Kapitel: Isabela Castruccio erzählt, daß sie nur aus Liebe zu Andrea Marulo vorgetäuscht habe, besessen zu sein 1078

Einundzwanzigstes Kapitel: Andrea Marulo trifft ein. Die Täuschung Isabela Castruccios wird entdeckt, und die beiden werden vermählt 1085

Viertes Buch

Erstes Kapitel: Worin von einem Gespräch zwischen Periandro und Auristela die Rede ist   1091

Zweites Kapitel: Die Pilger gelangen in die Nähe Roms und treffen in einem Wald Arnaldo und den Herzog von Nemours, die einander im Zweikampf verwundet haben   1098

Drittes Kapitel: Sie kommen nach Rom und steigen bei einem Juden namens Manesse ab   1103

Viertes Kapitel: Was zwischen Arnaldo und Periandro und zwischen dem Herzog von Nemours und Croriano besprochen wurde   1109

Fünftes Kapitel: Wie Bartolomé und die Talaveranerin, die zum Tod verurteilt worden sind, dank Croriano die Freiheit wiedererlangten   1113

Sechstes Kapitel: Wie Arnaldo und der Herzog von Nemours einander im Preis überbieten, um ein Bild zu erwerben, das Auristela darstellt   1119

Siebentes Kapitel: Von einem merkwürdigen Begebnis und der großen Gefahr, in die Periandro durch die Hinterhältigkeit einer angesehenen Kurtisane gebracht wurde   1125

Achtes Kapitel: Arnaldo berichtet, was ihm zugestoßen, seit er sich auf der Insel der Klausen von Periandro und Auristela getrennt hatte   1133

Neuntes Kapitel: Worin erzählt wird, wie Auristela, durch die Frau des Zabulón, eine Jüdin, verzaubert, in eine schwere Krankheit verfiel   1138

Zehntes Kapitel: Die Jüdin löst den Zauber. Auristela wird wieder gesund und eröffnet Periandro ihre Absicht, unverheiratet zu bleiben   1141

Elftes Kapitel: Verzweifelt über Auristelas Vorschlag, verläßt Periandro Rom   1146

Zwölftes Kapitel: Worin berichtet wird, wer Periandro und Auristela wirklich sind   1150

Dreizehntes Kapitel: Periandro kehrt, von der bevorstehenden Ankunft seines Bruders Maximino unterrichtet, nach Rom zurück. Dort trifft auch Serafido, sein ehemaliger Erzieher, von Rutilio begleitet, ein   1156

Vierzehntes Kapitel: Der an Wechselfieber erkrankte Maximino kommt nach Rom. Er stirbt und läßt Periandro und Auristela, nunmehr als Persiles und Sigismunda bekannt, als Gatten zurück   1160

ANMERKUNGEN UND ERLÄUTERUNGEN   1165

Dieses Buch, einschließlich Vorsatzpapier
und Schutzumschlag, wurde auf Recyclingpapier
gedruckt, das zu 100 % aus Altpapier besteht.
Das Einbandleinen, das Kapitalband
und das Leseband sind aus 100 % ungefärbter
und ungebleichter Baumwolle.